JN449174

근대 영토와 해양 관련 관찬 자료집

• 이 책은 2020년도 동북아역사재단 기획연구 수행 결과물임(NAHF-2020-기획연구-30).

동북아역사 자료총서 63

근대 영토와 해양 관련 관찬 자료집

동북아역사재단 편

동북아역사재단
NORTHEAST ASIAN HISTORY FOUNDATION

책머리에

국가의 가장 기본적인 존립 기반은 국민·영토·해양입니다. 현재 한국 사회는 근대 이행기로부터 일제강점기, 분단에 이르는 과정을 겪으면서 '영토'와 관련된 사항을 절실한 생존의 문제로 인식하고 있습니다. 일본의 일방적 독도영유권 주장, 이어도 문제, 주변국들에 의한 해양 침범 문제 등 영토와 해양의 문제는 현재도 진행되고 있습니다. 영토와 해양 문제의 핵심은 '국가행정 관할'이고, 이는 역사적 사실의 추이를 입증해야 그 정당성이 확보됩니다. 따라서 전근대 시기에서 근대로 이행하는 시기의 영토와 해양에 대한 영유권의 규명은 역사적, 국제법적 정당성의 근간이 될 것입니다.

이 책은 2019~2020년, 2년 동안 근대 영토와 해양 관련 관찬 사료를 정리한 것입니다. 기존에 울릉도와 독도 등 부분적으로 관찬 사료를 정리한 적이 있지만 영토와 해양 관련 관찬 사료를 체계적으로 정리한 것은 한국 학계에서 처음이라 할 수 있습니다.

정리하고 번역한 관찬 사료는 『고종·순종실록』, 『승정원일기』, 『일성록』, 『비변사등록』 등입니다. 이들 사료는 조선 정부가 전통적 춘추필법에 의거해 엄밀하게 작성한 공문서이자 1차 사료입니다. 이 사업의 연구팀은 『고종·순종실록』, 『승정원일기』, 『비변사등록』의 탈초된 원문 및 번역문, 『일성록』의 탈초된 원문을 바탕으로 영토·해양 관련 항목을 선별하고, 각각의 자료 비교를 통해 원문에 대한 오·탈·결·첨자 등에 대한 수정과 번역문의 내용·표현상 오류의 수정과 통일성을 기하고자 했습니다. 『일성록』은 선별된 항목을 새롭게 번역하여 수록했습니다.

근대의 기점에 대해서는 여러 견해가 있지만, 자료적 완결성을 위해 『고종실록』 즉 고종 원년인 1864년부터 국권을 상실하는 1910년까지를 대상으로 했습니다. 세부적으로 『비변사등록』이 『의정부등록』의 형태로 1892년까지 존속하며, 공문서의 작성이

달라진 1894년 갑오개혁을 기점으로 2단계로 나누어 정리했습니다. 영토와 해양 관련 자료의 선별은 그동안 진행된 연구에서 사용 빈도가 높은 핵심 주제어 20개[울릉, 연해, 압록, 두만, 도문, 토문, 백두, 간도, 국경, 쇄환, 이중하, 삼척영장, 월송만호, 회령부사, 종성부사, 수토(搜討), 이범윤·우용정, 경원·온성·훈춘·무산, 강원·평북·함북, 동해 등]를 선별했습니다. 물론 조선과 국경을 맞대고 있는 중국, 러시아, 일본 등의 조약도 함께 수록했습니다. 같은 내용이 반복되기 때문에 대략 285개의 항목을 시간순으로 배치했는데 같은 항목에서 『고종·순종실록』과 『승정원일기』, 『일성록』, 『비변사등록』에 같은 주제의 항목을 찾아 함께 제시했습니다.

그 내용을 간략히 살펴보면 『승정원일기』에는 1894~1895년 사이 수토 관련 항목이 2개인데, 그 내용은 경상도위무사 이중하가 울릉도를 수토하는 격군과 집물을 없앨 것을 요청한 것과 내무대신 박영효가 울릉도민의 사무를 관장할 도장을 임명할 것을 요청했다는 기사입니다. 또한 1903~1910년 사이 간도 관련 항목은 13개인데, 그 내용은 대한제국 시기 북간도의 영유권 확보를 위해 이범윤을 북간도관리로 임명하고 조정준을 북간도 종두지소 사무위원으로 임명하고 경시 강근도·한재찬·유명렬 등을 북간도에 임명한 기사 등입니다. 『일성록』에는 1895~1909년까지 경원·온성·종성·회령·훈춘·무산 등 동북 지역과 관련 항목은 4개인데, 그 내용은 전 집의 김우용, 전 의관 강홍대가 북쪽 변경 방어책에 관한 상소문, 안무영과 유수 폐지에 관한 안건, 지방제도의 개정에 관한 안건, 청진항을 경유하는 간도·훈춘 지방 수출입 화물의 관세 면제에 관한 법률을 반포한 기사 등입니다.

무엇보다도 이 책에서는 고종의 울릉도 이주 정책 관련 기사들을 살펴볼 수 있습니다. 이규원은 1881년 5월 23일 울릉도 검찰사로 임명되었는데, 1882년 4월 7일에 고종을 접견했습니다. 1882년 4월 7일 『승정원일기』에 따르면 고종은 일본인이 불법으로 울릉도를 왕래하는 것을 지적하면서 울릉도 옆의 송죽도와 우산도의 위치와 거리, 읍 설치를 통한 울릉도 이주 대비 보고서 등을 지시했습니다. 고종은 사전에 '울릉읍' 설치 계획이 있었고 울릉읍 설치를 위한 지도와 첨부문서를 작성할 것도 함께 지시했습니다. 이 내용을 통해서 고종은 울릉도, 송도, 죽도 3개 섬을 따로 구별했으며 동해에서 울릉도를 중심으로 우산도를 독자적으로 구별했다는 사실을 파악할 수 있습니다. 특히 고종은 기존 관찬 문헌을 참고하여 울릉도와 우산도 및 송도와 죽도의 관계를 확정지으려고 했습니다. 이후 고종은 이규원의 검찰 보고서와 면담을 통해서 울릉도 이주를 단계적으로 실시할 수 있었습니다. 울릉도에서 불법 벌목을 일삼는 일본인들을 추방하기 위한 외교적 노력, 울릉도 관련 행정제도 신설, 울릉도로 이주할 백성의 모집 등이 바로 그것입니다.

이 책이 나오기까지 적지 않은 시간 동안 이 관찬 사료를 번역한 김대식(성균관대 박물관 학예실장), 남기현(독립기념관 연구위원), 김민우(성균관대 사학과 박사 수료) 세 분의 노고에 깊이 감사드립니다. 이 책의 발간으로 연구자와 국민 모두가 근대 울릉도·독도·간도·백두산 등의 영토와 해양 관련 사료에 쉽게 접근할 수 있기를 기대합니다.

2021년 6월

편찬책임자 김영수

일러두기

1. 『일성록』은 강목체로 서술된 사료이지만, 이 책에서는 다른 3개의 사서와 통일성을 갖추기 위하여 목(目)만을 발췌·번역하였다.
2. 표제와 직접적인 관련이 없는 기록은 생략하였으며, 원문과 번역에 모두 '…'로 표기하였다.
3. 인용문이나 대화는 큰따옴표(" ")로 표시하였다. 인용문 안에 다시 인용문이 있는 경우 작은따옴표(' ')를 사용하였으며, 그 안에 재인용문이 있는 경우 홑낫표(「 」)를 사용하였다.
4. 자료에서 언급된 서책은 겹낫표(『 』)에 넣어 구분하였으며, 일반적으로 알려진 서명보다 원문의 표기를 존중하였다.
5. 관직명, 인명, 지명 등 한문으로 정확한 내용을 구별해야 하는 부분은 일반괄호(( ))를 사용하여 국·한문을 병기하였다. 따로 원문을 밝힐 필요가 있는 경우 대괄호([ ])를 사용하였으며, 원문에는 있지 않은 보충역을 사용할 때는 홑화살괄호(〈 〉)에 넣어 표시하였다.
6. 중국 인명과 지명은 신해혁명 이전 기록임을 감안하여 한국어의 한자음에 맞추어 표기하였고, 필요하면 한문을 병기하였다. 그 외의 인명과 지명은 외래어 표기법을 기준으로 하되, 일반적으로 널리 사용되는 명칭은 관습에 따라 표시하였다.
7. 사료의 맨 처음에 일자만 표기된 경우, 해당 월을 병기하고 양력이면 '양력 해당 월'까지 기재하였다. 보충역이므로 홑화살괄호(〈 〉)로 표기해야 하나 가독성을 고려하여 생략하였다.
8. 사료의 맨 처음에 '初□日'로 시작한 경우, 가독성을 위하여 初를 생략하였다.
9. 사료의 교감을 통해 오자(誤字), 착간(錯簡), 원문 누락 등이 발견되는 경우, 해당 원문 바로 뒤에 대괄호([ ])와 *를 이용하여 그 사실을 밝혔다. 자세한 표기 방법은 아래 예시와 같다.

   예1) 自本府發關私營 → 自本府發關私[*松]營

   예2) 則吉將軍咨 → 則吉[*林 추가]將軍咨
10. 사료 계통 사이 일부 문자가 차이가 있다고 하더라도 해석에 문제가 없을 경우, 원문에 따라 해석하였다. 이 경우 일러두기 9의 항목에 해당하지 아니한다.

차례

—— 1868년(고종 5-戊辰)

110 경상도 연해의 포량을 영구히 폐지하라고 명함.

112 선혜청의 환곡 중 일부로 경상도 포량을 대체할 것을 청함.

114 중국 폐사군과 국경을 접하고 있는 의주 지역의 경비를 강화해줄 것을 청함.

—— 1870년(고종 7-庚午)

117 국경을 넘은 여인과 아이 2명에 대한 처벌 수위에 대해 상주함.

122 러시아로 도망친 비류를 쇄환하기 위해 러시아의 국경에 사람을 보낼 것을 청함.

125 격식과 규례를 살피지 못한 함경감사에 대해 추고할 것을 청함.

127 러시아로 도망친 비류의 쇄환 상황을 보고함.

130 변경의 정세는 삼군부에서 주관하라고 명함.

132 영종첨사 이유증을 유임시켜줄 것을 청함.

133 러시아로 국경을 넘어간 사람들의 처리 방안에 대해 논의함.

—— 1871년(고종 8-辛未)

134 압록강을 넘어갔다 압송된 사람의 연유를 적은 정서를 성경과 북경에 보낼 것을 청함.

135 영고탑과 혼춘으로 넘어간 유민을 쇄환하고, 연변의 방수를 엄하게 단속할 것을 청함.

139 국경을 넘어 불법적인 행동을 한 5명에 대한 처분을 고하고, 연변에서 국경을 넘어가는 것을 강하게 단속할 것을 청함.

144 연해의 계엄 지역을 담당하는 남양부사를 교체해줄 것을 청함.

145 국경을 넘나든 김 찰방을 효수하였음을 보고하고, 이 사실을 적은 자문을 중국에 보낼 것을 청함.

147 환경이 열악한 연해에서 근무하는 군사들을 포상하라고 명함.

149 국경을 넘었다가 돌아온 백성들에게 식량을 나누어주고 생업에 안주하게 하라고 명함.

153 연해의 요충지인 김해부 동래 금정산성을 정비한 김해부사 등에게 포상해줄 것을 청함.

157 함경감영 장부에 기재된 은으로 탑성에서 빌린 비용을 갚게 할 것을 청함.

160 국경을 넘어 도망갔다 돌아온 백성들의 상황을 보고하지 않은 미전첨사를 문책할 것을 청함.

—— 1872년(고종 9-壬申)

162 국경의 비적들과 관련된 사항을 중국에 보고할 것을 청함.

165 책문 및 압록강 주변의 국경 상황에 대해 보고받음.

168 압록강에서 책문에 이르는 국경의 상황에 대해 보고받음.

170 국경을 넘어간 죄인 정찬익 등을 효수하게 해달라고 청함.

172 풍랑을 만나 표류했던 조선인들의 귀환을 담당한 중국 선원들을 대접할 것을 청함.

177 개성유수를 맡지 못하는 이유를 적어 상소를 올림.

179 의주부 및 압록강 유역 국경 지역의 상황에 대해 보고받음.

— 1873년(고종 10-癸酉)

183 삼수군 및 압록강 일대의 상황을 보고받고, 진영을 설치할 것을 허락함.

188 진을 설치하는 일을 다른 사람에게 맡길 것을 청함.

190 압록강변 삭주에서 국경을 넘나드는 폐단이 있음을 보고받음.

192 국경과 접한 중국 도시들의 상황에 대해 보고받음.

196 압록강 주변에 샛길이 있다고 보고받음.

198 태조가 왕업을 일으킨 후의 상황에 대해 이야기를 나눔.

200 도사에게 장계를 시행하게 한 평안감사에 대해 징계할 것을 청함.

— 1874년(고종 11-甲戌)

202 연해에서 행해지는 잠상을 엄격하게 금지하라고 명함.

204 압록강과 두만강 주변의 국경을 안정시키기 위해 조선인이 법을 어기면 엄하게 다스리고, 중국인은 타일러 보낼 것을 청함.

207 국경을 접하고 있는 의주를 특별히 단속하고 몰래 국경을 넘어가는 폐단이 없게 하라고 명함.

215 압록강 이북에서 책문에 이르는 옛 진강부의 방비를 위해 중국에 자문을 지어 보낼 것을 청함.

— 1875년(고종 12-乙亥)

218 이양선에 의해 크게 피해를 입은 영종도 사건을 보고받고, 연해 방비에 더욱 신경 쓸 것을 명함.

225 백성들이 국경을 넘은 일로 인해 본인의 처벌을 청함.

— 1876년(고종 13-丙子)

227 조일수호조규(강화도조약)이 체결됨.

235 북쪽 변경에서 국경을 넘어가는 상황에 대해 보고받음.

238 압록강의 양쪽 연안을 지나갈 수 있게 해달라는 중국의 요청을 승인하고 공문을 보낼 것을 청함.

241 압록강 자성 강변길을 지나갈 수 있게 해달라는 중국의 공문에 대해 논의하고, 회령부사에게 회령을 잘 지킬 것을 명함.

244 조일수호조규부록과 조일무역규칙이 체결됨.

250 압록강변 국경에서 칙사를 맞는 의례에 대해 보고받고, 국경을 더욱 철저하게 지킬 것을 명함.

253 국경을 넘어갔다가 살인죄로 압송된 황하립과 최천돌을 효수할 것을 청함.

261 국경에서 성행하는 밀무역을 억제하기 위한 법령을 실행할 것을 청함.

— 1877년(고종 14-丁丑)

265 러시아가 국경을 마주하게 된 상황과 그 대비책에 대해 보고받음.

273 국경을 넘나드는 폐단이 심한 지역에 능력 있는 수령을 보내고, 종성부사를 담당할 관리의 지위를 설정하게 해달라고 청함.

283 국경을 넘어와서 노략질한 비적에 대해 보고하고, 경원부사 이규선의 논죄를 보류할 것을 청함.

286 경기수사 이봉의에게 경기도 연해를 엄밀하게 방어하라는 교서를 내림.
287 국경을 넘은 죄인 김문옥을 압송하여 효수할 것을 청함.
293 명망 있고 유능한 사람을 종성부사로 파견해달라고 청함.
295 국경을 넘어 횡포를 부린 백성들을 단속하지 못한 수령과 진장의 처벌을 유보해달라고 청함.
299 국경을 넘어 죄를 지은 사람들에 대한 처벌 수위를 건의함.

—— 1879년(고종 16-己卯)

303 불법적으로 국경을 넘어간 윤의징 등을 압송하여 효수할 것을 청함.
306 일본인들이 절영도에서 막사를 짓는 것을 금지시키고, 관리들을 죄주는 것은 보류할 것을 청함.
309 이홍장이 영국, 독일, 프랑스, 미국과 통상하여 일본과 러시아를 견제할 것을 요청하는 서신을 보냄.
316 임한수에게 강원도관찰사 겸 병마수군절도사 순찰사 원주목사를 제수하고 정사에 힘쓸 것을 명함.

—— 1880년(고종 17-庚辰)

321 북관 시험장 소란 사건과 관련된 관리들에 대한 처벌을 보류했다고 아룀.
322 중국 연해에서 어획을 금지한다는 자문에 대해 회답해줄 것을 청함.
324 수신사로 일본에 다녀온 김홍집의 보고를 받음.
342 『조선책략』에 대한 내용을 보고받고 논의함.

—— 1881년(고종 18-辛巳)

346 김유연에게 함경도관찰사 겸 병마수군절도사 도순찰사 함흥부윤을 제수하고 변방을 잘 지키라고 명함.
348 영남 유생 이만손 등이 만인소를 올림.
363 이규원을 울릉도검찰사로 임명해달라고 청함.
367 이규원을 울릉도검찰사로 임명함.
368 울릉도검찰사의 파견을 내년으로 미룰 것을 청함.
369 토문강 건너편을 개간한다는 말이 퍼지지 않게 해달라는 중국의 자문에 대해 회신할 것을 청함.
370 연해와 산간 지역에 있는 읍의 농사 상황이 좋지 않다고 보고받음.

—— 1882년(고종 19-壬午)

371 울릉도검찰사를 조속히 부임하게 할 것을 청함.
372 토문강변 국경을 넘지 못하게 해달라는 중국 예부의 자문에 대해 회답할 것을 청함.
374 울릉도검찰사 이규원에게 울릉도, 송죽도, 우산도의 상황을 신중하게 조사할 것을 명함.
379 중국 예부에서 보낸 자문을 보고하고, 이에 대해 회신할 것을 청함.
381 울릉도검찰사로 파견되었던 이규원에게 울릉도, 송죽도, 우산도의 상황에 대해 보고받음.
387 울릉도에서 불법적인 행동을 금지한다는 서계를 작성하여 일본에 보낼 것을 청함.

390 경기관찰사직을 맡기에 능력이 부족하다고 아룀.

391 울릉도에서 일본인들이 불법적인 행동을 하는 것을 금지한다는 서계를 작성하고, 일본에 이것을 보낼 것을 청함.

393 길림 변경의 땅을 경작하는 함경도 빈민들을 쇄환할 것을 청함.

395 울릉도 지역을 개간하고 발전시킬 방안을 건의함.

398 은과 금을 채굴하여 채무를 갚고, 울릉도 재목을 이용해 배를 만들 것을 건의함.

399 중국에서 보낸 자문에 대해 회답할 것을 청함.

400 중국 예부와 북양아문에서 보낸 자문에 대해 답할 것을 청함.

402 중조상민수륙무역장정(조청상민수륙무역장정)이 체결됨.

408 혼춘성에서 보낸 공문에 대해 회신할 것을 청함.

1883년(고종 20-癸未)

410 6진의 친기위 도시를 9월 삭망 전까지 마감하게 할 것을 청함.

413 봉천과 조선변민교역장정을 체결함.

422 조일통상장정이 체결됨.

436 조일통상장정속약이 체결됨.

437 일본인어채범죄자처리조규(어채범죄조규)가 체결됨.

439 간행이정약조가 체결됨.

442 민영목을 경기해안방어사무총관으로 임명함.

444 경기 연해 지역 및 동래·덕원에서 시행할 조목을 만들게 해달라고 청함.

1884년(고종 21-甲申)

446 일본인의 목재 벌채를 용인한 울릉도도장 전석규를 압송할 것을 청함.

449 어윤중이 함경도에서 행한 치적을 알리고 계속 임무를 맡게 해달라고 상소함.

453 영방을 건설하는 데 시간이 걸리므로 부평부에 주둔하게 해달라고 청함.

455 울릉도 담당 관리 직명을 울릉도첨사 겸 삼척영장으로 하게 해달라고 청함.

457 유민을 쇄환하는 공을 세운 신홍균과 이봉재의 직책을 올려줄 것을 청함.

460 울릉도첨사를 울릉도진수군첨절제사 겸 삼척진우영장토포사로 임명하겠다고 아룀.

461 신상규를 울릉도첨사로 임명함.

462 울릉도첨사가 패용하는 병부가 만들어진 상황을 강원감사에게 통보하게 해달라고 청함.

463 토문강 북쪽을 개간하고 있는 조선인들을 쇄환해달라는 중국의 공문에 회답할 것을 청함.

467 길림과 무역규정(길림조선상민수시무역장정)이 체결됨.

475 조러수호통상장정(조아조약)과 부속장정이 체결됨.

493 두만강 주변의 상황에 대해 상소함.

499 평해군수 겸 울릉도첨사를 겸강릉진관 평해병마동첨절제사울릉도진수군첨절제사로 임명했다고 보고함.

500 평해군수 신상규에게 울릉도를 개척할 방책을 세우라고 명함.
502 환난을 대비하기 위해 병사를 양성할 방안을 마련해달라고 상소함.
504 대부도에 만들어질 진을 바탕으로 변방 방비를 공고히 할 것을 청함.
508 6진의 상황을 살펴본 후 행영도시를 시행할 것을 청함.
511 현명하고 능력 있는 자에게 일을 줄 것을 상소함.
513 울릉도에 있는 일본인들을 쫓아내고 조선인들이 개간하게 할 것을 청함.

—— 1885년(고종 22-乙酉)

516 기연해방아문을 용산의 만리창으로 옮길 것을 청함.
519 국경을 넘어갔다 압송된 고양준을 형배할 것을 청함.
521 무산부 백성들이 제기한 소송 문제, 토문강변 경작에 대한 중국의 공문 등에 대해 보고함.
525 총관기연해방사무아문의 수사별장의 첨사 이력을 허용하고 계품으로 정할 것을 청함.
527 토문강 경계를 조사하고, 중강에서 세금을 정하는 내용의 자문을 중국으로 가지고 갈 관리를 정할 것을 청함.
528 이중하를 안변부사로 임명함.
529 전 지평 김만제가 시무에 대해 상소함.
531 중국인 형극귀 등의 조선인 살해 사건에 대해 책임을 묻는 자문을 지어 중국에 보낼 것을 청함.
534 이중하를 토문감계사로, 조창식을 토문감계종사관으로 임명할 것을 청함.
536 이중하를 토문감계사로, 조창식을 토문감계종사관으로 단부함.
537 조청수륙상민장정을 실행하기 위해 중국에서 관리를 파견한 것을 보고하고, 이에 대응할 것을 청함.
539 민종묵과 김세기로부터 중국의 상황에 대해 보고받음.
545 국경을 넘은 죄인을 처벌할 것을 청함.

—— 1886년(고종 23-丙戌)

549 이중하를 덕원부사로 제수함.
550 해방아문은 친군기연해방영으로, 총관기연해방사무는 기연해방사로 부를 것을 명함.
552 이중하를 감리원산항통상사무로 임명함.
553 회령부사가 감리관북통상사무 직임을 겸하게 했음을 보고함.
554 중국인 무뢰배의 송환과 압송될 조선인들의 처리 문제에 대해 보고함.
559 관북 지역의 상황에 대해 보고받음.

—— 1887년(고종 24-丁亥)

561 감계사 이중하에게 도문강 경계를 조사하게 할 것을 청함.
563 중국 관헌과 국경을 조사하는 일을 다른 사람에게 맡길 것을 상소함.
568 국경을 넘어갔던 조선인들의 압송 현황을 보고함.

570 국경을 넘어간 고만백 등에 대한 처벌 방법을 건의함.
573 감리직을 겸하는 회령부사가 관할 구역 변방 일에 대해 직접 계문하게 할 것을 청함.
575 국경을 나간 사람들을 제외하고 빈대에 불참한 자들을 불러 참석하게 할 것을 청함.

—— 1888년(고종 25-戊子)

576 지방세를 보충해줄 것을 청함.
579 울릉도도장이 평해군 소속 월송진만호만호를 겸하게 할 것을 청함.
581 삼척진관월송포수군만호를 삼척포진관월송포수군만호 겸 울릉도도장으로 고쳐서 임명했음을 아룀.
582 감계사 이중하를 파견해 도문의 경계를 조사하게 할 것을 청함.
584 6진의 상황을 보고받고 환곡을 감해줄 것을 명함.
585 6진의 환곡을 감한다는 내용을 언문으로 번역하여 마을에 게시하게 할 것을 청함.
589 조러육로통상장정이 체결됨.

—— 1889년(고종 26-己丑)

601 종성부사 목승석과 회령부사 김재용을 파면할 것을 청함.
605 황해감사에게 연해 잠상을 방지할 것을 명함.
608 월송만호의 파직을 제대로 감영에 보고하지 않은 관찰사를 처벌하지 않고 용서할 것을 청함.
609 조일통어장정이 체결됨.
613 삼남 연해 지역에서 일어나는 외국 상선과 어선의 불법행위를 막기 위해 관원을 파견할 것을 청함.
615 장산곶에 위치한 오차진을 독진으로 설치하게 할 것을 청함.
619 경흥부 백성들을 안정시킬 방안, 성의 수리 및 경비 조달 방안 등에 대해 보고함.

—— 1890년(고종 27-庚寅)

624 연해감무로 행호군 조존두를 파견할 것을 청함.
626 오귀영을 사검관으로 파견하고, 평안도 및 황해도의 연해에서 외국 상선의 밀무역을 감독하게 할 것을 청함.
628 강원감사 이원일에게 검찰을 강화할 것을 명함.
630 삼군수군통제사 정기택에게 통영을 잘 다스리라고 명함.
632 울릉도의 상황에 대해 물음.

—— 1891년(고종 28-辛卯)

633 압록강 주변에 있는 읍의 상황을 보고받고, 백성들의 유랑을 막을 수 있게 하라고 명함.
636 중국 선박들이 연해에서 고기잡이하고 있는 상황에 대해 물음.

—— 1892년(고종 29-壬辰)

637 안무사 민종묵에게 관북 지역의 상황에 대해 보고받음.
642 회령부에서 일어난 백성들의 소요에 대해 보고받고 이에 대한 조사를 명함.
645 사행사를 불러 일정에 대해 보고받음.
647 외아문주사 박세환을 파견하여 함경도 연해 지방의 상무를 조사하게 할 것을 청함.

—— 1893년(고종 30-癸巳)

649 연해의 요충지를 방비할 방침을 전교함.
651 평해군수 조종성을 울릉도사검관으로 임명할 것을 청함.

—— 1894년(고종 31-甲午)

652 이석호를 삼척영장으로 삼음.
653 사신 임명을 철회해달라고 상소함.
655 중국에 알릴 내용을 사신에게 교함.
657 파직된 삼척영장의 자급 환수를 보고함.
658 삼척영장 임명을 보고함.
659 조일잠정합동조관이 작성됨.
662 친군총어영별장 등을 임명함.
663 군교 임명에 대해 아룀.
664 안무사 이규원에게 교서를 내림.
666 울릉도를 수토하는 격군과 집물을 없앨 것을 청함.

—— 1895년(고종 32-乙未)

673 강화유수 신정희에게 교서를 내림.
675 울릉도민의 사무를 관령할 도장을 임명해달라고 청함.
677 김우용이 국경 방비에 관한 상소문을 올림.
685 감영, 안무영과 유수 폐지에 관한 안건과 지방제도의 개정에 관한 안건을 반포함.
696 울릉도에 도감을 설치할 것을 청함.

—— 1896년(고종 33-丙申)

697 러시아인에게 경원과 종성의 사금광 채굴을 허락함.
698 러시아인에게 압록강과 울릉도에서의 벌목과 양목의 권한을 허락함.
699 러시아 전권공사 민영환을 소견함.
705 유학 조정국 등이 변방 지역 안정 방안을 적어 상소문을 올림.
712 전 주사 김봉송 등이 변경 지역을 안정시켜줄 것을 청하는 상소를 올림.

—— 1897년(고종 34-丁酉)

718 평안북도 관찰부의 위치를 영변으로 한다는 칙령을 반포함.
719 러시아 전권공사 민영환을 소견함.
721 부사과 홍석범 등이 관찰부를 정주군에 둘 것을 청하는 상소를 올림.
725 전 사과 여형섭이 함경북도 지방대 군사들의 급료 지급 방안을 담은 상소를 올림.

—— 1898년(고종 35-戊戌)

729 울릉도도감을 설치한다는 칙령을 반포함.
730 성진군을 새로 설치한다는 칙령을 반포함.
731 독일인 월터에게 강원도 금성 광산 채굴을 허락함.
732 전 도사 전병훈이 군병 양성과 인재 선발 방안을 담은 상소를 올림.

—— 1899년(고종 36-己亥)

743 러시아인 헨리 게제린그에게 고래잡이를 허락함.
744 이중하로부터 강릉·삼척 지역을 조사한 내용을 보고받음.
747 독일의 헨리 친왕을 접견함.
748 부첨사 이재각에게 일본 친왕을 노문하라고 명함.
749 고성군에 지방대를 설치하라고 명함.
751 고성군에 설치할 지방대 편제에 대해 보고함.
753 한청통상조약이 체결됨.
761 우용정을 파견하여 울릉도를 조사하게 할 것을 청함.

—— 1900년(고종 37-庚子)

763 일본인 카와기타 칸시치에게 포경을 허락함.
764 서북진위대대 설치에 관한 안건을 반포함.
765 서북 변방 방어를 강화하라고 명함.
766 경기도에서 일본인이 어업할 것을 허락함.
767 울릉도를 울도군으로 개칭한다는 칙령을 반포함.

—— 1901년(고종 38-辛丑)

768 연해 지방에 포대를 설치한다는 칙령을 반포함.
769 주일공사를 소견하고 일본의 정세에 대해 보고받음.
772 프랑스인 살타렐에게 창성 금광 채굴권을 허락함.

—— 1902년(고종 39-壬寅)

773 영국의 정세에 대해 보고받음.

—— 1903년(고종 40-癸卯)

778 오악·오진·사해·사독을 정하는 일을 보고함.
780 변방의 정세를 보고하지 않은 관리를 견책해달라고 청함.
782 외부참서관 조성협을 서북변계울릉도삼림감리로 임명함.
783 중추원 의관 김성기가 변방 방비 방안을 담은 상소문을 올림.
788 전 의관 강홍대가 북쪽 변경 방어책을 적은 상소문을 올림.
803 군부대신 윤웅렬이 군무에 대한 의견을 담은 상소문을 올림.
814 이범윤을 북간도관리로 임명해달라고 청함.

—— 1904년(고종 41-甲辰)

819 일본 특명전권공사에게 의주가 교역시장으로 개방되었음을 알림.
820 '한일의정서'가 체결됨.
822 일본 특명전권공사에게 용암포를 통상항구로 개항할 것임을 알림.
823 러시아와 체결된 조약과 협정은 폐기한다는 칙선서를 반포함.
824 한국인과 일본인 사이에서 적용되는 어로 규정을 공포함.
826 '한일협정서(제1차한일협약)'가 체결됨.

—— 1905년(고종 42-乙巳)

827 평안도관찰사에게 국경을 잘 방어할 것을 명함.
828 '한일약정서'가 체결됨.
831 농상공부대신 박제순이 '한일약정서' 체결에 책임을 지고 사직을 청함.
832 외부대신 이하영이 '한일약정서' 체결에 책임을 지고 사직을 청함.
835 일러강화조약(포츠머스조약)이 체결됨.
836 의병들을 제거하라는 조령을 내림.
838 전 참찬 곽종석이 일본과 교류하지 말 것을 청하는 상소문을 올림.
849 '한일협상조약(을사늑약, 제2차한일협약)'이 체결됨.
851 윤치호를 외무대신 서리로 임명함.
852 윤치호가 사직을 청하는 상소를 올림.

—— 1906년(고종 43-丙午)

853 압록강, 두만강 삼림경영협동약관이 체결됨.

—— 1907년(고종 44-丁未)

855 함경북도 국경경무서와 각 개항 시장 경무서 관제를 폐지하는 칙령을 반포함.
856 서북영림창관제가 반포됨.
857 조정준을 북간도 종두지소 사무위원으로 임명함.

—— 1907년(순종 1-丁未)

—— 1908년(순종 2-戊申)

—— 1909년(순종 3-己酉)

—— 1910년(순종 4-庚戌)

해제

『고종·순종실록』·『승정원일기』·『일성록』·『비변사등록』:1864~1910

김대식, 김영수

I. 영토·해양 문제의 시기별 추이와 자료의 성격

근대 국민국가의 전제는 주권의 주체인 국민과 영토·해양을 근간으로 한다. 현재 한국의 영토·해양은 중국·러시아·일본 등 세계 최강 세력들에 둘러싸여 있다. 이로 인해 이들 국가들과 영토·해양과 관련된 크고 작은 문제가 상존하고 있다. 특히 일본의 독도에 대한 도발과 영유권 주장, 중국 어선들의 영해 내 불법 어로행위와 이어도 지역에 대한 침범 문제, 러시아의 영공 침범 등 주변국들에 의한 영토·해양 침범 문제 등은 현재도 진행되고 있는 당면한 현실이다. 영토·해양의 문제는 현재의 '국가행정 관할'과 함께 그 지배와 영유의 사적 추이에 대한 역사적, 국제법적 정당성의 확보가 가장 기초적인 전제이다. 이는 역사적 실증을 통해 사적 추이를 입증함으로써 영유의 논리적 합리성과 정당성이 확보된다. 이를 위해 전근대 시기와 함께 근대 이행 시기의 영토·해양에 대한 영유권의 합리적 규명이 필요하다.

역사적 자료는 공문서와 같이 공적 체계로 인한 공적 자료와 사적 조직이나 개인의 기록에 의한 사적 자료로 구분된다. 한국 근대 시기 관찬 사료는 『고종·순종실록』, 『승정원일기』, 『일성록』, 『비변사등록』 등 조선 정부가 전통적 춘추필법에 의거해 엄밀하게 작성한 공문서이다. 아울러, 중국·일본·러시아와 같이 주변국들 간에 치열하게 전개된 외교전의 결과물인 외교관계 기록과 함께 영국·미국·프랑스·독일 등 유럽 각국의 외교문서가 있다. 사적 자료는 신문·잡지과 같은 언론 기사와 조선의 관료나 언론인 지식인 등이 남긴 다양한 자료와 함께 조선에 파견된 외교관이나 관료, 기술자, 상인 등의 다양한 개인 기록을 포괄한다.

우리의 영토·해양 관련 자료는 기록의 작성에서 보관 및 관리에 이르는 전과정에 대한 '객관성'을 국가적인 기본 이념으로 하여 최고 권력자인 국왕조차 관여하지 못하게 한 점에서 엄밀하고 우월한 사료적 가치를 갖는다. 국보 제151호이면서 유네스코 세계유산에 등록된 『조선왕조실록』은 기록과 보존의 측면에서 세계 최고의 기록문화 자산이다. 『고종·순종실록』은 일제강점기에 기록되어 다소의 문제점을 갖지만 조선인에 의해 쓰여졌고, 『승정원일기』·『일성록』·『비변사등록』 등을 바탕으로 정리된 것이기 때문에 그 가치를 부정할 수 없다. 국보 제303호 『승정원일기』는 국왕을 중심으로 이루어진 하루의 모든 사항을 담당 관원이 공적으로 정리해 기록한 것이다. 관청일기로는 세계에서 유례를 찾기 힘들 정도로 사실을 바탕으로 한 체계적이고 엄밀한 기록이다. 국보 제153호 『일성록』은 『승정원일기』와는 별도로 국왕을 기록의 주체로 하여 제기된 국정의 문제에 대해 견해와 처리 방안에 대한 세밀한 내용이 기록되어 있다. 국보 제152호 『비변사등록』은 영토·해양 문제와 같이 국가 단위로 중요한 문제에 대해 관원들이 국왕에 보고하여 결재를 맡아 시행하고, 그 후속 조처를 취하는 과정을 기록한 자료이다. 이처럼 하나의 사건이나 안건에 대해 기록의 주체에 따라 다양한 견해를 가진 공적 기록이 존재한다는 사실은 당시의 사실이나 사건을 구명하는 데 중요한 단서를 제공한다.

근대 시기 영토·해양 문제에 대한 연구는 조선 정부에 의해 작성된 『고종·순종실록』, 『승정원일기』, 『일성록』, 『비변사등록』에 대한 비교분석을 통한 접근이 기본이다. 이를 위해 개별 사건별로 자료를 취합하여 원문과 번역문을 비교하는 작업이 필요하다. 여기에는 몇 가지 문제가 있는데, 우선 『승정원일기』, 『일성록』, 『비변사등록』과 같은 자료는 엄청난 분량이라는 점이다. 이들 자료는 행서와 초서로 된 필기류이기 때문에 탈초 작업만으로도 국가적인 사업으로 수많은 인력이 동원되어 이루어졌다. 『고종·순종실록』, 『승정원일기』, 『비변사등록』은 탈초뿐만 아니라 번역까지 이루어졌지만, 원문에 대한 탈초의 엄밀성과 번역의 적합성에는 다소의 문제가 있는 것이 사실이다. 『일성록』까지도 탈초가 이루어졌지만, 현재까지 번역이 이루어지지 않은 상황이다. 근대 시기 연구의 발전을 위해 향후 2차 탈초·번역 사업이 진행되어야

할 것이다.[1]

영토·해양 문제와 관련된 자료의 정리를 위해 주요 키워드를 통해 현재까지 진행된 『고종·순종실록』, 『승정원일기』, 『비변사등록』의 탈초된 원문 및 번역문, 『일성록』의 탈초된 원문을 바탕으로 관련 항목을 선별하였다. 이번 사업은 이 4종의 자료 비교를 통해 원문에 대한 오·탈·결·첨자 등에 대한 수정과 번역문의 내용·표현상 오류의 수정과 통일성을 기하고자 하였다. 『일성록』은 선별된 항목을 새롭게 번역하여 수록한다.

1. 영토·해양 문제의 시기별 추이

『고종·순종실록』·『승정원일기』·『일성록』·『비변사등록』의 영토·해양 관련 자료를 중심으로 시기별 추이를 살펴보면, 동아시아 세계는 19세기 중반 아편전쟁을 기점으로 서구 제국주의세력의 침략에 맞서야 했다. 동아시아 각국은 이에 맞서기 위해 서구 자본주의의 수용, 즉 '근대화'를 통해 국권과 영토·해양을 수호하려 노력하였다. 조선의 경우, 고종 즉위 초기 러시아의 위협에 대한 위기감은 러시아가 조만간 조선을 침공한다고 생각할 정도로 만연해 있었다. 흥선대원군은 러시아의 침공에 대비해 프랑스 및 영국과의 연대도 고려했고, 조선에 몰래 들어와서 포교활동을 하던 프랑스인 천주교 신부와 비밀리에 접촉하기도 했다. 하지만 러시아의 조선 침공 위협이 지나치게 부풀려져 있음이 밝혀지게 되었다. 또한 프랑스 신부들이 조선 정부의 정치적 갈등에 간여한다는 혐의를 받게 되었다. 이에 따라 프랑스와의 연대 시도는 오히려 천주교도들에 대한 대대적인 탄압의 빌미가 되어, 1866년 병인양요(丙寅洋擾)가 발생하게 되었다.

조선 정부와 러시아가 해결해야 하는 가장 중요한 문제는 새롭게 국경을 접한 러시아로 많은 조선인들이 월경(越境)하는 것이었다. 러시아 측은 처음에는 연해주의 부족한 농업 노동력을 확보할 수 있었기 때문에 조선 측 월경민을 환영하였다. 하지만 1869년

---

1 『고종실록』, 『순종실록』, 『승정원일기』, 『비변사등록』의 텍스트는 국사편찬위원회 한국사데이터베이스(sillok.history.go.kr)에서 제공하는 원문과 국역, 규장각 원본 사진을 사용하였고, 『일성록』의 텍스트는 서울대학교 규장각한국학연구원에서 제공하는 원문(kyu.snu.ac.kr)을 사용하였다.

함경도에 기근이 닥쳤고, 수천 명의 조선인들이 월경하는 일이 발생했다. 러시아의 입장에서 단기간에 폭증하는 조선인을 모두 수용하기가 어려웠다. 1869년 말 조선의 경흥 부사와 러시아의 연해주 군사총독 사이에 월경한 조선인의 귀환과 안전 보장 등에 관한 교섭이 벌어졌다. 이와 같이 러시아와 조선 사이에서는 일상적 통상, 교류의 금지 원칙에서 벗어나지 않는 범위에서 지방 관원을 통한 유연한 대외교섭이 이루어졌다. 이에 따라 조선은 새로 국경을 접하게 된 러시아와 무력 충돌 없이 평화적인 관계를 유지할 수 있게 되었다.

1876년 개항은 조선 정부가 울릉도·독도를 재인식하고 국가행정 관할을 강화하는 중요한 전환점이 되었다. 1879년 7월 13일 조선 정부는 일본과 '원산진개항예약(元山津開港豫約)'을 체결하였고, 1880년 3월부터 '일본 인민의 무역을 위해 함경도 원산진을 개항'하기로 결정하였다. 고종은 1879년 10월 임한수(林翰洙)를 울릉도·독도를 관할하는 강원도 관찰사에 임명했다. 그리고 강원도가 울릉도와 연결되어 있고, 남으로 쓰시마섬과 가까우니 유심히 잘 살펴볼 것을 당부했다. 이와 함께 일본에게 "북관(北關)을 개항했으니 울릉도는 소중함이 특별하고 관방(關防)의 방책을 반드시 잘 도모해야 한다"라고 강조하였다. 고종은 울릉도의 국경 방어에 각별한 관심을 가지고 있었으며, '국경 요새지로서의 방책'을 강조하여 영토 수호 의지를 나타내었다.

1881년 6월 조선 정부는 일본 외무성에 서계를 보내 일본인의 울릉도 입경 및 어채(漁採)를 금지해줄 것을 요청했다. 일본 정부는 사실 조사를 약속하고 다시 자국민을 철귀(撤歸)시키고 엄금하겠다는 답변 문서를 보내왔다. 일본 정부는 일본인의 울릉도 벌목과 어채의 불법성을 자인한 것이다.

1882년 4월 울릉도검찰사로 임명된 이규원은 울릉도로 떠났다. 고종은 이규원에게 "울릉도는 근래 다른 나라 사람들이 무시로 왕래하여 제멋대로 편리한 곳을 차지하는 폐단이 있다"라고 하였다. 그리고 울릉도 옆에 있는 '송죽도(松竹島)'와 '우산도(芋山島, 독도)'의 조사도 당부했다. 고종은 이규원에게 울릉도와 그 주변의 섬들에 대해 각별히 조사할 것을 지시했다. 1882년 4월 30일 이규원은 울릉도의 황토구미에 도착했다. 그리고 10여 일간 섬 안을 조사하였다. 이규원은 울릉도에 파견되어 조사한 내용을 서계와 별단을 보내고 별도로 지도를 작성하여 보고했으며, 서울에 올라와서 고종에게 직접 보고하였다. 고종과 이규원은 울릉도에 읍진(邑鎭)을 설치하고 백성들을 이주시키는

데 뜻을 같이했다. 고종은 이규원과 대화에서 "한 조각의 땅이라도 폐기할 수 없다"라고 하며 영토 수호 의지를 표명했다.

1882년 8월 조선 정부는 백성의 울릉도 이주 방안을 구체적으로 협의했다. 백성을 모집하여 섬을 개척하고 5년간 면세 혜택을 주고 울릉도 목재를 이용하여 영·호남 세곡을 운반하는 조선(漕船)을 만들고 울릉도장(鬱陵島長)을 두었다가 이후 진(鎭)을 설치하는 방안을 강구하도록 하였다. 이후 정부는 울릉도장에 김석규를 임명하고, 동남제도 개척사를 신설하여 본격적으로 울릉도 개척사업을 추진하였다.

1883년 4월 정부는 울릉도에 30여 명의 주민들을 입거시켰다. 그 이후에도 입거가 이루어졌고 1883년 7월 울릉도에는 모두 16호 54명이 정착하여 살게 되었다. 1884년 3월 통리군국사무아문에서는 울릉도의 토지 개척과 백성 모집을 담당할 관리를 배치할 것을 건의하였다. 고종은 이것을 받아들였고, 1884년 4월 12일 울릉도 관리로 신석규(申相珪)를 임명하였다.

1894년 2월에 전라도에서 시작된 동학농민운동은 조선 정부 입장에서 보면 큰 위기로 다가왔다. 조선 정부 내에서는 동학농민운동을 진압하기 위해 청의 도움을 받자는 움직임도 나타나게 되었다. 청의 입장에서도 동학농민운동을 진압함으로써 조선 내에서 정치적 영향력을 강화할 수 있었기 때문에 군대 파병을 적극적으로 고려했다. 결국 조선 정부는 청에 군사적 요청을 하게 되고, 청의 군대가 조선으로 들어오게 되었다. 청은 갑신정변 이후 일본과 맺은 톈진조약에 근거하여 군대 파병 사실을 일본에 통보하였다. 한편 이 시기 조선 정부는 동북면과 서북면에 대한 방비, 연안 방어와 함께 울릉도와 강화도 등의 도서지역에 대해 관심을 기울였다.

청일전쟁을 승리로 이끈 일본은 청국과 시모노세키조약을 맺고 막대한 이득을 얻을 수 있었다. 청국은 조선이 완전히 자주독립국임을 인정해야 했다. 이것은 조선에 대한 청의 간섭을 배제한다는 목적에서 이루어진 것이었다. 일본은 2억 냥의 배상금을 받아냈으며, 타이완 및 펑후섬을 할양받았다. 이와 함께 랴오둥반도를 할양받아 청국 본토에서 일본의 영향력을 행사할 수 있게 되었다.

1895년 10월 일본이 경복궁을 침범하여 건청궁에 있던 명성황후를 살해하는 이른바 '을미사변'을 일으켰다. 이후 친일내각을 다시 성립시키고 '을미개혁'이라고 불리는 '제3차(갑오)개혁'을 실시했다. 이때 시행된 단발령은 한국인들의 강한 반발을 불러오게 되었다. 명성황후 시해, 단발령이 원인이 되어 전국 각지에서 의병이 봉기했다. 이것을 통상 '을미의병'이라고 부른다.

고종은 경복궁을 둘러싼 일본의 압력에서 벗어나기 위한 방안을 모색했다. 그 결과 '친러파'였던 이범진의 주도하에 1896년 2월 러시아 공사관으로 피신했다. 이것을 '아관파천'이라고 한다. '아관파천' 시기 많은 이권이 여러 나라들에게 이양되었다. 예를 들어 러시아에게 경원과 종성의 사금광 채굴을 허락하고, 압록강과 울릉도의 벌목 허가를 내주었으며, 미국에게는 광산채굴권 등을 이양했다. 많은 이권이 할양되면서 국가의 중요 산업이 외국인이 점유한다는 문제점이 발생했다. 한편 영토 및 해양을 수호해야 한다는 의식도 강해졌다. 고성군에 지방대와 서북진위대대(西北鎭衛大隊)를 설치하고, 연해 지방에 포대를 설치하고, 울릉도를 울도군으로 개칭하는 등의 조처를 취했다.

1904년 2월 러일전쟁이 발발하자, 일본의 압력으로 러시아와 체결된 조약과 협정은 폐기되고, 한국인과 일본인 사이에서 적용되는 어로 규정이 공포되는 등 각종 이권이 일본으로 넘어가게 된다. 러일전쟁이 일본의 승리로 귀결되자, 일제의 강압으로 1905년 11월 을사늑약이 체결되었다. 이후 국경과 영토와 관련된 여러 조처들이 시행된다. 예를 들어, 압록강, 두만강 삼림경영협동약관이 체결되고, 함경북도 국경경무서, 각 개항 시장 경무서 관제가 폐지되었다.

이후 1907년 7월 정미7조약이 체결되면서 이에 따른 경찰 업무에 관한 한일협정서(韓日協定書)가 강제로 체결되고, 압록강 채목공사가 일본으로 넘어가고, 함경북도 부령군(富寧郡) 청진(淸津)이 개방되고, 청진토지규칙(淸津土地規則)과 청진관유지매하규칙(淸津官有地賣下規則)이 반포되었다.

한편 해양 방면으로는 한일어업협정서를 작성하여 실시하였고, 조선 연해에서 운행하는 일본 선박의 안전을 위해 해상충돌예방법이 실시되는 한편으로 청진항을 경유하여 간도(間島), 훈춘(琿春) 지방으로 들어가는 수출입 화물의 관세 면제에 관한 법률이 반포되었다. 이후 1910년 8월 국권이 상실되면서 국가로서의 형식적인 면까지 박탈되었다.

2. 영토·해양 관련 자료의 성격

1)『고종실록』,『순종실록』

『고종실록』과『순종실록』은 일제강점기인 1927년 4월부터 1935년 3월 말까지 만 8년에 걸쳐 일본인의 감독 아래서 편찬·간행되어『조선왕조실록』에 포함되지는 않는다. 하지만 오래도록 유지된 체제와 내용을 따르고 있어 그 연장선상으로 인정되고 있다.[2]

『고종실록』은 조선 26대 국왕이며 대한제국 첫 황제인 고종의 재위 기간 45년의 역사를 편년체로 저술한 사서이다. 본문 48권 48책과 목록 4권 4책을 합쳐 52권 52책으로 간행되었다.

『조선왕조실록』이 전대 왕이 승하하면 후대 왕이 바로 찬수한 것과는 달리, 일제하의 순종은 실권이 없었으므로『고종실록』은 바로 편찬되지 않았다. 순종이 사망한 1926년 이후에야『고종실록』·『순종실록』 편찬이 동시에 검토되었다. 이왕직(李王職)은 1927년 4월 실록 편찬을 위한 준비실을 조직하고 옛 규장각의 자료를 등사하기 시작했다. 주요 자료는『승정원일기』,『궁내부일기』,『비서감일기』,『규장각일기』,『일성록』,『비변사등록』 등 총 2,600여 책에 달한다. 이외에도 일본인이 조사한 조선왕조의 역사·문화·관습에 대한 기록, 식민사관에 입각한 조선사 연구서 등의 2차 사료도 참고되었다. 등사 작업은 1930년 3월까지 진행되었다.

『고종실록』과『순종실록』은 일본인들의 주도로 제국주의적 사관에 의해 편찬되었기 때문에 일반적으로 내용과 해석에 있어 엄정한 사료 비판이 요구된다. 이들 자료는『조선왕조실록』으로 인정되지는 않지만, 사료로서의 가치를 배제할 수 없기 때문에 국사편찬위원회 한국사데이터베이스에서『조선왕조실록』과 같이 제공된다. 결과적으로『고종실록』은『순종실록』과 함께 1934년 6월에 완성되었고 이듬해 3월 31일에 간행되었다. 본래 1년을 1권 1책으로 편찬하기로 하였으나, 고종 즉위년 기

2 『고종실록』에 대한 연구는 신명호, 2000,「일제하 高宗純宗實錄·高宗純宗國朝寶鑑의 편찬과 장서각 자료」,『정신문화연구』 23; 정진숙, 2009,「高宗實錄資料原簿의 법률관련」,『서지학보』 33; 장영숙, 2014,「李王職의『高宗·純宗實錄』 편찬사업과 그 실상」,『사학연구』 116; 신명호, 2016,「『高宗純宗實錄』과『孝明天皇紀』의 편찬배경과 편찬체제 비교」,『장서각』 15; 나가시마 히로키, 2016,「2개의 고종실록 편찬을 둘러싼 궁내성·이왕직의 갈등」,『한국사학보』 64 등이 있다.

사는 원년에 통합하였고 고종 31년(1894), 광무 1년(1897), 광무 2년(1898), 광무 9년(1905)은 기사 분량이 많아 분권 분책하여 현재의 체제를 갖추게 되었다. 총 200부가 간행되어 40부는 원고 정부본(正副本)과 함께 이왕직 도서관에 소장되었고 나머지는 관계 기관에 배포되었다.

이러한 편찬 과정을 겪었기 때문에 『고종실록』의 개항 이전 기록은 비교적 원 사료에 충실하지만, 이후 일본과 관계를 맺는 시기의 기사는 매우 간략하다. 그러나 객관적 사실의 종합 정리나 사료 제공이라는 측면에서 의미를 가지며, 구체적으로는 개항기를 둘러싼 외교 관련 기록, 관료기구의 치폐, 각사·각영의 회계부, 갑오개혁 이후 법령 등이 기재되었기 때문에 한국 근대사 연구에 주요 사료로 활용되고 있다.

2) 『승정원일기』

『승정원일기』는 조선 인조 1년(1623)부터 대한제국 융희 4년(1910)까지 승정원에서 기록한 관청일기이다. 조선시대 국정에 대한 기본 자료로서 정치·경제·외교·문화 등을 총망라한 광범위한 기록을 다루었다.

『승정원일기』의 편찬은 승지와 주서가 담당하였는데, 주서는 춘추관기사관을 겸임하며 승정원을 거친 문서와 기록뿐만 아니라 실록 편찬에 참고했던 국내외 기록을 두루 검토·정리하는 임무를 수행하였다. 사관의 역할을 맡은 주서가 기록한 일기는 한 달 단위로 종합하여 국왕의 재가를 받아야 했고, 그 전에는 외부로 공개되지 못하였다.[3] 『조선왕조실록』이 국왕조차 당대에 열람하기 어려운 것에 비하면 『승정원일기』는 『일성록』, 『비변사등록』과 더불어 국정 운영에 참고할 수 있었던 자료라는 특징이 있었다. 고종 25년(1888)에 승정원에 화재가 일어나 철종 2년(1851)부터 고종 25년(1888)까지의 기록을 소실한 뒤 고종 27년(1890)에 개수하였다. 『승정원일기』 원본은 초서로 되어 있었는데, 1960~1977년까지 국사편찬위원회에서 탈초 작업을 진행하였고, 이후 구두점을 찍어 141책으로 간행·보급하였다. 현재 원본은 서울대학교 규장각에 소장되어 있으며 2001년도에 유네스코 세계기록유산으로 지정되었다.[4]

---

3 신병주, 2001, 「『승정원일기』의 자료적 가치에 관한 연구」, 『규장각』 24, 9쪽.

4 『승정원일기』에 대한 연구는, 신병주, 2001, 「『승정원일기』의 자료적 가치에 관한 연구」, 『규장각』 24; 명경일,

승정원은 1894년 갑오개혁을 통해 궁내부 부속의 승선원으로 변경되었고 『승정원일기』의 명칭도 『승선원일기』로 변경되었다. 이후 잦은 관제 개혁에 따라 왕명 출납의 기능이 어느 기관이나 관료에게 있느냐에 따라 『승정원일기』의 명칭도 변경되었다. 이러한 혼란에도 불구하고 『고종실록』과 『순종실록』이 일제강점기 일본인에 의해 편찬되어 엄밀성과 객관성에 한계를 가진 것을 감안하면, 『승정원일기』는 근대 시기 관찬 자료로 돋보이는 사료적 가치를 가진다.

3) 『일성록』

『일성록』은 조선 영조 36년(1760)부터 대한제국 융희 4년(1910)까지 매일 국왕의 동정과 국정의 제반 사항을 기록한 사서이다. 정조는 세손 시절부터 일록(日錄)을 작성하였는데, 즉위 후에도 이를 지속하다가 국정을 반성하고 정사에 참고할 수 있도록 국가적 일기로 발전시켰다. 정조는 『일성록』이 『승정원일기』와 같아질 것을 우려하여 그 명칭과 체계를 고심하였다고 전한다. 정조 5년(1781) 그 체계가 대략적으로 결정된 것으로 추정된다. 『일성록』은 일기체에서 강목체로 변경되었고 정조 7년(1783)부터는 그 작성의 임무가 규장각으로 이전되었다.

『일성록』은 처음부터 일기로 시작한 것이었기 때문에 일단 찬수되면 국왕이 근처에 두고 언제나 열람할 수 있었다. 열람에 편리하도록 편찬 범례를 정하고 국정의 모든 자료를 수집·분류하였으며 강목(綱目)을 활용하여 그날의 국정 내용을 일목요연하게 파악할 수 있도록 하였다. 국왕을 주 독자로 상정하였으므로 중요한 국정 자료는 빼놓지 않고 실었고 이에 『조선왕조실록』과 『승정원일기』에는 없는 내용이 『일성록』에 있는 경우도 적지 않다. 특히 『일성록』에는 청국에 다녀온 사신들의 보고서인 문견별단(聞見別單)과 이들이 복명하며 청국 및 국제정세에 대하여 국왕과 나눈 대화가 모두 기록되어 있다. 『승정원일기』가 승정원에 매일 출납된 문서를 전수 기록하여 지나치게 방대하다는 문제가 있었기 때문에 『일성록』은 그러한 점을 보완하는 측면도 있었다. 이후 『일성록』은 1982~1996년에 걸쳐 서울대학교 도서관과 규장각에서 영인·간행하였다.

2014, 「정조대 전교축(傳敎軸)을 통해 본 승정원일기(承政院日記)의 문서 등록(謄錄)체계」, 『고문서연구』 44 등이 있다.

1996년에는 서울대학교 한국문화연구소에서 전산화 작업을 시작하였고, 2011년에는 유네스코세계기록유산에 등재되었다. 한국고전번역원의 국역 작업도 진행되고 있다.

『일성록』의 영토·해양 자료는 국왕이 정책을 수립하는 데 참고한 내밀한 정보와 조선 관료층의 당시 현실에 대한 인식 등을 알 수 있는 근대사 연구에 중요한 1차 사료이다.[5]

4) 『비변사등록』

『비변사등록』은 조선 중·후기의 국가 최고 회의기관이었던 비변사의 활동을 기록한 자료이다. 비변사는 중종 12년(1517)에 창설한 기구로 비국(備局) 혹은 묘당(廟堂)이라고도 하였다. 본래 조선의 중앙정치기구는 의정부·육조·삼사 등으로 구성되어 정책 결정과 행정 실무 집행, 권력 행사 견제 기능이 분립하고 있었다. 그러나 중종 5년(1510) 삼포왜란과 이어지는 여진 침입에 대비하여 신속하고 정확한 군사적 대응이 지속적으로 필요해지면서 비변사가 창설되었다.[6]

비변사는 의정부의 세 의정을 도제조(都提調)로 임명하고 변방 사정에 익숙한 신료를 제조로 두어서 군사 사무를 처리하게 하였다. 이후 임진왜란이 일어나자 전쟁 수행을 위한 최고기관으로 비변사를 활용하면서 그 기능이 대폭 확대·강화되었고 이것이 고착화되어 조선 후기 최고 정책결정기관으로서 자리매김하게 되었다. 이에 따라 의정부나 육조가 그 기능을 상실하게 되면서 일찍부터 비변사 폐지론이 대두하였지만 실현되지는 못하였다. 비변사는 갑오개혁(1894)까지 존속하였다.

『비변사등록』은 매월 1일마다 좌목(座目)이 쓰여졌는데 좌목은 의정(도제조), 당상(제조), 낭청 순으로 기록되었다. 비변사의 비중이 커지는 조선 후기로 갈수록 『비변사등록』에서 이들의 비중이나 권한이 커지고 있음이 발견된다. 『비변사등록』은 비변사 회

---

5 『일성록』과 관련한 연구는 연갑수, 2004, 「『日省錄』의 사료적 가치와 활용 방안」, 『민족문화』 27; 오항녕, 2004, 「조선후기 국사체계의 변동에 관한 시론-실록(實錄)에서 일성록(日省錄)으로-」, 『역사와 현실』 52; 이강욱, 2014, 「『日省錄』 別單의 형식 및 분류」, 『민족문화』 44; 김옥경, 2016, 「『日省錄』 번역 현황과 과제」, 『민족문화』 47 등이 있다.

6 『비변사등록』과 관련한 연구는 임정은, 2006, 「비변사등록의 서지학적 연구」, 『이화여대대학원』; 이근호, 2008, 「備邊司謄錄의 敍述體系와 內容」, 『사학연구』 91 등이 있다.

의 내용 자체보다는 비변사의 논의 결과를 왕에게 올리고 그 하답을 받는 것이 기록된다. 다만 비변사에서 매일 회의가 개최되는 것은 아니었기 때문에 정식으로 회의가 개최되지 않았을 때 논의된 사항은 다음 정식회의 개최 시 그 논의한 날짜와 함께 부기하였다. 원본은 필사본 한 질이 남아 있으며, 현재 서울대학교 규장각에 있다. 이후 1959~1960년까지 국사편찬위원회가 탈초 작업을 진행하였으며, 구두점을 찍어 영인본 28책으로 출판하였다.

비변사가 전반적인 국정 운영을 총괄하는 기능을 가졌기 때문에 그 회의 상황과 의결 내용을 기록한 『비변사등록』도 방대한 분야의 내용을 담게 되었다. 비변사에서 회의가 있을 때마다 낭관이 입회하여 사안을 직접 기록하였다. 따라서 『조선왕조실록』 편찬의 기본 자료로 사용되고, 현재 근대사 연구의 주요한 1차 사료로 이용되고 있다.

II. 영토·해양 관련 자료의 해제

근대 시기 조선 정부의 대표적인 공적 자료는 『고종실록』·『순종실록』, 『승정원일기』, 『일성록』, 『비변사등록』이다. 근대의 기점에 대해서는 여러 견해가 있지만, 자료적 완결성을 위해 『고종실록』 즉 고종 원년인 1864년부터 국권을 상실하는 1910년까지를 대상으로 하였다. 세부적으로 『비변사등록』이 『의정부등록』의 형태로 1892년까지 존속하고, 1894년 갑오개혁을 기점으로 영토·해양에 대해 다소의 변화가 있기 때문에 2단계로 나누어 정리하였다.

영토·해양과 관련된 자료의 선별은 그동안 진행된 연구에서 사용 빈도가 높은 키워드인 울릉, 연해, 압록, 두만, 도문, 토문, 백두, 간도, 국경, 쇄환, 이중하, 삼척영장, 월송만호, 회령부사, 종성부사, 수토(搜討), 이범윤·우용정, 경원·온성·훈춘·무산, 강원·평북·함북, 동해 등 20개의 주제어를 선별하였다. 그 내역은 다음 〈표 1〉과 같다.

〈표 1〉 영토·해양 관련 주제어

구분		『고종·순종실록』		『승정원일기』		『일성록』		『비변사 등록』
		1864~1893	1894~1910	1864~1893	1894~1910	1864~1893	1894~1910	1864~1892
1	울릉	11	8	24	6	7	3	1
2	연해	32	9	40	5	33	5	5
3	압록	10	7	22	6	18	6	1
4	두만	10	5	9	2	9	2	3
5	도문	6	2	4	0	2	0	0
6	토문	8	1	11	1	8	1	3
7	백두	5	2	7	3	6	3	1
8	간도	1	5	2	13	2	6	0
9	삼척영장	2	0	2	3	1	0	0
10	국경	0	13	0	19	34	16	38
11	쇄환	8	0	8	0	9	0	7
12	이중하	6	0	11	0	0	0	2
13	월송만호	3	0	4	0	3	0	0
14	회령부사	1	0	10	0	9	0	6
15	종성부사	3	0	6	0	5	0	4
16	수토(搜討)	0	2	0	2	0	2	0
17	이범윤·우용정	0	2	0	2	0	2	0
18	경원·온성·훈춘·무산	0	8	0	3	0	4	0
19	강원·평북·함북	0	20	0	13	0	12	0
20	동해	0	2	0	2	0	2	0
합계	**소계**	**106**	**86**	**160**	**80**	**146**	**64**	**71**
	713	**192**		**240**		**210**		**71**

이들 주제어를 통해 『고종실록』·『순종실록』에서 192개, 『승정원일기』에서 240개, 『일성록』에서 210개, 『비변사등록』에서 71개 등 총 713개의 항목을 추출하였다. 주제의 특성상 이들 항목은 상당 부분 중복된다. 중복된 항목을 제외하면 『고종실록』·『순종실록』은 144개, 『승정원일기』 222개, 『일성록』 160개, 『비변사등록』 63개 등 총 589개의 기사이다.

이 자료집은 『승정원일기』, 『고종실록』·『순종실록』, 『일성록』, 『비변사등록』에서 영토·해양이 포함된 내용을 찾아 시간순으로 1864년(5개), 1865년(5개), 1866년(12개), 1868년(3개), 1870년(7개), 1871년(10개), 1872년(7개), 1873년(7개), 1874년(4개), 1875년(2개), 1876년(8개), 1877년(8개), 1879년(4개), 1880년(4개), 1881년(7개), 1882년(16개), 1883년(7개), 1884년(19개), 1885년(13개), 1886년(6개), 1887년(6개), 1888년(7개), 1889년(7개), 1890년(5개), 1891년(2개), 1892년(4개), 1893년(2개), 1894년(10개), 1895년(5개), 1896년(5개), 1897년(4개), 1898년(4개), 1899년(8개), 1900년(5개), 1901년(3개), 1902년(1개), 1903년(7개), 1904년(6개), 1905년(10개), 1906년(1개), 1907년(7개), 1908년(7개), 1909년(12개), 1910년(3개) 등 285개 항목의 원문을 검수하고, 번역문을 정리하는 것으로 구성하였다.

1. 『고종실록』과 『순종실록』의 근대 영토·해양 관련 자료 해제

『고종실록』의 1864~1893년까지 영토·해양 관련 자료는 '울릉, 연해, 압록, 두만, 도문, 토문, 백두, 간도, 쇄환, 이중하, 삼척영장, 월송만호, 회령부사, 종성부사'라는 14개의 핵심어를 사용하였다. 『고종실록』에는 울릉 11개, 연해 32개, 압록 10개, 두만 10개, 도문 6개, 토문 8개, 백두 5개, 간도 1개, 쇄환 8개, 이중하 6개, 삼척영장 2개, 월송만호 3개, 회령부사 1개, 종성부사 3개 도합 106개의 관련 항목을 추출했다.

울릉 관련 항목은 11개이고, 시기로는 1881~1891년까지이다. 기사의 내용은 일본인이 울릉도에 들어와 천막을 치고 목재를 벌채하는 등의 침탈 행위를 빈번히 저지른다는 것과 울릉도에 검찰사를 파견하여 일본인들의 침탈을 막고자 하는 조선 정부의 노력, 그리고 울릉도의 지속적인 관리를 위해 직제를 설치하고 관리를 임명하는 한편으로 거류민의 이주 계획을 수립하는 논의 과정과 관련된 내용이다.

연해 관련 항목은 32개이고, 시기로는 1864~1893년까지이다. 대상이 되는 연해는 경기도·황해도·경상도·전라도·삼남·함경도가 언급되고 있어, 전국의 모든 해안선을 포함하고 있다. 내용은 연해 지역의 방위를 위해 군사시설의 확충, 경계 강화, 군사훈련, 군사들의 위무 등과 관련된 사항과 바다를 통한 청국을 비롯한 외국과의 밀거래, 선편을 통한 국내의 밀거래 등 상업과 관련된 사항과 조선의 해양에 들어오는 청국 사람들의 어업활동 금지 요청 등의 기사이다.

압록 관련 항목은 10개이고, 시기로는 1873~1891년까지이다. 내용은 압록강을 두고 청국 지방정부의 관아 설치와 조선에서 설치한 군영의 운영, 청국과 상민수륙무역장정 체결, 청국 지방정부인 봉천과 변민교역장정을 체결한 기사이다.

두만 관련 항목은 10개이고, 시기로는 1864~1887년까지이다. 내용은 러시아인들이 두만강 주변에 집을 짓고 통상 요구와 이에 대한 조선 정부의 대응, 러시아의 산동 진출과 관련된 기사이다.

도문 관련 항목은 6개이고, 시기로는 1864~1888년까지이다. 내용은 청국과 경계를 확정하기 위한 노력으로 '도문강(圖們江)'에 대한 조사, 두만강의 이칭으로 청국과 국경에서 벌어지는 개척 문제, 유민의 쇄환과 관련된 기사이다.

토문 관련 항목은 8개이고, 시기로는 1884~1888년까지이다. 내용은 국경의 동쪽 경계로서의 토문의 의미로 간도와 연관된 개념과 관련된 기사이다.

백두 관련 항목은 5개이고, 시기로는 1884~1887년까지이다. 내용은 청국과의 국경 분쟁의 핵심인 백두산정계비의 토문강 문제에 대한 해석 기사와 국경 분쟁의 해결을 위해 조선에서 파견한 토문감계사 이중하의 보고 기사이다.

간도 관련 항목은 1개이고, 1884년 2월 24일 기사이다. 내용은 6진과 간도의 전토 100결을 가난한 백성들에게 부쳐 주어 백성을 늘리라는 기사이다.

쇄환 관련 항목은 8개이고, 시기로는 1870~1887년까지이다. 내용은 청국 길림 지역 등에 들어간 조선인의 쇄환과 관련된 기사, 비적과 관련된 기사이다.

이중하 관련 항목은 6개이고, 시기로는 1885~1888년까지이다. 내용은 이중하의 토문감계사에 임명과 파견 과정, 이중하가 청국 관원 진영 등과 함께 백두산 정상까지 올라가 보고 두만강의 근원을 두루 실지로 조사한 내용에 대한 보고의 기사이다.

삼척영장 관련 항목은 2개이고, 시기로는 1882~1884년까지이다. 내용은 울릉도 담당 관리인 삼척영장과 월송만호가 교대로 울릉도를 순회하면서 수색하였다는 기사이다.

월송만호 관련 항목은 3개이고, 시기로는 1865~1890년까지이다. 내용은 월송만호가 울릉도를 관리하며, 해당 지역의 특색을 고려하여 필요한 인원을 자체적으로 충원하게 했다는 기사이다.

회령부사 관련 항목은 1870년 기사가 유일하다. 내용은 진무사·동래수사·회령부사·제주목사·강계부사는 모두 병부에서 추천하게 한다는 기사이다.

종성부사 관련 항목은 3개이고, 시기로는 1877~1884년까지이다. 내용은 종성부사는 이전과 같이 당상 문신으로 파견하게 한 것, 종성부사가 국경과 관련된 긴급한 사항을 직보한 기사이다.

1894년 이후 근대 영토·해양 관련 자료는 '울릉, 연해, 압록, 두만, 도문·토문, 백두, 간도, 수토, 이범윤·우용정, 국경, 경원·온성·종성·회령·훈춘·무산, 강원도·평안북도·함경북도, 동해'라는 13개의 핵심어를 중심으로 자료를 추출하였다. 구체적으로 울릉 8개, 연해 9개, 압록 7개, 두만 5개, 도문·토문 3개, 백두 2개, 간도 5개, 수토 2개, 이범윤·우용정 2개, 국경 13개, 경원·온성·종성·회령·훈춘·무산 8개, 강원도·평안북도·함경북도 20개, 동해 2개 도합 78개의 관련 항목을 추출해『승정원일기』,『일성록』과 비교하여 오탈자 등을 확인한 후 원문에 구두점을 찍고, 번역하였다.

『고종실록』과『순종실록』의 1894~1910년까지 울릉도 관련 항목은 8개이고, 시기로는 1894~1904년까지이다. 내용은 압록강을 중심으로 한 1894년의 혼란기 울릉도에 대한 정책의 변화, 러시아인들에 대해 울릉도에 대한 벌채권을 허가한 내용, 울릉도에 도장과 도감이 설치되어 임용되고 직제와 직임을 규정한 일, 1900년 울릉도를 울릉군으로 개칭한 기사이다.

연해 관련 항목은 9개이고, 시기로는 1894~1909년까지이다. 내용은 압록강을 중심으로 한 일본이 청일전쟁을 앞두고 조선에 압력을 행사하여 조일잠정합동조관이 작성된 것, 1904년 러일전쟁 시기 '한국인과 일본인 사이에서 적용되는 어로 규정'을 공포하여 일본인들에게 자유로운 어업권을 보장해준 사항, 한일약정서를 강제로 체결함으로써 대한제국에 대한 외교권의 박탈은 물론 1908년 한일어업협정서를 작성하여 한국 연해에 대한 일본인들의 어업권을 보장하게 한 조처와 관련된 기사이다.

압록 관련 항목은 7개이고, 시기로는 1895~1907년까지이다. 내용은 청일전쟁 시기 조선 지배층의 대응으로 김우용이 압록강을 중심으로 한 국경 방비 강화의 상소, 1896년 아관파천 때 러시아에 압록강 연변의 벌채권을 제공한 것, 러일전쟁 발발 이후 러시아에 주어졌던 압록강 연변의 벌채권에 대한 무효화, 1907년 서북영림창관제가 반포되어 압록강 연안에 대한 벌채권이 일본으로 넘어갔음을 보여주는 기사이다.

두만 관련 항목은 5개이고, 시기로는 1895~1907년까지이다. 내용은 두만강에 대한 인식과 1904년 러일전쟁이 진행될 시기, 러시아에게 주어졌던 두만강과 압록강 연변의 삼림에 대한 벌채권을 내어준 사항, 러일전쟁에서 승리한 일본이 두만강삼림경영협동약관과 서북영림창관제를 통해 삼림 벌채권 등 각종 이권을 탈취해가는 과정을 알 수 있는 기사이다.

도문 관련 항목은 3개이고, 시기로는 1903~1909년까지이다. 내용은 이범윤에게 북간도 관리를 맡긴 것과, 을사늑약 이후 1907년 간도파출소가 설치되고 청과 일본 사이에 간도와 관련된 협약을 체결하면서 토문강에 대한 입장이 보이는 기사이다.

백두 관련 항목은 2개이고, 시기로는 1895~1903년까지이다. 내용은 청일전쟁 발발 후 조선에서 백두산을 경계로 한 북방 영토에 대한 관심을 보여주는 기사, 대한제국 성립 이후 국토에 대한 오악·오진·사해·사독의 관념으로 백두산의 기점 문제에 대한 기사이다.

간도 관련 항목은 5개이고, 시기로는 1903~1909년까지이다. 내용은 대한제국시기 이범윤을 북간도관리로 임명할 것을 요청, 1907년 통감부에 의해 설립된 간도파출소의 인원 파견·운영 규칙, 청진항-간도-훈춘으로 이어지는 수출입 화물의 처리에 대한 규정과 관련된 기사이다.

수토 관련 항목은 2개이고, 시기로는 1894~1895년까지이다. 내용은 경상도위무사 이중하가 울릉도를 수토하는 격군과 집물의 폐지 요청, 내무대신 박영효가 울릉도민의 사무를 관장할 도장 임명 요청과 관련된 기사이다.

이범윤·우용정 관련 항목은 2개이고, 시기로는 1899~1903년까지이다. 내용은 우용정을 파견하여 울릉도 조사를 하고 이범윤을 북간도관리로 임명하여 북간도에 대한 지배권을 강화하고자 하는 과정을 볼 수 있는 자료이다.

국경 관련 항목은 13개이고, 시기로는 1895~1909년까지이다. 내용은 국경방비와 관련된 조선 지배층의 견해, 1899년 한청통상조약의 체결로 청과 대한제국과의 국경에 관한 규정, 대한제국 시기 북방에 대한 관심과 울릉도 등 해양의 경계 설정, 1905년 외교권 박탈 후 러일강화조약과 이에 따른 조선의 반발, 압록강·두만강 삼림경영협동약관 체결 등의 기사이다.

경원·온성·종성·회령·훈춘·무산 등 동북 지역 관련 항목은 8개이고, 시기로는 1895~1909년까지이다. 내용은 청일전쟁 시기 동북 지역의 방비, 변경 지역의 지방제도 개편과 아관파천 시기 러시아인에게 경원과 종성의 사금광 채굴 허가, 대한제국 시기 서북진위대대 설치, 국권상실 직전 청진항 경유 간도·훈춘 지방 수출입 화물의 관세 면제에 관한 법률의 제정과 간도에 관한 청과 일본의 협약과 관련된 기사이다.

강원도·평안북도·함경북도 관련 항목은 20개이고, 시기로는 1897~1909년까지이다. 내용은 대한제국 시기 지역 편제의 개편으로 평안북도 관찰부의 위치를 영변으로 바꾸고 성진군에 신설한 사항, 독일인 월터 등 서구 여러 나라와 일본인들에게 이권을 분배하며 자주권을 획득하고자 노력하는 대한제국 정부의 모습을 보여주는 기사와 서북진위대대 설치, 울릉도를 울도군으로 개칭, 연해 지방에 포대를 설치, 이범윤을 북간도관리로 파견, 함경북도 국경경무서 및 각 개항 시장 경무서 관제를 폐지, 함경북도 부령군 청진을 개방, 청진항 경유 간도·훈춘 지방 수출입 화물의 관세 면제에 관한 법률 반포 등과 관련된 기사이다.

동해 관련 항목은 2개이고, 시기로는 1894~1903년까지이다. 내용은 경상도위무사 이중하가 울릉도를 수토하는 격군과 집물을 없앨 것을 청한 기사와 장례원경 김세기가 오악·오진·사해·사독을 정하는 일을 보고한 기사이다.

2. 『승정원일기』의 근대 영토·해양 관련 자료 해제

『승정원일기』의 1864~1893년까지 영토·해양 관련 자료는 울릉 24개, 연해 40개, 압록 22개, 두만 9개, 도문 4개, 토문 11개, 백두 7개, 간도 2개, 쇄환 8개, 이중하 11개, 삼척영장 2개, 월송만호 4개, 회령부사 10개, 종성부사 6개 등 도합 158개의 관련 항목을 추출하였다.

울릉 관련 항목은 24개이고, 시기로는 1879~1893년까지이다. 『고종실록』에서는 대마도 혹은 일본의 침탈과 관련된 항목이 소략하거나 누락되어 있지만, 『승정원일기』에는 자세한 내용이 수록되어 있다. 내용은 울릉도수토관의 보고와 울릉도검찰사의 임명과 부임, 현황 보고 등에 대한 진행 경과와 울릉도에 들어와 천막을 치고 목재를 벌채하는 등의 일본인의 침탈 행위에 대한 상세한 내용과 함께 이를 방지하기 위한 거류민의 보호와 울릉도 자원에 대한 활용 방안에 대한 내용이 기술되어 있다. 그리고 울릉도의 지속적인 관리를 위해 직제를 설치하고 관리를 임명하고, 정부가 공식적으로 지방편제에 포함하여 운영하는 구체적인 사례가 기록되어있다.

연해 관련 항목은 40개이고, 시기로는 1864~1893년까지이다. 대상이 되는 연해는 경기도·황해도·경상도·전라도·삼남·황해도·함경도가 언급되고 있어, 전국의 모든 해안선을 포함하고 있다. 『고종실록』의 기사보다 풍부한 내용를 제공해준다. 내용은 연해 지역의 방위를 위해 군사시설의 확충, 경계 강화, 군사훈련, 군사들의 위무, 보급 등과 관련된 내용과 청국을 비롯한 외국과의 밀거래, 선편을 통한 국내의 밀거래, 조선의 해양에 들어와 어업활동을 하는 청국 사람들과 관련된 자료이다.

압록 관련 항목은 22개이고, 시기로는 1864~1892년까지이다. 『승정원일기』의 압록에 대한 기사는 『고종실록』의 항목 10개에 비해 2배 이상 많으며 압록강에 대한 조선인들의 인식을 보여주는 내용이 주를 이룬다. 내용은 압록강을 두고 청국 지방정부의 관아 설치와 조선에서 설치한 군영의 운영과 관련된 기사와 압록강의 주변에서 일어나는 동절기 월경 문제에 대한 조선 정부의 고민과 비적들에 대한 대책, 그리고 압록강을 '위화도'로 상징되는 조선의 건국의 상징이자 국경의 상징으로 인식한 기사이다.

두만강 관련 항목은 9개이고, 시기로는 1874~1887년까지이다. 내용은 두만강 동쪽은 곧바로 러시아의 국경과 접하고 있어 경계를 강화하여야 하고, 청국과의 국경 획정의 기점이라는 점을 제시한 자료이다.

도문 관련 항목은 4개이고, 시기로는 1864~1888년까지이다. 내용은 길림장군이 불탄 관방의 수리를 위해 도문강 경계를 넘어 재목을 베려 할 때 협조하려 하는 상황과 러시아가 도문강에서 산동을 향해 진출한다는 것에 대한 정세보고이다.

토문 관련 항목은 11개이고, 시기로는 1881~1885년까지이다. 내용은 청국에서 토문강(土門江)을 넘어 땅을 개간하여 파종하는 것을 금하게 하라는 요구와 월경인의 쇄환 문제와 안변부사 이중하를 토문감계사로 임명한 기사이다.

백두 관련 항목은 7개이고, 시기로는 1873~1887년까지이다. 내용은 청국과의 국경 분쟁의 핵심인 '백두산정계비'의 토문강 문제에 대한 해석기사와 북방 영토에 대한 관념과 관련된 기사이다.

간도 관련 항목은 2개이고, 1884년의 기사이다. 내용은 6진과 간도의 가난한 백성들에게 땅을 나누어주는 등 간도의 개척과 운영 방안과 관련된 기사이다.

쇄환 관련 항목은 6개이고, 시기로는 1870~1892년까지이다. 내용은 간도 지역 등에 들어간 조선인들의 쇄환과 관련된 기사와 두만강 북쪽의 간도 지역과 러시아의 연해주에 분포한 비적과 관련된 기사이다.

이중하 관련 항목은 11개이고, 시기로는 1885~1888년까지이다. 내용은 안변부사 이중하를 덕원부사의 후임으로 제수하고, 이중하가 토문감계사에 임명되어 백두산에 올라 두만강의 근원을 두루 실지로 조사하고 이에 대한 보고 사항, 덕원부사 이중하가 보고한 지방세의 개선 방안에 대한 사항이다.

삼척영장 관련 항목은 2개이고, 시기로는 1882~1884년까지이다. 내용은 울릉도는 본래 삼척영장과 월송만호가 돌아가면서 수색하였다는 기사이다.

월송만호 관련 항목은 4개이고, 시기로는 1882~1890년까지이다. 내용은 월송만호가 울릉도의 운영 범위에 속해 관명이 삼척포진관월송포수군만호 겸울릉도도장으로 한다는 기사이다.

회령부사 관련 항목은 10개이고, 시기로는 1870~1892년까지이다. 내용은 회령이라는 지역은 변방의 중요한 땅으로 회령부사는 감리관북통상사무의 직을 겸하여 변방에서 시관까지 담당하게 한다는 등의 기사이다.

종성부사 관련 항목은 6개이고, 시기로는 1877~1889년까지이다. 내용은 종성부사는 이전과 같이 당상 문관으로 명망이 있고 유능한 사람을 파견하고 시관의 임무와 긴급 보고의 임무를 부과한다는 사항이다.

1894년 이후 근대 영토·해양 관련 자료는 '울릉, 연해, 압록, 두만, 토문, 백두, 간도, 수토, 이범윤·우용정, 삼척영장, 국경, 경원·온성·종성·회령·훈춘·무산, 강원도·

평안북도·함경북도, 동해'라는 14개의 핵심어를 중심으로 자료를 추출하였다. 구체적으로 울릉 6개, 연해 5개, 압록 6개, 두만 2개, 도문·토문 1개, 백두 3개, 간도 13개, 수토 2개, 이범윤·우용정 2개, 삼척영장 3개, 국경 19개, 경원·온성·종성·회령·훈춘·무산 3개, 강원도·평안북도·함경북도 13개, 동해 2개 등 도합 80개의 관련 항목을 추출해 『고종실록』·『순종실록』, 『일성록』, 『비변사등록』과 비교하여 오탈자 등을 확인한 후 원문에 구두점을 찍고, 번역하였다.

울릉 관련 항목은 6개이고, 시기로는 1894~1903년까지이다. 『고종실록』에서는 울릉도에 대한 기사 가운데 도감의 설치, 울릉도 수토, 명칭 개칭, 러시아인에게 벌채권을 허락하는 등의 공식적 칙령과 관련된 내용이 주를 이루지만, 『승정원일기』에는 정부의 조직과 기구에서 이루어진 내용이 수록되어 있다. 내용은 울릉도의 군교(軍校) 임명, 울릉도 방비와 울릉도민의 사무를 관장할 도장 임명과 관련된 사항과, 우용정을 파견하여 울릉도를 조사할 것을 요청, 외부참서관 조성협을 울릉도삼림감리로 임명하는 정도의 기사이다.

연해 관련 항목은 5개이고, 시기로는 1897~1909년까지이다. 내용은 함경북도 연해 지방대 군사들의 급료 지급 방안, 강원도 고성군에 지방대의 설치 문제, 그리고 해상충돌예방법의 제정 관련 기사이다.

압록 관련 항목은 6개이고, 시기로는 1894~1903년까지이다. 고종 시기 전반기까지 『승정원일기』에 나타난 압록강과 관련된 기사에 비해 그 양은 4분의 1에 불과하다. 이전의 사항은 압록강을 두고 청국 지방정부의 관아 설치와 조선에서 설치한 군영의 운영과 관련된 기사이다. 내용은 청의 압록강 천변의 개발과 이에 대응하는 조선 정부의 국경의 수호 대책에 대한 논의에 대한 기사와 '위화도'로 상징되는 조선의 건국 혹은 국경의 상징으로서의 압록강을 국경과 경계로서의 압록강, 이권 침탈의 대상으로서의 압록강으로 본 기사에 한정된다.

두만강 관련 항목은 2개이고, 시기로는 1895~1903년까지이다. 내용은 전집의 김우용의 국경 방비에 관한 상소와 전 의관 강홍대의 상소문에 나타난 기사이다.

토문 관련 항목은 1개이고, 시기로는 1903년의 기사뿐이다. 내용은 의정부참정 김규홍이 이범윤을 토문의 북간도관리로 임명한 기사이다.

백두 관련 항목은 3개이고, 시기로는 1895~1896년까지이다. 내용은 백두산 북쪽은 청나라의 국경과 접해 있고 두만강 동쪽은 곧바로 러시아의 국경과 접하고 있다는 등의 북방 영토에 대한 근대적인 영역과 영토 관념과 관련된 기사이다.

간도 관련 항목은 13개이고, 시기로는 1903~1910년까지이다. 내용은 대한제국 시기 북간도의 영유권 확보를 위해 이범윤을 북간도관리로 임명하고 조정준을 북간도 종두지소 사무위원으로 임명하고 그리고 경시 강근도·한재찬·유명렬 등을 북간도에 임명한 기사이다.

수토 관련 항목은 2개이고, 시기로는 1894~1895년까지이다. 내용은 경상도위무사 이중하가 울릉도를 수토하는 격군과 집물을 없앨 것을 요청한 것과 내무대신 박영효가 울릉도민의 사무를 관장할 도장을 임명할 것을 요청했다는 기사이다.

이범윤과 우용정 관련 항목은 2개이고, 시기로는 1899~1903년까지이다. 내용은 우용정을 파견하여 울릉도를 조사하게 한 것과 이범윤을 북간도관리로 임명한 기사이다.

삼척영장 관련 항목은 3개이고, 시기로는 1894년 1~7월까지이다. 내용은 이석호를 삼청영장으로 임명하고, 파직된 삼척영장의 자급 환수를 보고했다는 기사이다.

국경 관련 항목은 19개이고, 시기로는 1895~1909년까지이다. 내용은 강화유수 신정희에게 알린 내용과 러시아 전권공사 민영환을 불러 러시아의 현황을 묻고, 주일공사 성기운을 불러 일본의 정세에 대해 보고받고, 부첨사 이재각으로부터 영국의 정세에 대해 보고받은 문건 중 국경과 관련된 기사와, 의정부참정 김규홍이 이범윤을 북간도관리로 임명을 요청받은 사실 등에 관한 기사이다.

경원·온성·종성·회령·훈춘·무산 등 동북 지역 관련 항목은 8개이고, 시기로는 1895~1909년까지이다. 내용은 청일전쟁 시기 동북지역의 방비, 변경 지역의 지방제도 개편과 아관파천 시기 러시아인에게 경원과 종성의 사금광 채굴 허가, 대한제국 시기 서북진위대대 설치 등과 관련된 기사이다.

강원도·평안북도·함경북도 관련 항목은 13개이고, 시기로는 1897~1909년까지이다. 내용은 군교 임명에 대해 보고에 포함된 강원도 관련 기사, 함경북도 안무사 이규원에게 변경 지역을 안정시켜줄 것을 청하는 상소, 그리고 청진토지규칙의 반포와 청진관유지매하규칙과 부령군 청진항 항계 제정, 청진항 경유 간도·훈춘 지방 수출입 화물의 관세 면제에 관한 법률을 반포와 관련된 기사이다.

동해 관련 항목은 2개이고, 시기로는 1894~1903년까지이다. 내용은 경상도위무사 이중하가 울릉도를 수토하는 격군과 집물을 없앨 것을 청한 기사와 장례원경 김세기가 오악·오진·사해·사독을 정하는 일을 보고한 기사이다.

3. 『일성록』의 근대 영토·해양 관련 자료 해제

『일성록』의 1864~1893년까지 영토·해양 관련 자료는 '울릉, 연해, 압록, 두만, 도문, 토문, 백두, 간도, 쇄환, 국경, 이종하, 삼척영장, 월송만호, 회령부사, 종성부사'라는 15개 주제로, 울릉 7개, 연해 33개, 압록 18개, 두만 9개, 도문 2개, 토문 8개, 백두 6개, 간도 2개, 쇄환 9개, 국경 34개, 이종하 6개, 삼척영장 1개, 월송만호 3개, 회령부사 9개, 종성부사 5개 등 모두 152개의 관련 항목이다.

울릉 관련 항목은 7개이고, 시기로는 1881~1893년까지이다. 내용은 일본인이 울릉도에 들어와 천막을 치고 표지를 세우고, 벌목하는 등의 침탈 행위에 대해 울릉도에 검찰사 이규원을 파견하여 일본인들의 침탈을 막고자 하는 대책과 함께 울릉도의 지속적인 관리를 위해 직제를 설치하고 관리를 임명하는 등의 논의 과정이다.

연해 관련 항목은 33개이고, 시기로는 1864~1893년까지이다. 대상이 되는 연해는 경기도·경상도·전라도·삼남·함경도가 포함된 전국의 해안선을 지칭하지만 다수의 항목은 경기도에 집중되어 있다. 내용은 연해 지역의 방위를 위해 군사시설의 확충, 경계 강화, 군사 훈련, 군사들의 위무 등과 관련된 사항과 바다를 통한 청국을 비롯한 외국과의 밀거래, 선편을 통한 국내의 밀거래 등 상업과 관련된 사항이다. 또한 러시아가 혼춘 연해의 땅을 획득하면서부터 우리의 경계와 마주하게 된 이후 함경도 지역의 현황과 변경 방비의 대책과 관련된 사항이다.

압록 관련 항목은 18개이고, 시기로는 1864~1892년까지이다. 내용은 압록강 주변에 설치한 군영의 운영, 월경의 현황, 이에 대한 고종의 관심과 관련된 기사이다.

두만강 관련 항목은 9개이고, 시기로는 1865~1887년까지이다. 내용은 두만강 밖에 팔지(八池)에 관련된 사항과 두만강의 북쪽과 백두산의 아래에 있는 분수령을 기준으로 1천여 리의 땅은 김종서가 강토를 개척하여 국경으로 삼았다는 사항이다.

도문 관련 항목은 2개이고, 시기로는 1864~1888년까지이다. 내용은 길림장군이 불탄 관방의 수리를 위해 도문강 경계를 넘어 구하려 한 협조 사항과 도문의 경계 조사에 청국의 요청과 관련된 기사이다.

토문 관련 항목은 8개이고, 시기로는 1882~1887년까지이다. 내용은 북경 예부에서 보내온 토문강 유민의 쇄환 관련 내용, 국경의 서쪽은 압록강이고 동쪽은 토문강이라는 영토 관념을 보여주는 기사, 덕원부사 이중하가 청과의 협상 과정과 관련된 사항이다.

백두 관련 항목은 6개이고, 시기로는 1873~1887년까지이다. 내용은 청국과의 국경분쟁이 일자, 조선과 청은 국경분쟁의 해결을 위해 조선에서 파견한 토문감계사 이중하와 청의 관원 진영 등이 백두산 정상까지 올라가 두루 실지로 조사하고 협상을 벌였으나 타결 짓지 못한 과정을 보여주는 기사이다.

간도 관련 항목은 2개이고, 1884년의 기사이다. 내용은 '6진과 간도의 가난한 백성들에게 땅을 나누어주'라는 기사와 간도의 개척과 운영 방안과 관련된 기사이다.

쇄환 관련 항목은 9개이고, 시기로는 1870~1892년까지이다. 내용은 청국 간도 지역과 러시아 연해주 등에 들어간 조선인의 쇄환과 관련된 사항과 비적과 관련한 현황·대책에 관한 사항이다.

국경 관련 항목은 34개이고, 시기로는 1866~1885년까지이다. 내용은 북간도 지역으로 월경한 자들에 대한 처벌과 월경 방지 대책과 비적의 출몰, 이와 관련된 백성들의 동향, 국경 관리의 방안 등 국왕을 중심으로 한 조선 지배층의 동향과 관련된 사항이다.

이중하 관련 항목은 6개이고, 시기로는 1885~1891년까지이다. 내용은 안변부사 이중하를 토문감계사로 파견한 것과 이중하가 청국과의 국경과 쇄환 문제에 대한 재검토를 요청한 것, 덕원부사 이중하가 지방세에 대해 보고한 사항이다.

삼척영장 관련 항목은 1884년 기사가 유일하다. 내용은 울릉도 담당 관리 직명을 울릉도첨사 겸삼척영장으로 정한다는 것이다.

월송만호 관련 항목은 3개이고, 시기로는 1865~1890년까지이다. 내용은 월송만호를 해당 군영에서 자체적으로 추천하는 자리로 정하는 것과 월송만호 서경수의 처벌에 대한 사항이다.

회령부사 관련 항목은 9개이고, 시기로는 1870~1892년까지이다. 내용은 회령부사가 감리의 직을 겸하기 때문에 직접 보고하게 하고, 행영도시는 회령부사가 주관하여 시행하게 하고, 회령부사 이형순을 감리관북육로통상사무로 임명한 기사이다.

종성부사 관련 항목은 5개이고, 시기로는 1877~1889년까지이다. 내용은 종성부사 홍시형의 긴급한 보고와 종성부사 목승석을 파면하고 종성부사를 이전과 같이 당상 문신으로 파견하게 한다는 기사이다.

『일성록』에서 1894년 이후 자료는 '울릉, 연해, 압록, 두만, 토문, 백두, 간도, 수토, 이범윤·우용정, 국경, 경원·온성·종성·회령·훈춘·무산, 강원도·평안북도·함경북도, 동해'라는 13개의 핵심어를 중심으로 자료를 추출하였다. 구체적으로 울릉 3개, 연해 5개, 압록 6개, 두만 2개, 도문·토문 1개, 백두 3개, 간도 6개, 수토 2개, 이범윤·우용정 2개, 국경 16개, 경원·온성·종성·회령·훈춘·무산 4개, 강원도·평안북도·함경북도 12개, 동해 2개 등 도합 64개의 관련 항목을 추출해 『고종실록』·『순종실록』, 『승정원일기』와 비교하여 오탈자 등을 확인한 후 원문에 구두점을 찍고, 번역하였다.

울릉 관련 항목은 3개이고, 시기로는 1894~1899년까지이다. 내용은 경상도위무사 이중하가 울릉도를 수토하는 격군과 집물을 없앨 것을 청한 기사, 내무대신 박영효가 울릉도민의 사무를 관장할 도장을 임명할 것을 청한 기사, 내부대신 이건하가 우용정을 파견하여 울릉도를 조사할 것을 청한 기사이다.

연해 관련 항목은 5개이고, 시기로는 1897~1909년까지이다. 내용은 함경북도 연해 지방대 군사들의 급료 지급 방안에 대한 기사, 강원도 고성군에 지방대를 설치하게 하고 고성군에 설치할 지방대 편제 등 연해 지역에 대한 방비와 관련된 기사, 일본인들과 연해에서의 예상되는 충돌에 대해 '해상충돌예방법'을 제정한 기사이다.

압록 관련 항목은 6개이고, 시기로는 1894~1903년까지이다. 내용은 청의 압록강 천변 개발과 이에 대응하는 조선 정부의 국경의 수호 대책에 대한 논의에 대한 기사, 압록강은 '위화도'로 상징되는 조선의 건국 혹은 국경의 상징으로 이에 대한 강토의식이 나타난 기사이다.

두만강 관련 항목은 2개이고, 시기로는 1895~1903년까지이다. 내용은 전집의 김우용이 국경 방비에 관한 상소문에 두만강 동쪽 러시아와의 국경과 접하고 있어 경계를 강화하여야 한다고 쓴 기사와 전 의관 강홍대가 북쪽 변경 두만강 연안의 방어책에 대해 기술한 상소문 관련 기사이다.

백두 관련 항목은 3개이고, 시기로는 1895~1896년까지이다. 내용은 청국과의 국경을 '백두산 위에 큰 못이 있어 동쪽으로 흐르는 것이 두만강이고 서쪽으로 흐르는 것이 압록강으로 나눠어 우리와 저들의 경계'라는 기사와 '백두산 북쪽은 청나라의 국경과 접해 있고 두만강 동쪽은 곧바로 러시아의 국경과 접하고 있다'라는 기사이다.

간도 관련 항목은 6개이고, 시기로는 1903~1910년까지이다. 내용은 이범윤을 북간도관리로 임명한 기사와 경시 강근도에게 북간도에서 근무할 것을 명하고 칙령으로 간도에 파견하는 직원에 관한 규정을 반포했다는 기사와 1909년 9월 간도 파견 직원 폐지한 기사, 1910년 간도파출소장 사이토 스에지로 등에게 서훈한 기사이다.

수토 관련 항목은 2개이고, 시기로는 1894~1895년까지이다. 내용은 경상도위무사 이중하가 울릉도를 수토하는 격군과 집물을 없앨 것을 요청했다는 기사와 내무대신 박영효가 울릉도민의 사무를 관장할 도장을 임명할 것을 요청했다는 기사이다.

이범윤·우용정 관련 항목은 2개이고, 시기로는 1899~1903년까지이다. 내용은 우용정을 파견하여 울릉도를 조사하는 것 즉 수토의 작업을 진행할 것을 요청하는 기사와 이범윤을 북간도관리로 임명하여 북간도에 대한 지배권 강화와 관련된 기사이다.

국경 관련 항목은 19개이고, 시기로는 1895~1909년까지이다. 내용은 러시아 전권공사 민영환에게 러시아의 현황을 듣고, 부첨사 이재각으로부터 영국의 정세에 대해 보고 받는 기사, 유학 조정국, 전주사 김봉송, 전사과 여형섭, 전도사 전병훈, 전의관 강홍대, 군부대신 윤웅렬 등이 국경 북쪽 변경 방어책 등의 상소와 관련된 기사이다.

경원·온성·종성·회령·훈춘·무산 등 동북 지역 관련 항목은 4개이고, 시기로는 1895~1909년까지이다. 내용은 전집의 김우용, 전 의관 강홍대가 북쪽 변경 방어책에 관한 상소문을 올린 기사와 감영, 안무영과 유수 폐지에 관한 안건, 지방제도의 개정에 관한 안건과 청진항 경유 간도·훈춘 지방 수출입 화물의 관세 면제에 관한 법률을 반포한 기사이다.

강원도·평안북도·함경북도 관련 항목은 20개이고, 시기로는 1897~1909년까지이다. 내용은 함경북도 안무사 이규원에게 교서, 주사 김봉송 등이 변경지역을 안정시켜줄 것을 청하는 상소, 부사과 홍석범 등이 관찰부를 정주군에 둘 것을 청하는 상소, 전사과 여형섭, 의정부참정 김규홍, 중추원의관 김성기, 의정부참정 김규홍 등의 상소와 청진토지규칙, 청진관유지매하규칙 반포 등의 칙령 관련 기사이다.

동해 관련 항목은 2개이고, 시기로는 1894~1903년까지이다. 내용은 경상도위무사 이중하가 울릉도를 수토하는 격군과 집물을 없앨 것을 청한 기사이다.

4. 『비변사등록』의 근대 영토·해양 관련 자료 해제

『비변사등록』의 1864~1893년까지 영토·해양 관련 자료는 '울릉, 연해, 압록, 두만, 토문, 백두, 쇄환, 국경, 이중하, 회령부사, 종성부사'라는 11개의 주제로, 울릉 1개, 연해 5개, 압록 1개, 두만 3개, 토문 3개, 백두 1개, 쇄환 7개, 국경 38개, 이중하 2개, 회령부사 6개, 종성부사 4개 등 모두 109개의 관련 항목이다.

울릉 관련 항목은 1884년 기사가 유일하다. 내용은 울릉도도장 전석규가 일본인에게 목재 벌채를 용인한 죄로 형조에 압송한 기사이다.

연해 관련 항목은 5개이고, 시기로는 1871~1893년까지이다. 대상이 되는 연해는 부산, 경기, 함경도 지역에 한정되어 있다. 내용은 동래 금정산성의 방비에 대한 기록과 병인양요(1866)와 신미양요(1871) 이후 방비와 관련된 내용과 기연해방아문의 대부도와 영종도에 설치된 목장과 만리창(萬里倉)의 이전 문제와 관련된 기사이다.

압록 관련 항목은 1개이고, 1876년 기사가 유일하다. 내용은 청국 심양의 장군아문에서 초소를 세우는데 압록강의 조선 쪽 연안의 길을 빌려달라고 한 기사이다.

두만강 관련 항목은 3개이고, 시기로는 1865~1877년까지이다. 내용은 두만강 주변에 집을 지은 러시아인들의 통상요구와 이에 대한 거부 의견에 대한 내용과 두만강 동쪽은 곧바로 러시아의 국경과 접하고 있다는 강역의 인식과 관련된 기사이다.

토문 관련 항목은 3개이고, 시기로는 1882~1885년까지이다. 내용은 북경 예부에서 보내온 토문강(土門江) 유민의 쇄환(刷還) 문제에 대한 논의와 토문강의 경계가 명확하지 않으니 사사로이 경작하는 것을 허락하지 않고 관병을 파견하여 주둔시키고 단속하겠다는 기사이다.

백두 관련 항목은 1개이고, 시기로는 1887년 기사가 유일하다. 내용은 '백두산 북쪽은 청나라의 국경과 접해 있고 두만강 동쪽은 곧바로 러시아의 국경과 접하고 있다'라는 일반 현황의 기사이다.

쇄환 관련 항목은 7개이고, 시기로는 1870~1882년까지이다. 내용은 러시아로 도망친 범법자들을 송환하는 문제를 제기하면서 청나라 정부와 의견을 조율하는 기사와 길림, 토문을 포괄하는 북간도 지역 등에 들어간 조선인들의 쇄환과 관련된 기사이다.

국경 관련 항목은 38개이고, 시기로는 1866~1889년까지이다. 내용은 러시아인의 통상 요구로 촉발된 1866년의 병인박해와 관련된 내용으로 가톨릭 교도들에 대한 극단적 처벌, 외국과 밀무역을 하던 잠상(潛商) 등에 대한 대대적인 단속과 처벌과 관련된 기사, 북간도지역으로 월경한 자들에 대한 처벌과 월경 방지 대책과 비적과 관련된 기사이다.

이중하 관련 항목은 2개이고, 시기는 1888년이다. 내용은 감계사 이중하의 보고와 이에 따른 변방에 대한 조치사항에 대해 논의한 기사이다.

회령부사 관련 항목은 6개이고, 시기로는 1870~1889년까지이다. 내용은 회령부사 김재용의 파면 기사, 회령부사는 본래 비변사에서 천거하는 자리이고 감리의 직을 겸하기 때문에 비변사에 직접 보고하도록 한 기사이다.

종성부사 관련 항목은 4개이고, 시기로는 1877~1889년까지이다. 내용은 종성부사 목승석을 파면하다는 기사와 종성부사는 이전과 같이 당상 문신으로 명망이 있고 유능한 사람을 파견한다는 기사이다.

이상은 『고종실록』·『순종실록』과 『승정원일기』, 『일성록』, 『비변사등록』에서 영토·해양 관련 키워드 20개를 통해 추출한 713개의 항목을 해제를 통해 내용을 제시한 것이다. 하지만 같은 내용 등이 반복되기 때문에 285개의 항목을 시간순으로 제시한다. 같은 항목에서 『고종실록』·『순종실록』과 『승정원일기』, 『일성록』, 『비변사등록』에 같은 주제의 항목을 찾아 제시하였다.

근대 영토와 해양 관련 자료집

두만강 건너편의 모습과 러시아 사람들의 통상 요구에 대해 보고함.

1864년(고종 1-甲子) 2월 28일(양력 4월 4일)

발신 : 함경감사 이유원

『高宗實錄』1卷

咸鏡監司李裕元以慶興府使尹峽牒呈內, 本府城內望德烽燧將韓昌國, 以豆滿江越邊有異樣人現形馳告, 故卽使兵房軍官金鎔, 申飭候望之際, 彼人來到江邊, 乘氷彷徨, 似有隔呼我人之狀云矣. 事係邊情, 聞甚驚駭, 府使卽爲馳往視之, 則江氷上, 有人五名馬一匹. 而三人則深目高準, 睛碧毛紅, 全髮薙, 頭戴黑綃帽, 如鍮鉢樣子, 眉上有帽簷. 上下著灰色氈如周衣, 內著紫紬氈袴, 靴以黑皮上緣熊皮, 至于膝, 一人則帶劍, 長可二尺許, 一人荷鳥銃, 與我國銃樣, 稍大乍長, 貌形服著, 似是西洋之人, 而二人則言貌服色, 與厚春人髣髴, 馬匹則色白而無障泥有韉, 只掛鐙子矣. 彼人投給一張書, 故坼而見之, 乃俄羅斯人, 欲通物貨, 有討答之意. 故以此非地方官所擅, 書給云, 則彼人仍卽回去. 而沿江上下把守諸處, 嚴飭候察, 而投來書原本, 堅封上送爲辭矣. 挽近邊禁, 雖曰蕩弛, 異樣人之窺覘我境, 以交易等語, 肆然書給者, 必有我人之私相和應, 做出無前之事, 此不可置而勿問. 方發關於北兵使李南軾處, 作媒造謀者, 期於查得定罪計料, 而所謂彼人書給原本, 堅封上送于備邊司. 沿邊各處把守瞭望之節, 另加嚴束之意, 一體關飭於北兵使及該地方官處啓.

함경감사(咸鏡監司) 이유원(李裕元)이 "경흥부사(慶興府使) 윤협(尹峽)의 첩정(牒呈) 안에 '본부 성내 망덕봉수장(望德烽燧將) 한창국(韓昌國)이 두만강(豆滿江) 건너편에서 이상한 생김새의 사람들이 나타났다는 급보를 올려서, 곧 병방군관(兵房軍官) 김용(金鎔)에게 신칙하여 〈그가〉 망을 볼 때, 그들이 강변에 도래하여 얼음을 타고 왔다 갔다 하는 것이 마치 우리 사람을 멀리서 부르는 모양과 같았다고 하였습니다. 이 일은 변방의 사정과 관계된 일로서 듣기에 매우 놀라워 부사(府使)가 곧 달려가서 보니 언 강 위에 사람 5명과 말 1필이 있었습니다. 3명은 우묵한 눈, 높은 콧마루, 눈동자는 푸르고 털은 붉었으며, 머리카락은 모두 잘랐고, 검은색 비단 모자를 머리에 썼는데, 놋 밥그릇 형태와 같았으며, 모자의 채양은 눈썹 위에 있었습니다. 웃옷은 두루마리 같은 잿빛 단색의 솜털 옷을 입었으며, 안에는 자줏빛 명주의 솜털 바지를 입었으며, 검은 가죽〈으로 된〉 가장자리에 곰 가죽을 덧댄 신발[靴]은 무릎에 이르렀습니다. 한 사람은 허리에 길이가 2척 정도 되는 칼을 찼으며, 한 사람은 우리나라의 총보다는 약간 크고 조금 긴 총[鳥銃]을 멨으며, 얼굴 생김새나 행동거지, 차림새를 보니 서양 사람과 비슷했습니다. 〈다른〉 2명은 말을 하는 것이나 얼굴과 복장으로 보아 후춘(厚春) 사람과 비슷하였으며, 말 색깔은 흰색이니 말다래는 없이 언치만 있고 등자(鐙子)를 걸었습니다. 저들이 편지 한 장을 던져주어 〈그것을〉 뜯어보니, 〈발신자는〉 바로 러시아[俄羅斯] 사람으로 〈그 내용은〉 물품을 서로 거래하자는 것인데 회답을 요구하는 의사가 있었습니다. 그래서 이런 문제는 지방관(地方官)이 임의로 결정할 바가 아니라고 써주었더니 그들은 그만 곧 돌아갔습니다. 강 연안의 위아래로 파수가 있는 곳에는 동정을 살피라고 엄격히 신칙하였으며, 던져준 편지 원본은 단단히 봉하여 올려보냅니다'라고 하였습니다. 〈이유원이 이르기를〉 최근 오면서 변경의 금령이 비록 해이해졌다고는 하나, 이상한 외모의 사람이 우리 국경을 엿보면서 교역하자는 내용으로 공공연히 편지를 보내는 것은 아마 우리 사람들 중에서 사사롭게 서로 내통하면서 이전에는 없었던 일을 하는 자가 있기 때문일 것입니다. 이것을 두고 묻지 않을 수는 없으므로 방금 북병사(北兵使) 이남식(李南軾)에게 공문을 보내어 중간에 개입하여 〈이를〉 도모한 자를 찾아내어 정죄하기를 기대하며, 그들이 던져준 편지 원본을 단단히 봉해서 비변사(備邊司)로 올려보냅니다. 연변(沿邊) 각처에서 파수를 서거나 망을 보는 일을 보다 엄격히 단속하라는 뜻으로 북병사와 해당 지방관에게 모두 관문을 보내 신칙하였습니다"라고 하였다.

압록강에서 중국과 통행하는 선박 운항을 금지할 것을 건의함.

1864년(고종 1 - 甲子) 3월 12일(양력 4월 17일)

발신 : 의주암행어사 이응하 / 수신 : 의정부

『承政院日記』 2674冊

李升洙以議政府言啓曰, 卽見義州暗行御史李應夏別單, … 其一, 鴨江一帶把守, 本自嚴密, 而今以都浪浦商船, 許泊於州城之北龍堂之下, 則勢將至於江界矣. 鴨江通船一款, 永爲防禁事也. 邊禁之嚴, 水陸惟均, 而今此移泊, 卽亦蕩無防限之兆朕也. 昨年本司許題, 雖因該府之費辭論報而然, 而今此繡單所論, 若是勤渠, 從今以後, 更爲嚴禁. 如是經稟之後, 若有不悛之弊, 則該府尹隨現論罪.

이승수(李升洙)가 의정부(議政府)의 말로 아뢰기를, "방금 의주암행어사(義州暗行御史) 이응하(李應夏)의 별단을 보니, … 그 하나는 압록강 일대의 파수(把守)는 본래 엄밀하였지만, 지금은 도랑포(都浪浦)의 상선을 의주성 북쪽인 용당(龍堂) 아래에 정박하도록 허락하였으니 형세상 장차 강계(江界)까지 이를 것입니다. 압록강에 배가 통행하는 1관(款)은 영원히 못하게 막아서 금지[防禁]하는 일입니다. 변경의 금법이 엄함은 물이나 땅에서나 마찬가지인데, 이번에 옮겨 정박하게 한 것은 바로 〈국경을〉 막는 한계가 완전히 없어질 조짐입니다. 작년에 본사에서 허락한 것이 비록 해당 부에서 보고한 바에 의거하여 그렇게 한 것이기는 합니다만, 지금 이 어사의 논핵[繡論]이 이와 같이 근심이 깊으니, 지금 이후로는 다시 엄하게 금하소서. 만일 이렇게 계품한 뒤에도 잘못된 폐습을 고치지 않는 자가 있으면 해당 부윤을 발각되는 대로 즉시 논죄하여야 합니다"라고 하였다.

『日省錄(高宗)』 7冊

議政府啓言, 卽見義州府暗行御史李應夏別單, … 其一, 鴨江一帶把守, 本自嚴密, 而今以都浪浦商船, 許泊於州城之北龍堂之下, 則勢將至於江界矣. 鴨江通船一款, 永爲防禁事也. 邊禁之嚴, 水陸惟均, 而今此移泊, 卽亦蕩無防限之兆朕也. 昨年本司許題, 雖因該府之費辭論報而然, 而今此繡單所論, 若是勤渠, 從今以後, 更爲嚴禁. 如是經稟之後, 若有不悛之弊, 則該府尹隨現論罪.

의정부(議政府)에서 아뢰기를, "방금 의주부(義州府) 암행어사(暗行御史) 이응하(李應夏)의 별단을 보니, … 그 하나는 압록강 일대의 파수(把守)는 본래 엄밀하였는데, 지금 도랑포(都浪浦)의 상선을 의주성의 북쪽인 용당(龍堂) 아래에 정박하도록 허락하였으니, 형세상 장차 강계(江界)까지 이를 것입니다. 압록강에 배가 통행하는 1관(款)은 영원히 못하게 막아서 금지[防禁]하는 일입니다. 변경의 금법이 엄함은 물이나 땅에서나 마찬가지인데, 이번에 옮겨 정박하게 한 것은 바로 〈국경을〉 막는 한계가 완전히 없어질 조짐입니다. 작년에 본사에서 허락한 것이 비록 해당 부에서 보고한 바에 의거하여 그렇게 한 것이기는 합니다만, 지금 이 어사의 논핵[繡論]이 이와 같이 근심이 깊으니, 지금 이후로는 다시 엄하게 금하소서. 만일 이렇게 계품한 뒤에도 잘못된 폐습을 고치지 않는 자가 있다면 해당 부윤을 발각되는 대로 즉시 논죄하여야 합니다"라고 하였다.

수재를 당한 사람들의 시신을 수습하고 형편을 돌보아주라고 명함.

1864년(고종 1-甲子) 8월 3일(양력 9월 3일)

발신 : 고종

『承政院日記』 2680冊

以全羅監司鄭健朝狀啓, 羅州收人命渰死事, 傳于鄭基會曰, 聞甚驚慘, 元恤典外, 別加顧助, 如有生前身還布, 竝蕩減, 未拯屍身, 發關沿海邑, 期於拯得之意, 廟堂措辭分付.

전라감사(全羅監司) 정건조(鄭健朝)의 장계에 "나주(羅州)에서 사람이 물에 빠져 죽었다"고 한 일로 정기회(鄭基會)에게 전교하기를, "〈소식을〉 들으니 매우 놀랍고 슬프다. 원래 〈행해야 할〉 휼전 이외에 별도로 더 돌보아 도와주고 만일 생전에 당사자가 바쳐야 할 환곡이나 신포가 있었다면 모두 탕감하며, 아직 건지지 못한 시신은 연해읍에 관문을 내어 반드시 건지게 하라고 묘당은 글을 만들어 분부하라"고 하였다.

『高宗實錄』 1卷

給羅州·靈巖等郡渰死人恤典.

나주(羅州)·영암(靈巖) 등 군(郡)의 익사한 사람에게 휼전(恤典)을 베풀었다.

『日省錄(高宗)』 14冊

全羅監司鄭健朝, 以靈巖郡良人金興淡等十三名, 釣魚次乘船出海逢風, 致敗渰死馳啓,教以聞甚驚慘, 元恤典外, 別加顧助, 如有生前身還布, 竝蕩減, 未拯屍身, 發關沿海邑, 期於拯得之意, 廟堂措辭分付.

전라감사(全羅監司) 정건조(鄭健朝)가 영암군 양인(良人) 김흥담(金興淡) 등 13명이 고기를 낚으러 배를 타고 바다에 갔다가 풍랑을 만나 익사한 것을 치계한 것에 대하여 교하기를 "〈소식을〉 들으니 매우 놀랍고 슬프다. 원래 〈행해야 할〉 휼전 이외에 별도로 더 돌보아주고, 만일 생전에 당사자가 바쳐야 할 환곡이나 신포가 있었다면 모두 탕감하며, 아직 건지지 못한 시신은 연해읍에 관문을 내어 반드시 건지게 하라고 묘당은 글을 만들어 분부하라"고 하였다.

도문강 경계를 넘어 목재를 베려고 한 경원부사 신명희를 파면해줄 것을 청함.

1864년(고종 1-甲子) 8월 10일(양력 9월 10일)

발신 : 중국 예부 / 수신 : 비변사

『承政院日記』 2680冊

李世器, 以備邊司言啓曰, 頃見禮部咨文出來者, 則准吉[*林 추가]將軍咨, 據琿春協領報, 自朝鮮慶源地方官, 遣人投署, 以兩國交易官房, 今春被焚, 現欲修理, 而木料維艱, 欲越圖們·江界材木矣. 朝鮮素稱禮義之邦, 從無越邊要求之事, 玆慶源地方官, 具文移, 遽請越界伐木, 本衙無案可循, 未便率准, 將慶源官印文一紙, 附封咨送慶源事. 抑亦意慮所不到之變怪, 幺麽一守令, 不有朝家知委, 何敢擅自行文於上國守令, 而畢竟轉輾, 至煩皇旨. 材木之許斫, 雖是特恩, 事體之駭異, 前所未聞. 間緣行查本道, 先出咨文, 未及回答, 今又都京之咨踵至, 而其操切敦束, 不少寬假. 貽羞貽侮, 寧欲無言. 兩咨辭意, 必無差爽之理, 則有不必遲待道查, 慶源府使申命羲, 爲先罷黜, 其代令該曹差出, 使之罔夜下送, 待面看後拿來, 其施律之如何, 下詢時·原任大臣處之. 至於材木, 旣有特許, 其在事體, 將不得不輸致, 令道臣別定差員, 以爲領受之地, 回咨文, 令文任撰出, 而格外特施之恩, 來頭使价時稱謝, 該地方官, 今方革職拿來, 依律處斷之意, 竝別般措辭分付何如. 傳曰, 允. 此誠意慮所不到之事也. 其爲萬萬驚駭, 萬萬未安, 未有甚於此者, 回咨撰出, 各別審愼措辭, 而材木之不可不領受, 實爲事體之重也. 差員入送之際, 嚴加操飭, 無敢雜亂事, 自廟堂申飭.

이세기(李世器)가 비변사(備邊司)의 말로 아뢰기를, "지난번 예부가 낸 자문, 〈즉〉 혼춘협령(琿春協領)의 보고에 근거한 길림장군[吉將軍]의 자문에 준하여 〈작성된 것을〉 보니, '조선 경원(慶源) 지방관이 사람을 보내어 투서하니 양국이 교역하는 관방(官房)이 올해 봄에 불타서 지금 수리하고자 하나 목재를 얻기 어려우므로 도문강과 강계를 넘어서 목재를 베려고 하였다. 조선은 본디 예의의 나라라 칭해지고, 종전에는 변경을 넘어와서 이곳에 요구하는 일이 없었는데, 지금 경원 지방관이 문서를 갖추어 보내어 갑자기 경계를 넘어와 목재를 베겠다고 청하였다. 본 아문은 의거할만한 문서가 없어서 경솔히 허락하기 어려우므로 경원 지방관의 인장이 찍힌 문서 1장을 붙여 봉하여 자문을 보낸다'고 하였습니다. 이 일은 생각이 미치지 못한 변괴이니, 하찮은 일개 수령이 조정에 알리지도 않고 어찌 감히 제멋대로 상국 수령에게 문서를 보내어 번다하게 황지(皇旨)까지 내리게 한단 말입니까. 목재를 베도록 허가한 것은 특별한 은혜일지라도, 일의 정황이 놀라움은 이전에 듣지 못하였던 것입니다. 요사이 본도를 조사하는 일로 먼저 자문을 내보낸 것도 미처 회답하지 못하였는데, 지금 또 도경의 자문이 뒤따라 이르렀습니다. 매우 단속하고 조금도 너그러이 용서하지 않아야 합니다. 수치스럽고 후회되니 차라리 말하지 않고자 합니다. 두 자문에서 말한 뜻은 반드시 이치에 어그러짐이나 차이가 없을 것이니 본도의 조사를 천천히 기다릴 필요 없이 경원부사(慶源府使) 신명희를 우선 파출하시고, 그 대임자를 해당 조(曹)로 하여금 차출하게 하여 〈대임자는〉 밤을 새워 내려가게 하여 면대하고 교대하기를 기다린 뒤에 〈신명희를〉 잡아오고, 그 율의 시행을 어떻게 할지는 시·원임(時·原任) 대신에게 하문하여 처리하소서. 목재는 이미 특별한 허가가 있었으므로 그 정황은 장차 날아오지 않을 수 없을 것이니, 도신으로 하여금 미리 차원을 정하여 받아오게 하시고, 회답 자문은 문임으로 하여금 지어내도록 하시며 격(格) 외로 특별히 베푼 은혜에 대해서는 앞으로 사신이 갈 때 사례하고 해당 지방관은 이제 막 파직하고 잡아와서 율에 따라 처벌할 뜻을 모두 포함하여, 특별히 말을 만들도록 분부하는 것이 어떻겠습니까"라고 하였다. 전교하기를, "윤허한다. 이는 진실로 생각하지도 못했던 일이다. 미안하기가 이보다 더한 것은 없을 것이니, 회답 자문을 만들 때에 각별히 살피고 삼가서 말을 만들고 목재를 받지 않을 수 없는 것은 진실로 일의 정황이 중대한 것이므로 차임된 인원을 들여보낼 때 엄히 신칙하여 감히 난잡한 일이 없게 할 것을 묘당에서 신칙하라"고 하였다.

『高宗實錄』1卷

備邊司啓, 頃見中國禮部咨文出來者, 則準吉林將軍咨, 據琿春協領報, 自朝鮮慶源地方官, 以兩國交易官房, 今春被焚, 現欲修理, 而木料維艱, 欲越圖們·江界, 斫伐材木, 徑具文移, 遽請越界伐木. 本衙門無案可循, 將慶源官印文, 附封咨送禮部. 自該部具奏, 朝鮮伐木, 本屬與例不符, 而修建交易官房, 與無故越境漁採不同, 飭下吉林將軍, 查看該處, 另擇偏僻處, 酌量採取, 足用而止. 由該將軍遣匠, 代爲斫伐, 知照該國事, 奉旨依議爲辭矣. 幺麼一守令, 不有朝家知委, 何敢擅自行文於中國官守. 事體之駭異, 前所未聞. 慶源府使申命羲, 爲先罷黜, 至於材木, 旣有特許, 令道臣前定差員, 以爲領受. 回咨文令文任撰出, 而該地方官今方革職拿來, 依律處斷之意, 竝措辭分付何如. 敎曰, 此誠意慮所不到之事也. 其爲未安, 未有甚於此者, 回咨撰出, 各別審愼措辭. 而材木之不可不領受, 實爲事體之重也. 差員入送之際, 嚴加操飭, 無敢雜亂事, 自廟堂申飭.

비변사(備邊司)에서 아뢰기를, "지난번 중국 예부에서 낸 자문, 〈즉〉 혼춘협령(琿春協領)의 보고에 근거한 길림장군(吉林將軍)의 자문에 준하여 〈작성된 것을〉 보니, '조선 경원 지방관으로부터, 양국이 교역하는 관방이 올해 봄에 타서 지금 수리하려고 하나, 목재를 얻기 어려워 도문·강계를 넘어가 나무를 베고자 한다는 내용으로 문서를 갖추어 보내고 곧 국경을 넘어와 목재를 베어가게 해줄 것을 청하였다. 본 아문은 의거할만한 문서가 없으므로 경원 관청 인장이 찍혀 있는 문서를 자문과 함께 같이 봉하여 예부로 보내었다'라고 하였습니다. 해당 부(部)는 보고하기를, '조선이 벌목하는 것은 본래 규례와는 맞지 않으나, 교역을 위한 관방을 수리하는 것은 이유 없이 국경을 넘어와서 어획이나 채집하는 것과는 다르니, 길림장군에게 칙(飭)을 내려 해당하는 곳을 조사하고, 특별히 편벽한 지역을 골라서 쓸 만큼 적당히 채벌하고는 그치게 하겠다고 아뢰니, 해당 장군을 통하여 공장을 보내어 대신 채벌하게 하고 그 나라에 통지해주라는 내용으로 지(旨)를 받들어 헌의한대로 하겠다'고 하였습니다. 하찮은 일개 수령이 조정에 알리지도 않고 어찌 감히 제멋대로 중국 지방관에게 문서를 보낸단 말입니까. 일의 정황의 놀라움은 일찍이 들어본 적이 없습니다. 경원부사(慶源府使) 신명희(申命羲)는 우선 파출(罷黜)하며 목재는 이미 특별한 허가가 있었으므로 도신으로 하여금 미리 차원을 정하여 받아오게 하시고, 회답 자문은 문임으로 하여금 만들도록 하시며, 해당 지방관은 이제 파직시키고 잡아와서 율에 따라 처벌할 것이라는 내용을 모두 포함하여 말을 만들라고 분부하는 것이 어떻겠습니까"라고 하였다. 교하기를, "이는 진실로 생각하지도 못했던 일이다. 미안하기가 이보다 더한 것은 없을 것이니 회답 자문을 지어낼 때에 각별히 살피고 삼가서 말을 만들고, 목재를 받지 않을 수 없는 것은 진실로 일의 정황이 중대한 것이므로 차임된 인원을 들여보낼 때에 엄히 신칙하여 감히 난잡한 일이 없게 할 것을 묘당에서 신칙하라"고 하였다.

『日省錄(高宗)』 14冊

備邊司啓言, 頃見禮部咨文出來者, 則准吉林將軍咨, 據琿春協領報, 自朝鮮慶源地方官, 遣人投署, 以兩國交易官房, 今春被焚, 現欲修理, 而木料維艱, 欲越圖們·江界, 斫伐材木. 朝鮮素稱禮義之邦, 從無越邊要求玆, 慶源地方官, 經具文移, 遽請越界伐木. 本衙門無案可循, 將慶源官印文, 附封咨送禮部. 自該部具奏, 朝鮮伐木, 本屬與例不符, 而修建交易官房, 與無故越境漁採不同, 飭下吉林將軍, 查看該處, 另擇偏僻處, 酌量採取, 足用而止. 木植數目, 由該將軍遣匠, 伐爲砍伐, 知照該國事, 奉旨依議. … 幺麼一守令, 不有朝家知委, 何敢擅自行文於上國官守, 至煩皇旨. 材木之許斫, 雖是特恩, 事體之駭異, 前所未聞. 間緣行查本道, 先出咨文, 未及回答, 今又都京之咨踵至. 而其操切敦束, 不少寬假, 貽羞貽侮, 寧欲無言. 兩咨辭意, 必無差爽之理, 則不必遲待道查, 慶源府使申命義, 爲先罷黜, 其施律之如何, 下詢時·原任大臣處之. 至於材木, 旣有特許, 其在事體, 不得不輸致, 令道臣前定差員, 以爲領受之地, 回咨文, 令文任撰出, 而格外特施之恩, 來頭使价時稱謝, 該地方官, 今方革職拿來, 依律處斷之意, 請竝別般措辭分付. 敎以此誠意慮所不到之事也. 其爲萬萬驚駭, 萬萬未安, 未有甚於此者, 回咨撰出, 各別審愼措辭, 而材木之不可不領受, 實爲事體之重也. 差員入送之際, 嚴加操飭, 無敢雜亂事, 自廟堂申飭.

비변사(備邊司)에서 아뢰기를, "지난번 중국 예부에서 낸 자문, 〈즉〉 혼춘협령(琿春協領)의 보고에 근거한 길림장군(吉林將軍)의 자문에 준하여 〈작성된 것을〉 보니, '조선 경원(慶源) 지방관이 사람을 보내어 투서하니, 양국이 교역하는 관방이 올해 봄에 불타서 지금 수리하고자 하나 목재를 얻기 어려우므로 도문강과 강계를 넘어 목재를 베려고 한다고 하였다. 조선은 본래 예의의 나라라 칭해지고, 종전에는 변경을 넘어 이곳에 요구하는 일이 없었는데, 경원 지방관이 거치고 문서를 갖추어 보내어 갑자기 경계를 넘어 목재를 베겠다고 청하였다. 본 아문은 의거할만한 문서가 없으니 경원 지방관의 인장이 찍힌 문서를 붙여 봉하여 예부로 보내었다'고 하였습니다. 해당 부(部)는 보고하기를 '조선이 벌목하는 것은 본래 규례와 부합하지는 않지만, 교역 관방을 수리하는 것은 이유 없이 변경을 넘어와 어획이나 채집하는 것과는 다르니, 길림장군에게 칙(飭)을 내려 해당하는 곳을 조사하고 특별히 편벽한 곳을 택하여 대략의 양만 채취하게 하고 만족하면 그만두게 하겠다고 아뢰니, 나무의 수량과 목록은 해당 장군을 통해 공장을 보내어 대신 채벌해놓고 해당하는 나라에 통지해주라는 내용으로 지(旨)를 받들어 헌의한대로 하겠다'고 하였습니다. … 하찮은 일개 수령이 조정에 알리지도 않고 어찌 감히 제멋대로 상국 지방관에게 글을 보내어, 번다하게 황지(皇旨)까지 내리게 한단 말입니까. 목재를 베도록 허가한 것은 비록 특별한 은혜라 할지라도 일의 정황의 놀라움은 이전에는 듣지 못한 것입니다. 요사이 본도를 조사하는 일로 인하여 먼저 자문을 내보낸 것도 미처 회답하지 못하였는데, 지금 또 도경의 자문이 뒤따라 이르렀습니다. 매우 단속하고 조금도 너그러이 용서하지 않아야 합니다. 수치스럽고 후회되니 차라리 말하지 않고자 합니다. 두 자문에서 말한 뜻은 반드시 이치에 어그러짐이나 차이가 없을 것이니 본도의 조사를 천천히 기다릴 필요 없이 경원부사(慶源府使) 신명희를 우선 파출하시고, 그 율의 시행을 어떻게 할지는 시·원임(時·原任) 대신에게 하문하여 처리하소서. 목재는 이미 특별한 허가가 있었으므로 그 정황은 장차 날아오지 않을 수 없을 것이니, 도신으로 하여금 미리 차원을 정하여 그 땅에서 받아오게 하시고, 회답 자문은 문임으로 하여금 지어내도록 하시며 격(格) 외로 특별히 베푼 은혜에 대해서는 앞으로 사신이 갈 때 사례하고 해당 지방관은 이제 막 파직하고 잡아와서 율에 따라 처벌할 뜻을 모두 포함하여, 특별히 말을 만들도록 분부하소서"라고 하였다. 교하기를 "이는 진실로 생각하지도 못했던 일이다. 미안하기가 이보다 더한 것은 없을 것이니 회답 자문을 지어낼 때에 각별히 살피고 삼가서 말을 만들고, 목재를 받지 않을 수 없는 것은 참으로 일의 정황이 중대한 것이니 차임된 인원을 들여보낼 때에 엄히 신칙하여 감히 난잡한 일이 없게 할 것을 묘당에서 신칙하라"고 하였다.

잠삼죄인 오영보를 연해 군민이 모인 포구에서 효수할 것을 청함.

1864년(고종 1-甲子) 12월 25일(양력 1865년 1월 22일)

발신 : 평안감사 홍우길 / 수신 : 의정부

『承政院日記』 2684冊

備邊司啓曰, 以平安監司洪祐吉啓本, 三和府潛蔘罪人吳永甫等, 捉來嚴囚, 其所勘斷, 令廟堂稟處, 該府使金樂文, 事在境內, 矇不覺察, 其罪狀, 令攸司稟處事, 傳曰, 此事大關邊情, 而始旣入聞於夏秋之間, 則今乃登聞, 抑何故也. 誠極慨然. 其在懲勵之道, 所犯諸漢, 當用極律, 令廟堂稟處事, 命下矣. … 吳永甫之始終來往, 渠旣輸實, 今若以參主在逃, 有所因循, 則示法無期, 爲先押付地方官, 就沿海浦口, 大會軍民, 梟首警衆, … 其爲憂虞, 豈微細財穀之渫而已而然哉. 兩西·畿湖道帥臣處, 各別提飭, 雖懸賞購之, 期於隨現隨捉之意, 行關知委何如, 傳曰, 允.

비변사(備邊司)에서 아뢰기를, "평안감사(平安監司) 홍우길(洪祐吉)의 계본에 '삼화부(三和府)의 잠삼죄인(潛蔘罪人) 오영보(吳永甫) 등은 잡아서 엄중하게 가두었으니 심문하여 처단할 것을 묘당이 품처하라'는 일과 해당 부사 김낙문(金樂文)이 경내 안의 일인데도 알지 못하고 감찰하지 못하였으니, 그 죄의 정황을 유사가 품처하라는 일에 대하여 전교하기를 '이 일은 변방의 사정과 크게 관련 있다. 이미 여름 가을 사이에 〈일의 내막을〉 처음 들었는데 지금에서야 알린 것은 무슨 이유인가. 진실로 극히 한탄스럽다. 그 권선징악의 도에는 법을 범한 놈들에게 마땅히 격률을 적용해야 하니, 묘당이 품처하게 하라'고 명을 내리셨습니다. … 오영보가 처음부터 마지막까지 왕래했다는 것을 제 입으로 이미 사실을 털어놓았는데, 지금 만약 삼(蔘) 주인이 도망갔다고 해서 〈형 집행을〉 지체한다면 법도를 보여줄 기약이 없으니, 우선 지방관에게 압송하여 연해 포구에 크게 군민(軍民)을 모아서 〈죄인을〉 효수(梟首)하고 사람들을 경계하게 하소서. … 그 근심하는 것이 어찌 얼마 되지 않는 재물과 곡식이 새어나가는 것을 염려하여 그러는 것이겠습니까. 황해·평안·경기·호서의 도·수신에게 각별히 신칙하여, 비록 상을 걸어서라도 그가 기어이 나타나는 즉시 잡아들일 뜻으로 관문을 보내어 자세히 알게 하는 것이 어떻겠습니까"라고 하니, 전교하기를, "윤허한다"고 하였다.

『高宗實錄』 1卷

議政府啓, 三和府潛蔘罪人吳永甫梟警, 朴命圭·金義圭·林學宗, 竝嚴刑一次, 遠惡地限己身充軍, 不能覺察之前府使金樂文, 令該府拿問處之何如, 允之.

의정부(議政府)에서 아뢰기를, "삼화부(三和府)의 잠삼죄인(潛蔘罪人) 오영보는 효수하여 〈사람들을〉 경계시키고 박명규(朴命圭)·김의규(金義圭)·임학종(林學宗)은 모두 한번 엄히 형문[刑訊]한 다음에, 멀고 험악한 지역으로 보내 종신토록 충군(充軍)하게 하고, 그것을 적발하지 못한 전 부사 김낙문은 해당 부로 하여금 잡아 신문하여 처리하는 것이 어떻겠습니까"라고 하니, 윤허하였다.

『日省錄(高宗)』 18冊

備局啓, 以平安監司洪祐吉啓本, 三和府潛蔘罪人吳永甫等, 令廟堂稟處, 該府使金樂文, 令攸司稟處事. 其在懲勵之道, 所犯諸漢, 當用格律, 令廟堂稟處事, 命下矣. … 吳永甫之始終來往, 渠旣輸實, 爲先押付地方官, 就沿海浦口, 大會軍民, 梟首警衆, … 其爲憂虞, 豈微細財穀之泄而已而然哉. 兩西·畿湖道帥臣處, 各別提飭, 雖懸賞購之, 期於隨現隨捉之意, 請行關知委, 允之.

비변사가 아뢰기를, "평안감사(平安監司) 홍우길(洪祐吉)의 계본에 '삼화부(三和府)의 잠삼죄인(潛蔘罪人) 오영보(吳永甫) 등은 묘당으로 하여금 품처하게 하셨고, 해당 부사인 김낙문(金樂文)은 유사로 하여금 품처하게 하셨습니다. 그 징계하는 방법에 있어서는, 범죄한 자들은 마땅히 격률을 적용해야 하니 묘당으로 하여금 품처하게 하라는 것을 명을 내리셨습니다. … 오영보가 시종으로 왕래한 것을 이미 사실대로 말하였으니, 우선 지방관에게 압송하여 보내고, 연해 포구에 군민(軍民)을 크게 모아서 〈죄인을〉 효수하여 사람들을 경계하게 하소서. … 그 근심하는 것이 어찌 얼마 되지 않는 재물과 곡식이 새어나가는 것을 염려하여 그러는 것이겠습니까. 양서·기호의 도·수신에게 각별히 신칙하여, 현상금을 걸고서라도 기어이 나타나는 즉시 잡아들일 뜻으로 관문을 보내어 자세히 알게 하는 것이 어떻겠습니까"라고 하니, 윤허하였다.

손실된 둔전 일부를 평택현에 소속시키지 말아줄 것을 청원함.

1865년(고종 2-乙丑) 5월 4일(양력 5월 28일)

발신 : 행판중추부사 이유원

『承政院日記』 2689冊

行判府事李裕元疏曰, 伏以, … 伏見政府關下來者, 則本府境泥生處, 還屬平澤事, 奉傳教行會矣. 此是本營之所關係至重, 則不得不畢陳顚末, 以備鑑燭也. 粵我正廟朝, 深軫本府軍民生涯之貧薄, 以內帑錢設置沿海各屯, 或屬分寺, 或爲將吏沾餼之資, 載錄儀軌及營案, 迄今七十餘年, 恪守不替, 而宿城屯卽其一也. 本府宿城面與平澤·稷山兩邑接界, 二去戊午, 以本營及摠戎廳錢三千八百兩, 將吏等出力錢四千九百七十兩零, 與平澤定界打量, 換浦作畓帳內, … 又若全坪永屬乎, 則爲一平縣, 捐一營屯, 非獨無義, 稷·牙諸縣, 接踵復起, 息鬧之日, 亦將無期矣. … 答曰, 省疏具悉卿懇. 此實出於守經之論, 豈不欲還寢. 而但平澤, 濱海小邑也.

행판부사(行判府事) 이유원(李裕元)이 상소하기를, “삼가 아뢰기를, … 방금 의정부[政府]에서 내려 보낸 관문을 삼가 보건대, 본부 경내의 진흙이 생긴 자리를 다시 평택(平澤)으로 소속시키는 일은 전교를 받아 행회한 것이었습니다. 이는 본영과 매우 중요한 관계가 있는 것이니 전말(顚末)을 빠짐없이 진달하여 〈임금께서〉 밝히 아시도록 하지 않을 수 없습니다. 우리 정조[正廟朝]께서는 본부의 군민(軍民)이 비참한 생활을 하는 것을 깊이 유념하시어 내탕전(內帑錢)으로 연해에 각각 둔전(屯田)을 설치하였고, 〈이는〉 간혹 분사에 소속시키기도 하고 간혹 장리(將吏)의 양식을 줄 자본으로 삼기도 하여, 이러한 내용을 의궤(儀軌)와 영안(營案)에 수록하여 지금까지 70여 년에 이르기까지 바꾸지 않고 각별히 지켜오고 있으니, 숙성(宿城) 둔전도 바로 그 중에 하나입니다. 본부의 숙성면은 평택 및 직산(稷山) 두 읍과 경계를 접하는데, 2년 전인 무오년에 본영 및 총융청의 돈 3,800냥과 장리(將吏) 등이 추렴한 돈 4,970냥을 가지고 평택과 경계를 정하여 타량(打量)한 뒤 포락처(浦落處)를 논으로 바꾸어 만들었습니다. … 또 만약 그 토지 전체를 〈평택현에〉 영원히 소속시키면, 이는 평택현[平縣] 하나를 위해서 군영의 둔전 하나를 감하여 주는 것이 되니, 전혀 의리가 없는 일이 될 뿐만이 아니라, 직산과 아산 등 다른 현에서도 이어 다시 문제를 일으키는 등 잠잠해질 날을 또한 장차 기약할 수 없을 것입니다. …"라고 하였다. 답하기를, "상소는 소략하나 경의 마음을 모두 갖추었다. 이는 그야말로 경상(經常)의 도를 지키려는 뜻에서 나온 논의이니, 어찌 도로 중지시키고 싶지 않겠는가. 다만 평택은 바다에 접해 있는 조그마한 읍이다"라고 하였다.

『日省錄(高宗)』 24冊

疏略曰, 卽伏見政府關下來者則, 本府境泥生處, 還屬平澤事, 奉傳敎行會矣. 此是本營之所關係至重, 則不得不畢陳顚末. 粤我正廟朝, 深軫本府軍民生涯之貧薄, 以內帑錢設置沿海各屯, 載錄儀軌及營案, 迄今七十餘年, 恪守不替, 而宿城屯卽其一也. 本府宿城面與平澤·稷山兩邑接界, 二去戊午, 以本營及摠戎廳錢三千八百兩, 將吏等出力錢四千九百七十兩零, 與平澤定界打量換浦作畓, … 若爲一平縣, 捐一營屯, 非獨無義, 稷·牙諸縣, 接踵復起矣, 息鬧之日, 亦將無期矣. … 省疏具悉卿懇. 此實出於守經之論, 豈不欲還寢. 而但平澤, 濱海小邑也.

〈이유원(李裕元)의〉 상소의 대략에, "방금 의정부[政府]에서 내린 관문을 삼가 보건대, 본부 경내의 진흙이 생긴 자리를 다시 평택(平澤)으로 소속시키는 일을 전교를 받아 행회한 것이었습니다. 이것이야말로 본영과 매우 중요한 관계가 있는 것이니 전말(顚末)을 빠짐없이 진달하지 않을 수 없었습니다. 우리 정조[正廟朝]께서는 본부의 군민(軍民)이 비참한 생활을 하는 것을 깊이 유념하시어, 내탕전(內帑錢)으로 연해에 각각 둔전(屯田)을 설치하였고, 이러한 내용을 의궤(儀軌)와 영안(營案)에 수록하여 지금까지 70여 년에 이르기까지 바꾸지 않고 각별히 지켜오고 있으니, 숙성(宿城)의 둔전도 바로 그 중의

하나입니다. 본부의 숙성면은 평택 및 직산(稷山) 두 읍과 경계를 접하는데, 2년 전인 무오년에 본영 및 총융청의 돈 3,800냥과 장리(將吏) 등이 추렴한 돈 4,970냥을 가지고 평택과 경계를 정하여 타량(打量)한 뒤 포락처(浦落處)를 논으로 바꿔 만들었습니다. … 만약 평택현[平縣] 하나를 위해서 군영의 둔전 하나를 감하여 주면, 전혀 의리가 없는 일이 될 뿐만이 아니라, 직산과 아산 등 다른 현에서도 이어 다시 문제를 일으키는 등 잠잠해질 날을 또한 장차 기약할 수 없을 것입니다. …"라고 하였다. 〈답하기를〉 "상소는 소략하나 경의 마음을 모두 갖추었다. 이는 그야말로 경상(經常)의 도를 지키려는 뜻에서 나온 논의이니, 어찌 도로 중지시키고 싶지 않겠는가. 다만 평택은 바다에 접해 있는 조그마한 읍이다"라고 하였다.

산골과 연해읍에서 곡식을 돈으로 바꿀 수 있게 한 조치를 정지해달라고 청함.

1865년(고종 2-乙丑) 閏5월 4일(양력 6월 26일)

발신 : 통제사 이봉주

『承政院日記』 2690冊

以統制使李鳳周啓本, 山沿郡穀代錢通同事, 特爲停寢. 沿海邑, 依前本色輸運事, 令廟堂稟旨分付事. 傳于李鍾淳曰, 向於前嶺伯筵奏, 有統營餉穀之在沿邑者, 以錢代捧之請, 而至有廟覆許施, 此皆出於權宜矯弊之意也, 非曰不可, ….

통제사(統制使) 이봉주(李鳳周)의 계본에, "산골과 연해군의 곡식을 돈으로 바꿔 통동(通同)하게 한 일을 특별히 정지하여 주소서. 연해읍은 전례대로 본색(本色)을 수운(輸運)하는 것을 묘당으로 하여금 품지(稟旨)하도록 분부하소서"라고 하였다. 이종순(李鍾淳)에게 전교하기를, "지난번 전(前) 영백(嶺伯)이 경연에서 아뢰며 통영(統營)의 향곡(餉穀) 가운데 연해읍은 돈으로 대신 바치게 해달라는 요청하였기 때문에, 묘당에서 복계(覆啓)하여 시행하도록 허락까지 하였는데, 이는 모두가 임시변통으로 폐단을 바로잡으려는 뜻에서 나온 것으로서 안 될 것이 없다고 할 것이다 …"라고 하였다.

『高宗實錄』 2卷

統制使李鳳周狀啓以爲, 臣營處於臨海不農之地, 無寸土墾闢. 轅門內五六千戶, 皆積年召募之民·校吏·士卒·工匠, 專恃仰哺而聊賴者, 支放也. 一年支放應下之穀, 通計折皮爲三萬餘包, 間年閏需, 亦不下二千餘石. 而統穀之散在山沿者, 山則作錢取來, 沿則本色轉輸, 卽撓改不得之事也. 今若無論山沿, 以每石五兩通同作錢, 實有不然者. 以此作錢, 勢將散四求貿, 貿山則擔負, 貿沿則船運. 而擔運之間, 靡費之弊, 有不可勝言. 古之積粟於塞寓兵於農, 皆所以重關·固邊之良籌. 而一營卒民聞此五兩錢通同之說, 擧懷東西南北之心, 二百餘年召募成樣者, 今爲一朝渙散之境. 則山沿郡五兩錢通同事, 特爲停寢, 沿海邑本色輸運, 依前施行之意, 請令廟堂稟處事. 敎曰, 向於前嶺伯還奏, 有統營餉穀之在沿邑者以錢代捧之請, 而至有廟覆許施. 此皆出於權宜矯弊之意也, 非曰不可. … 更令本穀輸納, 依前施行.

통제사(統制使) 이봉주(李鳳周)가 장계를 올려 이르기를, "신의 군영은 농사가 안 되는 바닷가에 처하여 한 촌의 땅도 개간된 곳이 없습니다. 군영 안의 5,000~6,000호는 모두 여러 해에 걸쳐 모은 백성·군교(軍校)·아전(衙前)·군사(軍士)·공장(工匠)들로서 오로지 군영에서 내주는 것만 가지고 살아가며, 오로지 의뢰하는 것은 지방(支放)입니다. 1년치의 지방으로 내주는 곡식을 모두 절피(折皮)로 계산하면 3만 여 포가 되며 해를 건너 윤달이 드는 해에 내주는 한 달분도 2,000여 석 아래로 떨어지지 않습니다. 산간 읍과 해변 읍에 널려 있는 통영(統營)의 곡식은 산간 읍에서는 작전(作錢)하여 받아오고 해변 읍에서는 본색(本色)으로 가져다 바치게 하는 것이 고칠 수 없는 일이었습니다. 지금 산골이든 해변이든 상관없이 전부 매 1석당 5냥씩 작전하도록 한 것은, 진실로 그렇게 할 수 없는 이유가 있습니다. 이렇게 작전하여 받은 후에 사방으로 다니면서 곡식을 사들여야 할 상황인데, 산간 읍에서 산 곡식은 사람이 지고 가져와야 하고 해변 읍에서 산 곡식은 배로 실어와야 하니, 지고 오든 실어오든 비용이 낭비되는 폐단은 모두 말하기 어렵습니다. 옛날에 요새에 곡식을 쌓아놓은 것이나, 군사를 시켜 농사하게 한 것은 모두 관을 강화하고 변방을 튼튼히 하는 좋은 계책이었습니다. 그런데 온 군영(軍營)의 군사와 백성이 산골, 해변 할 것 없이 전부 5냥이라는 말을 듣고 모두 사방으로 흩어질 마음밖에 없으니, 200여 년 동안 모아 겨우 모양을 갖춰놓은 것이 이제 하루아침에 그만 다 흩어져버릴 지경에 이르렀습니다. 이에 산골과 연해읍의 곡식을 오량전으로 통동하게 한 일을 특별히 정지해주소서. 그리고 연해읍은 본색을 수운(輸運)하는 것을 전례대로 시행하는 내용을 묘당이 품처(稟處)하도록 하소서"라고 하였다. 교하기를, "지난번 전(前) 영백(嶺伯)이 돌아와 아뢰며 통영의 향곡(餉穀) 가운데 연해읍의 경우는 돈으로 대신 바치게 해줄 것을 요청하였기 때문에, 묘당에서 복계(覆啓)하여 시행하도록 허락까지 하였는데, 이는 모두가 임시변통으로 폐단을 바로잡으려는 뜻에서 나온 것으로서 안 될 것이 없다고 할 것이다. … 다시 본곡(本穀)을 수납(輸納)하는 일을 전례대로 시행토록 하라"고 하였다.

『日省錄(高宗)』25冊

山沿郡五兩錢通同事, 特爲停寢. 沿海邑, 本色輸運事, 依前施行之意, 令廟堂稟旨分付. 教以向於前嶺伯筵奏, 有統營餉穀之在沿邑者, 以錢代捧之請, 而至有廟覆許施, 此皆出於權宜矯弊之意也, ….

〈통제사(統制使) 이봉주(李鳳周)가 계본에〉 "산골과 연해 군이 오량전으로 통동(通同)토록 한 일을 특별히 정지하여 주소서. 그리고 연해읍은 본색(本色)을 수운(輸運)하는 것을 전례대로 시행하라는 내용을 묘당으로 하여금 품지(稟旨)하도록 분부하소서"라고 하였다. 교하기를, "지난번 전(前) 영백(嶺伯)이 경연에서 아뢰며 통영(統營)의 향곡(餉穀) 가운데 연해읍의 경우는 돈으로 대신 바치게 해줄 것을 요청하였기 때문에, 묘당에서 복계(覆啓)하여 시행하도록 허락까지 하였는데, 이는 모두가 임시변통으로 폐단을 바로잡으려는 뜻에서 나온 것이다 …"라고 하였다.

연해 지역의 태풍 피해를 보고하고 백성을 구휼할 것을 청함.

1865년(고종 2-乙丑) 9월 13일(양력 11월 1일)

발신 : 의정부

『承政院日記』 2694冊

議政府啓曰, 沿海風災, 兩南同然, 耽羅消息, 方切憧憧, 卽見濟州牧使狀啓, 則被災孔酷, 又非湖·嶺之比矣. 十行慈教, 鄭重惻怛, 發帑賑濟, 德意如春, 全島生靈, 熟不感泣. 第念瘠土民衆, 數過十萬, ….

의정부(議政府)에서 아뢰기를, "연해에 몰아닥친 태풍 피해는 양남 지방이 같고, 탐라(耽羅)의 소식이 점점 매우 걱정스러웠는데, 방금 제주목사(濟州牧使)의 장계를 보니, 재해의 피해가 매우 심하며 또한 호·영남의 〈재해와도〉 비교할 바가 아닙니다. 〈이에〉 10개 항의 자애로운 교서가 〈있었는데 내용이〉 정중하고 애절할 뿐만 아니라 내탕금을 내어 구제하시니 그 덕의가 봄과 같은 것으로서 온 섬의 생령이 누구인들 감격의 눈물을 흘리지 않겠습니까. 〈그러나〉 생각건대 척박한 토지에 민중의 수는 무려 10만이 넘습니다 …"라고 하였다.

『高宗實錄』 2卷

議政府啓, 濟州之被災孔酷, 又非湖·嶺之比矣. 十行慈教, 鄭重惻怛, 發帑賑濟, 德意如春, 全島生靈, 孰不感泣. 第念瘠土民衆, 數過十萬, 荒政之艱, 尤有甚於陸地郡邑. 救焚拯溺, 不容少緩. 無論某樣穀, 限一千石區劃, 入送之意, 湖南道臣處, 三懸鈴知委何如, 允之.

의정부(議政府)에서 아뢰기를, "제주(濟州)가 입은 재해가 매우 심하며 또한 호·영남의 〈재해와도〉 비교할 바가 아닙니다. 이에 10개 항의 자애로운 교서가 〈있었는데 내용이〉 정중하고도 애절하였을 뿐만 아니라 내탕금을 내어 구제하게 하시니, 그 덕의가 봄과 같은 것으로서 온 섬의 생령이 누구인들 감격의 눈물을 흘리지 않겠습니까. 그런데 척박한 곳에 사는 백성의 숫자가 10만이 넘으니 구황(救荒)의 어려움이 육지의 군읍(郡邑)보다 더욱 어려운 점이 있습니다. 불속이나 물에 빠진 사람을 구하듯이 구제를 조금도 미루어서는 안 될 것입니다. 어떠한 곡식인지를 막론하고 1,000석으로 한정하고 구획하여 배로 들여보내라는 내용을 호남도신(湖南道臣)에게 삼현령으로 알리시는 것이 어떻겠습니까"라고 하니, 윤허하였다.

『日省錄(高宗)』 29冊

議政府啓言, 卽見濟州牧使狀啓, 則被災孔酷, 又非湖·嶺之比矣. 第念瘠土民衆, 孤懸海外, 荒政之艱, 尤有甚於陸地郡邑. 無論某樣穀中, 限一千石區劃, 定差員, 船運入送之意, 湖南道臣, 三懸鈴知委, 俾彼近止之命, 請咸被再生之澤, 允之.

의정부(議政府)에서 아뢰기를, "방금 제주목사(濟州牧使)의 장계를 보니, 재해의 피해가 매우 심하며 또한 호·영남의 〈재해와도〉 비교할 바가 아닙니다. 생각건대 척박한 토지에 백성은 많고, 외로운 현은 바다 밖에 있으니 구황의 어려움이 육지의 군읍에 비해 더욱 심합니다. 어떠한 곡식인지를 막론하고 1,000석으로 한정하고 구획하며 차원을 정하여 배로 연달아 들여보내는 내용을 호남도신(湖南道臣)에게 삼현령으로 알리시고, 저들로 하여금 가깝게 정착하여 살 수 있게 명하시어 모두에게 다시 살 수 있는 은택을 입게 하시길 청합니다"라고 하니, 윤허하였다.

경기와 호서 연해 지역의 작황이 심각하기 때문에 재결을 탕감해줄 것을 청함.

1865년(고종 2-乙丑) 10월 6일(양력 11월 23일)

발신 : 의정부

『承政院日記』 2695冊

議政府啓曰, … 京·湖沿瀕之失稔, 形實爲然矣. 今此分等, 必有斟量, 而然依施.

의정부(議政府)에서 아뢰기를, … "경기·호서 연해 지역의 곡식알이 여물지 않은 것은 형세가 실제로 그러합니다. 지금 이 분등은 반드시 짐작[斟量]하여서 나온 결과일 것이니 그대로 시행하소서"라고 하였다.

『高宗實錄』 2卷

命馬梁僉使, 以公忠監營軍官中, 自辟擇差, 三南稅船點檢護送之節, 使之爛確磨鍊. 有該道臣狀請也.

마량첨사(馬梁僉使)는 공충감영(公忠監營)의 군관(軍官) 중에서 자벽(自辟)으로 차임하여, 삼남(三南) 지방의 세선에 대해서 검열하고 호송하는 절목을 확실하게 마련하도록 명하였다. 해당 도신이 장계로 청함이 있었다.

『日省錄(高宗)』 30冊

該府啓言 … 畿湖沿瀕之失稔, 形實爲然矣. 今此分等, 必有斟量而依施. 舊災特蕩, 朝家曠絶之典也. 蕩後初年, 新災之若是夥多, 實非人力所可推移, 而特蕩之八千餘結, 雖屬昧爽, 統以計之, 與新災, 爲二萬餘結, 言念國計, 茫無涯矣. 第事目外七千結加劃. 分俵之際, 務從平排, 以爲一分慰恤之資. 後陳諸條, 俱是便民之政, 竝依狀請許施. 而五邑在囚敗船船漢之限前還送, 雖有近例, 一送之後, 徵出無路. 前後文簿, 更爲十分詳考, 情犯最著之人, 各邑幾名式, 押送戶·惠廳, 以爲收刷之地, 箭竹尤甚邑折半, 之次邑三分一請權減, 允之.

해당 부에서 아뢰기를, "… 경기와 호서 연해 지역의 곡식알이 여물지 않은 것은 형세가 실제로 그러합니다. 지금 이 분등은 반드시 짐작[斟量]하여서 나온 결과일 것이니 그대로 시행하소서. 옛 재결을 특별히 탕감한 것은 전에 없던 조정의 큰 은전(恩典)이었습니다. 그런데 탕감한 바로 다음 해에 새 재결이 이전처럼 많으니, 진실로 인력으로 옮길 수 있는 일이 아닙니다. 특별히 탕감했던 8,000여 결은 어떻게 할 수 있을 것이지만, 새 재결을 합쳐 계산하면 2만 여 결이나 되니, 국가의 계책을 생각해보면 아득하기가 한량없습니다. 생각건대 사목 외에 7,000결을 더 획급해주소서. 분표(分俵)할 때 고르게 분배되도록 힘써서 일정 부분이라도 위로와 구휼의 자금이 될 수 있도록 하소서. 후술한 여러 조목은 모두 백성들을 편안하게 하는 정치이니, 아울러 장계가 청한 것에 의거하여 시행하소서. 다만 5개 읍에 부서진 배에 갇힌 뱃사람들을 기한 안에 환송하는 것은 비록 최근의 전례가 있지만, 만일 환송한다면 세금을 친척이나 관계자에게 물어내게[徵出] 할 방법이 없습니다. 이전과 나중의 문서와 장부를 충분히 상세하게 검토하도록 하여 정상(情狀)과 범법(犯法)이 뚜렷한 사람을 각 읍의 몇 명씩 호조와 선혜청으로 압송하여, 세금을 징수[收刷]하여야 합니다. 화살대의 경우 〈작황 피해가〉 더욱 심한 읍은 절반을, 그 다음 읍은 3분의 1로 감할 것을 청합니다"라고 하니, 윤허하였다.

월송만호를 해당 군영에서 자체적으로 추천하게 해달라고 청함.

1865년(고종 2-乙丑) 12월 3일(양력 1866년 1월 19일)

발신 : 강원감사 박승휘

『高宗實錄』 2卷

初三日. 江原監司朴承輝狀, 請越松萬戶, 爲本營自辟窠事. 教曰, 邊將自辟, 旣是各道之所有者, 而獨於本道, 尙無此窠, 實爲欠典. 依向來錦營所請馬梁例, 特許定式.

12월 3일. 강원감사(江原監司) 박승휘(朴承輝)의 장계에 월송만호(越松萬戶)를 해당 군영이 자벽(自辟)하는 자리로 할 것을 청하였다. 교하기를, "변장을 자벽하는 일은 각 도에서 이미 〈행하고〉 있는 바이나, 유독 본도만 아직 이런 자리가 없다고 하니 이것은 실로 흠이 된다. 이전에 금영(錦營)에서 청한 마량(馬梁)의 사례처럼 특별히 정식(定式)〈으로 하도록〉 허락한다"고 하였다.

『日省錄(高宗)』 32冊

江原監司朴承輝狀啓, 以爲越松萬戶爲本營自辟窠, 將校中視勞量材, 望報差出, 則沿海防守, 可無生疏, 令廟堂稟處事. 教以邊將自辟, 旣是各道之所有者, 而獨於本道, 尙無此窠, 實爲欠典. 依向來錦營所請馬梁例, 特許定式.

강원감사(江原監司) 박승휘(朴承輝)의 장계에 "월송만호(越松萬戶)는 해당 군영에서 자벽하며, 장교 중에 공로와 도량과 재능이 보이는 이를 비망하면 차출하게 하소서"라고 하니, 연해의 방어 수령은 생소해서는 안 되니 묘당으로 하여금 품처하게 하였다. 교하기를, "변장을 자벽하는 일은 각 도에서 이미 〈행하고〉 있는 바이나 본도만 아직 이런 자리가 없다고 하니, 이것은 실로 흠이 된다. 이전에 금영(錦營)에서 청한 마량(馬梁)의 사례처럼 특별히 정식(定式)〈으로 하도록〉 허락한다"고 하였다.

양인 신요안 등을 군문에서 효수할 것을 청함.

1866년(고종 3－丙寅) 1월 24일(양력 3월 10일)

발신 : 포청 / 수신 : 의정부

『承政院日記』 2698冊

… 又啓曰, 卽見兩捕廳啓目, 則以爲洋人申妖案·朴미가엘알늑산델及邪學人丁義培·禹世英, 俱已自服遲晩, 而留接和應者, 抵死祕諱, 請令廟堂稟處矣. 邪徒之互相容護, 抵死不告, 卽渠輩頑慝之一串貫來者, 到今別無更覈之端. 況冒禁犯越, 亦係一律乎. 丁義培之當初亂招, 計在晷刻延活, 而前後情犯, 與已伏法之諸漢, 二而一也. 禹世英之乍背旋惑, 反覆無常, 今若末勘, 大關後弊, 申妖案·朴미가엘알늑산델·丁義培·禹世英, 竝出付軍門, 梟首警衆何如, 傳曰, 允.

… 또 아뢰기를 “방금 두 포청(捕廳)의 계목(啓目)을 보니, 양인(洋人) 신요안(申妖案)·박(朴) 미카엘 알렉산델 및 사학인(邪學人) 정의배(丁義培)·우세영(禹世英)은 모두 이미 자백[遲晩]하였습니다만, 이들을 머물러 살게 해주고 화답하고 응한 자를 죽음을 무릅쓰고 몰래 숨기고 있으니, 청컨대 묘당에서 품처하게 하소서. 사도(邪徒)들이 서로 용납해주고 보호하여, 죽어도 자백하지 않는 것은 저 완악하고 간특한 무리들이 계속해서 일관된 것이라서 지금에 이르러 별도로 다시 조사할 단서가 없습니다. 게다가 금법을 범하여 국경을 넘는 것 역시 사형[一律]입니다. 정의배가 처음에 공초를 어지럽힌 것은 잠시라도 삶을 더 연장하려는 계산이나 전후의 정상과 범죄는 이미 처형된 여러 놈들과 둘이면서 하나입니다. 우세영은 잠시 사교를 저버렸다가 곧 미혹되어 반복무상(反覆無常)하였지만, 이제 만약 말단으로 감죄한다면 후일의 폐단에 크게 관계될 것입니다. 신요안·박 미카엘 알렉산델·정의배·우세영을 모두 군문(軍門)에 내어주어 효수해서 아울러 사람들을 경계하는 것이 어떻겠습니까”라고 하니, 전교하기를, “윤허한다”고 하였다.

『備邊司謄錄』251冊

府啓曰, 卽見兩捕廳啓目, 則以爲洋人申妖案·朴미가엘알늑산델及邪學人丁義培·禹世英, 俱已自服遲晩, 而留接和應者, 抵死秘諱, 請令廟堂稟處矣, 邪徒之互相容護, 抵死不告, 卽渠輩頑慝之一串貫來者, 到今別無更覈之端. 況冒禁犯越, 亦係一律乎, 丁義培之當初亂招, 計在晷刻延活, 而前後情犯, 與已伏法之諸漢, 二而一也, 禹世英之乍背旋惑, 反覆無常, 今若末減, 大關後弊, 申妖案·朴미가엘알늑산델·丁義培·禹世英, 竝出付軍門, 梟首警衆何如, 答曰, 允.

의정부[府]에서 아뢰기를, "방금 두 포청(捕廳)의 계목(啓目)을 보니, 양인(洋人) 신요안(申妖案)·박(朴) 미카엘 알렉산델 및 사학인(邪學人) 정의배(丁義培)·우세영(禹世英)은 모두 이미 자백[遲晩]하였습니다만 이들을 머물러 살게 해주고 화답하고 응한 자를 죽음을 무릅쓰고 몰래 숨기고 있으니, 청컨대 묘당에서 품처하게 하소서. 사도들이 서로 용납해주고 보호하여 죽어도 자백하지 않는 것은 저 완악하고 간특한 무리들이 계속해서 일관되어 온 것이라서 지금에 이르러 별도로 다시 조사할 단서가 없습니다. 게다가 금법을 범하여 국경을 넘는 것 역시 사형[一律]입니다. 정의배가 처음에 공초를 어지럽힌 것은 잠시라도 삶을 더 연장하려는 계산이나 전후의 정상과 범죄는 이미 처형된 여러 놈들과 둘이면서 하나입니다. 우세영은 잠시 사교를 저버렸다가 곧 미혹되어 반복무상(反覆無常)하였지만, 이제 만약 말단으로 감죄한다면 후일의 폐단에 크게 관계될 것입니다. 신요안·박 미카엘 알렉산델·정의배·우세영을 모두 군문(軍門)에 내어주어 효수해서 사람들을 경계하는 것이 어떻겠습니까"라고 하니, 답하기를 "윤허한다"고 하였다.

잠삼죄인 홍화서 등을 효수할 것을 청함.

1866년(고종 3-丙寅) 1월 26일(양력 3월 12일)

발신 : 황해병사 이종승 / 수신 : 의정부

『承政院日記』 2698冊

議政府啓曰, 以黃海兵使李鍾承啓本, 潛蔘罪人洪化瑞等, 其所勘斷, 令廟堂稟處事, 傳曰, 潛通異船, 物貨交易, 自是邦禁之截嚴, 而今此諸漢, 互相和應, 其所犯科, 若是狼藉, 究厥罪狀, 已極駭痛, 而雖以今番獄事觀之, 洋人之出來者, 多從唐船通路, 以致滋蔓之境, 國綱之解弛, 俗習之悖乖, 胡至此極. 反覆思究, 尤切憤惋. 似此不軌之類, 不可不以法從事, 自廟堂更加爛確, 另爲稟處事, 命下矣. 法非不嚴, 而奸不知戢, 漁採出沒之舶, 作爲姦宄之門戶, 久矣. 今下判付, 辭旨嚴截, 奉以行之, 惟紀綱是耳. 洪化瑞·鄭錫麟·朴冕哲·李仁淳, 毋論和應, 與隨從, 其爲潛通犯越, 一也. 竝令該帥臣, 大會軍民, 梟首警衆, 此獄主張者, 盧應玄之爲漏網, 安有此理. 竝與在逃沙工朴哥, 居間之徐得守, 通奇之裵石伊·朴昌石, 令各鎭營, 刻期督捕. 海防疎虞, 莫近日若, 甚至有今番邪獄, 而寧欲無言, 古人所謂自撤藩籬者, 非此之謂耶. 今以後, 凡有我國人之窺伺交接於唐船近處者, 各別瞭察, 隨所捉自兵水營取招後, 先施梟警, 追後登聞事, 措辭行會. 潛蔘犯禁, 又此現發, 另行關飭於開城衙門, 凡潛造及居間行賣諸漢, 一一洞察, 使之以法從事何如, 傳曰, 允.

의정부(議政府)에서 아뢰기를, "황해병사(黃海兵使) 이종승(李鍾承)의 계본에, 잠삼죄인 홍화서(洪化瑞) 등을 논죄하여 처단하는 것을 묘당으로 하여금 품처하게 해달라는 것에 대하여 전교하기를, '외국 선박[異船]과 몰래 통하여 물화를 교역하는 것은 이 나라가 엄금하는 것인데 지금 이 여러 놈들이 서로 화응하여 법을 범한 것이 이와 같이 낭자하고, 그 죄상을 끝까지 캐내보니 이미 지극히 놀랍고 애통하다. 비록 이번의 옥사를 보더라도 왕래한 양인이 대부분 중국 선박[唐船]의 통로를 따라서 점점 만연하는 지경까지 이르렀으니, 국가의 기강이 해이해진 것과 습속의 패역한 것이 어찌 이런 극한까지 이르렀단 말인가. 다시 생각하니 더욱 분하고 원통하다. 이같이 어긋난 무리는 법대로 하지 않아서는 안 되니, 묘당에서 다시 확실하게 하여 별도로 품처하게 하라'고 명을 내리셨습니다. 법이 엄하지 않은 것은 아니지만 간사함은 그칠 줄 몰라 고기잡이하러 출몰하는 선박들이 간악한 자들의 문호가 된 지가 오래입니다. 이제 재가하시며 말씀의 뜻이 엄절하니, 〈그것을〉 받들어 행하는 것이 바로 기강입니다. 홍화서·정석린(鄭錫麟)·박면철(朴冕哲)·이인순(李仁淳)은 화응 혹은 수종하였는지를 막론하고 몰래 내통하여 국경을 넘나든 것은 마찬가지이니, 아울러 해당 수신(帥臣)으로 하여금 군민들을 크게 모아놓고 효수하여 백성들을 경계하도록 하소서. 이번 옥사의 원흉인 노응현(盧應玄)은 법망을 빠져 나갔으니, 어찌 이런 이치가 있습니까. 아울러 도망한 사공 박가(朴哥), 거간꾼 서득수(徐得守), 통기한 배석이(裵石伊)와 박창석(朴昌石)을 각 진영(鎭營)으로 하여금 기한을 정하여 독려하여 체포하게 하소서. 연해 지방의 소요가 근일 같은 적이 없었는데, 심지어 이번 사옥까지 있으니, 차라리 말을 하지 않고자 합니다. 고인이 소위 '스스로 울타리를 치웠다'는 것은 이를 두고 이른 것이 아니겠습니까. 지금 이후로 무릇 우리나라 사람으로서 중국 선박[唐舶] 근처에서 엿보거나 근접하는 자가 있으면 각별히 요찰하여 잡는 대로 병영이나 수영에서 취초한 뒤에 효수하여 경계한 후 일을 아뢰도록 말을 만들어 행회하소서. 잠삼(潛蔘)하여 금법을 범하는 것이 또 이렇게 현장 적발되었으니, 별도로 개성 아문에 행관(行關)하여 몰래 제조한 자 및 거간꾼, 가지고 다니며 판 여러 놈들을 하나하나 살펴서 법대로 따르게 하는 것이 어떻겠습니까"라고 하니, 전교하기를, "윤허한다"고 하였다.

『日省錄(高宗)』 33冊

議政府啓言, 以黃海兵使李鍾承啓本, 潛蔘罪人洪化瑞等, 自廟堂爛確稟處事, 命下矣. 法非不嚴, 奸不知戢, 漁採出沒之舶, 作爲姦宄之門, 久矣. 洪化瑞·鄭錫麟·朴冕哲·李仁淳, 毋論和應與隨從, 其爲潛通犯越, 一也, 竝令該帥臣, 梟首警衆. 此獄主張者, 盧應立之爲漏網, 安有是理. 竝與在逃沙工朴哥, 居間之徐得守, 通奇之裵石伊·朴昌石, 令各鎭營, 刻期督捕. 海防疏虞, 至有今番邪獄, 寧欲無言. 今以後我國人之交接於唐船者, 各別瞭察, 隨所捉自兵水營, 先梟警後登聞事, 措辭行會. 另行關飭於開城衙門, 凡潛造及居間行賣諸漢, 一一詗探, 請以法從事, 允之.

의정부(議政府)에서 아뢰기를, "황해병사(黃海兵使) 이종승(李鍾承)이 계본(啓本)으로, 잠삼죄인 홍화서(洪化瑞) 등을 묘당으로 하여금 확실하게 하여 품처하도록 해달라는 것을 명을 내리셨습니다. 법이 엄하지 않은 것은 아니지만 간사함은 그칠 줄을 몰라 고기잡이하러 출몰하는 선박들이 간악한 자들의 문호가 된 지가 오래입니다. 홍화서·정석린(鄭錫麟)·박면철(朴冕哲)·이인순(李仁淳)은 화응 혹은 수종하였는지를 막론하고 몰래 내통하여 국경을 넘나든 것에 있어서는 마찬가지이니, 아울러 해당 수신(帥臣)으로 하여금 효수하여 백성들을 경계하도록 하소서. 이번 옥사의 원흉인 노응현(盧應玄)은 법망을 빠져 나갔으니, 어찌 이런 이치가 있습니까. 아울러 도망 중에 있는 사공 박가(朴哥), 거간꾼 서득수(徐得守), 통기한 배석이(裵石伊)와 박창석(朴昌石)을 각 진영(鎭營)으로 하여금 기한을 정하여 체포하게 하소서. 연해 지방의 소요가 심지어 이번 사옥이 있는 것에 이르렀으니, 차라리 말을 하지 않고자 합니다. 지금 이후로 무릇 우리나라 사람으로 중국 선박[唐船]와 교류하고 접하는 자는 각별히 요찰하여 잡는 대로 병영이나 수영에서 취초한 뒤에 먼저 효수하여 경계한 후 일을 아뢰도록 말을 만들어 행회하소서. 개성 아문에 별도로 행관(行關)하여 몰래 제조한 자 및 거간꾼, 가지고 다니며 판 여러 놈들을 하나하나 살펴서 법대로 따르게 하도록 청합니다"라고 하니, 윤허하였다.

『備邊司謄錄』 251冊

府啓曰, 以黃海兵使李鍾承啓本, 潛蔘罪人洪化瑞等, 其所勘斷, 令廟堂稟處事, 傳曰, 潛通異船, 物貨交易, 自是邦禁之截嚴, 而今此諸漢, 互相和應, 其所犯科, 若是狼藉, 究厥罪狀, 已極駭痛. 而雖以今番獄事觀之, 洋人之出來者, 多從唐船通路, 以致滋蔓之境, 國綱之解弛, 俗習之悖乖, 胡至此極. 反覆思究, 尤切憤惋, 似此不軌之類, 不可不以法從事, 自廟堂更加爛確, 另爲稟處事, 命下矣, 法非不嚴, 而奸不知戢, 漁採出沒之船, 作爲姦宄之門戶, 久矣, 今下判付, 辭旨嚴截, 奉以行之, 惟紀綱是耳, 洪化瑞·鄭錫麟·朴冕哲·李仁淳, 毋論和應與隨從, 其爲潛通犯越, 一也, 竝令該帥臣, 大會軍民, 梟首警衆, 此獄主張者, 盧應立之爲漏網, 安有是理, 竝與在逃, 沙工朴哥居間之, 徐得守通奇之, 裵石伊朴昌石, 令各鎭營, 刻期督捕. 海防疎虞, 莫近日若, 甚至有今番邪獄, 而寧欲無言, 古人所謂自撤藩籬者, 非此之謂耶, 今以後, 凡有我國人之, 窺伺交接於唐船近處者, 各別瞭察, 隨所捉, 自兵水營取招後, 先施梟警, 追後登聞事, 措辭行會. 潛蔘犯禁, 又此現發, 另行關飭於開城衙門, 凡潛造及居間行賣諸漢, 一一詗察, 使之以法從事何如, 答曰, 允.

의정부[府]에서 아뢰기를 "황해병사(黃海兵使) 이종승(李鍾承)의 계본에, 잠삼죄인 홍화서(洪化瑞) 등을 논죄하여 처단하는 것을 묘당으로 하여금 품처하게 해달라는 것에 대하여 전교하기를, '외국 선박[異船]과 몰래 통하여 물화를 교역하는 것은 이 나라가 엄금하는 것인데 지금 이 여러 놈들이 서로 화응하여 법을 범한 것이 이와 같이 낭자하고, 그 죄상을 끝까지 캐내보니 이미 지극히 놀랍고 애통하다. 비록 이번의 옥사를 보더라도 왕래한 양인이 대부분 중국 선박[唐船]의 통로를 따라서 점점 만연하는 지경까지 이르렀으니, 국가의 기강이 해이해진 것과 습속의 패역한 것이 어찌 이렇게 극한까지 이르렀단 말인가. 다시 생각하니 더욱 분하고 원통하다. 이같이 어긋난 무리는 법대로 하지 않아서는 안 되니, 묘당에서 다시 확실하게 하여 별도로 품처하게 하라'고 명을 내리셨습니다. 법이 엄하지 않은 것은 아니지만 간사함은 그칠 줄 몰라 고기잡이하러 출몰하는 선박들이 간악한 자들의 문호가 된 지가 오래입니다. 이제 재가하시며 말씀의 뜻이 엄절하니, 〈그것을〉 받들어 행하는 것이 바로 기강입니다. 홍화서·정석린(鄭錫麟)·박면철(朴冕哲)·이인순(李仁淳)은 화응 혹은 수종하였는지를 막론하고 몰래 내통하여 국경을 넘나든 것은 마찬가지이니, 아울러 해당 수신(帥臣)으로 하여금 군민들을 크게 모아놓고 효수하여 백성들을 경계하도록 하소서. 이번 옥사의 원흉인 노응현(盧應玄)은 법망을 빠져 나갔으니, 어찌 이런 이치가 있습니까. 아울러 도망한 사공 박가(朴哥), 거간꾼 서득수(徐得守), 통기한 배석이(裵石伊)와 박창석(朴昌石)을 각 진영(鎭營)으로 하여금 기한을 정하여 독려하여 체포하게 하소서. 연해 지방의 소요가 근일 같은 적이 없었는데, 심지어 이번 사옥까지 있으니, 차라리 말을 하지 않고자 합니다. 고인이 소위 '스스로 울타리를 치웠다'는 것은 이를 두고 이른 것이 아니겠습니까. 지금 이후로 무릇 우리나라 사람으로서 중국 선박[唐舶] 근처에서 엿보거나 근접하는 자가 있으면 각별히 요찰하여 잡는 대로 병영이나 수영에서 취초한 뒤에 효수하여 경계한 후 일을 아뢰도록 말을 만들어 행회하소서. 잠삼하여 금법을 범하는 것이 또 현장 적발되었으니, 별도로 개성 아문에 관문을 보내어 몰래 제조한 자 및 거간꾼, 가지고 다니며 판 여러 놈들을 하나하나 살펴서 법대로 따르게 하는 것이 어떻겠습니까"라고 하니, 답하기를, "윤허한다"고 하였다.

양인 안토니 등을 효수할 것을 청함.

1866년(고종 3-丙寅) 2월 7일(양력 3월 23일)

발신 : 포청 / 수신 : 의정부

『承政院日記』 2699冊

… 又以議政府言啓曰, 卽見兩捕廳啓目, 則以爲洋人安敦伊·吳베드로·閔유아눅가, 邪學人黃錫斗, 俱以遲晩納供, 而留接和應者, 抵死牢諱, 請令廟堂稟處矣. 此漢輩難化之性, 便是種下之種, 異類殊俗之充斥中外, 詿誤人心, 已不容誅, 不但犯越之罪, 而至於黃漢所供狡悍兇慝, 萬戮猶輕, 竝出付軍門, 梟首警衆何如. 傳曰, 竝令捕廳, 押送公忠水營, 梟警可也.

… 또 의정부(議政府)의 말로 아뢰기를, "방금 두 포청(捕廳)의 계목을 보니, '서양인 안토니[安敦伊]·오(吳) 베드로·민(閔) 위앵 루카[유아눅가]와 사학인(邪學人) 황석두(黃錫斗)가 모두 죄를 자백하여[遲晩] 공초를 냈는데, 그들을 머물러 살게 해주고 화답하여 응한 자는 죽음을 무릅쓰고 굳게 숨기고 있으니, 묘당으로 하여금 품처하게 하시길 청합니다'라고 하였습니다. 이러한 놈들의 교화시키기 어려운 본성은 종자 이하의 종자로서 다른 부류의 다른 풍속을 중외로 두루 퍼뜨려서 인심을 그릇되게 하였으므로 이미 주벌(誅伐)을 용서할 수 없으며, 비단 국경을 넘어들어 온 죄뿐만이 아니라 황가가 공초한 교활하고 흉특한 말에 이르러서는 만 번 죽여도 오히려 가벼울 것이니, 모두 군문에 내주어 효수하여 사람들을 경계하게 하는 것이 어떻겠습니까"라고 하니, 전교하기를, "모두 포청으로 하여금 공충도(公忠道) 수영에 압송하고 효수하여 〈사람들을〉 경계하도록 하는 것이 좋다"고 하였다.

『日省錄(高宗)』 34冊

議政府啓言, 兩捕廳啓目, 則以爲洋人安敦伊·吳베드로·閔유아누가, 邪學人黃錫斗, 俱以遲晩納供, 而留接和應者, 抵死牢諱, 請令廟堂稟處矣. 此漢輩難化之性, 便是種下之種, 異類殊俗之充斥中外, 詿誤人心, 已不容誅, 不但犯越之罪, 而至於黃漢所供, 狡悍兇慝, 萬戮猶輕, 竝出付軍門, 梟首警衆, 敎以竝令捕廳, 押送公忠水營, 梟警.

의정부(議政府)에서 아뢰기를 "두 포청(捕廳)의 계목은, '서양인 안토니[安敦伊]·오(吳) 베드로·민(閔) 위앵 루카[유아누가], 사학인(邪學人) 황석두(黃錫斗)가 모두 죄를 자백하여[遲晩] 공초를 냈는데, 그들을 머물러 살게 해주고 화답하여 응한 자는 죽음을 무릅쓰고 굳게 숨기고 있으니, 묘당에서 품처하도록 청합니다'라고 하였습니다. 이러한 놈들의 교화시키기 어려운 본성은 종자 이하의 종자로서 다른 부류의 다른 풍속이 중외(中外)로 두루 퍼뜨려서 인심을 그릇되게 하였으므로 이미 주벌을 용서할 수 없으며, 비단 국경을 넘어들어 온 죄뿐만이 아니라 황가가 공초한 교활하고 흉특한 말에 이르러서는 만 번 죽여도 오히려 가벼울 것이니, 모두 군문에 내주어 효수하여 사람들을 경계하게 하는 것이 어떻겠습니까"라고 하기를, 교하여 "모두 포청으로 하여금 공충도(公忠道) 수영에 압송하고 효수하여 〈사람들을〉 경계하도록 하라"고 하였다.

『備邊司謄錄』 251冊

府啓曰, 兩捕廳啓目, 則以爲洋人安敦伊·吳베드로·閔유아누가, 邪學人黃錫斗, 俱以遲晩納供, 而留接和應者, 抵死牢諱, 請令廟堂稟處矣, 此漢輩難化之性, 便是種下之種, 異類殊俗之充斥中外, 詿誤人心, 已不容誅, 不但犯越之罪, 而至於黃漢所供, 狡悍兇慝, 萬戮猶輕, 竝出付軍門, 梟首警衆何如, 答曰, 竝令捕廳, 押送公忠水營, 梟警可也.

의정부[府]에서 아뢰기를, "두 포청(捕廳)의 계목은, '서양인 안토니[安敦伊]·오(吳) 베드로·민(閔) 위앵 루카[유아누가], 사학인(邪學人) 황석두(黃錫斗)가 모두 죄를 자백하여[遲晩] 공초를 냈는데, 그들을 머물러 살게 해주고 화답하여 응한 자는 죽음을 무릅쓰고 굳게 숨기고 있으니, 묘당으로 하여금 품처하게 하소서'라고 하였습니다. 이러한 놈들의 교화시키기 어려운 본성은 종자 이하의 종자로서 다른 부류의 다른 풍속을 중외로 두루 퍼뜨려서 인심을 그릇되게 하였으므로 이미 주벌을 용서할 수 없으며, 비단 국경을 넘어들어 온 죄뿐만이 아니라 황가가 공초한 교활하고 흉특한 말에 이르러서는 만 번 죽여도 오히려 가벼울 것이니, 모두 군문에 내주어 효수하여 사람들을 경계하게 하는 것이 어떻겠습니까"라고 하니, 답하기를 "모두 포청으로 하여금 공충도(公忠道) 수영에 압송하고 효수하여 〈사람들을〉 경계하도록 하는 것이 좋다"고 하였다.

사사로이 돈을 주조하는 등 법을 어기고 국경을 넘은 자를 사형에 처하라고 명함.

1866년(고종 3-丙寅) 2월 23일(양력 4월 8일)

발신 : 함경감사 김유연

『承政院日記』 2699冊

以咸鏡監司金有淵啓本, 私鑄錢罪人李永云等罪狀, 推覈登聞, 令廟堂稟旨勘處事, 傳于鄭基會曰, 私鑄邦禁也. 雖以官鑄言之, 近日犯越之漢, 無非鑄錢失利者, 則其在嚴邊圉立紀綱之道, 當用一律, 令廟堂稟處.

함경감사(咸鏡監司) 김유연(金有淵)의 계본에 "사사롭게 돈을 주조한 죄인 이영운(李永云) 등의 죄상을 추핵하여 등문하니, 묘당으로 하여금 품지하여 처리하게 하소서"라고 하였는데, 이에 대해 정기회(鄭基會)에게 전교하기를, "사사롭게 돈을 주조하는 것은 나라가 금한다. 비록 관에서 주조하는 것을 말하더라도 근일 법을 어기고 국경을 넘는 놈들은 돈을 주조하여 이익을 잃은 자가 아닌 자가 없으니, 그 변방의 방비를 엄격히 하고 기강을 세우는 도리에 있어서 마땅히 사형[一律]을 적용해야 하니 묘당으로 하여금 품처하게 하라"고 하였다.

『日省錄(高宗)』 35冊

咸鏡監司金有淵狀啓, 教以私鑄邦禁也, 雖以官鑄言之, 近日犯越之漢, 無非鑄錢失利者, 則其在嚴邊圉立紀綱之道, 當用一律, 令廟堂稟處.

함경감사(咸鏡監司) 김유연(金有淵)의 계본(啓本)에 전교하기를, "사사롭게 돈을 주조하는 것은 나라가 금한다. 비록 관에서 주조하는 것으로 말하더라도 근일 법을 어기고 국경을 넘는 놈들은 모두 돈을 주조하여 이익을 잃은 자가 아닌 자가 없으니, 그 변방의 방비를 엄격히 하고 기강을 세우는 도에 따라 마땅히 사형[一律]을 적용해야 하니, 묘당으로 하여금 품처하게 하라"고 하였다.

『備邊司謄錄』251冊

以咸鏡監司金有淵啓本, 私鑄錢罪人李永云等罪狀, 推覈登聞, 令廟堂稟旨勘處事, 傳曰, 私鑄邦禁也, 雖以官鑄言之, 近日犯越之漢, 無非鑄錢失利者, 則其在嚴邊圉立紀綱之道, 當用一律, 令廟堂稟處.

함경감사(咸鏡監司) 김유연(金有淵)의 계본에, "사사롭게 돈을 주조한 죄인 이영운(李永云) 등의 죄상을 추핵하여 등문하니, 묘당으로 하여금 품지하여 처리하게 하소서"라고 하였는데, 〈이에〉 전교하기를, "사사롭게 돈을 주조하는 것은 나라가 금한다. 비록 관에서 주조하는 것으로 말하더라도 근일 법을 어기고 국경을 넘나드는 자들은 모두 돈을 주조하다가 이득을 얻지 못한 자들이 아닌 자가 없으니, 변방의 방비를 엄격히 하고 기강을 세우는 도에 따라 마땅히 사형[一律]을 시행해야 하니, 묘당으로 하여금 품처하게 하라"고 하였다.

박규수에게 평안도관찰사 겸 병마수군절도사 도순찰사 관향사 평양부윤을 제수함.

1866년(고종 3-丙寅) 3월 22일(양력 5월 6일)

발신 : 고종

『承政院日記』 2700冊

敎資憲大夫行平安道觀察使兼兵馬水軍節度使都巡察使管餉使平壤府尹朴珪壽書. 王若曰, 命汝往欽四十州. 誰任觀風之責, 與我共理二千石. 庸撤卿月之班, 豈曰外輕. 亶出愼簡. 眷彼關西大鎭, 實是海東重藩. 地譬蘇·杭, 湖山樓坮之獨擅, 境接遼·薊, 士馬兵甲之莫强. 句麗千年之基, 庶往蹟之可見, 箕聖八條之敎, 邈餘化之難追. 邇來百弊之漸滋, 久矣一路之困瘁, 府帑日罄, 駔儈奸僞之多端, 冠蓋星馳, 廚傳供億之莫繼, 殆同殘枰敗局, 着手爲難. 苟非熟路輕車, 疇膺是選. … 玆授卿以平安道觀察使兼兵馬水軍節度使都巡察使管餉使平壤府尹. 卿其祇承寵命, 克恢良圖. 講武課文, 佇見一大都宣化. 繕樓修堞, 勉襲兩先世餘芬. 衣帶隔於綠江, 宜備桑土之撤, 杼柚空於白屋, 須極溝壑之顚.

자헌대부 행평안도관찰사 겸 병마수군절도사 도순찰사 관향사 평양부윤 박규수(朴珪壽)에게 교서를 내렸다. 〈교서에〉 왕이 〈다음과〉 같이 이르기를, "그대에게 명하니 가서 40개 주를 삼가 다스리도록 하라. 누가 관풍의 책임을 맡아 나와 더불어 이천석을 다스리겠는가. 경대부[卿月]의 반열에서 차출하였으니, 이를 어찌 외직(外職)이라고 경시하겠는가. 실로 신중하게 결정하였다. 저 관서의 큰 진영을 돌아보니, 실로 해동(海東)의 중요한 번이다. 지역은 소주·항주와 견줄 만하여 호수와 산과 누대는 뛰어나고, 요동·계주와 접하여 군사, 말, 병갑이 막강하다. 고구려[句麗] 천 년의 기반으로 대략 옛 자취를 볼 수 있으며, 기자[箕聖]의 8조목의 가르침, 남겨진 교화를 따라잡기가 어려웠다. 〈그러나〉 근래로 오며 온갖 폐단이 점차 심해지고, 오랫동안 일대가 피폐하며, 부의 재정은 날로 고갈되는데, 장사치들은 많이 간사한 짓을 하고, 관인이 탄 수레가 별똥별이 떨어지듯 빠르게 와도 음식과 역마를 제공하여 접대함[廚傳供億]을 이어가지 않으니, 마치 상처난 바둑판처럼 쇠폐(衰弊)한 상황[敗局]이라 손을 대기가 어렵다. 만일 일대를 익숙히 알고 수레를 가볍게 할 수 있는 사람이 아니고서야 누가 이 자리에 선발될 수 있겠는가. … 이에 경에게 평안도관찰사 겸 병마수군절도사 도순찰사 관향사 평양부윤을 제수한다. 경은 총애하며 내리는 명을 공경히 받들어 능히 좋은 계책을 도모하라. 무(武)와 문(文)을 강구하여 대도에 교화가 펴지는 날을 보게 되기를 기대한다. 누각과 성첩을 수선하여 양 선세(先世)의 남은 향기를 계승하도록 하라. 의대는 압록강에서 멀리 떨어져 있으므로 대비하는 일에 힘을 써야 할 것이며, 베틀 소리가 초가집에서 끊겼으니 마땅히 구학(溝壑)에서 뒹구는 자들을 구제하라"고 하였다.

국경과 접하고 있는 함경도에 죄인을 유배하지 말 것을 청함.

1866년(고종 3-丙寅) 5월 24일(양력 7월 6일)

발신 : 함경감사 김유연 / 수신 : 의정부

『承政院日記』 2702冊

議政府啓曰, 卽見咸鏡監司金有淵所報, 則以爲本道六鎭, 處在極邊, 各道編配, 偏萃於此. 配囚無非浮浪之類, 彼地咫尺, 慮無不到, 特令移配他道, 亦爲勿定配所爲辭矣. 彼我兩界之限, 不過一帶水是耳, 此輩之互相犯越, 未始無先事之慮, 竝令移配他道與南關, 此後六鎭則姑勿定配之意, 分付刑曹及八道四都何如, 傳曰, 允.

의정부(議政府)에서 아뢰기를, "방금 함경감사(咸鏡監司) 김유연(金有淵)의 보고를 보니, '본도의 6진(鎭)은 가장 변경에 있어서 각 도에서 정배하는 것이 여기에 모두 모여 있습니다. 정배된 죄인은 부랑인이 아닌 이가 없는데, 〈이 땅은〉 저 땅과 지척에 있어서 〈죄인이 배소로〉 도달하지 못함이 없을까 염려되니, 특별히 다른 도에 이배(移配)하게 하고, 또한 이곳은 배소로 정하지 말도록 하소서'라고 하였습니다. 저 땅과 우리 땅의 경계는 강물 하나가 끼고 흐르고 있는 것에 불과하니 이 무리들이 서로 국경을 넘는 일은 처음부터 예견되는 우려가 없지 않았습니다. 모두 다른 도와 남관(南關)에 이배하게 하고, 이후로 6진에는 당분간 정배하지 말도록 형조 및 8도(道)와 4도(都)에 분부하는 것이 어떻겠습니까"라고 하니, 전교하기를, "윤허한다"고 하였다.

『日省錄(高宗)』 40冊

議政府啓言, 卽見咸鏡監司金有淵所報, 則以爲本道六鎭, 處在極邊, 各道編配, 偏萃於此. 配囚無非浮浪之類, 彼地咫尺, 慮無不到, 特令移配他道, 亦爲勿定配所爲辭矣, 彼我兩界之限, 不過一帶水是耳, 此輩之互相犯越, 未始無先事之慮. 竝令移配他道與南關, 此後六鎭則姑勿定配之意, 分付刑曹及八道四都, 允之.

의정부(議政府)에서 아뢰기를 "방금 함경감사(咸鏡監司) 김유연(金有淵)이 보고한 것을 보니, '본도의 6진(鎭)은 가장 변경에 있어서 각 도에서 정배하는 것이 여기에 모여 있습니다. 정배된 죄인은 부랑인이 아닌 이가 없는데, 〈이 땅은〉 저들의 땅과 지척에 있어서 〈죄인이 배소로〉 도달하지 못함이 없을까 염려되니, 특별히 다른 도에 이배(移配)하게 하고 또한 이곳은 배소로 정하지 말도록 하소서'라고 하였습니다. 저 땅과 우리의 경계는 강물 하나가 끼고 흐르고 있는 것에 불과하니, 이 무리들이 서로 국경을 넘는 일은 처음부터 예견되는 우려가 없지 않았습니다. 모두 다른 도와 남관(南關)에 이배하게 하고, 이후로 6진에는 당분간 정배하지 말도록 형조 및 8도(道)와 4도(都)에 분부하소서"라고 하니, 윤허하였다.

『備邊司謄錄』251冊

府啓曰, 卽見咸鏡監司金有淵所報, 則以爲本道六鎭, 處在極邊, 各道編配, 偏萃於此, 配囚無非浮浪之類, 彼地咫尺, 慮無不到, 特令移配他道, 亦爲勿定配所爲辭矣, 彼我兩界之限, 不過一帶水是耳, 此輩之互相犯越, 未始無先事之慮, 竝令移配他道與南關, 此後六鎭則姑勿定配之意, 分付刑曹及八道四都何如, 答曰, 允.

의정부[府]에서 아뢰기를 "방금 함경감사(咸鏡監司) 김유연(金有淵)이 보고한 것을 보니, '본도의 6진(鎭)은 가장 변경에 있어서 각 도에서 정배하는 것이 여기에 집중되어 있습니다. 정배된 죄인은 부랑인이 아닌 이가 없는데, 〈이 땅은〉 저들의 땅과 지척에 있어서 〈죄인이 배소로〉 도달하지 못함이 없을까 염려되니, 특별히 다른 도에 이배(移配)하게 하고 또한 이곳은 배소로 정하지 말도록 하소서'라고 하였습니다. 저 땅과 우리의 경계는 강물 하나가 끼고 흐르고 있는 것에 불과하니, 이 무리들이 서로 국경을 넘는 일은 처음부터 예견되는 우려가 없지 않았습니다. 모두 다른 도와 남관(南關)에 이배하게 하고, 이후로 6진에는 당분간 정배하지 말도록 형조 및 8도(道)와 4도(都)에 분부하는 것이 어떻겠습니까"라고 하니, 답하기를, "윤허한다"고 하였다.

잠삼·잠월죄인을 강하게 단속할 것을 청함.

1866년(고종 3-丙寅) 8월 10일(양력 9월 18일)

발신 : 황해병사 이종승 / 수신 : 의정부

『承政院日記』 2705冊

議政府啓曰, 卽見黃海兵使李鍾承所報, 則潛蔘罪人金道江·朴文浩, 俱爲貿持紅蔘, 向往安州·義州等處, 見捉於譏校, 爲先嚴囚, 同謀和應之, 松都居權士洽·洪仁甫·文國甫, 姑未現捉云矣. 潛蔘禁律, 不但爲潛蔘, 爲其潛越而然也. 年來提飭, 不啻申嚴, 而抵死冒犯, 種下生種, 尙可曰國有一分紀綱乎. 今此金道江·朴文浩兩漢所招中, 或往安州, 或往義州云者, 都是誣招, 黃州, 旣爲海防咫尺, 則渠何必捨近而取遠乎. 異類聲氣之潛通, 一則潛蔘也, 二則潛蔘[*越]也, 此不嚴防, 害有難言, 金道江·朴文浩, 使兵馬營, 大會軍民, 梟首警衆, 在逃之潛造罪人權士洽·洪仁甫, 令海西·畿營·松營, 多般譏詗, 期於掩捕, 指示奸竇之文國甫, 自本府發關私[*松]營, 捉囚報來. 兵管校卒之隨現隨捉, 甚涉嘉尙, 所納贓蔘, 自兵營一一剉切, 出給校卒, 以爲激勵之地, 而剉切一款, 必精細檢察, 然後可無因仍淆雜之弊. 以此意另加申飭何如, 傳曰, 允.

의정부(議政府)에서 아뢰기를, "방금 황해병사(黃海兵使) 이종승(李鍾承)의 보고를 보니 '잠삼죄인 김도강(金道江)·박문호(朴文浩)가 모두 홍삼(紅蔘)을 사가지고 안주(安州)·의주(義州) 등지로 향하여 가다가 기교(譏校)에게 체포되어 우선 엄히 가두어 두었으나, 함께 모의하여 응한 송도(松都)에 거주하는 권사흡(權士洽)·홍인보(洪仁甫)·문국보(文國甫)는 아직 체포하지 못하였습니다'라고 하였습니다. 잠삼을 법으로 금하는 것은 비단 잠삼 행위뿐만 아니라 몰래 국경을 넘는 것 때문입니다. 여러 해 전부터 신칙하여 엄하게 거듭 금하였는데, 죽음을 무릅쓰고 법을 어기는 자들이 계속하여 생기니 나라에 작은 기강도 있다고 할 수 있겠습니까. 지금 이 김도강·박문호 두 놈의 공초 중에, 〈그들이〉

혹은 안주로 가려 했다 혹은 의주로 가려 했다고 하는 것은 모두 거짓말입니다. 황주(黃州)는 해방(海防) 지척이니, 저들이 어찌 가까운 곳을 놔두고 먼 곳을 가려 했겠습니까. 외국인[異類]과 몰래 내통하는 방법이 첫째는 잠삼이고 둘째는 잠월입니다. 이를 엄하게 막지 못한다면 피해는 말하기 어려울 것입니다. 김도강·박문호는 병마영으로 하여금 군민을 많이 모아서 효수하여 사람들을 경계하게 하고, 〈홍삼을〉 몰래 만든 죄인 권사흡·홍인보는 도망 중에 있으니 해서·기영·송영에게 여러 가지 방법으로 기찰하여 체포하도록 하며, 〈일을〉 지시한 수괴인 문국보는 본부로부터 송영에 관문을 보내어 체포하고 보고하도록 하소서. 병영의 장교와 사졸들이 그들이 나타나는 대로 잡은 것은 매우 가상하니, 압수한 홍삼은 병영에서 하나하나 잘게 썰어 장교와 사졸에게 나누어주어 격려하게 하되, 〈홍삼을〉 써는 한 가지 일은 반드시 자세히 검찰한 연후에야 이전과 같이 난잡한 폐단이 없을 것입니다. 이상의 뜻으로 특별히 신칙하는 것이 어떻겠습니까"라고 하니, 전교하기를, "윤허한다"고 하였다.

『高宗實錄』 3卷

議政府啓, 卽見黃海兵使李鍾承所報, 則潛蔘罪人金道江·朴文浩, 俱爲貿持紅蔘, 向往安州·義州等處, 見捉於譏校, 爲先嚴囚. 同謀和應之松都居權士洽·洪仁甫·文國甫, 姑未現捉云矣. 潛蔘禁律, 不但爲潛蔘, 爲其潛越而然也. 異類聲氣之潛通, 一則潛蔘也, 二則潛越也. 此不嚴防, 害有難言. 金道江·朴文浩, 使兵馬營, 大會軍民, 梟首警衆. 在逃之潛造罪人權士洽·洪仁甫, 令海西·畿營·松營, 多般譏詷, 期於掩捕. 指示奸竇之文國甫, 自本府發關松營, 捉囚報來之意, 另加申飭何如, 允之.

의정부(議政府)에서 아뢰기를, "방금 황해병사(黃海兵使) 이종승(李鍾承)의 보고를 보니, '잠삼죄인 김도강(金道江), 박문호(朴文浩)가 모두 홍삼을 사가지고 안주·의주 등지로 향해 가다가 기교(譏校)에게 체포되어 우선 엄히 가두어 두었으나, 함께 공모하고 화응한 송도(松都)에 거주하는 권사흡(權士洽)·홍인보(洪仁甫)·문국보(文國甫)는 아직 체포하지 못하였습니다'라고 하였습니다. 잠삼을 법으로 금하는 것은 비단 잠삼 행위뿐만 아니라 몰래 국경을 넘는 것 때문입니다. 외국인[異類]과 몰래 내통하는 방법이 첫째는 잠삼이고, 둘째는 몰래 국경을 넘는 것입니다. 이를 엄격하게 막지 못한다면 피해는 말하기 어려울 것입니다. 김도강·박문호는 병마영으로 하여금 군민들을 많이 모아놓고 효수하여 사람들을 경계하게 하고, 〈홍삼을〉 몰래 만든 죄인 권사흡·홍인보는 도망 중에 있으니, 해서·기영·송영에 여러 가지 방법으로 기찰하여 체포하도록 하며, 일을 지시한 괴수 문국보는 본부로부터 송영에 공문을 띄워 체포하고 보고하라고 특별히 신칙을 더하는 것이 어떻겠습니까"라고 하니, 윤허하였다.

『日省錄(高宗)』 44冊

議政府啓言, 卽見黃海兵使李鍾承所報, 則潛蔘罪人金道江朴文浩, 俱以貿持紅蔘, 向往安州·義州等處, 見捉於譏校, 爲先嚴囚, 同謀和應之松都居權士洽·洪仁甫·文國甫, 姑未現捉云. 今此金朴兩漢所招中, 或往安州, 或往義州云, 都是誣招, 黃州旣爲海防咫尺, 則何必捨近取遠乎. 此不嚴防, 害有難言, 金道江·朴文浩, 使兵馬營, 大會軍民, 梟首警衆, 在逃之潛造罪人權士洽·洪仁甫, 令海西·畿營·松營, 譏詗掩捕, 指示奸竇之文國甫, 自本府發關松營, 捉囚報來兵營. 校卒之隨現隨捉, 甚涉嘉尙, 所納贓蔘, 自兵營一一剉切, 出給校卒, 請以爲激勸之地, 允之.

의정부(議政府)에서 아뢰기를 "방금 황해병사(黃海兵使) 이종승(李鍾承)의 보고를 보니, 잠삼죄인 김도강(金道江)·박문호(朴文浩)가 모두 홍삼(紅蔘)을 사가지고 안주(安州)·의주(義州) 등지로 향해 가다가 기교(譏校)에게 체포되어 우선 엄하게 가두어 두었으나, 함께 모의하여 응한 송도(松都)에 거주하는 권사흡(權士洽)·홍인보(洪仁甫)·문국보(文國甫)는 아직 체포하지 못하였다고 하였습니다. 지금 이 김도강·박문호 두 놈의 공초 중에 혹은 안주로 가려 했다 혹은 의주로 가려 했다고 하는 것은 모두 거짓말이니 황주(黃州)는 해방(海防) 지척이니, 저들이 어찌 가까운 곳을 놔두고 먼 곳을 가려 했겠습니까. 이를 엄하게 막지 못한다면 피해를 말하기 어려울 것입니다. 김도강·박문호는 병마영으로 하여금 백성과 군사를 크게 모아놓고 효수하여 사람들을 경계하게 하고, 〈홍삼을〉 몰래 만든 죄인 권사흡·홍인보는 도망 중에 있으니 해서·기영·송영에 여러 가지 방법으로 체포하도록 기찰하며, 괴수 문국보는 본부에서 관문을 송영으로 보내어, 체포하여 병영(兵營)에 보고하게 하소서. 장교와 사졸들이 그들이 나타나는 대로 잡은 것은 매우 가상하니 압수한 홍삼을 병영에서 하나하나 잘게 썰어 장교와 사졸에게 나누어주어 격려하는 기반으로 삼을 것을 청합니다"라고 하니, 윤허하였다.

『備邊司謄錄』 251冊

府啓曰, 卽見黃海兵使李鍾承所報, 則潛蔘罪人金道江·朴文浩, 俱爲貿持紅蔘, 向往安州·義州等處, 見捉於譏校, 爲先嚴囚, 同謀和應之松都居權士洽·洪仁甫·文國甫, 姑未現捉云矣, 潛蔘禁律, 不但爲潛蔘, 爲其潛越而然也, 年來提飭, 不啻申嚴, 而抵死冒犯, 種下生種, 尙可曰國有一分紀綱乎, 今此金道江朴文浩兩漢所招中, 或往安州, 或往義州云者, 都是誣招, 黃州旣爲海防咫尺, 則渠何必捨近而取遠乎, 異類聲氣之潛通, 一則潛蔘也, 二則潛蔘[*越]也, 此不嚴防, 害有難言, 金道江·朴文浩, 使兵馬營, 大會軍民, 梟首警衆, 在逃之潛造罪人權士洽洪仁甫, 令海西·畿營·松營, 多般譏詗期於掩捕, 指示奸竇之文國甫, 自本府發關松營, 捉囚報來兵營. 校卒之隨現隨捉, 甚涉嘉尙, 所納贓參, 自兵營一一剉切, 出給校卒, 以爲激勸之地, 而剉切一款, 必精細檢察, 然後可無因仍淆亂之弊. 以此意另加申飭何如, 答曰, 允.

의정부[府]에서 아뢰기를, "방금 황해병사(黃海兵使) 이종승(李鍾承)의 보고를 보니 '잠삼죄인 김도강(金道江)·박문호(朴文浩)가 모두 홍삼(紅蔘)을 사가지고 안주(安州)·의주(義州) 등지로 향하여 가다 기교(譏校)에게 체포되어 우선 엄하게 가두어 두었으나, 함께 모의하여 응한 송도(松都)에 거주하는 권사흡(權士洽)·홍인보(洪仁甫)·문국보(文國甫)는 아직 체포하지 못하였습니다'라고 하였습니다. 잠삼을 법으로 금하는 것은 비단 잠삼 행위뿐만 아니라 몰래 국경을 넘는 것 때문입니다. 여러 해 전부터 신칙하여 엄하게 거듭 금하였는데 죽음을 무릅쓰고 법을 어기는 자들이 계속하여 생기니, 나라에 작은 기강도 있다고 할 수 있겠습니까. 지금 이 김도강·박문호 두 놈의 공초 중에 혹은 안주로 가려

했다 혹은 의주로 가려 했다고 하는 것은 모두 거짓말입니다. 황주(黃州)는 해방(海防) 지척이니, 저들이 어찌 가까운 곳을 놔두고 먼 곳을 가려 했겠습니까. 외국인[異類]과 몰래 내통하는 방법이 첫째도 잠삼이고 둘째도 잠삼입니다. 이를 엄하게 막지 못한다면 그 피해를 말하기 어려울 것입니다. 김도강·박문호는 병마병으로 하여금 군민을 많이 모아서 효수하여 사람들을 경계하게 하고, 〈홍삼을〉 몰래 만든 죄인 권사흡·홍인보는 도망 중에 있으니 해서·기영·송영에게 여러 가지 방법으로 기찰하여 체포하도록 하며, 일을 지시한 수괴인 문국보는 본부로부터 송영에 관문을 보내어 체포하여 병영에 보고하도록 하소서. 병영의 장교와 사졸들이 그들이 나타나는 대로 잡은 것은 매우 가상하니, 압수한 홍삼은 병영에서 하나하나 잘게 썰어 장교와 사졸에게 나누어주어 격려하게 하되, 〈홍삼을〉 써는 한 가지 일은 반드시 자세히 검찰한 연후에 〈해야지〉 이전과 같이 난잡한 폐단이 없을 것입니다. 이상의 내용을 특별히 신칙하는 것이 어떻겠습니까"라고 하니, 답하기를, "윤허한다"고 하였다.

소안도에 설치된 진을 폐하고 청산진에 속하게 할 것을 청함.

1866년(고종 3-丙寅) 10월 7일(양력 11월 13일)

발신 : 의정부

『承政院日記』 2707冊

議政府啓曰, 青山島旣已設鎭矣, 興陽三島, 係是至近之地, 且無鎭守之設, 付屬青山之鎭. 靈巖所安島之年前置鎭, 本爲關防而設, 而與此島相距甚近, 疊置別將, 實無緊重, 亦令革付本鎭, 戶口帳籍, 竝使之句檢, 所屬結稅, 論報巡營, 一依陸邑例釐正. 衙舍修建, 軍器備置之方, 令道臣從便措劃事, 分付何如, 傳曰, 允.

의정부(議政府)에서 아뢰기를, "청산도(青山島)에는 이미 진(鎭)이 설치되어 있는데, 흥양(興陽)의 세 섬은 아주 가깝게 이어진 땅이며 또한 진수(鎭守)가 설치되어 있지 않아 청산진에 부속하였습니다. 영암의 소안도(所安島)는 작년에 진을 설치하였는데, 본래 관방을 위해 설치한 것이었으나, 이 섬과 거리가 매우 가깝고, 연달아 별장을 두는 것은 진실로 필요하고 중요하지는 않으니, 또한 혁파하여 본진에 소속시키고, 호구와 장적(帳籍)을 모두 맡아서 처리하게 하며[句檢], 〈그곳에〉 속한 결세(結稅)는 순영(巡營)에 논하여 보고하여 모두 육지 읍의 예에 따라 바로잡게 하소서. 관아를 수리하여 세우고, 군기(軍器)를 갖추어두는 방법은 도신으로 하여금 편리한 대로 일을 계획하도록 분부하는 것이 어떻겠습니까"라고 하니, 전교하기를, "윤허한다"고 하였다.

『日省錄(高宗)』 47冊

議政府啓言, 青山島旣設鎭矣, 興陽三島, 係是至近之地, 且無鎭守之設, 付屬青山鎭. 靈巖所安島之年前置鎭, 本爲關防而設, 而與此島相距甚近, 疊置別將, 實無緊重, 亦令革付本鎭, 戶口帳籍, 竝使之句檢, 所屬結稅, 論報巡營, 一依陸邑例釐正, 衙舍修建, 軍器備置之方, 令道臣從便措劃事, 請分付, 允之.

의정부에서 아뢰기를 "청산도(靑山島)에는 이미 진(鎭)이 설치되어 있는데, 흥양(興陽)의 세 섬은 아주 가깝게 이어진 땅이며 또한 진수(鎭守)가 설치되어 있지 않아서 청산진에 부속하였습니다. 영암의 소안도(所安島)에 작년에 진을 설치하였는데, 본래 관방을 위해 설치한 것이었으나, 이 섬과의 거리가 매우 가깝고, 연달아 별장을 두는 것은 진실로 필요하고 중요하지는 않으니, 또한 혁파하여 본진에 소속시키고, 호구와 장적(帳籍)을 모두 맡아서 처리하게 하며[句檢], 〈그곳에〉 속한 결세(結稅)는 순영(巡營)에 논하여 보고하여 모두 육지 읍의 예에 따라 바로잡게 하소서. 관아를 수리하여 세우고 군기(軍器)를 갖추어두는 방법은 도신으로 하여금 편리한 대로 일을 계획하도록 분부하기를 청합니다"라고 하니, 윤허하였다.

『備邊司謄錄』251冊

府啓曰, 靑山島旣設鎭矣, 興陽三島, 係是至近之地, 且無鎭守之設, 付屬靑山鎭. 靈巖所安島之年前置鎭, 本爲關防而設, 而與此島相距甚近, 疊置別將, 實無緊重, 亦令革付本鎭, 戶口帳籍, 竝使之句檢, 所屬結稅, 論報巡營, 一依陸邑例釐正, 衙舍修建, 軍器備置之方, 令道臣從便措劃事, 分付何如, 答曰, 允.

의정부[府]에서 아뢰기를 "청산도(靑山島)에는 이미 진(鎭)이 설치되어 있는데, 흥양(興陽)의 세 섬은 아주 가깝게 이어진 땅이고 또한 진수(鎭守)가 설치되어 있지 않아서 청산진에 부속하였습니다. 영암의 소안도(所安島)에 작년에 진을 설치한 것은 본래 관방을 위해 설치한 것이었으나, 이 섬과의 거리가 매우 가깝고, 연달아 별장을 두는 것은 실로 필요하고 중요하지는 않으니, 또한 혁파하여 본진에 소속시키고, 호구와 장적(帳籍)을 모두 맡아서 처리하게 하며[句檢], 〈그곳에〉 속한 결세(結稅)는 순영(巡營)에 논하여 보고

하여 모두 육지 읍의 예에 따라 바로잡게 하소서. 관아를 수리하여 세우고 군기(軍器)를 갖추어두는 방법은 도신으로 하여금 편리한 대로 일을 계획하도록 분부하는 것이 어떻겠습니까"라고 하니, 답하기를, "윤허한다"고 하였다.

경원과 후춘의 경비를 강화하기 위해 관리를 교체할 것을 청함.

1866년(고종 3-丙寅) 11월 24일(양력 12월 30일)

발신 : 의정부

『承政院日記』 2708冊

議政府啓曰, 慶源之於厚春, 只隔一帶水, 氷合以後, 則彼我匪類, 種種有犯越之患, 邊圉之疎虞, 莫此爲甚. 而該府使朴芝壽, 年老病多云, 改差許用履歷. 聞高嶺僉使閔大鎬, 頗有聲績, 足任邊事, 特爲移差, 使之除朝辭赴任, 僉使之代, 副護軍李鉉奎差下, 給馬不日下送何如, 傳曰, 允.

의정부(議政府)에서 아뢰기를, "경원(慶源)은 후춘(厚春)과 단지 강 하나를 끼고 마주하여 얼음이 언 이후로는 이쪽저쪽의 비류(匪類)들이 종종 국경을 넘는 걱정이 있으니, 변경 방비의 소홀함이 이보다 더 심할 수 없습니다. 그러나 해당 부사 박지수(朴芝壽)는 연로하고 병이 많다고 하니 개차하고 이력(履歷)은 허용하소서. 듣건대 고령첨사(高嶺僉使) 민대호(閔大鎬)가 자못 명성과 치적이 있어 변방을 맡을 만하다고 하니 특별히 옮겨 임명하여 조정에 하례하는 것을 면제하고 부임하도록 하며, 첨사의 대임으로는 부호군 이현규(李鉉奎)를 차하하여 말을 주어 빠르게 내려갈 수 있도록 하는 것이 어떻겠습니까"라고 하니, 전교하기를, "윤허한다"고 하였다.

『日省錄(高宗)』 49冊

政府啓言, 慶源之於厚春, 只隔一帶水, 氷合以後則彼我匪類, 種種有犯越之患, 邊圉之疎虞, 莫此爲甚. 而該府使朴芝壽, 年老病多云, 改差許用履歷. 聞高嶺僉使閔大鎬, 頗有聲績, 足任邊事, 特爲移差, 使之除朝辭赴任, 僉使之代, 副護軍李鉉奎差下, 給馬不日下送, 允之.

의정부[政府]에서 아뢰기를 "경원(慶源)은 후춘(厚春)과 단지 사이에 강 하나를 끼고 마주하여 얼음이 언 이후로는 이쪽저쪽의 비류(匪類)들이 종종 국경을 넘는 걱정이 있으니, 변경 방비의 소홀함이 이보다 더 심할 수 없습니다. 그러나 해당 부사 박지수(朴芝壽)는 연로하고 병이 많다고 하니 개차하고 이력(履歷)은 허용하소서. 듣건대 고령첨사(高嶺僉使) 민대호(閔大鎬)가 자못 명성과 치적이 있어 변방 일을 맡을 만하다고 하니 특별히 옮겨 임명하여 조정에 하례하는 것을 면제하고 부임하도록 하며, 첨사의 대임으로는 부호군 이현규(李鉉奎)를 차하하여 말을 주어 빠르게 내려 보내소서"라고 하니, 윤허하였다.

『備邊司謄錄』 251冊

府啓曰, 慶源之於厚春, 只隔一帶水, 氷合以後則彼我匪類, 種種有犯越之患, 邊圉之疎虞, 莫此爲甚, 而該府使朴芝壽, 年老病多云, 改差許用履歷. 聞高嶺僉使閔大鎬, 頗有聲績, 足任邊事, 特爲移差, 使之除朝辭赴任, 僉使之代, 副護軍李鉉奎差下, 給馬不日下送何如, 答曰, 允.

의정부[府]에서 아뢰기를, "경원(慶源)은 후춘(厚春)과 단지 강 하나를 끼고 마주하여 얼음이 언 이후로는 이쪽저쪽의 비류(匪類)들이 종종 국경을 넘나드는 걱정이 있으니, 변경 방비의 소홀함이 이보다 더 심할 수 없습니다. 그러나 해당 부사 박지수(朴芝壽)는 연로하고 병이 많다고 하니 개차하고 이력(履歷)은 허용하소서. 듣건대 고령첨사(高嶺僉使) 민대호(閔大鎬)가 꽤 명성과 치적이 있어 변방을 맡을 만하다고 하니 특별히 옮겨 임명하여 조정에 하례하는 것을 면제하고 부임하게 하며, 첨사의 대임으로는 부호군 이현규(李鉉奎)를 차하하여 말을 주어 빠르게 내려갈 수 있도록 하는 것이 어떻겠습니까"라고 하니, 답하기를, "윤허한다"고 하였다.

두만강 국경 근처 러시아인들에 대한 보고를 소홀히 한 경흥부사의 죄를 물을 것을 청함.

1866년(고종 3-丙寅) 12월 12일(양력 1867년 1월 17일)

발신 : 함경감사 김유연

『高宗實錄』 3卷

咸鏡監司金有淵狀啓, 俄羅斯國人, 騎馬來到慶源府豆滿江邊, 將築室於界牌近處, 與交易等說, 先通云者, 其在邊情, 極涉叵測. 而該府使尹峽, 則彼問前冬回奇, 出示公文, 容或無怪, 原關付送, 萬萬稽忽. 該府使罪狀, 令攸司稟處事, 敎曰, 竝令廟堂稟處, 該倅論勘安徐.

함경감사(咸鏡監司) 김유연(金有淵)의 장계에, "러시아국 사람이 말을 타고 경원부(慶源府)의 두만강변에 도래하여, 장차 국경 팻말 근처에 집을 짓고 교역하자는 등의 말을 먼저 말한 것은 변방의 사정에 있어 매우 예측하기 어려운 일입니다. 그러나 해당 부사 윤협(尹峽)은 저들이 지난겨울에 제기한 문제에 대한 회보를 물었을 때 공문을 내보였다면 혹여 이상할 것이 없었겠지만, 원 관문을 부쳐 보낸 것은 매우 경솔했습니다. 해당 부사의 죄상을 유사로 하여금 품처하게 하소서"라고 하니, 교하기를, "모두 묘당으로 하여금 품처하게 하며, 해당 수령의 논죄는 잠시 보류하라"고 하였다.

『日省錄(高宗)』 50冊

咸鏡監司金有淵狀啓, 以爲俄羅斯國人, 騎馬來到慶源府豆滿江邊, 將築室於界牌近處, 與交易等說, 先通云者, 其在邊情, 極涉叵測. 而該府使尹峽, 則彼問前冬回奇, 出示公文, 容或無怪, 原關付送, 萬萬駭忽. 罪狀, 令攸司稟處, 敎以竝令廟堂稟處, 該倅論勘安徐.

함경감사(咸鏡監司) 김유연(金有淵)의 장계에 "러시아국 사람이 말을 타고 경원부 두만강변에 도래하여 장차 국경 팻말 근처에 집을 짓고 교역하자는 등의 말을 먼저 말한 것은, 변방의 사정에 있어 매우 예측하기 어려운 일입니다. 그러나 해당 부사 윤협은 저들이 지난겨울에 제기한 문제에 대한 회보를 물었을 때 공문을 내보였다면 혹여 이상할 것이 없었겠지만, 원 관문을 붙여 보낸 것은 매우 경솔했습니다. 죄상을 유사로 하여금 품처하게 하소서"라고 하니, 교하기를, "모두 묘당으로 하여금 품처하게 하며, 해당 수령의 논죄는 잠시 보류하라"고 하였다.

『備邊司謄錄』 251冊

以咸鏡監司金有淵狀啓, 俄羅斯國人, 騎馬來到慶興府豆滿江邊, 將築室於界牌近處, 其交易等說, 先通云者, 其在邊情, 極涉叵測. 而該府使尹峽, 段[*則]彼問前冬回奇, 則出示公文, 容或無怪, 原關付送, 萬萬駭忽. 該府使罪狀, 令攸司稟處事, 傳曰, 竝令廟堂稟處, 該倅論勘安徐.

함경감사(咸鏡監司) 김유연(金有淵)의 장계에, "러시아국 사람이 말을 타고 경흥부 두만강변에 와서 장차 국경 팻말 근처에 집을 짓고 교역하자는 등의 말을 먼저 말한 것은, 변방의 사정에 있어 매우 예측하기 어려운 일입니다. 그러나 해당 부사 윤협은 저들이 지난겨울에 제기한 문제에 대한 회보를 물었을 때에 공문을 보여주었다면 혹여 이상할 것이 없었겠지만, 원 관문을 부쳐 보낸 것은 매우 경솔했습니다. 해당 부사의 죄상을 유사로 하여금 품처하게 하소서"라고 하니, 전교하기를, "모두 묘당으로 하여금 품처하게 하며, 해당 수령의 논죄는 잠시 보류하라"고 하였다.

국경을 넘어와 교역을 요청한 러시아인들을 막기 위해 엄중하게 국경을 경계할 것을 청함.

1866년(고종 3-丙寅) 12월 13일(양력 1867년 1월 18일)

발신 : 함경감사 김유연 / 수신 : 의정부

『承政院日記』 2709冊

議政府啓曰, … 越界投書, 已是可駭之甚, 而書中所謂互相去來興販交易云者, 此係有國莫越之禁矣. 設或更來煩請, 必以法禁所在, 決不可許施之意, 開諭退送. 至於隔江設幕, 將有久住之計, 則耀兵驅逐, 雖不必先彼啓釁, 整伍防守, 亦所以自我設備. 沿江戒嚴, 竝依前關擧行, 毋或一毫疎忽事, 申飭道帥臣何如, 傳曰, 允.

의정부(議政府)에서 아뢰기를, "… 국경을 넘어서 투서한 것도 이미 매우 놀라우나, 글 중에 소위 '서로 오고 가면서 교역하자'고 한 것은, 이는 나라가 국경을 넘지 못하게 하는 금법과 관계됩니다. 설혹 다시 와서 번거롭게 청하더라도 반드시 금법에 의거하여 절대로 시행을 허락할 수 없다는 내용으로 타일러서 돌려보내야 합니다. 강 건너 막사를 설치하고 앞으로 오랫동안 머물도록 계획하는 것 대해서는, 군사를 동원하여 몰아내서 먼저 저들과 사이가 나빠질 필요는 없지만, 군사를 정돈하고 방수하는 것은 또한 우리로서 준비를 갖추는 방법입니다. 강 근처 경계를 엄하게 하는 것을 모두 이전의 관문에 의거하여 거행하여, 털끝만큼 소홀한 일이 없도록 도·수신에게 신칙하는 것이 어떻겠습니까"라고 하니, 전교하기를, "윤허한다"고 하였다.

『高宗實錄』 3卷

議政府啓, 以咸鏡監司金有淵狀啓, 俄羅斯國人, 築室於界牌近處, 與交易等說, 竝令廟堂稟處事, 命下矣. 越界投書, 已是可駭之甚, 而書中所謂互相去來興販交易云者, 此係有國莫越之禁矣. 設或更來煩請, 必以法禁所在, 決不可許施之意, 開諭退送. 至於隔江設幕, 將有久住之計, 則耀兵驅逐, 雖不必先彼啓釁, 整伍防守, 自我設備. 沿江戒嚴, 竝依前關擧行, 毋或一毫疎忽之意, 申飭道帥臣何如, 允之.

의정부(議政府)에서 아뢰기를, "함경감사(咸鏡監司) 김유연(金有淵)의 장계에, 러시아국 사람이 국경 팻말 근처에 집을 짓고 교역을 하자는 등의 말은 모두 묘당으로 하여금 품처하라는 것을 명을 내리셨습니다. 국경을 넘어서 투서한 것도 이미 매우 놀라우나, 글 중에 소위 '서로 오고 가면서 교역하자'고 한 것은, 이는 나라가 국경을 넘지 못하게 하는 금법과 관계됩니다. 설혹 다시 와서 번거롭게 청하더라도 반드시 금법에 의거하여 절대로 시행을 허락할 수 없다는 내용으로 타일러서 돌려보내야 합니다. 강 건너 막사를 설치하고 앞으로 오랫동안 머물도록 계획하는 것에 대해서는, 군사를 동원하여 몰아내서 먼저 저들과 사이가 나빠질 필요는 없지만, 군사를 정돈하고 방수하는 것은 우리로서 준비를 갖추는 것입니다. 강 근처 경계를 엄히 하는 것을 모두 이전의 관문에 의거하여 거행하여, 털끝만큼 소홀한 일이 없도록 도·수신에게 신칙하는 것이 어떻겠습니까"라고 하니, 윤허하였다.

『日省錄(高宗)』 50册

議政府啓言, 以咸鏡監司金有淵狀啓, 俄羅斯國人, 築室於界牌近處, 與交易等說, 竝令廟堂稟處事, 命下矣. 越界投書, 已是可駭之甚, 而書中所謂互相去來興販交易云者, 此係有國莫越之禁矣. 設或更來煩請, 必以法禁所在, 決不可許施之意, 開諭退送. 至於隔江設幕, 將有久住之計, 則耀兵驅逐, 雖不必先彼啓釁, 整伍防守, 亦所以自我設備. 沿江戒嚴, 竝依前關擧行, 毋或一毫疏忽事, 請申飭道帥臣, 允之.

의정부(議政府)에서 아뢰기를, "함경감사(咸鏡監司) 김유연(金有淵)의 장계에 러시아국 사람이 국경 팻말 근처에 집을 짓고 교역하자는 등의 말은 모두 묘당으로 하여금 품처하라고 명을 내리셨습니다. 국경을 넘어서 투서한 것도 이미 매우 놀라우나, 글 중에 소위 '서로 오고 가면서 교역하자'고 한 것은, 이는 나라가 국경을 넘지 못하게 하는 금법과 관계됩니다. 설혹 다시 와서 번거롭게 청하더라도 반드시 금법에 의거하여 절대로 시행을 허락할 수 없다는 내용으로 타일러서 돌려보내야 합니다. 강 건너 막사를 설치하고 앞으로 오랫동안 머물도록 계획하는 것에 대해서는 군사를 동원하여 몰아내어 먼저 그들과 사이가 나빠질 필요는 없지만, 군사를 정돈하고 방수하는 것은 또한 우리로서 준비를 갖추는 방법입니다. 강 근처 경계를 엄히 하는 것을 모두 이전 관문에 의거하여 거행하여 털끝만큼 소홀한 일이 없도록 도·수신에게 신칙하기를 청합니다"라고 하니 윤허하였다.

『備邊司謄錄』 251冊

府啓曰, … 越界投書, 已是可駭之甚, 而書中所謂互相去來, 興販交易云者, 此係有國莫越之禁矣, 設或更來煩請, 必以法禁所在, 決不可許施之意, 開諭退送. 至於隔江設幕, 將有久住之計, 則耀兵驅逐, 雖不必先被啓釁, 整伍防守, 亦所以自我設備. 沿江戒嚴, 竝依前關擧行, 毋或一毫疎忽事, 申飭道帥臣何如, 答曰, 允.

의정부[府]에서 아뢰기를 "… 국경을 넘어서 투서한 것도 이미 매우 놀라우나, 글 중에 소위 '서로 오고 가면서 교역하자'고 한 것은, 이는 나라가 국경을 넘지 못하게 하는 금법과 관계됩니다. 설혹 다시 와서 번거롭게 청하더라도 반드시 금법에 의거하여 절대로 시행을 허락할 수 없다는 뜻으로 타일러서 돌려보내야 합니다. 강 건너에 막사를 설치하고 앞으로 오랫동안 머물도록 계획하는 것에 대해서는 군사를 동원하여 몰아내어 먼저 그들과 사이가 나빠질 필요는 없지만, 군사를 정돈하고 방수하는 것은 또한 우리로서 준비를 갖추는 방법입니다. 강 근처 경계를 엄하게 하는 것을 모두 이전의 관문에 의거하여 거행하여 털끝만큼 소홀한 일이 없도록 도·수신에게 신칙하는 것이 어떻겠습니까"라고 하니, 답하기를, "윤허한다"고 하였다.

국경 근처를 점거하고 거주한 러시아인의 행위를 중국에 알릴 것을 청함.

1866년(고종 3-丙寅) 12월 29일(양력 1867년 2월 3일)

발신 : 의정부

『承政院日記』 2709冊

議政府啓曰, 慶興越邊之俄胡結屋, 向有北梱馳啓矣. 界牌近地, 肆然占住, 雖未知其計之何居, 而卽亦幾百年來創有之擧也. 此不可不悉臚事狀, 奏聞上國, 咨文令文任撰出, 定禁軍騎撥下送于灣府, 使之入送鳳城, 轉致北京之地何如, 傳曰, 允.

의정부(議政府)에서 아뢰기를, "경흥(慶興)에 국경을 넘어온 러시아인[俄胡]이 집을 지은 일에 대한 과거 북병사[北梱]의 치계가 있었습니다. 경계 팻말이 있는 근지에 함부로 점거하여 거주하는 행위는 그 계략이 어디에 있는지 알 수 없지만, 몇백 년 이래 처음 있는 일입니다. 이는 상황을 낱낱이 기록하여 상국(上國)에 알리지 않을 수 없으니, 자문(咨文)을 문임이 지어내도록 하여 〈그것을〉 금군 파발을 정하여 의주부[灣府]에 보내고 그곳에서 봉성(鳳城)으로 들여보내 북경(北京)으로 전달하게 하는 것이 어떻겠습니까"라고 하니, 전교하기를, "윤허한다"고 하였다.

『日省錄(高宗)』 50冊

議政府啓言, 慶興越邊之俄胡結屋, 向有北梱馳啓矣, 界牌近地, 肆然占住, 雖未知其計之何居, 而卽亦幾百年來創有之擧也. 此不可不悉臚事狀, 奏聞上國, 咨文令文任撰出, 定禁軍騎撥下送于灣府, 使之入送鳳城, 轉致北京之地, 允之.

의정부(議政府)에서 아뢰기를 "경흥(慶興)에 국경을 넘어온 러시아인[俄胡]이 집을 지은 일에 대한 과거 북병사[北梱]의 치계가 있었습니다. 경계 팻말이 있는 근지에 함부로 점거하여 거주하는 것은 그 계략이 어디에 있는지 알 수 없지만, 몇백 년 이래 처음 있는 일입니다. 이는 상황을 낱낱이 기록하여 상국(上國)에 알리지 않을 수 없으니, 자문(咨文)을 문임이 지어내도록 하여 〈그것을〉 금군을 정하여 파발마에 태워 의주부[灣府]에 보내고, 그곳에서 봉성(鳳城)으로 들여보내 북경(北京)으로 전달하게 하소서"라고 하니, 윤허하였다.

『備邊司謄錄』 251冊

府啓曰, 慶興越邊之俄胡結屋, 向有北梱馳啓矣, 界牌近地, 肆然占住, 雖未知其計之何居, 而卽亦幾百年來創有之擧也. 此不可不悉臚事狀, 奏聞上國, 咨文令文任撰出, 定禁軍騎撥下送于灣府, 使之入送鳳城, 轉致北京之地何如, 答曰, 允.

의정부[府]에서 아뢰기를 "경흥(慶興)에 국경을 넘어온 러시아인[俄胡]이 집을 지은 일에 대한 과거 북병사[北梱]의 치계가 있었습니다. 경계 팻말이 있는 근지에 함부로 점거하여 거주하는 것은 그 계략이 어디에 있는지 알 수 없지만, 이는 몇백 년 이래 처음 있는 일입니다. 이는 상황을 낱낱이 기록하여 상국(上國)에 알리지 않을 수 없으니, 자문(咨文)을 문임이 지어내도록 하여 〈그것을〉 금군을 정하여 파발마에 태워 의주부[灣府]에 보내고, 그곳에서 봉성(鳳城)으로 들여보내 북경(北京)으로 전달하게 하는 것이 어떻겠습니까"라고 하니, 답하기를, "윤허한다"고 하였다.

경상도 연해의 포량을 영구히 폐지하라고 명함.

1868년(고종 5-戊辰) 1월 7일(양력 1월 31일)

발신 : 고종

『承政院日記』2722冊

傳曰, 慶尙一道, 沿海諸邑, 砲糧名色, 古雖有意設始, 今則便作利竇, 許多生弊, 以至難保云. 自今年爲始, 永爲革罷, 以安沿海之民事, 自廟堂行會.

전교하기를, "경상도[慶尙一道]의 연해 여러 읍의 포량(砲糧)의 명색(名色)은 예전에는 뜻이 있어 처음 설치하였으나, 지금은 문득 이익을 만드는 구멍이 되어 허다하게 폐단을 만들어 보전하기 어렵게 되었다고 한다. 금년을 시작으로 하여 영구히 혁파하여 연해의 백성을 편안하게 하라고 묘당에서 행회하라"고 하였다.

『高宗實錄』5卷

敎曰, 慶尙一道, 沿海諸邑, 砲糧名色, 古雖有意設施, 今則便作利竇, 許多生弊, 以至難保云. 自今年爲始, 永爲革罷, 以安沿海之民事, 自廟堂行會.

교하기를, "경상도[慶尙一道]의 연해 여러 읍의 포량(砲糧)의 명색(名色)은 예전에는 뜻이 있어 시행을 계획하였으나, 지금은 문득 이익을 만드는 구멍이 되어 허다하게 폐단을 만들어 보전하기 어렵게 되었다고 한다. 금년을 시작으로 하여 영구히 혁파하여 연해의 백성을 편안하게 하라고 묘당에서 행회하라"고 하였다.

『日省錄(高宗)』 65冊

敎曰, 慶尙一道, 沿海諸邑, 砲糧名色, 古雖有意設始, 今則便作利竇, 許多生弊, 以至難保云. 自今年爲始, 永爲革罷, 以安沿海之民事, 自廟堂行會.

교하기를, "경상도[慶尙一道]의 연해 여러 읍의 포량(砲糧)의 명색(名色)은 예전에는 뜻이 있어 처음 설치하였으나, 지금은 문득 이익을 만드는 구멍이 되어 허다하게 폐단을 만들어 보전하기 어렵게 되었다고 한다. 금년을 시작으로 하여 영구히 혁파하여 연해의 백성을 편안하게 하라고 묘당에서 행회하라"고 하였다.

선혜청의 환곡 중 일부로 경상도 포량을 대체할 것을 청함.

1868년(고종 5－戊辰) 1월 11일(양력 2월 4일)

발신 : 의정부

『承政院日記』 2722冊

議政府啓曰, 日前嶺南砲糧, 永爲革罷事, 命下矣. 沿邑民事, 階前萬里, 德念之懈惻, 恩施之曠絶, 實不勝欽仰攢頌之至. 而第念砲糧, 自是軍需攸重, 則不可無措劃給代之方. 以惠廳句管, 還穀耗條中, 依原數本色上下, 儲置條則切勿擧論之意, 行會何如, 傳曰, 允.

의정부(議政府)에서 아뢰기를, "일전에 영남(嶺南)의 포량(砲糧)을 영구히 혁파하라는 것을 명을 내리셨습니다. 연해읍민의 일을 만 리 밖에서도 섬돌 앞에 있듯이 하시니, 〈전하의 백성을〉 고달프게 슬퍼하는 덕스러운 생각과, 〈전하의〉 빛나고 뛰어난 은혜로운 베품은 실로 지극하게 흠앙하고 찬송하지 않을 수 없습니다. 다만 생각건대 포량은 원래 군수에 중요한 것이니, 조치하고 구획하며 대체하여 지급할 방법이 없어서는 안 됩니다. 선혜청(宣惠廳)이 구관(句管)하고 있는 환곡(還穀)의 모조(耗條) 중에서 원래 수량에 의거하여 본색(本色)으로 내리시고 저치조(儲置條)는 절대 거론하지 말라는 내용을 행회(行會)하는 것이 어떻습니까"라고 하니, 전교하기를, "윤허한다"고 하였다.

『高宗實錄』 5卷

十一日. 議政府啓, 嶺南砲糧, 永爲革罷事, 命下矣. 沿邑民事, 階前萬里, 德念之懇惻, 恩施之曠絶, 實不勝欽仰攢頌之至. 而第念砲糧自是軍需攸重, 則不可無措劃給代之方. 以惠廳句管還耗條中, 依原數本色上下, 儲置條則切勿擧論之意, 行會何如, 允之.

11일. 의정부(議政府)에서 아뢰기를, "영남(嶺南)의 포량(砲糧)을 영구히 혁파하라는 것을 명을 내리셨습니다. 연해읍민의 일을 만 리 밖에서도 섬돌 앞에 있듯이 하시니, 〈전하의 백성을〉 고달프게 슬퍼하는 덕스러운 생각과, 〈전하의〉 빛나고 뛰어난 은혜로운 베품은 실로 지극하게 흠앙하고 찬송하지 않을 수 없습니다. 다만 생각건대 포량은 원래 군수에 중요한 것이니, 조치하고 구획하며 대체하여 지급할 방법이 없어서는 안 됩니다. 선혜청(宣惠廳)이 구관(句管)하고 있는 환곡(還穀)의 모조(耗條) 중에서 원래 수량에 의거하여 본색(本色)으로 내리시고 저치조(儲置條)는 절대 거론하지 말라는 내용을 행회(行會)하는 것이 어떻겠습니까"라고 하니, 윤허하였다.

『日省錄(高宗)』 65冊

議政府啓言, 日前嶺南砲糧, 永爲革罷事, 命下矣. 第念砲糧, 自是軍需攸重, 則不可無措劃給代之方. 以惠廳句管, 還穀耗條中, 依原數本色上下, 儲置條則切勿擧論之意, 請行會, 允之.

의정부(議政府)에서 아뢰기를, "일전에 영남(嶺南)의 포량(砲粮)을 영구히 혁파하라는 것을 명을 내리셨습니다. 다만 포량은 원래 군수에 중요한 것이니, 조치하고 구획하며 대체하여 지급할 방법이 없어서는 안 됩니다. 선혜청이 구관(勾管)하고 있는 환곡(還穀)의 모조(耗條) 중에서 원래 수량대로 본색(本色)으로 내리시고 저치조(儲置條)는 절대 거론하지 말라는 내용을 행회하시기를 청합니다"라고 하니, 윤허하였다.

중국 폐사군과 국경을 접하고 있는 의주 지역의 경비를 강화해줄 것을 청함.

1868년(고종 5-戊辰) 11월 9일(양력 12월 22일)

발신 : 평안도 청북암행어사 서경순 / 수신 : 삼군부

『承政院日記』 2733冊

三軍府啓曰, 卽見平安道清北暗行御吏徐經淳別單, 則以爲, 自廢四郡至灣府, 限以長江, 地分彼我. 而彼邊沿江遊民墾牧, 不知幾千戶, 如値上國有事之日, 群聚豕突, 攔入我境, 竊爲折衝禦侮之計, 宜有講究先事之慮. 以江界境內乲怪·從浦·楸坡馬·馬海四鎭, 移設於三下界, 湖芮·金昌·茂昌, 犄角爲援, 庶可有助於固圉. 而上土則只存僉使之舊號, 以別中軍之銜, 移屬湖芮, 掌嶺北軍, 務受防營節制. 且自龍灣沿邊諸民戶, 作爲保統, 互禁潛越. 最緊於防守之策事, 請令三軍府稟處矣. 殘鎭遠戍之形單影隻, 誠不勝疎虞之甚. 而第其建設新鎭, 以爲據險守要之方, 則遠近形便, 無以遙度, 關問道帥臣, 凡寘堡也, 作統也, 生財也, 竝使之出意見, 從長論報後, 更爲稟處何如. 傳曰, 允.

삼군부(三軍府)에서 아뢰기를, "방금 평안도(平安道) 청북암행어사(清北暗行御吏) 서경순(徐經淳)의 별단을 보니, '폐사군(廢四郡)에서 의주부[灣府]까지는 긴 강을 경계로 땅이 저들과 우리가 나뉘어 있습니다. 그러나 저쪽 강 연안에 유민이 개간하고 유목하는 것이 몇천 호가 되는지 알 수 없으니, 만약 상국(上國)에 어떤 일이라도 생기는 날에는 무리가 멧돼지처럼 달려 우리 경계를 난입할 것이니, 그윽히 저들을 막을 계책을 생각해 보건대, 마땅히 일이 일어나기 전에 〈해결 방안을〉 강구함이 있어야 합니다. 강계(江界) 경내의 욋괴(乲怪)·종포(從浦)·추파마(楸坡馬)·마해(馬海)의 4개 진(鎭)은 삼하계(三下界)로 옮겨 설치하고 호예(湖芮)·금창(金昌)·무창(茂昌)이 기각지세로 도운다면 거의 변방을 공고히 하는 데 도움이 될 것입니다. 그리고 상토(上土)는 단지 첨사(僉使)라는 옛 명

칭만 남겨두고 별중군(別中軍)의 직함으로 호예에 이속하며 북군(北軍)을 관장하면서 마땅히 방영(防營)의 절제를 받게 하소서. 또한 용만(龍灣)에서 연변에 있는 여러 민호(民戶)는 보통(保統)으로 조직하여 몰래 국경을 넘는 것을 서로 금지하소서. 〈이러한 조처들이〉 방수(防守)의 방책에 가장 긴요한 것이니, 청컨대 삼군부에서 품처하도록 하소서'라고 하였습니다. 쇠잔한 진과 먼 병영[遠戍]이 몹시 외로운 것을 보면[形單影隻], 진실로 너무 〈국경의 방비가〉 소홀하다는 염려를 금할 수가 없습니다. 그러나 새로운 진을 건설하여 험지를 점거하고 요지를 지키는 방법은, 원근의 형편을 멀리서는 제대로 알 수 없으니 관문으로 도·수신에게 물어서 무릇 보루를 설치하고 〈민호를〉 작통하고 재용(財用)을 내는 문제에 대해 모두 의견을 제출하도록 하여, 좋은 쪽을 좇아 논의하여 보고하게 한 뒤에 다시 품처하는 것이 어떻겠습니까"라고 하니, 전교하기를, "윤허한다"고 하였다.

『日省錄(高宗)』 78冊

軍府啓言, 卽見平安道淸北暗行御史徐經淳別單, 則以爲, 自廢四郡至灣府, 限以長江, 地分彼我. 而彼邊沿江遊民墾牧, 不知幾千戶, 如値上國有事之日, 群聚豕突, 攔入我境, 竊爲折衝禦侮之計, 宜有講究先事之慮. 以江界境內乼恠·從浦·楸坡馬·馬海四鎭, 移設於三下界, 湖芮·金昌·茂昌, 犄角爲援, 庶可有助於固圉. 而上土則只存僉使之舊號, 以別中軍之銜, 移屬湖芮, 掌嶺北軍, 務受防營節制. 且自龍灣沿邊諸民戶, 作爲保統, 互禁潛越, 最緊於防守之策事, 請令三軍府稟處矣. 殘鎭遠戍之形單影隻, 誠不勝疎虞之甚. 而第其建設新鎭, 以爲據險守要之方, 則遠近形便, 無以遙度, 關問道帥臣, 凡寘堡也, 作統也, 生財也, 竝使之出意見, 從長論報後, 更爲稟處.

삼군부[軍府]에서 아뢰기를, "방금 평안도(平安道) 청북암행어사(淸北暗行御史) 서경순(徐經淳)의 별단을 보니, '폐사군(廢四郡)에서 의주부[灣府]까지는 긴 강을 경계로 땅이 저들과 우리가 나뉘어 있습니다. 그러나 저쪽 강 연안에 유민이 개간하고 유목하는 것이 몇천 호가 되는지 알 수 없으니, 만약 상국(上國)에 어떤 일이라도 생기는 날에는 무리가 멧돼지처럼 달려 우리 경계를 난입할 것이니, 그윽히 저들을 막을 계책을 생각해보건대, 마땅히 일이 일어나기 전에 〈해결 방안을〉 강구하는 것이 있어야 합니다. 강계(江界) 경내의 윗괴(㐦怪)·종포(從浦)·추파마(楸坡馬)·마해(馬海)의 4개 진(鎭)은 삼하계(三下界)로 옮겨 설치하고 호예(湖芮)·금창(金昌)·무창(茂昌)이 기각지세로 도운다면 거의 변방을 공고히 하는 데 도움이 될 것입니다. 그리고 상토(上土)는 단지 첨사(僉使)라는 옛 명칭만 남겨 두고 별중군(別中軍)의 직함으로 호예에 이속하며 북군(北軍)을 관장하면서 마땅히 방영(防營)의 절제를 받게 하소서. 또한 용만(龍灣)에서 연변에 있는 민호(民戶)는 보통(保統)으로 조직하여 몰래 국경을 넘는 것을 서로 금지하소서. 〈이러한 조처들이〉 방수(防守)의 방책에 가장 긴요한 것이니, 청컨대 삼군부에서 품처하도록 하소서'라고 하였습니다. 쇠잔한 진과 먼 병영[遠戍]이 몹시 외로운 것을 보면[形單影隻], 진실로 너무 〈국경의 방비가〉 소홀하다는 염려를 금할 수가 없습니다. 그러나 새로운 진을 건설하여 험지를 점거하고 요지를 지키는 방법은, 원근의 형편을 멀리서는 제대로 알 수 없으니 관문으로 도·수신에게 물어서 무릇 보루를 설치하고 〈민호를〉 작통하고 재용(財用)을 내는 문제에 대해 모두 의견을 제출하도록 하여, 좋은 쪽을 좇아 논의하여 보고하게 한 뒤에 다시 품처하게 하소서"라고 하였다.

국경을 넘은 여인과 아이 2명에 대한 처벌 수위에 대해 상주함.

1870년(고종 7-庚午) 7월 26일(양력 8월 22일)

발신 : 의정부

『承政院日記』2753冊

議政府啓曰, 向因都京禮部咨文, 北地潛越罪人押送與否, 詳査馳聞之意行會矣. 卽見該道道帥臣狀本, 則幼童二名, 女人一名, 自琿春協領衙門押來, 故詳査情節, 則俱是蒙騃沒覺之類, 與叛去匪類, 煞有間焉. 姑爲嚴囚, 以待廟堂稟處云矣. 犯越之禁, 前後申飭, 果何等嚴峻, 而一往不悛, 至有大國押還之擧. 邦憲攸在, 不可容貸. 女人一名, 令北兵使馳往江邊, 大會軍民, 梟首警衆. 朴事均之隨其父潛越, 在於十歲以前, 則十歲以下應死者之擬議奏聞, 取自上裁, 係是律文所載, 伏俟處分. 幼童金哥, 七歲以下也, 依雖有死罪, 不加刑之律, 今姑勿論, 座首以下在囚罪人, 竝自兵營酌放, 犯越人押來之由, 令槐院撰咨入送何如. 傳曰, 允. 冒禁潛越, 自有當律, 而係是女流也, 幼童也, 犯越而不知法意, 隨往而莫辨彼此, 情與跡之容或無怪, 特以好生之意, 竝貸其罪, 曉諭安接, 俾有依歸之所. 而繼此邊政, 一倍團束, 期無更犯之弊事, 分付.

의정부(議政府)에서 아뢰기를 "지난번 도경(都京) 예부가 자문을 통해 북쪽 지방의 몰래 국경을 넘어간 죄인을 압송했는지 여부를 자세하게 조사하여 치문하라는 내용으로 행회하였습니다. 방금 해당 도(道)의 도·수신의 장계를 보니, '어린아이 2명과 여인 1명이 혼춘협령아문(琿春協領衙門)에서 압송되어 왔으므로 가엾은 정황을 상세히 조사하였더니, 모두가 몽매하고 몰지각한 부류로 배반하여 달아난 비류(匪類)와는 차이가 있습니다. 우선 엄중하게 가두고 묘당의 품처를 기다립니다'라고 하였습니다. 국경을 넘는 것을 금지함이 전후로 신칙한 것이 과연 엄준한데도 한 번에 고쳐지지 않고 심지어 대국에서 압송하는 일까지 있게 되었습니다. 나라의 법이 있으니 용서할 수 없습니다. 여인 1명은 북병사로 하여금 강변으로 달려가 군민을 크게 모아놓고 효수하여 사람들을 경계하게 하소서. 박사균(朴事均)이 그 아비를 따라 몰래 국경을 넘어간 것은 10세 이전에 있었던 일인데, 10세 이하는 죽음에 응하는 것을 의논해서 아뢰도록 하여 임금으로부터 재가를 얻는 것이 율문에 실려 있으니, 삼가 처분을 기다립니다. 어린아이 김가(金哥)는 7세 이하이니 비록 죽을 죄에 해당된다 하여도 형을 가하지 않는다는 율에 의거하여 지금은 우선 논하지 말고, 좌수(座首) 이하 감금되어 있는 여러 사람들은 모두 병영에서 참작하여 방면할 것이며, 국경을 넘은 사람을 압송하여 온 사유를 괴원으로 하여금 자문을 지어 들여보내게 하는 것이 어떻겠습니까"라고 하였다. 전교하기를 "윤허한다. 금법을 무릅쓰고 몰래 국경을 넘은 것은 당연히 적용하는 율이 있으나 이 경우는 여자가 떠돈 것이고, 어린아이〈가 떠돈 것〉이다. 국경을 넘었다 하더라도 법의 뜻을 이해하지 못하였고, 따라갔어도 이곳인지 저곳인지를 분변할 수 없었으니, 정상과 행적이 혹여 이상할 것이 없다. 특별히 호생(好生)의 뜻으로 모두 그 죄를 용서하고 타일러서 편안히 〈나라로〉 받아들여 귀의할 곳이 있게 하라. 이로부터 변정(邊政)의 단속을 배로 더하여 다시는 〈국경을〉 범하는 폐단이 없게 하라고 분부하라"고 하였다.

『日省錄(高宗)』 99冊

議政府啓言, 向因都京禮部咨文, 北地潛越罪人押還與否, 詳查馳聞之意行會矣. 卽見該道道帥臣狀本, 則幼童二名, 女人一名, 自琿春協領衙門押來, 故詳査情節, 則俱是蒙騃沒覺之類, 與叛去匪類, 煞有間焉. 姑爲嚴囚, 以待廟堂稟處云矣. 犯越之禁, 前後申飭, 果何等嚴峻, 而一往不悛, 至有大國押還之擧. 邦憲攸在, 不可容貸. 女人一名, 令北兵使, 馳往江邊, 大會軍民, 梟首警衆. 朴事均之隨其父潛越, 在於十歲以前, 則十歲以下, 應死者之擬議奏聞, 取自上裁, 係是律文所載, 伏俟處分. 幼童金哥, 七歲以下也, 依雖有死罪, 不加刑之律, 今姑勿論, 座首以下在囚諸人, 竝自兵營酌放, 犯越人押來之由, 令槐院撰咨入送何如. 答曰, 允, 冒禁潛越, 自有當律, 而係是女流也, 幼童也, 犯越而不知法意, 隨往而莫辨彼此, 情與跡之容或無怪, 特以好生之意, 竝貸其罪, 曉諭安接, 俾有依歸之所. 而繼此邊政, 一倍團束, 期無更犯之弊事, 分付.

의정부(議政府)에서 아뢰기를 "지난번 도경(都京) 예부가 자문을 통해 북쪽 지방의 몰래 국경을 넘어간 죄인을 압송하여 왔는지 여부를 상세하게 조사하여 치문하라는 내용으로 행회하였습니다. 방금 해당 도(道)의 도·수신의 장계를 보니, '어린아이 2명과 여인 1명이 혼춘협령아문(琿春協領衙門)에서 압송되어 왔으므로 가엾은 정황을 상세히 조사하였더니, 모두가 몽매하고 몰지각한 부류로 배반하여 달아난 비류(匪類)와는 차이가 있습니다. 우선 엄중하게 가두고 묘당의 품처를 기다립니다'라고 하였습니다. 국경을 넘는 것을 금지함이 전후로 신칙한 것이 과연 엄준한데도 한 번에 고쳐지지 않고 심지어 대국에서 압송하는 일까지 있게 되었습니다. 나라의 법이 있으니 용서할 수 없습니다. 여인 1명은 북병사로 하여금 강변으로 달려가 군민을 크게 모아놓고 효수하여 사람들을 경계하게 하소서. 박사균(朴事均)이 그 아비를 따라 몰래 국경을 넘어간 것은, 10세 이전에 있었던 일인데, 10세 이하는 죽음에 응하는 것을 의논해서 아뢰도록 하여 임금으로부터 재가를 얻는 것이 율문에 실려 있으니, 처분을 기다립니다. 어린아이 김가(金哥)는 7세 이하이니 비록 죽을 죄에 해당된다 하여도 형을 가하지 않는다는 율에 의거하여 지금은 우선 논하지 말고, 좌수(座首) 이하 감금되어 있는 여러 사람들은 모두 병영에서 참작하여 방면할 것이며, 국경을 넘은 사람을 압송하여 온 사유를 괴원으로 하여금 자문을 지어 들여보내게 하는 것이 어떻겠습니까"라고 하였다. 답하기를 "윤허한다. 금법을 무릅쓰고 몰래 국경을 넘은 것은 당연히 적용하는 율이 있으나 이 경우는 여자가 떠돈 것이고 어린아이〈가 떠돈 것〉이다. 국경을 넘었다 하더라도 법의 뜻을 이해하지 못하였고, 따라갔어도 이곳인지 저곳인지를 분변할 수 없었으니, 정상과 행적이 혹여 이상할 것이 없다. 특별히 호생(好生)의 뜻으로 모두 그 죄를 용서하고 타일러서 편안히 〈나라로〉 받아들여 귀의할 곳이 있게 하라. 이로부터 변정(邊政)의 단속을 배로 더하여 다시는 〈국경을〉 범하는 폐단이 없게 하라고 분부하라"고 하였다.

『備邊司謄錄』252冊

府啓曰, 向因都京禮部咨文, 北地潛越罪人押還與否, 詳査馳聞之意行會矣, 卽見該道道帥臣狀本, 則幼童二名, 女人一名, 自琿春協領衙門押來, 故詳査情節, 則俱是蒙騃沒覺之類, 與叛去匪類, 煞有間焉. 姑爲嚴囚, 以待廟堂稟處云矣. 犯越之禁, 前後申飭, 果何等嚴峻, 而一往不悛, 至有大國押還之擧. 邦憲攸在, 不可容貸. 女人一名, 令北兵使, 馳往江邊, 大會軍民, 梟首警衆. 朴事均之隨其父潛越, 在於十歲以前, 則十歲以下, 應死者之擬議奏聞, 取自上裁, 係是律文所載, 伏俟處分. 幼童金哥, 七歲以下也, 依雖有死罪, 不加刑之律, 今姑勿論, 座首以下在囚諸人, 竝自兵營酌放, 犯越人押來之由, 令槐院撰咨入送何如. 答曰, 允. 冒禁潛越, 自有當律, 而係是女流也, 幼童也, 犯越而不知法意, 隨往而莫辨彼此, 情與跡之容或無怪, 特以好生之意, 竝貸其罪, 曉諭安接, 俾有依歸之所. 而繼此邊政, 一倍團束, 期無更犯之弊事, 分付.

의정부[府]에서 아뢰기를 "지난번 도경(都京) 예부가 자문을 통해 북쪽 지방의 몰래 국경을 넘어간 죄인을 압송하여 왔는지 여부를 자세히 조사하여 치문하라는 내용으로 행회하였습니다. 방금 해당 도(道)의 도·수신의 장계를 보니, '어린아이 2명과 여인 1명이 혼춘협령아문(琿春協領衙門)에서 압송되어 왔으므로 가엾은 정황을 상세히 조사하였더니, 모두가 몽매하고 몰지각한 부류로 배반하고 달아난 비류(匪類)와는 차이가 있습니다. 우선 엄중하게 가두고 묘당의 품처를 기다립니다'라고 하였습니다. 국경을 넘는 것을 금지함이 전후로 신칙한 것이 과연 얼마나 엄준한데도 한 번에 고쳐지지 않고 심지어 대국에서 압송하는 일까지 있게 되었습니다. 나라의 법이 있으니 용서할 수 없습니다. 여인 1명은 북병사로 하여금 강변으로 달려가 군민을 크게 모아놓고 효수하여 사람들을 경계하게 하소서. 박사균(朴事均)이 그 아비를 따라 몰래 국경을 넘어간 것은 10세 이전에 있었던 일인데, 10세 이하는 죽음에 응하는 것을 의논해서 아뢰도록 하여 임금으로부터 재가를 얻는 것이 율문에 실려 있으니, 처분을 기다립니다. 어린아이 김가(金哥)는 7세 이하이니 비록 죽을 죄에 해당된다 하여도 형을 가하지 않는다는 율에 의거하여 지금은 우선 논하지 말고, 좌수(座首) 이하 감금되어 있는 여러 사람들은 모두 병영에서 참작하여 방면할 것이며, 국경을 넘은 사람을 압송하여 온 사유를 괴원으로 하여금 자문을 지어 들여보내게 하는 것이 어떻겠습니까"라고 하니, 답하기를 "윤허한다. 금령을 무릅쓰고 몰래 국경을 넘은 것은 당연히 적용하는 율이 있으나 이 경우는 여자가 떠돈 것이고 어린아이〈가 떠돈 것〉이다. 국경을 넘었다 하더라도 법의 뜻을 이해하지 못하였고, 따라갔어도 이곳인지 저곳인지를 분변할 수 없었으니, 정상과 행적이 혹여 이상할 것이 없다. 특별히 호생(好生)의 뜻으로 모두 그 죄를 용서하고 타일러서 편안히 〈나라로〉 받아들여 귀의할 곳이 있게 하라. 이로부터 변정(邊政)의 단속을 배로 더하여 다시는 〈국경을〉 범하는 폐단이 없게 하라고 분부하라"고 하였다.

러시아로 도망친 비류를 쇄환하기 위해 러시아의 국경에 사람을 보낼 것을 청함.

1870년(고종 7-庚午) 7월 27일(양력 8월 23일)

발신 : 함경 전 감사 이흥민, 북병사 이규석 / 수신 : 의정부

『高宗實錄』 7卷

議政府啓, 因咸鏡前監司李興敏·北兵使李奎奭狀啓, 內開厚春協領移文, 有兩國邊官同往俄界, 匪類逃躲, 一一刷還之語. 而事關邊情, 不敢不審愼擧行, 請令廟堂稟處矣. 就管下鎭將中, 擇善辭令識事務者, 約日面會, 偕往俄界, 以爲便宜辦理, 其擧行形止, 請令星火馳啓, 允之.

의정부(議政府)에서 아뢰기를, "전(前) 함경감사 이흥민(李興敏)·북병사(北兵使) 이규석(李奎奭)이 올린 장계에, 후춘협령(厚春協領)의 이문(移文)에 양국의 변경 관리가 함께 러시아 국경에 가서, 도망간 비류(匪類)를 하나하나 쇄환하자는 말이 있었습니다. 그러나 일이 변방의 사정과 관계되므로 신중히 살펴 거행하지 않을 수 없으니, 청컨대 묘당으로 하여금 품처하게 하소서'라고 하였습니다. 관할하의 진장(鎭將) 중에 말을 잘하고 사무를 잘 아는 사람을 뽑아서 기일을 정하고 직접 만나서 함께 러시아 국경에 가서 합당하게 일을 처리하게 하고 일이 거행되는 상황을 급히 치계하게 하소서"라고 하니, 윤허하였다.

『日省錄(高宗)』 99冊

議政府啓言, 卽見咸鏡前監司李興敏·北兵使李奎奭狀啓, 則因厚春協領移文, 有兩國邊官, 同往俄界, 匪類逃躲, 一一刷還之語. 而事關邊情, 不敢不審愼擧行, 請令廟堂稟處矣. 匪類刷還, 卽目下急先之務, 而不躡彼界, 坐待領回, 實是必無之事也. 協領之要與同往, 旣因禮部知照, 而然則其機其會, 亦甚方便. 而若有言語事理之所不可及者, 則隨時處變, 在所當念, 道帥臣爛加商議, 就管下鎭將中, 擇其善辭令識事務者, 約日面會, 偕往俄界, 以爲便宜辨理之地, 擧行形止, 使之星火馳啓, 允之.

의정부(議政府)에서 아뢰기를, "방금 전(前) 함경감사(咸鏡監司) 이흥민(李興敏)·북병사(北兵使) 이규석(李奎奭)의 장계를 보니, 후춘협령(厚春協領)의 이문(移文)에 양국의 변방 관리가 함께 러시아의 국경에 가서, 도망친 비류(匪類)들을 하나하나 쇄환(刷還)하자는 말이 있었습니다. 그러나 변방의 사정에 관계된 일이므로 신중하게 거행하지 않을 수 없으니 묘당으로 하여금 품처하게 하기를 청하였습니다. 비류를 쇄환하는 것은 당장의 급선무인데 저들의 경계를 밟지 않고 앉아서 인솔하여 돌아오기만 기다린다는 것은 진실로 있어서는 안 되는 일입니다. 협령이 함께 가자고 요구하는 것은 예부에서 알고 있는 일이니 그렇다면 이러한 기회는 또한 매우 편리한 것입니다. 만약 언어와 사리에 미치지 못하는 것이 있다면 때에 따라 응변하는 것도 생각하여 두어야 할 것이니, 도·수신이 충분히 상의하여 관할하의 진장 중에 말을 잘하고 사무를 잘 아는 사람을 택하여 기일을 정하고 서로 직접 만나서 함께 러시아의 국경으로 가서 합당하게 일을 처리하게 하고, 일이 거행되는 상황을 급히 치계하게 하소서"라고 하니, 윤허하였다.

『備邊司謄錄』 252冊

府啓曰, 卽見咸鏡前監司李興敏·北兵使李奎奭狀啓, 則因厚春協領移文, 有兩國邊官, 同往俄界, 匪類逃躱, 一一刷還之語, 而事關邊情, 不敢不審愼擧行, 請令廟堂稟處矣, 匪類刷還, 卽目下急先之務, 而不躡彼界, 坐待領回, 實是必無之事也, 協領之要與同往, 旣因禮部知照, 而然則其機其會, 亦甚方便, 而若有言語事理之所不可及者, 則隨時處變, 在所當念, 道帥臣爛加商議, 就管下鎭將中, 擇其善辭令識事務者, 約日面會, 偕往俄界, 以爲便宜辨理之地, 擧行形止, 使之星火馳啓何如, 答曰, 允.

의정부[府]에서 아뢰기를 "방금 전(前) 함경감사(咸鏡監司) 이흥민(李興敏)·북병사(北兵使) 이규석(李奎奭)의 장계를 보니, 후춘협령(厚春協領)의 이문(移文)에 양국의 변방 관리가 함께 러시아의 국경에 가서, 도망친 비류(匪類)들을 하나하나 쇄환(刷還)하자는 말이 있었습니다. 그러나 변방의 사정과 관계된 일이므로 신중하게 거행하지 않을 수 없으니 묘당으로 하여금 품처하게 하기를 청하였습니다. 비류를 쇄환하는 것이 당장의 급선무인데 저들의 경계를 밟지 않고 앉아서 인솔하여 돌아오기만 기다린다는 것은 진실로 있어서는 안 되는 일입니다. 협령이 함께 가자고 요구하는 것은 예부에서 알고 있는 일이니 그렇다면 이러한 기회는 또한 매우 편리한 것입니다. 만약 언어와 사리에 미치지 못하는 것이 있다면 때에 따라 응변하는 것도 생각하여 두어야 할 것이니, 도·수신이 충분히 상의하여 관할하의 진장 중에 말을 잘하고 사무를 잘 아는 사람을 택하여 기일을 정하고 서로 직접 만나서 함께 러시아의 국경으로 가서 합당하게 일을 처리하게 하고, 일이 거행되는 상황을 급히 치계하도록 하는 것이 어떻겠습니까"라고 하니, 답하기를, "윤허한다"고 하였다.

격식과 규례를 살피지 못한 함경감사에 대해 추고할 것을 청함.

1870년(고종 7-庚午) 8월 28일(양력 9월 23일)

발신 : 의정부

『承政院日記』 2754冊

又啓曰, 會寧府使, 自是廟薦窠, 而今見北伯之罷黜該倅狀啓, 則以令該曹差出爲請. 揆以格例, 殊涉不審, 該道臣推考何如, 傳曰, 允.

또 아뢰기를, "회령부사(會寧府使)는 본래 묘당이 천거하는 자리이지만, 지금 함경감사[北伯]가 해당 수령을 파출한 장계를 보니, 해당 조에서 차출하게 해달라고 청하였습니다. 격식과 규례로 헤아려 보건대 자못 살피지 못한 것이니 해당 도신을 추고하는 것이 어떻겠습니까"라고 하니, 전교하기를, "윤허한다"고 하였다.

『日省錄(高宗)』 100冊

議政府啓言, 會寧府使, 自是廟薦, 而今見北伯之罷黜該倅狀啓, 則以令該曹差出爲請. 揆以格例, 殊涉不審, 該道臣請推考, 允之.

의정부(議政府)에서 이르기를 "회령부사(會寧府使)는 본래 묘당이 천거하는 자리이지만, 지금 함경감사[北伯]가 해당 수령을 파출한 장계를 보니, 해당 조에서 차출하게 해달라고 청하였습니다. 격식과 규례로 헤아려 보건대 자못 살피지 못한 것이니 해당 도신을 추고하시기를 청합니다"라고 하니, 윤허하였다.

『備邊司謄錄』252冊

府啓曰, 會寧府使, 自是廟薦窠, 而今見北伯之罷黜該倅狀啓, 則以令該曹差出爲請. 揆以格例, 殊涉不審, 該道臣推考何如, 答曰, 允.

의정부[府]에서 아뢰기를 "회령부사(會寧府使)는 본래 묘당이 천거하는 자리이지만, 지금 함경감사[北伯]가 해당 수령을 파출한 장계를 보니, 해당 조에서 차출하게 해달라고 청하였습니다. 격식과 규례로 헤아려 보건대 자못 살피지 못한 것이니 해당 도신을 추고하시는 것이 어떻겠습니까"라고 하니, 답하기를, "윤허한다"고 하였다.

러시아로 도망친 비류의 쇄환 상황을 보고함.

1870년(고종 7-庚午) 閏10월 4일(양력 11월 26일)

발신 : 함경감사 김수현, 북병사 김기석 / 수신 : 의정부

『承政院日記』 2757冊

又啓曰, 卽見咸鏡監司金壽鉉·北兵使金箕錫狀啓, 則匪類領回差使員, 馳到琿春協領衙門, 則自協領, 已有再躡俄界, 先探幾徵云, 而期不欲偕往, 又爲勸挽, 故不得已還歸. 從後刷還等節, 伏俟處分擧行, 而該衙門移文, 及問答記上送云矣. 匪類領回, 寔出上國所諭, 而領回日子, 又因協領所報而趁行矣. 今此協領不欲偕往, 繼又勸挽之不已, 則參以事勢, 不可不還歸後已. 刷還等節, 姑今置之, 以待處分, 今此事實, 亦當具由移咨, 令槐院撰咨入送何如, 傳曰, 允.

또 아뢰기를, "방금 함경감사(咸鏡監司) 김수현(金壽鉉)·북병사(北兵使) 김기석(金箕錫)의 장계를 보니, '비류(匪類)를 거느리고 돌아오는 차사원(差使員)이 급히 달려 혼춘협령아문(琿春協領衙門)에 이르니, 협령(協領)이 이미 러시아의 국경을 다시 밟아서 기미를 먼저 탐색하였다고 하며 같이 가려고 하지 않는데다가 또한 〈차사원도 가지 말라고〉 권유하였으므로 부득이 되돌아왔습니다. 이후 쇄환 등의 절차는 삼가 처분을 기다려 거행할 것이며, 해당 아문의 이문(移文) 및 문답기(問答記)를 올려 보냅니다'라고 하였습니다. 비류를 거느리고 돌려보내는 일은 실로 상국(上國)의 유시(諭示)에서 나온 것이며, 〈그들을〉 거느리고 돌아가는 날짜는 또 협령이 보고한 것에 맞추어 갔습니다. 지금 협령이 함께 가지 않으려고 하며, 이어서 또 가지 말라고 만류하니 사세를 참작건대 되돌아오지 않을 수가 없었습니다. 쇄환 등의 절차를 우선 그대로 두게 하여 처분을 기다리고, 지금 이 사실을 사유를 갖추어 자문(咨文)으로 옮기게 하되, 괴원으로 하여금 자문을 찬술하게 하여 들여보내는 것이 어떻겠습니까"라고 하니, 전교하기를, "윤허한다"고 하였다.

『高宗實錄』7卷

… 又啓, 卽見咸鏡監司金壽鉉及北兵使金箕錫狀啓, 則匪類領回差使員, 馳到琿春, 協領已有再躡俄界, 先探幾微云, 而期不欲偕往, 又爲勸挽, 故不得已還歸. 從後刷還等節, 伏俟處分擧行, 而該衙門移文, 及問答記上送爲辭矣. 匪類領回, 寔出中國所諭, 領回日子, 又因協領所報而趁行矣. 今此協領不欲偕往, 繼又勸挽之不已, 則參以事勢, 不可不還歸後已. 刷還等節, 姑令置之, 以待處分. 今此事實, 亦當具由移咨, 令槐院撰咨入送何如, 允之.

… 또 아뢰기를, "방금 함경감사(咸鏡監司) 김수현(金壽鉉) 및 북병사(北兵使) 김기석(金箕錫)의 장계를 보니, '비류(匪類)를 거느리고 돌아오는 차사원(差使員)이 급히 달려 혼춘에 이르니, 협령이 이미 러시아의 국경을 다시 밟아서 기미를 먼저 탐색하였다고 하며 같이 가려고 하지 않는데다가 또한 〈차사원도 가지 말라고〉 권유하였으므로 부득이 되돌아왔습니다. 이후 쇄환 등의 절차는 삼가 처분을 기다려 거행할 것이며, 해당 아문의 이문(移文) 및 문답기(問答記)를 올려 보냅니다'라고 하였습니다. 비류를 거느리고 돌려보내는 일은 실로 중국(中國)의 유시(諭示)에서 나온 것이며, 〈그들을〉 거느리고 돌아가는 날짜는 또 협령이 보고한 것에 맞추어 갔습니다. 지금 협령이 함께 가지 않으려고 하며, 이어서 또 가지 말라고 만류하니 사세를 참작건대 되돌아오지 않을 수가 없었습니다. 쇄환 등의 절차를 우선 그대로 두게 하여 처분을 기다리고, 지금 이 사실을 사유를 갖추어 자문으로 옮기게 하되, 괴원으로 하여금 자문을 찬술하게 하여 들여보내는 것이 어떻겠습니까"라고 하니, 윤허하였다.

『備邊司謄錄』252冊

府啓曰, 卽見咸鏡監司金壽鉉·北兵使金箕錫狀啓, 則匪類領回差使員, 馳到琿春協領衙門, 則自協領, 已有再躡俄界, 先探幾微云, 而期不欲偕往, 又爲勸挽, 故不得已還歸. 從後刷還等節, 伏俟處分擧行, 而該衙門移文及問答記上送云矣. 匪類領回, 寔出上國所諭, 而領回日字, 又因協領所報, 而趁行矣, 今此協領, 不欲偕往, 繼又勸挽之不已, 則參以事勢, 不可不還歸, 後已刷還等節, 姑令置之, 以待處分, 今此事實, 亦當具由移咨, 令槐院撰咨入送何如, 答曰, 允.

의정부[府]에서 아뢰기를 "방금 함경감사(咸鏡監司) 김수현(金壽鉉)과 북병사(北兵使) 김기석(金箕錫)의 장계를 보니, '비류(匪類)를 거느리고 돌아오는 차사원(差使員)이 급히 달려 혼춘협령아문에 이르니, 협령(協領)이 이미 러시아의 국경을 다시 밟아 기미를 먼저 탐색하였다고 하며 같이 가려고 하지 않는데다가 또한 〈차사원도 가지 말라고〉 권유하였으므로 부득이 되돌아왔습니다. 이후 쇄환 등의 절차는 삼가 처분을 기다려 거행할 것이고, 해당 아문의 이문(移文) 및 문답기(問答記)를 올려 보냅니다'라고 하였습니다. 비류를 거느리고 돌려보내는 일은 실로 상국(上國)의 유시(諭示)에서 나온 것이며 〈그들을〉 거느리고 돌아가는 날짜는 또 협령이 보고한 것에 맞추어 갔습니다. 지금 협령이 함께 가지 않으려고 하고 이어서 가지 말라고 만류하니, 사세를 참작건대 되돌아오지 않을 수가 없었습니다. 쇄환 등의 절차를 우선 그대로 두게 하여 처분을 기다리고, 지금 이 사실을 또한 사유를 갖추어 자문으로 옮기게 하되, 괴원으로 하여금 자문을 찬술하게 하여 들여보내는 것이 어떻겠습니까"라고 하니, 답하기를, "윤허한다"고 하였다.

변경의 정세는 삼군부에서 주관하라고 명함.

1870년(고종 7년-庚午) 閏10월 5일(양력 11월 27일)

발신 : 고종

『承政院日記』 2757冊

傳曰, 三軍府旣復設矣. 凡係邊情, 在處無論文武, 尤當主之. 從今爲始, 鎭撫使·東萊水使·會寧府使·濟州牧使·江界府使, 竝自武府主薦, 京營將臣, 旣自政府主薦, 左右捕將, 亦自政府主薦事, 著爲定式.

전교하기를, "삼군부(三軍府)를 이미 다시 설치하였다. 무릇 변방의 사정은 재처(在處)에서 문무(文武)를 막론하고 우선 주관해야 한다. 지금부터 시작하기를, 진무사(鎭撫使)·동래수사(東萊水使)·회령부사(會寧府使)·제주목사(濟州牧使)·강계부사(江界府使)는 모두 무부(武府)가 주천하게 하고, 경영(京營)의 장신(將臣)은 이미 의정부[政府]가 주천하였으면, 좌우포장(左右捕將)도 또한 의정부가 주천하는 것으로 분명하게 정식으로 삼으라"고 하였다.

『高宗實錄』 7卷

敎曰, 三軍府旣復設矣. 凡係邊情, 在處無論文武, 尤當主之. 從今爲始, 鎭撫使·東萊水使·會寧府使·濟州牧使·江界府使, 竝自武府主薦, 京營將臣, 旣自政府主薦, 左右捕將, 亦自政府主薦事, 著爲定式.

교하기를, "삼군부(三軍府)를 이미 다시 설치하였다. 무릇 변방의 사정은 재처(在處)에서 문무(文武)를 막론하고 우선 주관해야 한다. 지금부터 시작하기를, 진무사(鎭撫使)·동래수사(東萊水使)·회령부사(會寧府使)·제주목사(濟州牧使)·강계부사(江界府使)는 모두 무부(武府)가 주천하게 하고, 경영(京營)의 장신(將臣)은 이미 의정부[政府]가 주천하였으면, 좌우포장(左右捕將)도 또한 의정부[政府]가 주천하는 것으로 분명하게 정식으로 삼으라"고 하였다.

『備邊司謄錄』 252冊

傳曰, 三軍府旣復設矣. 凡係邊政, 去處無論文武, 尤當主之. 從今爲始, 鎭撫使·統制使·南北兵使·平安兵使·東萊水使·會寧府使·濟州牧使·江界府使, 竝自武府主薦, 京營將臣, 旣自政府主薦, 左右捕將, 亦自政府主薦事, 著爲定式.

전교하기를, "삼군부(三軍府)를 이미 다시 설치하였다. 무릇 변정(邊政)은 재처(在處)에서 문무(文武)를 막론하고 우선 주관해야 한다. 지금부터 시작하기를, 진무사(鎭撫使)·통제사(統制使)·남북병사(南北兵使)·평안병사(平安兵使)·동래수사(東萊水使)·회령부사(會寧府使)·제주목사(濟州牧使)·강계부사(江界府使)는 모두 무부(武府)가 주천하게 하고, 경영(京營)의 장신(將臣)은 이미 의정부[政府]가 주천하였으면, 좌우포장(左右捕將)도 또한 의정부[政府]가 주천하는 것으로 분명하게 정식으로 삼으라"고 하였다.

영종첨사 이유증을 유임시켜줄 것을 청함.

1870년(고종 7-庚午) 閏10월 5일(양력 11월 27일)

발신 : 경기감사 박영보 / 수신 : 병조

『承政院日記』 2757册

兵曹啓目粘連, 觀此京畿監司朴永輔狀啓, 則永宗僉史李儒增, 兩載爲政, 一副成規, 防禦嚴密, 沿圉增重, 殘鎭就完. 瓜期漸近, 群情願借, 姑爲仍任, 責成終始之效事, 令該曹稟旨分付亦爲白有臥乎所, 防禦嚴密, 沿圉增重, 瓜期漸近, 群情願借, 依狀請施行何如啓. 依所啓施行爲良如敎.

병조(兵曹)가 계목에 첨부한 것에 "이번 경기감사(京畿監司) 박영보(朴永輔)의 장계를 보니, '영종첨사(永宗僉使) 이유증(李儒增)이 2년 간 다스리면서 한결같이 규식을 이루고, 방어(防禦)가 엄밀하여 연안 국경이 거듭 든든해지니, 완전치 못하였던 진(鎭)이 완성되었습니다. 임기가 다 되어 가자 사람들의 마음이 그가 유임하기를 바라고 있으니, 우선 그를 잉임(仍任)시켜 끝까지 성과를 이룰 수 있도록 해당 조로 하여금 품지(稟旨)하여 분부하게 하여 주소서'라고 하온바, 방어를 엄밀하게 하여 연안 국경이 거듭 든든해졌고, 임기가 다 되어가자 사람들의 마음이 유임을 청하니, 장계의 청원대로 시행하는 것이 어떻겠습니까"라고 하였다. 아뢴 대로 시행하라 하셨다.

러시아로 국경을 넘어간 사람들의 처리 방안에 대해 논의함.

1870년(고종 7-庚午) 閏10월 5일(양력 11월 27일)

발신 : 고종

『承政院日記』 2757冊

上御慈慶殿進講. … 上曰, 俄者政府草記, 俄羅斯國事, 待其咨文後, 當處分乎. 炳學曰, 自當如是, 而協領之再躙俄界云者, 其言有不可準信矣. 匪類今雖刷還, 亦安知不更爲逃去乎. 至若俄人之折銀計償云云, 恐不無夤緣相通之慮矣. 上曰, 果有更逃之慮, 而亦必有因此相通外國之患矣.

임금께서 자경전(慈慶殿)에 나아가 진강(進講)하였다. … 임금께서 이르기를, "조금 전의 의정부[政府] 초기(草記)에서 〈언급한〉 러시아국의 일은 그 자문(咨文)을 기다린 뒤에 처분해야 하는가"라고 하였다. 김병학이 아뢰기를, "마땅히 그렇게 해야 되는데, 협령(協領)이 '다시 러시아 국경[俄界]를 밟았다'고 하는 그 말을 그대로 믿을 수가 없습니다. 비류(匪類)가 지금 비록 쇄환되더라도 또한 〈그들이〉 다시 도망가지 않을 것이라 어찌 알 수 있겠습니까. '러시아인[俄人]이 은(銀)값을 깎아 보상액을 계산한다'고 한 일로 말하면, 연을 타고 서로 통하게 되는 근심이 없지 않을 것입니다"라고 하였다. 임금께서 이르기를, "과연 〈비류는〉 다시 도망할 염려가 있고 또한 반드시 이로써 서로 외국과 통하게 되는 걱정이 있을 것이다"라고 하였다.

압록강을 넘어갔다 압송된 사람의 연유를 적은 정서를 성경과 북경에 보낼 것을 청함.

1871년(고종 8－辛未) 1월 22일(양력 3월 12일)

발신 : 승문원

『承政院日記』 2760冊

承文院啓曰, 以鐵山府犯越人, 押送鳳城, 具由撰咨事, 自議政府草記蒙允. 而犯越之踪跡, 旣由於鴨江, 則事係外地, 亦當移咨盛京. 正書各一件, 定禁軍騎撥, 下送于灣府, 轉致盛京·北京之地何如, 傳曰, 允.

승문원(承文院)이 아뢰기를, "철산부(鐵山府)에서 국경을 넘은 사람을 봉성(鳳城)으로 압송하고 연유를 갖추어 자문을 짓는 일을 의정부에서 초기(草記)하여 윤허받았습니다. 그러나 국경을 넘은 종적이 압록강을 지나갔고, 이미 〈그〉 일도 외지에 관계되었으니 또한 성경(盛京)에도 자문을 보내야 할 것입니다. 정서(正書) 각 1건을 금군기발(禁軍騎撥)을 정하여 의주[灣府]에 내려보내어 성경·북경에 옮겨 보내게 하는 것이 어떻겠습니까"라고 하니, 전교하기를, "윤허한다"고 하였다.

영고탑과 혼춘으로 넘어간 유민을 쇄환하고, 연변의 방수를 엄하게 단속할 것을 청함.

1871년(고종 8-辛未) 1월 28일(양력 3월 18일)

발신 : 함경감사 김수현, 북병사 김기석 / 수신 : 의정부

『高宗實錄』 8卷

二十八日. 議政府啓, 卽見咸鏡監司金壽鉉·北兵使金箕錫狀啓, 則我國流民之逃越中國地界者, 兩國派員, 馳到塔·春兩城會同, 搜查悉數領回事, 有寧古塔副都總之承皇旨照會者. 且觀彼我問答, 畢市撤還之日, 帶往我國派員, 使之領回云, 而派員妥定, 不敢擅便, 伏俟朝家處分云矣. 邊民之流入彼地, 藉因歉荒而然, 凡一衣帶以北, 卽犯越也. 其情則甚庸矜惻, 而在法焉, 殊涉痛駭, 旣有都統之奉皇旨照會者, 則派員領回, 有不可已, 答移等節, 另飭擧行, 仍定差員, 約日期會, 一一刷還, 繼此沿邊防守之道, 益加嚴束, 俾無如前冒越之弊. 因以此意, 撰咨入送事, 分付槐院何如, 允之.

1월 28일. 의정부(議政府)에서 아뢰기를, "방금 함경감사(咸鏡監司) 김수현(金壽鉉), 북병사(北兵使) 김기석(金箕錫)의 장계를 보니, '도망하여 중국 땅으로 넘어간 우리나라 유민(流民)을 양국에서 파견된 관원이 영고탑(寧古塔)·혼춘(渾春) 두 성(城)에 달려가 회동하고, 전수를 조사하여 〈유민을〉 거느리고 돌아가라는 것은 영고탑부도통이 황제의 분부를 받아 통지한 것이 있습니다. 또 저들과 우리가 문답한 것을 보면 개시(開市)를 마치고 철수할 때 우리나라가 파견한 관원이 〈유민을〉 거느리고 돌아가라고 하였으나, 파견될 관원을 결정하는 것은 〈저희가〉 감히 마음대로 할 수 없으니, 삼가 조정의 재결을 기다립니다'라고 하였습니다. 변방 백성이 저들 땅으로 흘러들어가는 것은 흉년 때문입니다. 한줄기 강만 건너면 바로 국경을 넘는 것입니다. 그 정상은 매우 불쌍하나 법에 있어서는 매우 놀라운 일인데, 이미 도통이 황제의 분부를 받고 통지한 것이 있으므로, 파

견한 관원이 〈유민을〉 거느리고 돌아오는 것은 그만둘 수 없습니다. 회답 공문을 짓는 등의 일을 특별히 신칙하여 거행하게 하며 한편으로 차원(差員)을 정하여 날짜와 회담을 기약하여 하나하나 찾아 돌아오고, 앞으로 연변의 방수(防守)도 더욱 엄하게 단속하여 전과 같이 국경을 넘는 폐단이 없게 하소서. 이 내용으로 자문(咨文)을 지어 들여보내라고 괴원에 분부하는 것이 어떻겠습니까"라고 하니, 윤허하였다.

『日省錄(高宗)』106冊

議政府啓言, 卽見咸鏡監司金壽鉉·北兵使金箕錫狀啓, 則我國流民之逃越中國地界者, 兩國派員, 馳到塔·春兩城會同, 搜查悉數領回事, 有寧古塔副都統之承皇旨照會者. 且觀彼我問答, 畢市撤還之日, 帶往我國派員, 使之領回云, 而派員妥定, 不敢擅便, 伏俟朝家處分云矣. 邊民之流入彼地, 藉因歉荒而然, 凡一衣帶以北, 卽犯越也. 其情則甚庸矜惻, 而在法焉, 殊涉痛駭, 既有都統之奉皇旨照會者, 則派員領回, 有不可已, 答移等節, 另飭擧行, 仍定差員, 約日期會, 一一刷還, 繼此, 沿邊防守之道, 益加嚴束, 俾無如前冒越之弊. 因以此意, 撰咨入送事, 分付槐院, 允之.

의정부(議政府)에서 아뢰기를 "방금 함경감사(咸鏡監司) 김수현(金壽鉉), 북병사(北兵使) 김기석(金箕錫)의 장계를 보니, '도망하여 중국 땅으로 넘어간 우리나라 유민(流民)을 양국에서 파견된 관원이 영고탑(寧古塔)·혼춘(渾春) 두 성(城)에 달려가 회동하고, 전수를 조사하여 〈유민을〉 거느리고 돌아가라는 것을 영고탑부도통이 황제의 분부를 받아 통지한 것이 있습니다. 또 저들과 우리가 문답한 것을 보면 개시(開市)를 마치고 철수할 때 우리나라가 파견한 관원이 〈유민을〉 거느리고 돌아가라고 하였으나, 파견될 관원을 결정하는 것은 〈저희가〉 감히 마음대로 할 수 없으니, 삼가 조정의 재결을 기다립니다'라고 하였습니다. 변방 백성이 저들 땅으로 흘러들어가는 것은 흉년 때문입니다. 한줄기 강만 건너면 바로 국경을 넘는 것입니다. 그 정상은 매우 불쌍하나 법에 있어서는 매우 놀라운 일인데, 이미 도통이 황제의 분부를 받고 통지한 것이 있으므로 파견된 관원이 〈유민을〉 거느리고 돌아오는 것은 그만둘 수 없습니다. 회답 공문을 짓는 등의 일을 특별히 신칙하여 거행하게 하며 한편으로 차원(差員)을 정하여 날짜와 회담을 기약하여 하나하나 찾아 돌아오고, 앞으로 연변의 방수(防守)도 더욱더 엄하게 단속하여 전과 같이 국경을 넘는 폐단이 없게 하소서. 이 내용으로 자문을 지어 들여보내라고 괴원에 분부하는 것이 어떻겠습니까"라고 하니, 윤허하였다.

『備邊司謄錄』253冊

府啓曰, 卽見咸鏡監司金壽鉉·北兵使金箕錫狀啓, 則我國流民之逃越中國地界者, 兩國派員, 馳到塔春兩城會同, 搜查悉數領回事, 有寧古塔副都統之承皇旨照會者, 且觀彼我問答, 畢市撤還之日, 帶往我國派員, 使之領回云, 而派員妥定, 不敢擅便, 伏俟朝家處分云矣. 邊民之流入彼地, 藉因歉荒而然, 凡一衣帶以北, 卽犯越也. 其情則甚庸矜惻, 而在法焉, 殊涉痛駭, 旣有都統之奉皇旨照會者, 則派員領回, 有不可已, 答移等節, 另飭擧行, 仍定差員, 約日期會, 一一刷還, 繼此, 沿邊防守之道, 益加嚴束, 俾無如前冒越之弊. 因以此意, 撰咨入送事, 分付槐院何如, 答曰, 允.

의정부[府]에서 아뢰기를 "방금 함경감사(咸鏡監司) 김수현(金壽鉉), 북병사(北兵使) 김기석(金箕錫)의 장계를 보니, '도망하여 중국 땅으로 넘어간 우리나라 유민(流民)을 양국의 파견된 관원이 영고탑(寧古塔)·혼춘(渾春) 두 성(城)에 달려가 회동하고, 전수를 조사하여 〈유민을〉 거느리고 돌아가라는 것은 영고탑부도통이 황제의 분부를 받아 통지한 것이 있습니다. 또 저들과 우리가 문답한 것을 보면 개시(開市)를 마치고 철수할 때 우리나라가 파견한 관원이 〈유민을〉 거느리고 돌아가라고 하였으나, 파견될 관원을 결정하는 것은 〈저희가〉 감히 마음대로 할 수 없으니, 조정의 재결을 기다립니다'라고 하였습니다. 변방 백성이 저들 땅으로 흘러들어가는 것은 흉년 때문입니다. 한줄기 강만 건너면 바로 국경을 넘는 것입니다. 그 정상은 매우 불쌍하나 법에 있어서는 매우 놀라운 일인데, 이미 도통이 황제의 분부를 받고 통지한 것이 있으므로 파견된 관원이 〈유민을〉 거느리고 돌아오는 것은 그만둘 수 없습니다. 회답 공문을 짓는 등의 일을 특별히 신칙하여 거행하게 하며 한편으로 차원(差員)을 정하여 날짜와 회담을 기약하여 하나하나 찾아 돌아오고, 앞으로 연변의 방수(防守)도 더욱더 엄히 단속하여 전과 같이 국경을 넘는 폐단이 없게 하소서. 이 내용으로 자문을 지어 들여보내라고 괴원에 분부하는 것이 어떻겠습니까"라고 하니, 답하기를, "윤허한다"고 하였다.

국경을 넘어 불법적인 행동을 한 5명에 대한 처분을 고하고, 연변에서 국경을 넘어가는 것을 강하게 단속할 것을 청함.

1871년(고종 8-辛未) 4월 26일(양력 6월 13일)

발신 : 평안감사 한계원, 병사 채동건, 의주부윤 송희정 / 수신 : 의정부

『承政院日記』 2763冊

議政府啓曰, 卽見平安監司韓啓源·兵使蔡東健·義州府尹宋熙正狀啓, 則彼人五名, 越來水口鎭, 捉去三幕把守軍崔孝成, 執留不送, 故定送通事, 使之探問委折, 則以爲府下居金察訪爲名者, 頻數來往於彼人徐姓人處, 唐錢三千餘弔, 竟爲欺騙, 將至白失之境, 有此捉去把軍質督之擧云. 而所謂金察訪, 捉入官庭推問, 則犯越欺騙情節, 一一輸款矣. 爲先牢囚, 待徐哥出來, 仍卽梟警後, 登聞計料. 而府民犯越, 始在昨年, 則前府尹李建弼之矇不覺察, 不可以已遞, 置之勿論. 水口萬戶林桂英, 彼人越來, 亦不防捍, 其罪狀, 竝令攸司稟處. 常時不飭之失, 惶恐待罪事, 傳曰, 勿待罪事, 回諭. 竝令廟堂, 稟處事, 命下矣. 犯越而至於交通, 交通而至於欺騙, 甚至有彼人之捉去把軍, 邊禁之蕩然, 一至於此乎. 罪人金察訪之待徐哥押到後酌處, 依狀請施行, 前尹論罪, 已有向來定式, 勿論, 該萬戶未能防捍, 不可無罪, 而事出倉卒, 容有可恕, 姑令戴罪擧行. 繼此而沿邊潛越之弊, 益加禁斷, 俾無冒犯之患事, 另爲申飭何如, 傳曰, 允.

의정부(議政府)에서 아뢰기를, "방금 평안감사(平安監司) 한계원(韓啓源), 병사(兵使) 채동건(蔡東健), 의주부윤(義州府尹) 송희정(宋熙正)의 장계를 보니, '저들 다섯 사람이 수구진(水口鎭)을 넘어와서 삼막(三幕)의 파수군(把守軍) 최효성(崔孝成)을 잡아 억류하여 보내주지 않아서, 통사(通事)를 정하여 보내 곡절[委折]을 탐문하게 하였더니, 부 안[府下]에 사는 김(金) 찰방(察訪)이라고 이름하는 자가 저 나라 사람으로서 서(徐) 씨 성을 가진 사람의 처소에 왕래하며 중국 돈[唐錢] 3,000여 조를 사기 쳐서, 장차 밑천도 건지지 못할

지경에 이르렀기 때문에 이에 파수군을 붙들어서 볼모로 한 것이라고 하였습니다. 소위 김 찰방을 관가로 붙잡아와서 추문하니, 국경을 넘어가 사기 친 정황을 하나하나 실토했습니다. 우선 가둬놓고 서가(徐哥)가 나올 때를 기다려 즉시 효시하여 〈사람들을〉 경계시킨 뒤에 사정을 등문하겠습니다. 그러나 부민이 국경을 넘은 것은 작년부터 시작되었지만 전 부윤 이건필(李建弼)은 어리석어 분명하게 살피지 못했으니 이미 체직되었다고 놓아두고 따지지 않을 수는 없고, 수구만호 임계영(林桂英)은 저들이 국경을 넘어올 때 역시 막아내지 못했으니, 이들의 죄상을 아울러 유사로 하여금 품처하도록 하소서. 평소 신칙하지 못한 잘못이 있으니 황공한 마음으로 죄주실 것을 기다립니다'라고 하였는데, 전교하기를 '죄줄 것을 기다리지 말라고 회답하라. 아울러 묘당으로 하여금 품처하게 하라'고 명을 내리셨습니다. 국경을 넘어 교역까지 하고, 교역하다가 사기까지 쳤으며, 심지어 저들의 파수군을 붙잡아 가두는 상황에 이르렀으니, 변경의 금법이 해이함이 하나같이 이 지경에 이르렀단 말입니까. 죄인 김 찰방은 서가가 압송되기를 기다려 장계의 요청에 따라 처리를 하도록 하고, 전 부윤에 대한 논죄는 이미 지난 정식이 있으니 논하지 말고, 해당 만호가 미처 막아내지 못한 것은 죄가 없을 수 없으나 일이 창졸간에서 나와 용서할만한 점이 있으므로 우선 죄를 진 채 직임을 살피게 하소서. 이를 이어서 연변에서 몰래 국경을 넘어가는 폐단을 더욱 금단하여 법을 어기는 근심이 없게 하도록 각별히 신칙하는 것이 어떻겠습니까"라고 하니, 전교하기를, "윤허한다"고 하였다.

『日省錄(高宗)』 109冊

議政府啓言, 卽見平安臨司韓啓源·兵使蔡東健·義州府尹宋熙正狀啓, 則彼人五名, 越來水口鎭, 捉去三幕把守軍崔孝成, 執留不送, 故定送通事, 使之探問委折, 則以爲府下居金察方爲名者, 頻數來往於彼人徐姓人處, 唐錢三千餘弔, 竟爲欺騙, 將至白失之境, 有此捉去把軍質督之擧云. 而所謂金察方, 捉入官庭, 推問則犯越欺騙情節, 一一輸款矣. 爲先牢囚, 待徐哥出來, 仍卽梟警後登聞計料. 而府民犯越, 始在昨年, 則前府尹李建弼之矇不覺察, 不可以已遞, 置之勿論, 水口萬戶林桂英彼人越來, 亦不防捍, 其罪狀, 竝令攸司稟處. 常時不飭之失, 惶恐待罪事, 傳曰, 勿待罪事, 回諭, 竝令廟堂稟處事, 命下矣, 犯越而至於交通, 交通而至於欺騙, 其至有彼人之捉去把軍, 邊禁之蕩然, 一至於此乎. 罪人金察方之待徐哥押到後酌處, 依狀請施行, 前尹論罪, 已有向來定式, 勿論, 該萬戶未能防捍, 不可無罪, 而事出倉卒, 容有可恕, 姑令戴罪擧行. 繼此而沿邊潛越之弊, 益加禁斷, 俾無冒犯之患事, 另爲申飭, 允之.

의정부(議政府)에서 아뢰기를 "방금 평안감사(平安監司) 한계원(韓啓源), 병사(兵使) 채동건, 의주부윤(義州府尹) 송희정(宋熙正)의 장계를 보니, '저들 다섯 사람이 수구진을 넘어 와서 삼막(三幕)의 파수군(把守軍) 최효성을 잡아 억류하여 보내주지 않아서 통사(通事)를 정하여 보내 곡절[委折]을 탐문하게 하였더니, 부 안[府下]에 사는 김 찰방이라 이름하는 자가 저 나라 사람으로서 서(徐) 씨 성을 가진 사람의 처소에 왕래하며 중국 돈[唐錢] 3,000여 조를 사기 쳐서, 장차 밑천도 건지지 못할 지경에 이르렀기 때문에 이에 파수군을 붙들어서 볼모로 한 것이라고 하였습니다. 소위 김 찰방을 관가로 붙잡아와서 추문하니, 국경을 넘어가 사기 친 정황을 하나하나 실토했습니다. 우선 가둬놓고 서가(徐哥)가 나올 때를 기다려 즉시 효시하여 〈사람들을〉 경계시킨 뒤에 사정을 등문하겠습니다. 그러나 부민이 국경을 넘은 것은 작년부터 시작되었지만 전 부윤 이건필(李建弼)은 어리석어 분명하게 살피지 못했으니 이미 체직되었다고 놓아두고 따지지 않을 수는 없고, 수구만호 임계영(林桂英)은 저들이 국경을 넘어올 때 역시 막아내지 못했으니, 이들의 죄상을 아울러 유사로 하여금 품처하도록 하소서. 평소 신칙하지 못한 잘못이 있으니 황공한 마음으로 죄주실 것을 기다립니다'라고 하였는데, 전교하기를 '죄줄 것을 기다리지 말라고 회답하라. 아울러 묘당으로 하여금 품처하게 하라'고 명을 내리셨습니다. 국경을 넘어 교역까지 하고, 교역하다가 사기까지 쳤으며, 심지어 저들의 파수군을 붙잡아 가두는 상황에 이르렀으니, 변경의 금법이 해이함이 하나같이 이 지경에 이르렀단 말입니까. 죄인 김 찰방은 서가가 압송되기를 기다려 장계의 요청에 따라 처리를 하도록 하고, 전 부윤에 대한 논죄는 이미 지난 정식이 있으니 논하지 말고, 해당 만호가 미처 막아내지 못한 것은 죄가 없을 수 없으나 일이 창졸간에서 나와 용서할만한 점이 있으므로 우선 죄를 진 채 직임을 살피게 하소서. 이를 이어서 연변에서 몰래 국경을 넘어가는 폐단을 더욱 금단하여 법을 어기는 근심이 없게 하도록 각별히 신칙하소서"라고 하니, 윤허하였다.

『備邊司謄錄』 253冊

府啓曰, 卽見平安臨司韓啓源·兵使蔡東健·義州府尹宋熙正狀啓, 則彼人五名, 越來水口鎭, 捉去三幕把守軍崔孝成, 執留不送, 故定送通事, 使之探問委折, 則以爲府下居金察方爲名者, 頻數來往於彼人徐姓人處, 唐錢三千餘弔, 竟爲欺騙, 將至白失之境, 有此捉去把軍質督之擧云. 而所謂金察方, 捉入官庭, 推問則犯越欺騙情節, 一一輸款矣. 爲先牢囚, 待徐哥出來, 仍卽梟警後登聞計料. 而府民犯越, 始在昨年, 則前府尹李建弼之矇不覺察, 不可以已遞, 置之勿論, 水口萬戶林桂英彼人越來, 亦不防捍, 其罪狀, 竝令攸司稟處. 常時不飭之失, 惶恐待罪事, 傳曰, 勿待罪事, 回諭, 竝令廟堂稟處事, 命下矣. 犯越而至於交通, 交通而至於欺騙, 其至有彼人之捉去把軍, 邊禁之蕩然, 一至於此乎. 罪人金察方之待徐哥押到後酌處, 依狀請施行, 前尹論罪, 已有向來定式, 勿論, 該萬戶未能防捍, 不可無罪, 而事出倉卒, 容有可恕, 姑令戴罪擧行. 繼此而沿邊潛越之弊, 益加禁斷, 俾無冒犯之患事, 另爲申飭何如, 答曰, 允.

의정부[府]에서 아뢰기를 "방금 평안감사(平安監司) 한계원(韓啓源), 병사(兵使) 채동건, 의주부윤(義州府尹) 송희정(宋熙正)의 장계를 보니, '저들 다섯 사람이 수구진을 넘어 와서 삼막(三幕)의 파수군 최효성을 잡아 억류하여 보내주지 않기에 통사(通事)를 정하여 보내 곡절[委折]을 탐문하게 하였더니, 부 안[府下]에 사는 김 찰방이라 이름하는 자가 저 나라 사람으로서 서(徐) 씨 성을 가진 사람의 처소에 왕래하며 중국 돈[唐錢] 3,000여 조를 사기 쳐서, 장차 밑천도 건지지 못할 지경에 이르렀기 때문에 이에 파수군을 붙들어서 볼모로 한 것이라고 하였습니다. 소위 김 찰방을 관가로 붙잡아 와서 추문하니, 국경을 넘어 사기 친 정황을 하나하나 실토했습니다. 우선 가둬놓고 서가(徐哥)가 나올 때를 기다려 즉시 효시하여 〈사람들을〉 경계시킨 뒤에 사정을 등문하겠습니다. 그러나 부민이 국경을 넘은 것은 작년부터 시작되었지만 전 부윤 이건필(李建弼)은 어리석어 분명하게 살피지 못했으니 이미 체직되었다고 놓아두고 따지지 않을 수는 없고, 수구만호 임계영(林桂英)은 저들이 국경을 넘어올 때 역시 막아내지 못했으니, 이들의 죄상을 아울러 유사로 하여금 품처하도록 하소서. 평소 신칙하지 못한 잘못이 있으니 황공한 마음으로 죄주실 것을 기다립니다'라고 하였는데, 전교하기를 '죄줄 것을 기다리지 말라고 회답하라. 아울러 묘당으로 하여금 품처하게 하라'고 명을 내리셨습니다. 국경을 넘어 교역까지 하고, 교역하다가 사기까지 쳤으며, 심지어 저들의 파수군을 붙잡아 가두는 상황에 이르렀으니, 변경의 금법이 해이함이 하나같이 이 지경에 이르렀단 말입니까. 죄인 김 찰방은 서가가 압송되기를 기다려 장계의 요청에 따라 처리를 하도록 하고, 전 부윤에 대한 논죄는 이미 지난 정식이 있으니 논하지 말고, 해당 만호가 미처 막아내지 못한 것은 죄가 없을 수 없으나 일이 창졸간에서 나와 용서할만한 점이 있으므로 우선 죄를 진 채 직임을 살피게 하소서. 이를 이어서 연변에서 몰래 국경을 넘어가는 폐단을 더욱 금단하여 법을 어기는 근심이 없게 하도록 각별히 신칙하는 것이 어떻겠습니까"라고 하니, 답하기를, "윤허한다"고 하였다.

연해의 계엄 지역을 담당하는 남양부사를 교체해줄 것을 청함.

1871년(고종 8-辛未) 5월 1일(양력 6월 18일)

발신 : 삼군부

『承政院日記』 2764冊

三軍府啓曰, 南陽府使申轍求, 聞有身病矣. 沿海戒嚴之地, 有難强令察任. 今姑遞改, 其代副護軍安驥泳差下, 令該曹口傳下批, 使之當日下送何如, 傳曰, 允.

삼군부(三軍府)에서 아뢰기를, "남양부사(南陽府使) 신철구(申轍求)가 신병(身病)이 있다고 들었습니다. 연해의 계엄(戒嚴) 지역은 억지로 직임을 살피게 하기 어렵습니다. 지금 우선 체차하여 바꾸고, 그 대임으로 부호군(副護軍) 안기영(安驥永)을 차하하여 해당 조로 하여금 구전으로 하비(下批)한 다음, 당일에 내려 보내는 것은 어떻겠습니까"라고 하니, 전교하기를, "윤허한다"고 하였다.

『日省錄(高宗)』 110冊

三軍府啓言, 南陽府使申轍求, 聞有身病矣. 沿海戒嚴之地, 有難强令察任. 今姑遞改, 其代副護軍安驥泳差下, 令該曹口傳下批, 請使之當日下送, 允之.

삼군부(三軍府)에서 아뢰기를, "남양부사(南陽府使) 신철구(申轍求)가 신병(身病)이 있다고 들었습니다. 연해의 계엄(戒嚴) 지역은 억지로 직임을 살피게 하기 어렵습니다. 지금 우선 체차하여 바꾸고, 그 대임으로 부호군(副護軍) 안기영(安驥永)을 차하하여 해당 조로 하여금 구전으로 하비(下批)한 다음, 당일에 내려 보내는 것이 어떻겠습니까"라고 하니, 윤허하였다.

국경을 넘나든 김 찰방을 효수하였음을 보고하고, 이 사실을 적은 자문을 중국에 보낼 것을 청함.

1871년(고종 8-辛未) 5월 7일(양력 6월 24일)

발신 : 의주부윤 송희정 / 수신 : 의정부

『承政院日記』 2764冊

議政府啓曰, 義州犯越罪人金察方, 旣已梟警矣. 令槐院將此事由撰咨入送何如, 傳曰, 允.

의정부(議政府)에서 아뢰기를, "의주(義州)에서 국경을 넘은 죄인 김(金) 찰방(察訪)은 이미 효시하여 〈사람들을〉 경계시켰습니다. 괴원으로 하여금 이런 사유를 가지고 자문(咨文)을 지어 〈중국에〉 들여보내도록 하는 것이 어떻겠습니까"라고 하니, 전교하기를, "윤허한다"고 하였다.

『日省錄(高宗)』 110冊

義州府尹宋熙正, 以犯越罪人金察方, 今月初二日, 梟警馳啓.

의주부윤(義州府尹) 송희정(宋熙正)이 국경을 넘은 죄인 김(金) 찰방(察訪)을 이번 달 2일에 효시하여 〈사람들을〉 경계하였다고 치계하였다.

『備邊司謄錄』253冊

府啓曰, 義州犯越罪人金察方, 旣已梟警矣, 令槐院將此事由撰咨入送何如, 答曰, 允.

의정부[府]에서 아뢰기를, "의주(義州)에서 국경을 넘은 죄인 김 찰방은 이미 효시하여 〈사람들을〉 경계시켰습니다. 괴원으로 하여금 이런 사유를 가지고 자문(咨文)을 지어 〈중국에〉 들여보내도록 하는 것이 어떻겠습니까"라고 하니, 답하기를, "윤허한다"고 하였다.

환경이 열악한 연해에서 근무하는 군사들을 포상하라고 명함.

1871년(고종 8-辛未) 5월 19일(양력 7월 6일)

발신 : 고종

『承政院日記』 2764冊

傳曰, 沿海瘴濕之地, 京·鄕軍卒之晝夜露處, 每一念至, 丙枕靡安. 而洋醜今旣遠遁, 行將次第班師矣. 出征諸軍, 令武府分等施賞, 至於戰亡之卒, 尤係惻傷, 以上等例, 代給其妻子. 木布就惠廳儲留庫所在輸送, 待解嚴, 一一分給, 鄕君之回糧, 亦自武府, 從優題給事, 分付.

전교하기를, "연해는 풍토병과 습기가 많은 땅이고, 경·향의 군졸이 주야로 노숙하는 곳이니, 매번 생각이 거기에 닿을 때마다 한밤중에도 편안히 잘 수가 없다. 양이[洋醜]들은 지금 이미 멀리 달아났으니 장차 차례로 군사를 돌아오도록 할 것이다. 출정한 여러 군대는 무부(武府)로 하여금 등급을 나누어 상을 베풀고, 전사한 군졸에 대해서는 더욱 측은하고 마음 아프니 상등례(上等例)에 따라 그 처자에게 대신 지급하도록 하라. 베와 무명은 선혜청(宣惠廳)의 저류고(儲留庫)에 있는 것을 수송하여 경계가 풀리기를 기다려 하나하나 나누어주도록 하라. 향군이 돌아갈 때의 식량도 무부로 하여금 넉넉히 제급하는 것을 분부하라"고 하였다.

『高宗實錄』 8卷

敎曰, 沿海瘴濕之地, 京·鄕軍卒之晝夜露處, 每一念至, 丙枕靡安. 而洋醜今旣遠遁, 行將次第班師矣. 出征諸軍, 令武府分等施賞. 至於戰亡之卒, 尤係惻傷, 以上等例, 代給其妻子, 木布就惠廳儲留庫所在輸送, 待解嚴, 一一分給. 鄕軍之回糧, 亦自武庫, 從優題給事, 分付.

교하기를, "연해는 풍토병과 습기가 많은 땅이고, 경·향의 군졸이 주야로 노숙하는 곳이니, 매번 생각이 거기에 닿을 때마다 한밤중에도 편안히 잘 수가 없다. 양이[洋醜]들은 지금 이미 멀리 달아났으니 장차 차례로 군사를 돌아오도록 할 것이다. 출정한 여러 군대는 무부(武府)로 하여금 등급을 나누어 상을 베풀고, 전사한 군졸에 대해서는 더욱 측은하고 마음 아프니 상등례(上等例)에 따라 그 처자에게 대신 지급하도록 하라. 베와 무명은 선혜청(宣惠廳)의 저류고(儲留庫)에 있는 것을 수송하여 경계가 풀리기를 기다려 하나하나 나누어주도록 하라. 향군이 돌아갈 때의 식량도 무부로 하여금 넉넉히 제급하는 것을 분부하라"고 하였다.

『日省錄(高宗)』 110冊

教曰, 沿海瘴濕之地, 京·鄕軍卒之晝夜露處, 每一念至, 丙枕靡安. 而洋醜今旣遠遁, 行將次第班師矣. 出征諸軍, 令武府分等施賞, 至於戰亡之卒, 尤係惻傷, 以上等例, 代給其妻子. 木布就惠廳儲留庫所在輸送, 待解嚴, 一一分給. 鄕君之回糧, 亦自武府, 從優題給事, 分付.

교하기를, "연해는 풍토병과 습기가 많은 땅이고, 경·향의 군졸이 주야로 노숙하는 곳이니, 매번 생각이 거기에 닿을 때마다 한밤중에도 편안히 잘 수가 없다. 양이[洋醜]들은 지금 이미 멀리 달아났으니 장차 차례로 군사를 돌아오도록 할 것이다. 출정한 여러 군대는 무부(武府)로 하여금 등급을 나누어 상을 베풀고, 전사한 군졸에 대해서는 더욱 측은하고 마음 아프니 상등례(上等例)에 따라 그 처자(妻子)에게 대신 지급하도록 하라. 베와 무명은 선혜청(宣惠廳)의 저류고(儲留庫)에 있는 것을 수송하여 경계가 풀리기를 기다려 하나하나 나누어주도록 하라. 향군이 돌아갈 때의 식량도 무부로 하여금 넉넉히 제급하는 것을 분부하라"고 하였다.

국경을 넘었다가 돌아온 백성들에게 식량을 나누어주고 생업에 안주하게 하라고 명함.

1871년(고종 8-辛未) 5월 28일(양력 7월 15일)

발신 : 고종

『承政院日記』 2764冊

傳曰, 卽見北伯·北閫狀啓, 則我國人民之犯越彼地者, 次第領回云. 當初逃越, 實非此民之辜, 由於近年道帥臣與守令之不善導率, 以致失民而然, 是渠輩樂爲之者乎. 連値歉荒, 督於官侵, 生計又乏, 則其所犯禁, 莫知所爲而行之者也. 若以本心故犯, 則一差員之領還, 許多匪類, 豈可肯從而順來乎. 究其情則還爲哀矜, 使之分給糧米, 各安其業, 無有一民流離棲遑之歎. 以中路見失三十名言之, 必是畏怯而然矣. 聞此事, 如或更來, 一體安撫, 以釋予北顧之憂. 如是處分之後, 復或有此等冒犯之事, 斷當依律嚴處矣. 以此辭敎, 一一曉諭事, 廟堂措辭行會.

전교하기를, "방금 함경감사[北伯]·북병사[北閫]의 장계를 보니, 우리나라 인민 중에 저들 땅으로 넘어간 자들을 차례로 데리고 돌아왔다고 한다. 당초 도망쳐 국경을 넘어간 것은 진실로 이 백성들의 죄가 아니다. 근년에 도·수신과 수령들이 제대로 백성을 거느리지 못하였기 때문에 백성을 잃게 됨에 이르러 그렇게 된 것이니, 저들 무리가 즐겁게 한 일이겠는가. 해마다 흉년이 들고 관가의 침탈에 독촉받아 생계 또한 궁핍하였으니, 그들이 금제(禁制)를 어긴 것은 어찌할 바를 알지 못하여 행한 것이다. 만약 본심에서 일부러 범했다면 차원(差員) 한 사람이 데리고 돌아옴에 수많은 비류(匪類)들이 어찌 기꺼이 따라서 순순히 왔겠는가. 그 실정을 캐보면 도리어 불쌍하다. 그들에게 양미(糧米)를 나누어주어 자기 생업에 안주하게 하여 한 사람이라도 떠돌아다니며 거처할 곳이 없게 되는 탄식이 없도록 하라. 오는 도중에 실종된 30명으로 말하면, 반드시 두렵게 여겨서 그렇게 된 것이다. 이런 일을 듣고 혹시라도 다시 온다면 똑같이 어루만지고 달래서, 내가 북쪽 변방을 돌아보는 염려를 풀 수 있도록 하라. 이와 같이 처분한 뒤에 다시 혹여 이처럼 법을 어기는 일이 있으면, 단연코 법에 의해 엄중히 처리할 것이다. 이런 내용의 교를 하나하나 효유하도록 묘당에서 말을 만들어 행회하도록 하라"고 하였다.

『高宗實錄』 8卷

敎曰, 卽見北伯·北梱狀啓, 則我國人民之犯越彼地者, 次第領回云. 當初逃越, 實非此民之辜, 由於近年道帥臣與守令之不善導率, 以致失民而然. 是渠輩樂爲之者乎. 連値歉荒, 督於官侵, 生計又乏, 則其所犯禁, 莫知所爲而行之者也. 若以本心故犯, 則一差員之領還, 許多匪類, 豈可肯從而順來乎. 究其情, 則還爲哀矜. 使之分給糧米,各安其業, 無有一民流離棲遑之歎. 以中路見失三十名言之, 必是畏怯而然矣. 聞此事, 如或更來, 一體安撫, 以釋予北顧之憂. 如是處分之後, 復或有此等冒犯之事, 斷當依律嚴處矣. 以此辭敎, 一一曉諭事, 廟堂措辭行會.

"방금 함경감사[北伯]·북병사[北梱]의 장계를 보니, 우리나라 인민 중에 저들 땅으로 넘어간 자들을 차례로 데리고 돌아왔다고 한다. 당초 도망쳐 국경을 넘어간 것은 진실로 이 백성들의 죄가 아니다. 근년에 도·수신과 수령들이 제대로 백성을 거느리지 못하였기 때문에 백성을 잃게 됨에 이르러 그렇게 된 것이니, 저들 무리가 즐겁게 한 일이겠는가. 해마다 흉년이 들고 관가의 침탈에 독촉받아 생계 또한 궁핍하였으니, 그들이 금제(禁制)를 어긴 것은 어찌할 바를 알지 못하여 행한 것이다. 만약 본심에서 일부러 범했다면 차원(差員) 한 사람이 데리고 돌아옴에 수많은 비류(匪類)들이 어찌 기꺼이 따라서 순순히 왔겠는가. 그 실정을 캐보면 도리어 불쌍하다. 그들에게 양미(粮米)를 나누어 주어 자기 생업에 안주하게 하여 한 사람이라도 떠돌아다니며 거처할 곳이 없게 되는 탄식이 없도록 하라. 오는 도중에 실종된 30명으로 말하면, 반드시 두렵게 여겨서 그렇게 된 것이다. 이런 일을 듣고 혹시라도 다시 온다면 똑같이 어루만지고 달래서, 내가 북쪽 변방을 돌아보는 염려를 풀 수 있도록 하라. 이와 같이 처분한 뒤에 다시 혹여 이처럼 법을 어기는 일이 있으면, 단연코 법에 의해 엄중히 처리할 것이다. 이런 내용의 교를 하나하나 효유하도록 묘당에서 말을 만들어 행회하도록 하라"고 하였다.

『日省錄(高宗)』 110冊

敎曰, 卽見北伯·北梱狀啓, 則我國人民之犯越彼地者, 次第領回云. 當初逃越, 實非此民之辜. 由於近年, 道帥臣與守令之不善導率, 以致失民而然, 是豈渠輩樂爲之者乎. 連値歉荒, 督於官侵, 生計又乏, 則其所犯禁, 莫知所爲而行之者也. 若以本心故犯, 則一差員之領還, 許多匪類, 豈可肯從而順來乎. 究其情則還爲哀矜. 使之分給糧米, 各安其業, 無有一民流離捿遑之歎. 以中路見失三十名言之, 必是畏怯而然矣. 聞此事, 如或更來, 一體安撫, 以釋予北顧之憂. 如是處分之後, 復或有此等冒犯之事, 斷當依律嚴處矣. 以此辭敎, 一一曉諭事, 廟堂措辭行會.

교하기를, "방금 함경감사[北伯]·북병사[北梱]의 장계를 보니, 우리나라 인민 중에 저들 땅으로 넘어간 자들을 차례로 데리고 돌아왔다고 한다. 당초 도망쳐 국경을 넘어간 것은 진실로 이 백성들의 죄가 아니다. 근년에 도·수신과 수령들이 제대로 백성을 거느리지 못하였기 때문에 백성을 잃게 됨에 이르러 그렇게 된 것이니, 저들 무리가 즐겁게 한 일이겠는가. 해마다 흉년이 들고 관가의 침탈에 독촉을 받아 생계 또한 궁핍하였으니, 그들이 금제(禁制)를 어긴 것은 어찌할 바를 알지 못하여 행한 것이다. 만약 본심에서 일부러 범했다면 차원(差員) 한 사람이 데리고 돌아옴에 수많은 비류(匪類)들이 어찌 기꺼이 따라서 순순히 왔겠는가. 그 실정을 캐보면 도리어 불쌍하다. 그들에게 양미(糧米)를 나누어주어 자기 생업에 안주하게 하여 한 사람이라도 떠돌아다니며 거처할 곳이 없게 되는 탄식이 없도록 하라. 오는 도중에 실종된 30명으로 말하면, 반드시 두렵게 여겨서 그렇게 된 것이다. 이런 일을 듣고 혹시라도 다시 온다면 똑같이 어루만지고 달래, 내가 북쪽 변방을 돌아보는 염려를 풀 수 있도록 하라. 이와 같이 처분한 뒤에 다시 혹여 이처럼 법을 어기는 일이 있으면, 단연코 법에 의해 엄중히 처리할 것이다. 이런 내용의 교를 하나하나 효유하도록 묘당에서 말을 만들어 행회하도록 하라"고 하였다.

『備邊司謄錄』253冊

傳曰, 卽見北伯·北梱狀啓, 則我國人民之犯越彼地者, 次第領回云, 當初逃越, 實非此民之辜, 由於近年道帥臣與守令之不善導率, 以致失民而然, 是豈渠輩樂爲之者乎, 連値歉荒, 督於官侵, 生計又乏, 則其所犯禁, 莫知所爲而行之者也, 若以本心故犯, 則一差員之領還, 許多匪類, 豈可肯從而順來乎. 究其情則還爲哀矜, 使之分給糧米, 各安其業, 無有一民流離棲遑之歎, 以中路見失三十名言之, 必是畏怯而然矣, 聞此事, 如或更來, 一體安撫, 以釋予北顧之憂, 如是處分之後, 復或有此等冒犯之事, 斷當依律嚴處矣, 以此辭敎, 一一曉諭事, 廟堂措辭行會.

전교하기를, "방금 함경감사[北伯]와 북병사[北梱]의 장계를 보니, 우리나라 인민 중에 저들 땅으로 넘어간 자들을 차례로 데리고 돌아왔다고 한다. 당초 도망쳐 국경을 넘어간 것은 진실로 이 백성들의 죄가 아니다. 근년에 도·수신과 수령들이 제대로 백성을 거느리지 못하였기 때문에 백성을 잃게 됨에 이르러 그렇게 된 것이니, 저들 무리가 즐겁게 한 일이겠는가. 해마다 흉년이 들고 관가의 침탈에 독촉을 받아 생계 또한 궁핍하였으니, 그들이 금제(禁制)를 어긴 것은 어찌할 바를 알지 못하여 행한 것이다. 만약 본심에서 일부러 범했다면 차원(差員) 한 사람이 데리고 돌아옴에 수많은 비류(匪類)들이 어찌 기꺼이 따라서 순순히 왔겠는가. 그 실정을 캐보면 도리어 불쌍하다. 그들에게 양미(糧米)를 나누어주어 자기 생업에 안주하게 하여 한 사람이라도 떠돌아다니며 거처할 곳이 없게 되는 탄식이 없도록 하라. 오는 도중에 실종된 30명으로 말하면, 반드시 두렵게 여겨서 그렇게 된 것이다. 이런 일을 듣고 혹시라도 다시 온다면 똑같이 어루만지고 달래, 내가 북쪽 변방을 돌아보는 염려를 풀 수 있도록 하라. 이와 같이 처분한 뒤에 다시 혹여 이처럼 법을 어기는 일이 있으면, 단연코 법에 의해 엄중히 처리할 것이다. 이런 내용의 교를 하나하나 효유하도록 묘당에서 말을 만들어 행회하도록 하라"고 하였다.

연해의 요충지인 김해부 동래 금정산성을 정비한 김해부사 등에게 포상해줄 것을 청함.

1871년(고종 8-辛未) 5월 30일(양력 7월 17일)

발신 : 경상감사 김세호 / 수신 : 의정부

『承政院日記』2764冊

議政府啓曰, 卽見慶尙監司金世鎬狀啓, 則枚擧金海府使鄭顯奭牒呈, 以爲府北盆山, 卽曾前築城處也. 關防咽喉, 海患疎虞, 自昨冬經紀, 今乃告訖, 而廨倉樓櫓, 軍餉支放, 已皆畢具. 別將一窠, 依東萊·金井別將例, 以該府首校望報下批, 軍器以該府所在者, 從便移置. 該府使及監董人之殫誠效勞, 合有示意之擧, 竝請令廟堂稟旨分付矣. 地是沿海之要衝, 山亦該府之關隘, … 傳曰, 允.

의정부(議政府)에서 아뢰기를, "방금 경상감사(慶尙監司) 김세호(金世鎬)의 장계를 보니, 김해부사(金海府使) 정현석(鄭顯奭)의 첩정을 낱낱이 거론하면서 '부의 북쪽 분산(盆山)은 일찍이 성을 쌓았던 곳입니다. 관방(關防)의 요충지[咽喉]인데도 매번 소홀히 하는 근심이 있어서, 작년 겨울에 공사를 시작하여 지금 비로소 공사를 끝마치고 관청의 창고와 망루(望樓) 및 군량과 지방(支放)을 모두 갖추었습니다. 별장(別將)의 빈자리 하나는 동래(東萊)·금정(金井) 별장의 예에 따라 해당 부의 수교(首校)로 의망하여 보고하도록 하비하고, 군기(軍器)는 해당 부에 있는 것을 편의대로 옮겨두도록 하소서. 해당 부사(府使) 및 공사를 감독한 사람들이 정성을 다하고 수고한 것은 성의를 보여야 합당하니, 아울러 묘당으로 하여금 품지(稟旨)하여 분부하게 하소서'라고 하였습니다. 땅은 연해의 요충지이고 산도 해당 부의 험조(險阻)한 관애(關隘)이며, …"라고 하니, 전교하기를, "윤허한다"고 하였다.

『高宗實錄』 8卷

議政府啓, 卽見慶尙監司金世鎬狀啓, 則枚擧金海府使鄭顯奭牒呈, 以爲府北盆山, 卽曾前築城處也. 關防咽喉, 每患疎虞, 自昨冬經紀, 今乃告訖. 而廨倉·樓·櫓軍餉支放, 已皆畢具. 別將一窠, 依東萊·金井別將例, 以該府首校望報下批, 軍器以該府所在者, 從便移置. 該府使及監董人之殫誠效勞, 合有示意之擧. 竝請令廟堂稟處矣. 地是沿海之要衝, 山亦該府之關隘. 而城·池·樓·櫓軍餉支放, 今其井然畢具, 守城之特出別將一窠, 軍務之不容已者也. 望報瓜限諸凡節制, 竝依狀請施行. 至於論賞一款, 直請廟堂稟處者, 有違格例, 該道臣推考, 令該曹稟處何如, 允之.

의정부(議政府)에서 아뢰기를, "방금 경상감사(慶尙監司) 김세호(金世鎬)의 장계를 보니, 김해부사(金海府使) 정현석(鄭顯奭)의 첩정을 낱낱이 거론하면서 '부의 북쪽 분산(盆山)은 일찍이 성을 쌓았던 곳입니다. 관방(關防)의 요충지[咽喉]인데도 매번 소홀히 하는 근심이 있어서, 작년 겨울에 공사를 시작하여 지금 비로소 공사를 끝마치고 관청의 창고와 망루(望樓) 및 군량과 지방(支放)을 모두 갖추었습니다. 별장(別將)의 빈자리 하나는 동래(東萊)·금정(金井) 별장의 예에 따라 해당 부의 수교(首校)로 의망하여 보고하도록 하비하고, 군기(軍器)는 해당 부에 있는 것을 편의대로 옮겨두도록 하소서. 해당 부사(府使) 및 공사를 감독한 사람들이 정성을 다하고 수고한 것은 성의를 보여야 합당하니, 아울러 묘당으로 하여금 품지(稟旨)하여 분부하게 하소서'라고 하였습니다. 땅은 연해의 요충지이고 산도 해당 부의 험조(險阻)한 관애(關隘)이며, 성·지·망루·군량의 지방이 지금 정연하게 모두 갖추어졌으니, 수성에 특별히 별장 한 자리를 내는 것은 군무에서 그만둘 수 없는 것입니다. 의망하고 보고하여 임기를 정하는 모든 제도는 모두 장계에서 청한 대로 시행하소서. 논상하는 한 가지 사항에 이르러서는 묘당이 품처하도록 직접 청한 것은 격례에 위반함이 있으니 해당하는 도신을 추고하고 해당 조에서 품처하도록 하는 것이 어떻겠습니까"라고 하니, 윤허하였다.

『日省錄(高宗)』 110冊

議政府啓言, 卽見慶尙監司金世鎬狀啓, 則枚擧金海府使鄭顯奭牒呈, 以爲府北盆山, 卽曾前築城處也. 關防咽喉, 海患疎虞, 自昨冬經紀, 今乃告訖, 廨倉樓櫓, 軍餉支放, 已皆畢具. 別將一窠, 依東萊·金井別將例, 以該府首校望報下批, 軍器以該府所在者, 從便移置. 該府使及監董人之殫誠效勞, 合有示意之擧, 竝請令廟堂稟旨分付矣. 地是沿海之要衝, 山亦該府之關隘, 而城·池·樓·櫓軍餉支放, 今其井然畢具, 守城之特出別將一窠, 軍務之不容已者也. 望報瓜限諸凡節制, 竝依狀請施行. 至於論賞一款, 直請廟堂稟處者, 有違格例, 該道臣推考, 請令該曹稟處, 允之.

의정부(議政府)에서 아뢰기를, "방금 경상감사(慶尙監司) 김세호(金世鎬)의 장계를 보니, 김해부사(金海府使) 정현석(鄭顯奭)의 첩정을 낱낱이 거론하면서 '부의 북쪽 분산(盆山)은 일찍이 성을 쌓았던 곳입니다. 관방(關防)의 요충지[咽喉]인데도 매번 소홀히 하는 근심이 있어서, 작년 겨울에 공사를 시작하여 지금 비로소 공사를 끝마치고 관청의 창고와 망루(望樓) 및 군량과 지방(支放)을 모두 갖추었습니다. 별장(別將)의 빈자리 하나는 동래(東萊)·금정(金井) 별장의 예에 따라 해당 부의 수교(首校)로 의망하여 보고하도록 하비하고, 군기(軍器)는 해당 부에 있는 것을 편의대로 옮겨두도록 하소서. 해당 부사(府使) 및 공사를 감독한 사람들이 정성을 다하고 수고를 한 것은 성의를 보여야 합당하니, 아울러 묘당으로 하여금 품지(稟旨)하여 분부하게 하소서'라고 하였습니다. 땅은 연해의 요충지이고 산도 해당 부의 험조(險阻)한 관애(關隘)이며, 성·지·망루·군량의 지방이 지금 정연하게 모두 갖추어졌으니, 수성에 특별히 별장 한 자리를 내는 것은 군무에서 그만둘 수 없는 것입니다. 의망하고 보고하여 임기를 정하는 모든 제도는 모두 장계에서 청한대로 시행하소서. 논상하는 한 가지 사항에 이르러서는 묘당이 품처하도록 직접 청한 것은 격례에 위반함이 있으니 해당하는 도신을 추고하고 해당 조에서 품처하도록 하는 것이 어떻겠습니까"라고 하니 윤허하였다.

『備邊司謄錄 253冊

府啓曰, 卽見慶尙監司金世鎬狀啓, 則枚擧金海府使鄭顯奭牒呈, 以爲府北盆山, 卽曾前築城處也, 關防咽喉, 每患疎虞, 自昨冬經紀, 今乃告訖, 而廨倉樓櫓, 軍餉支放, 已皆畢具, 別將一窠, 依東萊·金井別將例, 以該府首校望報, 下批, 軍器以該府所在者, 從便移置. 該府使及監董人之殫誠效勞, 合有示意之擧, 竝請令廟堂稟旨分付矣. 地是沿海之要衝, 山亦該府之關隘, 而城池樓櫓, 軍餉支放, 今其井然畢具, 守城之特出別將一窠, 軍務之不容已者也, 望報瓜限諸凡節制, 竝依狀請施行, 至於論賞一款, 直請廟堂稟處者, 有違格例, 該道臣推考, 令該曹稟處何如, 答曰, 允.

의정부[府]에서 아뢰기를, "방금 경상감사(慶尙監司) 김세호(金世鎬)의 장계를 보니, 김해부사(金海府使) 정현석(鄭顯奭)의 첩정을 낱낱이 거론하면서 '부의 북쪽 분산(盆山)은 일찍이 성을 쌓았던 곳입니다. 관방(關防)의 요충지[咽喉]인데도 매번 소홀히 하는 근심이 있어서, 작년 겨울에 공사를 시작하여 지금 비로소 공사를 끝마치고 관청의 창고와 망루(望樓) 및 군량과 지방(支放)을 모두 갖추었습니다. 별장(別將)의 빈자리 하나는 동래(東萊)·금정(金井) 별장의 예에 따라 해당 부의 수교(首校)로 의망하여 보고하도록 하비하고, 군기(軍器)는 해당 부에 있는 것을 편의대로 옮겨두도록 하소서. 해당 부사(府使) 및 공사를 감독한 사람들이 정성을 다하고 수고를 한 것은 성의를 보여야 합당하니, 아울러 묘당으로 하여금 품지(稟旨)하여 분부하게 하소서'라고 하였습니다. 땅은 연해의 요충지이고 산도 해당 부의 험조(險阻)한 관애(關隘)이며, 성·지·망루·군량의 지방이 지금 정연하게 모두 갖추어졌으니, 수성에 특별히 별장 한 자리를 내는 것은 군무에서 그만둘 수 없는 것입니다. 의망하고 보고하여 임기를 정하는 모든 제도는 모두 장계에서 청한대로 시행하소서. 논상하는 한 가지 사항에 이르러서는 묘당이 품처하도록 직접 청한 것은 격례에 위반함이 있으니 해당하는 도신을 추고하고 해당 조에서 품처하도록 하는 것이 어떻겠습니까"라고 하니, 답하기를, "윤허한다"고 하였다.

함경감영 장부에 기재된 은으로 탑성에서 빌린 비용을 갚게 할 것을 청함.

1871년(고종 8-辛未) 7월 20일(양력 9월 4일)

발신 : 함경감사 김수현, 북병사 김기석 / 수신 : 의정부

『承政院日記』 2766冊

議政府啓曰, 卽見咸鏡監司金壽鉉·北兵使金箕錫狀啓, 則流民刷還時貸用, 塔城銀二百九十餘兩, 當以本色, 轉報琿春云矣. 事勢所迫, 不得不有此貸用, 而旣貸用, 則又不得不本色轉報. 就咸營記簿銀中, 準此數擇送北兵營, 以爲趁速報償之地何如, 傳曰, 允.

의정부(議政府)에서 아뢰기를, "방금 함경감사(咸鏡監司) 김수현(金壽鉉), 북병사(北兵使) 김기석(金箕錫)의 장계를 보니, '유민을 쇄환(刷還)할 때 빌려 쓴 탑성(塔城)의 은(銀) 290여 냥을 마땅히 본색(本色)으로 혼춘(琿春)으로 전하여 갚아야 한다'고 하였습니다. 일의 형세가 몰린 바 이렇게 빌려 쓰지 않을 수 없었으니, 이미 빌려 쓴 것은 또한 본색으로 전하여 갚지 않을 수 없습니다. 함경감영의 장부에 기재된 은 중에서 이 숫자에 맞춰서 북병영으로 골라 보내어 속히 갚도록 하는 것이 어떻겠습니까"라고 하니, 전교하기를, "윤허한다"고 하였다.

『高宗實錄』 8卷

議政府啓, 卽見咸鏡監司金壽鉉·北兵使金箕錫狀啓, 則流民刷還時, 貸用塔城銀二百九十餘兩, 當以本色, 轉報琿春云矣. 事勢所迫, 不得不有此貸用, 而旣貸用, 則又不得不本色轉報. 就咸營記簿銀中, 準此數擇送北兵營, 以爲趁速報償何如, 允之.

의정부(議政府)에서 아뢰기를, "방금 함경감사(咸鏡監司) 김수현(金壽鉉), 북병사(北兵使) 김기석(金箕錫)의 장계를 보니, 유민을 쇄환(刷還)할 때 빌려 쓴 탑성(塔城)의 은(銀) 290여 냥(兩)을 본색(本色)으로 혼춘(琿春)으로 전하여 갚아야 한다'고 하였습니다. 일의 형세가 몰린 바 이렇게 빌려 쓰지 않을 수 없었으니, 이미 빌려 쓴 것은 본색으로 전하여 갚지 않을 수 없습니다. 함경감영의 장부에 기재된 은 중에서 이 숫자에 맞춰서 북병영(北兵營)으로 골라 보내어 속히 갚도록 하는 것이 어떻겠습니까"라고 하니, 윤허하였다.

『日省錄(高宗)』 112冊

議政府啓, 卽見咸鏡監司金壽鉉·北兵使金箕錫狀啓, 則流民刷還時, 貸用塔城銀二百九十餘兩, 當以本色, 轉報琿春云矣. 事勢所迫, 不得不有此貸用, 而旣貸用, 則又不得不本色轉報. 就咸營記簿銀中, 準此數擇送北兵營, 以爲趁速報償, 允之.

의정부(議政府)에서 아뢰기를 "방금 함경감사(咸鏡監司) 김수현(金壽鉉), 북병사(北兵使) 김기석(金箕錫)의 장계를 보니, '유민을 쇄환(刷還)할 때 빌려 쓴 탑성(塔城)의 은 290여 냥을 본색(本色)으로 혼춘(琿春)으로 전하여 갚아야 한다'고 하였습니다. 일의 형세가 몰린 바 이렇게 빌려 쓰지 않을 수 없었으니, 이미 빌려 쓴 것은 본색으로 전하여 갚지 않을 수 없습니다. 함경감영의 장부에 기재된 은 중에서 이 숫자에 맞춰서 북병영(北兵營)으로 골라 보내어 속히 갚으소서"라고 하니, 윤허하였다.

『備邊司謄錄』 253冊

府啓曰, 卽見咸鏡監司金壽鉉·北兵使金箕錫狀啓, 則流民刷還時, 貸用塔城銀二百九十餘兩, 當以本色, 轉報琿春云矣, 事勢所迫, 不得不有此貸用, 而旣貸用, 則又不得不本色轉報. 就咸營記簿銀中, 準此數擇送北兵營, 以爲趁速報償之地何如, 答曰, 允.

의정부[府]에서 아뢰기를 "방금 함경감사(咸鏡監司) 김수현(金壽鉉), 북병사(北兵使) 김기석(金箕錫)의 장계를 보니, '유민을 쇄환(刷還)할 때 빌려 쓴 탑성(塔城)의 은 290여 냥을 본색(本色)으로 혼춘(琿春)으로 전하여 갚아야 한다'고 하였습니다. 일의 형세가 몰린 바 이렇게 빌려 쓰지 않을 수 없었으니, 이미 빌려 쓴 것은 본색으로 전하여 갚지 않을 수 없습니다. 함경감영의 장부에 기재된 은 중에서 이 숫자에 맞춰서 북병영(北兵營)으로 골라 보내어 속히 갚도록 하는 것이 어떻겠습니까"라고 하니, 답하기를, "윤허한다"고 하였다.

국경을 넘어 도망갔다 돌아온 백성들의 상황을 보고하지 않은 미전첨사를 문책할 것을 청함.

1871년(고종 8 - 辛未) 9월 2일(양력 10월 15일)

발신 : 함경감사 김수현 / 수신 : 의정부

『承政院日記』 2768冊

議政府啓曰, 卽見咸鏡監司金壽鉉狀啓, 則美錢前僉使金龍弼, 逃民之越來, 趁不修報. 揆以擧行, 極涉駭然, 不可以已遞仍置. 其罪狀令攸司稟處矣. 報牒之稍遲時日, 諒由無妄之過, 而遞任且久矣. 還不足深責, 論罪一款, 姑爲安徐何如. 傳曰, 允.

의정부(議政府)에서 아뢰기를, "방금 함경감사(咸鏡監司) 김수현(金壽鉉)의 장계를 보니, '전(前) 미전첨사(美錢僉使) 김용필(金龍弼)은 도망한 백성이 국경을 넘어온 것을 뒤따라 보고하지 않았습니다. 〈이는〉 명령의 이행[擧行]으로 따져보면 매우 놀라우니, 이미 체차되었다고 그대로 두어서는 안 됩니다. 그 죄상을 유사로 하여금 품처하게 하소서' 라고 하였습니다. 보첩이 시일이 조금 늦어진 것은 정말 몰라서 한 잘못이었고, 체임된 지도 오래되었습니다. 도리어 〈이 일은〉 깊이 문책할 것도 못되니, 논죄하는 한 가지 사항은 우선 보류하는 것이 어떻겠습니까"라고 하니, 전교하기를, "윤허한다"고 하였다.

『日省錄(高宗)』 114冊

政府啓言, 卽見咸鏡監司金壽鉉狀啓, 則美錢前僉使金龍弼, 逃民之越來, 趁不修報. 揆以擧行, 極涉駭然, 不可以已遞仍置. 其罪狀令攸司稟處矣. 報牒之稍遲時日, 諒由無妄之過, 而遞任且久矣. 還不足深責, 論罪一款, 姑令安恕, 允之.

의정부[政府]에서 아뢰기를 "방금 함경감사(咸鏡監司) 김수현(金壽鉉)의 장계를 보니, '전(前) 미전첨사(美錢僉使) 김용필(金龍弼)은 도망한 백성이 국경을 넘어온 것을 뒤따라 보고하지 않았습니다. 〈이는〉 명령의 이행[擧行]으로 따져보면 매우 놀라우니, 이미 체차되었다고 그대로 두어서는 안 됩니다. 그 죄상을 유사로 하여금 품처하게 하소서'라고 하였습니다. 보첩이 시일이 조금 늦어진 것은 정말 몰라서 한 잘못이었고, 체임된 지도 오래되었습니다. 도리어 〈이 일은〉 깊이 문책할 것도 못되니, 논죄하는 한 가지 사항은 우선 보류하소서"라고 하니, 윤허하였다.

『備邊司謄錄』253冊

府啓曰, 卽見咸鏡監司金壽鉉狀啓, 則美錢前僉使金龍弼, 逃民之越來, 趁不修報. 揆以擧行, 極涉駭然, 不可以已遞仍置. 其罪狀令攸司稟處矣, 報牒之稍遲時日, 諒由無妄之過, 而遞任且久矣, 還不足深責, 論罪一款, 姑令安徐何如, 答曰, 允.

의정부[府]에서 아뢰기를 "방금 함경감사(咸鏡監司) 김수현(金壽鉉)의 장계를 보니, '전(前) 미전첨사(美錢僉使) 김용필(金龍弼)은 도망한 백성이 국경을 넘어온 것을 뒤따라 보고하지 않았습니다. 〈이는〉 명령의 이행[擧行]으로 따져보면 매우 놀라우니, 이미 체차되었다고 그대로 두어서는 안 됩니다. 그 죄상을 유사로 하여금 품처하게 하소서'라고 하였습니다. 보첩이 시일이 조금 늦어진 것은 정말 몰라서 한 잘못이었고, 체임된 지도 오래되었습니다. 도리어 〈이 일은〉 깊이 문책할 것도 못되니, 논죄하는 한 가지 사항은 우선 보류하소서"라고 하니, 답하기를, "윤허한다"고 하였다.

국경의 비적들과 관련된 사항을 중국에 보고할 것을 청함.

1872년(고종 9-壬申) 1월 3일(양력 2월 11일)

발신 : 평안감사 한계원, 병사 조태현 / 수신 : 의정부

『承政院日記』2772冊 254冊

議政府啓曰, 卽見平安監司韓啓源·兵使趙台顯狀啓, 則厚昌郡越邊, 匪類屯聚, 故對岸戒嚴, 示之以威, 彼亦自知, 不敢來敵, 稍有散去之狀. 而胡人王陽春·韓五亭爲名等, 自慈城境彼邊上來, 出立江頭, 不敢更犯之意, 屢有警言, 且送列名約書, 故茲以上送云矣. 隔岸匪徒, 閱月相持, 此而燒戶, 彼而傷命, 則雖謂之邊釁可矣. 彼旣散去, 且送約文, 則雖謂之妥帖可矣. 而第念境上有事, 不可不移咨上國. 令槐院具由撰咨入送何如, 傳曰, 允.

의정부(議政府)에서 아뢰기를, "방금 평안감사(平安監司) 한계원(韓啓源), 병사(兵使) 조태현(趙台顯)의 장계를 보니, '후창군(厚昌郡) 건너 변방에 비적(匪賊)이 주둔하고 모여 있어서 대안(對岸) 경계를 엄하게 하면서 위세를 보였더니, 저들도 스스로가 상대가 되지 않는다는 것을 알고는 점차 흩어지는 듯한 상황이 있었습니다. 그리고 호인(胡人) 왕양춘(王陽春)·한오정(韓五亭)이라고 이름하는 자들이 자성(慈城) 경계 저쪽 편에서 올라와 강 머리에 나와서 감히 다시는 침범하지 않겠다는 내용으로 여러 차례 서약하는 말을 하였으며, 또 명단을 열거한 서약서를 보내왔으므로 이에 올려 보냅니다'라고 하였습니다. 강안을 사이에 두고 비적의 무리들이 한 달이 넘도록 버티고 있으면서 이쪽에서는 집을 불사르고 저쪽에서는 생명을 해쳤으니, 비록 〈도적의 일이나〉 변흔(邊釁)이라 말해도 될 것입니다. 저들이 이미 흩어져 갔고 또 서약서를 보내왔으니, 비록 〈토벌이 안 되었어도〉 일이 순조롭게 끝났다고 말해도 될 것입니다. 그러나 생각건대 국경에서

일이 있었으니, 상국(上國)에 자문을 보내지 않아서는 안 될 것 같습니다. 괴원으로 하여금 사유를 갖추어서 자문을 지어 〈상국에〉 들여보내게 하는 것이 어떻겠습니까"라고 하니, 전교하기를, "윤허한다"고 하였다.

『日省錄(高宗)』118冊

議政府啓言, 卽見平安監司韓啓源·兵使趙台顯狀啓, 則厚昌郡越邊匪類屯聚, 故對岸戒嚴, 示之以威, 彼亦自知不敢來敵, 稍有散去之狀. 而胡人王陽春韓五亭爲名等, 自慈城境彼邊上來, 出入江頭, 不敢更犯之意, 屢有誓言, 且送列名約書, 故玆以上送云矣, 隔岸匪徒, 閱月相持, 此而燒戶, 彼而傷命, 則雖謂之邊釁可矣. 彼旣散去, 且送約文, 則雖謂之妥帖可矣. 而第念境上有事, 不可不移咨上國. 令槐院具由撰咨入送, 允之.

의정부(議政府)에서 아뢰기를 "방금 평안감사(平安監司) 한계원(韓啓源), 병사(兵使) 조태현(趙台顯)의 장계를 보니, '후창군(厚昌郡) 건너 변방에 비적(匪賊)이 주둔하고 모여 있어서 맞은편 대안(對岸) 경계를 엄하게 하면서 위세를 보였더니, 저들도 스스로가 상대가 되지 않는다는 것을 알고는 점차 흩어지는 듯한 상황이 있었습니다. 그리고 호인(胡人) 왕양춘(王陽春)·한오정(韓五亭)이라고 이름하는 자들이 자성(慈城) 경계 저쪽 편에서 올라와 강 머리에 나와서 감히 다시는 침범하지 않겠다는 내용으로 여러 차례 서약하는 말을 하였으며, 또 명단을 열거한 서약서를 보내왔으므로 이에 올려 보냅니다'라고 하였습니다. 강안을 사이에 두고 비적의 무리들이 한 달이 넘도록 버티고 있으면서 이쪽에서는 집을 불사르고 저쪽에서는 생명을 해쳤으니, 비록 〈도적의 일이나〉 변흔(邊釁)이라 말해도 될 것입니다. 저들이 이미 흩어져 갔고 또 서약서를 보내왔으니, 비록 〈토벌이 안 되었어도〉 일이 순조롭게 끝났다고 말해도 될 것입니다. 그러나 생각건대 국경에서 일이 있었으니, 상국(上國)에 보고 자문을 보내지 않아서는 안 될 것 같습니다. 괴원으로 하여금 사유를 갖추어서 자문을 지어 〈상국에〉 들여보내소서"라고 하니, 윤허하였다.

『備邊司謄錄』254冊

府啓曰, 卽見平安監司韓啓源·兵使趙台顯狀啓, 則厚昌郡越邊匪類屯聚, 故對岸戒嚴, 示之以威, 彼亦自知, 不敢來敵, 稍有散去之狀, 而胡人王陽春韓五亭爲名等, 自慈城境彼邊上來, 出入江頭, 不敢更犯之意, 屢有誓言, 且送列名約書, 故玆以上送云矣, 隔岸匪徒, 閱月相持, 此而燒戶, 彼而傷命, 則雖謂之邊釁可矣, 彼旣散去, 且送約文, 則雖謂之妥帖可矣. 而第念境上有事, 不可不移咨上國. 令槐院具由撰咨入送何如, 答曰, 允.

의정부[府]에서 아뢰기를 "방금 평안감사(平安監司) 한계원(韓啓源), 병사(兵使) 조태현(趙台顯)의 장계를 보니, '후창군(厚昌郡) 건너 변방에 비적(匪賊)이 주둔하고 모여 있어서 대안(對岸) 경계를 엄하게 하면서 위세를 보였더니, 저들도 스스로가 상대가 되지 않는다는 것을 알고는 점차 흩어지는 듯한 상황이 있었습니다. 그리고 호인(胡人) 왕양춘(王陽春)·한오정(韓五亭)이라고 이름하는 자들이 자성(慈城) 경계 저쪽 편에서 올라와 강머리에 나와서 감히 다시는 침범하지 않겠다는 내용으로 여러 차례 서약하는 말을 하였으며, 또 명단을 열거한 서약서를 보내왔으므로 이에 올려 보냅니다'라고 하였습니다. 강안을 사이에 두고 비적의 무리들이 한 달이 넘도록 버티고 있으면서 이쪽에서는 집을 불사르고 저쪽에서는 생명을 해쳤으니, 비록 〈도적의 일이나〉 변흔(邊釁)이라 말해도 될 것입니다. 저들이 이미 흩어져 갔고 또 서약서를 보내왔으니, 비록 〈토벌이 안 되었어도〉 일이 순조롭게 끝났다고 말해도 될 것입니다. 그러나 생각건대 국경에서 일이 있었으니, 상국(上國)에 자문을 보내지 않아서는 안 될 것 같습니다. 괴원으로 하여금 사유를 갖추어서 자문을 지어 〈상국에〉 들여보내게 하는 것이 어떻겠습니까"라고 하니, 답하기를, "윤허한다"고 하였다.

책문 및 압록강 주변의 국경 상황에 대해 보고받음.

1872년(고종 9-壬申) 4월 4일(양력 5월 10일)

발신 : 고종

『承政院日記』 2775冊

… 上曰, 彼地昨年農形何如耶. 致庠曰, 關內稍勝, 關外頗歉荒, 响馬竊發之類, 種種有之矣. 上曰, 不能禁戢耶. 致庠曰, 必當到底禁捕, 而在在群聚, 似不得盡勦而然矣. 柵外亦有此患, 自灣往來, 近有馬匹物貨之見奪者矣. 大抵自柵門至鴨江間, 爲一百二十里, 此是彼我交界. 故等捐其地, 不許民居者, 當初深意可以見之. 而挽近七八年來, 流離逋逃之類, 冒禁潛居, 村落已成, 鷄犬相聞. 昔之樹木參天處, 今皆芟斫, 無寸土之不闢. 彼我之相居如是隔近, 鴨江不過一帶水也. 他日犯越之弊, 可以逆覩, 必爲邊門之患, 誠甚憂悶矣. 上曰, 此地係於何省, 不能禁逐其居民乎. 致庠曰, 此地自是空曠處, 則似無所係之省, 而居民俱是無賴籍外之類也. 今欲盡爲驅出, 則必致大段騷擾, 故似爲掩置, 而反不若屬之鳳城衙門等處, 以爲編籍管轄矣. 上曰, 此距瀋陽爲幾里乎. 致庠曰, 距盛京爲六百餘里矣.

… 임금께서 이르기를, "저 땅의 작년 농사 형편은 어떠하던가"라고 하였다. 민치상(閔致庠)이 아뢰기를, "관문 안쪽으로는 조금 나았으나 관문 밖으로는 꽤나 흉년이 들어 향마(响馬)같이 절도를 일으키는 무리가 종종 있었습니다"라고 하였다. 임금께서 이르기를, "금지할 수는 없나"라고 하였다. 민치상이 아뢰기를, "기필코 이르는 곳마다 금지시키고 붙잡아야 하지만 곳곳에 무리를 지어 있으므로 모두 소탕하지 못해서 그런 것 같습니다. 책문 밖에도 또한 이러한 걱정이 있는데 의주[灣]에서부터 왕래하며 근래에 말이나 물건을 빼앗기는 자가 있었습니다. 대저 책문에서 압록강까지 사이는 120리가 되는데, 이것이 저들과 우리의 경계가 됩니다. 따라서 그 땅을 똑같이 덜어내어 백성들

이 거주하지 못하도록 한 것이니, 처음의 깊은 뜻을 알 수 있습니다. 하지만 근래 7~8년 이래로 유리하고 도망하는 무리가 모여서 금법을 무릅쓰고 몰래 〈들어가서〉 거주하여 촌락이 이미 형성되어 닭 우는 소리와 개 짖는 소리가 서로 들립니다[鷄犬相聞]. 옛날에는 나무가 하늘을 찌르듯이 빽빽이 들어선[參天] 곳이었는데 지금은 모두 깎아내고 베어서 좁은 토지조차도 개간되지 않은 곳이 없습니다. 저들과 우리나라 백성들이 서로 거처하고 있는 것이 이와 같이 가까우며, 압록강[鴨江]은 한 줄기 강물에 불과합니다. 〈이러한 상황은〉 다른 날에 국경을 넘나들게 될 폐단을 미리 볼 수 있는 것으로서 반드시 변경 관문의 우환이 될 것이니 참으로 매우 걱정스럽습니다"라고 하였다. 임금께서 이르기를, "이 땅은 어느 성(省)에 관계되어서 그곳 거주민을 금지하고 쫓아내지 못하는가"라고 하였다. 민치상이 아뢰기를, "이 땅은 원래부터 아무도 살지 않는 텅 빈 곳이었기 때문에 관계된 성이 없는 듯하며, 거주민은 모두 의지할 바 없는 명부 바깥의 부류입니다. 지금 모두 쫓아내고자 하면 반드시 커다란 소란을 일으킬 것이므로 그대로 두고 있는 듯합니다만, 그러나 〈이러한 조치는〉 봉성아문 등지에 소속시켜서 호적을 편성하여 관할하는 것만 못합니다"라고 하였다. 임금께서 이르기를, "이곳은 심양에서 몇 리나 되는가"라고 하였다. 민치상이 아뢰기를, "성경(盛京)까지 거리가 600여 리가 됩니다"라고 하였다.

『日省錄(高宗)』 121冊

予曰, 彼地昨年農形何如耶. 致庠曰, 關內稍勝, 關外頗歉荒, 响馬竊發之類, 種種有之矣. 予曰, 不能禁戢耶. 致庠曰, 必當到底禁捕, 而在在群聚, 似不得盡勦而然矣, 柵外亦有此患, 自灣往來, 近有馬匹物貨之見奪者矣. 大抵自柵門至鴨江間, 爲一百二十里, 此是彼我交界. 故等捐其地, 不許民居者, 當初深意可以見之. 而挽近七八年來, 流離逋逃之類, 冒禁潛居, 村落已成, 鷄犬相聞. 昔之樹木參天處, 今皆芟斫, 無寸土之不闢. 彼我之相居如是隔近, 鴨江不過一帶水也. 他日犯越之弊, 可以逆覩, 必爲邊門之患, 誠甚憂悶矣. 予曰, 此地係於何省, 不能禁逐其居民乎. 致庠曰, 此地自是空曠處, 則似無所係之省, 而居民俱是無賴籍外之類也. 今欲盡爲驅出, 則必致大段騷擾, 故似爲掩置, 而反不若屬之鳳城衙門等處, 以爲編籍管轄矣. 予曰, 此距瀋陽爲幾里乎. 致庠曰, 距盛京爲六百餘里矣.

내가 말하기를, "저 땅의 작년 농사 형편은 어떠하던가"라고 하였다. 민치상(閔致庠)이 아뢰기를, "관문 안쪽으로는 조금 나았으나 관문 밖으로는 꽤나 흉년이 들어 향마와 같이 절도를 일으키는 무리가 종종 있었습니다"라고 하였다. 내가 말하기를, "금지할 수는 없나"라고 하였다. 민치상이 아뢰기를, "기필코 이르는 곳마다 금지시키고 붙잡아야 하지만 곳곳에 무리를 지어 있으므로 모두 소탕하지 못해서 그런 것 같습니다. 책문 밖에도 또한 이러한 걱정이 있는데 의주[灣]에서부터 왕래하며 근래에 말이나 물건을 빼앗기는 자가 있었습니다. 대저 책문에서 압록강까지 사이는 120리가 되는데, 이것이 저들과 우리의 경계가 됩니다. 그래서 그 땅을 똑같이 덜어내어 백성들이 거처하지 못하도록 한 것이니, 처음의 깊은 뜻을 알 수 있습니다. 그런데 최근 7~8년 이래로 유리하고 도망하는 무리가 금법을 무릅쓰고 몰래 〈들어가서〉 거주하여 촌락이 이미 형성되어 닭 우는 소리와 개 짖는 소리가 서로 들립니다[鷄犬相聞]. 예전에는 수목이 하늘을 찌를 것 같던 곳이 지금은 모두 베어져서 한 촌에 땅조차 개간하지 않은 곳이 없습니다. 저들과 우리나라 백성들이 서로 거처하고 있는 것이 이와 같이 가까우며, 압록강[鴨江]은 한 줄기 강물에 불과합니다. 〈이러한 상황은〉 다른 날에 국경을 넘나들게 될 폐단을 미리 볼 수 있는 것으로서 반드시 변경 관문의 우환이 될 것이니 참으로 매우 걱정스럽습니다"라고 하였다. 내가 말하기를, "이 땅은 어느 성(省)에 관계되어서 그곳 거주민을 금지하고 쫓아내지 못하는가"라고 하였다. 민치상이 아뢰기를, "이 땅은 원래부터 아무도 살지 않는 텅 빈 곳이었기 때문에 관할하고 있는 성이 없는 듯하며, 거주민도 의지할 바 없는 명부 바깥의 부류입니다. 지금에 와서 모두 쫓아내려고 한다면 반드시 커다란 소란을 일으킬 것이므로 그대로 내버려두고 있는 듯합니다만, 그러나 〈이러한 조치는〉 봉성아문 등지에 소속시켜서 호적을 편성하여 관할하는 것만 못합니다"라고 하였다. 내가 말하기를, "이곳은 거리가 심양에서 몇 리나 되는가"라고 하였다. 민치상이 아뢰기를, "성경(盛京)까지 거리가 600여 리가 됩니다"라고 하였다.

압록강에서 책문에 이르는 국경의 상황에 대해 보고받음.

1872년(고종 9-壬申) 4월 30일(양력 6월 5일)

발신 : 고종

『承政院日記』 2775冊

上曰, 柵門空閑之地, 匪類漸盛, 人烟相屬, 鷄犬相聞云, 大國胡不禁之耶. 鳳彬曰, 鴨綠江至柵門一百二十里之間, 卽彼我交界, 故等棄其地, 不許人民之奠居. 而挽近十年以來, 流離逋逃之類, 冒禁潛居, 村落已成. 芟除樹木, 無不開荒, 他日邊門之患, 誠爲可悶矣. 上曰, 靉東匪類之輩, 無付屬處云, 誠然否. 鳳彬曰, 然矣. 年來屢有察邊之行, 燒其廬舍, 驅逐居民, 不使奠接, 然察邊還來後, 又爲嘯聚如前耕作, 而近來則人畜甚蕃, 亦不能一一禁斷云矣.

임금께서 이르기를, "책문(柵門)의 빈 땅에 비류(匪類)가 점차 흥성하여 사람과 호[人烟]는 서로 이어지고 닭 우는 소리와 개 짖는 소리가 서로 들린다고 하는데, 대국에서는 왜 금지하지 않는가"라고 하였다. 박봉빈(朴鳳彬)이 아뢰기를, "압록강에서 책문까지 120리 사이는 저들과 우리의 경계가 되기 때문에 서로 그 땅을 내버려두고 인민의 거주를 허락하지 않았습니다. 그런데 근 10년 이래로 유리·도망하는 무리가 금법을 무릅쓰고 몰래 〈들어와서〉 거주하여 촌락이 이미 형성되었습니다. 〈이들이〉 수목을 모두 베어내고 개간하지 않은 곳이 없습니다. 다른 날에 변경의 우환이 될까 실로 걱정이 됩니다"라고 하였다. 임금께서 이르기를, "애동(靉東)의 비류 무리는 소속되어 거처하는 곳이 없다고 하는데, 정말 과연 그러한가"라고 하였다. 박봉빈이 아뢰기를, "그렇습니다. 몇 년 이래로 자주 변경을 순찰하며 집을 불태우고 거주민을 모두 몰아내어 자리 잡고 살지 못하도록 하고 있습니다. 그러나 변경을 순찰하고 돌아온 뒤로는 다시 전과 같이 모여들어 경작하고 있는데, 근래에는 사람과 가축이 크게 늘어나서 역시 하나하나 금지시킬 수 없다고 합니다"라고 하였다.

『日省錄(高宗)』 121冊

予曰, 柵門空閑之地, 匪類漸盛, 人烟相屬, 鷄犬相聞云, 大國胡不禁之耶. 鳳彬曰, 鴨綠江至柵門一百二十里之間, 卽彼我交界, 故等棄其地, 不許人民之奠居. 而挽近十年以來, 流離逋逃之類, 冒禁潛居, 村落已成. 芟除樹木, 無不開荒, 他日邊門之患, 誠爲可悶矣. 予曰, 靉東匪類之輩, 無付屬處云, 誠然否. 鳳彬曰, 然矣. 年來屢有察邊之行, 燒其廬舍, 驅逐居民, 不使奠接. 然察邊還來後, 又爲嘯聚如前耕作, 而近來則人畜甚蕃, 亦不能一一禁斷云矣.

내가 말하기를, "책문(柵門)의 빈 땅에 비류(匪類)가 점차 홍성하여 사람과 호[人烟]는 서로 이어지고 닭 우는 소리와 개 짖는 소리가 서로 들린다고 하는데, 대국에서는 왜 금지하지 않는가"라고 하였다. 박봉빈(朴鳳彬)이 아뢰기를, "압록강에서 책문까지 120리 사이는 저들과 우리의 경계가 되기 때문에 서로 그 땅을 내버려두고 인민의 거주를 허락하지 않았습니다. 그런데 근 10년 이래로 유리·도망하는 무리가 금법을 무릅쓰고 몰래 〈들어와서〉 거주하여 촌락이 이미 형성되었습니다. 〈이들이〉 수목을 모두 베어내고 개간하지 않은 곳이 없으니, 다른 날에 변경의 우환이 될까 실로 걱정이 됩니다"라고 하였다. 내가 말하기를, "애동(靉東)의 비류 무리는 소속되어 거처하는 곳이 없다고 하는데, 과연 정말 그러한가"라고 하였다. 박봉빈이 아뢰기를, "그렇습니다. 몇 년 이래로 자주 변경을 순찰하며 집을 불태우고 거주민을 모두 몰아내어 자리 잡고 살지 못하도록 하고 있습니다. 그러나 변경을 순찰하고 돌아온 뒤로는 다시 전과 같이 모여들어 경작하고 있는데, 근래에는 사람과 가축이 크게 늘어나서 역시 하나하나 금지시킬 수 없다고 합니다"라고 하였다.

국경을 넘어간 죄인 정찬익 등을 효수하게 해달라고 청함.

1872년(고종 9-壬申) 5월 12일(양력 6월 17일)

발신 : 평안병사 조태현

『承政院日記』 2776冊

以平安兵使趙台顯狀啓, 慈城郡犯越罪人鄭贊益等, 竝爲梟首警衆, 而該郡守李秉國, 境內犯越, 矇未覺察, 其罪狀令攸司稟處事, 傳曰, 該郡守特爲安徐.

평안병사(平安兵使) 조태현(趙台顯)의 장계에, "자성군(慈城郡)에서 국경을 넘은 죄인 정찬익(鄭贊益) 등은 모두 효수하여 사람들을 경계시키고, 해당 군수 이병국(李秉國)은 경내에서 국경을 넘어갔는데도 전혀 모르고 살피지도 못했으니 그 죄상은 유사로 하여금 품처하게 하소서"라고 하니 전교하기를, "해당 군수는 특별히 죄주는 것을 잠시 보류하라"고 하였다.

『日省錄(高宗)』 122冊

平安兵使趙台顯狀啓, 慈城郡犯越罪人鄭贊益等, 竝爲梟首警衆, 而該郡守李秉國, 境內犯越, 矇未覺察, 其罪狀令攸司稟處事, 敎以該郡守特爲安徐.

평안병사(平安兵使) 조태현(趙台顯)이 장계에 "자성군(慈城郡)에서 국경을 넘어간 죄인 정찬익(鄭贊益) 등은 모두 효수하여 사람들을 경계시키고, 해당 군수 이병국(李秉國)은 경내에서 국경을 넘어갔는데도 전혀 모르고 살피지도 못했으니, 그 죄상을 유사로 하여금 품처하게 하소서"라고 하니, 교하여 "해당 군수는 특별히 죄주는 것을 잠시 보류하라"고 하였다.

『備邊司謄錄』254冊

以平安兵使趙台顯狀啓, 慈城郡犯越罪人鄭贊益等, 竝爲梟首警衆, 而該郡守李秉國, 境內犯越, 矇未覺察, 其罪狀令攸司稟處事, 傳曰, 該郡守特爲安徐.

평안병사(平安兵使) 조태현(趙台顯)이 장계에 "자성군(慈城郡)에서 국경을 넘어간 죄인 정찬익(鄭贊益) 등은 모두 효수하여 사람들을 경계시키고, 해당 군수 이병국(李秉國)은 경내에서 국경을 넘어갔는데도 전혀 모르고 살피지도 못했으니, 그 죄상을 유사로 하여금 품처하게 하소서"라고 하니, 전교하기를, "해당 군수는 특별히 죄주는 것을 잠시 보류하라"고 하였다.

풍랑을 만나 표류했던 조선인들의 귀환을 담당한 중국 선원들을 대접할 것을 청함.

1872년(고종 9-壬申) 9월 10일(양력 10월 11일)

발신 : 황해감사 서원보, 수사 윤협 / 수신 : 의정부

『承政院日記』 2780冊

議政府啓曰, 卽見黃海監司徐元輔·水使尹暎狀啓, 則唐船一隻, 與我國船一隻, 自西海同伴出來, 直向水營下項箭內洋, 故査問其委折. 則我國商人七名, 逢風漂到於山東省登州府榮成縣, 而自該地方官, 修葺所傷船隻, 覔給散落什物, 使彼人七名, 眼同護送. 而問情辭緣, 彼地公文, 旣爲詳確, 彼人依其願從, 水路還送, 錢文與物件, 照數出給於該船主事, 竝請令廟堂稟旨分付矣. 潛越潛商, 自有邦禁, 一或冒犯, 必誅無赦. 而今此我人之逢風漂流, 已經盤覈, 似無隱情, 則其非潛越潛商者比也. 船中什物, 待其交付, 出給該船主. 大凡漂人還送之, 以陸不以水, 卽彼我定例. 而此次我人之厚被拯濟, 修檣繕楫, 伴船而護送之, 是誠幾百年來創有之事也. 回文中, 深致感謝之意, 彼人留住間, 另加款待, 過海糧饌, 從厚資給, 使之趁卽發送事, 分付何如, 傳曰, 允.

의정부(議政府)에서 아뢰기를, "방금 황해감사(黃海監司) 서원보(徐元輔), 수사(水使) 윤협(尹暎)의 장계를 보니, '중국 선박[唐船] 1척과 우리나라 선박 1척이 함께 서해에 나타나서 곧바로 수영(水營) 아래 항전(項箭) 내해로 향하므로 그 곡절[委折]을 조사하였습니다. 〈그것은〉 우리나라 상인 7명이 풍랑을 만나 표류하다 산동성(山東省) 등주부(登州府) 영성현(榮成縣)에 당도하였는데, 그 해당 지방관이 파손된 배를 수리하고 흩어진 물건들을 찾아준 다음 그쪽 사람 7명을 함께 보내 호송하였습니다. 정황을 물은 사연(辭緣)과 저 땅의 공문(公文)도 이미 상세하고 명확하니, 저 사람들을 그들이 바라는 대로 수로(水路)로 돌려보내는 한편, 돈과 물건을 수량에 맞추어 그 선주(船主)에게 내줄 것을

아울러 묘당으로 하여금 품지하도록 분부하소서'라고 하였습니다. 몰래 국경을 넘고 장사하는 것에는 본래 나라가 금하는 것이 있어 한 번이라도 이를 범하면 반드시 벌주고 용서하지 않습니다. 그러나 지금 이 우리나라 사람들은 풍랑을 만나 표류하여 이미 거의 전복될 지경에 이르렀으니, 아마 사실을 숨기는 것은 없는 듯하며, 국경을 몰래 넘나드는 상인에 비교할 것은 아닙니다. 배 안의 물건들은 교부(交付)하기를 기다려 해당 선주에게 내주도록 하소서. 무릇 표류한 사람을 돌려보낼 때는 육로로 보내고 수로로 보내지 않는 것이 저들과 우리가 정한 예입니다. 그러나 이번에 우리나라 사람에게 후의를 베풀어 구원하고 돛대와 노를 수리하고 배까지 보내어 호송해준 것은 진실로 몇백 년 이래 처음 있는 일입니다. 회답 공문에 깊이 감사의 뜻을 전하고 저 사람들이 머무는 동안 잘 대우하며 바다를 건널 식량을 후하게 지급하고 속히 보내주기를 분부하는 것이 어떻겠습니까"라고 하니, 전교하기를, "윤허한다"고 하였다.

『高宗實錄』 9卷

議政府啓, 卽見黃海監司徐元輔狀啓, 則本道水營下項箭內洋, 唐船與我船來泊, 故査問, 則我商七名, 逢風漂到登州府 榮成縣, 該地方官憲修葺傷船, 覓給什物, 使彼人七名護送, 公文旣爲詳確. 彼人從水路還送, 物件出給該船主事, 竝請令廟堂稟處矣. 潛越潛商, 自有邦禁. 今此風漂, 似無隱情. 而漂人還送, 以陸不以水, 卽彼我定例. 而此次件船護送, 創有之事也. 回文中深致謝意, 彼人留住間, 另加款待, 過海糧饌, 從厚資給事, 分付何如, 允之.

의정부(議政府)에서 아뢰기를, "방금 황해감사(黃海監司) 서원보(徐元輔)의 장계를 보니, '본도(本道) 수영(水營) 아래의 항전(項箭) 내해에 중국 선박[唐船]와 우리나라 선박이 와서 정박하였습니다. 그래서 조사해보니, 우리나라 상인 7명이 풍랑을 만나 표류하다가 등주부(登州府) 영성현(榮成縣)에 이르렀는데, 그 지방 관리가 부서진 배를 수리해주고 물건들을 구해주었으며 그쪽 사람 7명으로 하여금 호송하게 하였습니다. 공문(公文)도 이미 상세하고 명확하니, 저 사람들을 수로(水路)로 돌려보내고 그 선주(船主)에게 물건을 내어줄 것을 아울러 묘당으로 하여금 품처하도록 청합니다'라고 하였습니다. 몰래 국경을 넘고 장사하는 것에는 본래 나라가 금하는 것이 있습니다. 〈그렇지만〉 이번에 풍랑을 만나 표류한 것은 사실을 숨기는 것은 없는 듯합니다. 그리고 표류한 사람을 돌려보낼 때는 육로로 보내고 수로로 보내지 않는 것이 저들과 우리가 정한 예입니다. 그러나 이번에 저들의 배를 함께 달아 보내어 호송한 이것은 처음 있는 일입니다. 회답 공문에서 깊이 감사의 뜻을 전하고 저 사람들이 머물러 있는 동안 잘 대우하며 바다를 건널 식량을 후하게 주기를 분부하는 것이 어떻겠습니까"라고 하니, 윤허하였다.

『日省錄(高宗)』 126冊

議政府啓言, 卽見黃海監司徐元輔·水使尹暎狀啓, 則唐船一隻, 與我國船一隻, 自西海伴來, 直向水營下項箭內洋, 故查問, 則我國商人七名逢風漂, 到於山東省登州榮成縣, 而自該地方, 修葺傷船, 覓給什物, 使彼人七名護送. 而問情辭緣彼地公文詳確, 彼人依其願從水路還送, 錢與物件照數出給該船主事, 竝請令廟堂稟旨分付矣. 潛越潛商, 自有邦禁, 而今此我人逢風, 已覈無隱, 則非潛越者也. 船中什物, 出給船主. 大凡漂人還送之, 以陸不以水, 卽彼我定例. 而我人之厚被拯濟護送, 誠幾百年創有之事也. 回文中致謝, 彼人留住間, 另加款待, 過海糧饌, 從厚資給, 使之趁卽發送事, 請分付, 允之.

의정부(議政府)에서 아뢰기를 "방금 황해감사(黃海監司) 서원보(徐元輔), 수사(水使) 윤협(尹暎)의 장계를 보니, '중국 선박[唐船] 1척과 우리나라 선박 1척이 서해에 함께 나타나서 곧바로 수영(水營) 아래 항전(項箭) 내해로 향하기에 조사하여 물었더니, 우리나라 상인 7명이 풍랑을 만나 표류하다 산동성(山東省) 등주부(登州府) 영성현(榮成縣)에 당도하였는데, 그 해당 지방이 파손된 배를 수리하고 흩어진 물건들을 찾아준 다음 그쪽 사람 7명을 함께 보내 호송하였습니다. 정세를 물어본 것을 적은 것과 저 땅의 공문(公文)도 이미 상세하고 명확하니, 저들을 그들이 바라는 대로 따라 수로(水路)로 돌려보내는 한편, 돈과 물건을 수량에 맞추어 그 선주(船主)에게 내줄 것을 아울러 묘당에서 품지하도록 분부하소서'라고 하였습니다. 몰래 국경을 넘고 장사하는 것에는 본래 나라가 금하는 것이 있으나, 지금 이 우리나라 사람들은 풍랑을 만나 표류하여 이미 거의 전복될 지경에 이르렀으니, 아마 사실을 숨기는 것은 없는 듯하며, 국경을 몰래 넘나드는 상인에 비교할 것은 아닙니다. 배 안의 물건들은 교부(交付)하기를 기다려 해당 선주에게 내주도록 하소서. 무릇 표류한 사람을 돌려보낼 때는 육로로 보내고 수로로 보내지 않는 것이 저들과 우리가 정한 예입니다. 그런데 이번에 우리나라 사람에게 후의를 베풀어 구원하고 돛대와 노를 수리하고 배까지 보내어 호송해준 것은 진실로 몇백 년 이래 처음 있는 일입니다. 회답 공문에 깊은 감사의 뜻을 전하고, 저 사람들이 머무는 동안 잘 대우하며, 바다를 건널 식량을 후하게 지급하고 속히 보내주기를 분부하기를 청합니다" 라고 하니 윤허하였다.

『備邊司謄錄』254冊

府啓曰, 卽見黃海監司徐元輔·水使尹暎狀啓, 則唐船一隻, 與我國船一隻, 自西海同伴出來, 直向水營下項箭內洋, 故查問其委折, 則我國商人七名, 逢風漂到於山東省登州府榮成縣, 而自該地方, 修葺所傷船隻, 覓給散落什物, 使彼人七名, 眼同護送, 而問情辭緣, 彼地公文, 旣爲詳確, 彼人依其願從水路還送, 錢文與物件照數出給於該船主事, 竝請令廟堂稟旨分付矣, 潛越潛商, 自有邦禁, 一或冒犯, 必誅無赦. 而今此我人之逢風漂流, 已經盤覈, 似無隱情, 則其非潛越潛商者比也. 船中什物, 待其交付, 出給該船主. 大凡漂人還送之, 以陸不以水, 卽彼我定例. 而此次我人之厚被拯濟, 修檣繕楫, 伴船而護送之, 是誠幾百年來創有之事也. 回文中, 深致感謝之意, 彼人留住間, 另加款待, 過海糧饌, 從厚資給, 使之趁卽發送事, 分付何如, 答曰, 允.

의정부[府]에서 아뢰기를 "방금 황해감사(黃海監司) 서원보(徐元輔), 수사(水使) 윤협(尹暎)의 장계를 보니, '중국 선박[唐船] 1척과 우리나라 선박 1척이 함께 서해에 나타나서 곧바로 수영(水營) 아래 항전(項箭) 내해로 향하므로 그 곡절[委折]을 조사하였습니다. 〈그것은〉 우리나라 상인 7명이 풍랑을 만나 표류하다 산동성(山東省) 등주부(登州府) 영성현(榮成縣)에 당도하였는데, 그 해당 지방관이 파손된 배를 수리하고 흩어진 물건들을 찾아준 다음 그쪽 사람 7명을 함께 보내 호송하였습니다. 정황을 물은 사연(辭緣)과 저 땅의 공문(公文)도 이미 상세하고 명확하니, 저들을 그들이 바라는 대로 수로(水路)로 돌려보내는 한편 돈과 물건을 수량에 맞추어 그 선주(船主)에게 내줄 것을 아울러 묘당으로 하여금 품지하도록 분부하소서'라고 하였습니다. 몰래 국경을 넘고 장사하는 것에는 본래 나라가 금하는 것이 있어 한 번이라도 이를 범하면 벌주고 용서하지 않습니다. 그러나 지금 이 우리나라 사람들은 풍랑을 만나 표류하여 이미 거의 전복될 지경에 이르렀으니, 아마 사실을 숨기는 것은 없는 듯하며, 국경을 몰래 넘나드는 상인에 비교할 것은 아닙니다. 배 안의 물건들은 교부(交付)하기를 기다려 해당 선주에게 내주도록 하소서. 무릇 표류한 사람을 돌려보낼 때는 육로로 보내고 수로로 보내지 않는 것이 저들과 우리가 정한 예입니다. 그러나 이번에 우리나라 사람에게 후의를 베풀어 구원하고 돛대와 노를 수리하고 배까지 보내어 호송해준 것은 진실로 몇백 년 이래 처음 있는 일입니다. 회답 공문에 깊이 감사의 뜻을 전하고 저 사람들이 머무는 동안 잘 대우하며 바다를 건널 식량을 후하게 지급하고 속히 보내주기를 분부하는 것이 어떻겠습니까"라고 하니, 답하기를, "윤허한다"고 하였다.

개성유수를 맡지 못하는 이유를 적어 상소를 올림.

1872년(고종 9-壬申) 12월 12일(양력 1873년 1월 10일)

발신 : 개성유수 한돈원

『承政院日記』 2783冊

開城留守韓敦源疏曰, 伏以, … 夫分司保釐之責, 何往非至重且大, 而至於崧陽舊京, 尤有別焉. 臣以蒙騃, 何以知其然乎. 念臣大父臣致應, 昔膺是任, 蓋嘗盡心乎對揚, 而是府之爲大去處, 則臣有所傳聞於家庭者也. 邇來許多年所, 江漢之日趨, 其勢固然. 關隘則屛蔽畿輔, 而儲胥得其措劃也歟, 冠蓋則直通灣·浿, 而孔路不至凋瘵也歟, 泉貨流布於八路, 而商賈果能積著也歟, 民物殷富於四都, 而閭井擧皆安樂也歟. 以至倉廒之蘇瘼, 軍伍之興墜, 臣俱未之熟諳. 而此時此任, 烏可輕畀於如臣庸陋者乎.

개성유수(開城留守) 한돈원(韓敦源)이 상소하기를, "삼가 아뢰니다. … 무릇 분사(分司)가 지키고 다스리는 책임에 어느 것이 지극히 중요하고 큰일이 아니겠습니까만, 숭양(崧陽)의 옛 도읍에 이르러서는 더욱 특별합니다. 신이 어리석고 무지하니 어찌 그런 줄 알았겠습니까. 생각건대 신의 조부[大父]인 신(臣) 한치응(韓致應)은 예전에 이 직임을 맡아서, 대개 일찍이 마음을 다하여 〈왕의 교화를 백성에게〉 펼쳤으니, 이 부(府)가 매우 중요한 곳이라는 것은, 신이 가정에서 전해들은 것입니다. 요즈음 허다한 세월을 날로 강한(江漢)에 관심을 기울이고 있었으니, 그 형세상 본래 그러할 수밖에 없었습니다. 관애(關隘)는 경기를 병풍처럼 가리고 있는데 비축이 제대로 조처될 수 있겠으며, 높은 관원의 수레는 곧바로 의주[灣]·압록강[浿]으로 통하게 되는데 큰 길이 쇠락하는 데 이르지 않을 수 있겠으며, 화폐는 8도에 유포되는데 장사꾼들은 물건을 제대로 축적할 수 있겠으며, 백성의 재물은 4도 중에 가장 풍부한데 여염이 모두 안락할 수 있겠습니까. 곡식

창고의 성쇠와 군사의 흥폐에 이르러서는 신이 모두 충분히 알지 못합니다. 그런데 이때에 이 직임을 어찌 신과 같이 어리석고 변변치 못한 자에게 가볍게 줄 수 있겠습니까"라고 하였다.

의주부 및 압록강 유역 국경 지역의 상황에 대해 보고받음.

1872년(고종 9-壬申) 12월 15일(양력 1873년 2월 7일)

발신 : 고종

『承政院日記』 2783冊

上掩卷. 仍敎曰, 平安道去年農形, 旣經大歉, 今年則果豐登, 流民還集乎. 啓源曰, 今年則一道皆爲豐熟, 流民果還集矣. 上曰, 江界之新設厚昌·慈城二邑, 別無事端乎. 啓源曰, 成氷之時, 或有潛越之弊, 故沿邊各邑, 防守甚嚴矣. 上曰, 戶判曾經灣尹, 似當有詳知者矣. 世均曰, 鴨綠江, 雖因通燕大路, 常有船隻, 而非徒下流, 有可通之路. 其上流, 則自義州至江界沿江七八百里, 無一小船, 而乃有稱口水與通馬尙者, 卽鑿其大木爲船樣. 口水則不過容數人, 通馬尙則可容四五人, 以爲通路者故, 每自灣府, 常摘奸於沿江上下, 一切禁斷, 而兩國人犯越潛通, 嚴禁乃已. 故大典通編, 曾以犯越地界, 守令邊將定配, 不能摘發之監兵使, 用削職之典矣. 近來則因此律之至重, 雖有犯越, 或不無自下掩匿之弊, 故至有通變於此律者矣. 上曰, 此律太重, 果是欲禁而不禁者也. 監兵使·守令·邊將, 若一切用此重律, 則下輩其必以此, 有謀逐官長者, 又不無下輩, 爲念官長之遞任, 捉其犯越而不造者. 此律實合有通變者也. 世均曰, 此因邊塞之事, 而階前萬里, 無微不燭, 聖敎至此, 誠不勝欽仰萬萬矣, 今此登筵大臣, 亦曾經灣尹矣. 上曰, 大臣其果曾經灣尹而幾許朔乎. 啓源曰, 果經灣尹, 而不過五六朔矣. 上曰, 北道以其近於彼地, 故犯越之弊, 尤甚矣. 世均曰, 北道則以近年事言之, 刷還男女, 固許多, 而特下覃恩寬典, 以開其還歸之路矣. 上命史官就座, 仍命大臣先退. 又命退, 諸臣以次退出.

임금께서 책을 덮었다. 이어서 교하기를, "평안도(平安道)는 작년 농사 형편이 크게 흉년이었으나, 올해는 과연 풍년이니, 유민은 돌아와서 모였는가"라고 하였다. 한계원(韓啓源)이 아뢰기를, "올해는 도 한 곳이 모두 곡식이 풍성하고 잘 익어 유민이 과연 돌아와 모였습니다"라고 하였다. 임금께서 이르기를, "강계(江界)에 새로 설치한 후창(厚昌)·자성(慈城) 두 읍은 별다른 사단(事端)은 없는가"라고 하였다. 한계원이 아뢰기를, "얼음이 얼 시기라 간혹 몰래 국경을 넘어가는 폐단이 있어서 연변(沿邊)의 각 읍에서 막아 지키기를 매우 엄하게 합니다"라고 하였다. 임금께서 이르기를, "호판은 예전에 의주부윤[灣尹]을 지냈으므로 응당 상세히 아는 것이 있을 것 같다"라고 하였다. 김세균(金世均)이 아뢰기를, "압록강은 연(燕) 지역과 통하는 큰 길이라 항상 배가 있는데 하류에만 통과할 수 있는 길이 있는 것은 아닙니다. 그 상류는 의주에서 강계의 연강(沿江) 700~800리에 이르기까지 1척의 작은 배도 없지만, 구수(口水)와 통마상(通馬尙)이라고 부르는 것은 있는데, 〈이것은〉 바로 큰 나무를 파서 배 모양을 만든 것입니다. 구수는 2~3명을 수용할 수 있고 통마상은 4~5명을 수용할 수 있어서, 이것으로써 길을 다니기 때문에 매번 의주부[灣府]에서 항상 연강 위아래로 간적을 적발하여 일체 금단하고, 〈또한〉 양국 사람들이 국경을 넘어 들어가거나 몰래 내통하는 것을 엄하게 금단하고서야 그만둡니다. 그러므로 『대전통편(大典通編)』에서 일찍이 '지경을 침범하거나 넘어가면 〈그〉 수령과 변장은 정배하고, 적발하지 못한 감사와 병사(兵使)는 삭직하는 법을 쓴다'고 하였습니다. 요즈음에는 이 율이 매우 중요해져서 비록 국경을 침범하거나 넘은 자가 있어도 간혹 아래에서 덮어두고 숨기는 폐단이 없지 않으므로 이 율을 변통하는 것에 이르렀습니다"라고 하였다. 임금께서 이르기를, "이 율이 너무 무거워서 과연 금하려고 해도 금하지 못할 것이다. 감사와 병사, 수령과 변장이 만약 모두 이 무거운 율을 쓰면 아래 무리들 가운데 반드시 이것으로써 관장(官長)을 쫓아내려고 모의하는 자가 있을 것이며, 또한 아래 무리들 가운데 관장의 체임을 생각하여 국경을 넘는 자를 잡고도 고발하지 않는 자도 없지 않을 것이다. 이 율은 정말로 응당 변통이 있어야 한다"라고 하였다. 김세균이 아뢰기를, "이것은 진실로 변방의 일인데, 만 리를 섬돌 앞에 있는 것처럼 아시고 아무리 하찮은 일이라도 비추지 않는 것이 없으시어 성스러운 교화가 여기까지 이르니 진실로 매우 흠앙합니다. 지금 등연한 대신도 일찍이 의주부윤을 지냈습니다"라고 하였다. 임금께서 이르기를, "대신은 과연 일찍이 의주부윤을 지냈는가, 〈그렇다면〉 몇 개월 동안인가"라고 하였다. 한계원이 아뢰기를, "〈저는〉 의주부윤을 지냈으나, 5~6개월에 불과했습니다"라고 하였다. 임금께서 이르기를, "북도는 저 땅과 가까워서 국경을 넘어가는 폐단이 더욱 심할 것이다"라고 하였다. 김세균이 아뢰기를, "북도는 최근 몇 년의 일로 말하자면 남녀를 쇄환한 것이 참으로 허다하나, 특별히 은혜를 널리 베풀고 관대한 법률을 내려 돌아오는 길을 열어주었습니다"라고 하였다. 임금께서 사관에게 자리로 돌아가라고 명하고, 이어 대신에게 먼저 물러가라고 명하였다. 또 물러가라고 명하니, 신하들이 차례로 물러나왔다.

『日省錄(高宗)』 129冊

予曰, 平安道去年農形, 旣經大歉, 今年則果豐登, 流民還集乎. 啓源曰, 今年則一道皆爲豐熟, 流民果還集矣. 予曰, 江界之新設厚昌·慈城二邑, 別無事端乎. 啓源曰, 成氷之時, 或有潛越之弊, 故沿邊各邑, 防守甚嚴矣. 予曰, 戶判曾經灣尹, 似當有詳知者矣. 世均曰, 鴨綠江, 雖因通燕大路, 常有船隻, 而非徒下流, 有可通之路. 其上流, 則自義州至江界沿江七八百里, 無一小船, 而乃有稱口水與通馬尙者, 卽鑿其大木爲船樣. 口水則不過容數人, 通馬尙則可容四五人, 以爲通路者故, 每自灣府, 常摘奸於沿江上下, 一切禁斷, 而兩國人犯越潛通, 嚴禁乃已. 故大典通編, 曾以犯越地界, 守令邊將定配, 不能摘發之監兵使, 用削職之典矣. 近來則因此律之至重, 雖有犯越, 或不無自下掩匿之弊, 故至有通變於此律者矣. 予曰, 此律太重, 果是欲禁而不禁者也. 監兵使·守令·邊將, 若一切用此重律, 則下輩其必以此, 有謀逐官長者, 又不無下輩, 爲念官長之遞任, 捉其犯越而不造者. 此律實合有通變者也. 世均曰, 此因邊塞之事, 而階前萬里, 無微不燭, 聖教至此, 誠不勝欽仰萬萬矣. 今此登筵大臣, 亦曾經灣尹矣. 予曰, 大臣其果曾經灣尹而幾許朔乎. 啓源曰, 果經灣尹, 而不過五六朔矣. 予曰, 北道以其近於彼地, 故犯越之弊, 尤甚矣. 世均曰, 北道則以近年事言之, 刷還男女, 固許多, 而特下覃恩寬典, 以開其還歸之路矣.

내가 말하기를, "평안도(平安道)는 작년 농사 형편이 크게 흉년이었으나, 올해는 과연 풍년이니 유민은 돌아와 모였는가"라고 하였다. 한계원(韓啓源)이 아뢰기를, "올해는 도 한 곳이 모두 곡식이 풍성하고 잘 익어 유민이 과연 돌아와 모였습니다"라고 하였다. 내가 말하기를, "강계(江界)에 새로 설치한 후창(厚昌)·자성(慈城) 두 읍은 별다른 사단(事端)은 없는가"라고 하였다. 한계원이 아뢰기를, "얼음이 얼 시기라 간혹 몰래 국경을 넘어가는 폐단이 있어서 연변(沿邊)의 각 읍에서 막아 지키기를 매우 엄하게 합니다"라고 하였다. 내가 말하기를, "호판은 예전에 의주부윤[灣尹]을 지냈으므로 응당 상세히 아는 것이 있을 것 같다"라고 하였다. 김세균(金世均)이 아뢰기를, "압록강은 연(燕) 지역과 통하는 큰 길이라 항상 배가 있는데 하류에만 통과할 수 있는 길이 있는 것은 아닙니다. 그 상류는 의주에서 강계의 연강(沿江) 700~800리에 이르기까지 1척의 작은 배도 없지만, 구수(口水)와 통마상(通馬尙)이라고 부르는 것은 있는데, 〈이것은〉 바로 큰 나무를 파서 배 모양을 만든 것입니다. 구수는 2~3명을 수용할 수 있고 통마상은 4~5명을 수용할 수 있어서 이것으로 길을 통하기 때문에 매번 의주부[灣府]에서 항상 연강 위아래로 간적을 적발하여 일체 금단하고, 〈또한〉 양국 사람들이 국경을 넘어 들어가거나 몰래 내통하는 것을 엄하게 금단하고서야 그만둡니다. 그러므로 『대전통편(大典通編)』에서 일찍이 '지경을 침범하거나 넘어가면 〈그〉 수령과 변장은 정배하고, 적발하지 못한 감사와 병사(兵使)는 삭직하는 법을 쓴다'고 하였습니다. 요즈음에는 이 율이 매우 중요해져서 비록 국경을 침범하거나 넘은 자가 있어도 간혹 아래에서 덮어두고 숨기는 폐단이 없지 않으므로 이 율에 대하여 변통이 있기에 이르렀습니다"라고 하였다. 내가 말하기를, "이 율이 너무 무거워서 과연 금하려고 해도 금하지 못할 것이다. 감사와 병사, 수령과 변장이 만약 일체 이 무거운 율을 쓴다면 아래 무리들 가운데 반드시 이것으로써 관장(官長)을 쫓아내려고 모의하는 자가 있을 것이고, 또한 아래 무리들 가운데 관장의 체임을 생각하여 국경을 넘는 자를 잡고도 고발하지 않는 자도 없지 않을 것이다. 이 율은 정말로 응당 변통이 있어야 한다"라고 하였다. 김세균이 아뢰기를, "이것은 진실로 변방의 일인데, 만 리를 섬돌 앞에 있는 것처럼 아시고 아무리 하찮은 일이라도 비추지 않는 것이 없으시어 성스러운 교화가 여기까지 이르니 진실로 매우 흠앙합니다. 지금 등연한 대신도 일찍이 의주부윤을 지냈습니다"라고 하였다. 내가 말하기를, "대신은 과연 일찍이 의주부윤을 지냈는가, 〈그렇다면〉 몇 개월인가"라고 하였다. 한계원이 아뢰기를, "〈저는〉 의주부윤을 지냈으나, 5~6개월에 불과했습니다"라고 하였다. 내가 말하기를, "북도는 저 땅과 가까워서 국경을 넘어가는 폐단이 더욱 심할 것이다"라고 하였다. 김세균이 아뢰기를, "북도는 최근 몇 년의 일로 말하자면 남녀를 쇄환한 것이 참으로 허다하나, 특별히 은혜를 널리 베풀고 관대한 법률을 내려 돌아오는 길을 열어주었습니다"라고 하였다.

삼수군 및 압록강 일대의 상황을 보고받고, 진영을 설치할 것을 허락함.

1873년(고종 10-癸酉) 3월 5일(양력 4월 1일)

발신 : 평안병사 조태현

『承政院日記』 2786冊

癸酉三月初五日巳時, … 淳穆曰, 卽見平安兵使趙台顯所報, 則以爲厚昌郡移設之後, 舊乫坡以東, 雖有列鎭相望, 以西則至新邑二百餘里之間, 只任寨將防戒, 極爲疎虞. 今於厚州舊基, 設置一鎭, 號稱以蓮城, 依伐登例, 江界·慈城·厚昌三邑防禦將輪差, 有以激勸捍邊之方爲辭矣. 西北交界, 自三水至鴨江, 沿邊一帶, 鎭堡碁賓, 而中有厚州邑, 以其緩急聲援, 備禦要害故也. 玆邑年前移設, 爲厚昌郡, 距舊基數百里, 無一防守, 任其空曠, 甚涉疎虞. 而本來屢經沿革, 終不可以廢棄者, 關係固圉之道. 今於此地, 儻置乘障之任, 略有所領率, 戒嚴邊戍之節, 豈若一寨將孤寄無庇乎. 依伐登例設鎭, 鎭號以蓮城爲稱, 鎭將以僉使下批, 竝依報辭施行. 而至於江界等三邑防校輪差事, 左相以鎭將自辟勿許, 筵奏旣屬耳, 則其在事面, 不宜遽然議到. 而此乃新設之窠, 本非有關於京久勤區處, 今姑許施何如, 上曰, 依爲之.

계유 3월 5일 사시(巳時). … 홍순목(洪淳穆)이 아뢰기를, "방금 평안병사(平安兵使) 조태현(趙台顯)이 보고한 것을 보니, '후창군(厚昌郡)을 옮겨 설치한 후에, 옛 갈파(乫坡) 동쪽으로 비록 여러 진영이 서로 바라보고 있으나, 서쪽은 새로운 읍에 이르기까지 200여 리 사이를 단지 변방의 장수와 병사들에게 맡겨두고 있어 〈경비가〉 매우 허술해졌습니다. 지금 후주읍(厚州邑) 옛터에 진영 하나를 설치하여 연성(連城)이라 부르고, 벌등(伐登)의 사례에 따라 강계(江界)·자성(慈城)·후창(厚昌) 세 읍의 방어장(防御將)을 돌려가며 차임하여 〈그들을〉 격려하고 변방을 지키는 방법이 되게 하소서'라고 하였습니다. 서북이 교차하는 경계인 삼수(三水)에서 압록까지 연변 일대에는 진과 보가 이곳저곳 설치되어 있는데, 그중에서 후주읍을 둔 것은, 위급할 때 원조할 수 있는 변경 방어의 요충지였기 때문입니다. 이 읍은 작년에 옮겨 설치하여 후창군으로 하였는데, 옛터와는 수백리 떨어져 있는데도 방수는 하나도 없이 텅 빈 채로 두어 〈경비가〉 매우 허술한 데 이르렀습니다. 그러나 본래 여러 차례 연혁(沿革)을 거치면서도 끝내 폐지하여 버릴 수 없었던 것은 그것이 변경을 지키는 방도와 관계되었기 때문입니다. 지금 이 땅에 방어를 맡을 직임을 설치하고 간략하게 병사들을 거느리고 국경을 엄하게 지킬 수 있는 제도를 만든다면, 어찌 변방의 한 장수가 쓸쓸히 홀로 의지할 곳 없이 지키고 있는 것과 같겠습니까. 벌등의 사례에 따라 진을 설치하여 진의 호칭은 연성이라 부르고, 진장은 첨사(僉使)로 하비하여 모두 보고한 대로 시행하소서. 그리고 강계 등 세 읍의 방어장이 돌려가며 차임은 좌상이 '진장의 자벽(自辟)을 허락하지 말라'고 경연에서 주달한 것을 이미 들었으므로 일의 국면상 갑자기 논의할 수 없습니다. 그러나 신설된 이 자리는, 본래 수도에서 오랫동안 근면한 자를 임명하는 자리와는 관계가 있지는 않으니, 지금 우선 시행하도록 허락하심이 어떻겠습니까"라고 하니, 임금께서 이르기를, "그대로 하라"고 하였다.

『高宗實錄』10卷

又所啓, 卽見平安兵使趙台顯所報, 則以爲厚昌郡移設之後, 舊邑坡以東, 雖有列鎭相望, 以西則至新邑二百餘里之間, 只任寨將防戍, 極爲疎虞. 今於厚州舊基, 設置一鎭, 鎭號稱以蓮城, 依伐登例, 江界慈城厚昌三邑防寨將輪差, 有以激勸捍邊之方爲辭矣. 西·北交界, 自三水至鴨江沿邊一帶, 鎭堡碁賔, 而中有厚州邑, 以其緩急聲援, 備禦要害故也. 玆邑年前移設, 爲厚昌郡, 距舊基數百里, 無一防守, 任其空曠, 甚涉疎虞. 而本來屢經沿革, 終不可以廢棄者, 關係固圉之道, 今於此地, 倘賔乘障之任, 略有所領率, 戒嚴邊戍之節, 豈若一寨將孤寄無庇乎, 依伐登例設鎭, 鎭號以蓮城爲稱, 鎭將以僉使下批, 竝依報辭施行. 而至於江界等三邑防校輪差事, 左相以鎭將自辟, 勿許筵奏旣屬耳, 則其在事面, 不宜遽然議到. 而此乃新設之窠, 本非有關於京久勤區處, 今姑許施何如, 上曰, 依爲之.

또 〈홍순목이〉 아뢰기를, "방금 평안병사(平安兵使) 조태현(趙台顯)이 보고한 것을 보니, '후창군(厚昌郡)을 옮겨 설치한 후에, 옛 갈파(乫坡) 동쪽으로 비록 여러 진영이 서로 바라보고 있으나, 서쪽은 새로운 읍에 이르기까지 200여 리 사이를 단지 변방의 장수와 병사들에게 맡겨두고 있어 〈경비가〉 매우 허술해졌습니다. 지금 후주읍(厚州邑) 옛터에 진영 하나를 설치하여 연성(連城)이라 부르고, 벌등(伐登)의 사례에 따라 강계(江界)·자성(慈城)·후창(厚昌) 세 읍의 방어장(防御將)을 돌려가며 차임하여 격려하고 변방을 지키는 방법이 되게 하소서'라고 하였습니다. 서북이 교차하는 경계인 삼수(三水)에서 압록까지 연변 일대에는 진과 보가 이곳저곳 설치되어 있는데, 그중에서 후주읍을 둔 것은, 위급할 때 원조할 수 있는 변경 방어의 요충지였기 때문입니다. 이 읍은 작년에 옮겨 설치하여 후창군으로 하였는데, 옛터와는 수백 리 떨어져 있는데도 방수는 하나도 없이 텅 빈 채로 두어 〈경비가〉 매우 허술한 데 이르렀습니다. 그러나 본래 여러 차례 연혁(沿革)을 거치면서도 끝내 폐지하여 버릴 수 없었던 것은 그것이 변경을 지키는 방도와 관계되었기 때문입니다. 이번에 이 땅에 방어를 맡을 직임을 설치하고 간략하게 병사들을 거느리고 국경을 엄하게 지킬 수 있는 제도를 만든다면, 어찌 변방의 한 장수가 쓸쓸히 홀로 의지할 곳 없이 지키고 있는 것과 같겠습니까. 벌등의 사례에 따라 진을 설치하여 진의 이름을 연성이라 부르고, 진장은 첨사(僉使)로 하비하여 모두 보고한 대로 시행하소서. 그리고 강계 등 세 읍의 방어장들이 돌아가며 차임하게 하는 일은 좌상이 '진장의 자벽(自辟)을 허락하지 말라'고 경연에서 주달한 것을 이미 들었으므로 일의 국면상 갑자기 논의할 수 없습니다. 그러나 신설된 이 자리는, 본래 수도에서 오랫동안 근면한 자를 임명하는 자리와는 관계가 있지는 않으니, 지금 우선 시행하도록 허락하심이 어떻겠습니까"라고 하니, 임금께서 이르기를, "그대로 하라"고 하였다.

『日省錄(高宗)』133冊

領議政洪淳穆啓言, 卽見平安兵使趙台顯所報, 則以爲厚昌郡移設之後, 舊乫坡以東, 雖有列鎭相望, 以西則至新邑二百餘里之間, 只任寨將防戒, 極爲疎虞. 今於厚州舊基, 設置一鎭, 號稱以蓮城, 依伐登例, 江界·慈城·厚昌三邑防禦將輪差, 有以激勸捍邊之方爲辭矣. 西北交界, 自三水至鴨江沿邊一帶, 鎭堡碁寘, 而中有厚州邑, 以其緩急聲援, 備禦要害故也. 玆邑年前移設, 爲厚昌郡, 距舊基數百里, 無一防守, 任其空曠, 甚涉疎虞. 而本來屢經沿革, 終不可以廢棄者, 關係固圉之道. 今於此地, 儻置乘障之任. 略有所領率, 戒嚴邊戍之節, 豈若一寨將孤寄無庇乎. 依伐登例設鎭, 鎭號以蓮城爲稱, 鎭將以僉使下批, 竝依報辭施行, 而至於江界等三邑防校輪差事, 左相以鎭將自辟勿許, 筵奏旣屬耳, 則其在事面, 不宜遽然議到. 而此乃新設之窠, 本非有關於京久勤區處, 今姑許施, 從之.

영의정(領議政) 홍순목(洪淳穆)이 아뢰기를, "방금 평안병사(平安兵使) 조태현(趙台顯)이 보고한 것을 보니, '후창군(厚昌郡)을 옮겨 설치한 후에, 옛 갈파(乫坡) 동쪽으로 비록 여러 진영이 서로 바라보고 있으나, 서쪽은 새로운 읍에 이르기까지 200여 리 사이를 단지 변방의 장수와 병사들에게 맡겨두고 있어 〈경비가〉 매우 허술해졌습니다. 지금 후주읍(厚州邑) 옛터에 진영 하나를 설치하여 연성(蓮城)이라 부르고, 벌등(伐登)의 사례에 따라 강계(江界)·자성(慈城)·후창(厚昌) 세 읍의 방어장(防御將)을 돌려가며 차임하여 격려하고 변방을 지키는 방법이 되게 하소서'라고 하였습니다. 서북이 교차하는 경계인 삼수(三水)에서 압록까지 연변 일대에는 진과 보가 이곳저곳 설치되어 있는데, 그중에서 후주읍을 둔 것은, 위급할 때 원조할 수 있는 변경 방어의 요충지였기 때문입니다. 이 읍은 작년에 옮겨 설치하여 후창군으로 하였는데, 옛터와는 수백 리 떨어져 있는데도 방수는 하나도 없이 텅 빈 채로 두어 〈경비가〉 매우 허술한 데 이르렀습니다. 그러나 본래 여러 차례 연혁(沿革)을 거치면서도 끝내 폐지하여 버릴 수 없었던 것은 그것이 변경을 지키는 방도와 관계되었기 때문입니다. 이번에 이 땅에 방어를 맡을 직임을 설치하고 간략하게 병사들을 거느리고 국경을 엄하게 지킬 수 있는 제도를 만든다면, 어찌 변방의 한 장수가 쓸쓸히 홀로 의지할 곳 없이 지키고 있는 것과 같겠습니까. 벌등의 사례에 따라 진을 설치하여 진의 호칭을 연성이라 부르고, 진장은 첨사(僉使)로 하비하여 모두 보고한 대로 시행하소서. 그리고 강계 등 세 읍의 방어장들이 돌아가며 차임하게 하는 일은 좌상이 '진장의 자벽(自辟)을 허락하지 말라'고 경연에서 주달한 것을 이미 들었으므로 일의 국면상 갑자기 논의할 수 없습니다. 그러나 신설된 이 자리는, 본래 수도에서 오랫동안 근면한 자를 임명하는 자리와는 관계가 있지 않으니, 지금 우선 시행하도록 허락하소서"라고 하니, 그것을 따랐다.

진을 설치하는 일을 다른 사람에게 맡길 것을 청함.

1873년(고종 10－癸酉) 5월 30일(양력 6월 24일)

발신 : 전라감사 이호준

『承政院日記』 2788冊

全羅監司李鎬俊疏曰, 藩宣之責, 本自不輕, 而關防之重, 尤可致意. … 乞遞臣所帶之任, 回授可堪之人, 俾責終效焉云云. 答曰, 省疏具悉. 兩鎭設置, 莫鉅之役也. 謀其始在乎卿, 慮其終在乎卿. 陸路之保障, 沿海之聲勢, 實爲禦邊經遠之謨, ….

전라감사(全羅監司) 이호준(李鎬俊)이 상소하기를, “번선(藩宣)의 책무는 본래 가볍지 않고, 관을 방어해야 하는 무거움은 더욱 뜻을 다해야 합니다. … 바라건대 신이 맡고 있는 직임을 체차하시고 감당할만한 사람에게 다시 제수하여 책무를 맡기어 끝내 공효를 〈다하게〉 하소서”라고 하였다. 답하기를 “상소를 보고 모두 알았다. 두 진을 설치하는 일은 더없이 큰 역(役)이다. 처음 계획한 사람도 경이요 끝까지 마무리 지어야 할 사람도 경이다. 육로(陸路)가 안정[保障]되고 연해의 성세(聲勢)를 이루는 것이 진실로 변경을 방어하는 원대한 계책이 되는 것이다…”라고 하였다.

『日省錄(高宗)』 135冊

疏略曰, 藩宣之責, 本自不輕, 而關防之重, 尤可致意. … 乞遞臣所帶之任, 回授可堪之人, 俾責終效 …. 省疏具悉. 兩鎭設置, 莫鉅之役也. 謀其始在乎卿, 慮其終在乎卿. 陸路之保障, 沿海之聲勢, 實爲禦邊經遠之謨.

〈전라감사(全羅監司) 이호준(李鎬俊)의〉 상소의 대략에, "번선(藩宣)의 책무는 본래 가볍지 않고, 관을 방어해야 하는 무거움은 더욱 뜻을 다해야 합니다. … 바라건대 신이 맡고 있는 직임을 체차하시고 감당할만한 사람에게 다시 제수하여 책무를 맡기어 끝내 공효를 〈다하게〉 하소서…"라고 하였다. 〈답하기를〉 "상소를 보고 모두 알았다. 두 진을 설치하는 일은 더없이 큰 역(役)이다. 처음 계획한 사람도 경이요 끝까지 마무리 지어야 할 사람도 경이다. 육로(陸路)가 안정[保障]되고 연해의 성세(聲勢)를 이루는 것이 진실로 변경을 방어하는 원대한 계책이 되는 것이다"라고 하였다.

압록강변 삭주에서 국경을 넘나드는 폐단이 있음을 보고받음.

1873년(고종 10-癸酉) 6월 17일(양력 7월 11일)

발신 : 고종

『承政院日記』 2789冊

癸酉六月十七日辰時. 上御慈慶殿進講. … 上曰, 史官中誰是西關人乎. 奎燮曰, 臣居生於泰川地矣. 鳳軫曰, 臣居朔州地矣. 上曰, 朔州爲幾里乎. 鳳軫曰, 爲九百八十里矣. 上曰, 朔州最遠, 彼地事必當聞知, 而似不無潛越之弊矣. 致庠曰, 此州卽江邊七邑之一, 而與彼地, 只隔一帶水, 故潛越之弊, 殆爲無常. 氷合之時, 則樵牧皆於彼地, 不得一一防禁云矣.

계유 6월 17일 진시(辰時). 임금께서 자경전에 나아가 진강하였다. … 임금께서 이르기를, "사관 가운데 누가 서관(西關) 사람인가"라고 하였다. 백규섭(白奎燮)이 아뢰기를, "신은 태천(泰川) 땅에서 나고 살았습니다"라고 하였다. 박봉진(朴鳳軫)이 아뢰기를, "신은 삭주(朔州) 땅에서 살았습니다"라고 하였다. 임금께서 이르기를, "삭주까지는 몇 리인가"라고 하였다. 박봉진이 아뢰기를, "980리입니다"라고 하였다. 임금께서 이르기를, "삭주는 가장 멀리 떨어져 있으니 건너편의 땅[彼地]에 관한 일을 틀림없이 들어서 알 것인데, 몰래 국경을 넘는 폐단이 없지 않을 듯하다"라고 하였다. 민치상(閔致庠)이 아뢰기를, "이 주(州)는 압록강변에 있는 7개 읍 중 하나로 건너편의 땅과는 강물 하나를 사이에 두고 있을 뿐입니다. 그래서 국경을 몰래 넘는 폐단이 자못 수시로 있으며, 얼음이 얼어붙는 시기에는 나무꾼과 목동들이 모두 건너편 땅에서 나무하고 풀을 먹이므로 하나하나 금지할 수 없다고 합니다"라고 하였다.

『日省錄(高宗)』 136冊

予曰, 史官中誰是西關人乎. 奎燮曰, 臣居生於泰川地矣. 鳳軫曰, 臣居朔州地矣. 予曰, 朔州爲幾里乎. 鳳軫曰, 爲九百八十里矣. 予曰, 朔州最遠, 彼地事必當聞知, 而似不無潛越之弊矣. 致庠曰, 此州卽江邊七邑之一, 而與彼地, 只隔一帶水, 故潛越之弊, 殆爲無常. 氷合之時, 則樵牧皆於彼地, 不得一一防禁云矣.

내가 말하기를, "사관 가운데 누가 서관(西關) 사람인가"라고 하였다. 백규섭(白奎燮)이 아뢰기를, "신은 태천(泰川) 땅에서 나고 살았습니다"라고 하였다. 박봉진(朴鳳軫)이 아뢰기를, "신은 삭주(朔州) 땅에서 살았습니다"라고 하였다. 내가 말하기를, "삭주까지는 몇 리인가"라고 하였다. 박봉진이 아뢰기를, "980리입니다"라고 하였다. 내가 말하기를, "삭주는 가장 멀리 떨어져 있으니 건너편의 땅[彼地]에 관한 일을 틀림없이 들어서 알 것인데, 몰래 국경을 넘는 폐단이 없지 않을 듯하다"라고 하였다. 민치상(閔致庠)이 아뢰기를, "이 주(州)는 압록강변에 있는 7개 읍 중 하나로 건너편의 땅과는 강물 하나를 사이에 두고 있을 뿐입니다. 그래서 국경을 몰래 넘는 폐단이 자못 수시로 있으며, 얼음이 얼어붙는 시기에는 나무꾼과 목동들이 모두 건너편 땅에서 나무하고 풀을 먹이므로 하나하나 금지할 수 없다고 합니다"라고 하였다.

국경과 접한 중국 도시들의 상황에 대해 보고받음.

1873년(고종 10-癸酉) 8월 13일(양력 10월 4일)

발신 : 고종

『承政院日記』 2792冊

癸酉八月十三日申時. 上御慈慶殿. … 上曰, 吉林·黑龍江之地, 响馬賊擾頗熾, 調發官軍譏捕云, 彼賊之擾, 近果何如耶. 根弼曰, 昨年响馬, 流入吉林近地, 而畢竟官軍追捕殆盡, 餘黨遠遁于蒙古之境云矣. 敬源曰, 所謂响馬, 自前有之, 而出沒於吉林·黑龍等地. 臣等回路聞之, 則官兵出捕, 聞賊兵甚多, 還來增兵, 更欲往捕云矣. 上曰, 蒙古何不勦捕乎. 根弼曰, 蒙古地方, 多有虛曠之地, 故易爲匿跡云矣. 上曰, 窩窟在於何處, 而其非强賊乎. 根弼曰, 廣寧東北, 有醫巫閭山, 山谷之間, 往往潛伏, 出沒無常, 專以商旅爲事, 而今春則無影形云矣. 臣等到小黑山聞之, 則廣寧東南有數百名屯聚處, 官軍往勦, 量其衆寡, 增發傍邑兵, 而益不足爲深憂云矣. 上曰, 醫巫閭山, 以我國言之, 則在於兩北間, 而近於廢四郡耶. 根弼曰, 東北發脈, 自長白山始, 西南逶迤, 勢其甚大矣. 敬源〈曰〉, 醫巫一脈, 流入爲我國白頭山, 其間山野遙闊, 道里迥絶矣. 上曰, 然則近於寧古塔, 亦於我國近之矣. 根弼曰, 東距瀋陽, 近四百里矣. 宇熙曰, 我國白頭山, 果自此落脈矣.

계유 8월 13일 신시(申時). 임금께서 자경전에 나아갔다. … 임금께서 이르기를, "길림(吉林)·흑룡강(黑龍江) 땅에 향마(响馬)라는 도적의 소요가 자못 심하므로 관군을 징발하여 〈도적을〉 기포(譏捕)한다고 하던데, 저 도적들의 소요가 근래는 어떠한가"라고 하였다. 이근필(李根弼)이 아뢰기를, "작년에 향마가 길림 근처에 유입되었으나 끝내 관군이 추격하여 거의 다 잡고 잔당[餘黨]은 멀리 몽골의 경계로 도망하였다고 합니다"라고 하였다. 한경원(韓敬源)이 아뢰기를, "소위 향마라는 〈이들은〉 예전부터 있었던 것으로 길림·흑룡 등지에 출몰하였습니다. 신들이 돌아오는 길에 들으니, 관병이 잡으러 나섰다가 적병이 매우 많다는 말을 듣고는 돌아와서 군사를 증원해서 다시 잡으러 가려고 한다고 하였습니다"라고 하였다. 임금께서 이르기를, "몽골은 어찌하여 그들을 소탕하지 않는가"라고 하였다. 이근필이 아뢰기를, "몽골 지방은 사람이 살지 않는 땅이 많아서 자취를 감추기 쉽다고 합니다"라고 하였다. 임금께서 이르기를, "적의 소굴은 어느 곳에 있는가. 그리고 그들은 강한 도적은 아닌가"라고 하였다. 이근필이 이르기를, "광녕(廣寧) 동북쪽에 의무려산(醫巫閭山)이 있는데, 산골짜기 사이에 왕왕 잠복하고 있다가 무시로 출몰하여 오로지 상인과 여행객만을 침탈하더니 이번 봄에는 그림자조차 보이지 않는다고 합니다. 신들이 소흑산(小黑山)에 도착하여 들으니, 광녕 동남에 수백 명이 둔을 치고 모인 곳이 있어서 관군이 소탕하러 갔다가 그 무리가 적음을 헤아려서 주변 읍의 병사를 추가로 징발하였으나 그럼에도 부족할까 매우 걱정하고 있다고 합니다"라고 하였다. 임금께서 이르기를, "의무려산은 우리나라로 말하면 양북(兩北) 사이, 폐사군(廢四郡) 근처인가"라고 하였다. 이근필이 아뢰기를, "동북에서 발원하는 산맥은 장백산(長白山)에서 시작하여 서남으로 굽이쳐 내려 그 형세가 매우 장대합니다"라고 하였다. 한경원이 〈아뢰기를〉, "의무려산의 일맥이 흘러들어 우리나라의 백두산(白頭山)이 되었는데, 그 사이에 산야가 광활하여 도로와 마을이 아득하게 단절되어 있습니다"라고 하였다. 임금께서 이르기를, "그렇다면 영고탑(寧古塔)에서 가깝고 또 우리나라에서도 가깝겠다"라고 하였다. 이근필이 아뢰기를, "동쪽으로 심양(瀋陽)과는 400리 가까이 떨어져 있습니다"라고 하였다. 조우희(趙宇熙)가 아뢰기를, "우리나라의 백두산은 과연 이곳에서 떨어져 나온 산맥입니다"라고 하였다.

『日省錄(高宗)』139冊

予曰, 吉林黑龍江之地, 响馬賊擾頗熾, 調發官軍譏捕云, 彼賊之擾, 近果何如耶. 根弼曰, 昨年响馬, 流入吉林近地, 而畢竟官軍追捕殆盡, 餘黨遠遁于蒙古之境云矣. 敬源曰, 所謂响馬, 自前有之, 而出沒於吉林·黑龍等地, 臣等回路聞之, 則官兵出捕, 聞賊兵甚多, 還來增兵, 更欲往捕云矣. 予曰, 蒙古何不剿捕乎. 根弼曰, 蒙古地方, 多有虛曠之地, 故易爲匿跡云矣. 予曰, 窩窟在於何處, 而其非强賊乎. 根弼曰, 廣寧東北, 有醫巫閭山, 山谷之間, 往往潛伏, 出沒無常, 專以商旅爲事, 而今春則無影形云矣. 臣等到小黑山聞之, 則廣寧東南有數百名屯聚處, 官軍往勦, 量其衆寡, 增發傍邑兵, 而益不足爲深憂云矣. 予曰, 醫巫閭山, 以我國言之, 則在於兩北間, 而近於廢四郡耶. 根弼曰, 東北發脈, 自長白山始, 西南逶迤, 勢其甚大矣. 敬源曰, 醫巫一脈, 流入爲我國白頭山, 其間山野遙闊, 道里迥絶矣. 予曰, 然則近於寧古塔, 亦於我國近之矣. 根弼曰, 東距瀋陽, 近四百里矣. 宇熙曰, 我國白頭山, 果自此落脈矣.

내가 말하기를, "길림(吉林)·흑룡강(黑龍江) 땅에 향마(响馬)라는 도적의 소요가 자못 심하므로 관군을 징발하여 〈도적을〉 기포(譏捕)한다고 하던데, 그 도적들의 소요가 근래는 어떠한가"라고 하였다. 이근필(李根弼)이 아뢰기를, "작년에 향마가 길림 근처에 유입되었으나 끝내 관군이 추격하여 거의 다 잡고 잔당[餘黨]은 멀리 몽골의 경계로 도망하였다고 합니다"라고 하였다. 한경원(韓敬源)이 아뢰기를, "소위 향마라는 〈이들은〉 예전부터 있었던 것으로 길림·흑룡 등지에 출몰하였습니다. 신들이 돌아오는 길에 들으니, 관병이 잡으러 나섰다가 적병이 매우 많다는 말을 듣고는 돌아와서 군사를 증원해서 다시 잡으러 가려고 한다고 하였습니다"라고 하였다. 내가 말하기를, "몽골은 어찌하여 그들을 소탕하지 않는가"라고 하였다. 이근필이 아뢰기를, "몽골 지방은 사람이 살지 않는 땅이 많아서 자취를 감추기 쉽다고 합니다"라고 하였다. 내가 말하기를, "적의 소굴은 어느 곳에 있으며 그들은 강한 도적은 아닌가"라고 하였다. 이근필이 이르기를, "광녕(廣寧) 동북쪽에 의무려산(醫巫閭山)이 있는데, 산골짜기 사이에 왕왕 잠복하고 있다가 무시로 출몰하여 오로지 상인과 여행객만을 침탈하더니 이번 봄에는 그림자조차 보이지 않는다고 합니다. 신들이 소흑산(小黑山)에 도착하여 들으니, 광녕 동남에 수백 명이 둔을 치고 모인 곳이 있어서 관군이 소탕하러 갔다가 그 무리가 적음을 헤아려서 주변에서 읍의 병사를 추가로 징발하였으나 그럼에도 부족할까 매우 걱정하고 있다고 합니다"라고 하였다. 내가 말하기를, "의무려산은 우리나라로 말하면 양북(兩北) 사이, 폐사군(廢四郡) 근처인가"라고 하였다. 이근필이 아뢰기를, "동북에서 발원하는 산맥은 장백산(長白山)에서 시작하여 서남으로 굽이쳐 내려 그 형세가 매우 장대합니다"라고 하였다. 한경원이 아뢰기를, "의무려산의 일맥이 흘러들어 우리나라의 백두산(白頭山)이 되었는데, 그 사이에 산야가 광활하여 도로와 마을이 아득하게 단절되어 있습니다"라고 하였다. 내가 말하기를, "그렇다면 영고탑(寧古塔)에서 가깝고 또한 우리나라에서도 가깝겠다"라고 하였다. 이근필이 아뢰기를, "동쪽으로 심양(瀋陽)과는 400리 가까이 떨어져 있습니다"라고 하였다. 조우희(趙宇熙)가 아뢰기를, "우리나라의 백두산은 과연 이곳에서 떨어져 나온 산맥입니다"라고 하였다.

압록강 주변에 샛길이 있다고 보고받음.

1873년(고종 10-癸酉) 10월 24일(양력 12월 13일)

발신 : 고종

『承政院日記』 2794冊

癸酉十月二十四日午時. 上御慈慶殿. 謝恩兼冬至三使臣入侍時, … 上曰, 承旨曾經灣尹乎. 滋承曰, 然矣. 上曰, 鴨綠江大路外, 有間路乎. 滋承曰, 三江上流, 聞有間路矣. 上曰, 然則當爲幾許里, 而使行入去後消息, 或有得聞之道乎. 滋承曰, 此是險阻間路, 則程里遠近, 未曾詳聞, 而三江柵市撤罷之後, 聲息之相聞, 未可容易矣.

계유 10월 24일 오시(午時). 임금께서 자경전(慈慶殿)에 나아갔다. 사은 겸 동지사 세 사신이 입시하였다. … 임금께서 이르기를, "승지는 일찍이 의주부윤[灣府]을 거쳤는가"라고 하였다. 윤자승(尹滋承)이 아뢰기를, "그렇습니다"라고 하였다. 임금이 이르기를, "압록강(鴨綠江)에는 큰 길 이외에 또 샛길이 있는가"라고 하였다. 윤자승이 아뢰기를, "삼강(三江)의 상류에 샛길이 있다고 들었습니다"라고 하였다. 임금께서 이르기를, "그렇다면 몇 리쯤 될 것인데, 사행이 들어간 뒤 소식을 혹시라도 들을 방법이 있는가"라고 하였다. 윤자승이 아뢰기를, "이는 험준한 샛길이니 거리가 얼마나 멀고 가까운지는 일찍이 자세히 들은 적이 없었습니다. 그리고 삼강의 책시(柵市)를 철파한 후에는, 소식을 듣는 것도 쉽지 않게 되었습니다"라고 하였다.

『日省錄(高宗)』 141冊

予曰, 承旨曾經灣尹乎. 滋承曰, 然矣. 予曰, 鴨綠江大路外, 有間路乎. 滋承曰, 三江上流, 聞有間路矣. 予曰, 然則當爲幾許里, 而使行入去後消息, 或有得聞之道乎. 滋承曰,此是險阻間路, 則程里遠近, 未曾詳聞. 而三江柵市撤罷之後, 聲息之相聞, 未可容易矣.

내가 말하기를, "승지는 일찍이 의주부윤[灣尹]을 거쳤는가"라고 하였다. 윤자승(尹滋承)이 아뢰기를, "그렇습니다"라고 하였다. 내가 말하기를, "압록강(鴨綠江)에는 큰 길 이외에 또 샛길이 있는가"라고 하였다. 윤자승이 아뢰기를, "삼강(三江)의 상류에 샛길이 있다고 들었습니다"라고 하였다. 내가 말하기를, "그렇다면 몇 리쯤 될 것인데, 사행이 들어간 뒤 소식을 혹시라도 들을 방법이 있는가"라고 하였다. 윤자승이 아뢰기를, "이는 험준한 샛길이니 거리가 얼마나 멀고 가까운지는 일찍이 자세히 들은 적이 없었습니다. 그리고 삼강의 책시(柵市)를 철파한 후에는 소식을 듣는 것도 쉽지 않게 되었습니다"라고 하였다.

태조가 왕업을 일으킨 후의 상황에 대해 이야기를 나눔.

1873년(고종 10-癸酉) 11월 1일(양력 12월 20일)

발신 : 고종

『承政院日記』 2795冊

癸酉十一月初一日辰時, 上御慈慶殿. … 上曰, 虞·芮之君, 始也爭田, 終焉相讓, 莫非文王之德所以感化. 而聞而歸者四十餘國, 至于三分天下有其二. 故孟子·小學亦稱其盛美也. 性敎曰, 文王發政施仁, 一國興讓, 以至二國之質成, 歸附者衆, 卒興王業, 可謂聖德. 而亦我太祖大王, 承四祖積累之基, 威德日盛, 仁化大行, 野人酋長, 率皆服事. 甲州荒僻之地, 設邑置鎭, 延袤千里, 江外殊俗, 爭相慕義來朝. 琉球王·暹羅王, 皆遣使稱臣, 畢獻方物, 降倭仄六, 來獻土物, 願爲之氓. 由是而誕啓無疆之業, 可以與周家比隆也.

계유 11월 1일 진시(辰時). 임금께서 자경전에 나갔다. … 임금께서 이르기를, "우(虞)·예(芮)의 군주는 처음에는 밭을 두고 다투다가 끝내는 서로 양보하였으니, 〈이는〉 문왕의 덕이 감화시킨 것이 아닐 수 없다. 이 소식을 듣고 귀부(歸附)한 것이 40여 국이며, 〈결국 문왕은〉 천하의 3분의 2를 소유하는 데 이른 것이다. 그러므로 『맹자(孟子)』·『소학(小學)』도 그 〈덕의〉 성하고 아름다움을 찬미하였다"라고 하였다. 조성교가 아뢰기를, "문왕이 정사를 펴서 인을 베풀자 온 나라가 양보하는 풍속을 흥기시켜 이를 본 두 나라가 다툼을 해결하게 되며 귀부하는 자가 많아지는 데에 이르러 끝내는 왕업(王業)을 일으키게 되었으니, 성덕(聖德)이라 말할 만합니다. 또한 우리 태조대왕도 4조(四祖)의 누적된 기반을 이어받아 위엄과 덕화가 나날이 성대해져 인화(仁化)가 크게 행해짐에 야인 추장들이 따라서 모두 복종해 섬겼습니다. 갑주(甲州)의 황폐하고 궁벽한 곳에 읍·진을 설치하니 동서남북[延袤]으로 1,000리에서, 압록강 밖〈에서〉 다른 풍속을 가진 이들이 다투어 의(義)를 사모하여 내조하였습니다. 유구왕(琉球王)·섬라왕(暹羅王)도 모두 사신을 보내어 신하임을 칭하면서 방물(方物)을 바쳤고, 항왜(降倭) 측륙(仄六)이 와서 토산물을 바치면서 백성이 되기를 원하였습니다. 이로부터 무궁한 왕업을 크게 열었으니, 〈우리 조선은〉 주나라와 융성함을 나란히 할 수 있었습니다"라고 하였다.

도사에게 장계를 시행하게 한 평안감사에 대해 징계할 것을 청함.

1873년(고종 10-癸酉) 11월 18일(양력 1874년 1월 6일)

발신 : 승정원

『承政院日記』2795冊

政院啓曰, 諸道道臣, 如非拿問與削黜, 則凡狀啓, 不得以都事替行. 而平安監司南廷順, 謂以情踪惶蹙, 癈却公務, 大國人還歸, 鴨綠江合氷狀啓, 以假都事替行. 揆以事體, 極爲未安, 從重推考何如. 傳曰, 允. 更勿如是之意, 書目嚴飭題送. 假都事, 又或替當封啓, 都事, 當嚴勘矣.

승정원[政院]이 아뢰기를, "여러 도의 도신(道臣)은 나문(拿問)과 삭출(削黜) 같은 처분을 받은 것이 아니면 모든 장계를 도사(都事)에게 대행시킬 수 없습니다. 그러나 평안감사(平安監司) 남정순(南廷順)은 정황이 황공하고 움츠러들 것이 있다고 하여 공무를 폐기하여, 대국 사람이 돌아가는 압록강(鴨綠江)이 얼어붙었다는 장계를 가도사(假都事)로 대신 행하게 하였습니다. 일의 정황을 헤아려 볼 때 너무 온당치 못한 일이니, 무겁게 추고하는 것이 어떻겠습니까"라고 하였다. 전교하기를, "윤허한다. 다시 이와 같이 하지 말라는 뜻을 서목(書目)으로 엄히 신칙하여 써서 보내라. 가도사가 또한 혹시 대신 봉하여 계문하면 도사를 엄히 처벌할 것이다"라고 하였다.

『高宗實錄』10卷

十八日. 政院啓, 諸道道臣, 如非拿問與削黜, 則凡狀啓不得以都事替行. 而平安監司南廷順, 謂以情踪惶蹙, 廢却公務, 中國人還歸, 鴨綠江合氷狀啓, 以假都事替行, 從重推考何如, 允之.

11월 18일. 승정원[政院]에서 아뢰기를, "여러 도의 도신(道臣)은 나문(拿問)과 삭출(削黜) 같은 처분을 받은 것이 아니면 모든 장계를 도사(都事)에게 대행시킬 수 없습니다. 그러나 평안감사(平安監司) 남정순(南廷順)은 정황이 황공하고 움츠러들 것이 있다고 하여 공무를 폐기하여 중국인이 돌아가는 압록강이 얼어붙었다는 장계를 가도사가 대신 시행하게 하였으니 무겁게 추고하는 것이 어떻겠습니까"라고 하니, 윤허하였다.

『日省錄(高宗)』 143冊

政院啓言, 諸道道臣, 如非拿問與削黜, 則凡狀啓, 不得以都事替行. 而平安監司南廷順, 謂以情踪惶蹙, 癈却公務, 大國人還歸, 鴨綠江合氷狀啓, 以假都事替行. 揆以事體, 極爲未安, 從重推考何如. 傳曰, 允. 更勿如是之意, 書目嚴飭題送. 假都事, 又或替當封啓, 都事, 當嚴勘矣.

승정원[政院]이 아뢰기를, "여러 도의 도신(道臣)은 나문(拿問)과 삭출(削黜) 같은 처분을 받은 것이 아니면 모든 장계를 도사(都事)에게 대행시킬 수 없습니다. 그러나 평안감사(平安監司) 남정순(南廷順)은 정황이 황공하고 움츠러들 것이 있다고 하여 공무를 폐기하여, 대국 사람이 돌아가는 압록강(鴨綠江)이 얼어붙었다는 장계를 가도사가 대신 시행하게 하였습니다. 일의 정황을 헤아려 볼 때 너무 온당치 못한 일이니, 무겁게 추고하는 것이 어떻겠습니까"라고 하였다. 전교하기를, "윤허한다. 다시는 이와 같이 하지 말라는 뜻을 서목으로 엄히 신칙하여 써서 보내라. 가도사가 또한 혹시 대신 봉하여 계문하면 도사를 엄히 처벌할 것이다"라고 하였다.

연해에서 행해지는 잠상을 엄격하게 금지하라고 명함.

1874년(고종 11-甲戌) 1월 20일(양력 3월 8일)

발신 : 고종

『承政院日記』 2797冊

甲戌正月二十日巳時. 上御重熙堂. … 上曰, 前以沿海潛商, 有所痛禁, 近聞柵門牟利之輩, 復踵前習云, 必以嚴禁之意, 申飭可也. 裕元曰, 果然矣. 我國牟利之類, 載其上納, 出沒沿海, 與彼人, 潛相和賣, 取其厚價而然. 以此之故, 非但國禁也, 我國物價高騰, 其害有不可勝言矣. 上曰, 兩國自有開市之時, 而無時潛商, 深所痛惡也. 裕元曰, 聖敎至當矣, 謹當申飭於新灣尹矣.

갑술 정월 20일 사시(巳時). 임금께서 중희당에 나아갔다. … 임금께서 이르기를, "전에 연해의 잠상(潛商)을 매우 금한 바 있으나 요즘 듣건대 책문(柵門)의 모리배가 다시 이전의 습성을 답습한다고 하니, 기필코 엄금하는 내용을 신칙하는 것이 좋다"고 하였다. 이유원(李裕元)이 아뢰기를, "과연 그렇습니다. 우리나라 모리배가 상납할 것을 싣고 연해에 출몰하면서 저쪽 사람들과 몰래 서로 매매하여 후한 값을 취하게 되어 그러합니다. 이렇기 때문에 비단 나라가 금하는 것이 〈해이해졌을〉 뿐만 아니라 우리나라의 물가도 높게 뛰었으니, 그 해를 말로 다할 수 없습니다"라고 하였다. 임금께서 이르기를, "양국이 개시(開市)하는 때가 있는데, 그 때를 가리지 않고 몰래 장사를 하니 매우 미워하는 것이다"라고 하였다. 이유원이 아뢰기를, "성교(聖敎)가 지당하십니다. 삼가 새 의주부윤[灣尹]에게 신칙하겠습니다"라고 하였다.

『日省錄(高宗)』 146冊

予曰, 前以沿海潛商, 有所痛禁, 近聞柵門牟利之輩, 復踵前習云, 必以嚴禁之意, 申飭可也. 裕元曰, 果然矣. 我國牟利之類, 載其土物, 出沒沿海, 與彼人潛相和賣, 取其厚價而然. 以此之故, 非但國禁也, 我國物價高騰, 其害有不可勝言矣. 予曰, 兩國自有開市之時, 而無時潛商, 深所痛惡也. 裕元曰, 聖教至當矣, 謹當申飭於新灣尹矣.

내가 말하기를, “전에 연해의 잠상(潛商)을 매우 금한 바 있으나 요즘 듣건대 책문(柵門)의 모리배가 다시 이전의 습성을 답습한다고 하니, 기필코 엄금하는 내용을 신칙하는 것이 좋다”고 하였다. 이유원(李惟源)이 아뢰기를, “과연 그렇습니다. 우리나라 모리배가 상납할 것을 싣고 연해에 출몰하면서 저쪽 사람들과 몰래 서로 매매하여 후한 값을 취하게 되어 그러합니다. 이렇기 때문에 비단 나라가 금하는 것이 〈해이해졌을〉 뿐만 아니라 우리나라의 물가도 높게 뛰었으니, 그 해를 말로 다할 수 없습니다”라고 하였다. 내가 말하기를, “양국이 개시(開市)하는 때가 있는데, 그 때를 가리지 않고 몰래 장사를 하니 매우 미워하는 것이다”라고 하였다. 이유원이 아뢰기를, “성교(聖敎)가 지당하십니다. 삼가 새 의주부윤[灣尹]에게 신칙하겠습니다”라고 하였다.

압록강과 두만강 주변의 국경을 안정시키기 위해 조선인이 법을 어기면 엄하게 다스리고, 중국인은 타일러 보낼 것을 청함.

1874년(고종 11-甲戌) 1월 24일(양력 3월 12일)

발신 : 부호군 김규섭

『承政院日記』 2797冊

副護軍金奎燮疏, 略曰, … 六曰, 夫邊繳之嚴, 防戍而使不得犯越, 不相混亂者, 慮其兩邊之釁源, 以致生事故耳. 沿海戍卒, 日無察邊之苦, 目下邊情, 雖若晏如, 讐醜交隣, 邊事難測. 北自穩城, 北至白頭山底, 爲四五百里, 只隔豆滿一江. 而聞近來雜胡, 多處於江越邊, 許多邊瘼, 不一其端. 西自義州, 東至白頭, 爲千餘里, 亦隔鴨綠一江. 自三十年前, 則自鴨綠入彼國數三百里, 爲空地矣. 卽聞彼國流民, 充塞於遼東上下, 迫在於鴨江邊, 而結構奠居, 無一隙地, 於斯之間, 兩邊隔一江, 而鷄犬相聞. 其間百弊, 不無可想, 亦可謂隱憂之不少也. 有我國人犯禁, 則依律施行, 切勿容貸, 彼國人犯禁, 則施恩善諭而送之. 其爲飭邊預備之道, 似不無慮在先事矣.

부호군(副護軍) 김규섭(金奎燮)이 상소하였는데, 그 대략에, … "여섯째, 무릇 변경을 엄하게 방수하여 국경을 넘지 못하게 하고 서로 혼란하게 하지 못하도록 하는 것은 그것이 양쪽 변경의 분쟁의 근원이 되어 일이 생기는 데에 이를까 염려하기 때문입니다. 연해의 수졸들이 날마다 변경을 살피는 괴로움이 없으니 당장 눈앞의 변경의 정세는 비록 안정된 것 같지만, 원수의 추한 무리들이 교린하고 있어 변방의 일을 헤아리기가 어렵습니다. 북쪽은 온성에서 북으로 백두산 밑까지 400~500리가 되는데, 단지 두만강(豆滿江) 하나를 사이에 두고 있습니다. 듣건대 근래에 잡스러운 호인(胡人)들이 강 건너 편에 많이 살고 있어서 허다한 변경의 폐단이 그 단서가 하나가 아니라고 합니다. 서쪽은 의주(義州)에서부터 동으로 백두산까지 1,000여 리가 되는데, 역시 압록강(鴨綠江) 하나를 사이에 두고 있습니다. 30년 전부터는 압록강으로부터 저 나라로 들어가기까지의 수 삼백 리가 빈 땅이 되었습니다. 지금 듣건대 저 나라의 유민(流民)이 요동(遼東) 위아래에 가득 차서 압록강변 가까운 곳에 집을 짓고 눌러 살아 조금도 사이진 땅이 없고, 이러한 사이에 두 변경에는 강 하나만이 사이하여 닭 우는 소리와 개 짖는 소리가 서로 들립니다. 그 사이 여러 가지 폐단을 생각할 수 있으며, 또 감추어진 근심거리도 적지 않습니다. 우리나라 사람으로서 금법을 범하면 율에 의하여 시행하여 절대 용서하지 말고, 저 나라 사람이 금법을 범하면 은혜를 베풀어 좋게 타일러 보내야 할 것입니다. 그것이 변경을 신칙하여 미리 대비하는 도리가 되어, 〈이리하면〉 일이 일어나기 전에 염려하는 것이 없지 아니 할 것 같습니다"라고 하였다.

『日省錄(高宗)』148冊

疏略曰, 臣以遐土微蹤, 猥陳條列, 惟垂察焉. … 六曰, 夫邊徼之嚴, 防戍而使不得犯越, 不相混亂者, 慮其兩邊之釁源, 以致生事故耳. 沿海戍卒, 日無察邊之苦, 目下邊情, 雖若晏如, 讐醜交隣, 邊事難測. 北自穩城, 北至白頭山底, 爲四五百里, 只隔豆滿一江, 而聞近來雜胡, 多處於江越邊, 許多邊瘼, 不一其端. 西自義州, 東至白頭, 爲千餘里, 亦隔鴨綠一江. 自三十年前, 則自鴨綠入彼國數三百里, 爲空地矣. 卽聞彼國流民, 充塞於遼東上下, 迫在於鴨江邊, 而結構奠居, 無一隙地, 於斯之間, 兩邊隔一江, 而鷄犬相聞. 其間百弊, 不無可總, 亦可謂隱憂之不少也. 有我國人犯禁, 則依律施行, 切勿容貸, 彼國人犯禁, 則施恩善諭而送之. 其爲飭邊預備之道, 似不無慮在先事矣.

〈부호군(副護軍) 김규섭(金奎燮)의〉 상소의 대략에, "신은 먼 곳의 미천한 사람으로 외람되이 조목으로 나열하여 아뢰니, 살펴주소서. … 여섯째, 무릇 변경을 엄하게 방수하여 국경을 넘지 못하게 하고 서로 혼란하게 하지 못하도록 하는 것은 그것이 양쪽 변경의 분쟁의 근원이 되어 일이 생기는 데에 이를까 염려하기 때문입니다. 연해의 수졸들이 날마다 변경을 살피는 괴로움이 없으니 당장 눈앞의 변경의 정세는 비록 안정된 것 같지만, 원수의 추한 무리들이 교린하고 있어 변방의 일을 헤아리기가 어렵습니다. 북쪽은 온성에서 북으로 백두산 밑까지 400~500리가 되는데, 단지 두만강(豆滿江) 하나를 사이에 두고 있습니다. 듣건대 근래에 잡스러운 호인(胡人)들이 강 건너편에 많이 살고 있어서 허다한 변경의 폐단이 그 단서가 하나가 아니라고 합니다. 서쪽은 의주(義州)에서부터 동으로 백두산까지 1,000여 리가 되는데, 역시 압록강(鴨綠江) 하나를 사이에 두고 있습니다. 30년 전부터는 압록강으로부터 저 나라로 들어가기까지의 수삼백 리가 빈 땅이 되었습니다. 지금 듣건대 저 나라의 유민(流民)이 요동(遼東) 위아래에 가득 차서 압록강변 가까운 곳에 집을 짓고 눌러 살아 조금도 사이진 땅이 없고, 이러한 사이에 두 변경에는 강 하나만이 사이하여 닭 우는 소리와 개 짖는 소리가 서로 들립니다. 그 사이 여러 가지 폐단을 생각할 수 있으며, 또 감추어진 근심거리도 적지 않습니다. 우리나라 사람으로서 금법을 범하면 율에 의하여 시행하여 절대 용서하지 말고, 저 나라 사람이 금법을 범하면 은혜를 베풀어 좋게 타일러 보내야 할 것입니다. 그것이 변경을 신칙하여 미리 대비하는 도리가 되어, 〈이리하면〉 일이 일어나기 전에 염려하는 것이 없지 아니 할 것 같습니다"라고 하였다.

국경을 접하고 있는 의주를 특별히 단속하고 몰래 국경을 넘어가는 폐단이 없게 하라고 명함.

1874년(고종 11-甲戌) 1월 28일(양력 3월 16일)

발신 : 고종

『承政院日記』 2797冊

甲戌正月二十八日午時. 上御重熙堂. 下直守令入侍時, … 上曰, 灣府與大國接界, 異於他處, 另加嚴飭, 俾無潛越之弊可也. 鍾顯曰, 臣俄見領相, 伏聞向日筵敎矣, 近日邊政蕩然, 多有潛越之弊云. 臣下去後, 謹當嚴禁矣. 上曰, 向見領相, 累有此飭, 而近聞潛越甚多, 邊政可悶也. 鍾顯曰, 如或有潛越之現發者, 謹當隨輕重勘處. 而其中若有罪犯之不可容貸者, 雖先斬後啓, 未爲不可, 而雖彼人有犯罪者, 則境上梟警, 亦有兩國約條矣. 上曰, 果有約條, 以此遵守, 則邊政可以肅淸矣. 鍾顯曰, 潛越之路, 非但在於鴨綠江也. 沿江上下, 多有潛渡處, 誠難一一周察云, 此則臣聞諸前任諸臣, 而領相亦言之矣. 上曰, 領相曾任灣尹, 故詳知邊政. 而潛越之弊, 尤當嚴禁也. 鍾顯曰, 潛商之弊, 前亦有之, 而不至如此之多者. 以物易物, 賣買之際, 自有難便之端, 故有所顧忌, 不敢狼藉矣. 近日錢貨通用之後, 潛商輩以物直賣, 而受錢直用, 故潛商尤多, 而莫可禁止. 到今淸錢革罷, 則此弊似或稍減矣. 上曰, 彼錢今旣不用, 此弊從可少減矣. 鍾顯曰, 似然矣. 上曰, 大國紀綱, 近頗解弛, 鴨水以北空閑之地, 多有居民, 人煙相望云矣. 鍾顯曰, 兩國交界, 設置空虛之地者, 自是有意所在, 而今則曲曲成村云, 可謂邊憂, 而此則大國之所當禁者也. 上曰, 彼人有潛商往來者云, 甚可駭然矣. 鍾顯曰, 如無我人之爲接至者, 則寧有是也. 當十分痛禁矣. 上曰, 燕貨出來時, 致有左書之流出, 自邊門嚴飭, 則此弊自可絶矣. 鍾顯曰, 邊禁蕩弛, 爲弊之滋長, 有不可勝言, 而奸竇莫遏. 柵路之外, 海上交易, 亦不知幾處, 誠可痛嘆矣. 上曰, 自義州出來者, 則嚴加禁斷也. 而使臣房卜, 必無他慮, 而任譯輩, 必須善爲操束然後, 始可杜弊無礙, 嚴禁可也. 鍾顯曰, 敬奉聖敎矣. 臣才器不逮, 猥膺邊門重任,恐不無僨誤之慮. 而第斷斷乘赤, 則期圖萬一對揚矣. 上曰, 卿筵中出入旣多, 予知其一心做去, 故有此特授也. 鍾顯曰, 聖敎至此, 惶懍無地矣.

갑술 정월 28일 오시(午時). 임금이 중희당에 나아갔다. 하직하는 수령이 입시하였다. … 임금께서 이르기를, "의주[灣府]는 대국과 국경을 접하고 있어서 다른 곳과 다르니, 특별히 엄하게 신칙하여 몰래 국경을 넘는 폐단이 없게 하는 것이 좋다"라고 하였다. 황종현(黃鍾顯)이 아뢰기를, "신이 조금 전 영상을 만나 삼가 지난번의 연교(筵敎)를 들었으니, 근일에 변정(邊政)이 허탕해져서 몰래 국경을 넘는 폐단이 많다고 하셨습니다. 신이 내려간 후, 삼가 마땅히 엄금하겠습니다"라고 하였다. 임금께서 이르기를, "지난번 영상을 보고 여러 차례 이를 신칙했었는데, 근래에 듣건대 몰래 국경을 넘는 자가 매우 많다고 하니, 변정(邊政)이 민망스럽다"라고 하였다. 황종현이 아뢰기를, "만일 몰래 국경을 넘다가 현장에서 적발되는 자가 있으면 삼가 마땅히 〈죄의〉 경중에 따라 심리하여 처리하겠습니다. 그 가운데 범죄가 용서할 수 없는 자가 있으면 비록 먼저 참하고 나서 아뢰더라도 불가할 것이 없을 것인데, 비록 저쪽 사람으로 죄를 범하는 자가 있더라도 변경에서 효수하여 〈사람들을〉 경계하게 하는 것 또한 양국의 조약(條約)에 있습니다"라고 하였다. 임금께서 이르기를, "과연 〈그러한 내용이〉 조약에 있으니, 이렇게 준수하면 변정은 깨끗하고 맑아질 것이다"라고 하였다. 황종현이 아뢰기를, "몰래 국경을 넘는 길이 비단 압록강에만 있는 것이 아닙니다. 강 연안의 위아래로 몰래 넘어가는 곳이 많아서 참으로 하나하나 두루 살피기가 어렵다고 하는데, 이는 신이 전임이었던 여러 신하들에게서 들었고 영상도 그것을 말하였습니다"라고 하였다. 임금께서 이르기를, "영상이 일찍이 의주부윤[灣尹]을 지냈기 때문에 변정을 자세히 알고 있다. 몰래 국경을 넘는 폐단을 더욱 엄금해야 한다"라고 하였다. 황종현이 아뢰기를, "잠상(潛商)의 폐단은 전에도 있었으나 이처럼 많지는 않았습니다. 물건으로 물건을 바꾸며 매매할 때에는 자연스럽게 불편하다는 이유가 있었기 때문에 꺼리는 것이 있어서 감히 〈잠상을〉 낭자하게 하지는 못하였습니다. 근일 전화(錢貨)를 통용한 후에 잠상 무리가 물건을 바로 팔아서 〈그것의 대가로〉 돈을 받아서 곧장 쓰기 때문에 잠상이 더욱 많아져 금지할 수가 없습니다. 지금에 이르러서 청전(淸錢)이 혁파되었으니 이 폐단이 혹 조금 줄어들 것 같습니다"라고 하였다. 임금께서 이르기를, "저들의 돈은 이미 쓰지 않으니, 이러한 폐단이 조금 줄어들 것이다"라고 하였다. 황종현이 아뢰기를, "그럴 것 같습니다"라고 하였다. 임금께서 이르기를, "대국의 기강이 근래에 아주 해이해져서 압록강[鴨水] 이북의 공한지(空閑地)에 거주하는 백성이 많아 사람과 연기가 서로 바라보인다고 한다"고 하였다. 황종현이 아뢰기를, "양국 경계에 공한지를 설치하는 것은 본래 뜻이 있는데, 지금은 곳곳에 마을을 이루고 있다고 하니, 변경의 근심이라고 말할 수 있고 이는 대국에서 마땅히 금해야 할 것입니다"라고 하였다. 임금께서 이르기를, "저쪽 사람들에도 잠상으로 왕래하는 자가 있다고 하니 매우 놀랍다"라고 하였다. 황종현이 아뢰기를, "만일 우리나라 사람 가운데 만나러 오는 자가 없으면 어찌 이런 일이 있겠습니까. 응당 충분하고 통렬하게 금지해야 합니다"라고 하였다. 임금께서 이르기를, "연경(燕京)의 물화가 나올 때 이단(異端)의 책이 유출되어 온다고 하니, 변경 관문에서 엄히 신칙하면 이런 폐단은 저절로 끊어질 것이다"라고 하였다. 황종현이 아뢰기를, "변방의 금법이 어지러이 해이해져서 폐단이 자라서 말로 다할 수가 없는데, 간사한 행위의 구멍을 막지 못하고 있습니다. 책문 길 외에 해상의 교역이 몇 곳에서 이루어지고 있는지 알 수 없으니, 참으로 통탄스럽습니다"라고 하였다. 임금께서 이르기를, "의주에서 나가는 것부터 엄히 금단해야 한다. 세 사신(使臣)의 짐에는 달리 염려할 것이 없으나 임역(任譯)들은 반드시 잘 단속한 연후에야 비로소 폐단을 막는 데 장애가 없을 것이니, 엄금하는 것이 좋다"라고 하였다. 황종현이 아뢰기를, "공경히 성교(聖教)를 받들겠습니다. 신은 재능과 국량이 미치지 못하는데 외람되이 변경 관문의 중임을 맡았으나, 일을 잘못하여 그르치는 것에 대한 우려가 없지 않습니다. 그러나 성실하고 전일함[斷斷]으로 직임을 수행하여 만에 하나라도 왕명을 받들기를 도모하겠습니다"라고 하였다. 임금께서 이르기를, "경은 연석[筵中]에 이미 많이 출입하였고, 나는 그대가 일심으로 해나갈 것을 알고 있어서 이렇게 특별히 제수하는 것이다"라고 하였다. 황종현이 아뢰기를, "성교가 이와 같은 데까지 이르렀으니, 황공하여 몸 둘 곳이 없습니다"라고 하였다.

『高宗實錄』11卷

二十八日. 召見義州府尹黃鍾顯. 教曰, 灣府與中國接界, 異於他處, 另加嚴飭, 俾無潛越之弊也. 鍾顯曰, 臣見領相, 伏聞向日筵教矣. 近日邊政蕩然, 多有潛越之弊云. 臣下去後, 謹當嚴禁矣. 教曰, 向見領相, 累有此飭, 而近聞潛越甚多, 邊政可悶也. 鍾顯曰, 如或有潛越之現發者, 謹當隨輕重勘處. 而其中若有罪犯之不可容貸者, 雖先斬後啓, 未爲不可. 而雖彼人, 有犯罪者, 則境上梟警, 亦有兩國約條矣. 教曰, 果有約條, 以此遵守, 則邊政可以肅淸矣. 鍾顯曰, 潛越之路, 非但在於鴨綠江也, 沿江上下, 多有潛渡處, 誠難一一周察云. 此則臣聞諸前任諸臣, 而領相亦言之矣. 教曰, 領相曾經灣尹, 故詳知邊政. 而潛越之弊, 尤當嚴禁也. 鍾顯曰, 潛商之弊, 前亦有之, 而不至如此之多者. 以物易物, 賣買之際, 自有難便之端, 故有所顧忌, 不敢狼藉矣. 近日錢貨通用之後, 潛商輩以物直賣, 而受錢直用, 故潛商尤多, 而莫可禁止. 到今淸錢革罷, 則此弊似或稍減矣. 教曰, 彼錢今旣不用, 此弊從可少減矣. 鍾顯曰, 似然矣. 教曰, 中國紀綱, 近頗解弛, 鴨水以北空閒之地, 多有居民, 人烟相望云矣. 鍾顯曰, 兩國交界, 設置空虛之地者, 自是有意所在, 而今則曲曲成村云, 可謂邊憂, 而此則中國之所當禁者也. 教曰, 彼人有潛商往來者云, 甚可駭然矣. 鍾顯曰, 如無我人之爲接主者, 則寧有是也. 當十分痛禁矣. 教曰, 燕貨出來時, 致有左書之流出, 自邊門嚴飭, 則此弊自可絶矣. 鍾顯曰, 邊禁蕩弛, 爲弊之滋長, 有不可勝言, 而奸竇莫遏. 柵路之外, 海上交易, 亦不知幾處, 誠可痛歎矣. 教曰, 自義州出來者, 則嚴加禁斷也. 三使臣房卜, 必無他慮, 而任譯輩, 必須善爲操束然後, 始可杜弊無礙, 嚴禁可也.

1월 28일. 의주부윤(義州府尹) 황종현(黃鍾顯)을 소견하였다. 교하기를, "의주부[灣府]는 중국과 국경을 접하고 있으므로 다른 곳과는 다르니, 특별히 엄하게 신칙하여 몰래 국경을 넘는 폐단이 없게 하라"고 하였다. 황종현이 아뢰기를, "신이 조금 전 영상을 만나 삼가 지난번의 연교(筵教)를 들었으니, 근일에 변정(邊政)이 허탕해져서 몰래 국경을 넘는 폐단이 많다고 하셨다고 하였습니다. 신이 내려간 후, 삼가 마땅히 엄금하겠습니다"라고 하였다. 교하기를, "지난번 영상을 보고 여러 차례 이를 신칙했었는데, 근래에 듣건대 몰래 국경을 넘는 자가 매우 많다고 하니, 변정이 민망스럽다"라고 하였다.

황종현이 아뢰기를, "만일 몰래 〈국경을〉 넘다가 현장에서 적발되는 자가 있으면 삼가 마땅히 〈죄의〉 경중에 따라 심리하여 처리하겠습니다. 그 가운데 범죄가 용서할 수 없는 자가 있으면 비록 먼저 참하고 나서 아뢰더라도 불가할 것이 없을 것인데, 비록 저쪽 사람으로 죄를 범하는 자가 있더라도 변경에서 효수하여 〈사람들을〉 경계하게 하는 것 또한 양국의 조약(條約)에 있습니다"라고 하였다. 교하기를, "과연 〈그러한 내용이〉 조약에 있으니, 이렇게 준수하면 변정은 깨끗하고 맑아질 것이다"라고 하였다. 황종현이 아뢰기를, "몰래 국경을 넘는 길이 비단 압록강에만 있는 것이 아닙니다. 강 연안의 위아래로 몰래 넘어가는 곳이 많아서 참으로 하나하나 두루 살피기가 어렵다고 하는데, 이는 신이 전임이었던 여러 신하들에게서 들었고 영상도 그것을 말하였습니다"라고 하였다. 교하기를, "영상이 일찍이 의주부윤[灣尹]을 지냈기 때문에 변정을 자세히 알고 있다. 몰래 국경을 넘는 폐단을 더욱 엄금해야 한다"라고 하였다. 황종현이 아뢰기를, "잠상(潛商)의 폐단은 전에도 있었으나 이처럼 많지는 않았습니다. 물건으로 물건을 바꾸며 매매할 때에는 자연스럽게 불편하다는 이유가 있었기 때문에 꺼리는 것이 있어서 감히 〈잠상을〉 낭자하게 하지는 못하였습니다. 근일 전화(錢貨)를 통용한 후에 잠상 무리가 물건을 바로 팔아서 〈그것의 대가로〉 돈을 받아서 곧장 쓰기 때문에 잠상이 더욱 많아져 금지할 수가 없습니다. 지금에 이르러서 청전(淸錢)이 혁파되었으니 이러한 폐단이 혹 조금 줄어들 것 같습니다"라고 하였다. 교하기를, "저들의 돈은 이미 쓰지 않도록 하였으니, 이러한 폐단이 따라서 조금 줄어들 것이다"라고 하였다. 황종현이 아뢰기를, "그럴 것 같습니다"라고 하였다. 교하기를, "중국의 기강이 근래에 아주 해이해져서 압록강[鴨水] 이북의 공한지(空閑地)에 거주하는 백성이 많아 사람과 연기가 서로 바라보인다고 한다"고 하였다. 황종현이 아뢰기를, "양국 경계에 공한지를 설치하는 것은 본래 뜻이 있는데, 지금은 곳곳에 마을을 이루고 있다고 하니, 변경의 근심이라고 말할 수 있으며 이는 중국에서 마땅히 금해야 할 것입니다"라고 하였다. 교하기를, "저쪽 사람들에도 잠상으로 왕래하는 자가 있다고 하니 매우 놀랍다"라고 하였다. 황종현이 아뢰기를, "만일 우리나라 사람 가운데 만나러 오는 자가 없으면 어찌 이런 일이 있겠습니까. 응당 충분하고 통렬하게 금지해야 합니다"라고 하였다. 교하기를, "연경(燕京)의 물화가 나올 때 이단(異端)의 책이 유출되어 온다고 하니, 변경 관문에서 엄히 신칙하면 이런 폐단은 저절로 끊어질 것이다"라고 하였다. 황종현이 아뢰기를, "변방의 금법이 어지러이 해이해져서 폐단이 자라서 말로 다할 수가 없는데, 간사한 행위의 구멍을 막지 못하고 있습니다. 책문 길 외에 해상의 교역이 몇 곳에서 이루어지고 있는지 알 수 없으니, 참으로 통탄스럽습니다"라고 하였다. 교하기를, "의주에서 나가는 것부터 엄히 금단해야 한다. 세 사신(使臣)의 짐에는 달리 염려할 것이 없으나 임역(任譯)들은 반드시 잘 단속한 연후에야 비로소 폐단을 막는 데 장애가 없을 것이니, 엄금하는 것이 좋다"라고 하였다.

『日省錄(高宗)』 146冊

予曰, 灣府與中國接界, 異於他處, 另加嚴飭, 俾無潛越之弊也. 鍾顯曰, 臣見領相, 伏聞向日筵教矣, 近日邊政蕩然, 多有潛越之弊云. 臣下去後, 謹當嚴禁矣. 予曰, 向見領相, 累有此飭, 而近聞潛越甚多, 邊政可悶也. 鍾顯曰, 如或有潛越之現發者, 謹當隨輕重勘處. 而其中若有罪犯之不可容貸者, 雖先斬後啓, 未爲不可. 而雖彼人, 有犯罪者, 則境上梟警, 亦有兩國約條矣. 予曰, 果有約條, 以此遵守, 則邊政可以肅淸矣. 鍾顯曰, 潛越之路, 非但在於鴨綠江也, 沿江上下, 多有潛渡處, 誠難一一周察云. 此則臣聞諸前任諸臣, 而領相亦言之矣. 予曰, 領相曾經灣尹, 故詳知邊政. 而潛越之弊, 尤當嚴禁也. 鍾顯曰, 潛商之弊, 前亦有之, 而不至如此之多者. 以物易物, 賣買之際, 自有難便之端, 故有所顧忌, 不敢狼藉矣. 近日錢貨通用之後, 潛商輩以物直賣, 而受錢直用, 故潛商尤多, 而莫可禁止. 到今淸錢革罷, 則此弊似或稍減矣. 予曰, 彼錢今旣不用, 此弊從可少減矣. 鍾顯曰, 似然矣. 予曰, 中國紀綱, 近頗解弛, 鴨水以北空閒之地, 多有居民, 人烟相望云矣. 鍾顯曰, 兩國交界, 設置空虛之地者, 自是有意所在, 而今則曲曲成村云, 可謂邊憂, 而此則中國之所當禁者也. 予曰, 彼人有潛商往來者云, 甚可駭然矣. 鍾顯曰, 如無我人之爲接主者, 則寧有是也. 當十分痛禁矣. 予曰, 燕貨出來時, 致有左書之流出, 自邊門嚴飭, 則此弊自可絶矣. 鍾顯曰, 邊禁蕩弛, 爲弊之滋長, 有不可勝言, 而奸竇莫遏. 柵路之外, 海上交易, 亦不知幾處, 誠可痛歎矣. 予曰, 自義州出來者, 則嚴加禁斷也. 三使臣房卜, 必無他慮, 而任譯輩, 必須善爲操束然後, 始可杜弊無礙, 嚴禁可也.

내가 말하기를, "의주[灣府]는 중국과 국경을 접하고 있어서 다른 곳과 다르니, 특별히 엄하게 신칙하여 몰래 국경을 넘는 폐단이 없게 하라"고 하였다. 황종현(黃鍾顯)이 아뢰기를, "신이 조금 전 영상을 만나 삼가 지난번의 연교(筵敎)를 들었는데, 근일에 변정(邊政)이 허탕해져서 몰래 국경을 넘는 폐단이 많다고 하셨다고 하였습니다. 신이 내려간 후, 삼가 마땅히 엄금하겠습니다"라고 하였다. 내가 말하기를, "지난번 영상을 보고 여러 차례 이를 신칙했었는데, 근래에 듣건대 몰래 국경을 넘는 자가 매우 많다고 하니, 변정이 민망스럽다"라고 하였다. 황종현이 아뢰기를, "만일 몰래 국경을 넘다가 현장에서 적발되는 자가 있으면 삼가 마땅히 〈죄의〉 경중에 따라 심리하여 처리하겠습니다. 그 가운데 범죄가 용서할 수 없는 자가 있으면 비록 먼저 참하고 나서 아뢰더라도 불가할 것이 없을 것인데, 비록 저쪽 사람으로 죄를 범하는 자가 있더라도 변경에서 효수하여 〈사람들을〉 경계하게 하는 것 또한 양국의 조약(條約)에 있습니다"라고 하였다. 내가 말하기를, "과연 〈그러한 내용이〉 조약에 있으니, 이렇게 준수하면 변정은 깨끗하고 맑아질 것이다"라고 하였다. 황종현이 아뢰기를, "몰래 국경을 넘는 길이 비단 압록강에만 있는 것이 아닙니다. 강 연안의 위아래로 몰래 넘어가는 곳이 많아서 참으로 하나하나 두루 살피기가 어렵다고 하는데, 이는 신이 전임이었던 여러 신하들에게서 들었고 영상도 그것을 말하였습니다"라고 하였다. 내가 말하기를, "영상이 일찍이 의주부윤[灣尹]을 지냈기 때문에 변정을 자세히 알고 있다. 몰래 국경을 넘는 폐단을 더욱 엄금해야 한다"라고 하였다. 황종현이 아뢰기를, "잠상(潛商)의 폐단은 전에도 있었으나 이처럼 많지는 않았습니다. 물건으로 물건을 바꾸며 매매할 때에는 자연스럽게 불편하다는 이유가 있었기 때문에 꺼리는 것이 있어서 감히 〈잠상을〉 낭자하게 하지는 못하였습니다. 근일 전화(錢貨)를 통용한 후에 잠상 무리가 물건을 바로 팔아서 〈그것의 대가로〉 돈을 받아서 곧장 쓰기 때문에 잠상이 더욱 많아져 금지할 수가 없습니다. 지금에 이르러서 청전(淸錢)이 혁파되었으니 이러한 폐단이 혹 조금 줄어들 것 같습니다"라고 하였다. 내가 말하기를, "저들의 돈을 이미 쓰지 않도록 하였으니, 이러한 폐단이 따라서 조금 줄어들 것이다"라고 하였다. 황종현이 아뢰기를, "그럴 것 같습니다"라고 하였다. 내가 말하기를, "중국의 기강이 근래에 아주 해이해져서 압록강[鴨水] 이북의 공한지(空閑地)에 거주하는 백성이 많아 사람과 연기가 서로 바라보인다고 한다"고 하였다. 황종현이 아뢰기를, "양국 경계에 공한지를 설치하는 것은 본래 뜻이 있는데, 지금은 곳곳에 마을을 이루고 있다 하니, 변경의 근심이라고 말할 수 있으며 이는 중국에서 마땅히 금해야 할 것입니다"라고 하였다. 내가 말하기를, "저쪽 사람들에도 잠상으로 왕래하는 자가 있다고 하니 매우 놀랍다"라고 하였다. 황종현이 아뢰기를, "만일 우리나라 사람 가운데 만나러 오는 자가 없으면 어찌 이런 일이 있겠습니까. 응당 충분하고 통렬하게 금지해야 합니다"라고 하였다. 내가 말하기를, "연경(燕京)의 물화가 나올 때 이단(異端)의 책이 유출되어 온다고 하니, 변경 관문에서 엄히 신칙하면 이런 폐단은 저절로 끊어질 것이다"라고 하였다. 황종현이 아뢰기를, "변방의 금법이 어지러이 해이해져서 폐단이 자라 말로 다할 수가 없는데, 간사한 행위의 구멍을 막지 못하고 있습니다. 책문 길 외에 해상의 교역이 몇 곳에서 이루어지고 있는지 알 수 없으니, 참으로 통탄스럽습니다"라고 하였다. 내가 말하기를, "의주에서 나가는 것부터 엄히 금단해야 한다. 사신(使臣)의 짐에는 달리 염려할 것이 없으나 임역(任譯)들은 반드시 잘 단속한 연후에야 비로소 폐단을 막는 데 장애가 없을 것이니, 엄금하는 것이 좋다"라고 하였다.

압록강 이북에서 책문에 이르는 옛 진강부의 방비를 위해 중국에 자문을 지어 보낼 것을 청함.

1874년(고종 11-甲戌) 8월 11일(양력 9월 21일)

발신 : 영의정 이유원

『承政院日記』 2804冊

甲戌八月十一日卯時. 大駕詣健元陵·元陵·綏陵·景陵展謁親祭, 仍詣顯陵·穆陵·徽陵·惠陵展謁擧動, … 裕元曰, 鴨江以北至柵門百餘里之間, 古鎭江府, 而今廢爲禁地. 臣於燕行時, 曾所見之, 又在灣府也, 熟知爲空閒之墟. 樹木叢雜之中, 若聞鷄犬之聲, 而不見一人之居矣. 挽近以來, 作爲逋逃之藪, 四方沒着之輩, 聚居起墾, 築室隱伏. 甲軍兵丁, 無以保其卡幕, 我國往來之人, 無不被其截路攘奪之患, 甚至於要借鳳城護送之擧云. 此爲兩國邊禁, 蕩弛而然也. 匪類勦捕, 自有上國已行之規, 曆咨入去時, 使之備言事由於禮部, 另撰咨文, 同爲入送似好. 故敢此仰達矣, 上曰, 依爲之.

8월 11일 묘시(卯時). 임금의 수레가 건원릉(健元陵)·원릉(元陵)·수릉(綏陵)·경릉(景陵)에 나아가 전알하고 친히 제사 지낸 뒤에 이어 현릉(顯陵)·목릉(穆陵)·휘릉(徽陵)·혜릉(惠陵)에 나아가 전알하기 위하여 거둥하였다. … 이유원(李裕元)이 아뢰기를, “압록강[鴨江] 이북에서 책문(柵門)까지 100여 리 사이는 옛날에는 진강부(鎭江府)였으나 지금은 폐하여 〈출입이〉 금지된 땅이 되었습니다. 신이 연행할 때 일찍이 그곳을 본 적이 있고, 또 의주부[灣府]에 있을 때 그곳이 폐허가 된 빈 땅이라는 것을 잘 알고 있었습니다. 수목(樹木)이 번잡하고 어수선하게 자라고 있는 곳에 닭 울음과 개 소리가 들리는 것 같았지만 살고 있는 사람은 한 사람도 보지 못했습니다. 최근에는 죄를 짓고 도망친 자들의 소굴이 되었고 사방의 돌아갈 곳 없는 무리가 모여 살며 땅을 개간하고 집을 짓고 숨어 살고 있습니다. 갑군(甲軍)의 병정이 지키는 막사를 보존할 수 없고 우리나라의 왕래하는 사람들이 길을 차단당하고 약탈당하는 우환이 없지 않으며 심지어는 〈상국〉 봉성(鳳城)의 호송에 의지해야만 한다고 합니다. 이것은 양국 변방의 금령(禁令)이 무너지고 해이해져서 그렇게 된 것입니다. 비류(匪類)를 토벌하여 체포하는 것은 상국(上國)이 이미 행한 규례가 있으니, 역자관(曆咨官)이 〈상국에〉 들어갈 때에 그들로 하여금 예부(禮部)에 사유를 갖추어 말하게 하고, 별도로 자문을 지어서 함께 들여보내는 것이 좋을 것 같습니다. 그래서 감히 이렇게 우러러 진달합니다"라고 하니, 임금께서 "그대로 하라"고 하였다.

『高宗實錄』11卷

健元陵親祭後, 領議政李裕元曰, 鴨江以北至柵門, 百餘里之間, 古鎭江府, 而今廢爲禁地. 臣於燕行時, 曾所見之, 又在灣府也, 熟知爲空閒之墟. 樹木叢襍之中, 若聞鷄犬之聲, 而不見一人之居矣. 挽近以來, 作爲逋逃之藪, 四方沒着之輩, 聚居起墾, 築室隱伏. 甲軍兵丁, 無以保其卡幕, 我國往來之人, 無不被其截路攘奪之患. 甚至於要借鳳城護送之擧云. 此爲兩國邊禁蕩弛而然也. 匪類勦捕, 自有中國已行之規, 曆咨入去時, 使之備言事由於中國禮部, 另撰咨文, 同爲入送似好矣, 允之.

건원릉(健元陵)에서 친제(親祭)한 뒤에 영의정(領議政) 이유원(李裕元)이 아뢰기를, "압록강[鴨江] 이북에서 책문(柵門)까지 100여 리 사이는 옛날에는 진강부(鎭江府)였으나 지금은 폐하여 〈출입이〉 금지된 땅이 되었습니다. 신이 연행할 때 일찍이 본 적이 있고, 또 의주부[灣府]에 있을 때 그곳이 폐허가 된 빈 땅이라는 것을 잘 알고 있었습니다. 수목(樹木)이 번잡하고 어수선하게 자라고 있는 곳에 닭 울음과 개 소리가 들리는 것 같았지만 살고 있는 사람은 한 사람도 보지 못했습니다. 최근에는 죄를 짓고 도망친 자들의 소굴이 되었고 사방의 돌아갈 곳 없는 무리가 모여 살면서 땅을 개간하고 집을 짓고 숨어 살고 있습니다. 갑군(甲軍)의 병정이 지키는 막사를 보존할 수 없고 우리나라의 왕래하는 사람들이 길을 차단당하고 약탈당하는 우환이 없지 않으며 심지어는 〈중국〉 봉성(鳳城)의 호송에 의지해야만 한다고 합니다. 이것은 양국 변방의 금령(禁令)이 무너지고 해이해져서 그렇게 된 것입니다. 비류(匪類)를 토벌하여 체포하는 것은 중국이 이미 행한 규례가 있으니, 역자관(曆咨官)이 〈중국에〉 들어갈 때에 그들로 하여금 중국 예부(禮部)에 사유를 갖추어 말하게 하고, 별도로 자문을 지어서 함께 들여보내는 것이 좋을 것 같습니다"라고 하니, 윤허하였다.

『日省錄(高宗)』 154冊

領議政李裕元啓言, 鴨江以北至柵門, 百餘里之間, 古鎭江府, 而今廢爲禁地. 臣於燕行時, 曾所見之, 又在灣府也, 熟知爲空閒之墟. 樹木叢樸之中, 若聞鷄犬之聲, 而不見一人之居矣. 挽近以來, 作爲逋逃之藪, 四方沒着之輩, 聚居起墾, 築室隱伏. 甲軍兵丁, 無以保其卡幕, 我國往來之人, 無不被其截路攘奪之患. 甚至於要借鳳城護送之擧云. 此爲兩國邊禁蕩弛而然也. 匪類勦捕, 自有中國已行之規. 曆咨入去時, 使之備言事由於中國禮部, 另撰咨文, 同爲入送似好矣, 從之.

영의정(領議政) 이유원(李裕元)이 아뢰기를, "압록강(鴨綠江) 이북에서 책문(柵門)까지 100여 리 사이는 옛날에는 진강부(鎭江府)였으나 지금은 폐하여 〈출입이〉 금지된 땅이 되었습니다. 신이 연행할 때 일찍이 본 적이 있고, 또 의주부[灣府]에 있을 때 그곳이 폐허가 된 빈 땅이라는 것을 잘 알고 있었습니다. 수목(樹木)이 번잡하고 어수선하게 자라고 있는 곳에 닭 울음과 개 소리가 들리는 것 같았지만 살고 있는 사람은 한 사람도 보지 못했습니다. 최근에는 죄를 짓고 도망친 자들의 소굴이 되었고, 사방의 돌아갈 곳 없는 무리들이 모여 살면서 땅을 개간하고 집을 짓고 숨어 살고 있습니다. 갑군(甲軍)의 병정이 지키는 막사를 보존할 수 없고 우리나라의 왕래하는 사람들이 길을 차단당하고 약탈당하는 우환이 없지 않으며 심지어는 〈중국〉 봉성(鳳城)의 호송에 의지해야만 한다고 합니다. 이것은 양국 변방의 금령(禁令)이 무너지고 해이해져서 그렇게 된 것입니다. 비류(匪類)를 토벌하여 체포하는 것은 중국이 이미 행한 규례가 있으니, 역자관(曆咨官)이 〈중국에〉 들어갈 때에 그들로 하여금 중국 예부(禮部)에 사유를 갖추어 말하게 하고, 별도로 자문을 지어서 함께 들여보내는 것이 좋을 것 같습니다"라고 하니, 따랐다.

이양선에 의해 크게 피해를 입은 영종도 사건을 보고받고, 연해 방비에 더욱 신경 쓸 것을 명함.

1875년(고종 12-乙亥) 8월 29일(양력 9월 28일)

발신 : 고종

『承政院日記』 2816冊

乙亥八月二十九日未時, 上御萬慶殿. … 各殿問候訖, 炳國曰, 今番異舶, 旣未問情, 未知何國人物也. 上曰, 果未知何國之人, 而異舶之來, 便成年例矣. 炳國曰, 一隻船無難作梗, 至於永宗失守之境, 誠甚痛惋矣. 最應曰, 右相所奏內修外攘, 全由於典學中之言, 誠爲切實, 而雖兵利將勇, 無錢穀則難以防禦矣. 節財用, 卽是目下急務也. 上曰, 財用不得不撙節矣. 炳國曰, 聖敎至當矣. 古人云, 一日一錢, 千日千錢, 此所以節用之爲先務, 而財賦之臣, 亦恒存此心矣. 上曰, 永宗事, 砲軍之防守何如, 而事至於此乎. 炳國曰, 防守軍, 不爲逃避, 故人命被傷, 其數不少矣. 上曰, 人命被傷, 至於數十人之多矣, 炳國曰, 向日傳敎, 亶出於愍恤之仁, 永宗人民, 自當感泣天恩矣. … 上命次對爲之, 最應曰, 前永宗事, 憤惋之極, 不欲索言, 而縱謂之城孤軍少, 坐視小醜之下陸, 不敢接戰, 麾下六百砲士, 創傷奔潰, 棄城棄印, 驚怯鼠竄, 該防禦使之罪, 自有當律. 而丙寅經擾以後, 十載之頃, 增軍伍而固壁壘, 繕器械而峙餱糧, 技藝之圖練, 恩賞之激勸, 朝家綢繆之方, 靡不用極. 以今觀之, 養兵千日, 用在一時者, 其意果安在哉. 大抵統率之不得其人, 則雖有幾萬精銳, 匪衂則潰, 更無一人有果敢殺賊之心者矣. 思之及此, 寧不寒心. 沿海守禦之道, 不可以彼船之纔退, 少有弛忽. 毋論梱帥·守令, 惟人是擇, 惟才是取, 則急先之務, 莫過於此, 故敢玆猥陳. 伏願深留聖念焉. 上曰, 今番永宗事, 憤歎憤歎, 梱帥守令之擇, 誠如卿言, 廟堂別般申飭於銓曹可也.

8월 29일 미시(未時). 임금께서 만경전(萬慶殿)에 나아갔다. … 각전(各殿)에 대한 문후가 끝나자 김병국(金炳國)이 아뢰기를, "이번에 온 이양선[異船]은 아직 정황을 물어보지 못하여 어느 나라 사람의 배인지 모르겠습니다"라고 하였다. 임금께서 이르기를, "과연 어느 나라 사람인지는 모르겠으나 이양선[異船]이 오는 것이 어느새 연례행사가 되었다"라고 하였다. 김병국이 아뢰기를, "1척의 선박이 아무런 어려움 없이 행패를 부려 영종도[永宗]를 지켜내지 못하는 지경에 이르렀으니, 진실로 매우 안타까운 일입니다"라고 하였다. 이최응(李最應)은 아뢰기를, "우상이 아뢴 '안으로 〈국정을〉 닦고 밖으로 〈침략을〉 막아야 한다'는 말은 전부 경연[典學] 중에 나온 말로 참으로 절실하나 아무리 병기가 날카롭고 장수가 용맹스럽다 하더라도 전곡이 없으면 방어하기가 어렵습니다. 재용(財用)을 절약하는 것이 바로 눈앞에 닥친 급선무입니다"라고 하였다. 임금께서 이르기를, "재용은 절제하지 않을 수 없다"라고 하였다. 김병국이 아뢰기를, "성교(聖敎)가 지당하십니다. 옛사람이 이르기를, '하루에 1전(錢)이면 1,000일이면 1,000전이 된다'라고 하니, 이것이 재용의 절약이 급선무가 되는 이유로서, 재부(財賦)를 맡은 신하도 항상 이와 같은 마음을 가지고 있습니다"라고 하였다. 임금께서 이르기를, "영종도[永宗]의 일은 포군(砲軍)의 방수가 어떠하기에 일이 여기에 이르렀는가"라고 하였다. 김병국이 아뢰기를, "방수군(防守軍)이 도피하지 않았기 때문에 인명 피해 수가 적지 않습니다"라고 하였다. 임금께서 이르기를, "인명 피해가 수십 명이나 되는 많은 수에 이르렀다"라고 하였다. 김병국이 아뢰기를, "지난번 내리신 전교는 백성을 불쌍히 여겨 보살피는 인자하신 마음에서 나온 것이니, 영종도의 인민은 응당 천은에 감읍할 것입니다"라고 하였다. … 임금께서 차대를 하도록 명하니, 이최응이 아뢰기를, "이전 영종도의 일은 매우 분하고 원통하여 말하고 싶지도 않습니다만, 성이 외지고 군사가 적다고 하더라도, 보잘 것 없는 추악한 무리가 육지에 내리는 것을 앉아서 보고만 있고 감히 접전하지 못하여 휘하의 600명 포사(砲士)가 부상을 당하고 진열을 무너뜨리고 도망가며, 성(城)과 인신(印信)을 버린 채 놀라 겁에 질려 쥐새끼처럼 달아났으니, 해당 방어사의 죄는 이에 해당하는 율이 있을 것입니다. 병인년의 소요를 거친 이래로 10년 사이 군사를 늘리고 성벽을 공고히 하며 무기를 수선하고 군량을 저축했으며 기예를 단련하고 은상으로 격려하고 권장하는 등 조정에서 치밀한 방책을 지극히 하지 않은 것이 없었습니다. 지금 보건대, 1,000일 동안 병사를 양성하는 것은 〈중요한〉 한 번의 시점에서 쓰려고 하는 것인데, 〈지금 상황에서〉 그러한 뜻이 과연 어디에 있다고 하겠습니까. 대저 통솔에는 적임자를 얻지 못하면 아무리 몇만의 정예가 있다 하더라도 패하지 않으면 궤멸되어 다시는 과감하게 적을 죽일 마음을 갖는 자가 단 한 사람도 없게 되는 것입니다. 생각이 여기에 미치면 어찌 한심하지 않겠습니까. 연해를 방어하는 방법은 저들의 배가 이제 막 물러갔다고 해서 조금이라도 이완되거나 소홀히 해서는 안 됩니다. 곤수(梱帥)·수령을 막론하고 오직 그 적임자를 가려 쓰고 재능이 있는 자를 끌어 써야 하니, 급선무로서 이보다 더한 것이 없기에 감히 외람되이 아뢰니다. 삼가 바라건대, 성상께서는 깊이 유념하소서"라고 하였다. 임금께서 이르기를, "이번 영종도의 사건은 분통하고 또 분통하다. 곤수와 수령을 가려 뽑는 일은 참으로 경의 말과 같이해야 하는 것이니, 묘당은 별도로 전조에 신칙하는 것이 좋겠다"라고 하였다.

『高宗實錄』 12卷

二十九日. 次對. 左議政李最應曰, 日前永宗事, 憤惋之極, 不欲索言, 而縱謂之城孤軍少, 坐視小醜之下陸, 不敢接戰, 麾下六百砲士, 創傷奔潰, 棄城棄印, 驚刦鼠竄, 該防禦使之罪, 自有當律. 而丙寅經擾以後, 十載之頃, 增軍伍而固壁壘, 繕器械而峙餱糧, 技藝之團練, 恩賞之激勸, 朝家綢繆之方, 靡不用極. 以今觀之, 養兵千日, 用在一時者, 其意果安在哉. 大抵統率之不得其人, 則雖有幾萬精銳, 匪衄則潰, 更無一人有果敢殺賊之心者矣. 思之及此, 寧不寒心. 沿海守禦之道, 不可以彼船之纔退, 少有弛忽. 毋論梱帥·守令, 惟人是擇, 惟才是取, 則急先之務, 莫過於此, 故敢玆猥陳. 伏願深留聖念焉. 敎曰, 邊禁之如是蕩弛, 其可曰國有紀綱乎. 依所奏爲之, 以別般糾察之意, 嚴飭於道帥臣可也. 右議政金炳國曰, 異舶今旣退去矣, 不可以彼醜之已去, 少或弛戒. 方來之憂, 先事之備, 有不容緩忽, 而內修外攘之道, 亦爲今日之急務. 仁川之陞作防營, 沿海之更申團束, 是爲外攘也. 若夫內修之要, 未嘗不曰, 財用可節也, 紀綱可立也, 貪墨可懲也, 奢侈可禁也, 而其本則惟典學是耳. 臣不可遠引古昔, 支蔓其說, 而顧今新涼已生矣, 奮發聖知, 日開講筵, 終始孜孜, 毋或間斷. 緝熙焉益復緝熙, 光明焉益復光明, 則不但目下時弊之可矯可捄, 桴捷之應, 草偃之風, 必底乎從欲而治. 內修外攘, 稱獲其宜. 伏願懋哉懋哉. 敎曰, 內修外攘, 誠爲今日之急務, 而典學之爲內修, 尤所切中. 敢不服膺乎哉.

8월 29일. 차대(次對)하였다. 좌의정(左議政) 이최응(李最應)이 아뢰기를, "이전 영종도[永宗]의 일은 매우 분하고 원통하여 말하고 싶지도 않습니다만, 성이 외지고 군사가 적다고 하더라도, 보잘 것 없는 추악한 무리가 육지에 내리는 것을 앉아서 보고만 있고 감히 접전하지 못하여 휘하의 600명 포사(砲士)가 부상을 당하고 진열을 무너뜨리고 도망가며, 성(城)과 인신(印信)을 버린 채 놀라 겁에 질려 쥐새끼처럼 달아났으니, 해당 방어사의 죄는 이에 해당하는 율이 있을 것입니다. 병인년의 소요를 거친 이래로 10년 사이 군사를 늘리고 성벽을 공고히 하며 무기를 수선하고 군량을 저축했으며 기예를 단련하고 은상으로 격려하고 권장하는 등 조정에서 치밀한 방책을 지극히 하지 않은 것이 없었습니다. 지금 보건대, 1,000일 동안 병사를 양성하는 것은 〈중요한〉 한 번의 시점에서 쓰려고 하는 것인데, 〈지금 상황에서〉 그러한 뜻이 과연 어디에 있다고 하겠습니까. 대저 통솔에는 적임자를 얻지 못하면 아무리 몇만의 정예가 있다 하더라도 패하지 않으면 궤멸되어 다시는 과감하게 적을 죽일 마음을 갖는 자가 단 한 사람도 없게 되는 것입니다. 생각이 여기에 미치면 어찌 한심하지 않겠습니까. 연해를 방어하는 방법은 저들의 배가 이제 막 물러갔다고 해서 조금이라도 이완되거나 소홀히 해서는 안 됩니다. 곤수(梱帥)·수령을 막론하고 오직 그 적임자를 가려 쓰고 재능이 있는 자를 끌어 써야 하니, 급선무로서 이보다 더한 것이 없기에 감히 외람되이 아뢥니다. 삼가 바라건대, 성상께서는 깊이 유념하소서"라고 하였다. 교하기를, "변경의 금법이 이와 같이 해이해졌으니 나라에 기강이 있다고 말할 수 있겠는가. 아뢴대로 하되 별도로 규찰하도록 하라는 내용을 도신(道臣)·수신(帥臣)에게 엄하게 신칙하는 것이 좋겠다"라고 하였다. 우의정(右議政) 김병국(金炳國)이 아뢰기를, "이양선[異舶]이 지금 물러갔지만 저놈들이 물러갔다고 하여 조금도 경계를 늦출 수 없습니다. 앞일을 걱정하고 미리 준비를 갖추는 일은 늦추고 소홀히 할 수 없으며, 안으로 〈국정을〉 닦고 밖으로 〈침략을〉 막는 방법을 강구하는 것도 오늘의 급한 일입니다. 인천을 방어영으로 승격시키며 연해의 방어를 단속하는 것이 밖으로 외적을 물리치는 것이 됩니다. 안으로 국정을 닦는 요체는, 일찍이 말하였듯이 재용을 절약하는 것이며 기강을 세우는 것이며 탐오[貪墨]을 징계하는 것이며 사치를 금지하는 것이나, 그 근본은 오직 늘 학문에 힘쓰시는 일뿐입니다. 신이 먼 옛날의 일을 끌어다가 말하지는 않겠지만, 생각건대 지금은 초가을의 서늘한 기운이 생겼으니, 성지(聖知)를 분발하시어 날마다 강연(講筵)을 열어 시종으로 꾸준하게 공부하시고 잠시도 중단하지 마소서. 계속해서 밝히는 성상의 학문이 더욱더 밝게 되고 광명(光明)함이 더욱더 광명하게 된다면 비단 눈앞의 시급한 폐단을 바로잡을 수 있을 뿐만 아니라 북채가 닿자 북소리가 울리고 풀이 바람에 눕듯 기필코 하고자 하는 대로 다스려지게 될 것입니다. 안으로 국정을 닦고 밖으로 침략을 막는 일도 다 제대로 될 것입니다. 감히 바라건대 힘쓰시고 힘쓰소서"라고 하였다. 교하기를, "안으로 〈국정을〉 닦고 밖으로 〈침략을〉 막는 일은 참으로 오늘날의 급한 일이며, 학문에 모든 힘을 다하는 것이 곧 〈국정을〉 닦는 것이라는 것도 매우 적중한 말이다. 어찌 가슴에 새겨두지 않겠는가"라고 하였다.

『日省錄(高宗)』 170冊

右議政金炳國曰, 今番異舶, 旣未問情, 未知何國人物也. 予曰, 果未知何國之人, 而異舶之來, 便成年例矣. 炳國曰, 一隻船無難作梗, 至於永宗失守之境, 甚痛惋矣. 左議政李最應曰, 右相所奏內修外攘, 全由於典學中之言, 誠爲切實, 而雖兵利將勇, 無錢穀則難以防禦矣. 節財用, 卽是目下急務也. 予曰, 財用不得不撙節矣. 炳國曰, 聖教至當矣. 古人云, 一日一錢, 千日千錢, 此所以節用之爲先務, 而財賦之臣, 亦恒存此心矣. 予曰, 永宗事, 砲軍之防守何如, 而事至於此乎. 炳國曰, 防守軍, 不爲逃避, 故人命被傷, 其數不少矣. 予曰, 人命被傷, 至於數十人之多矣. 炳國曰, 向日傳敎, 亶出於愍恤之仁, 永宗人民, 自當感泣天恩矣.

우의정(右議政) 김병국(金炳國)이 아뢰기를, "이번에 온 이양선[異舶]은 아직 정황을 물어보지 못하여 어느 나라 사람의 배인지 모르겠습니다"라고 하였다. 내가 말하기를, "과연 어느 나라 사람인지는 모르겠으나 이양선[異舶]이 오는 것이 어느새 연례행사가 되었다"라고 하였다. 김병국이 아뢰기를, "1척의 선박이 아무런 어려움 없이 행패를 부려 영종도[永宗]를 지켜내지 못하는 지경에 이르렀으니, 진실로 매우 안타까운 일입니다"라고 하였다. 이최응(李最應)은 아뢰기를, "우상이 주달한 '안으로 〈국정을〉 닦고 밖으로 〈침략을〉 막아야 한다'는 말은 전부 경연[典學] 중에 나온 말로 참으로 절실하나 아무리 병기가 날카롭고 장수가 용맹스럽다 하더라도 전곡이 없으면 방어하기가 어렵습니다. 재용(財用)을 절약하는 것이 바로 눈앞에 닥친 급선무입니다"라고 하였다. 내가 말하기를, "재용은 절제하지 않을 수 없다"라고 하였다. 김병국이 아뢰기를, "성교(聖敎)가 지당하십니다. 옛사람이 이르기를, '하루에 1전(錢)이면 1,000일이면 1,000전이 된다'라고 하니, 이것이 재용의 절약이 급선무가 되는 이유로서, 재부(財賦)를 맡은 신하도 항상 이와 같은 마음을 가지고 있습니다"라고 하였다. 내가 말하기를, "영종도의 일은 포군(砲軍)의 방수가 어떠하기에 일이 여기에 이르렀는가"라고 하였다. 김병국이 아뢰기를, "방수군(防守軍)이 도피하지 않았기 때문에 인명 피해 수가 적지 않습니다"라고 하였다. 내가 말하기를, "인명 피해가 수십 명이나 되는 많은 수에 이르렀다"라고 하였다. 김병국이 아뢰기를, "지난번 내리신 전교는 백성을 불쌍히 여겨 보살피는 인자하신 마음에서 나온 것이니, 영종도의 인민은 응당 천은에 감읍할 것입니다"라고 하였다.

『備邊司謄錄』256冊

今八月二十九日. 大臣政府堂上引見入侍時, 左議政李所啓, 日前永宗事, 憤惋之極, 不欲索言, 而縱謂之城孤軍少, 坐視小醜之下陸, 不敢接戰, 麾下六百砲士, 創傷奔潰, 棄城棄印, 驚怯鼠竄, 該防禦使之罪, 自有當律. 而丙寅經擾以後, 十載之頃, 增軍伍而固壁壘, 繕器械而峙餱糧, 技藝之團練, 恩賞之激勸, 朝家綢繆之方, 靡不庸極. 以今觀之, 養兵千日, 用在一時者, 其意果安在哉. 大抵統率之不得其人, 則雖有幾萬精銳, 匪衂則潰, 更無一人有果敢殺賊之心者矣. 思之及此, 寧不寒心. 沿海守禦之道, 不可以彼船之纔退, 少有弛忽. 毋論梱帥·守令, 惟人是擇, 惟才是取, 則急先之務, 莫過於此, 故敢玆猥陳. 伏願深留聖念焉. 上曰, 今番永宗事, 憤歎憤歎, 梱帥·守令之擇, 誠如卿言, 廟堂別般申飭於銓曹可也. ….

이번 8월 29일. 대신과 의정부[政府]의 당상이 인견하여 입시할 때, 좌의정(左議政)이〈최응〉이 아뢰기를, “일전의 영종도[永宗]의 일은 매우 분하고 원통하여 말하고 싶지도 않습니다만, 성이 외지고 군사가 적다고 하더라도, 보잘 것 없는 추악한 무리가 육지에 내리는 것을 앉아서 보고만 있고 감히 접전하지 못하여 휘하의 600명 포사(砲士)가 부상을 당하고 진열을 무너뜨리고 도망가며, 성(城)과 인신(印信)을 버린 채 놀라 겁에 질려 쥐새끼처럼 달아났으니, 해당 방어사의 죄는 이에 해당하는 율이 있을 것입니다. 병인년의 소요를 거친 이래로 10년 사이 군사를 늘리고 성벽을 공고히 하며 무기를 수선하고 군량을 저축했으며 기예를 단련하고 은상으로 격려하고 권장하는 등 조정에서 치밀한 방책을 지극히 하지 않은 것이 없었습니다. 지금 보건대, 1,000일 동안 병사를 양성하는 것은 〈중요한〉 한 번의 시점에서 쓰려고 하는 것인데, 〈지금 상황에서〉 그러한 뜻이 과연 어디에 있다고 하겠습니까. 대저 통솔에는 적임자를 얻지 못하면 아무리 몇만의 정예가 있다 하더라도 패하지 않으면 궤멸되어 다시는 과감하게 적을 죽일 마음을 갖는 자가 단 한 사람도 없게 되는 것입니다. 생각이 여기에 미치면 어찌 한심하지 않겠습니까. 연해를 방어하는 방법은 저들의 배가 이제 막 물러갔다고 해서 조금이라도 이완되거나 소홀히 해서는 안 됩니다. 곤수(梱帥)·수령을 막론하고 오직 그 적임자를 가려 쓰고 재능이 있는 자를 끌어 써야 하니, 급선무로서 이보다 더한 것이 없기에 감히 외람되이 아뢥니다. 삼가 바라건대, 성상께서는 깊이 유념하소서”라고 하였다. 임금께서 이르기를, “이번 영종도의 사건은 분통하고 또 분통하다. 곤수·수령을 가려 뽑는 일은 참으로 경의 말과 같이 해야 하는 것이니, 묘당은 별도로 전조에 신칙하는 것이 좋겠다…”라고 하였다.

백성들이 국경을 넘은 일로 인해 본인의 처벌을 청함.

1875년(고종 12-乙亥) 10월 22일(양력 11월 19일)

발신 : 함경감사 서당보

『承政院日記』 2818冊

咸鏡監司徐堂輔疏曰, 伏以臣於月前, 猥陳衷懇, 冀被威罰, 及伏奉恩批下者, 辭旨溫重, 諭勉備摯, 臣雙擎九頓, 感淚被面. 曾未幾日, 繼有邊境犯越事, 而臣之前後失職之罪, 尤章章較著矣. 噫, 豆江一帶, 天所以限南北, 而愼固封守, 懷保黎庶, 是一路旬宣之責也, 臣周歲尸素, 觸處僨誤, 威信未足以鎭壓隣境, 惠政未足以安集編甿, 至於多戶之逋亡, 而亦未能防遏之. 臣罪至此, 何辭可恕.

함경감사(咸鏡監司) 서당보(徐堂輔)가 상소하기를, "삼가 아룁니다. 신은 한 달 전에 외람되이 진심을 진달하여 위엄스러운 벌을 입을 것을 기다렸지만, 은혜로운 비답을 내린 것을 삼가 받드니 말씀의 뜻이 온화하고 무거우며 권면하고 타이르심이 간절하시어 신은 두 손으로 받들어 들고 아홉 번 머리를 조아리면서 감격의 눈물이 얼굴을 가렸습니다. 며칠 되지 않아 연이어 변경을 넘는 일이 있었으니, 신이 앞뒤로 직임을 다하지 못한 죄가 더욱 뚜렷하게 나타났습니다. 아, 두만강 일대는 하늘이 남북으로 한계를 지어 놓았으며, 〈그 지방관은〉 삼가서 굳게 지키고 백성들을 보호하며, 한 지방[一路]을 복종시키고 〈거기에〉 임금의 은덕을 두루 미치게 하는 자리인데, 신은 한 해 동안 별로 하는 일도 없이 녹봉만 축내고 하는 일마다 잘못되어 위엄과 믿음이 인접 경계를 진압하기에 부족하고, 은혜로운 정사가 백성을 안집(安集)시키기에 부족하여 많은 가호가 도망하기에 이르렀는데도 그것을 능히 막지 못하였습니다. 신의 죄가 이에 이르렀으니, 무슨 말로 용서받을 수 있겠습니까"라고 하였다.

『日省錄(高宗)』 172冊

疏略曰, 臣於月前, 猥陳衷懇, 冀被威罰, 及奉恩批, 感淚被面. 魯[*曾]未幾日, 繼有邊境犯越事, 臣之前後失職, 尤章章較著矣.

〈함경감사(咸鏡監司) 서당보(徐堂輔)의〉 상소의 대략에, “신이 한 달 전에 외람되이 진심을 진달하여 위엄스러운 벌을 입을 것을 기다렸지만, 은혜로운 비답을 받드니 감격의 눈물이 얼굴을 덮었습니다. 며칠 되지 않아, 연이어 변경을 넘는 일이 있으니, 신이 앞뒤로 직임을 다하지 못함이 더욱 뚜렷하게 드러났습니다”라고 하였다.

조일수호조규(강화도조약)이 체결됨.

1876년(고종 13-丙子) 2월 3일(양력 1월 9일)

발신 : 판중추부사 신헌

『高宗實錄』13卷

初三日. 接見大官以, 今三日辰刻, 與日本國特命全權辨理大臣黑田淸隆·特命副全權辨理大臣井上馨, 修好條款二冊, 互相署名鈐印, 仍宴饗于營下鍊武堂, 其隨員亦與焉. 宴罷午刻, 該一行出發歸船, 宮本小一以下及餘兵七十餘名, 姑留於前住處. 而修好條規譯漢文日本文各一冊·批準原本一冊·日本全權擬案批準一冊·條規原本一冊·日使贈書一本·宮本小一手錄一本, 賫上于議政府啓.

修好條規【準據譯漢原本】

大日本國與大朝鮮國, 素敦友誼, 歷有年所. 今因視兩國情意未洽, 重修舊好, 以固親睦. 是以日本國政府簡, 特命全權辨理大臣陸軍中將兼參議開拓長官黑田淸隆·特命副全權辨理大臣議官井上馨, 詣朝鮮國江華府, 朝鮮國政府簡, 判中樞府事申櫶·副總管尹滋承, 各遵所奉諭旨, 議立條款, 開列于左. 第一款. 朝鮮國自主之邦, 保有與日本國平等之權. 嗣後兩國欲表和親之實, 須以彼此同等之禮相待, 不可毫有侵越猜嫌. 宜先將從前爲交情阻塞之患諸例規, 一切革除, 務開擴寬裕弘通之法, 以期永遠相安. 第二款. 日本國政府, 自今十五個月後, 隨時派使臣, 到朝鮮國京城, 得親接禮曹判書, 商議交際事務, 該使臣駐留久暫, 共任時宜. 朝鮮國政府亦隨時派使臣, 到日本國東京, 得親接外務卿, 商議交際事務, 該使臣駐留久暫, 亦任時宜. 第三款. 嗣後兩國往來公文, 日本用其國文, 自今十年間, 別具譯漢文一本, 朝鮮用眞文. 第四款. 朝鮮國釜山草梁項, 立有日本公館久, 已爲兩國人民通商之區. 今應革, 除從前慣例及歲遣船等事, 憑準新立條款, 措辦貿易事務. 且朝鮮國政府, 須別開第五款所載之二口, 準聽日本國人民往來通商, 就該地賃借地基, 造營家屋或僑寓所在人民屋宅, 各隨其便. 第五款. 京畿·忠清·全羅·慶尙·咸鏡五道中, 沿海擇便通商之港口二處, 指定地名. 開口之期, 日本曆自明治九年二月, 朝鮮曆自丙子年二月起筭, 共爲二十個月. 第六款. 嗣後日本國船隻, 在朝鮮國沿海, 或遭大風, 或薪糧窮竭, 不能達指定港口, 卽得入隨處沿岸支港, 避險補缺, 修繕船具, 買求柴炭等, 其在地方供給費用, 必由船主賠償. 凡是等事, 地方官民, 須特別加意憐恤救援, 無不至補給, 勿敢吝惜. 倘兩國船隻, 在洋破壞, 舟人漂至, 隨處地方人民, 卽時救恤保全, 稟地方官, 該官護還其本國, 或交付其就近駐留本國官員. 第七款. 朝鮮國沿海島嶼巖礁, 從前無經審檢, 極爲危險, 準聽日本國航海者, 隨時測量海岸, 審其位置深淺, 編製圖志, 俾兩國船客, 以得避危就安. 第八款. 嗣後日本國政府, 於朝鮮國指定各口, 隨時設置管理日本國商民之官, 遇有兩國交涉案件, 會商所在地方長官辦理. 第九款. 兩國旣經通好, 彼此人民, 各自任意貿易, 兩國官吏, 毫無干預. 又不得限制禁阻, 倘有兩國商民, 欺罔衒賣貸借不償等事, 兩國官吏, 嚴拿該逋商民, 令追辨債欠, 但兩國政府, 不能代償. 第十款. 日本國人民在朝鮮國指定各口, 如其犯罪, 交涉朝鮮國人民, 皆歸日本國審斷, 如朝鮮國人民犯罪, 交涉日本國人民, 均歸朝鮮官查辨, 各據其國律訊斷, 毫無回護袒庇, 務昭公平允當. 第十一款. 兩國旣經通好, 須另設立通商章程, 以便兩國商民. 且併現下議立各條款中, 更應補添細目, 以便遵照條件, 自今不出六個月, 兩國另派委員, 會朝鮮國 京城或江華府, 商議定立. 第十二款. 右十一款議定條約, 以此日爲兩國信守遵行之始. 兩國政府不得復變革之, 永遠信遵, 以敦和好矣. 爲此作約書二本, 兩國委任大臣各鈐印, 互相交付, 以昭憑信. 大朝鮮國開國四百八十五年丙子二月初二日, 大官判中樞府事申櫶·副官都總府副總管尹滋承. 大日本國紀元二千五百三十六年, 明治九年二月二十六日, 大日本國特命全權辨理大臣陸軍中將兼參議開拓長官黑田淸隆·大日本國特命副全權辨理大臣議官井上馨.

本國批準冊. 丙子二月初一日, 判中樞府事申櫶·都總府副總管尹滋承奏, 將於本年二月初二日, 大日本國特命全權辨理大臣黑田淸隆·特命副全權辨理大臣井上馨與臣櫶·臣滋承, 會同江華府, 互換條約一摺. 逐款允當, 已予批準, 行諸久遠, 益敦親睦. 其條約內應行各事. 凡爾官民, 悉奉此意, 一體接照辦理. 大朝鮮國主上.

日使擬案批準冊. 保有天佑踐萬世一系之帝祚大日本國皇帝, 以此書宣示汝有衆. 朕良友大朝鮮國君王, 固厚隣交. 玆今欽命全權大臣某, 往大朝鮮國, 與全權某所締約之條款, 朕閱覽之, 逐款允當, 已與批準. 汝等百官, 奉朕此意, 一體遵照辨理宣. 神武天皇紀元二千五百三十六年, 明治九年月日, 於東京皇宮親鈐國璽. 大日本國皇帝奉勅, 外務卿某·外務大丞某·外務權大丞某. 右擬案也.

議政府照會于大日本國辨理大臣. 議政府爲照會事. 兩國修睦行且三百年矣. 使幣往來, 情若兄弟, 各安人民, 無相爭嚇. 戊辰以來, 因未審貴國革新狀由, 所以有種種疑端, 貴國屢次使書, 未遽接受, 終爲隣誼阻隔之地. 昨秋, 會貴國汽船抵江華島, 又致有紛擾. 迨此次貴大臣, 奉使臨境, 與敝國使相接, 得領盛意, 從前猜疑, 一朝開釋, 曷勝痛歎. 如承示立約各款, 我朝廷旣委敝國使會商. 戊辰以來, 兩國往來公文, 應均廢爲故紙, 庶永遠親睦, 共謀兩國之慶, 亦足以昭我國善隣之誼矣.

日本全權贈書. 我國與貴國, 在亞細亞洲東洋中, 疆土隣近, 海岸相對, 使幣往來, 玆三百祀. 但因中間有齟齬, 以致情意之不洽. 今本大臣等, 奉使貴國, 會同于貴大臣等, 重修舊交, 議立新約, 昭兩國共守之信威, 萬代不易之典, 寔爲國家無疆之福矣, 本大臣等, 亦與有榮焉. 謹祝貴國君王及諸有司之康寧, 竝謝貴大臣等誠心協和, 令本大臣等, 全我使命之厚誼云. 明治九年二月二十七日.

宮本小一手錄. 凡日本國商船, 因貿易等事, 進往他國, 莫不領帶, 政府所付之船牌及航海公證. 旣到港口, 不出二十四時【貴國二十四時】, 該船主呈船牌公證于駐在該地日本領事官驗明, 然後報狀于該地方官. 其報草內, 必有領事官印記, 故其爲日本國船隻也, 確乎有憑據. 又每船必立國旗, 國旗是至貴至重之物, 若有甲國船假冒乙國旗號, 則視與海賊同, 乙國兵艦緝拏懲罰. 朝鮮政府禁鴉片進口, 與日本人民無礙. 現今不聞日本人奉耶蘇敎. 朝鮮政府爲豫防日本人民, 或有傳耶蘇敎于朝鮮人民, 欲禁止之事, 日本政府應無不允. 別國人民, 在朝鮮國通商各口, 假日本人之名籍居住貿易事, 是日本政府所不許也. 右各件, 蒙申大官詢問, 故陳鄙見如此. 外務大丞宮本小一.

2월 3일. 접견대관(接見大官)이 아뢰기를, "지금 3일 진시(辰時)에 일본국 특명전권변리대신(特命全權辨理大臣) 구로다 기요타카(黑田淸隆), 특명부전권변리대신(特命副全權辨理大臣) 이노우에 가오루(井上馨)와 수호조관 2책에 서로 서명·날인하고 이어 진무영 아래 연무당에서 연회를 차렸으며 수행원도 참여하였습니다. 연회가 끝난 오시(午時)에 그들이 출발하여 배로 돌아갔고 미야모토 고이치(宮本小一) 이하 및 남은 병사 70여 명은 잠시 예전에 주둔하던 곳에 머물고 있습니다. 수호조규의 한문과 일본어 번역본 각각 1책, 비준한 원본 1책, 일본 전권대신이 의안(擬案)하고 비준한 1책, 조규 원본 1책, 일본 사신이 준 편지 1본(本), 미야모토 고이치의 수록(手錄) 1본을 의정부(議政府)로 올립니다"라고 하였다.

수호조규【한역한 원본[譯漢原本]에 준거】

대일본국과 대조선국은 본래 우의를 두텁게 한 지 여러 해 되었지만 지금 두 나라의 정의(情意)가 미흡한 점이 보이니 다시 예전의 우호를 갖추어 친목을 견고하게 한다. 이에 일본국 정부에서 선발한 특명전권변리대신 육군중장 겸 참의개척장관(參議開拓長官) 구로다 기요타카와 특명부전권변리대신 의관 이노우에 가오루는 조선국 강화부(江華府)에 이르러 조선국 정부가 선발한 판중추부사 신헌(申櫶)과 부총관 윤자승(尹滋承)과 함께 각자 받든 유지(諭旨)에 따라 조관을 의정(議定)하였으므로 아래에 열거한다. 제1관. 조선국은 자주국가로서 일본국과 평등한 권리를 지닌다. 이후 양국은 화친의 실제를 드러냄에 모름지기 서로 동등한 예의로 대해야 하고, 조금이라도 상대방의 권리를 침범하거나 의심하지 말아야 한다. 마땅히 먼저 종전의 교제의 정을 막을 우려가 있는 여러 가지 규례를 모두 혁파하여 없애고, 너그럽고 융통성 있는 법을 크게 넓히는 데 힘써서 영원히 서로 편안하기를 기약한다. 제2관. 일본국 정부는 지금부터 15개월 후에 수시로 사신을 파견하여 조선국 경성(京城)에서 직접 예조판서(禮曹判書)를 만나 교제 사무를 서로 의논하며, 해당 사신이 주재하는 기간은 모두 당시 상황에 맞게 정한다. 조선국 정부도 수시로 사신을 파견하여 일본국 도쿄(東京)에서 직접 외무경(外務卿)을 만나 교제 사무를 서로 의논하며, 해당 사신이 주재하는 기간 역시 당시 상황에 맞게 정한다. 제3관. 이후로 양국 사이 오고 가는 공문은, 일본은 본국의 문자를 쓰지만 지금부터 10년간은 한문

번역 1본(本)을 별도로 구비한다. 조선은 한문을 쓴다. 제4관. 조선국 부산(釜山) 초량항(草梁項)에는 오래 전 일본 공관(公館)이 세워져서 이미 양국 인민의 통상지구가 되었다. 이제는 종전의 관례와 세견선(歲遣船) 등의 일은 혁파하여 없애고, 신설 조관에 준하여 무역 사무를 처리한다. 또 조선국 정부는 제5관에 실린 항구 두 곳을 별도로 개항하여 일본국 인민이 오가면서 통상하도록 허가하며, 해당 지역에서 임차한 터에 가옥을 〈짓기를〉 계획하거나 혹은 임시 거주하는 사람들의 집을 지을 때에는 각각 그 편의에 따르게 한다. 제5관. 경기(京畿)·충청(忠淸)·전라(全羅)·경상(慶尙)·함경(咸鏡) 5도 중에서 연해의 통상하기 편한 항구 두 곳을 골라 땅을 지정한다. 개항 시기는 일본력(日本曆) 메이지(明治) 9년 2월, 조선력 병자년(1876) 2월부터 계산하여 모두 20개월로 한다. 제6관. 이후 일본국 배가 조선국 연해에서 큰 바람을 만나거나 땔나무와 식량이 떨어져 지정된 항구까지 갈 수 없을 때는 즉시 어느 곳이든 연안의 지항(支港)에 들어가 위험을 피하고 부족한 것을 보충하며, 배에서 쓰는 도구를 수리하고 땔나무와 숯을 사는 것들은 그 지역에서 공급하고 비용은 반드시 선주(船主)가 배상해야 한다. 이러한 일에 지방관과 인민은 특별히 신경을 써서 불쌍히 여기고 구원하여 보충해주지 않는 것이 없어야 하며 감히 아끼고 인색해서는 안 된다. 혹시 양국의 배가 바다에서 파괴되어 배에 탄 사람이 표류하여 이르면 어느 곳이든 지방 사람들이 즉시 구휼하여 생명을 보전해주고 지방관에게 보고하며 해당 관청에서는 본국으로 호송하거나 가까이 주재하는 본국 관원에게 교부한다. 제7관. 조선국 연해의 도서[島嶼]와 암초는 예전에 자세히 조사한 것이 없어서 매우 위험하기 때문에 일본국 항해자가 때때로 해안을 측량하여 위치와 깊이를 재고, 도지(圖志)를 제작하여 양국의 배와 승객이 위험한 곳을 피하고 안전한 곳으로 다닐 수 있도록 한다. 제8관. 이후 일본국 정부는 조선국이 지정한 각 항구에 일본국 상인을 관리하는 관청을 때에 따라 설치하고, 양국 교섭과 관련된 안건이 제기되면 소재지의 지방관과 의논하여 처리한다. 제9관. 양국이 우호관계를 맺은 이상 피차의 인민은 각자 임의대로 무역하며, 〈여기에〉 양국 관리는 조금도 간섭할 수 없으며 또 제한하거나 금지할 수도 없다. 양국 상인이 값을 속여 팔거나 대차료를 물지 않는 등의 일이 있을 경우 양국 관리는 포탈한 해당 상인을 엄격하게 잡아서 부채를 갚게 한다. 단 양국 정부는 대신 상환하지 못한다. 제10관. 일본국 인민이 조선국이 지정한 각 항구에 머무르는 동안 만약 〈그들의〉 범죄가 조선국 인민과 관계된 사건은 모두 일본국 관원이 심리·판결하고, 조선국 인민의 범죄가 일본국 인민과 관계된 사건은 모두 조선 관청에 넘겨 조사·판결하고 각각 그 나라의 법률에 근거하여 심문하고 판결하며, 조금이라도 엄호하거나 비호함이 없이 공평하고 정당하게 처리한다. 제11관. 양국이 우호관계를 맺은 이상 별도로 통상장정을 제정하여 양국 상인이 편리하게 한다. 또 현재 논의하여 제정한 각 조관 가운데 다시 세부 항목을 보충하여 대조하고 적용할 조건을 따르는 데 편리하게 한다. 지금부터 6개월 안으로 양국은 따로 위원을 파견하여 조선국 경성이나 혹은 강화부에 모여 상의하여 결정한다. 제12관. 이상 11관의 의정조약은 이날부터 양국이 성실히 준수하고 준행하는 시작으로 한다. 양국 정부는 다시 고치지 못하고 영원히 성실하게 준수해서 화호를 두텁게 한다. 이를 위하여 조약서 2본(本)을 작성하여 양국 위임대신이 각각 날인하고 서로 교환하여 신임[憑信]을 밝힌다. 대조선국 개국(開國) 485년 병자년(1876) 2월 2일, 대관(大官) 판중추부사 신헌, 부관 도총부 부총관 윤자승. 대일본국 기원 2536년 메이지 9년 2월 26일, 대일본국 특명전권변리대신 육군중장 겸 참의개척장관 구로다 기요타카, 대일본국 특명부전권변리대신 의관 이노우에 가오루.

본국비준책(本國批準冊). 병자년(1876) 2월 1일 판중추부사 신헌, 도총부 부총관 윤자승이 상주하기를, "금년 2월 2일 대일본국 특명전권변리대신 구로다 기요타카, 대일본국 특명부전권변리대신 이노우에 가오루와 신(臣) 신헌, 신 윤자승이 강화부(江華府)에서 회동하여 조약문 1통을 서로 교환하려 합니다"라고 하였다. 조항마다 타당하여 내가 비준하니, 오래도록 시행하여 친목을 더욱 두터이 할 것이며, 이 조약 안에 있는 〈조항은〉 각각 마땅히 행해야 할 것이다. 너희 관리와 인민은 이 뜻을 받들며, 일체 조(照)에 따라 처리하라. 대조선국 주상.

일본사신이 의안(擬案)한 비준책. 하늘의 도우심을 보유하고 만세일계(萬世一系)의 제위를 가진 대일본국 황제는 이 글을 그대들 여러 신하들에게 선시(宣示)한다. 짐의 좋은 벗인 대조선국 군왕은 본디 이웃 나라와 교제를 두텁게 해왔다. 이번에 흠명(欽命) 전권대신(全權大臣) 아무개가 대조선국에 가서 전권대신 아무개와 체결한 조관을 짐이 열람하니 조항마다 타당하므로 비준하였다. 너희 모든 관리들은 짐의 이 뜻을 받들어 일체 조에 준하여 처리하라. 신무천황(神武天皇) 기원 2536년 메이지 9년 월 일 도쿄 황궁(皇宮)에서 친히 국새(國璽)를 찍는다. 대일본국 황제의 칙령(勅令)을 받든 외무경 아무개, 외무대승(外務大丞) 아무개, 외무권대승(外務權大丞) 아무개. 이상은 초안이다.

일본국 변리대신에게 보낸 의정부 조회. 의정부가 조회합니다. 양국이 화목하게 지낸 지 300년입니다. 사신과 예물이 오가고 정은 형제와 같아 각자 인민을 편안하게 하여 서로 다툰 적이 없었습니다. 무진년(1868) 이래 귀국이 혁신한 사정을 살피지 못하여서 여러 의심의 단서가 있었고, 귀국에서 여러 번 사신과 서계를 보냈으나 선뜻 받아들이지 않아 마침내 이웃과 우의가 막히는 처지가 되었습니다. 작년 가을에 귀국 기선(汽船)이 강화도에 왔을 때에도 소동이 있었는데 이번에 귀 대신이 사신으로 경내(境內)에 이르러 우리나라[弊國] 사절과 서로 만나보고 두터운 뜻을 알게 되면서 종전의 의심이 하루아침에 풀렸으니 어찌 기쁨을 이길 수 있겠습니까? 체결할 조약의 각 항을 받아보고 우리 조정에서는 이미 우리나라 사절에게 위임하고 모여서 논의하게 하였습니다. 무진년 이래 양국 사이 오고간 공문은 다 폐기하여 종이로 만들고, 영원토록 친목을 유지하며 함께 양국의 경사를 도모하게 되었으니 역시 이웃과 좋게 지내려는 우리나라의 선린(善隣)의 우의를 밝힐 수 있을 것입니다.

일본의 전권대신이 바친 글. 우리나라와 귀국은 아세아주(亞細亞洲) 동양에 있어 강토가 가까이 이웃하고 해안이 맞대고 있어 사신과 예물이 왕래한 지 300년이나 됩니다. 다만 중간에 의견이 맞지 않아 정의가 서로 화합하지 못하게 되었으나 이번 우리 대신들이 사명(使命)을 받들고 귀국에 와서 귀 대신과 함께 모여 옛날의 우의를 다시 하고 새로운 조약을 의논하여 세우니 양국이 함께 지킬 믿을만한 법칙을 밝히고 만대를 두고 변하지 않을 전범을 마련하였으니, 진실로 국가의 끝없는 복이며 본 대신들에게도 영예가 있게 되었습니다. 삼가 귀국 군왕 및 여러 유사의 강녕을 축원하고 아울러 귀 대신들이 진심으로 합심하여 우리 대신들이 사명을 다하게 한 두터운 우의에 감사드립니다. 메이지 9년 2월 27일.

미야모토 고이치의 수록(手錄). 대개 일본국 상선이 무역 등의 일로 다른 나라에 갈 때에는 정부에서 발부한 선패(船牌)와 항해공증(航海公證)을 휴대하지 않으면 안 되고, 항구에 도착해서는 24시간【귀국의 24시간】 안에 해당 선주는 선패와 항해공증을 해당 지방 주재 일본 영사관에 제출하여 확인을 받은 후, 지방관에게 보고서를 바치되 그 보고서 안에는 반드시 영사관의 도장과 기록이 있으니, 그래서 일본국 배라는 것이 확실하게 증명됩니다. 또 배마다 반드시 국기를 달아야 하는데, 국기는 지극히 귀중한 물건으로 갑국(甲國) 배가 을국(乙國) 국기를 도용하면 해적과 동일하게 보아 을국의 군함이 잡아 징벌할 것입니다. 조선 정부는 아편의 수입을 금지하고 있는데 〈아편 수입은〉 일본의 인민과는 관계가 없습니다. 지금까지 일본 사람이 예수교[耶蘇教]를 믿는다는 말은 듣지 못하였습니다. 조선 정부가 일본 인민이 혹시라도 조선 인민에게 예수교를 전파하는 것을 금지하려는 건에 대해서는, 일본 정부로서도 인정하지 않을 수 없습니다. 다른 나라 인민이 조선국의 각 통상항구에서 일본인의 이름을 빌려서 거주하며 무역하는 일에 대하여, 일본 정부는 허용하지 않을 것입니다. 이상의 각 문건은 신 대관(大官)의 질문을 받았기 때문에, 저의 의견을 이렇게 진술하는 것입니다. 외무대승 미야모토 고이치.

북쪽 변경에서 국경을 넘어가는 상황에 대해 보고받음.

1876년(고종 13-丙子) 3월 18일(양력 4월 12일)

발신 : 고종

『承政院日記』 2823冊

丙子三月十八日辰時. 上御景武臺. … 上曰, 北邊犯越, 近復何如. 堂輔曰, 此誠深憂也. 慶興·撫夷鎭隔江之地, 一自俄羅斯築館之後, 犯越之患, 比比有之. 此非彼人之劫掠侵奪也, 卽是我民和應逋亡也. 昨年, 臣亦以此蒙罪, 而近來俄人之館, 毁撤移去云, 其意亦難測矣. 上曰, 移去他地, 遠近何如云耶. 堂輔曰, 豆江外有八池, 卽彼之深處, 而聞俄館, 新築於八池之第三池近處云, 比前所居, 似稍遠矣. 上曰, 其禁制之道, 有何好策. 大國奏咨, 亦能有效否. 堂輔曰, 俄羅斯, 非大國所屬之國, 雖有奏咨, 其勢似爲難便. 而六鎭卽朝家之各別軫念處也. 招集邊民, 勞徠保懷, 使之安土而重遷, 則庶乎無此患矣.

병자 3월 18일 진시(辰時). 임금께서 경무대(景武臺)로 나아갔다. … 임금께서 이르기를, "북쪽 변경에서 국경을 넘는 일은 근래에 다시 어떠한가"라고 하였다. 서당보(徐堂輔)가 아뢰기를, "이는 참으로 깊은 걱정거리입니다. 경흥(慶興)·무이진(撫夷鎭)은 강을 사이에 두고 있는 땅인데 한번 러시아[俄羅斯]가 관(館)을 쌓은 후로 국경을 넘어가는 근심이 비일비재하였습니다. 이는 저들이 겁략하여 침탈하는 것이 아니고 바로 우리 백성들이 화응하여 도망가는 것이었습니다. 작년에 신도 이것으로써 죄를 받았는데 근래에는 러시아인[俄人]의 관을 철거하고 간다고 하니 그 뜻도 예측하기 어렵습니다"라고 하였다. 임금께서 이르기를, "옮겨 가는 저쪽 땅은 〈이쪽과〉 거리가 얼마나 먼가"라고 하였다. 서당보가 아뢰기를, "두만강[豆江] 밖에 8지(池)가 있는데 바로 저쪽의 깊숙한 지역이며, 러시아관[俄館]은 8지에서 제3지 근처에 신축한다고 하였으니 〈그렇다면〉 전에 거주하는 곳에 비하면 약간 멀어졌습니다"라고 하였다. 임금께서 이르기를, "〈백성이 몰래 국경을 넘는 것을〉 금제하는 방도가 무슨 좋은 계책이 있겠는가. 대국에 자문(咨文)으로 알리는 것도 효과가 있겠는가"라고 하였다. 서당보가 아뢰기를, "러시아[俄羅斯]는 대국에 소속된 나라가 아니니, 비록 자문을 보낸다 할지라도 그 형세가 편해지기는 어려울 것입니다. 그리고 6진(鎭)은 조정[朝家]에서 각별히 진념해온 곳입니다. 변방 백성을 소집하여 위로하고 덕으로 보호해주어 그들로 하여금 터전을 편안히 여기어 옮기는 것을 무겁게 느끼도록 한다면, 이러한 걱정은 거의 없어질 것입니다"라고 하였다.

『日省錄(高宗)』 178冊

予曰, 北邊犯越, 近復何如. 堂輔曰, 此誠深憂也. 慶興·撫夷鎭滿江之地, 一自峩羅斯築館之後, 犯越之患, 比比有之. 此非彼人之劫掠侵奪也, 卽是我民和應逋亡也. 昨年臣亦以此蒙罪, 而近來峩人之館, 毁撤移去云, 其意亦難測. 予曰, 移去何地, 而遠近何如云耶. 堂輔曰, 豆江外有八池, 卽彼地深處, 而聞峩館, 新築於八池之第三池近處云, 比前所居, 似稍遠矣. 予曰, 其禁制之道, 有何好策. 大國奏咨, 亦能有效否. 堂輔曰, 峩羅斯, 非大國所屬之國, 雖有奏咨, 其勢似爲難便. 而六鎭卽朝家之各別軫念處也. 招集邊民, 勞倈保懷, 使之安土而重遷, 則庶乎無此患矣.

내가 말하기를, "북쪽 변경에서 국경을 넘는 일은 근래에 다시 어떠한가"라고 하였다. 서당보(徐堂輔)가 아뢰기를, "이는 참으로 깊은 걱정거리입니다. 경흥(慶興)·무이진(撫夷鎭)은 강을 사이에 두고 있는 땅인데 한번 러시아[峩羅斯]가 관(館)을 쌓은 후로 국경을 넘어가는 근심이 비일비재하였습니다. 이는 저들이 겁략하여 침탈하는 것이 아니고 바로 우리 백성들이 화응하여 도망가는 것이었습니다. 작년에 신도 이것으로써 죄를 받았는데 근래에는 러시아인[峩人]의 관을 철거하고 간다고 하니 그 뜻도 예측하기 어렵습니다"라고 하였다. 내가 말하기를, "옮겨 가는 저쪽 땅은 〈이쪽과〉 거리가 얼마나 먼가"라고 하였다. 서당보가 아뢰기를, "두만강[豆江] 밖에 8지(池)가 있는데 바로 저쪽의 깊숙한 지역이며, 러시아관[峩館]은 8지의 제3지 근처에 신축한다고 하였으니 〈그렇다면〉 전에 거주하는 곳에 비하면 약간 멀어졌습니다"라고 하였다. 내가 말하기를, "〈백성이 몰래 국경을 넘는 것을〉 금제하는 방도가 무슨 좋은 계책이 있겠는가. 대국에 자문(咨文)으로 아뢰는 것도 효과가 있겠는가"라고 하였다. 서당보가 아뢰기를, "러시아[峩羅斯]는 대국에 소속된 나라가 아니니, 비록 자문을 보낸다 할지라도 그 형세가 편해지기는 어려울 것입니다. 그리고 6진(鎭)은 조정[朝家]에서 각별히 진념해온 곳이니, 변방 백성을 소집하여 위로하고 덕으로 보호해주어 그들로 하여금 터전을 편안히 여기어 옮기는 것을 무겁게 느끼도록 한다면, 이러한 걱정은 거의 없어질 것입니다"라고 하였다.

압록강의 양쪽 연안을 지나갈 수 있게 해달라는 중국의 요청을 승인하고 공문을 보낼 것을 청함.

1876년(고종 13-丙子) 4월 22일(양력 5월 15일)

발신 : 관서도신, 관서수신 / 수신 : 의정부

『承政院日記』 2824冊

議政府啓曰, 卽見關西道帥臣狀啓謄報, 則慈城郡江邊彼人二名, 招呼防將, 越送公文, 而其辭緣, 則盛京將軍衙門, 奉旨飭辦, 大通溝·渾江·迤東等處, 以備設官立汛, 而人馬寔難行走, 要爲借途云矣. 鴨江兩岸, 艱於通路, 有此借過之請, 且云奉旨之行, 則尤不可時日遲延. 卽以許往之意, 令江界府使, 措辭回移, 人馬過去之際, 亦自我境, 着實瞭望, 毋至疎忽之歎, 三懸鈴行會何如, 傳曰, 允.

의정부(議政府)에서 아뢰기를, "방금 관서 도신·수신이 보낸 장계의 등본을 보니, 자성군 강변에 저 건너편 사람 2명이 방어하는 장수를 불러 공문을 보냈는데, 그 내용은 성경장군아문에서 황지를 받들어 처리한 것으로, 대통구(大通溝)·혼강(渾江)·이동(迤東) 등의 곳에 관청을 설치하고 뗏목을 세우는 일을 준비하는데 사람과 말이 다니기 어려우므로 길을 빌려달라는 것입니다. 압록의 양안은 다니기가 어려워서 이처럼 길을 빌려달라고 청한 것이고, 또 황제의 뜻을 받들어 거행하는 일이라 하니 더욱 시기를 늦출 수가 없습니다. 즉시 왕래를 허락한다는 내용으로 강계부사로 하여금 말을 만들어 보내도록 하고, 사람과 말이 지나갈 때에 우리 경계에서 착실히 살펴보게 하여, 소홀히 하는 문제가 생기지 않도록 삼현령(三懸鈴)으로 행회하는 것이 어떻겠습니까"라고 하니, 전교하기를, "윤허한다"고 하였다.

『高宗實錄』 13卷

議政府啓, 卽見關西道帥臣狀啓謄報, 則慈城郡江邊彼人二名, 招呼防將, 越送公文, 而其辭緣, 則盛京將軍衙門, 奉旨飭辦, 大通溝·渾江·迤東等處, 以備設官立汛, 而人馬寔難行走, 要爲借途云矣. 鴨江兩岸, 艱於通路, 有此借過之請, 且云奉旨之行, 則尤不可時日遲延. 卽以許往之意, 令江界府使, 措辭回移, 人馬過去之際, 亦自我境, 著實瞭望, 毋至疎忽之歎, 行會何如, 允之.

의정부(議政府)에서 아뢰기를, "방금 관서 도신·수신이 보낸 장계의 등본을 보니, 자성군 강변에 저 건너편 사람 2명이 방어하는 장수를 불러 공문을 보냈는데, 그 내용은 성경장군아문에서 황지를 받들어 처리한 것으로, 대통구(大通溝)·혼강(渾江)·이동(迤東) 등의 곳에 관청을 설치하고 뗏목을 세우는 일을 준비하는데 사람과 말이 다니기 어려우므로 길을 빌려달라는 것입니다. 압록의 양안은 다니기가 어려워서 이처럼 길을 빌려달라고 청한 것이고, 또 황제의 뜻을 받들어 거행하는 일이라 하니 더욱 시기를 늦출 수가 없습니다. 즉시 왕래를 허락한다는 내용으로 강계부사로 하여금 말을 만들어 보내도록 하고, 사람과 말이 지나갈 때에 우리 경계에서 착실히 살펴보게 하여, 소홀히 하는 문제가 생기지 않도록 행회하는 것이 어떻겠습니까"라고 하니, 윤허하였다.

『日省錄(高宗)』 176冊

議政府啓言, 卽見關西道帥臣狀啓謄報, 則慈城郡江邊, 彼人二名, 招呼防將, 越送公文, 而其辭緣, 則盛京將軍衙門, 奉旨飭辦, 大通溝·渾江·迤東等處, 以備設官立汎, 而人馬寔難行走, 要爲借途云矣. 鴨江西岸, 艱於通路, 有此借過之請, 且云奉旨之行, 則尤不可時日遲延. 卽以許往之意, 令江界府使, 措辭回移, 人馬過去之際, 亦自我境, 着實瞭望, 毋至疎忽之歎事, 三懸鈴行會, 允之.

의정부(議政府)에서 아뢰기를, "방금 관서 도신·수신이 보낸 장계의 등본을 보니, 자성군 강변에 저 건너편 사람 2명이 방어하는 장수를 불러 공문을 보냈는데, 그 내용은 성경장군아문에서 황제의 뜻을 받들어 처리한 것으로, 대통구(大通溝)와 혼강(渾江)·이동(迤東) 등의 곳에 관청을 설치하고 뗏목을 세우는 일을 준비하는데 사람과 말이 다니기 어려우므로 길을 빌려달라는 것입니다. 압록의 양안은 다니기가 어려워서 이처럼 길을 빌려달라고 청한 것이고, 또 황지를 받들어 거행하는 일이라 하니 더욱 시기를 늦출 수가 없습니다. 즉시 왕래를 허락한다는 내용으로 강계부사로 하여금 말을 만들어 보내도록 하고, 사람과 말이 지나갈 때에 우리 경계에서 착실히 살펴보게 하여, 소홀히 하는 문제가 생기지 않도록 삼현령(三懸鈴)으로 행회하소서"라고 하니, 윤허하였다.

『備邊司謄錄』 257冊

府啓曰, 卽見關西道帥臣狀啓謄報, 則慈城郡江邊, 彼人二名, 招呼防將, 越送公文, 而其辭緣, 則盛京將軍衙門, 奉旨飭辦, 大通溝·渾江·迤東等處, 以備設官立汎, 而人馬寔難行走, 要爲借途云矣, 鴨江西岸, 艱於通路, 有此借過之請, 且云奉旨之行, 則尤不可時日遲延, 卽以許往之意, 令江界府使, 措辭回移, 人馬過去之際, 亦自我境, 着實瞭望, 毋至疎忽之歎事, 三懸鈴行會何如, 答曰, 允.

의정부[府]에서 아뢰기를, "방금 관서 도신·수신이 보낸 장계의 등본을 보니, 자성군 강변에 저 건너편 사람 2명이 방어하는 장수를 불러 공문을 보냈는데, 그 내용은 성경장군아문에서 황지를 받들어 처리한 것으로, 대통구(大通溝)와 혼강(渾江)·이동(迤東) 등의 곳에 관청을 설치하고 뗏목을 세우는 일을 준비하는데 사람과 말이 다니기 어려우므로 길을 빌려달라는 것입니다. 압록의 양안은 다니기가 어려워서 이처럼 길을 빌려달라고 청한 것이고, 또 황제의 뜻을 받들어 거행하는 일이라 하니 더욱 시기를 늦출 수가 없습니다. 즉시 왕래를 허락한다는 내용으로 강계부사로 하여금 말을 만들어 보내도록 하고, 사람과 말이 지나갈 때에 우리 경계에서 착실히 살펴보게 하여, 소홀히 하는 문제가 생기지 않도록 삼현령(三懸鈴)으로 행회하는 것이 어떻겠습니까"라고 하니, 답하기를, "윤허한다"고 하였다.

압록강 자성 강변길을 지나갈 수 있게 해달라는 중국의 공문에 대해 논의하고, 회령부사에게 회령을 잘 지킬 것을 명함.

1876년(고종 13-丙子) 4월 25일(양력 5월 18일)

발신 : 고종

『承政院日記』 2824冊

丙子四月二十五日午時. 上御麟趾堂. 大臣政府堂上引見入侍時, 會寧府使同爲入侍時, … 上曰, 今見箕伯狀啓, 則彼人, 以渾江等地設邑事, 有借道於慈城江邊之公文矣. 最應曰, 彼人之借途, 爲其道路之占便矣. 炳國曰, 新設處也, 故今番則自彼地通路難便, 似有此借途之公文矣. 上曰, 鴨江越處, 本無通路乎. 最應曰, 居民不多, 道路似不平坦, 故如是爲請矣. 上曰, 彼國之設邑, 無異我國之設鎭乎. 最應曰, 然矣. 上曰, 其無後弊乎. 最應曰, 彼人旣爲奉旨, 則不可不許借, 而後弊有無, 今不可預度矣. 炳國曰, 借道之爲例, 不無後弊, 而旣設之後, 當有官守之人, 則應自其地, 亦時次次通途, 似無更請之弊矣. 上曰, 會寧府使進前, 斗源進前. 上曰, 會寧, 邊上重地, 異於他處, 各別悉心對揚也. 斗源曰, 謹依下敎, 殫竭對揚. 而臣以才具之不逮, 不勝惶悶矣.

병자 4월 25일 오시(午時). 임금께서 인지당(麟趾堂)에 나아갔다. 대신과 의정부[政府] 당상을 인견하고 입시하는 데에, 회령부사(會寧府使)도 함께 입시하였다. … 임금께서 이르기를, "방금 기백(箕伯)의 장계를 보니, 저들이 혼강(渾江) 등지에 읍을 설치하는 일로 자성 강변의 길을 빌려달라는 공문이었다"라고 하였다. 이최응(李最應)이 아뢰기를, "저들이 길을 빌리는 것은 그 도로가 편리하기 때문입니다"라고 하였다. 김병국(金炳國)이 아뢰기를, "새로 설치하는 곳이기 때문에 이번에는 저들의 땅에서는 통로가 편하지 않아서, 이처럼 길을 빌려달라는 공문이 있게 된 것 같습니다"라고 하였다. 임금께서 이르기를, “압록강 건너편에는 본래 통로가 없는가”라고 하였다. 이최응이 아뢰기를, “거주민이 많지 않아 도로가 평탄하지 않으므로, 이러한 요청을 한 것입니다”라고 하였다. 임금께서 이르기를, “저 나라가 읍을 설치하는 것은 우리가 진을 설치하는 것과 다름이 없는가”라고 하였다. 이최응이 아뢰기를, “그렇습니다”라고 하였다. 임금께서 이르기를, “훗날의 폐단이 없겠는가”라고 하였다. 이최응이 아뢰기를, “저들이 이미 황지를 받았다면, 대여를 허락하지 않을 수 없는데, 훗날의 폐단이 있을지 없을지는 지금 미리 예측할 수 없습니다”라고 하였다. 김병국이 아뢰기를, “길을 빌려주는 것에 훗날의 폐단이 없지는 않겠지만, 〈읍을〉 설치한 뒤에는 마땅히 지키는 관원이 있을 것이니, 자연히 응당 그 땅에도 그때는 차차 길이 열릴 것이라서 다시 요청하는 폐단은 없을 것입니다”라고 하였다. 임금께서 이르기를, “회령부사는 앞으로 나오라”고 하였다. 정두원(鄭斗源)이 앞으로 나왔다. 임금께서 이르기를, “회령은 변방의 중요한 땅이고 다른 곳과는 다르니, 각별히 마음을 다해 명을 받들라”고 하였다. 정두원이 아뢰기를, “삼가 하교에 따라 정성을 다해 명에 부응하겠습니다. 그러나 신의 재주가 미치지 못하여 황송하고 걱정스러움을 이기지 못하겠습니다”라고 하였다.

『日省錄(高宗)』 179冊

予曰, 日前見箕伯狀啓, 則彼人以渾江等地設邑事, 有借道於慈城江邊之公文矣. 最應曰, 彼人之借途, 爲其道路之占便矣. 炳國曰, 新設處也, 故今番則自彼地通路難便, 似有此借途之公文矣. 予曰, 鴨江越處, 本無通路乎. 最應曰, 居民不多, 道路似不平坦, 故如是爲請矣. 予曰, 彼國之設邑, 無異我國之設鎭乎. 最應曰, 然矣. 予曰, 其無後弊乎. 最應曰, 彼人旣爲奉旨, 則不可不許借, 而後弊有無, 今不可預度矣. 炳國曰, 借道之爲例, 不無後弊, 而旣設之後, 當有官守之人, 則應自其地, 亦時次次通途, 似無更請之弊矣. 予曰, 會寧府使進前, 斗源進前. 予曰, 會寧邊上重地, 異於他處, 各別悉心對揚也. 斗源曰, 謹依下敎, 殫竭對揚, 而臣以才具之不逮, 不勝惶悶矣.

내가 말하기를, “일전에 기백(箕伯)의 장계를 보니, 저들이 혼강(渾江) 등지에 읍을 설치하는 일로 자성 강변의 길을 빌려달라는 공문이었다"라고 하였다. 이최응(李最應)이 아뢰기를, "저들이 길을 빌리는 것은 그 도로가 편리하기 때문입니다"라고 하였다. 김병국(金炳國)이 아뢰기를, "새로 설치하는 곳이기 때문에 이번에는 저들의 땅에서는 통로가 편하지 않아서, 이처럼 길을 빌려달라는 공문이 있게 된 것 같습니다"라고 하였다. 내가 말하기를, "압록강 건너편에는 본래 통로가 없는가"라고 하였다. 이최응이 아뢰기를, "거주민이 많지 않아 도로가 평탄하지 않으므로, 이러한 요청을 한 것입니다"라고 하였다. 내가 말하기를, "저 나라가 읍을 설치하는 것은 우리가 진을 설치하는 것과 다름이 없는가"라고 하였다. 이최응이 아뢰기를, "그렇습니다"라고 하였다. 내가 말하기를, "훗날의 폐단이 없겠는가"라고 하였다. 이최응이 아뢰기를, "저들이 이미 황지를 받았다면, 대여를 허락하지 않을 수 없는데, 훗날의 폐단이 있을지 없을지는 지금 미리 예측할 수 없습니다"라고 하였다. 김병국이 아뢰기를, "길을 빌려주는 것에 훗날의 폐단이 없지는 않겠지만, 〈읍을〉 설치한 뒤에는 마땅히 지키는 관원이 있을 것이니, 자연히 응당 그 땅에도 그때는 차차 길이 열릴 것이라서 다시 요청하는 폐단은 없을 것입니다"라고 하였다. 내가 말하기를, "회령부사(會寧府使)는 앞으로 나오라"고 하였다. 정두원(鄭斗源)이 앞으로 나왔다. 내가 말하기를, "회령은 변방의 중요한 땅이고 다른 곳과는 다르니, 각별히 마음을 다해 명을 받들라"고 하였다. 정두원이 아뢰기를, "삼가 하교에 따라 정성을 다해 명에 부응하겠습니다. 그러나 신의 재주가 미치지 못하여 황송하고 걱정스러움을 이기지 못하겠습니다"라고 하였다.

조일수호조규부록과 조일무역규칙이 체결됨.

1876년(고종 13-丙子) 7월 6일(양력 8월 24일)

발신 : 강수관 의정부당상 조인희

『高宗實錄』 13卷

初六日. 講修官趙寅熙與日本國理事官宮本小一, 議定朝日修好條規, 附錄如左. 日本國政府曩遣特命全權辨理大臣陸軍中將兼參議開拓長官黑田淸隆·特命副全權辨理大臣議官井上馨, 詣朝鮮國, 朝鮮國政府派大官判中樞府事申櫶·副大官都總府副總管尹滋承, 會同于江華府, 日本曆明治九年二月二十六日, 朝鮮曆丙子年二月初二日, 協議妥辨, 互相調印. 今照其修好條規第十一款旨趣, 日本國政府委任理事官外務大丞宮本小一, 詣朝鮮國京城, 朝鮮國政府委任講修官議政府堂上趙寅熙會同, 擬議其所定立條款, 開列于左. 第一款. 各港口駐留日本國人民管理官, 於朝鮮國沿海地方, 日本國諸船致敗緊急, 得告地方官, 往過該地沿路. 第二款. 使臣及管理官所發之文移書信郵致費銀, 事後辨償, 或雇人民專差, 各從其便. 第三款. 在議定朝鮮國通商各口, 日本國人民之租賃地基居住者, 須與地主商議, 以定其額, 屬官地者, 納租與朝鮮國人民同. 若夫釜山草梁項日本館, 從前設有守門·設門, 從今廢撤, 一依新定程限立標界上. 他二港口, 亦照此例. 第四款. 嗣後於釜山港口, 日本國人民可得閒行道路里程, 自埠頭起算, 東西南北各直徑十里【朝鮮里法】爲定. 至於東萊府中一處, 特爲往來於此里程內, 日本國人民隨意閒行, 可得賣買土宜及日本國物產. 第五款. 在議定, 朝鮮國各口日本國人民, 可得賃雇朝鮮國人民. 若朝鮮國人民得其政府之允准, 來於日本國, 亦無礙. 第六款. 在議定, 朝鮮國各口日本國人民, 如病故, 可得撰適宜之地以埋葬, 一依草梁遠近爲之. 第七款. 日本國人民, 可得用本國現行諸貨幣, 與朝鮮國人民所有物交換. 朝鮮國人民, 用其所交換之日本國諸貨幣, 以得買日本國所產之諸貨物. 以是在朝鮮國指定諸港, 則可得人民互相通用. 朝鮮國銅貨幣, 日本國人民得使用運輸之事. 兩國人民, 敢有私鑄錢貨者, 各用國律. 第八款.

朝鮮國人民所買得於日本國人民貨物, 或其贈遺之各物, 隨意使用無妨. 第九款. 從修好條規第七款所載, 有日本國測量船, 放小船, 測量朝鮮國沿海, 或際風雨, 或退潮, 不能歸本船, 該處里正, 安接近地人家, 如有需用物品, 自官辨給, 追後計償. 第十款. 朝鮮國未曾與海外諸國通信, 而日本則異于此, 修好經年, 所締盟有友誼. 嗣後諸國船舶爲風波所窘迫, 漂到沿邊地方, 則朝鮮國人民須於理無不愛恤之. 該漂民, 望送還于其本國, 朝鮮國政府遞致各港口日本國管理官, 送還于本國, 該官員無不領諾之. 第十一款. 右十款章程及通商規則, 共有與修好條規, 同一權理, 兩國政府可遵行之, 無敢有違. 然而此各款中, 若兩國人民於交際貿易實踐, 有認頓爲障礙, 不可不釐革, 則兩國政府速作議案, 前一年報知之, 以協議改立. 大日本國紀元二千五百三十六年, 明治九年八月二十四日. 理事官外務大丞宮本小一. 大朝鮮國開國四百八十五年丙子七月初六日, 講修官議政府堂上趙寅熙.

講修官趙寅熙與日本理事官宮本小一, 議定日本人民在朝鮮國諸港口貿易規則, 如左. 貿易規則【準據譯漢原本】. 第一則, 日本國商船【除日本國政府所管之軍艦及專用通信之諸船】入朝鮮國, 準聽貿易諸港之時, 船主或船長, 須呈日本國人民管理官所發給之證書於朝鮮國官廳, 不出三日. 所謂證書者, 船主所帶日本國船籍航海公證之類, 自其進口之日至出口之日, 交付之管理官, 管理官卽付以接受各書證票. 是爲日本國現行商船成規. 船主本港碇泊中, 轉呈斯證書於朝鮮國官廳, 驗明爲日本國商船. 此時船主, 又呈其記錄簿. 所謂記錄者, 船主詳記本船之名, 發本船之地名, 本船所積載之噸數石數【其算定船舶容積之名】, 船長姓名, 船內水手之數目, 搭載旅客之姓名, 而船主鈐印者也. 此時船主, 又呈本船裝運貨物之報單及船內應用雜物之簿記. 所謂報單者, 詳細開明貨物之名, 或其物質之實名, 貨主之姓名·記號番號【不用記號番號之貨物不在此例】, 報知之也. 此報單及呈明諸書之類, 悉用日本國文, 無副譯漢文. 第二則, 日本國商船起載進口船貨之時, 船主或貨主, 須更呈明其貨物之名及元價斤量數目於朝鮮國官廳, 官廳得呈明, 須速發給卸貨准單. 第三則, 船貨主得第二則准聽之後, 須起載其貨物, 朝鮮國官吏要驗明之, 貨主無敢拒之, 官吏亦須小心驗明, 無或敢爲之致毁損. 第四則, 出口之貨物, 貨主, 照第二則進口貨報單之式, 呈明落貨之船名及貨物之名數於朝鮮國官廳, 官廳須速准聽之, 發給出口貨准單. 貨主得准單, 卽落載于本船, 官廳如要驗査其貨物, 貨主無敢拒之. 第五則, 日本國商船要出口, 須於前日午牌前, 報知朝鮮國官廳, 官廳得報, 須還付前日所收領之證書, 以發給出口准單. 日本國郵便船得不由成規之時限出口, 亦必報知官廳. 第六則, 嗣後於朝鮮國港口住留日本人民糧米及雜穀, 得輸出入. 第七則, 港稅, 連桅檣商船及蒸氣商船稅金五圓【除附屬脚艇】·單桅檣商船稅金貳圓【載得五百石以上貨物】·單桅檣商船稅金壹圓五十錢【載得五百石以下貨物】. 屬日本國政府諸船舶, 不納港稅. 第八則, 朝鮮國政府或其人民, 除指定貿易口之外, 欲運輸各物件於他口岸, 得雇日本國商船, 雇主如係人民, 照朝鮮國政府准單而後雇役. 第九則, 日本國船隻, 如到不准通商朝鮮國口岸, 私爲買賣, 該處地方官査出, 交付就近管理官, 管理官將所有錢物, 一竝沒入交遞朝鮮國官廳. 第十則, 嚴禁鴉片煙販賣. 第十一則, 兩國現定規則, 嗣後從兩國商民貿易形況如何, 各委員得隨時酌量事情, 會商改正. 爲此兩國委員各鈐印, 卽日遵行. 大朝鮮國開國四百八十五年, 丙子七月初六日. 講修官議政府堂上趙寅熙. 大日本國紀元二千五百三十六年, 明治九年八月二十四日. 理事官外務大丞宮本小一.

7월 6일. 강수관(講修官) 조인희(趙寅熙)와 일본국 이사관(理事官) 미야모토 고이치(宮本小一)가 논의하여 결정한 조일수호조규(朝日修好條規)의 부록(附錄)은 다음과 같다. 일본국 정부는 지난번에 특명전권변리대신 육군중장 겸 참의개척장관 구로다 기요타카(黑田淸隆)와 특명부전권변리대신 의관 이노우에 가오루(井上馨)를 파견하여 조선국으로 가서, 조선국 정부가 파견한 대관 판중추부사 신헌(申櫶)과 부대관 도총부 부총관 윤자승(尹滋承)을 강화부(江華府)에서 만나, 일본력(日本曆) 메이지(明治) 9년 2월 26일, 조선력(朝鮮曆) 병자년(1876) 2월 초2일에 협의하여 타당하게 처리하고 상호 간에 조인하였다. 이번에 수호조규 제11관의 취지에 준하여 일본국 정부는 이사관 외무대승(外務大丞) 미야모토 고이치에게 위임하여 조선국 경성(京城)에 가서 조선국 정부에서 위임한 강수관인 의정부 당상 조인희를 만나 그 조관을 정하여 세운 논의에 의거하여 아래에 열거한다. 제1관. 각 항구 주재 일본국 인민의 관리관(管理官)은 조선국 연해 지방에서 일본국 여러 선박이 파선되어 긴급한 경우에 지방관에게 알리고 해당 지역의 연로(沿路)를 통과할 수 있다. 제2관. 사신 및 관리관이 발송하는 공문·서신 등 우편을 통한 비용은 사후에 변상한다. 간혹 인민을 고용하여 전차(專差)할 때는 각각 그 편의에 따른다. 제3관. 의정한 조선국의 각 통상항구에서 택지를 빌려 거주하는 일본국 인민은 땅 주인과 상의하여 금액을 정해야 하며, 관청에 속한 땅은 조선국 인민과 동등하게 조세를 바친다. 부산 초량항(草梁項) 일본관(日本館)에 종전에 설치한 수문(守門)·설문(設門)은 지금부터 철폐하고 새롭게 정한(程限)에 의거하여 경계 위에 표를 세운다. 다른 두 항구도 이 규례에 따른다. 제4관. 이후 부산 항구에서 일본국 인민이 통행할 수 있는 도로의 이정(里正)은 부두에서 계산하기 시작하여 동서남북으로 각각 직경 10리【조선의 이법(里法)】로 정한다. 동래부(東萊府) 중 한 곳은 특별히 이 이정 안에서 오갈 수 있다. 일본국 인민은 마음대로 통행하며 조선의 토산물과 일본국의 물품을 사고팔 수 있다. 제5관. 의정한 조선국의 각 항구에서 일본국 인민은 조선국 인민을 고용할 수 있다. 조선국 인민이 그 정부의 허가를 받은 경우, 일본국에 가는 것도 거리낌이 없다. 제6관. 의정한 조선국 각 항구에서 일본국 인민이 병사하면 적당한 토지를 선택하여 매장할 수 있지만, 〈그 매장지는〉 모두 초량 부근[遠近]으로 삼는다. 제7관. 일본국 인민은 본국의 현행 여러 화폐로 조선국 인민이 소유한 물품과 교환할 수 있고, 조선국 인민은 그렇게 교환한 일본국의 여러 화폐로 일본국에서 생산한 여러 상품을 살 수 있다. 이로써 조선국의 지정된 여러 항구에서는 인민들 사이 서로 통용할 수 있다. 조선국 동전은 일본국 인민이 운수 비용에 사용할 수 있다. 양국 인민으로 감히 사적으로 전화(錢貨)를 주조한 자는 각각 그 나라의 법률을 적용한다. 제8관. 조선국 인민이 일본국 인민에게 사들인 상품이나 받은 각종 물건은 마음대로 사용해도 무방하다. 제9관. 수호조규 제7관의 기재된 것에 따라 일본국 측량선이 작은 배를 띄워 조선국 연해를 측량하다가, 혹 비바람이나 썰물을 만나 본선(本船)으로 돌아가지 못하게 되는 경우, 해당하는 곳의 이정은 부근 인가(人家)에 안접(安接)하게 하고, 사용하는 물품이 있을 경우 관청에서 지급하며 추후 계산하여 갚아준다. 제10관. 조선국은 해외 여러 나라와 통신(通信)한 적이 없으나 일본은 이와 다르다. 수호(修好)한 지 1년이 되었고, 동맹을 맺어 우의가 있다. 이후 여러 나라의 선박이 풍랑을 만나 연해 지방에 표류해오면 조선국 인민은 돌보아주지 않으면 안 된다. 해당하는 표류민이 본국으로 송환되기를 희망하면 조선국 정부는 각 항구의 일본국 관리관에게 넘겨주어 본국으로 송환하게 하고 해당 관원은 이를 승낙해야 한다. 제11관. 이상 10관의 장정 및 통상 규칙은 모두 수호조규와 동일한 권리를 가지며, 양국 정부는 이를 준수하여 감히 어기는 일이 없어야 한다. 그러나 이러한 각 관중에서 양국 인민이 서로 무역을 실천함에 있어 지장이 있다고 인정될 경우에는 개정하지 않으면 안 된다. 양국 정부는 속히 의안(議案)을 작성하여 1년 전에 통보하고 협의하여 개정한다. 대일본국 기원(紀元) 2536년 메이지(明治) 9년 8월 24일. 이사관 외무대승 미야모토 고이치. 대조선국 개국(開國) 485년 병자년(1876) 7월 초6일. 강수관 의정부당상 조인희.

강수관 조인희는 일본 이사관 미야모토 고이치와 일본 인민이 조선국의 여러 항구에서 무역하는 규칙을 아래와 같이 의정하였다. 무역 규칙【한역한 원본[譯漢原本]에 준거】. 제1칙(則). 일본국 상선【일본국 정부 소관의 군함 및 통신전용의 모든 배들은 제외】은 조선국에서 승인한 모든 무역항에 들어올 때, 선주나 선장은 반드시 일본국 인민관리관이 발급한 증서를 조선국 관청에 제출하되 3일을 넘겨서는 안 된다. 소위 증서라는 것은 선주가 휴대한 일본국 선적(船籍)의 항해증명서 같은 것으로, 항구에 들어온 날부터 나가는 날까지 관리관에게 교부한다. 관리관은 곧 각 문건들을 접수하였다는 증표를 발급한다. 이것이 일본국의 현행 상선 규칙이다. 선주는 본 항구에 정박하고 있는 동안에 이 증서를 조선국 관청에 제출하여 일본국 상선임을 밝힌다. 이때에 선주는 그 기록부도 제출한다. 소위 기록부라는 것은 선주가 본 선박의 이름과 본 선박이 떠나온 지명, 본 선박에 적재한 화물의 톤수(噸數), 배의 용적(容積) 분량[石數]【선박의 용적에 대한 것도 모두 산정】, 선장의 성명, 배에 있는 수부의 총수, 선객의 성명을 상세하게 기록하고 선주가 날인한 것을 말한다. 이 때 선주는 또한 본 선박에 적재한 화물에 대한 보고 단자와 배 안에서 사용하는 물품장부를 제출한다. 소위 보고 단자는 화물의 이름 혹은 그 물품의 실제 명칭, 화물 주인의 성명, 기호 번호【기호 번호를 쓰지 않은 화물은 이 규정에 해당하지 않는다】 상세히 밝혀 보고하는 것이다. 이 보고 단자 및 제출하는 여러 문서들은 모두 일본어로 쓰고 한역(漢譯) 부본(副本)은 첨부하지 않는다. 제2칙. 일본국 상선이 항구에 들어온 배의 화물을 실을 때 선주나 화물 주인은 다시 그 화물의 이름 및 원가, 무게, 수량을 조선국 관청에 보고해야 하고, 관청에서는 보고를 받으면 곧 화물을 〈배에서〉 내리라는 준단(准單)을 빠르게 발급해주어야 한다. 제3칙. 선주와 화물 주인은 제2칙의 승인을 받은 후에 그 화물을 내려야 하며, 조선국 관리가 검열하려 하면 화물 주인은 감히 거절할 수 없다. 관리도 조심스레 검열하고 혹시라도 훼손하는 일이 없도록 해야 한다. 제4칙. 출항할 화물의 주인은 제2칙에 입항 때 화물 보고 단자의 양식에 따라 화물을 실을 배의 이름과 화물 이름, 수량을 조선국 관청에 보고한다. 관청에서는 속히 허가하고 항구에서 나가는 화물에 대한 준단을 발급해야 한다. 화물 주인은 준단을 받으면 즉시 화물을 본 선박에 싣는다. 관청에서 그 화물을 검사하려고 하는 경우 화물 주인은 감히 거절할 수 없다. 제5칙. 일본국 상선이 항구에서 나가려 할 때는 전날 오전에 조선국 관청에 보고하고 관청에서는 보고를 받으면 전날에 수령한 증서를 돌려주고 출항 준단을 발급해야 한다. 일본국 우편선(郵便船)이 규정된 시간 안에 출항할 수 없을 때에도 관청에 보고해야 한다. 제6칙. 이후 조선국 항구에 거주하는 일본 인민은 쌀[糧米]와 잡곡을 수출입할 수 있다. 제7칙. 항세(港稅) 연외장(連桅檣) 상선 및 증기 상선의 세금은 5원(圓)【모선에 부속된 각정(脚艇)은 제외】, 단외장(單桅檣) 상선의 세금은 2원【500석(石) 이상의 화물을 실을 수 있는 것】, 단외장 상선의 세금은 1원 50전(錢)【500석 이하의 화물을 실을 수 있는 것】이다. 일본국 정부에 소속된 모든 선박은 항세(港稅)를 납부하지 않는다. 제8칙. 조선국 정부나 인민들이 지정된 무역 항구 외의 다른 항구에서 각종 물건을 운반하려고 일본국 상선을 고용할 때, 고용주가 인민 신분이면 조선국 정부의 준단을 받은 후에야 고용할 수 있다. 제9칙. 일본국 선척이 통상을 승인하지 않은 조선국 항구에 도착하여 사사로이 매매할 경우에는 해당하는 곳의 지방관이 조사하여 부근 관리관에게 교부한다. 관리관은 모든 돈과 물품을 모두 몰수하여 조선국 관청에 넘겨준다. 제10칙. 아편 담배의 판매를 엄격히 금지한다. 제11칙. 양국에서 현재 정한 규칙은 이후 양국 상인의 무역 상황 여하에 따라 각 위원이 수시로 참작하고 협의하여 개정할 수 있다. 이를 위하여 양국 위원이 각각 날인하면 그날부터 준행한다. 대조선국 개국(開國) 485년 병자년(1876) 7월 초6일. 강수관 의정부당상 조인희. 대일본국 기원 2536년 메이지 9년 8월 24일. 이사관 외무대승 미야모토 고이치.

압록강변 국경에서 칙사를 맞는 의례에 대해 보고받고, 국경을 더욱 철저하게 지킬 것을 명함.

1876년(고종 13-丙子) 8월 28일(양력 10월 15일)

발신 : 고종

『承政院日記』 2829冊

丙子八月二十八日酉時. 上御麟趾堂. … 上曰, 兩次支勅, 已聞善竣矣. 成夏曰, 臣年淺任鉅, 幸免大僨誤矣. 上曰, 迎勅儀節何如乎. 成夏曰, 道臣與儐使及灣尹, 率各差備, 設幕於鴨江之頭而等候, 及其勅使渡江迎接入館, 卽已例也. 上曰, 義州之行, 爲幾次耶. 成夏曰, 十朔內, 往來爲八次矣. 上曰, 必爲勞勩矣, 仍敎曰, 義州距柵門爲幾里, 而別無爲弊之端乎. 成夏曰, 相距爲一百二十里, 而別無爲弊者矣. … 仍奏曰, 彼地沙阿子, 卽年前响馬賊掃蕩之處, 而龍川·鐵山·義州越界也. 今則自彼築城設衙, 沿江舟楫, 在在相望, 米穀牛畜, 必致私相交貿. 雖自灣府, 到底譏詗, 水路潛通, 有難一一摘發. 邊禁漸弛, 後弊莫遏, 其在固圉之道, 不容若是疏忽. 咨報北京, 請立禁條, 亦自廟堂嚴飭, 另加防察, 恐好矣, 上曰, 依爲之.

병자 8월 28일 유시(酉時). 임금께서 인지당(麟趾堂)에 나아갔다. … 임금께서 이르기를, "두 차례의 칙사(勅使) 대접을 잘 마쳤음을 이미 들었다"라고 하였다. 조성하(趙成夏)가 아뢰기를, "신이 일천한 경력으로 막중한 임무를 맡았는데, 다행하게도 큰 잘못을 저지르는 것은 면하였습니다"라고 하였다. 임금께서 이르기를, "칙사를 영접하는 의식과 절차는 어떠한가"라고 하였다. 조성하가 아뢰기를, "도신(道臣)과 빈사(儐使) 및 의주부윤[灣尹]이 각각 차비를 이끌고 압록강 가에 장막을 치고 기다리다가 칙사가 강을 건너오면 영접해서 관(館)에 들어가는 것이 이전까지의 예(例)입니다"라고 하였다. 임금께서 이르기를, "의주로 간 것이 몇 번이었는가"라고 하였다. 조성하가 아뢰기를, "〈최근〉 열

달 안으로 여덟 번 왕래하였습니다"라고 하였다. 임금께서 이르기를, "반드시 수고롭고 괴로웠을 것이다"라고 하고, 이어 교하기를, "의주와 책문(柵門) 사이의 거리는 몇 리나 되며, 다른 폐단은 없었는가"라고 하니, 조성하가 아뢰기를, "거리는 120리이며, 별다른 폐단은 없었습니다"라고 하였다. … 이어 아뢰어 말하기를 "저 땅 사아자(沙阿子)는 바로 한 해 전에 향마적(响馬賊)을 소탕한 곳으로서, 용천(龍川)·철산(鐵山)·의주(義州) 건너편 경계입니다. 지금은 저쪽으로부터 성을 쌓고 관아(官衙)를 설치하며 강을 따라 배들이 곳곳에 서로 바라보고 있으니, 미곡과 가축을 반드시 사사로이 교역하게 될 것입니다. 비록 의주[灣府]에서부터 철저하게 살피고 염탐하더라도 물길로 몰래 통하는 것은 하나하나 적발하기 어려움이 있습니다. 국경을 지키는 것이 점점 해이해지면 뒷날의 폐해를 막기 어려우니, 국경을 견고히 하는 방도에 있어서 이토록 소홀함을 용납해서는 안 됩니다. 북경(北京)에 자문(咨文)을 보내서 금하는 조목을 세우도록 청하고, 또 묘당에서 엄히 신칙하여 따로 방어하고 살피는 것이 좋을 것 같습니다"라고 하니, 임금께서 이르기를, "그대로 하라"고 하였다.

『日省錄(高宗)』183冊

予曰, 兩次支勅, 已聞善竣矣. 成夏曰, 臣年淺任鉅, 幸免大債誤矣. 予曰, 迎勅儀節何如乎. 成夏曰, 道臣與儐使及灣尹, 率各差備, 設幕於鴨江之頭而等候, 及其勅使渡江迎接入館, 卽已例也. 予曰, 義州之行, 爲幾次耶. 成夏曰, 十朔內, 往來爲八次矣. 予曰, 必爲勞勩矣, 仍敎曰, 義州, 距柵門爲幾里, 而別無爲弊之端乎. 成夏曰, 相距爲一百二十里, 而別無爲弊者矣. … 仍奏曰, 彼地沙阿子, 卽年前响馬賊掃蕩之處, 而龍川·鐵山·義州越界也. 今則自彼築城設衙, 沿江舟楫, 在在相望, 米穀牛畜, 必致私相交貿, 雖自灣府, 到底譏詗, 水路潛通, 有難一一摘發. 邊禁漸弛, 後弊莫遏, 其在固圉之道, 不容若是疏忽. 咨報北京, 請立禁條, 亦自廟堂嚴飭, 另加防察, 恐好矣, 予曰, 依爲之.

내가 말하기를, "두 차례의 칙사(勅使) 대접을 잘 마쳤음을 이미 들었다"라고 하였다. 조성하(趙成夏)가 아뢰기를, "신이 일천한 경력으로 막중한 임무를 맡았는데, 다행하게

도 큰 잘못을 저지르는 것은 면하였습니다"라고 하였다. 내가 말하기를, "칙사를 영접하는 의식과 절차는 어떠한가"라고 하였다. 조성하가 아뢰기를, "도신(道臣)과 빈사(儐使) 및 의주부윤[灣尹]이 각각 차비를 이끌고 압록강 가에 장막을 치고 기다리다가 칙사가 강을 건너오면 영접해서 관(館)에 들어가는 것이 이전까지의 예(例)입니다"라고 하였다. 내가 말하기를, "의주로 간 것이 몇 번이었는가"라고 하였다. 조성하가 아뢰기를, "〈최근〉 열 달 안으로 여덟 번 왕래하였습니다"라고 하였다. 내가 말하기를, "반드시 수고롭고 괴로웠을 것이다"라고 하고, 이어 교하기를, "의주와 책문(柵門) 사이의 거리는 몇 리나 되며, 다른 폐단은 없었는가"라고 하였다. 조성하가 아뢰기를, "거리는 120리이며, 별다른 폐단은 없었습니다"라고 하였다. … 이어 아뢰어 말하기를 "저 땅 사아자(沙阿子)는 바로 한 해 전에 향마적(响馬賊)을 소탕한 곳으로서, 용천(龍川)·철산(鐵山)·의주(義州) 건너편 경계입니다. 지금은 저쪽으로부터 성을 쌓고 관아(官衙)를 설치하며 강을 따라 배들이 곳곳에 서로 바라보고 있으니, 미곡과 가축을 반드시 사사로이 교역하게 될 것입니다. 비록 의주[灣府]에서부터 철저하게 살피고 염탐하더라도 물길로 몰래 통하는 것은 하나하나 적발하기 어려움이 있습니다. 국경을 지키는 것이 점점 해이해지면 뒷날의 폐해를 막기 어려우니, 국경을 견고히 하는 방도에 있어서 이토록 소홀함을 용납해서는 안 됩니다. 북경(北京)에 자문(咨文)을 보내서 금하는 조목을 세우도록 요청하고, 또 묘당에서 엄히 신칙하여 따로 방어하고 살피는 것이 좋을 것 같습니다"라고 하니, 내가 말하기를, "그대로 하라"고 하였다.

국경을 넘어갔다가 살인죄로 압송된 황하립과 최천돌을 효수할 것을 청함.

1876년(고종 13-丙子) 9월 7일(양력 10월 23일)

발신 : 관서도신, 관서수신, 의주부윤 / 수신 : 승문원

『承政院日記』 2973冊

承文院啓曰, 卽見關西道帥臣, 義州府尹狀啓, 則今年進賀使行時, 我國人黃河立·崔天突兩漢, 圖得空牌, 冒越彼地, 到小黑山買餠之際, 嫌少相詰, 推擠該地人劉泳寬, 以致傷死. 自禮部至有咨行押送之擧. 故更爲究覈, 爲先嚴囚, 以待朝家處分. 崔漢則彼咨中, 旣云省釋, 而竟沒下落, 今方另加譏詗云矣. 今此兩漢, 初非跟役, 而冒入彼地, 則與犯越奚異. 犯越旣係死罪, 而況黃漢之罪, 又犯殺越者乎. 北咨中□[*絞]監候之語, 諒出於從寬之厚意. 而揆諸我國律例, 境上梟警, 斷無可議. 此而或一毫假貸, 則沿邊頑猾之徒, 其何以畏戢. 嗣後無窮之憂, 有不可勝言. 咨文令文任措辭撰送, 待其回覆, 罪人黃河立, 彼人所見處, 大會軍民, 卽爲用律. 渡江時人夫實數之修啓, 法意果何如. 而始也不能檢束, 終焉有此事變, 邦禁蕩弛, 貽羞非細, 三使臣竝罷職, 復命後捧傳旨. 行中凡事, 首譯苟皆恪謹周察, 則安有是也. 其罪狀令攸司照法重勘. 雖以灣尹言之, 府民之空牌圖得, 綻露於覈招, 則其鎭邊之不嚴可知. 固當直請罷勘, 而見方使价相續, 有難重貽迎送之弊, 姑先施以越俸三等之典, 使之戴罪察任. 崔漢之仍無影響, 尤極痛惋. 分付道帥臣及該府尹, 期於不日詗捕後狀聞. 自今歲幣使行爲始, 應帶隨從外, 切勿濫率, 赴去之際, 逐名考點, 給牌之時, 另加照驗, 毋敢依前疎忽事, 竝爲頒飭何如, 傳曰, 允.

승문원(承文院)이 아뢰기를, "방금 관서의 도·수신, 의주부윤(義州府尹)의 장계를 보니, '올해 진하사(進賀使)가 갈 때 우리나라 사람 황하립(黃河立)·최천돌(崔天突) 두 놈이 공패(空牌)를 얻어서 국경을 넘어 저쪽 땅으로 가서 소흑산(小黑山)에 도착하여 떡을 살

때에 하찮은 일로 서로 다투다가 그 해당 지역 사람 유영관(劉泳寬)을 밀쳐서 부상을 입혀 죽게 만들었습니다. 〈이에 중국〉 예부(禮部)에서 자문을 띄우고 압송해달라는 조치가 있게 되었습니다. 그래서 다시 〈상황을〉 속속들이 살피고, 우선 〈그들을〉 엄하게 가두어 놓고 조정의 처분을 기다립니다. 〈그런데〉 최가 놈[崔漢]은 저들이 자문하다가 이미 〈정황을〉 살펴보고 놓아주었다고 하는데, 그 행방을 알 수 없어서 지금 한창 특별히 살피고 있습니다'라고 하였습니다. 지금의 이 두 놈은 애시당초 따라다니는 일꾼은 아니었는데, 저쪽 땅으로 넘어갔으니 국경을 넘는 죄와 무엇이 다르겠습니까. 국경을 넘는 것이 이미 죽을 죄에 해당하는데 하물며 황가 놈[黃漢]의 죄는 또한 살인죄와 월경죄를 범한 것입니다. 북경의 자문[北咨] 중에 '교감후(絞監候)'라는 말은 진실로 관대한 쪽을 따르는 두터운 뜻에서 나온 것입니다. 그러나 우리나라 율을 따져보면, 변경에서 효수하여 〈사람들을〉 경계하는 것은 결단코 〈다르게〉 의논할 수 없습니다. 이런데도 혹여 조금이라도 용서하면 연변의 모질고 사나운 무리는 어떻게 두렵게 하여 그치게 할 수 있겠습니까. 이후 끝없는 근심은 이루 다 말할 수 없을 것입니다. 자문은 문임(文任)으로 하여금 말을 만들어 보내게 하고 그 회답을 기다리며, 죄인 황하립은 중국인[彼人]이 보는 곳에서 군민(軍民)을 많이 모아놓고 즉시 율(律)을 사용하소서. 강을 건널 때 인부들의 실제 인원수를 수계(修啓)하도록 한 법의 뜻이 과연 어떤 것이겠습니까. 그러나 처음에 단속하지 못하고서 끝내 이러한 변괴가 있게 하여 나라가 금함이 해이해지고 수치를 끼친 것이 적지 않으니 세 사신은 모두 파직해야 할 것이며, 복명(復命)한 후에 전지를 받들어야 할 것입니다. 일행 중에 모든 일은 수역관이 만약 모두 다 삼가서 자세히 살폈더라면 어찌 이런 일이 있었겠습니까. 그 죄상은 유사로 하여금 법을 살펴 무겁게 감당하게 하소서. 비록 의주부윤[灣尹]으로 말하더라도, 부의 백성이 공패를 얻게 되었음이 조사한 공초에서 다 드러났으니 그 진의 변경을 엄하게 지키지 못했음을 알 수 있습니다. 진실로 마땅히 곧바로 파직시키고 처벌하기를 청해야 하나 지금 한창 사신들이 끊이지 않는데다가 〈사신을〉 영송(迎送)할 때 〈생기는〉 폐단까지 〈부윤에게〉 가하는 것은 어렵고 중대함이 있으니, 우선 월봉(越俸) 삼등(三等)의 처벌을 주고 죄를 띤 채 직임을 살피게 해야 할 것입니다. 최가 놈은 흔적을 찾을 수 없으니 더욱 극히 통렬하고 놀랍습니다. 도신·수신 및 해당 부윤에게 분부하여 며칠 안으로 탐문하여 잡은 뒤 보고하도록 하소서. 올해 세폐(歲幣) 사행부터 시작하여 응당 데리고 가야 할 수종하는 사람 이외에는 절대로 〈인원을〉 넘게 데리고 가지 못하도록 하며 떠날 때에는 이름마다 살펴 점검하며 패를 줄 때에는 특별히 대조 확인하여 감히 이전처럼 소홀하게 하는 일이 없도록 아울러 신칙하는 것이 어떻겠습니까"라고 하니, 전교하기를, "윤허한다"고 하였다.

『高宗實錄』13卷

議政府啓, 卽見關西道帥臣, 義州府尹狀啓, 則今年進賀使行時, 我國人黃河立·崔天突, 圖得空牌, 冒越彼地, 到小黑山, 推擠該地人劉泳寬, 以到傷死. 自中國禮部至有咨行押送之擧. 故更爲究覈, 爲先嚴囚, 以待朝家處分. 崔漢則彼咨中旣云省釋, 而竟沒下落, 今方另加譏詗云矣. 今此兩漢, 冒入彼地, 又犯殺越, 北咨中絞監候之語, 諒出於從寬之厚意. 而揆諸我國律例, 境上梟警, 斷無可議. 咨文令文任措辭撰送, 待其回覆, 罪人黃河立, 彼人所見處, 大會軍民, 卽爲用律. 渡江時人夫實數, 不能檢束, 邦禁蕩弛, 貽羞非細, 三使臣竝罷職, 復命後捧傳旨. 不能恪謹周察之首譯, 令攸司照法重勘. 雖以灣尹言之, 鎭邊不嚴, 姑先施以越俸三等之典. 崔漢分付道帥臣及該府尹, 期於不日詗捕後狀聞. 自今歲使行爲始, 應帶隨從外, 切勿濫率, 赴去之際, 逐名考點, 給牌之時, 另加照驗, 毋敢依前疎忽事, 竝爲頒飭何如, 允之.

의정부(議政府)에서 아뢰기를, "방금 관서의 도·수신, 의주부윤(義州府尹)의 장계를 보니, '올해 진하사(進賀使)가 갈 때 우리나라 사람 황하립(黃河立)·최천돌(崔天突) 두 놈이 공패(空牌)를 얻어서 국경을 넘어 저쪽 땅으로 가서 소흑산(小黑山)에 도착하여 해당 지역 사람 유영관(劉泳寬)을 밀쳐서 부상을 입혀 죽게 만들었습니다. 중국 예부(禮部)에서 자문을 띄우고 압송하여달라는 조치가 있게 되었습니다. 그래서 다시 〈상황을〉 속속들이 살피고, 우선 〈그들을〉 엄하게 가두어놓고 조정의 처분을 기다립니다. 〈그런데〉 최가 놈[崔漢]은 저들이 자문하다가 이미 〈정황을〉 살펴보고 놓아주었다고 하는데, 그 행방을 알 수 없어서 지금 한창 특별히 살피고 있습니다'라고 하였습니다. 지금 이 두 놈은 저쪽 땅으로 넘어가고, 또 살인죄와 월경죄를 범했으나, 〈그럼에도 불구하고〉 북경의 자문[北咨] 중에 '교감후(絞監候)'라는 말은 진실로 관대한 쪽을 따르는 두터운 뜻에서 나온 것입니다. 그러나 우리나라 율을 따져보면, 변경에서 효수하여 〈사람들을〉 경계하는 것은 결단코 〈다르게〉 의논할 수 없습니다. 자문은 문임(文任)으로 하여금 말을 만들어 보내게 하고, 그 회답을 기다리며, 죄인 황하립은 중국인[彼人]이 보는 곳에서 군민(軍民)을 크게 모아놓고 즉시 율(律)을 사용하소서. 강을 건너갈 때 인부들의 실제 인원수를 검속하지 못하여 나라의 금령이 해이해지고 수치를 끼친 것도 적지 않으니, 세 사신은 모두 파직시켜야 할 것이며, 복명(復命)한 후에 전지를 받들어야 할 것입니다. 조심히 두루 살피지 못한 수역관은 유사로 하여금 법을 살펴 무겁게 감당하게 하소서. 비록 의주부윤[灣尹]으로 말하면, 그 진의 변경을 엄하게 지키지 못했으니, 우선 먼저 월봉(越俸) 삼등(三等)의 처벌을 주소서. 죄가 놈은 도신·수신 및 해당 부윤에게 분부하여 며칠 안으로 탐문하여 잡은 뒤 보고하도록 하소서. 올해 세폐(歲幣) 사행부터 시작하여 응당 데리고 가야 할 수종하는 사람 이외에는 절대로 〈인원을〉 넘게 데리고 가지 못하도록 하며 떠날 때에는 이름마다 살펴 점검하며 패를 줄 때에는 특별히 대조 확인하여 감히 이전처럼 소홀하게 하는 일이 없도록 아울러 신칙하는 것이 어떻겠습니까"라고 하니, 윤허하였다.

『日省錄(高宗)』184冊

議政府啓言, 卽見關西道帥·臣, 義州府尹狀啓, 則今年進賀使行, 我國人黃河立·崔天突兩漢, 圖得空牌, 冒越彼地, 到小黑山, 推擠該地人劉泳寬, 以致傷死. 自禮部至有咨行押送之擧, 故爲先嚴囚. 崔漢則彼咨中旣云省釋, 而竟沒下落, 今方另加譏詗云矣. 今此兩漢, 冒入彼地, 則旣係死罪, 而況黃漢之罪, 又犯殺越者乎. 北咨中擬絞監候之語, 出於厚意. 而此或一毫假貸, 則沿邊頑猾之徒, 其何以畏戢. 咨文令文任措辭撰送, 待其回覆, 罪人黃河立, 彼人所見處, 大會軍民, 卽爲用律. 渡江時入夫實數之修啓, 法意果何如. 而始也不能檢束, 終焉有此事變, 三使臣竝罷職, 復命後捧傳旨. 行中凡事, 首譯苟皆恪謹周察, 則安有是也. 其罪狀令攸司照法重勘. 雖以灣尹言之, 府民之空牌圖得, 綻露於覈招, 則其鎭邊之不嚴可知. 固當罷勘, 而見方使价相續, 有難重貽迎送之弊, 姑先施以越捧三等之典, 使之戴罪察任. 崔漢之仍無影響, 尤極痛惋. 分付道帥臣及該府尹, 期於不日詗捕後狀聞. 自今歲幣使行爲始, 應帶隨從外, 切勿濫率, 赴去之際, 逐名考點, 給牌之時, 另加照驗, 毋敢依前疏忽事, 請竝爲頒飭, 允之.

의정부(議政府)에서 아뢰기를 "관서의 도·수신, 의주부윤(義州府尹)의 장계를 보니, '올해 진하사(進賀使)가 갈 때 우리나라 사람 황하립(黃河立)·최천돌(崔天突) 두 놈이 공패(空牌)를 얻어서 저쪽 땅으로 넘어가서 소흑산(小黑山)에 도달하여 해당 지역 사람 유영관(劉泳寬)을 밀쳐서 부상을 입혀 죽게 만들었습니다. 이에 〈중국〉 예부(禮部)에서 자문(咨文)을 띄우고 압송하는 일이 있었으니 우선 엄하게 가두었습니다. 〈그런데〉 최가 놈[崔漢]은 저들이 자문하다가 이미 〈정황을〉 살펴보고 놓아주었다고 하는데, 그 행방을 알 수 없어서 지금 한창 특별히 살피고 있습니다'라고 하였습니다. 이번에 이 두 놈은 저쪽 땅으로 넘어간 것이 이미 죽을 죄에 해당하는데, 하물며 황가 놈의 죄는 또한 살인죄와 월경죄를 범한 것입니다. 북경의 자문[北咨] 가운데에 '교감후(絞監候)'라는 말은 진실로 두터운 뜻에서 나왔습니다. 이럼에도 혹여 조금이라도 용서하면, 연변의 모질고 사나운 무리는 어떻게 두렵게 하여 그치게 할 수 있겠습니까. 자문은 문임(文任)으로 하여금 말을 만들어 보내게 하고 그 회답을 기다리며, 죄인 황하립은 중국인[彼人]이 보는 곳에서 군민(軍民)을 크게 모아놓고 즉시 율(律)을 사용하소서. 강을 건너갈 때 인부들의 실제 인원수를 수계(修啓)하도록 한 법의 뜻이 과연 어떤 것이겠습니까. 그런데도 처음을 단속하지 못하고서 마침내 이러한 사변이 있게 한 세 사신은 모두 파직시켜야 할 것이며, 복명(復命)한 후에 전지를 받들어야 할 것입니다. 일행의 모든 일을 수역관이 만약 모두 다 삼가서 자세히 살폈다면 어찌 이런 일이 있었겠습니까. 그 죄상은 유사(攸司)로 하여금 법을 살펴 무겁게 감당하게 하소서. 비록 의주부윤[灣尹]으로 말하더라도, 부의 백성이 공패를 얻게 된 것이 조사한 공초에서 다 드러났으니 그 진(鎭)의 변경을 엄하게 지키지 못했음을 알 수 있습니다. 진실로 마땅히 곧바로 파직시키고 처벌하기를 청해야 하나, 지금 한창 사신들이 끊이지 않는데다가 〈사신을〉 영송(迎送)할 때 〈생기는〉 폐단까지 가하는 것은 어렵고 중대함이 있으니, 우선 먼저 월봉(越俸) 삼등(三等)의 처벌을 주고 죄를 띤 채 직임을 살피게 해야 할 것입니다. 최가 놈은 흔적을 찾을 수 없으니 더욱 극히 통탄스럽습니다. 도신·수신 및 해당 부윤에게 분부하여 며칠 안으로 탐문하여 잡은 뒤 보고하도록 하소서. 올해 세폐(歲幣) 사행부터 시작하여 응당 데리고 가야 할 수종하는 사람 이외에는 절대로 〈인원을〉 넘게 데리고 가지 못하도록 하며, 떠날 때에는 이름마다 살펴 점검하며, 패를 줄 때에는 특별히 대조 확인하여 감히 이전처럼 소홀하게 하는 일이 없도록 아울러 신칙하시기를 청합니다"라고 하니, 윤허하였다.

『備邊司謄錄』257冊

府啓曰, 卽見關西道帥臣, 義州府尹狀啓, 則今年進賀使行時, 我國人黃河立·崔天突兩漢, 圖得空牌, 冒越彼地, 到小黑山, 買餠之際, 嫌少相詰, 推擠該地人劉泳寬, 以致傷死, 自禮部至有咨行押送之擧. 故更爲究覈, 爲先嚴囚, 以待朝家處分. 崔漢則彼咨中旣云省釋, 而竟沒下落, 今方另加譏詗云矣. 今此兩漢, 初非跟役, 而冒入彼地, 則與犯越奚異. 犯越旣係死罪, 而況黃漢之罪, 又犯殺越者乎. 北咨中擬絞監候之語, 諒出於從寬之厚意. 而揆諸我國律例, 境上梟警, 斷無可議. 此而或一毫假貸, 則沿邊頑猾之徒, 其何以畏戢. 嗣後無窮之憂, 有不可勝言. 咨文令文任措辭撰送, 待其回覆, 罪人黃河立, 彼人所見處, 大會軍民, 卽爲用律. 渡江時人夫實數之修啓, 法意果何如. 而始也不能檢束, 終焉有此事變, 邦禁蕩弛, 貽羞非細, 三使臣竝罷職, 復命後捧傳旨. 行中凡事, 首譯苟皆恪謹周察, 則安有是也. 其罪狀令攸司照律重勘. 雖以灣尹言之, 府民之空牌圖得, 綻露於覈招, 則其鎭邊之不嚴可知. 固當直請罷勘, 而見方使价相續, 有難重貽迎送之弊, 姑先施以越俸三等之典, 使之戴罪察任. 崔漢之仍無影響, 尤極痛惋. 分付道帥臣及該府尹, 期於不日詗捕後狀聞. 自今歲幣使行爲始, 應帶隨從外, 切勿濫率, 赴去之際, 逐名考點, 給牌之時, 另加照驗, 毋敢依前疎忽事, 竝爲頒飭何如, 答曰, 允.

의정부[府]에서 아뢰기를 "방금 관서의 도·수신, 의주부윤(義州府尹)의 장계를 보니, '올해 진하사(進賀使)가 갈 때 우리나라 사람 황하립(黃河立)·최천돌(崔天突) 두 놈이 공패(空牌)를 얻어서 국경을 넘어 저쪽 땅으로 가서 소흑산(小黑山)에 도착하여 떡을 살 때에 하찮은 일로 서로 다투다가 그 해당 지역 사람 유영관(劉泳寬)을 밀쳐서 부상을 입혀 죽게 만들었습니다. 〈이에 중국〉 예부(禮部)에서 자문을 띄우고 압송하여달라는 조치가 있게 되었습니다. 그래서 다시 〈상황을〉 속속들이 살피고, 우선 〈그들을〉 엄하게 가두어 놓고 조정의 처분을 기다립니다. 〈그런데〉 최가 놈[崔漢]은 저들이 자문하다가 이미 〈정황을〉 살펴보고 놓아주었다고 하는데, 그 행방을 알 수 없어서 지금 한창 특별히 살피고 있습니다'라고 하였습니다. 지금의 이 두 놈은 애시당초 따라다니는 일꾼은 아니었는데, 저쪽 땅으로 넘어갔으니 국경을 넘는 죄와 무엇이 다르겠습니까. 국경을 넘는 것이 이미 죽을 죄에 해당하는데 하물며 황가 놈[黃漢]의 죄는 또한 살인죄와 월경죄를 범한 것입니다. 북경의 자문[北咨] 중에 '교감후(絞監候)'라는 말은 진실로 관대한 쪽을 따르는 두터운 뜻에서 나온 것입니다. 그러나 우리나라 율을 따져보면, 변경에서 효수하여 〈사람들을〉 경계하는 것은 결단코 〈다르게〉 의논할 수 없습니다. 이런데도 혹여 조금이라도 용서하면 연변의 모질고 사나운 무리는 어떻게 두렵게 하여 그치게 할 수 있겠습니까. 이후 끝없는 근심은 이루 다 말할 수 없을 것입니다. 자문은 문임(文任)으로 하여금 말을 만들어 보내게 하고 그 회답을 기다리며, 죄인 황하립은 중국인[彼人]이 보는 곳에서 군민(軍民)을 많이 모아놓고 즉시 율(律)을 사용하소서. 강을 건널 때 인부들의 실제 인원수를 수계(修啓)하도록 한 법의 뜻이 과연 어떤 것이겠습니까. 그러나 처음에 단속하지 못하고서 끝내 이러한 변괴가 있게 하여 나라가 금함이 해이해지고 수치를 끼친 것이 적지 않으니 세 사신은 모두 파직해야 할 것이며, 복명(復命)한 후에 전지를 받들어야 할 것입니다. 일행 중에 모든 일은 수역관이 만약 모두 다 삼가서 자세히 살폈더라면 어찌 이런 일이 있었겠습니까. 그 죄상은 유사로 하여금 법을 살펴 무겁게 감당하게 하소서. 비록 의주부윤[灣尹]으로 말하더라도, 부의 백성이 공패를 얻게 되었음이 조사한 공초에서 다 드러났으니 그 진의 변경을 엄하게 지키지 못했음을 알 수 있습니다. 진실로 마땅히 곧바로 파직시키고 처벌하기를 청해야 하나 지금 한창 사신들이 끊이지 않는데다가 〈사신을〉 영송(迎送)할 때 〈생기는〉 폐단까지 〈부윤에게〉 가하는 것은 어렵고 중대함이 있으니, 우선 월봉(越俸) 삼등(三等)의 처벌을 주고 죄를 띤 채 직임을 살피게 해야 할 것입니다. 최가 놈은 흔적을 찾을 수 없으니 더욱 극히 통렬하고 놀랍습니다. 도신·수신 및 해당 부윤에게 분부하여 며칠 안으로 탐문하여 잡은 뒤 보고하도록 하소서. 올해 세폐(歲幣) 사행부터 시작하여 응당 데리고 가야 할 수종하는 사람 이

외에는 절대로 〈인원을〉 넘게 데리고 가지 못하도록 하며 떠날 때에는 이름마다 살펴 점검하며 패를 줄 때에는 특별히 대조 확인하여 감히 이전처럼 소홀하게 하는 일이 없도록 아울러 신칙하는 것이 어떻겠습니까"라고 하니, 답하기를, "윤허한다"고 하였다.

국경에서 성행하는 밀무역을 억제하기 위한 법령을 실행할 것을 청함.

1876년(고종 13-丙子) 9월 10일(양력 10월 26일)

발신 : 평안 전 감사 조성하

『承政院日記』 2830冊

最應曰, 卽見平安前監司趙成夏所奏, 則彼地沙河子, 卽龍川·鐵山·義州越界也, 而今則自彼築城設衙, 舟楫相望, 必有潛通交貿之慮, 咨報北京, 請立禁條, 自廟堂嚴飭沿邊爲辭矣. 邇來邊政蕩然, 奸細之徒, 種種有冒禁之弊, 此已是憂虞之甚, 而彼沿設衙之地, 直不過一衣帶之間也, 交通和賣之習, 尤不容不嚴加防遏. 令文任措辭撰咨, 入送北京, 以爲固圉之道. 亦以此意關飭道帥臣及灣尹處, 築底詗察, 隨其現發, 境上梟警後, 形止啓聞事, 分付何如. 上曰, 其在重邊設禁之策, 不容不另加嚴防, 依所奏爲之.

이최응(李最應)이 아뢰기를, "방금 전(前) 평안감사(平安監司) 조성하(趙成夏)가 아뢴 것을 보니, '저 땅 사하자(沙河子)는 바로 용천(龍川)·철산(鐵山)·의주(義州) 건너편 경계인데, 지금 저쪽으로부터 성을 쌓고 관아를 설치하며 배들이 서로 바라보고 있으니 틀림없이 몰래 통하여 교역할 우려가 있는 만큼 북경에 자문(咨文)을 보내어 통보하고 금지하는 조목을 세우도록 청하며 묘당에서 국경 일대를 엄히 신칙하게 하소서'라고 하였습니다. 근래에 변정(邊政)이 허탕해져서 간사한 소인의 무리가 종종 금법을 범하는 폐단이 있으니, 이는 이미 매우 근심스러운 것이며, 저쪽 연안에 관아를 설치한 지역이 곧바로 하나의 띠처럼 좁은 공간을 사이에 두고 있으니, 교통하며 사고파는 습속을 더욱 엄하게 막지 않을 수 없습니다. 문임(文任)으로 하여금 말을 만들어 자문을 지어내게 하여 북경에 들여보내서 변방을 튼튼히 지키는 방도로 삼으소서. 또한 이런 내용으로 도·수신 및 의주부윤[灣尹]에게 관문을 보내 신칙하여 철저히 기찰하도록 하고, 〈위반하는 자는〉 적발하는 대로 변경에서 효수하여 〈사람들을〉 경계하게 한 후에, 형편을 계문하기를 분부하는 것이 어떻겠습니까"라고 하였다. 임금께서 이르기를, "그 변경을 중시하고 금법을 설치하는 방책에 있어서는 특별히 엄하게 방비하지 않을 수 없다. 아뢴대로 하라"고 하였다.

『高宗實錄』13卷

次對. 領議政李最應曰, 卽見平安前監司趙成夏所奏, 則彼地沙河子, 卽龍川·鐵山·義州越界也, 而今則自彼築城設衙, 舟楫相望, 必有潛通交貿之慮. 咨報北京, 請立禁條, 自廟堂嚴飭沿邊爲辭矣. 邇來邊政蕩然, 交通和賣之習, 尤不容不嚴加防遏. 令文任措辭撰咨, 入送北京, 以爲固圉之道. 亦以此意, 關飭道帥臣及灣尹處, 築底詗察, 隨其現發, 境上梟警後, 形止啓聞事, 分付何如, 允之.

차대(次對)하였다. 영의정(領議政) 이최응(李最應)이 아뢰기를, "방금 전(前) 평안감사(平安監司) 조성하(趙成夏)가 아뢴 것을 보니, '저 땅 사하자(沙河子)는 바로 용천(龍川)·철산(鐵山)·의주(義州) 건너편 경계인데, 지금 저쪽으로부터 성을 쌓고 관아를 설치하며 배들이 서로 바라보고 있으니 틀림없이 몰래 통하여 교역할 우려가 있는 만큼 북경에 자문(咨文)을 보내어 통보하고 금지하는 조목을 세우도록 청하며 묘당에서 국경 일대를 엄히 신칙하게 하소서'라고 하였습니다. 근래에 변정(邊政)이 허탕해져서 서로 교류하며 물건을 사고파는 습속을 더욱 엄하게 막지 않을 수 없습니다. 문임(文任)으로 하여금 말을 만들어 자문을 지어내게 하여 북경에 들여보내서 변방을 튼튼히 지키는 방도로 삼으소서. 또 이런 내용으로 도·수신 및 의주부윤[灣尹]에게 관문을 보내 신칙하여 철저히 기찰하도록 하고 〈위반하는 자는〉 적발하는 대로 변경에서 효수하여 〈사람들을〉 경계하게 한 후에 형편을 계문하기를 분부하는 것이 어떻겠습니까"라고 하니, 윤허하였다.

『日省錄(高宗)』 184冊

領議政李最應啓言, 卽見平安前監司趙成夏所奏, 則彼地沙河子卽龍川·鐵山·義州越界也, 而今則自彼築城設衙, 舟楫相望, 必有潛通交貿之慮, 咨報北京, 請立禁條, 自廟堂嚴飭沿邊爲辭矣. 邇來邊政蕩然, 奸細之徒, 種種有冒禁之弊, 此已是憂慮之甚, 而彼沿設衙之地, 直不過一衣帶之間也, 交通和賣之習, 尤不容不嚴加防遏, 令文任措辭撰咨, 入送北京, 以爲固圉之道. 亦以此意關飭道帥臣及灣尹處, 築底詗察, 隨其現發, 境上梟警後, 形止登聞事, 請分付. 批以, 其在重邊設禁之策, 不容不另加嚴防, 依爲之.

영의정(領議政) 이최응(李最應)이 아뢰기를, "방금 전(前) 평안감사(平安監司) 조성하(趙成夏)가 아뢴 내용을 보니, '저 땅 사하자(沙河子)는 바로 용천(龍川)·철산(鐵山)·의주(義州) 건너편 경계인데, 지금 저쪽으로부터 성을 쌓고 관아를 설치하며 배들이 서로 바라보고 있으니 틀림없이 몰래 통하여 교역할 우려가 있는 만큼 북경에 자문(咨文)을 보내어 통보하고 금지하는 조목을 세우도록 청하며 묘당에서 국경 일대를 엄히 신칙하게 하소서'라고 하였습니다. 근일에 변정(邊政)이 허탕해져서 간사한 소인 무리들이 여러 가지로 금법을 범하는 폐단이 있으니, 이는 이미 매우 근심스러운 일입니다. 저쪽 연안에 관아를 설치한 지역이 곧바로 하나의 띠처럼 좁은 공간을 사이에 두고 있으니 교통하며 호응하여 사고파는 버릇을 더욱 엄하게 막지 않을 수 없습니다. 문임(文任)으로 하여금 말을 만들어 자문을 짓게 하여 북경에 들여보내어 변방을 튼튼히 지키는 방도로 삼으소서. 또한 이런 내용으로 도·수신, 의주부윤[灣尹]에게 관문을 보내 신칙하여 철저히 기찰하게 할 것이며, 〈위반하는 자는〉 적발하는 대로 변경에서 효수하여 〈사람들을〉 경계하게 한 후에 형편을 계문하기를 분부하시길 청합니다"라고 하였다. 비답하기를 "변경을 중시하여 금법을 설치하는 방책에 있어서는 별도로 엄하게 방비하지 않을 수 없다. 그대로 하라"고 하였다.

『備邊司謄錄』 257冊

今九月初十日藥房入診, 大臣·政府堂上引見. 入侍時, 領議政李所啓, 卽見平安前監司趙成夏所奏, 則彼地沙河子, 卽龍川·鐵山義州越界也, 而今則自彼築城設衙, 舟楫相望, 必有潛通交貿之慮, 咨報北京, 請立禁條, 自廟堂嚴飭沿邊爲辭矣, 邇來邊政蕩然, 奸細之徒, 種種有冒禁之弊, 此已是憂虞之甚, 而彼沿設衙之地, 直不過一衣帶之間也, 交通和賣之習, 尤不容不嚴加防遏, 令文任措辭撰咨, 入送北京, 以爲固圉之道. 亦以此意關飭道帥臣及灣尹處, 築底詗察, 隨其現發, 境上梟警後, 形止啓聞事, 分付何如. 上曰, 其在重邊設禁之策, 不容不另加嚴防, 依所奏爲之.

이번 9월 10일 약방(藥房)에서 입진하고, 대신·의정부 당상을 인견하였다. 입시하였을 때 영의정(領議政) 이최응(李最應)이 아뢰기를, "방금 전(前) 평안감사(平安監司) 조성하(趙成夏)가 아뢴 것을 보니, '저 땅 사하자(沙河子)는 바로 용천(龍川)·철산(鐵山)·의주(義州) 건너편 경계인데, 지금 저쪽으로부터 성을 쌓고 관아를 설치하며 배들이 서로 바라보고 있으니 틀림없이 몰래 통하여 교역할 우려가 있는 만큼 북경에 자문(咨文)을 보내어 통보하고 금지하는 조목을 세우도록 청하며 묘당에서 국경 일대를 엄히 신칙하게 하게 하소서'라고 하였습니다. 근래에 변정(邊政)이 허탕해져서, 간사한 소인의 무리가 종종 금법을 범하는 폐단이 있으니, 이는 이미 매우 근심스러운 것이며, 저쪽 연안에 관아를 설치한 지역이 곧바로 하나의 띠처럼 좁은 공간을 사이에 두고 있으니 교통하며 사고파는 습속을 더욱 엄하게 막지 않을 수 없습니다. 문임(文任)으로 하여금 말을 만들어 자문을 지어내게 하여 북경에 들여보내서 변방을 튼튼히 지키는 방도로 삼으소서. 또한 이런 뜻으로 도·수신 및 의주부윤[灣尹]에게 관문을 보내 신칙하여 철저히 기찰하게 할 것이며, 〈위반하는 자는〉 적발하는 대로 변경에서 효수하여 〈사람들을〉 경계하게 한 후에 형편을 계문하기를 분부하는 것이 어떻겠습니까"라고 하였다. 임금께서 이르기를, "그 변경을 중시하고 금법을 설치하는 방책에 있어서는 특별히 엄하게 방비하지 않을 수 없다. 아뢴 바대로 하라"고 하였다.

러시아가 국경을 마주하게 된 상황과 그 대비책에 대해 보고받음.

1877년(고종 14-丁丑) 1월 30일(양력 3월 14일)

발신 : 고종

『承政院日記』2834冊

丁丑正月三十日申時. 上御萬慶殿. … 仍命安撫使進前, 有淵進前. 上曰, 遠路善爲往返乎. 有淵曰, 王靈攸曁, 無事往還矣. 上曰, 屢朔遠離, 客地過歲, 其必難耐矣. 有淵曰, 事務鞅掌, 不覺時月之過去矣. 上曰, 許多弊端, 今皆矯捄, 勞勩多矣. 有淵曰, 臣則宣布德意而已, 不能對揚萬一矣. 上曰, 今此數百餘民之還來甚幸, 而若非卿措處之得宜, 何以致此乎. 有淵曰, 犯越之民, 得聞曠蕩之典, 其歸如市, 莫非聖化攸曁矣. 上曰, 己庚荐歉, 爲其救命而犯越, 亦畏邦禁, 未卽還歸, 有何罪乎. 有淵曰, 果然矣. … 上曰, 茂山地, 有可寘把守處云, 是何處乎. 有淵曰, 通虛項, 嶺之要隘, 而山頭洞, 犯越之類, 多從此路矣. 上曰, 俄羅斯, 只隔一帶江云, 有探知者乎. 有淵曰, 別無探知, 而自然有聞矣. 上曰, 其風俗何如. 亦無戰爭之心乎. 有淵曰, 少無深憂. 而專以闢荒通商爲主, 蓋其計則大矣. 上曰, 形貌或見之乎. 有淵曰, 雖未見之, 槪聞深目高準矣. 上曰, 烏喇蒙古·英吉利單于, 皆其接界云, 單于之名, 今亦有之乎. 有淵曰, 然矣. 上曰, 比諸中國稍大云, 然乎. 有淵曰, 延袤爲四萬里云矣. 上曰, 然則是沙漠之外乎. 有淵曰, 然矣. 上曰, 與沙漠通沙云乎. 有淵曰, 通商襍處云矣. 上曰, 俄羅斯, 前何不聞乎. 有淵曰, 一自琿春沿海地劃給之後, 與我界接壤, 而容接匪類, 故犯越之弊多矣. 上曰, 以大國之力, 何不制乎. 有淵曰, 臣於年前燕行時, 得聞朝士之言, 則諸國中, 最憚其强大矣. 上曰, 其國有相職云乎. 有淵曰, 本無相職, 而所謂官長, 通稱居非丹云矣. 上曰, 俄夷則如彼强盛, 而我國則邊備疎虞, 甚慨歎矣. 有淵曰, 以恩德, 固結民心, 勝於武備矣. 上曰, 然矣. 仍敎曰, 沿江之淺深何如乎. 有淵曰, 慶興界, 雖爲深廣, 自慶源至茂山, 上流也, 往往有褰裳可涉處矣. 上曰, 有何可奏之事乎. 有淵曰, 謹具別單, 以備乙覽, 別無可奏之事. 而三水·甲山, 處於白頭山下, 茸麝行獵之際, 其窘艱欠敬, 與茂山同. 然南兵營封進茸麝, 依前作貢, 特蒙一視之惠澤, 民情之所厚望, 故敢此仰達矣. 上曰, 從其方便爲之甚好, 依前作貢可也. … 上曰, 白頭山登覽否. 有淵曰, 距險路, 爲數百餘里, 自山下, 至山上, 亦爲百餘里, 不得登覽矣. 上曰, 康熙時, 定界木柵, 見之乎. 有淵曰, 尙今有之, 而彼人無賴輩, 廣占於定界之外, 鹿獵, 亦因此而漸難云矣. 上曰, 或有聞見之錄來者乎. 有淵曰, 已於別單中略陳, 別無錄來者, 而只有三國交界之圖本矣. 上曰, 道路絶遠, 必多艱苦矣. 有淵曰, 比諸燕行, 果難矣. 上曰, 何其難於燕行乎. 有淵曰, 燕行, 道路平坦, 亦有憑信之道, 而此地則間有五大嶺, 京國邈然矣. 上曰, 南·北關之大嶺, 爲幾處乎. 有淵曰, 鐵嶺·咸關嶺·摩雲嶺·摩天嶺, 而此是國中之最大嶺矣. 上曰, 嶺上有人家乎. 有淵曰, 嶺上無之, 嶺底多有居民矣. ….

정축 정월 30일 신시(申時). 임금께서 만경전(萬慶殿)에 나아갔다. … 이어 안무사(安撫使)를 앞으로 나오도록 명하니, 김유연(金有淵)이 앞으로 나아왔다. 임금께서 이르기를, “먼 길을 잘 갔다 왔는가”라고 하였다. 김유연이 아뢰기를, “왕령(王靈)이 보살펴주셔서 무사히 다녀왔습니다”라고 하였다. 임금께서 이르기를, “수개월을 멀리 떠나 객지에서 해를 보냈으니, 반드시 견디기 어려웠을 것이다”라고 하였다. 김유연이 아뢰기를, “사무가 바빠 달이 지나가는지도 몰랐습니다”라고 하였다. 임금께서 이르기를, “허다한 폐단을 이제 다 바로잡고 구제하느라 노고가 많았다”라고 하였다. 김유연이 아뢰기를, “신은 덕의(德意)를 선포했을 뿐이고 임금의 덕을 만분의 일도 펼치지 못하였습니다”라고 하였다. 임금께서 이르기를, “이번에 수백의 나머지 백성들이 다시 돌아와 매우 다행인데, 만약 경의 조처가 마땅함을 얻은 것이 아니었다면 어떻게 이렇게 될 수 있었겠는가”라고 하였다. 김유연이 아뢰기를, “국경을 넘은 백성이 큰 은전이 있다는 것을 듣고 시장을 이룬 것처럼 많이 돌아왔으니, 성상의 교화가 미치지 않은 것이 아닙니다”라고 하였다. 임금께서 이르기를, “기사·경오년의 흉년에 그 목숨을 부지하려고 국경을 넘었다가 또한 나라의 금령을 두려워하여 즉시 돌아오지를 못했던 것이니 〈그들에게〉 무슨 죄가 있겠는가”라고 하였다. 김유연이 아뢰기를, “과연 그렇습니다”라고 하였다. … 임금께서 이르기를, “무산 땅은 파수를 둘만한 곳이 있다고 하던데 어디인가”라고 하였다.

김유연이 아뢰기를, "통허항(通虛項)이 영(嶺)의 요해처이니, 산두동(山頭洞)의 국경을 넘은 무리들은 이 길을 따라 갔습니다"라고 하였다. 임금께서 이르기를, "러시아[俄羅斯]가 단지 강 하나를 사이에 두고 있다고 하던데, 탐지(探知)하는 자가 있던가"라고 하였다. 김유연이 아뢰기를, "특별히 탐지하지는 않는데 자연스럽게 소문은 들립니다"라고 하였다. 임금께서 이르기를, "그들의 풍속은 어떠한가. 또한 전쟁을 일으킬 마음은 없던가"라고 하였다. 김유연이 아뢰기를, "조금도 깊이 걱정할 것이 없습니다. 그리고 오로지 황무지를 개간하고 통상하는 것을 주로 하는데, 대개 그 계획이 큽니다"라고 하였다. 임금께서 이르기를, "그들의 모습을 혹시 보았는가"라고 하였다. 김유연이 아뢰기를, "비록 보지는 못하였으나 눈이 우묵하고 콧마루가 높다고 들었습니다"라고 하였다. 임금께서 이르기를, "오라몽고(烏喇蒙古)·영길리선우(英吉利單于)가 모두 그 접경이라고 하던데 선우의 명칭은 지금도 있던가"라고 하였다. 김유연이 아뢰기를, "그렇습니다"라고 하였다. 임금께서 이르기를, "〈러시아는〉 중국에 비해 조금 크다고 하던데 그러한가"라고 하였다. 김유연이 아뢰기를, "동서남북으로 뻗은 길이[延袤]가 4만 리나 된다고 합니다"라고 하였다. 임금께서 이르기를, "그렇다면 〈영토가〉 사막 밖에 있는가"라고 하였다. 김유연이 아뢰기를, "그렇습니다"라고 하였다. 임금께서 이르기를, "사막과 통하는가"라고 하였다. 김유연이 아뢰기를, "통상이 잡다한 곳이라고 합니다"라고 하였다. 임금께서 이르기를, "러시아[俄羅斯]가 이전에는 왜 소문이 나지 않았는가"라고 하였다. 김유연이 아뢰기를, "한번 〈중국이〉 혼춘(琿春) 연해의 땅을 〈러시아에게〉 그어준 뒤부터 우리의 경계와 접하게 되었는데, 비류(匪類)에게 관대하기 때문에 국경을 넘는 폐단이 많습니다"라고 하였다. 임금께서 이르기를, "대국(大國)의 힘으로 어찌 제어하지 못하는가"라고 하였다. 김유연이 아뢰기를, "신이 작년에 연행할 때에 조사(朝士)의 말을 들으니, 〈중국도〉 여러 나라 중에서 가장 그들의 강대함을 꺼린다고 합니다"라고 하였다. 임금께서 이르기를, "그 나라에도 재상직(宰相職)이 있다고 하던가"라고 하였다. 김유연이 아뢰기를, "본래 재상직은 없고 이른바 관장(官長)을 통칭 거비단(居非丹)이라고 한다고 합니다"라고 하였다. 임금께서 이르기를, "러시아[俄羅斯] 오랑캐들은 저렇게 강성한데 우리나라는 변방의 대비가 소홀하니 매우 개탄스럽다"라고 하였다. 김유연이 아뢰기를, "은덕(恩德)으로 민심을 결속시키는 것이 군비(軍備)보다 낫습니다"라고 하였다. 임금께서 이르기를, "그렇다"라고 하였다. 이어 교하기를, "연강(沿江)의 깊이는 어떠한가"라고 하였다. 김유연이 아뢰기를, "경흥(慶興)의 경계는 비록 매우 넓지만 경원에서 무산까지 상류는 왕왕 치마를 걷고 건널만한 곳이 있습니다"라고 하였다. 임금께서 이르기를, "어떤 아뢸만한 것이 있는가"라고 하였다. 김유연이 아뢰기를, "삼가 별단에 갖추어 적어 보시도록 하였으므로 따로 아뢸만한 것은 없습니다. 삼수(三水)·갑산(甲山)이 백두산 아래에 위치해 있는데, 녹용과 사향을 구할 때에 곤궁하여 제대로 바치지 못하기는 무산과 같습니다. 그러나 남병영(南兵營)이 봉하여 진상하는 녹용과 사향은 전례대로 작공(作貢)하여 특별히 똑같은 혜택을 입기를 민심[民情]이 두텁게 바라고 있기에 감히 이렇게 우러러 아룁니다"라고 하였다. 임금께서 이르기를, "편리하게 하는 것이 좋으니, 전례대로 작공하라"고 하였다. … 임금께서 이르기를, "백두산에 올라가서 바라 보았는가"라고 하였다. 김유연이 아뢰기를, "험준한 길이 수백여 리에 도달하며, 산 아래부터 산 정상까지 또한 100여 리나 되니 부득이하게도 올라가서 보지 못하였습니다"라고 하였다. 임금께서 이르기를, "강희제 시절에 정했던 경계 목책을 보았는가?"라고 하였다. 김유연이 아뢰기를, "여전히 지금까지도 있으나 저쪽 사람들과 무뢰배들이 정계(定界) 밖을 넓게 차지하여, 사슴 사냥도 또한 이로 인하여 점차 어려워졌습니다"라고 하였다. 임금께서 이르기를, "다른 보고 들은 것을 기록하여 온 것은 있는가?"라고 하였다. 김유연이 아뢰기를, "이미 별단 안에 간략하게 진술한 것이 있어 별도로 기록하여 가지고 온 것은 없습니다. 다만 삼국이 서로 닿은 지경(地境)의 도본은 있습니다"라고 하였다. 임금께서 이르기를, "길이 거리가 멀어서 반드시 어려움과 고생이 많았을 것이다"라고 하였다. 김유연이 아뢰기를, "연행가는 길에 비해서 결과적으로 어려웠습니다"라고 하였다. 임금께서 이르시길, "연행길보다 어떤 것이 어려웠는가?"라고 하였다. 김유연이 아뢰기를, "연행은 도로가 평탄하고 또한 믿고 의지할 수 있는 길이 있지만, 이번 길은 땅이 다섯 개의 영 사이에 있고 경국(京國)〈까지 거리가〉 막연하였습니다"라고 하였다. 임금께서 이르기를, "남·북관의 큰 영이 몇 개나 되는가?"하였다. 김유연이 아뢰기를, "철령(鐵嶺)·함관령(咸關嶺)·마운령(摩雲嶺)·마천령(摩天嶺)이 있는데, 이는 나라에서 가장 큰 영들입니다"라고 하였다. 임금께서 이르기를, "영에 사람들이 살고 있는가?"라고 하였다. 김유연이 아뢰기를, "영에는 살지 않고, 영 아래에 백성들의 거주지가 다수 있습니다"라고 하였다. ….

『日省錄(高宗)』188冊

予曰, 遠路善爲往返乎. 有淵曰, 王靈攸暨, 無事往還矣. 予曰, 屢朔遠離, 客地過歲, 其必難耐矣. 有淵曰, 事務鞅掌, 不覺時月之過去矣. 予曰, 許多弊端, 今皆矯捄, 勞勩多矣. 有淵曰, 臣則宣布德意而已, 不能對揚萬一矣. 予曰, 今此數百餘民之還來甚幸, 而若非卿措處之得宜, 何以致此乎. 有淵曰, 犯越之民, 得聞曠蕩之典, 其歸如市, 莫非聖化攸暨矣. 予曰, 己庚荐歉, 爲其救命而犯越, 亦畏邦禁, 未卽還歸, 有何罪乎. 有淵曰, 果然矣. … 予曰, 茂山地, 有可寘把守處云, 是何處乎. 有淵曰, 通虛項, 嶺之要隘, 而山頭洞, 犯越之類, 多從此路矣. 予曰, 俄羅斯, 只隔一帶江云, 有探知者乎. 有淵曰, 別無探知, 而自然有聞矣. 予曰, 其風俗何如. 亦無戰爭之心乎. 有淵曰, 少無深憂, 而專以闢荒通商爲主, 蓋其計則大矣. 予曰, 形貌或見之乎. 有淵曰, 雖未見之, 概聞深目高準矣. 予曰, 烏喇蒙古·英吉利單于, 皆其接界云, 單于之名, 今亦有之乎. 有淵曰, 然矣. 予曰, 比諸中國稍大云, 然乎. 有淵曰, 延袤爲四萬里云矣. 予曰, 然則是沙漠之外乎. 有淵曰, 然矣. 予曰, 與沙漠通沙云乎. 有淵曰, 通商襍處云矣. 予曰, 俄羅斯, 前何不聞乎. 有淵曰, 一自琿春沿海地劃給之後, 與我界接壤, 而容接匪類, 故犯越之弊多矣. 予曰, 以大國之力, 何不制乎. 有淵曰, 臣於年前燕行時, 得聞朝士之言, 則諸國中, 最憚其强大矣. 予曰, 其國有相職云乎. 有淵曰, 本無相職, 而所謂官長, 通稱居非丹云矣. 予曰, 俄夷則如彼强盛, 而我國則邊備踈虞, 甚慨歎矣. 有淵曰, 以恩德, 固結民心, 勝於武備矣. 予曰, 然矣. 仍敎曰, 沿江之淺深何如乎. 有淵曰, 慶興界, 雖爲深廣, 自慶源至茂山, 上流也, 往往有褰裳可涉處矣. 予曰, 有何可奏之事乎. 有淵曰, 謹具別單, 以備乙覽, 別無可奏之事, 而三水·甲山, 處於白頭山下, 茸麝行獵之際, 其窘艱欠敬, 與茂山同. 然南兵營封進茸麝, 依前作貢, 特蒙一視之惠澤, 民情之所厚望, 故敢此仰達矣. 予曰, 從其方便爲之甚好, 依前作貢可也. … 予曰, 白頭山登覽否. 有淵曰, 距險路, 爲數百餘里, 自山下, 至山上, 亦爲百餘里, 不得登覽矣. 予曰, 康熙時, 定界木柵, 見之乎. 有淵曰, 尙今有之, 而彼人無賴輩, 廣占於定界之外, 鹿獵, 亦因此而漸難云矣. 予曰, 或有聞見之錄來者乎. 有淵曰, 已於別單中略陳, 別無錄來者, 而只有三國交界之圖本矣. 予曰, 道路絶遠, 必多艱苦矣. 有淵曰, 比諸燕行, 果難矣. 予曰, 何其難於燕行乎. 有淵曰, 燕行, 道路平坦, 亦有憑信之道, 而此地則間有五大嶺, 京國邈然矣. 予曰, 南·北關之大嶺, 爲幾處乎. 有淵曰, 鐵嶺·

咸關嶺·摩雲嶺·摩天嶺, 而此是國中之最大嶺矣. 予曰, 嶺上有人家乎. 有淵曰, 嶺上無之, 嶺底多有居民矣.

내가 말하기를, "먼 길을 잘 갔다 왔는가"라고 하였다. 김유연(金有淵)이 아뢰기를, "왕령(王靈)이 보살펴주셔서 무사히 다녀왔습니다"라고 하였다. 내가 말하기를, "수개월을 멀리 떠나 객지에서 해를 보냈으니, 반드시 견디기 어려웠을 것이다"라고 하였다. 김유연이 아뢰기를, "사무가 바빠 달이 지나가는지도 몰랐습니다"라고 하였다. 내가 말하기를, "허다한 폐단을 다 바로잡고 구제하느라 노고가 많았다"라고 하였다. 김유연이 아뢰기를, "신은 덕의(德意)를 선포했을 뿐이고 임금의 덕을 만분의 일도 펼치지 못하였습니다"라고 하였다. 내가 말하기를, "이번에 수백의 나머지 백성들이 다시 돌아와 매우 다행인데, 만약 경의 조처가 마땅함을 얻은 것이 아니었다면 어떻게 이렇게 될 수 있었겠는가"라고 하였다. 김유연이 아뢰기를, "국경을 넘은 백성이 큰 은전이 있다는 것을 듣고 시장을 이룬 것처럼 많이 돌아왔으니, 성상의 교화가 미치지 않은 것이 아닙니다"라고 하였다. 내가 말하기를, "기사·경오년의 흉년에 그 목숨을 부지하려고 국경을 넘었다가 또한 나라의 금령을 두려워하여 즉시 돌아오지를 못했던 것이니 〈그들에게〉 무슨 죄가 있겠는가"라고 하였다. 김유연이 아뢰기를, "과연 그렇습니다"라고 하였다. … 내가 말하기를, "무산 땅은 파수를 둘만한 곳이 있다고 하던데, 어디인가"라고 하였다. 김유연이 아뢰기를, "통허항(通虛項)이 영(嶺)의 요해처이니, 산두동(山頭洞)의 국경을 넘은 무리는 많이 이 길을 따라 갔습니다"라고 하였다. 내가 말하기를, "러시아[俄羅斯]가 단지 강 하나를 사이에 두고 있다고 하던데, 탐지(探知)하는 자가 있던가"라고 하였다. 김유연이 아뢰기를, "특별히 탐지하지는 않는데 자연스럽게 소문은 들립니다"라고 하였다. 내가 말하기를, "그들의 풍속은 어떠한가. 또한 전쟁을 일으킬 마음은 없던가"라고 하였다. 김유연이 아뢰기를, "조금도 깊이 걱정할 것이 없습니다. 그리고 오로지 황무지를 개간하고 통상하는 것을 주로 하는데 대개 그 계획이 큽니다"라고 하였다. 내가 말하기를, "그들의 모습을 혹시 보았는가"라고 하였다. 김유연이 아뢰기를, "비록 보지는 못하였으나 눈이 우묵하고 콧마루가 높다고 들었습니다"라고 하였다. 내가 말하기를, "오라몽고(烏喇蒙古)·영길리선우(英吉利單于)가 모두 그 접경이라고 하던데, 선우의 명칭은 지금도 있는가"라고 하였다. 김유연이 아뢰기를, "그렇습니다"라고 하였다. 내가 말하기를, "〈러시아는〉 중국에 비해 조금 크다고 하던데, 그러한가"라고 하였다. 김유연이 아뢰기를, "동서남북으로 뻗은 길이[延袤]가 4만 리나 된다고 합니다"라고 하였다. 내가 말하기를, "그렇다면 〈영토는〉 사막 밖에 있는가"라고 하였다. 김유연이 아뢰기를, "그렇습니다"라고 하였다. 내가 말하기를, "사막과 통하는가"라고 하였다. 김유연이 아뢰기를, "통상이 잡다한 곳이라고 합니다"라고 하였다. 내가 말하기를, "러시아[俄羅斯]가 이전에는 왜 소문이 나지 않았는가"라고 하였다. 김유연이 아뢰기를, "한번 〈중국이〉 혼춘(琿春) 연해의 땅을 〈러시아에게〉 그어준 뒤부터 우리의 경계와 접하게 되었는데, 비류(匪類)에게 관대하기 때문에 국경을 넘는 폐단이 많습니다"라고 하였다. 내가 말하기를, "대국(大國)의 힘으로 어찌 제어하지 못하는가"라고 하였다. 김유연이 아뢰기를, "신이 한 해 전에 연행할 때에 조사(朝士)의 말을 들으니, 〈중국도〉 여러 나라 중에서 가장 그들의 강대함을 꺼린다고 합니다"라고 하였다. 내가 말하기를, "그 나라에도 재상직(宰相職)이 있다고 하던가"라고 하였다. 김유연이 아뢰기를, "본래 재상직은 없고 이른바 관장(官長)을 통칭 거비단(居非丹)이라고 한다고 합니다"라고 하였다. 내가 말하기를, "러시아[俄羅斯] 오랑캐들은 저렇게 강성한데 우리나라는 변방의 대비가 소홀하니 매우 개탄스럽다"라고 하였다. 김유연이 아뢰기를, "은덕(恩德)으로 민심을 결속시키는 것이 군비(軍備)보다 낫습니다"라고 하였다. 내가 말하기를, "그렇다"라고 하였다. 이어 교하기를, "연강(沿江)의 깊이는 어떠한가"라고 하였다. 김유연이 아뢰기를, "경흥(慶興)의 경계는 비록 매우 넓지만 경원에서 무산까지 상류는 왕왕 치마를 걷고 건널만한 곳이 있습니다"라고 하였다. 내가 말하기를, "어떤 아뢸만한 것이 있는가"라고 하였다. 김유연이 아뢰기를, "삼가 별단에 갖추어 적어 보시도록 하였으므로 따로 아뢸만한 것은 없습니다. 삼수(三水)·갑산(甲山)이 백두산 아래에 위치해 있는데, 녹용과 사향을 구할 때에 곤궁하여 제대로 바치지 못하기는 무산과 같습니다. 그러나 남병영(南兵營)이 봉하여 진상하는 녹용과 사향은 전례대로 작공(作貢)하여 특별히 똑같은 혜택을 입기를 민심[民情]이 두텁게 바라고 있기에 감히 이렇게 우러러 아뢥니다"라고 하였다. 내가 말하기를, "편리하게 하는 것이 좋으니, 전례대로 작공하라"고 하였다. … 내가 말하기를, "백두산에 올라가서 바라 보았는가"라고 하였다. 김유연이 아뢰기를, "험준한 길이 수 백여 리에 도달하며, 산 아래부터 산 정상까지 또한 백여 리나 되니 부득이하게도 올라가서 보지 못하였습니다"라고 하였다. 내가 말하기를, "강희제 시절에 정했던 경계 목책을 보았는가?"라고 하였다. 김유연이 아뢰기를, "여전히 지금까지도 있으나 저쪽 사람들과 무뢰배들이 정계(定界) 밖을 넓게 차지하여, 사슴 사냥도 또한 이로 인하여 점차 어려워졌습니다"라고 하였다. 내가 말하기를, "다른 보고 들은 것을 기록하여 온 것은 있는가?"라고 하였다. 김유연이 아뢰기를, "이미 별단 안에 간략하게 진술한 것이 있어 별도로 기록하여 가지고 온 것은 없습니다. 다만 삼국이 서로 닿은 지경(地境)의 도본은 있습니다"라고 하였다. 내가 말하기를, "길이 거리가 멀어서 반드시 어려움과 고생이 많았을 것이다"라고 하였다. 김유연이 아뢰기를, "연행가는 길에 비해서 결과적으로 어려웠습니다"라고 하였다. 내가 말하기를, "연행길보다 어떤 것이 어려웠는가?"라고 하였다. 김유연이 아뢰기를, "연행은 도로가 평탄하고 또한 믿고 의지할 수 있는 길이 있지만, 이번 길은 땅이 다섯 개의 영 사이에 있고 경국(京國)〈까지 거리가〉 막연하였습니다"라고 하였다. 내가 말하기를, "남·북관의 큰 영이 몇 개나 되는가?"하였다. 김유연이 아뢰기를, "철령(鐵嶺)·함관령(咸關嶺)·마운령(摩雲嶺)·마천령(摩天嶺)이 있는데, 이는 나라에서 가장 큰 영들입니다"라고 하였다. 내가 말하기를, "영에 사람들이 살고 있는가?"라고 하였다. 김유연이 아뢰기를, "영에는 살지 않고, 영 아래 백성들의 거주지가 다수 있습니다"라고 하였다.

국경을 넘나드는 폐단이 심한 지역에 능력 있는 수령을 보내고, 종성부사를 담당할 관리의 지위를 설정하게 해달라고 청함.

1877년(고종 14-丁丑) 3월 5일(양력 4월 18일)

발신 : 의정부

『承政院日記』2836冊

朴周陽以議政府言啓曰, 卽見咸鏡道都安撫使金有淵別單, … 其一, 六鎭犯越之弊, 茂·源·興三邑最甚. 而今幸歸民如市, 無弊不矯. 然其懷綏遵守之責, 專在於守令治否. 勿拘資格, 另擇才器, 使之久任責效. 且戶口增, 七事中大政也. 考其勤慢, 擧於殿最, 實有優績, 特遷右職事也. 白山之北, 相連淸界, 豆江之東, 直抵俄境. 居立生利, 本自蕭索, 而役民則漸致煩重, 邑倅則罔念懷綏, 荷擔冒越, 種種駭聽. 此其罪, 不專在於民, 而在於官長矣. 今其流氓之還集, 寔由聖化之攸覃, 而第念撫摩固結之道, 惟恃字牧之得其人也. 從今以往, 六鎭守令, 勿拘常格, 另加愼擇, 俾久其任, 用責成效. 至若增戶口一事, 王政之所宜先也. 勤慢而殿最之, 優績而陞遷之, 卽必賞必罰之義也. 依此施行事, 申飭銓曹及該道. 其一, 關北守令, 在昔以文武輪差, 而近來爲用履歷, 便作武邑, 北民之願得文倅, 情或無怪, 合有變通. 依前鍾城府使, 以堂上文臣差遣, 鏡城判官, 以堂下文臣差遣. 北評事, 便是冗官, 依西評事例, 更勿差遣, 監市與都會, 以道內文守令中, 毋論堂上·堂下, 自巡營啓聞差定, 式科則差送都事事也. 守令之文武交替, 本有定窠, 固宜其竝用, 而不宜其偏廢也審矣. 鍾城之以堂上文臣, 鏡城之以堂下文臣, 遵舊規擬差, 不至有違格之弊. 評事之任, 雖係不輕, 而每有滋弊之端, 未聞擧職之效, 所以有曾前革罷之擧矣. 今此重臣所陳又如此, 自今以後, 北評事更勿差遣. 監市與都會, 以堂上·堂下文倅中, 令道臣啓聞定行. 至若式科主試事, 爛商便否, 從當更爲稟處. 其一, 六鎭所納京各司禮木藥筆債·稧屛債·罰例錢·舍檢債·鋪陳債·單子債等名色, 近復舊例, 每致民斂, 分付革罷事也. 逖彼邊徼也, 蕞爾邑鎭也. 念其凋弊之狀, 此等名目, 已令停免, 而今又分定, 至於斂民之境, 甚非可行之事. 各項例債, 竝一切革罷, 更毋敢責納之意, 嚴飭各該司. 其一, 慶源府古珥島, 疆界分明, 帳付眞的, 而棄此膏沃, 實爲可惜, 從民願許令耕作事也. 形便如是眞的矣, 事蹟若是消詳矣, 旣載版圖之地, 可成衍沃之坪, 則爲民事, 寧不厚幸矣乎. 特副衆願, 許其耕墾, 俾爲永久食效之道.

박주양(朴周陽)이 의정부(議政府)의 말로 아뢰기를, "방금 함경도(咸鏡道) 도안무사(都安撫使) 김유연(金有淵)의 별단을 보건대 … 그 하나는, 6진에서 국경을 넘어가는 폐단이 무산(茂山)·경원(慶源)·경흥(慶興) 세 읍이 가장 심합니다. 지금은 다행히 백성들이 시장을 이루는 것 같이 돌아오고 있어서 바로 잡히지 않은 폐단이 없습니다. 그러나 〈백성을〉 어루만지고 〈법을〉 준수하게 하는 책임은 오로지 수령이 잘 다스리는지 여부에 달려 있습니다. 자격을 구애하지 말고 특별히 재주와 기국이 있는 사람을 택하여, 그에게 오래도록 직임을 맡겨 효과를 거두라는 것입니다. 또한 호구를 증가시키는 것은 〈수령〉 7사 중에서 가장 큰 정사입니다. 그 부지런함과 태만함을 조사하여 전최(殿最)를 들어서 실제로 우수한 공적이 있으면 높은 직책으로 특별히 승진시키는 것에 대한 일입니다. 백두산[白山] 북쪽은 청과 서로 국경을 접해 있고 두만강[豆江] 동쪽은 곧 바로 러시아 국경[俄境]과 접하고 있습니다. 거주하는 이들의 생리는 본래 영락한데, 백성의 역은 점점 번거롭고 무거워지고 읍수는 회유하는 것에 뜻이 없으므로, 〈백성이〉 짐을 싸 짊어지고 국경을 넘어갔다는 것을 종종 놀라며 듣습니다. 이러한 죄는 오로지 백성에게 있는 것이 아니라 읍수[官長]들에게도 있습니다. 지금 유민이 돌아와 모이는 것은 실로 성상의 교화가 퍼져나가서입니다만 그들을 무마하고 단결시키는 방도를 생각하면, 〈그것은〉 오직 백성을 사랑으로 다스리는 〈관직에〉 적임자를 얻느냐에 있습니다. 지금부터 6진 수령은 일반적인 격식에 구애되지 말고 특별히 신중히 뽑은 다음에, 그로 하여금 오래도록 직임을 맡게 해서 성과를 거두도록 책임지게 해야 합니다. 호구를 증대시키는 한 가지 일은, 왕정(王政)이 우선해야 하는 것입니다. 근면과 태만에 따라 전최하고, 공적이 많으면 승진시키는 것은 바로 신상필벌의 뜻입니다. 이에 의거하여 행하라고 전조(銓曹)와 해당 도에 신칙하소서. 〈김유연의 별단의〉 그 하나는, 관북(關北)의 수령은 예전에는 문·무신을 번갈아 차임하였는데, 근래에는 이력과(履歷窠)를 써서 무신을 임명하는 읍[武邑]으로 만들었으니, 북방의 백성들이 문신 수령이 오기를 원하는 것은 정황상 이상할 것이 없으므로 변통하는 것이 합당합니다. 예전처럼 종성부사(鍾城府使)는 당상 문신으로 차견하고, 경성판관(鏡城判官)은 당하 문신으로 차견하소서. 북평사(北評事)는 쓸데없는 관직[冗官]이 되었으니 서평사(西評事)의 예에 의거해서 다시 차견하지 말고, 시장을 감독하고 도회(都會)를 〈치르는〉 일은 도내 문신 수령 중에서 당상과 당하를 막론하고 순영(巡營)에서 계문하여 차정(差定)하고, 무과가 있을 경우 도사(都事)를 차임해 보내는 일에 대한 것입니다. 수령에 문·무신을 교차로 차임하는 것은 본래 정해진 자리가 있는 것이어서 〈문·무신을〉 병용해야 마땅하며, 어느 한쪽을 폐지시키는 것은 마땅하지 않음이 분명합니다. 종성수령을 당상 문신으로 파견하고 경성수령을 당하 문신으로 파견하는 문제는, 예전의 규례를 준행해서 차임하여, 격을 어기는 폐단에 있는 것에 이르러서는 안 됩니다. 평사의 직임은 비록 가볍지는 않지만 매번 폐단의 단서만 있고 직책을 수행한 성과가 들리지 않으므로 일찍이 직책을 혁파한 이유가 있습니다. 지금 이 중신(重臣)이 진언한 것이 또한 이와 같으니, 지금 이후로는 북평사를 다시는 차견하지 말아야 합니다. 시장을 감독하고 도회를 치르는 것은, 당상·당하의 문신 수령 중에서 감사로 하여금 계문하여 사람을 정해서 거행하게 하소서. 무과를 주관하는 일은, 편리함과 그렇지 않은 점을 잘 헤아려서 합당한 쪽으로 다시 품의해 조처하게 하소서. 〈김유연의 별단의〉 그 하나는, 육진에서 경의 각사(各司)에 바치는 예목(禮木)·약필채(藥筆債)·계병채(稧屛債)·벌례전(罰例錢)·사검채(舍檢債)·포진채(舖陳債)·단자채(單子債) 등의 명색(名色)을 근래에 예전의 구례를 복구하여 매번 백성들에게 거두어들이고 있는데, 이것을 혁파하도록 분부해달라는 일입니다. 〈이곳은〉 멀리 떨어져 있는 변방 지역이고 아주 작은 읍진입니다. 그곳의 잔폐된 상황을 생각하여 이러한 명목 등에 대하여 이미 정지하고 면해주라 명령하였는데, 지금 또 분정되었고, 심지어는 백성에게 거두는 지경까지 이르렀으니, 심히 행해서는 안 되는 일입니다. 각각 항상 전례에 따라 바치는 돈[例債]을 일체 혁파하여 다시는 감히 납부하도록 책임지우지 말라는 뜻으로 각 해당 관사에 엄하게 분부하여야 합니다. 〈김유연의 별단의〉 그 하나는, 경원부(慶源府) 고이도(古珥島)는 강계가 분명하고 장부가 확실한데, 이런 비옥한 땅을 버려두는 것은 실로 애석한 일이니, 백성들의 염원에 따라서 경작하도록 허락하는 것에 대한 일입니다. 형편이 이와 같이 분명하고 사적이 이와 같이 소상하며, 이미 판도에 기재되어 있는 땅이며 비옥한 토지를 이룰 수 있으니, 농사[民事]을 위하여 어찌 다행스런 일이 아니겠습니까. 특별히 사람들의 소원에 부응하여 그 개간을 허락하여 〈그들로〉 하여금 영구히 부쳐 먹을 수 있는 방도로 삼게 하소서"라고 하였다.

『高宗實錄』14卷

議政府啓, 卽見安撫使金有淵別單, … 其一, 六鎭犯越之弊, 茂·源·興三邑最甚. 其懷綏遵守, 專在於守令治否, 勿拘資格, 另擇才器, 久任責效, 考其勤慢, 特遷右職事也. 白山之北, 相連淸界, 豆江之東, 直接俄境, 居土生利蕭索, 役民漸致煩重, 荷擔冒越, 種種駭聽. 至若增戶口一事, 王政之宜先也. 勤慢而殿最之, 優績而陞遷之, 卽必賞必罰之義也. 依此施行事, 申飭銓曹及該道. 其一, 關北守令, 在昔以文武輪差, 而近爲履歷, 便作武邑, 北民之願得文倅, 情或無怪, 鍾城府使以堂上文臣差遣, 鏡城判官, 以堂下文臣差遣, 北評事依西評事例, 更勿差遣, 監市與都會, 以道內文守令中, 毋論堂上下, 自巡營啓差, 式科則差送都事事也. 鍾城之堂上, 鏡城之堂下文臣遵舊規, 擬差評事, 更勿差遣監市都會, 以文倅啓聞, 定行式科, 主試事從當稟處. 其一, 六鎭所納京各司禮木藥筆債稧屛債罰例錢, 舍檢債鋪陳債單子債等革罷事也. 竝一切毋敢責納之意, 嚴飭各該司. 其一, 慶源古珥島疆界, 從民願耕作事也. 特副衆願, 許其耕墾. … 竝允之.

의정부(議政府)에서 아뢰기를, "방금 안무사(安撫使) 김유연(金有淵)의 별단을 보니, … 그 하나는, 6진에서 국경을 넘는 폐단은 무산(茂山)·경원(慶源)·경흥(慶興) 세 읍이 가장 심합니다. 〈백성을〉 어루만지고 〈법을〉 준수하게 하는 책임은 오로지 수령이 잘 다스리는지 여부에 달려 있습니다. 자격을 구애하지 말고 특별히 재주와 기국이 있는 사람을 택하여, 오랫동안 맡겨 성과를 거두게 하고 근면과 태만함을 살펴 특별히 높은 직책에 승진시키는 것에 대한 일입니다. 백두산[白山] 북쪽은 청과 서로 국경을 접해 있고 두만강[豆江] 동쪽은 곧 바로 러시아 국경[俄境]과 접하고 있습니다. 거주하는 이들의 생리는 본래 영락한데, 백성의 역은 점점 번거롭고 무거워지니 〈백성이〉 짐을 싸 짊어지고 국경을 넘어갔다는 것을 종종 놀라며 듣습니다. 호구를 증대시키는 한 가지 일은, 왕정(王政)이 우선해야 하는 것입니다. 근면과 태만에 따라 전최하고, 공적이 많으면 승진시키는 것은 바로 신상필벌의 뜻입니다. 이에 의거하여 행하라고 전조(銓曹)와 해당 도에 신칙하소서. 〈김유연의 별단의〉 그 하나는, 관북(關北) 수령은 예전에는 문·무신을 번갈아 차견하였는데, 근래에는 이력과(履歷窠)를 써서 무신을 임명하는 읍[武邑]으로 만들었으니, 북방의 백성들이 문신 수령이 오기를 원하는 것은 정황상 이상할 것이 없습니다. 종성부사(鍾城府使)는 당상 문신으로 차견하고, 경성판관(鏡城判官)은 당하 문신으로 차견하며 북평사(北評事)는 서평사(西評事)의 규례대로 다시 차견하지 말고 시장을 감독하고 도회(都會)를 〈치르는〉 일은 도내 문신 수령 중에서 당상과 당하를 막론하고 순영(巡營)에서 계문하여 차정(差定)하고, 무과가 있을 경우 도사(都事)를 차임해 보내는 일에 대한 것입니다. 종성의 당상 문신과 경성의 당하 문신은 구례에 따라 차견하고, 〈북〉평사는 다시 임명하지 말고, 시장을 감독하는 것과 도회는 문신 수령에게 계문하여 행하게 하고, 또한 시험을 주관하는 것은 차후에 품처(稟處)하소서. 〈김유연의 별단의〉 그 하나는, 6진에서 경의 각사(各司)에 바치는 예목(禮木)·약필채(藥筆債)·계병채(稧屛債)·벌례전(罰例錢)·사검채(舍檢債)·포진채(舖陳債)·단자채(單子債) 등을 혁파하는 일입니다. 모두 일체로 책납(責納)하지 말라는 뜻을 각기 해당 사에 엄하게 신칙하소서. 〈김유연의 별단의〉 그 하나는, 경원 고이도(古珥島)의 강계에서 백성의 소원에 따라 경작하도록 하는 일입니다. 특별히 사람들의 소원에 부응하여 그 개간을 허락하소서. …"라고 하니 모두 윤허하였다.

『日省錄(高宗)』 190冊

議政府啓言, 卽見安撫使金有淵別單則, … 其一, 六鎭犯越之斃, 茂·源·興三邑最甚. 其懷綏遵守, 專在於守令治否, 勿拘資格, 另擇才器, 久任責效. 考其勤慢, 特遷右職事也. 白山之北, 相連淸界, 豆江之東, 直接俄境, 居土生利, 蕭索役民, 漸致煩重, 荷擔冒越, 種種駭聽. 至若增戶口一事, 王政之宜先也. 勤慢而殿最之, 優績而陞遷之, 卽必賞必罰之義也. 依此施行事, 申飭銓曹及該道. 其一, 關北守令, 在昔以文武輪差, 而近爲履歷, 便作武邑, 北民之願得文倅, 情或無怪, 鍾城府使, 以堂上文臣差遣, 鏡城判官, 以堂下文臣差遣, 北評事, 依西評事例, 更勿差遣, 監市與都會, 以道內文守令中, 毋論堂上下, 自巡營啓差, 式科則差送都事事也. 鍾城之堂上, 鏡城之堂下文臣, 遵舊規擬差, 評事更勿差遣, 監市都會, 以文倅啓聞定行, 式科主試事, 從當稟處. 其一, 六鎭所納京各司禮木藥筆債·稧屛債·罰例錢·舍檢債·鋪陳債·單子債等革罷事也. 幷一切毋敢責納之意, 嚴飭各該司. 其一, 慶源古珥島, 疆界從民願耕作事也. 特副衆願, 許其耕墾. … 允之.

의정부(議政府)에서 아뢰기를, "방금 안무사(安撫使) 김유연(金有淵)의 별단을 보니, … 그 하나는, 6진에서 국경을 넘는 폐단은 무산(茂山)·경원(慶源)·경흥(慶興) 세 읍이 가장 심합니다. 〈백성을〉 어루만지고 〈법을〉 준수하게 하는 책임은 오로지 수령이 잘 다스리는지 여부에 달려 있습니다. 자격을 구애하지 말고 특별히 재주와 기국이 있는 사람을 택하여, 오랫동안 맡겨 성과를 거두게 하고 근면과 태만함을 살펴 특별히 높은 직책에 승진시키는 것에 대한 일입니다. 백두산[白山] 북쪽은 청과 서로 국경을 접해 있고 두만강[豆江] 동쪽은 곧 바로 러시아 국경[俄境]과 접하고 있습니다. 거주하는 이들의 생리는 본래 영락한데, 백성의 역은 점점 번거롭고 무거워지니 〈백성이〉 짐을 싸 짊어지고 국경을 넘어갔다는 것을 종종 놀라며 듣습니다. 호구를 증대시키는 한 가지 일은, 왕정(王政)이 우선해야 하는 것입니다. 근면과 태만에 따라 전최하고, 공적이 많으면 승진시키는 것은 바로 신상필벌의 뜻입니다. 이에 의거하여 행하라고 전조(銓曹)와 해당 도에 신칙하소서. 〈김유연의 별단의〉 그 하나는, 관북(關北) 수령은 예전에는 문·무신을 번갈아 차견하였는데, 근래에는 이력과(履歷窠)로 하여 무신을 임명하는 읍[武邑]으로 만들었으니, 북방의 백성들이 문신 수령이 오기를 원하는 것은 정황상 이상할 것이 없습니다. 종성부사(鍾城府使)는 당상 문신으로 차견하고, 경성판관(鏡城判官)은 당하 문신으로 차견하며 북평사(北評事)는 서평사(西評事)의 규례대로 다시 차견하지 말고 시장을 감독하고 도회(都會)를 〈치르는〉 일은 도내 문신 수령 중에서 당상과 당하를 막론하고 순영(巡營)에서 계문하여 차정(差定)하고, 무과가 있을 경우 도사(都事)를 차임해 보내는 일에 대한 것입니다. 종성의 당상 문신과 경성의 당하 문신은 구례에 따라 차견하고, 〈북〉평사는 다시 임명하지 말고, 시장을 감독하는 것과 도회는 문신 수령에게 계문하여 행하게 하고, 또한 시험을 주관하는 것은 차후에 품처(稟處)하소서. 〈김유연의 별단의〉 그 하나는, 6진에서 경의 각사(各司)에 바치는 예목(禮木)·약필채(藥筆債)·계병채(稧屛債)·벌례전(罰例錢)·사검채(舍檢債)·포진채(鋪陳債)·단자채(單子債) 등을 혁파하는 일입니다. 모두 일체로 책납(責納)하지 말라는 뜻을 각기 해당 사에 엄하게 신칙하소서. 〈김유연의 별단의〉 그 하나는, 경원 고이도(古珥島)의 강계에서 백성의 소원에 따라 경작하도록 하는 일입니다. 특별히 사람들의 소원에 부응하여 그 개간을 허락하소서. …"라고 하니, 윤허하였다.

『備邊司謄錄』 258冊

府啓曰, 卽見咸鏡道都安撫使金有淵別單, 其一, 六鎭犯越之弊, 茂源興三邑最甚. 而今幸歸民如市, 無弊不矯, 然其懷綏遵守之責, 專在於守令治否, 勿拘資格, 另擇才器, 使之久任責效, 且戶口增, 七事中大政也, 考其勤慢, 擧於殿最, 實有優績, 特遷右職事也, 白山之北, 相連淸界, 豆江之東, 直接俄境, 居土生利, 本自蕭索, 而役民則漸致煩重, 邑倅則罔念懷綏, 荷擔冒越, 種種駭聽, 此其罪不專在於民, 而在於官長矣, 今其流氓之還集, 寔由聖化之攸覃, 而第念撫摩固結之道, 惟恃字牧之得其人也, 從今以往, 六鎭守令, 勿拘常格, 另加愼擇, 俾久其任, 用責成效, 至若增戶口一事, 王政之所宜先也, 勤慢而殿最之, 優績而陞遷之, 卽必賞必罰之義也, 依此施行事, 申飭銓曹及該道, 其一, 關北守令, 在昔以文武輪差, 而近來爲用履歷, 便作武邑, 北民之願得文倅, 情或無怪, 合有變通, 依前鍾城府使以堂上文臣差遣, 鏡城判官, 以堂下文臣差遣, 北評事, 便是冗官, 依西評事例, 更勿差遣, 監市與都會, 以道內文守令中, 毋論堂上堂下, 自巡營啓聞差定式科則差遂都事事也, 守令之文武交替, 本有定窠, 固宜其竝用, 而不宜其偏廢也, 審矣, 鍾城之以堂上文臣, 鏡城之以堂下文臣, 遵舊規擬差, 不至有違格之弊, 評事之任, 雖係不輕, 而每有滋弊之端, 未聞擧職之效, 所以有曾前革罷之擧矣, 今此重臣所陳, 又如此, 自今以後, 北評事, 更勿差遣, 監市與都會, 以堂上堂下文倅中, 令道臣啓聞定行, 至若式科主試事, 爛商便否, 從當更爲稟, 處, 其一, 六鎭所納京各司禮木藥筆債·稧屛債·罰例錢·舍檢債·鋪陳債單子債等名色, 近復舊例, 每致民斂, 分付革罷事也, 逖彼邊徼也, 蕞爾邑鎭也, 念其凋弊之狀, 此等名目, 已令停免, 而今又分定, 至於斂民之境, 甚非可行之事, 各項例債, 竝一切革罷, 更毋敢責納之意, 嚴飭各該司, 其一, 慶源府古珥島, 疆界分明, 帳付眞的, 而棄此膏沃, 實爲可惜, 從民願許令耕作事也, 形便如彼眞的矣, 事蹟若是消詳矣, 旣載版圖之地, 可成衍沃之坪, 則爲民事, 寧不厚幸矣乎, 特副衆願, 許其耕墾, 俾爲永久食效之道, ….

의정부[府]에서 아뢰기를 "방금 함경도(咸鏡道) 도안무사(都安撫使) 김유연(金有淵)의 별단을 보건대 … 그 하나는, 6진에서 국경을 넘어가는 폐단이 무산(茂山)·경원(慶源)·경흥(慶興) 세 읍이 가장 심합니다. 지금은 다행히 백성들이 시장을 이루는 것 같이 돌아오고 있어서 바로 잡히지 않은 폐단이 없습니다. 그러나 〈백성을〉 어루만지고 〈법을〉 준수하게 하는 책임은 오로지 수령이 잘 다스리는지 여부에 달려 있습니다. 자격을 구애하지 말고 특별히 재주와 기국이 있는 사람을 택하여, 그에게 오래도록 직임을 맡겨 효과를 거두라는 것입니다. 또한 호구를 증가시키는 것은 〈수령〉 7사 중에서 가장 큰 정사입니다. 그 부지런함과 태만함을 조사하여 전최(殿最)를 들어서 실제로 우수한 공적이 있으면 높은 직책으로 특별히 승진시키는 것에 대한 일입니다. 백두산[白山] 북쪽은 청과 서로 국경을 접해 있고 두만강[豆江] 동쪽은 곧 바로 러시아 국경[俄境]과 접하고 있습니다. 거주하는 이들의 생리는 본래 영락한데, 백성의 역은 점점 번거롭고 무거워지고 읍수는 회유하는 것에 뜻이 없으므로, 〈백성이〉 짐을 싸 짊어지고 국경을 넘어갔다는 것을 종종 놀라며 듣습니다. 이러한 죄는 오로지 백성에게 있는 것이 아니라 읍수[官長]들에게도 있습니다. 지금 유민이 돌아와 모이는 것은 실로 성상의 교화가 퍼져 나가서입니다만 그들을 무마하고 단결시키는 방도를 생각하면, 〈그것은〉 오직 백성을 사랑으로 다스리는 〈관직에〉 적임자를 얻느냐에 있습니다. 지금부터 6진 수령은 일반적인 격식에 구애되지 말고 특별히 신중히 뽑은 다음에, 그로 하여금 오래도록 직임을 맡게 해서 성과를 거두도록 책임지게 해야 합니다. 호구를 증대시키는 한 가지 일은, 왕정(王政)이 우선해야 하는 것입니다. 근면과 태만에 따라 전최하고, 공적이 많으면 승진시키는 것은 바로 신상필벌의 뜻입니다. 이에 의거하여 행하라고 전조(銓曹)와 해당 도에 신칙하소서. 〈김유연의 별단의〉 그 하나는, 관북(關北)의 수령은 예전에는 문·무신을 번갈아 차임하였는데, 근래에는 이력과(履歷窠)를 써서 무신을 임명하는 읍[武邑]으로 만들었으니, 북방의 백성들이 문신 수령이 오기를 원하는 것은 정황상 이상할 것이 없으므로 변통하는 것이 합당합니다. 예전처럼 종성부사(鍾城府使)는 당상 문신으로 차견하고, 경성판관(鏡城判官)은 당하 문신으로 차견하소서. 북평사(北評事)는 쓸데없는 관직[冗官]이 되었으니 서평사(西評事)의 예에 의거해서 다시 차견하지 말고, 시장을 감독하고 도회(都會)를 〈치르는〉 일은 도내 문신 수령 중에서 당상과 당하를 막론하고 순영(巡營)에서 계문하여 차정(差定)하고, 무과가 있을 경우 도사(都事)를 차임해 보내는 일에 대한 것입니다. 수령에 문·무신을 교차로 차임하는 것은 본래 정해진 자리가 있는 것이어서 〈문·무신을〉 병용해야 마땅하며, 어느 한쪽을 폐지시키는 것은 마땅하지 않음이 분명합니다. 종성수령을 당상 문신으로 파견하고 경성수령을 당하 문신으로 파견하는 문제는, 예전의 규례를 준행해서 차임하여, 격을 어기는 폐단에 있는 것에 이르러서는 안 됩니다. 평사의 직임은 비록 가볍지는 않지만 매번 폐단의 단서만 있고 직책을 수행한 성과가 들리지 않으므로 일찍이 직책을 혁파한 이유가 있습니다. 지금 이 중신(重臣)이 진언한 것이 또한 이와 같으니, 지금 이후로는 북평사를 다시는 차견하지 말아야 합니다. 시장을 감독하고 도회를 치르는 것은, 당상·당하의 문신 수령 중에서 감사로 하여금 계문하여 사람을 정해서 거행하게 하소서. 무과를 주관하는 일은, 편리함과 그렇지 않은 점을 잘 헤아려서 합당한 쪽으로 다시 품의해 조처하게 하소서. 〈김유연의 별단의〉 그 하나는, 육진에서 경의 각사(各司)에 바치는 예목(禮木)·약필채(藥筆債)·계병채(稧屛債)·벌례전(罰例錢)·사검채(舍檢債)·포진채(舖陳債)·단자채(單子債) 등의 명색(名色)을 근래에 예전의 구례를 복구하여 매번 백성들에게 거두어들이고 있는데, 이것을 혁파하도록 분부해달라는 일입니다. 〈이곳은〉 멀리 떨어져 있는 변방 지역이고 아주 작은 읍진입니다. 그곳의 잔폐된 상황을 생각하여 이러한 명목 등에 대하여 이미 정지하고 면해주라 명령하였는데, 지금 또 분정되었고, 심지어는 백성에게 거두는 지경까지 이르렀으니, 심히 행해서는 안 되는 일입니다. 각각 항상 전례에 따라 바치는 돈[例債]을 일체 혁파하여 다시는 감히 납부하도록 책임지우지 말라는 뜻으로 각 해당 관사에 엄하게 분부하여야 합니다. 〈김유연의 별단의〉 그 하나는, 경원부(慶源府) 고이도(古珥島)는 강계가 분명하고 장부가 확실한데, 이런 비옥한 땅을 버려두는 것은 실로 애석한 일이니, 백성들의 염원에 따라서 경작하도록 허락하는 것에 대한 일입니다. 형편이 이와 같이 분명하고 사적이 이와 같이 소상하며, 이미 판도에 기재되어 있는 땅이며 비옥한 토지를 이룰 수 있으니, 농사[民事]을 위하여 어찌 다행스런 일이 아니겠습니까. 특별히 사람들의 소원에 부응하여 그 개간을 허락하여 〈그들로〉 하여금 영구히 부쳐 먹을 수 있는 방도로 삼게 하소서 …"라고 하였다.

국경을 넘어와서 노략질한 비적에 대해 보고하고, 경원부사 이규선의 논죄를 보류할 것을 청함.

1877년(고종 14-丁丑) 3월 8일(양력 4월 21일)

발신 : 함경감사 이회정, 북병사 조희순 / 수신 : 의정부

『承政院日記』 2836冊

朴容大以議政府言啓曰, 卽見咸鏡監司李會正·北兵使趙羲純狀啓, 則慶源府犯越劫掠之匪類朴道松, 旣施梟警之律. 而深夜作變, 出於不意, 齊發巡砲, 亦能嚴束. 該府使李奎璿論罪一款, 恐不無參恕, 伏俟處分爲辭矣. 不能先事備禦, 責固難免, 猶乃臨時追獲, 法亦快施, 則此合有安徐之道. 該府使論罪一款, 姑爲置之, 瞭察之節, 倍加惕謹之意, 申飭分付何如, 傳曰, 允.

박용대(朴容大)가 의정부(議政府)의 말로 아뢰기를, "방금 함경감사(咸鏡監司) 이회정(李會正), 북병사(北兵使) 조희순(趙羲純)의 장계를 보니, '경원부(慶源府)의 국경을 넘어 노략질을 한 비류(匪類) 박도송(朴道松)은 이미 효수하여 경계시키는 율을 시행하였습니다. 그러나 깊은 밤에 변란을 일으킨 것은 미처 생각지 못한 데에서 일어난 일인데도 〈방어군이〉 일제히 포를 쏘았으니 〈이는〉 또한 제대로 엄하게 단속한 것입니다. 이에 해당 부사 이규선(李奎璿)을 논죄하는 한 가지 사항은 참작하여 용서할만한 점이 없지 않을 듯하기에 삼가 처분을 기다리겠습니다'라고 하였습니다. 〈일이〉 발생하기 전에 미리 방비하지 못한 것은 그 책임을 면하기 어려우나 제때에 추적해서 체포하였고 법 집행 역시 시원스럽게 시행하였으니, 이는 논죄를 잠시 보류하는 방도에 해당합니다. 해당 부사를 논죄하는 한 항목은 우선 그대로 두고, 규찰하는 절목에 대하여 갑절로 삼가라는 내용을 신칙하라고 분부하심이 어떻습니까?"라고 하니, 전교하기를, "윤허한다"고 하였다.

『日省錄(高宗)』 190冊

議政府啓言, 卽見咸鏡監司李會正·北兵使趙義純狀啓, 則慶源府犯越劫掠之匪類朴道松, 旣施梟警. 而深夜作變, 出於不意, 齊發巡砲, 亦能嚴束. 該府使李奎瓚論罪一款, 恐不無參恕, 伏俟處分爲辭矣. 不能先禦, 責固難免, 臨時追獲, 法亦快施, 則此合有安徐. 該府使論罪一款, 姑爲置之, 瞭察之節, 倍加惕謹之意, 請申飭, 允之.

의정부(議政府)에서 아뢰기를 "방금 함경감사(咸鏡監司) 이회정(李會正), 북병사(北兵使) 조희순(趙義純)의 장계를 보니, '경원부(慶源府)의 국경을 넘어 노략질을 한 비류(匪類) 박도송(朴道松)은 이미 효수하여 경계시키는 〈율을〉 시행하였습니다. 그러나 깊은 밤에 변란을 일으킨 것은 미처 생각지 못한 데에서 일어난 일인데도 〈방어군이〉 일제히 포를 쏘았으니 〈이는〉 또한 제대로 엄하게 단속한 것입니다. 이에 해당 부사 이규선(李奎瓚)을 논죄하는 한 가지 사항은 참작하여 용서할만한 점이 없지 않을 듯하기에 삼가 처분을 기다리겠습니다'라고 하였습니다. 〈일이〉 발생하기 전에 미리 방비하지 못한 것은 그 책임을 면하기 어려우나 제때에 추적해서 체포하였고 법 집행 역시 시원스럽게 시행하였으니, 이는 〈논죄를〉 잠시 보류하는 것[安徐]에 해당합니다. 해당 부사를 논죄하는 한 항목은 우선 그대로 두고, 규찰하는 절목에 대하여 갑절로 삼가라는 내용을 신칙하시길 청합니다"라고 하니, 윤허하였다.

『備邊司謄錄』 258冊

府啓曰, 卽見咸鏡監司李會正·北兵使趙義純狀啓, 則慶源府犯越劫掠之匪類朴道松, 旣施梟警之律. 而深夜作變, 出於不意, 齊發巡砲, 亦能嚴束. 該府使李奎瓚論罪一款, 恐不無參恕, 伏俟處分爲辭矣. 不能先事備禦, 責固難免, 猶乃臨時追獲, 法亦快施, 則此合有安恕之道. 該府使論罪一款, 姑爲寘之, 瞭察之節, 倍加惕謹之意, 申飭分付何如, 答曰, 允.

의정부[府]에서 아뢰기를, "방금 함경감사(咸鏡監司) 이회정(李會正), 북병사(北兵使) 조희순(趙羲純)의 장계를 보니, '경원부(慶源府)의 국경을 넘어 노략질을 한 비류(匪類) 박도송(朴道松)은 이미 효수하여 경계시키는 율을 시행하였습니다. 그러나 깊은 밤에 변란을 일으킨 것은 미처 생각지 못한 데에서 일어난 일인데도 〈방어군이〉 일제히 포를 쏘았으니 〈이는〉 또한 제대로 엄하게 단속한 것입니다. 이에 해당 부사 이규선(李奎璿)을 논죄하는 한 가지 사항은 참작하여 용서할만한 점이 없지 않을 듯하기에 삼가 처분을 기다리겠습니다'라고 하였습니다. 〈일이〉 발생하기 전에 미리 방비하지 못한 것은 그 책임을 면하기 어려우나 제때에 추적해서 체포하였고 법 집행 역시 시원스럽게 시행하였으니, 이는 논죄를 잠시 보류하는 방도에 해당합니다. 해당 부사를 논죄하는 한 항목은 우선 그대로 두고, 규찰하는 절목에 대하여 갑절로 삼가라는 내용을 신칙하라고 분부하심이 어떻습니까?"라고 하니, 답하기를, "윤허한다"고 하였다.

경기수사 이봉의에게 경기도 연해를 엄밀하게 방어하라는 교서를 내림.

1877년(고종 14-丁丑) 5월 4일(양력 6월 14일)

발신 : 고종

『承政院日記』 2838冊

敎京畿水使李鳳儀書. 王若曰, 分符畿郡, 兼百里芻牧之憂, 擁旄喬營, 統三路舟師之制. 宸簡幸得如子, 恩綸有何復申. 睠彼一府高林, 實我三輔沿海, 壯阨口於上游, 緊重尤別於統梱. … 知製敎臣李範祖製進.

경기수사(京畿水使) 이봉의(李鳳儀)에게 교서를 내렸다. 임금께서 이르기를, "경기의 군을 〈다스리도록〉 부절(符節)을 나누어 받고, 백리(百里)의 백성을 다스릴 걱정[百里芻牧之憂]을 겸하며, 교영(喬營)을 맡도록 절모(節旄)를 지니고, 삼로(三路)의 선박과 병사를 통제할 것이다. 내가 선발하며 다행히 그대와 같은 사람을 얻었는데, 어찌 다시 다른 사람에게 은혜를 내릴 것이 있겠는가. 돌아보건대, 저 한 부(府)의 높은 수풀은 실로 우리의 삼보(三輔)이고, 연해의 장대하고 험준한 길목은 중요한 지역[上游]의 입구가 되니, 긴요하고 중대함이 더욱 통제영[統梱]과는 다르다 …"라고 하였다. 〈이는〉 지제교(知製敎) 이범조(李範祖)가 지었다.

국경을 넘은 죄인 김문옥을 압송하여 효수할 것을 청함.

1877년(고종 14-丁丑) 5월 7일(양력 6월 17일)

발신 : 평안감사 김상현 / 수신 : 의정부

『承政院日記』 2838冊

李冕榮以議政府言啓曰, 卽見平安監司金尙鉉狀啓, 則枚擧義州府尹南廷益謄報, 以爲犯越罪人金文玉押送事, 都京·盛京禮部咨文, 先已出來. 金漢則自鳳城將處, 今纔押來, 而此罪人久處異域, 語音侏離, 以我國言不能陳告. 故使通事, 査問得情後, 具格牢囚, 以待處分事, 請令廟堂稟處矣. 我民之冒干邦禁, 若是其太無防限, 事之駭惋, 孰甚於此. 此誠不可使聞者也. 今以金漢言之, 雖曰愚蠢矇昧, 不知其犯越之爲死罪乎. 雖曰煢獨丐乞, 只知其犯越之爲生計乎. 蹔投綠林之夥, 賊勢或由於脅逼, 久作黃葛之家傭, 計專在於祕匿. 本律莫嚴, 斷案旣成, 罪人金文玉, 押送于原籍官慶源府, 大會軍民, 梟首警衆. 將此事由, 令槐院撰咨下送, 以爲轉致盛·北京之地. 犯越地方之道帥臣論警, 卽不可已者, 而事係年久, 且有新式, 竝姑爲安徐, 嗣後詷察之節, 比前嚴密, 毋敢少忽之意, 申飭兩道何如, 傳曰, 允.

이면영(李冕榮)이 의정부(議政府)의 말로 아뢰기를, "방금 평안감사(平安監司) 김상현(金尙鉉)의 장계를 보니, 의주부윤(義州府尹) 남정익(南廷益)의 등보(謄報)를 낱낱이 거론하면서 아뢰기를, '몰래 국경을 넘은 죄인 김문옥(金文玉)을 압송하는 일로 도경(都京)·성경(盛京)의 예부에서 보낸 자문이 전에 이미 나왔습니다. 김가 놈[金漢]은 봉성장처(鳳城將處)에서 지금 막 압송해왔는데, 이 죄인은 오랫동안 이역에 살아 말이 통하지 않기에 우리나라 말로는 죄인을 고발[陳告]할 수 없습니다. 그러므로 통사(通事)로 하여금 조사하여 실정을 알아내도록 한 뒤 수갑과 차꼬를 채워[具格] 단단히 가두고서 처분을 기다릴 일을 묘당으로 하여금 품처하도록 하시길 청합니다'라고 하였습니다. 우리 백성이 나라의 금법을 어기는 것이 이와 같이 아무런 막힘이 없으니, 일의 놀라움이 어떤 것이 이보다 더하겠습니까. 이는 실로 남이 듣게 해서는 안 될 일입니다. 지금 김가 놈으로 말하면, 아무리 어리석고 몽매하다 해도 몰래 국경을 넘는 것이 죽을 죄임을 몰랐겠습니까. 비록 의지할 곳 없이 빌어먹는다 해도 국경을 범하여 넘어가는 것만이 유일한 생계 수단인 줄 알았겠습니까. 잠시 녹림(綠林)의 많은 도적에게 투신한 것은 혹여 협박 때문에 어쩔 수 없는 형편이었다 해도, 오랫동안 황가(黃哥)와 갈가(葛哥)의 집에 고용인이 된 것은 오로지 몰래 숨어 있으려는 계책에서 나온 것이었습니다. 본래 율이 매우 엄하고 옳고 그름의 판단이 이미 이루어졌으니, 죄인 김문옥을 원적관(原籍官)인 경원부(慶源府)로 압송하여 군민(軍民)을 크게 모아놓고 효수(梟首)하여 사람들을 경계하게 하소서. 장차 이러한 사유를 가지고 괴원으로 하여금 자문을 지어 내려 보내게 하여 성경·북경까지 전달되도록 하소서. 국경을 범하여 넘어간 지방의 도·수신을 논죄하여 경계시키는 것도 그만둘 수 없는 일입니다만, 이미 일이 생긴 해가 오래되었고 또한 새로운 정식도 있으니 모두 우선 〈처벌을〉 잠시 보류하시고, 사후 기찰해 나가는 절목을 전보다 더 엄밀하게 하여 감히 소홀히 하지 말도록 하라는 내용으로 양도에 신칙하는 것이 어떻겠습니까"라고 하니, 전교하기를, "윤허한다"고 하였다.

『高宗實錄』 14卷

議政府啓, 卽見平安監司金尙鉉狀啓, 則枚擧義州府尹南廷益謄報, 以爲犯越罪人金文玉, 自鳳城將處, 今纔押來, 而此罪人久處異域, 語音侏離, 以我國言不能陳告. 故使通事查問得情後, 具格牢囚, 以待處分事, 請令廟堂稟處矣. 我民之冒干邦禁, 若是其太無防限, 事之駭惋, 孰甚於此. 今以金漢言之, 雖曰愚蠢矇昧, 不知其犯越之爲死罪乎. 暫投綠林之夥賊, 勢或由於脅逼, 久作黃葛之家傭, 計專在於祕匿. 本律莫嚴, 斷案旣成, 罪人金文玉, 押送于原籍官慶源府, 大會軍民, 梟首警衆何如, 允之.

의정부(議政府)에서 아뢰기를, "방금 평안감사(平安監司) 김상현(金尙鉉)의 장계를 보니, 의주부윤(義州府尹) 남정익(南廷益)의 등보(謄報)를 일일이 거론하면서 아뢰기를, '몰래 국경을 넘은 죄인 김문옥(金文玉)은 봉성장처(鳳城將處)에서 지금 막 압송해왔는데, 이 죄인은 오랫동안 이역에 살아 말이 통하지 않기에 우리나라 말로는 죄인을 고발[陳告]할 수 없습니다. 그러므로 통사(通事)로 하여금 조사하여 실정을 알아내도록 한 뒤 수갑과 차꼬를 채워[具格] 단단히 가두고서 처분을 기다릴 일을 묘당으로 하여금 품처하도록 하시길 청합니다'라고 하였습니다. 우리 백성이 나라의 금법을 어기는 것이 이와 같이 아무런 막힘이 없으니, 일의 놀라움이 어떤 것이 이보다 더하겠습니까. 지금 김가 놈으로 말하면, 아무리 어리석고 몽매하다 해도 몰래 국경을 넘는 것이 죽을 죄임을 몰랐겠습니까. 녹림(綠林)의 많은 도적에게 투신한 것은 혹여 협박 때문에 어쩔 수 없는 형편이었다 해도, 오랫동안 황가(黃哥)와 갈가(葛哥)의 집에 고용인이 된 것은 오로지 몰래 숨어 있으려는 계책에서 나온 것이었습니다. 본래 율이 매우 엄하고 옳고 그름의 판단이 이미 이루어졌으니, 죄인 김문옥을 원적관(原籍官)인 경원부(慶源府)로 압송하여 군민(軍民)을 크게 모아놓고 효수(梟首)하여 사람들을 경계하게 하는 것이 어떻겠습니까"라고 하니, 윤허하였다.

『日省錄(高宗)』 192冊

議政府啓言, 卽見平安監司金尙鉉狀啓, 則枚擧義州府尹南廷益謄報, 以爲犯越罪人金文玉押送事, 都京盛京禮部咨文, 先已出來. 金漢則自鳳城將處, 今纔押來, 而此罪人久處異域, 語音侏離, 以我國言不能陳告. 故使通事査問得情後, 具格牢囚, 以待處分事, 請令廟堂稟處矣. 我民之冒干邦禁, 若是其太無防限, 事之駭惋, 孰甚於此. 此誠不可使聞者也. 今以金漢言之, 雖曰愚蠢矇昧, 不知其犯越之死罪乎. 雖曰煢獨丐乞, 只知其犯越之爲生計乎. 暫投綠林之夥賊, 勢或由於脅逼, 久作黃葛之家傭, 計專在於秘匿. 本律莫嚴, 斷案旣成, 罪人金文玉, 押送于原籍官慶源府, 大會軍民, 梟首警衆. 將此事由, 令槐院撰咨下送, 以爲轉致盛·北京之地. 犯越地方之道帥臣論警, 卽不可已者, 而事係年久, 且有新式, 竝姑爲安徐, 嗣後詗察之節, 比前嚴密, 毋敢少忽之意, 申飭兩道, 允之.

의정부(議政府)에서 아뢰기를 "방금 평안감사(平安監司) 김상현(金尙鉉)의 장계를 보니, 의주부윤(義州府尹) 남정익(南廷益)의 등보(謄報)를 낱낱이 거론하면서 아뢰기를, '몰래 국경을 넘은 죄인 김문옥(金文玉)을 압송하는 일로 도경(都京)·성경(盛京)의 예부에서 보낸 자문이 전에 이미 나왔습니다. 김가 놈[金漢]은 봉성장처(鳳城將處)에서 지금 막 압송해왔는데, 이 죄인은 오랫동안 이역에 살아 말이 통하지 않기에 우리나라 말로는 죄인을 고발[陳告]할 수 없습니다. 그러므로 통사(通事)로 하여금 조사하여 실정을 알아내도록 한 뒤 수갑과 차꼬를 채워[具格] 단단히 가두고서 처분을 기다릴 일을 묘당으로 하여금 품처하도록 하시길 청합니다'라고 하였습니다. 우리 백성이 나라의 금법을 어기는 것이 이와 같이 아무런 막힘이 없으니, 일의 놀라움이 어떤 것이 이보다 더하겠습니까. 이는 실로 남이 듣게 해서는 안 될 일입니다. 지금 김가 놈으로 말하면, 아무리 어리석고 몽매하다 해도 몰래 국경을 넘는 것이 죽을 죄임을 몰랐겠습니까. 비록 의지할 곳 없이 빌어먹는다 해도 국경을 범하여 넘어가는 것만이 유일한 생계 수단인 줄 알았겠습니까. 잠시 녹림(綠林)의 많은 도적에게 투신한 것은 혹여 협박 때문에 어쩔 수 없는 형편이었다 해도, 오랫동안 황가(黃哥)와 갈가(葛哥)의 집에 고용인이 된 것은 오로지 몰래 숨어 있으려는 계책에서 나온 것이었습니다. 본래 율이 매우 엄하고 옳고 그름의 판단이 이미 이루어졌으니, 죄인 김문옥을 원적관(原籍官)인 경원부(慶源府)로 압송하여 군민(軍民)을 크게 모아놓고 효수(梟首)하여 사람들을 경계하게 하소서. 장차 이러한 사유를 가지고 괴원으로 하여금 자문을 지어 내려 보내게 하여 성경·북경까지 전달되도록 하소서. 국경을 범하여 넘어간 지방의 도·수신을 논죄하여 경계시키는 것도 그만둘 수 없는 일입니다만, 이미 일이 생긴 해가 오래되었고 또한 새로운 정식도 있으니 모두 우선 〈처벌을〉 잠시 보류하시고, 사후 기찰해나가는 절목을 전보다 더 엄밀하게 하여 감히 소홀히 하지 말도록 하라는 내용으로 양도에 신칙하소서"라고 하니, 윤허하였다.

『備邊司謄錄』258冊

府啓曰, 卽見平安監司金尙鉉狀啓, 則枚擧義州府尹南廷益謄報, 以爲犯越罪人金文玉押送事, 都京·盛京禮部咨文, 先已出來, 金漢則自鳳城將處, 今纔押來, 而此罪人久處異域, 語音侏離, 以我國言不能陳告, 故使通事查問得情後, 具格牢囚, 以待處分事, 請令廟堂稟處矣, 我民之冒干邦禁, 若是其太無防限, 事之駭惋, 孰甚於此, 此誠不可使聞者也, 今以金漢言之, 雖曰愚蠢矇昧, 不知其犯越之死罪乎, 雖曰煢獨丐乞, 只知其犯越之爲生計乎, 暫投綠林之夥賊, 勢或由於脅逼, 久作黃葛之家傭, 計專在於秘匿, 本律莫嚴, 斷案旣成, 罪人金文玉, 押送于原籍官慶源府, 大會軍民, 梟首警衆, 將此事由, 令槐院撰咨下送, 以爲轉致盛·北京之地, 犯越地方之道帥臣論警, 卽不可已者, 而事係年久, 且有新式, 竝姑爲安徐, 嗣後詗察之節, 比前嚴密, 毋敢少忽之意, 申飭兩道何如, 答曰, 允.

의정부[府]에서 아뢰기를 "방금 평안감사(平安監司) 김상현(金尙鉉)의 장계를 보니, 의주부윤(義州府尹) 남정익(南廷益)의 등보(謄報)를 낱낱이 거론하면서 아뢰기를, '몰래 국경을 넘은 죄인 김문옥(金文玉)을 압송하는 일로 도경(都京)·성경(盛京)의 예부에서 보낸 자문이 전에 이미 나왔습니다. 김가 놈[金漢]은 봉성장처(鳳城將處)에서 지금 막 압송해왔는데, 이 죄인은 오랫동안 이역에 살아 말이 통하지 않기에 우리나라 말로는 죄인을 고발[陳告]할 수 없습니다. 그러므로 통사(通事)로 하여금 조사하여 실정을 알아내도록 한 뒤 수갑과 차꼬를 채워[具格] 단단히 가두고서 처분을 기다릴 일을 묘당으로 하여금 품처하도록 하시길 청합니다'라고 하였습니다. 우리 백성이 나라의 금법을 어기는 것이 이와 같이 아무런 막힘이 없으니, 일의 놀라움이 어떤 것이 이보다 더하겠습니까. 이는 실로 남이 듣게 해서는 안 될 일입니다. 지금 김가 놈으로 말하면, 아무리 어리석고 몽매하다 해도 몰래 국경을 넘는 것이 죽을 죄임을 몰랐겠습니까. 비록 의지할 곳 없이 빌어먹는다 해도 국경을 범하여 넘어가는 것만이 유일한 생계 수단인 줄 알았겠습니까. 잠시 녹림(綠林)의 많은 도적에게 투신한 것은 혹여 협박 때문에 어쩔 수 없는 형편이었다 해도, 오랫동안 황가(黃哥)와 갈가(葛哥)의 집에 고용인이 된 것은 오로지 몰래 숨어 있으려는 계책에서 나온 것이었습니다. 본래 율이 매우 엄하고 옳고 그름의 판단이 이미 이루어졌으니, 죄인 김문옥을 원적관(原籍官)인 경원부(慶源府)로 압송하여 군민(軍民)을 크게 모아놓고 효수(梟首)하여 사람들을 경계하게 하소서. 장차 이러한 사유를 가지고 괴원으로 하여금 자문을 지어 내려 보내게 하여 성경·북경까지 전달되도록 하소서. 국경을 범하여 넘어간 지방의 도·수신을 논죄하여 경계시키는 것도 그만둘 수 없는 일입니다만, 이미 일이 생긴 해가 오래되었고 또한 새로운 정식도 있으니 모두 우선 〈처벌을〉 잠시 보류하시고, 사후 기찰해나가는 절목을 전보다 더 엄밀하게 하여 감히 소홀히 하지 말도록 하라는 내용으로 양도에 신칙하는 것이 어떻겠습니까"라고 하니, 답하기를, "윤허한다"고 하였다.

명망 있고 유능한 사람을 종성부사로 파견해달라고 청함.

1877년(고종 14-丁丑) 6월 19일(양력 7월 29일)

발신 : 의정부

『承政院日記』 2839冊

李萬稙以議政府言啓曰, 鍾城府使, 依向日啓稟, 當以堂上文臣差遣, 而該邑處在北邊, 民俗自來愚蚩, 如非聞望素著之人, 實難做治. 分付該曹, 使之各別擇擬何如, 傳曰, 允.

이만직(李萬稙)이 의정부(議政府)의 말로 아뢰기를, "종성부사(鍾城府使)는 지난번의 계품에 따라 마땅히 당상 문신으로 차견해야 하는데, 해당 읍은 북쪽 변방에 위치하여 백성의 습속이 예로부터 어리석었으니, 명망이 평소 드러난 사람이 아니면 정말로 다스리기 어려운 곳입니다. 해당 조에 분부하여 각별히 골라 의망하게 하도록 하는 것이 어떻겠습니까"라고 하니, 전교하기를, "윤허한다"고 하였다.

『日省錄(高宗)』 193冊

議政府啓言, 鍾城府使依向日啓稟, 當堂上文臣差遣, 而該邑處在北邊, 民俗自來愚蚩, 如非聞望素著之人, 實難做治. 分付該曹, 請使之各別擇擬, 允之.

의정부(議政府)에서 아뢰기를, "종성부사(鍾城府使)는 지난번의 계품에 따라 마땅히 당상 문신으로 차견해야 하는데, 해당 읍은 북쪽 변방에 위치하여 백성의 습속이 예로부터 어리석었으니, 명망이 평소 드러난 사람이 아니면 정말로 다스리기 어려운 곳입니다. 해당 조에 분부하여 각별히 골라 의망하게 하도록 청합니다"라고 하니, 윤허하였다.

『備邊司謄錄』 258冊

府啓曰, 鍾城府使依向日啓稟, 當以堂上文臣差遣, 而該邑處在北邊, 民俗自來愚蚩, 如非聞望素著之人, 實難做治, 分付該曹, 使之各別擇擬何如, 答曰, 允.

의정부[府]에서 아뢰기를 "종성부사(鍾城府使)는 지난번의 계품에 따라 마땅히 당상 문신으로 차견해야 하는데, 해당 읍은 북쪽 변방에 위치하여 백성의 습속이 예로부터 어리석었으니, 명망이 평소 드러난 사람이 아니면 정말로 다스리기 어려운 곳입니다. 해당 조에 분부하여 각별히 골라 의망하게 하도록 하는 것이 어떻겠습니까"라고 하니, 답하기를, "윤허한다"고 하였다.

국경을 넘어 횡포를 부린 백성들을 단속하지 못한 수령과 진장의 처벌을 유보해달라고 청함.

1877년(고종 14-丁丑) 9월 21일(양력 10월 27일)

발신 : 함경감사 이회정, 남병사 이지수 / 수신 : 의정부

『承政院日記』 2842冊

議政府啓曰, 卽見咸鏡監司李會正·南兵使李趾秀狀啓, 則惠山·雲寵兩鎭之間, 我民之締結匪類, 冒越作梗. 揆以邊情, 極爲蕩然. 常時失飭之地方官甲山府使具然承·惠山僉使朴承大·雲寵前權管任泰斗罪狀, 竝請令攸司稟處矣. 冒犯防閑, 變幻出沒, 至有放砲劫財之境, 常時苟能嚴束, 豈可蕩然至此乎. 邑倅與鎭將之罷勘, 道帥臣論啓, 事體誠然. 而此時迎送, 恐有民邑添弊之端, 竝特爲安徐, 使之戴罪擧行. 鄭·崔兩漢, 雖已被囚, 在逃金哥, 迄未就捕, 另飭譏詗, 竝按法處之, 嗣後防守之節, 十分惕謹, 毋敢少弛之意, 行會何如, 傳曰, 允.

의정부(議政府)에서 아뢰기를, "방금 함경감사(咸鏡監司) 이회정(李會正), 남병사(南兵使) 이지수(李祉秀)의 장계를 보니, '혜산(惠山)·운총(雲寵) 양진의 사이에서 우리 백성이 비류(匪類)와 결탁하고 국경을 넘어가 행패를 부렸습니다. 변방의 사정으로 헤아려 보면, 지극히 방자합니다. 평소에 신칙하지 못한 지방관인 갑산부사(甲山府使) 구연승(具然承), 혜산첨사(惠山僉使) 박승대(朴承大), 운총전권관(雲寵前權管) 임태두(任泰斗)의 죄상을 아울러 유사로 하여금 품처하게 하시길 청합니다'라고 하였습니다. 국경을 넘어가서 〈지나가는 것을〉 막고, 종잡을 수 없이 출몰하며 총을 쏘아대며 위협하여 재물을 빼앗는 지경에 이르렀으니, 만일 〈지방관이〉 엄하게 단속할 수 있었다면 어찌 방자함이 여기까지 이르렀겠습니까. 읍수와 진장(鎭將)을 파직하여 처벌하자는 도·수신의 논계는 일의 정황으로 보아 진실로 옳은 일입니다. 그러나 이때 〈지방관을〉 맞이하고 전송하는 것은 백

성들과 읍에 폐단을 더할 우려가 있으니, 모두 특별히 처벌을 잠시 보류하여 죄명을 지닌 채로 〈직임을〉 거행하게 하소서. 정(鄭)·최(崔) 두 놈은 비록 이미 잡아 가두었지만 도망 중인 김가(金哥)는 아직 잡지 못하였으니, 특별히 신칙하여 기찰하여 모두 법으로 처리하게 하고, 이후 방수하는 정도도 충분하게 주의를 기울여 감히 조금이라도 해이함이 없도록 하라는 내용을 행회하는 것이 어떻겠습니까"라고 하니, 전교하기를, "윤허한다"고 하였다.

『高宗實錄』 14卷

議政府啓, 卽見咸鏡監司李會正·南兵使李祉秀狀啓, 則惠山·雲寵兩鎭之間, 我民之締結匪類, 冒越作梗. 揆以邊情, 極爲蕩然. 常時失飭之地方官甲山府使具然承·惠山僉使朴承大·雲寵前權管任泰斗罪狀, 竝請令攸司稟處矣. 冒犯防閑, 變幻出沒, 至有放砲刦財之境, 常時苟能嚴束, 豈可蕩然至此乎. 邑倅與鎭將之罷勘, 道帥臣論啓, 事體誠然. 而此時迎送, 恐有民邑添弊之端, 竝特爲安徐, 使之戴罪擧行. 鄭·崔兩漢, 雖已被囚, 在逃金哥, 迄未就捕, 另飭譏詗, 竝按法處之, 嗣後防守之節, 十分惕謹, 毋敢少弛之意, 行會何如, 允之.

의정부(議政府)에서 아뢰기를, "방금 함경감사(咸鏡監司) 이회정(李會正), 남병사(南兵使) 이지수(李祉秀)의 장계를 보니, '혜산(惠山)·운총(雲寵) 양진의 사이에서 우리 백성이 비류(匪類)와 결탁하고 국경을 넘어가 행패를 부렸습니다. 변방의 사정으로 헤아려 보면, 지극히 방자합니다. 평소에 신칙하지 못한 지방관인 갑산부사(甲山府使) 구연승(具然承), 혜산첨사(惠山僉使) 박승대(朴承大), 운총전권관(雲寵前權管) 임태두(任泰斗)의 죄상을 아울러 유사로 하여금 품처하게 하시길 청합니다'라고 하였습니다. 국경을 넘어가서 〈지나가는 것을〉 막고, 종잡을 수 없이 출몰하며 총을 쏘아대며 위협하여 재물을 빼앗는 지경에 이르렀으니, 만일 〈지방관이〉 엄하게 단속할 수 있었다면 어찌 방자함이 여기까지 이르렀겠습니까. 읍수와 진장(鎭將)을 파직하여 처벌하자는 도·수신의 논계는 일의 정황으로 보아 진실로 옳은 일입니다. 그러나 이때 〈지방관을〉 맞이하고 전송하는 것은 백성들과 읍에 폐단을 더할 우려가 있으니, 모두 특별히 처벌을 잠시 보류하여 죄명을 지닌 채로 〈직임을〉 거행하게 하소서. 정(鄭)·최(崔) 두 놈은 비록 이미 잡아 가두었지만 도망 중인 김가(金哥)는 아직 잡지 못하였으니, 특별히 신칙하여 기찰하여 모두 법으로 처리하게 하고, 이후 방수하는 정도도 충분하게 주의를 기울여 감히 조금이라도 해이함이 없도록 하라는 내용을 행회하는 것이 어떻겠습니까"라고 하니, 윤허하였다.

『日省錄(高宗)』196冊

議政府啓言, 卽見咸鏡監司李會正·南兵使李祉秀狀啓, 則惠山·雲寵之民, 締結匪類, 冒越作梗. 常時失飭之地方官甲山府使具然承·惠山僉使朴承大·雲寵前權管任泰斗罪狀, 竝請令攸司稟處矣. 冒犯防閑, 變幻出沒, 至有放砲劫財之境, 苟能嚴束, 豈蕩然至此乎. 邑倅與鎭將之罷勘, 道帥臣論啓, 事體誠然. 而此時迎送, 恐有民邑添弊之端, 竝特爲安徐, 使之戴罪擧行. 鄭·崔兩漢, 雖已被囚, 在逃金哥, 另飭譏詗, 竝按法處之之意, 請行會, 允之.

의정부(議政府)에서 아뢰기를 "방금 함경감사(咸鏡監司) 이회정(李會正), 남병사(南兵使) 이지수(李祉秀)의 장계를 보니, '혜산(惠山)·운총(雲寵)의 백성이 비류(匪類)와 결탁하고 국경을 넘어가 행패를 부렸습니다. 평소에 신칙하지 못한 지방관인 갑산부사(甲山府使) 구연승(具然承), 혜산첨사(惠山僉使) 박승대(朴承大), 운총전권관(雲寵前權管) 임태두(任泰斗)의 죄상을 아울러 유사(攸司)로 하여금 품처하게 하하시길 청합니다'라고 하였습니다. 국경을 넘어가서 〈지나가는 것을〉 막고, 종잡을 수 없이 출몰하며 총을 쏘아대며 위협하여 재물을 빼앗는 지경에 이르렀으니, 만일 〈지방관이〉 엄하게 단속할 수 있었다면 어찌 방자함이 여기까지 이르렀겠습니까. 읍수와 진장(鎭將)을 파직하여 처벌하자는 도·수신의 논계는 일의 정황으로 보아 진실로 옳은 일입니다. 그러나 이때 〈지방관을〉 맞이하고 전송하는 것은 백성들과 읍에 폐단을 더할 우려가 있으니, 모두 특별히 처벌을 잠시 보류하여 죄명을 지닌 채로 〈직임을〉 거행하게 하소서. 정(鄭)·최(崔) 두 놈은 비록 이미 잡아 가두었으나, 도망 중인 김가(金哥)는 특별히 신칙하여 기찰하여 모두 법으로 처리하게 하는 내용을 행회하게 하시길 청합니다"라고 하니, 윤허하였다.

『備邊司謄錄』258冊

府啓曰, 卽見咸鏡監司李會正·南兵使李祉秀狀啓, 則惠山·雲寵兩鎭之間, 我民之締結匪類, 冒越作梗, 揆以邊政, 極爲蕩然. 常時失飭之地方官甲山府使具然承·惠山僉使朴承大·雲寵前權管任泰斗罪狀, 竝請令攸司稟處矣. 冒犯防閒, 變幻出沒, 至有放砲劫財之境, 常時苟能嚴束, 豈可蕩然至此乎, 邑倅與鎭將之罷勘, 道帥臣論啓, 事體誠然. 而此時迎送, 恐有民邑添弊之端, 竝特爲安徐, 使之戴罪擧行. 鄭崔兩漢, 雖已被囚, 在逃金哥, 迄未就捕, 另飭譏詗, 竝按法處之, 嗣後防守之節, 十分惕謹, 毋敢少弛之意, 行會何如, 答曰, 允.

의정부[府]에서 아뢰기를 "방금 함경감사(咸鏡監司) 이회정(李會正), 남병사(南兵使) 이지수(李祉秀)의 장계를 보니, '혜산(惠山)·운총(雲寵) 양진의 사이에서 우리 백성이 비류(匪類)와 결탁하고 국경을 넘어가 행패를 부렸습니다. 변방의 사정으로 헤아려 보면, 지극히 방자합니다. 평소에 신칙하지 못한 지방관인 갑산부사(甲山府使) 구연승(具然承), 혜산첨사(惠山僉使) 박승대(朴承大), 운총전권관(雲寵前權管) 임태두(任泰斗)의 죄상을 아울러 유사로 하여금 품처하게 하시길 청합니다'라고 하였습니다. 국경을 넘어가서 〈지나가는 것을〉 막고, 종잡을 수 없이 출몰하며 총을 쏘아대며 위협하여 재물을 빼앗는 지경에 이르렀으니, 만일 〈지방관이〉 엄하게 단속할 수 있었다면 어찌 방자함이 여기까지 이르렀겠습니까. 읍수와 진장(鎭將)을 파직하여 처벌하자는 도·수신의 논계는 일의 정황으로 보아 진실로 옳은 일입니다. 그러나 이때 〈지방관을〉 맞이하고 전송하는 것은 백성들과 읍에 폐단을 더할 우려가 있으니, 모두 특별히 처벌을 잠시 보류하여 죄명을 지닌 채로 〈직임을〉 거행하게 하소서. 정(鄭)·최(崔) 두 놈은 비록 이미 잡아 가두었지만 도망 중인 김가(金哥)는 아직 잡지 못하였으니, 특별히 신칙하여 기찰하여 모두 법으로 처리하게 하고, 이후 방수하는 정도도 충분하게 주의를 기울여 감히 조금이라도 해이함이 없도록 하라는 내용을 행회하는 것이 어떻겠습니까"라고 하니, 답하기를, "윤허한다"고 하였다.

국경을 넘어 죄를 지은 사람들에 대한 처벌 수위를 건의함.

1877년(고종 14-丁丑) 11월 9일(양력 12월 13일)

발신 : 전 함경감사 이회정, 남병사 이지수 / 수신 : 의정부

『承政院日記』 2844冊

議政府啓曰, 頃因北道道帥臣狀本, 甲山府犯越諸罪人, 按法處之之意, 覆啓行會矣. 卽見咸鏡前監司李會正·南兵使李祉秀狀啓, 則罪人鄭長秀, 纔已用律, 而崔學斗·李宗秀兩漢, 姑爲牢囚, 以待處分, 在逃之金子甲, 連加譏詷爲辭矣. 冒入異域, 相通脈絡, 騙取彼財, 自成伎倆, 轉致滋擾, 行劫之變者, 一則鄭長秀也, 二則金子甲也. 長秀纔已梟示, 而子甲尙此漏網, 揆以邊政, 萬萬痛惋. 另飭譏詷, 直爲用律後啓聞, 李宗秀雖有越境之罪, 旣與故犯有異, 特爲減死島配, 崔學斗自無情跡之可執, 參酌放送事, 分付何如, 傳曰, 允.

의정부(議政府)에서 아뢰기를, "저번에 북도 도·수신의 장계에, 갑산부(甲山府)의 국경을 넘은 죄인을, 법을 감안하여 처리하라는 내용으로 복계하여 행회하였습니다. 방금 전(前) 함경감사(咸鏡監司) 이회정(李會正), 남병사(南兵使) 이지수(李祉秀)의 장계를 보니, '죄인 정장수(鄭長秀)는 이미 율을 적용하여 처벌하였으나, 최학두(崔學斗)·이종수(李宗秀) 두 놈은 우선 가두어 처분을 기다리며, 도망 중인 김자갑(金子甲)은 연달아 기찰을 더하였다'고 하였습니다. 이역(異域)으로 함부로 들어가 서로 통하고 저들의 재물을 속여 빼앗는 것이 절로 기술[技倆]을 이루고 점점 소요를 불리는 데 이르러 겁탈의 변을 행한 자는 첫째가 정장수이고 둘째가 김자갑입니다. 정장수는 이미 효시하였으나 김자갑은 아직 그물에서 빠져 있으니, 변정(邊政)으로 헤아리면 아주 통탄스럽습니다. 특별히 신칙하여 기찰해서, 곧장 율을 적용한 뒤에 아뢰고, 이종수는 국경을 넘은 죄가 있으나 고

의로 범한 것과 차이가 있으니 특별히 사형 죄를 감하여 섬으로 유배하고, 최학두는 본래 잡을만한 정상이 없으니 참작하여 놓아 보내라고 분부하는 것이 어떻겠습니까"라고 하니, 전교하기를, "윤허한다"고 하였다.

『高宗實錄』14卷

議政府啓, 頃因北道道帥臣狀本, 甲山府犯越諸罪人, 按法處之, 覆啓行會矣. 卽見咸鏡前監司李會正·南兵使李祉秀狀啓, 則罪人鄭長秀, 纔已用律, 而崔學斗·李宗秀兩漢, 姑爲牢囚, 以待處分, 在逃之金子甲, 連加譏詗爲辭矣. 冒入異域, 相通脈絡, 騙取彼財, 自成伎倆, 轉致滋擾, 行刦之變者, 一則鄭長秀也, 二則金子甲也. 長秀纔已梟示, 而子甲尙此漏網, 揆以邊政, 萬萬痛惋. 另飭譏詗, 直爲用律後啓聞, 李宗秀雖有越境之罪, 旣與故犯有異, 特爲減死島配, 崔學斗自無情跡之可執, 參酌放送事, 分付何如, 允之.

의정부(議政府)에서 아뢰기를, "저번에 북도 도·수신의 장계에, 갑산부(甲山府)의 국경을 넘은 죄인을, 법을 감안하여 처리하라고 복계하여 행회하였습니다. 방금 전(前) 함경감사(咸鏡監司) 이회정(李會正), 남병사(南兵使) 이지수(李祉秀)의 장계를 보니, '죄인 정장수(鄭長秀)는 이미 율을 적용하여 처벌하였으나, 최학두(崔學斗)·이종수(李宗秀) 두 놈은 우선 가두어 처분을 기다리며, 도망 중인 김자갑(金子甲)은 연달아 기찰을 더하였다'고 하였습니다. 이역(異域)으로 함부로 들어가 서로 통하고 저들의 재물을 속여 빼앗는 것이 절로 기술[技倆]을 이루고 점점 소요를 불리는 데 이르러 겁탈의 변을 행한 자는 첫째가 정장수이고 둘째가 김자갑입니다. 정장수는 이미 효시하였으나 김자갑은 아직 그물에서 빠져 있으니, 변정(邊政)으로 헤아리면 아주 통탄스럽습니다. 특별히 신칙하여 기찰해서, 곧장 율을 적용한 뒤에 아뢰고, 이종수는 국경을 넘은 죄가 있으나 고의로 범한 것과 차이가 있으니 특별히 사형 죄를 감하여 섬으로 유배하고, 최학두는 본래 잡을만한 정상이 없으니 참작하여 놓아 보내라고 분부하는 것이 어떻겠습니까"라고 하니, 윤허하였다.

『日省錄(高宗)』 198冊

議政府啓言, 甲山犯越罪人按法之意覆啓矣. 卽見咸鏡前監司李會正·南兵使李祉秀狀啓, 則罪人鄭長秀, 纔已用律, 崔學斗·李宗秀牢囚, 在逃金子甲譏詗爲辭矣. 冒入異域, 騙取彼財, 轉致滋擾, 行劫之變. 而子甲尙此漏網, 另飭譏詗, 直爲用律, 李宗秀旣與故犯有異, 減死島配, 崔學斗自無情跡可執, 參酌放送事, 請分付, 允之.

의정부에서 아뢰기를 "갑산부(甲山府)에서 국경을 넘은 죄인을 법을 감안하여 〈처리하도록〉 복계하였습니다. 방금 전(前) 함경감사(咸鏡監司) 이회정(李會正), 남병사(南兵使) 이지수(李祉秀)의 장계를 보니, '죄인 정장수(鄭長秀)는 이미 율을 적용하였으나, 최학두(崔學斗)·이종수(李宗秀)는 가두고 있으며, 도망 중인 김자갑(金子甲)은 기찰하였다'고 하였습니다. 〈이들은〉 이역(異域)에 함부로 들어가서 저들의 재물을 속여 빼앗고 점점 소요를 불리는 데 이르러 겁탈의 변을 행하였습니다. 그러나 자갑은 아직 그물에서 빠져 있으니, 특별히 신칙하여 기찰하고 곧바로 율을 적용하시며, 이종수는 고의로 범한 것과는 차이가 있었으니 사형죄를 감하여 섬으로 유배하며, 최학두는 본래 잡을만한 정상이 없으니 참작하여 놓아주라고 분부하시기를 청합니다"라고 하니, 윤허하였다.

『備邊司謄錄』 258冊

府啓曰, 頃因北道道帥臣狀本, 甲山府犯越諸罪人, 按法處之之意, 覆啓行會矣. 卽見咸鏡前監司李會正·南兵使李祉秀狀啓, 則罪人鄭長秀, 纔已用律, 而崔學斗李宗秀兩漢, 姑爲牢囚, 以待處分, 在逃之金子甲, 連加譏詗爲辭矣. 冒入異域, 相通脈絡, 騙取彼財, 自成伎倆, 轉致滋擾, 行劫之變者, 一則鄭長秀也, 二則金子甲也. 長秀纔已梟示, 而子甲尙此漏網, 揆以邊政, 萬萬痛惋. 另飭譏詗, 直爲用律後啓聞, 李宗秀雖有越境之罪, 旣與故犯有異, 特爲減死島配, 崔學斗自無情跡之可執, 參酌放送事, 分付何如, 答曰, 允.

의정부[府]에서 아뢰기를 "저번에 북도 도·수신의 장계에, 갑산부(甲山府)의 국경을 넘은 죄인을, 법을 감안하여 처리하라는 내용으로 복계하여 행회하였습니다. 방금 전

(前) 함경감사(咸鏡監司) 이회정(李會正), 남병사(南兵使) 이지수(李祉秀)의 장계를 보니, '죄인 정장수(鄭長秀)는 이미 율을 적용하여 처벌하였으나, 최학두(崔學斗)·이종수(李宗秀) 두 놈은 우선 가두어 처분을 기다리며, 도망 중인 김자갑(金子甲)은 연달아 기찰을 더하였다'고 하였습니다. 이역(異域)으로 함부로 들어가 서로 통하고 저들의 재물을 속여 빼앗는 것이 절로 기술[技倆]을 이루고 점점 소요를 불리는 데 이르러 겁탈의 변을 행한 자는 첫째가 정장수이고 둘째가 김자갑입니다. 정장수는 이미 효시하였으나 김자갑은 아직 그물에서 빠져 있으니, 변정(邊政)으로 헤아리면 아주 통탄스럽습니다. 특별히 신칙하여 기찰해서, 곧장 율을 적용한 뒤에 아뢰고, 이종수는 국경을 넘은 죄가 있으나 고의로 범한 것과 차이가 있으니 특별히 사형 죄를 감하여 섬으로 유배하고, 최학두는 본래 잡을만한 정상이 없으니 참작하여 놓아 보내라고 분부하는 것이 어떻겠습니까"라고 하니, 답하기를, "윤허한다"고 하였다.

불법적으로 국경을 넘어간 윤의징 등을 압송하여 효수할 것을 청함.

1879년(고종 16-己卯) 4월 20일(양력 6월 9일)

발신 : 관서도신, 관서수신 / 수신 : 의정부

『承政院日記』 2862冊

又以議政府言啓曰, 卽見關西道帥臣狀啓, 則慈城境所捉, 潛越罪人等, 固當依定式用律, 而其中尹儀澄·田召史, 俱是安邊居生, 犯越亦在他道. 姑爲嚴囚, 勘處一款, 請令廟堂稟處. 姜有川則犯越地方, 旣係厚昌, 卽爲梟警之意, 題飭於江界府使處云矣. 毋論本道與地道, 邊禁之蕩弛則一也. 而其中男女兩人, 則居籍係是北關, 潛逃又在三水, 俾卽押送于犯越地方, 大會軍民, 梟首警衆事, 分付各該道帥臣何如, 傳曰, 允.

또 의정부(議政府)의 말로 아뢰기를, "방금 관서 도·수신의 장계를 보니, '자성(慈城)의 경계에서 잡은, 몰래 국경을 넘은 죄인들에게 응당 정식(定式)에 의거하여 율을 적용해야 하는데, 그중 윤의징(尹儀澄)·전(田) 소사(小史)는 모두 안변(安邊)에 거주하며, 국경을 넘은 것은 다른 도에서 있었던 일입니다. 우선 엄격하게 수감하였으니, 〈그들의 죄를〉 심리하여 처리하는 한 가지 사항은 묘당으로 하여금 품처하게 하시길 청합니다. 강유천(姜有川)은 국경을 넘은 지방이 후창(厚昌)과 관련이 있었으니, 즉시 효수하여 〈사람들을〉 경계하게 하라는 내용을 강계부사(江界府使)에게 제칙(題飭)하였습니다'라고 하였습니다. 본도(本道)와 타 도(他道)를 막론하고 변경의 금법을 해이하게 한 것은 마찬가지입니다. 그 중에 남녀 두 사람은 거적(居籍)이 북관(北關)과 관련이 있고, 몰래 도망간 곳도 삼수(三水)였으니, 즉시 국경을 넘는 죄를 지은 지방으로 압송하여, 군민(軍民)을 크게 모아서 효수하여 사람들을 경계하게 하라는 것을 각 해당 도·수신에게 분부하는 것이 어떻겠습니까"라고 하니, 전교하기를, "윤허한다"고 하였다.

『高宗實錄』 16卷

命慈城潛越罪人尹儀澄·田召史, 厚昌潛越罪人姜有川等梟警. 因廟啓也.

자성(慈城)의 몰래 국경을 넘은 죄인 윤의징(尹儀澄)·전(田) 소사(召史)와 후창(厚昌)의 몰래 국경을 넘은 죄인 강유천(姜有川) 등을 효수하여 〈사람들을〉 경계하게 하라고 명하였다. 묘당(廟堂)에서 아뢰었기 때문이다.

『日省錄(高宗)』 218冊

議政府啓言, 卽見關西道帥臣狀啓, 則慈城境所捉潛越罪人, 尹儀澄·田召吏, 俱是安邊居, 犯越亦在他道. 姑爲嚴囚, 勘處一款, 待廟堂稟處. 姜有川犯越, 旣係厚昌, 卽爲梟警云矣. 男女兩人籍係北關, 潛逃三水, 俾卽梟首警衆事, 請分付各該道帥臣, 允之.

의정부(議政府)에서 아뢰기를, "방금 관서 도·수신의 장계를 보니, '자성(慈城)의 경계에서 잡은, 몰래 국경을 넘은 죄인 윤의징(尹儀澄)·전(田) 소사(召史)는 모두 안변(安邊)에 거주하며 국경을 넘은 것은 다른 도에서 있었습니다. 우선 엄격하게 가두었으니, 심리하여 처리하는 한 가지 사항은 묘당의 품처를 기다립니다. 강유천(姜有川)이 국경을 넘은 것은 후창(厚昌)과 관련 있으니 즉시 효수하여 〈사람들을〉 경계하게 하였습니다'라고 하였습니다. 남녀 두 사람은 적(籍)이 북관(北關)과 관계가 있고, 몰래 도망간 곳이 삼수(三水)였으니, 즉시 효수하여 〈사람들을〉 경계하게 하는 것을 각 해당 도·수신에게 분부하시길 청합니다"라고 하니, 윤허하였다.

『備邊司謄錄』 260冊

府啓曰, 卽見關西道帥臣狀啓, 則慈城境所捉, 潛越罪人等, 固當依定式用律, 而其中尹儀澄·田召史, 俱是安邊居生, 犯越亦在他道, 姑爲嚴囚, 勘處一款, 請令廟堂稟處. 姜有川則犯越地方, 旣係厚昌, 卽爲梟警之意, 題飭於江界府使處云矣. 毋論本道與他道, 邊禁之蕩弛則一也. 而其中男女兩人, 則居籍係是北關, 潛逃又在三水, 俾卽押送于犯越地方, 大會軍民, 梟首警衆事, 分付各該道帥臣何如, 答曰, 允.

의정부[府]에서 아뢰기를, "방금 관서 도·수신의 장계를 보니, '자성(慈城)의 경계에서 잡은, 몰래 국경을 넘은 죄인들에게 응당 정식(定式)에 의거하여 율을 적용해야 하는데, 그중 윤의징(尹儀澄)·전(田) 소사(小史)는 모두 안변(安邊)에 거주하며, 국경을 넘은 것은 다른 도에서 있었던 일입니다. 우선 엄격하게 수감하였으니, 〈그들의 죄를〉 심리하여 처리하는 한 가지 사항은 묘당으로 하여금 품처하게 하시길 청합니다. 강유천(姜有川)은 국경을 넘은 지방이 후창(厚昌)과 관련이 있었으니, 즉시 효수하여 〈사람들을〉 경계하게 하라는 내용을 강계부사(江界府使)에게 제칙(題飭)하였습니다'라고 하였습니다. 본도(本道)와 타 도(他道)를 막론하고 변경의 금법을 해이하게 한 것은 마찬가지입니다. 그 중에 남녀 두 사람은 거적(居籍)이 북관(北關)과 관련이 있고, 몰래 도망간 곳도 삼수(三水)였으니, 즉시 국경을 넘는 죄를 지은 지방으로 압송하여, 군민(軍民)을 크게 모아서 효수하여 사람들을 경계하게 하라는 것을 각 해당 도·수신에게 분부하는 것이 어떻겠습니까"라고 하니, 답하기를, "윤허한다"고 하였다.

일본인들이 절영도에서 막사를 짓는 것을 금지시키고, 관리들을 죄주는 것은 보류할 것을 청함.

1879년(고종 16-己卯) 6월 20일(양력 8월 7일)

발신 : 경상감사 이근필 / 수신 : 의정부

『承政院日記』 2864冊

議政府啓曰, 卽見慶尙監司李根弼狀啓, 則以倭人之結幕絶影島事, 不能禁止之東萊前府使尹致和, 方待待命拿囚, 多大僉知韓友燮, 爲先罷黜, 其罪狀竝請令廟堂稟處矣. 旣係封疆攸重之地, 且是約條所無之事, 而肆然結幕, 雖甚可駭, 參諸彼情, 患病暫住云, 則其與無端構接有異. 然而此不當任寘而勿禁. 以從速撤去之意, 令任譯更爲開諭, 邑守·鎭將之道啓請勘卽事體也, 而亦不無可恕之端, 論罪一款竝安徐, 使之戴罪擧行何如, 傳曰, 允.

의정부(議政府)에서 아뢰기를, "방금 경상감사(慶尙監司) 이근필(李根弼)의 장계를 보니, '왜인들이 절영도(絶影島)에 막사를 지은 일을 금지하지 못한 전(前) 동래부사(東萊府使) 윤치화(尹致和)는 바야흐로 특명을 기다리며 붙잡아 가두고, 다대포첨사(多大浦僉使) 한우섭(韓友燮)은 우선 파출하였는데 그 죄상은 모두 묘당으로 하여금 품처하게 하시길 청합니다'라고 하였습니다. 이미 국경의 중요한 땅에 관계되며 게다가 조약에도 없는 바인데 멋대로 막사를 지었으니 비록 매우 놀라운 일이지만, 저들의 사정을 헤아리면 병을 근심하여 잠깐 머물겠다고 하였으니, 이유 없이 집을 짓고 사는 것과는 다릅니다. 그러나 이를 내버려두고 금지하지 않을 수는 없습니다. 속히 철거하라는 내용으로 임역(任譯)으로 하여금 다시 타이르게 하시고, 읍수·진장〈에 대한〉 도계는, 문초를 청한 것이 일의 정황에 〈적합하지만〉, 또한 용서할만한 단서가 없지 않으니, 논죄하는 한 가지 사항은 모두 잠시 보류하며 죄를 진 채로 〈직임을〉 거행하도록 하는 것이 어떻겠습니까"라고 하니, 전교하기를, "윤허한다"고 하였다.

『日省錄(高宗)』 220冊

議政府啓言, 卽見慶尙監司李根弼狀本, 則以倭人之結幕絶影島事, 不能禁止之東萊前府使尹致和, 方待待命拿囚, 多大僉使韓友燮, 爲先罷黜, 其罪狀竝請令廟堂稟處矣. 旣係封疆重地, 且是約條所無, 而肆然結幕, 雖甚可駭, 參諸彼情, 患病暫住云, 則與無端構接有異. 然不當任置勿禁. 從速撤去之意, 令任譯更爲開諭, 邑守·鎭將之道啓請勘事體也, 而不無可恕之端, 論罪一款竝安徐, 請使之戴罪擧行, 允之.

의정부(議政府)에서 아뢰기를 "방금 경상감사(慶尙監司) 이근필(李根弼)의 장계를 보니, '왜인들이 절영도(絶影島)에 막사를 지은 일을 금지하지 못한 전(前) 동래부사(東萊府使) 윤치화(尹致和)는 바야흐로 특명을 기다리면서 붙잡아 가두고, 다대포첨사(多大浦僉使) 한우섭(韓友燮)은 우선 파출하였는데 그 죄상은 모두 묘당으로 하여금 품처하게 하시기를 청합니다'라고 하였습니다. 이미 국경의 중요한 땅에 관계되며 게다가 조약에도 없는 바인데 멋대로 막사를 지었으니 비록 매우 놀라운 일이지만, 저들의 사정을 헤아리면 병을 근심하여 잠깐 머물겠다고 하였으니, 이유 없이 집을 짓고 사는 것과는 다릅니다. 그러나 내버려두고 금지하지 않을 수는 없습니다. 속히 철거하라는 내용으로 임역(任譯)으로 하여금 다시 타이르도록 하시고, 읍수·진장〈에 대한〉 도계는, 문초를 청한 것이 일의 정황에 〈적합하지만〉, 또한 용서할만한 단서가 없지 않으니, 논죄하는 한 가지 사항은 모두 잠시 보류하며 죄를 진 채로 〈직임를〉 거행하도록 하기를 청합니다"라고 하니, 윤허하였다.

『備邊司謄錄』 260冊

府啓曰, 卽見慶尙監司李根弼狀本, 則以倭人之結幕絶影島事, 不能禁止之東萊前府使尹致和, 方待待命拿囚, 多大僉使韓友燮, 爲先罷黜, 其罪狀竝請令廟堂稟處矣. 旣係封疆攸重之地, 且是約條所無之事, 而肆然結幕, 雖甚可駭, 參諸彼情, 患病暫住云, 則其於無端搆接有異. 然而此不當任寘而勿禁. 以從速撤去之意, 令任譯, 更爲開喩, 邑守·鎭將之道啓請勘卽事體也, 而亦不無可恕之端, 論罪一款竝安徐, 使之戴罪擧行何如, 答曰, 允.

의정부[府]에서 아뢰기를 “방금 경상감사(慶尙監司) 이근필(李根弼)의 장계를 보니, ‘왜인들이 절영도(絶影島)에 막사를 지은 일을 금지하지 못한 전(前) 동래부사(東萊府使) 윤치화(尹致和)는 바야흐로 특명을 기다리며 붙잡아 가두고, 다대포첨사(多大浦僉使) 한우섭(韓友燮)은 우선 파출하였는데 그 죄상은 모두 묘당으로 하여금 품처하게 하시길 청합니다’라고 하였습니다. 이미 국경의 중요한 땅에 관계되며 게다가 조약에도 없는 바인데 멋대로 막사를 지었으니 비록 매우 놀라운 일이지만, 저들의 사정을 헤아리면 병을 근심하여 잠깐 머물겠다고 하였으니, 이유 없이 집을 짓고 사는 것과는 다릅니다. 그러나 이를 내버려두고 금지하지 않을 수는 없습니다. 속히 철거하라는 내용으로 임역(任譯)으로 하여금 다시 타이르게 하시고, 읍수·진장〈에 대한〉 도계는, 문초를 청한 것이 일의 정황에 〈적합하지만〉, 또한 용서할만한 단서가 없지 않으니, 논죄하는 한 문제는 모두 잠시 보류하며 죄를 진 채로 〈직임을〉 거행하도록 하는 것이 어떻겠습니까”라고 하니, 답하기를, “윤허한다”고 하였다.

이홍장이 영국, 독일, 프랑스, 미국과 통상하여 일본과 러시아를 견제할 것을 요청하는 서신을 보냄.

1879년(고종 16-己卯) 7월 9일(양력 8월 26일)

발신 : 북양대신 이홍장

『高宗實錄』16卷

初九日. 中國北洋大臣李鴻章, 勸我國與英·德·法·美·通商, 欲爲牽制日本, 防止俄人窺伺. 際此, 致書於領府事李裕元. 其文曰, 二月間, 接到客臘望日惠書. 反覆於邦交一事, 推究得失, 剖晰情勢, 忠謨碩劃, 傾佩無涯. 比諗頤養, 脩斷平章, 大政保釐, 禦侮措注, 咸宜至爲, 頂頌承示. 日本與貴國效涉各節, 倭人性情桀驁貪校, 爲得步進前之計, 貴國隨時應時, 正自不易. 客歲, 駐倭公使何侍讀來書屢稱, 倭人倩爲介紹, 願與貴國, 誠心和好, 兩無虞詐. 鄙人且念, 自古交隣之道, 固應得其宜, 則仇敵可爲外援, 固應未得其宜, 則外援可爲仇敵. 倭人之言, 雖未必由中, 尙冀迎機善導, 杜彼爭端, 永相輯睦. 是以曾寄書, 奉勸勿先示以猜嫌, 致令藉爲口實也. 近察日本行事乖謬, 居止叵測, 宜早爲之防, 有不敢不密陳梗概者. 日本比年以來, 宗尙西法, 營造百端, 自謂已得富强之術. 然因此, 庫藏空虛, 國債累累, 不得不有事四方, 冀拓雄圖, 以償所費. 其疆宇相望之處, 北則貴國, 南則中國之臺灣, 尤所注意. 琉球亦數百年舊國, 竝未開罪於日本, 今春忽發兵船, 刦廢其王, 呑其疆土. 其於中國與貴國, 難保將來不伺隙以逞. 中國兵力·餉力, 十倍日本, 自恃尙可勉支, 唯當代貴國, 審度躊躇似宜. 及此時, 密修武備, 籌餉鍊兵, 愼固封守, 仍當不動聲色, 善爲牢籠. 凡交隣事, 宜恪守條約, 勿予以可乘之端. 一朝有事, 則彼曲我直, 勝負攸分. 第思貴國, 向稱右文之邦, 財力非甚充裕, 卽令迅圖整頓, 非朝夕所能見功. 現間日本派鳳翔·日進兩艦, 久住釜山浦外, 操鍊巨礮, 不知何意. 設有反覆, 中國宜竭力相助, 而道里遼遠, 終恐緩不及事. 尤可慮者, 日本廣聘西人, 敎鍊水陸兵法, 其船礮之堅利, 雖萬不逮西人, 恐貴國尙難爲敵. 況日本諂事泰西各國, 未嘗不思藉其勢力, 侵侮隣邦. 往歲, 西人欲往貴國通商, 雖見拒而去, 其意終未釋然. 萬一日本陰結英·法·美諸邦, 誘以開阜之利, 抑或北與俄羅斯句合, 導以拓土之謀, 則貴國勢成孤注, 隱憂方大. 中國識時務者, 僉議以爲與其緩救於事後, 不如代籌於事前. 夫論息事·寧人之道, 果能始終閉關自守, 豈不甚善. 無如西人恃其傈鋭, 地球諸國無不往來, 實開闢以來, 未有之局面, 自然之氣運, 非人力所能禁遏. 貴國旣不得已而與日本立約通商之事, 已開其端, 各國必將從以生心, 日本轉若視爲奇貨. 爲今之計, 似宜以毒攻毒·以敵制敵之策, 乘機, 次第亦與泰西各國立約, 藉以牽制日本. 彼日本恃其詐力, 以鯨呑蠶食爲謀, 廢滅琉球一事, 顯露端倪. 貴國固不可無以備之. 然日本之所畏服者, 泰西也. 以朝鮮之力, 制日本, 或虞其不足, 以統與泰西通商, 制日本, 則綽乎有餘. 泰西通例, 不得無故, 奪滅人國. 蓋各國互相通商, 而公法行乎其間. 去歲土耳其爲俄所伐, 勢幾岌岌. 英·奧諸國, 出而爭論, 俄始領兵而退. 向使土國孤立無援, 俄人已獨亨其利. 又歐洲之比利時·丹馬, 皆極小之國, 自與各與立約, 遂無敢妄肆侵陵者. 此皆强弱相維之明證也. 且越人圖遠, 古人所難. 西洋英·德·法·美諸邦, 距貴國數萬里, 本無他求, 其志不過欲通商耳, 保護過境船隻耳. 至俄國所踞之庫葉島·綏芬河·圖們江一帶, 皆爲貴國接壤, 形勢相逼. 若貴國先與英·德·法·美交通, 不但牽制日本, 竝可杜俄人窺伺. 而俄亦必隨卽講和通商矣. 誠及此時, 幡然改圖, 量爲變通, 不必別開口岸. 但就日本通商之處, 多來數國商人, 其所分者, 日本之貿易於貴國, 無甚出入. 若定其關稅, 則餉項不無少裨, 熟其商情, 則軍火不難購辦. 更隨時派員分往有約之國, 通聘問·聯情誼. 平時旣休戚相關, 倘遇一國有侵, 佔無禮之事, 儘可邀集有約各國, 公議其非鳴鼓而攻之. 庶日本不敢悍然無忌, 貴國亦宜於交接遠人之道. 逐事講求, 務使剛柔得中, 操縱悉協, 則所以鈐制日本之術, 莫善於此, 卽所以備禦倭人之策, 亦莫善於此矣. 近日各國公使在我總理衙門, 屢以貴國商務爲言. 因思貴國政敎禁令, 悉由自主, 此等大事, 豈我輩所可干預. 惟是中國與貴國, 誼同一家, 必爲我東三省屛蔽, 奚啻唇齒相依. 貴國之憂, 卽中國之憂也. 所以不憚越俎, 代謀直紓衷曲. 望卽轉呈貴國王, 廣集廷臣, 深思遠慮, 密議可否. 如鄙言不謬, 希先示覆大略. 我總理衙門, 亦欲以此意相達, 俟各國議及之時, 或可相機措詞, 徐示以轉圜之意. 從前泰西各國, 乘中國多故, 倂力要挾, 立約之時, 不以玉帛而以兵戎所以行之. 旣久掣肘頗多想, 亦遠近所稔知. 貴國若於無事時, 許以立約, 彼喜出望外, 自不致格外要求. 如販賣鴉片煙·傳敎內地, 諸大弊懸爲厲禁, 彼必無詞弊處. 如有所見, 亦當隨時參酌一二, 以陳忠告之義, 總期於大局, 無所虧損. 夫政貴因時, 治期可久. 知己知彼, 利害宜謀, 兵家所尙, 惟執事實圖之. 法國敎士崔鎭勝經貴國拿禁, 該國使臣在京, 婉求我禮部, 行文轉請釋放. 實爲調停息事起見想, 已査照施行. 緣送奉來函, 諄諄於交隣之道, 用敢不憚覶縷, 密布腹心. 候起居. 書不盡意.

7월 9일. 중국 북양대신(北洋大臣) 이홍장(李鴻章)이 우리나라에 영국·독일·프랑스·미국과 통상하여 일본을 견제하고 러시아인[俄人]이 〈나라를〉 엿보는 것을 방지할 것을 권하였다. 이때 영중추부사(領中樞府事) 이유원(李裕元)에게 편지를 보냈다. 그 편지에 이르기를, "2월 중에 객(客)이 도착하여 작년 섣달 보름날에 보낸 그대의 편지[惠書]를 받았습니다. 외교[邦交]라는 한 가지 일에 이득과 손실을 미루어 궁리하고 정세 분석을 반복하여 〈설명하시니〉 충성스러운 계책과 커다란 계획을 감복하는 마음이 한없습니다. 많은 나이에 건강하시고 나랏일도 잘 처리하며 국토를 보전하고 〈외적을〉 막아내는 방처가 모두 합당하니 〈그대를〉 모두 우러러 칭송하고 그 뜻을 받들게 됩니다. 일본이 귀국과 교섭하는 각각의 절차는, 왜인(倭人)의 성정이 사납고 거칠며 탐욕스러워서, 한 걸음이라도 앞으로 나아가려는 계책을 함에 귀국이 때에 따라 응시하기란 틀림없이 쉽지 않을 것입니다. 작년에 왜에 주재한 공사(公使)인 하(何) 시독이 글을 보내어 여러 차례 이르기를, 왜인이 소개를 청하면서, 귀국과 진심으로 화호하며 서로 속이지 말기를 원한다고 하였습니다. 제가 또 생각하기에, 교린(交隣)의 도는 진실로 마땅하다면 원수도 외부의 구원자가 될 수 있고, 진실로 마땅하지 않다면 외부의 구원자가 원수가 될 수도 있습니다. 왜인의 말이 비록 반드시 마음속에서 나온 것이 아니라고 하더라도 아직은 기회를 맞아서 〈그대를〉 잘 유도하여 저들이 〈만든〉 분쟁의 단서를 막고 영원토록 서로 화목하기를 바랍니다. 이 때문에 일찍이 편지를 부쳐서 먼저 시기하고 싫어함을 보여서 그대로 하여금 구실이 되도록 하지는 말라고 권하였던 것입니다. 근래에 일본의 행사를 살펴보면 잘못되고 망측하기에 미리 방어해야 하므로, 감히 은밀히 그 개요를 아뢰지 않을 수 없습니다. 일본은 근년 이래로 서양제도[西法]를 존숭하여 온갖 것을 만들면서 스스로 이미 부강할 방법을 얻었다고 말합니다. 그러나 이로 말미암아 창고의 저축은 텅 비고 국채(國債)는 켜켜이 쌓이고 사방에서 일을 일으켜서, 넓은 판도를 개척하여 그 비용을 보상하려고 하지 않을 수 없습니다. 그 강토[疆宇]가 서로 바라보이는 곳은 북쪽으로는 귀국이고 남쪽으로는 중국의 대만(臺灣)이니 더욱 주의해야 할 것입니다. 유구(流球)도 수백 년의 오랜 나라이고 아울러 〈유구가〉 일본에 죄를 지었다고 들어본 적이 없는데도, 이번 봄에 갑자기 군선[兵船]을 출동시켜 그 왕을 억지로 폐위하고 그 강토를 병탄하였습니다. 그들이 중국과 귀국에 대해서도 장차 틈을 엿보아 제멋대로 행동하지 않으리라고 보장하기 어렵습니다. 중국은 병력·군량이 일본의 10배이므로 스스로 견뎌낼 수 있겠지만 당대의 귀국을 생각건대 여러 가지를 헤아리게 됩니다. 지금부터 은밀히 군사대비[武備]를 갖추고 군량도 마련하고 병사를 단련하며 성실하게 굳게 지키면서 성색으로 나타내지 말고 잘하여 환심을 끌어야 할 것입니다. 무릇 교린의 일이란, 의당 조약을 성실하게 지키고 그들이 〈틈〉 탈 단서를 주지 않는 것입니다. 하루아침에 일이 발생하였다 하더라도 저들이 잘못되고 내가 옳으면 승부는 나뉘는 것입니다. 삼가 귀국을 생각건대, 예전에는 문을 숭상하는 나라로 불리었지만 재력은 매우 충분하고 여유롭지 못하여서 즉시 명령하여 정돈하기를 빠르게 도모하여도 아침저녁으로 그 효과를 얻지는 못할 것입니다. 요즈음 일본은 '호쇼(鳳翔)', '닛신(日進)'의 군함 2척을 파견하여, 오랫동안 부산포(釜山浦) 밖에 정박하고, 대포 사격 훈련을 하는데 무슨 의도인지 모릅니다. 설령 〈일본이〉 배신하면, 중국은 힘을 다해 서로 돕겠지만 거리가 멀고 요원하여 끝내 도움이 사태에 미치지 못할까 우려됩니다. 더욱 걱정되는 것은 일본이 서양인을 널리 초빙하여 수군·육군의 병법을 배워서, 그들의 군함과 대포의 견고하고 강함은 비록 서양인에 만분의 일도 미치지 못한다고 하나, 귀국으로서는 대적하기 어려울까 염려됩니다. 하물며 일본이 서양 각국에 아첨하며 그들의 세력을 빌려서 이웃 나라를 침략하려는 생각을 하지 않는 적이 없습니다. 작년에 서양인이 귀국에 가서 통상을 하려고 하였다가 비록 거절당하고 돌아갔으나 그들의 뜻이 끝내 석연치 못할 것입니다. 만일 일본이 몰래 영국·프랑스·미국 등 여러 나라와 결탁하여 개항의 이득을 가지고 유혹하거나, 아니면 혹여 북쪽으로 가서 러시아와 합을 맞추어 영토 개척의 계략으로 유인한다면 귀국의 형세는 고립될 것이니 은근한 걱정이 큽니다. 중국에서 시무(時務)를 알고 있는 자는 모두 의논하기를, '사건이 일어난 후에 늦게 구원하는 것이 사건이 일어나기 전에 다른 대책을 생각해보는 것만 못하다'라고 합니다. 무릇 일을 쉬게 하고 사람을 편안하게 하는 방법을 논하니, 과연 시종일관 문을 닫고 스스로 지켜낼 수 있다면야 어찌 이보다 좋지 않겠습니까. 서양인은 그 가볍고 편리한 무기를 믿고 지구의 여러 나라를 오가지 않는 곳이 없으니, 〈이것은〉 실로 천지개벽 이래 없었던 국면이며 자연스러운 운수의 기동이니, 사람의 힘으로 막거나 금할 수 있는 것이 아닙니다. 귀국이 이미 할 수 없이 일본과 조약을 세우고 통상을 한다는 일이 이미 그 단서를 연 것이니, 각국이 반드시 장차 이로써 〈귀국과 조약을 맺겠다는〉 마음이 생기게 될 것이며 일본도 도리어 이것을 좋은 기회로 삼을 것입니다. 현재의 상황을 계산하면, 독(毒)으로 독을 치고 적으로 적을 제어하는 계책을 써서, 기회를 타서 차제에 또한 서양의 여러 나라와도 조약을 세우고, 이렇게 해서 일본을 견제해야 할 것입니다. 저 일본이 사기와 힘을 믿고 〈귀국을〉 경탄하고 잠식하기를 계책으로 삼은 것은 유구를 멸망시킨 한 가지의 일에서 〈그〉 단서를 드러낸 바입니다. 귀국도 진실로 준비하지 않을 수 없습니다. 그런데 일본이 두려워 복종하는 바는 서양입니다. 조선의 힘으로 일본을 제어하기는 혹여 그 〈힘이〉 부족함을 걱정하겠지만, 서양과 통상하면서 일본을 제어한다면 〈힘이〉 충분하고도 남음이 있을 것입니다. 서양의 통례는 이유 없이 남의 나라를 멸망시키지 못합니다. 대개 각국이 서로 통상을 하면 공법(公法)이 그 사이에 자연히 실행됩니다. 작년에 터키[土耳]가 러시아의 침범을 당하여, 사태가 매우 위험하였을 때에 영국·이탈리아와 같은 여러 나라에서 나와서 쟁론(爭論)하였고, 비로소 러시아는 군사를 거느리고 물러났습니다. 저번에 터키가 고립무원(孤立無援)이었다면 러시아인들이 벌써 자기 이익을 홀로 향유하였을 것입니다. 또 유럽[歐洲]의 벨기에[比利時]와 덴마크[丹馬]도 다 아주 작은 나라이지만 자체로 여러 나라들과 조약을 체결하자 함부로 침략하는 자가 없습니다. 이것은 모두 강국과 약소국이 서로 버리를 이룬다는 명백한 증거입니다. 또한 타국을 넘어서 먼 곳을 도모하는 것은 옛사람들도 어렵다고 한 바입니다. 서양의 영국·독일·프랑스·미국 〈등의〉 여러 나라는 귀국과 거리가 수만 리이고 본래 다른 요구가 없으며 그 뜻은 통상을 하자는 것에 지나지 않을 뿐이고, 〈귀국의〉 경내를 지나다니는 〈자신의〉 배를 보호하자는 것뿐입니다. 러시아가 점거하고 있는 고엽도(庫葉島)·수분하(綏芬河)·도문강(圖們江) 일대는 모두 귀국과 접경이어서 형세가 서로 부딪칩니다. 만약 귀국이 먼저 영국·독일·

프랑스·미국과 통교하면, 비단 일본만 견제할 뿐만 아니라 아울러 러시아인이 〈나라를〉 엿보는 것까지 막아낼 〈것입니다〉. 〈그러면〉 러시아도 반드시 따라서 바로 강화하고 통상할 것입니다. 진실로 이때에 계책을 빨리 고치고 〈사세를〉 헤아려 변통하되, 별도로 항구를 열 필요는 없습니다. 다만 일본이 통상하고 있는 곳에 몇 개 나라의 상인이 더 많이 오는 것은 그 나누는 것이 일본이 귀국에서 무역하는 것이고, 〈귀국의 국부의〉 출입이 심합니다. 만약 그 관세(關稅)를 정하면, 나라의 경비에 적게나마 도움이 될 수도 있으며, 그 상업 상황에 익숙해지면 무기 구입도 어렵지 않게 될 것입니다. 더욱이 조약을 맺은 나라에 때에 따라 관리를 파견하여 서로 빙문(聘問)하고 정의(情誼)를 맺어둘 것입니다. 평상시에 이미 휴척(休戚)이 서로 연결되면, 설령 한 나라의 침략을 받을 때에도 〈침략한 나라의〉 무례한 일을 말하며, 조약을 맺은 각국에게 모두 요청하여 공동으로 그 나라의 잘못을 논의하여 공격하게 될 것입니다. 〈그러면〉 아마 일본도 감히 함부로 〈귀국을〉 꺼리지 못할 것이며, 또한 귀국이 먼 나라의 사람과 교류하고 〈그들을〉 접대하는 방법으로서도 마땅할 것입니다. 일마다 강구(講求)하여 강함과 부드러움 사이에서 중(中)을 얻기에 힘쓰고, 모두의 협력을 〈얻도록〉 조종한다면 일본을 견제할 수 있는 방도로서는 이보다 더 좋은 계책이 없으며, 왜인을 방어할 수 있는 계책으로서도 이보다 더 좋은 것은 없습니다. 근일에 각국 공사들이 우리 총리아문(總理衙門)에서 자주 귀국과의 상무(商務)를 말합니다. 생각건대 귀국은 정사와 금령을 모두 스스로 주관해왔으니 이런 중대한 일을 어찌 우리가 간섭할 수 있겠습니까. 다만 중국과 귀국은 한 집안과 같고, 반드시 〈귀국은〉 우리나라의 동삼성(東三省)을 병풍처럼 막아주고 있으니, 어찌 〈우리 관계가〉 입술과 이가 서로 의존하는 정도뿐이겠습니까. 귀국의 근심이 곧 중국의 걱정입니다. 그렇기 때문에 직분을 넘는 것을 꺼리지 않고 〈귀국을 위한〉 대책을 꾀하여 곧바로 말하는 것입니다. 바라건대, 곧 귀 국왕께 올려서 조정 신료를 널리 모아 깊고 멀게 생각하여 그 가부를 비밀리에 논의하기 바랍니다. 만일 제 말이 틀리지 않았다면, 먼저 그 대략을 보여주시길 바랍니다. 우리 총리아문도 이 뜻으로써 서로 통해야 각국이 의논할 때에 혹여 기회를 보아가며 말하여, 국면이 전환되어 가고 있다는 것을 서서히 보여줄 수 있습니다. 종전에 서양의 각국이 중국이 사고가 많은 것을 틈타서 힘을 합쳐 협박하였고, 조약을 맺을 때에도 옥백(玉帛)으로 하지 않고 무력[兵戎]으로써 행하였습니다. 〈그런 조약을〉 오랫동안 이행해오면서 제재를 받은 것이 매우 많았다는 것도 원근에서 다 충분히 들어서 알 것입니다. 귀국에서 만약 무사할 때에 조약을 맺는 것을 허락하면 저들은 생각 외의 일에 기뻐하여 격에 맞지 않는 요구를 하기에 이르지는 않을 것입니다. 아편을 판매한다든가 내지(內地)에 전교하는 것 같은, 여러 큰 폐단들에 대해서 엄하게 금지시켜도, 저들은 필시 그 폐단을 말하지 않을 것입니다. 만일 〈우리가〉 보는 바가 〈따로〉 있게 되면, 또한 때에 따라 한두 개 적당히 참작하여 충고의 의견을 올려 대국(大國)에서는 이지러지거나 손해보는 것이 없도록 해야 합니다. 무릇 정치는 때에 맞게 하는 것을 귀하게 여기고, 다스림은 오래될 수 있기를 기약합니다. 지피지기(知彼知己)하여 이해(利害)를 잘 도모하는 것은 병가(兵家)가 숭상하는 바이니 오직 집사(執事)만이 진실로 〈이를〉 도모할 수 있습니다. 프랑스 선교사 최진승(崔鎭勝)이 귀국에 잡혀 있는데, 북경에 주재 중인 해당 국가의 사신이 우리 예부(禮部)에 공문을 보내 석방시키도록 청해달라고 간곡히 요구하였습니다. 사실은 이 사건을 조정하여 일을 없애려는 생각이었으나, 이미 〈귀국에서〉 정황을 조사해서 시행하였습니다. 편지를 보내고 받을 때, 교린의 도에 정성을 쏟으시니, 감히 자세하게 깊이 마음속에 있는 것을 말하기를 꺼리지 않겠습니까. 문안을 드립니다. 글로는 간곡한 뜻을 다하지 못합니다"라고 하였다.

임한수에게 강원도관찰사 겸 병마수군절도사 순찰사 원주목사를 제수하고 정사에 힘쓸 것을 명함.

1879년(고종 16-己卯) 10월 24일(양력 12월 7일)

발신 : 고종

『承政院日記』2868冊

敎江原道觀察使林翰洙書. 王若曰, 召伯分主陜西, 旬宣南國, 寇恂悉委河北, 屛翰東京, 惟我五百年平治, 亦與二千石共理. 顧玆江原一路, 卽是畿甸上游, 東北迄于沃沮, 延袤八百餘里, 西南接於湖·嶺, 大小二十六州, 實則土瘠民貧, 號曰物衆地大. 里無儲蓄, 義倉·社倉之不行, 田未度量, 殷助周徹之難施. 鹽盆·漁戶, 逖矣, 海隅之蒼生, 布稅·蔘供, 嗟乎, 峒甿之白着. 舟楫通鬱·馬之島, 豈無外憂. 疆域連濊貊之墟, 奈有舊俗. 所以觀察重任, 必也揀擇循良. 惟卿學術通敏, 材器寬弘, 治身守謹厚之規, 如玉其溫, 處世恥躁競之習, 介石其操. 玉署·銀臺, 克盡忠愛之悃, 銓曹·水部, 夙著公明之譽. 龔·黃之才, 州牧屢試, 淸白之德, 吏民咸稱. 西顧龍·灣, 鎖鑰非不重也, 東眷雉嶽, 藩臬尤有大焉, 玆授卿, 以江原道觀察使兼兵馬水軍節度使·巡察使·原州牧使, 卿其祗服寵章, 敬敷化理, 搴帷巡省, 亟圖恢張之方, 攬轡澄淸, 必嚴黜陟之法 ….

강원도관찰사(江原道觀察使) 임한수(林翰洙)에게 교서를 내렸다. 임금께서 이르기를, "소백(召伯)은 섬서(陜西)를 분봉받아 맡아서 남국(南國)에 두루 〈왕명을〉 폈고, 구순(寇恂)은 하북(河北)을 다 위임받아 동경(東京)의 울타리가 되었는데, 우리나라 500년의 치세[治平]도 2,000석(二千石)과 함께 다스린 것이다. 돌아보건대 이 강원도[江原一路]는 즉 경기의 요지[上游]로서 동북으로 옥저(沃沮)에 이르고 길이가 800리이며, 서남으로 호·영남에 접하여 크고 작은 26개의 주가 있으나, 사실은 땅은 메마르고 백성은 가난한데, 물자와 사람은 많고 땅도 크다고 불렀다. 마을이 저축한 것이 없어 의창(義倉)·사창(社

倉)이 행해지지 않고, 밭은 아직 측량되지 않아 은의 조법이나 주의 철법도 시행하기 어렵다. 염분·어호는 먼 바닷가의 창생으로 포세(布稅)·삼공(蔘供)의 부과는 산골 사람들의 정착을 방해하게 된다. 배로는 울릉도와 대마도에 통하니 어찌 외우(外憂)가 없겠는가. 강역은 예맥(濊貊)의 옛터에 연접했으니 어찌 옛 풍속이 있겠는가. 관찰사의 중요한 직임에는 반드시 순량(循良)한 이를 간택해야 하는 이유이다. 경은 학술이 통달하고 민첩하며 재기는 넉넉하고 크며, 몸가짐은 근후(謹厚)한 규범을 지켜 마치 옥처럼 온화하고, 처세는 권세를 다투는[躁競] 습속을 부끄러워하여 돌처럼 지조를 잡았다. 옥서·은대에서 능히 충애(忠愛)의 정성을 다하였고 전조·수부에서 일찍이 공명을 드러냈으며, 공수(龔遂)·황패(黃覇)의 재능은 주목(州牧)에서 여러 번 시험하였고 청백(淸白)의 덕은 아전과 백성이 모두 칭찬한다. 서쪽으로 용(龍)·만(灣)을 보면 문호를 지키는 것도 중요하지 않은 것은 아니나 동쪽으로 치악(稚嶽)을 보면 관찰사[藩臬]의 직임이 더욱 크므로, 이에 경에게 강원도관찰사 겸 병마수군절도사 순찰사 원주목사를 제수하니, 경은 공경히 총장(寵章)을 받고 공경히 교화를 펴서 다스리며, 포장을 걷어 올리고 성을 순수하여 〈지역이〉 빨리 회복하고 넓힐 방도를 꾀하고 어지러운 정사를 맑게 할 뜻을 가지고 기필코 출척(黜陟)하는 법을 엄하게 하라…"라고 하였다.

『承政院日記』 2868冊

己卯十月二十四日申時. 上御重熙堂. … 仍教曰, 江原監司進前, 翰洙進前訖. 上曰, 江原一道, 皆是山峽, 幅員雖小, 東連鬱島, 南近馬島, 須悉心對揚也. 翰洙曰, 臣以無似, 當此重任, 罔知攸措也. 上曰, 嶺西亦皆山峽, 小民之生業凋殘, 近又彼人開港於北關, 所重自別, 關防之策, 必須善圖也. 翰洙曰, 謹當殫竭魯鈍矣. 上曰, 北關三路, 三方甚險, 自鐵嶺·安邊以上, 至歙谷, 無異平地, 關防之策, 隨事狀聞, 且與廟堂, 爛議爲之也. 翰洙曰, 臣未諳形便之如何, 當於到營後, 詳探地形, 圖上方略矣. … 仍教曰, 聞近日彼地有新設邑云, 然否. 翰洙曰, 去我境三十里之地沙河子, 新設安東縣矣. 上曰, 自何年設寘云耶. 翰洙曰, 是乙亥·丙子年間設寘云矣. 上曰, 爲制禦不虞而然耶. 翰洙曰, 聞以响馬賊之衝突, 有此新設, 以爲防禦云矣. 上曰, 邑是新設, 居民之村落, 能成樣云耶. 翰洙曰, 係是防禦, 頗稱雄富云矣. 上曰, 卿曾赴燕, 則比其時邑樣何如云耶. 翰洙曰, 臣於丙子年, 以副使奉命往來, 而其時設邑未久, 有似草創, 挽近排鋪, 大勝於年前云矣. 上曰, 縣之大小何如. 係是新創, 則多少財用, 從何辦得耶. 翰洙曰, 是亦彼地邊圉也, 守宰之廩況, 軍兵之料布, 自有別般措備矣. 上曰, 義州至中原, 有間路之稍近者云, 卿或聞之耶. 翰洙曰, 臣未聞之矣. 上曰, 柵門以內, 有間路云矣. 翰洙曰, 雖未詳知, 沿江上下, 莫非間路, 而遠近則似無逈異也. 上曰, 沿江上下, 無處不通, 犯越潛商之弊, 想必有之矣. 翰洙曰, 犯越潛商之類, 到底嚴禁. 而自安東縣, 彼我人往來者, 另加譏詗, 與灣府無異矣. 上曰, 聞江界·碧潼, 沿江以下慈城·厚昌越邊, 亦新設一邑云, 果然耶. 翰洙曰, 相去千有餘里, 未能詳聞矣. 上曰, 安東縣宰, 比我朝爲幾品官耶. 翰洙曰, 比於我國, 不過縣令·縣監之秩云矣. 上曰, 係是瀋陽奉天省所管云耶. 翰洙曰, 果是瀋陽所管矣. 上曰, 瀋陽所管之邑, 爲幾何云耶. 翰洙曰, 無以詳知矣.

기유 10월 24일 신시(申時). 임금께서 중희당(重熙堂)에 나아갔다. … 이어서 교하기를, "강원감사(江原監司)는 앞으로 나아오라"고 하니, 임한수(林翰洙)가 앞에 나아갔다. 임금께서 이르기를, "강원도[江原一道]는 모두 산협이고 땅의 폭도 비록 작지만, 동으로는 울릉도에 연접하고 남으로는 대마도[馬島]에 가까우니, 온 마음을 다하여 교화를 펼쳐야[對揚] 한다"라고 하였다. 임한수가 아뢰기를, "신은 못난 사람[無似]이나, 중임을 맡으니 몸 둘 바를 모르겠습니다"라고 하였다. 임금께서 이르기를, "영서 또한 다 산협이라서 소민의 생업은 궁핍[凋殘]한데, 근래에 또 저들이 북관에 개항하였으므로 중하게 여기는 것이 절로 구별되니, 관방(關防)의 방책을 잘 도모해야만 한다"라고 하였다. 임한수가 아뢰기를, "삼가 노둔한 몸과 마음을 다하겠습니다"라고 하였다. 임금께서 이르기를, "북관의 세 길은, 세 방향은 아주 험하지만, 〈남은〉 철령(鐵嶺)·안변(安邊)에서 위로 흡곡(歙谷)까지는 평지와 다름없으니, 관방의 방책은 일에 따라 장계를 올리고, 또 묘당과 충분히 의논하여 하라"고 하였다. 임한수가 아뢰기를, "신은 형편이 어떠한지 아직 잘 모르니, 영에 도착한 뒤에 지형을 상세하게 탐지하여 방략을 그려 올리겠습니다"라고 하였다. … 이어서 교하기를, "듣건대 근일 저쪽 땅에 새로 설치한 읍이 있다 하던데 그러한가, 아닌가"라고 하였다. 임한수가 아뢰기를, "우리 경계에서 30리 떨어진 땅인 사하자(沙河子)에 새로 안동현(安東縣)을 설치했습니다"라고 하였다. 임금께서 이르기를, "어느 해부터 설치하였다고 하던가"라고 하였다. 임한수가 아뢰기를, "을해·병자년 사이에 설치하였다고 합니다"라고 하였다. 임금께서 이르기를, "미리 생각하지 못한 일을 제어하기 위하여 그런 것인가"라고 하였다. 임한수가 아뢰기를, "듣건대 향마적(响馬賊)이 〈그곳으로〉 충돌하기 때문에 이와 같이 〈현을〉 새로 설치하여 방어한다고 합니다"라고 하였다. 임금께서 이르기를, "읍이 새로 설치되었는데, 거주민의 촌락은 모양을 갖출 수 있는가"라고 하였다. 임한수가 아뢰기를, "방어에 관계되는 곳이 자못 크고 부유하다고 합니다"라고 하였다. 임금께서 이르기를, "경은 일찍이 연경(燕京)에 갔었는데, 그때에 비하면 읍의 모양이 어떠하던가"라고 하였다. 임한수가 아뢰기를, "신이 병자년에 부사로서 명을 받들어 〈연경을〉 왕래하였는데, 그때는 읍을 설치한 것이 오래되지 않아 초창(草創)한 것 같았으나, 몇 해 전부터는 〈읍이〉 펼쳐진 것이 작년보다 크게 나아졌다고 합니다"라고 하였다. 임금께서 이르기를, "현의 크기는 어떠한가. 새로 창설한 것인데 크고 작은 재용(財用)은 어디에서 변통하여 얻는가"라고 하였다. 임한수가 아뢰기를, "이 또한 저들의 변방이니, 수령[守宰]의 녹봉과 군병의 요포(料布)는 따로 조치하여 준비한 것이 있을 것입니다"라고 하였다. 임금께서 이르기를, "의주에서 중국[中原]까지 조금 가까운 샛길이 있다고 하던데, 경은 혹시 들었는가"라고 하였다. 임한수가 아뢰기를, "신은 듣지 못하였습니다"라고 하였다. 임금께서 이르기를, "책문(柵門) 안쪽에 샛길이 있다고 들었다"라고 하였다. 임한수가 아뢰기를, "비록 자세히 알지는 못합니다만, 연강(沿江) 상하에 샛길 아닌 길이 없으나, 〈그〉 거리는 〈다른 길과〉 많이 다르지 않은 것 같습니다"라고 하였다. 임금께서 이르기를, "연강 상하는 통하지 않는 곳이 없으니, 경계를 넘어가서 몰래 장사하는 폐단이 반드시 있을 것이다"라고 하였다. 임한수가 아뢰기를, "국경을 넘어가서 몰래 장사하는 무리를 철저히 엄금하였습니다. 안동현에서부터 저들과 우리나라 사람이 왕래하는 것을 특별히 기찰하는 것은 의주부[灣府]와 다름이 없습니다"라고 하였다. 임금께서 이르기를, "듣건대 강계(江界)·벽동(碧潼)의 연강 이하 자성(慈城)·후창(厚昌) 건너편 변두리에도 또한 새로 한 읍을 설치하였다 하던데, 과연 그러한가"라고 하였다. 임한수가 아뢰기를, "서로 1,000여 리 떨어져 있으므로 상세하게 들을 수 없었습니다"라고 하였다. 임금께서 이르기를, "안동현의 수령[安東縣宰]은 우리나라 〈관제〉로 비교하면 몇 품관인가"라고 하였다. 임한수가 아뢰기를, "우리나라 〈관제〉로 비교하면 현령·현감의 관질에 지나지 않는다고 합니다"라고 하였다. 임금께서 이르기를, "심양(瀋陽) 봉천성(奉天省) 소관이라 하던가"라고 하였다. 임한수가 아뢰기를, "과연 심양 소관입니다"라고 하였다. 임금께서 이르기를, "심양이 소관하는 읍은 몇 개나 되는가"라고 하였다. 임한수가 아뢰기를, "상세하게 알지 못합니다"라고 하였다.

북관 시험장 소란 사건과 관련된 관리들에 대한 처벌을 보류했다고 아룀.

1880년(고종 17-庚辰) 6월 27일(양력 8월 2일)

발신 : 의금부

『承政院日記』 2876冊

韓龍敎以義禁府言啓曰, 北關試圍之作鬧, 雖曰主試之不能見孚, 初無可執之端, 而逞臆行悖, 無所不至. 遐土愚頑之習, 萬萬痛駭, 首犯幾名, 使北兵使到底詗捉, 照法嚴繩, 主試官以下及地方官, 竝特爲安徐事, 命下矣. 主試官鍾城府使李在敬·副試官鏡城判官吳尙鉉·參試官利原縣監金是鉉·禁亂官吉州牧使具永植, 特爲安徐事, 分付該道道臣之意敢啓, 傳曰, 知道.

한용교(韓龍敎)가 의금부(義禁府)의 말로 아뢰기를, "'북관(北關) 시위(試圍)의 소란은 비록 시험을 주관한 자가 미덥지 못하였기 때문이라 하지만, 애초에 트집을 잡을 단서가 없었는데도, 가슴속에 품었던 못된 마음을 드러내어 행패를 부린 것이 이르지 않은 곳이 없었다. 먼 지방의 우매하고 완악한 습속이 매우 애통하고 놀라우니, 범죄 주동자[首犯] 몇 명을 북병사로 하여금 철저하게 조사하여 붙잡아서 법에 비추어 엄히 다스리게 하며, 주시관 이하 및 지방관은 특별히 모두 처벌을 잠시 보류하라'고 명을 내리셨습니다. 주시관(主試官) 종성부사(鍾城府使) 이재경(李在敬), 부시관(副試官) 경성판관(鏡城判官) 오상현(吳尙鉉), 참시관(參試官) 이원현감(利原縣監) 김시현(金是鉉), 금란관(禁亂官) 길주목사(吉州牧使) 구영식(具永植)은 특별히 처벌을 잠시 보류하라고 해당 도신에게 분부한 내용을 감히 아뢰옵니다"라고 하니, 전교하기를, "알았다"고 하였다.

중국 연해에서 어획을 금지한다는 자문에 대해 회답해줄 것을 청함.

1880년(고종 17 - 庚辰) 8월 19일(양력 9월 23일)

발신 : 승문원

『承政院日記』 2878冊

又以承文院言啓曰, 卽見都京禮部咨文, 以爲本部以漁採禁斷事, 據情代奏, 飭下所屬沿海設法編查, 以淸奸究. 如有此項船隻, 再到本國者, 卽行捕拏解送, 以儆兇頑事. 奉上諭知照云矣. 回咨以欽遵之意, 措辭撰出, 付撥下送灣府, 傳給鳳城, 轉致北京之地何如, 傳曰, 允.

또 승문원(承文院)의 말로 아뢰기를, "방금 도경(都京) 예부의 자문(咨文)을 보니, '본부에서 고기잡이를 금지하는 일을 가지고 실정에 근거하여 대신 아뢰니, 신칙하기를, 「소속된 연해에 법을 만들어 조사하여 간사한 꾀를 깨끗이 없앨 것이다. 만일 이러한 배들이 다시 본국으로 오는 경우, 즉시 잡아서 압송하여 완악한 짓을 경계할 것이다」라고 하셨다. 황제의 유시를 받들어서 이를 알려준다'라고 하였습니다. 회답 자문은 삼가 뜻을 따르겠다는 내용으로 말을 지어내고 〈이를〉 파발에 부쳐 의주부[灣府]로 내려보내어 봉성(鳳城)에 전해주어 북경(北京)까지 전달되도록 하는 것이 어떻겠습니까"라고 하니, 전교하기를, "윤허한다"고 하였다.

『高宗實錄』 17卷

十九日. 承文院啓, 卽見中國禮部咨文, 以爲本部以漁採禁斷事, 據情代奏, 飭下所屬沿海設法編查, 以淸奸宄. 如有此項船隻, 再到本國者, 卽行捕拿解送, 以儆凶頑事. 奉上諭知照云矣. 回咨撰出, 付撥下送灣府, 轉致北京何如, 允之.

8월 19일. 승문원(承文院)에서 아뢰기를, "방금 중국 도경(都京)의 자문(咨文)을 보니, '본부에서 고기잡이를 금지하는 일을 가지고 실정에 근거하여 대신 아뢰니, 신칙하기를, 「소속된 연해에 법을 만들어 조사하여 간사한 꾀를 깨끗이 없앨 것이다. 만일 이러한 배들이 다시 본국으로 오는 경우, 즉시 잡아서 압송하여 완악한 짓을 경계할 것이다」라고 하셨다. 황제의 유시를 받들어서 이를 알려준다'라고 하였습니다. 회답 자문을 지어내어 파발에 부쳐 의주부[灣府]로 내려보내어 북경(北京)까지 전달되도록 하는 것이 어떻겠습니까"라고 하니, 윤허하였다.

『日省錄(高宗)』235冊

又以承文院言, 卽見都京禮部咨文, 以爲本部以漁採禁斷事, 據情代奏, 飭下所屬沿海設法編查, 以淸奸究. 如有此項船隻, 再到本國者, 卽行捕拏解送, 以儆兇頑事. 奉上諭知照云矣. 回咨以欽遵之意, 措辭撰出, 付撥下送灣府, 傳給鳳城, 轉致北京, 允之.

또 승문원(承文院)이 아뢰기를, "방금 도경(都京) 예부의 자문(咨文)을 보니, '본부에서 고기잡이를 금지하는 일을 가지고 실정에 근거하여 대신 아뢰니, 신칙하기를, 「소속된 연해에 법을 만들어 조사하여 간사한 꾀를 깨끗이 없앨 것이다. 만일 이러한 배들이 다시 본국으로 오는 경우, 즉시 잡아서 압송하여 완악한 짓을 경계할 것이다」라고 하셨다. 황제의 유시를 받들어서 이를 알려준다'라고 하였습니다. 회답 자문은 삼가 뜻을 따르겠다는 내용으로 말을 지어내고 〈이를〉 파발에 부쳐 의주부[灣府]로 내려보내어 봉성(鳳城)에 전해주고 북경(北京)까지 전달되도록 하는 것이 어떻겠습니까"라고 하니, 윤허하였다.

수신사로 일본에 다녀온 김홍집의 보고를 받음.

1880년(고종 17-庚辰) 8월 28일(양력 10월 2일)

발신 : 고종

『承政院日記』 2878冊

庚辰八月二十八日酉時. 上御重熙堂. 回還修信使入侍時, 右副承旨洪承穆·假注書申容善·記注官吳致恒·別兼春秋李容植·修信使金弘集, 以次進伏訖. 上曰, 史官分左右. 仍命修信使進前. 上曰, 萬里滄溟, 无事往還乎. 弘集曰, 无事往還矣. 上曰, 彼使又爲出來云, 當在何間耶. 弘集曰, 臣於臨發時, 始聞於外務卿, 而爲言事勢, 稍令緩其行期云矣. 上聞見別單已覽之, 而此外更无可奏者乎. 弘集曰, 梗槪已備達於別單中, 別无更奏者, 而彼情似无惡意矣. 上曰, 既无惡意, 則其言果何如. 弘集曰, 彼人酬酌, 專要親睦无間而已. 上曰, 親睦爲主, 則果有厚待之耶. 弘集曰, 供饋贈給等節, 雖不爲之, 留館時賃屋及來往時瀛車之費, 皆自外務省措處矣. 上曰, 彼國孔廟制度何如. 弘集曰, 孔廟奉安先聖及顔·曾·思·孟塑像, 後壁展掛周·程·朱子影幀. 更无東西廡從享之規, 翼室多貯經史書籍而已. 上曰, 訪見清公使, 果爲欣接耶. 弘集曰, 淸公使果甚欣款, 其言以爲他鄉逢故人云矣. 上曰, 想爾心亦當懽欣也. 弘集曰, 臣心果慰洽矣. 上曰, 倭主見爾時節次何如. 弘集〈曰〉其君椅前立見, 稍前有親王將兵者杖釰對立, 臣之入見時, 有外輔·大輔式部頭二人, 分左右同入矣. 上曰, 其君不草草云, 果然否. 弘集曰, 其爲人, 頗似英明矣. 上曰, 彼國官職, 間有遞改云耶. 弘集曰, 它官遞改未詳, 而外務卿遞改, 井上馨爲之矣. 上曰, 何故改遞云耶. 弘集曰, 遞改未詳其由, 而前外務卿寺島宗則時爲政府參議官, 而井上馨, 亦以參議官兼帶外務卿矣. 上曰, 留住, 以本願寺爲之, 而何不住延遼館乎. 弘集曰, 聞延遼館有妨礙, 故使之留住於本願寺云矣. 上曰, 定稅事, 姑未歸正而來耶. 弘集曰, 別單已爲槪達, 而聞其國方有改約事, 故未可遽定矣. 上曰, 開港等事, 更无一言耶. 弘集曰, 花房義質, 一次私問, 故答以朝議與前无異, 則更不發說矣. 上曰, 俄羅斯自圖們江,直向山東云, 若果有事, 當在不久耶. 弘集曰, 彼人所言如此, 而問諸清使, 則中國事似可善了矣. 上曰, 然則當无事云耶. 弘集曰, 崇厚聞已放釋, 而不之罪, 則伊犂似終許之乃已云矣. 上曰, 崇厚何爲不之罪乎. 弘集曰, 崇厚擅許土地, 信有罪矣, 中國既委以專權, 而其所許者, 從以背之, 是失信於隣國, 所以不得罪之云矣. 上曰, 我國受害云者, 或非誘嚇之端乎. 弘集曰, 彼言以爲此非爲貴國代謀, 實爲渠國而然矣. 上曰, 既云自爲渠國, 則其言似或然矣. 弘集曰, 彼言雖未足深信, 然問諸清使, 亦以爲其實情然矣. 上曰, 清公使爲人何如. 弘集曰, 其人甚宏通有幹局矣. 上曰, 日本廣設各國語學而教之, 其學規果何如. 弘集曰, 臣未嘗往見其處, 而各國言語, 皆設學教之云矣. 上曰, 如我國驛學乎. 弘集曰, 然矣. 其國朝士子弟, 皆令就學矣. 上曰, 遣人學語, 使之歸告朝廷耶. 弘集曰, 此事蓋爲我國而發也, 施行與否, 惟在朝廷處分, 而不容不以歸告爲答矣. 上曰, 此事雖未遽行, 而歸告則爲可也. 又教曰, 富士山果何如, 而七月雪尙不消耶. 弘集曰, 未及橫濱, 遙望其山, 甚高峻, 尙見有雪痕矣. 上曰, 南島有黑烟云, 然否. 弘集曰, 其地有火山, 故地常多震云矣. 上曰, 地震果頻而大乎. 弘集曰, 數月輒有地震, 間十許年大震, 則屋舍人物, 多被傷損云矣. 上曰, 雨事頗頻乎. 弘集曰, 頻雨而亦无久雨云矣. 上曰, 男女人物, 果何如耶. 弘集曰, 其人物類多巧慧而勤幹矣. 上曰, 年前薩摩人, 欲向我國, 而其大臣巖倉具視抑之, 使不得逞, 此事眞然乎. 弘集曰, 此說誠確矣. 上曰, 問於清使, 可以詳知也. 弘集曰, 雖不及問諸清使, 而見巖倉具視, 言及此事, 則自謂實有是事云矣. 上曰, 彼人皆以勤幹不怠爲主, 故其事爲能若是也. 弘集曰, 誠然矣. 上曰, 彼國之六十六州, 今皆統合云耶. 弘集曰, 廢六十六州, 分爲三十六縣, 縣寘令, 如我國監司之制矣. 上曰, 各州世襲之人, 今皆失位, 得无怏怏之意乎. 弘集曰, 其心似不樂, 然亦皆優其廩而居之都下云矣. 上曰, 其賦稅多蠲減云耶. 弘集曰, 誠然矣, 凡係利民之政, 必舉而行云矣. 上曰, 陸軍操鍊, 其法何如. 弘集曰, 坐作進退, 頗中師律矣. 上曰, 彼國果甚畏俄羅斯乎. 弘集曰, 舉國莫不以是爲急切之憂矣. 上曰, 彼之兵械, 今則可以敵西洋各國云耶. 弘集曰, 彼之所學者, 西洋兵法, 而自以爲不及西洋云矣. 上曰, 其兵法當更從阿蘭陀云, 是何許國耶. 弘集曰, 阿蘭西洋中最小之國, 幅圓不過爲我國四分之一云矣. 上曰, 國小如此, 用何術而能如是乎. 弘集曰, 國无大小, 兵械精利, 亦在自强務實而已. 上曰, 巡查警路, 頗爲肅然云耶. 弘集曰, 然矣. 上曰, 彼國教人, 各隨其才, 雖婦孺, 亦皆學習, 然則无一人可棄也. 弘集曰,

以故, 无一遊食之民矣. 上曰, 屋舍之制, 多有變改乎. 弘集曰, 屋宇或從洋制, 而亦多仍舊制矣. 上曰, 或有尙著舊服, 不改其俗者, 其中必有可觀矣. 弘集曰, 其中文士多然, 頗爲可尙矣. 上曰, 首驛別單以爲, 倭主好馳馬試釰, 至於躬入演武之場, 與士卒相逐云, 此乃夷狄之風也. 弘集曰, 誠然矣, 而專尙武强之故矣. 上曰, 彼之宮闕營建, 將以二十年爲限云, 一何宏侈至此曠歲云耶. 弘集曰, 傳聞如此, 未可深信矣. 上曰, 彼之通商爲十七國云乎. 弘集曰, 傳說云然矣. 上曰, 全權公使·領事官之出住它國者, 其數不一云耶. 弘集曰, 未及詳聞, 而或因該國事務大小而然矣. 上曰, 朝鮮獨有辨理公使, 而花房之陞爲辨理, 何故耶. 弘集曰, 似是進階而然矣. 上曰, 不與我國相議而爲之, 其意欲帶國書而然耶. 弘集曰, 聞辨理公使, 當帶國書, 故臣問諸花房義質而語之曰, 丙子旣以勿帶國書爲約, 則今何可不與我國相議, 而遽爾行之. 第只帶外務書契以來爲好云矣. 上曰, 其答何如. 弘集曰, 其答亦頗以爲然矣. 上曰, 彼地沿路市肆民居, 果何如. 弘集曰, 所見頗爲殷盛矣. 上曰, 彼亦務農, 而今秋大登云, 果以何穀爲重耶. 弘集曰, 亦以稻米爲重矣. 上曰, 俄羅斯欲向中國, 當由何路云耶. 弘集曰, 彼中所聞, 槪云由我國東南海路, 轉入中國矣. 上曰, 察其動靜, 彼國於我國, 果无惡意耶. 弘集曰, 以今所見, 姑无近慮, 臣以此事, 問於淸使, 亦以爲實情則然矣. 上曰, 然則可以永保無他乎. 弘集曰, 此事臣未敢質對, 向後惟在我應接之得其道而已. 以故淸使亦以自强相勉矣. 上曰, 自强是富强之謂乎. 弘集曰, 非但富强爲自强, 修我政敎, 保我民國, 使外衅无從以生, 此實自强之第一先務也. 上曰, 淸使亦以俄羅斯爲憂, 而於我國事, 多有相助之意乎. 弘集曰, 臣見淸使幾次, 所言皆此事, 爲我國懇懇不已也. 上曰, 彼人雖欲與我國, 同心合力, 而此何可深信乎. 卽要我亦行富强之術而已. 弘集曰, 彼情誠不可深信, 而惟以我國不識外事而[爲]悶矣. 上曰, 彼言如此, 似是向我國之意也, 淸使則必知其裏許也. 弘集曰, 淸使之言亦然矣. 上曰, 近日俄羅斯橫行天下, 紛紛如黑雲漫天也. 弘集[*曰 추가], 聞海外各國, 莫不以俄羅爲憂, 擾擾不已矣. 上曰, 倭主見爾, 不爲勞問乎. 弘集曰, 无一語相問矣. 上曰, 倭主果洋服乎. 弘集曰, 然矣. 上曰, 彼國形勢, 想應外强內虛也. 弘集曰, 聖敎誠然矣. 上曰, 今番往還日子, 計爲幾許日乎. 弘集曰, 恰爲九十日矣. 上曰, 海路殊險, 送爾之時, 極爲關念, 今焉无事竣還, 甚用喜幸. 弘集曰, 聖念逮下, 一至於此, 感惶无地. 上曰, 雖下隷輩, 別无生弊, 不知見侮於彼否. 弘集曰, 下隷輩另操束, 幸无大弊矣. 上曰, 到神戶, 換乘輪船時, 得无洋

人乎. 年前使行, 有洋人入船中云矣. 弘集曰, 自釜山至神戶, 係是專船, 故切禁外國人, 而換船時, 則附載商船, 勢不能一從我令. 惟深處艙屋, 不見其面而已. 有此從權, 萬萬悚悶矣. 上曰, 此事深得其宜, 不與之相關可矣. 何可膠固不通乎. 北京使行, 亦多見洋人於市肆街路云矣. 仍教曰, 回路留萊府幾日乎. 弘集曰, 三宿卽發矣. 上曰, 琉球國, 間已復國云耶. 弘集曰, 此事存嫌, 未嘗問人, 而傳說已廢其國爲縣云矣. 上曰, 彼人私禮單, 皆受之乎. 弘集曰, 然矣. 上曰, 旣以私禮贈之, 不以公體, 故彼亦不辭也. 仍教曰, 萬里往返, 仰瞻可也. 弘集, 起立仰瞻, 還爲俯伏訖. 上曰, 大國使行, 雖從陸, 尙以爲難, 此處涉險, 不可與燕行同日語, 而如此遄返, 誠可幸也. 弘集曰, 臣以萬萬无似之物, 猥膺重寄, 惟辱命是懼. 今幸无事納節, 此莫非王靈攸曁也. 上曰, 爾自綜核, 兼有文識, 如是竣還, 固其宜也. 弘集曰, 不勝惶悚矣. 上曰, 昨夜廣州山城而入來耶. 弘集曰, 然矣. 上曰, 遠役勞憊, 夜又深矣, 爾其先退. 上命修信使先退, 仍命史官就座, 又命退, 承史以次退出.

경진 8월 28일 유시(酉時). 임금께서 중희당(重熙堂)에 나아갔다. 되돌아온 수신사가 입시할 때에, 우부승지(右副承旨) 홍승목(洪承穆), 가주서(假注書) 신용선(申容善), 기주관(記注官) 오치항(吳致恒), 별겸춘추(別兼春秋) 이용식(李容植), 수신사(修信使) 김홍집(金弘集)이 차례로 나아가 엎드렸다. 임금께서 이르기를, “사관은 좌우로 나누어 앉으라”고 하였다. 이어 수신사에게 앞으로 나오라고 명하였다. 임금께서 이르기를, “1만 리 큰 바다를 무사히 다녀왔는가”라고 하였다. 김홍집이 아뢰기를, “무사히 다녀왔습니다”라고 하였다. 임금께서 이르기를, “저들의 사신이 또 나와서 온다고 하던데, 언제쯤인가”라고 하였다. 김홍집이 아뢰기를, “신이 출발할 때에 외무경(外務卿)에게 처음 들었는데, 사세를 말하면서 떠나는 일정을 조금 늦춘다고 하였습니다”라고 하였다. 임금께서 묻기를, “견문별단(見聞別單)은 이미 보았다. 이외에 다시 아뢸만한 것은 없는가”라고 하였다. 김홍집이 아뢰기를, “개요는 이미 별단 안에 갖추어 진달하였으므로 따로 다시 아뢸 것은 없는데, 그들의 감정에 악의(惡意)는 없는 것 같습니다”라고 하였다. 임금께서 이르기를, “이미 악의가 없다면 그 말은 과연 어떠한가”라고 하였다. 김홍집이 아뢰기를, “그들은 응대하는 데에 있어 오로지 친목하여 허물없이 사이가 좋을 뿐입니다”라고 하였다. 임금께서 이르기를, “친목을 위주로 삼았다면 과연 〈우리 사신을〉 후대하였는가”라고 하였다. 김홍집이 아뢰기를, "공궤(供饋)나 선물을 주는 등의 절차는 비록 하지 않았으나, 관(館)에 머물 때에 빌린 집 및 왕래할 때에 기차비는 모두 외무성(外務省)에서 조처하였습니다" 라고 하였다. 임금께서 이르기를, "그 나라의 공묘(孔廟) 제도는 어떠하던가"라고 하였다. 김홍집이 아뢰기를, "공묘는 공자[先聖] 및 안자·증자·자사·맹자의 소상(塑像)을 봉안하고, 뒤의 벽에는 주자(周子)·정자(程子)·주자(朱子)의 영정(影幀)을 펴서 걸었습니다. 다시 동무(東廡)와 서무(西廡)에 종향(從享)하는 규례는 없었으며, 익실(翼室)에 경전과 역사책이 많이 쌓여 있을 뿐이었습니다"라고 하였다. 임금께서 이르기를, "청나라 공사(公使)를 방문하여 만나니, 과연 흔쾌히 접대하던가"라고 하였다. 김홍집이 아뢰기를, "청나라 공사가 과연 매우 기쁘게 여겨 환대하였고, 그들은 타향에서 옛 친구를 만난 것 같다고 말하였습니다"라고 하였다. 임금께서 이르기를, "그대의 마음도 기뻤겠구나"라고 하였다. 김홍집이 아뢰기를, "신의 마음도 과연 위로되고 흡족하였습니다"라고 하였다. 임금께서 이르기를, "왜주(倭主)가 그대를 만났을 때의 절차는 어떠하던가"라고 하니, 김홍집이 〈아뢰기를〉, "그 군주는 의자 앞에서 서서 보았고 조금 앞에는 친왕장병(親王將兵)이 칼을 차고 마주 서 있었으며, 신이 입시할 때 외보(外輔)·대보(大輔), 식부두(式部頭)의 두 사람이 좌우로 나뉘어 있다가 함께 들어갔습니다"라고 하였다. 임금께서 이르기를, "그 군주가 초라하지는 않다고 하던데, 과연 그러한가"라고 하였다. 김홍집이 아뢰기를, "그 사람됨이 자못 영명한 것 같았습니다"라고 하였다. 임금께서 이르기를, "저 나라의 관직은 그 사이에 바뀐 것이 있다고 하던가"라고 하였다. 김홍집이 아뢰기를, "저들의 관직이 바뀌었는지는 미상이나, 외무경은 바뀌어서 이노우에 가오루(井上馨)가 되었습니다"라고 하였다. 임금께서 이르기를, "어떤 이유로 바꿨다고 하던가"라고 하니, 김홍집이 아뢰기를, "바꾼 이유는 미상이나 전 외무경 테라미사 무네노리(寺島宗則)는 현임 정부참의관이 되었고, 이노우에 가오루는 참의관으로서 외무경을 겸대하고 있었습니다"라고 하였다. 임금께서 이르기를, "머무는 곳은 혼간지(本願寺)로 하였는데, 어째서 엔료우칸(延遼館)에서 머물지 않았는가"라고 하였다. 김홍집이 아뢰기를, "듣건대 엔료우칸에 거치적거릴 것이 있어서 혼간지에 머물도록 했다고 하였습니다"라고 하였다. 임금께서 이르기를, "관세를 정하는 일은 아직 제대로 정하지 못하고 왔는가"라고 하였다. 김홍집이 아뢰기를, "별단에서 이미 대략을 진달하였으나, 그 나라가 바야흐로 조약을 수정하는 일이 있다고 들었기 때문에 갑자기 정할 수가 없었습니다"라고 하였다. 임금께서 이르기를, "개항(開港) 등의 일은 다시 말하지는 않던가"라고 하였다. 김홍집이 아뢰기를, "하나부사 요시모토(花房義質)가 한 번 사사로이 물었기 때문에, 조정의 의논은 전과 다름이 없다고 대답하였더니, 〈그가〉 다시 말하지 않았습니다"라고 하였다. 임금께서 이르기를, "러시아[俄羅斯]는 도문강(圖們江)에서 바로 산동(山東)을 향해 간다고 하는데, 만일 정말 일이 있으면 〈사태가〉 응당 오래〈가지〉 않을 듯하던가"라고 하였다. 김홍집이 아뢰기를, "일본인[彼人]은 이처럼 말하나, 청 사신에게 물어보니, 중국의 일은 좋게 끝날 것 같다고 합니다"라고 하였다. 임금께서 이르기를, "그렇다면 무사할 것이라고 하던가"라고 하였다. 김홍집이 아뢰기를, "〈청의 외교관인〉 숭후(崇厚)를 이미 석방하고 죄주지 않았다는 말을 들으니, 이리(伊犁) 〈지역〉을 끝내 〈러시아에게〉 허락하고서야 〈사태가〉 그칠 것 같다고 합니다"라고 하였다. 임금께서 이르기를, "숭후는 어찌하여 죄주지 않는가"라고 하였다. 김홍집이 아뢰기를, "숭후가 제멋대로 토지를 떼어주는 것을 허락함은 진실로 죄가 있으나, 중국이 이미 그에게 전권(專權)을 위임하고서 그가 허락한 것을 이어서 어기면, 이는 이웃 국가에게 믿음을 잃는 것이니 죄를 줄 수 없다고 합니다"라고 하였다. 임금께서 이르기를, "우리나라가 피해를 입을 것이라고 하는 것은, 혹시 우리를 꾀고 놀래키려는 단서가 아닌가"라고 하였다. 김홍집이 아뢰기를, "저들이 이르기를 '이것은 귀국을 위하여 대신 도모하려고 하는 것이 아니라, 실제는 그 나라를 위하여 그러한 것이다'라고 했습니다"라고 하였다. 임금께서 이르기를, "이미 스스로 그들 나라를 위한 것이라고 하였다면 그 말이 혹 그럴 듯하다"라고 하였다. 김홍집이 아뢰기를, "저들의 말을 비록 깊이 믿을 수는 없으나, 청 사신에게 물어보니, 또한 그 실정이 그렇다고 하였습니다"라고 하였다. 임금께서 이르기를, "청나라 공사는 사람됨이 어떠하던가"라고 하였다. 김홍집이 아뢰기를, "그 사람됨은 매우 도량이 넓고 화통하며 재간과 기국이 있었습니다"라고 하였다. 임금께서 이르기를, "일본에서 각국 어학교를 널리 설치하여 가르친다고 하는데, 그 학교의 규모는 과연 어떠하던가"라고 하였다. 김홍집이 아뢰기를, "신이 그곳에 가보지는 못하였지만 각국의 언어는 모두 학교를 설치하여 가르친다고 합니다"라고 하였다. 임금께서 이르기를, "우리나라의 역학(譯學)과 같은가"라고 하였다. 김홍집이 아뢰기를, "그렇습니다. 그 나라 조사(朝士)의 자제는 모두 취학시켰습니다"라고 하였다. 임금께서 이르기를, "사람을 파견하여 말을 배우는 것은 돌아가서 조정에 보고하라고 하던가"라고 하였다. 김홍집이 아뢰기를, "이 일은 대체로 우리나라를 위해서 하는 말이었고, 시행 여부는 오직 우리 조정의 처분에 달려 있으므로 돌아가서 보고하겠다고 대답하지 않을 수 없었습니다"라고 하였다. 임금께서 이르기를, "이 일은 비록 갑자기 시행할 수는 없으나, 돌아와 보고하겠다고 한 것은 잘한 일이다"라고 하였다. 또 교하기를, "후지산(富士山)은 과연 어떠하며, 7월에도 눈이 아직 녹지 않았던가"라고 하였다. 김홍집이 아뢰기를, "요코하마(橫濱)에 이르지 않았을 때 멀리서 그 산을 바라보니, 아주 높고 가파랐으며 아직까지도 눈내린 흔적을 볼 수 있었습니다"라고 하였다. 임금께서 이르기를, "남쪽 섬에서 검은 연기가 난다고 하는데, 그러하던가"라고 하였다. 김홍집이 아뢰기를, "그 땅은 화산이 있어서 항상 지진이 많다고 합니다"라고 하였다. 임금께서 이르기를, "지진이 과연 잦고 크게 나던가"라고 하였다. 김홍집이 아뢰기를, "몇 달로 문득 지진이 있었고, 10년쯤 사이를 두고 큰 지진이 나서 집과 사람과 물건이 많은 손상을 입는다고 합니다"라고 하였다. 임금께서 이르기를, "비는 빈번하게 내리는가"라고 하였다. 김홍집이 아뢰기를, "자주 내리면서도 또한 오랫동안 내리지는 않는다고 합니다"라고 하였다. 임금께서 이르기를, "남자와 여자의 인물은 과연 어떠하던가"라고 하였다. 김홍집이 아뢰기를, "그 인물은 대체로 공교롭고 슬기로우면서도 부지런하고 성실하였습니다"라고 하였다. 임금께서 이르기를, "작년에 사쓰마 주(薩摩州) 사람이 우리나라를 침략하려는 것을 대신 이와쿠라 토모미(巖倉具視)가 보고 막아서 〈뜻을〉 이룰 수 없었다고 하는데, 이 일이 사실이던가"라고 하였다. 김홍집이 아뢰기를, "이 말은 진실로 확실합니다"라고 하였다. 임금께서 이르기를, "청 사신에게 물어보았으면 상세히 알 수 있었을 것이다"라고 하였다. 김홍집이 아뢰기를, "비록 청 사신에게는 미처 묻지 못했지만, 이와쿠라 토모미를 만나 이 일을 언급하니, 스스로 실로 이런 일이 있었다고 하였습니다"라고 하였다. 임금께서 이르기를, "저들이 모두 근면하고 게으르지 않는 것을 위주로 하기 때문에 그 일이 능히 그와 같이 되었을 것이다"라고 하였다. 김홍집이 아뢰기를, "참으로 그렇습니다"라고 하였다. 임금께서 이르기를, "저 나라의 66개 주(州)를 지금 다 통합하였다고 하던가"라고 하였다. 김홍집이 아뢰기를, "66개 주를 폐지하고 나누어 36개 현(縣)으로 만들었는데, 현에 현령을 설치한 것은 우리나라의 감사제도(監司制度)와 같습니다"라고 하였다. 임금께서 이르기를, "각 주를 세습하던 사람들은 지금 모두 지위를 상실했는데, 원망하는 뜻은 없던가"라고 하였다. 김홍집이 아뢰기를, "그들이 마음으로는 즐겁지 않은 것 같지만 또한 모두 녹봉을 후하게 받으면서 도성 아래에서 산다고 합니다"라고 하였다. 임금께서 이르기를, "그 부세는 많이 견감했다고 하던가"라고 하였다. 김홍집이 아뢰기를, "참으로 그렇습니다. 무릇 백성을 이롭게 하는 정사는 반드시 거행한다고 합니다"라고 하였다. 임금께서 이르기를, "육군의 조련은 그 방법이 어떠하던가"라고 하였다. 김홍집이 아뢰기를, "앉고 일어나고 나아가고 물러남이 자못 군율에 맞았습니다"라고 하였다. 임금께서 이르기를, "저 나라가 과연 러시아를 매우 두려워하던가"라고 하였다. 김홍집이 아뢰기를, "온 나라가 그것을 위급하고 절박한 걱정거리로 여기고 있었습니다"라고 하였다. 임금께서 이르기를, "저들의 병기가 지금 서양 각국과 대적할 수 있다고 하던가"라고 하였다. 김홍집이 아뢰기를, "저들이 배우는 것이 서양의 병법이니 스스로 서양에 미치지는 못한다고 합니다"라고 하였다. 임금께서 이르기를, "그 병법에는 마땅히 다시 네덜란드[阿蘭陀]를 따라야 한다고 하였는데, 이는 어떤 나라인가"라고 하였다. 김홍집이 아뢰기를, "네덜란드는 서양에서도 가장 작은 나라로 영토[幅圓]가 우리나라의 4분의 1에 지나지 않는다고 합니다"라고 하였다. 임금께서 이르기를, "나라는 이처럼 작은데, 어떤 방법으로 능히 이와 같은가"라고 하였다. 김홍집이 아뢰기를, "나라가 크기와 관계 없이 병기가 정예한 것은, 또한 자강(自强)하고 실재에 힘쓰는 것에 달려 있을 따름입니다"라고 하였다. 임금께서 이르기를, "순사들이 거리를 순찰하는 것이 자못 엄하다고 하였다"라고 하였다. 김홍집이 아뢰기를, "그렇습니다"라고 하였다. 임금께서 이르기를, "저 나라는 각자 그 재주에 따라서 비록 아녀자와 어린아이일지라도 모두 학습시키니 그래서 한 사람도 버릴 만한 이가 없을 것이다"라고 하였다. 김홍집이 아뢰기를, "그렇기 때문에 한 사람도 놀고먹는 백성이 없습니다"라고 하였다. 임금께서 이르기를, "주거의 제도는 변하고 바꾼 것이 많이 있던가"라고 하였다. 김홍집이 아뢰기를, "집은 간혹 서양제도를 좇은 것이 있기도 하지만, 역시 옛 제도대로 지은 것이 많았습니다"라고 하였다. 임금께서 이르기를, "아직 옛날 옷을 입고 그 풍속을 고치지 않는 사람들이 있다는데, 그중에는 반드시 불만한 이가 있을 것이다"라고 하였다. 김홍집이 아뢰기를, "그중에는 문사(文士)들이 많았으니, 매우 숭상할만합니다"라고 하였다. 임금께서 이르기를, "수역관(首驛官)의 별단에, 왜주가 말을 달리고 창을 시험하는 것을 좋아하여 몸소 연무하는 장소로 들어가 사졸과 더불어 서로 각축을 벌인다고 하였는데, 이것이 바로 오랑캐의 풍속이다"라고 하였다. 김홍집이 아뢰기를, "참으로 그렇습니다. 오로지 무의 강함만을 숭상하기 때문입니다"라고 하였다. 임금께서 이르기를, "저들이 궁궐을 영건하면서 20년을 기한으로 삼았다고 하는데, 한결같이 어찌하여 크고 사치하게 하여 이 오랜 세월을 허송하기에 이르는 것인가"라고 하였다. 김홍집이 아뢰기를, "전해 들은 것이 이와 같으나, 깊이 믿을 수는 없습니다"라고 하였다. 임금께서 이르기를, "저들이 17개국과 통상한다고 하던가"라고 하였다. 김홍집이 아뢰기를, "전하는 말이 그러합니다"라고 하였다. 임금께서 이르기를, "전권공사(全權公使)·영사관(領事官)이 다른 나라로 나가서 머무는데, 그 수는 일치하지는 않던가"라고 하였다. 김홍집이 아뢰기를, "상세히 듣지는 못하였지만, 혹여 해당 나라에 대한 사무의 많고 적음에 따라 그런 것 같습니다"라고 하였다. 임금께서 이르기를, "조선에만 유독 변리공사(辨理公使)를 두고 하나부사(花房)를 변리(辨理)로 승진시켜 임명한 것은 무슨 까닭인가"라고 하였다. 김홍집이 아뢰기를, "이것은 관계를 올리려고 그런 것 같습니다"라고 하였다. 임금께서 이르기를, "우리나라와 상의하지도 않고 한 것은, 그 뜻이 국서(國書)를 보내려고 그러는 것인가"라고 하였다. 김홍집이 아뢰기를, "변리공사는 응당 국서를 지닌다고 들었기 때문에 신이 하나부사 요시모토(花房義質)에게 물어보고 이르기를, '병자년에 이미 국서를 지니고 다니지 말 것을 약조했는데, 지금 어째서 우리나라와 서로 의논하지도 않고 갑자기 시행하는가. 단지 외무성의 서계(書契)만 가지고 오는 것이 좋을 것이다'라고 하였습니다"라고 하였다. 임금께서 이르기를, "그의 답이 어떠하던가"라고 하였다. 김홍집이 아뢰기를, "그도 역시 자못 그렇게 생각한다고 답하였습니다"라고 하였다. 임금께서 이르기를, "저곳에 연로(沿路)의 시장 가게와 백성의 거주지는 과연 어떠하던가"라고 하였다. 김홍집이 아뢰기를, "보이는 것이 자못 번화하고 풍성하였습니다"라고 하였다. 임금께서 이르기를, "저들도 농사를 힘써서 올 가을에 큰 풍년이라고 하는데, 과연 무슨 곡식을 중시하던가"라고 하였다. 김홍집이 아뢰기를, "그들 역시 도미(稻米)를 중히 여깁니다"라고 하였다. 임금께서 이르기를, "러시아가 중국을 침략하려고 하는데, 어느 길을 거쳐 갈 것이라고 하던가"라고 하였다.

김홍집이 아뢰기를, "저들 중에서 들은 바로는, 대개 우리나라의 동남 해로를 거쳐 중국으로 돌아서 들어갈 것이라고 하였습니다"라고 하였다. 임금께서 이르기를, "그들의 동정을 살피건대, 저 나라가 우리나라에 대하여 과연 악의가 없던가"라고 하였다. 김홍집이 아뢰기를, "지금 본 바로는 우선 가까운 시일 안으로는 걱정할 것이 없으며, 신이 이 일에 대해서 청 사신에게 물어보니, 또한 실정이 그러하다고 하였습니다"라고 하였다. 임금께서 이르기를, "그러면 영구히 다른 일이 없을 것을 보장할 수 있겠는가"라고 하였다. 김홍집이 아뢰기를, "이 일은 신이 감히 확실하게 대답할 수 없지만, 향후에 우리가 그들을 응접하는 것에 옳은 방법을 얻는 것에 달려 있을 뿐입니다. 이 때문에 청나라 사신도 자강하라고 권면하였습니다"라고 하였다. 임금께서 이르기를, "자강이라는 것은 바로 부강하게 하는 것을 말하는 것인가"라고 하였다. 김홍집이 아뢰기를, "비단 부강하게 하는 것만이 자강이 되는 것은 아니며, 우리의 정사와 교화를 잘 닦아서 우리의 백성과 나라를 보호하고 외국과의 관계에 불화가 생기지 않도록 하는 것이니, 이것이 바로 실로 자강의 제일 급선무입니다"라고 하였다. 임금께서 이르기를, "청 사신도 또한 러시아 때문에 걱정하고 있는데, 우리나라 일을 많이 도와줄 의향이 있던가"라고 하였다. 김홍집이 아뢰기를, "신이 청 사신을 몇 차례 만났는데, 말한 것이 모두 이 일이었으며, 우리나라를 위한 성의가 그치지 않았습니다"라고 하였다. 임금께서 이르기를, "저들이 비록 우리나라와 마음을 같이하고 힘을 합치고자 하여도, 이것이 어찌 깊이 믿을 만한 것이겠는가. 요컨대 우리도 또한 부강해질 방법을 시행해야 할 뿐이다"라고 하였다. 김홍집이 아뢰기를, "그들의 마음을 참으로 깊이 믿을 수는 없지만, 오직 우리나라가 바깥 일을 알지 못하는 것을 안타깝게 〈여기고〉 있습니다"라고 하였다. 임금께서 이르기를, "저들의 말이 이와 같다면, 아마 이는 우리나라를 향하려는 뜻인 듯하다. 청 사신은 반드시 그들의 속사정을 알 것이다"라고 하였다. 김홍집이 아뢰기를, "청 사신의 말도 또한 그러했습니다"라고 하였다. 임금께서 이르기를, "근일 러시아가 천하를 횡행하는 것이 분분히 먹구름이 하늘에 가득 차 있는 것과 같다"라고 하였다. 김홍집이 〈아뢰기를〉, "듣건대 해외 각국이 러시아를 근심 삼아 우왕좌왕하기를 그치지 않는다고 합니다"라고 하였다. 임금께서 이르기를, "왜주가 그대를 보고 위문하지 않던가"라고 하였다. 김홍집이 아뢰기를, "한마디도 서로 묻지 않았습니다"라고 하였다. 임금께서 이르기를, "왜주는 과연 서양 복식을 입었던가"라고 하였다. 김홍집이 아뢰기를, "그렇습니다"라고 하였다. 임금께서 이르기를, "저 나라의 형세가 겉으로는 강한 것 같아도 속은 비었을 것으로 생각한다"라고 하였다. 김홍집이 아뢰기를, "성교(聖敎)가 참으로 옳습니다"라고 하였다. 임금께서 이르기를, "이번에 갔다온 날짜를 계산해보니 며칠쯤 되던가"라고 하였다. 김홍집이 아뢰기를, "꼭 90일이 됩니다"라고 하였다. 임금께서 이르기를, "바닷길이 매우 험하므로 그대를 전송할 때 몹시 근심하였는데, 지금 무사히 일을 마치고 돌아오니 심히 기쁘고 다행스럽다"라고 하였다. 김홍집이 아뢰기를, "성상의 생각이 아래까지 미치심이 한결같이 여기에 이르니, 감격스럽고 황공하여 〈몸〉 둘 바를 모르겠습니다"라고 하였다. 임금께서 이르기를, "비록 하인무리[下隷輩]도 달리 폐단을 일으키지 않고, 저들에게 모욕을 당하지는 않았나 모르겠다"라고 하였다. 김홍집이 아뢰기를, "하인무리는 특별히 단단히 잡아 단속해서 다행히 큰 폐단은 없었습니다"라고 하였다. 임금께서 이르기를, "고베(神戶)에 도착하여 윤선(輪船)으로 바꿔 탔을 때 서양인은 없었는가. 몇 해 전의 사행(使行)에는 서양인이 배 안으로 들어와 있었다고 하였다"라고 하였다. 김홍집이 아뢰기를, "부산에서 고베까지는 배를 독차지했기 때문에 외국인의 〈승선을〉 절대 금하였는데, 배를 갈아탔을 때에는 상선에 부쳐 탔으므로 형세가 한결같이 우리 명령만을 따르게 할 수 없었습니다. 단지 선실에 깊이 거처하여 서양인의 얼굴을 보지 못했을 따름입니다. 이렇게 권도(權道)를 좇았으니, 매우 송구하고 민망합니다"라고 하였다. 임금께서 이르기를, "이 일은 매우 잘 조처한 것이니, 그들과 서로 관련되지만 않으면 괜찮다. 어찌 꼭 매여 고집하여 변통하지 않겠는가. 북경으로 떠났던 사신 일행도 또한 저자나 거리에서 서양인을 많이 보았다고 하였다"라고 하였다. 이어 교하기를, "돌아오는 길에 동래부에서는 며칠이나 묵었는가"라고 하였다. 김홍집이 아뢰기를, "3일 동안 묵다가 바로 출발하였습니다"라고 하였다. 임금께서 이르기를, "유구국(琉球國)은 그 사이에 나라를 회복했다고 하던가"라고 하였다. 김홍집이 아뢰기를, "이 일은 의혹을 받을까 사람들에게 물어보지는 못하였습니만, 전하는 말로는 이미 그 나라를 폐하고 현으로 만들었다고 합니다"라고 하였다. 임금께서 이르기를, "저 사람들이 사사로이 주는 예단(禮單)은 모두 받던가"라고 하였다. 김홍집이 아뢰기를, "그렇습니다"라고 하였다. 임금께서 이르기를, "이미 사사로운 예로 주고 공적인 예로 하지 않았기 때문에 저들도 사례하지 않았을 것이다"라고 하였다. 이어 교하기를, "만리 타향을 다녀왔으니, 우러러봐도 좋다"라고 하였다. 김홍집이 일어나 서서 우러러보고 도로 엎드렸다. 임금께서 이르기를, "대국으로 가는 사행은 비록 육로로 가는데도 오히려 어렵게 여기는데, 이곳은 위험을 무릅쓰는 곳이니 연행과 같다고 말할 수 없으며 이처럼 속히 돌아오니 참으로 다행이다"라고 하였다. 김홍집이 아뢰기를, "신은 더할 나위 없이 보잘것없는 사람인데 외람되이 중한 위임을 받아서 오직 명령을 욕되게 할까 두려워하였습니다. 지금 다행히 무사히 절부(節符)를 바쳤으니, 이것은 왕령이 미치지 아니한 바가 없습니다"라고 하였다. 임금께서 이르기를, "그대는 스스로 사물을 치밀하게 분석하고, 겸하여 학문과 식견까지 있으니, 이렇게 일을 잘 마치고 돌아온 것은 실로 당연하다"라고 하였다. 김홍집이 아뢰기를, "황송하여 몸 둘 바를 모르겠습니다"라고 하였다. 임금께서 이르기를, "어제 밤에 광주산성(廣州山城)으로 들어왔는가"라고 하였다. 김홍집이 아뢰기를, "그렇습니다"라고 하였다. 임금께서 이르기를, "먼 곳에서 일하느라 수고스럽고 피곤할 것이며 밤도 또한 깊었으니, 그대는 먼저 물러가라"고 하였다. 임금이 수신사에게 먼저 물러가라고 명하였다. 이어 사관에게 자리로 돌아가라고 명하였다. 또 물러가라고 명하니, 승지와 사관이 차례로 물러나왔다.

『高宗實錄』17卷

二十八日. 召見回還修信使金弘集. 教曰, 定稅事, 姑未歸正而來耶. 弘集曰, 別單已爲概達, 而聞其國方有改約事, 故未可遽定矣. 教曰, 開港等事, 更先言耶. 弘集曰, 花房義質, 一次私問, 故答以朝議與前無異, 則更不發說矣. 教曰, 俄羅斯自圖們江, 直向山東云. 若果有事, 當在不久耶. 弘集曰, 彼人所言如此, 而問諸淸使, 則中國事似可善了矣. 教曰, 然則當無事云耶. 弘集曰, 崇厚聞已放釋, 而不之罪, 則伊犂似終許之乃已云矣. 教曰, 崇厚何爲不之罪乎. 弘集曰, 崇厚擅許土地, 信其罪矣, 中國旣委以專權, 而其所許者, 從以背之, 是失信於隣國, 所以不得罪之云矣. 教曰, 我國受害云者, 或非誘嚇之端乎. 弘集曰, 彼言以爲此非爲貴國代謀, 實爲渠國而然矣. 教曰, 旣云自爲渠國, 則其言似或然矣. 弘集曰, 問諸淸使, 亦以爲其實情然矣. 教曰, 日本廣設各國語學而敎之. 其學規果何如.

弘集曰, 臣未嘗往見其處. 而各國言語, 皆設學敎之云矣. 敎曰, 如我國譯學乎. 弘集曰, 然矣. 其國朝士子弟, 皆令就學矣. 敎曰, 遣人學語, 使之歸告朝廷耶. 弘集曰, 此事蓋爲我國而發也. 施行與否, 惟在朝廷處分. 而不容不以歸告爲答矣. 敎曰, 南島有黑煙云, 然否. 弘集曰, 其地有火山. 故地常多震云矣. 敎曰, 地震果頻而大乎. 弘集曰, 數月輒有地震, 間十許年大震, 則屋舍人物, 多被傷損云矣. 敎曰, 年前薩摩人, 欲向我國, 而其大臣岩倉具視抑之, 使不得逞, 此事眞然乎. 弘集曰, 此說誠確矣. 敎曰, 問於淸使, 可以詳知也. 弘集曰, 雖不及問諸淸使, 而見岩倉具視, 言及此事, 則自謂實有是事云矣. 敎曰, 彼人皆以勤幹不怠爲主, 故其事爲能若是也. 弘集曰, 誠然矣. 敎曰, 彼國之六十六州, 今皆統合云耶. 弘集曰, 廢六十六州, 分爲三十六縣, 縣置合[*令], 如我國監司之制矣. 敎曰, 各州世襲之人, 今皆失位, 得無怏怏之意乎. 弘集曰, 其心似不樂, 然亦皆優其廩而居之都下云矣. 敎曰, 其賦稅多蠲減云耶. 弘集曰, 誠然矣. 凡係利民之政, 必擧而行之云矣. 敎曰, 陸軍操鍊, 其法何如. 弘集曰, 坐作進退, 頗中師律矣. 敎曰, 彼國果甚畏俄羅斯乎. 弘集曰, 擧國莫不以是爲急切之憂矣. 敎曰, 彼通商爲十七國云乎. 弘集曰, 傳說然矣. 敎曰, 彼之兵械, 今則可以敵西洋各國云耶. 弘集曰, 彼之所學者, 西洋兵法, 而自以爲不及西洋云矣. 敎曰, 其兵法, 當更從阿蘭陀云. 是何許國耶. 弘集曰, 阿蘭, 西洋中最小之國. 幅圓不過爲我國四分之一云矣. 敎曰, 國小如此, 用何術而能如是乎. 弘集曰, 國無大小, 兵械精利, 亦在自强務實而已. 敎曰, 巡査警路, 頗爲肅然云耶. 弘集曰, 然矣. 敎曰, 彼國敎人, 各隨其才. 雖婦孺, 亦皆學習. 然則無一人可棄也. 弘集曰, 以故, 無一遊食之民矣. 敎曰, 屋舍之制, 多有變改乎. 弘集曰, 屋宇或從洋制, 而亦多仍舊制矣. 敎曰, 或有尙著舊服, 不改其俗者, 其中必有可觀矣. 弘集曰, 其中文士多, 頗爲可尙矣. 敎曰, 全權公使·領事官之出住他國者, 其數不一云耶. 弘集曰, 未及詳聞, 而或因該國事務大小而然矣. 敎曰, 朝鮮獨有辨理公使, 而花房之陞爲辨理, 何故耶. 弘集曰, 似是進階而然矣. 敎曰, 不與我國相議而爲之. 其意欲帶國書而然耶. 弘集曰, 聞辨理公使, 當帶國書. 故臣問諸花房義質曰, 丙子旣以勿帶國書爲約, 則今何可不與我國相議, 而遽爾行之. 第只帶外務書契以來爲好云爾, 則其答亦頗以爲然矣. 敎曰, 彼地沿路市肆民居, 果何如. 弘集曰, 所見頗爲殷盛矣. 敎曰, 彼亦務農, 而今秋大登云. 果以何穀爲重耶. 弘集曰, 亦以稻米爲重矣. 敎曰, 俄羅斯欲向中國, 當由何路云耶. 弘集曰, 彼中所聞, 概云由我國東南海路, 轉入中國矣. 敎曰, 察其動靜, 彼國於我國, 果無惡意耶. 弘集曰, 以今所見, 姑無近慮, 臣以此事問於淸使, 亦以爲實情則然矣. 敎曰, 然則可以永保無他乎. 弘集曰, 此事臣未敢質對. 向從惟在我應接之得其道而已. 以故淸使亦以自强相勉矣. 敎曰, 自强是富强之謂乎. 弘集曰, 非但富强爲自强, 修我政敎, 保我民國, 使外衅無從以生, 此實自强之第一先務也. 敎曰, 淸使亦以俄羅斯爲憂, 而於我國事, 多有相助之意乎. 弘集曰, 臣見淸使幾次, 所言皆此事, 爲我國懇懇不已也. 敎曰, 彼人雖欲與我國, 同心合力, 而此何可深信乎. 卽要我亦行富强之術而已. 弘集曰, 彼情誠不可深信. 而惟以我國不識外事爲悶矣. 敎曰, 琉球國, 聞已復國云耶. 弘集曰, 此事存嫌, 未嘗問人. 而傳說, 已廢其國爲縣云矣.

8월 28일. 돌아온 수신사(修信使) 김홍집(金弘集)을 소견(召見)하였다. 교하기를, "관세를 정하는 일은 아직 제대로 정하지 못하고 왔는가"라고 하였다. 김홍집이 아뢰기를, "별단에서 이미 대략을 진달하였으나, 그 나라가 바야흐로 조약을 수정하는 일이 있다고 들었기 때문에 갑자기 정할 수가 없었습니다"라고 하였다. 교하기를, "개항(開港) 등의 일은 다시 말하지는 않던가"라고 하였다. 김홍집이 아뢰기를, "하나부사 요시모토(花房義質)가 한 번 사사로이 물었기 때문에, 조정의 의논은 전과 다름이 없다고 대답하였더니, 〈그가〉 다시 말하지 않았습니다"라고 하였다. 교하기를, "러시아[俄羅斯]는 도문강(圖們江)에서 바로 산동(山東)을 향해 간다고 하는데, 만일 정말 일이 있으면 〈사태가〉 응당 오래〈가지〉 않을 듯하던가"라고 하였다. 김홍집이 아뢰기를, "일본인[彼人]은 이처럼 말하나, 청 사신에게 물어보니, 중국의 일은 좋게 끝날 것 같다고 합니다"라고 하였다. 교하기를, "그렇다면 무사할 것이라고 하던가"라고 하였다. 김홍집이 아뢰기를, "〈청의 외교관인〉 숭후(崇厚)를 이미 석방하고 죄주지 않았다는 말을 들으니, 이리(伊犁) 〈지역〉을 끝내 〈러시아에게〉 허락하고서야 〈사태가〉 그칠 것 같다고 합니다"라고 하였다. 교하기를, "숭후는 어찌하여 죄주지 않는가"라고 하였다. 김홍집이 아뢰기를, "숭후가 제멋대로 토지를 떼어주는 것을 허락함은 진실로 죄가 있으나, 중국이 이미 그에게 전권(專權)을 위임하고서 그가 허락한 것을 이어서 어기면, 이는 이웃 국가에게 믿음을 잃는 것이니 죄를 줄 수 없다고 합니다"라고 하였다. 교하기를, "우리나라가 피해를 입을 것이라고 하는 것은, 혹시 우리를 꾀고 놀래키려는 단서가 아닌가"라고 하였다. 김홍집이 아뢰기를, "저들이 이르기를 '이것은 귀국을 위하여 대신 도모하려고 하는 것이 아니라, 실제는 그 나라를 위하여 그러한 것이다'라고 했습니다"라고 하였다. 교하기를, "이미 스스로 그들 나라를 위한 것이라고 하였다면 그 말이 혹 그럴 듯하다"라고 하였다. 김홍집이 아뢰기를, "청 사신에게 물어보니, 또한 그 실정이 그렇다고 하였습니다"라고 하였다. 교하기를, "일본에서 각국 어학교를 널리 설치하여 가르친다고 하는데, 그 학교의 규모는 과연 어떠하던가"라고 하였다. 김홍집이 아뢰기를, "신이 그곳에 가보지는 못하였지만 각국의 언어는 모두 학교를 설치하여 가르친다고 합니다"라고 하였다. 교하기를, "우리나라의 역학(譯學)과 같은가"라고 하였다. 김홍집이 아뢰기를, "그렇습니다. 그 나라 조사(朝士)의 자제는 모두 취학시켰습니다"라고 하였다. 교하기를, "사람을 파견하여 말을 배우는 것은 돌아가서 조정에 보고하라고 하던가"라고 하였다. 김홍집이 아뢰기를, "이 일은 대체로 우리나라를 위해서 하는 말이었고, 시행 여부는 오직 우리 조정의 처분에 달려 있으므로 돌아가서 보고하겠다고 대답하지 않을 수 없었습니다"라고 하였다. 교하기를, "남쪽 섬에서 검은 연기가 난다고 하는데, 그러하던가"라고 하였다. 김홍집이 아뢰기를, "그 땅은 화산이 있어서 항상 지진이 많다고 합니다"라고 하였다. 교하기를, "지진이 과연 잦고 크게 나던가"라고 하였다. 김홍집이 아뢰기를, "몇 달로 문득 지진이 있었고, 10년쯤 사이를 두고 큰 지진이 나서 집과 사람과 물건이 많은 손상을 입는다고 합니다"라고 하였다. 교하기를, "작년에 사쓰마 주(薩摩州) 사람이 우리나라를 침략하려는 것을 대신 이와쿠라 토모미(巖倉具視)가 보고 막아서 〈뜻을〉 이룰 수 없었다고 하는데, 이 일이 사실이던가"라고 하였다. 김홍집이 아뢰기를, "이 말은 진실로 확실합니다"라고 하였다. 교하기를, "청 사신에게 물어보았으면 상세히 알 수 있었을 것이다"라고 하였다. 김홍집이 아뢰기를, "비록 청 사신에게는 미처 묻지 못했지만, 이와쿠라 토모미를 만나 이 일을 언급하니, 스스로 실로 이런 일이 있었다고 하였습니다"라고 하였다. 교하기를, "저들이 모두 근면하고 게으르지 않는 것을 위주로 하기 때문에 그 일이 능히 그와 같이 되었을 것이다"라고 하였다. 김홍집이 아뢰기를, "참으로 그렇습니다"라고 하였다. 교하기를, "저 나라의 66주(州)를 지금 다 통합하였다고 하던가"라고 하였다. 김홍집이 아뢰기를, "66개 주를 폐지하고 나누어 36현(縣)으로 만들었는데, 현에 현령을 설치한 것은 우리나라의 감사제도(監司制度)와 같습니다"라고 하였다.

교하기를, "각 주를 세습하던 사람들은 지금 모두 지위를 상실했는데, 원망하는 뜻은 없던가"라고 하였다. 김홍집이 아뢰기를, "그들이 마음으로는 즐겁지 않은 것 같지만 또한 모두 녹봉을 후하게 받으면서 도성 아래에서 산다고 합니다"라고 하였다. 교하기를, "그 부세는 많이 견감했다고 하던가"라고 하였다. 김홍집이 아뢰기를, "참으로 그렇습니다. 무릇 백성을 이롭게 하는 정사는 반드시 거행한다고 합니다"라고 하였다. 교하기를, "육군의 조련은 그 방법이 어떠하던가"라고 하였다. 김홍집이 아뢰기를, "앉고 일어나고 나아가고 물러남이 자못 군율에 맞았습니다"라고 하였다. 교하기를, "저 나라가 과연 러시아를 매우 두려워하던가"라고 하였다. 김홍집이 아뢰기를, "온 나라가 그것을 위급하고 절박한 걱정거리로 여기고 있었습니다"라고 하였다. 교하기를, "저들이 17개국과 통상한다고 하던가"라고 하였다. 김홍집이 아뢰기를, "전하는 말이 그러합니다"라고 하였다. 교하기를, "저들의 병기가 지금 서양 각국과 대적할 수 있다고 하던가"라고 하였다. 김홍집이 아뢰기를, "저들이 배우는 것이 서양의 병법이니 스스로 서양에 미치지는 못한다고 합니다"라고 하였다. 교하기를, "그 병법에는 마땅히 다시 네덜란드[阿蘭陀]를 따라야 한다고 하였는데, 이는 어떤 나라인가"라고 하였다. 김홍집이 아뢰기를, "네덜란드는 서양에서도 가장 작은 나라로 영토[幅圓]가 우리나라의 4분의 1에 지나지 않는다고 합니다"라고 하였다. 교하기를, "나라는 이처럼 작은데, 어떤 방법으로 능히 이와 같은가"라고 하였다. 김홍집이 아뢰기를, "나라가 크기와 관계 없이 병기가 정예한 것은, 또한 자강(自强)하고 실재에 힘쓰는 것에 달려 있을 따름입니다"라고 하였다. 교하기를, "순사들이 거리를 순찰하는 것이 자못 엄하다고 하였다"라고 하였다. 김홍집이 아뢰기를, "그렇습니다"라고 하였다. 교하기를, "저 나라는 각자 그 재주에 따라서 비록 아녀자와 어린아이일지라도 모두 학습시키니 그래서 한 사람도 버릴만한 이가 없을 것이다"라고 하였다. 김홍집이 아뢰기를, "그렇기 때문에 한 사람도 놀고먹는 백성이 없습니다"라고 하였다. 교하기를, "주거의 제도는 변하고 바꾼 것이 많이 있던가"라고 하였다. 김홍집이 아뢰기를, "집은 간혹 서양제도를 좇은 것이 있기도 하지만, 역시 옛 제도대로 지은 것이 많았습니다"라고 하였다. 교하기를, "아직 옛날 옷을 입고 그 풍속을 고치지 않는 사람들이 있다는데, 그중에는 반드시 볼만한 이가 있을 것이다"라고 하였다. 김홍집이 아뢰기를, "그중에는 문사(文士)들이 많았으니, 매우 숭상할만합니다"

라고 하였다. 교하기를, "전권공사(全權公使) · 영사관(領事官)이 다른 나라로 나가서 머무는데, 그 수는 일치하지는 않던가"라고 하였다. 김홍집이 아뢰기를, "상세히 듣지는 못하였지만, 혹여 해당 나라에 대한 사무의 많고 적음에 따라 그런 것 같습니다"라고 하였다. 교하기를, "조선에만 유독 변리공사(辨理公使)를 두고 하나부사(花房)를 변리(辨理)로 승진시켜 임명한 것은 무슨 까닭인가"라고 하였다. 김홍집이 아뢰기를, "이것은 관계를 올리려고 그런 것 같습니다"라고 하였다. 교하기를, "우리나라와 상의하지도 않고 한 것은, 그 뜻이 국서(國書)를 보내려고 그러는 것인가"라고 하였다. 김홍집이 아뢰기를, "변리공사는 응당 국서를 지닌다고 들었기 때문에 신이 하나부사 요시모토(花房義質)에게 물어보고 이르기를, '병자년에 이미 국서를 지니고 다니지 말 것을 약조했는데, 지금 어째서 우리나라와 서로 의논하지도 않고 갑자기 시행하는가. 단지 외무성의 서계(書契)만 가지고 오는 것이 좋을 것이다'라고 하였고 그도 역시 자못 그렇게 생각한다고 답하였습니다"라고 하였다. 교하기를, "저곳에 연로(沿路)의 시장 가게와 백성의 거주지는 과연 어떠하던가"라고 하였다. 김홍집이 아뢰기를, "보이는 것이 자못 번화하고 풍성하였습니다"라고 하였다. 교하기를, "저들도 농사를 힘써서 올 가을에 큰 풍년이라고 하는데, 과연 무슨 곡식을 중시하던가"라고 하였다. 김홍집이 아뢰기를, "그들 역시 도미[稻米]를 중히 여깁니다"라고 하였다. 교하기를, "러시아가 중국을 침략하려고 하는데, 어느 길을 거쳐 갈 것이라고 하던가"라고 하였다. 김홍집이 아뢰기를, "저들 중에서 들은 바로는, 대개 우리나라의 동남 해로를 거쳐 중국으로 돌아서 들어갈 것이라고 하였습니다"라고 하였다. 교하기를, "그들의 동정을 살피건대, 저 나라가 우리나라에 대하여 과연 악의가 없던가"라고 하였다. 김홍집이 아뢰기를, "지금 본 바로는 우선 가까운 시일 안으로는 걱정할 것이 없으며, 신이 이 일에 대해서 청 사신에게 물어보니, 또한 실정이 그러하다고 하였습니다"라고 하였다. 교하기를, "그러면 영구히 다른 일이 없을 것을 보장할 수 있겠는가"라고 하였다. 김홍집이 아뢰기를, "이 일은 신이 감히 확실하게 대답할 수 없지만, 향후에 우리가 그들을 응접하는 것에 옳은 방법을 얻는 것에 달려 있을 뿐입니다. 이 때문에 청나라 사신도 자강하라고 권면하였습니다"라고 하였다. 교하기를, "자강이라는 것은 바로 부강하게 하는 것을 말하는 것인가"라고 하였다. 김홍집이 아뢰기를, "비단 부강하게 하는 것만이 자강이 되는 것은 아니며, 우리의 정사와 교화를 잘 닦아서 우리의 백성과 나라를 보호하고 외국과의 관계에 불화가 생기지 않도록 하는 것이니, 이것이 바로 실로 자강의 제일 급선무입니다"라고 하였다. 교하기를, "청 사신도 또한 러시아 때문에 걱정하고 있는데, 우리나라 일을 많이 도와줄 의향이 있던가"라고 하였다. 김홍집이 아뢰기를, "신이 청 사신을 몇 차례 만났는데, 말한 것이 모두 이 일이었으며, 우리나라를 위한 성의가 그치지 않았습니다"라고 하였다. 교하기를, "저들이 비록 우리나라와 마음을 같이하고 힘을 합치고자 하여도, 이것이 어찌 깊이 믿을만한 것이겠는가. 요컨대 우리도 또한 부강해질 방법을 시행해야 할 뿐이다"라고 하였다. 김홍집이 아뢰기를, "그들의 마음을 참으로 깊이 믿을 수는 없지만, 오직 우리나라가 바깥일을 알지 못하는 것을 안타깝게 〈여기고〉 있습니다"라고 하였다. 교하기를, "유구국(琉球國)은 그 사이에 나라를 회복했다고 하던가"라고 하였다. 김홍집이 아뢰기를, "이 일은 의혹을 받을까 사람들에게 물어보지는 못하였습니다만, 전하는 말로는 이미 그 나라를 폐하고 현으로 만들었다고 합니다"라고 하였다.

『조선책략』에 대한 내용을 보고받고 논의함.

1880년(고종 17-庚辰) 9월 8일(양력 10월 11일)

발신 : 영의정 이최응

『承政院日記』 2879冊

庚辰九年初八日未時. 上御重熙堂. … 最應曰, 年前宮本小一, 燕饗時促坐, 語及俄羅斯, 此是眞情也. 而我國人果疑之, 今以信使行中, 淸人所送冊子觀之, 可驗其實情矣. 上曰, 俄羅斯則雖爲慮, 日本人則果極盡之樣矣. 最應曰, 今番信使之供具行中, 譯官從人之優待, 異於丙子年, 則此可見實情矣. 上曰, 我國人空然不信, 而多浮言矣. 最應曰, 聖敎至當矣. 上曰, 信使行中所來冊子, 淸使所傳, 而厚意甚於日本矣. 其冊子大臣亦見之乎. 最應曰, 日本猶此款曲, 況淸人乎. 必有耳聞, 故俾我國備之. 而我國人心, 本來多疑, 將掩卷而不究矣. 上曰, 見其冊子, 則果何如乎. 最應曰, 臣果見之, 而彼人諸條論辨, 相符我之心算, 不可一見而束閣者也. 大抵俄國, 僻在深北, 性又忌寒, 每欲向南, 而他國之事, 則不過興利而已. 俄人所欲, 則在於土地人民, 而我國白頭山北, 卽俄境也. 雖滄海之遠, 一帆風猶可往來, 況豆滿江隔在兩境乎. 平時亦可以呼吸相通, 而成氷則雖徒涉可也. 方今俄人, 聚兵船十六隻, 而每船可容三千人云矣, 若寒後則其勢必將向南矣. 其意固不可測, 則豈非殆哉汲汲乎. 上曰, 見日本人之言, 則似是渠之所畏在俄, 而要朝鮮備之, 其實非爲朝鮮, 而爲渠國也.

경진 9년 8일 미시(未時). 임금께서 중희당(重熙堂)에 나아갔다. … 이최응(李最應)이 아뢰기를, "작년에 미야모토 고이치(宮本小一)에게 연회를 베풀었을 때 앉기를 재촉하여 러시아[俄羅斯]를 언급하였는데 이것이 진짜 실정입니다. 우리나라 사람이 과연 그 〈내용을〉 의심하였습니다만, 지금 신사(信使) 일행이 가져온 청나라 사람이 보낸 책자를 보면 그 실정(實情)을 징험할 수 있습니다"라고 하였다. 임금께서 이르기를, "러시아는 비록 근심이 되지만, 일본인은 과연 극진한 모양이다"라고 하였다. 이최응이 아뢰기를, "이번 신사와 같이 간 일행 중에서 역관(譯官)과 종인(從人)을 우대한 것은 병자년과 달랐으니, 여기서 실정을 볼 수 있습니다"라고 하였다. 임금께서 이르기를, "우리나라 사람이 공연히 믿지 못하여 뜬소문이 많다"라고 하였다. 이최응이 아뢰기를, "성교(聖敎)가 지당합니다"라고 하였다. 임금께서 이르기를, "신사 일행이 가져온 책자는 청나라 사신이 전한 것인데, 후의(厚意)가 일본보다 더 두텁다. 그 책자를 대신도 보았는가"라고 하였다. 이최응이 아뢰기를, "일본이 오히려 이같이 매우 정답고 친절한데, 하물며 청나라 사람이겠습니까. 반드시 귀로 들은 것이 있기 때문에 우리나라로 하여금 대비하게 하는 것입니다. 그러나 우리나라 사람의 마음은 원래 의심이 많아서 장차 책을 덮고 〈그 내용은〉 궁구하지 않을 것입니다"라고 하였다. 임금께서 이르기를, "그 책자를 보니 과연 어떠하던가"라고 하였다. 이최응이 아뢰기를, "신이 과연 보았는데, 저들이 여러 조목에서 논변한 것이 우리의 심산과 서로 부합하니 한번 보고서 묶어놓을 수 없는 것이었습니다. 대저 러시아[俄國]는 깊은 북쪽에 홀로 따로 떨어져 있고 성품은 또한 추위를 꺼려하여 매번 남쪽으로 향하고자 하며, 타국의 일에 〈관심을 두는 것〉은 이익을 불리는 것에 지나지 않을 뿐입니다. 러시아인[俄人]이 바라는 것은 토지와 인민에 있는데, 우리나라의 백두산(白頭山) 북쪽이 곧 러시아 경계입니다. 비록 창해가 가로놓인 먼 곳이라도 한번 범선을 띄워 바람을 타고 가면 왕래할 수 있는데, 하물며 두만강(豆滿江)이 양쪽 영토의 사이에 있는 것쯤이겠습니까. 평시에도 호흡이 서로 통할 수 있는데, 얼음이 얼면 비록 걸어서 건너는 것도 가능합니다. 방금 러시아 사람이 군선[兵船] 16척을 모았는데, 배마다 3,000명을 수용할 수 있다고 하니, 추워진 뒤엔 그 세력은 반드시 장차 남쪽으로 향할 것입니다. 그 의도를 정말로 추측할 수 없으니, 어찌 위태하지 않겠으며 또 급박하지 않겠습니까"라고 하였다. 임금께서 이르기를, "일본인의 말을 보니, 그들이 두려워하는 바는 러시아에 대해 조선이 대비하기를 요구하는 것 같으나, 실제로는 조선을 위하는 것이 아니고 그 나라를 위하는 것이다"라고 하였다.

『高宗實錄』17卷

初八日. 教曰, 中國猶如此, 況我國乎. 最應曰, 年前宮本小一, 燕饗時促坐, 語及俄羅斯, 此是眞情也. 而我國人果疑之, 今以信使行中, 淸人所送冊子觀之, 可驗其實情矣. 教曰, 俄羅斯則雖爲慮, 日本人則果極盡之樣矣. 最應曰, 今番信使之供具行中, 譯官從人之優待, 異於丙子年, 則此可見實情矣. 教曰, 我國人空然不信, 而多浮言矣. 最應曰, 聖教至當矣. 教曰, 信使行中所來冊子, 淸使所傳, 而厚意甚於日本矣. 其冊子大臣亦見之乎. 最應曰, 日本猶此款曲, 況淸人乎. 必有耳聞, 故俾我國備之. 而我國人心, 本來多疑, 將掩卷而不究矣. 教曰, 見其冊子, 則果何如乎. 最應曰, 臣果見之, 而彼人諸條論辨, 相符我之心筭, 不可一見而束閣者也. 大抵俄國, 僻在深北, 性又忌寒, 每欲向南, 而他國之事, 則不過興利而已, 俄人所欲, 則在於土地人民, 而我國白頭山北, 卽俄境也. 雖滄海之遠, 一帆風猶可往來, 況豆滿江隔在兩境乎. 平時亦可以呼吸相通, 而成氷則雖徒涉可也. 方今俄人, 聚兵船十六隻, 而每船可容三千人云矣. 若寒後則其勢必將向南矣. 其意固不可測, 則豈非殆哉岌岌乎. 教曰, 見日本人之言, 則似是渠之所畏在俄, 而要朝鮮備之. 其實非爲朝鮮而爲渠國也. 最應曰, 其實似爲楚非爲趙. 而朝鮮若不備, 則渠國必危故也. 雖然我國, 則豈可諉以俄人之意在日本, 而視若尋常哉. 見今城郭·器械·軍卒, 不及於古, 而百無一恃. 終雖無事, 目前之備, 寧容少緩乎.

9월 8일. 교하기를, "중국이 오히려 이와 같은데 하물며 우리나라는 더 말할 것이 있는가"라고 하였다. 이최응(李最應)이 아뢰기를, "작년에 미야모토 고이치(宮本小一)에게 연회를 베풀었을 때 앉기를 재촉하여 러시아[俄羅斯]를 언급하였는데 이것이 진짜 실정입니다. 우리나라 사람이 과연 그 〈내용을〉 의심하였습니다만, 지금 신사(信使) 일행이 가져온 청나라 사람이 보낸 책자를 보면 그 실정(實情)을 징험할 수 있습니다"라고 하였다. 교하기를, "러시아는 비록 근심이 되지만, 일본인은 과연 극진한 모양이다"라고 하였다. 이최응이 아뢰기를, "이번 신사와 같이 간 일행 중에서 역관(譯官)과 종인(從人)을 우대한 것은 병자년과 달랐으니, 여기서 실정을 볼 수 있습니다"라고 하였다. 교하기를, "우리나라 사람이 공연히 믿지 못하여 뜬소문이 많다"라고 하였다. 이최응이 아뢰기를, "성교(聖教)가 지당합니다"라고 하였다. 교하기를, "신사 일행이 가져온 책자는 청나라 사신이 전한 것인데, 후의(厚意)가 일본보다 더 두텁다. 그 책자를 대신도 보았는가"라고 하였다. 이최응이 아뢰기를, "일본이 오히려 이같이 매우 정답고 친절한데, 하물며 청나라 사람이겠습니까. 반드시 귀로 들은 것이 있기 때문에 우리나라로 하여금 대비하게 하는 것입니다. 그러나 우리나라 사람의 마음은 원래 의심이 많아서 장차 책을 덮고 〈그 내용은〉 궁구하지 않을 것입니다"라고 하였다. 교하기를, "그 책자를 보니 과연 어떠하던가"라고 하였다. 이최응이 아뢰기를, "신이 과연 보았는데, 저들이 여러 조목에서 논변한 것이 우리의 심산과 서로 부합하니 한번 보고서 묶어놓을 수 없는 것이었습니다. 대저 러시아[俄國]는 깊은 북쪽에 홀로 따로 떨어져 있고 성품은 또한 추위를 꺼려하여 매번 남쪽으로 향하고자 하며, 타국의 일에 〈관심을 두는 것〉은 이익을 불리는 것에 지나지 않을 뿐입니다. 러시아인[俄人]이 바라는 것은 토지와 인민에 있는데, 우리나라의 백두산(白頭山) 북쪽이 곧 러시아 경계입니다. 비록 창해가 가로놓인 먼 곳이라도 한번 범선을 띄워 바람을 타고 가면 왕래할 수 있는데, 하물며 두만강(豆滿江)이 양쪽 영토의 사이에 있는 것쯤이겠습니까. 평시에도 호흡이 서로 통할 수 있는데, 얼음이 얼면 비록 걸어서 건너는 것도 가능합니다. 방금 러시아 사람이 군선[兵船] 16척을 모았는데, 배마다 3,000명을 수용할 수 있다고 하니, 추워진 뒤엔 그 세력은 반드시 장차 남쪽으로 향할 것입니다. 그 의도를 정말로 추측할 수 없으니, 어찌 위태하지 않겠으며 또 급박하지 않겠습니까"라고 하였다. 교하기를, "일본인의 말을 보니, 그들이 두려워하는 바는 러시아에 대해 조선이 대비하기를 요구하는 것 같으나, 실제로는 조선을 위하는 것이 아니고 그 나라를 위하는 것이다"라고 하였다. 이최응이 아뢰기를, "사실은 초나라를 위한 것이고 조나라를 위한 것이 아닌 것 같습니다. 조선이 만일 방비하지 않으면 그 나라가 반드시 위태롭기 때문입니다. 비록 그렇더라도 우리나라가 어찌 왜인의 〈본〉 뜻이 일본을 〈위하는데〉 있다고 핑계대면서 심상하게 보고만 있겠습니까. 지금 성곽·무기·군졸은 옛만 못하여 백에 하나도 믿을 것이 없습니다. 마침내 비록 일이 없더라도 목전의 대비를 어찌 조금이라도 늦출 수 있겠습니까"라고 하였다.

김유연에게 함경도관찰사 겸 병마수군절도사 도순찰사 함흥부윤을 제수하고 변방을 잘 지키라고 명함.

1881년(고종 18-辛巳) 1월 17일(양력 2월 15일)

발신 : 고종

『承政院日記』 2883冊

敎咸鏡道觀察使金有淵書, 王若曰, … 惟彼關北一方, 實我海東重地. 山河固於魏國, 表裏壯三千里形, 保障重於晉陽, 緩急爲萬億年計. 猗金湯之天作, 運啓龍興, 愴衣冠之月遊, 神護象設. 互市之情僞難辨, 易啓爭桑之虞, 交倉之儲峙皆虛, 無復發棠之策. 民生以蔘貂爲利, 克軫弊源, 俗習惟弓馬是嫺, 宜加憚壓. 顧其地不亦重也, 授是任厥惟艱哉. … 玆授卿以咸鏡道觀察使兼兵馬水軍節度使都巡察使咸興府尹, 卿其寅承寵命, 申畫良圖. … 於戲, 下鐵鉞於靑冥, 白山增重, 布綸綍於玉塞, 黑江無波. 行且召卿, 暫屈台斗之步, 往哉欽汝, 庶弛宵旰之憂. 故玆敎示, 想宜知悉.

함경도관찰사(咸鏡道觀察使) 김유연(金有淵)에게 교서를 내렸다. 임금께서 이르기를, "… 저 관북의 한 지방은 진실로 우리 해동(海東)의 중요한 땅이다. 산과 강은 위나라보다 견고하고, 안과 밖은 삼천리의 형세로 장엄하며, 지키고 막는 것은 진양(晉陽)보다 중하여, 위태롭고 마음을 놓을 수 없이 급함은 헤아릴 수 없는 수년의 계책이 되었다. 쇠로 만든 성과 끓는 물을 채운 해자와 같이 천험의 요새가 아름다워, 용이 흥하는 운을 열었고, 선왕의 의관(衣冠)을 달마다 내보내는 마음이 서글퍼서 신령이 상석(象石)을 호위하는구나. 호시(互市)에는 속임수를 가려내기가 어려워 쉽게 뽕나무를 다투는 걱정이 발생하고, 교창(交倉)의 저축은 모두 텅 비어서 당읍(棠邑)의 창고를 풀어낼 계책이 없도다. 민생은 삼(蔘)과 담비가죽으로 이익을 삼고 있으니 능히 폐단의 근원에 대해서 진념(軫念)하고, 〈그 지방민의〉 속된 습성은 활 쏘고 말 타기를 좋아하니 잘 억눌러야만 할 것이다. 그 땅이 또한 중요하지 않겠으며, 그 임무를 제수하는 것을 신중히 하지 않을 수 있겠는가. … 이에 경에게 함경도관찰사 겸 병마수군절도사 도순찰사 함흥부윤을 제수하니, 경은 총애하는 명을 공손히 받들어 좋은 계책을 펼쳐라 … 아! 조정[靑冥]에서 부월(斧鉞)을 내리니 백두산[白山]의 무거움이 더해지고, 변방 요새에서 교서(敎書)를 선포하매 흑룡강[黑江]에 물결이 일지 않도다. 가면 또한 경을 부를 것이니 잠시 재상으로 올라가는 것을 늦춘 것이며, 가서 너의 일을 잘 수행하여 변방을 걱정하는 임금의 마음을 풀어지게 하라. 이에 교시하니, 잘 알기 바란다"라고 하였다.

영남 유생 이만손 등이 만인소를 올림.

1881년(고종 18-辛巳) 2월 26일(양력 3월 25일)

발신 : 경상도 유생 이만손 등

『承政院日記』 2884冊

慶尙道儒生李晩孫等疏略曰, 臣等俱是嶺外疎逖之踪耳, 未有以裨補維新之治, 而卽伏見修信使金弘集, 所賫來黃遵憲私擬一冊之流傳者, 不覺髮豎膽掉, 繼之以痛哭流涕也. 左道惑衆之刑, 著於王法, 黨與先治之訓, 載在春秋, 由是而治, 反是而亂, 由百等百, 莫之或違. 洪惟我朝列聖相承, 崇儒重道, 式至今休, 三代以下, 未有臻斯盛者也. 而不幸有耶蘇邪敎者, 出於海外夷種, 禮義廉恥, 尙矣無論, 倫綱彝則, 一切掃盡, 直一禽獸耳, 犬羊耳. 肆我正宗·純祖, 以及憲廟, 先酉後申, 增其式廓, 干犯者必殺無赦, 詿誤者雖小不貸, 妖腰亂領, 咸就顯戮. 逮我聖上踐祚, 適追先王之志事, 丙寅沁都之變, 天討大行, 群醜駿遁, 曾不十年, 妖洋醜倭, 狼藉旁午, 前之潛相誑誘者, 今乃肆然筆之於書, 前之私相傳習者, 今乃顯然投之於我, 勝之周·孔之說, 猶吾程·朱之句, 何等誣聖, 何等辱國. 噫, 自古以來, 衣君食君, 冠儒服儒, 膺專對之任, 聘蠻夷之域, 賫奉辱國之書, 播之朝著, 藏來誣聖之說, 布諸中外者, 果爲何等罪, 而治之當何如嚴也. 請復就其所謂私擬策者, 而逐條辨之. 其言曰, 朝鮮今日急務, 莫先於防俄, 而防俄之策, 莫先於親中國, 結日本, 聯美國. 夫中國者, 我之所稱藩者也. 信義交孚, 殆過二百年之久, 而一朝曰皇曰朕, 偃然二尊之稱, 無辭受之, 容其人而留其書, 萬一執此爲詰, 致煩嘖舌, 則將何以解之也. 日本者, 我之所羈縻也. 關隘險夷, 渠已稔知, 水陸要衝, 渠已占據, 萬一瞰我無備, 恣其豕突, 則將何以制之也. 美國者, 我之所素昧也. 公然被他慫慂, 自我引惹, 駕風濤涉重險, 疲弊我臣僚, 尾開我財賄, 萬一覘我之虛, 侮我之弱, 强以難從之請, 委以不繼之費, 則將何以應之也. 俄夷者, 我之本無嫌者. 空然信人間貳, 損我威重, 靠遠交而構近隣, 擧措顚倒, 虛聲先播, 藉此爲釁, 來尋兵端, 則將何以救之也. 又況俄·美·日本, 同一夷虜, 難置厚薄於其間. 而豆滿一帶, 疆界又相接, 萬一循日本已行〈之〉例, 援美國新設之約, 請地來居, 請貨交權[*榷], 則將何以拒之也. 又況薄海內外, 如日本·美國者, 不可殫數, 萬一各自效嚬, 請地請和, 一如日本之爲, 則將何以遏之也. 不許則前功盡棄爲仇, 衆怨叢集爲敵者, 不但俄夷一國而已, 許之則一隅靑邱, 將無地可容. 如使俄夷, 眞如遵憲之言, 力能竝呑, 志在侵凌, 則將坐待萬里之援, 而抑將獨與轂下之羌戎禦之乎. 此其利害之較然也. 今日朝廷何苦而爲此有百害無一利之擧, 啓俄夷無心之心, 生美國無事之事, 以致寇而召戎乎. 其言又曰, 從事於西學, 盡力於致財, 盡力於勸農, 盡力於通工. 夫財用農工, 自有先王之良法美規, 唐·虞之比屋皆封, 成周之居積行裏, 何嘗從事於西學乎. 尤可痛者, 彼遵憲者, 自稱中國之產, 而爲日本說客, 爲耶蘇善神, 其作亂賊之嚆矢, 無乃向時邪黨匪類, 憤於沁都之敗, 而知其不可以兵力取勝, 逞其僥倖稍食之慾, 售其輾轉熏染之奸乎. 如其不然, 則其言誘說之已極矣, 危辭恐嚇之已盡矣. 又何以傳敎無害之說, 尾之於後也, 其心所在, 不過布其邪敎於我國之意也. 伏乞淵然深思, 廓揮乾斷, 其人則盡爲發遣, 其書則投諸水火, 明示好惡, 布告中外, 使一國含生, 曉然知聖意所在, 而益明周·孔·程·朱之敎, 人皆親上死長, 衆心成城, 醜類邪黨, 無所容其奸, 我國禮義之俗, 將有辭於天下萬世矣云云. 答曰, 省疏具悉. 闢邪衛正, 何待爾等之言乎. 至若他國人私擬文字, 初不足深究, 而爾等又誤看而抉摘矣. 若藉此而又煩疏擧, 是謗訕朝廷, 豈可待之以士子, 而不之嚴處乎. 爾等知悉退去.

경상도(慶尙道) 유생(儒生) 이만손(李晩孫) 등의 상소의 대략에, "신들은 모두 영남의 미천[疎逖]한 이로서 유신(維新)의 정치을 도운 것이 없습니다만, 방금 삼가 수신사(修信使) 김홍집(金弘集)이 받아온 황준헌(黃遵憲)의 『사의조선책략(私擬朝鮮策略)』 한 책이 유행하고 전래되는 것을 보니, 머리카락이 쭉 서는 것도 자각하지 못하고 놀라고 불안하여 가슴이 두근거려서, 통곡과 눈물이 그치질 않습니다. 그르친 도로써 사람들을 미혹시키는 것에 대한 형벌은 왕법에 드러나 있고, 〈그〉 당여를 먼저 다스렸다는 가르침은 『춘추(春秋)』에 있으니, 이를 따르면 다스려지고 이를 거스르면 어지러워지는 것은 백세의 뒤에서 백세를 저울질해 보아도 같아서 혹시라도 〈그것에〉 어긋남이 없습니다. 널리 생각건대, 우리 조정은 열성(列聖)이 서로 계승하여 유학을 높이고 도를 중시하여 지금까지 이르러 크게 아름다우니, 삼대 이후로 이와 같이 성대한 적이 없었습니다. 그러나 불행히도 예수[耶蘇]의 사교(邪敎)를 〈믿는〉 자들이 해외 오랑캐 종족에서 나와서 예의·염치는 물론 말할 것도 없고 오륜 삼강[倫綱]과 떳떳한 법칙마저 일체 다 쓸어 없애니, 〈그들은〉 다만 일개 금수일 뿐이며 개와 양일 뿐입니다. 우리 정조[正宗]·순조(純祖)로부터 헌종[憲廟]에 이르기까지 앞에서 타이르고 뒤에서 거듭하여 그 범위를 넓혀 간범(干犯)한 이는 반드시 죽여 용서함이 없었고, 그르친 자는 비록 잘못이 작더라도 용서해주지 아니하여 허리를 자르고 목을 베어 죽여야 할 요망한 놈들[妖腰亂領]이 모두 죽여 시체를 보이는 것[顯戮]에 나아갔습니다. 우리 성상이 즉위하시자 이에 선왕의 뜻과 일을 따라서 병인년 심도(沁都)의 변고에 천토(天討)를 크게 행하시매 여러 추악한 무리들이 놀라 달아났습니다만, 거듭 10년이 못 되어 요사한 양인(洋人)과 추악한 왜인(倭人)이 어지럽게 왕래하여, 전에 몰래 서로 속이어 꾀려고 하던 말을 지금 이에 방자하게 책에 쓰고, 전에 사사로이 서로 전하여 익히던 것을 지금 이내 드러내놓고 우리에게 전파하며, 〈그것이〉 주공(周公)·공자(孔子)의 말보다 낫다는 것과 우리 정자(程子)·주자(朱子)의 구절과 같다고 하니, 어떻게 이렇게 성인을 모욕하고, 어떻게 이렇게 나라를 욕보게 한단 말입니까. 아! 예로부터 임금에게서 얻어 입고 임금에게서 얻어먹으며, 유자의 관과 옷을 입고서 사신의 직임[專對之任]에 응하여 오랑캐 영역을 빙문하여, 나라를 욕되게 하는 글을 받들어 와서 그것을 조정에 전파하고, 성인을 속이는 말을 간직하여 가지고 와서 중외에 퍼뜨리는 자는 과연 어떠한 등급의 죄에 해당되며, 다스림을 마땅히 하는데 〈그에게〉 얼마나 엄하게 해야 하겠습니까. 다시 소위 사의책이란 것을 가지고 조목에 따라 분별하기를 청합니다. 그것이 이르기를, '조선의 오늘날의 급선〈무〉는 러시아[俄]를 막는 것보다 먼저 할 것이 없는데, 러시아를 막는 계책은 중국과 화친하고 일본과 결탁하며 미국과 연합하는 것보다 먼저 할 것이 없다'라고 하였습니다. 무릇 중국은 우리가 〈그들에게〉 번(藩)이라고 칭한 곳입니다. 신의가 서로 미쁜 지가 거의 200년이나 오래되었는데, 하루아침에 〈우리가〉 황제(皇帝)니 짐(朕)이니 하여 거만하게 두 존귀한 개념을 칭하고, 사양하고 받음이 없으며 그 사람을 용납해주고 그 글을 남겨두니, 만일 〈중국이〉 이것을 잡고 힐문하여 꾸짖고 책망한다면 장차 어찌 그것을 해명할 수가 있겠습니까. 일본은 우리의 종속[羈縻]된 곳입니다. 관문과 요새의 험하고 평탄함을 그들이 이미 잘 알고,

수륙의 요충지를 그들이 이미 점거하여, 만일 우리나라가 대비가 없음을 엿보고 제멋대로 쳐들어온다면 장차 어찌 그들을 저지할 수 있겠습니까. 미국은 우리가 평소 잘 모르는 곳입니다. 공연하게 저들의 사주를 받아 우리나라에 끌려서 풍랑을 헤치고 큰 험난함을 무릅쓰고 와서 우리 신료들을 피폐하게 하고 우리 재물을 자꾸 없애며, 만일 우리나라가 비었음을 엿보고 우리의 약함을 업신여겨 강제로 따르기 곤란한 것을 요청하고 대기 어려운 비용을 떠맡긴다면 장차 어찌 그것에 응할 수 있겠습니까. 러시아 오랑캐[俄夷]는 우리가 본래 혐의하지 않던 이들입니다. 공연히 남의 이간질을 믿고 우리의 위엄에 손상을 주면서 먼 나라는 치고 가까운 나라와는 친교를 맺어 조처가 전도되었으니, 헛소리가 먼저 퍼져서 이것으로 틈을 만들어 병화의 단서가 이어지면 장차 어찌 그것을 구원할 수 있겠습니까. 또한 하물며 러시아·미국·일본은 모두 같은 오랑캐이니 그들 중에서 〈누구를〉 두텁게 대우할지 〈누구를〉 박하게 대우할지 〈판단하기〉 어렵습니다. 그리고 두만강 일대는 국경도 서로 접하였으니, 만일 일본이 이미 시행〈한〉 예를 따라 미국이 신설한 조약을 가지고 땅을 청하여 〈그곳에〉 와서 살고, 재화를 청하여 교역한다면 장차 어찌 그것을 거절할 수 있겠습니까. 또한 하물며 넓은 바다 안과 밖에 일본·미국과 같은 〈나라〉는 셀 수 없이 많을 것이니, 만일 〈그들이〉 제각기 흉내 내어서 땅을 청하고 화친을 청하기를, 일본이 했던 것과 같이 한다면 장차 어찌 그것을 막을 수 있겠습니까. 허락하지 않으면 예전의 공적이 모두 쓸모없게 되어 〈그들과〉 원수가 되고, 온갖 원한이 모두 모여서 적이 되는 것이 단지 러시아 오랑캐 하나뿐만이 아닐 것이며, 허락한다면 한 모퉁이의 우리나라[靑邱]는 장차 용납될 곳이 없을 것입니다. 만약 러시아 오랑캐가 진실로 황준헌의 말처럼 힘이 〈우리를〉 능히 병탄할 수 있고 뜻이 침략하는 데에 있다면 장차 만 리의 구원을 앉아서 기다려야 하겠습니까, 아니면 장차 독자적으로 임금의 군대[轂下]를 일으켜 오랑캐를 제어하여야 하겠습니까. 이는 그 이해(利害)가 분명합니다. 지금 조정은 어찌 괴롭게 이런 백해무익한 일을 하여 러시아의 무심한 마음을 계도하고, 미국의 일 없는 일을 생기게 하여, 도적을 〈우리나라로〉 이르게 하고 오랑캐를 부른단 말입니까. 그 말에 또, '서학에 종사하면 재물을 증식하는 데 힘을 다하며, 농사를 권하는 데 힘을 다하고, 공상을 유통시키는 데 힘을 다한다'라고 하였습니다. 무릇 재용(財用)·농(農)·공(工)은 원래 선왕의 훌륭한 법과 아름다운 규례가 있으니, 당·우(唐虞)에서는 즐비한 집들이 모두 〈서로〉 마주하고, 성주(成周)에서는 주거하는 자와 길 떠나는 자들에게 쌓아 놓은 곡식이 있었던 것이 어찌 일찍이 서학에 종사하였기 때문이겠습니까. 더욱 애통한 것은 저 황준헌이라는 자는 자칭 중국 태생이라고 하면서, 일본의 유세객이 되어 예수를 선한 신이라 하여 난적(亂賊)의 효시가 되니, 아마도 지난번 사당(邪黨)과 비류(匪類)가 심도(沁都)에서의 패배를 분히 여겨 병력으로써 승리를 취할 수 없음을 알고서 요행히 차츰 먹어 들어가려는 욕심을 부려 조금씩 〈우리를〉 물들게 하려는 것이 아니겠습니까. 만약 그렇지 않다면 그 말이 감언이설로 달래어 〈우리를〉 꾀는 것이 너무 지극하고, 위협하는 말로 〈우리를〉 두렵게 하는 것이 너무 지극합니다. 또 교의(敎義)를 전파하는 것이 무해하다는 주장을 글 뒤에 붙인 것은 그 마음이 사교를 우리나라에 퍼뜨리려는 의도에 불과합니다. 삼가 바라건대, 깊이 생각하시고 과단성 있는 큰 정사를 펼치시어 그 사람은 모두 쫓아버리고 그 글은 물과 불 속에 던져서 좋아하고 미워함을 분명히 보이시고, 중외로 포고하시어 온 나라가 머금은 생령이 성상의 뜻이 어디에 있는지를 분명히 알게 하시고, 주공·공자·정자·주자의 가르침을 더욱 밝히시면, 사람이 모두 윗사람을 가까이하고 어른을 위해 죽으며, 사람들의 마음이 성(城)을 이루어 비류와 사당이 간악한 짓을 하는 것을 용납하지 않아서, 우리나라의 옛 풍속이 장차 천하 만세에 할 말이 있게 될 것입니다"라고 하였다. 답하기를, "상소를 보고 잘 알았다. 사교를 물리치고 정도를 지키는 것[闢邪衛正]은 어찌 그대들의 말을 기다리겠는가. 다른 나라 사람이 사사롭게 모의한 글에 이르러서는 애초에 족히 깊이 연구할 것도 못 되거늘, 그대들이 또 잘못 보고서 들추어낸 것이다. 만약 이것으로 또 번거롭게 상소를 올린다면 이는 조정을 비방하는 것이니, 어찌 그대를 사인[士子]으로 대우하여 엄중히 처벌하지 않을 수 있겠는가. 그대들은 그리 알고 모두 물러가도록 하라"고 하였다.

『高宗實錄』 18卷

嶺南儒生李晩孫等萬人聯疏略, 即伏見修信使金弘集, 所賫來黃遵憲私擬一冊之流傳者, 不覺髮竪膽掉, 繼之以痛哭流涕也. 左道惑衆之刑, 著於王法, 黨與先治之訓, 載在春秋, 由是而治, 反是而亂, 由百等百, 莫之或違. 洪惟我朝列聖相承, 崇儒重道, 式至今休. 三代以下, 未有臻斯盛者也. 而不幸有耶蘇邪敎者, 出於海外夷種, 禮義廉恥, 尙矣無論, 倫綱彝則, 一切掃盡, 直一禽獸耳, 犬羊耳. 肆我正宗·純祖, 以及憲廟, 先酉後申, 增其式廓, 干犯者必殺無赦, 詿誤者雖小不貸, 妖腰亂領, 咸就顯戮. 逮我聖上踐祚, 適追先王之志事, 丙寅沁都之變, 天討大行, 群醜駭遁, 曾不十年, 凶言醜說, 狼藉旁午, 前之潛相狂誘者, 今乃肆然筆之於書, 前之私相傳習者, 今乃顯然投之於我, 勝於周公·孔之說, 猶吾程·朱之句, 何等誣聖, 何等辱國. 而有邀進而欲奏御者, 有登對而欲傳布者. 噫! 自古以來, 衣君食君, 冠儒服儒, 膺專對之任, 居具瞻之地, 而賫奉辱國之書, 達之天陛, 藏弆誣聖之說, 播之朝著, 張皇寇賊之勢, 恐動君心, 憑藉勻衡之威, 鉗制衆口者, 果皆何如人哉. 何況在先王, 則斥之如此其嚴, 在殿下則容而納之, 在丙寅則討之如此其正, 而在今日則優而接之, 臣不敢知殿下將何以仰報於先王而有辭於後世乎. 請復就其所謂私擬策者, 而逐條辨之. 其言曰, 朝鮮今日急務, 莫先於防俄. 而防俄之策, 莫先於親中國, 結日本, 聯美國. 夫中國者, 我之所稱藩也. 信義交孚, 殆過二百年之久, 而一朝曰皇曰朕, 偃然二尊之稱, 無辭以受之, 容其人而留其書, 萬一執此爲詰, 致煩嘖舌, 則將何以解之也. 日本者, 我之所羈縻也. 關隘險夷, 渠已稔知, 水陸要衝, 渠已占據, 萬一瞰我無備, 恣其豕突, 則將何以制之也. 美國者, 我之所素昧也. 公然被他慫慂, 自我引惹, 駕風濤涉重險, 疲弊我臣僚, 尾閭我財賄, 萬一覘我之虛, 侮我之弱. 强以難從之請, 委以不繼之費, 則將何以應之也. 俄夷者, 我之本無嫌也. 空然信人間貳, 損我威重, 靠遠交而挑近隣, 擧措顚倒, 虛聲先播, 籍此爲釁, 來尋兵端, 則將何以救之也. 又況俄·米·日本, 同一夷虜, 難置厚薄於其間. 而豆滿一帶, 疆界又相接, 萬一循日本已行之例, 援美國新設之約, 請地來居, 請貨交權, 則何以拒之也. 又況薄海內外, 如日本·美國者, 不可殫數, 萬一各自效嚬, 請地請和, 一如日本之爲, 則亦何以遏之也. 不許則前功盡棄爲仇, 衆怨叢集爲敵者, 不但俄夷一國而已, 許之則一隅靑邱, 將無地可容矣. 如使俄夷, 眞如遵憲之言, 力能竝呑, 志在侵凌, 則將坐待萬里之援, 而抑將獨與轂下之羌戎禦之乎. 此其利害之較然者也. 今朝廷何若而爲此有百害無一利之擧, 啓俄夷無心之心, 生美國無事之事, 以致寇而召戎乎. 其言又曰, 從事於西學, 盡力於致財, 盡力於勸農, 盡力於通工. 夫財用農工, 自有先王之良法美規, 勞來振德, 不傷不害, 則民恒安矣. 節以制度, 食寡用餘, 則財恒足矣. 不以無益害有益, 不以異物賤用物, 則工恒勸矣. 唐·虞之比屋皆封, 成周之居積行裏, 漢之紅腐貫朽. 由之可使勇且知方. 何嘗捨先王之道, 而從事於別樣妙術耶. 尤可痛者, 彼遵憲者自稱中國之產, 而爲日本說客, 爲耶蘇善神, 甘作亂賊之嚆失, 自歸禽獸之同科, 古今天下, 寧有是理. 無乃向時巨魁之漏網者, 憤於沁都之敗, 而知其不可以兵力取勝, 逞其僥倖稍食之慾, 售其輾轉熏染之奸乎. 如其不然, 則甘言誘說之已極矣, 危辭恐嚇之已盡矣. 又何以傳敎無害之說, 尾之於後也, 其心所在, 不難知也. 伏乞淵然深思, 廓揮乾斷, 其人則盡爲發遣, 其書則投諸水火, 明示好惡, 布告中外, 使一國含生, 知聖意所在. 而益明周·孔·程·朱之敎, 人皆親上死長, 衆心成城, 醜類邪黨, 無所容其奸, 我國禮義之俗, 將有辭於天下萬世矣. 批曰, 闢邪衛正, 何待爾等之言乎. 至若他國人私擬文字, 初不足深究, 而爾等又誤看而抉摘矣. 若籍此而又煩疏擧, 是謗訕朝廷, 豈可待之以士子, 而不之嚴處乎. 爾等知悉退去.

영남(嶺南) 유생(儒生) 이만손(李晩孫) 등 만 명이 연명하여 상소하였는데, 그 대략에, "방금 삼가 수신사(修信使) 김홍집(金弘集)이 받아온 황준헌(黃遵憲)의 『사의조선책략(私擬朝鮮策略)』 한 책이 유행하고 전래되는 것을 보니, 머리카락이 쭉 서는 것도 자각하지 못하고 놀라고 불안하여 가슴이 두근거려서, 통곡과 눈물이 그치질 않습니다. 그르친 도로써 사람들을 미혹시키는 것에 대한 형벌은 왕법에 드러나 있고, 〈그〉 당여를 먼저 다스렸다는 가르침은 『춘추(春秋)』에 있으니, 이를 따르면 다스려지고 이를 거스르면 어지러워지는 것은 백세의 뒤에서 백세를 저울질해 보아도 같아서 혹시라도 〈그것에〉 어긋남이 없습니다. 널리 생각건대, 우리 조정은 열성(列聖)이 서로 계승하여 유학을 높이고 도를 중시하여 지금까지 이르러 크게 아름다우니, 삼대 이후로 이와 같이 성대한 적이 없었습니다. 그러나 불행히도 예수[耶蘇]의 사교(邪敎)를 〈믿는〉 자들이 해외 오랑캐 종족에서 나와서 예의·염치는 물론 말할 것도 없고 오륜 삼강[倫綱]과 떳떳한 법칙마저 일체 다 쓸어 없애니, 〈그들은〉 다만 일개 금수일 뿐이며 개와 양일 뿐입니다. 우리 정조[正宗]·순조(純祖)로부터 헌종[憲廟]에 이르기까지 앞에서 타이르고 뒤에서 거듭하여 그 범위를 넓혀 간범(干犯)한 이는 반드시 죽여 용서함이 없었고, 그르친 자는 비록 잘못이 작더라도 용서해주지 아니하여 허리를 자르고 목을 베어 죽여야 할 요망한 놈들[妖腰亂領]이 모두 죽여 시체를 보이는 것[顯戮]에 나아갔습니다. 우리 성상이 즉위하시자 이에 선왕의 뜻과 일을 따라서 병인년 심도(沁都)의 변고에 천토(天討)를 크게 행하시매 여러 추악한 무리들이 놀라 달아났습니다만, 거듭 10년이 못 되어 요사한 양인(洋人)과 추악한 왜인(倭人)이 어지럽게 왕래하여, 전에 몰래 서로 속이어 꾀려고 하던 말을 지금 이에 방자하게 책에 쓰고, 전에 사사로이 서로 전하여 익히던 것을 지금 이내 드러내놓고 우리에게 전파하며, 〈그것이〉 주공(周公)·공자(孔子)의 말보다 낫다는 것과 우리 정자(程子)·주자(朱子)의 구절과 같다고 하니, 어떻게 이렇게 성인을 모욕하고, 어떻게 이렇게 나라를 욕보게 한단 말입니까. 그런데도 임금 앞으로 나와서 이것을 아뢰려는 이도 있고, 임금께 나아가 말하여 전하고 포고하려는 자도 있습니다. 아! 예로부터 임금에게서 얻어입고 임금에게서 얻어먹으며, 유자의 관과 옷을 입고서 사신의 직임[專對之任]에 응하여, 모든 사람들이 우러러보는 지위에 있으면서도 나라를 욕되게 하는 글을 가지고 와서 임금[天陛]에게 아뢰고 성인을 모욕하는 말을 간직하다 〈그것을〉 조정에 전파하며, 외적의 형세를 장황하게 설명하여 임금의 마음을 두렵게 하고 〈국제 관계에서〉 장중하게 균형을 〈지킨다는 것〉을 빙자하여 사람들의 입을 틀어막는 자는 과연 어떠한 이들입니까. 하물며 선왕이 재위하실 때에는 그것을 배척하기를 이와 같이 엄히 하셨는데, 전하께서 재위하시니, 그것을 용납하고 수용하시어 병인년에는 그들을 토벌하시기를 이와 같이 엄정히 하시면서도, 오늘날에는 그것을 대접하시니, 신은 전하께서 장차 어떻게 면목으로 선왕께 우러러 보고하시며, 후세에는 어떠한 할 말이 있으실지 감히 알지 못하겠습니다. 다시 소위 사의책이란 것을 가지고 조목에 따라 분별하기를 청합니다. 그것이 이르기를, '조선의 오늘날의 급선〈무〉는 러시아[俄]를 막는 것보다 먼저 할 것이 없는데, 러시아를 막는 계책은 중국과 화친하고 일본과 결탁하며 미국과 연합하는 것보다 먼저 할 것이 없다'라고 하였습니다. 무릇 중국은 우리가 〈그들에게〉 번(藩)이라고 칭한 곳입니다. 신의가 서로 미쁜 지가 거의 200년이나 오래되었는데, 하루아침에 〈우리가〉 황제(皇帝)니 짐(朕)이니 하여 거만하게 두 존귀한 개념을 칭하고, 사양하고 받음이 없으며 그 사람을 용납해주고 그 글을 남겨두니, 만일 〈중국이〉 이것을 잡고 힐문하여 꾸짖고 책망한다면 장차 어찌 그것을 해명할 수가 있겠습니까. 일본은 우리의 종속[羈縻]된 곳입니다. 관문과 요새의 험하고 평탄함을 그들이 이미 잘 알고, 수륙의 요충지를 그들이 이미 점거하여, 만일 우리나라가 대비가 없음을 엿보고 제멋대로 쳐들어온다면 장차 어찌 그들을 저지할 수 있겠습니까. 미국은 우리가 평소 잘 모르는 곳입니다. 공연하게 저들의 사주를 받아 우리나라에 끌려서 풍랑을 헤치고 큰 험난함을 무릅쓰고 와서 우리 신료들을 피폐하게 하고 우리 재물을 자꾸 없애며, 만일 우리나라가 비었음을 엿보고 우리의 약함을 업신여겨 강제로 따르기 곤란한 것을 요청하고 대기 어려운 비용을 떠맡긴다면 장차 어찌 그것에 응할 수 있겠습니까. 러시아 오랑캐[俄夷]는 우리가 본래 혐의하지 않던 이들입니다. 공연히 남의 이간질을 믿고 우리의 위엄에 손상을 주면서 먼 나라는 치고 가까운 나라와는 친교를 맺어 조처가 전도되었으니, 헛소리가 먼저 퍼져서 이것으로 틈을 만들어 병화의 단서가 이어지면 장차 어찌 그것을 구원할 수 있겠습니까. 또한 하물며 러시아·미국·일본은 모두 같은 오랑캐이니 그들 중에서 〈누구를〉 두텁게 대우할지 〈누구를〉 박하게 대우할지 〈판단하기〉 어렵습니다. 그리고 두만강 일대는 국경도 서로 접하였으니, 만일 일본이 이미 시행〈한〉 예를 따라 미국이 신설한 조약을 가지고 땅을 청하여 〈그곳에〉 와서 살고 재화를 청하여 교역[交榷]한다면 장차 어찌 그것을 거절할 수 있겠습니까. 또한 하물며 넓은 바다 안과 밖에 일본·미국과 같은 〈나라〉는 셀 수 없이 많을 것이니, 만일 〈그들이〉 제각기 흉내 내어서 땅을 청하고 화친을 청하기를, 일본이 했던 것과 같이 한다면 장차 어찌 그것을 막을 수 있겠습니까. 허락하지 않으면 예전의 공적이 모두 쓸모없게 되어 〈그들과〉 원수가 되고, 온갖 원한이 모두 모여서 적이 되는 것이 단지 러시아 오랑캐[俄夷] 하나뿐만이 아닐 것이며, 허락한다면 한 모퉁이의 우리나라[青邱]는 장차 용납될 곳이 없을 것입니다. 만약 러시아 오랑캐가 진실로 황준헌의 말처럼 힘이 〈우리를〉 능히 병탄할 수 있고 뜻이 침략하는 데에 있다면 장차 만 리의 구원을 앉아서 기다려야 하겠습니까, 아니면 장차 독자적으로 임금의 군대[轂下]를 일으켜 오랑캐를 제어하여야 하겠습니까. 이는 그 이해(利害)가 분명합니다. 오늘날 조정은 어찌 이와 같은 백해무익한 일을 하여 러시아의 무심한 마음을 계도하고, 미국의 일 없는 일을 생기게 하여, 도적을 〈우리나라로〉 이르게 하고 오랑캐를 부른단 말입니까. 그 말에 또, '서학에 종사하면 재물을 증식하는데 힘을 다하며, 농사를 권하는데 힘을 다하고, 공상을 유통시키는데 힘을 다한다'라고 하였습니다. 무릇 재용(財用)·농(農)·공(工)은 원래 선왕의 훌륭한 법과 아름다운 규례가 있으니, 오는 이를 맞아 위로하고 덕을 베풀며, 〈재물을〉 손상하지 않으며 〈백성을〉 해치지 않는다면,

백성은 항상 안정될 것입니다. 절약으로 제도를 삼아 먹을 것을 줄이고 쓰는 것을 남게 하면 재물은 항상 풍족할 것입니다. 이득 없는 일을 하지 않으면 이익이 있고 다른 나라의 물건을 〈좋아하고 우리의〉 물건을 천시하지 않으면 공인(工人) 언제나 권려될 것입니다. 당·우(唐虞)에서는 즐비한 집들이 모두 〈서로〉 마주하고, 성주(成周)에서는 주거하는 자와 길 떠나는 자들에게 쌓아 놓은 곡식이 있었으며, 한(漢)에는 창고에 곡식이 붉게 썩고 〈돈을〉 꿰는 줄도 썩을 〈정도였습니다〉. 이로써 〈백성으로 하여금〉 용감하게 하고 또 나아갈 방향을 알게 하였습니다. 그러니 어찌 선왕의 도를 버리고 특별한 술책에 종사하겠습니까? 더욱 애통한 것은 저 황준헌이라는 자는 자칭 중국 태생이라고 하면서, 일본의 유세객이 되어 예수를 선한 신이라 하여 난적(亂賊)의 효시가 되어 스스로 금수와 같은 종류가 되었으니, 고금 천하에 어찌 이러한 이치가 있겠습니까. 아마도 지난번 하늘의 큰 그물을 벗어난 큰 괴수가 심도(沁都)에서의 패배를 분히 여겨 병력으로써 승리를 취할 수 없음을 알고서 요행히 차츰 먹어 들어가려는 욕심을 부려 조금씩 〈우리를〉 물들게 하려는 것이 아니겠습니까. 만약 그렇지 않다면 그 말이 감언이설로 달래어 〈우리를〉 꾀는 것이 너무 지극하고, 위협하는 말로 〈우리를〉 두렵게 하는 것이 너무 지극합니다. 또 교의(敎義)를 전파하는 것이 무해하다는 주장을 글 뒤에 붙인 것은 그 마음이 어디에 있는지 알기 어렵습니다. 삼가 바라건대, 깊이 생각하시고 과단성 있는 큰 정사를 펼치시어 그 사람은 모두 쫓아버리고 그 글은 물과 불 속에 던져서 좋아하고 미워함을 분명히 보이시고, 중외로 포고하시어 온 나라가 머금은 생령이 성상의 뜻이 어디에 있는지를 알게 하시고, 주공·공자·정자·주자의 가르침을 더욱 밝히시면, 사람이 모두 윗사람을 가까이하고 어른을 위해 죽으며, 사람들의 마음이 성(城)을 이루어 비류와 사당이 간악한 짓을 하는 것을 용납하지 않아서, 우리나라의 옛 풍속이 장차 천하 만세에 할 말이 있게 될 것입니다"라고 하였다. 비답하기를, "사교를 물리치고 정도를 지키는 것[闢邪衛正]은 어찌 그대들의 말을 기다리겠는가. 다른 나라 사람이 사사롭게 모의한 글에 이르러서는 애초에 족히 깊이 연구할 것도 못 되거늘, 그대들이 또 잘못 보고서 들추어낸 것이다. 만약 이것으로 또 번거롭게 상소를 올린다면 이는 조정을 비방하는 것이니, 어찌 그대를 사인[士子]으로 대우하여 엄중히 처벌하지 않을 수 있겠는가. 그대들은 그리 알고 모두 물러가도록 하라"고 하였다.

『日省錄(高宗)』 241冊

疏略曰, 臣等俱是嶺外疏逖之踪耳, 未有以裨補維新之治, 而卽伏見修信使金弘集, 所齎來黃遵憲私擬一冊之流傳者, 不覺髮竪膽掉, 繼之以痛哭流涕也. 左道惑衆之刑, 著於王法, 黨與先治之訓, 載在春秋, 由是而治, 反是而亂, 由百等百, 莫之或違. 洪惟我朝列聖相承, 崇儒重道, 式至今休, 三代以下, 未有臻斯盛者也. 而不幸有邪蘇邪敎者, 出於海外夷種, 禮義廉恥, 出矣無論, 倫綱彛則, 一切掃盡, 直一禽獸耳, 犬羊耳. 肆我正宗·純祖, 以及憲廟, 先酉後申, 增其式廓, 干犯者必殺無赦, 詿誤者雖小不貸, 妖腰亂領, 咸就顯戮. 逮我聖上踐祚, 遹追先王之志事, 丙寅沁都之變, 天討大行, 群醜駭遁, 曾不十年, 妖洋醜倭, 狼藉旁午, 前之潛相狂誘者, 今乃肆然筆之於書, 前之私相傳習者, 今乃顯然投之於我, 勝之周孔之說, 猶吾程朱之句, 何等誣聖, 何等辱國. 噫, 自古以來, 衣君食君, 冠儒服儒, 膺專對之任, 聘蠻夷之域, 齎奉辱國之書, 播之朝著, 藏棄誣聖之說, 布諸中外者, 果爲何等罪, 而治之當何如嚴也. 請復就其所謂私擬策者, 而逐條辨之. 其言曰, 朝鮮今日急務, 莫先於防俄, 而防俄之策, 莫先於親中國, 結日本, 聯美國. 夫中國者, 我之所稱藩者也. 信義交孚, 殆過二百年之久, 而一朝曰皇曰朕, 偃然二尊之稱, 無辭以受, 之容其人而留其書, 萬一執此爲詰, 致煩嘖舌, 則將何以解之也. 日本者, 我之所羈縻也. 關隘險夷, 渠已稔知, 水陸要衝, 渠已占據, 萬一瞰我無備, 恣其承突, 則將何以制之也. 美國者, 我之素所昧也. 公然被他慫慂, 自我引惹, 駕風濤涉重險, 疲弊我臣僚, 尾閭我財賄, 萬一覘我之虛, 侮我之弱, 強以難演之請, 委以不繼之費, 則將何以應之也. 俄夷者, 我之本無嫌者也. 空然信人間貳, 損我威重, 靠遠交而挑近隣, 擧措顚倒, 虛聲先播, 藉此爲釁, 來尋兵端, 則將何以救之也. 又況俄·美·日本, 同一夷虜, 難置厚薄於其間. 而豆滿一帶, 疆界又相接, 萬一循日本已行之例, 援美國新設之約, 請地來居, 請貨交権, 則將何以拒之也. 又況薄海內外, 如日本·美國者, 不可殫數, 萬一各自效嚬, 請地請和, 一如日本之爲, 則將何以遏之也. 不許則前功盡棄爲仇, 衆怨叢集爲敵者, 不但俄夷一國而已, 許之則一隅靑邱, 將無地可容. 如使俄夷, 眞如遵憲之言, 力能竝呑, 志在侵淩, 則將坐待萬里之援, 而抑將獨與轂下之羌戎禦之乎. 此其利害之較然者也. 今日朝廷, 何苦而爲此有百害無一利之擧, 啓俄夷無心之心, 生美國無事之事, 以致寇而召戎乎. 其言又曰, 從事於西學, 盡力於致財, 盡力於勸農, 盡力於通工. 夫財用農工. 自有先王之良法美規, 唐虞之比屋皆封, 成周之居積行裏, 何嘗從事於西學乎. 尤可痛者, 彼遵憲者, 自稱中國之產, 而爲日本說客, 爲邪蘇善神, 其作亂賊之嚆矢, 無乃向時邪黨匪類, 憤於沁都之敗, 而知其不可以兵力取勝, 逞其僥倖稍食之慾, 售其輾轉熏染之奸乎. 如其不然, 則其言誘說之已極矣, 危辭恐嚇之已盡矣. 又何以傳敎無害之說, 尾之於後也, 其心所在, 不過布其邪敎於我國之意也. 伏乞淵然深思, 廓揮乾斷, 其人則盡爲發遣, 其書則投諸水火, 明示好惡, 布告中外, 使一國含生, 曉然知聖意所在, 而益明周·孔·程·朱之敎, 人皆親上死長, 衆心成城, 醜類邪黨, 無所容其奸, 我國禮義之俗, 將有辭於天下萬世矣. 批以, 闢邪衛正, 何待爾等之言乎. 至若他國人私擬文字, 初不足深究, 而爾等又誤看而抉摘矣. 若藉此而又煩疏擧, 是謗訕朝廷, 豈可待之以士, 子而不之嚴處乎. 爾等知悉退去.

〈경상도(慶尙道) 유생(儒生) 이만손(李晩孫) 등의〉 상소의 대략에, "신들은 모두 영남의 미천[疎逖]한 이로서 유신(維新)의 정치를 도운 것이 없습니다만, 방금 삼가 수신사(修信使) 김홍집(金弘集)이 받아온 황준헌(黃遵憲)의 『사의조선책략(私擬朝鮮策略)』 한 책이 유행하고 전래되는 것을 보니, 머리카락이 쭉 서는 것도 자각하지 못하고 놀라고 불안하여 가슴이 두근거려서, 통곡과 눈물이 그치질 않습니다. 그르친 도로써 사람들을 미혹시키는 것에 대한 형벌은 왕법에 드러나 있고, 〈그〉 당여를 먼저 다스렸다는 가르침은 『춘추(春秋)』에 있으니, 이를 따르면 다스려지고 이를 거스르면 어지러워지는 것은 백세의 뒤에서 백세를 저울질해 보아도 같아서 혹시라도 〈그것에〉 어긋남이 없습니다. 널리 생각건대, 우리 조정은 열성(列聖)이 서로 계승하여 유학을 높이고 도를 중시하여 지금까지 이르러 크게 아름다우니, 삼대 이후로 이와 같이 성대한 적이 없었습니다. 그러나 불행히도 예수[耶蘇]의 사교(邪敎)를 〈믿는〉 자들이 해외 오랑캐 종족에서 나와서 예의·염치는 물론[出矣?] 말할 것도 없고 오륜 삼강[倫綱]과 떳떳한 법칙마저 일체 다 쓸어 없애니, 〈그들은〉 다만 일개 금수일 뿐이며 개와 양일 뿐입니다. 우리 정조[正宗]·순조(純祖)로부터 헌종[憲廟]에 이르기까지 앞에서 타이르고 뒤에서 거듭하여 그 범위를 넓혀 간범(干犯)한 이는 반드시 죽여 용서함이 없었고, 그르친 자는 비록 잘못이 작더라도 용서해주지 아니하여 허리를 자르고 목을 베어 죽여야 할 요망한 놈들[妖腰亂領]이 모두 죽여 시체를 보이는 것[顯戮]에 나아갔습니다. 우리 성상이 즉위하시자 이에 선왕의 뜻과 일을 따라서 병인년 심도(沁都)의 변고에 천토(天討)를 크게 행하시매 여러 추악한 무리들이 놀라 달아났습니다만, 거듭 10년이 못 되어 요사한 양인(洋人)과 추악한 왜인(倭人)이 어지럽게 왕래하여, 전에 몰래 서로 속이어 꾀려고 하던 말을 지금 이에 방자하게 책에 쓰고, 전에 사사로이 서로 전하여 익히던 것을 지금 이내 드러내놓고 우리에게 전파하며, 〈그것이〉 주공(周公)·공자(孔子)의 말보다 낫다는 것과 우리 정자(程子)·주자(朱子)의 구절과 같다고 하니, 어떻게 이렇게 성인을 모욕하고, 어떻게 이렇게 나라를 욕보게 한단 말입니까. 아! 예로부터 임금에게서 얻어 입고 임금에게서 얻어먹으며, 유자의 관과 옷을 입고서 사신의 직임[專對之任]에 응하여 오랑캐 영역을 빙문하여, 나라를 욕되게 하는 글을 받들어 와서 그것을 조정에 전파하고, 성인을 속이는 말을 간직하여 가지고 와서 중외에 퍼뜨리는 자는 과연 어떠한 등급의 죄에 해당되며, 다스림을 마땅히 하는데 〈그에게〉 얼마나 엄하게 해야 하겠습니까. 다시 소위 사의책이란 것을 가지고 조목에 따라 분별하기를 청합니다. 그것이 이르기를, '조선의 오늘날의 급선〈무〉는 러시아[俄]를 막는 것보다 먼저 할 것이 없는데, 러시아를 막는 계책은 중국과 화친하고 일본과 결탁하며 미국과 연합하는 것보다 먼저 할 것이 없다'라고 하였습니다. 무릇 중국은 우리가 〈그들에게〉 번(藩)이라고 칭한 곳입니다. 신의가 서로 미쁜 지가 거의 200년이나 오래되었는데, 하루아침에 〈우리가〉 황제(皇帝)니 짐(朕)이니 하여 거만하게 두 존귀한 개념을 칭하고, 사양하고 받음이 없으며 그 사람을 용납해주고 그 글을 남겨두니, 만일 〈중국이〉 이것을 잡고 힐문하여 꾸짖고 책망한다면 장차 어찌 그것을 해명할 수가 있겠습니까. 일본은 우리의 종속[羈縻]된 곳입니다. 관문과 요새의 험하고 평탄함을 그들이 이미 잘 알고, 수륙의 요충지를 그들이 이미 점거하여, 만일 우리나라가 대비가 없음을 엿보고 제멋대로 쳐들어온다면 장차 어찌 그들을 저지할 수 있겠습니까. 미국은 우리가 평소 잘 모르는 곳입니다. 공연하게 저들의 사주를 받아 우리나라에 끌려서 풍랑을 헤치고 큰 험난함을 무릅쓰고 와서 우리 신료들을 피폐하게 하고 우리 재물을 자꾸 없애며, 만일 우리나라가 비었음을 엿보고 우리의 약함을 업신여겨 강제로 따르기 곤란한 것을 요청하고 대기 어려운 비용을 떠맡긴다면 장차 어찌 그것에 응할 수 있겠습니까. 러시아 오랑캐[俄夷]는 우리가 본래 혐의하지 않던 이들입니다. 공연히 남의 이간질을 믿고 우리의 위엄에 손상을 주면서 먼 나라는 치고 가까운 나라와는 친교를 맺어 조처가 전도되었으니, 헛소리가 먼저 퍼져서 이것으로 틈을 만들어 병화의 단서가 이어지면 장차 어찌 그것을 구원할 수 있겠습니까. 또한 하물며 러시아·미국·일본은 모두 같은 오랑캐이니 그들 중에서 〈누구를〉 두텁게 대우할지 〈누구를〉 박하게 대우할지 〈판단하기〉 어렵습니다. 그리고 두만강 일대는 국경도 서로 접하였으니, 만일 일본이 이미 시행한 예를 따라 미국이 신설한 조약을 가지고 땅을 청하여 〈그곳에〉 와서 살고, 재화를 청하여 교역[交榷]한다면 장차 어찌 그것을 거절할 수 있겠습니까. 또한 하물며 넓은 바다 안과 밖에 일본·미국과 같은 〈나라〉는 셀 수 없이 많을 것이니, 만일 〈그들이〉 제각기 흉내 내어서 땅을 청하고 화친을 청하기를, 일본이 했던 것과 같이 한다면 장차 어찌 그것을 막을 수 있겠습니까. 허락하지 않으면 예전의 공적이 모두 쓸모없게 되어 〈그들과〉 원수가 되고, 온갖 원한이 모두 모여서 적이 되는 것이 단지 러시아 오랑캐[俄夷] 하나뿐만이 아닐 것이며, 허락한다면 한 모퉁이의 우리나라[靑邱]는 장차 용납될 곳이 없을 것입니다. 만약 러시아 오랑캐가 진실로 황준헌의 말처럼 힘이 〈우리를〉 능히 병탄할 수 있고 뜻이 침략하는 데에 있다면 장차 만 리의 구원을 앉아서 기다려야 하겠습니까, 아니면 장차 독자적으로 임금의 군대[轂下]를 일으켜 오랑캐를 제어하여야 하겠습니까. 이는 그 이해(利害)가 분명합니다. 오늘날 조정은 어찌 괴롭게 이런 백해무익한 일을 하여 러시아의 무심한 마음을 계도하고, 미국의 일 없는 일을 생기게 하여, 도적을 〈우리나라로〉 이르게 하고 오랑캐를 부른단 말입니까. 그 말에 또, '서학에 종사하면 재물을 증식하는 데 힘을 다하며, 농사를 권하는 데 힘을 다하고, 공상을 유통시키는 데 힘을 다한다'라고 하였습니다. 무릇 재용(財用)·농(農)·공(工)은 원래 선왕의 훌륭한 법과 아름다운 규례가 있으니, 당·우(唐虞)에서는 즐비한 집들이 모두 〈서로〉 마주하고, 성주(成周)에서는 주거하는 자와 길 떠나는 자들에게 쌓아 놓은 곡식이 있었던 것이 어찌 일찍이 서학에 종사하였기 때문이겠습니까. 더욱 애통한 것은 저 황준헌이라는 자는 자칭 중국 태생이라고 하면서, 일본의 유세객이 되어 예수를 선한 신이라 하여 난적(亂賊)의 효시가 되니, 아마도 지난번 사당(邪黨)과 비류(匪類)가 심도(沁都)에서의 패배를 분히 여겨 병력으로써 승리를 취할 수 없음을 알고서 요행히 차츰 먹어 들어가려는 욕심을 부려 조금씩 〈우리를〉 물들게 하려는 것이 아니겠습니까. 만약 그렇지 않다면 그 말이 감언이설로 달래어 〈우리를〉 꾀는 것이 너무 지극하고, 위협하는 말로 〈우리를〉 두렵게 하는 것이 너무 지극합니다. 또 교의(敎義)를 전파하는 것이 무해하다는 주장을 글 뒤에 붙인 것은 그 마음이 사교를 우리나라에 퍼뜨리려는 의도에 불과합니다. 삼가 바라건대, 깊이 생각하시고 과단성 있는 큰 정사를 펼치시어 그 사람은 모두 쫓아버리고 그 글은 물과 불 속에 던져서 좋아하고 미워함을 분명히 보이시고, 중외로 포고하시어 온 나라가 머금은 생령이 성상의 뜻이 어디에 있는지를 분명히 알게 하시고, 주공·공자·정자·주자의 가르침을 더욱 밝히시면, 사람이 모두 윗사람을 가까이하고 어른을 위해 죽으며, 사람들의 마음이 성(城)을 이루어 비류와 사당이 간악한 짓을 하는 것을 용납하지 않아서, 우리나라의 옛 풍속이 장차 천하 만세에 할 말이 있게 될 것입니다"라고 하였다. 비답하기를, "사교를 물리치고 정도를 지키는 것[闢邪衛正]은 어찌 그대들의 말을 기다리겠는가. 다른 나라 사람이 사사롭게 모의한 글에 이르러서는 애초에 족히 깊이 연구할 것도 못 되거늘, 그대들이 또 잘못 보고서 들추어낸 것이다. 만약 이것으로 또 번거롭게 상소를 올린다면 이는 조정을 비방하는 것이니, 어찌 그대를 사인[士子]으로 대우하여 엄중히 처벌하지 않을 수 있겠는가. 그대들은 그리 알고 모두 물러가도록 하라"고 하였다.

이규원을 울릉도검찰사로 임명해달라고 청함.

1881년(고종 18-辛巳) 5월 22일(양력 6월 18일)

발신 : 강원감사 임한수 / 수신 : 통리기무아문

『承政院日記』 2887冊

朴海哲以統理機務衙門言啓曰, 卽見江原監司林翰洙狀啓, 則枚擧鬱陵島搜討官所報, 以爲看審之際, 有何伐木, 積置海岸, 剪頭着黑衣者七名, 坐其傍故, 以書問之, 則答以日本人, 而伐木將送于元山·釜山爲言. 彼船去來, 挽近無常, 指點此島, 不無其弊. 請令統理機務衙門稟處矣. 封山自是重地, 搜討亦有定式, 而彼人之潛斫暗輸, 邊禁攸關, 不容不嚴防乃已. 將此事實, 撰出書契, 下送萊館, 轉致于外務省. 第伏念是島處在淼茫之中, 任他空曠, 甚屬疎虞. 其形址要害之何如, 防守緊密之何如, 合有周審而裁處. 本衙門被選人副護〈軍〉李奎遠, 鬱陵島檢察使差下, 政官牌招, 開政下批, 使之從近馳往, 到底商度, 具意見修啓, 以爲稟覆之地何如.

박해철(朴海哲)이 통리기무아문(統理機務衙門)의 말로 아뢰기를, "방금 강원감사(江原監司) 임한수(林翰洙)의 장계를 보니, 울릉도수토관(鬱陵島搜討官)의 보고를 낱낱이 들면서 이르기를, '순찰할 때 어떤 사람이 나무를 베어 해안에 쌓고 있었는데 머리를 깎고 검은 옷을 입은 사람 7명이 그 곁에 앉아 있기에 글을 써서 물어보니 답하기를, 「〈나는〉 일본인인데 나무를 베어 원산(元山)·부산(釜山)으로 보내려고 한다」고 말하였습니다. 저들의 선박이 오가는 것이 근일에 무상하고 〈항상〉 이 섬을 가리켜 보이니, 그 폐단이 없을 수 없습니다. 청컨대 통리기무아문으로 하여금 품처하게 하소서'라고 하였습니다. 봉산(封山)은 중요한 땅이고 수토하는 것도 정식이 있으나 저 사람이 몰래 나무를 베어서 조용히 실어가는 것은 변방의 금법에 관계되는바 엄격하게 방지하지 않을 수 없습니다. 이 사실로 서계(書契)를 지어내어 동래부 왜관[萊館]에 내려 보내서 〈일본〉 외무성(外務省)에 전달하게 하소서. 다만 생각건대 이 섬은 망망대해 중에 있으니, 그대로 텅 비워두는 것은 대단히 허술한 일입니다. 그 형세가 요해처가 될만한가, 방어를 빈틈없이 할 수 있는 것은 어떠한가 마땅히 두루 돌아보고 처리해야 할 것입니다. 본 아문에서 천거한 사람인 부호〈군〉 이규원(李奎遠)을 울릉도검찰사(鬱陵島檢察使)로 차하하시고 정관을 패초하여 정사를 열어 하비하며, 그로 하여금 가까운 시일 내로 달려가서 철저히 헤아려 보고 의견서를 작성하여 보고하게 하여 다시 품의하도록 하는 것이 어떻겠습니까"라고 하였다.

『高宗實錄』 18卷

統理機務衙門啓, 卽見江原監司林翰洙狀啓, 則枚擧鬱陵島搜討官所報, 以爲看審之際, 有何伐木, 積置海岸, 剪頭着黑衣者七名, 坐其傍故, 以書問之, 則答以日本人, 而伐木將送于元山·釜山爲言. 彼船去來, 挽近無常, 指點此島, 不無其弊. 請令統理機務衙門稟處矣. 封山自是重地, 搜討亦有定式, 而彼人之潛斫暗輸, 邊禁攸關, 不容不嚴防乃已. 將此事實, 撰出書契, 下送萊館, 轉致于外務省. 第伏念是島處在淼茫之中, 任他空曠, 甚屬疎虞. 其形址要害之何如, 防守緊密之何如, 合有周審而裁處. 副護軍李奎遠, 鬱陵島檢察使差下, 政官牌招, 開政下批, 使之從近馳往, 到底商度, 具意見修啓, 以爲稟覆之地何如.

통리기무아문(統理機務衙門)에서 아뢰기를, "방금 강원감사(江原監司) 임한수(林翰洙)의 장계를 보니, 울릉도수토관(鬱陵島搜討官)의 보고를 낱낱이 들면서 이르기를, '순찰할 때 어떤 사람이 나무를 베어 해안에 쌓고 있었는데 머리를 깎고 검은 옷을 입은 사람 7명이 그 곁에 앉아 있기에 글을 써서 물어보니 답하기를, 「〈나는〉 일본인인데 나무를 베어 원산(元山)·부산(釜山)으로 보내려고 한다」고 말하였습니다. 저들의 선박이 오가는 것이 근일에 무상하고 〈항상〉 이 섬을 가리켜 보이니, 그 폐단이 없을 수 없습니다. 청컨대 통리기무아문으로 하여금 품처하게 하소서'라고 하였습니다. 봉산(封山)은 중요한 땅이고 수토하는 것도 정식이 있으나 저 사람이 몰래 나무를 베어서 조용히 실어가는 것은 변방의 금법에 관계되는바 엄격하게 방지하지 않을 수 없습니다. 이 사실로 서계(書契)를 지어내어 동래부 왜관[萊館]에 내려 보내서 〈일본〉 외무성(外務省)에 전달하게 하소서. 다만 생각건대 이 섬은 망망대해 중에 있으니, 그대로 텅 비워두는 것은 대단히 허술한 일입니다. 그 형세가 요해처가 될만한가, 방어를 빈틈없이 할 수 있는 것은 어떠한가 마땅히 두루 돌아보고 처리해야 할 것입니다. 부호군(副護軍) 이규원(李奎遠)을 울릉도검찰사(鬱陵島檢察使)로 차하하시고 정관을 패초하여 정사를 열어 하비하며, 그로 하여금 가까운 시일 내로 달려가서 철저히 헤아려 보고 의견서를 작성하여 보고하게 하여 다시 품의하도록 하는 것이 어떻겠습니까"라고 하였다.

『日省錄』 224冊

統理機務衙門啓言, 卽見江原監司林翰洙狀啓, 則枚擧鬱陵島搜討官所報, 以爲看審之際, 有何伐木, 積置海岸, 剪頭着黑衣者七名, 坐其傍故, 以書問之, 則答以日本人, 而伐木將送于元山·釜山爲言. 彼船去來, 挽近無常, 指點此島, 不無其弊. 請令統理機務衙門稟處矣. 封山自是重地, 搜討亦有定式, 而彼人之潛斫暗輸, 邊禁攸關, 不容不嚴防乃已. 將此事實, 撰出書契, 下送萊館, 轉致于外務省. 第伏念是島處在淼茫之中, 任他空曠, 甚屬疎虞. 其形址要害之何如, 防守緊密之何如, 合有周審而裁處. 本衙門被選人副護軍李奎遠, 鬱陵島檢察使差下, 政官牌招, 開政下批, 使之從近馳往, 到底商度, 具意見修啓, 以爲稟覆之地何如, 允之.

통리기무아문(統理機務衙門)이 아뢰기를, "방금 강원감사(江原監司) 임한수(林翰洙)의 장계를 보니, 울릉도수토관(鬱陵島搜討官)의 보고를 낱낱이 들면서 이르기를, '순찰할 때 어떤 사람이 나무를 베어 해안에 쌓고 있었는데 머리를 깎고 검은 옷을 입은 사람 7명이 그 곁에 앉아 있기에 글을 써서 물어보니 답하기를, 「〈나는〉 일본인인데 나무를 베어 원산(元山)·부산(釜山)으로 보내려고 한다」고 말하였습니다. 저들의 선박이 오가는 것이 근일에 무상하고 〈항상〉 이 섬을 가리켜 보이니, 그 폐단이 없을 수 없습니다. 청컨대 통리기무아문으로 하여금 품처하게 하소서'라고 하였습니다. 봉산(封山)은 중요한 땅이고 수토하는 것도 정식이 있으나 저 사람이 몰래 나무를 베어서 조용히 실어가는 것은 변방의 금법에 관계되는바 엄격하게 방지하지 않을 수 없습니다. 이 사실로 서계(書契)를 지어내어 동래부 왜관[萊館]에 내려 보내서 〈일본〉 외무성(外務省)에 전달하게 하소서. 다만 생각건대 이 섬은 망망대해 중에 있으니, 그대로 텅 비워두는 것은 대단히 허술한 일입니다. 그 형세가 요해처가 될만한가, 방어를 빈틈없이 할 수 있는 것은 어떠한가 마땅히 두루 돌아보고 처리해야 할 것입니다. 본 아문에서 천거한 사람인 부호군 이규원(李奎遠)을 울릉도검찰사(鬱陵島檢察使)로 차하하시고 정관을 패초하여 정사를 열어 하비하며, 그로 하여금 가까운 시일 내로 달려가서 철저히 헤아려 보고 의견서를 작성하여 보고하게 하여 다시 품의하도록 하는 것이 어떻겠습니까"라고 하니, 윤허하였다.

이규원을 울릉도검찰사로 임명함.

1881년(고종 18-辛巳) 5월 23일(양력 6월 19일)

발신 : 고종

『承政院日記』 2887冊

有政. … 鬱陵島檢察使單李奎遠, 兼春秋單張逵鴻.

정사가 있었다. … 울릉도검찰사(鬱陵島檢察使)에 이규원(李奎遠)을 단부(單付)하고, 겸춘추(兼春秋)에는 장규홍(張逵鴻)을 임명하였다.

울릉도검찰사의 파견을 내년으로 미룰 것을 청함.

1881년(고종 18-辛巳) 閏7월 5일(양력 8월 29일)

발신 : 통리기무아문

『承政院日記』 2890冊

統理機務衙門啓曰, 鬱陵島檢察使, 依向日啓稟, 當爲發送, 而第念此島異於他地, 候風涉海, 不無節晩之慮, 待明年, 使之馳往何如, 傳曰, 允.

통리기무아문(統理機務衙門)이 아뢰기를, “울릉도검찰사(鬱陵島檢察使)는 지난날의 계품(啓稟)에 따라 출발시켜야 합니다만, 생각건대 이 섬은 다른 지역과 달라 순풍일 때를 기다려 바다를 건너야 하므로 시기가 늦어질 염려가 없지 않으니, 내년이 〈되기를〉 기다려 부임하게 하는 것이 어떻겠습니까”라고 하니, 전교하기를, “윤허한다”고 하였다.

토문강 건너편을 개간한다는 말이 퍼지지 않게 해달라는 중국의 자문에 대해 회신할 것을 청함.

1881년(고종 18-辛巳) 10월 19일(양력 12월 10일)

발신 : 통리기무아문

『承政院日記』 2893冊

又以統理機務衙門言啓曰, 卽見都京禮部咨文出來者, 則土門江越邊開墾等語, 飭令所屬邊, 勿生疑慮事也. 以承領之意, 撰出回咨, 付撥下送灣府, 傳給鳳城, 轉致北京之地何如, 傳曰, 允.

또 통리기무아문(統理機務衙門)의 말로 아뢰기를, "방금 도경(都京) 예부의 자문이 나온 것을 보니, 토문강(土門江) 건너편을 개간한다는 등을 말하는 것이며, 소속된 변경에 신칙하여 〈우리 지방관이〉 의심하고 걱정하지 않게 하라고 하였습니다. 영에 따르겠다는 내용으로 회답 자문을 지어내어 파발을 부쳐 의주[灣部]에 보내고 봉성에 전해주어 북경에 전해지도록 하는 것이 어떻겠습니까"라고 하니, 전교하기를, "윤허한다"고 하였다.

연해와 산간 지역에 있는 읍의 농사 상황이 좋지 않다고 보고받음.

1881년(고종 18-辛巳) 11월 2일(양력 12월 22일)

발신 : 고종

『承政院日記』 2894冊

辛巳十一月初二日未時. 上御熙政堂. … 上曰, 今年農形, 似不均登矣. 淳穆曰, 沿海邑與峽邑, 僅免歉荒, 而收獲之際, 穀出大減云矣. 炳國曰, 被水災處則無以免歉矣. 上曰, 史官就座, 命大臣先退. 仍命退, 諸臣以次退出.

신사 11월 2일 미시(未時). 임금께서 희정당(熙政堂)에 나아갔다. … 임금께서 이르기를, "금년 농사 형편은 고르게 익지 못한 것 같다"라고 하였다. 홍순목(洪淳穆)이 아뢰기를, "연해읍과 산간 지역의 읍만이 겨우 흉작을 면하였으나 수확할 때에 거두어들인 곡식은 크게 줄었다고 합니다"라고 하였다. 김병국(金炳國)이 아뢰기를, "수재(水災)를 입은 곳은 흉년을 면할 수 없었습니다"라고 하였다. 임금께서 이르기를, "사관은 자리로 돌아가라"고 하고, 대신에게 먼저 물러가라고 명하였다. 이어 신하들에게 물러가라고 명하니, 차례로 물러나왔다.

울릉도검찰사를 조속히 부임하게 할 것을 청함.

1882년(고종 19-壬午) 3월 19일(양력 5월 6일)

발신 : 통리기무아문

『承政院日記』 2898冊

又以統理機務衙門言啓曰, 蔚陵島檢察使, 待今年發送事, 昨秋已有啓稟矣. 行期不可遲延, 使之從速馳往何如, 傳曰, 允.

또 통리기무아문(統理機務衙門)의 말로 아뢰기를, "울릉도검찰사(蔚陵島檢察使)는 올해는 기다렸다가 〈내년에〉 보내기로 작년 가을에 이미 아뢰었습니다. 〈울릉도로〉 가는 기한이 지연되어서는 안 되니, 속히 부임하도록 하는 것이 어떻겠습니까"라고 하니, 전교하기를, "윤허한다"고 하였다.

『日省錄(高宗)』 254冊

統理機務衙門啓言, 蔚陵島檢察使, 待今年發送事, 昨秋已有啓稟矣. 行期不可遲延, 請使之從速馳往, 允之.

통리기무아문(統理機務衙門)이 아뢰기를, "울릉도검찰사(蔚陵島檢察使)는 올해는 기다렸다가 〈내년에〉 보내기로 작년 가을에 이미 아뢰었습니다. 〈울릉도로〉 가는 기한이 지연되어서는 안 되니, 속히 부임하도록 하시길 청합니다"라고 하니, 윤허하였다.

토문강변 국경을 넘지 못하게 해달라는 중국 예부의 자문에 대해 회답할 것을 청함.

1882년(고종 19-壬午) 4월 6일(양력 5월 22일)

발신 : 통리기무아문

『承政院日記』 2899冊

尹相萬以統理機務衙門言啓曰, 卽見都京禮部咨文, 則以爲土門江邊我民, 私行越界, 嚴申禁令云矣. 回咨以承領之意撰出, 付撥下送灣府, 傳給鳳城, 轉致北京之地何如, 傳曰, 允.

윤상만(尹相萬)이 통리기무아문(統理機務衙門)의 말로 아뢰기를, “방금 도경(都京)의 예부의 자문을 보니, ‘토문강(土門江) 주변의 우리 백성이 사사롭게 국경을 넘으니 금령을 엄하게 신칙해달라’고 하였습니다. 회답 자문을 잘 받았다는 내용으로 〈글을〉 지어내어 파발을 붙여 의주[灣部]에 내려 보내고 봉성(鳳城)에 전해주어 북경에 전달하게 하는 것이 어떻겠습니까”라고 하니, 전교하기를, “윤허한다”고 하였다.

『日省錄(高宗)』 255冊

統理機務衙門啓言, 卽見都京禮府咨文, 則以爲土門江邊我民, 私行越境, 嚴申禁令云矣. 回咨以承領之意撰出, 付撥下送灣部, 請傳給鳳城, 轉致北京, 允之.

통리기무아문(統理機務衙門)이 아뢰기를 “방금 도경(都京)의 예부의 자문을 보니, ‘토문강(土門江) 주변의 우리 백성이 사사롭게 국경을 넘으니 금령을 엄하게 신칙해달라’고 하였습니다. 회답 자문을 잘 받았다는 내용으로 〈글을〉 지어내어 파발을 붙여 의주[灣

部]에 내려 보내고 봉성(鳳城)에 전해주어 북경에 전달하게 하시길 청합니다"라고 하니, 윤허하였다.

울릉도검찰사 이규원에게 울릉도, 송죽도, 우산도의 상황을 신중하게 조사할 것을 명함.

1882년(고종 19-壬午) 4월 7일(양력 5월 23일)

발신 : 고종

深入檢察矣『承政院日記』2899冊

壬午四月初七日申時. 上御熙政堂. … 上曰, 鬱陵島近有他國人物之無常往來, 任自占便之弊矣. 且松竹島·芋山島, 在於鬱陵島之傍, 而其相距遠近何如, 亦有何物與否, 未能詳知. 今番爾行, 特爲擇差者, 各別檢察. 且將設邑爲計, 必以圖形與別單, 詳細錄遠[*達]也. 奎遠曰, 謹當跼蹶奉行矣. 芋山島卽鬱陵島, 而芋山古之國都名也. 松竹島卽一小島, 而與鬱陵島相距, 爲三數十里, 其所産卽檀香與簡竹云矣. 上曰, 或稱芋山島, 或稱松竹島, 皆輿地勝覽所載也. 而又稱松島·竹島, 與芋山島爲三島, 統稱鬱陵島矣. 其形便一體檢察. 鬱陵島本以三陟營將·越松萬戶, 輪回搜討者, 而擧皆未免疎忽, 只以外面探來, 故致有此弊, 爾則必詳細察得也. 奎遠曰, 謹當深入檢察矣. 或稱松島·竹島, 在於鬱陵島之東, 而此非松竹島以外, 別有松島·竹島也. 上曰, 或有所得聞於曾往搜討人之說耶. 奎遠曰, 曾往搜討之人, 未得逢着, 而轉聞其梗槪矣. 上曰, 此外別有可檢之處可察之事, 亦爲詳細檢察以來也. 奎遠曰, 謹當依下敎周察詳探矣. 上曰, 幾許日則可以抵達耶. 奎遠曰, 自都門至平海, 爲六百八十里, 則八九日可以抵達平海, 自平海發船, 若得順風, 則二日可以抵島, 而候風遲速, 未可預料矣. 上曰, 爾方行險遠之地, 不得不有預備防護之節, 或有砲軍率去者耶. 奎遠曰, 砲軍五十名, 自機務衙門預先指揮, 方等待於候風所矣. 上曰, 作路將由何處耶. 奎遠曰, 路由江原道, 而歷忠淸·慶尙兩道矣. 上曰, 船隻何處之所等待者, 而何日可以乘船耶. 奎遠曰, 船隻則慶尙道所指揮等待者, 而其來待早晩, 未敢預料, 則姑未知何日登船矣. 上曰, 候風行船, 何時可便云耶. 奎遠曰, 小滿後夏至前, 則可以行船, 若至節晩, 不得放船云矣. 上曰, 然則發船時稍晩矣, 抵島後若費幾日, 可以歷覽周察耶. 奎遠曰, 此非人居之地, 則樹木鬱密, 巖路崎嶇, 自費多日然後, 可以周察矣. 上曰, 爾方駕海, 善爲往返也. 乘船與還泊, 卽爲啓聞, 而亦與道臣守宰, 相議迅速擧行也. 奎遠曰, 到界還泊, 例有啓聞, 而亦使道臣·守宰, 卽速擧行矣. 上曰, 爾於此等事, 似非茫昧, 今番之行, 必當善爲竣事也. 奎遠曰, 萬萬惶悚矣. 上曰, 此島, 卽往古設邑之地云矣. 今將設邑, 則民生必有足食道, 然後可以開拓經紀. 島中可合耕食之處, 亦爲詳細審察以來也. 奎遠曰, 臣未知往古設邑與否, 而曾有募民於此, 民不得支保, 竟爲掇還矣. 上曰, 若有籌策之可用者, 爾必具意書啓可也. 奎遠曰, 祖宗疆土, 豈可棄之於他國人, 任其無常去來乎. 當竭力周察, 實心對揚矣.

임자년 4월 6일 신시(申時). 임금께서 희정당(熙政堂)에 나아갔다. … 임금께서 이르기를, "울릉도(鬱陵島)는 근래 다른 나라 사람이 일정하지 않게 왕래하며 제멋대로 편리한 곳을 점거하는 폐단이 있다. 또한 송죽도(松竹島)와 우산도(芋山島)는 울릉도 곁에 있는데 그 서로의 거리가 얼마인지, 또 어떤 물건이 있는지 아직 상세히 알지 못한다. 이번에 그대가 가는 것은 특별히 택하여 보내는 것이니, 각별히 검찰하라. 또한 장차 읍(邑)을 설치할 계획이니 반드시 도형(圖形)과 별단(別單)으로 상세히 기록하여 아뢰도록 하라"고 하였다. 이규원(李奎遠)이 아뢰기를, "삼가 온 힘을 다하여 봉행하겠습니다. 우산도는 곧 울릉도이니 우산(芋山)은 옛 국도(國都)의 이름입니다. 송죽도는 하나의 작은 섬으로 울릉도와의 거리는 30여 리쯤 되며 그 생산물은 단향(檀香)과 간죽(簡竹)이라고 합니다"라고 하였다. 임금께서 이르기를, "혹 우산도(芋山島)라고 부르기도 하고 혹 송죽도(松竹島)라고 부르기도 하는데, 모두 『여지승람(輿地勝覽)』에 실려 있다. 또는 송도(松島)와 죽도(竹島)라고 부르는데 우산도와 함께 삼도(三島)가 되고 통틀어 울릉도라고 부른다. 그 형편을 일체 검찰하라. 울릉도는 본래 삼척영장(三陟營將)·월송만호(越松萬戶)가 번갈아 가며 수토한 것이 모두 소홀함을 면치 못하여 단지 외면만 탐색했기 때문에 이런 폐단을 초래한 것이니, 그대는 반드시 상세히 살피도록 하라"고 하였다. 이규원이 아뢰기를, "삼가 깊숙이 들어가서 검찰하겠습니다. 혹 송도·죽도라고 부르는 것은 울릉도의 동쪽에 있기 때문인데, 이것은 송도·죽도 이외에 따로 송도·죽도가 있는 것은 아닙니다"라고 하였다. 임금께서 이르기를, "혹시 전에 〈그곳에〉 가서 수토한 사람의 말을 들은 적이 있는가"라고 하였다. 이규원이 아뢰기를, "일찍이 가서 수토한 사람은 아직 만나보지 못했지만, 그 대강은 전해 들었습니다"라고 하였다. 임금께서 이르기를, "이외에 별도로 검찰할 곳과 검찰할 일이 있으니, 또한 상세히 검찰하고 오라"고 하였다. 이규원이 아뢰기를, "삼가 하교대로 두루 살피고 상세히 탐색하겠습니다"라고 하였다. 임금께서 이르기를, "며칠 정도면 〈섬에〉 도달할 수 있겠는가"라고 하였다. 이규원이 아뢰기를, "도읍문에서 평해(平海)까지 680리이니 8~9일이면 평해에 도달할 수 있고, 평해에서 배를 띄워 순풍을 만나면 이틀이면 섬에 도착할 수 있지만, 큰 바람을 기다리는 것이 더딜지 빠를지는 미리 헤아릴 수가 없습니다"라고 하였다. 임금께서 이르기를, "그대는 지금 험하고 먼 지역으로 가서 미리 방호(防護)하는 일을 대비하지 않을 수 없으니, 혹시 거느리고 갈 포군(砲軍)은 있는가"라고 하였다. 이규원이 아뢰기를, "포군 50명이 기무아문으로부터 먼저 지휘를 받고, 바야흐로 후풍소(候風所)에서 기다리고 있습니다"라고 하였다. 임금께서 이르기를, "갈 길을 장차 정하는 데 있어 어느 곳을 경유할 생각인가"라고 하였다. 이규원이 아뢰기를, "강원도를 경유하여 충청·경상 양도를 거쳐 갈 것입니다"라고 하였다. 임금께서 이르기를, "배는 어느 곳에서 기다리고 있으며, 어느 날에 배를 탈 수 있겠는가"라고 하였다. 이규원이 아뢰기를, "배는 경상도의 지휘를 받고 〈일행을〉 기다리는데, 그 오고 기다리는 것이 이르고 늦는 것은 감히 미리 헤아릴 수 없으니, 우선 아직 어느 날에 배를 타게 될지는 알지 못합니다"라고 하였다. 임금께서 이르기를, "큰 바람을 기다려 배가 가는 것은 어느 때가 편하다고 하던가"라고 하였다. 이규원이 아뢰기를, "소만(小滿) 후에 하지(夏至) 이전까지 배가 갈 수 있습니다만, 만약 절기가 늦어지면 배를 보낼 수 없다고 합니다"라고 하였다. 임금께서 이르기를, "그렇다면 배를 보내는 시기가 조금 늦어지니, 섬에 도착한 후에 며칠을 사용하면 〈섬을〉 두루 다니면서 보고 모두 살필 수 있겠는가"라고 하였다. 이규원이 아뢰기를, "이곳은 사람이 거주하는 땅이 아니어서 수목이 울창하고 빽빽하며 산길은 높고 험하여 많은 날을 사용한 후에야 두루 살필 수 있습니다"라고 하였다. 임금께서 이르기를, "그대가 바야흐로 바다를 건너가려고 하니[駕海], 잘 하여 다녀오라. 승선하고 돌아와 정박하면 즉시 계문(啓聞)하고, 또한 도신·수령[守宰]과 상의하여 신속히 거행하도록 하라"고 하였다. 이규원이 아뢰기를, "임지 경계에 도착하거나, 돌아와서 정박하게 되면 계문하는 예가 있으며, 또한 도신·수령로 하여금 즉시 거행하도록 하겠습니다"라고 하였다. 임금께서 이르기를, "그대가 이러한 일들에 대해서 잘 모르지는 않을 것이니, 이번 행차는 반드시 일을 잘 마치도록 하라"고 하였다. 이규원이 아뢰기를, "매우 황송합니다"라고 하였다. 임금께서 이르기를, "이 섬은 옛날에 읍을 설치했던 지역이라고 한다. 지금 장차 읍을 설치하면 민생은 반드시 먹고 살 방도가 충분히 있을 것이니, 〈그〉 연후에야 〈땅을〉 개척하고 경영할 수 있다. 섬 가운데 농사를 지어 먹기에 합당한 곳은 또한 상세히 살펴보고 오라"고 하였다. 이규원이 아뢰기를, "신은 옛날에 〈이 섬에〉 읍을 설치했는지 여부는 알지 못하였습니다만, 일찍이 이곳에 백성을 모은 적이 있었으나 백성이 〈그 삶을〉 지탱하고 보전할 수 없어서 끝내 거두고 돌아왔습니다"라고 하였다. 임금께서 이르기를, "만약 계책이 쓸 만한 것이 있으면, 그대는 반드시 뜻을 갖추어 서계(書啓)하라"고 하였다. 이규원이 아뢰기를, "조종(祖宗)의 강토를 어찌 다른 나라 사람에게 버릴 수 있겠으며, 그들이 제멋대로 무상하게 오고가게 하겠습니까. 마땅히 온 힘을 다해 두루 살피고, 실로 마음을 다해 왕명을 비추겠습니다"라고 하였다.

『高宗實錄』19卷

初七日. 召見檢察使李奎遠. 辭陛也. 敎曰, 鬱陵島近有他國人物之無常往來, 任自占便之弊矣. 且松竹島·芋山島在於鬱陵島之傍, 而其相距遠近何如, 亦有何物與否, 未能詳知. 今番爾行, 特爲擇差者, 各別檢察. 且將設邑爲計, 必以圖形與別單, 詳細錄達也. 奎遠曰, 芋山島卽鬱陵島, 而芋山古之國都名也. 松竹島卽一小島, 而與鬱陵島相距, 爲三數十里, 其所産卽檀香與簡竹云矣. 敎曰, 或稱芋山島, 或稱松竹島, 皆輿地勝覽所載也. 而又稱松島·竹島, 與芋山島爲三島, 統稱鬱陵島矣. 其形便一體檢察. 鬱陵島本以三陟營將·越松萬戶, 輪回搜討者, 而擧皆未免疎忽, 只以外面探來, 故致有此弊, 爾則必詳細察得也. 奎遠曰, 謹當深入檢察矣, 或稱松島·竹島, 在於鬱陵島之東, 而此非松竹島以外, 別有松島·竹島也. 敎曰, 或有所得聞於曾往搜討人之說耶. 奎遠曰, 曾往搜討之人, 未得逢着, 而轉聞其梗槪矣.

4월 7일. 검찰사(檢察使) 이규원(李奎遠)을 소견하였다. 사폐(辭陛)이다. 교하기를, "울릉도(鬱陵島)는 근래 다른 나라 사람이 일정하지 않게 왕래하며 제멋대로 편리한 곳을 점거하는 폐단이 있다. 또한 송죽도(松竹島)·우산도(芋山島)는 울릉도 곁에 있는데 그 서로의 거리가 얼마인지, 또 어떤 물건이 있는지 아직 상세히 알지 못한다. 이번에 그대가 가는 것은 특별히 택하여 보내는 것이니, 각별히 검찰하라. 또한 장차 읍(邑)을 설치할 계획이니 반드시 도형(圖形)과 별단(別單)으로 상세히 기록하여 아뢰도록 하라"고 하였다. 이규원이 아뢰기를, "우산도는 곧 울릉도이니 우산(芋山)은 옛 국도(國都)의 이름입니다. 송죽도는 하나의 작은 섬으로 울릉도와의 거리는 30여 리쯤 되며 그 생산물은 단향(檀香)과 간죽(簡竹)이라고 합니다"라고 하였다. 교하기를, "혹 우산도(芋山島)라고 부르기도 하고 혹 송죽도(松竹島)라고 부르기도 하는데, 모두 『여지승람(輿地勝覽)』에 실려 있다. 또는 송도(松島)와 죽도(竹島)라고 부르는데 우산도와 함께 삼도(三島)가 되고 통틀어 울릉도라고 부른다. 그 형편을 일체 검찰하라. 울릉도는 본래 삼척영장(三陟營將)·월송만호(越松萬戶)가 번갈아가며 수토한 것이 모두 소홀함을 면치 못하여 단지 외면만 탐색했기 때문에 이런 폐단을 초래한 것이니, 그대는 반드시 상세히 살피도록 하라"고 하였다. 이규원이 아뢰기를, "삼가 깊숙이 들어가서 검찰하겠습니다. 혹 송도·죽도라고 부르는 것은 울릉도의 동쪽에 있기 때문인데, 이것은 송도·죽도 이외에 따로 송도·죽도가 있는 것은 아닙니다"라고 하였다. 교하기를, "혹시 전에 〈그곳에〉 가서 수토한 사람의 말을 들은 적이 있는가"라고 하였다. 이규원이 아뢰기를, "일찍이 가서 수토한 사람은 아직 만나보지 못했지만, 그 대강은 전해 들었습니다"라고 하였다.

중국 예부에서 보낸 자문을 보고하고, 이에 대해 회신할 것을 청함.

1882년(고종 19-壬午) 5월 8일(양력 6월 23일)

발신 : 통리기무아문

『承政院日記』 2900冊

又以統理機務衙門言啓曰, 卽見盛京禮部咨文三道, 則一是溧漢人領去譯官賞銀秪領事也, 一是土門越界墾種申禁事也, 一是本年夏季統巡着派前往事也. 回咨竝按例撰出, 付撥下送灣府, 傳給鳳城, 轉致盛京之地何如, 傳曰, 允.

또 통리기무아문(統理機務衙門)의 말로 아뢰기를, "방금 성경(盛京) 예부의 자문 3통을 보니, 하나는 표류한 한인(漢人)을 데리고 간 역관에게 은저를 상으로 주어 공경히 받았다는 것이고, 하나는 토문강(土門江) 경계를 넘어서 땅을 개간하여 파종하는 것을 거듭 금지하는 것이며, 하나는 올해 여름에 통제하고 순찰할 때 파견될 사람이 미리 가겠다는 것이었습니다. 회답 자문을 모두 예에 따라 지어내어 파발에 붙여 의주[灣府]로 내려 보내고 봉성(鳳城)에 전해주어 성경에 전하게 하는 것이 어떻겠습니까"라고 하니, 전교하기를, "윤허한다"고 하였다.

『日省錄(高宗)』 256冊

統理機務衙門啓言, 卽見盛京禮部咨文三道, 則一是漂漢人領去譯官賞銀祗迎事. 一是土門江越界墾種申禁事, 一是本年夏季統巡着泒前往事也. 回咨竝按例撰出, 付撥下送灣府, 傳給鳳城, 轉致盛京, 允之.

통리기무아문(統理機務衙門)이 아뢰기를, "방금 성경(盛京) 예부의 자문 3통을 보니, 하나는 표류한 한인(漢人)을 데리고 간 역관에게 은저를 상으로 주어 공경히 받았다는 것이고, 하나는 토문강(土門江) 경계를 넘어서 땅을 개간하여 파종하는 것을 거듭 금지하는 것이며, 하나는 올해 여름에 통제하고 순찰할 때 파견될 사람이 미리 가겠다는 것이었습니다. 회답 자문을 모두 예에 따라 지어내어 파발에 붙여 의주[灣府]로 내려 보내고 봉성(鳳城)에 전해주어 성경에 전하게 하소서"라고 하니, 윤허하였다.

울릉도검찰사로 파견되었던 이규원에게 울릉도, 송죽도, 우산도의 상황에 대해 보고받음.

1882년(고종 19-壬午) 6월 5일(양력 7월 19일)

발신 : 고종

『承政院日記』2901冊

壬午六月初五日初更四點. 上御熙政堂. … 上曰, 史官分左右. 仍命檢察使進前, 奎遠進. 上曰, 遠路數千里, 善爲往返乎. 奎遠曰, 臣猥荷鬱陵島檢察之命, 水陸數千餘里, 無事往返, 如非王靈攸曁, 何以得此乎. 上曰, 書契與別單旣覽之. 而水路雖難, 仍作閑曠之地爲難云, 果然乎. 奎遠曰, 果然矣. 上曰, 地圖亦見之, 山上羅里洞, 廣則廣矣, 但無水可欠. 其中樹木參天否. 奎遠曰, 羅里洞山上, 別開局面, 可謂天府之地. 而自山根, 無過數帿之地, 巨細川流, 盡爲伏流, 一大欠事. 樹木參天, 終日行役, 不見隙光矣. 上曰, 若設邑, 則三四處中, 羅里洞可爲之矣. 奎遠曰, 於鎭於邑, 若設置, 則非羅里洞, 莫可也. 上曰, 其洞壑, 可容數三百戶處, 往往有之云, 然乎. 奎遠曰, 洞壑之可容一二百戶者, 可計六七處也. 上曰, 然則爲妙. 奎遠曰, 開拓後, 諸谷都無障海之地, 是爲欠事. 上曰, 桑·柘·楮·苧, 不種自生, 不亦異事乎. 奎遠曰, 苧田則蔚茂, 爲十數日耕之田, 而桑·柘·楮屬, 間間成林, 想是古昔民居時種植者也. 上曰, 又楮田何如. 奎遠曰, 只有往往叢生矣. 上曰, 其地若開拓, 則民或樂從否. 奎遠曰, 船漢藥商等處試問之, 多有樂從之意. 上曰, 甚可幸也. 吾邦人多入采藥造船乎. 奎遠曰, 湖南人最多, 全爲造船·採藿·採鰒, 其外他道人, 皆以采藥爲主矣. 上曰, 倭人立標, 謂之松島, 不可無言於彼. 奎遠曰, 彼狡譎之類, 至於立標木, 書以松島. 松島云者, 自前相詰者也. 不可無一次公斡於花房義質處, 亦不可無致書於日本外務省矣. 上曰, 以此意, 言於總理大臣及時相許也. 以今觀之, 不可一時廢棄, 雖片土不可棄也. 奎遠曰, 以此傳敎, 這這傳諭於總理大臣及時任大臣矣. 雖尺寸之地, 乃是祖宗疆土, 何可等棄乎. 上曰, 非但通于彼, 開拓事, 亦速爲可也. 奎遠曰, 至於開拓, 欲速而不得, 先爲許民, 第觀成聚然後, 可以措處矣. 上曰, 如此好地, 何增[*可]棄之. 必不知而然矣. 奎遠曰, 何可不知乎. 但船路不利, 港口不便故也. 上曰, 繫船口無變通之道否. 奎遠曰, 雖欲使力爲之, 環島諸浦, 無非石确磊落, 則不得容易矣. 上曰, 這是石确之致也. 奎遠曰, 然矣.

6월 5일 초경(初更) 4점(點). 임금께서 희정당(熙政堂)에 나아갔다. … 임금께서 이르기를, "사관은 좌우로 나누어 앉으라"고 하였다. 이어 검찰사(檢察使)에게 앞으로 나오라고 명하니, 이규원(李奎遠)이 앞으로 나왔다. 임금께서 이르기를, "먼 길 수천 리를 잘 다녀왔는가"라고 하였다. 이규원이 아뢰기를, "신이 외람되이 울릉도(鬱陵島)를 검찰하라는 명을 받고 수륙(水陸) 수천여 리를 무사히 다녀왔으니, 만일 왕령(王靈)의 보살핌이 아니라면 어떻게 이럴 수 있었겠습니까"라고 하였다. 임금께서 이르기를, "서계(書契)와 별단을 이미 보았다. 수로가 비록 〈가기〉 어려우나 그래서 〈그곳을〉 빈 땅[閑曠之地]으로 만드는 것은 곤란하다고 했는데, 과연 그런가"라고 하였다. 이규원이 아뢰기를, "과연 그러합니다"라고 하였다. 임금께서 이르기를, "지도(地圖)도 보았는데 산 위에 〈있는〉 나리동(羅里洞)이 과연 넓기는 넓었지만 물이 없는 것이 흠이다. 그 안에서 수목들이 울창하게 하늘 높이 솟아 있던가"라고 하였다. 이규원이 아뢰기를, "나리동 산 위에 따로 넓은 평지가 펼쳐져 있어 천부의 땅이라 말할만했습니다. 그러나 산기슭에서 얼마 머지 않는 땅에 크고 작은 물이 다 땅속으로 흐르고 있는 것이 하나의 커다란 흠이었습니다. 수목이 울창하게 하늘 높이 솟아서 종일토록 가도 빛이 들어오는 것을 못 보았습니다"라고 하였다. 임금께서 이르기를, "만약 읍을 설치한다면 서너 곳 중에 나리동이 적당할 것이다"라고 하였다. 이규원이 아뢰기를, "진(鎭)이나 읍을 만약 설치한다면, 나리동이 아니면 안 될 것입니다"라고 하였다. 임금께서 이르기를, "그 골짜기에 300~400호를 수용할만한 곳이 왕왕 있다고 하는데, 그러한가"라고 하였다. 이규원이 아뢰기를, "골짜기가 100~200호를 수용할만한 것이 6~7곳이나 되었습니다"라고 하였다. 임금께서 이르기를, "그렇다면 묘한 〈곳이다〉"라고 하였다. 이규원이 아뢰기를, "개척한 후 여러 골짜기가 모두 바다를 막을 땅이 없는 것이 흠입니다"라고 하였다. 임금께서 이르기를, "뽕나무·산뽕나무·닥나무·모시풀은 심지 않았는데도 저절로 자라니, 또한 기이한 일이 아닌가"라고 하였다. 이규원이 아뢰기를, "모시밭은 울창하여 십수 일간 경작할 밭이 되고, 뽕나무·산뽕나무·닥나무 부류는 사이사이 숲을 이루었는데, 옛날 백성들이 살 때 심은 것으로 생각합니다"라고 하였다. 임금께서 이르기를, "또 닥나무 밭은 어떠하던가"라고 하였다. 이규원이 아뢰기를, "단지 왕왕 총생하고 있을 뿐이었습니다"라고 하였다. 임금께서 이르기를, "그 땅을 만약 개척한다면 백성은 혹여 즐겁게 따르겠는가"라고 하였다. 이규원이 아뢰기를, "뱃놈과 약재상에게 시험 삼아 물어보니, 대부분 즐겁게 따를 의향이 있었습니다"라고 하였다. 임금께서 이르기를, "매우 다행스럽다. 우리나라 사람은 많이 〈섬에〉 들어가서 약초를 캐고 배를 만들던가?"라고 하였다. 이규원이 아뢰기를, "호남 사람이 가장 많은데 전적으로 배를 만들거나 미역과 전복을 캐는 사람들이었고 그 외에 다른 도의 사람들은 모두 약초를 캐는 것을 주로 하고 있었습니다"라고 하였다. 임금께서 이르기를, "왜인(倭人)들이 표를 세워 송도(松島)라고 말한다는데, 저들에게 〈이 사실을〉 말하지 않을 수 없다"라고 하였다. 이규원이 아뢰기를, "저 교활한 무리들이 표목을 세워서 송도라고 쓰기까지 이르렀습니다. 〈저들이〉 송도라고 하는 것은 이전부터 서로 힐난하던 것입니다. 한번 하나부사 요시모토(花房義質)에게 공문을 보내지 않을 수 없고, 또한 일본 외무성에도 서한을 전달하지 않을 수 없겠습니다"라고 하였다. 임금께서 이르기를, "이런 내용으로 총리대신 및 현임재상에게 말하겠다. 지금 보면 〈그곳을〉 한시도 버려두어서는 안 되고, 비록 한 편의 땅이라도 버릴 수는 없다"라고 하였다. 이규원이 아뢰기를, "이 전교를 일일이 총리대신 및 현임대신들에게 전유하겠습니다. 비록 척촌의 땅이라도 바로 조종(祖宗)의 강토인데 어찌 버려둘 수가 있겠습니까"라고 하였다. 임금께서 이르기를, "비단 저들에게 통지할 뿐만 아니라 개척하는 일도 속히 하는 것이 좋겠다"라고 하였다. 이규원이 아뢰기를, "개척하는 일에 이르러서는, 속히 하고자 해도 할 수가 없으니, 먼저 백성이 〈들어가 사는 것을〉 허락하여 취락(聚落)을 이루는 것을 본 후에 조처할 수 있습니다"라고 하였다. 임금께서 이르기를, "이와 같이 좋은 땅을 어찌하여 일찍부터 버려두었단 말인가. 필시 알지 못하여 그랬을 것이다"라고 하였다. 이규원이 아뢰기를, "어찌 알지 못했겠습니까. 다만 뱃길이 이롭지 않고 항구가 불편했기 때문입니다"라고 하였다. 임금께서 이르기를, "배를 매어 둘 부두를 변통할 방법이 없던가"라고 하였다. 이규원이 아뢰기를, "비록 힘을 들여 〈부두를〉 만들고자 해도 온 섬에 둘러 있는 여러 포구들이 모두 돌과 자갈이 많고 돌무더기가 떨어져서 쉽지 않습니다"라고 하였다. 임금께서 이르기를, "돌과 자갈 때문이구나"라고 하였다. 이규원이 아뢰기를, "그렇습니다"라고 하였다.

『高宗實錄』19卷

召見鬱陵島檢察使李奎遠. 復命也. 教曰, 書契與別單既覽之, 地圖亦見之. 山上羅里洞, 廣則廣矣, 但無水可欠. 其中樹木參天否. 奎遠曰, 羅里洞山上, 別開局面, 可謂天府之地. 而自山根, 無過數帿之地, 巨細川流, 盡爲伏流, 一大欠事. 樹木參天, 終日行役, 不見隙光矣. 教曰, 若設邑, 則三四處中, 羅里洞可爲之矣. 奎遠曰, 於鎭於邑, 若設置, 則非羅里洞, 莫可也. 教曰, 其洞壑, 可容數三百戶處, 往往有之云, 然乎. 奎遠曰, 洞壑之可容一二百戶者, 可計六七處. 而開拓後, 諸谷都無障海之地, 是爲欠事. 教曰, 桑·柘·楮·苧, 不種自生, 不亦異事乎. 奎遠曰, 苧田則蔚茂, 爲十數日耕, 而桑柘楮屬, 間間成林, 想是古昔民居時種植者也. 教曰, 其地若開拓, 則民或樂從否. 奎遠曰, 船漢藥商等處試問之, 多有樂從之意. 教曰, 吾邦人, 多入采藥造船乎. 奎遠曰, 湖南人最多, 全爲造船·採藿·採鰒, 其外他道人, 皆以采藥爲主矣. 教曰, 日人立標, 謂之松島, 不可無言於彼. 奎遠曰, 彼立標木, 書以松島. 松島云者, 自前相詰者也. 不可無一次公斡於花房義質處, 亦不可無致書於日本外務省矣. 教曰, 以此意, 言於總理大臣及時相許也. 以今觀之, 不可一時廢棄, 雖片土不可棄也. 奎遠曰, 以此傳教, 這這傳諭於總理大臣及時任大臣矣. 雖尺寸之地, 乃是祖宗疆土, 何可等棄乎. 教曰, 非但通于彼, 開拓事, 亦速爲可也. 奎遠曰, 至於開拓, 欲速而不得, 先爲許民入居, 觀其成聚然後, 可以措處矣. 教曰, 繫船口無變通之道否. 奎遠曰, 環島諸浦, 無非石确, 着手實不容易矣.

울릉도검찰사(鬱陵島檢察使) 이규원(李奎遠)을 소견(召見)하였다. 복명(復命)이다. 교하기를, "서계(書契)와 별단(別單)은 이미 열람했고 지도(地圖)도 보았다. 산 위에 〈있는〉 나리동(羅里洞)이 넓기는 넓은데 단지 물이 없는 것이 흠이다. 그 안에서 수목들이 울창하게 하늘 높이 솟아 있던가"라고 하였다. 이규원이 아뢰기를, "나리동 산 위에 따로 넓은 평지가 펼쳐져 있어 이른바 천부의 땅이라 말할만했습니다. 그러나 산기슭에서 얼마 머지 않는 땅에 크고 작은 물이 다 땅속으로 흐르고 있는 것이 하나의 커다란 흠이었습니다. 수목이 울창하게 하늘 높이 솟아서 종일토록 가도 빛이 들어오는 것을 못 보았습니다"라고 하였다. 교하기를, 만약 읍을 설치한다면 서너 곳 중에 나리동이 적당할 것이다"라고 하였다. 이규원이 아뢰기를, "진(鎭)이나 읍을 만약 설치한다면, 나리동이 아니면 안 될 것입니다"라고 하였다. 교하기를, "그 골짜기에 300~400호를 수용할만한 곳이 왕왕 있다고 하는데, 그러한가"라고 하였다. 이규원이 아뢰기를, "골짜기가 100~200호를 수용할만한 것이 6~7곳이나 되었습니다. 개척한 후 여러 골짜기가 모두 바다를 막을 땅이 없는 것이 흠입니다"라고 하였다. 교하기를, 뽕나무·산뽕나무·닥나무·모시풀은 심지 않았는데도 저절로 자라니, 또한 기이한 일이 아닌가"라고 하였다. 이규원이 아뢰기를, "모시밭은 울창하여 십수 일간 경작할 〈바〉 되고, 뽕나무·산뽕나무·닥나무 부류는 사이사이 숲을 이루었는데, 옛날 백성들이 살 때 심은 것으로 생각됩니다"라고 하였다. 교하기를, "만약 그 땅을 개척한다면 백성은 혹여 즐겁게 따르겠는가"라고 하였다. 이규원이 아뢰기를, "뱃놈과 약재상에게 시험 삼아 물어보니, 대부분 즐거이 따를 의향이 있었습니다"라고 하였다. 교하기를, "우리나라 사람은 많이 〈섬에〉 들어가서 약초를 캐고 배를 만들던가"라고 하였다. 이규원이 아뢰기를, "호남 사람이 가장 많은데 전적으로 배를 만들거나 미역과 전복을 캐는 사람들이었고 그 외에 다른 도의 사람들은 모두 약초를 캐는 것을 주로 하고 있었습니다"라고 하였다. 교하기를, "일본인이 표를 세워 송도(松島)라 말한다는데, 저들에게 〈이 사실을〉 말하지 않을 수 없다"라고 하였다. 이규원이 아뢰기를, "저 교활한 무리들이 표목을 세워서 송도라고 쓰기까지 이르렀습니다. 〈저들이〉 송도라고 하는 것은 이전부터 서로 힐난하던 것입니다. 한번 하나부사 요시모토(花房義質)에게 공문(公文)을 보내지 않을 수 없으며 또한 일본 외무성(外務省)에 편지를 보내지 않을 수 없습니다"라고 하였다. 교하기를, "이런 내용으로 총리대신(總理大臣) 및 현임재상에게 말하겠다. 지금 보면 한시도 등한히 내버려두어서는 안 되고, 한 편의 땅이라도 버릴 수는 없다"라고 하였다. 이규원이 아뢰기를, "이 전교를 일일이 총리대신(總理大臣) 및 현임대신에게 전유하겠습니다. 비록 촌척의 땅이라도 바로 조종(祖宗)의 강토인데 어떻게 버려둘 수 있겠습니까"라고 하였다. 교하기를, "비단 저들에게 통지할 뿐만 아니라 개척하는 일도 속히 하는 것이 좋겠다"라고 하였다. 이규원이 아뢰기를, "개척하는 일에 이르러서는 빨리 하고자 해도 할 수가 없으니, 먼저 백성이 〈들어가 사는 것을〉 허락하여 취락을 이루는 것을 본 후에 조처할 수 있습니다"라고 하였다. 교하기를, "배를 맬 부두는 변통할 방법이 없던가"라고 하였다. 이규원이 아뢰기를, "온 섬에 둘러 있는 여러 포구가 돌과 자갈이 없지 않아서 착수가 진실로 쉽지 않습니다"라고 하였다.

울릉도에서 불법적인 행동을 금지한다는 서계를 작성하여 일본에 보낼 것을 청함.

1882년(고종 19-壬午) 6월 16일(양력 7월 30일)

발신 : 울릉도검찰사 이규원 / 수신 : 삼군부

『承政院日記』2901冊

朴鳳彬以三軍府言啓曰, 卽見鬱陵島檢察使李奎遠書啓, 則以爲日本人結幕一隅, 稱以松島, 立標斫木, 移書詰責, 恐不可已事, 判付有令三軍府稟處之命矣. 殊厥疆界, 愼固封守, 自有典則. 而以日本人之侵斫此島樹木, 自其國禁止之意, 已有文字, 而今於檢察之行, 目見其猶復自如, 則不得不更申前意, 永杜此弊. 令文任撰送書契何如, 傳曰, 允.

박봉빈(朴鳳彬)이 삼군부(三軍府)의 말로 아뢰기를, "방금 울릉도검찰사(蔚陵島檢察使) 이규원(李奎遠)의 서계(書啓)를 보니, '일본인이 한쪽 구석에 막을 치고 〈울릉도를〉 송도(松島)라고 칭하면서 표목을 세우고 벌목하니, 서계를 보내어 힐책(詰責)하는 것은 그만둘 수 없는 일이라 여겨집니다'라고 하였는데, 〈이에 대하여〉 삼군부로 하여금 품처하라는 명을 판부하였습니다. 저 강계를 신중하고 견고하게 지키는 일은 본래 법칙이 있습니다. 일본인이 침범하여 이 섬의 나무를 베는 것을, 그 나라에서 금지시켜야 한다는 내용의 문서[文字]가 이미 있었는데, 지금 검찰사가 가서 오히려 다시 그렇게 하고 있다는 것을 목격하였으니, 저번과 같은 내용을 다시 신칙하여 영원히 이러한 폐단을 막지 않을 수 없습니다. 문임으로 하여금 서계를 지어 보내게 하는 것이 어떻겠습니까"라고 하니, 전교하기를, "윤허한다"고 하였다.

『高宗實錄』19卷

三軍府啓, 鬱陵島檢察使李奎遠書, 以爲日本人結幕一隅, 稱以松島, 所木立標, 啓請移書詰責事, 有旨令三軍府稟矣. 以日本人之侵斫此島樹木, 自其國禁止之意, 已有文字, 而今於檢察之行, 目見其猶復自如, 則不得不更申前意, 永杜此弊. 令文任撰送書契何如, 允之.

삼군부(三軍府)에서 아뢰기를, "울릉도검찰사(蔚陵島檢察使) 이규원(李奎遠)이, 일본인들이 한쪽 구석에 막을 치고 〈울릉도를〉 송도(松島)라고 칭하면서 표목을 세웠으니 서계를 보내어 힐책(詰責)하는 것을 청한 일에 대하여, 삼군부로 하여금 품처하게 하라는 교지가 있었습니다. 일본인이 침범하여 이 섬의 나무를 베는 것을, 그 나라에서 금지시켜야 한다는 내용의 문서[文字]가 이미 있었는데, 지금 검찰사가 가서 오히려 다시 그렇게 하고 있다는 것을 목격하였으니, 저번과 같은 내용을 다시 신칙하여 영원히 이러한 폐단을 막지 않을 수 없습니다. 문임으로 하여금 서계를 지어 보내게 하는 것이 어떻겠습니까"라고 하니, 윤허하였다.

『日省錄(高宗)』257冊

三軍府啓言, 卽見鬱陵島檢察使李奎遠書啓, 則以日本人結幕一隅, 稱以松島, 立標斫木, 爲書詰責, 恐不可已事, 判付有令三軍府稟處之命矣. 殊厥彊界, 愼固封守, 自有典則. 而以日本人之侵斫樹木, 自其國禁止之意, 已有文字, 而今於檢察之行, 目其猶復自如, 則不得不更申前意, 永杜此弊. 令文任撰出書契, 允之.

삼군부(三軍府)에서 아뢰기를, "방금 울릉도검찰사(蔚陵島檢察使) 이규원(李奎遠)의 서계(書啓)를 보니, '일본인이 한쪽 구석에 막을 치고 〈울릉도를〉 송도(松島)라고 칭하면서 표목을 세우고 벌목하니, 서한을 지어 〈보내어〉 힐책(詰責)하는 것은 그만둘 수 없는 일이라 여겨집니다'라고 하였는데, 〈이에 대하여〉 삼군부로 하여금 품처하라는 명을 판부하였습니다. 저 강계를 신중하고 견고하게 지키는 일은 본래 법칙이 있습니다. 일본인이 침범하여 나무를 베는 것을, 그 나라에서 금지시켜야 한다는 내용의 문서[文字]가 이미 있었는데, 지금 검찰사가 가서 오히려 다시 그렇게 하고 있다는 것을 보았으니, 저번과 같은 내용을 다시 신칙하여 영원히 이러한 폐단을 막지 않을 수 없습니다. 문임으로 하여금 서계를 지어 내게 하소서"라고 하니, 윤허하였다.

경기관찰사직을 맡기에 능력이 부족하다고 아룀.

1882년(고종 19-壬午) 6월 20일(양력 8월 3일)

발신 : 경기감사 홍우창

『承政院日記』 2901冊

京畿監司洪祐昌疏曰, 伏以臣奉特旨下者, 以臣爲京畿觀察使. 臣於是, 惝怳惕慌, 未敢知聖明奚爲而有此誤恩也. … 矧今海沿, 則蕃船之來往無常, 峒峽則萑澤之剽劫相續. 繹騷之甚, 擧思荷擔, 旱歉之憂, 將在目下, 苟非材猷, 有所通鍊, 彊幹足以倚辦, 顧何能仰副方面之寄, 俯答旬宣之望也哉.

경기감사(京畿監司) 홍우창(洪祐昌)이 상소하기를, "삼가 아룁니다. 신이 특별한 교지를 내리신 것을 받드니, 〈그 내용은〉 신을 경기관찰사로 삼는 것이었습니다. 신은 이에 정신이 아뜩하고 두려울 뿐, 밝으신 성상이 어찌하여 이런 잘못된 은혜를 내리셨는지를 감히 알지 못하겠습니다. … 더구나 지금 연해는 각지의 배가 무상하게 오고가는데다 산협(山峽)은 초적[萑澤]의 약탈이 서로 이어집니다. 심히 소란스러운 일을 모두 맡아 처리해야 하며 가뭄으로 인한 흉년 걱정이 장차 눈앞에 있으니, 진실로 재주와 지략이 통하고 단련되었으며, 강직한 재능으로 믿고 판별할 수 있는 사람이 아니면, 어떻게 능히 위로는 한 방면(方面)을 맡겨준 기대에 부응하고 아래로는 두루 왕명을 선양하기를 바라는 바람에 답할 수 있겠습니까"라고 하였다.

울릉도에서 일본인들이 불법적인 행동을 하는 것을 금지한다는 서계를 작성하고, 일본에 이것을 보낼 것을 청함.

1882년(고종 19-壬午) 7월 10일(양력 8월 23일)

발신 : 울릉도검찰사 이규원 / 수신 : 삼군부

『承政院日記』 2902冊

三軍府啓曰, 卽見鬱陵島檢察使李奎遠書啓, 則以日本人結幕一隅, 稱以松島, 立標斫木, 移至詰責, 恐不可已事, 判付有令三軍府稟處之命矣. 殊厥疆界, 愼固封守, 自有典則. 而以日本人之侵斫此島樹木, 自其國禁止之意, 已有文字, 而今於檢察之行, 目見其猶復自如, 則不得不更申前意, 永杜此弊. 令文任撰出書契何如, 傳曰, 允.

삼군부(三軍府)에서 아뢰기를, "방금 울릉도검찰사(蔚陵島檢察使) 이규원(李奎遠)의 서계(書啓)를 보니, '일본인이 한쪽 구석에 막을 치고 〈울릉도를〉 송도(松島)라고 칭하면서 표목을 세우고 벌목하니, 〈서한을〉 보내어 힐책(詰責)하는 것은 그만둘 수 없는 일이라 여겨집니다'라고 하였는데, 〈이에 대하여〉 삼군부로 하여금 품처하라는 명을 판부하였습니다. 저 강계를 신중하고 견고하게 지키는 일은 본래 법칙이 있습니다. 일본인이 침범하여 이 섬의 나무를 베는 것을, 그 나라에서 금지시켜야 한다는 내용의 문서[文字]가 이미 있었는데, 지금 검찰사가 가서 오히려 다시 그렇게 하고 있다는 것을 목격하였으니, 저번과 같은 내용을 다시 신칙하여 영원히 이러한 폐단을 막지 않을 수 없습니다. 문임으로 하여금 서계를 지어 보내게 하는 것이 어떻겠습니까"라고 하니, 전교하기를, "윤허한다"고 하였다.

『高宗實錄』19卷

初十日. 三軍府啓, 以鬱陵島檢察使李奎遠書啓, 令三軍府稟處事, 命下矣. 以日本人之侵斫此島樹木, 自其國禁止之意, 已有文字. 而今於檢察之行, 目見其猶復自如, 則不得不更申前意, 永杜此弊. 令文任撰送書契何如, 允之.

7월 10일. 삼군부(三軍府)에서 아뢰기를, "울릉도검찰사(蔚陵島檢察使) 이규원(李奎遠)의 서계(書啓)에 대해 삼군부로 하여금 품처하라는 명을 내리셨습니다. 일본인이 침범하여 이 섬의 나무를 베는 것을, 그 나라에서 금지시켜야 한다는 문서[文字]가 이미 있었는데, 지금 검찰사가 가서 오히려 다시 그렇게 하고 있다는 것을 목격하였으니, 저번과 같은 내용을 다시 신칙하여 영원히 이러한 폐단을 막지 않을 수 없습니다. 문임으로 하여금 서계를 지어 보내게 하는 것이 어떻겠습니까"라고 하니, 윤허하였다.

길림 변경의 땅을 경작하는 함경도 빈민들을 쇄환할 것을 청함.

1882년(고종 19-壬午) 8월 11일(양력 9월 22일)

발신 : 의정부

『高宗實錄』 19卷

議政府啓, 前者中國禮部, 據吉林將軍銘安所奏, 佔耕吉林邊地之朝鮮咸鏡道貧民, 竝令領照納租, 隸其版圖, 遵其政敎, 外著立年限, 易其冠裳之意, 咨照矣. 中國之不卽驅出我民, 蓋緣懷綏之義, 此若不亟圖刷還, 殆無防限. 法意所在, 豈容玩愒. 令文任撰咨入送何如, 允之.

의정부(議政府)에서 아뢰기를, "지난번에 중국 예부에서 길림장군(吉林將軍) 명안(銘安)이 아뢴 것에 근거하여, 길림 변경의 땅을 차지하며 경작하고 있는 조선 함경도(咸鏡道) 빈민들은 모두 조(照)를 받아 세금을 바치게 하고, 저들의 판도에 예속시켜 저들의 정교(政敎)를 따르게 하며, 겉에 입는 옷[外著]은 연한을 정해 그 의관[冠裳]을 바꾸게 하겠다고 하는 내용으로 자문을 보냈습니다. 중국이 우리 백성들을 즉시 쫓아내지 않는 것은 대개 회유하기 위한 뜻에서 나온 것이므로 쇄환하는 일을 속히 도모하지 않으면 막을 방법이 없게 될 것입니다. 법의 뜻이 있는 바를 〈생각하면〉 어찌 빈둥거리며 게으르게 〈하겠습니까〉. 문임으로 하여금 자문을 지어서 들여보내게 하는 것이 어떻겠습니까"라고 하니, 윤허하였다.

『備邊司謄錄』 263冊

府啓曰, 前者中國禮部, 據吉林將軍銘安所奏, 佔耕吉林邊地之朝鮮咸鏡道貧民, 竝令領照納租, 隸其版圖, 遵其政敎, 外着立年限, 易其冠裳之意, 咨照矣, 中國之不卽驅出我民, 蓋緣懷綏之義, 此若不亟圖刷還, 是殆無防限, 法意所在, 豈容玩愒乎. 令文任具由撰咨, 別定齎咨官金載信, 以爲入送之地何如, 答曰, 允.

의정부[府]에서 아뢰기를 “지난번에 중국 예부에서 길림장군(吉林將軍) 명안(銘安)이 아뢴 것에 근거하여, 길림 변경의 땅을 차지하며 경작하고 있는 조선 함경도(咸鏡道) 빈민들은 모두 조(照)를 받아 세금을 바치게 하고, 저들의 판도에 예속시켜 저들의 정교(政敎)를 따르게 하며, 겉에 입는 옷[外著]은 연한을 정해 그 의관[冠裳]을 바꾸게 하겠다고 하는 내용으로 자문을 보냈습니다. 중국이 우리 백성들을 즉시 쫓아내지 않는 것은 대개 회유하기 위한 뜻에서 나온 것이므로 쇄환하는 일을 속히 도모하지 않으면 거의 막을 방법이 없게 될 것입니다. 법의 뜻이 있는 바를 〈생각하면〉 어찌 빈둥거리며 게으르게 〈하겠습니까〉. 문임으로 하여금 자문을 지어서 들여보내게 하는 것이 어떻겠습니까”라고 하니, 답하기를, “윤허한다”고 하였다.

울릉도 지역을 개간하고 발전시킬 방안을 건의함.

1882년(고종 19-壬午) 8월 20일(양력 10월 1일)

발신 : 영의정 홍순목

『承政院日記』 2903冊

淳穆曰, 向來檢察使復命時, 鬱陵島地圖與書啓, 伏想已經乙覽. 而此島僻在海中, 天荒一區, 聞是沃腴之地. 爲先募民起墾, 五年後定稅, 則自至漸成聚落. 且兩南漕船, 許令來此取材而造之, 人叢亦當繁集, 此爲及今可圖者也. 然若管領無人, 雜弊難防, 其勤實幹事者, 問議於檢察使, 姑以島長差送, 創立制置規模, 預講他日設鎭之意, 分付道臣, 似合事宜. 故敢此仰達矣. 上曰, 依爲之.

홍순목(洪淳穆)이 아뢰기를, "지난번 검찰사(檢察使)가 복명할 때 울릉도(鬱陵島) 지도와 서계(書啓)를 이미 보셨을 것이라 삼가 생각합니다. 이 섬은 바다 가운데 외딴곳에 있는 하나의 미개척지이고, 비옥한 땅이라고 들었습니다. 우선 백성을 모아서 개간하게 하고 5년 후에 조세를 정하면 저절로 점차 취락(聚落)을 이루게 될 것입니다. 또 영남과 호남[兩南]의 조선(漕船)은 여기서 재목을 취하여 조성하게 한다면 사람들도 응당 많이 모이게 될 것이니, 이것이 지금 도모해볼만한 것입니다. 그러나 만약 관령(管領)할 사람이 없어 잡다한 폐단을 막기 어렵다면, 근실하게 일을 주관할만한 사람을 검찰사에게 문의하여 우선 도장(島長)으로서 차송하여, 규모를 창립·제정하게 하여 후일에 진(鎭)을 설치하려는 계획을 미리 강구하도록 도신에게 분부하는 것이 일에 합치되고 마땅할 듯합니다. 그래서 감히 이렇게 우러러 진달합니다"라고 하였다. 임금께서 이르기를 "그대로 하라"고 하였다.

『高宗實錄』19卷

… 淳穆曰, 向來檢察使復命時, 鬱陵島地圖與書契, 伏想已經乙覽. 而此島僻在海中, 天荒一區, 聞是沃腴之地. 爲先募民起墾, 五年後定稅, 則自至漸成聚落. 且兩南漕船, 許令來此取材而造之, 人叢亦當繁集, 此爲及今可圖者也. 然若管領無人, 雜弊難防, 其勤實幹事者, 問議於檢察使, 姑以島長差送, 創立制置規模, 預講他日設鎭之意, 分付道臣何如, 允之.

… 홍순목(洪淳穆)이 아뢰기를, "지난번 검찰사(檢察使)가 복명할 때 울릉도(鬱陵島) 지도와 서계(書啓)를 이미 보셨을 것이라 삼가 생각합니다. 이 섬은 바다 가운데 외딴곳에 있는 하나의 미개척지이고, 비옥한 땅이라고 들었습니다. 우선 백성을 모아서 개간하게 하고 5년 후에 조세를 정하면 저절로 점차 취락(聚落)을 이루게 될 것입니다. 또 영남과 호남[兩南]의 조선(漕船)은 여기서 재목을 취하여 조성하게 한다면 사람들도 응당 많이 모이게 될 것이니, 이것이 지금 도모해볼만한 것입니다. 그러나 만약 관령(管領)할 사람이 없어 잡다한 폐단을 막기 어렵다면, 근실하게 일을 주관할만한 사람을 검찰사에게 문의하여 우선 도장(島長)으로서 차송하여, 규모를 창립·제정하게 하여 후일에 진(鎭)을 설치하려는 계획을 미리 강구하도록 도신에게 분부하는 것이 어떻겠습니까"라고 하니, 윤허하였다.

『備邊司謄錄』263冊

… 又所啓, 向來檢察使復命時, 鬱陵島地圖與書啓, 伏想已經乙覽. 而此島僻在海中, 天荒一區, 聞是沃腴之地, 爲先募民起墾, 五年後定稅, 則自至漸成聚落. 且兩南漕船, 許令來此取材而造之, 人叢亦當繁集, 此爲及今可圖者也. 然若管領無人, 雜弊難防, 其勤實幹事者, 問議於檢察使, 姑以島長差送, 創立制寘規模, 預講他日設鎭之意, 分付道臣, 似合事宜. 故敢此仰達矣. 上曰, 依爲之.

… 〈홍순목(洪淳穆)이〉 또 아뢰기를, "지난번 검찰사(檢察使)가 복명할 때 울릉도(鬱陵

島) 지도와 서계(書啓)를 이미 보셨을 것이라 삼가 생각합니다. 이 섬은 바다 가운데 외딴 곳에 있는 하나의 미개척지이고, 비옥한 땅이라고 들었습니다. 우선 백성을 모아서 개간하게 하고 5년 후에 조세를 정하면 저절로 점차 취락(聚落)을 이루게 될 것입니다. 또 영남과 호남[兩南]의 조선(漕船)은 여기서 재목을 취하여 조성하게 한다면 사람들도 응당 많이 모이게 될 것이니, 이것이 지금 도모해볼만한 것입니다. 그러나 만약 관령(管領)할 사람이 없어 잡다한 폐단을 막기 어렵다면, 근실하게 일을 주관할만한 사람을 검찰사에게 문의하여 우선 도장(島長)으로서 차송하여, 규모를 창립·제정하게 하여 후일에 진(鎭)을 설치하려는 계획을 미리 강구하도록 도신에게 분부하는 것이 일에 합치되고 마땅할 듯합니다. 그래서 감히 이렇게 우러러 진달합니다"라고 하였다. 임금께서 이르기를, "그대로 하라"고 하였다.

은과 금을 채굴하여 채무를 갚고, 울릉도 재목을 이용해 배를 만들 것을 건의함.

1882년(고종 19-壬午) 8월 21일(양력 10월 2일)

발신 : 전 정언 이희봉

『承政院日記』 2903冊

前正言李羲鳳疏略曰, … 臣愚以爲採江界·端川之銀, 採寧邊·洪川之金, 併以爲錢, 先報隣國之債帳. 金銀多採, 彼我通用, 而去我翫好, 換彼米穀爲務, 則他國之米穀, 亦我倉實矣. 且船隻之造, 鬱島之材, 隨紓力而造之, 則運米之具可無憂. 蓋通商天下之時措也. 舟車之通, 器械之利, 農桑·醫藥之術, 皆利用厚生之物.

전(前) 정언(正言) 이희봉(李羲鳳)의 상소의 대략에 "… 신은 생각건대, 강계(江界)·단천(端川)의 은을 채굴하고 영변(寧邊)·홍천(洪川)의 금을 채굴하여 모두 돈으로 만들어, 우선 이웃 나라의 채무를 갚아야 합니다. 금은을 많이 채굴하면 저들과 우리가 통용할 수 있는데 우리의 사치품을 저들의 미곡과 바꾸도록 힘쓰면, 다른 나라의 미곡 또한 우리 창고를 채우게 될 것입니다. 게다가 선척(船隻)을 조성하는 것은 울릉도(鬱陵島)의 재목을 가져다가 역량을 기울여 〈그것을〉 활용하여 만들면, 쌀을 운반하는 도구는 걱정이 없을 것입니다. 대개 통상은 천하의 시대적인 조치입니다. 배와 수레로 하는 통상, 기계의 편리함, 농상(農桑)과 의약(醫藥)의 기술은 모두 이용후생(利用厚生)하는 사물입니다"라고 하였다.

중국에서 보낸 자문에 대해 회답할 것을 청함.

1882년(고종 19-壬午) 10월 7일(양력 11월 17일)

발신 : 예조

『承政院日記』 2905冊

禮曹啓曰, 卽見上京禮部咨文, 則土門江流民刷還事也. 以前頭使行, 無方物奉表, 稱謝之意, 措辭回咨. 又見北洋衙門咨文, 則軍機備送事也. 以事係優念, 極爲感謝之意, 措辭回咨, 而竝令文任撰出何如, 傳曰, 允.

예조(禮曹)가 아뢰기를, "방금 상경(上京) 예부의 자문을 보니, 토문강(土門江)의 유민을 쇄환(刷還)하는 일이었습니다. 앞의 사행이 방물 없이 표문(表文)을 받들고 사례하는 내용으로 글을 지어 회자(回咨)하였습니다. 또 북양아문(北洋衙門)의 자문을 보니 군기(軍機)를 갖추어 보내는 일입니다. 염려해주신 것에 대해 지극히 감사하다는 내용으로 말을 만들어 회자하기를, 모두 문임(文任)으로 하여금 지어내게 하는 것이 어떻겠습니까"라고 하니, 전교하기를, "윤허한다"고 하였다.

중국 예부와 북양아문에서 보낸 자문에 대해 답할 것을 청함.

1882년(고종 19-壬午) 10월 8일(양력 11월 18일)

발신 : 의정부

『日省錄(高宗)』 261冊

政府啓言, 卽見北京禮部咨文, 則土門江流民刷還事也. 以前頭使行, 無方物奉表稱謝之意, 措辭回咨. 又見北洋衙門咨文, 則軍械備送事也. 以事係優念, 極爲感謝之意, 措辭回咨, 而竝令文任, 請撰出, 允之.

의정부[政府]에서 아뢰기를 "방금 상경(上京) 예부의 자문을 보니, 토문강(土門江)의 유민을 쇄환(刷還)하는 일이었습니다. 앞의 사행이 방물 없이 표문(表文)을 받들고 사례하는 내용으로 글을 지어 회자(回咨)하였습니다. 또 북양아문(北洋衙門)의 자문을 보니 군기(軍機)를 갖추어 보내는 일입니다. 염려해주신 것에 대해 지극히 감사하다는 내용으로 말을 만들어 회자하기를, 모두 문임(文任)으로 하여금 지어내게 하시기를 청합니다" 라고 하니, 윤허하였다.

『備邊司謄錄』 263冊

府啓曰, 卽見北京禮部咨文, 則土門江流民刷還事也. 以前頭使行, 無方物奉表稱謝之意, 措辭回咨. 又見北洋衙門咨文, 則軍械備送事也. 以事係優念, 極爲感謝之意, 措辭回咨, 而竝令文任撰出何如, 答曰, 允.

의정부[府]에서 아뢰기를 "방금 상경(上京) 예부의 자문을 보니, 토문강(土門江)의 유민을 쇄환(刷還)하는 일이었습니다. 앞의 사행이 방물 없이 표문(表文)을 받들고 사례하는 내용으로 글을 지어 회자(回咨)하였습니다. 또 북양아문(北洋衙門)의 자문을 보니 군기(軍機)를 갖추어 보내는 일입니다. 염려해주신 것에 대해 지극히 감사하다는 내용으로 말을 만들어 회자하기를, 모두 문임(文任)으로 하여금 지어내게 하는 것이 어떻겠습니까"라고 하니, 답하기를, "윤허한다"고 하였다.

중조상민수륙무역장정(조청상민수륙무역장정)이 체결됨.

1882년(고종 19-壬午) 10월 17일(양력 11월 27일)

발신 : 진주정사 조영하, 진주부사 김홍집, 문의관 어윤중

『高宗實錄』19卷

中·朝商民水陸貿易章程成. 中朝商民水陸貿易章程. 朝鮮久列藩封, 典禮所關一切, 均有定制, 毋庸更議. 惟現在各國, 旣由水路通商, 自宜亟開海禁, 令兩國商民, 一體互相貿易, 共霑利益, 其邊界互市之例, 亦因時量爲變通. 惟此次所訂水陸貿易章程, 係中國優待屬邦之意, 不在各與國一體均霑之列. 玆定各條如左. 第一條. 嗣後, 由北洋大臣札派商務委員, 前往駐紮朝鮮已開口岸, 專爲照料本國商民. 該員與朝鮮官員往來, 均屬平行, 優待如禮. 如遇有重大事件, 未便與朝鮮官員擅自定議. 則詳請北洋大臣咨照, 朝鮮國王轉札其政府籌辦. 朝鮮國王亦遣派大員, 駐紮天津, 竝分派他員至中國已開口岸, 充當商務委員. 該員與道·府·州·縣等地方官往來, 亦以平禮相待. 如遇有疑難事件, 聽其由駐津大員, 詳請【北·南】洋大臣定奪. 兩國商務委員應用經費, 均歸自備, 不得私索供億. 若此等官員執意任性, 辦事不合, 則由北洋大臣與朝鮮國王, 彼此知會, 立卽撤回. 第二條. 中國商民在朝鮮口岸, 如自行控告, 應歸中國商務委員審斷. 此外財産罪犯等案, 如朝鮮人民爲原告, 中國人民爲被告, 則應由中國商務委員追拏審斷, 如中國人民爲原告, 朝鮮人民爲被告, 則應由朝鮮官員, 將被告罪犯交出, 會同中國商務委員, 按律審斷. 至朝鮮商民在中國已開口岸, 所有一切財産罪犯等案, 無論被告原告爲何國人民, 悉由中國地方官按律審斷, 竝知照朝鮮委員備案. 如所斷案件, 朝鮮人民未服, 許由該國商務委員稟請大憲復訊, 以昭平允. 凡朝鮮人民, 在其本國, 至中國商務委員處, 或在中國, 至各地方官處, 控告中國人民·各邑衙役人等, 不得私索絲毫規費. 違者査出, 將該管官從, 嚴懲辦. 若兩國人民, 或在本國, 或在彼此通商口岸, 有犯本國律禁, 私逃在彼此地界者, 各地方官, 一經彼此商務委員知照, 卽設法拏交就近商務委員, 押歸本國懲辦. 惟於途中, 止可拘禁, 不得凌虐. 第三條. 兩國商船, 聽其駛入彼此通商口岸交易. 所有御載貨物與一切海關納稅, 則例悉照兩國已定章程辦理. 倘在彼此海濱, 遭風擱淺, 可隨處收泊, 購買食物, 修理船隻. 一切經費, 均歸船主自備, 地方官第妥爲照料. 如船隻破壞, 地方官當設法救護, 將船內客商水手人等, 送交就近口岸彼此商務委員, 轉送回國, 可省前此互相護送之費. 若兩國商船於遭風觸損需修外, 潛往未開口岸貿易者查拏, 船貨入官. 惟朝鮮 平安·黃海道與山東奉天等省濱海地方, 聽兩國漁船往來捕魚, 竝就岸購買食物甛水. 不得私以貨物貿易. 違者, 船貨入官. 其於所在地方有犯法等事, 卽由該地方官拏交就近商務委員, 按第二條懲辦. 至彼此漁船應徵魚稅, 俟遵行兩年後, 再行會議酌定【查. 山東漁戶, 因海濱之魚爲輪船驚至對岸, 每年私至朝鮮黃海道大·小靑島捕魚者, 歲以千計】. 第四條. 兩國商民, 前往彼此已開口岸貿易, 如安分守法, 准其租地, 賃房建屋, 所有土産與非干例禁之貨, 均許交易. 除進出貨物應納貨稅船鈔悉照彼此海關通行章程完納外, 其有欲將土貨由此口運往彼口者, 於已納出口稅外, 仍於進口時, 驗單, 完納出口稅之半. 朝鮮商民, 除在北京例准交易與中國商民準入朝鮮楊花津·漢城開設行棧外, 不准將各色貨物運入內地坐肆售賣. 如兩國商民欲入內地採辦土貨, 應稟請彼此商務委員, 與地方官會銜, 給與執照塡明採辦處所. 車馬船隻, 聽該商自雇, 仍照納沿途, 應完釐稅. 如有彼此入內地遊歷者, 應稟請商務委員, 與地方官會銜, 給予執照. 然後前往. 其於沿途地方, 有犯法等事, 統由地方官押交就近通商口岸. 照第二條懲辦, 途中止可拘禁, 不得凌虐. 第五條. 向來兩國邊界如義州·會寧·慶源等處, 例有互市. 統由官員主持, 每多窒礙. 玆定於鴨綠江對岸柵門與義州二處, 又圖們江對岸琿春與會寧二處, 聽邊民隨時往來交易. 兩國第於彼此開市之處, 設立關卞, 稽察匪類, 徵收稅課. 其所徵稅, 則無論出入口貨, 除紅蔘外, 槪行値百抽五, 從前館宇·餼廩·芻糧·迎送等費, 悉予罷除. 至邊民錢財罪犯等案, 仍由彼此地方官按照定律辦理, 其一切詳細章程, 應俟北洋大臣與朝鮮國王派員至該處, 踏勘會商, 稟請奏定. 第六條. 兩國商民, 無論在何處口岸與邊界地方, 均不准將洋藥·土藥與製成軍器販運售賣. 違者査出分別, 嚴加處治. 至紅蔘一項, 例准朝鮮商民帶入中國地界, 應納稅則按價値百抽十五. 其有中國商民, 將紅蔘私運出朝鮮地界, 未經政府特允者査出, 將貨入官. 第七條. 兩國驛道, 向由柵門陸路往來, 所由供億極爲煩費. 現在海禁已開, 自應就便, 聽由海道來往. 惟朝鮮現無兵商輪船, 可由朝鮮國王商請北洋大臣, 暫派商局輪船, 每月定期往返一次, 由朝鮮政府協貼船費若干. 此外中國兵船往朝鮮海濱遊歷, 竝駛泊各處港口, 以資捍衛, 地方官所有供應, 一切豁除. 至購辦糧物經費, 均由兵船自備, 該兵船, 自管駕官以下, 與朝鮮地方官俱屬平行, 優禮相待. 水手上岸, 由兵船官員, 嚴加約束, 不得稍有騷擾滋事. 第八條. 此次所定貿易章程, 姑從簡約, 兩國官民, 均須就已載者, 一體恪遵. 以後有須增損之處, 應隨時由北洋大臣與朝鮮國王, 咨商妥善. 光緒八年八月, 中國二品銜津海關道周馥, 二品銜候選道馬建忠. 朝鮮國陳奏正使趙寧夏, 陳奏副使金弘集, 問議官魚允中.

중국과 조선의 상민수륙무역장정이 성립되었다. 『중조상민수륙무역장정(中朝商民水陸貿易章程)』. 조선은 오랫동안 번봉(藩封)에 나열하여 전례(典禮)에 관련된 일체 고르게 정해진 제도가 있음은 다시 논할 여지가 없다. 다만 현재 각국(各國)은 수로(水路)를 통해 통상하므로 〈양국은〉 해금(海禁)을 빠르게 열어서, 양국 상인으로 하여금 모두 서로 무역하여 함께 이익을 보게 해야 하며 그 변경에서 호시(互市)하는 전례도 시의(時宜)에 맞게 변통해야 한다. 이번에 제정한 수륙무역장정은 중국이 속방(屬邦)을 우대하는 뜻과 관계되는 것이지, 각국이 모두 같은 이득을 보도록 하는 것은 아니다. 이에 각 조항을 아래와 같이 정한다. 제1조. 사후 북양대신(北洋大臣)의 문서를 가지고 파견된 상무위원(商務委員)은 이미 개항한 조선의 항구에 먼저 가서 주재하며 전적으로 본국 상인을 돌본다. 해당 인원과 조선 관원이 왕래할 때는 모두 평등하게 예의로써 우대한다. 만일 중대한 사건을 맞이하여 조선 관원과 임의대로 결정하기 어려우면, 북양대신에게 상세하게 자문을 요청하고 〈북양대신은〉 조선 국왕에게 문서를 보내어 그 정부에서 판단·처리하게 한다. 또한 조선 국왕도 대원(大員)을 파견하여 천진(天津)에 주재시키고 아울러 다른 관원을 개방한 중국 항구에 나누어 파견하고, 〈이들을〉 상무위원으로 충당한다. 해당 관원이 도(道)·부(府)·주(州)·현(縣) 등의 지방관과 왕래할 경우 마찬가지로 평등한 예로써 서로를 대한다. 만일 해결하기 어려운 사건을 마주하면 천진에 주재하는 대원(大員)을 통해 【북·남】 양 대신에게 상세하게 〈그 내용을 알리고〉 결론을 요청[定奪]한다. 양국 상무위원이 쓸 경비는 모두 자비에 속하며 사사로이 공급을 요구할 수 없다. 만일 이들 관원이 멋대로 고집을 부려 일처리가 부당하면 북양대신(北洋大臣)과 조선 국왕은 서로 통지하고 〈관원을〉 즉시 소환한다. 제2조. 중국 상인이 조선 항구에서 만일 스스로 항소[控告]하면, 중국 상무위원에게 〈사건을〉 돌려보내어 심의·판결한다. 이외로 재산 문제에 관한 범죄 사안에 조선 인민이 원고이며 중국 인민이 피고일 때에는 중국 상무위원이 체포하여 심의·판결하고, 중국 인민이 원고이며 조선 인민이 피고일 때에는 조선 관원이 피고인의 범죄 행위를 중국 상무위원과 협의하고 법률에 따라 심의·판결한다. 조선 상인이 개항한 중국 항구에서 범한 일체의 재산에 관련된 범죄 등의 사안에 대해서는 피고와 원고가 어느 나라 인민이든 간에 모두 중국 지방관이 법률에 따라 심의·판결하고, 아울러 조선 상무위원에게 통지하여 등록하도록 한다. 만일 판결한 안건에 대하여 조선 인민이 승복하지 않으면 해당 국가의 상무위원이 대헌(大憲)에게 청원하여 재조사하여 〈판결의〉 공정함을 밝힌다. 무릇 조선 인민이 그 본국에서 중국 상무위원에게, 혹은 중국에서 각 지방관에게 중국 인민이나 각 읍의 아역인(衙役人) 등을 항소[控告]할 때는, 조금의 비용이라도 사적으로 요구하지 못한다. 위반한 자는 조사하여 해관(該管)의 관원을 엄중하게 처벌한다. 양국 인민이 본국이나 혹은 서로의 통상항구에서 본국의 금법을 어기고 사사로이 서로의 지계(地界)로 도망한 경우, 각 지방관은 서로의 상무위원에게 통지하고 곧 대책을 세워서 〈범법자를〉 체포하여 가까운 곳의 상무위원에게 넘기며 〈범법자는〉 본국으로 압송해서 처벌한다. 다만 도중에서 구금을 풀 수 있고 학대하지 못한다. 제3조. 양국 상선은 피차의 통상항구로 들어가서 교역할 수 있다. 모든 싣고 움직이는 화물과 일체 해관(海關)에 바치는 세금은 모두 양국이 정했던 장정에 따라 처리한다. 피차〈의 선척이〉 바닷가에서 풍랑을 만났거나 얕은 곳에 걸렸을 때는, 그 장소에 따라 정박하고 음식물을 사며 선척을 수리할 수 있다. 〈이때〉 일체 경비는 선주의 자비로 하고 지방관은 타당한 요금을 제시한다. 만일 선척이 파괴되면 지방관은 대책을 강구하여 구호해야 하고 배에 탄 여객·상인·선원은 가까운 항구의 피차의 상무위원에게 넘기고 귀국시켜 앞서 〈언급한〉 서로 호송하던 비용을 절약할 수 있다. 양국 상선이 풍랑을 만나 손상을 입어 수리해야 할 경우를 제외하고 개방하지 않은 항구에 몰래 들어가 무역을 하는 자는 조사하여 체포하고, 배와 화물은 관에 거두어들인다. 조선의 평안도(平安道)·황해도(黃海道)와 〈중국의〉 산동(山東)·봉천(奉天) 등 성(省)의 연해 지방에서는 양국 어선이 왕래하며 고기를 잡을 수 있고, 아울러 해안에 올라가 음식물과 식수를 살 수 있으나 사적으로 화물을 무역할 수는 없다. 〈이를〉 위반하는 자는 배와 화물을 관으로 거두어들인다. 소재 지방에서 법을 어기는 일이 있을 경우에는 곧 해당 지방관이 체포하여 가까운 곳의 상무위원에게 넘겨 제2조에 의거하여 처벌한다. 피차의 어선에서 징수하는 어세(魚稅)는 조약을 준행한 지 2년 후에 다시 모여 토의하여 참작하여 정한다【조사. 산동(山東)의 어호(漁戶)가, 해변의 어류가 윤선(輪船)에 놀라서 대안(對岸)에 몰리자 매년 사사롭게 조선 황해도의 대·소청도에 와서 고기잡는 자들이 1년에 1,000명으로 계산된다】. 제4조. 양국 상인이 피차가 개항한 항구에서 무역할 때에 만일 법을 제대로 준수하면 그 땅을 빌리고 방을 세내어 집을 지을 수 있게 하며, 토산물과 금지하지 않는 물건은 모두 교역을 허가한다. 입항하고 출항하는 화물에 대해 납부해야 할 화물세와 선세를 모두 피차의 해관통행장정에 따라 완납한 것을 제외하고 토산물을 이 항구에서 저 항구로 실어가고자 하는 경우, 이미 납부한 출항세(出港稅) 이외에 연이어 입항할 때, 그 사실을 확인하고 출항세의 절반을 납부한다. 조선 상인이 북경(北京)에서 규정에 따라 교역하는 것과 중국 상인이 조선 양화진(楊花津)과 한성에 들어가 영업소를 개설한 경우를 제외하고, 각종 화물을 내지로 운반하여 상점을 차리고 파는 것을 허락하지 않는다. 만일 양국 상인이 내지로 들어가 토산물을 구입하려고 할 때는, 피차의 상무위원에게 품청하여 지방관과 같이 서명하여 허가증을 발급하되 구입할 처소를 명시한다. 〈이때〉 거마(車馬)와 선척은 해당 상인이 고용하도록 하고, 연도(沿途)의 세금은 규정대로 완납한다. 피차 내지로 들어가 여러 곳을 돌아다니려고 하는 자는 상무위원에게 품청하여, 지방관이 같이 서명하여 허가증을 발급해야만 〈그것을〉 할 수 있다. 그 연도 지방에서 법을 어긴 것 등의 일이 있으면 모두 지방관이 가까운 통상항구로 압송하여 제2조에 의거하여 처벌한다. 도중에서 구금을 풀 수 있고 학대하지 못한다. 제5조. 과거 양국의 변계인 의주(義州)·회령(會寧)·경원(慶源) 등처에는 호시가 있었는데, 모두 관원이 주관하여 매번 장애가 많았다. 이에 압록강(鴨綠江) 건너편의 책문(柵門)과 의주 두 곳, 그리고 도문강(圖們江) 건너편의 혼춘(琿春)과 회령 두 곳을 정하여, 변경 백성들이 수시로 왕래하며 교역하도록 한다. 양국은 다만 피차 개시(開市)하는 곳에 세관을 설치하고 비류(匪類)를 살피고 세금을 징수한다. 그 징수하는 세금은 출입하는 물건을 막론하고 홍삼(紅蔘)을 제외하고는 모두 100분의 5를 징수하고, 종전의 객사(客舍)와 식량·꼴,

영송(迎送)〈에서 사용하는〉 등의 비용은 모두 없앤다. 변경 백성의 전재(錢財)의 범죄 등 사안에 대해서는 피차의 지방관이 규정된 법률에 의거하여 처리하지만, 그 일체의 상세한 장정은 북양대신과 조선 국왕이 파견한 관원이 해당하는 곳에 가서 조사하여 협의하고 품청하여 결정한다. 제6조. 양국 상인은 어떤 항구와 변계 지방인지를 막론하고, 모든 수입 아편[洋藥]과 토착 아편[土藥] 그리고 제작된 무기를 운반하여 파는 것을 허가하지 않는다. 위반하는 자는 조사하여 분별하고 엄격하게 처리한다. 홍삼에 대해서는 조선 상인이 당연히 중국 지역으로 가지고 들어갈 수 있도록 허가하며, 납부할 세금은 가격에 따라 100분의 15를 징수한다. 중국 상인이 조선 국경 밖으로 사사로이 〈중국〉 정부의 특별한 허가를 받지 않고 〈홍삼을〉 내보내는 사람이 있을 경우에는, 조사하여 물건은 관으로 거두어들인다. 제7조. 양국의 역로(驛路)는 책문을 거쳐 육로로 왕래하는데, 그래서 공급이 매우 번거롭고 비용이 많이 든다. 현재 해금이 이미 열렸으니 각자 편의에 따라 바닷길로 왕래하는 것을 승인한다. 다만 조선에는 현재 군용·상용 윤선이 없으니 조선 국왕은 북양대신과 협의하고 잠시 〈중국〉 상국(商局)의 윤선을 매월 정기적으로 한 차례 내왕하도록 할 수 있으며, 조선 정부에서는 선비(船費) 약간을 덧붙인다. 이 밖에 중국 병선이 조선 바닷가에 들어와 돌아다니고 아울러 각 처의 항구에 정박하여 방어를 도울 때는, 지방관청이 〈중국 병선에〉 공급하던 것을 일체 면제한다. 식량을 사고 경비를 마련하는 것에 대해서는 모두 병선에서 자체 마련하며, 해당 병선의 함장 이하는 조선 지방관과 동등한 예로써 서로 상대하고, 선원이 상륙하면 병선 관원은 〈스스로를〉 엄격히 단속하여 조금이라도 소란을 피우거나 사건을 일으키는 일이 없도록 한다. 제8조. 이번에 정한 무역 장정은 아직은 간략하지만 양국 관민이 이미 기록된 것을 일체 준수해야 한다. 이후 〈조약에〉 넣거나 빼야 할 것이 있을 경우 수시로 북양대신과 조선 국왕이 논의하여 타당하고 적절하게 처리한다. 광서(光緖) 8년 8월 중국 2품함(二品銜) 진해관도(津海關道) 주복(周馥), 2품함 후선도(候選道) 마건충(馬建忠). 조선국 진주정사(陳奏正使) 조영하(趙寧夏), 진주부사(陳奏副使) 김홍집(金弘集), 문의관(問議官) 어윤중(魚允中).

혼춘성에서 보낸 공문에 대해 회신할 것을 청함.

1882년(고종 19-壬午) 11월 9일(양력 12월 18일)

발신 : 전 함경감사 김유연 / 수신 : 의정부

『高宗實錄』19卷

初九日. 議政府啓, 卽見咸鏡前監司金有淵狀啓, 則枚擧慶源府使李熙榮牒呈, 淸人一名, 自琿春城, 賫來公文, 以爲我國貧民, 佔種吉林邊地者, 刷還本國, 交付地方官歸籍爲辭. 而答照會裁送與否, 請令廟堂稟處矣. 旣有公文, 則不可無回覆, 答照會道臣措辭裁送之意, 分付何如, 允之.

11월 9일. 의정부(議政府)에서 아뢰기를, "방금 전(前) 함경감사(咸鏡監司) 김유연(金有淵)의 장계를 보니, 경원부사(慶源府使) 이희영(李熙榮)의 첩정(牒呈)을 낱낱이 들며 〈이르기를〉, '청나라 사람 1명이 혼춘성(琿春城)에서 공문을 가져오니, 〈그것은〉 우리나라의 가난한 백성이 길림(吉林) 주변 땅을 차지하여 파종한 자가 있어서 본국으로 쇄환하니 지방관은 귀적(歸籍)을 교부해달라는 말이었습니다. 회답하는 조회를 만들어 보낼지 여부를 묘당으로 하여금 품처하게 하시길 청합니다'라고 하였습니다. 이미 공문이 있었다면 회답이 없을 수 없으니 답하는 조회는 도신이 말을 만들어 보내라는 내용을 분부하는 것이 어떻겠습니까"라고 하니, 윤허하였다.

『日省錄(高宗)』262冊

議政府啓言, 卽見咸鏡前監司金有淵狀啓, 則枚擧慶源府使李熙榮牒呈, 淸人一名, 自琿春城, 賫來公文, 故拆見則我國貧民, 佔種吉林邊地者, 刷還本國, 交付地方官歸籍云, 而答照會裁送與否, 請令廟堂稟旨分付矣. 旣有公文, 則不可無回覆, 答照會道臣措辭裁送之意, 分付何如, 允之.

의정부에서 아뢰기를 "전(前) 함경감사(咸鏡監司) 김유연(金有淵)의 장계를 보니, 경원부사(慶源府使) 이희영(李熙榮)의 첩정을 낱낱이 들며 〈이르기를〉, '청나라 사람 1명이 혼춘성(琿春城)에서 공문(公文)을 가져왔기에 열어보니 우리나라의 가난한 백성이 길림(吉林) 주변 땅을 차지하여 파종한 자가 있어서 본국으로 쇄환하니 지방관은 귀적(歸籍)을 교부해달라고 하였는데, 답하는 조회를 만들어 보낼지 여부를 묘당으로 하여금 품처하도록 분부하소서'라고 하였습니다. 이미 공문이 있었다면 회답이 없을 수 없으니 답하는 조회는 도신이 말을 만들어서 보내라는 내용을 분부하는 것이 어떻겠습니까"라고 하니, 윤허하였다.

『備邊司謄錄』263冊

府啓曰, 卽見咸鏡前監司金有淵狀啓, 則枚擧慶源府使李熙榮牒呈, 淸人一名, 自琿春城, 齎來公文, 故拆見則我國貧民, 佔種吉林邊地者, 刷還本國, 交付地方官歸籍云, 而答照會裁送與否, 請令廟堂稟旨分付矣. 旣有公文, 則不可無回覆, 答照會道臣措辭裁送之意, 分付何如, 答曰, 允.

의정부[府]에서 아뢰기를 "전(前) 함경감사(咸鏡監司) 김유연(金有淵)의 장계를 보니, 경원부사(慶源府使) 이희영(李熙榮)의 첩정을 낱낱이 들며 〈이르기를〉, '청나라 사람 1명이 혼춘성(琿春城)에서 공문(公文)을 가져왔기에 열어보니 우리나라의 가난한 백성이 길림(吉林) 주변 땅을 차지하여 파종한 자가 있어서 본국으로 쇄환하니 지방관은 귀적(歸籍)을 교부해달라고 하였는데, 답하는 조회를 만들어 보낼지 여부를 묘당으로 하여금 품처하도록 분부하소서'라고 하였습니다. 이미 공문이 있었다면 회답이 없을 수 없으니 답하는 조회는 도신이 말을 만들어서 보내라는 내용을 분부하는 것이 어떻겠습니까"라고 하니, 답하기를, "윤허한다"고 하였다.

6진의 친기위 도시를 9월 삭망 전까지 마감하게 할 것을 청함.

1883년(고종 20-癸未) 8월 27일(양력 9월 27일)

발신 : 서북경략사 어윤중 / 수신 : 의정부

『承政院日記』 2915冊

議政府啓曰, 卽見西北經略使魚允中狀啓, 則六鎭親騎衛都試, 北兵使移駐後試取, 而今旣永停移駐, 不當待十月設行. 依本營都試, 限九月望前磨勘, 試官, 令北兵使以會寧府使·鍾城府使·北虞候差定施行事, 請令廟堂稟處矣. 帥臣移駐, 旣許永停, 則親騎衛都試, 不必遲待冬節. 九月望前, 使之告勘, 試官亦依此擧行事, 分付何如, 傳曰, 允.

의정부(議政府)에서 아뢰기를, "방금 서북경략사(西北經略使) 어윤중(魚允中)의 장계를 보니, '6진의 친기위(親騎衛) 도시(都試)는 북병사(北兵使)가 옮겨 주둔한 뒤에 시취(試取)하였는데, 지금 이미 옮겨 주둔하는 것을 영구히 정지하였으니, 10월까지 기다렸다가 시행하는 것은 부당합니다. 본영의 도시에 의거하여 9월 삭망 전까지를 한계로 하여 마감하고, 시관(試官)은 북병사로 하여금 회령부사(會寧府使)·종성부사(鍾城府使)·북우후(北虞候)를 차정(差定)하여 시행하는 것을 묘당으로 하여금 품처하게 하시길 청합니다'라고 하였습니다. 수신(帥臣)이 옮겨 주둔하는 것을 이미 영구히 정지시켰으니, 친기위 도시는 겨울철까지 늦게 기다릴 필요가 없습니다. 9월 삭망 전까지 마감하게 하고 시관도 이에 따라 거행하는 일을 분부하는 것이 어떻겠습니까"라고 하니, 전교하기를, "윤허한다"고 하였다.

『高宗實錄』20卷

議政府啓, 卽見西北經略使魚允中狀啓, 則六鎭親騎衛都試, 北兵使移駐後試取, 而今既永停移駐, 不當待十月設行. 依本營都試, 限九月望前磨勘, 試官, 令北兵使以會寧府使·鍾城府使·北虞候差定施行事, 請令廟堂稟處矣. 帥臣移駐, 既許永停, 則親騎衛都試, 不必遲待冬節. 九月望前, 使之告勘, 試官亦依此擧行事, 分付何如, 允之.

의정부(議政府)에서 아뢰기를, "방금 서북경략사(西北經略使) 어윤중(魚允中)의 장계를 보니, '6진의 친기위(親騎衛) 도시(都試)는 북병사(北兵使)가 옮겨 주둔한 뒤에 시취(試取)하였는데, 지금 이미 옮겨 주둔하는 것을 영구히 정지하였으니, 10월까지 기다렸다가 시행하는 것은 부당합니다. 본영의 도시에 의거하여 9월 삭망 전까지를 한계로 하여 마감하고, 시관(試官)은 북병사로 하여금 회령부사(會寧府使)·종성부사(鍾城府使)·북우후(北虞候)를 차정(差定)하여 시행하는 것을 묘당으로 하여금 품처하게 하시길 청합니다'라고 하였습니다. 수신(帥臣)이 옮겨 주둔하는 것을 이미 영구히 정지시켰으니, 친기위 도시는 겨울철까지 늦게 기다릴 필요가 없습니다. 9월 삭망 전까지 마감하게 하고 시관도 이에 따라 거행하는 일을 분부하는 것이 어떻겠습니까"라고 하니, 윤허하였다.

『日省錄(高宗)』270冊

又啓言, 卽見西北經略使魚允中狀啓, 則六鎭親騎衛都試, 北兵使移駐後試取, 而今既永停移駐, 不當待十月設行. 依本營都試例, 限九月望前磨勘, 試官, 北兵使會寧府使·鍾城府使·北虞侯差定施行事, 請令廟堂稟處矣. 親騎衛都試, 不必遲待冬節. 九月望前, 使之告勘, 試官亦依此擧行事, 請分付, 竝允之.

〈의정부(議政府)에서〉 또 아뢰기를, "방금 서북경략사(西北經略使) 어윤중(魚允中)의 장계를 보니, '6진의 친기위(親騎衛) 도시(都試)는 북병사(北兵使)가 옮겨 주둔한 뒤에 시취(試取)하였는데, 지금 이미 옮겨 주둔하는 것을 영구히 정지하였으니, 10월까지 기다렸다가 시행하는 것은 부당합니다. 본영의 도시의 예에 따라 9월 삭망 전까지를 한계로 하여 마감하고, 시관(試官)은 북병사〈가〉 회령부사(會寧府使)·종성부사(鍾城府使)·북우후(北虞候)〈를〉 차정(差定)하여 시행하는 것을 묘당으로 하여금 품처하게 하시길 청합니다' 라고 하였습니다. 친기위 도시는 겨울철까지 늦게 기다릴 필요가 없습니다. 9월 삭망 전까지 마감하게 하고 시관도 이에 따라 거행하는 일을 분부하시길 청합니다"라고 하니 모두 윤허하였다.

『備邊司謄錄』 264冊

府啓曰, 卽見西北經略使魚允中狀啓, 則六鎭親騎衛都試, 北兵使移駐後試取, 而今旣永停移駐, 不當待十月設行, 依本營都試, 限九月望前磨勘, 試官, 令北兵使以會寧府使·鍾城府使·北虞候差定施行事, 請令廟堂稟處矣. 帥臣移駐, 旣許永停, 則親騎衛都試, 不必遲待冬節. 九月望前, 使之告勘, 試官亦依此擧行事, 分付何如, 答曰, 允.

의정부[府]에서 아뢰기를 "방금 서북경략사(西北經略使) 어윤중(魚允中)의 장계를 보니, '6진의 친기위(親騎衛) 도시(都試)는 북병사(北兵使)가 옮겨 주둔한 뒤에 시취(試取)하였는데, 지금 이미 옮겨 주둔하는 것을 영구히 정지하였으니, 10월까지 기다렸다가 시행하는 것은 부당합니다. 본영의 도시에 의거하여 9월 삭망 전까지를 한계로 하여 마감하고, 시관(試官)은 북병사로 하여금 회령부사(會寧府使)·종성부사(鍾城府使)·북우후(北虞候)를 차정(差定)하여 시행하는 것을 묘당으로 하여금 품처하게 하시길 청합니다'라고 하였습니다. 수신(帥臣)이 옮겨 주둔하는 것을 이미 영구히 정지시켰으니, 친기위 도시는 겨울철까지 늦게 기다릴 필요가 없습니다. 9월 삭망 전까지 마감하게 하고 시관도 이에 따라 거행하는 일을 분부하는 것이 어떻겠습니까"라고 하니, 답하기를, "윤허한다"고 하였다.

봉천과 조선변민교역장정을 체결함.

1883년(고종 20-癸未) 12월 3일(양력 12월 31일)

발신 : 서북경략사 어윤중

『高宗實錄』 20卷

中國奉天與朝鮮邊民交易章程成. 奉天與朝鮮邊民交易章程. 第一條, 邊界陸路交易, 原係天朝優待屬國, 專爲便民而設, 與各海口岸通商情事不同. 所准隨時往來僅指奉省之與朝鮮邊界商民而言, 其他各國, 不在此例. 第二條, 奉省商民, 除在義州貿易外, 非由地方官印發執照爲憑, 不准潛往朝鮮各處游歷. 朝鮮商民, 更應恪遵此次章程, 不得潛往奉省各處游歷, 尤不准挈帶外人入邊. 若有挈帶外人, 冒充本國商民, 擅入邊界者, 一經查出, 將起意挈帶之人, 照私越邊界例, 從重治罪. 第三條, 鴨綠江以內, 與朝鮮平安道隣近各處河口, 係天朝採辦祭品官魚之地, 嚴禁民間私捕, 朝鮮人民, 更不准往來捕魚, 犯者懲辦. 第四條, 中江距義州一水之隔, 商民貿易, 朝至夕返, 非如各海口岸通商貨物, 運自遠來, 必須卸裝寄頓. 玆旣勘定中江附近九連城之前及義州西城之外, 設立關卞, 修建市廛, 往來甚便所. 有奉省邊界, 不准朝鮮人民, 建房設棧. 中國人民, 在朝鮮界內交易, 亦照此辦理. 第五條, 徵收稅課, 塡發驗單, 需員經理, 向來柵門, 原設監督, 專司稅務, 現在改立新章, 另建關卞. 所有督理稅務之員, 由盛京將軍, 奉天府府尹, 咨商北洋大臣, 會議酌派, 請旨定奪, 欽遵施行. 第六條, 商民貿物, 運到關卞所, 有稽查匪類, 征收稅課等事, 統由督理稅務之員, 督飭所屬文武員弁, 認眞經理. 其錢財·罪犯等案, 應歸地方官審斷者, 各按定律辦理. 此外如奉省人民, 在朝鮮滋事, 或私逃在朝鮮境內者, 由義州府尹, 挐交安東縣治罪. 朝鮮人民, 在奉省滋事, 或私逃在奉省境內者, 由安東縣, 挐交義州府尹治罪. 倘遇邊界重大事件, 非安東縣知縣義州府尹所能擅專者, 或先由安東縣稟報, 或經由義州府尹, 呈報東邊道衙門, 轉詳盛京將軍奉天府府尹批示, 仍由道札行安東縣, 竝照會義州府尹, 遵批辦理. 第七條, 邊界互市, 在於開市之處, 設立關卞, 稽查匪類, 征收稅課, 均關緊要. 凡商民出入, 責成關卞, 盤查驗明執照, 立卽放行, 不得勒措刁難, 稍有需索. 至貨物往來, 責成征稅官員, 點驗貨單, 相符按照定章, 征收稅課, 不得額外增添. 第八條, 當年朝鮮入京朝貢, 典禮攸關, 一切恪遵定例貢物例, 不征稅. 其使臣及差官從人, 携帶行李, 零星物件, 自應遵照部議, 寬予限制. 使臣不携帶貨物, 所帶衣服·書籍·藥物, 每員以三百斤爲度. 差官從人携帶貨物, 冀圖沾潤, 准帶紅蔘, 每差官一員, 定額二十斤, 從人一名, 定額十斤. 又衣服行李, 零星貨物, 每差官一員, 定額一百六十斤, 從人一名, 定額八十斤. 差官從人, 均照報部員名實數, 以爲定限. 另有包裹確係屛帳麤重, 途中食物, 再行量予免稅, 藉照體恤. 此外裝箱成綑查係貨物, 仍報明納稅. 至於別項公務差官往來, 卽奉有執照, 携帶貨物, 亦應照章征稅, 不准援免. 第九條, 中江貿易, 征收稅課, 紅蔘一項. 應納稅則, 按價値百抽十五爲定. 至牛隻馬匹, 除乘騎外, 凡入市售賣, 槪以値百抽五爲定. 其餘蔬菜·瓜果·鷄·鴨·鵝·魚等類, 民間日用所需, 亦甚零星, 槪行免征. 第十條, 中江互市, 原爲邊民隨時交易, 與各海口岸, 准令各國通商, 毫不相涉, 不得仿照海關章程, 另分正稅子稅, 致滋流弊. 凡奉省商民販運貨物, 至義州開市之處, 無論何處貨物, 均照章交納正稅一次, 朝鮮商民販運貨物, 至中江開市之處, 無論何處貨物, 亦照章交納正稅一次, 均不重征. 如商民, 不願將外國貨物, 販至開市處所者, 悉聽其便, 官不得强爲抑制. 第十一條, 柵門按季互市, 旣改移中江, 隨時交易, 向來春秋定期按季互市, 自應一律停止. 其由中江至柵門, 舊有貢道除貢差往來不禁外, 其餘商民, 未請執照. 不准任便販運出入, 自當嚴申禁防, 杜絶偸漏. 第十二條, 中江與義州, 相距甚近, 無勞跋涉, 出入往來, 旣有限制. 其中江與義州上下各處, 均有小徑岐途, 應卽槪行禁止. 冬春之時, 氷堅水淺, 處處可通, 更應查拏重辦, 有犯必懲, 以昭嚴密. 第十三條, 中江與義州邊民交易, 與彼此已開口岸, 各設有商務委員不同. 朝鮮商民至奉省, 陸路採辦土貨, 卽由督理稅務之員, 塡給執照, 竝照會朝鮮 義州府尹備案. 奉省商民, 至朝鮮陸路, 採辦土貨, 卽由義州府尹, 塡給執照, 竝呈報督理稅務之員備案. 執照內, 均先應聲明何項貨物. 如未能預定何貨, 俟採辦齊全, 回到關卞地方, 卽將實在貨物, 報明繳還, 原領執照, 以憑查照征稅, 換給稅單, 至欲赴何地採辦, 必須於執照內塡明. 若不應往之處, 卽不塡發執照. 第十四條, 奉省商民, 赴朝鮮交易, 只准在義州, 朝鮮商民, 赴奉省交易, 只准在中江設卞處所. 凡奉天所轄, 均係陪都重地, 應遵原奏. 卽採買土貨, 亦只准由鳳凰邊門出入, 仍由貢道折回, 不得肆意游行. 至朝鮮爲天朝屬國, 視同內服. 奉省商民, 亦不得違禁侵越, 犯者懲辦. 第十五條, 海口貨物, 准由海道販運. 奉省商民, 不准將朝鮮已開口岸, 販運之貨, 由陸路運回中江, 或在朝鮮 義州及別境售賣, 朝鮮商民, 亦不准將奉省已開口岸, 販運之貨, 由陸路運回義州, 或卽在奉省中, 以及別境售賣. 違者查貨入官, 加等擬罪. 倘係官員, 因公奉有文書, 輕身行走, 竝無貨物, 不與商民竝論, 應卽査驗放行, 以示區別. 第十六條, 商民販運貨物, 均須開單, 呈官查驗. 蓋用戮記, 如有挾帶私貨, 未經報明, 卽屬偸漏, 查出槪行入官. 至洋藥·土藥與製成軍器及一切違禁之物, 除照天津原議, 不准販運售賣外, 竝不准携帶過境. 卽行使銅錢, 亦不許轉運出境, 違者分別治罪. 第十七條, 商民交易, 使用金銀, 應與隨身衣服·行李·筆墨·書籍, 均准免稅. 但砂金礦·銀入市銷售原同貨物與葉金·條金·金飾·寶銀·錠銀·碎銀等項, 爲市間行用例, 得免稅者不同, 應按値百抽五, 照章征稅, 不得豁免, 竝不准影射偸漏. 第十八條, 交易貨物, 凡屬海味皮革·布疋·紙張·銅器·磁器等類, 均按値百抽五納稅. 如有稅則未載者, 由商人估計價値, 隨時報明, 亦按値百抽五納稅, 不得額外需索. 第十九條, 朝鮮使臣赴京, 向例於進邊時, 由鳳凰城城守尉, 先期馳報盛京將軍, 各衙門知照禮部. 一面由城守尉, 親赴邊門監視, 竝派員沿途, 照料護送, 以及差官通官, 迎送等事, 均係朝貢, 典禮所關. 仍應遵照定制, 以符天津原議, 自當嚴束兵役, 不得藉端需索, 違者査究. 第二十條, 中江互市, 所用丈尺秤碼與朝鮮不免高下輕重之殊. 自應以中江及義州兩處, 丈尺秤碼平日所行使者, 互相比較, 如有不齊, 卽由邊界地方官會同, 秉公較準, 歸於畫一, 務在因地制宜, 不得以他處丈尺秤碼稱量, 用昭公允. 第二十一條, 舊時柵門, 每於夜間交易, 難免偸漏隱匿等弊. 現旣改移中江, 不得仍沿舊習, 自應從嚴禁絶, 不准黑夜入市, 犯者懲辦. 第二十二條, 朝鮮商民貿易, 向憑官設經紀, 估計難免高下滋弊. 或有把持行市, 賖欠貨物, 上季購買貨價, 期以下季歸償, 下季經紀, 每因負債, 未來無從索討, 大爲商民之害. 現在改設中江, 隨時交易, 願買·願賣, 悉聽商民自爲評價, 不准經紀從中包攬, 以除積弊. 第二十三條, 中江新設關市及地方官, 遇有交涉事件, 來往文書, 應遵體例, 朝鮮必須尊稱天朝, 或稱上國字樣. 卽屬尋常文移, 亦當遵循成憲, 不得率書中東等字, 有違定制. 至奉省邊界官員, 則稱朝鮮國, 或稱貴國字樣, 以示優待. 第二十四條, 凡邊界稽查偸越, 嚴立防閑諸事, 如此次章程內有未及備載者, 應由彼此地方官, 隨時設法辦理, 仍互相知照, 竝詳明立案, 總期密益加密, 不以邊民隨時交易, 致妨大局. 光緒九年十二月初三日. 中國二品銜奉天全營翼長東邊兵備道陳本植. 朝鮮國西北經略使魚允中.

중국 봉천(奉天)과 조선 변경 백성 사이의 교역장정이 성립되었다. 봉천과 조선 변경 백성〈의〉 교역장정. 제1조. 변경의 육로 무역은 원래 중국이 속국을 우대하고 오직 백성의 편의를 위하여 개설한 것으로, 각 항구에서 통상하는 것과는 사정이 다르다. 그러므로 수시로 왕래할 수 있게 한 것은, 봉천성과 조선 변경의 상인에게만 해당하고, 기타 각국은 이 규정에 해당하지 않는다. 제2조. 봉천성의 상인은 의주(義州)에서 무역하는 것을 제외하고, 지방관이 발급한 여행증명서를 소지하지 않고는 조선의 각 지방을 몰래 유람하는 것을 인정하지 않는다. 조선 상인은 이 규정을 성실히 지켜야 하고 봉천성의 각 지방을 몰래 유람할 수 없으며, 나아가 외국인을 데리고 변경에 들어가는 것을 인정하지 않는다. 외국인을 데리고 자기 나라 상인이라고 속이고 함부로 국경지대에 들어간 경우, 조사하여 데리고 간 사람을 사사로이 변경을 넘은 예에 따라 엄중히 처벌한다. 제3조. 압록강(鴨綠江) 안쪽과 조선 평안도(平安道) 인근 각처 하구는 중국에서 제사용품과 관용(官用) 어류를 잡는 곳이므로 민간에서 사적으로 잡는 것을 금하고, 조선 인민이 오고가며 고기잡는 것을 인정하지 않는다. 위반하는 사람은 처벌한다. 제4조. 중강(中江)에서 의주(義州)는 강 하나를 사이에 두고 있어서 상인이 무역하러 아침에 갔다가 저녁에 돌아올 수 있다. 각 항구에서 통상하는 화물로서 먼 곳에서 운반하여 내려서 보관하는 경우가 아니면 중강 부근의 구련성(九連城) 앞과 의주 서성(西城) 밖에 설치한 세관에게 검사받고 시전(市廛)을 세워, 〈그곳을〉 왕래에 편리한 곳으로 삼는다. 봉천성 변경 지에는 조선 인민이 집을 짓고 창고를 설치하는 것을 인정하지 않으며 중국 인민이 조선의 영역 안에서 무역을 하는 때에도 이에 준하여 처리한다. 제5조. 세금을 징수하고 화물의 검열증명서를 발급하는 일은 관리가 처리한다. 종래 책문(柵門)에 감독을 두고 세금에 관한 사무를 전적으로 맡아보게 하였으나, 지금은 새 규정을 만들었으므로 따로 세관을 설치한다. 세금에 대한 사무를 감독·처리하는 모든 관리는 성경장군(盛京將軍)과 봉천부윤(奉天府尹)이 북양대신(北洋大臣)과 의논하여 파견하되, 황제에게 보고하여 결재를 받아 시행한다. 제6조. 상인이 무역한 물건을 세관에 운반해서 불순물을 조사하고 세금을 징수하는 등의 모든 일에 대해서는 모두 세금에 관한 사무를 감독·처리하는 관리가 소속된 문·무관(武官)을 잘 단속하여 처리한다. 재정 관련 범죄 사건은 지방관청이 심의하여 처리하는 자에게 넘겨 각각 규정에 의하여 처리한다. 이 밖에 봉천성 인민이 조선에서 일을 자행하거나, 혹은 몰래 조선 경내로 도망친 자는 의주부윤(義州府尹)이 체포하여 안동현(安東縣)에 넘겨 처벌하게 하며, 조선 인민이 봉천성에서 일을 자행하거나, 몰래 봉천성 경내로 도망친 자는 안동현에서 체포하여 의주부윤에게 넘겨서 처벌하게 한다. 국경에서 중대한 사건이 발생하여 안동현지현(安東縣知縣)이나 의주부윤이 마음대로 처리할 수 없는 문제에 대해서는 우선 안동현에서 보고하거나 혹은 의주부윤을 거쳐 동변도아문(東邊道衙門)에 보고하고, 동변도아문은 다시 성경장군과 봉천부윤에게 보고하며, 〈이후〉 지시를 받아서, 안동현과 의주부윤이 〈받은〉 지시에 따라 처리한다. 제7조. 변경 교역은 교역이 이루어지는 곳에 세관을 설치하고 불순물을 조사하고 세금을 징수하는 일이 모두 긴급하고 중요한 문제이다. 상인의 출입을 세관에서 책임지고 조사하며 증명서가 확인되면 즉시 통과시키고, 억류하여 난처하게 만들거나 조금이라도 물건을 내라고 요구할 수 없다. 상품을 내보내고 들여오는 것은 세금을 징수하는 관리가 책임지고 검열한다. 상품명세서를 점검하여 소정한 규정에 맞을 때에는 세금을 징수하되 정액 외에 더 받을 수 없다. 제8조. 그해 조선에서 북경(北京)에 들여가는 공물은 국가 의전과 관계되는 일이므로 일체 규례에 따라야 한다. 공물은 세금을 징수하지 않는다. 그 사신 및 파견관, 수행원들이 가지고 가는 행장과 사소한 물건들에 대해서는 예부의 논의를 거쳐 제한을 너그럽게 해준다. 사신은 화물을 가지고 가지 못하며 사람마다 가지고 가는 의복·책·약은 300근(斤)으로 제한한다. 파견관과 수행원들이 화물을 가지고 가는 경우 이득을 보려고 하는 것이므로, 홍삼(紅蔘)은 파견관 한 사람당 정량 20근으로 하고 수행원은 한 사람당 10근으로 한다. 또 의복·짐·사소한 물건은 파견관 한 사람당 정량 160근으로 하고, 수행원은 한 사람당 정량 80근으로 한다. 파견관과 수행원은 모두 예부에 보고한 명단과 실제 인원수에 따라 정한다. 따로 가지고 가는 짐이 확실히 병풍·장막이거나 도중에서 먹을 음식물이면 다시 참작하여 세금을 면제한다. 이외에 상자에 넣어 묶은 짐들을 조사하여 화물이면 정확히 보고하고 세금을 내야 한다. 다른 공무로 파견되어 드나드는 관리들이 증명서를 가지고 화물을 휴대한 경우도 규정에 따라 세금을 징수하고 면제하지 않는다. 제9조. 중강 무역에서 징수하는 세금은 홍삼은 가격에 근거하여 100분의 15를 징수하고, 소나 말은 타고 다니는 것을 빼고 시장에 들여서 팔때에는 가격의 100분의 5를 세금으로 징수한다. 그 밖의 채소·오이·과일·닭·오리·거위·물고기 등 민간에서 일상적으로 필요하거나 또 매우 자질구레한 물건은 다 세금을 징수하지 않는다. 제10조. 중강 무역은 원래 변방 인민을 위하여 수시로 하는 무역으로, 각 항구에서 여러 나라들과 통상하는 것과는 상관없다. 해관 장정에 따라 본세(本稅)와 부가세(附加稅)로 구분하고 징수하여 폐단을 가져오게 할 수는 없다. 봉천성 상인이 의주 무역 시장에 화물을 가져다 팔 경우, 어느 지방의 화물임을 가리지 않고 역시 규정에 따라 1차 정세(正稅)를 바치고, 조선 상인이 중강 시장에 화물을 운반하여 팔 경우, 어느 지방의 화물임을 가리지 않고 역시 규정에 따라 1차 정세를 바치며 모두 이중으로 징수하지 못한다. 상인이 외국 상품을 무역 시장에 내어 팔기를 원하지 않을 때는 다 그 편의를 들어주고 관청에서 강제로 억제하지 못한다. 제11조. 책문에서 계절마다 진행하던 무역을 중강으로 옮겨 수시로 하는 무역으로 고쳤으니, 이전에 봄과 가을에 기일을 정하여 진행하던 무역을 일체 중지한다. 중강에서 책문까지 이전의 공물을 바치던 길로 공물을 가진 사신이 오가는 것을 금하지 않는 것을 제외하고, 그 밖의 통행증을 가지지 못한 상인이 마음대로 물건을 가져다 파는 것을 인정하지 않으며 엄격히 단속하여 부당행위를 방지한다. 제12조. 중강과 의주는 거리가 매우 가까워 쉽게 건너다닐 수 있지만 오가는 것을 제한하였다. 중강과 의주의 위아래 각처에 오솔길과 갈림길이 있으니 이로 다니는 것을 금지해야 한다. 겨울과 봄에는 강이 얼어붙고 물이 얕아져 곳곳마다 통할 수 있으니 조사하고 체포하여 더욱 엄하게 처리해야 한다. 죄를 범한 자는 반드시 처벌하여 법이 엄하다는 것을 보여주어야 한다. 제13조. 중강과 의주의 변경 인민들 사이의 무역은 쌍방이 개항한 항구에서 각각 통상 사무를 맡아보는 직원을 두고 하는 무역과는 다르다. 조선 상인이 봉천성에서 육로로 토산물을 구매하여 오는 경우, 세금에 관한 사무를 감독하고 처리하는 관리가 증명서를 발급해주고 조선의 의주부윤에게 통지하여 등록하게 한다. 봉천성 상인이 조선에서 육로로 토산물을 구매하는 경우, 의주부윤이 증명서를 발급해주고 세금에 관한 사무를 감독하고 처리하는 관리에게 통보하여 등록하게 한다. 증명서에는 사전에 어떤 상품이라는 것을 밝힌다. 어떤 상품이라고 미리 지정할 수 없을 때는 모두 구매하는 것을 기다려 세관이 있는 곳에 돌아와 즉시 현품으로 보고하고 원래 받았던 증명서는 반환하며, 조사하고 세금을 징수하고 납세증명서를 발급한다. 어떤 지방에 가서 물건을 구매하려고 할 때에는 증명서에다 명백히 써넣어야 하고 갈 수 없는 곳인 경우에는 증명서를 발급하지 않는다. 제14조. 봉천성 상인은 조선에 가서 의주에서만 교역할 수 있고, 조선 상인은 봉천성에 가서 중강에 설치한 초소에서만 교역을 할 수 있다. 봉천성에서 관할하는 지역은 제2의 수도인 중요한 지역이므로 원래의 준칙을 준수해야 한다. 토산물을 구매할 때에도 봉황성(鳳凰城)의 변문(邊門)으로 출입하고 공물이 들어오는 길을 통해서만 돌아가야 하며 마음대로 유람할 수 없다. 조선은 청 조정[天朝]의 속국이므로 본토와 같이 본다. 봉황성 상인도 금령을 어기면서 국경을 넘어 다닐 수 없으며 위반하는 자는 징벌한다. 제15조. 항구의 화물은 바다를 이용하여 운반해야 한다. 봉천성 상인이 개항한 조선 항구에서 사들여 운반하는 화물을 육로로 중강이나 혹은 조선의 의주 및 다른 지방에 가져다 파는 것을 인정하지 않는다. 조선 상인들도 개항한 봉천성의 항구에서 사들여 운반하는 상품을 육로로 의주나 혹은 봉천성 또는 다른 지방에 가져다 파는 것을 인정하지 않는다. 위반하는 사람은 상품을 조사하여 관청에 몰수하고 죄과의 등급을 높여 처벌한다. 관리가 공무를 위하여 문건을 갖고 가볍게 몸으로 화물을 가지지 않았을 때에는 상인과 같이 취급하지 않고 조사하고 검열하는 즉시 통과시켜 구별함을 보인다. 제16조. 상인이 화물을 운반할 때 작성한 명세서를 관청에 제출하여 검열을 받고 도장을 받는다. 밀수품을 가지고 가면서 보고하지 않으면 몰래 탈세하려는 것으로 보아, 조사하여 관청에 몰수한다. 수입한 아편과 국내산 아편, 제작된 군기 및 일체 금지하는 물건에 대해서는, 천진(天津)에서 원래 논의하여 규정한, 운반하여 팔기를 인정하지 않는 것을 제외하고, 〈그것들을〉 가지고 국경을 넘을 수 없으며, 유통하는 동전도 운반하여 국경을 넘어갈 수 없다. 위반하는 자는 분별하여 처벌한다. 제17조. 상인이 무역에 사용하는 금은은 몸에 따르는 의복·행장·필묵(筆墨)·책과 함께 모두 세금을 면제한다. 다만 사금(砂金)과 은광석을 시장에 파는 것은 원래 상품과 같지만, 엽전처럼 만든 금, 가락지처럼 만든 금, 금장식물, 돈처럼 만든 은, 덩어리 은, 부스러기 은 등을 시장에서 쓰는 경우, 세금을 면제받는 것과는 다르다. 가격에 근거하여 100분의 5를 규정대로 세금을 거두고 면제해주지 않는다. 허위로 기재하여 탈세하는 것을 인정하지 않는다. 제18조. 무역 화물이 해산물·가죽·베·종이·놋그릇·자기 등에 속하는 물건은 모두 가격에 근거하여 100분의 5를 징세한다. 세금 규정에 없는 경우, 상인이 가격을 정하여 수시로 보고하고, 역시 가격에 근거하여 100분의 5를 징세하며, 정액 외에 더 요구할 수 없다. 제19조. 조선 사신이 북경으로 행차하며 변경에 들어설 때에는 전례에 따라 봉황성의 성수위(城守尉)가 미리 성경장군에게 보고하고 각 관청에서 예부에 통보한다. 한편 성수위는 직접 변문에 나아가 감시하고 연접한 길에 관리를 파견하여 잘 호송한다. 파견관과 통역원들을 맞이하고 전송하는 일은 모두 공물에 관계된 일이고 예법에 관계된 일이므로 기존 제도에 따라 천진에서 원래 협의한 조약에 부합되게 해야 한다. 군사들을 엄격히 단속하여 트집을 잡고 무엇을 내라고 요구하지 못하게 하며, 위반하는 자는 조사하여 규명한다. 제20조. 중강 무역에서 사용하는 자와 저울은 조선과 그 길이와 무게가 다르지 않을 수 없다. 그러므로 중강과 의주 두 곳에서 평상시에 사용하는 자와 저울을 서로 비교하여 같지 않으면 국경 지방관들이 함께 모여 공평하게 맞추어 같게 만들 것이며 힘써 지방 실정에 맞게 하여 다른 지방의 자와 저울을 가지고 물건을 재고 달지 못하게 하여 공정성을 밝혀야 한다. 제21조. 이전에는 책문에서 매번 밤에 교역하였으므로 몰래 빠져나가 〈물건을〉 감추는 등 폐단을 면할 수 없었다. 그러나 지금은 〈교역 장소를〉 중강에 옮겼으므로 종래의 관습을 그대로 둘 수 없다. 엄격하게 금지시켜 캄캄한 밤에 시장에 들어오지 못하게 한다. 위반하는 자는 처벌한다. 제22조. 조선 상인이 무역할 때 이전에는 관청에 둔 중개인에 의하여 가격을 정하였으므로 그 가격이 〈실제 가격에 비해〉 높고 낮은 폐단이 생기는 것을 면할 수 없었다. 간혹 물건을 가지고 무역 시장에 가서 화물을 외상으로 팔았을 경우, 상반기에 구매한 화물값을 후반기에 갚아주기로 약속하였으나 하반기에 중개인이 매번 빚진 일로 오지 않아서 받아낼 수 없으니, 상인에게 큰 폐해가 되고 있다. 지금은 중강에 무역 시장을 다시 설치하여 수시로 교역하므로, 매매하려고 할 때는 모두 상인 본인이 값을 상정하는 것을 들어주고, 중개인이 중간에서 도맡지 못하게 하여 오랜 폐단을 없앤다. 제23조. 중강에 새롭게 변경 시장을 설치하였다. 지방 관리가 교섭할 일이 있어 문건을 교환하는 경우, 격식을 지켜야 한다. 조선은 반드시 '천조(天朝)' 혹은 '상국(上國)'이라는 글자로 존대하여 써야 한다. 보통 공문에 속하는 것도 규례에 따라야 하고, '중동(中東)'

등의 글자를 써서 일정한 규례를 어기지 못한다. 봉천성의 변방 관리는, '조선국(朝鮮國)' 혹은 '귀국(貴國)'이라는 글자를 써서 〈조선을〉 우대하는 뜻을 보인다. 제24조. 변경에서 몰래 국경을 넘는 자를 조사하고 그 방비책을 엄격하게 세우는 여러 문제들과 이번 규정에 구체적으로 실려 있지 않은 것은 쌍방의 지방관이 수시로 대책을 세워 처리하고, 곧 서로 통지해서 상세하게 문건을 작성하며, 〈그 일을〉 모두 치밀하게 하여 변경 백성들이 수시로 교역하는 대체적인 국면에 방해가 되지 않게 한다. 광서(光緖) 9년 12월 초3일. 중국 2품함(二品銜) 봉천전영익장(奉天全營翼長) 동변병비도(東邊兵備道) 진본식(陳本植). 조선국 서북경략사(朝鮮國西北經略使) 어윤중(魚允中).

조일통상장정이 체결됨.

1883년(고종 20-癸未) 6월 22일(양력 5월 18일)

발신 : 전권대신 독판교섭통상사무 민영목

『高宗實錄』 20卷

朝日通商章程成. 通商章程. 第一款. 日本各商船, 進朝鮮國通商口, 卽由海關派委官吏, 封銷艙口及別載有貨物之處, 安爲管押. 在商船, 須要懇待其員, 與之房室居住. 如無可給房室, 任憑該員, 或在關艇, 或在岸上, 隨便居住, 其一切需費, 總歸海關支辦. 不得向船主及代辦商人等, 私受毫釐. 至於日本舊式帆船所載貨物管押之法, 須海關稅務司與日本領事官, 安議辦法施行. 第二款. 日本商船, 進朝鮮國通商口, 該船長或其代辦人, 卽將船牌貨單, 呈交日本領事官, 領其存照然後遵辦進口應行各事. 乃自其抛錨時刻起, 限四十八時內【際禮拜日及休辦公事之日不筭. 以下各款內所謂時刻者, 皆倣此】, 將其存照·進口報單·艙口單·船上自用物件及所有免稅物件【指非商貨者】, 各淸單, 呈交海關. 如有不遵此規者, 罰該船長銅錢三萬文. 如尙怠不遵, 卽自其時限起, 每二十四時, 徵罰錢與前數同, 但不得逾十萬文之外. 本款所載進口報單, 應註明船名·吨數【或石數】·船長姓名·所乘水夫總數·船客姓名總數·所出港名·開帆年月日及進口年月日時, 仍須船長或其代辦人, 記名畫押. 艙口單, 應註明所載貨物圖記號數·件數·貨名及貨主姓名, 保其確實, 仍須船長或其代辦人, 記名畫押. 至船上自用物件及免稅物件各淸單, 亦須船長或其代辦人, 記名畫押. 但各報單及各文件, 均用日本國文, 不副譯文. 第三款. 艙口單所載內, 倘有或脫或誤者准於遵辦進口應行各事之後, 二十四時內, 自行補改. 如已過此限, 非納規費七千文, 不得請行補改. 又或過其時限, 不知有誤脫而起岸者, 將其貨物額稅之二倍, 罰徵船長或代辦人. 第四款. 一經遵辦進口應行各事, 卽由海關稅務司, 發給開艙單. 在船長, 當將此開艙單, 與看守本船官吏, 查照, 請其將艙口及別載有貨物之處, 開封. 如或擅開其封, 勿論何人所爲, 罰該船長三萬文. 第五款. 欲將進口貨起岸, 或將出口貨裝船者, 應先將置貨單【置貨單謂註明置貨之年月日·地名, 及其原價·裝包費·抽分錢·保險費·運費·其他各項需費, 由其買主或貨主或落貨本主或其代辦人, 記名蓋印者】, 附起貨稟單或落貨稟單, 呈交海關, 在海關, 卽發准單. 其欲將貨裝御, 應先將准單, 與看守本船關吏查照, 其欲將貨挪載別船者, 亦照此例. 起貨·落貨各稟單, 均應註明其進出船名及其貨物圖記號數·貨名等, 仍保其決無隱藏有稅貨物, 須由稟主或其代辦人, 記名畫押. 第六款. 自日落至日出, 非經海關特准, 其得將貨起落, 或挪載別船. 海關官吏, 自日落至日出, 封鎖艙口及別載有貨物之處, 妥爲管押. 如有不經該員允准, 開其封鎖, 或破其管押之處者, 罰該船長三萬文. 第七款. 如有不領海關准單, 將其貨起落, 或挪載別船, 又不經海關允准, 擅在指定埠頭之外, 上下貨物者, 均將其貨入官. 第八款. 凡日本人民, 在通商各口, 應聽任便, 雇朝鮮車·船夫役, 搬運貨物, 送迎船客, 朝鮮官吏, 決不干預, 又不可限定何舟何人. 如日本商民, 難於雇用, 一經稟請海關, 須由海關妥爲照料. 第九款. 凡進出口各貨過關, 應按照本約所附稅則, 交納關稅. 至於船上自用各物, 如起岸發賣, 仍照稅則納稅. 惟從價稅, 則將其貨物所産, 或所製造地方實價, 與由該地運到之費用·保險費, 及抽分錢等各費, 合筭爲之原價, 徵其定則之稅. 第十款. 如所納稅銀, 或過多或過少, 自納稅之日, 不出三十日, 則由海關得以追收, 其所少之數, 由納主得以請還, 其所多之數. 又如有因看出貨物, 所裝短缺, 或有所損壞, 請還其所多納之稅者, 一經過關不准. 第十一款. 凡海關官吏, 可以將進出口貨全件, 或其內一二件, 在查驗局查驗, 其搬運花費, 悉由貨主自理. 如貨物運至, 非尋常驗貨之地, 則費當出自海關. 海關官吏, 須將貨物留心搬動, 以防損壞. 若有因不留心, 以致損壞, 當由海關賠補. 一經查驗, 將其貨細心包裝, 仍不可徒費時刻. 第十二款. 海關稅務司, 如或將進出口貨主所稱價値, 以爲不合, 可以按照海關看貨人所認價値徵稅. 倘貨主不服應, 限二十四時內, 將其不服緣由, 具報海關稅務司. 海關稅務司, 卽令貨主自擇估價者, 將其所估之價再報後, 任憑海關稅務司, 或照其再報估價徵稅, 或按估價, 更加其百分之五, 收買其貨. 惟收買其貨, 須自再報之日起, 限五日內, 還淸其價. 第十三款. 凡進口各貨內, 如有在途上損壞者, 應由進口貨主, 將其事由報關, 擇老實看貨人兩名以上, 核定其受虧幾何, 將各件圖記號數及其受虧幾何, 開列淸單, 仍應看貨人畫押與起貨稟單, 同呈海關, 請減其稅. 惟遇有此等事, 亦不妨照第十二款所載, 看貨估價. 第十四款. 如有將起貨落貨, 各稟單內, 所不開列物件, 隱在貨內, 希圖漏稅者, 將其物件入官. 又如有將貨物種類·件數·稱量等揑報, 或將應納稅物, 混入免稅物單內, 希圖漏減稅銀者, 除徵應納關稅外, 罰徵其所希圖漏減稅銀五倍之數. 第十五款. 如將船人及船客, 自用各物上下, 無庸請領海關准單. 惟海關官吏, 將其各物查驗, 有應納稅物, 遇多不能認作自用者, 可以按照稅則, 徵應納之稅. 其行李內藏有違禁物項者, 將其貨入官, 至鴉片, 照第三十六款處辦. 第十六款. 凡日本欽差署所用各物, 均應不徵關稅, 毋庸查驗. 第十七款. 凡將爆發質或危險質各物上下, 豫定一地, 除其地不准上下. 第十八款. 凡進朝鮮國通商口, 完納關稅, 各貨運送朝鮮國各處, 均應不徵運稅及內地關稅竝其他一切稅銀. 又由朝鮮各處, 運送通商口之貨物, 亦應不徵運稅·內地關稅及其他一切稅銀. 第十九款. 凡進口各貨, 完納關稅後, 欲改運別口者, 在海關查, 無拆開·抽換·揷入等跡, 果係原樣, 應發給完稅執照. 在別口海關, 將其貨對比執照, 相符則不再徵進口稅. 如查有將貨抽換·揷入等弊, 按其所抽換·揷入之貨, 徵應納之稅外, 罰徵其稅銀五倍之數. 第二十款. 凡進口各貨, 由貨主領收後, 請運回者, 在海關查驗, 實有進口貨之據, 則准其不納出口稅運回. 第二十一款. 日本商船所運回朝鮮國通商口之朝鮮國土貨, 比之起初出口之時, 不改其性質樣式, 而由其出口之日起, 未過三年, 且附有其出口時所領落貨准單, 在貨主, 證明其爲朝鮮國土貨者, 准其免稅過關. 第二十二款. 朝鮮國沿海運載之便未敷, 日本國商船, 勿論其爲何國物件, 得以在通商各口, 裝載往來. 惟欲將在通商各口所買朝鮮國土貨, 運送朝鮮國通商別口者, 將抵其物出口稅之銀, 或擇承當其銀之保人【稅務司之所肯可者】, 將其保單, 寄存其所出口之海關. 然後到通商別口, 起其貨時, 請領其口海關起貨憑單收執【但不納進口稅】, 由出寄之日起, 限六箇月內, 交之所出口之海關, 請還起初所寄存銀或保單. 倘其所運之船失事, 由出口之日起, 限一年內, 應將日本領事官所證明之失事單, 送交海關, 以代該憑單之用. 俟朝鮮船隻敷用, 則朝鮮國此口貨, 運往彼口者, 概不用他國船隻. 第二十三款. 在通商口海關經辦貨物之處, 由朝鮮政府, 建設廠房, 又須建設棧房, 以便寄存進出口各貨. 至其棧租及其他各事, 另議章程施行. 第二十四款. 有欲將進口各貨不納關稅, 寄存海關棧房者, 應照棧房章程, 稟經海關稅務司允准. 旣遵此規, 如欲將其貨運回日本國, 准卽行出口. 或卽已完關稅之貨, 由該棧直行運回者, 須還其已納稅銀. 惟一經由貨主領收, 則照第二十款所載辦理. 惟在朝鮮政府, 未設棧房之前, 雖已由貨主領收後, 查係原包, 在海關, 還其已納稅銀, 准其運回. 其已過一年者, 照第二十款辦理. 第二十五款. 如有日本商船, 因爲修理起貨者, 准將其貨不納關稅. 起岸, 安放海關所轄廠房或棧房【但棧租及一切需費由船長支辦】, 俟修竣, 可以下貨. 如有發賣其貨, 則應照納關稅. 又如有將在朝鮮近海, 所壞船隻之船材·船具及船上所用物件發賣者, 免其進口稅. 第二十六款. 日本商船, 欲出口者, 在其起錨前, 船長或其代辦人, 須將出口報單及出口艙口單, 呈交海關, 領回領事官所發船牌·貨單存照, 俟領出口准單, 卽行出口. 第二十七款. 已經遵辦出口應行各事之船隻, 如因有故, 欲再上下貨物, 仍應再辦進口應行各事. 其出口亦須遵辦出口應行各事. 如或已經遵辦出口應行各事, 已至出口時期, 尙未能起錨者, 應由船長或其代辦人, 將其事由呈報海關聽准. 第二十八款. 船長欲領出口准單, 倘遇有違犯海關各章程之案, 未經審判, 則海關不發准單. 但一經領事官飭令船長, 或立妥保或出保銀後, 知照海關稅務司, 卽發出口准單. 第二十九款. 凡郵船得以同日或同時, 併辦進口與出口應行各事. 其進口艙口單, 除將其在該口所起及所挪載別船之貨物開列外, 不必另載. 至出口艙口單, 如由船長不能呈報, 准由其郵船公司代辦人, 在出口後, 三日內呈報. 第三十款. 凡因買船上所需各物, 或因避災, 過朝鮮通商口之日本商船或漁船, 無庸遵辦進口及出口應行各事. 惟其停泊過二十四時, 則應將其事由報關. 如或就行貿易, 必須照第二款規則辦理. 第三十一款. 朝鮮政府日後, 須將各通商口內修築, 以及建設燈塔·浮椿而日本商船之到通商口者, 應納船鈔每噸二百二十五文, 以充其維持之費【但其稱裝幾石之船者, 以日本六石五斗五升筭爲一噸】. 如經納船鈔, 卽由海關發給專照, 以四箇月爲限, 在其期內, 任憑隨便, 到朝鮮國通商各口, 無庸再納船鈔. 又有進口商船, 未經起貨, 欲赴他處者, 於兩日內出口, 無庸納鈔. 低遇風雨大霧, 不能開纜, 則應將其事由, 呈報海關. 但漁船不納噸稅. 俟有別國商船多到, 則可公同籌商修築口岸及建立燈塔·浮椿之費, 再行改定噸稅. 第三十二款. 凡兵艦及日本國官船不載商貨者, 到朝鮮國通商口, 無庸遵辦進口及出口應行各事, 又無庸納鈔, 亦不須海關官吏看守. 如有將其不用之物, 起岸發賣, 應由該買主報關納稅. 第三十三款. 如有日本商船, 在朝鮮國不通商口, 密行買賣或希圖密行買賣者, 朝鮮政府, 將該商貨及其所載各商貨入官, 罰船長五十萬文. 惟因避風浪, 或因需薪·水·食物, 一時收口者, 不在此例. 第三十四款. 朝鮮國政府或人民, 欲將貨物人員等, 運送不通商口, 得其雇用日本商船. 但其雇主, 若係人民, 應領朝鮮政府准單, 雇用. 第三十五款. 本章程所載罰銀及入官, 其他所關罰則之案件, 因海關稅務司訴告, 由日本領事官審判. 但其所徵罰銀及入官各物, 均歸朝鮮政府. 在朝鮮官吏所攔由各物, 該官吏會同日本領事官, 加封蓋戮, 仍留海關, 以待判結. 如領事官判爲無罰, 則其各物, 須移由領事, 給還貨主. 如朝鮮官吏, 意見不合, 控告其應訴之裁判所, 則貨主應將其貨價, 寄存領事官, 以待判結. 如或其所攔留物件, 係腐敗質, 或變更質, 或危險質者, 應將其價銀, 在領事衙門寄存, 貨付原主. 第三十六款. 鴉片嚴禁進口. 如有將鴉片密運或希圖密運者, 將貨入官, 仍按其密運總數, 每一斤罰徵七千文. 惟其係朝鮮政府收用者, 或寄居日本人民需用配藥, 而經日本領事官證明其事進口者, 不在此限. 第三十七款. 如朝鮮國, 因有旱·潦·兵戎等事, 恐國內缺乏糧食, 欲暫禁糧米出口, 須先期一箇月, 由地方官知照日本領事官, 以便豫將其期, 轉示在口日本商民, 一律遵照【現在諸穀進出口, 竝行抽五. 如朝鮮災荒缺食, 要米糧進口, 可臨時知照免稅. 日本災荒缺食, 要米糧出口, 亦臨時知照免稅】. 第三十八款. 大小艙砲·各種彈子·火藥·雷粉·其他一切軍器, 除朝鮮政府或經朝鮮政府准買軍器朝鮮人外, 不准賣給朝鮮人民. 如有密行售賣者, 將貨入官. 第三十九款. 如有違犯本章程中不載罰款者, 罰徵一萬五千文以下. 第四十款. 本章程所定稅餉及罰款, 應以朝鮮銅錢完納. 或將日本銀貨, 照時價換用, 墨洋與日本銀貨同價, 亦可換用. 至第二, 第三, 第四, 第六, 第三十三等各款內所載罰款及規費, 其商船係五百噸以下者, 徵二分之一, 五十噸以下者, 徵四分之一. 第四十一款. 准日本國漁船, 於朝鮮國全羅·慶尙·江原·咸鏡四道海濱, 朝鮮國漁船, 於日本國 肥前·筑前·石見·長門【對朝鮮海面處】·出雲·對馬海濱, 往來捕漁. 但不准私將貨物貿易, 違者將本貨入官. 賣買其所獲魚類, 不在此例. 至其彼此應納魚稅及其他細目, 俟遵行兩年後, 核其情況, 更行妥議酌定. 第四十二款. 本章程, 自蓋印之日起, 一百日內, 當經朝鮮日本兩國政府允准, 過一百日後施行, 卽所有從前貿易規則及其他各約中有礙本章程各條款者, 槪歸廢止. 但現時若將來, 朝鮮政府, 有何權利·特典及惠政·恩遇, 施與他國官民, 日本國官民, 亦卽一體均沾. 至本章程, 自施行之日起, 以五年爲期, 再行改訂, 乃須期滿之前, 兩國政府, 妥議設立新章. 倘有商議逾期未決, 則其間姑照本章程辦理. 又若遇本章程內, 有應要增加之件, 彼此均以爲便, 卽得隨時妥議增訂. 爲此兩國全權大臣, 記名蓋印爲憑. 大朝鮮國開國四百九十二年六月二十二日. 全權大臣督辦交涉通商事務, 閔泳穆. 大日本國明治十六年七月二十五日. 全權大臣辨理公使竹添進一郞.

조일통상장정(朝日通商章程)이 성립되었다. 통상장정. 제1관. 일본 각 상선(商船)이 조선국 통상항구에 들어오면 즉시 해관(海關)에서 파견한 관리가 선창 입구와 화물을 별도로 적재한 곳을 봉쇄하고 안전하게 관압(管押)한다. 상선의 경우 그 관원을 잘 접대하고 거주할 방을 주어야 한다. 만일 내줄 수 있는 방이 없다면 해당하는 관원이 해관 소속 배[關艇]에서 〈머무를지〉 혹은 해안에서 머무를지, 그 편의를 따르게 할 것이며 그 일체의 비용은 모두 해관에서 지불한다. 선주(船主)나 대리하여 판매하는 상인에게 조금이라도 〈비용을〉 사적으로 받을 수 없다. 일본구식범선에 실은 화물을 관압하는 방법은 해관 세무사와 일본 영사관이 함께 방법을 주관하여 시행하도록 협의한다. 제2관. 일본 상선이 조선국의 통상항구에 들어올 때에는 해당 선장 혹은 그 대리인은 선패(船牌)와 화물 목록을 일본 영사관에게 제출하여 교부받고 존조(存照)를 수령한 후에 항구에 들어와서 입항 절차를 따른다. 그 닻을 내린 시각으로부터 48시간 안에【일요일[際禮拜日]과 공휴일[休辦公事]은 계산하지 않는다. 이하 각 관에서 시각을 말한 것은 모두 이와 같다】 그 존조·입항보고서·적재화물목록[艙口單], 선상에서 쓰는 물건 및 소유한 모든 면세 물건【상품이 아닌 물건을 가리킨다】에 대한 각각의 조사서[清單]를 해관에 제출한다. 이 규정을 준수하지 않으면 해당 선장에게 동전 3만 문(文)의 벌금을 매긴다. 그럼에도 따르지 않고 태만하다면, 그 시한부터 24시간마다 위의 액수와 같은 벌금을 물리는데, 다만 〈총 벌금액이〉 10만 문을 넘을 수는 없다. 본 관에 기록된 입항보고서에는 선박 이름, 톤수【혹은 배의 용적(容積) 분량[石數]】, 선장의 성명, 타고 있는 선원의 총 인원 수, 선객의 성명과 총 인원 수, 출항한 항구 이름, 배가 떠난 연월일 및 입항한 연월일과 시간을 상세히 기재한 뒤 선장 혹은 그 대리인이 이름을 적고 화압(畫押)해야 한다. 적재화물목록은 〈배에〉 실은 화물의 도기(圖記)·건수·화물명 및 화물 주인의 성명을 밝히고, 그것의 확실함이 보증되면 이에 선장 혹은 대리인은 이름을 적고 화압해야 한다. 선상에서 쓰는 물건 및 면세 물건의 각각의 조사서도 선장 혹은 대리인이 이름을 적고 화압해야 한다. 다만 각각의 보고 단자 및 각각의 문건은 모두 일본 문자로 쓰고 번역문을 붙이지 않는다. 제3관. 적재화물목록에 기록한 것 중에 혹여 빠진 것이나 오류가 있는 것은 입항하는 데 행해야 하는 각종의 일이 끝난 뒤로 24시간 안에 스스로 보충하거나 고친다. 만일 이미 이 시한을 넘었다면, 수수료[規費] 7,000문을 납부하지 않으면 보충하거나 고칠 수 없다.

또한 혹여 이 시한을 넘겼더라도, 틀리거나 빠진 것이 있는 줄 모르고 해안에 화물을 내리기 시작하는 경우, 그 화물 가격에 대한 세금의 2배로 선장 혹은 대리인에게 벌금을 매기고 징수한다. 제4관. 입항하는 데 행해야 하는 각종의 일을 모두 거친다면, 즉시 해관세무사에서 선창을 여는 허가증[開艙單]을 발급한다. 선장은 이 선창을 여는 허가증을 가지고 본선(本船)을 간수(看守)하는 관리에게 주어 조사받고, 선창 입구와 화물을 별도로 실은 곳의 봉인을 뜯을 것을 요청한다. 봉인을 마음대로 뜯었으면, 누가 뜯었든 간에 해당 선장에게 3만 문의 벌금을 매긴다. 제5관. 입항한 화물을 해안에 내리려 하거나 출항할 배에 화물을 실으려고 할 때는 먼저 화물적재명세서[置貨單]【화물적재명세서는 화물을 쌓아둔 연월일·지명 및 원가·포장비·공제액·보험비·운송비·기타 각 항의 비용을 상세히 기재한 후, 판매주나 화물 주인, 혹은 선적품의 본래 주인이나 그 대리인이 이름을 적고 도장을 찍은 것을 말한다】를 하선신고서[起貨稟單] 혹은 선적신고서[落貨稟單]에 첨부하여 해관으로 제출하면 해관은 즉시 허가증[准單]을 발급한다. 그 화물을 싣거나 내릴 때에는 먼저 이 허가증을 본선을 간수하는 관리에게 넘겨주어 조사받아야 하며, 화물을 다른 배에 옮겨 실을 때에도 이러한 예에 따른다. 하선·선적 각 신고서에는 입출항하는 배의 이름 및 그 화물의 도기·호수·이름 등을 모두 명백하게 기록하며, 이어 세금이 매겨진 화물을 틀림없이 감추지 않았음을 보증하여 화물 주인 혹은 그 대리인이 이름을 적고 화압해야 한다. 제6관. 일몰부터 일출까지는 해관의 특별한 허가를 거치지 않는 한, 화물을 선적·하선하거나 다른 배에 옮길 수 없다. 해관 관리는 일몰부터 일출까지 선창 입구와 별도로 화물을 적재해둔 곳을 봉쇄하고 안전하게 관압한다. 해당 관원의 허가를 거치지 않고 봉쇄를 풀거나 관압한 곳을 손상시키면, 해당 선장에게 3만 문의 벌금을 물린다. 제7관. 만일 해관의 허가증을 받지 않고 화물을 올리고 내리거나, 혹여 다른 배에 옮겨 싣거나, 또는 해관의 허가를 거치지 않고 마음대로 지정한 부두 이외의 장소에서 화물을 싣고 내리는 경우, 모두 그 화물을 관에서 거두어들일 수 있다. 제8관. 모든 일본인민은 각 통상항구에서 편리에 따라 조선의 수레꾼과 선부(船夫)를 고용하고 부려서 화물을 운반하고 선객을 싣고 오갈 수 있으며 조선 관리는 〈이러한 행위에〉 절대 간섭할 수 없으며, 또한 어느 배나 사람으로 한정할 수 없다. 만일 일본 상인이 〈조선인〉 고용이 어려워서 해관에 요청하면, 해관은 알맞게 〈사정을〉 살펴주어야 한다. 제9관. 무릇 입항하거나 출항하는 각 화물이 해관을 통과할 때는, 본 조약에 부록된 세칙에 따라 관세를 납부해야 한다. 배 안에서 사용하는 각종 물건도 만일 하선하여 팔 때에는 세칙에 비추어 납세한다. 다만 종가세(從價稅)는 그 화물의 생산지나 제조한 지방의 실제 가격, 그 지방에서 운반해온 비용·보험비 및 배당금 등 각종 비용을 합산하여 원가를 정하고, 〈그 원가의〉 정해진 만큼의 세금을 징수한다. 제10관. 만일 납부한 세은(稅銀)이 너무 많거나 너무 적으면, 납세한 날부터 30일이 넘지 않은 경우, 해관은 그 부족한 수량을 추가로 징수할 수 있으며 세납자도 더 많이 낸 수량을 요청하여 돌려받을 수 있다. 또한 만일 실은 화물의 포장이 작아졌거나 파손된 것을 보고 많이 낸 세금을 돌려달라고 요구하는 경우, 〈물품이〉 해관을 통과하였으면 허가하지 않는다. 제11관. 무릇 해관 관리는 입항하거나 출항하는 화물 전부 혹은 그 가운데 한 두 건을 사험국(査驗局)에서 조사할 수 있고, 〈이 때〉 그 화물을 운반하는 비용은 화물 주인이 스스로 처리한다. 만일 화물을 운반하여 둔 곳이 통상적으로 화물을 검사하는 곳이 아니면, 그 비용은 해관에서 내야 한다. 해관 관리는 화물을 주의하여 다루어 파손을 방지해야 한다. 주의하지 않아서 파손된다면 해관에서 배상해야 한다. 검사한 후에는 그 화물을 잘 포장하여 시각을 헛되이 소비해서는 안 된다. 제12관. 해관 세무사는 만일 입출항하는 화물 주인이 말한 가격이 부당하다면, 해관 간화인(海關看貨人)이 인정하는 가격에 맞추어 징세할 수 있다. 화물 주인이 응하지 않으면, 24시간 안으로 불복하는 연유를 해관 세무사에 갖추어 보고한다. 해관 세무사는 즉시 화물 주인으로 하여금 스스로 가격을 매기게 하며, 장차 그 매긴 가격을 다시 통보한 뒤에, 해관 세무사가 매긴 가격에 의거하거나, 혹은 다시 통보한 가치에 의거하여 징세하거나, 혹은 〈화물 주인이〉 스스로 매긴 가격에 100분의 5를 더하여 그 화물을 수매한다. 다만 그 화물을 수매하는 것은 다시 통보한 날에서 5일 안으로 그 청한 가격을 돌려주어야 한다. 제13관. 모든 입항한 각 화물에서, 만일 〈입항〉 도중에 손상된 것이 있으면, 입항하는 화물 주인이 그 사유를 관에 보고하고, 노성하고 성실한 간화인 2명 이상을 택하여, 손해본 것이 얼마나 되는가를 조사하고 정하여, 각 물건의 도기와 호수 및 그 손해가 얼마인가를 조사서에 열거하고, 간화인이 화압하여 하선명세서와 같이 해관에 제출하여 그 세금을 줄여줄 것을 청한다. 다만 이러한 일을 만나더라도 또한 제12관에 기록된 바에 의거하여 화물을 보고 가격을 매겨도 무방하다. 제14관. 하선·

선적한 각 화물의 신고서 안에 열거되지 않은 물건을 화물 속에 숨겨두고 탈세를 도모하는 자는 장차 그 물건을 관에 거두어들인다. 또 화물의 종류·건수·무게 등과 같은 것을 허위로 보고하거나, 혹은 납세해야 할 물건을 납세 면제 목록에 섞어 넣어서 탈세나 감면을 도모하는 자는 응당 납부해야 할 관세 이외에 탈세하거나 감면받으려고 시도한 액수의 5배를 벌금으로 징수한다. 제15관. 선원과 여객들이 사적으로 쓸 물건을 싣거나 내릴 때에는, 해관의 허가증을 받을 필요는 없다. 다만 해관 관리가 각 물건을 검사하여, 세금을 납부해야 할 물건이 있거나 너무 많아 그들이 사용하는 물건으로 인정할 수 없는 경우, 세칙에 의하여 납부해야 할 세금을 징수할 수 있다. 행리(行李) 안에 금지된 물건을 숨기고 있으면, 그 화물은 관으로 거두어들이고, 아편은 제36관에 의거하여 처리한다. 제16관. 일본흠차서(欽差署)가 사용하는 각 물건은 모두 관세를 징수하지 않으며 검사하지 않는다. 제17관. 모든 폭발 물질이나 혹은 위험물질을 싣고 내리는 것은 미리 한 곳을 정해놓고, 그곳 외에서 싣고 내리는 것은 허가하지 않는다. 제18관. 무릇 조선국 통상항구에 들어와 관세를 모두 납부한 각 화물을 조선국의 각 장소로 운반하는 것은, 모두 마땅히 운반세 및 내지(內地)의 관세와 기타 일체의 세금을 징수하지 않는다. 또 조선의 각 장소에서 통상항구로 운송하는 화물도 운반세·내지 관세 및 기타 일체의 세금을 징수하지 않는다. 제19관. 입항한 각 화물이 관세를 모두 납부하고 다시 다른 항구로 운반하려고 할 때에는, 해관에서 조사하여 뜯어보았거나 바꿔치기 했거나 더 집어넣은 흔적이 없고 원래 모양으로 있다면 관세를 모두 납부했다는 증명서를 발급해야 한다. 다른 항구의 해관에서 그 화물을 증서와 대조하여 서로 맞으면 입항세를 다시 징수하지 않는다. 만약 조사해서 화물을 바꾸거나 추가한 폐단이 있다면, 그 바꾸고 추가한 화물에 따라 〈원래〉 내야 할 세금을 징수하는 것 외에, 그 세금의 5배에 해당하는 액수를 벌금으로 매긴다. 제20관. 무릇 입항한 각 화물을 화물 주인이 수령한 뒤에 되돌려 보내겠다고 청하는 경우에는, 해관에서 조사하여 실제로 〈그 해관에서〉 입항한 화물이라는 근거가 있으면, 출항세를 납부하지 않고 돌려보내는 것을 허가한다. 제21관. 일본 상선이 조선국 통상항구로 다시 실어온 조선국 토산물은, 처음에 출항하던 때〈의 상태〉와 비교하여 그 성질과 양식이 바뀌지 않고, 출항한 날에서 3년이 넘지 않았거나, 또한 출항 때에 받은 선적 허가증이 화물 주인에게 있어서 그것이 조선국 토산물임을 증명하면 면세로 통관하는 것을 허가한다. 제22관. 조선국 연해 운송의 편리가 널리 퍼져있지 못하므로 일본국상선은 그 물건이 어느나라 것인지는 논하지 않고, 각 통상항구에 싣고 왕래할 수 있다. 다만 각 통상항구에서 사들인 조선국 토산물을 조선국의 다른 통상항구에 운송할 때, 장차 그 화물의 출항세에 해당하는 돈을 저당하거나 또는 그 돈을 담보할 보증인【세무사가 인정하는 사람】을 선택하여 신고서를 받아 출항할 해관에 맡겨둔다. 그런 후에 별도의 통상항구에 가서 그 화물을 내릴 때에, 그 항구의 해관에서 하선증명서[起貨憑單]를 청구하여 가지고【다만 〈이때〉 입항세는 납부하지 않는다】, 출항한 날에서 6개월 안으로 출항한 해관에 제출하고, 처음에 맡겨둔 돈이나 신고서를 돌려달라고 요청한다. 화물을 운반한 배가 그것을 잃어버렸을 경우, 출항한 날부터 1년 안에 일본 영사관(領事官)이 증명하는 〈물건을〉 잃어버렸다는 것을 〈기록한〉 서류를 해관에 보내어 해당 증서를 대신한다. 조선에서 선척이 널리 사용되면, 이 항구에서 저 항구로 화물을 운반할 때 다른 나라의 선척을 사용하지 않을 것이다. 제23관. 통상항구의 해관에서 화물을 취급하는 곳에, 조선 정부는 창방(廠房)을 짓고 또한 잔방(棧房)을 지어서 입출항하는 각종 화물을 위탁 보관[寄存]하기를 편리하게 해야 한다. 잔조(棧租) 및 기타의 각종 일은 장정(章程)을 따로 의논하여 시행한다. 제24관. 입항한 각종 화물에 관세를 납부하지 않고 해관의 잔방에 위탁 보관하려는 경우, 잔방장정에 따라 해관 세무사의 허가를 거쳐야 한다. 이미 규정을 따랐고, 만약 그 화물을 일본국에 되돌려 보내려고 할 경우에는 즉시 출항을 허가한다. 혹여 이미 관세를 모두 납부하고 화물을 해당하는 잔방에서 바로 〈일본국으로〉 돌려보내려고 할 때에는, 완납한 세금을 돌려준다. 다만 한번 화물 주인이 영수하였을 때에는 제20관에 적힌 것에 의거하여 처리한다. 다만 조선 정부가 잔방을 설치하기 전에는, 비록 화물 주인이 영수한 뒤라고 하더라도, 원래의 포장 상태인지 조사하여, 해관에서는 납부한 세금을 돌려주고 그 되돌려 보내는 것을 허락한다. 이미 1년이 지난 것은 제20관에 의거하여 처리한다. 제25관. 만일 일본 상선이 수리 때문에 화물을 하선하는 경우에는, 그 화물에 관세를 걷지 않는다. 해안에 내려서 해관 관할의 창방이나 잔방에 보관하였다가【다만 잔조(棧租) 및 일체 소요되는 비용은 선장이 지불】, 수리가 끝난 뒤 선적할 수 있다. 만일 그 화물을 팔 경우에는, 관세를 납부해야 한다. 또한 만약 조선 근해에서 파괴된 선척의 자재·선척 도구 및 선상에서 쓰던 물건을 파는 경우에는 입항세를 면제한다. 제26관. 일본 상선이 출항하려 할 때 닻을 올리기 전에 선장이나 그 대리인은 출항보고서와 출항적재화물목록을 해관에 제출하고, 영사관이 발급해주는 선패(船牌)·화물 목록의 존조를 수령한 후에, 출항허가증을 수령하여 즉시 출항해야 한다. 제27관. 이미 출항 절차를 밟은 선척이 만일 사정이 있어 다시 화물을 싣거나 올리려고 할 때는 다시 입항 절차를 밟아야 하고, 출항할 때도 출항 절차를 밟아야 한다. 이미 출항 절차를 밟고 출항할 때가 되어도 아직 닻을 올리지 못하였을 때는 선장이나 그 대리인이 그 사유를 해관에 보고하고 허가를 받아야 한다. 제28관. 선장이 출항허가증을 받으려고 할 때 해관의 각 장정을 위반한 사건을 아직 심판하지 못한 것이 있다면 해관은 허가증을 발급하지 않는다. 다만 영사관이 선장에게 명하여 보증인을 세우거나 보증금을 낸 뒤, 해관 세무사에 통지하면 즉시 출항허가증을 발급한다. 제29관. 무릇 우편선은 같은 날이나 같은 시간에 입항과 출항에 행해야 하는 각종 절차를 모두 할 수 있다. 입항시의 적재화물목록은 해당 항구에서 하선한 것과 다른 배에 옮겨 실은 화물을 열거하는 것 외에 다른 것은 별도로 기재할 필요가 없다. 출항 시의 적재화물목록을 선장이 제출할 수 없으면 우편선 공사(公司)의 대리인이 출항 후 3일 안에 제출할 수 있다. 제30관. 무릇 선상에서 필요한 각종 물건을 사기 위하거나 혹 재난을 피하기 위하여 조선 통상항구를 통과하는 일본 상선 혹 어선은 입항 및 출항 시에 밟아야 할 각종 절차를 밟을 필요가 없다. 다만 정박한 지 24시간이 경과하면 그 사유를 해관에 보고해야 한다. 혹여 무역을 하게 되면 제2관의 규칙에 따라 처리해야 한다. 제31관. 조선 정부는 후일에 각 통상항구의 안을 수축하고, 등탑(燈塔)·부표(浮標)를 건설해야 하며, 통상항구에 오는 일본 상선은 톤세[船鈔]로 톤당 225문을 납부하여 그 유지비를 충당해야 한다【단 몇 석을 실은 것이라고만 말하는 배는 일본의 6석 5말 5되를 1톤으로 환산】. 만약 톤세를 납부하면 바로 해관이 전조(專照)를 발급하여 4개월을 한도로 하여, 그 기간 안에는 마음대로 조선의 각 통상항구에 가더라도 다시 톤세를 납부하지 않는다. 또한 입항한 상선이 하선하지 않고 다른 곳으로 가려고 하여 2일 안에 출항하면, 톤세를 납부하지 않는다. 비바람을 만나거나 안개가 몹시 끼어 출항할 수 없으면 그 사유를 해관에 보고하여야 한다. 다만 어선은 톤세를 납부하지 않는다. 후에 다른 나라 상선이 많이 오게 되면, 항구를 수축하고 등탑·부표를 세우는 비용을 공동으로 협의하여 다시 톤세를 개정할 수 있다. 제32관. 무릇 군함[兵艦]과 일본국 관선(官船)이 화물을 싣지 않고 조선국의 통상항구에 왔을 때에는, 입항 및 출항의 각종 절차를 밟지 않아도 되고, 또한 세금을 납부하지 않으며, 또한 해관 관리가 간수하지 않아도 된다. 만일 〈군함과 일본 관선이〉 사용하지 않는 물건을 해안에 내려놓고 팔 경우에는 판매주가 해관에 보고하고 세금을 납부해야 한다. 제33관. 만일 일본 상선이 조선국의 통상하지 않는 항구에서 몰래 매매를 하거나 혹은 몰래 매매를 도모하고자 하면, 조선 정부는 그 상품과 그 배에 싣고 있는 각종 상품을 관에 거두어들이고 선장에게 50만 문의 벌금을 매긴다. 다만 풍랑을 피하기 위해서거나 혹은 필요한 섶·물·음식물을 구하기 위하여 일시적으로 항구에 들어온 경우는 이 사례에 해당하지 않는다. 제34관. 조선국 정부 혹은 인민이 화물과 인원 등을 통상하지 않는 항구에 운송하려고 할 때 일본 상선을 고용할 수 있다. 단, 그 고용주가 만약 혈통이 인민일 경우에는 조선 정부의 허가증을 수령하고 고용해야 한다. 제35관. 본 장정에 기재된 벌금 및 관으로 거두어 들이는 것, 기타 벌칙에 관련된 안건은 해관 세무사의 고소를 인하여 일본 영사관이 심판한다. 다만 징수한 벌금 및 입관한 물건은 모두 조선 정부로 귀속한다. 조선 관리가 압류한 각각의 물건은 해당 관리가 일본 영사관과 같이 봉하고 도장을 찍어서 그대로 해관에 두고 판결을 기다린다. 만일 영사관이 벌줄 것이 없다고 판결하면, 그 각각의 물건들을 영사에 옮겼다가 화물 주인에게 환급한다. 만일 조선 관리가 〈판결 결과와〉 의견이 맞지 않아 소에 응한 재판소에 항소[控告]할 때 화물 주인은 그 화물값을 영사관에게 맡겨두고 판결을 기다린다. 만일 압류한 물건이 부패하거나 변질되거나 위험한 물건일 경우 그 대금은 영사아문에 임시 위탁하고 화물은 원주인에게 돌려주어야 한다. 제36관. 아편을 항구에 들여오는 것은 엄격하게 금지한다. 만일 아편을 몰래 운반하거나 몰래 운반하려고 시도한 경우, 그 화물을 관에서 거두어들이고 몰래 운반한 〈아편의〉 총수에 근거하여 1근(斤) 마다 7,000문의 벌금을 징수한다. 오직 그것이 조선 정부에서 쓰는 것이거나, 〈조선에〉 거주하는 일본인민이 약을 배합하는 데 필요한 것으로 일본 영사관이 그 사실을 증명하여 항구에 들여온 것은 이 제한에 있지 않다. 제37관. 만일 조선국에서 가뭄·홍수·전쟁 등의 일로 인하여, 국내에 양식이 결핍할 것을 우려하여 잠시 쌀 수출을 금지하려고 할 때에는, 1개월 전에 지방관이 일본 영사관에게 통지하여 미리 그 기간을 항구에 있는 일본 상인에게 전하여 일률적으로 준조(遵照)하기 편하게 한다【현재 수출입하는 여러 양곡은 모두 100분의 5를 과세한다. 만일 조선에서 재황(災荒)으로 식량이 모자라서 쌀을 수입하려 요청하면 임시적으로 면세한다. 일본이 재황으로 식량이 모자라서 쌀을 수입하려고 요청한다면 또한 임시적으로 면세한다】. 제38관. 크고 작은 포, 각종 탄알·화약·뇌분(雷粉), 기타 일체의 군기는 조선 정부 혹은 조선 정부에서 군기 구매를 허가한 조선인을 제외하고, 조선 인민에게 파는 것을 허가하지 않는다. 만약 몰래 파는 자가 있으면 화물을 관에서 거두어들인다. 제39관. 만일 본 장정에 기재되지 않은 벌금 규정을 위반한 자가 있을 경우에는 1만 5,000문 이하의 벌금을 징수한다. 제40관. 본 장정에서 정한 세향(稅餉) 및 벌금은 조선 동전으로 완납해야 한다. 혹은 일본 은화를 시세 가격에 따라 바꾸어 쓸 수 있으며, 멕시코 은화[墨洋]가 일본 은화와 가치가 같아도 역시 바꾸어 쓸 수 있다. 제2, 제3, 제4, 제6, 제33관 등 각 관 안에 실려 있는 벌금 및 규비는 500톤 이하의 상선에는 2분의 1을 징수하고, 50톤 이하는 4분의 1을 징수한다. 제41관. 일본국 어선은 조선국의 전라(全羅)·경상(慶尙)·강원(江原)·함경(咸鏡) 4개 도(道)의 연안에서, 조선국 어선은 일본국의 히젠(肥前)·치쿠젠(筑前)·이시미(石見)·나가토(長門)【조선해와 면한 곳】·이즈모(出雲)·쓰시마(對馬島)의 연안에서 오고가면서 고기를 잡는 것을 허가한다. 다만 사사롭게 화물을 무역할 수는 없으며, 〈이를〉 위반한 자는 그 화물을 관에 거두어들인다. 그들이 잡은 물고기를 사고 파는 것은 이 예에 있지 않다. 서로 납부해야 할 어세(魚稅) 및 기타 세목(細目)은, 2년 동안 시행한 후에 그 정황을 조사하여 〈양국이〉 다시 협의하여 결정한다. 제42관. 본 장정은 관인을 찍은 날부터 100일 안으로 조선 일본 양국 정부의 허가를 받아 100일이 지난 뒤에 시행하니, 즉 종전〈까지의〉 일체의 무역규칙 및 기타의 각 조약 중에 본 장정에 장애가 되는 각 조관은 모두 되돌리고 폐지한다. 다만 지금이나 장래에 조선 정부가 어떠한 권리, 특전 및 혜택, 우대를 타국 관리와 백성에게 베풀 때에는 일본국 관리와 백성도 또한 즉시 일체의 그 혜택을 고르게 받는다. 본 장정은 시행하는 날부터 5년을 기한으로 하여 다시 개정하며, 기약이 만료되기 전에 양국 정부는 협의하여 새 장정을 만든다. 협의가 기한이 넘어도 결정되지 못하면, 그 사이 〈시기〉는 우선 본 장정에 의거하여 처리한다. 또한 만약 본 장정 안에 더 보충할 건이 있어서 서로 〈그것이〉 모두 편리하다고 여길 경우에는 즉시 때에 따라 의논하여 추가한다. 이를 위하여 양국 전권대신이 이름을 적고 도장을 찍어 증거로 삼는다. 대조선국 개국(開國) 492년 6월 22일. 전권대신 독판교섭통상사무(督辦交涉通商事務) 민영목(閔泳穆). 대일본국 메이지(明治) 16년 7월 25일. 전권대신 변리공사(辨理公使) 다케조에 신이치로(竹添進一郎).

조일통상장정속약이 체결됨.

1883년(고종 20-癸未) 6월 22일(양력 7월 25일)

발신 : 전권대신 독판교섭통상사무 민영목

『高宗實錄』 20卷

朝日通商章程續約成. 通商章程續約. 朝鮮政府, 於義州 · 會寧二處, 徵收値百抽五之稅, 以爲邊界人民隨時往來貿易之便. 此雖與海路貿易自別, 因其徵稅稍輕, 致有海路貿易, 生衰微之兆, 則朝鮮政府應當速將海陸關稅, 改爲均一, 俾得其平. 大朝鮮國開國四百九十二年六月二十二日. 全權大臣督辦交涉通商事務閔泳穆. 大日本國明治十六年七月二十五日. 全權大臣辨理公使竹添進一郎.

조일통상장정(朝日通商章程)의 속약(續約)이 성립되었다. 통상장정속약(通商章程續約). 조선 정부는 의주(義州)·회령(會寧) 두 곳에서 100분의 5 관세를 징수하여 변경 인민이 수시로 왕래하면서 무역하는 편의를 주었다. 이는 비록 해로무역과는 구별되지만 그 징세(徵稅)가 조금 가벼우므로 해로무역이 쇠퇴하는 조짐이 생겼으니, 조선 정부는 속히 해륙(海陸)의 관세를 고쳐서 균일하게 하여 그 공평함을 얻게 해야 한다. 대조선국 개국(開國) 492년 6월 22일. 전권대신(全權大臣) 독판교섭통상사무(督辦交涉通商事務) 민영목(閔泳穆). 대일본국 메이지(明治) 16년 7월 25일. 전권대신 변리공사(辨理公使) 다케조에 신이치로(竹添進一郎).

일본인어채범죄자처리조규(어채범죄조규)가 체결됨.

1883년(고종 20-癸未) 6월 22일(양력 7월 25일)

발신 : 전권대신 독판교섭통상사무 민영목

『高宗實錄』 20卷

日本人漁採犯罪條規成. 漁採犯罪條規. 第一條, 日本國人, 在朝鮮國約定海岸, 犯朝鮮國法禁, 應照左開條款, 辦理. 第二條, 朝鮮國官吏, 查拏犯法禁之日本國人, 應具錄其罪證, 將該日本人, 一併送交就近口岸日本領事官, 請其處辦. 日本領事官, 當速行審查, 照律處辦. 但朝鮮國官吏, 查拏或護送之際, 不得欺侮·凌虐. 第三條, 朝鮮官吏, 護送犯罪之日本人, 不論海陸, 均任其便. 但當妥速護送, 不可無故淹留罪犯於其地. 第四條, 朝鮮官吏, 將在朝鮮國約定海岸, 犯罪之日本人, 由海路護送時, 搭坐日本人之船隻, 或在別船管帶, 均任其便. 如由陸路護送, 應由地方官監守該日本船, 俟至判還, 俾勿有所毁失. 且將其船具·漁具及不易搬運物件, 繕造清單, 與罪犯一併送交. 第五條, 倘遇有需薪·水·糧·饌售, 賣魚鮮登陸同行有犯罪者, 止將該犯照此條規護送, 其同行者, 不得押去. 如係海上, 除罪犯外, 自餘人員猶能堪航海, 則朝鮮官吏, 止將罪犯護送, 其餘當卽放還. 第六條, 施行此條規後, 如有更須增減者, 應得彼此妥議改正. 玆兩國各委任大臣, 記名蓋印, 以昭信憑. 大朝鮮國開國四百九十二年六月二十二日. 全權大臣督辦交涉通商事務閔泳穆. 大日本國明治十六年七月二十五日. 全權大臣辨理公使竹添進一郎.

일본인어채범죄처리조규(日本人漁採犯罪條規)가 성립되었다. 어채범죄조규. 제1조. 일본국인이 조선국의 약정된 해안에서 조선국의 금법[法禁]을 범하면 아래에 열거한 조관에 의거하여 처리한다. 제2조. 조선국 관리는 금법을 위반한 일본국인을 체포하였을 때에는 그 범죄의 증거를 갖추고 기록하여 해당하는 일본인을 부근 항구의 일본 영사관(領事官)에게 모두 넘겨 그의 〈범죄를〉 처리할 것을 요구한다. 일본 영사관은 속히 심사하여 법률에 따라 처리한다. 다만 조선국 관리는 체포나 호송하는 사이 〈범죄한 일본인을〉 모욕하거나 학대할 수 없다. 제3조. 조선 관리가 죄를 범한 일본인을 호송할 때는 해륙을 막론하고 모두 편한 대로 한다. 다만 속히 호송해야 하며 범죄자를 까닭 없이 범죄를 저지른 그곳에 오래 억류해서는 안 된다. 제4조. 조선 관리가 조선국의 약정된 해안에서 범죄한 일본인을 해로로 호송할 때는, 일본인의 배에 태우거나 혹은 다른 배를 이용하여 압송하되 모두 편한 대로 한다. 만일 육로로 호송할 때 지방관은 그 일본선을 간수하여, 후에 판결이 나서 돌아올 때, 〈일본선이〉 훼손되거나 유실되지 않도록 해야 한다. 또 선박의 기구·어획 도구 및 쉽게 운반할 수 없는 물건은 목록을 작성하여 범죄자와 함께 보낸다. 제5조. 섶·물·식량·부식물이 필요하거나 생선을 팔려고 상륙했다가 동행인 중에 죄를 범한 자가 있는 경우, 해당 범죄자만 이 조규에 따라 호송하고, 그의 동행자는 압송할 수 없다. 만일 해상에서 범죄자를 제외하고 나머지 인원으로 능히 항해할 수 있을 경우, 조선 관리는 범죄자만 호송하고 나머지 사람들은 즉시 방환(放還)해야 한다. 제6조. 이 조규를 시행한 뒤에 다시 넣거나 뺄 것이 있으면 서로 협의하여 개정한다. 이에 양국에서 각각 위임한 대신이 이름을 적고 인장을 찍어서 신임[憑信]을 밝힌다. 대조선국 개국(開國) 492년 6월 22일. 전권대신(全權大臣) 독판교섭통상사무(督辦交涉通商事務) 민영목(閔泳穆). 대일본국 메이지(明治) 16년 7월 25일. 전권대신 변리공사(辨理公使) 다케조에 신이치로(竹添進一郎).

간행이정약조가 체결됨.

1883년(고종 20-癸未) 6월 22일(양력 7월 25일)

발신 : 전권대신 독판교섭통상사무 민영목

『高宗實錄』 20卷

議訂朝鮮國間行里程約條. 間行里程約條. 第一條, 兩國政府,【朝鮮曆壬午年七月十七日, 日本曆明治十五年八月三十一日】, 據各全權大臣議定之續約第一款旨趣, 在朝鮮國仁川·元山·釜山三口, 今年應行擴充之間行里程, 玆由彼此委任大臣議訂, 開列于左. 第二條, 仁川口, 東限安山·始興·果川, 東北限陽川·金浦, 北限江華島. 元山口, 西限德源府管轄馬息嶺, 南限安邊府管轄古龍池院, 北限文川郡管轄業加直. 釜山口, 東限機張, 西限金海, 南限鳴湖, 北限梁山. 以上所定各地境界, 應由兩國官吏會同立票, 以明四方限止. 第三條, 朝鮮曆甲申年, 日本曆明治十七年, 再行擴充之里程境界, 應俟屆期, 由兩國委員議定, 以作此約附錄. 第四條, 此里程內, 聽日本人隨意放銃打獵. 但接近人家之處及朝鮮政府制禁處所, 不可放銃. 第五條, 如有日本人, 在此里程內行暴, 或踰越境界者, 應由地方官吏拏管, 送交日本領事館, 或攔留於該處, 行報領事官請辦. 但攔留其送致之際, 不可虐遇苛待. 其攔留, 視往來領事館之時刻爲限. 第六條, 在此里程內, 如有朝鮮人對日本人行暴者, 應由地方官卽速派吏救護, 嚴罰其行暴人. 第七條, 遇有日本人間行之際, 日暮不能歸, 或途中有疾病事故, 不能行走者, 沿路人民, 當聽其請, 雇用轎馬, 或令歇宿其家等, 懇切相待. 但其轎馬費及歇宿錢等, 由該日本人完算. 第八條, 朝鮮政府, 應將第四條以下各條, 出示曉諭里程內鄕村及道路人民, 一體遵奉. 玆兩國委任大臣, 記名蓋印, 以昭信守. 大朝鮮國開國四百九十二年六月二十二日. 全權大臣督辦交涉通商事務閔泳穆. 大日本國明治十六年七月二十五日. 全權大臣辨理公使竹添進一郞.

조선국간행이행약조(朝鮮國間行里程約條)를 의정(議訂)하였다. 간행이정약조. 제1조. 양국 정부는, 【조선력(朝鮮曆) 임오년(1882) 7월 17일, 일본력(日本曆) 메이지(明治) 15년 8월 31일】, 각 전권대신(全權大臣)들이 의정한 속약(續約) 제1관의 취지에 근거하여 조선국의 인천(仁川)·원산(元山)·부산(釜山) 세 항구에서 올해 확충한 간행이정을 서로의 전권대신이 의정하여 아래에 열거한다. 제2조. 인천항은, 동쪽으로는 안산(安山)·시흥(始興)·과천(果川)까지이며, 동북쪽으로는 양천(陽川)·김포(金浦)까지이고, 북쪽으로는 강화도(江華島)까지이다. 원산항은, 서쪽으로는 덕원부(德源府)가 관할하는 마식령(馬息嶺)까지이며, 남쪽으로는 안변부(安邊府)가 관할하는 옛 고룡지원(古龍池院)까지이고, 북쪽으로는 문천군(文川郡)이 관할하는 업가직(業加直)까지이다. 부산항은, 동쪽으로는 기장(機張)까지이며, 서쪽으로는 김해(金海)까지이고, 남쪽으로는 명호(鳴湖)까지이며, 북쪽으로는 양산(梁山)까지이다. 이상 정해진 각지의 경계는 양국 관리가 같이 표를 세워 사방의 한계선을 명확하게 한다. 제3조. 조선력 갑신년(1884), 일본력 메이지 17년에 다시 확장할 이정의 경계는 기일이 되기를 기다려서 양국 위원이 의정하여 이 약조의 부록으로 삼는다. 제4조. 이 이정 안에서는 일본인이 뜻에 따라 총을 쏴서 사냥하는 것을 허가한다. 다만 인가와 가까운 곳과 조선 정부가 제한하고 금지하는 곳은 총을 쏠 수 없다. 제5조. 만일 일본인이 이정 안에서 폭행하거나 경계를 넘어서는 일이 있을 경우, 지방관리가 붙잡아서 일본 영사관에 넘기거나 혹은 해당하는 곳에 억류하여 영사관에게 알려서 처리를 요구한다. 다만 억류하고 송치하는 사이에 학대하거나 가혹하게 다루어서는 안 된다. 억류는 영사관에 왕래하는 시간을 기준으로 제한한다. 제6조. 만일 이 이정 안에서 조선인이 일본인을 폭행하는 일이 있을 경우, 지방관은 관리를 곧바로 파견하여 〈일본인을〉 구제하여 보호하고 폭행한 자는 엄격히 처벌한다. 제7조. 일본인이 지나가는 사이 날이 저물어 돌아갈 수 없게 되거나, 혹시 중도에 질병과 사고로 걸을 수 없는 경우, 연로(沿路)의 인민은 그의 청을 따라 가마와 말의 고용비를 주거나, 자기 집에서 쉬게 하는 등, 친절하게 서로 대해주어야 한다. 단 가마, 말의 비용과 숙박비 등은 해당 일본인이 청산한다. 제8조. 조선 정부는 제4조 이하의 각 조항을 이정 안의 향촌 및 도로의 인민에게 제시하고 효유하여 다 같이 따르도록 한다. 이에 양국 위임대신은 이름을 적고 인장을 찍어서 믿음으로 지킨다는 것을 밝힌다. 대조선국 개국(開國) 492년 6월 22일, 전권대신 독판교섭통상사무(督辦交涉通商事務) 민영목(閔泳穆). 대일본국 메이지 16년 7월 25일, 전권대신 변리공사(辨理公使) 다케조에 신이치로(竹添進一郎).

민영목을 경기해안방어사무총관으로 임명함.

1883년(고종 20-癸未) 12월 5일(양력 1884년 1월 2일)

발신 : 고종

『承政院日記』 2919冊

傳于金亮淵曰, 畿沿海防兵砲操鍊, 是爲急務, 督辦交涉通商事務閔泳穆, 摠管畿沿海防事務差下, 東萊·德源等處, 亦不可任其疎虞, 令統理軍國衙門, 從長稟處.

김양연(金亮淵)에게 전교하기를, "경기 연해를 방어하는 병사와 포군(砲軍)을 훈련하는 일이 급한 일이니, 독판교섭통상사무(督辦交涉通商事務) 민영목(閔泳穆)을 총관기연해방사무(摠管畿沿海防事務)로 차하하고, 동래(東萊)·덕원(德源) 등처도 또한 소홀하게 내버려둘 수 없으니 통리군국아문(統理軍國衙門)으로 하여금 좋은 방향으로 품처하게 하라"고 하였다.

『高宗實錄』 20卷

敎曰, 畿沿海防兵砲操鍊, 是爲急務, 督辦交涉通商事務閔泳穆, 總管畿沿海防事務差下, 東萊·德源等處, 亦不可任其疎虞, 令統理軍國衙門, 從長稟處.

교하기를, "경기 연해를 방어하는 병사와 포군을 조련(調練)을 훈련하는 일이 급한 일이니, 독판교섭통상사무(督辦交涉通商事務) 민영목(閔泳穆)을 총관기연해방사무(總管畿沿海防事務)로 차하하고, 동래(東萊)·덕원(德源) 등처도 또한 소홀하게 내버려둘 수 없으니 통리군국아문(統理軍國衙門)으로 하여금 좋은 방향으로 품처하게 하라"고 하였다.

『日省錄(高宗)』 274冊

敎曰, 畿沿海防兵砲操鍊, 是爲急務, 督辦交涉通商事務閔泳穆, 摠管畿沿海防事務差下, 東萊·德源等處, 亦不可任其疎虞, 令統理軍國衙門, 從長稟處.

교하기를, "경기 연해를 방어하는 병사와 포군(砲軍)을 훈련하는 것이 급한 일이니, 독판교섭통상사무(督辦交涉通商事務) 민영목(閔泳穆)을 총관기연해방사무(摠管畿沿海防事務)로 차하하고, 동래(東萊)·덕원(德源) 등처도 또한 소홀하게 내버려둘 수 없으니 통리군국아문(統理軍國衙門)으로 하여금 좋은 방향으로 품처하게 하라"고 하였다.

경기 연해 지역 및 동래·덕원에서 시행할 조목을 만들게 해달라고 청함.

1883년(고종 20-癸未) 12월 18일(양력 1884년 1월 15일)

발신 : 통리군국사무아문

『承政院日記』2919冊

又以統理軍國事務衙門言啓曰, 傳曰, 畿沿海防兵砲操鍊, 是爲急務, 督辦交涉通商事務閔泳穆, 摠管畿沿海防事務, 東萊·德源等處, 亦不可任其疎虞, 令統理軍國衙門, 從長稟處事, 命下矣. 設砲鍊藝, 有國急先之要政, 而迨此港務旁午之時, 聖念深軫於綢繆之備, 特宣教飭, 不勝欽誦萬萬. 先以畿沿諸處, 合行條款, 另具事目書入, 而至若東萊·德源等處, 兵丁操習之節, 亦當次第講究從後稟處何如, 傳曰, 允.

또 통리군국사무아문(統理軍國事務衙門)의 말로 아뢰기를, "전교하기를, '경기 연해를 방어하는 병사와 포군(砲軍)을 훈련하는 것이 급한 일이니, 독판교섭통상사무(督辦交涉通商事務) 민영목(閔泳穆)을 총관기연해방사무(摠管畿沿海防事務)에 〈차하하고〉, 동래(東萊)·덕원(德源) 등처도 또한 소홀하게 내버려둘 수 없으니 통리군국아문(統理軍國衙門)으로 하여금 좋은 방향으로 품처하게 하라'는 명을 내리셨습니다. 포를 설치하고 기술을 단련하는 것은 나라가 급히 우선해야 하는 중요한 정사인데, 이렇게 항구(港口)의 사무가 매우 번잡한 때에 성상께서 미리 빈틈없는 대비를 깊이 유념하시어서 특별하게 타이르는 교칙을 선포하시니, 지극히 공경하고 사모하는 마음을 모두 견디지 못하겠습니다. 먼저 경기 연해 지역의 여러 곳에서 합하여 시행할 조목을 별도로 사목(事目)을 갖추어 써서 들이게 하고, 동래·덕원 등지의 병정이 훈련하고 익히는 절목에 대해서는 역시 마땅히 다음번에 강구한 후에 품처하는 것이 어떻겠습니까"라고 하니, 전교하기를, "윤허한다"고 하였다.

『高宗實錄』 20卷

十八日. 統理軍國事務衙門啓, 畿沿海防兵砲操鍊, 是爲急務, 東萊·德源等處, 亦不可任其疎虞, 令統理軍國衙門, 從長稟處事, 命下矣. 設砲鍊藝, 有國急先之要政, 而迨此港務旁午之時, 聖念深軫於綢繆之備, 特宣敎飭, 不勝欽誦萬萬. 先以畿沿諸處, 合行條款, 另具事目書入, 而至若東萊·德源等處, 兵丁操習之節, 亦當次第講究從後稟處何如, 允之.

12월 18일. 통리군국사무(統理軍國事務衙門)에서 아뢰기를, "'경기 연해를 방어하는 병사와 포군(砲軍)을 훈련하는 것이 급한 일이며, 동래(東萊)·덕원(德源) 등처도 또한 소홀하게 내버려둘 수 없으니 통리군국아문(統理軍國衙門)으로 하여금 좋은 방향으로 품처하게 하라'는 명을 내리셨습니다. 포를 설치하고 기술을 단련하는 것은 나라가 급히 우선해야 하는 중요한 정사인데, 이렇게 항구(港口)의 사무가 매우 번잡한 때에, 성상께서 미리 빈틈없는 대비를 깊이 유념하시어서 특별하게 타이르는 교칙을 선포하시니, 지극히 공경하고 사모하는 마음을 모두 견디지 못하겠습니다. 먼저 경기 연해 지역의 여러 곳에서 합하여 시행할 조목을 별도로 사목(事目)을 갖추어 써서 들이게 하고 동래·덕원 등지의 병정이 훈련하고 익히는 절목에 대해서는 역시 마땅히 다음번에 강구한 후에 품처하는 것이 어떻겠습니까"라고 하니, 윤허하였다.

『日省錄(高宗)』 274冊

統理軍國事務衙門言, 畿沿海防兵砲操鍊, 另具事目書入, 而至若東萊·德源等處, 兵丁操習之節, 亦當次第講究從後稟處, 允之.

통리군국사무아문(統理軍國事務衙門)이 아뢰기를 "경기 연해를 방어하는 병사와 포군(砲軍)을 훈련시키는 일은 따로 사목을 갖추어 써서 들이게 하고, 동래·덕원 등지에서 병정이 훈련하고 익히는 절목은 또한 마땅히 다음번에 강구한 후에 품처하소서"라고 하니, 윤허하였다.

일본인의 목재 벌채를 용인한 울릉도도장 전석규를 압송할 것을 청함.

1884년(고종 21-甲申) 1월 11일(양력 2월 7일)

발신 : 동남제도개척사 김옥균 / 수신 : 의정부

『高宗實錄』 21卷

十一日. 議政府啓, 卽見東南諸道開拓使金玉均狀啓, 則鬱陵島木材, 多被日本人偸斫運去云. 故載木船隻, 執留詰由, 則稱有本島長票憑, 以錢米換來云. 本島係是未通商口岸, 則越境潛斫, 有違公例. 以該島長全錫圭言之, 不惟不能禁止, 乃反貪利違法者, 合置重典. 其罪狀請令廟堂稟處矣. 島材之毋得犯斫, 已有書契往復矣, 島長設置, 亦爲此等察檢, 而乃反換物潛運者, 有關國禁, 萬萬痛惡. 全錫圭押上秋曹, 按法勘處, 其代以勤幹解事人, 卽爲定送事, 請分付道臣, 允之.

1월 11일. 의정부(議政府)에서 아뢰기를, "방금 동남제도개척사(東南諸道開拓使) 김옥균(金玉均)의 장계를 보니, '울릉도(鬱陵島)의 목재는 저 일본인이 몰래 베어서 실어간다고 합니다. 그래서 목재를 실은 배를 잡아두고 사유를 따졌더니, 이 섬 도장(島長)의 표빙(票憑)으로 돈과 쌀을 교환하러 왔다고 하였습니다. 본 섬은 통상항구가 아니니 국경을 넘어와서 몰래 〈나무를〉 베는 것은 공례(公例)에 어긋남이 있습니다. 해당 도장 전석규(全錫圭)로 말하면, 〈그러한 일을〉 금지하지 못했을 뿐 아니라 도리어 이익을 탐내어 법을 어겼으니 마땅히 중한 형벌을 주어야 할 것입니다. 그 죄상을 묘당으로 하여금 품처하게 하시길 청합니다'라고 하였습니다. 섬의 목재를 침범하여 벨 수 없는 것에 대해서는 이미 서계를 주고받은 것이 있으며, 도장을 설치한 것도 또한 이러한 일을 검찰하기 위한 것이었는데, 도리어 〈섬의 목재를〉 물건과 바꾸어 몰래 실어가게 한 것은 나라가 금한 것에 관계가 있고 정말로 애통하고 미워할 〈짓입니다〉. 전석규는 형조[秋曹]에 압송하여 올려 보내서, 법에 의거하여 처리하여 처리하게 할 것이며, 그 대임을 부지런하고 일에 해박한 사람으로 즉시 정하여 보내는 일을 도신에게 분부하시길 청합니다" 라고 하니, 윤허하였다.

『日省錄(高宗)』275冊

議政府啓言, 卽見東南諸道開拓使金玉均狀啓, 則鬱陵島木材, 多被日本人偸斫運去云. 故載木船隻, 執留詰由, 則稱有本島長票憑, 以錢米換來云. 本島係是未通商口岸, 則越境潛斫, 有違公例. 以該島長全錫圭言之, 不惟不能禁止, 乃反貪利違法者, 合置重典. 其罪狀令廟堂稟處矣. 島材之毋得犯斫, 已有書契往復, 而島長設置, 亦爲此等察檢, 而乃反換物潛運者, 有關國禁, 萬萬痛惡. 全錫圭押上秋曹, 按法勘處, 其代以勤幹解事人, 卽爲定送事, 請分付道臣, 允之.

의정부(議政府)에서 아뢰기를, "방금 동남제도개척사(東南諸道開拓使) 김옥균(金玉均)의 장계를 보니, '울릉도(鬱陵島)의 목재는 많이 저 일본인이 몰래 베어서 실어간다고 합니다. 그래서 목재를 실은 배를 잡아두고 사유를 따졌더니, 이 섬 도장(島長)의 표빙(票憑)으로 돈과 쌀을 교환하러 왔다고 하였습니다. 본 섬은 통상항구가 아니니 국경을 넘어와서 몰래 〈나무를〉 베는 것은 공례(公例)에 어긋남이 있습니다. 해당 도장 전석규(全錫圭)로 말하면, 〈그러한 일을〉 금지하지 못했을 뿐 아니라 도리어 이익을 탐내어 법을 어겼으니 마땅히 중한 형벌을 주어야 할 것입니다. 그 죄상을 묘당으로 하여금 품처하게 하소서'라고 하였습니다. 섬의 목재를 침범하여 벨 수 없는 것에 대해서는 이미 서계를 주고받은 것이 있으며, 도장을 설치한 것도 또한 이러한 일을 검찰하기 위한 것이었는데, 도리어 〈섬의 목재를〉 물건과 바꾸어 몰래 실어가게 한 것은 나라가 금한 것에 관계가 있고 정말로 애통하고 미워할 〈짓입니다〉. 전석규는 형조[秋曹]에 압송하여 올려 보내서, 법에 의거하여 처리하여 처리하게 할 것이며, 그 대임을 부지런하고 일에 해박한 사람으로 즉시 정하여 보내는 일을 도신에게 분부하시길 청합니다"라고 하니, 윤허하였다.

『備邊司謄錄』265冊

府啓曰, 卽見東南諸島開拓使金玉均狀啓, 則鬱陵島木材, 多被日本人偸斫運去云. 故委送隨員於赤馬關, 偵探載木船一隻, 仍爲執留, 詰其犯禁之由, 則稱有本島長發給票憑, 以米錢換來云. 本島係是未通商口岸, 則越境潛斫, 有違公例. 以該島長全錫圭言之, 不惟不能禁止, 乃反貪利私許, 違越法禁, 擅行給票者, 究厥所犯, 合寘重典. 其罪狀請令廟堂稟處矣. 島材之毋得犯斫, 已有書契往復, 而島長設寘, 亦爲其此等察檢而然也, 乃反給票換物, 潛伐運去者, 有關國禁, 萬萬痛惡, 全錫圭押上秋曹, 按法勘處, 其代以勤幹解事人, 卽爲定送事, 分付道臣何如, 答曰, 允.

의정부[府]에서 아뢰기를, "방금 동남제도개척사(東南諸道開拓使) 김옥균(金玉均)의 장계를 보니, '울릉도(鬱陵島)의 목재는 저 일본인이 몰래 베어서 실어간다고 합니다. 그래서 적마관에 수원(隨員)을 보내어 목재를 실은 배 1척을 정탐하여 이로써 잡아두고 금법을 어긴 이유를 따졌더니, 이 섬 도장(島長)이 발급한 표빙(票憑)으로 돈과 쌀을 교환하기 위해 왔다고 하였습니다. 본 섬은 통상항구가 아니니 국경을 넘어와서 몰래 〈나무를〉 베는 것은 공례(公例)에 어긋남이 있습니다. 해당 도장 전석규(全錫圭)로 말하면, 〈그러한 일을〉 금지하지 못했을 뿐 아니라 도리어 이익을 탐내서, 사사롭게 법이 금한 바를 어기고 제멋대로 표빙을 지급한 것이, 그 범죄를 살펴보면 마땅히 중한 형벌을 주어야 할 것입니다. 그의 죄상을 묘당으로 하여금 품처하게 하시길 청합니다'라고 하였습니다. 섬의 목재를 침범하여 벨 수 없는 것에 대해서는 이미 서계를 주고받은 것이 있으며, 도장을 설치할 것도 또한 이런 일을 검열하기 위하여 그러한 것이었는데, 도리어 표징을 지급하여 물건과 바꾸어 몰래 실어가게 한 것은 나라가 금한 것과 관계가 있고 정말로 애통하고 미워할 〈짓입니다〉. 전석규는 형조[秋曹]에 압송하여 올려 보내서, 법에 근거하여 심리하여 처리하게 할 것이며, 그 대임을 부지런하고 일에 해박한 사람으로 즉시 정하여 보내는 일을 도신에게 분부하는 것이 어떻겠습니까"라고 하니 답하기를, "윤허한다"고 하였다.

어윤중이 함경도에서 행한 치적을 알리고 계속 임무를 맡게 해달라고 상소함.

1884년(고종 21-甲申) 2월 24일(양력 3월 21일)

발신 : 함경도 유학 이면후

『承政院日記』 2920冊

咸鏡道儒生李冕厚等疏曰, … 伏惟我殿下大德川流, 昨年春, 特遣臣魚允中, 汝其經略之. 夫允中, 原濕咨諏, 凡民間疾苦, 未之革也, 猶恐有聞而矯巨瘼者, 十有五焉. 一曰, 革糶糴, 而各邑公用之需, 歸之於田結. 二曰, 蠲無名之稅, 而惟正之供, 校之以常法. 三曰, 汰衙屬之額, 不急之任捐矣. 四曰, 捄郵站之役, 濫騎之弊除矣. 五曰, 減戶錢, 昔之所收者, 殆過三十餘緡, 今乃以二緡錢三斗米酌定. 六曰, 抑徵債, 古之排者至于九族, 而又及於隣里, 今也止於其身. 七曰, 六鎭·間島田數百結, 屬之貧民, 以爲生聚之計. 八曰, 革安邊·永興·北靑·端川東西兩儒之弊. 九曰, 罷雜色虛名之軍, 而惟以設砲爲急務. 十曰, 祛海戶之徵稅. 十一曰, 嚴官隷討索之風. 十二曰, 禁賣鄕納賂之習. 十三曰, 薄山耕之斂. 十四曰, 節大同官廳及營繕之費. 十五曰, 儲米穀於村里, 以備兵荒. 而至於飮馬江頭, 想見高麗臣尹瓘·吳延寵之功, 褒忠奬義, 則慨然慕先正臣閔鼎重·李端夏之蹟, 驅哈蘭於境內, 果是襄烈公臣李之蘭之元勳也. 置六鎭於絶塞, 無乃故相臣金宗瑞·魚有沼之偉烈歟. 其心則至淸之水, 愈楊而不濁, 其事則如至平之稱, 更量而不差. 故允中在北之日, 奸猾屛氣, 貪墨側足. 以言乎各邑之官廩, 則縱有伸縮之異, 民生之苦樂, 昔今逈殊, 此非民生之福也, 乃聖上知人官人之德, 旁及於陬澨之窮蔀也.

함경도(咸鏡道) 유생(儒生) 이면후(李冕厚) 등이 상소하기를, … "삼가 생각건대, 우리 전하의 큰 덕이 냇물처럼 흘러 작년 봄에 특별히 신(臣) 어윤중(魚允中)을 보내어 〈저희를〉 경략하게 하셨습니다. 무릇 저 어윤중은 강역[原濕]을 두루 살펴서[咨諏], 무릇 민간의 질고를 아직 〈모두〉 혁파하지는 못하였으나, 들리기에 크게 바로잡았다고 여겨지는 것이 열다섯 가지입니다. 첫째는 조적(糶糴)을 혁파하여 각 읍의 공용(公用)의 수요를 전결(田結)로 돌린 것입니다. 둘째는 명목 없는 세를 없애고, 오직 바른 세금만을 상법(常法)으로 바로잡은 것입니다. 셋째는 아속(衙屬)의 정원을 〈맞춰서〉 가려 뽑고, 급하지 않은 자리를 줄인 것입니다. 넷째는 우참(郵站)의 역을 구제하고 함부로 역말을 타는 폐단을 없앤 것입니다. 다섯째는 호전(戶錢)을 줄인 〈것이니〉 예전에 거두던 것은 거의 30여 민(緡)이었는데 이제는 2민(緡)의 돈과 3두의 쌀로 작정하였습니다. 여섯째는 징채(徵債)를 억제한 〈것이니〉 예전에는 〈한 사람에게〉 배정된 〈징채가〉 9족(九族)에 이르고 이웃 마을에도 미쳤는데, 이제는 당사자에게서 그치게 되었습니다. 일곱째는 6진·간도(間島)의 전토 100결(結)을 가난한 백성들에게 소속시켜서 생계를 모으는 계책으로 삼은 것입니다. 여덟째는 안변(安邊)·영흥(永興)·북청(北青)·단천(端川)의 동서양유(東西兩儒)를 혁파한 것입니다. 아홉째는 헛된 이름뿐인 잡색군을 폐지하고 오직 포군(砲軍)의 설치를 급한 일로 삼은 것입니다. 열째는 해호(海戶)의 징세(徵稅)를 없앤 것입니다. 열한 번째는 관예(官隸)가 토색하는 풍토를 엄금한 것입니다. 열두 번째는 향임(鄕任)을 팔고 뇌물을 받는 습속을 금한 것입니다. 열세 번째는 산경(山耕)의 징세액(收斂)을 가볍게 한 것입니다. 열네 번째는 대동관청(大同官廳) 및 영선의 비용을 절약한 것입니다. 열다섯 번째는 촌·리에 미곡을 저축하여 병란과 흉년을 대비한 것입니다. 강 머리에서 말에게 물을 먹인 것에 이르러서는 고려의 신하 윤관(尹瓘)·오연총(吳延寵)의 공을 생각하고, 충의(忠義)를 포장(褒獎)에 〈이르러서는〉, 선대의 바른 신하인 민정중(閔鼎重)·이단하(李端夏)의 업적을 개연히 사모하며, 경내에서 합란(哈蘭)을 몰아낸 것에 〈이르러서는〉 과연 양렬공(襄烈公) 신 이지란(李之蘭)의 원훈(元勳)입니다. 먼 국경에 육진을 설치한 것은 돌아가신 재상 김종서(金宗瑞)·어유소(魚有沼)의 위대한 공렬이 아니겠습니까. 그 마음은 지극히 맑은 물과 같아서 퍼내도 탁해지지 않고, 그 일은 지극히 공평한 저울과 같아서 다시 재도 차이가 없습니다. 그러므로 어윤중이 북방에 있을 때에, 간사하고 교활한 자들이 숨을 죽이고 탐오한 자는 두려워하였습니다. 각 읍의 관름(官廩)으로 말하자면 늘어나고 줄어든 차이가 있기는 하나, 민생의 고락은 예전과 지금이 매우 다르니, 이는 민생의 복이 아니라, 성상께서 사람을 알아보고 〈적합한〉 사람에게 관직을 준 덕이 변방의 가난한 집에까지 두루 미친 것입니다"라고 하였다.

『高宗實錄』21卷

咸鏡道幼學李冕厚等疏略, 在昨年春, 特遣經略使臣魚允中, 來本道, 矯巨瘼者, 凡十有五. 一曰, 革糶糴, 而各邑公用之需, 歸之於田結. 二曰, 蠲無名之稅. 三曰, 汰衙屬之額. 四曰, 捄郵站濫騎之弊. 五曰, 減戶錢, 昔之所收者三十緡, 而今以二緡錢, 三斗米酌定. 六曰, 抑徵債, 昔者排至于九族, 而今止其身. 七曰, 六鎭·間島田數百結, 屬之貧民. 八曰, 革安邊等五邑儒弊. 九曰, 罷雜色軍, 惟設砲. 十曰, 祛海戶徵稅. 十一曰, 飭官隷. 十二曰, 禁賣鄕. 十三曰, 薄山耕之斂. 十四曰, 節大同官廳·營繕之費. 十五曰, 儲米穀於村里, 以備兵荒也. 而復命之行不旋踵, 守臣奸吏, 旋復舊例. 伏願殿下, 俯垂鑑諒, 更採允中定式, 判下行會, 以遂克終之美焉. 批曰, 當有朝家措處, 爾等退去.

함경도(咸鏡道) 유학(幼學) 이면후(李冕厚) 등이 올린 상소의 대략에, "작년 봄에 특별히 파견된 경략사(經略使) 신(臣) 어윤중(魚允中)이 본도에 와서 큰 폐단을 바로잡은 것이 대개 열다섯 가지입니다. 첫째는 조적(糶糴)을 혁파하여 각 읍의 공용(公用)의 수요를 전결(田結)로 돌린 것입니다. 둘째는 명목 없는 세를 없앤 것입니다. 셋째는 아속(衙屬)의 정원을 〈맞춰서〉 가려 뽑은 것입니다. 넷째는 우참(郵站)의 〈역을 바로잡고〉 함부로 역말을 타는 폐단을 없앤 것입니다. 다섯째는 호전(戶錢)을 줄여서, 예전에 거두던 것이 30여 민이었는데 이제는 2민의 돈과 3두의 쌀로 작정한 것입니다. 여섯째는 징채(徵債)를 억제한 〈것이니〉, 예전에는 9족(九族)에게 〈징채가〉 배정되었는데, 이제는 당사자에게서 그치게 한 것입니다. 일곱째는 6진·간도(間島)의 전토 100결(結)을 가난한 백성들에게 속하게 한 것입니다. 여덟째는 안변(安邊) 등 5읍의 폐단을 혁파한 것입니다. 아홉째는 잡색군을 폐지하고 오직 포를 설치한 것입니다. 열째는 해호(海戶)의 징세(徵稅)를 없앤 것입니다. 열한 번째는 관례를 정돈한 것입니다. 열두 번째는 향임(鄕任) 매매를 금한 것입니다. 열세 번째는 산경(山耕)의 수렴(收斂)을 가볍게 한 것입니다. 열네 번째는 대동관청(大同官廳)·영선의 비용을 절약한 것입니다. 열다섯 번째는 촌·리에 미곡을 저축하여 병란과 흉년에 대비한 것입니다. 그런데 복명하려는 행동의 발길을 돌릴 틈도 주지 않고, 수령[守臣]과 간사한 아전[奸吏]가 곧이어 구례(舊例)를 복구하였습니다. 삼가 바라건대 전하께서는 굽어 살피시어 다시 어윤중의 정식을 채택하여 행회를 판하하여 이응고 아름답게 끝낼 수 있도록 하소서"라고 하니, 비답하기를, "마땅히 조정[朝家]의 조처가 있을 것이니, 너희들은 물러가라"고 하였다.

『日省錄(高宗)』 276冊

疏略曰, 伏惟殿下, 昨年春, 特遣經略使臣魚允中, 矯巨瘼者, 十有五焉矣. 然復命之行不旋踵, 而守臣奸吏, 繼復舊例, 誘脅愚蠢. 大抵新定式, 非不遍行於各邑, 而逡巡未行者, 誠不得判下金石之大典而然也. 伏願更採新定式, 以遂克終之美焉. 批以, 當有朝家措處, 爾等知悉退去.

〈함경도(咸鏡道) 유학(幼學) 이면후(李冕厚) 등의〉 상소의 대략에, "엎드려 생각하건대 전하께서 작년 봄에 특별히 파견한 경략사(經略使) 신(臣) 어윤중(魚允中)이 큰 폐단을 바로잡은 것이 열다섯 가지입니다. 그러나 복명하는 행동의 발길을 돌릴 틈도 주지 않고 수령[守臣]과 간사한 아전[奸吏]이 곧이어 구례(舊例)를 복구하고 어리석은 백성들을 으르고 달래고 있습니다. 대저 새로 정한 정식이 각 읍에 두루 행해지지 않으며 어영부영 시행되지 못하고 있는 것은 진실로 금석과 같은 대전(大典)으로 판하받지 못했기 때문입니다. 삼가 바라건대 다시 새로 정한 정식을 채납하여 이슥고 아름답게 끝낼 수 있도록 하소서"라고 하였다. 비답하기를, "마땅히 조정[朝家]의 조처가 있을 것이니, 너희들은 그리 알고 물러가라"고 하였다.

영방을 건설하는 데 시간이 걸리므로 부평부에 주둔하게 해달라고 청함.

1884년(고종 21-甲申) 3월 7일(양력 4월 2일)

발신 : 기연해방아문

『承政院日記』 2921冊

又以畿沿海防衙門言啓曰, 海防駐紮地方按行勘定事, 前已事目啓下矣. 營房建設, 尙須籌辦, 姑先就富平府駐防何如, 傳曰, 允.

또 기연해방아문(畿沿海防衙門)의 말로 아뢰기를, "해방주찰지방(海防駐紮地方)을 살펴 순행하여 감정(勘定)하는 일은 전에 이미 사목(事目)이 계하(啓下)되었습니다. 영방(營房)의 건설은 아직 계산하고 처리할 것이 있으니, 우선 부평부(富平府)에 주둔하여 방비하게 하는 것이 어떻습니까"라고 하니, 전교하기를, "윤허한다"고 하였다.

『高宗實錄』 21卷

畿沿海防衙門啓, 海防駐紮地方按行勘定事, 前已事目啓下矣. 營房建設, 尙須籌辦, 姑先就富平府駐防何如, 允之.

기연해방아문(畿沿海防衙門)이 아뢰기를, "해방주찰지방(海防駐紮地方)을 살펴 순행하여 감정(勘定)하는 일은 전에 이미 사목(事目)이 계하(啓下)되었습니다. 영방(營房)의 건설은 아직 계산하고 처리할 것이 있으니, 우선 부평부(富平府)에 주둔하여 방비하게 하는 것이 어떻습니까"라고 하니, 윤허하였다.

『日省錄(高宗)』277冊

畿沿海防衙門啓言, 海防駐紮地方按行勘定事, 前已事目啓下矣. 營房建設, 尙須籌辦, 姑先就富平府駐防, 允之.

기연해방아문(畿沿海防衙門)이 아뢰기를, "해방주찰지방(海防駐紮地方)을 살펴 순행하여 감정(勘定)하는 일은 전에 이미 사목(事目)이 계하(啓下)되었습니다. 영방(營房)의 건설은 아직 계산하고 처리할 것이 있으니, 우선 부평부(富平府)에 주둔하여 방비하게 하소서"라고 하니, 윤허하였다.

울릉도 담당 관리 직명을 울릉도첨사 겸 삼척영장으로 하게 해달라고 청함.

1884년(고종 21-甲申) 3월 15일(양력 4월 10일)

발신 : 통리군국사무아문

『高宗實錄』 21卷

統理軍國事務衙門啓, 鬱陵島行將開拓矣, 先有官守, 然後募民墾地, 次第講究. 三陟營將, 躬審形便, 以圖入駐之方, 凡屬排置之節, 令道臣, 從長措處, 職名以鬱陵島僉使兼三陟營將, 下批之意, 請分付銓曹, 允之.

통리군국사무아문(統理軍國事務衙門)에서 아뢰기를, "울릉도를 앞으로 개척하는데, 우선 관수를 두고 연후에 백성을 모아서 땅을 개간하는 것을 차례로 강구할 것입니다. 삼척영장(三陟營將)은 직접 형편을 살펴서 들어가 거주하는 방편을 도모하게 하고, 무릇 속료의 배치 절차는 도신으로 하여금 좋은 것을 따라 조처하게 하되 직명(職名)은 울릉도첨사(鬱陵島僉使) 겸 삼척영장(三陟營將)으로 하비한다는 내용으로 전조에 분부하시길 청합니다"라고 하니, 윤허하였다.

『日省錄(高宗)』 277冊

統理軍國衙門啓言, 鬱陵島行將開拓矣, 先有官守, 然後募民墾地, 次第講究. 三陟營將, 躬審形便, 以圖入駐之方, 凡屬排置之節, 令道臣, 從長措處, 職名以鬱陵島僉使兼三陟營將, 下批之意, 請分付銓曹, 允之.

통리군국아문(統理軍國衙門)이 아뢰기를, "울릉도를 앞으로 개척하는데, 우선 관수를 두고 연후에 백성을 모아서 땅을 개간하는 것을 차례로 강구할 것입니다. 삼척영장(三陟營將)은 직접 형편을 살펴서 들어가 거주하는 방편을 도모하게 하고, 무릇 속료의 배치 절차는 도신으로 하여금 좋은 것을 따라 조처하게 하되 직명(職名)은 울릉도첨사(鬱陵島僉使) 겸 삼척영장(三陟營將)으로 하비한다는 내용으로 전조에 분부하시길 청합니다"라고 하니, 윤허하였다.

유민을 쇄환하는 공을 세운 신홍균과 이봉재의 직책을 올려줄 것을 청함.

1884년(고종 21-甲申) 3월 16일(양력 4월 11일)

발신 : 경략사 어윤중 / 수신 : 통리군국사무아문

『承政院日記』 2921冊

又以統理軍國事務衙門言啓曰, 卽見經略使魚允中狀啓, 則三水·甲山, 處在鴨綠江上游[*流], 彼人之侵掠, 我民之潛越, 近益滋蔓. 故派送惠山鎭僉使申鴻均, 與前仁遮外權管李鳳在, 整飭軍馬, 按行兩邑, 沿邊流民之刷還, 爲一千百十五人, 木頭之逐送, 爲六七十輩, 沿境賴以肅淸, 邊民庶可奠安. 該僉使·權管等之不避艱險, 認眞辦事, 宜有褒賞, 請令軍國衙門稟處矣. 流民則招來而綏撫, 匪類則捍逐而禁緝, 誠勤攸著, 甚庸嘉尙, 惠山僉使申鴻均, 限一瓜特爲仍任, 前權管李鳳在, 六品職調用事, 分付銓曹何如, 傳曰, 允.

또 통리군국사무아문(統理軍國事務衙門)의 말로 아뢰기를, "방금 경략사(經略使) 어윤중(魚允中)의 장계를 보니 '삼수(三水)·갑산(甲山)은 압록강 상류에 있는데 저들의 침략과 우리 백성이 몰래 국경을 넘는 것이 근래 더욱 많아졌습니다. 그러므로 혜산진첨사(惠山鎭僉使) 신홍균(申鴻均)과 전(前) 인차외권관(仁遮外權管) 이봉재(李鳳在)를 파견하여 군마를 정돈[整飭]하여 양 읍을 살펴 순행하게 하였는데, 연변의 유민을 쇄환한 것이 1,115인이고 목두(木頭)를 쫓아 보낸 것이 60~70무리이니, 국경이 깨끗하고 맑아져서 변경 백성이 편안하게 지낼 수 있게 되었습니다. 해당 첨사·권관 등이 어려움을 피하지 않고 진상을 인지하고 일을 처리한 것은 포상이 있어야 하니, 군국아문으로 하여금 품처하게 하기를 청합니다'라고 하였습니다. 유민은 불러와서 편안하게 어루만지고, 비류는 막고 쫓아서 금지한 것은 성실과 근면이 드러난 것이므로 매우 가상하니, 혜산첨사 신홍균을 한 임기 동안 특별히 잉임(仍任)하고 전(前) 권관 이봉재는 6품 관직에 조용(調

用)하라는 일을 전조에 분부하는 것이 어떻겠습니까"라고 하니, 전교하기를, "윤허한다"고 하였다.

『高宗實錄』21卷

統理軍國事務衙門啓, 卽見經略使魚允中狀啓, 則三水·甲山, 處在鴨綠江上, 彼人之侵掠, 我民之潛越, 近益滋蔓. 故派送惠山鎭僉使申鴻均, 與前仁遮外權管李鳳在, 整飭軍馬, 按行兩邑, 沿邊, 流民之刷還, 爲一千百十五人, 木頭之逐送, 爲六七千輩, 沿境賴以肅淸, 邊民庶可奠安, 該僉使·權管等之不避艱險, 認眞辦事, 宜有褒賞, 請令軍國衙門稟處矣. 流民則招來而綏撫, 匪類則捍逐而禁戢, 誠勤攸著, 甚庸嘉尙, 惠山僉使申鴻均, 限一瓜特爲仍任, 前權管李鳳在, 六品職調用事, 分付銓曹何如, 允之.

통리군국사무아문(統理軍國事務衙門)에서 아뢰기를, "방금 경략사(經略使) 어윤중(魚允中)의 장계를 보니 '삼수(三水)·갑산(甲山)은 압록강 가에 있는데 저들의 침략과 우리 백성이 몰래 국경을 넘는 것이 근래 더욱 많아졌습니다. 그러므로 혜산진첨사(惠山鎭僉使) 신홍균(申鴻均)과 전(前) 인차외권관(仁遮外權管) 이봉재(李鳳在)를 파견하여 군마를 정돈[整飭]하여 양 읍을 살펴 순행하게 하였는데, 연변의 유민을 쇄환한 것이 1,115인이고 목두(木頭)를 쫓아 보낸 것이 60~70무리이니, 국경이 깨끗하고 맑아져서 변경 백성이 편안하게 지낼 수 있게 되었습니다. 해당 첨사·권관 등이 어려움을 피하지 않고 진상을 인지하고 일을 처리한 것은 포상이 있어야 하니, 군국아문으로 하여금 품처하게 하기를 청합니다'라고 하였습니다. 유민은 불러와서 편안하게 어루만지고, 비류는 막고 쫓아서 금지한 것은 성실과 근면이 드러난 것이므로 매우 가상하니, 혜산첨사 신홍균을 한 임기 동안 특별히 잉임(仍任)하고 전 권관 이봉재는 6품 관직에 조용(調用)하라는 일을 전조에 분부하는 것이 어떻겠습니까"라고 하니, 윤허하였다.

『日省錄(高宗)』 277冊

軍國衙門啓言, 卽見經略使魚允中狀啓, 則惠山僉使申鴻均·前仁遮外權管李鳳在, 整飭軍馬, 按行沿邊, 流民刷還, 木頭逐送. 沿境肅淸, 邊民奠安, 該僉使·權管等宜有褒賞, 請令本衙門稟處矣. 招徠捍逐, 甚庸嘉尙, 鴻均限一瓜特爲仍仕, 鳳在六品職調用事, 請分付銓曹, 允之.

군국아문(軍國衙門)이 아뢰기를, "방금 경략사(經略使) 어윤중(魚允中)의 장계를 보니, '혜산첨사(惠山僉使) 신홍균(申鴻均)·전(前) 인차외권관(仁遮外權管) 이봉재(李鳳在)는 군마(軍馬)를 정돈[整飭]하여 연변을 살펴 순행하고 유민을 쇄환하며, 목두(木頭)를 쫓아 보냈습니다. 국경이 깨끗하고 맑아지고 변경 백성은 편안해져서, 해당 첨사(僉使)·권관(權管) 등은 마땅히 포상이 있어야 하니, 본 아문으로 하여금 품처(稟處)하게 하시기를 청합니다'라고 하였습니다. 〈유민을〉 불러들이고, 〈비류를〉 쫓아낸 것이 매우 가상하니, 신홍균은 한 임기 동안 특별히 잉임(仍任)하고, 이봉재는 6품 관직에 조용(調用)하라는 일을 전조에 분부하시길 청합니다"라고 하니, 윤허하였다.

울릉도첨사를 울릉도진수군첨절제사 겸 삼척진우영장토포사로 임명하겠다고 아룀.

1884년(고종 21 - 甲申) 4월 12일(양력 5월 6일)

발신 : 병조

『承政院日記』 2922冊

以兵批言啓曰, 鬱陵島僉使兼三陟營將下批事, 因統理軍國事務衙門草記, 允下矣. 以鬱陵島鎭水軍僉節制使兼三陟鎭右營將討捕使下批之意敢啓, 傳曰, 知道.

병비로서 아뢰기를, "울릉도첨사(鬱陵島僉使) 겸 삼척영장(三陟營將)을 하비하는 일을 통리군국사무아문(統理軍國事務衙門)이 초기(草記)한 것을 통해 윤허를 내리셨습니다. 울릉도진수군첨절제사(鬱陵島鎭水軍僉節制使) 겸 삼척진우영장토포사(三陟鎭右營將討捕使)로 하비하는 내용을 감히 아뢰옵니다"라고 하니, 전교하기를, "알았다"고 하였다.

신상규를 울릉도첨사로 임명함.

1884년(고종 21-甲申) 4월 12일(양력 5월 6일)

발신 : 고종

『承政院日記』 2922冊

以尹成鎭·李弼秀·林漢雋爲同知, … 申相珪爲鬱陵島僉使, ….

윤성진(尹成鎭)·이필수(李弼秀)·임한준(林漢雋)을 동지〈중추부사〉로, … 신상규(申相珪)를 울릉도첨사(鬱陵島僉使)로 삼았다. ….

울릉도첨사가 패용하는 병부가 만들어진 상황을 강원감사에게 통보하게 해달라고 청함.

1884년(고종 21 - 甲申) 5월 8일(양력 6월 1일)

발신 : 김덕균

『承政院日記』 2923冊

金德均啓曰, 因兵曹啓目, 鬱陵島僉使所佩兵符, 令本院新造下送事, 允下矣. 兵符今既新造, 監營所上左一隻, 該僉使所佩右一隻, 竝定禁軍下送. 依例分上事, 江原監司處, 下諭何如, 傳曰, 允.

김덕균(金德鈞)이 아뢰기를, "병조(兵曹) 계목에 따르면, 울릉도첨사(鬱陵島僉使)가 패용하는 병부(兵符)는 본원으로 하여금 새로 만들어서 내려 보내라는 일을 윤허를 내리셨습니다. 병부는 지금 이미 새로 만들어서 감영에 올려놓는 병부 좌편(左片) 1척과 해당 첨사가 패용할 병부 우편(右片) 1척을 모두 금군을 정하여 내려 보내야 합니다. 예에 따라 나누어 올리는 일을 강원감사(江原監司)에게 하유(下諭)하는 것이 어떻겠습니까"라고 하니, 전교하기를, "윤허한다"고 하였다.

토문강 북쪽을 개간하고 있는 조선인들을 쇄환해달라는 중국의 공문에 회답할 것을 청함.

1884년(고종 21-甲申) 5월 14일(양력 6월 7일)

발신 : 함경감사 임한수 / 수신 : 의정부

『承政院日記』 2923冊

又以議政府言啓曰, 卽見咸鏡監司林翰洙狀啓, 則枚擧鍾城府使洪時衡馳報以爲, 大國人三名, 來傳公文, 故見其辭意, 則吉林敦化縣照會, 而土門江北岸, 我國佔墾流民, 悉數遷回事也. 答照回[*會]先爲成送, 而流民遷回一款, 請令廟堂稟旨分付矣. 以邊界查審事, 鍾城府使, 昨年已有照會于敦化知縣者, 道臣更將此意, 備細照會事, 分付何如, 傳曰, 允.

또 의정부(議政府)의 말로 아뢰기를, "방금 함경감사(咸鏡監司) 임한수(林翰洙)의 장계를 보니, 종성부사(鍾城府使) 홍시형(洪時衡)의 치보(馳報)를 낱낱이 들어서 이르기를, '대국 사람 3명이 공문(公文)을 전해왔기 때문에 그 내용을 보니, 길림성 돈화현(敦化縣)에서 보낸 조회였는데, 토문강(土門江) 북쪽 기슭에서 우리나라 유민이 〈땅을〉 차지하고 개간하니 모두 데려가라는 것이었습니다. 회답하는 조회는 먼저 만들어 보내고 유민을 옮겨 돌아오는 한 가지 사항은 묘당으로 하여금 품지하라고 분부하시길 청합니다'라고 하였습니다. 변경을 조사하는 일은 종성부사가 작년에 이미 돈화현에 조회하여 알린 것이 있으니, 도신이 다시 삼가 이 내용으로 모두 자세히 조회하라는 것을 분부하는 것이 어떻겠습니까"라고 하니, 전교하기를, "윤허한다"고 하였다.

『高宗實錄』 21卷

議政府啓, 卽見咸鏡監司林翰洙狀啓, 則枚擧鍾城府使洪時衡馳報以爲, 中國人三名, 來傳公文, 故見其辭意, 則吉林敦化縣照會, 而土門江北岸, 我國佔墾流民, 悉數遷回事也. 答照會先爲成送, 而流民遷回一段[*款], 請令廟堂稟處矣. 以邊界査審事, 鍾城府使, 昨年已有照會于敦化知縣者, 道臣更將此意, 備細照會事, 分付何如. … 又啓, 卽見咸鏡監司林翰洙·前北兵使具駿鉉狀啓, 則阿吾地等五鎭革罷後, 凡諸措劃, 參酌籌辦, 而其中有未敢自下擅便者, 請令廟堂稟處. 其一, 阿吾地捄弊, 本錢四千五百兩什二, 利九百兩, 移劃于造山鎭也. 其一, 美錢·永達·坊垣三鎭殖利錢, 當移劃於各該合鎭也. 其所合行諸條, 有此爛商啓聞, 請竝依狀辭許施何如, 竝允之.

의정부(議政府)에서 아뢰기를, "방금 함경감사(咸鏡監司) 임한수(林翰洙)의 장계를 보니, 종성부사(鍾城府使) 홍시형(洪時衡)의 치보(馳報)를 낱낱이 들어서 이르기를, '중국 사람 3명이 공문(公文)을 전해왔기 때문에 그 내용을 보니, 길림성 돈화현(敦化縣)에서 보낸 조회였는데, 토문강(土門江) 북쪽 기슭에서 우리나라 유민이 〈땅을〉 차지하고 개간하니 모두 데려가라는 것이었습니다. 회답하는 조회는 먼저 만들어 보내고 유민을 옮겨 돌아오는 한 가지 사항은 묘당으로 하여금 품처하게 하시길 청합니다'라고 하였습니다. 변경을 조사하는 일은 종성부사가 작년에 이미 돈화현에 조회하여 알린 것이 있으니, 도신이 다시 삼가 이 내용으로 자세히 조회하라는 것을 분부하는 것이 어떻겠습니까"라고 하였다. … 또 아뢰기를, "방금 함경감사 임한수·전(前) 북병사(北兵使) 구준현(具駿鉉)의 장계를 보니, '아오지(阿吾地) 등 5개 진(鎭)을 혁파한 후에 맡은 여러 계획을 참작하고 계산하여 처리하였습니다만, 그 중에서 감히 아래에서 마음대로 할 수 없는 것이 있으니 묘당으로 하여금 품처하게 하시길 청합니다'라고 하였습니다. 그 하나는 아오지에서 폐단을 바로잡는 데 〈쓴〉 본전(本錢) 4,500냥의 10분의 2의 이자 900냥을 조산진(造山鎭)에 옮겨 획정하는 것입니다. 〈다른〉 하나는 미전(美錢)·영달(永達)·방원(坊垣)의 3개 진에서 이자를 놓아 늘어난 〈돈을〉 각각 해당 합진(合鎭)에 옮겨 획정해야 한다는 것입니다. 시행해야 하는 여러 가지 조목을 이렇게 충분히 상의해서 계문한 만큼 청컨대 모두 장계 내용대로 시행하기를 허락하시는 것이 어떻겠습니까"라고 하니, 모두 윤허하였다.

『日省錄(高宗)』 279冊

議政府啓言, 卽見咸鏡監司林翰洙狀啓, 則校擧鍾城府使洪時衡馳報以爲, 大國人三名, 來傳公文, 故見其辭意, 則吉林敦化縣照會, 而土門江北岸, 我國佔墾流民, 悉數遷回事也. 答照會先爲成送, 而流民遷回一段[*款], 請令廟堂稟旨分付矣. 以邊界查審事, 鍾城府使, 昨年已有照會于敦化知縣者, 道臣更將此意, 備細照會事, 請分付, 允之.

또 의정부에서 아뢰기를, "방금 함경감사(咸鏡監司) 임한수(林翰洙)의 장계를 보니, 종성부사(鍾城府使) 홍시형(洪時衡)의 치보(馳報)를 낱낱이 들어서 이르기를, '대국 사람 3명이 공문(公文)을 전해왔기 때문에 그 내용을 보니, 길림성 돈화현(敦化縣)에서 보낸 조회였는데, 토문강(土門江) 북쪽 기슭에서 우리나라 유민이 〈땅을〉 차지하고 개간하니 모두 데려가라는 것이었습니다. 회답하는 조회는 먼저 만들어 보내고 유민을 옮겨 돌아오는 한 가지 사항은 묘당으로 하여금 품지하라고 분부하시길 청합니다'라고 하였습니다. 변경을 조사하는 일은 종성부사가 작년에 이미 돈화현에 조회하여 알린 것이 있으니, 도신이 다시 삼가 이 내용으로 모두 자세히 조회하라는 것을 분부하시길 청합니다"라고 하니, 윤허하였다.

『備邊司謄錄』 265冊

府啓曰, 卽見咸鏡監司林翰洙狀啓, 則枚擧鏡城府使洪時衡馳報以爲, 大國人三名, 來傳公文, 故見其辭意, 則吉林敦化縣照會, 而土門江北岸, 我國佔墾流民, 悉數遷回事也. 答照會先爲成送, 而流民遷回一款, 請令廟堂稟旨分付矣. 以邊界查審事, 鍾城前府使, 昨年已有照會于敦化知縣者, 道臣更將此意, 備細照會事, 分付何如, 答曰, 允.

의정부[府]에서 아뢰기를 "방금 함경감사(咸鏡監司) 임한수(林翰洙)의 장계를 보니, 종성부사(鍾城府使) 홍시형(洪時衡)의 치보(馳報)를 낱낱이 들어서 이르기를, '대국 사람 3명이 공문(公文)을 전해왔기 때문에 그 내용을 보니, 길림성 돈화현(敦化縣)에서 보낸 조회였는데, 토문강(土門江) 북쪽 기슭에서 우리나라 유민이 〈땅을〉 차지하고 개간하니 모두 데려가라는 것이었습니다. 회답하는 조회는 먼저 만들어 보내고 유민을 옮겨 돌아오는 한 가지 사항은 묘당으로 하여금 품지하라고 분부하시길 청합니다'라고 하였습니다. 변경을 조사하는 일은 종성부사가 작년에 이미 돈화현에 조회하여 알린 것이 있으니, 도신이 다시 삼가 이 내용으로 모두 자세히 조회하라는 것을 분부하는 것이 어떻겠습니까"라고 하니, 답하기를, "윤허한다"고 하였다.

길림과 무역규정(길림조선상민수시무역장정)이 체결됨.

1884년(고종 21-甲申) 5월 26일(양력 6월 19일)

발신 : 서북경략사 어윤중

『高宗實錄』 21卷

中國吉林與朝鮮貿易章程成. 吉林朝鮮商民隨時貿易章程. 朝鮮久列藩封, 勤修職貢. 今於兩國邊界, 改互市舊例, 爲隨時交易, 係中國優待屬邦之意擬立. 吉林朝鮮貿易章程與各國通商章程, 兩不相涉. 開列各條如左. 第一條. 兩國邊地, 以土門江爲界. 土門江北岸·東岸, 吉林所屬之地, 太半荒陬, 向無村鎭, 敦化縣城距江岸甚遠. 自應與會寧對江之和龍峪. 沿江一帶, 設立稅務局, 准吉林商民, 蓋房屯貨, 與會寧一江之隔, 俾商民人等, 可以朝至夕歸, 往來甚便. 由吉林派出督理商務之員, 徵收稅課, 稽査匪類, 琿春與慶源府, 相去尙近, 應於琿春所轄之西步江渡口, 添設分局, 另行委員, 收稅兼司稽査事宜. 第二條. 如有商民, 欲入內地, 採辦土貨, 以及游歷者, 可照天津所定章程第四條辦理. 惟欲西入奉省, 較近祖宗陵寢重地, 及東入俄界者, 槪不准塡給執照. 竝不准由本國地方, 私結他國商伴, 至開市地方, 違者嚴懲. 第三條. 從前寧古塔與會寧互市, 庫爾喀與慶源互市, 一切舊例, 槪行停止. 此後貿易, 均照新定章程辦理. 吉林委員, 遇有公事, 前赴會寧府·慶源府等處, 不得援照向章, 致滋岐異. 第四條. 吉林與朝鮮商民, 隨時往來貿易, 一切創辦事宜, 應派督理商務之員, 由吉林將軍, 咨商北洋大臣, 會議酌派, 請旨定奪, 俟奉旨之日, 再行定期開市. 琿春西步江所設分局, 由吉林將軍, 另派委員經理. 朝鮮各城開市設卡事宜, 自可就近, 由朝鮮地方辦理, 以歸簡易. 第五條. 吉林旣於土門江邊之和龍峪·西步江兩處, 設立稅局分局. 朝鮮鍾城之對岸, 亦係從前互市, 商民通行之路, 自應酌設分卡, 由總局派員, 稽察匪類及偸漏貨物等弊. 第六條. 吉林於朝鮮接壤地方, 就近開市, 以便商民貿易. 朝鮮之人, 不准在吉林開市地方, 建房設棧, 亦不准將貨物運入內地售賣. 如有請照入境, 採辦內地土貨者, 不准在境內, 轉相售賣, 吉林商民在朝鮮地方, 亦同此例. 其賃房寄頓貨物者, 聽從其便. 第七條. 徵收稅課, 除紅蔘外, 均値百抽五, 只交納正稅一次, 均不重徵子稅. 貨物報關驗單, 照章納稅, 不得於額外需索. 商民出入, 驗照放行, 不准稍有留難耽延. 第八條. 商民貿易使用金銀應與隨身衣服·行李·筆·墨·書籍所騎馬匹, 均准免稅. 但沙金·鑛銀, 入市銷售原同貨物, 與葉金·條金·金飾·寶銀·定銀·碎銀等項, 爲市間行用例, 得免稅者不同. 應按値百抽五, 照章納稅. 吉省亦照奉省所議辦理, 惟琿春及慶源各城民間購買貨件價, 雇傭保, 多不用錢而用布, 此項名爲小布. 亦係市間行用與錢無異, 如非車載駝運, 每捆百匹者, 應准免稅, 以存古風. 近亦有代以洋機布者, 不准援照免稅. 第九條. 所有稽察匪類, 徵收稅課等事, 統由督理商務之員, 妥派司事弁兵, 隨時認眞辦理. 其錢財·罪犯等案, 琿春·慶源, 自應歸就近地方官審斷, 各案定例辦理, 竝互相知照. 如有關商務者, 仍照會稅務司備查. 惟寧古塔敦化縣與會寧, 相距過遠, 非安東·義州·琿春·慶源, 相離較近, 情形可比. 如吉省人民, 在朝鮮滋事, 或私逃在朝鮮境內者, 應由會寧等城地方官, 拿交督理商務之員, 其無須歸案. 而罪止枷杖者, 及尋常詞訟, 由該員擬議發落, 以省拖累, 徒罪以上, 仍分別解交地方官審辦. 朝鮮人民, 在吉省滋事, 或私逃在吉省者, 竝由督理商務之員, 轉令地方官, 組拿解由稅局, 發交原報之朝鮮地方官治罪. 倘遇邊界重大事件, 非朝鮮地方官所能擅專, 稅局委員所能核擬者, 應由該委員, 或逕詳, 或據詳奉【北洋大臣, 督辦大臣, 吉林將軍】批示後, 仍由督理商務之員, 照會朝鮮各該地方官, 遵批辦理. 朝鮮官員, 亦可轉報朝鮮政府聽命. 第十條. 吉林朝鮮邊民貿易, 與奉天情形相近. 朝鮮商民, 欲入吉省, 採辦土貨, 先由地方官, 給發執照. 由督理商務之員按照, 蓋用關防, 更塡給護照. 吉林商民, 欲入朝鮮採辦土貨, 亦用此例. 執照內, 均先應聲明何處地方·何項物貨. 如未能預定何貨, 俟採辦齊全, 回到關卡地方, 卽將實在貨物, 報明繳還, 原領執照, 以憑查貨徵稅, 換給稅單. 出關入關時, 呈單查驗, 蓋用戮記, 如出入有携帶私貨, 未經報明, 卽屬有意偸漏, 查出貨物入官. 其尋常隨時往來, 至開市處所貿易, 應由地方官, 或稅局, 給予關防印照, 寫明商人姓名·貨物·牲畜數目, 無照不許放行. 只准由兩國開市地方正路行走, 不得肆意閒行向民房借宿. 由岐路捷徑繞越者, 各卡兵捕送到官, 罰懲正稅之倍. 第十一條. 吉林與朝鮮, 以圖們江爲界, 交壤地段綿長, 應於兩國議定開市處所, 對岸渡口, 官造渡船, 逐日稽査, 出入貨物, 不准商民於他處, 另造渡船, 致有繞越偸漏之弊. 封江之日, 路徑處處可通, 尤宜嚴加巡緝, 應由督理商務之員, 隨時體察情形, 詳請派隊, 擇要駐紮巡緝. 第十二條. 洋藥·土藥與製成軍器, 嚴禁販運售賣. 違者照天津章程辦理. 朝鮮紅蔘, 例准帶入中國, 吉林民種秧蔘, 亦經本省奏明, 與藥材倂准徵收稅課, 運販他處. 此項秧蔘運販出關, 應與紅蔘一律辦理, 按價値百抽十五, 以歸劃一. 貂及捨猁猻等皮, 爲吉林·朝鮮皆產之物, 市易舊例禁止, 此項皮張易貨, 現在舊例罷除, 應准開禁, 以通一時有無. 其餘蔬菜·菰菓·鷄·鴨·鵝·魚, 以及瓦·木·零星器具, 民間日用所需, 概照奉天所議, 一律免徵. 第十三條. 兩國邊界, 凡有人畜貨物, 被人誘去偸取, 一經指明獲犯, 卽行給還. 如無原物向該犯追償, 倘該犯無力賠還, 地方官不得代賠, 各將該犯, 以本國之律, 嚴行究治. 若無指明人名, 又未獲犯, 俱不得請償. 凡私來搜索財産, 携帶軍器來到者, 俱從嚴懲辦. 第十四條. 商民夜市, 自應禁止. 亦不准設立經紀, 名目估値, 悉聽商民評價. 雖吉林·朝鮮, 向無貿易此等流弊, 自應照奉省所議章程, 豫議立禁. 其開市之處, 丈尺秤碼, 亦應因地制宜, 酌立定法, 應俟派定督理商務之員, 會同朝鮮地方官, 臨時酌定. 第十五條. 交涉事件來往文書, 照奉天所議, 應遵體例. 朝鮮必須尊稱天朝, 或稱上國字樣, 卽屬尋常文移, 亦不得率書中東, 中朝等字, 及照會典, 用中外字, 以期簡易. 至吉省邊界官員, 則稱朝鮮國, 或稱貴國字樣, 以示優待. 公牘往來應用照會格式, 悉照天津議定章程. 兩國閒散職員, 復自爲商, 因錢財細故, 向兩國地方官衙門, 投詞結訟者, 與民人一體用稟用呈. 第十六條. 吉林與朝鮮貿易, 事屬創辦, 此次所定章程, 將來兩國, 有欲增損之處, 隨時咨商酌改, 由督理商務之員, 詳請【北洋大臣, 督辦大臣, 吉林將軍】核示遵行, 以期悉臻妥善. 附記. 本章程, 前刑部郞中彭光譽·西北經略使魚允中, 勘議承認, 月日, 依咨文, 認是日.

중국 길림(吉林)과 조선 사이 무역장정이 성립되었다. 길림여조선상민수시무역장정(吉林朝鮮商民隨時貿易章程). 조선은 오랫동안 번봉(藩封)에 나열하여 근면하게 조공을 바쳤다. 지금 양국 변경에서 열어온 호시(互市)의 옛 예를 수시로 〈진행되는〉 교역으로 고치니, 〈이는〉 중국이 속방(屬邦)을 우대하는 뜻에 의거하여 세운 것이다. 길림(吉林)과 조선 사이의 무역규정과 각국의 통상장정은 서로 상관이 없다. 아래와 같이 각 조항을 열거한다. 제1조. 양국의 변경 지역은 토문강(土門江)을 경계로 한다. 토문강(土門江) 북안(北岸)·동안(東岸)은 길림에 소속하는 땅으로 태반이 황폐하여 아직까지 마을이 없었고,

돈화현성(敦化縣城)은 강 연안과 거리가 매우 멀다. 이로부터 회령(會寧)과 강을 낀 화룡욕(和龍峪)의 연강 일대에 세무국(稅務局)을 설치하고 길림 상인이 집을 짓고 화물을 보관하는 것을 허락하되, 회령과는 강 하나를 사이에 두고 상인이 아침저녁으로 왕래할 수 있도록 편리하게 해준다. 길림에서 독리상무(督理商務)하는 관원을 파견하여 세금을 징수하고 불량행위를 하는 자들을 조사해내게 한다. 혼춘(琿春)과 경원부(慶源府)는 거리가 비교적 가까우므로 마땅히 혼춘에서 관할하는 서보강 나루 어귀에 분국(分局)을 첨설하고 따로 위원(委員)을 보내 징세와 조사하는 일을 맡게 한다. 제2조. 상인이 내륙으로 들어가 토산물을 사려고 돌아다니는 경우는 천진(天津)에서 제정한 규정 제4조에 따라 처리한다. 〈그들이〉 서쪽으로 봉천성(奉天省)에 들어가려고 할 때, 선대의 능침(陵寢)에 가까운 중요한 곳과, 동쪽으로 러시아 국경[俄界]에 들어가려고 하는 사람에 대해서는 증명서를 발급하지 않는다. 아울러 본국 지방에서 타국의 상인들과 사사롭게 〈관계를〉 맺고, 시장이 있는 지방에 같이 가는 것을 인정하지 않는다. 이를 위반하는 사람은 엄격하게 징벌한다. 제3조. 종전에 영고탑(寧古塔)과 회령(會寧) 사이에 진행하던 호시, 고이객(庫爾喀)과 경원(慶源) 사이에 진행하던 호시〈와 관련된〉 일체의 옛 규정은 모두 정지한다. 이후의 무역은 다 모두 새 규정에 따라서 처리한다. 길림위원이 공적인 사업으로 회령부·경원부 등지로 가는 경우, 이전 규정을 의거하여 이의를 제기할 수 없다. 제4조. 길림과 조선 상인이 수시로 왕래하는 무역은 모두 새로이 판단해야 할 일〈이므로〉 독리상무하는 관원을 파견하되, 길림장군이 북양대신(北洋大臣)과 협의하고 참작하여 파견하며, 칙명(勅命)을 주청(奏請)하여 정하거나 빼며, 그것을 기다려서 다시 기일을 정해서 시장을 연다. 혼춘 서보강 나루 어귀에 설치한 분국은 길림장군이 위원을 특파하여 운영한다. 조선의 각 도시에 시장을 열고 초소[卡]를 설치하는 일은 부근의 조선지방〈관〉이 처리하게 하여 간편하게 한다. 제5조. 길림은 토문강 가의 화룡욕과 서보강 나루 어귀 두 곳에 세무국(稅務局)과 분국을 설치하였다. 조선의 종성(鍾城)의 맞은편 강 연안도 예부터 종전의 호시와 관계되며 상인이 통행하는 길이므로, 분초소[分卡]를 설치하고 총국에서 관리를 파견하여 비류(匪類) 및 화물 등을 몰래 수출하는 등의 폐단을 조사하게 한다. 제6조. 길림은 조선과 인접한 지방에 시장을 열어 상인의 무역의 편리를 도모한다. 조선인은 길림이 개시한 지역에 집을 짓거나 잔방을 세울 수 없고, 또한 화물을 내지로 실어 들여 팔지 못한다. 증명서를 신청하고 입경하여 내지 토산물을 구매한 것은 〈중국〉 경내에 서로 팔지 못하며, 길림 상인도 조선 지방에서 또한 규례를 적용한다. 〈그러나〉 방을 빌리고 화물을 보관한 경우, 그 편리를 들어준다. 제7조. 징수와 과세는 홍삼(紅蔘)을 제외하고, 모두 가격의 100분의 5로 하고, 단지 정세 한 번만 걷을 뿐, 부가세를 거듭 징수하지는 않는다. 세관에 보고 된 화물은 규정대로 납세하고 그 액수 이외를 요구할 수 없다. 상인이 〈국경〉 출입에는 통관증명서[放行]를 검사하고, 조금이라도 말썽을 부리거나 지체시키는 것을 불허한다. 제8조. 상인들이 무역할 때에 쓰는 금은과 몸에 입은 의복[隨身衣服]·여행도구·붓·먹·서적과 타고 다니는 말은 모두 면세를 허가한다. 다만 사금(沙金)이나 은광석을 시장에 들여 파는 경우, 본래 화물과 같이 납작하게 만든 엽금(葉金)·금가락지·금장식·말굽 은[寶銀]·덩어리 은·부스러기 은 등은 시장에서 쓰이는 용례에 의거하여 면세하는 경우와 같지 않다. 마땅히 가격의 100분의 5로 규정에 따라 세금을 거둔다. 길림도 또한 봉천성의 경우와 같이 처리하는데, 다만 혼춘 및 경원 각 성의 민간에서 구매하는 물건값과 고용비는 흔히 돈을 쓰지 않고 베를 사용하므로 이 항목을 이름하여 '소포(小布)'라고 한다. 〈이것도〉 또한 시장에서 통용되므로 돈과 다름이 없으나, 수레에 싣거나 낙타로 운반하여 한 묶음이 100필이 아닌 경우(100필이 안 될 경우) 면세를 허락하여 옛 풍습을 보존한다. 근래에 서양기계[洋機]로 짠 천을 대신하는 경우도 있는데, 이것은 면세를 허락하지 않는다. 제9조. 비류를 조사하고 단속하며 징수하고 과세하는 등의 일은 모두 독리상무하는 관원을 통하여 일을 맡아보는 무관[弁兵]을 파견하여 수시로 사실을 확인하고 처리하게 한다. 돈과 재물에 관련된 범죄 안건은 혼춘·경원은 가까운 곳에 있는 지방관청에 되돌려 신문하고 판단하되 각 안건은 규정에 따라 처리하며 서로 통지한다. 상업업무와 관계되면 그대로 세무사(稅務司)에 조회하여 조사하게 한다. 다만 영고탑 돈화현은 회령까지 거리가 너무 멀어 안동·의주·혼춘·경원의 거리가 비교적 가까운 것과 상황을 서로 비교할 수 없다. 만일 길림성[吉省]의 인민이 조선에서 사건을 자행하거나 사사롭게 조선 경내로 도망친 있는 자들에 대해서는, 회령 등 지방관이 체포하여 독리상무하는 관원에게 넘겨주어 심의 안건에 넣을 필요는 없다. 그러나 칼만 씌우고 형장만 치는 정도의 죄에서 그치거나 평범한 일상적인 송사(訟事)는 해당하는 관원이 심리하고 결정해서 번거롭고 복잡함을 덜지만, 도죄(徒罪) 이상은 구분해서 지방관청에 넘겨주어 심의하고 처결한다. 조선 인민이 길림성에서 사건을 자행하거나 사사롭게 도망하여 길림성에 있는 자에 대해서도 모두 독리상무하는 관원을 통해 지방관에게 체포하도록 하며, 세무국(稅務局)을 통해서 원래 통보가 있는 조선 지방관청에 넘겨주어 치죄하게 한다. 〈위의 일이〉 국경에 관한 중대한 사건이어서 조선의 지방관이 마음대로 처리하거나 세무국위원이 조사하고 처리할 수 있는 것이 아니면, 해당하는 위원은 곧바로 혹은 절차를 거쳐서 【북양대신, 독판대신(督辦大臣), 길림장군】〈에게〉 보고하여 비시(批示)를 받은 후, 이어서 독리상무하는 관원이 조선의 해당 각 지방관에 통보하고 비시에 따라 처리하며, 조선 관원도 조선 정부에 보고하고 명령에 따를 수 있다. 제10조. 길림과 조선 변경 백성의 무역은 봉천과 그 실정이 서로 비슷하다. 조선 상인이 길림성에 들어가 토산물을 구매하려고 할 때는 먼저 지방관이 집조(執照)를 발급한다. 독리상무하는 관원이 조(照)를 살펴본 다음 관방인을 찍고 다시 호조(護照)를 준다. 길림 상인들이 조선에 들어가 토산물을 구매하려고 할 때에도 이 규정을 적용한다. 집조 안에는 먼저 어느 지방·어떤 화물인가 밝힌다. 어떤 화물인지 예정할 수 없을 경우, 모두 구매하고 돌아오다가 세관이 있는 지역에 이르러 실제 화물을 보고하고, 원래 받았던 집조를 바치면 화물을 조사하고 징세하여 세금납부확인서[稅單]를 발급한다. 세관을 들어가고 나갈 때 목록을 조사하는 데 오류로 기록되거나, 드나들면서 휴대한 개인의 물건이 있음에도 보고하지 않았을 경우, 고의로 몰래 누락시킨 것으로 간주하고 화물을 조사하여 관으로 거둔다. 일상적으로 수시로 왕래하면서 개시에 와서 무역하는 자도 지방관청이나 세무국에서 관방인이 찍힌 허가증을 발급하는데, 상인의 성명, 화물·가축의 수량과 목록을 정확히 적어 넣어야 하고, 조가 없으면 통과시켜주지 않는다. 단지 양국이 시장을 연 지방을 〈통한〉 곧은 길로 다니는 것만을 허락하고, 제 마음대로 사잇길로 다니며 백성의 집을 빌어서 묵을 수 없다. 갈림길을 질러가거나 돌아가는 자들에 대해서는 각 초소의 군사들이 잡아 관청으로 보내어 정세의 두 배를 매겨 징수한다. 제11조. 길림과 조선은 도문강을 경계로 하여 길게 선으로 땅이 연결되어 있다. 양국이 의정하여 연 시장의 맞은편 나루터에서는 관에서 나룻배를 만들어 놓고 날마다 들어오고 나가는 화물을 조사하며, 상인이 다른 곳으로 건너다니는 배를 마련하여 길을 돌아서 몰래 〈국경을〉 빠져나가는 폐단을 허락하지 않는다. 강이 얼어붙는[封

江] 날에는 곳곳에서 통하는 길이 있으므로 더욱 엄격하게 순찰하고 단속해야 하며, 독리상무하는 관원이 수시로 그 정황을 살펴 군사를 보내달라고 청하여 중요한 곳을 선택하고 주재시켜 순찰하며 단속하게 한다. 제12조. 서양약·토산약 및 제조한 군기를 운반하여 매매하는 것을 엄격히 금지한다. 이를 어기는 자는 천진장정에 따라 처리한다. 조선 홍삼은 규례에 따라 중국에 가지고 들어갈 수 있다. 길림성 민간에서 심은 인삼은 또한 본성을 거쳐 보고하였으므로, 다른 약재와 마찬가지로 과세를 징수하고 다른 곳에 운반하여 파는 것을 인정한다. 이러한 항목의 인삼을 세관에서 나가 팔 때에는 홍삼의 경우와 같이 처리하며, 가격에 따라 모두 100분의 15로 세금을 통일하여 징수한다. 담비와 시라소니 등의 가죽은 길림과 조선에서 생산되는 물건이므로, 옛 규례에는 무역이 금지되었다. 이런 가죽 무역은 이제는 옛 규례를 폐지하였으므로 마땅히 금령을 해제하고 한때의 부족한 것과 남는 것을 서로 통하게 할 것이다. 그밖의 채소·오이·과일·닭·오리·거위·물고기 및 기와·목재·작은 그릇 및 민간의 일용필수품은 봉천의 의정에 따라 일률적으로 징수를 면제한다. 제13조. 양국 변경에서 사람과 가축을 유인해갔거나 화물을 도둑질할 때, 범인을 명확히 지적해서 잡았을 경우는 즉시 그 물품을 돌려준다. 만약 원래 물품이 없을 경우, 해당하는 범인에게 보상을 요구하고, 해당하는 범인이 보상해줄 힘이 없더라도 지방관청에서 대신 보상하지 않으며 해당 범인을 각각 본국의 법으로 엄격하게 다스린다. 만약 〈범인의〉 이름을 명확히 지적하지 못했거나 범인을 잡지 못하였을 때에는, 보상을 요구할 수 없다. 무릇 사사롭게 와서 재산을 수색하거나 군기를 휴대하고 와서 강탈하는 자는 다 엄격하게 징벌한다. 제14조. 상인의 야시(夜市)는 금지해야 한다. 또한 〈야시의〉 설립과 경영, 〈물건의〉 각 항목의 가격을 모두 상민이 평정(評定)하는 것을 허락하지 않는다. 비록 길림·조선이 옛날 무역할 때는 이런 폐단이 없었다 하더라도, 봉천성에서 의정한 규정에 따라 미리 논의하여 금법을 세워야 한다. 개시에서 쓰는 자·척·저울도 지방의 실정에 맞게 참작하여 법으로 정하되 파견한 독리상무하는 관원이 조선 지방관과 모여서 때에 맞추어 참작하고 정한다. 제15조. 교섭사건으로 오가는 문서는 봉천의 의정에 따라 마땅히 체례를 준수해야 한다. 조선은 존칭을 써서 '천조(天朝)' 혹은 '상국(上國)'이라는 글자를 쓰며, 일상의 문서 이동에서도 또한 '중동(中東)', '중조(中朝)' 등의 글자 및 『대청회전(大淸會典)』에 의거하여 '중외(中外)'

라는 글자를 사용하여 쉽고 간편하게 해서도 안 된다. 길림성 변경의 관원은 '조선국(朝鮮國)' 혹은 '귀국(貴國)'이라는 글자를 써서 우대하는 뜻을 보인다. 공문이 왕래하면 조회의 격식을 적용하되 모두 천진에서 논의하고 결정한 장정대로 한다. 양국 사이 산직관원이 스스로 장사를 하다가 돈과 재물에 관한 작은 문제를 가지고 양국의 지방아문에 문건을 내어 소송을 제기하는 자들에 대해서는 〈일반〉 인민[民人]과 일체 마찬가지로 '품(稟)', '정(呈)'〈이라는 글자〉를 쓴다. 제16조. 길림과 조선의 무역은 처음 만들어진 것이니, 이번에 정한 장정에서, 장래 양국이 수정하려는 곳이 있을 때에는 수시로 상의해서 고치되, 독리상무하는 관원이 【북양대신, 독판대신, 길림장군】〈에게〉 상세하게 청하여, 지시에 따라 준수하여 모두 알맞게 되도록 한다. 부기(附記). 본 장정은 전(前) 형부낭중(刑部郎中) 팽광예(彭光譽)·서북경략사(西北經略使) 어윤중(魚允中)이 감의(勘議)하고 승인하였다. 월일(月日)은 자문(咨文)에 의거하여 이날로 인정한다.

조러수호통상장정(조아조약)과 부속장정이 체결됨.

1884년(고종 21-甲申) 閏5월 15일(양력 7월 7일)

발신 : 특간전권대신 김병시

『高宗實錄』21卷

朝俄條約成. 朝俄條約. 大朝鮮國大君主, 大俄羅斯國大皇帝, 切願永敦兩國和好, 議彼此往來久遠通商事宜. 是以大朝鮮國大君主, 特簡【督辦交涉通商事務正一器輔國崇祿大夫行知中樞府事原任奎章閣提學兼世子左賓客】金炳始, 大俄羅斯國大皇帝, 特簡從二品官佩帶安訥二等寶星韋具, 均作爲便宜行事全權大臣. 各將所奉全權大臣便宜行事之上諭, 互相較閱畢, 俱屬妥宜, 卽將會議, 各款臚列於左. 第一款. 一, 大朝鮮大君主·大俄國大皇帝, 與兩國人民, 彼此皆各永遠和平友睦, 此國人民住彼國者, 必受該國妥行保護身家財産之益. 二, 彼國日後, 倘有與別國相岐之處, 此國一經彼國相約, 應卽設法, 從中善爲調處. 第二款. 一,【大朝鮮國君主·大俄國皇帝】, 均可互相簡派使臣駐箚,【大朝鮮·大俄】國京師, 或隨時往來, 亦可彼此酌設總領事官, 領事官或副領事官在許立別國領事官之各通商口岸駐箚. 所有以上使臣總領事官等與彼此駐箚之國官員, 會晤及往來文件, 必須享獲他國互相款待, 使臣·領事最優之禮, 及一切種種利益之處. 二, 兩國所派使臣總領事官等及一切隨員, 均可聽其互相前往各處游歷勿阻. 在朝鮮國者, 由大朝鮮國官員, 發給護照, 竝行斟酌派人護送, 以重妥爲保護之義. 三, 兩國總領事等官, 必須奉到駐箚之國勅准, 或政府允文, 方可躬親任事, 其所派總領事等官, 不得兼行貿易. 第三款. 一, 俄國民人及其財産在朝鮮者, 應歸俄國總領事官, 或別項官員, 有此職任者管理. 凡俄國民人互相涉訟, 或別國人控告俄民之案, 均由俄國刑訟之員審理, 與朝鮮官員無涉. 二, 朝鮮官員及民人等, 若有控告居住朝鮮俄民之案, 應歸俄國司刑官員, 照俄國律例審斷. 三, 俄國官員及民人等, 若在朝鮮, 遇有控告朝鮮民人案件, 應歸朝鮮官員審斷. 四, 俄國民人在朝鮮者, 如有犯法之事, 應由俄國刑訟之員, 按照俄國律例審斷. 五, 朝鮮民人, 在朝鮮境內, 如有違例犯法侮及我人者, 應由朝鮮官員, 照朝鮮律例, 查拏審辦. 六, 凡有控告俄國民人, 因違背此約及附立章程, 竝將來按約, 續立各章有涉, 罰款入官, 及一切罪名, 應歸俄國刑訟之員, 自行審斷, 其所罰之款, 以及入官財貨, 全歸朝鮮國充公. 七, 凡有朝鮮國官員, 在通商口岸, 因事扣留俄民貨物, 應由朝鮮官員, 會同俄國領事官, 先行查封, 暫由朝鮮官員看管, 俟俄國刑訟之員審定, 以後發落. 如審明貨主, 竝無非是, 卽應將所封貨物全數, 送交領事官發還. 惟所封貨物, 應聽貨主, 將貨物估價折銀若干, 暫存朝鮮官員處所, 立卽將貨領出, 俟俄國刑訟之員審定後, 其折價存款, 分別充公發還. 八, 在朝鮮境內, 所有兩國民人, 一應詞訟交涉之案, 如應在俄署審訊者, 朝鮮國卽可遴派妥員聽審. 如應在朝鮮署內審訊者, 俄國亦可遴派妥員聽審. 其奉派聽審之員, 彼此承審各官, 皆應優禮如儀相待. 聽審官, 如欲轉請傳訊人証, 以便自行駁詰, 亦聽其便, 如以承審官審斷爲不符, 猶許聽審官, 逐一駁辯. 九, 凡有首告朝鮮民人, 有犯本國律禁, 在俄國商民, 開設行棧居住寓所等處及俄國商船隱匿者, 由地方官, 照知俄國領事官, 應由領事官設法, 將隱匿之人, 查拏交出審辦. 領事官尙未照諾, 除寓主自行依允外, 朝鮮官役, 槪不得擅入俄國商民行棧寓所等處. 其在船上者, 應由船主相許, 始可登船搜緝. 十, 凡有俄國民人, 被人控告違犯法律, 或師商各船, 在逃人犯, 一經俄國領事等官, 照知朝鮮官員, 卽應設法, 查緝交出. 第四款. 一, 兩國所立條約, 從施行之日起, 朝鮮國仁川府之濟物浦·元山·釜山各口【釜山一口, 設有不宜之處, 則可另揀附近別口】, 竝漢陽京城楊花津【或附近便宜別處】, 皆作爲通商之處, 任聽俄民來往貿易. 二, 俄國商民, 前往以上指定處所, 或欲永租地段, 或欲賃購房屋, 起蓋房室, 設立棧房作房等工, 均聽其便. 至於本敎典禮各儀, 均聽隨意自行. 在朝鮮通商口岸處所, 所有揀擇地畝, 立定界限, 經營基址, 作爲洋人居住之處及轉行永租地段各事宜, 應由朝鮮官員, 會同各國所派官員妥行商辦. 三, 以上地段, 應由朝鮮政府, 先向該地業主價買. 加以經營用費, 由所得永租價內, 先行扣除. 該地年稅, 應由朝鮮及各國官員, 會同議定其年稅, 應納於朝鮮政府. 由朝鮮政府, 公平酌留若干, 其餘年稅及所得永租地段餘價, 一竝歸入充公存備金內. 至充公存備金, 何人取用, 應由管理租界事務紳董公司支取. 應如何設立公司之處, 日後由朝鮮官員, 會同各國所派官員酌商. 四, 如俄人欲行永租或暫租地段, 賃購房屋, 在租界以外者聽. 惟相離租界, 不得逾十里【朝鮮里】, 而租住此項地段之人, 於居住納稅各事, 應行一律遵守朝鮮國自定地方稅課章程. 五, 朝鮮官員, 應在各通商處所, 讓出妥善之地, 作爲外國營葬之區, 其地價及一應年租課稅等項, 一律蠲免, 所有管理塋地章程, 統由以上紳董公司, 自行定奪舉辦. 六, 現在離通商各處百里內者【朝鮮里】, 或將來兩國所派官員, 彼此議定界內俄民, 均可任便游歷, 勿庸請領執照. 惟俄國民人, 亦准持照前往朝鮮各處游歷通商, 竝將各貨運進出售【惟朝鮮政府不允之書籍刊印各物等, 不准在內地銷售】, 及購買一切土貨. 所持執照, 應由俄國領事官繕發, 朝鮮地方官, 或加蓋印信, 或秉筆書押. 所有經過之處, 如地方官飭令交照查閱, 卽應隨時呈驗, 無訛放行. 至雇覓所需車船人夫等, 裝運行李貨物, 亦聽其便. 如俄民逾越以上界限, 竝無執照, 或在內地有不法情事, 應行拿交, 就近領事官懲辦. 其逾界無照俄民, 卽可酌罰, 竝行監禁, 或只罰不禁. 惟罰款, 不得逾墨洋百元, 禁期不得逾一月. 七, 俄國民人居住朝鮮, 應遵兩國所派官員, 會同議定租界以內街道規則巡查匪類及一切除莠安良之章. 第五款. 一, 俄國商民, 由別國口岸, 或由朝鮮各通商口岸, 欲將貨物, 載入朝鮮某通商口岸, 均聽其便. 其一切進出貨物, 除條約明禁之物不計外, 應准俄國民人與朝鮮國人及在朝鮮之他國人, 槪行買賣交易, 竝所交易貨物, 任便載往朝鮮通商各口及他國口岸, 朝鮮官員等, 槪勿阻止. 惟進出口貨, 先應按照後開稅, 則完納稅項, 始可聽其出入. 凡俄國商民, 亦可做一切工作局廠生理, 朝鮮官員等, 亦可任聽其便. 二, 凡由他國口岸, 販來一切貨物, 進入朝鮮口岸, 旣經貨主, 或寄交之人, 納淸以上稅課復欲載往他國口岸者, 由進口之日起期, 在十三箇月內, 如係原貨原包, 應行發給該貨物, 已經完稅存票一紙, 以抵該貨已納之稅. 此項存票, 該商或持往朝鮮海關領價, 卽應照付, 或持往朝鮮通商各口, 抵作貨物納稅之款, 均聽商便. 三, 朝鮮土貨, 如由朝鮮此通商口岸, 載往朝鮮彼通商口岸, 所已納出口稅項, 應於原出之口全行給還. 惟載貨之人, 先宜呈交所進口之海關, 給發進口憑單, 始可發還. 倘該貨中途有失, 亦應呈出失物確據, 方能將稅發還. 四, 俄國商民, 將貨物, 載入朝鮮國, 旣經按照後開稅則, 完納稅項, 該貨或轉往朝鮮通商別口, 或轉往內地無論何處, 所有一切, 抽收稅釐規費等項, 永勿再事徵收. 凡朝鮮一切土貨, 由內地無論何處, 意欲運出朝鮮各通商口岸, 聽便勿阻. 其貨在出產之地, 或在沿途, 所有一切稅釐及各項規費, 亦槪免其徵收. 五, 朝鮮政府, 如欲雇賃俄國商船, 裝載客貨, 前赴朝鮮境內, 未通商口岸, 亦聽其便. 朝鮮商民, 如欲雇賃俄國商船裝載客貨赴朝鮮未通商口岸者, 應行一體酌準, 惟宜先蒙本國官員允許, 方可施行. 六, 如朝鮮政付, 因有事故, 恐致境內缺食, 大朝鮮國大君主降旨, 暫禁米糧出某通商口岸, 或各通商口岸, 經朝鮮官員, 照知某口領事官一月之後, 則該口俄國商民, 卽應一體遵守. 惟此禁, 旣係因時制宜, 自當設法, 早爲停止. 七, 俄國商船駛進朝鮮各通商口岸, 應納船鈔每噸墨洋三十先時【卽洋元百分之三十】. 各船所完鈔項, 每四箇月, 征納一次, 其已完鈔項之船, 在四箇月內, 准其前往朝鮮各通商口岸, 無須再納. 所徵船鈔, 皆須用爲建立燈樓·浮樁·塔表·望樓等項, 在於進朝鮮通商各口門次及沿海各處, 竝備辦船隻停泊處所, 淘挖整頓, 各工之費, 其在通商口岸, 撥貨船隻, 不得完納船鈔. 八, 所有約後, 附續稅則及通商章程, 兩國議定, 應由此約施行之日, 一竝飭遵, 以便條約內. 所指各節, 統歸晝一遵守, 以上各章, 均可由兩國所派官員, 隨時隨事, 一併會同, 酌議增改. 第六款. 俄國商民, 如將貨物, 偸運非通商口岸及禁往處所, 不論已行未行, 均應將貨物入官, 違犯之人, 按入官貨物之價, 加倍示罰. 以上違禁貨物, 可由朝鮮地方官, 酌量扣留, 其希圖違禁之俄民, 無論事成與否, 竝可查拿, 隨卽轉送就近俄國領事官, 由俄國所派刑訟之員審讞, 貨物扣留, 俟定案後, 再行分別辦理. 第七款. 一, 俄國船隻, 在朝鮮海面, 如遇颶風失事及擱淺不測之虞, 朝鮮地方官, 應卽一面, 速行設法, 妥行往救, 竝保護被難人船貨物, 免致本地莠民, 肆行搶掠欺凌, 一面速卽知照附近俄國領事官, 竝將救護被難俄民, 分別資送附近通商口岸. 二, 凡朝鮮政府所出, 救護俄國難民衣食解送及一切打撈葬埋屍身, 醫治傷病各資, 應由俄國政府照數付還. 三, 撈救保護, 被難船隻及打撈該船貨物之費, 應將船貨, 交還原主時, 由原主照數付還, 不得向俄國政府索償. 四, 朝鮮國所派官員, 及地方委弁巡役人等, 前赴俄國, 難船失事處所及護送被難俄民之員弁人等, 所用資費, 以及文函往來腳力, 均由朝鮮政府, 自行辦理, 不得向俄國政府取償. 五, 俄國商船, 在朝鮮左近海面, 如遇颶風, 或缺糧食·煤·水等需用之物, 無論是否通商口岸, 應許其隨處收泊, 以避狂颶, 兼修船隻購買一切缺少之物. 所有花費, 全由船主, 自行備辦. 第八款. 一, 兩國師船, 無論是否通商口岸, 彼此均許駛往. 其所需一切修船材料及食用各等物件, 均應彼此互相幫同購取. 以上船隻, 勿庸遵守, 通商及口岸章程, 其購取物料, 一應鈔稅各等規費, 均應豁免. 二, 俄國師船, 駛往朝鮮, 非通商口岸, 其船上員弁兵役, 概准登岸. 惟未曾執領護照者, 不准前往內地. 三, 俄國師船, 所用軍裝物料及一切餉需各件, 可在朝鮮通商各口, 存寄交俄國委派之員看管. 此項軍裝物料, 概行免征稅項. 倘有因事轉售者, 則由買客, 將應完稅課, 照例補交. 四, 俄國師船, 在朝鮮沿海處所, 踏看水路形勢, 朝鮮政府, 亦應竭力相助. 第九款. 一, 俄國官民人等在朝鮮者, 均可約雇朝鮮民人, 作爲幕友通事及服役人等, 勷執分內, 一切事業工作, 朝鮮官民人等, 亦可分別, 約請雇用俄國民人, 幫同辦理, 一切未干例禁之事, 朝鮮官員, 概應聽准. 二, 兩國人民, 均許互相前赴各國境內, 學習語言·文字·律例及織告格致肄業等事, 彼此皆宜妥行相助, 以敦睦誼. 第十款. 現經兩國議定, 自以上條約施行日期之後, 大朝鮮國大君主, 於各項進出, 口貨稅則及一切事宜, 今後有何惠政利權, 施及他國, 竝他國臣民人等之處, 俄國及俄國臣民人等, 亦可一體均霑. 第十一款. 兩國議立此約, 自施行之日起, 十年爲限, 所有條約及附約通商稅則, 如有應行更改之處, 均可互相請爲會同重修. 庶將彼此交接日久, 所議因革損益之處, 酌量增删, 惟應一年之先, 豫爲聲明. 第十二款. 一, 兩國議立此約, 原係【漢·俄】兩國文字, 均經詳小細校對, 詞意相同, 嗣後, 倘有文辭分岐之處, 應歸俄文講解, 以免彼此辯論之端. 二, 凡由俄國官員, 照會朝鮮官員文件, 暫可譯成漢文與俄文配送. 第十三款. 本約立定後, 俟兩國御筆批准自畫押之日起, 速行【遲則一年爲限】, 各簡派大臣, 於漢陽京城, 互相交換, 卽以交換之日, 作爲此約施行之期. 彼時兩國均應刊刻約文, 通行曉諭. 玆由兩國欽派全權大臣, 在漢陽京城, 將約文【漢·俄】各三分, 先行畫押, 蓋用印章, 以昭信守. 大朝鮮國開國四百九十三年, 卽中國光緖十年閏五月十五日. 特簡全權大臣【督辦交涉通商事務正一品輔國崇祿大夫行知中樞府事原任奎章閣提學兼世子左賓客】金炳始. 俄曆一千八百八十四年六月二十五日. 特簡全權大臣【從二器官佩帶安訥二等寶星】韋貝.

俄約附續通商章程. 第一款. 船隻進出海口. 一, 凡俄國船隻, 進入朝鮮通商口岸, 應由船主在二十四箇時辰內【禮拜及停公日不計】, 將該船所持領事官發給船牌收據, 呈交該口海關驗收, 一面將船名, 由何口駛至, 及船主姓名, 搭客人數【如海關欲知搭客姓名, 亦應逐一開列】, 竝該船噸數若干, 水手幾名列單, 由船主押結爲據, 一面按照運單, 將該船所載貨物, 復繕清摺. 摺內, 詳細註明箱包, 數目·貨色·記號及寄交何人姓名, 亦由船主, 畫押爲據, 同時竝呈. 此卽報船之法也. 船隻一經如法報到, 卽由海關, 發給開艙准單, 令押船巡役寓目, 始可開艙起貨. 如未領准單擅行開艙起貨者, 船主可以酌罰. 惟罰款, 不得逾墨洋百元. 二, 進口總單內, 倘査有錯誤者, 從遞單之時起, 在十二箇時辰內【禮拜及停公日不計】, 卽可改正, 勿庸納費. 如在十二箇時辰之外, 遇有增删更改, 應納規費墨洋五元. 三, 凡船隻進口, 已逾前定限期, 該船主, 尙未如法報到者, 每逾十二箇時辰, 卽罰墨洋, 不得逾五十元. 四, 凡俄國船隻, 停泊通商口岸時, 在二十四箇時辰內【禮拜及停公日不計】, 未曾開艙起貨及遇颶進口躲避, 或專欲購買食用等物未經貿易者, 槪無須到關呈報, 亦不得征收船鈔. 五, 凡船隻欲行出口, 應由船主, 將出口緦[*總]單【卽如進口所繕淸摺】呈報, 由海關發給准行出口單票, 竝將前呈領事官船牌收據, 附還該船主. 卽將以上票據, 呈交領事官, 領事官始可將前收船牌, 飭還放行. 六, 凡船隻, 不遵以上章程報明海關擅行出口者, 卽可將該船船主, 分別示罰, 其罰款不得逾墨洋二百元. 七, 俄國輪船進出各口, 均可同日幸明出入, 其貨物進口總單, 除在本口起卸, 竝撥載他船外, 其餘貨物, 勿庸報明. 第二款. 上下貨物納稅. 一, 凡商賈運貨進口欲行起卸者, 應赴海關, 呈遞報單. 單內, 載明本商姓名·船名, 及運進貨色·數目·記號·價値各節, 畫押以爲實據. 如海關, 欲驗各貨, 原處發票, 應卽呈驗. 若無發票, 亦不言明未能呈票之故, 應由該貨主, 加倍納稅, 始可聽其起卸. 俟發票呈驗時, 應將多納之稅, 卽行飭還. 二, 凡照以上規例報明, 准行起卸之貨, 可由海關, 在於定准驗貨處所委員査驗. 惟査驗各貨, 勿致損傷, 亦不得耽誤遲延, 貨物査驗畢. 卽宜勉照前式, 歸裝原箱原包. 三, 進出口貨, 如貨主所報, 照估價納稅之貨, 價値, 似有不符應許, 海關專派估價之人, 另行重估, 卽令貨主, 照納稅項. 如貨主, 以海關專派估價之人所估, 爲不符應, 在十二箇時辰內【禮拜及停公日不計】, 報明海關稅務司, 竝聲明以所以不符之故, 隨卽自行倩人. 再爲復估, 迨復行報明海關, 或照所報復估之價征稅, 或照復估之價値, 百加五, 由稅務司價買其價銀, 無論進出口貨, 統自所報復估之日起, 限五日內付淸. 四, 各項進口貨物, 如在中途受有損壞者, 應行酌量, 分別持平, 減免稅課, 如所減之稅, 貨主以爲不足, 應照前條辦理. 五, 凡欲運出貨物, 應行豫向海關報明, 始可裝載上船出口. 其報單上, 應將船名·貨色·數目·記號, 及件數幾何, 竝價値若干, 逐一開列, 由運貨者, 押結爲據. 六, 凡進出貨物, 除朝鮮海關指定處所, 不能起卸裝載. 其時在日出之前·日沒之後, 竝禮拜日及停公之期, 須由海關特免, 方能起卸裝載. 然應公平酌納, 酬勞規費. 七, 凡進出口貨主, 如欲追回多納之稅, 或海關欲行追取未足之稅, 均應自原收納之日起, 在三十日內, 卽行聲明, 倘逾限期, 槪不得追取. 八, 俄國船隻水手搭客人等食用物件, 及搭客行李箱隻, 勿庸專開報單, 惟俟海關查驗畢, 即可隨時聽其上下. 九, 凡船隻應行修理者, 所載貨物, 均可起卸上岸存放, 勿庸納稅. 此項上岸貨物, 全由朝鮮官員, 自行看管, 其一切運物腳力, 存棧租銀及看守辛工, 統由該船船主楚付. 惟各價, 均需核實取索, 不得浮冒. 倘上岸之貨間有出售者, 其出售之貨, 自必照例納稅. 十, 凡欲將貨物, 由此船起運彼船者, 先應呈領海關發給撥貨准單, 方可照數分撥. 第三款. 防守偸漏逾越. 一, 俄國商船, 一經進口, 即可由海關, 飭派巡役, 隨船管押, 所有裝貨各處, 聽其省視. 該巡役到船時, 應行禮待, 竝妥爲安置起坐之處. 二, 船隻裝貨, 艙口各處, 可由海關巡役於日出之前·日沒之後, 竝禮拜日及停公之期, 設法鎖封. 如不候海關明示擅行揭啓封鎖者, 除擅爲者示罰外, 該船主亦可一體酌罰, 惟罰款均不得逾墨洋百元. 三, 凡俄國商民, 進出各貨, 未經遵照前法, 豫向海關報明, 擅行裝卸, 及貨單不符, 竝違禁者, 無論事成與否, 貨物均應入官, 違犯之人, 按入官貨物之價, 加倍示罰. 四, 凡押結報單不實希圖偸漏朝鮮稅課者, 即可酌罰, 惟罰款, 不得逾墨洋二百元. 五, 以上章程內, 所開各節, 如有違犯, 未經載明如何懲治者, 均應隨時隨勢, 酌擬示罰, 惟罰款, 概不得逾墨洋百元. 以上章程內, 所列報單淸摺等件, 均可以英文書寫.

조러조약[朝俄條約]이 성립되었다. 조아조약(朝俄條約). 대조선국대군주와 대러시아국대황제는 양국의 우호가 영원히 돈독하기를 간절히 바라며 서로 왕래하면서 오래도록 통상하는 일을 협의하였다. 이로써 대조선국대군주는 특별히 【독판교섭통상사무(督辦交涉通商事務) 정1품 보국숭록대부(輔國崇祿大夫) 행지중추부사(行知中樞府事) 원임(原任) 규장각제학(奎章閣提學) 겸 세자좌빈객(世子左賓客)】 김병시(金炳始)를 선발하고, 대러시아국 대황제는 특별히 종2품관(從二品官) 안납2등(安訥二等) 훈장을 받은 베베르[韋貝]를 선발하여 모두 임의로 일을 결정할 수 있는 전권대신(全權大臣)으로 임명한다. 각각 전권을 받은 대신이 편의대로 일을 행해도 된다는 상유(上諭)를 상호 검사해본 뒤, 모두 정확하여 즉시 회의하고 각 관을 아래와 같이 열거한다. 제1관. 1, 대조선국대군주·대러시아국대황제와 양국 인민은 서로 모두 각자 영원히 평화롭고 화목하게 지낸다. 이 나라의 인민으로서 저 나라에 거주하는 자는 반드시 그 나라에서 본인과 가족 및 재산적 이익에 대한 합당한 보호를 받는다. 2, 저 나라에서 앞으로 만약 다른 나라와 분쟁이 일어나게 되면 이 나라는 일단 저 나라와 조약을 맺었으니, 즉시 방법을 세워서 중간에서 잘 조처해야 한다. 제2관. 1, 【대조선국 군주·대러시아국 황제는】 모두 서로 사신을 뽑아 파견하여 【대조선·대러시아】국의 수도에 주재시키거나 혹은 수시로 왕래하게 하며, 또한 서로 참작하여 총영사관, 영사관 혹은 부영사관을 둘 수 있고, 별도 국가의 영사관을 두기로 승인된 각 통상항구에 주재시킬 수 있다. 이상 모든 사신과 총영사관 등이 피차 주재하는 나라의 관원과 면담 및 문건을 교환할 때는 외국 사이에 서로 사신·영사를 대할 때의 최고 예우 및 일체 각종의 이익을 향유한다. 2, 양국이 파견하는 사신과 총영사관 등 및 일체 수행원에게는 모두 상호 주재하는 나라의 여러 곳을 여행하는 것을 허가하고 저지하지 말아야 한다. 조선국에 있는 〈러시아인에게는〉 대조선국관원은 호조(護照)를 발급하고 아울러 헤아려서 사람을 파견하여 호송함으로써 보호하는 뜻을 거듭 편안하게 해야 한다. 3, 양국의 총영사 등의 관원은 주재하는 나라의 칙준(勅準)이나 혹은 정부의 윤문(允文)을 받아야 바야흐로 직접 사무를 볼 수 있으며, 그 파견된 총영사 등의 관원은 무역을 겸해서 할 수 없다. 제3관. 1, 러시아국 인민[民人] 및 그들의 재산이 조선에 있는 것은, 러시아 총영사관 혹은 이런 직책을 맡은 별도 관원에게 관리가 귀속된다. 무릇 러시아국 인민[民人] 상호 간의 송사, 혹은 다른 나라 사람이 러시아 백성을 항소[控告]한 사건은 모두 러시아 형송관원이 심의하여 처리하고, 〈그일은〉 조선 관원과는 관계가 없다. 2, 조선 관원 및 인민이 만약 조선에 거주하는 러시아인을 항소[控告]한 사건이 있으면 러시아의 형법관원에게 〈그 사건을〉 귀속시켜 러시아국 법률에 의하여 심의하고 판결해야 한다. 3, 러시아국 관원 및 인민이 만약 조선에서 조선 인민을 고소한 안건이 있으면, 〈그 안건을〉 조선관리원의 심의와 판결에 귀속시킨다. 4, 조선에 있는 러시아국 인민이 만약 범죄한 일이 있으면 러시아국의 형송관원이 러시아국 법률에 의거하여 심의하고 판결한다. 5, 조선 인민이 조선경내에서 만일 규례와 법을 어기며 러시아인을 모욕하는 일이 있으면, 조선 관원이 조선 법률에 비추어 조사하고 체포하여 심의하고 처벌한다. 6, 무릇 러시아국 인민을 항소[控告]함이 있어, 〈그것이〉 이 조약 및 부속 장정과 장래의 조약에 의거하여 계속 세워지는 각 장(章)을 위반한 것이면, 벌금을 매기고 재산을 관이 거두어들이는 등의 일체의 죄명과 관련되었을 때는, 러시아 형송관원이 자체적으로 심의하고 판결하며, 그 매긴 벌금과 관에 거둔 재화는 전부 조선국에 귀속시켜 공공비용에 충당하게 한다. 7, 무릇 조선국 관원이 통상항구에서 어떤 일로 러시아 백성의 화물을 압류하면, 조선 관원은 러시아국 영사관과 회동하여, 먼저 〈화물을〉 조사하여 봉하고, 잠시 조선 관원이 간수·관리하였다가 러시아국의 형송관원의 심의·결정·허가를 기다려서 처분한다. 화물 주인이 상세히 밝혀지고 모두 틀림없으면, 즉시 봉한 화물의 전 수량을 영사관에게 넘겨서 반환한다. 다만 봉한 화물은 화물 주인이 화물의 값을 매겨 은으로 환산하여 약간의 담보금을 잠깐 조선 관원의 처소에 남겨두고 바로 화물을 인수하도록 허가하며 러시아국 형송관원이 심의·결정한 뒤 돌려준 담보금은 분별하여 공공비용에 충당하거나 반환한다. 8, 조선 경내에 있는 양국 인민이 모두 송사나 교섭하는 안건은, 러시아국 관서에서 심의할 일이면 조선국에서는 바로 적임자를 뽑아 파견하여 〈상황을〉 살피게 하고, 조선 관서에서 심의할 일이면, 러시아국에서도 역시 적임자를 뽑고 파견하여 살피게 한다. 파견되는 청심원(聽審員)과 피차의 각 승심관(承審官)은 모두 〈서로를〉 우대하는 예로써 서로 대우한다. 청심관이 만일 증인을 소환 심문하기를 요청하여 자신의 논박을 유리하게 하려고 하면 또한 그 편의를 들어주며, 승심관의 판결이 〈사실과〉 부합하지 않다고 하더라도, 청심관이 하나하나 논박할 수 있게 한다. 9, 무릇 조선 인민이 본국의 법률을 위반하고, 러시아국 상인이 개설한 창고나 거주하는 주택 등 및 러시아국 상선에 숨어있는 것을 처음 고발한 일이 있는 경우, 지방관이 러시아국 영사관에게 통지하면 영사관은 방법을 세워 숨어있는 사람을 조사하고, 체포하여 넘겨 심판하여 처리하게 한다. 영사관이 아직 승낙하지 않았다면, 집주인이 스스로 허락한 경우를 제외하고, 조선관역은 임의대로 러시아국 상인의 창고·주택 등에 들어갈 수 없다. 〈러시아인 소유의〉 배 위에 있는 자는 선주의 허가를 받아야 승선해서 수색하고 체포할 수 있다. 10, 무릇 러시아국 인민으로 법률을 어겨서 고소를 당했거나 혹은 군함이나 상선에서 도망친 범인이 있을 때는 일단 러시아국 영사 등의 관원이 조선 관원에게 통지하면 조선 관원은 즉시 방법을 세워 조사하고 체포해서 넘겨준다. 제4관. 1, 양국이 체결한 조약을 시행하는 그날부터 조선 인천부(仁川府)의 제물포(濟物浦)·원산(元山)·부산(釜山) 등의 각 항구【부산 항구 하나로 적합하지 못한 점이 있다면, 별도로 부근의 다른 항구를 선택할 수 있다】와 아울러 한양(漢陽) 경성(京城)의 양화진(楊花鎭)【혹은 부근의 편리한 별도의 곳】을 모두 통상하는 곳으로 삼고 러시아 백성이 오가면서 무역하도록 허가한다. 2,

러시아국 상인이 이상 지정한 곳에서 토지를 영구 조차하거나 집을 빌리고 주택을 지으며, 잔방(棧房)과 작업장을 설치하는 등의 공사를 하려고 하면 모두 그 편의를 들어준다. 심지어 자기 종교[本教]의 각종 예식도 모두 뜻에 따라 할 것을 승인한다. 조선 통상항구에 부지를 선정하여 경계를 정하고 터를 경영하여 서양인의 거주지 및 영구 조차지(租借地)로 전용하는 여러 가지 일은 조선 관원이 각국에서 파견한 관원과 회동하여 합당하게 상의하여 처리한다. 3, 이상 지역은 조선정부가 먼저 해당 지역의 업주에게 사서 건축한다. 경영 용비는 영구 조차지로 받은 값에서 먼저 뺀다. 해당 지역의 1년 세액은 조선 및 각국의 관원이 회동하여 의정하고, 〈그 세액은〉 조선 정부에 납부한다. 조선 정부는 공평하게 약간의 금액을 참작하여 남겨두고, 나머지 1년의 세액 및 영구 조차지의 남은 값을 모두 공존비금에 되돌린다. 공존비금을 어떤 사람이 사용할 때에는 조계사무를 관리하는 신동공사(紳董公司)에게 받아야 한다. 공사를 어떻게 설립할지, 어디에 설립할지 같은 것은, 이후에 조선 관원이 각국에서 파견한 관원과 회동하여 참작하여 상의한다. 4, 러시아인이 조계 밖에서 지역을 영원히 조차 혹은 잠시 동안 조차하거나, 가옥을 임대하려고 하면 조계 바깥의 것이라면 허가한다. 단 조계와의 거리는 10리【조선리】를 넘을 수 없고, 이런 항목에 해당하는 지역에 세들어 사는 사람은, 거주하거나 납세의 각 일에 대해 응당 조선국이 스스로 정한 지방세과장정(地方稅課章程)을 일률적으로 준수해야 한다. 5, 조선 관원은 통상하는 각 지역에 좋은 장소를 양도하여 외국의 묘지구역으로 만드는데, 그 땅값 및 일체의 연간 세금, 과세(課稅) 등은 일률적으로 면제한다. 묘지의 관리와 경영하는 장정(章程)은 모두 이상의 신동공사(紳董公司)에서 스스로 결정하고 집행한다. 6, 현재 통상하는 각 지역에서 100리【조선리】 거리 안이나, 혹은 장래에 양국이 파견한 관원이 서로 의정할 경계 안에서는 러시아 백성이 모두 편의대로 유람할 수 있고 집조(執照)를 수령하라 요청할 수 없다. 다만 러시아국 인민도 또한 조를 지니고 조선의 각 곳을 다니면서 유람하고 통상하며 아울러 각종 화물을 운반해 들여와서 팔거나【다만 조선 정부가 허가하지 않는 서적과 각종 인쇄물 등은, 내지에서 파는 것을 허가하지 않는다】, 일체의 토산물을 구매하는 것을 허가한다. 지니고 다니는 집조는 러시아국 영사관이 발급하고, 조선 지방관은 도장을 찍거나 혹은 붓으로 화압한다. 지나가는 모든 곳에서 만일 〈조선〉 지방관이 조를 검사하겠다고 명하면, 바로 응하여 수시로 제출하여 검열을 받아야 하고 〈사실과 집조가〉 다름이 없어야 통과할 수 있다. 〈러시아인이〉 수레나 배에서 필요한 일꾼을 고용하여, 행장과 화물을 꾸리고 운반할 때도 그 편의를 들어준다. 만일 러시아 백성이 이상〈에서 정한〉 경계를 넘으면서 집조를 지니지 않았거나 혹은 내지에서 불법적인 일을 할 때는 체포하여 가까운 영사관에게 넘겨서 처벌하게 해야 한다. 조 없이 경계를 넘은 러시아 백성은 즉시 벌주고 아울러 감금하거나, 혹은 벌만 주고 감금하지 않을 수도 있다. 다만 벌금은 멕시코 은화[墨洋] 100원을 넘지 못하며, 감금기한은 1개월을 넘지 못한다. 7, 러시아국 인민이 조선에 거주하면, 마땅히 양국이 파견한 관원이 회동하여 의정한 조계 안의 도로규칙과 비류(匪類) 조사 및 일체의 나쁜 자를 제거하고 선량한 주민을 보호하는 규정을 준수해야 한다. 제5관. 1, 러시아국 상민이 다른 나라의 항구나 혹은 조선의 각 통상항구에서 화물을 조선의 어떤 통상항구로 들이려고 하는 경우, 모두 편의를 들어준다. 그 일체의 수출입 화물은 조약에서 명백히 금지한 물건을 제외하고는, 러시아국 인민이 조선국 사람이나 조선에 있는 타국 사람과 매매 교역하는 것을 허가하며, 아울러 교역한 화물은 편의대로 조선 각 통상항구 및 타국의 항구로 실어갈 수 있으며, 조선 관원 등은 그것을 저지하지 말아야 한다. 다만 입출항하는 화물은 먼저 조사를 받은 다음, 세칙을 정하고 세금 항목을 완납해야 비로소 허락하여 출입할 수 있다. 무릇 러시아국 상인은 일체 상점을 운영하여 장사할 수 있고, 조선 관원 등은 그 편의를 들어줄 수 있다. 2, 타국 항구를 경유하여 사온 일체의 화물을 조선 항구에 들여올 때는 화물 주인이나 혹은 탁송인이 이상의 세금 과목을 깔끔하게 납부하고, 다시 타국의 항구로 실어가려고 하는 자는 입항한 날에서 그 기간이 13개월 이내이며, 원래 화물과 포장대로 있는 것이면, 해당 화물이 이미 세금을 완납했다는 증서[存票]를 한 장 발급하여 해당 화물이 이미 세금을 납부하였음을 증명한다. 이 항의 증서를 상인이 조선 해관에 가져가서 대금을 받고 〈화물을〉 즉시 돌려주거나, 혹은 조선의 각 통상항구에 가져가서 화물세를 납부한 증거로 삼으려고 하면, 모두 상인의 편리대로 해준다. 3, 조선 토산물을 조선의 한쪽 통상항구에서 조선의 다른 쪽의 통상항구로 실어가면, 이미 납부한 출항세는 원래 출항한 통상항구로 전부 환급해야 한다. 다만 화물을 실어간 사람이 입항한 해관에서 발급한 입항증서를 먼저 제출해야지만 환급할 수 있다. 화물을 도중에서 잃어버렸을 경우, 화물을 분실하였다는 확실한 증거를 제출해야만 세금을 환급해줄 수 있다. 4, 러시아국 상인이 화물을 조선국에 싣고 와서 검사받은 후에 세칙을 정하여, 〈그가〉 세금 항목을 완납하면, 그 화물은 조선의 다른 통상항구로 실어가거나 혹은 내지의 어느 곳으로 실어가던지 〈원래〉 징수하는 일체의 세금과 수수료[規費] 등은 영구하게 〈그 화물에〉 다시 징수하지 못한다. 조선의 일체 토산물을 어느 내지에서 조선의 각 통상항구로 운반하려 할 때에는 편의를 들어주고 막지 말아야 한다. 그 화물은 생산지나 연로에서 〈내야 하는〉 일체 세금과 각종 소정 수수료의 징수를 또한 면제한다. 5, 조선 정부에서 러시아국 상선을 빌려서 승객과 화물을 싣고 조선 경내 통상하지 않은 항구에 가려고 하면, 역시 그 편의를 들어준다. 조선 상인이 만일 러시아국 상선을 임대하여 승객과 화물을 싣고 조선의 통상하지 않은 항구로 가려고 하면 모두 참작하여 허가해야 한다. 다만 먼저 본국 관원의 승인을 받아야만 시행할 수 있다. 6, 조선 정부에서 어떤 사정으로 경내의 식량 부족을 염려하여 대조선국대군주가 식량을 어떠한 통상항구나 혹은 각 통상항구에서 수출하는 것을 잠시 금하는 명령을 내리면, 조선 관원이 그 항구의 영사관에게 통지한 시기부터 1개월 후에 그 항구의 러시아국 상인은 즉시 모두 준수해야 한다. 단, 이 금령은 임시로 취한 조치이므로 방법을 마련하여 속히 정지해야 한다. 7, 러시아국 상선이 조선의 각 통상항구로 진입할 때 납부하는 선세는 매 톤당 멕시코 은화[墨洋] 30센스[先時]이다【즉 서양 은화[洋元]의 100분의 30】. 각 선박이 납부하는 세금은 매 4개월마다 한 번씩 거두어들이고, 세금을 완납한 배는 4개월 동안 조선의 각 통상항구에 다니는 것을 승인하고, 다시 세금을 납부하지 않는다. 징수한 선세는 모두 조선 각 통상항구 입구 및 연해 각처에 있는 등루(燈樓)·부표(浮標)·탑표(塔表)·망루 등의 항목을 건립하는 데에 쓰고 선박이 정박할 처소의 바닥을 준설하고 정돈하는 각각의 공사비로 쓴다. 통상항구에서 화물을 운송하는 선척은 이 선세를 납부하지 않는다. 8, 모든 조약 뒤에 있는 부속 세칙 및 통상장정은 양국에서 의정하였고, 마땅히 이 조약이 시행되는 날부터 모두 준수하여 조약 안에 지적된 각 절목이 모두 일률적으로 준수되도록 해야 한다. 이상의 각 장은 모두 양국에서 파견한 관원이 수시로 일에 따라 함께 회동하여 참작하고 협의하여 보충하고 고칠 수 있다. 제6관. 러시아국 상인이 통상하지 않은 항구와 통행이 금지된 처소에 화물을 몰래 운반하는 경우, 〈그것을〉 이미 시행했는지 안 했는지를 막론하고 모두 화물을 관이 거두어들이며,

위반한 사람은 관이 거두어들인 화물의 가격을 따져서 갑절에 해당하는 벌금을 매긴다. 이상의 금령을 위반한 화물은 조선지방관이 판단하여 압류하고, 금령을 위반하려고 도모한 러시아 백성은 〈그〉 성사 여부를 막론하고 모두 조사하고 체포하여 즉시 부근의 러시아국 영사관으로 보내어 러시아국에서 파견된 형송관원이 심의하고 판결하며, 화물은 압류하였다가 그 판결을 기다려 다시 분별하여 처리한다. 제7관. 1, 러시아국 선척이 조선의 해면에서 큰 풍랑[颶風]을 만나 실사 및 좌초하는 뜻밖의 화를 당하는 경우, 조선 지방관은 한편으로 빠르게 방법을 마련하여, 적절히 가서 〈러시아 선척을〉 구제하고, 아울러 조난자·선박·화물을 보호하여 본 지역의 불량한 자들이 제멋대로 약탈하거나 모욕하는 것을 면하게 하며, 다른 한편으로 빠르게 인근 러시아국 영사관에게 통지하고, 이와 함께 구제한 러시아 난민에게 여비를 분별하여 주어서 부근의 통상항구로 보낸다. 2, 조선 정부가 구제한 러시아국 난민에게 지출한 의복·식량·호송비 및 시신을 건져내어 매장하고, 〈부상자의〉 상처와 병을 치료한 일체의 비용은 러시아국 정부가 그 액수대로 반환해주어야 한다. 3, 조난당한 선척을 구해내고 보호하는 데 쓴 비용 및 배의 화물을 건지는 데 쓴 비용은 배와 화물을 원주인에게 반환할 때 원래 주인이 그 액수대로 반환하며, 러시아국 정부에 보상을 요구할 수는 없다. 4, 조선국이 파견한 관원 및 지방에서 위임한 통역, 세관의 간수 등이 러시아국 조난선이 사고를 당한 장소에 갔을 때 사용한 비용과, 조난당한 러시아 사람을 호송하는 관원과 통역원이 쓴 비용 및 문서가 오고간 데 쓴 비용은 모두 조선정부가 스스로 처리하며 러시아국 정부에 보상을 요구할 수는 없다. 5, 러시아국 상선이 조선 동쪽 근해에서 큰 풍랑을 만났거나 혹은 식량·석탄·물 등의 필수품들이 떨어졌을 경우, 〈근처의 항구가〉 통상항구인지 아닌지 상관하지 않고 장소에 따라 정박시켜 큰 풍랑을 피하고 선척을 수리하며 부족한 물건을 일체 구매하는 것을 허가한다. 소비한 모든 비용은 전부 선주가 스스로 조달한다. 제8관. 1, 양국의 군함은 통상항구인지 아닌지를 막론하고 피차 모두 항해[駛往]를 허락한다. 거기에 필요한 일체의 배 수리 재료 및 각종 식료품은 모두 피차 서로 도와서 구매하도록 한다. 이상의 선척은 통상〈장정〉 및 항구장정을 준수할 필요가 없고 구매한 물자에 대한 일체의 세금과 각종 수수료는 모두 면제한다. 2, 러시아국 군함[師船]이 조선 안의 통상하지 않은 항구에 항해할 때는 승선한 관원·통역·병사·인부가 해안에 상륙하는 것을 허락한다. 단 호조를 지니지 않은 자가 내지에 가는 것은 허가하지 않는다. 3, 러시아국 군함이 쓰는 군수물자 및 일체 군량과 필수품은 조선의 각 통상항구에 보관할 수 있고 러시아국에서 파견한 관원이 관리한다. 이런 군수물자는 세금 징수를 면제한다. 어떠한 이유로 팔게 되면, 구매자가 납부해야 할 세금 액수를 규례에 따라 더 지불해야 한다. 4. 러시아국 군함이 조선 연해에서 수로 형세에 대해 현지 조사하면, 조선 정부도 힘써 서로 도와야 한다. 제9관. 1, 조선에 있는 러시아국 관원과 인민은 모두 조선 인민을 고문·통역 및 인부 등으로 고용하여, 직분 안의 모든 사업과 공작을 돕게 할 수 있고, 조선 관원과 인민도 역시 분별하여 러시아국 인민을 고용하여 일체 금령을 범하지 않는 일을 처리하는 것을 돕게 할 수 있다. 조선 관원은 이것을 모두 허가해야 한다. 2, 양국 인민이 서로 상대국 경내에 가서 언어·문자·법률 및 직조(織造)를 연구·실습하는 등의 일을 할 때, 모두 허가하고 피차 적절하게 도와서 친목과 우의를 돈독하게 한다. 제10관. 현재 양국이 의정한 이상의 조약을 시행하는 날부터 이후의 대조선국 대군주는 입출항하는 각종 화물의 세칙 및 일체의 일에 대하여, 지금 이후부터 타국이나 타국 신민이 어떠한 시혜나 이권을 받게 될 경우, 러시아국 및 러시아국의 신민에게도 똑같이 받을 수 있게 해야 한다. 제11관. 양국이 협의하여 세운 이 조약은 시행하는 날부터 10년을 기한으로 한다. 일체의 조약 및 조약에 덧붙인 통상 세칙은 다시 고칠 곳이 있으면 모두 서로 회동하여 거듭 수정하는 것을 요청할 수 있다. 피차 서로 오래 접촉하는 동안 따르거나 고치며 늘리거나 줄일 곳을 참작하며, 증가하거나 삭제할 수 있다. 단 1년 전에 〈그러한 사항을〉 미리 표명해야 한다. 제12관. 1, 양국이 협의하여 세운 이 조약문은 원래【한문과 러시아[漢俄]】 양국 문자로 모두 상세히 대조한 결과, 사의가 서로 같다. 이후로 만일 문사에서 차이점이 있으면 러시아 문자로 해석해서 서로의 논쟁의 발단을 면한다. 2, 러시아국 관원이 조선 관원에게 조회하는 문건은 잠정적으로 한문(漢文)으로 번역하여 러시아어와 함께 배송(配送)할 수 있다. 제13관. 본 조약을 세워 정한 후에 양국의 어필(御筆) 비준을 받고 화압한 날부터 빠르게【늦더라도 1년을 기한으로 한다】 각자 대신을 한양 경성에 파견하여 서로 교환하며, 교환하는 날부터 이 조약을 시행하는 기일로 삼는다. 그때 양국은 모두 조약문을 찍어서 널리 발표하여 효유해야 한다. 이에 양국 흠파전권대신(欽派全權大臣)은 한양 경성에서 조약문【한문과 러시아[漢俄]】

〈어로 작성〉 각각 3통을 먼저 화압하고 도장을 찍어서 믿음으로 지킨다는 것을 밝힌다. 대조선국 개국(開國) 493년, 즉 중국 광서(光緒) 10년 윤5월 15일. 특간전권대신【독판교섭통상사무 정1품 보국숭록대부 행지중추부사 원임 규장각제학 겸 세자좌빈객】 김병시. 러시아력[俄曆] 1884년 6월 25일. 특간전권대신【종2품관 안납2등 훈장을 받은】 베베르.

아약부속통상장정(俄約附續通商章程). 제1관. 선박이 항구에 출입하는 것. 1, 러시아국 선척이 조선 통상항구에 들어올 때, 선주는 마땅히 24시간 진시(辰時) 안【일요일[禮拜]과 공휴일[停公日]은 계산하지 않는다】으로, 해당하는 선박이 소지한, 〈이전에〉 영사관이 발급한 선패(船牌)를 수거하여 그 항구의 해관에 제출하여 검사받아야 하는데, 한편으로는 배의 이름, 어떠한 항구에서 출발했는지와 선주의 성명, 탑승객 수【만일 해관에서 탑승객의 성명을 알려고 한다면 또한 하나하나 열거해야 한다】, 아울러 해당 선박의 톤수가 얼마인지, 선원 몇 명인지 등을 보고서에 적고, 선주가 압결하여 증거로 삼으며, 다른 한편으로는 화물운반증서[照運單]에 근거하여 해당하는 선박이 적재한 화물을 대장[淸摺]에 올린다. 〈올린〉 대장에는 상자와 포장, 수량과 목록, 화물의 상태, 기호 및 탁송인 성명을 상세하게 밝히며, 또한 선주가 〈그것을〉 화압하여 증거로 삼고, 〈화압을〉 아울러 함께 제출한다. 이것이 곧 선박을 보고하는 법이다. 선척이 일단 규정에 따라 보고되면 해관에서 즉시 선창을 여는 허가증[准單]을 발급하고, 압선 순역으로 하여금 훑어보게 한 뒤에 비로소 선창을 열고 화물을 하선한다. 허가증을 받지 않고 마음대로 선창을 열고 화물을 하선하는 경우, 선주에게 벌금을 매길 수 있다. 벌금은 멕시코 은화[墨洋] 100원을 초과할 수 없다. 2, 입항 총문서[總單]를 조사하여 착오가 있으면 목록을 제출한 때부터 12시간 이내【일요일과 공휴일은 계산하지 않는다】로 즉시 개정할 수 있으며 수수료는 내지 않는다. 12시간이 지난 다음 〈내용을〉 더하거나 덜거나 변경하려면 멕시코 은화 5원을 수수료[規費]로 납부해야 한다. 3, 선척이 입항하여 앞에 정한 기한이 넘도록 해당 선주가 규정대로 보고하지 않은 경우, 12시간 초과할 때마다 벌금을 매기는데 〈그 총액은〉 멕시코 은화 50원을 초과할 수 없다. 4, 러시아국 선척이 통상항구에 정박할 때 24시간 안에【일요일과 공휴일은 계산하지 않는다】 아직 선창을 열고 하선하지 못한 경우 및 맹렬한 폭풍을 만나 항구에 들어와 대피하거나 식용품 등의 물건을 구입하고 무역하지 않은 경우는 해관으로 가서 보고할 필요가 없고, 또한 선세도 징수할 수 없다. 5, 선척이 출항하려고 할 때는 선주가 출항 총문서[總單]【이는 입항 때에 작성한 대장과 같은 것】를 제출하면 해관은 출항을 허가하고 증서[單票]를 발급하며, 아울러 이전에 영사관으로 제출했던 선패 접수증을 돌려준다. 선주는 즉시 이상의 증서와 접수증[票據]을 영사관에게 제출해야지만 영사관은 이전에 받았던 선패를 돌려주고, 〈선척이〉 항해하도록 한다. 6, 선척이 위에 기록된 장정대로 해관에 보고하지 않고 멋대로 출항하는 경우, 즉시 해당 배의 선주에게 분별하여 벌금을 매기는데, 그 벌금은 멕시코 은화 200원을 넘을 수 없다. 7, 러시아국 윤선(輪船)이 각 항구에 출입하면, 모두 당일에 출입을 보고하며 입항 화물 총문서[總單] 중에서 본 항구에 하선한 것과 다른 배에 실은 것만 보고하고, 그 나머지 화물은 보고하지 않는다. 제2관. 화물을 싣고 부릴 때의 납세. 1, 상인이 화물을 운반하고 입항하여 하선하려는 경우, 해관으로 가서 통관신고서[報單]를 제출해야 한다. 그 신고서에는 본 상인의 성명, 선박의 명칭 및 운반해 들여온 화물의 모양, 수량과 목록, 기호, 가격 등의 각 항목을 기록하고 화압하여 증거로 삼는다. 해관이 발송지에서 각 화물에 발급한 증표를 검사하려 하면 즉시 검사를 받아야 한다. 발급한 증표가 없거나 또한 증표를 제시하지 못하는 이유를 말로 설명하지 못할 경우, 그 화물 주인이 배의 세금을 갑절로 납부해야만 하선을 허가한다. 발급한 증표를 제시하여 검사를 받을 때, 더 납부한 세금은 즉시 반환한다. 2, 이상 규례에 의거하여 〈해관에〉 보고하여 하선을 허가받은 화물은, 해관이 규정한 화물검사장에서 위원에게 검사받는다. 다만 각각의 화물을 검사할 때는, 〈화물이〉 손상되지 않게 해야 하고, 또한 시간을 끌면서 지연시키지 말아야 한다. 화물 검사가 끝나면 즉시 이전 방식대로 원래 상자와 포대에 포장해야 한다. 3, 입출항 화물은 화물 주인이 보고하여 값에 따라 세금을 납부한 화물의 값과 부합하지 않은 것 같으면, 해관에서 가격을 매기는 사람을 전적으로 파견하여 별도로 거듭 가격을 매기고, 즉시 화물 주인에게 규정대로 세금을 납부하게 한다. 화물 주인이, 해관이 전적으로 파견한 가격을 매기는 사람이 매긴 가격이 적절하지 않다고 인정하면, 12시간[時辰] 안으로【일요일과 공휴일은 계산하지 않는다】 해관 세무사로 보고하고, 아울러 〈가격이〉 맞지 않는 이유를 표명하며, 즉시 스스로 사람을 시켜 다시 가격을 매겨서 보고한다. 해관은 다시 가격을 매겨 보고한 것에 의하여 세금을 징수하거나 다시 매긴 가격에 의거하여 100분의 5를 추가하여 세무사의 가격으로 살 수 있다. 그 값은 입출항 화물을 막론하고 모두 다시 가격을 매겨서 보고한 날부터 5일 안으로 지불하게 하여 청산한다. 4, 입항한 각종 화물이 중간에 손상된 경우, 〈손상을〉 참작하고 분별하여 공평하게 세금을 감면하며, 화물 주인이 감안 세액이 〈손상에 비해〉 부족하다고 여기면, 앞의 조항에 따라 처리한다. 5, 무릇 화물을 운반할 경우, 미리 해관에 보고해야만 배에 적재하고 출항할 수 있다. 통관신고서에는 배의 명칭, 화물의 수량과 목록, 기호 및 얼마나 건수가 되는지, 가격은 얼마인지를 하나하나 열거하여 운송자가 압결하여 증거로 삼는다. 6, 무릇 화물을 수출입할 때, 조선 해관에서 지정한 곳을 제외하면, 하선하거나 적재할 수 없다. 그 시간이 해 지고 나서 해 뜨기 전까지거나, 일요일 및 공휴일일 경우, 반드시 해관에게 특별 승인을 받아야 하선·적재할 수 있다. 그러나 공평하게 헤아려 소정의 수수료를 납부해야 한다. 7, 입출항 화물의 화물 주인이 추가 납부한 세금을 추후에 청구하여 회수하거나, 혹은 해관에서 부족한 세금을 추가로 징수하려고 할 때는, 모두 원래 수납한 날에서 30일 내에 즉시 표명한다. 기한을 넘기면 추가로 징수할 수 없다. 8. 러시아국 선척의 선원과 탑승객의 식용품 및 탑승객의 행장과 짐은 따로 통관신고서를 내지 않는다. 다만 해관 검사가 끝나면 바로 때에 따라 하선하고 승선하는 것을 허락한다. 9, 수리해야 하는 선척은 화물을 모두 내려 해안에 둘 수 있고, 〈이때는〉 화물세를 납부하지 않는다. 이 항목으로써 해안에 올려놓은 화물은, 전적으로 조선 관원이 스스로 간수하며 일체의 운송비용과 창고보관비 및 보관하는 노임은 모두 해당하는 배의 선주가 지불한다. 다만 각각의 가격은 모두 실제 가격으로 요구하며 터무니없이 요구할 수 없다. 해안에 올려놓은 화물 중에서 혹시 매각하는 것이 있으면, 매각한 화물은 반드시 규정대로 세금을 납부한다. 10, 무릇 화물을 이 배에서 저 배로 옮기려는 경우는, 우선 해관에서 발급한 운송허가증을 제출해야만 수량대로 운송할 수 있다. 제3관. 세금탈루방지[防守偸漏逃越]. 1, 러시아국 상선이 한번 항구에 들어오면, 즉시 해관에서 순역을 파견하여 배에 따라 관압하여 화물을 선적한 모든 장소는 그의 시찰을 받아야 한다. 그 순역이 배에 올 때에는 예로 대하며, 아울러 기거할 곳을 적당히 마련한다. 2, 선척이 화물을 실은 선창 입구의 각 장소는 해관의 순역이 해가 지고부터 해가 뜨기 전까지, 일요일과 공휴일의 기간에 봉쇄하는 방법을 세운다. 만일 해관의 명령을 기다리지 않고 마음대로 봉쇄를 푸는 경우, 마음대로 봉쇄를 푼 사람에게 벌금을 매기는 것 외에도 해당 선주에게 일체의 벌금을 매긴다. 다만 그 벌금은 모두 멕시코 은화 100원을 넘길 수 없다. 3, 러시아국 상인이 수출입하는 각종 화물이 전에 정한 법규에 의거하여 미리 해관에 명확히 보고되지 않고 〈상인이〉 마음대로 하선·적재하며, 화물명세서[貨單]가 맞지 않거나 금령을 범한 자는, 그 성사 여부를 막론하고 화물을 모두 관에서 거두어들이며, 금령을 범한 사람은 거두어들인 화물 가격에 2배를 더하여 벌금을 매긴다. 4, 압결한 통관보고서가 부실하고, 조선이 과세하는 것을 탈루하려고 도모하는 자는 즉시 벌금을 매긴다. 다만 벌금은 멕시코 은화 200원을 넘길 수 없다. 5, 이상 장정 안에 적혀 있는 각 조항을 위반하였을 경우, 징치 방법을 밝혀놓지 않은 것은, 모두 때와 형세를 따라 적절하게 벌금을 매긴다. 다만 벌금은 멕시코 은화 100원을 넘길 수 없다. 이상 장정 안에 열거한 통관보고서·대장 등의 문건은, 모두 영문(英文)으로 쓴다.

두만강 주변의 상황에 대해 상소함.

1884년(고종 21-甲申) 6월 17일(양력 8월 7일)

발신 : 부호군 지견룡

『承政院日記』 2925冊

副護軍池見龍疏曰, 伏以, … 拓疆焉有之, 臣之所居, 豆滿江北白頭山下分水嶺東南西周回千餘里, 膏沃之土, 卽宣德年間, 關北節制使臣金宗瑞之拓疆立柵之地也. 今慶源府東北居七百里, 先春嶺以南周回二千餘里地, 卽高麗侍中尹瓘建邑築城之地也. 先春嶺定界, 雖有崇碑之屭贔, 字跡無沒, 不可曰可, 徵之文獻, 尙矣勿論. 分水嶺定界, 非但金宗瑞之事業, 載之野稗而已. 康熙癸未五月, 中國烏喇總管穆克登, 奉皇旨査邊也, 伐石竪碑, 鐫爲之記曰, 西爲鴨綠, 東爲土門. 然則此非我國之擅劃, 實由中國之定界, 則而尺而寸, 無非公道中所割之土. 無緣而歸之上國, 固非禮也, 無緣而抛棄而不受, 亦非義也. 巡其地而采其實者, 卽昨年西北經略使臣魚允中也. 今如驅我民而無礙佔種, 以若中國示信, 必無更言. 如或不踐, 可據者有三, 可憑者有一. 鍾城越邊穩城·柔遠鎭接口甘土山下, 有江曰分界. 中國立卡, 在其北岸, 分界江卽土門江之一名也, 界之至此而止, 亦可審矣, 其據一也. 從前會寧開市時, 華商貨物回還, 路必董我國民牛, 護數其界, 若欲中路替輸, 則彼必責我曰, 土門以西, 爾們限界, 其據二也. 豆滿與土門, 譯音相似, 言之穆總管査邊之日, 何不立碑於豆江之岸, 立於土門上流分水嶺之下乎. 其據三也. 慶興越邊羅鮮洞·海蔘葳·秋豊等千餘里地, 屬之俄羅斯. 俄羅之於中國, 豈無戢和之誼, 且無交兵之擧, 而版圖中物, 如是容易許佔. 況我國之於中國, 熟有協化之義, 又非生疎之地, 則設使生割而新拓, 據理懇請, 勢不得而不許, 誼不可而恝然. 地是彼劃之地, 碑若舊剛之篆, 且千百年抛荒之土, 在中國則許之無損, 千餘里據佔之利, 在我國則得之爲益. 彼此有主之物, 不費之惠, 中國以何辭靳施, 我國以何贍抛棄. 我之於中國, 鄰以爲接壤之勢, 則迨此天兵之近紮琿春, 我以墾此養兵, 援彼有事之意, 派弁委送, 設法商辨, 則似無禁佔.

況此四瀛交涉無大無小之日, 以我堂堂千乘之國, 有何撝謙於人, 階前所載, 無端而坐失耶. 伏願殿下, 咨陳上國, 一咨而不得, 二咨, 二咨而不得, 三次, 至於十咨, 期於得施. 穩城北浹心子以上金·鐵·煤炭之出, 鴨江以北兩甑山·二紅湍之間數百里五金之產, 茂·會·穩·鍾四邑對岸等地, 三四結五穀之利, 將至不億, 其所得何如. 今歐羅巴諸洲, 天下莫强莫大莫富之勢, 務廣土地, 取之人棄而我有, 漸成其大. 以我國王觀之, 則三千里疆埸, 幅本偏小, 減以山除以水, 不過千里. 勢不可而損我, 力不可而及人, 不能其大, 尙恨其小. 土我土而利我利何難乎. 今日之務也. 迨我殿下, 舊邦新命, 中興之春, 長林豐料, 雨露之中, 天祿辟邪, 山鬼水怪, 無不擾之馴之, 爲恩山德海, 吉祥善事, 則臣亦個中之一物. 食君之食, 衣君之衣, 縱乏補天之材, 仰切俗日之誠. 於本年二月十四日離發, 本月二十九日, 登白頭山. 而北望帿竹·烏拉之烟, 西瞻鴨水·燕山之雲, 周流上下, 目擊而繪, 凡數閱月而歸. 今日所陳, 實非耳食而口實者也. 伏願殿下, 克圖而致之, 以廣庭衢焉. … 省疏具悉. 所陳諸條, 雖論時弊, 而句語多有妄率不審, 甚庸駭歎.

부호군(副護軍) 지견룡(池見龍)이 상소하기를, "삼가 아뢰니, … 강역을 넓히는 것에 대한 〈신의 견해가〉 있으니, 신이 거주하는 두만강(豆滿江) 북쪽과 백두산 아래 분수령(分水嶺)의 동·남·서쪽으로 1,000여 리 둘레의 기름진 땅은, 바로 선덕(宣德) 연간에 관북절제사(關北節制使) 신(臣) 김종서(金宗瑞)가 강역을 넓히고 울타리를 세운 땅입니다. 지금 경원부(慶源府) 동북의 700리와 선춘령(先春嶺) 이남의 둘레 2,000여 리 둘레의 땅은 바로 고려 시중(侍中) 윤관(尹瓘)이 읍을 건설하고 성을 쌓은 땅입니다. 선춘령의 경계를 정한 것은 비록 높은 비석이 우뚝하나 글자의 자취는 없어졌으니, 〈피차가 알고 있는 내용이〉 옳다고 말할 수 없고, 징험하는 문헌(文獻)은 말할 필요도 없습니다. 분수령의 경계를 정한 것이 비단 김종서의 사업이었다고 야사와 패설에만 실려 있는 것만은 아닙니다. 강희(康熙) 계미년 5월, 중국 오랄총관(烏喇總管) 목극등(穆克登)이 황지를 받들어 변지를 조사하면서 돌을 깎아 비석을 세우고 새기기를, '서쪽으로는 압록이 되고 동쪽으로는 토문[土門江]이 된다'라고 하였습니다. 그러면 이는 우리나라에서 마음대로 〈국경을〉 그은 것이 아니고, 참으로 중국이 경계를 정한 것으로, 척촌의 땅도 공도(公道)로 분할한 땅이 아닌 것이 없습니다. 이유 없이 〈땅을〉 상국에 돌려준 것은 진실로 예가 아니며, 이유 없이 버리고 받지 않는 것도 의가 아닙니다. 그 땅을 순시하고 그 사실을 채집한 자는 바로 작년의 서북경략사(西北經略使) 신 어윤중(魚允中)입니다. 지금 만일 우리 백성을 몰아서 장애 없이 〈그 땅을〉 차지하여 파종하게 하고, 중국에 신의를 보이면 기필코 다시 말함이 없을 것입니다. 혹여 〈이를〉 실천하지 않는다 하더라도 근거로 할만한 것이 셋이요, 증빙할만한 것이 하나입니다. 종성(鍾城) 건너편의 온성(穩城), 유원진(柔遠鎭)에 접하는 입구인 감토산(甘土山) 아래에는 강이 있으니 분계(分界)라고 합니다. 중국에서 그 북안(北岸)에 세관을 세웠는데, 분계강은 토문강의 다른 이름이니 경계가 여기에 이르러 그침을 또한 알 수 있으며 〈이것이〉 근거 하나입니다. 종전에 회령(會寧)에서 개시(開市)할 때에 중국 상인[華商]이 화물을 싣고 돌아가는 길에 반드시 우리나라 백성과 소를 이용해서 그들 경계까지 호송하게 하였는데, 만약 중간 길에서 교대해 수송하려고 하면 저들이 반드시 우리나라 사람을 책망하기를, '토문 이서가 너희들의 한계이다'라고 하였으니, 이것이 근거 둘입니다. 두만과 토문은 번역과 발음이 서로 비슷하고, 목 총관이 변방을 조사하는 날로 말하면, 어찌 비석을 두만강 안에 세우지 않고 토문강 상류인 분수령 아래에다 세웠겠습니까. 이것이 근거 셋입니다. 경흥(慶興) 건너편 나선동(羅鮮洞)·해삼위(海蔘蔵)·추풍(秋豐) 등 1,000여 리 땅은 러시아[俄羅斯]에 속해 있습니다. 러시아는 중국에 대해 화목한 의(誼)도 없고 또한 싸운 일[交兵]도 없었는데, 그런데도 판도 안의 땅을 이처럼 용이하게 점령하는 것을 어찌 허락받았겠습니까. 하물며 우리나라는 중국에 대해 옛날부터 협력하고 조화롭게 하는 의리가 있고 또 〈그곳은 우리나라가〉 생소한 땅이 아니니, 설사 생으로 떼어 새로 개척했다 하더라도, 이치를 들어 간청하면 형세상 부득불 허락하지 않을 수 없으며, 의(誼)로 보더라도 결연할 수 없을 것입니다. 땅은 저들이 가른 땅이요, 비석은 옛날에 새긴 전자(篆字)이며, 또한 1,100년 동안 버려둔 토지여서 중국에 있어서 〈그것을〉 허락해주어도 손해볼 것이 없고, 1,000여 리의 땅을 점거하는 것은 우리나라에 있어서 이익을 얻는 것이 됩니다. 피차 주인이 있는 물건이요, 비용을 쓰지 않고도 은혜를 베푸는 것이 되니, 중국에서는 무슨 말로 시행하기를 아낄 것이며 우리나라로서는 무엇이 넉넉하다고 〈그 땅을〉 버리겠습니까. 우리와 중국은 국경을 인접하고 있는 형세이니, 요즘 천병(天兵)이 가깝게 혼춘에 주둔하고 있을 즈음에, 우리가 이 땅을 개간하여 군사를 양성함으로써 저들에게 일이 있을 때 도와준다는 뜻으로 무신을 위임해 보내 꾀를 내어 협상하게 한다면 〈우리나라가〉 차지하는 것을 금하지 않을 듯합니다. 하물며 세계 각국[四瀛]이 크고 작음을 따지지 않고 교섭하는 이날에 당당한 우리 천승(千乘)의 나라가 다른 사람에게 낮출 것이 무엇이기에 섬돌 앞에 놓여 있는 것을 무단히 앉아서 잃겠습니까. 삼가 바라건대 전하께서는 상국(上國)에 자문을 진달하되, 한 번 자문하여 얻지 못하면 두 번 자문을 보내시고, 두 번 자문하여 얻지 못하면 세 번 자문을 보내어, 열 번의 자문을 보내기에 이르더라고 〈중국이 그 땅을〉 베풀기를 기약하여야 합니다. 온성 북쪽의 협심자(浹心子) 이상으로는 금·철·석탄[煤炭]이 나오고, 압록 이북 양증산(兩甑山)·이홍단(二紅湍) 사이의 수백 리에는 각종의 광석[五金]이 산출되며, 무산(茂山)·회령(會寧)·온성(穩城)·종성(鍾城) 네 읍 대안(對岸) 등지의 3~4결(結) 되는 땅에서 나는 오곡의 이익은 장차 헤아리지 못할 정도로 많을 것이니, 그 소득이 어떻겠습니까. 지금 유럽[歐羅巴]의 여러 주는 천하에 막대 막강하게 부강한 형세인데도 토지를 넓히는 데 힘을 써서, 남이 버리는 것을 차지하여 자기 소유로 삼아 점차 키워나가고 있습니다. 우리 국토를 보면 삼천리 강역이 본래 좁으니, 산과 물을 빼면 1,000여 리를 넘지 않습니다. 형세는 우리의 것을 덜어낼 수가 없고 국력은 남에게 미칠 수가 없으니, 〈국토를〉 크게 하지 못하고 그 〈국토의〉 작은 것을 항상 한스러워하고 있습니다. 우리 땅을 우리가 소유하고 〈거기에서 나는〉 우리 이익을 우리가 차지하는 것이 무엇이 어렵겠습니까. 〈그것이〉 오늘날에 〈우리가 해야 할〉 일입니다. 우리 전하께서 오래된 나라의 명(命)을 새롭게 하여 중흥의 봄을 〈당하여〉 높은 숲과 무성한 풀에도 우로(雨露)의 혜택을 입히시고, 하늘의 녹을 받으시고 사악함을 물리치시며, 산귀(山鬼)와 수괴(水怪)를 모조리 길들이셔서 그 은덕이 산이나 바다처럼 크고 길상(吉祥)과 선사(善事)가 되었으니, 신 역시 그 가운데의 하나입니다. 임금이 주신 밥을 먹고 임금이 주신 옷을 입으니, 임금을 도울만한 재주는 부족하나 공을 세워 보답하려는 정성만은 간절합니다. 올해 2월 14일에 출발하여 이달 29일 백두산에 올랐습니다. 북쪽으로 후죽(帿竹)·오랍(烏拉)의 연기를 바라보고 서쪽으로는 압록강·연산(燕山)의 구름을 바라보았으며, 위아래를 두루 다니며 목격하면서 그림으로 그려 몇 달 만에야 돌아왔습니다. 오늘에 진달하는 바는 진실로 소문으로 들었다든지 이야기거리로 드리는 말이 아닙니다. 삼가 바라건대 전하께서는 빨리 도모하여 영토를 넓히소서. …"라고 하였다. 〈답하기를〉 "상소를 보고 잘 알았다. 진달한 여러 조항은 비록 시폐(時弊)를 논한 것이기는 하나, 구절과 말이 망령되고 제대로 살피지 못한 것이 많아 매우 놀랍고 한탄스럽다"고 하였다.

『高宗實錄』 21卷

副護軍池見龍疏略, 臣生長於北邊, 請以北道聞見言之. 豆滿江北白頭山下分水嶺東·南·西周回千餘里, 膏沃之土, 卽宣德年間, 節制使臣金宗端之拓疆立柵之地也. 今慶源府東北七百里, 先春嶺以南周回二千餘里地, 卽高麗侍中尹瓘建邑築城之地也. 康熙癸未, 烏喇總管穆克登奉旨査邊也, 伐石竪碑, 爲之記曰, 西爲鴨綠, 東爲土門. 然則實中國之定界割土也, 無緣而歸之上國, 由非禮也. 伏願咨陳上國, 期於得施, 以廣庭衢焉. … 批曰, 所陳諸條, 雖論時弊, 而句語多有妄率不審, 甚庸駭歎.

부호군(副護軍) 지견룡(池見龍)이 올린 상소의 대략에, "신은 북변에서 나서 자랐으니, 청컨대 북도에서 보고 들은 것을 말하려고 합니다. 두만강(豆滿江) 북쪽과 백두산(白頭山) 아래의 분수령(分水嶺)의 동·남·서쪽으로 1,000여 리 둘레의 기름진 땅은, 바로 선덕(宣德) 연간에 절제사(節制使) 신(臣) 김종서(金宗瑞)가 강역을 개척하여 울타리를 세운 땅입니다. 지금 경원부(慶源府) 동북의 700리와 선춘령(先春嶺) 이남의 2,000여 리 둘레의 땅은 바로 고려(高麗) 시중(侍中) 윤관(尹瓘)이 읍을 건설하고 성을 쌓은 땅입니다. 강희(康熙) 계미년에 오랄총관(烏喇總管) 목극등(穆克登)이 황지를 받들어 변지를 조사할 때에, 돌을 깎아 비석을 세우니 그 기록에 '서쪽으로는 압록이 되고 동쪽으로는 토문이 된다'라고 하였습니다. 그러면 참으로 중국이 경계를 정하여 땅을 갈라놓은 것이니 이유 없이 그 땅을 상국(上國)에 돌려준 것은 진실로[由?] 예가 아닙니다. 삼가 바라건대, 상국에 자문(咨文)으로 진달하여 〈상국이 그 땅을〉 베풀기를 기약하여 영토를 넓히소서 …"라고 하였다. 비답하기를 "진달한 여러 조항은 비록 시폐(時弊)를 논한 것이기는 하나, 구절과 말이 망령되고 제대로 살피지 못한 것이 많아 매우 놀랍고 한탄스럽다"고 하였다.

『日省錄(高宗)』 281冊

疏略曰, 臣生長於北邊, 請以北道聞見言之. 豆滿江北白頭山下分水嶺東·南·西周回千餘里, 膏沃之土, 卽宣德年間, 節制使臣金宗瑞之拓疆立柵之地也. 今慶源府東北七百里, 先春嶺以南周回二千餘里地, 卽高麗侍中尹瓘建邑築城之地也. 康熙癸未, 烏喇總管穆奉旨査邊也, 伐石豎碑, 爲之記曰, 西爲鴨綠, 東爲土門. 然則實中國之定界割土也, 無緣而歸之上國, 固非禮也. 夫爲國富強之道, 務廣土地, 伏願咨陳上國, 期於得施. 則我國之利, 將至不億也. 一粒萬顆, 莫似乎土利. 而所謂近歲踏審, 一字五結, 只是文具而已. … 批以所陳諸條, 雖論時弊, 而句語多有妄率不審, 甚庸駭歎.

〈부호군(副護軍) 지견룡(池見龍)이 올린〉 상소의 대략에, "신은 북변에서 나서 자랐으니, 청컨대 북도에서 보고 들은 것을 말하려고 합니다. 두만강(豆滿江) 북쪽과 백두산(白頭山) 아래의 분수령(分水嶺)의 동·남·서쪽으로 1,000여 리 둘레의 기름진 땅은, 바로 선덕(宣德) 연간에 절제사(節制使) 신(臣) 김종서(金宗瑞)가 강역을 개척하여 울타리를 세운 땅입니다. 지금 경원부(慶源府) 동북의 700리와 선춘령(先春嶺) 이남의 2,000여 리 둘레의 땅은 바로 고려(高麗) 시중(侍中) 윤관(尹瓘)이 읍을 건설하고 성을 쌓은 땅입니다. 강희(康熙) 계미년에 오랄총관(烏喇總管) 목극등(穆克登)이 황지를 받들어 변지를 조사할 때에, 돌을 깎아 비석을 세우니 그 기록에 '서쪽으로는 압록이 되고 동쪽으로는 토문이 된다'라고 하였습니다. 그러면 참으로 중국이 경계를 정하여 땅을 갈라놓은 것이니 이유 없이 그 땅을 상국(上國)에 돌려준 것은 진실로 예가 아닙니다. 무릇 나라를 부유하고 강하게 하는 방법은 토지를 넓히는 것을 힘쓰는 것이니, 삼가 바라건대, 상국에 자문(咨文)으로 진달하여 〈상국이 그 땅을〉 베풀기를 기약하소서. 〈그렇게 된다면〉 우리나라의 이득이 장차 헤아릴 수 없는 것에 이를 것입니다. 한 톨의 곡식으로 만 배의 과실을 얻는 것은 토지의 이익보다 더한 것은 없습니다. 그러나 근세의 조사라고 하는 것은 〈문서에서〉 한 일자를 5결이라 하니 단지 형식[文具]에 불과할 뿐입니다. …"라고 하니, 비답하기를, "상소를 보고 잘 알았다. 진달한 여러 조항은 비록 시폐(時弊)를 논한 것이기는 하나, 제대로 살피지 않아서 망령되고 경솔한 말이 많아 매우 놀랍고 한탄스럽다"라고 하였다.

평해군수 겸 울릉도첨사를 겸강릉진관 평해병마동첨절제사울릉도진수군첨절제사로 임명했다고 보고함.

1884년(고종 21-甲申) 7월 4일(양력 8월 24일)

발신 : 병조

『承政院日記』 2926冊

… 以兵批言啓曰, 平海郡守兼鬱陵島僉使下批事, 統理軍國事務衙門草記, 允下矣. 兼江陵鎭管·平海兵馬同僉節制使·鬱陵島鎭水軍僉節制使下批之意敢啓, 傳曰, 知道.

병비(兵批)로서 아뢰기를, "평해군수(平海郡守) 겸 울릉도첨사(鬱陵島僉使)를 하비하는 일을 통리군국사무아문이 초기(草記)한 것에 윤허를 내리셨습니다. 겸강릉진관(兼江陵鎭管) 평해병마동첨절제사(平海兵馬同僉節制使) 울릉도진수군첨절제사(鬱陵島鎭水軍僉節制使)로 하비한다는 내용을 감히 아룁니다"라고 하니, 전교하기를, "알았다"고 하였다.

평해군수 신상규에게 울릉도를 개척할 방책을 세우라고 명함.

1884년(고종 21-甲申) 7월 13일(양력 9월 2일)

발신 : 고종

『承政院日記』 2926冊

甲申七月十三日未時, 上御重熙堂. … 上曰, 平海郡守兼管鬱陵島, 新拓之事, 當有所講究方略者, 而亦曾見此島乎. 相珪曰, 臣未見此島, 而從摠戎使臣李奎遠槪聞方略, 則此島在大洋中, 水路甚險, 我國船隻, 除春夏之交, 無以通涉云. 臣下去後, 擬造船隻, 略彷掛帆船制樣, 可以常通. 而船材亦取於島中, 則勢將至明年矣. 上曰, 造船甚好, 而若至明春, 則太遲緩矣. 雖從陸求材, 期於此歲內造船也. 此島旣有入居之民, 則何可如是阻梗乎. 相珪曰, 此島入居之民, 聞有六十餘戶, 而從陸無以求得此等船材云, 是所悶菀矣. 上曰, 下去後, 與道伯商議方略, 期圖速成也. 相珪曰, 謹當依敎矣.

갑신 7월 13일 미시(未時). 임금께서 중희당(重熙堂)에 나아갔다. … 임금께서 이르기를, "평해군수가 울릉도(鬱陵島)〈첨사를〉 겸하여 〈그곳을〉 새로 개척하는 일은, 마땅히 방책을 강구하는 바가 있어야 한다고 하니, 〈그대는〉 또한 일찍이 이 섬을 본 적이 있는가"라고 하였다. 신상규(申相珪)가 아뢰기를, "신은 이 섬을 본 적은 없지만 총융사(摠戎使) 신(臣) 이규원(李奎遠)에게 대략 방책을 들었으니, 이 섬은 바다 가운데에 있어서 수로가 매우 험하므로 우리나라 선박은 봄 여름 교체기를 제외하면 건널 수가 없다고 합니다. 신이 내려간 후에 선박을 만들되 괘범(掛帆)의 선제(船制)를 대략 모방하면 〈섬과 육지가〉 늘 통할 수 있을 것입니다. 그러나 선박의 재목도 섬 안에서 취해야 하니, 형세가 〈조선 완료는〉 내년까지 〈될 것 같습니다〉"라고 하였다. 임금께서 이르기를, "배를 만드는 일은 매우 좋지만 내년 봄까지 걸리면 너무 늦다. 비록 육지에서 재목을 구하는 한이 있더라도 올해 안에 선박을 만들기를 기약하라. 이 섬에 이미 들어가 사는 백성이 있으니, 〈섬과 육지의 해로가〉 어찌 이같이 험하고 막혀서야 되겠는가"라고 하였다. 신상규가 아뢰기를, "이 섬에 들어가 사는 백성은, 듣자하니 60여 호가 있는데 육지에서는 이러한 선박의 재목을 구할 수 없다고 하니, 이것이 걱정스럽고 안타깝습니다"라고 하였다. 임금께서 이르기를, "내려간 뒤에 도백(道伯)과 방략을 상의하여 빨리 이룰 것을 기약하라"고 하였다. 신상규가 아뢰기를, "삼가 마땅히 하교하신 대로 하겠습니다"라고 하였다.

환난을 대비하기 위해 병사를 양성할 방안을 마련해달라고 상소함.

1884년(고종 21-甲申) 7월 24일(양력 9월 13일)

발신 : 부호군 김교환

『承政院日記』 2926冊

副護軍金敎煥疏曰, 伏以臣不肖無似, 略申愚忠. 向有以養兵事, 猥控疏陳, 竟荷優批, 感惶靡措. 冀下注措之音, 歲月如流, 尙靳成命, 耿耿寤寐, 益切寸忱. … 京中則已有親軍營, 又設敎鍊局, 畿沿則有海防營, 忠州·春川, 亦有操兵之所, 非不爲陰雨之備, 而太涉疎闊矣.

부호군(副護軍) 김교환(金敎煥)이 상소하기를, "삼가 아뢰기를, 신이 불초하기는 비할 데 없으나 대략 어리석은 충정을 거듭 말씀드립니다. 전에 병사를 양성하는 일로 외람되이 상소하여 마침내 후한 비답을 받고서 감격하여 어쩔 줄을 몰랐습니다. 조치하는 말씀이 내리기를 기대하였으나 세월이 흐르도록 아직도 성명(成命)을 아끼고 계시니 자나 깨나 잊지 못하는 마음이 더욱 간절합니다. … 서울 안에는 이미 친군영(親軍營)이 있으며 또한 교련국(敎鍊局)을 설치하였고, 경기 연해에는 해방영(海防營)이 있으며 충주(忠州)·춘천(春川)에도 병사를 조련하는 곳이 있어서, 〈이런 것들이〉 환난을 당하지 않도록 대비[陰雨之備]하지 않는 것은 아니지만, 너무나도 성기고 어설픕니다"라고 하였다.

『高宗實錄』 21卷

副護軍金敎煥疏陳兵務, 批曰, 殊涉煩屑矣.

부호군(副護軍) 김교환(金敎煥)이 상소하여 병무(兵務)를 아뢰니, 비답하기를, "〈상소가〉 매우 번잡하고 소소하다"라고 하였다.

『日省錄(高宗)』 282冊

疏略曰, 伏以臣不肖無似, 略申愚忠. 向有以養兵事, 猥控疏陳, 竟荷優批, 感惶靡措, 冀下注措之音, 歲月如流, 尙靳成命, 耿耿寤寐, 益切寸忱. … 京有親軍營, 畿沿有海防營, 忠州·春川, 亦有操兵之所, 非不爲陰雨之備, 而太涉疎闊矣.

〈부호군(副護軍) 김교환(金敎煥)의〉 상소의 대략에, "삼가 아뢰기를, 신이 불초하기는 비할 데 없으나 대략 어리석은 충정을 거듭 말씀드립니다. 전에 병사를 양성하는 일로 외람되이 상소를 올려 마침내 후한 비답을 받고서 감격하여 어쩔 줄을 몰랐습니다. 조치하는 말씀이 내리기를 기대하였으나 세월이 흐르도록 아직도 성명(成命)을 아끼고 계시니 자나 깨나 잊지 못하는 마음이 더욱 간절합니다. … 서울에는 친군영(親軍營)이 있고 경기 연해에는 해방영(海防營)이 있으며 충주(忠州)·춘천(春川)에도 병사를 조련하는 곳이 있으니, 〈이런 것들이〉 환난을 당하지 않도록 대비[陰雨之備]하지 않는 것은 아니지만, 너무 성기고 어설픕니다"라고 하였다.

대부도에 만들어질 진을 바탕으로 변방 방비를 공고히 할 것을 청함.

1884년(고종 21 - 甲申) 9월 21일(양력 10월 8일)

발신 : 기연해방아문

『承政院日記』 2928冊

又以畿沿海防衙門言啓曰, 頃因臣疏, 廟堂回啓, 許令設鎭大阜, 牧官亦已革罷矣. 謹查, 大阜諸島, 曾屬牧官專管, 而司僕寺節目, 倣京畿之永宗, 湖南之法聖例, 邑自邑鎭自鎭, 以至分籍一款, 已有陳達, 屢承批旨云云. 今方置鎭設防, 則該島土地民人竝分籍, 如永宗·法聖之爲獨鎭, 所收賦稅, 付之軍需, 邊備可以增固. 且大阜·永宗兩牧場, 現存馬匹, 太半玄黃, 日就耗失, 旣無所管. 與其等棄, 寧許京外各軍門分取, 騎卜以無用資實用, 恐合事宜. 令廟堂稟處何如, 傳曰, 允.

또 기연해방아문(畿沿海防衙門)의 말로 아뢰기를, "지난번 신의 상소로 말미암아 묘당에서 회계하여 대부도(大阜島)에 진을 설치하라고 허가하여 목관(牧官)도 이미 혁파하였습니다. 삼가 조사하니, 대부도의 여러 섬은 일찍이 목관이 전적으로 관할하였는데, 사복시의 절목에서 경기 영종(永宗)과 호남 법성(法聖)의 예를 모방하여 읍은 읍대로 진은 진대로 만들었고, 나누어 등록하는 한 가지 사항은 이미 아뢰어서 여러 번 비지를 받았다고 하였습니다. 지금 바야흐로 진을 설치하고 방어를 갖춘다면, 해당하는 섬의 토지와 인민[民人]을 모두 나누어 등록하여 영종·법성을 독진(獨鎭)으로 만든 것처럼 하고, 부세를 거두는 것은 군수에 붙여서 변방 방비를 더욱 공고히 하는 것이 좋습니다. 또 대부·영종 두 목장에 현재 있는 말은 태반이 병이 들어 날마다 줄어드는데 소관하는 곳이 없었습니다. 〈그것을〉 버려둘지언정 차라리 중앙과 지방의 각 군문에 나누어 가지도록 허락하여, 타거나 짐을 실어서 무용한 것을 실용한 것에 돕게 하는 것이 사의에 합당할 것 같습니다. 묘당으로 하여금 품처하게 하는 것이 어떻겠습니까"라고 하니, 전교하기를, "윤허한다"고 하였다.

『高宗實錄』 21卷

畿沿海防衙門啓, 大阜諸島, 曾屬牧官, 今已革罷. 方置鎭設防, 則該島土地民人竝分籍, 如永宗·法聖之爲獨鎭, 所收賦稅, 付之軍需, 邊備可以增固. 且大阜·永宗兩牧場, 現存馬匹, 太半玄黃, 日就耗失, 旣無所管. 與其等棄寧許京外各軍門分取, 騎卜以無用資實用, 恐合事宜. 令廟堂稟處何如, 允之. 尋因政府覆啓, 依施.

기연해방아문(畿沿海防衙門)에서 아뢰기를, "대부도의 여러 섬은 일찍이 목관에게 속해 있었는데, 지금 이미 혁파하였습니다. 바야흐로 진을 설치하고 방어를 갖춘다면 해당하는 섬의 토지와 인민[民人]을 모두 다 나누어 등록하여, 영종·법성을 독진(獨鎭)으로 만든 것처럼 하고, 부세를 거두는 것은 군수에 붙여서 변방 방비를 더욱 공고히 하는 것이 좋습니다. 또 대부·영종 두 목장에 현재 있는 말은 태반이 병이 들어 날마다 줄어드는데 소관하는 곳이 없었습니다. 〈그것을〉 버려둘지언정 차라리 중앙과 지방의 각 군문에 나누어 가지도록 허락하여, 타거나 짐을 실어서 무용한 것을 실용한 것에 돕게 하는 것이 사의에 합당할 것 같습니다. 묘당으로 하여금 품처하게 하는 것이 어떻겠습니까"라고 하니, 윤허하였다. 얼마 뒤에 의정부[政府]의 복계(覆啓)로 인하여 그대로 시행하게 하였다.

『日省錄(高宗)』 284冊

海防衙門啓言, 大阜諸島, 曾屬牧官, 今已革罷. 方置鎭設防, 則該島土地民人竝分籍, 如永宗·法聖之爲獨鎭, 所收賦稅, 付之軍需, 邊備可以增固. 且大阜·永宗兩牧場, 現存馬匹, 太半玄黃, 日就耗失, 旣無所管. 與其等棄寧許京外各軍門分取, 騎卜以無用資實用, 恐合事宜. 令廟堂稟處.

해방아문(海防衙門)이 아뢰기를, "대부도의 여러 섬은 일찍이 목관에게 속해 있었는데, 지금 이미 혁파하였습니다. 바야흐로 진을 설치하고 방어를 갖춘다면 해당하는 섬의 토지와 인민[民人]을 모두 다 나누어 등록하여, 영종·법성을 독진(獨鎭)으로 만든 것처럼 하고, 부세를 거두는 것은 군수에 붙여서 변방 방비를 더욱 공고히 하는 것이 좋습니다. 또 대부·영종 두 목장에 현재 있는 말은 태반이 병이 들어 날마다 줄어드는데 소관하는 곳이 없었습니다. 〈그것을〉 버려둘지언정 차라리 중앙과 지방의 각 군문에 나누어 가지도록 허락하여, 타거나 짐을 실어서 무용한 것을 실용한 것에 돕게 하는 것이 사의에 합당할 것 같습니다. 묘당으로 하여금 품처하게 하게 하소서"라고 하였다.

『備邊司謄錄』 265冊

畿沿海防衙門啓曰, 頃因臣疏, 廟堂回啓, 許令設鎭大阜, 牧官亦已革罷矣. 謹査, 大阜諸島, 曾屬牧官專管, 而司僕寺節目, 倣京畿之永宗, 湖南之法聖例, 邑自邑鎭自鎭, 以至分籍一款, 已有陳達, 屢承批旨云云. 今方寘鎭設防, 則該島土地民人, 竝分籍如永宗·法聖之爲獨鎭, 所收賦稅, 付之軍需, 邊備可以增固. 且大阜·永宗兩牧場現存馬匹, 太半玄黃, 日就耗失, 旣無所管, 與其等棄, 寧許京外各軍門分取, 騎卜以無用資實用, 恐合事宜. 令廟堂稟處何如, 傳曰, 允.

기연해방아문(畿沿海防衙門)에서 아뢰기를, "지난번 신의 상소로 말미암아 묘당에서 회계하여 대부도(大阜島)에 진을 설치하라고 허가하여 목관(牧官)도 이미 혁파하였습니다. 삼가 조사하니, 대부도의 여러 섬은 일찍이 목관이 전적으로 관할하였는데, 사복시의 절목에서 경기 영종(永宗)과 호남 법성(法聖)의 예를 모방하여 읍은 읍대로 진은 진대로 만들었고, 나누어 등록하는 한 가지 사항은 이미 아뢰어서 여러 번 비지를 받았다고 하였습니다. 지금 바야흐로 진을 설치하고 방어를 갖춘다면, 해당하는 섬의 토지와 인민[民人]을 모두 나누어 등록하여 영종·법성을 독진(獨鎭)으로 만든 것처럼 하고, 부세를 거두는 것은 군수에 붙여서 변방 방비를 더욱 공고히 하는 것이 좋습니다. 또 대부·영종 두 목장에 현재 있는 말은 태반이 병이 들어 날마다 줄어드는데 소관하는 곳이 없었습니다. 〈그것을〉 버려둘지언정 차라리 중앙과 지방의 각 군문에 나누어 가지도록 허락하여, 타거나 짐을 실어서 무용한 것을 실용한 것에 돕게 하는 것이 사의에 합당할 것 같습니다. 묘당으로 하여금 품처하게 하는 것이 어떻겠습니까"라고 하니, 전교하기를, "윤허한다"고 하였다.

6진의 상황을 살펴본 후 행영도시를 시행할 것을 청함.

1884년(고종 21 - 甲申) 9월 29일(양력 11월 16일)

발신 : 함경북도안무사 조병직 / 수신 : 의정부

『承政院日記』 2928冊

又以議政府言啓曰, 卽見咸鏡北道按撫使趙秉稷狀啓, 則行營都試, 以會寧府使主試, 試取之意, 前經略使魚允中狀請定式. 而第伏念六鎭形便, 一不躬審, 難以揣度. 且親騎衛八百名, 每年一次期會者, 而將不見其卒, 卒莫知其將, 邊備疎虞, 誠非細慮. 嚴冬前簡率馳往看審後, 回到行營, 設行都試事, 請令廟堂稟旨分付矣. 行營都試之令會寧府使主試, 雖出於臨時通變之政, 而現今按撫事體, 較前有異, 啓中所論, 其勢良然, 依狀辭許施之意, 分付何如, 傳曰, 允.

또 의정부(議政府)의 말로 아뢰기를, "방금 함경북도안무사(咸鏡北道按撫使) 조병직(趙秉稷)의 장계를 보니, '행영(行營)의 도시(都試)를 회령부사(會寧府使)가 주관하여 시취하자는 내용을, 전(前) 경략사(經略使) 어윤중(魚允中)이 장계로 청하여 정식으로 〈삼았습니다〉. 다만 삼가 생각건대 6진의 형편을 하나도 몸소 살피지는 않아서 〈그 타당성을〉 헤아리기 어렵습니다. 또 친기위(親騎衛) 800명이 매년 1번의 모임을 기약하지만, 장군은 그 병졸을 볼 수 없고 병졸은 그 장수를 알지 못하니, 변방의 방비가 소홀하여 참으로 작은 근심거리가 아닙니다. 엄동 전에 뽑아서 거느리고 달려가 살펴본 후에 행영으로 돌아와 도시를 설행하라는 것을 묘당으로 하여금 품지하도록 분부하시기를 청합니다'라고 하였습니다. 행영의 도시를 회령부사로 하여금 주관하게 한 것이 비록 임시변통하는 정사에서 나온 것이지만, 현재 안무하는 일의 정황이 전과 비교하여 차이가 있고 장계에서 논한 형편도 그러하니, 장계의 말대로 시행하도록 허락한다는 내용을 분부하는 것이 어떻겠습니까"라고 하니, 전교하기를, "윤허한다"고 하였다.

『日省錄(高宗)』284冊

議政府啓言, 卽見咸鏡北道按撫使趙秉稷狀啓, 則行營都試, 以會寧府使主試之意, 前經略使狀請定式. 而六鎭形便, 難以揣度, 邊備疏虞, 誠非細慮. 嚴冬前馳往看審, 回到行營, 設行都試事, 請令廟堂稟旨矣. 府使主試, 雖出變通之政, 而現今按撫, 較前有異, 請依狀辭許施, 允之.

의정부(議政府)에서 아뢰기를 "방금 함경북도안무사(咸鏡北道按撫使) 조병직(趙秉稷)의 장계를 보니, '행영(行營)의 도시(都試)를 회령부사(會寧府使)가 주관하자는 내용을, 전(前) 경략사(經略使) 어윤중(魚允中)이 장계로 청하여 정식으로 〈삼았습니다〉. 다만 6진의 형편을 헤아리기 어렵고, 변방의 방비는 소홀하여 진실로 작은 근심거리가 아닙니다. 엄동 전에 거느리고 달려가 살펴보고 행영으로 돌아와 도시를 설행하는 것을 묘당으로 하여금 품지하게 하기를 청합니다'라고 하였습니다. 부사가 시험을 주관하는 것이 비록 변통하는 정사에서 나온 것이지만, 지금 안무하는 일이 전과 비교하여 차이가 있으니 장계의 말대로 시행하게 하는 것을 허락하도록 분부하시기를 청합니다"라고 하니, 윤허하였다.

『備邊司謄錄』265冊

府啓曰, 卽見咸鏡北道按撫使趙秉稷狀啓, 則行營都試, 以會寧府使主試, 試取之意, 前經略使魚允中狀請定式. 而第伏念六鎭形便, 一不躬審, 難以揣度. 且親騎衛八百名, 每年一次期會者, 而將不見其卒, 卒莫知其將, 邊備踈虞, 誠非細慮. 嚴冬前簡率馳往看審後, 回到行營, 設行都試事, 請令廟堂稟旨分付矣. 行營都試之令會寧府使主試, 雖出於臨時通變之政, 而現今按撫事體, 較前有異, 啓中所論, 其勢良然, 依狀辭許施之意分付何如, 答曰, 允.

의정부[府]에서 아뢰기를 "방금 함경북도안무사(咸鏡北道按撫使) 조병직(趙秉稷)의 장계를 보니, '행영(行營)의 도시(都試)를 회령부사(會寧府使)가 주관하여 시취하자는 내용을, 전(前) 경략사(經略使) 어윤중(魚允中)이 장계로 청하여 정식으로 〈삼았습니다〉. 다만 삼가 생각건대 6진의 형편을 하나도 몸소 살피지는 않아서 〈그 타당성을〉 헤아리기 어렵습니다. 또 친기위(親騎衛) 800명이 매년 1번의 모임을 기약하지만, 장군은 그 병졸을 볼 수 없고 병졸은 그 장수를 알지 못하니, 변방의 방비가 소홀하여 참으로 작은 근심거리가 아닙니다. 엄동 전에 뽑아서 거느리고 달려가 살펴본 후에 행영으로 돌아와 도시를 설행하라는 것을 묘당으로 하여금 품지하도록 분부하시기를 청합니다'라고 하였습니다. 행영의 도시를 회령부사로 하여금 주관하게 한 것이 비록 임시변통하는 정사에서 나온 것이지만, 현재 안무하는 일의 정황이 전과 비교하여 차이가 있고 장계에서 논한 형편도 그러하니, 장계의 말대로 시행하도록 허락한다는 내용을 분부하는 것이 어떻겠습니까"라고 하니, 답하기를, "윤허한다"고 하였다.

현명하고 능력 있는 자에게 일을 줄 것을 상소함.

1884년(고종 21-甲申) 11월 26일(양력 1885년 1월 11일)

발신 : 전 충의 김동석

『承政院日記』 2930冊

前忠義金東錫疏曰, … 昔我宣祖朝壬辰之亂, 先受賊而後有援於皇朝, 猶有大捷中興. 今則先有援於上國, 而後有賊慮, 此事半古而功必倍也. 且我國地形, 白頭元脈, 東南順下數三千里, 及其盡頭, 更逆龍千餘里. 故人之性氣, 先有順怯, 而終到極處, 必有惡毒, 回頭克之理多矣. 而上下民心, 自丙寅以後, 累經危難, 至于近日大變. 已皆自激忠憤, 此克彼之漸也. 且我國古稱多義兵之成功, 而伏聞近日多有倡義之士, 此亦勝彼之漸也. 伏願殿下不以我寡彼衆爲憂, 惟以任賢授能爲務, 仁義爲干櫓, 忠信爲甲胄, 則雖百萬强敵, 不足爲也.

전(前) 충의(忠義) 김동석(金東錫)이 상소하기를, … "옛날 우리 선조대[宣祖朝]의 임진왜란[壬辰之亂] 때는 먼저 도적의 침입을 받은 다음에 황조(皇朝)의 구원이 있었는데, 오히려 〈적을〉 크게 이기어 중흥하였습니다. 그러나 지금은 먼저 상국에서 구원이 있은 후에 도적의 염려가 있으니, 이는 일의 〈어려움은〉 옛날의 반이지만 효과는 반드시 갑절인 것입니다. 또한 우리나라의 지형은 백두(白頭)의 원맥(元脈)에서 동남쪽으로 3,000리나 가로질러 내려오며, 그 끝자락에 이르러 다시 용이 거슬러 올라가듯 한 것이 1,000여 리나 됩니다. 따라서 사람들의 본성과 기질이 처음[先]에는 순하고 겁이 있었지만 마침내 맨 끝에 이르러 필시 악하고 독함이 있으니 고개를 돌려 이기는 경우가 많습니다. 그리고 상하의 민심은 병인년 이후로 여러 차례 위난을 거치며 근일에 이르러 크게 변화하였습니다. 이미 모두 저절로 충성으로 격발하니, 이는 저들을 이길 수 있는 조짐입니다. 또 우리나라는 옛부터 의병이 공을 세운 일이 많다고 말해지는데, 삼가 듣건대 근일에

도 의병을 일으킨 사인(士人)이 많다고 하니 이것도 저들을 이길 수 있는 조짐입니다. 삼가 바라건대 전하께서는 우리의 수가 적고 저들의 수가 많은 것을 걱정하지 마시고, 오직 현명한 이에게 임무를 맡기고 능력 있는 자에게 일을 주도록 힘쓰시며, 인의(仁義)를 방패로 삼고 충신(忠信)을 갑주로 삼으시면 비록 백만의 강적이라도 문제될 것이 없습니다"라고 하였다.

울릉도에 있는 일본인들을 쫓아내고 조선인들이 개간하게 할 것을 청함.

1884년(고종 21-甲申) 11월 26일(양력 1885년 1월 11일)

발신 : 전 오위장 이경렬

『高宗實錄』 21卷

前五衛將李京烈疏, 請日本講和及鬱陵島開墾. 批曰, 疏辭, 頗有可採.

전(前) 오위장(五衛將) 이경렬(李京烈)이 상소하여 일본과의 강화 및 울릉도(鬱陵島) 개간을 청하였다. 비답하기를, "상소의 내용이 상당히 채용할만한 것이 있다"라고 하였다.

『日省錄(高宗)』 286冊

疏略曰, 臣之道內鬱陵島, 地廣土沃, 譬若漢之山東矣. 今何委之於倭酋, 作彼利竇耶. 眞所謂資寇兵而齎盜糧, 臣之所以未解者也. 使三陟營將, 放逐彼人之來接者, 曉喩我民之附近, 隨力開墾, 因以奠接焉, 則此非伐人, 國得一城也. 伏願殿下, 勿以人微而廢其言, 先賜納採, 後加誅戮, 則國家幸甚, 私分幸甚. 批以, 疏辭頗有可採.

〈전(前) 오위장(五衛將) 이경렬(李京烈)의〉 상소에 대략에, "신이 〈맡은〉 도내의 울릉도(鬱陵島)는 땅이 넓고 흙이 기름져 중국[漢]의 산동(山東)에 비유할 수 있습니다. 지금 어찌하여 왜인에게 맡겨두어 저들이 이득을 차지하는 발판이 되게 하십니까. 진실로 이른바 '침략군에게 병사를 주고 도적에게 양식을 가져다주는 일'이라고 할 것이니, 신이 이해하지 못하는 바입니다. 삼척영장으로 하여금, 저들 중에 〈울릉도로〉 와서 사는 자를 쫓아내고 우리 백성 중에 가까이 있는 자들을 효유하여 〈그들에게〉 힘 되는 대로 개간하게 한 다음 자리 잡고 살게 한다면, 이것이 남을 정벌하지 않고도 나라가 성 하나를 얻는 것입니다. 삼가 바라건대 전하께서는 사람이 미천하다고 그 말을 버리지 마시고, 먼저 받아들여 채택하신 다음 주륙의 벌을 내리시면 국가에도 큰 다행이 되고 사사로운 분수도 매우 다행이겠습니다"라고 하였다. 비답하기를 "말은 소략하나 자못 채택할만한 것이 있었다"라고 하였다.

『承政院日記』2930冊

前五衛將李京烈疏曰, … 臣之道內鬱陵島之利害, 已陳於前疏, 不必架疊, 而蓋此島異於他島, 地廣土沃, 譬若漢之山東矣. 使吾民開拓而奠居, 則不出幾年, 爲一邦之蔽藩, 其稅斂, 足當一隅之用. 而今何委之於倭酋, 作彼利竇耶. 眞所謂資寇兵而齎盜糧, 此臣之所以未解者也. 假使三陟營將, 放逐彼人之來接者, 曉喩我民之附近者, 使之隨力開墾, 因以奠接焉, 則此非伐人, 國得一城也. 伏願殿下, 留神澄省, 本營將極擇嚴明有知略者. 今若視以散地冗官, 循例差送, 則使此我國之膏腴, 反作彼酋之藩屛. 伏願殿下, 留神澄省, 勿以人微而廢其言, 先賜納採, 後加誅戮, 則國家幸甚, 私分幸甚.

전(前) 오위장(五衛將) 이경렬(李京烈)이 상소하기를, … "신이 〈맡은〉 도내에 있는 울릉도(鬱陵島)의 이해(利害)에 대해서 지난번 상소에서 진언하였으니 다시 말할 필요가 없겠습니다만, 대개 이 섬은 다른 섬과 달라서 땅이 넓고 흙이 기름져 중국[漢]의 산동(山東)에 비유할 수 있습니다. 만약 우리 백성들로 하여금 개척하여 자리 잡고 살게 하면 몇 년이 지나지 않아서 한 나라의 울타리[蔽藩]가 될 것이며, 그 거두는 조세는 충분히 한 지역의 비용을 충당할 수 있을 것입니다. 그러나 지금 어찌하여 왜인에게 맡겨두어 저들이 이득을 차지하는 발판이 되게 하십니까. 진실로 이른바 '침략군에게 병사를 주고 도적에게 양식을 가져다주는 일'이라고 할 것이니, 신이 이해하지 못하는 바입니다. 삼척영장으로 하여금, 저들 중에 〈울릉도로〉 와서 사는 자를 쫓아내고 우리 백성 중에 가까이 있는 자들을 효유하여 그들에게 힘 되는 대로 개간한 다음 자리 잡고 살게 한다면, 이것이 남을 정벌하지 않고도 나라가 성 하나를 얻는 것입니다. 삼가 바라건대 전하께서는 밝게 살피시어 본 영장에 극히 엄격하고 현명하며 지략이 있는 자를 뽑으소서. 지금 만약 한산한 곳의 별로 중요치 않은 자리[冗官]로 여겨 예에 따라 차송(差送)하시면, 이 우리나라의 기름진 땅을 도리어 저 오랑캐 우두머리[彼酋] 울타리[藩屏]로 만들어주는 꼴이 될 것입니다. 엎드려 바라건대 전하께서는 유념하시고 밝게 살피시어 사람이 미천하다고 그 말까지 버리지 마시고, 먼저 받아들여 채택하신 다음 주륙의 벌을 내리시면 국가에도 큰 다행이 되고 사사로운 분수도 매우 다행이겠습니다"라고 하였다.

기연해방아문을 용산의 만리창으로 옮길 것을 청함.

1885년(고종 22-乙酉) 3월 24일(양력 5월 8일)

발신 : 의정부

『承政院日記』 2934冊

李源逸以議政府言啓曰, 向以畿沿海防衙門移設之節, 爛商論報之意, 啓稟行會矣. 卽見該摠管李奎遠所報, 則龍山萬里倉基址, 果合營壘, 而第其移設以本營, 事力萬難自辦云矣. 京江形便之可合, 實莫如此地, 則其所移設, 不容少緩, 量宜措辦, 趁速經紀之意, 分付該衙門何如, 傳曰, 允.

이원일(李源逸)이 의정부(議政府)의 말로 아뢰기를, "지난번 기연해방아문(畿沿海防衙門)을 옮겨 설치하는 절차를 자세히 의논하여 보고하라는 내용을 계품하여 행회하였습니다. 방금 해당 총관(摠管) 이규원(李奎遠)의 보고를 보니, '용산(龍山) 만리창(萬里倉) 기지(基址)는 과연 영루(營壘)를 〈두기에〉 적합하지만, 그것을 옮겨서 설치하여 본영으로 하는 것은 사세와 재력이 스스로 변통하기 매우 어렵습니다'라고 하였습니다. 경강(京江)의 형편상 적합한 곳이 이 땅보다 나은 곳이 없으니, 그 옮겨서 설치하는 것을 조금도 늦출 수 없습니다. 사의를 헤아려 조치하여 신속히 경륜하여 처리하라는 내용을 해당 아문에 분부하는 것이 어떻겠습니까"라고 하니, 전교하기를, "윤허한다"고 하였다.

『高宗實錄』 22卷

… 又啓, 向以畿沿海防衙門移設之節, 爛商論報之意, 啓稟行會矣. 卽見該總管李奎遠所報, 則龍山坊萬里倉基址, 果合營壘云矣. 依報許施, 趁速移設之意, 分付何如, 竝允之.

〈의정부(議政府)에서〉 … 또 아뢰기를, 지난번 기연해방아문(畿沿海防衙門)을 옮겨 설치하는 절차를 자세히 의논하여 보고하라는 내용을 계품하여 행회하였습니다. 방금 해당 총관(摠管) 이규원(李奎遠)의 보고를 보니, '용산방(龍山坊) 만리창(萬里倉) 기지(基址)는 과연 영루(營壘)를 두기에 적합합니다'라고 하였습니다. 보고한 대로 시행하기를 허락하여 신속히 옮겨 설치하라는 내용을 분부하는 것이 어떻겠습니까"라고 하니, 모두 윤허하였다.

『日省錄(高宗)』 290冊

議政府言, 海防衙門移設之節, 爛商論報之意, 啓稟行會矣. 卽見該摠管李奎遠所報, 則龍山萬里倉基址, 果合營壘, 而第其移設以本營, 事力萬難自辦云矣. 京江形便之可合, 實莫如此地, 則其所移設, 不容少緩. 量宜措辦, 趁速經紀之意分付, 允之.

의정부(議政府)에서 아뢰기를, "해방아문(畿沿海防衙門)을 옮겨 설치하는 절차를 자세히 의논하여 보고하라는 내용을 계품하여 행회하였습니다. 방금 해당 총관(摠管) 이규원(李奎遠)의 보고를 보니, '용산(龍山) 만리창(萬里倉) 기지(基址)는 과연 영루(營壘)를 〈두기에〉 적합하지만, 그것을 옮겨서 설치하여 본영으로 하는 것은 사세와 재력이 스스로 변통하기 매우 어렵습니다'라고 하였습니다. 경강(京江)의 형편상 적합한 곳이 이 땅보다 나은 곳이 없으니, 그 옮겨서 설치하는 것을 조금도 늦출 수 없습니다. 사의를 헤아려 조치하여 신속히 경륜하여 처리하라는 내용을 해당 아문에 분부하소서"라고 하니, 윤허하였다.

『備邊司謄錄 266冊

府啓曰, 向以畿沿海防衙門移設之節, 爛商論報之意, 啓稟行會矣. 卽見該摠管李奎遠所報, 則龍山萬里倉基址, 果合營壘, 而第其移設以本營, 事力萬難自辦云矣, 京江形便之可合, 實莫如此地, 則其所移設, 不容少緩, 量宜措辦, 趁速經紀之意, 分付該衙門何如, 答曰, 允.

의정부[府]에서 아뢰기를 "지난번 기연해방아문(畿沿海防衙門)을 옮겨 설치하는 절차를 자세히 의논하여 보고하라는 내용을 계품하여 행회하였습니다. 방금 해당 총관(摠管) 이규원(李奎遠)의 보고를 보니, '용산(龍山) 만리창(萬里倉) 기지(基址)는 과연 영루(營壘)를 〈두기에〉 적합하지만, 그것을 옮겨서 설치하여 본영으로 하는 것은 사세와 재력이 스스로 변통하기 매우 어렵습니다'라고 하였습니다. 경강(京江)의 형편상 적합한 곳이 이 땅보다 나은 곳이 없으니, 그 옮겨서 설치하는 것을 조금도 늦출 수 없습니다. 사의를 헤아려 조치하여 신속히 경륜하여 처리하라는 내용을 해당 아문에 분부하는 것이 어떻겠습니까"라고 하니, 답하기를, "윤허한다"고 하였다.

국경을 넘어갔다 압송된 고양준을 형배할 것을 청함.

1885년(고종 22-乙酉) 3월 29일(양력 5월 13일)

발신 : 평안감사 민응식, 병사 이종건, 의주부윤 이헌영 / 수신 : 의정부

『承政院日記』 2934冊

又以議政府言啓曰, 卽見平安監司閔應植·兵使李鍾健·義州府尹李𨯶永狀啓, 則犯越罪人高楊俊, 自鳳凰城押來, 故嚴覈取招後, 具格嚴囚, 以待朝家處分云. 荒年冒越, 情雖可矜, 異域久淹, 罪亦不輕, 在囚高楊俊, 令本道照法刑配, 將此事由, 撰送回咨之意, 分付該院何如, 傳曰, 允.

또 의정부(議政府)의 말로 아뢰기를, "방금 평안감사(平安監司) 민응식(閔應植), 병사(兵使) 이종건(李鍾健), 의주부윤(義州府尹) 이헌영(李𨯶永)의 장계를 보니, '몰래 국경을 넘은 죄인 고양준(高楊俊)을 봉황성(鳳凰城)에서 압송해왔으므로 엄히 조사하고 공초를 받은 후에 수갑과 차꼬를 채워[具格] 엄히 가두고 조정의 처분을 기다립니다'라고 하였습니다. 흉년에 국경을 넘은 정황은 비록 불쌍하지만 이역(異域)에서 오래 머문 것은 죄가 역시 가볍지 않으니, 갇혀 있는 고양준을 본도로 하여금 법에 따라 형배(刑配)하게 하고, 이런 사유를 갖추어 회답 자문을 지어 보내라는 내용으로 해당 원에 분부하는 것이 어떻겠습니까"라고 하니, 전교하기를, "윤허한다"고 하였다.

『日省錄(高宗)』 290冊

… 又啓言, 卽見平安監司閔應植·兵使李鍾健·義州府尹李𨯶永狀啓, 則犯越罪人高楊俊, 自鳳凰城押來, 故嚴覈取招後, 具格嚴囚, 以待朝家處分云矣. 荒年冒越, 情雖可矜, 異域久淹, 罪亦不輕, 在囚高楊俊, 令本道照法刑配, 將此事由, 撰送回咨之意, 請分付該院, 允之.

… 〈의정부(議政府)에서〉 또 아뢰기를 "방금 평안감사(平安監司) 민응식(閔應植)·병사(兵使) 이종건(李鍾健)·의주부윤(義州府尹) 이헌영(李𨯶永)의 장계를 보니, '몰래 국경을 넘은 죄인 고양준(高楊俊)을 봉황성(鳳凰城)에서 압송해왔으므로 엄히 조사하고 공초를 받은 후에 수갑과 차꼬를 채워[具格] 엄히 가두고 조정의 처분을 기다립니다'라고 하였습니다. 흉년에 국경을 넘은 정황은 비록 불쌍하지만 이역(異域)에서 오래 머문 것은 죄가 역시 가볍지 않으니, 갇혀 있는 고양준을 본도로 하여금 법에 따라 형배(刑配)하게 하고, 이런 사유를 갖추어 회답 자문을 지어 보내라는 내용으로 해당 원에 분부하시길 청합니다"라고 하니, 윤허하였다.

『備邊司謄錄』 266冊

府啓曰, 卽見平安監司閔應植·兵使李鍾健·義州府尹李𨯶永狀啓, 則犯越罪人高楊俊, 自鳳凰城押來, 故嚴覈取招後, 具格嚴囚, 以待朝家處分云矣. 荒年冒越, 情雖可矜, 異域久淹, 罪亦不輕, 在囚高楊俊, 令本道照法刑配, 將此事由, 撰送回咨之意, 分付該院何如, 答曰, 允.

의정부[府]에서 아뢰기를 "방금 평안감사(平安監司) 민응식(閔應植), 병사(兵使) 이종건(李鍾健), 의주부윤(義州府尹) 이헌영(李𨯶永)의 장계를 보니, '몰래 국경을 넘은 죄인 고양준(高楊俊)을 봉황성(鳳凰城)에서 압송해왔으므로 엄히 조사하고 공초를 받은 후에 수갑과 차꼬를 채워[具格] 엄히 가두고 조정의 처분을 기다립니다'라고 하였습니다. 흉년에 국경을 넘은 정황은 비록 불쌍하지만 이역(異域)에서 오래 머문 것은 죄가 역시 가볍지 않으니, 갇혀 있는 고양준을 본도로 하여금 법에 따라 형배(刑配)하게 하고, 이런 사유를 갖추어 회답 자문을 지어 보내라는 내용으로 해당 원에 분부하는 것이 어떻겠습니까"라고 하니, 답하기를, "윤허한다"고 하였다.

무산부 백성들이 제기한 소송 문제, 토문강변 경작에 대한 중국의 공문 등에 대해 보고함.

1885년(고종 22-乙酉) 4월 20일(양력 6월 2일)

발신 : 함경북도 안무사 조병직 / 수신 : 의정부

『承政院日記』 2935冊

又以議政府言啓曰, 卽見咸鏡北道按撫使趙秉稷狀啓, 則琿春副都統衙門照會兩件出來, 而一則茂山府邊民交訟一案, 未能完結, 催令新府, 將案內人帶赴琿春, 査辨事也. 一則土門江界址未明, 不准私耕, 出派官兵, 駐守封禁事也. 兩件照會, 雖已有按撫答覆, 邊民交訟事, 待該府使赴任, 證期會辦, 務歸妥當, 而慶源與琿春間, 觀機處之, 至若邊界事, 不可不另議勘定, 故方移咨上國. 以此分付該道何如, 傳曰, 允.

또 의정부(議政府)의 말로 아뢰기를, "방금 함경북도안무사(咸鏡北道按撫使) 조병직(趙秉稷)의 장계를 보니, '혼춘부도통아문(琿春副都統衙門)에서 2건의 조회(照會)가 왔는데, 하나는 무산부(茂山府)의 변방 백성이 서로 제기한 소송 문제 하나가 아직 완전하게 해결되지 않았으니, 새로 〈임명된〉 부사를 독촉하여 안건에 〈제기된〉 사람들을 혼춘으로 데리고 와서 조사하여 처리해달라는 일입니다. 하나는 토문강(土門江)의 경계가 아직 명확하지 않으니 사사로이 경작하는 것을 허락하지 않고 관병(官兵)을 파견하여 주둔시키고 봉금하겠다는 일입니다. 2건의 조회에 비록 이미 안무사가 회답을 보냈지만, 변방 백성들이 서로 소송한 문제는 해당 부사가 부임하기를 기다려 기한을 정하고 모여서 처리하여 타당하게 하도록 하되 경원과 혼춘 사이의 기미를 보아가며 처리하고, 변방 경계와 관련된 일에 이르러서는 별도로 토의해서 결정하지 않을 수 없으므로 방금 상국에 자문(咨文)을 보냈습니다'라고 하였습니다. 이것으로써 해당 도에 분부하는 것이 어떻겠습니까"라고 하니, 전교하기를, "윤허한다"고 하였다.

『高宗實錄』22卷

… 又啓, 卽見咸鏡北道按撫使趙秉稷狀啓, 則琿春副都統衙門照會兩件出來, 而一則茂山府邊民交訟一案, 未能完結, 催令新府, 將案內人帶赴琿春, 查辦事也. 一則土門江界址未明, 不准私耕, 出派官兵, 駐守封禁事也. 兩件照會, 雖已有按撫答覆, 邊民交訟事, 待該府使赴任, 證期會辦, 務歸妥當, 而慶源與琿春間, 觀機處之. 至若邊界事, 不可不另議勘定, 故方移咨中國. 以此分付該道何如, 允之.

〈의정부(議政府)에서〉 … 또 아뢰기를, "방금 함경북도안무사(咸鏡北道按撫使) 조병직(趙秉稷)의 장계를 보니, '혼춘부도통아문(琿春副都統衙門)에서 2건의 조회(照會)가 왔는데, 하나는 무산부(茂山府)의 변방 백성이 서로 제기한 소송 문제 하나가 아직 완전하게 해결되지 않았으니, 새로 〈임명된〉 부사를 독촉하여 안건에 〈제기된〉 사람들을 혼춘으로 데리고 와서 조사하여 처리해달라는 일입니다. 하나는 토문강(土門江)의 경계가 아직 명확하지 않으니 사사로이 경작하는 것을 허락하지 않고 관병(官兵)을 파견하여 주둔시키고 봉금하겠다는 일입니다. 2건의 조회에 비록 이미 안무사가 회답을 보냈지만, 변방 백성들이 서로 소송한 문제는 해당 부사가 부임하기를 기다려 기한을 정하고 모여서 처리하여 타당하게 하도록 하되 경원과 혼춘 사이의 기미를 보아가며 처리하고, 변방 경계와 관련된 일에 이르러서는 별도로 토의해서 결정하지 않을 수 없으므로 방금 중국에 자문(咨文)을 보냈습니다'라고 하였습니다. 이것으로써 해당 도에 분부하는 것이 어떻겠습니까"라고 하니, 윤허하였다.

『日省錄(高宗)』291冊

議政府啓言, 卽見咸北按撫使趙秉稷狀啓, 則琿春副都統照會兩件出來, 而一則茂山府邊民交訟, 催令查辦事也, 一則土門江界, 駐守封禁事也. 雖有按撫覆答, 事係邊界, 不可不另議勘定, 故方移咨上國. 請以此分付, 允之.

의정부(議政府)에서 아뢰기를 "방금 함북안무사(咸北按撫使) 조병직(趙秉稷)의 장계를 보니, '혼춘부도통(琿春副都統)에서 2건의 조회(照會)가 왔는데, 하나는 무산부의 변방 백성이 서로 제기한 소송은 독촉하여 그 일을 조사하고 변별하라는 것이고, 〈다른〉 하나는 토문강의 경계에서 주둔하고 지키는 것을 봉금하겠다는 일입니다. 비록 안무사가 이미 회답을 보냈으나 일이 변방 경계와 관련되었으니 별도로 토의하여 결정하지 않을 수 없으므로 방금 상국에 자문을 보냈습니다'라고 하였습니다. 이것으로써 분부하기를 청합니다"라고 하니, 윤허하였다.

『備邊司謄錄』266冊

府啓曰, 關北土門江查界與中江新定稅, 則俱不容不辨明妥辦, 令該院詳陳事實, 撰出咨文, 別定咨官入送何如, 答曰, 允. 府啓曰, 卽見咸鏡北道按撫使趙秉稷狀啓, 則琿春副都統衙門照會兩件出來, 而一則茂山府邊民交訟一案, 未能完結, 催令新府, 將案內人帶赴琿春, 查辦事也. 一則土門江界址未明, 不准私耕, 出派官兵, 駐守封禁事也. 兩件照會, 雖已有按撫答覆, 邊民交訟事, 待該府使赴任, 證期會辦, 務歸妥當, 而慶源與琿春間, 觀機處之, 至若邊界事, 不可不另議勘定, 故方移咨上國, 以此分付該道何如, 答曰, 允.

의정부[府]에서 아뢰기를 "관북(關北)의 토문강(土門江) 경계를 조사하는 것과 중강(中江)에 새로 세금을 정하는 것은 모두 밝게 분별하여 타당하게 처리하지 않을 수 없으니, 해당 원으로 하여금 사실을 자세히 밝혀 자문을 지어내도록 하고, 별도로 자문을 가지고 갈 관리를 정하여 들여보내는 것이 어떻겠습니까"라고 하니, 답하기를, "윤허한다"고 하였다. 의정부[府]에서 아뢰기를 "방금 함경북도안무사(咸鏡北道按撫使) 조병직(趙秉稷)의 장계를 보니, '혼춘부도통아문(琿春副都統衙門)에서 2건의 조회(照會)가 왔는데, 하나는 무산부(茂山府)의 변방 백성이 서로 제기한 소송 문제 하나가 아직 완전하게 해결되지 않았으니, 새로 〈임명된〉 부사를 독촉하여 안건에 〈제기된〉 사람들을 혼춘으로 데리고 와서 조사하여 처리해달라는 일입니다. 하나는 토문강(土門江)의 경계가 아직 명확하지 않으니 사사로이 경작하는 것을 허락하지 않고 관병(官兵)을 파견하여 주둔시키고 봉금하겠다는 일입니다. 2건의 조회에 비록 이미 안무사가 회답을 보냈지만, 변방 백성들이 서로 소송한 문제는 해당 부사가 부임하기를 기다려 기한을 정하고 모여서 처리하여 타당하게 하도록 하되 경원과 혼춘 사이의 기미를 보아가며 처리하고, 변방 경계와 관련된 일에 이르러서는 별도로 토의해서 결정하지 않을 수 없으므로 방금 상국에 자문(咨文)을 보냈습니다'라고 하였습니다. 이것으로써 해당 도에 분부하는 것이 어떻겠습니까"라고 하니, 답하기를, "윤허한다"고 하였다.

총관기연해방사무아문의 수사별장의 첨사 이력을 허용하고 계품으로 정할 것을 청함.

1885년(고종 22-乙酉) 4월 21일(양력 6월 3일)

발신 : 총관기연해방사무아문 / 수신 : 의정부

『承政院日記』 2935冊

又以議政府言啓曰, 卽見總管畿沿海防事務所報, 則本衙門水師別將營, 設於大阜島, 兼僉使. 而此與尋常鎭將有異, 該僉使履歷, 啓稟定式, 殿最等第, 依例磨勘爲辭矣. 該僉駐紮沿海, 統率諸鎭, 則其職任, 固不輕矣. 以邊地履歷施行, 六臘殿最, 亦爲磨勘之意, 分付何如, 傳曰, 允.

또 의정부(議政府)의 말로 아뢰기를, "방금 총관기연해방사무(總管畿沿海防事務)의 보고를 보니, '본 아문의 수사별장(水師別將營)이 〈관할하는〉 영(營)을 대부도(大阜島)에 설치하고 〈그로 하여금〉 첨사(僉使)를 겸하게 하였습니다. 이는 평상시의 진장(鎭將)과는 차이가 있으니 해당 첨사의 이력(履歷)을 허용하는 것을 계품하여 정식(定式)으로 하는데, 〈그것은〉 전최(殿最)를 등급 매기는 예에 따라 마감하겠습니다'라고 하였습니다. 해당 첨사는 연해에 주둔하여 여러 진들을 통솔하니 그 직임이 진실로 가볍지 않습니다. 변방 지역에서의 이력을 시행하고 6월과 12월에 전최(殿最)도 마감하는 내용으로 분부하는 것이 어떻겠습니까"라고 하니, 전교하기를, "윤허한다"고 하였다.

『高宗實錄』 22卷

二十一日. 議政府啓, 關北土門江查界與中江新定稅, 則俱不容不辨明妥辦, 令該院詳陳事實, 撰出咨文, 別定咨官, 入送何如, 允之. 又啓, 卽見摠管畿沿海防事務所報, 則本衙門水師別將營, 設於大阜島, 兼僉使. 而此與尋常鎭將有異, 該僉使履歷, 啓稟定式, 殿最等第, 依例磨勘爲辭矣. 該僉使駐紮沿海, 統率諸鎭, 則其職任, 固不輕矣. 以邊地履歷施行, 六臘殿最, 亦爲磨勘之意, 分付何如, 允之.

4월 21일. 의정부(議政府)에서 아뢰기를, "관북(關北)의 토문강(土門江) 경계를 조사하는 것과 중강(中江)에 새로 세금을 정하는 것은 모두 밝게 분별하여 타당하게 처리하지 않을 수 없으니, 해당 원으로 하여금 사실을 상세하게 밝혀서 자문을 지어내도록 하고, 별도로 자문을 가지고 갈 관리를 정하여 들여보내는 것이 어떻겠습니까"라고 하니, 윤허하였다. 또 아뢰기를, "방금 총관기연해방사무(總管畿沿海防事務)의 보고를 보니, '본 아문의 수사별장(水師別將營)이 〈관할하는〉 영(營)을 대부도(大阜島)에 설치하고 〈그로 하여금〉 첨사(僉使)를 겸하게 하였습니다. 이는 평상시의 진장(鎭將)과는 차이가 있으니 해당 첨사의 이력(履歷)을 허용하는 것을 계품하여 정식(定式)으로 하는데, 〈그것은〉 전최(殿最)를 등급 매기는 예에 따라 마감하겠습니다'라고 하였습니다. 해당 첨사는 연해에 주둔하여 여러 진들을 통솔하니 그 직임이 진실로 가볍지 않습니다. 변방 지역에서의 이력을 시행하고 6월과 12월에 전최(殿最)도 마감하는 내용으로 분부하는 것이 어떻겠습니까"라고 하니, 윤허하였다.

토문강 경계를 조사하고, 중강에서 세금을 정하는 내용의 자문을 중국으로 가지고 갈 관리를 정할 것을 청함.

1885년(고종 22-乙酉) 4월 21일(양력 6월 3일)

발신 : 의정부

『承政院日記』 2935冊

尹相翊以議政府言啓曰, 關北土門江査界與中江新定稅, 則俱不容不辦明妥辦, 令該院詳陳事實, 撰出咨文, 別定咨官, 入送何如, 傳曰, 允.

윤상익(尹相翊)이 의정부(議政府)의 말로 아뢰기를, "관북(關北)의 토문강(土門江) 경계를 조사하는 것과 중강(中江)에서 새로 세금을 정하는 것은 모두 밝게 분별하여 타당하게 처리하지 않을 수 없으니, 해당 원으로 하여금 사실을 자세히 밝혀서 자문을 지어내도록 하고, 별도로 자문을 가지고 갈 관리를 정하여 들여보내는 것이 어떻겠습니까"라고 하니, 전교하기를, "윤허한다"고 하였다.

이중하를 안변부사로 임명함.

1885년(고종 22-乙酉) 4월 26일(양력 6월 8일)

발신 : 고종

『承政院日記』 2935冊

以孫祐常·李學魯·柳希豐爲敦寧都正, 趙熙一爲同義禁, 金文鉉爲同春秋, 丁奎會爲兵曹正郎, 吳有善爲慶尙道京試官, 南廷植爲豐德府使, 李重夏爲安邊府使, 李晩綏爲恩津縣監, 金敬燮爲漆原縣監. 前五衛將安祥浹今加嘉善, 朝官年八十, 依法典加資.

손우상(孫祐常)·이학로(李學魯)·유희풍(柳希豐)을 돈녕도정(敦寧都正)으로, 조희일(趙熙一)을 동의금(同義禁)으로, 김문현(金文鉉)을 동춘추(同春秋)로, 정규회(丁奎會)를 병조정랑으로, 오유선(吳有善)을 경상도경시관으로, 남정식(南廷植)을 풍덕부사(豐德府使)로, 이중하(李重夏)를 안변부사(安邊府使)로, 이만수(李晩綏)를 은진현감(恩津縣監)으로, 김경섭(金敬燮)을 칠원현감(漆原縣監)으로 삼았다. 전(前) 오위장 안상협(安祥浹)에게 이번에 가선대부(嘉善大夫)를 더하였는데, 조관(朝官)으로서 나이 80세이므로 법전에 의거하여 가자(加資)한 것이다.

전 지평 김만제가 시무에 대해 상소함.

1885년(고종 22-乙酉) 5월 6일(양력 6월 18일)

발신 : 전 지평 김만제

『承政院日記』 2936冊

前持平金萬濟疏曰, 伏以, … 又飭海防, 嚴禁海市之潛賣穀者, 若着現發, 沒數屬公, 又以重賞, 賞其摘發之人, 又飭沿海之地方官, 檢察各處貿穀石數, 書之以帖, 而踏之以印, 俾照應於所到之處, 則必無海市潛賣之弊矣.

전(前) 지평(持平) 김만제(金萬濟)가 상소하기를, "삼가 아뢰기를 … 또 해방(海防)에 신칙하여 해시(海市)에서 양곡을 몰래 파는 것을 엄금하되, 만약 현장에서 적발하면 그 수량을 몰수하여 관청의 소유로 옮기고, 또한 무거운 상으로써 그것을 적발한 사람에게는 상주며, 또 연해의 지방관이 각지에서 매매하는 곡식이 몇 석인지 점검하여 첩(帖)에 쓰고 관인을 찍어 도착지에서 다시 조응하도록 신칙한다면, 해시에서 몰래 〈양곡을〉 파는 폐단은 반드시 없어질 것입니다"라고 하였다.

『高宗實錄』 22卷

持平金萬濟疏陳時務. 一, 立信. 二, 理財. 三, 固國都. 四, 重本抑末. 五, 選用才德. 批曰, 所陳五條, 俱合時宜. 當體念矣.

지평(持平) 김만제(金萬濟)가 시무(時務)를 상소하였다. 첫째 신의를 세울 것, 둘째 재물을 잘 운용할 것, 셋째 국도(國都)를 견고히 할 것, 넷째 근본을 중하게 여기고 말단을 억누를 것, 다섯째 재능과 덕망 있는 사람을 선발하여 써달라는 것이었다. 비답하기를,

"진술한 5개 조항은 모두 시의에 합당하니 마땅히 몸소 유념하겠다"라고 하였다.

『日省錄(高宗)』 292冊

疏略曰, 竊惟當今經國之急務者有五, 其一曰立信, 其二曰理財, 其三曰固國都, 其四曰重本抑末, 其五曰選用才德. 愼此五者, 則國富兵強之術. 以所陳五條, 俱合時宜, 當體念矣.

〈전 지평 김만제(金萬濟)의〉 상소의 대략에, "삼가 생각건대, 지금 국가를 운영하는 데 급선무는 다섯이 있으니, 그 첫째는 신의를 세우는 것이요, 둘째는 재물을 잘 운용하는 것이요, 셋째는 수도를 굳건히 하는 것이요, 넷째는 근본을 중시하고 말단을 억누르는 것이요, 다섯째는 재능과 덕망 있는 사람을 선발하여 쓰는 것입니다. 이 다섯 가지를 삼가서 하는 것이 나라를 부유하게 하고 군사를 강화하는 방법입니다"라고 하였다. 〈비답하기를〉, "진술한 5개의 조항은 모두 시의에 합당하니, 마땅히 몸소 유념하겠다"라고 하였다.

중국인 형극귀 등의 조선인 살해 사건에 대해 책임을 묻는 자문을 지어 중국에 보낼 것을 청함.

1885년(고종 22-乙酉) 6월 29일(양력 8월 9일)

발신 : 평안감사 민응식 / 수신 : 의정부

『承政院日記』 2937冊

鄭光淵以議政府言啓曰, 卽見平安監司閔應植啓本, 則彼人邢克貴等, 藉以復讐, 聚徒數百, 放銃揮劍, 斫殺我民朴辰弘. 故依章程會同檢驗次, 文移通化縣, 而彼官不爲肯許. 其所靖邊圉伸幽鬱之方, 請令廟堂稟處矣. 匪類聚黨, 踰境斫木, 已是驚駭, 而終至於拘執官人, 殺越平民, 大關變怪, 後弊難言. 令文任詳臚顚末, 撰咨入送何如, 傳曰, 允.

정광연(鄭光淵)이 의정부(議政府)의 말로 아뢰기를, "방금 평안감사(平安監司) 민응식(閔應植)의 장계를 보니, '저쪽 사람 형극귀(邢克貴) 등이 복수를 구실 삼아 수백의 무리를 모아 총을 쏘고 검을 휘두르며 우리 백성인 박신홍(朴辰弘)을 찔러 죽였습니다. 그래서 장정(章程)에 의거하여 회동하여 조사하기 위해 통화현(通化縣)에 문서를 보냈으나 그쪽 관리가 허락하려 하지 않습니다. 그 변경을 안정시키고 억울한 사정을 풀어 줄 방법을 묘당으로 하여금 품처하게 하시길 청합니다'라고 하였습니다. 비류가 무리를 모아 국경을 넘어 나무를 찍어 가는 것도 이미 놀랍고 해괴한 일인데, 끝내 관리를 잡아 가두고 평민을 죽이기까지 하였으니, 큰 변괴이며 뒷날의 폐단을 말하기 어렵습니다. 문임(文任)으로 하여금 상세한 전말을 기록한 자문을 짓게 하여 〈그것을〉 들여보내는 것이 어떻겠습니까"라고 하니, 전교하기를, "윤허한다"고 하였다.

『高宗實錄』 22卷

議政府啓, 卽見平安監司閔應植啓本, 則淸國人邢克貴等, 藉以復讎, 聚徒數百, 放銃揮劍, 斫殺我民朴辰弘. 故依章程會同檢驗次, 文移通化縣, 而彼官不爲肯許. 其所靖邊圉伸幽鬱之方, 請令廟堂稟處矣. 匪類聚黨, 踰境斫木, 已是驚駭, 而終至於拘執官人, 殺越平民, 大關變怪, 後弊難言. 令文任詳臚顚末, 撰咨入送何如, 允之.

의정부(議政府)에서 아뢰기를, "방금 평안감사(平安監司) 민응식(閔應植)의 장계를 보니, '청나라 사람 형극귀(邢克貴) 등이 복수를 구실 삼아 수백의 무리를 모아 총을 쏘고 검을 휘두르며 우리 백성인 박신홍(朴辰弘)을 찔러 죽였습니다. 그래서 장정(章程)에 의거하여 회동하여 조사하기 위해 통화현(通化縣)에 문서를 보냈으나 그쪽 관리가 허락하려 하지 않습니다. 그 변경을 안정시키고 억울한 사정을 풀어 줄 방법을 묘당으로 하여금 품처하게 하시길 청합니다'라고 하였습니다. 비류가 무리를 모아 국경을 넘어 나무를 찍어 가는 것도 이미 놀랍고 해괴한 일인데, 끝내 관리를 잡아 가두고 평민을 죽이기까지 하였으니, 큰 변괴이며 뒷날의 폐단을 말하기 어렵습니다. 문임(文任)으로 하여금 상세한 전말을 기록한 자문을 짓게 하여 〈그것을〉 들여보내는 것이 어떻겠습니까"라고 하니, 윤허하였다.

『備邊司謄錄』 266冊

府啓曰, 卽見平安前監司閔應植啓本, 則彼人邢克貴等, 藉以復讎, 聚徒數百, 放銃揮劍, 斫殺我民朴辰弘. 故依章程會同檢驗次, 移文通化縣, 而彼官不爲肯許. 其所靖邊圉伸幽鬱之方, 請令廟堂稟處矣. 匪類聚黨, 踰境斫木, 已是驚駭, 而終至於拘執官人, 殺越平民, 大關變怪, 後弊難言. 令文任詳臚顚末, 撰咨入送何如, 答曰, 允.

의정부[府]에서 아뢰기를 "방금 전(前) 평안감사(平安監司) 민응식(閔應植)의 장계를 보니, '저쪽 사람 형극귀(邢克貴) 등이 복수를 구실 삼아 수백의 무리를 모아 총을 쏘고 검을 휘두르며 우리 백성인 박신홍(朴辰弘)을 찔러 죽였습니다. 그래서 장정(章程)에 의거하여 회동하여 조사하기 위해 통화현(通化縣)에 문서를 보냈으나 그쪽 관리가 허락하려 하지 않습니다. 그 변경을 안정시키고 억울한 사정을 풀어 줄 방법을 묘당으로 하여금 품처하게 하시길 청합니다'라고 하였습니다. 비류가 무리를 모아 국경을 넘어 나무를 찍어 가는 것도 이미 놀랍고 해괴한 일인데, 끝내 관리를 잡아 가두고 평민을 죽이기까지 하였으니, 큰 변괴이며 뒷날의 폐단을 말하기 어렵습니다. 문임(文任)으로 하여금 상세한 전말을 기록한 자문을 짓게 하여 〈그것을〉 들여보내는 것이 어떻겠습니까"라고 하니, 답하기를, "윤허한다"고 하였다.

이중하를 토문감계사로, 조창식을 토문감계종사관으로 임명할 것을 청함.

1885년(고종 22-乙酉) 7월 30일(양력 9월 8일)

발신 : 내무부

『承政院日記』 2938冊

愼炳佑以內務府言啓曰, 土們地界事, 中國將派員出來矣, 宜自我國, 先差官員以待. 安邊府使李重夏, 土們勘界使差下, 交涉衙門主事趙昌植, 土們勘界從事官差下, 令該曹口傳下批, 從事官使之, 斯速下送, 彼我官一同會商, 以爲妥辦之地何如, 傳曰, 允.

신병우(愼炳佑)가 내무부(內務府)의 말로 아뢰기를, "토문(土們) 땅의 경계 문제로 중국이 장차 관원을 내보낼 것이니, 마땅히 우리나라가 먼저 관원을 차임하여 기다려야 합니다. 안변부사(安邊府使) 이중하(李重夏)를 토문감계사(土們勘界使)로 차하하고 교섭아문주사(交涉衙門主事) 조창식(趙昌植)은 토문감계종사관(土們勘界從事官)으로 차하〈하는 것을〉 해당 조로 하여금 구전으로 하비하게 하며, 〈그중〉 종사관은 빠르게 내려 보내서 피아의 관원이 함께 모여 상의하여 타당하게 처리하게 하는 것이 어떻겠습니까"라고 하니, 전교하기를, "윤허한다"고 하였다.

『高宗實錄』 22卷

三十日. 內務府啓, 土們地界事, 中國將派員出來矣. 宜自我國, 先差官員以待. 安邊府使李重夏, 土們勘界使差下, 交涉衙門主事趙昌植, 土們勘界從事官差下, 使之斯速下送, 彼我官一同會商, 以爲妥辦何如, 允之. 又啓, 按撫使體例, 較前有別. 凡於邊務, 亦不無替行妥辦, 鏡城判官承辦處差下何如, 允之.

7월 30일. 내무부(內務府)에서 아뢰기를, "토문(土們) 땅의 경계 문제로 중국에서 장차 관원을 내보낼 것이니, 마땅히 우리나라에서 먼저 관원을 차임하여 기다려야 합니다. 안변부사(安邊府使) 이중하(李重夏)를 토문감계사(土們勘界使)로 차하하고 교섭아문주사(交涉衙門主事) 조창식(趙昌植)은 토문감계종사관(土們勘界從事官)으로 차하하며, 그들을 빠르게 내려 보내서 피아의 관원이 함께 모여 상의하여 타당하게 처리하게 하는 것이 어떻겠습니까"라고 하니, 윤허하였다. 또 아뢰기를, "안무사(按撫使)의 체례(體例)가 이전에 비해 특별합니다. 모든 변방의 일을 또한 〈안무사가〉 대신 타당하게 처리하지 않는 것이 없으니, 경성판관(鏡城判官)이 맡아서 처리하고 있는 곳에 〈안무사를〉 차하하는 것이 어떻겠습니까"라고 하니, 윤허하였다.

『日省錄(高宗)』294冊

內務府啓言, 按撫使體例, 較前有別. 凡於邊務, 亦不無替行妥辦, 鏡城判官承辦處, 請差下, 允之. 又啓言, 土們地界事, 中國將派員出來矣, 宜自我國, 先差官員以待. 安邊府使李重夏, 土們勘界使差下, 交涉衙門主事趙昌植, 從事官差下, 從事官使之斯速下送, 彼我官一同會商, 請以爲妥辦, 允之.

내무부(內務府)에서 아뢰기를, "안무사(按撫使)의 체례(體例)가 이전에 비해 특별합니다. 모든 변방의 일을 또한 〈안무사가〉 대신 타당하게 처리하지 않는 것이 없으니, 경성판관(鏡城判官)이 맡아서 처리하고 있는 곳에 〈안무사를〉 차하하시길 청합니다"라고 하니 윤허하였다. 또 이르기를, "토문(土們) 땅의 경계 문제로 중국이 장차 관원을 내보낼 것이니, 마땅히 우리나라가 먼저 관원을 차임하여 기다려야 합니다. 안변부사(安邊府使) 이중하(李重夏)를 토문감계사(土們勘界使)로 차하하고 교섭아문주사(交涉衙門主事) 조창식(趙昌植)은 종사관(從事官)으로 차하하시되, 종사관은 빠르게 내려 보내서 피아의 관원이 함께 모여 상의하여 타당하게 처리하게 하시길 청합니다"라고 하니, 윤허하였다.

이중하를 토문감계사로,
조창식을 토문감계종사관으로 단부함.

1885년(고종 22-乙酉) 8월 1일(양력 1885년 9월 9일)

발신 : 이조

『承政院日記』 2939冊

吏曹口傳政事, 土們勘界使單, 土們勘界從事官單, 趙昌植.

이조(吏曹)가 구전으로 정사하여, 토문감계사(土們勘界使)에 〈이중하(李重夏)를〉 단부(單付)하고, 토문감계종사관(土們勘界從事官)에 조창식(趙昌植)을 단부하였다.

조청수륙상민장정을 실행하기 위해 중국에서 관리를 파견한 것을 보고하고, 이에 대응할 것을 청함.

1885년(고종 22-乙酉) 9월 17일(양력 10월 24일)

발신 : 통리교섭통상사무아문

『承政院日記』 2940冊

尹吉求以統理交涉通商事務衙門言啓曰, 中國·朝鮮水陸章程鈐約刊布, 已經四載. 今聞吉林督理商務, 期於八月內, 來到和龍峪云. 我國亦宜差定監理, 辦理一切商務矣. 會寧府使徐珩淳監理關北陸路通商事務差下, 令該曹下批. 慶源對邊琿春所轄之西步江渡口, 旣自中國, 添設分局, 督理商務, 派員收稅. 此地與慶源相近, 我國亦應, 於慶源地, 設置分局, 令該府使照管收稅, 一應規制, 聽監理知委, 每月出入稅帳, 修報于監理, 監理隨事商報于按撫使, 以爲轉報本衙門, 而監理關北通商事務關防, 照例鑄成, 斯速下送何如, 傳曰, 允.

윤길구(尹吉求)가 통리교섭통상사무아문(統理交涉通商事務衙門)의 말로 아뢰기를, "중국·조선수륙장정을 조인하여 간행·반포한 지 이미 4년이 지났습니다. 지금 듣자 하니 길림독리상무(吉林督理商務)가 아마 8월 안에 화룡욕(和龍峪)에 도착할 것이라고 합니다. 우리나라도 또한 감리(監理)를 차정하여 모든 상무(商務)를 처리하도록 해야 합니다. 회령부사(會寧府使) 이형순(李珩淳)을 감리관북육로통상사무(監理關北陸路通商事務)로 차하하여 해당 조로 하여금 하비하게 하소서. 경원(慶源)과 경계를 마주하는 혼춘(琿春)이 관할하는 서보강(西步江) 나루 어귀에는 이미 중국에서 분국(分局)을 추가로 설치하여 상무를 감독 관리하고 인원을 파견하여 세를 거두고 있습니다. 이 땅과 경원은 서로 가까우니 우리나라도 이에 대응하여 경원 땅에 분국을 설치하고 해당 부사가 세를 거두고 맡아 보관하게 하되, 모든 규제(規制)는 감리의 지시를 따르도록 하며, 매월 세금 출입대장을 감리에게 정리하여 보고하면, 감리는 일에 따라 따져 안무사(按撫使)에게 보고하게 해서 본 아문에 보고가 전달되도록 하시고 감리관북통상사무(監理關北通商事務)의 관방(關防)은 예에 따라 주조하여 속히 내려 보내도록 하는 것이 어떻겠습니까"라고 하니, 전교하기를, "윤허한다"고 하였다.

『日省錄(高宗)』 296冊

交涉衙門啓言, 中國·朝鮮水陸通商章程鈐約, 已經四載. 今聞吉林督理商務, 八月內, 到和龍峪云. 我國亦宜差定監理, 一切辦理矣. 會寧府使徐珩淳監理關北陸路通商事務差下. 慶源對邊琿春步江渡口, 旣自中國, 添設分局, 派員收稅. 我國亦於慶源地, 設置分局, 令府使照管收稅, 規制聽監理, 稅帳報監理, 監理隨報于按撫使, 以爲轉報. 而關防照例鑄成, 請斯速下送, 允之.

교섭아문(交涉衙門)에서 아뢰기를, "중국·조선수륙통상장정을 조인한 지 이미 4년이 지났습니다. 지금 듣자 하니 길림독리상무(吉林督理商務)가 8월 안에 화룡욕(和龍峪)에 도착할 것이라고 합니다. 우리나라도 또한 감리(監理)를 차정하여 모든 〈일을〉 처리하도록 해야 합니다. 회령부사(會寧府使) 이형순(李珩淳)을 감리관북육로통상사무(監理關北陸路通商事務)로 차하하소서. 경원(慶源)과 경계를 마주하는 혼춘(琿春) 서보강[步江] 나루 어귀에는 이미 중국에서 분국(分局)을 추가로 설치하고 인원을 파견하여 세를 거두고 있습니다. 우리나라도 경원 땅에 분국을 설치하고 부사로 하여금 세를 거두고 맡아서 보관하게 하되, 규제(規制)는 감리의 〈지시를〉 따르도록 하며, 대장을 감리에게 정리하여 보고하면, 감리는 안무사(按撫使)에게 보고하게 해서 보고가 전달되도록 하소서. 그리고 관방(關防)은 예에 따라 주조하여 속히 내려 보내도록 하시기를 청합니다"라고 하니, 윤허하였다.

민종묵과 김세기로부터 중국의 상황에 대해 보고받음.

1885년(고종 22-乙酉) 11월 3일(양력 12월 8일)

발신 : 고종

『承政院日記』2942冊

乙酉十一月初三日初更. 上御興福殿. … 仍命三使臣進前, 種默等進前. 上曰, 潦水雪寒, 往回之程里艱險, 安得無勞慮乎. 種默奏曰, 王靈攸曁, 無事往還矣. 上曰, 頻年陳奏, 未蒙允兪, 今番奏使之行, 如意準請, 予心欣感矣. 種默曰, 莫非聖孝孚格所致, 不勝欽誦萬萬矣. 上曰, 副使自北京, 何時往天津問候乎. 秉式曰, 今八月十四日發行, 赴津省視起居, 封書與錄資·藥種, 如數進呈矣. 上曰, 得見李鴻章乎. 秉式曰, 但與海關道周馥接話, 而未見李鴻章矣. 上曰, 瞻視皇帝乎. 種默曰, 別使例於午門外領賞, 且伊時, 無有太廟動駕之例, 未能參班諦視矣. 上曰, 皇上吉禮, 在何年云乎. 種默曰, 明年擧辦一切事宜, 至三年後, 始行吉禮云, 則大約在光緖十四年云矣. 上曰, 皇帝聰慧, 頗視庶務乎. 種默曰, 皇帝日接軍機, 然必稟裁於皇太后矣. 上曰, 皇太后果賢哲有德云, 甚盛矣. 種默曰, 果然云矣. 上曰, 南洋大臣誰爲之, 而李鴻章竝督理否. 種默曰, 南洋事務, 無可左宗棠之代任者, 朝論姑無指的, 然差代在數月後云矣. 上曰, 額勒和布·彭玉麟, 近管何務. 種默曰, 額勒今在太學士, 彭玉麟欽命佳箚三關, 朝廷倚重, 而現已調病回籍云矣. 上曰, 護理巡撫蘇元春, 近已撤兵住關否. 世基曰, 法使赴津講和之後, 蘇元春撤兵, 但住札關防, 以觀動靜云矣. 上曰, 法總督有害越之事乎. 世基曰, 安南阮姓, 有構亂者, 爲法總督詗機現發, 以此有害越之事云矣. 上曰, 中國今以海防爲急務乎. 種默曰, 時憂方以海防爲要務, 故先自天津水師一支, 倡爲之先矣. 且臺灣新設巡撫將鎭守矣. 上曰, 砲·械·船廠, 亦自中國多製造乎. 種默曰, 自中國亦延敎師多造備, 或華工做造, 且外國多有購來者矣. 上曰, 電線見之, 而直通北京乎. 世基曰, 臣入燕時, 自遼東始設線, 直通于燕京, 回還時則已設至九連城矣. 上曰, 親往電局見之乎. 世基曰, 與上使往見電局, 各省已設, 但泗川省, 明年擬設云矣. 上曰, 年形何如. 而皇太后發帑賑濟, 甚盛德事也. 種默曰, 豐歉各異, 而直隷省偏被災歉云, 賑濟之恩霈, 屢降云矣. 上曰, 在館日, 與住京各國公使, 有往來通見乎. 種默曰, 但見德·美·日三國公使, 而他國公使未見. 非素有因緣, 有礙擅見矣. 上曰, 住札各國公使幾許. 日本十七國公使之住箚, 懸有多少何也. 種默曰, 住北京者, 僅有英·美·德·俄·日本幾國而已. 日本則處在海路四通之地, 各國舟船, 無不往來通商, 故比北京住箚, 甚盛云矣. 上曰, 副使往天津, 亦見各國商署乎. 秉式曰, 但見德國商署, 而商務甚盛, 故各國領事多住於紫竹林矣. 上曰, 九連城商稅事, 向於齎奏官, 未有準許, 將來事幾, 終無變通乎. 且琿春·圖們江定界事, 亦何如云乎. 種默曰, 向聞齎奏, 未蒙準許之擧, 到今則似難如前. 自前中國柵稅, 僅至銀三千兩, 今至萬餘兩. 且九連城, 亦有住防營房, 爲要隘鎭守之計, 設始已固. 且自我國請行此事者, 則恐不可以猝乍廢弛矣. 至於琿春·圖們江定界事, 似有已準許云矣. 上曰, 兵丁爲幾名乎. 種默曰, 大約至四五百名矣. 上曰, 中國情形何如. 使行回還, 何至遲滯乎. 種默曰, 中國大勢, 財用艱絀, 戶部各項經費外, 至於諸省籌餉, 月費百萬餘兩. 雖使臣賞銀, 亦或臨時挪用辦施云, 推此可知國用之甚絀矣. 上曰, 中國近無他事, 而新疆事, 亦無如前擾亂乎. 種默曰, 自左宗棠督理新疆事務以後, 一律澄淸, 近則無他滋擾云矣. 上曰, 總理衙門, 在北京何處, 而事務誰爲管理乎. 種默曰, 總衙在崇文門內, 距玉河關不遠, 堂憲則如閻敬銘·福錕·許庚身等諸紳管理, 亦有教習·行走等官員. 設同文館, 選聰慧之士, 學習漢文及各國文字, 有月課·歲試·三年大比之規, 每差送各國辦務之人, 則必於此館, 另選派充云矣. 上曰, 大略往廻, 至幾月渡灣乎. 種默曰, 統計五個月矣.

을유 11월 3일 초경(初更). 임금께서 흥복전(興福殿)에 나아갔다. … 이어 세 사신에게 앞으로 나오라고 명하니, 민종묵(閔種默) 등이 앞으로 나왔다. 임금께서 이르기를, "홍수와 설한(雪寒)에 갔다 돌아오는 여정이 어렵고 험하였는데 어찌 수고와 우려가 없을 수 있었겠는가"라고 하였다. 민종묵이 아뢰기를, "왕령이 보살펴주셔서 무사히 갔다 왔습니다"라고 하였다. 임금께서 이르기를, "다년간 〈중국에〉 진주했었지만 윤허받지 못하였는데 이번 진주 사행이 뜻대로 청한 것을 허가받았아서 내 마음이 기쁘고 감동이다"라고 하였다. 민종묵이 아뢰기를, "성효(聖孝)가 감동시킴이 미치지 않은 바가 없으니,

매우 흠앙하고 칭송하기를 다하지 못하겠습니다"라고 하였다. 임금께서 이르기를, "부사는 북경(北京)에서 언제 천진(天津)으로 가서 문후하였는가"라고 하였다. 조병식이 아뢰기를, "이번 8월 14일에 길을 떠나 천진에 다다라서 기거(起居)를 살펴보고 봉서(封書)와 은자(銀資)·약종(藥種)을 수량대로 드렸습니다"라고 하였다. 임금께서 이르기를, "이홍장(李鴻章)은 만날 수 있었는가"라고 하였다. 조병식이 아뢰기를, "단지 해관도(海關道) 주복(周馥)을 접하여 이야기하였고 이홍장은 보지 못하였습니다"라고 하였다. 임금께서 이르기를, "황제는 삼가 뵈었는가[瞻視]"라고 하였다. 민종묵이 아뢰기를, "별사(別使)의 예는 오문(午門) 밖에서 상을 받는데, 그때에도 태묘(太廟)에 거둥하는 예가 없어서 〈저희가〉 반열에 참여하여 뵙지 못하였습니다"라고 하였다. 임금께서 이르기를, "황상의 길례(吉禮)는 어느 해에 있다고 하던가"라고 하였다. 민종묵이 아뢰기를, "내년에 일체의 일을 합당하게 처리하고, 3년 후에 비로소 길례를 행할 것이라고 하니, 〈길례는〉 대략 광서(光緖) 14년에 있을 것이라고 하였습니다"라고 하였다. 임금께서 이르기를, "황제가 총명하고 지혜로워서 자못 많은 서무(庶務)를 보는가"라고 하였다. 민종묵이 아뢰기를, "황제가 날마다 군기(軍機)를 접하지만 반드시 황태후에게 여쭙고 결재합니다"라고 하였다. 임금께서 이르기를, "황태후는 과연 현명하고 밝으며 덕이 있다고 하니 매우 훌륭하다"라고 하였다. 민종묵이 아뢰기를, "과연 그렇다고 합니다"라고 하였다. 임금께서 이르기를, "남양대신(南洋大臣)은 누가 되며, 〈혹시〉 이홍장이 〈그 직무도〉 모두 감독하며 다스리는가"라고 하였다. 민종묵이 아뢰기를, "남양의 사무는 좌종당(左宗棠)을 대신하여 주관할 수 있는 사람이 없어서 조정의 논의가 아직 지적〈하는 사람〉이 없으나, 차대는 수개월 후라고 합니다"라고 하였다. 임금께서 이르기를, "액륵화포(額勒和布)·팽옥린(彭玉麟)은 근래 무슨 일을 맡는가"라고 하였다. 민종묵이 아뢰기를, "액륵은 지금 태학사(太學士)로 있고 팽옥린은 삼가 명을 받아 삼관(三關)에서 직임을 수행하는데, 조정이 중하게 여겼으나 지금은 병을 조리하고자 귀향하였다[回籍]고 합니다"라고 하였다. 임금께서 이르기를, "호리순무(護理巡撫) 소원춘(蘇元春)은 근래 이미 병사를 거두고 관(關)에 머무는가"라고 하였다. 김세기가 아뢰기를, "프랑스 대사[法使]가 천진에 가서 강화한 후에 소원춘이 병사를 거두었으나, 〈병사를〉 관방(關防)에 주둔시키고 동정을 보고 있다고 합니다"라고 하였다. 임금께서 이르기를, "프랑스 총독이 베트남[越]을 해친

일이 있었는가"라고 하였다. 김세기가 아뢰기를, "안남(安南)의 완씨[阮姓]가 반란을 획책하였으나 프랑스 총독이 〈반란이〉 일어날 기미를 염탐해서, 이로써 〈프랑스가〉 베트남을 해하는 일이 있었다고 합니다"라고 하였다. 임금께서 이르기를, "중국은 지금 해상 방어를 급무로 삼고 있는가"라고 하였다. 민종묵이 아뢰기를, "현재의 근심거리는 바야흐로 해상 방어가 중요한 일이 된 것이니, 그러므로 〈중국은〉 먼저 천진의 수사(水師)의 일부분〈부터〉 헌창하기를 우선하였습니다. 또한 대만(臺灣)에 순무(巡撫)를 신설하여 장차 진수(鎮守)할 것입니다"라고 하였다. 임금께서 이르기를, "포(砲)·선창도 또한 중국에서 많이 제조하는가"라고 하였다. 민종묵이 아뢰기를, "중국에서 또한 교사(教師)를 맞이하고 〈포와 선창도〉 많이 만들어 갖추고 있으니, 혹 중국 공인이 만들기도 하고 또한 외국에서 사 오는 것도 많습니다"라고 하였다. 임금께서 이르기를, "전선(電線)은 보았으며, 북경(北京)을 직통하던가"라고 하였다. 김세기가 아뢰기를, "신이 연경으로 들어갈 때 요동에서 처음 전선을 설치하였는데 〈그것이〉 연경까지 직통하였고, 돌아올 때는 이미 많이 설치되어 구련성(九連城)까지 이르렀습니다"라고 하였다. 임금께서 이르기를, "직접 전국(電局)에 가서 보았는가"라고 하였다. 김세기가 아뢰기를, "상사(上使)와 함께 전국에 가보니 각 성(省)은 이미 설치하였으나 단지 사천성(四川省)은 내년에 아마 설치할 것이라 합니다"라고 하였다. 임금께서 이르기를, "농사 형편은 어떠하던가? 황태후가 내탕고를 열어 진휼하여 구제한 것은 매우 크고 성대하고 덕스러운 일이다"라고 하였다. 민종묵이 아뢰기를, "풍흉(豐凶)은 〈지역마다〉 각각 다르지만 직례성(直隸省)이 천재를 입어 흉년이었다고 하며, 진휼하여 구제하는 은혜가 여러 번 내려졌다고 합니다"라고 하였다. 임금께서 이르기를, "관(館)에 있는 날에는 수도에 주재하는 각국 공사와 왕래하고 만나 보았는가"라고 하였다. 민종묵이 아뢰기를, "다만 독일·미국·일본 삼국의 공사를 만나 보았을 뿐이며, 타국의 공사는 만나 보지 못하였습니다. 평소 인연이 있지 않으면 마음대로 보기 어렵습니다"라고 하였다. 임금께서 이르기를, "주재하며 임무수행하는 각국 공사는 대략 얼마인가? 일본에는 17개국의 공사가 주재하며 임무수행하는데, 〈국가마다 그 수가〉 다소(多少)가 있음은 어째서인가"라고 하였다. 민종묵이 아뢰기를, "북경에 〈공사를〉 주재시킨 나라는 겨우 영국·미국·독일·러시아·일본 등 몇 나라뿐입니다. 일본은 해로가 사방으로 통하는 지역에 있어서, 각국의 선박이 왕래하며 통상하지 않는 곳이 없어서 북경에 비해 주재하며 임무수행하는 사람이 매우 많다고 합니다"라고 하였다. 임금께서 이르기를, "부사는 천진에 가서 또한 각국 상서(商署)를 보았는가"라고 하였다. 조병식이 아뢰기를, "단지 독일 상서만 보았는데 상무가 매우 흥성하였으며, 그래서 각국의 영사(領事)가 자죽림(紫竹林)에 많이 거주하고 있었습니다"라고 하였다. 임금께서 이르기를, "구련성의 상세(商稅)에 관한 일은 지난번에 재주관(齎奏官)이 갔을 때 허락을 받지 못하였지만 앞으로 상황을 보아서 끝내 변통할 수 없겠는가. 또 혼춘(琿春)·도문강(圖們江)의 경계를 정하는 일은 또한 어떠한가"라고 하였다. 민종묵이 아뢰기를, "지난번에 들으니 재주(齎奏)한 것은 허락을 받지 못하였으며 지금은 이전과 같기 어려울 것 같습니다. 이전부터 중국 책세(柵稅)는 겨우 은 3,000냥에 이르렀지만, 지금은 만여 냥에 이르렀습니다. 또한 구련성에는 주재하며 방어하는 영방(營房)이 있어 요해처에 진수하는 계책을 세우니 설비가 이미 견고하였습니다. 또한 우리나라에서 이 일을 행하기를 청하는 것은 갑자기 폐이(廢弛)할 수는 없을 것 같습니다. 혼춘·도문강의 경계를 정하는 일에 대해서는 이미 허락이 있었다고 하는 것 같았습니다"라고 하였다. 임금께서 이르기를, "병정은 몇 명이나 되는가"라고 하였다. 민종묵이 아뢰기를, "대략 400~500명에 이르는 것 같습니다"라고 하였다. 임금께서 이르기를, "중국의 정세는 어떠한가. 사행이 돌아오는 것은 왜 지체되었는가"라고 하였다. 민종묵이 아뢰기를, "중국의 대세는 재용(財用)이 부족[艱絀]하여 호부(戶部) 각 항목의 경비 외에 여러 성의 군량에 이르러서는 한 달 비용이 100만여 냥이라고 합니다. 비록 사신에게 상으로 주는 은도 간혹 임시변통해서 마련해준다고 하니, 이를 미루어 보아 국용(國用)이 매우 부족함을 알 수 있습니다"라고 하였다. 임금께서 이르기를, "중국이 근래 다른 일이 없었는데 신강(新疆)의 일은 또한 전과 같이 요란함이 없던가"라고 하였다. 민종묵이 아뢰기를, "좌종당이 신강의 사무를 감독하며 다스린 이후에는 〈정사가〉 한결같이 깨끗해져서 근래에는 다른 소요를 만드는 것이 없다고 합니다"라고 하였다. 임금께서 이르기를, "총리아문(摠理衙門)은 북경 어느 곳에 있으며 사무는 누가 관리하는가"라고 하였다. 민종묵이 아뢰기를, "총리아문은 숭문문(崇文門) 안에 있고 거리가 옥하관(玉河關)에서 멀지 않으며, 당헌은 염경명(閻敬銘)·복곤(福錕)·허경신(許庚身) 등 여러 관료가 관리하고, 또한 교습(敎習)·행주(行走) 등의 관원도 있습니다. 동문관(同文館)을 설치하여 총명하고 슬기로운 사인을 선발하여 한문 및 각국 문자를 학습하게 하고 월과(月課)·세시(歲試)·3년 대비(大比)의 규례를 두어서 매번 각국에 일을 처리하는 사람을 차임하여 보낼 때는 반드시 이 관에서 특별히 뽑아 파견하여 충당한다고 합니다"라고 하였다. 임금께서 이르기를, "대략 갔다오는 데 몇 달 걸려 만을 건넜는가"라고 하니, 민종묵이 아뢰기를, "모두 계산하니 5개월입니다"라고 하였다.

국경을 넘은 죄인을 처벌할 것을 청함.

1885년(고종 22-乙酉) 11월 19일(양력 12월 24일)

발신 : 함경감사 정기회, 통어사 조재관 / 수신 : 의정부

『承政院日記』 2942冊

李鎬奭以議政府言啓曰, 卽見咸鏡監司鄭基會·統禦使趙載觀狀啓, 則犯越罪人七漢, 自通化縣押來, 故嚴覈取招後, 具格牢囚. 而罪犯罔赦, 其所勘斷, 請令廟堂稟處矣. 彼我人民, 互相越界, 種種作拏, 聞極驚歎. 彼匪十名, 官兵旣已拿去, 則我民七漢, 固當按律勘斷, 以肅邊禁, 而或爲作農而踰越, 或爲傭賃而潛往, 究其情則誠亦哀矜. 竝嚴刑遠惡地定配事, 分付道臣, 仍以此意, 令槐院撰咨入送何如, 傳曰, 允.

이호석(李鎬奭)이 의정부(議政府)의 말로 아뢰기를, "방금 함경감사(咸鏡監司) 정기회(鄭基會)·통어사(統禦使) 조재관(趙載觀)의 장계를 보니, '국경을 넘은 죄인 일곱 놈을 통화현(通化縣)에서 잡아왔으므로 범법 사실을 엄중히 조사하고 심문하여 공초를 받은 후에 수갑과 차꼬를 채워[具格] 단단히 가두어 놓았습니다. 범죄를 용서할 수 없으니 심리하여 처리하는 것을 묘당으로 하여금 품처하게 하시길 청합니다'라고 하였습니다. 저들과 우리의 인민이 서로 국경을 넘어가 종종 소란을 피운다는 것을 들으니 극히 놀랍고 한스럽습니다. 저들 비류 10명은 관병이 이미 잡아갔으니, 우리 백성 일곱 놈은 참으로 율에 의거하여 감단하여 변경의 금법을 엄숙하게 해야 할 것입니다만 혹자는 농사짓기 위해서 넘어갔고, 혹자는 고용되어 일을 하기 위해 몰래 갔으니, 그 사정을 살펴보면 정말로 또한 불쌍합니다. 모두 엄하게 형벌하여 먼 오지에 정배(定配)하라고 도신에게 분부하고, 이어 이러한 내용을 괴원으로 하여금 자문을 짓게 하여 들여보내는 것이 어떻겠습니까"라고 하니, 전교하기를, "윤허한다"고 하였다.

『高宗實錄』22卷

議政府啓, 卽見咸鏡監司鄭基會·統禦使趙載觀狀啓, 則犯越罪人七漢, 自通化縣押來, 故嚴覈取招後, 具格牢囚. 而罪犯罔赦, 其所勘斷, 請令廟堂稟處矣. 彼我人民, 互相越界, 種種作挐, 聞極驚歎. 彼匪十名, 官兵旣已拿去, 則我民七漢, 固當按律勘斷, 以肅邊禁, 而或爲作農而踰越, 或爲傭賃而潛往, 究其情則誠亦哀矜. 竝嚴刑遠惡地定配事, 分付道臣, 仍以此意, 令槐院撰咨入送何如, 允之. 又啓, 卽見平安監司南廷哲狀啓, 則本首陞補山郡四邑, 則程途遙遠, 赴試難便, 依江邊邑例, 二窠創設於中山四邑, 而此四邑中, 從秩高文蔭肘令邑, 輪回試取事, 請令廟堂稟處矣. 中山四邑, 道里旣遠, 往赴必難, 特以二窠, 秩高守令輪次試取之意, 分付該曹及該道何如, 允之. 又啓, 又見平安監司南廷哲狀啓, 則電線役費, 取用於各樣公貨, 而電務大員刪正者, 爲三萬餘兩, 本營及伐木諸處所費, 又不下三萬兩. 此皆有限上納與時急支放所需, 則及今措劃然後, 可免生梗. 巡弁兵稟料與役費充代之方, 請令廟堂稟處矣. 電線, 鉅役也, 費用之從以夥多勢固然矣. 而此不獨本道爲然, 畿海兩省, 亦一也. 第今蓄積之到處告罄, 按藩之臣, 自應詳悉營·邑從長講究, 以圖允備之意, 分付何如, 允之.

의정부(議政府)에서 아뢰기를, "방금 함경감사(咸鏡監司) 정기회(鄭基會)·통어사(統禦使) 조재관(趙載觀)의 장계를 보니, '국경을 넘은 죄인 일곱 놈을 통화현(通化縣)에서 잡아 왔으므로 범법 사실을 엄중히 조사하고 심문하여 공초를 받은 뒤 수갑과 차꼬를 채워[具格] 단단히 가두어 놓았습니다. 범죄를 용서할 수 없으니 감단하는 것을 묘당으로 하여금 품처하게 하시길 청합니다'라고 하였습니다. 저들과 우리의 인민이 서로 국경을 넘어가 소란을 피운다는 것을 들으니 극히 놀랍고 한스럽습니다. 저들 비류 10명은 관병이 이미 잡아갔으니, 우리 백성 일곱 놈은 참으로 율에 의거하여 감단하여 변경의 금법을 엄숙하게 해야 할 것입니다만, 혹자는 농사짓기 위해서 넘어갔고, 혹자는 고용되어 일을 하기 위해 몰래 갔으니 그 사정을 살펴보면 정말로 또한 불쌍합니다. 모두 엄하게 형벌하여 먼 오지에 정배(定配)하라고 도신에게 분부하고, 이어 이러한 내용을 괴원으로 하여금 자문을 짓게 하여 들여보내는 것이 어떻겠습니까"라고 하니, 윤허하였다. 또 아뢰기를, "방금 평안감사(平安監司) 남정철(南廷哲)의 장계를 보니, '본도의 승보(陞補)

산군(山郡)의 4개 읍(邑)은 길이 요원하여 과거에 응시하기 곤란하고 불편하니 강변읍의 예에 의거하여 두 자리를 중산(中山)의 4개 읍에 창설해주고, 이 4개 읍 중에서 품계가 높은 문관이나 음관(蔭官) 수령이 다스리는 읍은 윤번(輪番)으로 시취하게 하도록 묘당으로 하여금 품처하게 하시길 청합니다'라고 하였습니다. 중산의 4개 읍은 길이 이미 멀어서 과거 응시가 필시 곤란할 것이니 특별히 두 자리를 마련하여 품계가 높은 수령이 윤번으로 시취하라는 내용을 해당 조와 해당 도에 분부하는 것이 어떻겠습니까"라고 하니, 윤허하였다. 또 아뢰기를, "또 평안감사 남정철의 장계를 보니, '전선(電線)을 설치하는 비용으로 각종 공적 재용[公貨]을 썼는데 전무대원(電務大員)이 산정(刪正)한 것이 3만여 냥이고, 본영(本營) 및 벌목하는 여러 곳에서 소비한 것도 3만냥 아래는 아닙니다. 이것은 다 기한 안에 상납하고 시급히 지방(支放)에 쓰일 비용이니, 지금 조치하여 주신 연후에야 〈작업이〉 경색을 면할 수 있습니다. 순병(巡兵)·변병(弁兵)의 녹봉과 설비를 대신 충당할 방도를 청컨대 묘당에서 품처하게 하시길 청합니다'라고 하였습니다. 전선은 큰 역이니 비용도 〈그에〉 따라서 많이 드는 것은 진실로 당연한 일입니다. 그러나 이것은 유독 본도만 그런 것이 아니고 경기(京畿)와 황해(黃海) 두 도[兩省]도 마찬가지입니다. 다만 지금 축적되어 있던 것이 도처에서 바닥이 난 것은 번을 안무하는 신하가 스스로 대응하여 상세히 모두 영·읍에서 좋은 쪽으로 대책을 강구해서, 〈비용을〉 충당하고 갖추기를 도모하라는 내용을 분부하는 것이 어떻겠습니까"라고 하니, 윤허하였다.

『日省錄(高宗)』298冊

議政府啓言, 卽見咸鏡監司鄭基會·統禦使趙載寬狀啓, 則以爲犯越罪人七漢, 自通化縣押來, 具格牢囚. 而罪犯罔赦, 請令廟堂稟處矣. 固當按律勘斷, 以肅邊禁, 而或爲作農而踰越, 或爲賃傭而潛往, 究其情則哀矜. 竝嚴刑遠惡地定配事, 分付道臣, 仍以此意, 請令槐院撰咨入送, 允之

의정부(議政府)에서 아뢰기를 "방금 함경감사(咸鏡監司) 정기회(鄭基會)·통어사(統禦使) 조재관(趙載觀)의 장계를 보니, '국경을 넘은 죄인 일곱 놈을 통화현(通化縣)에서 잡아와 수갑과 차꼬를 채워[具格] 단단히 가두어 놓았습니다. 범죄를 용서할 수 없으니 묘당으로 하여금 품처하게 하시길 청합니다'라고 하였습니다. 진실로 율에 비추어 감단해서 변경의 금법을 엄숙하게 해야 마땅하지만, 혹자는 농사짓기 위해서 넘어갔고 혹자는 고용되어 일을 하기 위해서 몰래 갔으니, 그 사정을 살펴보면 정말로 또한 불쌍합니다. 모두 엄하게 형벌하여 먼 오지에 정배하도록 도신에게 분부하고, 이어서 이러한 내용을 괴원으로 하여금 자문(咨文)을 짓게 하여 들여보내기를 청합니다"라고 하니, 윤허하였다.

『備邊司謄錄』266冊

府啓曰, 卽見咸鏡監司鄭基會·統禦使趙載觀狀啓, 則犯越罪人七漢, 自通化縣押來, 故嚴覈取招後, 具格牢囚. 而罪犯罔赦, 其所堪斷, 請令廟堂稟處矣. 彼我人民, 互相越界, 種種作挐, 聞極驚歎. 彼匪十名, 官兵旣已拿去, 則我民七漢, 固當按律勘斷, 以肅邊禁, 而或爲作農而踰越, 或爲傭賃而潛往, 究其情則誠亦哀矜. 竝嚴刑遠惡地定配事, 分付道臣, 仍以此意, 令槐院撰咨入送何如, 答曰, 允.

의정부[府]에서 아뢰기를 "방금 함경감사(咸鏡監司) 정기회(鄭基會)·통어사 조재관(趙載觀)의 장계를 보니, '국경을 넘은 죄인 일곱 놈을 통화현(通化縣)에서 잡아왔으므로 범법 사실을 엄중히 조사하고 심문하여 공초를 받은 뒤 수갑과 차꼬를 채워[具格] 단단히 가두어 놓았습니다. 범죄를 용서할 수 없으니 감단하는 것을 묘당으로 하여금 품처하게 하시길 청합니다'라고 하였습니다. 저들과 우리의 인민이 서로 국경을 넘어가 종종 소란을 피운다는 것을 들으니 극히 놀랍고 한스럽습니다. 저들 비류 10명은 관병이 이미 잡아갔으니, 우리 백성 일곱 놈은 참으로 율에 의거하여 감단하여 변경의 금법을 엄숙하게 해야 할 것입니다만 혹자는 농사짓기 위해서 넘어갔고, 혹자는 고용되어 일을 하기 위해 몰래 갔으니, 그 사정을 살펴보면 정말로 또한 불쌍합니다. 모두 엄하게 형벌하여 먼 오지에 정배(定配)하라고 도신에게 분부하고, 이어 이러한 내용을 괴원으로 하여금 자문을 짓게 하여 들여보내는 것이 어떻겠습니까"라고 하니, 답하기를, "윤허한다"고 하였다.

이중하를 덕원부사로 제수함.

1886년(고종 23-丙戌) 2월 28일(양력 4월 2일)

발신 : 고종

『承政院日記』 2945冊

傳于朴容大曰, 德源府使之代, 安邊府使李重夏除授.

박용대(朴容大)에게 전교하기를, "덕원부사(德源府使)의 대임에 안변부사(安邊府使) 이중하(李重夏)를 제수하라"고 하였다.

해방아문은 친군기연해방영으로, 총관기연해방사무는 기연해방사로 부를 것을 명함.

1886년(고종 23-丙戌) 3월 6일(양력 4월 9일)

발신 : 고종

『承政院日記』 2946冊

傳于趙臣熙曰, 海防衙門制置之本意, 統轄水陸, 尤有所關重, 而新設規式尙多未遑. 營號以親軍畿沿海防營稱之, 摠管畿沿海防事務, 更以畿沿海防使下批, 體例倣摠戎使, 營制一依各營例爲之. 防守之節, 另加團束.

조신희(趙臣熙)에게 전교하기를, "해방아문(海防衙門)의 제정과 설치의 본의는 수륙을 통할(統轄)하는 것이라 더욱 관계되는 바가 중요한데 신설 규식(規式)은 아직 정비되지 않은 것이 많다. 영의 이름은 친군기연해방영(親軍畿沿海防營)이라 부르고, 총관기연해방사무(摠管畿沿海防事務)는 다시 기연해방사(畿沿海防使)로 하비(下批)하며, 체례(體例)는 총융사(摠戎使)를 따르고, 영제(營制)는 모두 각 영의 예대로 하라. 방수(防守)하는 절차는 각별히 단속하라"고 하였다.

『高宗實錄』 23卷

敎曰, 海防衙門制置之本意, 統轄水陸, 尤有所關重, 而新設規式尙多未遑. 營號以親軍畿沿海防營稱之, 總管畿沿海防事務, 更以畿沿海防使下批, 體例倣總戎使, 營制一依各營例爲之. 防守之節, 另加團束.

교하기를, "해방아문(海防衙門)의 제정과 설치의 본의는 수륙을 통할(統轄)하는 것이라 더욱 관계되는 바가 중요한데 신설 규식(規式)은 아직 정비되지 않은 것이 많다. 영의 이름은 친군기연해방영(親軍畿沿海防營)이라 부르고, 총관기연해방사무(摠管畿沿海防事務)는 다시 기연해방사(畿沿海防使)로 하비(下批)하며, 체례(體例)는 총융사(摠戎使)를 따르고, 영제(營制)는 모두 각 영의 예대로 하라. 방수(防守)하는 절차는 각별히 단속하라"고 하였다.

『日省錄(高宗)』 302冊

敎曰, 海防衙門制置之本意, 統轄水陸, 尤有所關重, 而新設規式尙多未遑. 營號以親軍畿沿海防營稱之, 總管畿沿海防事務, 更以畿沿海防使下批, 體例倣總戎使, 營制一依各營例爲之. 防守之節, 另加團束.

교하기를, "해방아문(海防衙門)의 제정과 설치의 본의는 수륙을 통할(統轄)하는 것이라 더욱 관계되는 바가 중요한데 신설 규식(規式)은 아직 정비되지 않은 것이 많다. 영의 이름은 친군기연해방영(親軍畿沿海防營)이라 부르고, 총관기연해방사무(摠管畿沿海防事務)는 다시 기연해방사(畿沿海防使)로 하비(下批)하며, 체례(體例)는 총융사(摠戎使)를 따르고, 영제(營制)는 모두 각 영의 예대로 하라. 방수(防守)하는 절차는 각별히 단속하라"고 하였다.

이중하를 감리원산항통상사무로 임명함.

1886년(고종 23-丙戌) 3월 6일(양력 4월 9일)

발신 : 고종

『承政院日記』 2946冊

… 以全在鳳爲持平, 閔泳韶爲同成均, 金明洙爲槐山郡守. 協辦內務府事單德尼, 監理關北陸路通商事務單金在容, 監理元山港通商事務單李重夏, 監理義州港通商事務單洪承五, ….

… 전재봉(全在鳳)을 지평(持平)으로, 민영소(閔泳韶)를 동지성균[同成均]으로, 김명수(金明洙)를 괴산군수(槐山郡守)로 삼았다. 협판내무부사(協辦內務府事)에 데니[德尼], 감리관북육로통상사무(監理關北陸路通商事務)에 김재용(金在容), 감리원산항통상사무(監理元山港通商事務)에 이중하(李重夏), 감리의주항통상사무(監理義州港通商事務)에 홍승오(洪承五)를 단부하였다. ….

회령부사가 감리관북통상사무 직임을 겸하게 했음을 보고함.

1886년(고종 23-丙戌) 4월 19일(양력 5월 22일)

발신 : 통리교섭통상사무아문

『承政院日記』 2947冊

朴齊純以統理交涉通商事務衙門言啓曰, 會寧府使, 旣兼監理關北通商事務之任矣. 凡係大小事務, 從三港例, 直報于本衙門之意, 著爲定式何如, 傳曰, 允.

박제순(朴齊純)이 통리교섭통상사무아문(統理交涉通商事務衙門)의 말로 아뢰기를, "회령부사(會寧府使)는 감리관북통상사무(監理關北通商事務)의 직임을 겸하도록 하였습니다. 무릇 대소 사무에 관계된 것은 세 〈통상〉항구의 예에 따라 본 아문에 직접 보고한다는 내용을 확연하게 정식으로 만드는 것이 어떻겠습니까"라고 하니, 전교하기를, "윤허한다"고 하였다.

『日省錄(高宗)』 303冊

統理衙門啓言, 會寧府使, 旣兼監理關北通商事務之任矣. 凡係大小事務, 依三港例, 直報于本衙門之意, 請著爲定式, 允之.

통리아문(統理衙門)이 아뢰기를, "회령부사(會寧府使)는 감리관북통상사무(監理關北通商事務)의 직임을 겸하도록 하였습니다. 모든 크고 작은 사무와 관계된 것은 세 〈통상〉항구의 예에 따라 본 아문에 직접 보고한다는 내용을 확연하게 정식으로 하시길 청합니다"라고 하니, 윤허하였다.

중국인 무뢰배의 송환과 압송될 조선인들의 처리 문제에 대해 보고함.

1886년(고종 23-丙戌) 5월 27일(양력 6월 28일)

발신 : 전 함경감사 정기회 / 수신 : 의정부

『承政院日記』 2948冊

金天洙以議政府言啓曰, 卽見咸鏡前監司鄭基會狀啓, 則枚擧義州府尹洪承五移文以爲, 東邊道照會出來, 而通化縣捕盜兵役, 來到惠山鎭, 追捕匪徒十名及我人七名, 解送本縣, 會同委員, 訊擬詳辦云. 故以昨秋該縣兵役, 持公文來到該鎭, 匪徒十名, 其時捉還, 我人七名, 因回啓關定配, 則解送與否, 不敢擅便之意, 答照會先爲成送. 而上項罪人七名, 通化縣解送一款, 請令廟堂稟處矣. 作拿彼匪, 旣已拿去, 則犯越我民, 宜卽懲勘, 故昨冬使之發配, 此由移咨禮部矣. 以奉飭查辦事, 回咨纔爲出來, 今玆東邊道照會又如此, 其在事體, 不容不解送. 急速知委於各其配所, 而押送之際, 日字自爾遲延, 先以此意, 另成照會, 送于灣府, 以爲轉致之地何如, 傳曰, 允.

김천수(金天洙)가 의정부(議政府)의 말로 아뢰기를, "방금 전(前) 함경감사(咸鏡監司) 정기회(鄭基會)의 장계를 보니, 의주부윤(義州府尹) 홍승오(洪承五)의 이문(移文)을 낱낱이 들어 이르기를, '동변도(東邊道)의 조회(照會)가 왔는데, 통화현(通化縣)의 포도병역(捕盜兵役)이 혜산진(惠山鎭)에 와서 체포한 비도(匪徒) 10명 및 우리나라 백성 7명을 본 현으로 풀어 보내어 위원(委員)을 회동해서 자세히 심문하고 조사하라고 하였습니다. 그래서 지난 가을에 해당 현의 병역이 공문을 가지고 해당 진에 도착하여 비도 10명은 그때 체포하여 돌아갔고, 우리나라 백성 7명은 회계(回啓)를 통하여 관문(關文)을 보내 정배(定配)했는데, 풀어서 보낼 것인지 여부는 감히 마음대로 할 수 없다는 내용으로 회답 조회를 먼저 지어 보냈습니다. 위 항의 죄인 7명을 통화현으로 풀어서 보내는 한 가지 사항에 대해 묘당으로 하여금 품처하게 하시길 청합니다'라고 하였습니다. 말썽을 일으킨 비도는 이미 잡혀 갔으니, 국경을 넘은 우리 백성은 마땅히 징계하여 처리해야 하기 때문에, 지난겨울에 정배하고 이러한 사유를 예부에 자문을 보냈습니다. 그런데 칙을 받들어 조사하라는 회답 자문이 막 나온데다가 지금 동변도의 조회도 또한 이와 같으니 일의 정황상 보내지 않을 수 없습니다. 빠르게 각 배소에 통보하되, 압송하는 사이에 일자가 자연스럽게 지연될 것이니 먼저 이러한 내용을 특별히 조회를 지어 의주[灣府]에 보내서 그쪽으로 전해지도록 하는 것이 어떻겠습니까"라고 하니, 전교하기를, "윤허한다"고 하였다.

『高宗實錄』23卷

議政府啓, 卽見咸鏡前監司鄭基會狀啓, 則以爲東邊道照會出來, 而通化縣捕盜兵役, 來到惠山鎭, 追捕匪徒十名及我國人七名, 解送本縣, 會同委員, 訊擬詳辦云矣. 以昨秋該縣兵役, 持公文來到該鎭, 匪徒十名, 其時捉還, 我國人七名, 因回啓關定配, 則解送與否, 不敢擅便之意, 答照會先爲成送. 而上項罪人七名, 通化縣解送一款, 請令廟堂稟處矣. 作挐彼匪, 旣以拿去, 則犯越我民, 宜卽懲勘, 故昨冬使之發配, 移咨禮部矣. 以奉勅查辦事, 回咨纔爲出來, 今玆東邊道照會又如此, 其在事體, 不容不解送. 知委於各其配所, 而押送之際, 日字自爾遲緩, 先以此意, 另成照會, 送于灣府, 以爲轉致何如, 允之.

의정부(議政府)에서 아뢰기를, "방금 전(前) 함경감사(咸鏡監司) 정기회(鄭基會)의 장계를 보니, '동변도(東邊道)의 조회(照會)가 왔는데, 통화현(通化縣)의 포도병역(捕盜兵役)이 혜산진(惠山鎭)에 와서 체포한 비도(匪徒) 10명 및 우리나라 백성 7명을 본 현으로 풀어 보내어 위원(委員)을 회동해서 자세히 심문하고 조사하라는 말이었습니다. 지난가을에 해당 현의 병역이 공문을 가지고 해당 진에 도착하여 비도 10명은 그때 체포하여 돌아갔고, 우리나라 백성 7명은 회계(回啓)를 통하여 관문(關文)을 보내 정배(定配)했는데, 풀어서 보낼 것인지 여부는 감히 마음대로 할 수 없다는 내용으로 회답 조회를 먼저 지어 보냈습니다. 위 항의 죄인 7명을 통화현으로 풀어서 보내는 한 가지 사항에 대해 묘당으로 하여금 품처하게 하시길 청합니다'라고 하였습니다. 말썽을 일으킨 비도는 이미 잡혀 갔으니, 국경을 넘은 우리 백성은 마땅히 징계하여 처리해야 하기 때문에, 지난 겨울에 정배하게 하고 예부에 자문을 보냈습니다. 그런데 칙을 받들어 조사하라는 회답 자문이 막 나온데다가 지금 동변도의 조회가 또 이와 같으니 일의 정황상 보내지 않을 수 없습니다. 각 배소에 통보하되, 압송하는 사이에 일자가 자연스럽게 지연될 것이니 먼저 이러한 내용을 특별히 조회를 지어 의주[彎府]에 보내서 그쪽으로 전해지도록 하는 것이 어떻겠습니까"라고 하니, 윤허하였다.

『日省錄(高宗)』304冊

議政府啓言, 卽見咸鏡前監司鄭基會狀啓, 則以爲東邊道照會出來, 而通化縣捕盜兵役, 來到惠山鎭, 追捕匪徒十名及我人七名, 解送本縣, 會同委員, 訊擬詳辦云. 故以昨秋該縣兵役, 持公文來到該鎭, 匪徒十名, 其時捉還, 我人七名, 因回啓關定配, 則解送與否, 不敢擅便之意, 答照會先爲成送. 而上項罪人七名, 通化縣解送一款, 請令廟堂稟處矣. 作挐彼匪, 旣以拿去, 則犯越我民, 宜卽徵勘, 故昨冬使之發配, 移咨禮部矣. 以奉飭查辦事, 回咨才爲出來, 今玆東邊道照會又如此, 其在事體, 不容不解送. 知委於各其配所, 而押送之際, 日子自尒遲緩, 先以此意, 另成照會, 送于灣府, 請以爲轉致, 允之.

의정부(議政府)에서 아뢰기를 "방금 전(前) 함경감사(咸鏡監司) 정기회(鄭基會)의 장계를 보니, '동변도(東邊道)의 조회(照會)가 왔는데, 통화현(通化縣)의 포도병역(捕盜兵役)이 혜산진(惠山鎭)에 와서 체포한 비도(匪徒) 10명 및 우리나라 백성 7명을 본 현으로 풀어 보내어 위원(委員)을 회동해서 자세히 심문하고 조사하라고 하였습니다. 그래서 지난 가을에 해당 현의 병역이 공문을 가지고 해당 진에 도착하여 비도 10명은 그때 체포하여 돌아갔고, 우리나라 백성 7명은 회계(回啓)를 통하여 관문(關文)을 보내 정배(定配)했는데, 풀어서 보낼 것인지 여부는 감히 마음대로 할 수 없다는 내용으로 회답 조회를 먼저 지어 보냈습니다. 위 항의 죄인 7명을 통화현으로 풀어 보내는 한 가지 사항에 대해 묘당으로 하여금 품처하게 하시길 청합니다'라고 하였습니다. 말썽을 일으킨 비도는 이미 잡혀 갔으니, 국경을 범한 우리 백성은 마땅히 징계하여 처리해야 하기 때문에, 지난 겨울에 정배하게 하고 예부에 자문을 보냈습니다. 그런데 칙을 받들어 조사하라는 회답 자문이 막 나온데다가 지금 동변도의 조회가 또 이와 같으니 일의 정황상 보내지 않을 수 없습니다. 각 배소에 통보하되, 압송하는 사이에 일자는 자연스럽게 지연될 것이니 먼저 이러한 뜻으로 특별히 조회를 지어 의주[灣府]에 보내서 그쪽으로 전해지게 하시길 청합니다"라고 하니, 윤허하였다.

『備邊司謄錄』 267冊

府啓曰, 卽見咸鏡前監司鄭基會狀啓, 則枚擧義州府尹洪承五移文, 以爲東邊道照會出來, 而通化縣捕盜兵役, 來到惠山鎭, 追捕匪徒十名及我人七名, 解送本縣, 會同委員, 訊擬詳辦云. 故以昨秋該縣兵役, 持公文來到該鎭, 匪徒十名, 其時捉還, 我人七名, 因回啓關定配, 則解送與否, 不敢擅便之意, 答照會先爲成送, 而上項罪人七名, 通化縣解送一款, 請令廟堂稟處矣. 作挐彼匪, 旣已拿去, 則犯越我民, 宜卽懲勘, 故昨冬使之發配, 此由移咨禮部矣. 以奉飭査辦事, 回咨才已出來, 今玆東邊道照會又如此, 其在事體, 不容不解送. 急速知委於各其配所, 而押送之際, 日字自爾遲延, 先以此意, 另成照會, 送于灣府, 以爲轉致之地何如, 答曰, 允.

의정부[府]에서 아뢰기를 "방금 전(前) 함경감사(咸鏡監司) 정기회(鄭基會)의 장계를 보니, 의주부윤(義州府尹) 홍승오(洪承五)의 이문(移文)을 낱낱이 들어 이르기를, '동변도(東邊道)의 조회(照會)가 왔는데, 통화현(通化縣)의 포도병역(捕盜兵役)이 혜산진(惠山鎭)에 와서 체포한 비도(匪徒) 10명 및 우리나라 백성 7명을 본 현으로 풀어 보내어 위원(委員)을 회동해서 자세히 심문하고 조사하라고 하였습니다. 그래서 지난가을에 해당 현의 병역이 공문을 가지고 해당 진에 도착하여 비도 10명은 그때 체포하여 돌아갔고, 우리나라 백성 7명은 회계(回啓)를 통하여 관문(關文)을 보내 정배(定配)했는데, 풀어서 보낼 것인지 여부는 감히 마음대로 할 수 없다는 내용으로 회답 조회를 먼저 지어 보냈습니다. 위 항의 죄인 7명을 통화현으로 풀어서 보내는 한 가지 사항에 대해 묘당으로 하여금 품처하게 하시길 청합니다'라고 하였습니다. 말썽을 일으킨 비도는 이미 잡혀 갔으니, 국경을 넘은 우리 백성은 마땅히 징계하여 처리해야 하기 때문에, 지난겨울에 정배하고 이러한 사유를 예부에 자문을 보냈습니다. 그런데 칙을 받들어 조사하라는 회답 자문이 막 나온데다가 지금 동변도의 조회도 또한 이와 같으니 일의 정황상 보내지 않을 수 없습니다. 빠르게 각 배소에 통보하되, 압송하는 사이에 일자가 자연스럽게 지연될 것이니 먼저 이러한 내용을 특별히 조회를 지어 의주[灣府]에 보내서 그쪽으로 전해지도록 하는 것이 어떻겠습니까"라고 하니, 답하기를, "윤허한다"고 하였다.

관북 지역의 상황에 대해 보고받음.

1886년(고종 23-丙戌) 6월 29일(양력 7월 30일)

발신 : 고종

『承政院日記』 2949冊

丙戌六月二十九日酉時. 上御興福殿. 慶尙監司·禮曹判書同爲入侍時, … 上曰, 道內守令, 誰有優異之績乎. 基會曰, 管下不過十四邑, 而咸興判官南學熙·德源府使李重夏·永興府使宋道淳·北靑府使李容翊, 悉心做治, 俱有優績矣. 上曰, 德源港務, 無弊興旺乎. 基會曰, 開港今旣年久, 接應亦皆就緖矣. 上曰, 年形何如, 而沿路所經亦何如. 基會曰, 關北一路, 荐遭歉荒, 邑·村蕭然, 民情遑汲, 幸蒙內帑特下之恩, 營·邑仰體聖念, 捐廩補賑, 饒戶亦多出義, 僅免顚連之患, 而穀價日以騰踊, 飢愁尙此顑頷. 見今農形, 庶有登豐之占, 以是顒祝矣. 上曰, 豐年爲上瑞矣. 基會曰, 此是國之上瑞也. 上曰, 再昨年十月之變, 豈有如許變亂乎. 基會曰, 再昨年十月之變, 萬古所無之大變怪也. 在外承聞, 骨顫膽掉, 按住不得, 只有無生之心矣. 幸卽太平還御, 宗社臣民莫大之慶也. 忭祝萬萬, 四賊尙在漏網, 王章至今未伸, 神人憤鬱, 曷有其極. 上曰, 第幾日得聞乎. 基會曰, 程途稍遠, 近旬得聞矣. 上曰, 俄船過去後, 有何所聞, 而何時更來云乎. 基會曰, 向日問情後, 卽爲馳啓, 而更來之期, 姑未知早晚矣.

병술 6월 29일 유시(酉時). 임금께서 흥복전(興福殿)에 나아갔다. 경상감사(慶尙監司)·예조판서(禮曹判書)가 함께 입시하였다. … 임금께서 이르기를, "도내의 수령은 누가 뛰어나고 남과 다른 치적이 있는가"라고 하였다. 정기회(鄭基會)가 아뢰기를, "관하의 〈구역이〉 14개 읍에 불과하니, 함흥판관(咸興判官) 남학희(南學熙), 덕원부사(德源府使) 이중하(李重夏), 영흥부사(永興府使) 송도순(宋道淳), 북청부사(北靑府使) 이용익(李容翊)이 마음을 다해 〈관할 구역을〉 다스리니 모두 훌륭한 치적이 있습니다"라고 하였다. 임금께서 이르기를, "덕원항(德源港)의 일은 폐단 없이 번창하던가"라고 하였다. 정기회가 아뢰기를, "개항(開港)한 지 지금 이미 몇 년이니, 응접하는 것도 질서가 잡혔습니다"라고 하였다. 임금께서 이르기를, "농사 형편은 어떠하며, 거쳐 온 연로(沿路)는 또한 어떠하던가"라고 하였다. 정기회가 아뢰기를, "관북 한 지역[關北一路]은 거듭 흉년이어서 읍·촌이 쓸쓸하고, 백성 사정도 빈곤에 허덕였으나 다행히도 내탕고(內帑庫)를 특별히 내리신 은택을 입었고, 영·읍에서도 성상의 생각을 삼가 생각하여 봉급을 덜어서 진휼에 보태고 부유한 집 또한 〈의연금을〉 많이 내서 겨우 어려운 상황을 면하였습니다만, 곡식 가격이 날로 뛰어올라 굶주려서 부황이 들기는 여전합니다. 〈그러나〉 현재 농사 형편이 거의 풍년들 조짐이 있으니 이것을 우러러 축원합니다"라고 하였다. 임금께서 이르기를, "풍년은 상서이다"라고 하였다. 정기회가 아뢰기를, "이는 나라의 상서로운 일입니다"라고 하였다. 임금께서 이르기를, "재작년 10월의 변괴는, 어찌 이와 같은 변란이 있을 수 있겠는가"라고 하였다. 정기회가 아뢰기를, "재작년 10월의 변란은 만고에 다시 없을 큰 변괴입니다. 지방에서 〈소식을〉 듣고는, 뼈가 떨리고 가슴이 두근거려 어찌할 바를 모르고, 단지 살고 싶지 않은 마음만 있었을 뿐이었습니다. 다행히 태평으로 다시 돌아왔으니 〈이는〉 종묘사직과 신민(臣民)들에게 더없이 커다란 경사입니다. 즐거운 마음으로 매우 축하드립니다만, 4명의 역적이 아직도 법망에서 벗어나 있어 국법이 지금까지 아직 펴지지 않았으니, 귀신과 사람의 울분이 어찌 끝이 있겠습니까"라고 하였다. 임금께서 이르기를, "언제 그 소식을 들었는가"라고 하였다. 정기회가 아뢰기를, "길이 다소 멀어 〈일이 생긴지〉 10일 쯤에 들었습니다"라고 하였다. 임금께서 이르기를, "러시아 선박[俄船]이 떠난 뒤에 무슨 소문을 들었으며, 언제 다시 온다고 하던가"라고 하였다. 정기회가 아뢰기를, "이전에 정황을 물어본 뒤에 즉시 치계하였는데, 다시 올 시기나 그것이 빠르지 늦을지에 대해서는 모르겠습니다"라고 하였다.

감계사 이중하에게 도문강 경계를 조사하게 할 것을 청함.

1887년(고종 24-丁亥) 1월 16일(양력 2월 8일)

발신 : 내무부

『承政院日記』 2956冊

內務府啓曰, 圖們界址覆勘事, 向有北評咨文矣. 勘界使李重夏使之三月旬間起程, 更爲訂期會勘何如, 傳曰, 允.

내무부(內務府)에서 아뢰기를, "도문강의 경계를 복감(覆勘)하는 일로 지난번 북평(北評)의 자문이 있었습니다. 감계사(勘界使) 이중하(李重夏)로 하여금 3월 10일 사이로 길을 떠나고, 다시 기일을 정하여 회감(會勘)하게 하는 것이 어떻겠습니까"라고 하니, 전교하기를, "윤허한다"고 하였다.

『高宗實錄』 24卷

命勘界使李重夏, 圖們界址, 三月旬間起程, 更爲訂期會勘. 因內務府啓請也.

감계사(勘界使) 이중하(李重夏)에게 명하여 도문강 경계터에서 3월 10일 사이로 길을 떠나게 하고, 다시 기일을 정하여 회감(會勘)하게 하였다. 내무부(內務府)에서 계청(啓請)하였기 때문이다.

『日省錄(高宗)』 311冊

內務府啓言, 圖們界址覆勘事, 向有北洋咨文矣. 勘界使李重夏使之三月旬間起程, 請更爲訂期會勘, 允之.

내무부(內務府)에서 아뢰기를, "도문강의 경계를 복감하는 일로 지난번 북양의 자문이 있었습니다. 감계사(勘界使) 이중하(李重夏)로 하여금 3월 10일 사이로 길을 떠나고, 다시 기일을 정하여 회감(會勘)하게 하시길 청합니다"라고 하니, 윤허하였다.

중국 관헌과 국경을 조사하는 일을 다른 사람에게 맡길 것을 상소함.

1887년(고종 24-丁亥) 3월 4일(양력 3월 28일)

발신 : 덕원부사 이중하

『承政院日記』 2958冊

德原府使李重夏疏曰, 伏以臣於再昨冬, 猥忝土門勘界之命, 與華員秦煐等, 窮躡白山之巓, 遍勘豆江之源, 閱月論辨, 終未妥結, 臚實馳啓, 待罪任所. 千萬不自意, 卽伏奉再勘之命, 臣一倍惶惑, 莫省攸措. 惟往役義重, 當促裝登途, 而臣竊伏念, 有國之事, 疆土最重. 歷稽我世宗朝曁我肅宗朝, 經理北界也. 于時則重臣·道臣, 咸住邊上, 京外關牒, 星夜絡續, 君臣上下, 辛苦籌劃, 久而後始得竣完. 今臣以眇末一介, 學疎識淺, 階卑人微, 而據擔重任, 懵然來往, 較看往昔之事, 寧不疎虞之甚乎. 脫有錯誤, 誅亦何補. 誠以爲今日勘界, 非往昔艱難危疑之可比. 職不過申明舊址, 安揷流民而已. 然以言乎舊址, 則水源不一, 木柵盡朽, 指點之論, 不合於舊獻, 妥勘之方, 難處於今日. 尺寸之限, 惟究世守, 往復之間, 易滋彼疑. 以言乎流民, 則江禁久弛, 過者甚衆, 旣無以刷回, 又不忍抛棄, 或思權借鷦枝, 姑集雁澤. 而向來北咨, 將有收入版籍之意, 則此又難便. 實係審愼, 俱非如臣無似之造次可辦也. 旣試蔑效, 尙訟愆尤, 再敢仍冒, 以重僨誤乎. 臣以爲, 此是疆土·人民之事, 則關係至重, 裁處甚難, 宜令廟堂, 爛加會議. 舊址則考證圖誌, 流民則量度事宜, 標劃之從某至某, 安揷之此地彼地, 十分商確, 再行酌奪然後, 更差可堪之人, 申明知委, 俾得仰體廟算, 往議華員, 則國體鄭重, 事理妥當. 臣不勝衷悃憂悶, 冒瀆崇嚴, 無任惶懍震越之至云云. 省疏具悉. 事係審愼, 至有再勘之擧, 爾其勿辭, 卽往辦事.

덕원부사(德源府使) 이중하(李重夏)가 상소하기를, “삼가 아뢰기를, 신이 재작년 겨울에 외람되이 〈신을〉 토문감계사(土門勘界使)로 한다는 명을 받들어 중국 관원[華員] 진영

(秦煐) 등과 함께 백두산[白山] 정상까지 올라가 두만강의 원류를 두루 조사하여 한 달이 지나도록 논변하였지만, 끝내 타결 짓지 못하였으므로, 실정을 나열하여 치계하고서 임소에서 대죄하였습니다. 천만 생각지도 못하게 삼가 다시 국경을 감단하라는 명을 받들었으니, 신은 갑절로 더 두렵고 의심스러워 어찌할 바를 몰랐습니다. 가서 역(役)을 맡은 것은 의리가 중요하여 마땅히 급히 짐을 꾸려 길 오르기를 재촉해야 하나, 신이 삼가 생각건대 나라의 일은 강토의 문제가 가장 중요합니다. 우리 세종조 및 우리 숙종조를 두루 살펴보면, 북쪽 국경을 다스려 처리하였습니다. 그때에는 중신·도신이 모두 변경에 머물러 있어 경·외의 관문과 첩보가 밤에도 끊이지 않아서 군신 상하가 깊이 고민하며 계획하여 오래된 뒤에야 비로소 일을 훌륭히 마쳤습니다. 지금 신은 보잘것없는 일개인으로서, 학문은 소략하고 식견은 얕으며 관계는 낮고 사람은 미천하면서도 무거운 임무를 담당하여 잘 알지 못한 채 왕래하니, 옛날 조처한 것에 비교하여 보면, 어찌 매우 소홀한 것이 아니겠습니까. 혹시 착오가 있게 되면 〈신을〉 주륙한다 하더라도 〈나라에〉 무슨 보탬이 되겠습니까. 진실로 오늘날 감계하는 것은 옛날에 어렵고 위태로운 것에 비할 바가 아니라고 여깁니다. 〈그〉 직임은 〈그곳이 우리의〉 옛터임을 거듭 명백히 하고, 유민을 안착시키는 것뿐입니다. 그러나 옛터를 말하자면 수원(水原)은 일치하지 않고 목책은 다 썩어서, 〈실제의 장소를〉 지점하는 논의는 옛 문헌과 맞지 않아서 타당한 방법이 오늘날에는 난처합니다. 척촌의 한정된 땅이라도 세세토록 지키기를 강구하니 왕래하는 사이에 저들의 의심이 쉽게 커지고 있습니다. 유민으로 말하자면 강을 넘지 못하게 한 금령이 오랫동안 해이하여 지나간 자가 매우 많지만 쇄환하지 못하였고 또한 〈그들을〉 차마 그대로 버려두지 못하겠기에 간혹 아주 좁은 땅을 임시로 빌려 우선 〈그들을〉 모아서 정착시키게 하려고 생각하였습니다. 그러나 지난번 북경에서 보내온 자문에 장차 자신들의 호적에 편입시키겠다는 뜻을 보였으니, 이것도 어려운 방편입니다. 실로 잘 살피고 신중히 할 일이니, 모두 신처럼 못난 사람이 짧은 시간에 판단할 수 있는 일이 아닙니다. 〈신을〉 이미 시험하여 성과가 없었고 아직도 허물을 책망하고 있는데, 다시 감히 그대로 무릅쓰고 담당하여 거듭 일을 망칠 수 있겠습니까. 신이 생각건대, 이것은 강토·인민의 일로서 관계된 것이 지극히 중요하여 재량하여 처리하기가 매우 어려우니, 마땅히 묘당으로 하여금 잘 회의하게 해야 할 것입니다. 옛터는 도지(圖

誌)를 살펴 고증하고 유민은 사의를 살펴 어디에서 어디까지 국경을 획정하고 이 땅 저 땅에 유민을 안착시키는 문제를 충분히 헤아려 상의하고 다시 참작하여 결정한 후에, 다시 감당할만한 사람을 차임하여 거듭 밝히고 지시하여 조정의 계책을 잘 숙지한 다음 중국 관원에게 가서 의논하게 한다면, 국가의 체모는 무게 있게 되고 사리에 타당할 것입니다. 신은 충심과 근심을 누를 수 없어 외람되이 숭엄(崇嚴)하신 전하를 번거롭게 하니, 황공하고 떨리는 마음을 가누지 못하겠습니다"라고 하였다. 〈답하기를〉, "상소를 살펴보고 모두 알았다. 일을 살피고 삼가야 하나, 다시 국경을 획정하기에 이르렀으니, 그대는 그것을 사양하지 말고 즉시 가서 일을 처리하라"고 하였다.

『高宗實錄』24卷

初四日. 德源府使李重夏疏略, 臣於再昨冬, 猥忝土門勘界之命, 與華員秦瑛等, 窮躡白山之顚, 遍勘豆江之源, 閱月論卞, 終未妥結, 馳啓待罪. 卽伏承再勘之命, 往役義重, 當促裝登途, 竊伏念有國之事, 疆界最重. 歷稽我世宗朝暨肅宗朝, 經理北界也. 于時則重臣·道臣, 咸住邊上, 君臣上下, 辛苦籌劃, 久而後始得竣完. 今臣學疎識淺, 階卑人微, 而遽擔重任, 寧不疎虞乎. 脫有錯誤, 誅亦奚補. 今日勘界, 非往昔之可比. 職不過申明舊址, 安揷流民而已. 然以言乎舊址, 則水源不一, 木柵盡朽, 指點之論, 不合於舊獻, 妥勘之方, 難處於今日. 以言乎流民, 則江禁久弛, 過者甚衆, 旣無以刷還, 又不忍抛棄. 而向來北咨, 將有收入版籍之意, 此又難便. 此是疆土·人民, 關係甚重, 宜令廟堂, 爛加會議, 舊址則攷證圖誌, 流民則量度事宜, 標劃之從某至某, 安揷之此地彼地, 十分商確, 再行酌奪, 更差可堪人, 申明知委, 則國體鄭重, 事理妥當. 批曰, 事係審愼, 至有再勘之擧, 爾其勿辭, 卽往辦事.

3월 4일. 덕원부사(德源府使) 이중하(李重夏)가 올린 상소의 대략에, "신이 재작년 겨울에 외람되이 〈신을〉 토문감계사(土門勘界使)로 한다는 명을 받들어 중국 관원[華員] 진영(秦瑛) 등과 함께 백두산[白山] 정상까지 올라가 두만강의 원류를 두루 조사하여 한 달이 지나도록 논변하였지만, 끝내 타결 짓지 못하였으므로 치계하고 대죄하였습니다. 방금 삼가 다시 감단하라는 명을 받들었으니, 가서 역(役)을 맡음은 의(義)가 중요하여 마땅히 급히 짐을 꾸려 길 오르기를 재촉해야 하나, 삼가 생각건대 나라의 일은 강토의 문제가 가장 중요합니다. 우리 세종조 및 숙종조를 두루 살펴보면, 북쪽 국경을 다스려 처리하였습니다. 때에 중신·도신이 모두 변경에 머물러 있어 군신 상하가 깊이 고민하며 계획하여 오래된 뒤에야 비로소 일을 훌륭히 마쳤습니다. 지금 신은 학문은 소략하고 식견은 얕으며 관계는 낮고 사람은 미천한데, 무거운 임무를 담당하니 어찌 소홀한 것이 아니겠습니까. 혹시 착오가 있게 되면 〈신을〉 주륙한다 하더라도 〈나라에〉 무슨 보탬이 되겠습니까. 오늘날 국경을 획정하는 것은 옛날에 비할 것이 아닙니다. 〈그〉 직임은 〈그곳이 우리의〉 옛터임을 거듭 명백히 하고, 유민을 안착시키는 것뿐입니다. 그러나 옛터를 말하자면 수원은 일치하지 않고 목책은 다 썩어서, 〈실제의 장소를〉 지점하는 논의는 옛 문헌과 맞지 않아서 타당한 방법이 오늘날에는 난처합니다. 유민으로 말하자면 강을 넘지 못하게 한 금령이 오랫동안 해이하여 지나간 자가 매우 많지만 쇄환하지 못하였고 또한 차마 그대로 버려두지 못하였습니다. 그러나 지난번 북경에서 보내온 자문에 장차 〈그들을〉 자신들의 호적에 편입시키겠다는 내용이 있었으니, 이것도 어려운 방편입니다. 이것은 강토·인민의 일로서 관계된 것이 지극히 중요하니 마땅히 묘당으로 하여금 더욱 잘 회의하게 하여 옛터는 도지(圖誌)를 살펴 고증하고 유민은 사의를 살펴 어디에서 어디까지 국경을 획정하고 이 땅 저 땅에 유민을 안착시킬지를 충분히 헤아려 상의하고 다시 행하여 참작하여 〈그 일을〉 감당할만한 사람을 다시 차임하여 거듭 밝히고 지시하면 국가의 체모는 무게 있게 되고 사리에 타당할 것입니다"라고 하였다. 비답하기를, "일을 살피고 삼가야 하나 다시 국경을 획정하기에 이르렀으니, 그대는 사양하지 말고 즉시 가서 일을 처리하라"고 하였다.

『日省錄(高宗)』 313冊

疏略曰, 臣於再昨年冬, 猥忝土們勘界之命, 與華員秦煐等, 窮躡白山之巓, 豆江之源, 終未妥結, 臚實馳啓待罪任所. 卽伏承再勘之命, 惟往役義重, 當促裝首道, 而有國之事, 壃土最重. 今臣眇末一介, 學疏識淺, 遽擔重任脫, 有錯誤誅, 亦何補誠. 以爲今日勘界, 不過申明舊址, 安揷流民而已. 然舊址, 水源不一, 木柵盡杇, 指點之論不合. 以言乎平[*流]民, 則江禁久弛, 過者甚衆, 旣無以刷回, 不忍抛棄, 或思權借鷦枝, 姑集鴈澤. 而向來北咨, 將有收入版籍之意, 則此尤難便. 實係審愼, 非如臣無似之可辦也. 旣試蔑效, 尙訟譽尤, 再勘仍冒, 以重僨誤乎. 關係至重, 宜令廟堂, 十分裁度然後, 更差可堪之人, 申明知委. 俾得仰體廟算, 往議華員, 則國體鄭重, 事理妥當. 批以, 果係審愼, 有此再勘之擧, 勿辭卽往辦事.

〈이중하(李重夏)의〉 상소의 대략에, "신이 재작년 겨울에 외람되이 〈신을〉 토문감계사(土門勘界使)로 한다는 명을 받들어 중국 관원[華員] 진영(秦煐) 등과 함께 백두산[白山] 정상과 두만강의 원류에 갔지만, 끝내 타결 짓지 못하였으므로 실정을 나열하여 치계하고 임소에서 대죄하였습니다. 방금 삼가 다시 감단하라는 명을 받들었으니, 가서 역(役)을 맡은 것은 의리가 중요하여 마땅히 급히 짐을 꾸려 길 오르기를 재촉해야 하나, 나라의 일은 강토의 문제가 가장 중요합니다. 지금 신은 보잘것없는 일개인으로서, 학문은 소략하고 식견은 얕은데 무거운 임무를 담당하니 무슨 보탬이 되겠습니까. 오늘날 국경을 획정하는 것은 〈그곳이 우리의〉 옛터임을 거듭 명백히 하고, 유민을 안착시키는 것뿐입니다. 그러나 옛터는 수원(水原)은 일치하지 않고 목책은 다 썩어서, 〈실제의 장소를〉 지점하는 논의는 합당하지 못합니다. 유민으로 말하자면, 강을 넘지 못하게 한 금령이 오랫동안 해이하여 지나간 자가 매우 많지만 쇄환하지 못하였고 차마 그대로 버려두지 못하였기에 간혹 아주 좁은 땅을 임시로 빌려 우선 〈그들을〉 모아서 정착시키게 하려고 생각하였습니다. 그러나 지난번 북경에서 보내온 자문에 장차 자신들의 호적에 편입시키겠다는 내용이 있었으니 이것도 어려운 방편입니다. 〈신을〉 이미 시험하여 성과가 없었고 아직도 허물을 책망하고 있는데, 다시 감히 그대로 무릅쓰고 담당하여 거듭 일을 망칠 수 있겠습니까. 〈이것은〉 관계된 것이 지극히 중요하니 마땅히 묘당으로 하여금 잘 헤아리게 한 연후에 〈그 일을〉 감당할만한 사람을 다시 차임하여 거듭 밝히고 지시하여 조정의 계책을 잘 숙지한 다음 중국 관원에게 가서 의논하게 한다면, 국가의 체모는 무게 있게 되고 사리에 타당할 것입니다"라고 하였다. 비답하기를 "과연 잘 살피고 삼가야 하나, 다시 국경을 획정하는 〈일이〉 있으니, 〈그대는〉 사양하지 말고 즉시 가서 일을 처리하라"고 하였다.

국경을 넘어갔던 조선인들의 압송 현황을 보고함.

1887년(고종 24-丁亥) 5월 7일(양력 6월 27일)

발신 : 함경감사 이돈하 / 수신 : 의정부

『承政院日記』 2961冊

議政府啓曰, 卽見咸鏡監司李敦夏狀啓, 則惠山鎭犯越我民七名, 迅速解送通化縣事, 東邊道照會出來, 而罪人高萬伯·金巖回·千云凡等三名, 次第來到, 具格牢囚, 梁大淑·崔弘律因病物故, 方七男·金昭根自該道尙不押來, 而上項三名, 先爲押送與否, 請令廟堂稟處矣. 迅速解送之照會, 今又出來, 則有難遲待, 其罪人齊到, 在囚三名, 先卽押送, 未到兩罪人, 令秋曹關飭各該道, 使之毋滯押送, 而竝與二名物故事, 備細成照會, 送于灣府, 以爲轉致事, 分付何如, 傳曰, 允.

의정부(議政府)에서 아뢰기를, "방금 함경감사(咸鏡監司) 이돈하(李敦夏)의 장계를 보니, '혜산진(惠山鎭)의 국경을 넘은 우리 백성 7명을 신속히 통화현(通化縣)에 풀어 보내는 일로 동변도(東邊道)에서 조회(照會)가 왔는데, 죄인 고만백(高萬伯)·김암회(金巖回)·천운범(千云凡) 등 3명은 차례로 도착하였으므로 수갑과 차꼬를 채워[具格] 단단히 가두었고, 양대숙(梁大淑)·최홍률(崔弘律)은 병으로 인해 죽었으며[物故], 방칠남(方七男)·김소근(金昭根)은 해당 도에서 아직 압송해오지 않았으니, 위의 3명을 먼저 압송할지 여부를 묘당으로 하여금 품처하게 하시길 청합니다'라고 하였습니다. 신속히 풀어 보내라는 조회가 지금 또 나오면 그 죄인들이 다 도착할 때까지 기다리기는 어려움이 있으니, 수감되어 있는 3명을 먼저 즉시 압송하고 아직 도착하지 않은 두 죄인은 형조[秋曹]로 하여금 각 해당 도에 관문(關文)으로 신칙하여 지체하지 말고 압송하게 하고, 아울러 2명이 죽은 일은 자세한 내용을 갖추어 조회를 만들어 의주[灣府]에 보내어 전달하도록 하라고 분부하는 것이 어떻겠습니까"라고 하니, 전교하기를, "윤허한다"고 하였다.

『備邊司謄錄』268冊

府啓曰, 卽見咸鏡監司李敦夏狀啓, 則惠山鎭犯越我民七名, 迅速解送, 通化縣事, 東邊道照會出來, 而罪人中高萬伯·金巖回·千云凡等三名, 次第來到, 具格牢囚, 梁大淑·崔弘律因病物故, 方七男·金昭根自該道尙不押來, 而上項三名, 先爲押送與否, 請令廟堂稟處矣. 迅速解送之照會, 今又出來, 則有難遲待, 其罪人齊到, 在囚三名, 先卽押送, 未到兩罪人, 令秋曹關飭各該道, 使之毋滯押送, 而竝與二名物故事, 備細成照會, 送于灣府, 以爲轉致事, 分付何如, 答曰, 允.

의정부[府]에서 아뢰기를 "방금 함경감사(咸鏡監司) 이돈하(李敦夏)의 장계를 보니, '혜산진(惠山鎭)의 국경을 넘은 우리 백성 7명을 신속히 통화현(通化縣)에 풀어 보내는 일로 동변도(東邊道)에서 조회(照會)가 왔는데, 죄인들 가운데 고만백(高萬伯)·김암회(金巖回)·천운범(千云凡) 등 3명은 차례로 도착하였으므로 수갑과 차꼬를 채워[具格] 단단히 가두었고, 양대숙(梁大淑)·최홍률(崔弘律)은 병으로 인해 죽었으며[物故], 방칠남(方七男)·김소근(金昭根)은 해당 도에서 아직 압송해오지 않았으니, 위의 3명을 먼저 압송할지 여부를 묘당으로 하여금 품처하게 하게 하시길 청합니다'라고 하였습니다. 신속히 풀어 보내라는 조회가 지금 또 나오면 그 죄인들이 다 도착할 때까지 기다리기는 어려울 듯하니, 수감되어 있는 3명을 먼저 즉시 압송하고 아직 도착하지 않은 두 죄인은 형조[秋曹]로 하여금 각 해당 도에 관문(關文)으로 신칙하여 지체하지 말고 압송하게 하고, 아울러 2명이 죽은 일은 자세한 내용을 갖추어 조회를 만들어 의주[灣府]에 보내어 전달하도록 하라고 분부하는 것이 어떻겠습니까"라고 하니, 답하기를, "윤허한다"고 하였다.

국경을 넘어간 고만백 등에 대한 처벌 방법을 건의함.

1887년(고종 24-丁亥) 12월 9일(양력 1888년 1월 21일)

발신 : 평안감사 남정철, 병사 이종승, 의주부윤 김재용 / 수신 : 의정부

『承政院日記』 2968冊

議政府啓曰, 卽見平安監司南廷哲·兵使李鍾承·義州府尹金在容狀啓, 則犯越罪人高萬伯等, 自東邊道照會于北道, 挐致訊問後, 今方解交灣府, 故竝姑嚴囚, 以待朝家處分云矣. 旣經挐訊, 今纔交還, 竝卽押送于咸鏡道臣, 發付原配所之意, 分付何如, 傳曰, 允.

의정부(議政府)에서 아뢰기를, "방금 평안감사(平安監司) 남정철(南廷哲), 병사(兵使) 이종승(李鍾承), 의주부윤(義州府尹) 김재용(金在容)이 올린 장계를 보니, '국경을 넘은 죄인 고만백(高萬伯) 등에 대해 동변도(東邊道)에서 함경도[北道]에 조회를 보내어 잡아가 신문한 후에 지금 방금 풀어주어 의주[灣府]로 넘겼기에 모두 우선 엄히 가두고 조정[朝家]의 처분을 기다립니다'라고 하였습니다. 이미 잡아가 신문하고 이제 막 넘겨왔으니, 모두 즉시 함경도신에게 압송하여 원래의 배소(配所)로 떠나보내라는 내용을 분부하는 것이 어떻겠습니까"라고 하니, 전교하기를, "윤허한다"고 하였다.

『高宗實錄』 24卷

議政府啓, 卽見平安監司南廷哲狀啓, 則犯越罪人高萬伯等, 自東邊道照會于北道, 拿致訊問後, 今方解交灣府, 故竝姑嚴囚, 以待朝家處分云矣. 旣經拿訊, 今纔交還, 竝卽押送于咸鏡道臣, 發付原配所之意, 分付何如, 允之.

의정부(議政府)에서 아뢰기를, "방금 평안감사(平安監司) 남정철(南廷哲)의 장계를 보니, '국경을 넘은 죄인 고만백(高萬伯) 등에 대해 동변도(東邊道)에서 함경도[北道]에 조회를 보내어 잡아가 신문한 후에 지금 방금 풀어주어 의주[灣府]로 넘겼기에 모두 우선 엄히 가두고 조정[朝家]의 처분을 기다립니다'라고 하였습니다. 이미 잡아가 신문하고 이제 막 넘겨왔으니, 모두 즉시 함경도신에게 압송하여 원래의 배소(配所)로 떠나보내라는 내용을 분부하는 것이 어떻겠습니까"라고 하니, 윤허하였다.

『日省錄(高宗)』 323冊

議政府啓言, 卽見平安監司南廷哲·兵使李鍾承·義州府尹金在容狀啓, 則犯越罪人高萬伯等, 自東邊道照會于北道, 拏致訊問後, 今方解交灣府, 故竝姑嚴囚, 以待朝家處分云矣. 旣經拏訊, 今纔交還, 竝卽押送于咸鏡道臣, 發付原配所請分付, 允之.

의정부(議政府)에서 아뢰기를 "방금 평안감사(平安監司) 남정철(南廷哲), 병사(兵使) 이종승(李鍾承), 의주부윤(義州府尹) 김재용(金在容)이 올린 장계를 보니, '국경을 넘은 죄인 고만백(高萬伯) 등에 대해 동변도(東邊道)에서 함경도[北道]에 조회(照會)를 보내어 잡아가 신문한 후에 지금 방금 풀어서 의주[灣府]로 넘겼기에 모두 우선 엄히 가두고 조정[朝家]의 처분을 기다립니다'라고 하였습니다. 이미 잡아가 신문하고 지금 방금 넘겨왔으니, 모두 즉시 함경도신에게 압송하여 원래의 배소(配所)로 떠나보내라고 분부하시길 청합니다"라고 하니, 윤허하였다.

『備邊司謄錄』 268冊

府啓曰, 卽見平安監司南廷哲·兵使李鍾承·義州府尹金在容狀啓, 則犯越罪人高萬伯等, 自東邊道照會于北道, 拏致訊問後, 今方解交灣府, 故竝姑嚴囚, 以待朝家處分云矣. 旣經拏訊, 今纔交還, 竝卽押送于咸鏡道臣, 發付原配所之意, 分付何如, 答曰, 允.

의정부[府]에서 아뢰기를, "방금 평안감사(平安監司) 남정철(南廷哲), 병사(兵使) 이종승(李鍾承), 의주부윤(義州府尹) 김재용(金在容)이 올린 장계를 보니, '국경을 넘은 죄인 고만백(高萬伯) 등에 대해 동변도(東邊道)에서 함경도[北道]에 조회를 보내어 잡아가 신문한 후에 지금 방금 풀어주어 의주[灣府]로 넘겼기에 모두 우선 엄히 가두고 조정[朝家]의 처분을 기다립니다'라고 하였습니다. 이미 잡아가 신문하고 이제 막 넘겨왔으니, 모두 즉시 함경도신에게 압송하여 원래의 배소(配所)로 떠나보내라는 내용을 분부하는 것이 어떻겠습니까"라고 하니, 답하기를, "윤허한다"고 하였다.

감리직을 겸하는 회령부사가 관할 구역 변방 일에 대해 직접 계문하게 할 것을 청함.

1887년(고종 24-丁亥) 12월 10일(양력 1888년 1월 22일)

발신 : 영의정 심순택

『承政院日記』 2968冊

上御萬慶殿. … 舜澤曰, 會寧府使, 旣兼監理之御矣. 凡係邊情報營轉啓之際, 日子不無淹延, 事勢多有窒礙, 一依東萊·德源例, 自今所管邊務, 直爲啓聞事, 分付何如. 上曰, 依爲之.

임금께서 만경전(萬慶殿)에 나아갔다. … 심순택(沈舜澤)이 아뢰기를, "회령부사(會寧府使)는 이미 감리(監理)의 통치를 겸합니다. 무릇 변방의 사정과 관련된 것을 감영에 보고하고 전계(轉啓)할 때, 날짜를 지체하는 일이 없지 않아서 사세(事勢)에 장애되는 경우가 많으니, 모두 동래(東萊)·덕원(德源)의 예에 따라 지금부터는 관할 구역의 변방 일에 대해서는 직접 계문하도록 분부하는 것이 어떻겠습니까"라고 하니, 임금께서 이르기를, "그대로 하라"고 하였다.

『日省錄(高宗)』 323冊

又啓言, 會寧府使, 旣兼監理之銜矣. 凡係邊情報營轉啓之際, 日字不無淹延, 事勢多有窘礙, 一依東萊·德源例, 自今所管邊務, 直爲啓聞請分付, 從之.

〈심순택(沈舜澤)이〉 또 아뢰기를, "회령부사(會寧府使)는 이미 감리(監理)의 통치를 겸합니다. 무릇 변방의 사정과 관련된 것을 감영에 보고하고 전계(轉啓)할 때, 날짜를 지체하는 일이 없지 않아서 사세(事勢)에 장애되는 경우가 많으니, 모두 동래(東萊)·덕원(德源)의 예에 따라 지금부터는 관할 구역의 변방 일에 대해서는 직접 계문하도록 분부하시길 청합니다"라고 하니, 그것을 따랐다.

『備邊司謄錄』 268冊

又所啓, 會寧府使, 既兼監理之銜矣. 凡係邊情報營轉啓之際, 日字不無淹延, 事勢多有窒礙, 一依東萊·德源例, 自今所管邊務, 直爲啓聞事, 分付何如. 上曰, 依爲之.

또 아뢰기를, "회령부사(會寧府使)는 이미 감리(監理)의 통치를 겸합니다. 무릇 변방의 사정과 관련된 것을 감영에 보고하고 전계(轉啓)할 때, 날짜를 지체하는 일이 없지 않아서 사세(事勢)에 장애되는 경우가 많으니, 모두 동래(東萊)·덕원(德源)의 예에 따라 지금부터는 관할 구역의 변방 일에 대해서는 직접 계문하도록 분부하는 것이 어떻겠습니까" 하니, 임금께서 이르기를, "그대로 하라"고 하였다.

국경을 나간 사람들을 제외하고 빈대에 불참한 자들을 불러 참석하게 할 것을 청함.

1887년(고종 24-丁亥) 12월 10일(양력 1888년 1월 22일)

발신 : 의정부

『承政院日記』 2968冊

議政府啓曰, 新差堂上出疆外, 朴周陽·沈相學, 今日賓對, 俱爲懸病不進, 事甚未安. 令政院竝卽牌招, 使之進參何如, 傳曰, 允.

의정부(議政府)에서 아뢰기를, "새로 차출한 당상으로 국경을 나간 자를 제외하고 박주양(朴周陽)·심상학(沈相學)이 오늘 빈대(賓對)에 모두 병을 이유로 나오지 않았으니, 매우 온당치 못한 일입니다. 승정원[政院]으로 하여금 〈그들이〉 모두 즉시 패초(牌招)하여 나아와서 참석하도록 하는 것이 어떻겠습니까"라고 하니, 전교하기를, "윤허한다"고 하였다.

『備邊司謄錄』 268冊

府啓曰, 新差堂上出疆外, 朴周陽·沈相學, 今日賓對, 俱爲懸病不進, 事甚未安, 令政院竝卽牌招, 使之進參何如, 答曰, 允.

의정부[府]에서 아뢰기를 "새로 차출한 당상으로 국경을 나간 자를 제외하고 박주양(朴周陽)·심상학(沈相學)이 오늘 빈대(賓對)에 모두 병을 이유로 나오지 않았으니, 매우 온당치 못한 일입니다. 승정원[政院]으로 하여금 〈그들이〉 모두 즉시 패초(牌招)하여 나아가 참석하도록 하는 것이 어떻겠습니까"라고 하니, 답하기를, "윤허한다"고 하였다.

지방세를 보충해줄 것을 청함.

1888년(고종 25-戊子) 1월 26일(양력 3월 8일)

발신 : 덕원부사 이중하 / 수신 : 내무부

『承政院日記』 2969冊

內務府啓曰, 卽見德源府使李重夏所報, 則開港後, 支放條各邑上納錢, 自今爲始, 勿爲劃給事, 旣有均廳關飭, 則每年應下錢一萬八千二百二十兩, 特爲措劃充代云矣. 支放原有恒定, 事勢必多窘路[*跲], 不容無參酌充代之擧. 就本港稅銀中, 限一千五百圓, 課歲劃給, 而令該監理, 量宜分給, 成節目報本府, 反貼遵行何如, 傳曰, 允.

내무부(內務府)에서 아뢰기를, "방금 덕원부사(德源府使) 이중하(李重夏)가 보고한 것을 보니, '개항 후에 지방조(支放條)로 각 읍에서 상납한 돈은 지금부터 획급(劃給)해주지 않도록 하는 일은 이미 균역청(均役廳)에서 관문으로 신칙한 것이 있으니, 매년 응하전(應下錢) 18,220냥은 특별히 조치해서 대신 보충하여 주소서'라고 하였습니다. 지방(支放)은 원래 항구적으로 정하는데 사세(事勢)가 반드시 궁색하고 헛딛는 것이 많을 것이니, 대신 보충할 대책을 참작하지 않을 수 없습니다. 본 항구의 세은에서 1,500원(圓)을 해마다 획급해주되 해당 감리(監理)로 하여금 사의를 헤아려 분급하고 절목(節目)을 만들어 본부에 보고하게 하고, 〈본부에서 의견을〉 첨부해서 돌려보내는 것을 그대로 시행하게 하는 것이 어떻겠습니까"라고 하니, 전교하기를, "윤허한다"고 하였다.

『高宗實錄』 25卷

二十六日. 內務府啓, 卽見德源府使李重夏所報, 則開港後, 支放條各邑上納錢, 自今爲始, 勿爲劃給事, 旣有均廳關飭, 則每年應下錢一萬八千二百二十兩, 特爲措劃充代爲辭矣. 支放原有恒定, 事勢必多窘跆, 不容無參酌充代之擧. 就本港稅銀中, 限一千五百圓, 課歲劃給, 而令該監理, 量宜分給, 成節目報本府, 反貼遵行何如, 允之.

1월 26일. 내무부(內務府)에서 아뢰기를, "방금 덕원부사(德源府使) 이중하(李重夏)가 보고한 것을 보니, '개항 후에 지방조(支放條)로 각 읍에서 상납한 돈은 지금부터 획급(劃給)해주지 않도록 하는 일은 이미 균역청(均役廳)에서 관문으로 신칙한 것이 있으니, 매년 응하전(應下錢) 18,220냥은 특별히 조치해서 대신 보충하여 주소서'라고 하였습니다. 지방(支放)은 원래 항구적으로 정하는데 사세(事勢)가 반드시 궁색하고 헛딛는 것이 많을 것이니, 대신 보충할 대책을 참작하지 않을 수 없습니다. 본 항구의 세은에서 1,500원(圓)을 해마다 획급해주되 해당 감리(監理)로 하여금 사의를 헤아려 분급하고 절목(節目)을 만들어 본부에 보고하게 하고, 〈본부에서 의견을〉 첨부해서 돌려보내는 것을 그대로 시행하게 하는 것이 어떻겠습니까"라고 하니, 윤허하였다.

『日省錄(高宗)』 324冊

內務府啓言, 卽見德源府使李重夏所報, 則開港後, 支放條各邑上納錢, 自今爲始, 勿爲劃給事, 旣有均廳關飭, 則每年應下錢一萬八千二百二十兩, 特爲措劃充代云矣. 支放原有恒定, 事勢必多窘跆, 不容不參酌充代之擧. 就本港稅銀中, 限一千五百圓, 課歲劃給, 而令該監理, 量宜分排, 成節目報本府, 請反貼遵行, 允之.

내무부(內務府)에서 아뢰기를, "방금 덕원부사(德源府使) 이중하(李重夏)가 보고한 것을 보니, '개항 후에 지방조(支放條)로 각 읍에서 상납한 돈은 지금부터 획급(劃給)해주지 않도록 하는 일은 이미 균역청(均役廳)에서 관문으로 신칙한 것이 있으니, 매년 응하전(應下錢) 18,220냥은 특별히 조치해서 대신 보충하여 주소서'라고 하였습니다. 지방(支放)은 원래 항구적으로 정하는데 사세(事勢)가 반드시 궁색하고 헛딛는 것이 많을 것이니, 대신 보충할 대책을 참작하지 않을 수 없습니다. 본 항구의 세은에서 1,500원(圓)을 해마다 획급해주되 해당 감리(監理)로 하여금 사의를 헤아려 분배하고 절목(節目)을 만들어 본부에 보고하게 하고, 〈본부에서 의견을〉 첨부해서 돌려보내는 것을 그대로 시행하게 하시길 청합니다"라고 하니, 윤허하였다.

울릉도도장이 평해군 소속 월송진만호만호를 겸하게 할 것을 청함.

1888년(고종 25-戊子) 2월 6일(양력 3월 18일)

발신 : 내무부

『承政院日記』 2970冊

內務府啓曰, 鬱陵島係是海路要衝, 設置島長, 開拓有年, 而規制草創, 尙多窒礙云. 平海郡所屬越松鎭萬戶作窠, 使該島長兼帶, 仍令該曹, 口傳下批, 以爲往來檢察事, 分付何如, 傳曰, 允.

내무부(內務府)에서 아뢰기를, "울릉도(鬱陵島)는 바닷길의 요충이어서 도장(島長)을 설치하여 개척한 지 여러 해지만, 규제(規制)가 처음 갖추어져서 아직 장애가 많다고 합니다. 평해군(平海郡) 소속 월송진만호(越松鎭萬戶)의 자리를 비워 해당 도장이 겸대하기를 해당 조로 하여금 구전으로 하비하게 하시고, 왕래하며 검찰(檢察)하는 것을 분부하는 것이 어떻겠습니까"라고 하니, 전교하기를, "윤허한다"고 하였다.

『高宗實錄』 25卷

內務府啓, 鬱陵島係是海路要衝, 設置島長, 開拓有年, 而規制草創, 尙多窒礙云. 平海郡所屬越松鎭萬戶作窠, 使該島長兼帶, 以爲往來檢察事, 分付何如, 允之.

내무부(內務府)에서 아뢰기를, "울릉도(鬱陵島)는 바닷길의 요충이어서 도장(島長)을 설치하여 개척한 지 여러 해지만, 규제(規制)가 처음 갖추어져서 아직 장애가 많다고 합니다. 평해군(平海郡) 소속 월송진만호(越松鎭萬戶)의 자리를 비워 해당 도장이 겸대하게 하고, 〈그가〉 왕래하며 검찰(檢察)하는 것을 분부하는 것이 어떻겠습니까"라고 하니, 윤허하였다.

『日省錄(高宗)』 325冊

內務府啓言, 鬱陵島係是海路要衝, 設置島長, 開拓有年, 而規制草創, 尙多窒礙云. 平海郡所屬越松鎭萬戶作窠, 使該島長兼帶, 請以爲往來檢察, 允之.

내무부(內務府)에서 아뢰기를, "울릉도(鬱陵島)는 바닷길의 요충이어서 도장(島長)을 설치하여 개척한 지 여러 해지만, 규제(規制)가 처음 갖추어져서 아직 장애가 많다고 합니다. 평해군(平海郡) 소속 월송진만호(越松鎭萬戶)의 자리를 비워 해당 도장이 겸대하게 하고, 〈그가〉 왕래하며 검찰(檢察)하도록 하시기를 청합니다"라고 하니, 윤허하였다.

삼척진관월송포수군만호를 삼척포진관월송포수군만호 겸 울릉도도장으로 고쳐서 임명했음을 아룀.

1888년(고종 25-戊子) 2월 7일(양력 3월 19일)

발신 : 병조

『承政院日記』 2970冊

兵曹啓曰, 因內務府草記, 越松萬戶作窠, 鬱陵島島長兼帶, 口傳下批事, 命下矣. 三陟鎭管越松浦水軍萬戶, 改以三陟浦鎭管越松浦水軍萬戶兼鬱陵島島長下批之意敢啓, 傳曰, 知道.

병조(兵曹)에서 아뢰기를, "내무부(內務府)의 초기(草記)로 인하여, 월송만호(越松萬戶)의 자리를 비워 울릉도도장이 겸대하게 하고 구전으로 하비하라는 것을 명을 내리셨습니다. 삼척진관(三陟鎭管) 월송포수군만호(越松浦水軍萬戶)를 삼척포진관월송포수군만호(三陟浦鎭管越松浦水軍萬戶) 겸 울릉도도장(鬱陵島島長)으로 고쳐서 하비하는 내용을 감히 아룁니다"라고 하니, 전교하기를, "알았다"고 하였다.

감계사 이중하를 파견해 도문의 경계를 조사하게 할 것을 청함.

1888년(고종 25-戊子) 3월 11일(양력 4월 21일)

발신 : 내무부

『承政院日記』 2971冊

朴容大, 以內務府言啓曰, 圖們界址覆勘事, 又有北洋咨文矣. 勘界使李重夏, 使之斯速起程, 以爲訂期會勘何如, 傳曰, 允.

박용대(朴容大)가 내무부(內務府)의 말로 아뢰기를, "도문(圖們)의 경계를 복감(覆勘)하는 일은 또 북양(北洋)의 자문이 있었습니다. 감계사(勘界使) 이중하(李重夏)로 하여금 속히 길을 떠나게 해서 기일을 정하여 회감(會勘)하게 하는 것이 어떻겠습니까"라고 하니, 전교하기를, "윤허한다"고 하였다.

『高宗實錄』 25卷

內務府啓, 圖們界址覆勘事, 又有北洋大臣咨文矣. 勘界使李重夏, 使之斯速起程, 以爲訂期會勘何如, 允之.

내무부(內務府)에서 아뢰기를, "도문(圖們)의 경계를 복감(覆勘)하는 일은 또 북양(北洋)의 자문이 있었습니다. 감계사(勘界使) 이중하(李重夏)로 하여금 속히 길을 떠나게 해서 기일을 정하여 회감(會勘)하게 하는 것이 어떻겠습니까"라고 하니, 윤허하였다.

『日省錄(高宗)』 326冊

內務府啓言, 圖們界趾覆勘事, 又有北洋大臣咨文矣. 勘界使李重夏, 使之斯速起程, 以爲訂期會勘, 允之.

내무부(內務府)에서 아뢰기를, “도문(圖們)의 경계를 복감(覆勘)하는 일은 또 북양(北洋)의 자문이 있었습니다. 감계사(勘界使) 이중하(李重夏)로 하여금 속히 길을 떠나게 해서 기일을 정하여 회감(會勘)하게 하게 하소서”라고 하니, 윤허하였다.

6진의 상황을 보고받고 환곡을 감해줄 것을 명함.

1888년(고종 25-戊子) 3월 30일(양력 5월 10일)

발신 : 감계사 이중하

『備邊司謄錄』 269冊

勘界使書目上疏上送事啓, 答曰, 省疏具悉, 勘界事令廟堂稟處. 六鎭俱以關北重地, 素稱貧瘠, 而比年屢經勘界往來之役, 一倍蕩減, 殘益無以支存云. 言念民情, 不覺惻然, 其在懷保之道, 不可無拔例之擧. 六邑還上, 特爲蠲給, 以示朝家撫綏軫恤之意.

감계사(勘界使) 이중하(李重夏)가 서목과 상소를 올려 보낸 일에 대해 아뢰니, 답하기를 "상소를 보고 잘 알았다. 감계하는 일은 묘당으로 하여금 품처하게 하라. 6진은 모두 관북(關北)의 중요한 땅으로 원래 척박한 곳이라 불렸는데, 근년에 여러 차례 감계하느라 왕래한 일로 갑절로 〈세금을〉 탕감하였으나 쇠잔함이 더욱 지탱할 수 없게 되었다고 한다. 백성의 사정을 생각하여 말하면, 깨닫지 못하는 사이 측은해지니 〈백성을〉 품고 보호하는 도리에서 〈보아〉 전례에 없는 특별한 조치가 없을 수 없다. 6개 읍의 환곡을 특별히 견감해주어 조정[朝家]에서 위무하고 진휼하는 뜻을 보이라"고 하였다.

6진의 환곡을 감한다는 내용을 언문으로 번역하여 마을에 게시하게 할 것을 청함.

1888년(고종 25-戊子) 5월 17일(양력 6월 26일)

발신 : 감계사 이중하 / 수신 : 의정부

『承政院日記』 2973冊

李起鍾以議政府言啓曰, 因勘界使李重夏上疏批旨內, 勘界事令廟堂稟處. 六鎭俱以關北重地, 素稱貧瘠, 而比年屢[累]經勘界往來之役, 一倍蕩殘, 益無以支存云. 言念民情, 不覺惻然, 其在懷保之道, 不可無拔例之六[*擧]. 六邑還上, 特爲蠲給, 以示朝家撫綏軫恤之意事, 命下矣. 勘界一款, 頃已移咨北洋, 待回覆, 當有措處. 至若北還事, 聖念垂惻, 特命蠲給, 德意攸曁, 不任感戴之至. 今方三懸鈴行會於按撫使, 謹將批旨, 眞諺翻謄, 揭示坊里, 俾各知悉. 而設有已捧者, 這這還給, 毋或有從中相蒙之弊, 擧行形止, 卽爲馳聞事, 分付何如, 傳曰, 允.

이기종(李起鍾)이 의정부(議政府)의 말로 아뢰기를, "감계사(勘界使) 이중하(李重夏)의 상소에 대한 비지(批旨)에, '감계하는 일은 묘당으로 하여금 품처하게 하라. 6진은 모두 관북(關北)의 중요한 땅으로 원래 척박한 곳이라 불렸는데, 근년에 여러 차례 감계하느라 왕래한 일로 갑절로 〈세금을〉 탕감하였으나 〈상황이〉 더욱 지탱할 수 없게 되었다고 한다. 백성의 사정을 생각하여 말하면, 깨닫지 못하는 사이 측은해지니 〈백성을〉 품고 보호하는 도리에서 〈보아〉 전례에 없는 특별한 조치가 없을 수 없다. 6개 읍의 환곡을 특별히 견감해주어 조정[朝家]에서 위무하고 진휼하는 뜻을 보이라'고 명을 내리셨습니다. 감계하는 한 가지 사항은 지난번 이미 북양(北洋)에 자문을 보냈으니 회신을 기다리고 마땅히 조처가 있어야 합니다. 북방 지역의 환곡은 성상께서 불쌍히 여기시어 감면하도록 특별히 명하셨으니, 덕음이 미치는 곳에는 지극한 감격을 가눌 수 없을 것입니다. 지금 당장 삼현령(三懸鈴)으로 안무사(按撫使)에게 행회하여 삼가 이 비지를 언문으로 번역하고 방리에 게시하도록 하여, 각자로 하여금 모두 알게 하겠습니다. 그리고 설령 이미 납부한 자가 있으면 일일이 환급하여 혹시라도 중간에서 피해를 보는 폐단이 없도록 하고, 그 거행 상황은 즉시 치문하는 것을 분부하는 것이 어떻겠습니까"라고 하니, 전교하기를, "윤허한다"고 하였다.

『高宗實錄』 25卷

議政府啓, 因勘界使李重夏上疏批旨內, 勘界事, 令廟堂稟處. 六鎭俱以關北重地, 素稱貧瘠. 而比年累經勘界往來之後, 一倍蕩殘, 益無以支存云. 言念民情, 不覺惻然, 其在懷保之道, 不可無拔例之擧. 六邑還上, 特爲蠲給, 以示朝家撫綏軫恤之意事, 命下矣. 勘界一款, 頃已移咨北洋, 待回覆, 當有措處. 至若北還事, 聖念垂惻, 特命蠲給, 德意攸曁, 不任感戴之至. 今方行會於按撫使, 謹將批旨, 眞諺翻謄, 揭示坊里, 俾各知悉. 而設有已捧者, 這這還給, 毋或有從中相蒙之弊, 擧行形止, 卽爲馳聞事, 分付何如, 允之.

의정부(議政府)에서 아뢰기를, "감계사(勘界使) 이중하(李重夏)의 상소에 대한 비지(批旨)에, '감계하는 일은 묘당으로 하여금 품처하게 하라. 6진은 모두 관북(關北)의 중요한 땅으로 원래 척박한 곳이라 불렸는데, 근년에 여러 차례 감계하느라 왕래한 후에, 갑절로 〈세금을〉 탕감하였으나 〈상황이〉 더욱 지탱할 수 없게 되었다고 한다. 백성의 사정을 생각하여 말하면, 깨닫지 못하는 사이 측은해지니 〈백성을〉 품고 보호하는 도리에서 〈보아〉 전례에 없는 특별한 조치가 없을 수 없다. 6개 읍의 환곡을 특별히 견감해주어 조정[朝家]에서 위무하고 진휼하는 뜻을 보이라'고 명을 내리셨습니다. 감계하는 한 가지 사항은 지난번 이미 북양(北洋)에 자문을 보냈으니 회신을 기다리고 마땅히 조처가 있어야 합니다. 북방 지역의 환곡은 성상께서 불쌍히 여기시어 감면하도록 특별히 명하셨으니, 덕음이 미치는 곳에는 지극한 감격을 가눌 수 없을 것입니다. 지금 당장 안무사(按撫使)에게 행회하여 삼가 이 비지를 언문으로 번역하고 방리에 게시하도록 하여, 각자로 하여금 모두 알게 하겠습니다. 그리고 설령 이미 납부한 자가 있으면 일일이 환급하여 혹시라도 중간에서 피해를 보는 폐단이 없도록 하고, 그 거행 상황은 즉시 치문하는 것을 분부하는 것이 어떻겠습니까"라고 하니, 윤허하였다.

『日省錄(高宗)』 328冊

議政府啓言, 關北俱以重地, 屢經勘界之役. 言念民情, 不覺惻然. 六邑還上, 特爲蠲給, 德意攸曁, 不任感戴之至, 行會於按撫使處, 謹將批旨, 揭示坊曲, 而設有已捧, 這這還給, 擧行形止, 請卽爲馳聞, 允之

의정부(議政府)에서 아뢰기를, "'관북은 모두 중요한 땅이니 감계하는 일이 여러 번이다. 백성의 사정을 생각하여 말하면, 깨닫지 못하는 사이 측은해진다. 6개 읍의 환곡을 특별히 견감해주어 덕음을 미치는 곳에는 지극한 감격을 감당할 수 없게 하라'〈는 내용을〉 안무사(按撫使)에게 행회하여 장차 비지를 삼가 방곡(坊曲)에 게시하게 하시고 이미 납부한 자가 있다면 일일이 환급하며 〈그〉 거행 상황은 즉시 치문하게 하소서"라고 하니, 윤허하였다.

『備邊司謄錄』 269冊

府啓曰, 因勘界使李重夏上疏批旨內, 勘界事, 令廟堂稟處. 六鎭俱以關北重地, 素稱貧瘠, 而比年屢經勘界往來之役, 一倍蕩殘, 益無以支存云. 言念民情, 不覺惻然, 其在懷保之道, 不可無拔例之擧. 六邑還上, 特爲蠲給, 以示朝家撫綏軫恤之意事, 命下矣. 勘界一款, 頃已移咨北洋, 待回覆, 當有措處. 至若北還事, 聖念垂惻, 特命蠲給, 德意攸曁, 不任感戴之至. 今方三懸鈴行會於按撫使處, 謹將批旨, 眞諺翻謄, 揭示坊里, 俾各知悉. 而設有已捧者, 這這還給, 毋或有從中相蒙之弊, 擧行形止, 卽爲馳聞事, 分付何如, 答曰, 允.

의정부[府]에서 아뢰기를 "감계사(勘界使) 이중하(李重夏)의 상소에 대한 비지(批旨)에, '감계하는 일은 묘당으로 하여금 품처하게 하라. 6진은 모두 관북(關北)의 중요한 땅으로 원래 척박한 곳이라 불렸는데, 근년에 여러 차례 감계하느라 왕래한 일로 갑절로 〈세금을〉 탕감하였으나 〈상황이〉 더욱 지탱할 수 없게 되었다고 한다. 백성의 사정을 생각하여 말하면, 깨닫지 못하는 사이 측은해지니 〈백성을〉 품고 보호하는 도리에서 〈보아〉 전례에 없는 특별한 조치가 없을 수 없다. 6개 읍의 환곡을 특별히 견감해주어 조정[朝家]에서 위무하고 진휼하는 뜻을 보이라'고 명을 내리셨습니다. 감계하는 한 가지 사항은 지난번 이미 북양(北洋)에 자문을 보냈으니 회신을 기다리고 마땅히 조처가 있어야 합니다. 북방 지역의 환곡은 성상께서 불쌍히 여기시어 감면하도록 특별히 명하셨으니, 덕음이 미치는 곳에는 지극한 감격을 가눌 수 없을 것입니다. 지금 당장 삼현령(三懸鈴)으로 안무사(按撫使)에게 행회하여 삼가 이 비지를 언문으로 번역하고 방리에 게시하도록 하여, 각자로 하여금 모두 알게 하겠습니다. 그리고 설령 이미 납부한 자가 있으면 일일이 환급하여 혹시라도 중간에서 피해를 보는 폐단이 없도록 하고, 그 거행 상황은 즉시 치문하는 것을 분부하는 것이 어떻겠습니까"라고 하니, 답하기를, "윤허한다"고 하였다.

조러육로통상장정이 체결됨.

1888년(고종 25-戊子) 7월 13일(양력 8월 20일)

발신 : 독판교섭통상사무 조병식

『高宗實錄』25卷

十三日. 朝俄陸路通商章程成. 朝俄陸路通商章程. 大朝鮮國正二品資憲大夫督辦交涉通商事務趙秉式, 大俄羅斯國欽命從二品公使大臣韋貝, 爲加敦兩國和好, 竝長行兩國邊界通商利益之處, 會同商定該款例於左. 第一款. 一, 俄國人民, 在朝鮮國通商濟物浦·元山·釜山各海口竝漢陽京城【倘各國撤回行棧, 則俄商民亦同時撤此處貿易】, 楊花津【或附近別處】五處之外, 咸鏡道慶興一處, 亦準其通商. 二, 俄國可在慶興一處, 設立領事官或副領事官. 該領事等官, 應奉到朝鮮勅, 準政府允文, 方可躬親任事. 未到任以前, 或東海濱省南域督辦邊界官一員或別項官員, 有此職任者, 朝鮮政府亦應允準, 可暫行署理領事等官事務. 三, 俄國所派慶興領事等官, 與朝鮮地方官員, 會晤及往來文件, 必須享獲朝鮮通商各口領事官最優之禮, 及一切種種利益之處. 四, 俄國所派使臣·隨員, 竝領事等官, 邊界等官, 任便前往朝鮮各處游歷勿阻, 朝鮮地方官盡力相助, 發給護照, 竝行斟酌, 派人護送, 以重妥爲保護之義. 其寄發信函, 該俄國官等, 可附送朝鮮官府文報便遞, 遇有重大緊要事件, 卽交俄國可靠之人或交別國人, 持特憑惠送沿途, 勿得攔阻. 第二款. 一, 俄國人民在慶興一處, 或欲永租暫租地段, 或欲賃購房屋, 起蓋房屋, 設立棧房, 作房等工, 均聽其便. 至於俄國官民教規典禮各儀, 亦聽隨意自行. 所有揀擇地畝, 立定界限, 經營基址, 作爲俄人居住之處及轉行永祖地段, 地年稅數各事宜, 應由朝鮮官員會同俄國該官員, 妥行商辦, 竝嗣後亦準設立管理租界事務紳董公司及讓出地一段, 作爲俄人塋葬之區, 均按照朝鮮通商各口洋人租界定例施行. 除此外, 該朝鮮官員, 附近離慶興不過五里, 應擇定空地一段, 長不過朝鮮里一里, 作爲俄國民人所有馱牲宰牲牧場. 至於該牧場. 擇定看守其地等情, 該牧場之給, 應由兩國地方官, 嗣後妥議商定. 至於所養牲畜爲貿易之業運貨進出之時, 準完納稅課. 惟俄人自用竝用運貨馱牲稅則蠲免. 如俄國人欲行永租或暫租地段, 賃購房屋在相離租界十里【朝鮮里】內者, 聽其自便. 其所納地稅各事, 應遵朝鮮國自定稅課章程. 二, 離慶興一處百里之內【朝鮮里】, 或將來兩國該官員彼此議定界限之內, 俄民均可任便游歷, 勿庸請領執照. 惟俄國民人, 準持照前往朝鮮各處, 游歷通商, 購買土貨, 竝將一切貨物運販賣進出售【惟朝鮮政府不允之書籍刊印各類, 不準在朝鮮界內銷售】, 所持執照, 應由俄國官, 繕發朝鮮地方官, 加蓋印信或秉筆畫押. 所有經過之處, 如地方官飭令交照, 查閱卽應, 呈驗無訛, 立卽放行. 至覓雇所需車船人夫等裝運行李貨物, 亦聽其便. 如俄國民游歷者, 逾越以上界限, 竝無該執照, 或在內地, 有不法情事, 應行拿交, 就近俄國官懲辦. 其逾定界無照者, 卽可酌罰, 竝行監禁或只罰不禁. 惟罰款不得逾墨洋百元, 禁期不得逾一月. 三, 朝鮮人民, 亦準前往俄國游歷通商, 竝除俄國政府例禁進口之貨物外, 準將各項貨物運販賣及購買土貨. 惟應請朝鮮關官, 給照爲憑, 至俄國境, 所持執照, 呈交俄國官, 查閱蓋印畫押. 所有經過之處, 如地方官飭令交照查閱, 卽應呈驗無訛, 立卽放行. 至雇覓所需車船人夫等裝運行李貨物, 亦聽其便. 四, 如朝鮮人民欲越邊界, 竝無執照, 由俄國官員察查情形, 不準前往, 拿還境上. 俄國人民無照欲越邊界, 應由朝鮮官員一律照辦. 五, 俄國人民在朝鮮寄居, 朝鮮人民在俄國寄居, 如願回故土, 竝無所礙之事, 兩國官員應發執照放行. 第三款. 一, 俄國人民在慶興一處, 除此章程明禁之物外, 準其隨便貿易, 竝準俄國·朝鮮國或他國各項貨物, 運進慶興一處, 或由慶興一處運出, 亦任便交錢, 或以貨物互換販賣購買. 該貨物均與朝鮮官員稍不得攔阻, 竝準此處, 該俄國人民, 做一切工作局廠, 生理亦不阻滯. 二, 貨物到邊界關口, 俄國人民應報明關官, 竝呈遞報單. 單內載明本商姓名, 貨色·數目·記號, 及件數幾何, 竝價値若干. 三, 凡照以上規例所報明之貨物, 可由關口, 在於定準驗貨處所, 委員查驗. 惟查驗各貨, 勿致損傷, 亦不得耽誤遲延. 貨物查驗畢, 該委員卽宜勉照前式歸裝原箱原包. 四, 凡貨物到關口, 五日內按照, 稅則完納稅課, 該關發給準單, 始可其貨出入內地. 五, 俄國人民, 將各貨物載入朝鮮, 旣經按照, 稅則完納稅項, 準前往內地, 竝無納稅, 所有一切抽收稅釐規費等項, 永勿再事徵收. 至於一切貨物, 由內地意欲運出, 其貨, 在出産之地或在沿途, 除納出貨之稅外, 所有一切稅釐及各項規費, 亦槪免其徵收. 六, 凡由俄國或由他國販來一切貨物, 進入慶興一處, 旣經貨主或寄交之人, 納淸稅課, 復欲載出者, 由進入之日起, 限十三箇月內, 如係原貨原包, 應行發給, 該貨物已經完稅, 存票一紙, 以抵該貨已納之稅. 此項存票, 該商民持往朝鮮關口領價, 卽應照付, 或持往朝鮮通商各處, 抵作貨物納稅之款, 均聽商便. 七, 朝鮮土貨, 如在朝鮮通商各處或在內地所購買, 爲陸路載出, 往俄國地方, 已經完納稅課, 如商欲還賣在朝鮮地, 仍不載出, 所以納稅項, 應由關口全行給還. 倘該貨中途有失, 亦應呈出失物確據, 該關口應將稅發還. 第四款. 一, 凡有嚴防偸漏販私貨者, 應由朝鮮官, 隨時隨勢, 設法辦理. 二, 俄國人民, 如將貨物偸運, 不沿促途, 遶越他徑, 不由關口者, 不論已行未行, 均應將貨物入官, 違犯之人, 按入官貨物之價, 加倍示罰. 以上私貨, 可由朝鮮官酌量扣留, 其希圖違禁之俄民, 無論事成與否, 竝可查拿, 隨卽轉送. 就近俄國官審讞所, 扣留貨物, 俟定案後, 再行分別辦理. 三, 俄國人民, 不準包庇朝鮮人民貨物運往通商各處. 犯者, 按本章程偸運例罰辦. 四, 俄國商民, 由俄國或由他國運來貨物, 已經完納稅課, 如託稱復欲載出俄國境, 呈請按照此章程第三款還領, 此貨稅價, 由關口發給存票以後, 潛將此貨, 或全行或分行, 在朝鮮地發賣, 卽應按照所賣貨物之數, 依私貨例罰辦. 五, 其罰令入官之貨, 如商人願將原貨之價, 交官領收, 該入官之貨, 準其與朝鮮官議定價値, 交官就該貨可領. 第五款. 一, 旅客行李, 食禽各項如鷄鴨鵝等類, 農器, 各種紋足金銀【砂金不在此例】·金銀錢, 各樣格物類, 如考究堪輿·天文·算法等所用, 與醫家治病刀鋸, 及相配各物書籍·地圖冊·幅鉛字·機器式樣, 各種各貨式樣【惟數不宜過多】, 菜蔬·果, 植物類如大小樹株·各種花卉, 魚類, 救火水龍, 各種包裹裏類, 如口袋包席·綑物繩線, 以上各物, 由陸路進出朝鮮, 皆淮免稅. 二, 凡例禁之物, 如鴉片·各項藥品之攙假者, 兵器各項·火器·軍物, 如大小礮位及礮子·開花彈子, 各種火槍·裝槍藥·銅帽·槍刀·刺佩帶腰刀·扎槍硝火藥·綿花藥, 裂火藥, 外國名代納麥得, 及別項自行轟裂各藥, 均不準運入. 如違此例, 卽將所運違禁之物, 全罰入官. 除以上已載明外, 亦不準原酒運往俄國, 竝不準紅蔘載出朝鮮【俄國人在朝鮮游歷者, 每人準帶鳥槍或手槍一桿護身, 惟應在所待執照載明】. 三, 所有以上免稅違禁兩項外, 凡由陸路進出朝鮮各貨物, 皆按値百抽五之例納稅. 俄國商民由海路運貨, 至通商口岸, 或有海路運出者, 應照水路章程納稅, 不能援引陸路之例. 四, 陸路進朝鮮貨物估價, 照則納稅者, 應視海蔘葳市價爲本, 加以運載保險等費, 通合若干, 卽爲該貨估價. 至出朝鮮土貨, 應以朝鮮市價, 爲該貨估價. 如貨主所報照估價納稅之貨, 價値似有不符, 應照各海口通商章程辦理, 免致分爭. 各項進慶興一處貨, 如在中途損壞者, 應行分別查明後, 持平減免稅課. 五, 所有稅項, 應以銀錢完納, 或欲以朝鮮銅錢納稅, 則暫照行市價值收納. 六, 進出朝鮮貨, 照估價納稅之規, 視商務稍旺, 早行斟酌, 可更變作. 每貨一件, 抽稅幾何, 其貨件抽稅之數, 應由兩國該官員會同議訂. 七, 俄國商民在慶興一處關口所呈字, 據明章等文, 準用俄國文語, 或旁註朝鮮文字話語. 第六款. 一, 俄國民人及其財產在朝鮮者, 應歸俄國所派領事等官或別項官員, 有此職任者管理. 凡俄國民人互相涉訟, 或別國人控告俄民之案, 均由俄國該官員審理, 與朝鮮官員稍無干涉. 二, 朝鮮官員及民人等, 若有控告居駐朝鮮俄民之案, 應歸俄國司刑官員, 照俄國律例審斷. 三, 俄國官員及人民等, 若在朝鮮遇有控告朝鮮民人案件, 應歸朝鮮官員, 照朝鮮律例審斷. 四, 俄國民人在朝鮮者, 如有違例犯法之事, 應由俄國官員, 照俄國律例審斷. 五, 朝鮮民人在朝鮮境內, 如有違例犯法侮及俄國人者, 應由朝鮮官員, 照朝鮮律例, 查拿審斷. 六, 凡有控告俄國人民, 因違背兩國前定和約及此章程, 或將來兩國議商定立各章, 有涉罰, 或入官款及一切罪名, 應歸俄國領事, 自行審斷. 其所罰之款, 以及入官財貨, 歸朝鮮政府. 七, 凡有朝鮮國官員在慶興一處, 因事扣留俄民貨物, 應由朝鮮官員, 會同俄國領事等官, 先行查封, 暫由朝鮮官員看管, 俟俄國官員審定後發落. 如審明貨主竝無爽, 是卽應將所封貨物全數, 送交領事官發還. 惟所封貨物, 應聽貨主將貨物估價, 折銀若干. 暫存朝鮮官員處, 所立卽將貨領出, 俟俄國刑訟之員審定後, 其折價存款分別, 充公發還. 八, 在朝鮮境內所有兩國民人, 一應詞訟交涉之案, 如應在俄署審訊者, 朝鮮國卽可隣派委員聽審, 如應在朝鮮署內審訊者, 俄國亦可遴派委員聽審. 其奉派聽審之員, 彼此承審各官, 皆應優禮, 如儀相待. 聽審官如欲轉請傳訊, 以便自行駁詰, 亦聽其便. 如以承審官審斷爲不符, 猶許聽審官逐一駁辯. 九, 凡有首告朝鮮民人, 有犯本國律禁, 逃在俄國商民開設行棧·居駐寓所等處及俄國商船隱匿者, 由地方官, 照知俄國領事官, 應由領事官設法, 將隱匿之人查拿交出, 該地方官審辦. 領事官尙未照諾, 除寓主自行依允外, 朝鮮官役槪不得擅入俄國商民行棧寓所等處, 其在船上者, 應由船主相許, 始可登船搜緝. 十, 凡有俄國民人被人控告違犯法律, 竝師商各船在逃人犯, 一經俄國該官員, 照知朝鮮官員, 卽應說法查緝交出. 餘與本款第九節同例辦理. 第七款. 一, 土們江兩國沿岸, 水船隨便行走, 其立定兩國對岸渡法竝行船之規. 嗣後應由兩國該官員商議, 另設行船, 竝稽查河面之章程, 務求彼此兩便. 第八款. 一, 兩國議立此通商程, 原係【朝·俄】兩國文字, 均經詳細校對, 詞意相同. 嗣後倘有文辭分岐之處, 應歸俄文講解, 以免彼此辯論之端. 二, 凡由俄國官員, 照會朝鮮官員文件, 暫可譯成漢文或朝鮮國文與俄文配送. 第九款. 一, 本章程自畫押之日起定爲施行, 五年爲限. 如朝鮮國或俄國有欲商議酌改, 應於限滿前六箇月, 豫先聲明. 如未聲明, 應仍照行, 五年守限. 將此章程, 在漢陽京城議定畫押, 蓋用印章, 以昭信守. 大朝鮮國開國四百九十七年七月十三日. 大俄羅斯國一千八百八十八年八月八日.

7월 13일. 조선과 러시아의 육로통상장정(陸路通商章程)이 성립되었다. 조아육로통상장정(朝俄陸路通商章程). 대조선국 정2품 자헌대부(資憲大夫) 독판교섭통상사무(督辦交涉通商事務) 조병식(趙秉式)과 대러시아국 흠명(欽命) 종2품 공사대신(公使大臣) 베베르[韋貝]는 양국의 화호를 더욱 두텁게 하고, 아울러 양국 변계 통상의 이익이 되는 곳을 길이 시행〈하고자〉 회동하여 상정한 해당 관(款)을 아래에 열거한다. 제1관. 1, 러시아국 인민은 조선국에서 제물포(濟物浦)·원산(元山)·부산(釜山)의 각 항구와 한양 경성【각 국에서 행잔(行棧)을 철회하면, 러시아 상인도 또한 동시에 이곳의 무역을 철회】, 양화진(楊花津)【혹은 부근 별도의 장소】 다섯 곳에서 통상을 하는 것 외로 함경도(咸鏡道) 경흥(慶興)의 한 곳에서도 통상을 승인한다. 2, 러시아국은 경흥의 한 곳에 영사관(領事官)이나 부영사관(副領事官)을 둘 수 있다. 해당 영사(領事) 등의 관원은 조선의 칙(勅)이나 정부의 윤문(允文)를 받아야만 직접 사무를 볼 수 있다. 임명되기 전에 간혹 동해빈성남역독판변계관(東海瀕省南域督辦邊界官) 1명 또는 별항 관원인데 이 직임에 있는 자는, 조선 정부도 또한 윤준(允準)하여 영사 등의 관원의 사무를 잠정적으로 대행하게 할 수 있다. 3, 러시아국에서 경흥으로 파견한 영사 등의 관원이 조선의 지방관원과 만나거나 문건을 주고받을 때는, 조선의 각 통상항구에서 영사관을 대하는 가장 높은 대우 및 일체의 각종 이익을 보장받아야 한다. 4, 러시아국에서 파견한 사신·수행원, 모든 영사 등의 관원, 변계(邊界) 등의 관원은 임의대로 조선 각 처를 다니면서 유람해도 저지할 수 없고, 조선 지방관은 〈그것을〉 힘껏 도와주고 호조(護照)를 발급하며 아울러 〈미리〉 짐작하여 인원을 파견하여 호송해서 〈러시아국의 관원을〉 보호하는 뜻을 거듭 편안하게 해야 한다. 발송하는 편지는 해당 러시아국 관원이 조선 관부에서 보내는 공문 편으로 첨부하여 보낼 수 있으며, 〈그것이〉 무겁고 아주 요긴한 사건인 때는 바로 믿을만한 러시아국 사람에게 교부하거나 다른 나라 사람에게 교부하여 특별히 〈편지를〉 가지고 송달할 수 있게 하며 도중에 이를 막지 못한다. 제2관. 1, 러시아국 인민이 경흥의 한 곳을 영구히 조차 혹은 잠시 동안 조차하거나 집을 세내고 가옥을 짓고 잔방(棧房)과 작업장을 설치하는 것 등의 공사를 하려고 할 경우는 모두 그 편의를 들어준다. 러시아국 관원과 백성이 종교 계율과 전례의 각종 의식도 또한 마음대로 거행하도록 허락한다. 〈그들이〉 간택한 토지는 경계를 정하고 부지를 경영하여 러시아인의 거주지 및 영구히 조차하는 구역으로 전용하는 것과, 그 지역의 연간 세금에 관한 각각의 일은 조선 관원이 러시아국의 해당하는 관원과 회동하여 적절하게 상의하여 처리하고, 아울러 이후의 조계사무를 관리하는 신동공사(紳董公司) 설립 및 〈조선의〉 1개 구역을 양도하여 러시아인의 묘지구역으로 만드는 것을 승인하는데, 〈이들은〉 모두 조선의 각 통상항구 서양인의 조계정례(租界定例)에 따라 시행한다. 이것을 제외하고, 조선의 해당하는 관원은 경흥에서 5리 이내의 부근, 조선리(朝鮮里)로는 1리 이내 길이의 빈 땅을 선택하여 러시아국 인민[民人] 소유의 운반용 가축과 식용 가축의 목장을 만든다. 해당 목장에서 그곳의 간수(看守)를 택정하고, 해당 목장의 〈소모품을〉 공급하는 문제 등과 관련해서는 양국 지방관이 이후 협의하여 논의해서 결정한다. 생육하였던 가축을 무역의 업을 시키기 위해 화물을 〈그 가축에게 싣고 국경을〉 오고갈 때에는 세금을 완납해야 한다. 다만 러시아인이 직접 사용하거나 화물을 운반하는 데 이용하는 가축에 대해서는 세금을 면제한다. 러시아국 사람이 영구히 조차 혹은 잠시 동안 조차하려는 토지나, 임대하거나 구입하려는 가옥이 조계에서 10리【조선리】 안의 거리에 있는 것은 그들의 편의를 들어준다. 그들이 납부하는 지세(地稅)의 각종 사항은 조선국에서 자체적으로 정한 과세장정을 준수해야 한다. 2, 경흥의 한 곳에서 100리【조선리】 안의 지역 혹은 장래에 양국의 해당하는 관원이 서로 의정할 한계 안에서는 러시아 백성이 모두 임의대로 편히 유람할 수 있고, 집조(執照)를 가지고 다니라고 요구할 수 없다. 다만 러시아국 인민이 조를 가지고 조선 각처를 유람하고 통상하며, 토산물을 구매하고, 아울러 일체의 화물을 운반·판매하거나 수출입하여 판매【다만 조선정부에서 허락하지 않은 책과 인쇄물 각종은 조선경내에서 파는 것을 허락하지 않는다】할 경우, 소지할 집조를 러시아국 관청에서 발급하고, 조선 지방관이 인장을 찍거나 붓으로 화압한다.

지나가는 모든 곳에서 만일 〈조선〉 지방관이 조를 제시하게 하여 조사하려고 하는 경우는 〈러시아인은 조를〉 즉시 제시하여 검열에 응하고 〈사실과 조가〉 다르지 않으면 곧 통과하게 한다. 필요하여 고용한 수레·배·인부 등이 행장과 화물을 꾸리고 운반하려고 할 때에도 또한 그 편의를 들어준다. 만일 러시아국 백성이 유람하다가 이상〈에서 언급한〉 경계를 넘었는데, 게다가 거기에 해당하는 집조가 없거나 혹은 내지에서 불법적인 일을 하면, 체포하여 근처의 러시아국 영사관에 넘겨 징벌한다. 조 없이 정해진 경계를 넘은 사람은 바로 참작하여 벌을 주거나, 아울러 감금 혹은 벌만 주고 감금하지 않기도 한다. 다만 벌금은 멕시코 은화[墨洋] 100원(元)을 초과할 수 없으며, 감금 기간은 1개월을 넘길 수 없다. 3, 조선 인민도 러시아국에 가서 유람과 통상을 할 수 있으며, 아울러 러시아국 정부에서 입항을 금지한 화물을 제외한 각종 화물을 운반·판매하고, 토산물을 구매할 수 있다. 다만 조선의 〈이 일과〉 관련된 관청에 신청하여 조를 발급받아 증거로 삼아야 하며, 러시아 국경에 가서는 소지한 집조를 러시아국 관원에게 제출하여 검사받고, 도장을 받거나 화압을 받는다. 지나가는 모든 곳에서 만일 〈러시아〉 지방관이 조를 검열하려고 하는 경우는, 〈조선 인민은 조를〉 즉시 제시하여 검열에 응하고 〈사실과 조가〉 다르지 않으면 곧 통과하게 한다. 필요하여 고용한 수레·배·인부 등이 행장과 화물을 꾸리고 운반하려 할 때에도, 또한 그 편의를 들어준다. 4, 만일 조선 인민이 변경을 넘으려고 하는데 아울러 집조도 없다면, 러시아국 관원이 상황을 조사하고 더 나가지 못하게 하며, 체포하여 국경으로 돌려보낸다. 러시아국 인민이 조 없이 변계를 넘으려고 하는 경우도 조선 관원이 일률적으로 처리한다. 5, 조선에 사는 러시아국 인민이나 러시아국에 사는 조선국 인민이, 고국[故土]으로 돌아가기 원하고, 아울러 〈귀국에〉 저애되는 일이 없을 경우, 양국 관원은 집조를 발급하여 〈고국으로〉 보내야 한다. 제3관. 1, 러시아국 인민은 이 장정이 명백하게 금지하는 물건을 제외하고, 편의에 따라 무역을 할 수 있으며, 아울러 러시아국·조선국 혹은 타국의 각종 화물을 경흥의 한 곳으로 운반하거나 혹은 경흥의 한 곳을 지나 운반해가는 것, 또한 편의에 따라 돈을 교환하거나 혹은 화물로써 서로 교환하여 매매할 수 있다. 해당하는 화물은 조선 관원이 조금도 저지할 수 없으며, 아울러 이곳에 해당하는 러시아국 인민이 일체의 작업공장과 상점을 짓고 운영하는 것을 막지 못한다. 2, 화물이 변방 경계의 세관[關口]에 도달하면, 러시아국 인민은 세관관리에게 명백하게 보고하고 아울러 신고서[報單]를 제출해야 한다. 신고서에는 본 상인의 성명, 화물의 종류, 수량과 목록, 기호 및 건수가 얼마인지, 가격은 어느 정도인지 적는다. 3, 무릇 이상의 규례에 따라 명백하게 보고한 화물은, 세관을 경유하여 지정된 화물 검사소에서 위원에게 검사받는다. 다만 각 화물의 검사는, 〈화물이〉 손상되지 않도록 해야 하며 〈억지로〉 시간을 지연시키지 못한다. 화물 검사를 마친 후 해당 위원은 바로 이전의 방식에 따라, 원래의 화물 상태로 포장해서 돌려주어야 한다. 4, 화물이 세관에 도착하면 5일 이내로 조에 의거하여 세금은 과세분을 완납하며, 해당 세관에서 허가증[准單]을 발급해주어야 그 화물을 내지로 들여갈 수 있다. 5, 러시아국 인민이 각종 화물을 조선에 실고 들여와서 조에 의거하여 세금 항목〈에 맞추어〉 완납한 것은, 내지로 가져가는 것을 허락하고 아울러 세금을 납부하지 않으며, 일체의 징수할 세금과 소정 수수료[規費] 등의 항목은 영구하게 다시 징수하지 못한다. 일체의 화물을 내지에서 운반해오려고 하면, 그 화물은 생산지나 혹은 도중에서 화물의 수출로 납부하는 세금 외에, 일체의 세금 및 각종 소정의 수수료는 역시 징수를 면제한다. 6, 러시아국 혹은 타국을 거쳐서 사온 일체의 화물을 경흥의 한 곳으로 가져와 화물 주인 혹은 발송인이 세금을 깨끗이 납부하고 다시 실어가려고 할 경우, 들여온 날에서 13개월 이내로 한다. 원래의 화물과 포장대로 있을 때는, 해당 화물이 이미 세금을 완납했다는 확인서 1장을 발급하여 해당 화물이 이미 세금을 납부했다는 것을 증명해준다. 이 확인서를 해당 상인이 조선 세관에 가져가서 돈을 찾고 즉시 제출하거나, 혹은 조선의 각 통상처로 가지고 가서 화물세 납부의 증거로 삼으려하면 모두 상인의 편의를 들어준다. 7, 조선의 각 통상 지역이나 내지에서 구매한 조선 토산물을 육로로 실어서 러시아국의 지방으로 가져가려고 세금을 완납했다가, 만약 〈러시아〉 상인이 조선 지역에서 다시 팔려고 이에 〈화물을〉 실어가지 않았을 때는, 납부한 세금 항목을 세관이 전부 돌려주어야 한다. 해당 화물이 중도에 유실된 경우도, 화물을 분실하였다는 확실한 증거를 〈러시아 상인이〉 제출하면, 해당 세관은 세금을 돌려주어야 한다. 제4관. 1, 엄격한 통제를 몰래 벗어나 밀수품[私貨]을 파는 자가 있을 때는 조선 관원은 시기와 상황에 따라 방법을 세워 처리한다. 2, 러시아국 인민이 만일 화물을 몰래 운반하여 지정된 길로 오지 않고 다른 길로 넘어와서 세관을 경유하지 않은 경우, 이미 행한 것과 행하지 않은 것을 논하지 않고 모두 화물을 관으로 거두어들이며, 위반한 사람에게 관으로 거두어들인 화물의 값의 2배를 벌금으로 매긴다. 이상〈에서 언급한〉 밀수품은 조선 관원이 참작하여 압류하며, 법을 위반하려고 시도한 러시아 백성은 일의 성사 여부를 막론하고 모두 조사·체포하여 바로 가까운 러시아국 관원에게 넘겨 심문하며, 압류한 화물은 심의·결정되기를 기다려서 다시 분별하여 처리한다. 3, 러시아국 인민이 조선 인민을 데리고 화물을 각〈조선의〉 통상 지역으로 운반해갈 수 없다. 위반한 사람은 본 장정의 몰래 운반하는〈것에 대한 처벌〉 규례에 의하여 처벌 처리된다. 4, 러시아국 상인이, 러시아국 또는 타국에서 운반하여 온 화물에 이미 세금을 완납하였는데, 만일 〈그가 이것을〉 다시 러시아 국경으로 실어가겠다고 핑계대고 이 장정 제3관에 따라 화물에 낸 세금을 돌려 달라고 신청하여 세관에서 증서를 발급받은 후 이 화물의 전량 혹은 일부를 몰래 조선 지역에서 발매한 경우, 바로 매각한 화물의 수량대로 밀수 처리 규례에 의하여 처벌·처리한다. 5, 관으로 거두어들인 화물에 대하여, 상인이 원래의 화물값을 관청에 내고 거두어들인 해당 화물을 수령하려고 할 경우, 조선 관청과 값을 의정하여 관청에 그 값을 바치고 해당 화물을 수령할 수 있다. 제5관. 1, 여객의 행장과 각종 식용 가금 각항 〈즉〉 닭·오리·거위 등의 종류, 농기구, 각종 고급 금은【사금은 이 예에 있지 않다】·금은전, 각종 연구 물품류[格物類] 〈즉〉 지리[堪輿]·천문·수학[算法] 등을 연구에 쓰이는 것들과 의사가 병을 치료하는 〈데 쓰이는〉 칼·톱 및 서로 배포하기로 한 각종 서적·지도책·활자·기기양식 각종과 각 화물의 양식【다만 수량이 너무 많으면 안된다】, 채소·과일, 크고 작은 나무와 각종 화훼와 같은 식물류, 어류, 소방기구, 각종 포단류 〈즉〉 물건을 묶는 밧줄 등의 각종 포장용구 〈같은 것〉 등의 이상 각 물건은, 육로로 조선으로 수출입할 때에는 모두 세금을 면제한다. 2, 무릇 금지된 물품 〈즉〉 아편이나 각종 약품과 같은 마약류, 크고 작은 대포 및 포탄·유산탄(榴散彈), 각종 총·장약(裝藥)·뇌관, 단도, 차는 요도, 염초 화약, 면화약, 폭발하는 화약, 외국에서 다이나마이트[代納麥得]라고 부르는 것과 같은 각 항의 화기(火器), 군물(軍物) 및 별도 항에 〈기록한〉 저절로 폭발하는 각종 화약은 모두 〈조선으로〉 운반하여 올 수 없다. 이 규정을 위반한 경우, 운반된 금지 물건은 전부 처벌하여 관으로 거두어들인다. 이상에서 이미 명백하게 기록한 것을 제외하고, 원주(原酒)를 러시아국으로 실어갈 수 없으며, 아울러 홍삼을 조선에서 실어갈 수 없다【러시아국 사람이 조선에서 유람할 때, 사람마다 조총 혹은 권총 1자루를 호신용으로 휴대할 수 있다. 다만 소지한 집조에 〈그 사실을〉 기재하여야 한다】. 3, 이상의 면세 및 금령 위반에 관한 두 항목 이외에 육로로 조선에 출입하는 각 화물은 모두 100분의 5의 과세 규정에 의하여 세금을 납부한다. 러시아국 상인이 해로로 화물을 통상항구까지 운반하여 왔거나 혹은 해로로 운반하여 나가는 것은 수로장정(水路章程)에 의하여 세금을 납부하고 육로의 예를 끌어서 쓸 수 없다. 4, 육로로 조선에 들여온 화물에 대하여 값을 산정하고 세칙에 근거하여 세금을 납부하는 것은 블라디보스토크[海參葳]의 시세를 기본으로 삼고 운반보험 등의 비용을 약간 더해 합친 가격을 해당 화물의 가격으로 산정한다. 조선에서 가져가는 토산물은 조선의 시세를 해당 화물의 가격으로 산정한다. 화물 주인이 보고한 가격에 따라 〈결정한〉 세금을 납부한 화물의 〈실제〉 가격이 부합하지 않은 곳이 있을 경우, 각 항구의 통상장정에 근거하여 처리하여 분쟁이 생기지 않도록 한다. 경흥의 한 곳에 들여온 각종 화물이 중도에서 파손되었을 경우, 분별하고 조사하여 〈정황을〉 밝힌 후에 공평하게 세금을 감면한다. 5, 세금은 은전으로 완납해야 하나, 혹시 조선 동전으로 납부하려면 잠정적으로 시장에서 통용되는 가격에 의거하여 수납한다. 6, 조선에 수출입하는 화물에 가격을 정하여 납세하는 규정은, 상무가 조금씩 좋아지는 것을 보아서 미리 참작하여 다시 변경할 수 있다. 매 화물 1건마다 징수하는 세금이 얼마인지는, 양국의 해당하는 관원이 회동하여 의정한다. 7, 경흥의 한 곳에 있는 러시아국 상인이 세관에 제출하는 증명 문건들은 러시아국 문자를 준용하며, 혹은 곁으로 조선 문자로 주석을 단다. 제6관. 1, 러시아국 인민과 그들의 재산이 조선에 있는 것은, 러시아국에서 파견한 영사 등의 관원이나 혹은 이러한 직임을 맡은 다른 관원에게 귀속시켜 관리한다. 러시아국 인민 사이의 송사나 혹은 타국인이 러시아 백성을 항소[控告]한 안건은, 모두 러시아국 해당 관원이 심리하며 조선 관원은 조금도 간섭할 수 없다. 2, 조선 관원 및 인민 등이 만일 조선에 거주 중인 러시아 백성을 항소[控告]한 안건이 있을 경우, 러시아국 사형관원에게 귀속시켜서 러시아국 율(律)·예(例)에 의하여 심의·판결해야 한다. 3, 러시아국 관원 및 인민 등이 만약 조선에서 조선 인민을 항소[控告]한 안건이 있을 경우, 조선 관원에게 귀속시켜 조선 율·예에 의하여 심사·판결해야 한다. 4, 조선에 있는 러시아국 인민이 만일 규례를 어기고 범법한 사실이 있을 경우, 러시아국 관리가 러시아국 율·예에 의하여 심의·판결해야 한다. 5, 조선 경내에서 조선 인민이 규례를 어기고 범법하여 러시아국 사람을 모욕하는 일이 있을 경우, 조선 관원이 조선 율·예에 의하여 조사 체포해서 심의·판결해야 한다. 6, 러시아국 인민을 항소[控告]함에 있어, 〈러시아국 인민이〉 양국이 이전에 체결한 화친조약 및 이 장정, 혹은 장래에 양국이 상의하여 체결할 각 장정을 저촉되는 것이 있어서 벌금을 내거나 〈그〉 재물을 관으로 거두어들이는 등 일체의 죄명에 〈해당하면〉 러시아국 영사에게 귀속시켜 〈사건을〉 심의·판결하게 해야 한다. 그 벌금과 관으로 거두어들인 재화는 조선 정부에 귀속된다. 7, 무릇 조선국 관원이 경흥의 한 곳에서, 사항에 따라 러시아국 사람의 화물을 압류할 일이 있으면, 조선 관원은 러시아국 영사 등 관원과 회동하여 먼저 조사하고 〈화물을〉 봉해놓으며, 잠정적으로 조선 관원이 〈그것을〉 간수하면서, 러시아국 관원이 심의·결정하기를 기다려 처리한다. 화물 주인이 명백하게 밝혀지고, 아울러 조금도 어긋남이 없을 때는 즉시 봉한 화물의 전량을 영사관에 넘겨 반환한다. 다만 봉한 화물은 화물 주인이 화물 값을 계산하여 은으로 환산하여 잠시 조선 관원에게 보관하고 바로 화물을 인수하는 것을 승인하며, 러시아국 형송원(刑訟員)이 심의·결정한 후에 돈으로 환산하여 보관한 것을 분별하여 공공비용에 충당하거나 반환한다. 8, 조선 경내에 있는 양국 인민의 일체의 송사에 관한 안건이 만일 러시아 관서에서 심리할 것이 있으면, 조선국은 바로 적임자를 뽑고 파견하여 청심(聽審)하게 하고, 조선 관서에서 심리할 경우는 러시아국은 또한 적임자를 뽑고 파견하여 청심하게 한다. 파견되는 청심원(聽審員)과 피차의 각 승심관(承審官)은 모두 〈서로를〉 우대하는 예로써 서로 대우한다. 청심관이 만일 증인을 소환 심문하기를 요청하여 자신의 논박을 유리하게 하려고 하면 또한 그 편의를 들어주며, 승심관의 판결이 〈사실과〉 부합하지 않다고 하더라도, 청심관이 하나하나 논박할 수 있게 한다. 9, 무릇 조선 인민이 본국의 법률을 위반하고, 러시아국 상인이 개설한 창고나 거주하는 주택 등 및 러시아국 상선에 숨어있는 것을 처음 고발한 일이 있는 경우, 지방관이 러시아국 영사관에게 통지하면 영사관은 방법을 세워 숨어 있는 사람을 조사하고, 체포하여 넘겨 심판하여 처리하게 한다. 영사관이 아직 승낙하지 않았다면, 집주인이 스스로 허락한 경우를 제외하고, 조선 관역은 임의대로 러시아국 상인의 창고·주택 등에 들어갈 수 없다. 〈러시아인 소유의〉 배 위에 있는 자는 선주의 허가를 받아야 승선해서 수색하고 체포할 수 있다. 10, 무릇 러시아국 인민으로 법률을 어겨서 항소[控告]를 당했거나 혹은 군함이나 상선에서 도망친 범인이 있을 때는 일단 러시아국 영사 등의 관원이 조선 관원에게 통지하면 조선 관원은 즉시 방법을 세워 조사하고 체포해서 넘겨준다. 나머지는 본관(本款) 제9절과 같은 예로 처리한다. 제7관. 1, 토문강(土們江) 양국 연안으로 배들이 마음대로 다니도록 하되, 양국대안도법(兩國對岸渡法)과 행선규정을 정한다. 이후 양국의 해당 관원이 상의하여 행선 및 수면(水面)에 대한 조사장정을 별도로 마련하여 피차 서로 편의를 구하는데 힘쓴다. 제8관. 1, 양국이 의논하여 세운 이 통상장정은 원래【조선·러시아】양국 문자로 모두 상세히 대조한 결과 사의가 뜻이 서로 같다. 이후로 만일 문사에서 차이점이 있으면 러시아 문자로 해석하여 서로의 논쟁의 발단을 면한다. 2, 러시아국 관원이 조선 관원에게 조회하는 문건은 잠정적으로 한문이나 조선국 문자로 번역하여 러시아 문자〈로 쓰여진 것〉과 함께 배송한다. 제9관. 1, 본 장정은 수결한 날로부터 시행되는 것으로 정하며 5년을 기한으로 한다. 조선국 혹은 러시아국에서 상의하여 개정하려고 할 때에는 만기 6개월 전에 미리 의사를 표명해야 한다. 의사를 표명하지 않을 경우, 그대로 5년간 연장되는 것으로 한다. 이 장정은 한양 경성에서 의정하여 화압하였고, 인장을 찍어 믿음으로 지킨다는 것을 밝힌다. 대조선국 개국 497년 7월 13일. 대러시아국 1888년 8월 8일.

종성부사 목승석과 회령부사 김재용을 파면할 것을 청함.

1889년(고종 26-己丑) 7월 8일(양력 8월 4일)

발신 : 내무부

『承政院日記』2987冊

吳有善以內務府言啓曰, 頃因袁總理照會, 以越墾民戶排斂事, 鍾城·會寧印冊票紙送來者, 令按撫使行査矣. 卽見其査報, 則丁亥兩地方官, 俱以邑勢民情, 始雖分排, 追乃還給, 至若改換地名, 勒分地租, 初無是事云矣. 縱緣民事, 旣關邊政, 苟能妥善幹當, 豈有公文致煩之境乎. 揆以事體, 不可仍置, 其時鍾城府使睦承錫·會寧府使金在容, 竝施譴罷之典何如, 傳曰, 允.

오유선(吳有善)이 내무부(內務府)의 말로 아뢰기를, "지난번에 원(袁) 총리(總理)가 조회하여 국경을 넘어가서 개간한 민호(民戶)에게 세금을 거두었다는 종성(鍾城)·회령(會寧)의 인책표지(印冊票紙)를 보내와서, 〈그 정황을〉 안무사(按撫使)로 하여금 조사하게 하였습니다. 방금 조사 보고를 보니, '정해년에 두 지방관이 모두 읍의 형세와 백성의 사정을 고려하여 처음에는 비록 〈징세량을〉 나누어 배정했으나 추후에는 환급하였고, 심지어 지명(地名)을 바꾸고 지조(地租)를 강제로 나눈 것과 같은 일은 처음부터 없었다'고 하였습니다. 백성의 사정 때문이라 하나 이미 변정(邊政)에 관련되는 것인데 만일 타당하게 잘 처리했다면 어찌 공문(公文)을 보내는 번거로운 지경에 이르렀겠습니까. 일의 정황을 헤아려 보아 그대로 둘 수 없으니, 당시 종성부사(鍾城府使) 목승석(睦承錫)·회령부사(會寧府使) 김재용(金在容)을 모두 견책하여 파면하는 법을 시행하는 것이 어떻겠습니까"라고 하니, 전교하기를, "윤허한다"고 하였다.

『高宗實錄』26卷

內務府啓, 頃因袁總理照會, 以越墾民戶排斂事, 鍾城·會寧印冊標紙送來者, 令按撫使行查矣. 卽見其查報, 則丁亥兩地方官, 俱以邑勢民情, 始雖公排, 追乃還給, 至若改換地名, 勒分地租, 初無是事云矣. 縱緣民事, 旣關邊政, 苟能妥善幹當, 豈有公文致煩之擧[*境]乎. 揆以事體, 不可仍置, 其時鍾城府使睦承錫·會寧府使金在容, 竝施譴罷之典何如, 允之.

내무부(內務府)에서 아뢰기를, "지난번에 원(袁) 총리(總理)가 조회하여 국경을 넘어가서 개간한 민호(民戶)에게 세금을 거두었다는 종성(鍾城)·회령(會寧)의 인책표지(印冊票紙)를 보내와서, 〈그 정황을〉 안무사(按撫使)로 하여금 조사하게 하였습니다. 방금 조사보고를 보니, '정해년에 두 지방관이 모두 읍의 형세와 백성의 사정을 고려하여 처음에는 비록 〈징세량을〉 나누어 배정했으나 추후에는 환급하였고, 심지어 지명(地名)을 바꾸고 지조(地租)를 강제로 나눈 것과 같은 일은 처음부터 없었다'고 하였습니다. 백성의 사정 때문이라 하나 이미 변정(邊政)에 관련되는 것인데 만일 타당하게 잘 처리했다면 어찌 공문(公文)을 보내는 번거로움이 일어나기에 이르렀겠습니까. 일의 정황을 헤아려 보아 그대로 둘 수 없으니, 당시 종성부사(鍾城府使) 목승석(睦承錫)·회령부사(會寧府使) 김재용(金在容)을 모두 견책하여 파면하는 법을 시행하는 것이 어떻겠습니까"라고 하니, 윤허하였다.

『日省錄(高宗)』342冊

內務府啓言, 頃因袁總理照會, 以越墾民戶排斂事, 鍾城·會寧印冊票紙送來者, 令按撫使行查矣. 卽見其查報, 則丁亥兩地方官, 俱以邑勢民情, 始雖分排, 追乃還給, 至若改換地名, 勒分地租, 初無是事云矣. 縱緣民事, 旣關邊政, 苟能妥善幹當, 豈有公文致煩之擧[*境]乎. 揆以事體, 不可仍寘, 其時鍾城府使睦承錫·會寧府使金在容, 請竝施譴罷之典, 允之.

내무부(內務府)에서 아뢰기를 “지난번에 원(袁) 총리(總理)가 조회하여 국경을 넘어가서 개간한 민호(民戶)에게 세금을 거두었다는 종성(鍾城)·회령(會寧)의 인책표지(印冊票紙)를 보내와서, 〈그 정황을〉 안무사(按撫使)로 하여금 조사하게 하였습니다. 방금 조사 보고를 보니, ‘정해년에 두 지방관이 모두 읍의 형세와 백성의 사정을 고려하여 처음에는 비록 〈징세량을〉 나누어 배정했으나 추후에는 환급하였고, 심지어 지명(地名)을 바꾸고 지조(地租)를 강제로 나눈 것과 같은 일은 처음부터 없었다’고 하였습니다. 백성의 사정 때문이라 하나 이미 변정(邊政)에 관련되는 것인데 만일 타당하게 잘 처리했다면 어찌 공문(公文)을 보내는 번거로움이 일어나기에 이르렀겠습니까. 일의 정황을 헤아려 보아 그대로 둘 수 없으니, 당시 종성부사(鍾城府使) 목승석(睦承錫)·회령부사(會寧府使) 김재용(金在容)을 모두 견책하여 파면하는 법을 시행하시길 청합니다”라고 하니, 윤허하였다.

『備邊司謄錄』 270冊

內務府啓曰, 頃因袁摠理照會, 以越墾民戶排斂事, 鍾城·會寧印冊票紙送來者, 令按撫使行查矣. 卽見其查報, 則丁亥兩地方官, 俱以邑勢民情, 始雖分排, 追乃還給, 至若改換地名, 勒分地租, 初無是事云矣. 縱緣民事, 旣關邊政, 苟能妥善幹當, 豈有公文致煩之境乎. 揆以事體, 不可仍寘, 其時鍾城府使睦承錫·會寧府使金在容, 竝施譴罷之典何如, 傳曰, 允.

내무부(內務府)에서 아뢰기를, “지난번에 원(袁) 총리(總理)가 조회하여 국경을 넘어가서 개간한 민호(民戶)에게 세금을 거두었다는 종성(鍾城)·회령(會寧)의 인책표지(印冊票紙)를 보내와서, 〈그 정황을〉 안무사(按撫使)로 하여금 조사하게 하였습니다. 방금 조사 보고를 보니, ‘정해년에 두 지방관이 모두 읍의 형세와 백성의 사정을 고려하여 처음에는 비록 〈징세량을〉 나누어 배정했으나 추후에는 환급하였고, 심지어 지명(地名)을 바꾸고 지조(地租)를 강제로 나눈 것과 같은 일은 처음부터 없었다’고 하였습니다. 백성의 사정 때문이라 하나 이미 변정(邊政)에 관련되는 것인데 만일 타당하게 잘 처리했다면 어찌 공문(公文)을 보내는 번거로운 지경에 이르렀겠습니까. 일의 정황을 헤아려 보아 그대로 둘 수 없으니, 당시 종성부사(鍾城府使) 목승석(睦承錫)·회령부사(會寧府使) 김재용(金在容)을 모두 견책하여 파면하는 법을 시행하는 것이 어떻겠습니까"라고 하니, 전교하기를, "윤허한다"고 하였다.

황해감사에게 연해 잠상을 방지할 것을 명함.

1889년(고종 26-己丑) 8월 15일(양력 9월 9일)

발신 : 고종

『承政院日記』 2988冊

己丑八月十五日酉時. 上御興福殿. … 仍命黃海監司進前. 上曰, 海西幅員雖小, 乃是海防重地也. 近日弊瘼之比甚, 人心之不古, 無非由於沿海潛商之許多通行云, 聞甚驚駭. 將有政府外衙門關飭矣. 以卿鍊熟, 各別守防, 隨事馳報也. 俊泳曰, 聖敎如此, 謹當奉承, 實心對揚, 而才本蔑劣, 不勝憧憧矣.

기축 8월 15일 유시(酉時). 임금께서 흥복전(興福殿)에 나아갔다. … 이어 황해감사(黃海監司)에게 앞으로 나오라고 명하였다. 임금께서 이르기를, "해서(海西)의 면적은 비록 작지만 바다를 방어하는 중요한 지역이다. 근일 고질적인 폐단이 날로 심해지고 인심이 전과 같지 않은데, 연해 잠상이 허다하게 통행하는 것에서 비롯하지 않음이 없다고 하니, 듣기에 심히 놀랍다. 장차 의정부와 외아문(外衙門)에 관문(關文)으로 신칙할 것이다. 경의 숙련함으로 각별히 방어하고 사안에 따라 치보(馳報)하라"고 하였다. 오준영(吳俊泳)이 아뢰기를, "성교(聖敎)가 이와 같으시니 삼가 받들어 성실한 마음으로 성상의 뜻을 백성에게 닿게 해야 하는데 〈신의〉 재주가 본래 보잘 것 없고 변변치 못하여 불안한 마음을 이루 다할 수 없습니다"라고 하였다.

『高宗實錄』 26卷

召見黃海監司吳俊泳. 辭陛也. 敎曰, 海西幅員雖小, 乃是海防重地也. 近日弊瘼之比甚, 人心之不古, 無非由於沿海潛商之許多通行云, 聞甚驚駭. 將有政府外衙門關飭矣. 以卿鍊熟, 各別守防, 隨事馳報也. 俊泳曰, 聖教如此, 謹當奉承, 實心對揚, 而才本蔑劣, 不勝憧憧矣. 教曰, 延安南大池, 本有防限, 而近聞年來, 多有起畓云. 卿其下去後, 卽爲嚴飭禁斷, 起耕處這這濬治, 依舊作池, 勿失本池之幅員, 然後趁卽狀聞也. 俊泳曰, 謹承下教, 實心奉行矣.

황해감사(黃海監司) 오준영(吳俊泳)을 소견(召見)하였다. 사폐(辭陛)이다. 교하기를, "해서(海西)의 면적은 비록 작지만 바다를 방어하는 중요한 지역이다. 근일 고질적인 폐단이 날로 심해지고 인심이 전과 같지 않은데, 연해 잠상이 허다하게 통행하는 것에서 비롯하지 않음이 없다고 하니, 듣기에 심히 놀랍다. 장차 의정부와 외아문(外衙門)에 관문(關文)으로 신칙할 것이다. 경의 숙련함으로 각별히 방어하고 사안에 따라 치보(馳報)하라"고 하였다. 오준영이 아뢰기를, "성교(聖教)가 이와 같으시니 삼가 받들어 성실한 마음으로 성상의 뜻을 백성에게 닿게 해야 하는데 〈신의〉 재주가 본래 보잘 것 없고 변변치 못하여 불안한 마음을 이루 다할 수 없습니다"라고 하였다. 교하기를, "연안(延安)의 남대지(南大池)는 본래 〈출입을〉 제한함이 있으나 근래 들으니 몇 년 사이에 논으로 만든 곳이 많다고 한다. 경은 내려간 후에 곧 엄하게 신칙하여 금단하고, 논으로 만든 곳은 낱낱이 파내어 그전대로 못을 만들고 본래 못의 넓이가 줄어들지 않게 한 다음 장계로 아뢰도록 하라"고 하였다. 오준영이 아뢰기를, "삼가 하교를 받들어 성실한 마음으로 봉행하겠습니다"라고 하였다.

『日省錄(高宗)』 343冊

予曰, 海西幅員雖小, 乃是海防重地也. 近日弊瘼之比甚, 人心之不古, 無非由於沿海潛商之許多通行云, 聞甚驚駭. 將有政府外衙門關飭矣. 以卿鍊熟, 各別守防, 隨事馳報也. 俊泳曰, 聖教如此, 謹當奉承, 實心對揚. 而才本蔑劣, 不勝憧憧矣. 予曰, 延安南大池, 本有防限, 而近聞年來, 多有起畓云. 卿其下去後, 卽爲嚴飭禁斷, 起耕處這這濬治, 依舊作池, 勿失本池之幅員, 然後趁卽狀聞也. 俊泳曰, 謹承下教, 實心奉行矣.

내가 말하기를, "해서(海西)의 면적은 비록 작지만 바다를 방어하는 중요한 지역이다. 근일 고질적인 폐단이 날로 심해지고 인심이 전과 같지 않은데, 연해 잠상이 허다하게 통행하는 것에서 비롯하지 않음이 없다고 하니, 듣기에 심히 놀랍다. 장차 의정부와 외아문(外衙門)에 관문(關文)으로 신칙할 것이다. 경의 숙련함으로 각별히 방어하고 사안에 따라 치보(馳報)하라"고 하였다. 오준영(吳俊泳)이 아뢰기를, "성교(聖敎)가 이와 같으시니 삼가 받들어 성실한 마음으로 성상의 뜻을 백성에게 닿게 해야 하는데 〈신의〉 재주가 본래 보잘 것 없고 변변치 못하여 불안한 마음을 이루 다할 수 없습니다"라고 하였다. 내가 말하기를 "연안(延安)의 남대지(南大池)는 본래 〈출입을〉 제한함이 있으나 근래 들으니 몇 년 사이에 논으로 만든 곳이 많다고 한다. 경은 내려간 후에 곧 엄하게 신칙하여 금단하고, 논으로 만든 곳은 낱낱이 파내어 그전대로 못을 만들고 본래 못의 넓이가 줄어들지 않게 한 다음 장계로 아뢰도록 하라"고 하였다. 오준영이 아뢰기를, "삼가 하교를 받들어 성실한 마음으로 봉행하겠습니다"라고 하였다.

월송만호의 파직을 제대로 감영에 보고하지 않은 관찰사를 처벌하지 않고 용서할 것을 청함.

1889년(고종 26-己丑) 8월 25일(양력 9월 19일)

발신 : 내무부

『承政院日記』 2988冊

徐誼淳以內務府言啓曰, 以鬱陵島日人作弊事, 修報未詳之越松萬戶徐敬秀, 該道臣啓請罷勘矣. 事係邊情, 宜卽報營, 而至於屢月之後, 略陳其槪, 誠極疎忽. 道臣論啓, 事禮[*體]卽然, 而第念開拓未幾, 此時遞易可悶, 特爲分揀, 姑令戴罪擧行何如, 傳曰, 允.

서의순(徐誼淳)이 내무부(內務府)의 말로 아뢰기를, "울릉도(鬱陵島)에서 일본인이 폐단을 만든 일을 상세하게 보고하지 않은 월송만호(越松萬戶) 서경수(徐敬秀)를 해당 도신이 파직하고 처벌하도록 청하였습니다. 사안이 변방의 사정과 관계되어서 마땅히 바로 감영에 보고해야 하는데 몇 달이 지난 후에야 간략히 그 대강만을 진달하였으니, 참으로 너무나 소홀합니다. 도신의 논계(論啓)는 일의 정황을 보면 그럴 듯하나, 생각건대 개척한 지 얼마 되지 않은 때에 〈월송만호를〉 바꾸는 것은 걱정스러우니, 특별히 일단 용서하여[分揀], 우선 죄명을 지닌 채 업무를 수행하도록 하는 것이 어떻겠습니까"라고 하니, 전교하기를, "윤허한다"고 하였다.

조일통어장정이 체결됨.

1889년(고종 26-己丑) 10월 20일(양력 11월 12일)

발신 : 독판교섭통상사무 민영목

『高宗實錄』 26卷

朝日兩國通漁章程成. 通漁章程. 【大朝鮮·大日本】國政府, 據朝鮮開國四百九十二年六月二十二日, 日本明治十六年七月二十五日, 兩國全權大臣協議訂定之【朝鮮·日本】通商章程第四十一款, 欲爲往來捕魚於兩國海濱者, 定漁業稅, 立管辦章程. 朝鮮政府委任督辦交涉通商事務閔種默, 日本政府委任代理公使近藤眞鋤, 各奉委命, 會議定立. 左開各條. 第一條. 凡於兩國議定地方海濱三里【依日本國海里算法. 以下準之】以內, 欲營漁業之兩國漁船, 須詳記其船廣幅之尺數, 所有主之貫籍姓名, 及搭坐人員, 由其船主或代理人, 繕具稟單, 日本漁船呈經其領事官, 交通商口岸地方官署, 朝鮮漁船呈交議定地方郡區役所, 竢經查驗其船, 請令准單. 但漁業時, 必須携帶准單. 第二條. 領漁業准單者, 須照左開算法, 完納金額, 以充漁業稅. 而此准單, 自領收之日起, 至滿一年間, 爲有其效用者【搭坐人十名以上, 日本銀貨拾圓. 五名以上九名以下, 五圓. 四名以下, 三圓】. 第三條. 領有漁業准單之此國漁船, 雖得將其捕獲魚介販賣於彼國海濱地方, 然彼國政府, 爲衛生起見或因其他事故, 通行禁止販賣之魚介類, 不准販賣. 第四條. 兩國漁船, 雖領有漁業准單者, 非得特准, 則不准於兩國海濱三里以內捕獲鯨鯢. 第五條. 此國漁船, 於彼國海濱三里以內, 勿違地方禁制, 以用妨害魚介及海產蕃殖之方法. 竝於各地方, 正當限以魚介種類, 禁制其捕獲之時期, 則彼此漁民, 斷勿捕獲其魚介. 第六條. 兩國地方官署之官吏, 倘若認爲照行此章程所必要, 則可得查驗. 在該地方海濱三里以內之彼國漁船, 若有違犯者, 竝行押留. 但朝鮮地方官押留日本船時, 當將其由, 迅速報知就近日本領事官, 請照此章程處辦. 第七條. 遇有不領漁業准單於海濱三里以內, 捕獲魚介或欲行捕獲之漁船, 處五圓以上十五圓以下罰金, 沒收其所捕獲之物. 第八條. 遇有不帶第一條准單者, 犯第四條者及拒第六條地方官吏之查驗者, 處壹圓以上貳圓以下罰金. 但犯第四條者, 另行沒收其所捕獲之鯨鯢. 僞報第一條搭坐人員短納稅金者, 處二倍其短額之罰金. 販賣第三條禁制之魚介, 及用第五條妨害魚介, 及海產蕃殖之方法或捕獲禁制之魚介者, 在日本海濱則照地方規則處辨, 在朝鮮海濱則處壹圓以上·貳圓以下罰金, 沒收其所捕獲之物. 第九條. 遇有將漁業准單, 借與他人於海濱三里以內捕魚介者, 不論借與者·假用者, 均處二倍該准單稅額之罰金, 沒收其所捕獲之物. 第十條. 在兩國議定地方外之海濱三里以內捕獲魚介者, 沒收其漁船·漁具及其所捕獲之物. 第十一條. 據此章程應行處辦者, 在日本國海濱則歸日本地方裁判所之裁斷, 在朝鮮國海濱則由其地方官知照, 就近日本領事官, 歸其裁斷. 第十二條. 施行此章程後, 遇有應行增減之事, 則得彼此妥議改更. 至漁業稅, 照此章程, 自蓋印日起, 限二年施行後, 看漁利有無, 再行商改. 玆彼此記名蓋印, 以昭憑信. 大朝鮮開國四百九十八年十月二十日, 督辦交涉通商事務閔種默. 大日本國明治二十二年十一月十二日, 代理公使近藤眞鋤.

조선과 일본 양국 사이 통어장정(通漁章程)이 성립되었다. 통어장정(通漁章程). 【대조선국(大朝鮮國)·대일본국(大日本國)】 정부는 조선 개국 492년 6월 22일, 일본 메이지(明治) 16년 7월 25일, 양국 전권대신(全權大臣)이 협의·결정한 【조선·일본】 통상 제41관에 근거하여, 양국의 해상 변경을 왕래하면서 고기잡이하는 것을 위하여, 어업세를 정하고 관판장정을 세운다. 조선 정부가 위임한 독판교섭통상사무(督辦交涉通商事務) 민종묵(閔鍾默)과 일본 정부가 위임한 대리공사(代理公使) 곤도 마스키(近藤眞鋤)는 각각 위명(委命)을 받들고 회의하여 체결하였다. 각 조항을 아래에 열거한다. 제1조. 무릇 양국이 의정한 지방 해상 변경 3리(里)【일본국 해리산법(海里算法)에 의거한다. 이하도 이것에 준한다】 이내에서 어업을 경영하려는 양국의 어선은, 그 배의 넓이·폭의 척수(尺數)와 소유주의 관적(貫籍)과 성명 및 〈배에〉 탑승한 인원을 상세히 기재해야 하고, 선주 혹 대리인이 신고서[稟單]를 갖추어서, 일본 어선은 그 영사관을 경유하여 통상항구의 지방관서에 제출하고, 조선 어선은 의정한 지방군(地方郡) 구역소(區域所)에 제출하고 그 배의 검사가 끝난 뒤 허가증[准單]을 요청한다. 다만 어업 시에는 허가증을 반드시 휴대해야 한다. 제2조. 어업

허가증을 수령한 자는 아래 열거된 산법에 의거하여 금액을 완납하고, 이것으로써 어업세로 충당한다. 이 허가증은 영수한 날로부터 만 1년까지 효용이 있다【탑승인이 10명 이상이면 일본 은화 10원(圓), 5명 이상에서 9명 이하는 5원, 4명 이하는 3원】. 제3조. 어업허가증을 수령한 이 나라의 어선은 비록 잡은 어류[魚介]를 저 나라의 해변 지방에서 판매할 수 있으나, 그러나 저 나라 정부가 위생 취지나 혹은 기타의 사고로 인하여, 전반적으로 판매를 금지한 어류는 판매를 허락하지 않는다. 제4조. 양국 어선은 비록 어업허가증을 수령하였다고 하더라도, 특별 허가가 아니면 양국의 해변 3리 이내에서 고래[鯨鯢]를 잡을 수는 없다. 제5조. 이 나라의 어선이 저 나라 해변 3리 이내에서 지방의 금제(禁制)를 어겨서 어류 및 해산물 번식 방법을 방해하면 안 된다. 아울러 각 지방에서 정당하게 제한하는 어류 종류를 포획을 금지하고 제한하는 시기는 피차의 어민은 절대 어류를 포획하지 못한다. 제6조. 양국 지방관서의 관리가 만일 이 장정을 따라 집행하는 과정에서 필요하다고 인정되는 경우, 〈상대방 국적의 배를〉 검사할 수 있다. 해당 지방 해변 3리 이내의 저 나라 어선이 〈장정을〉 위반하거나 범한 경우, 〈그들을〉 모두 억류할 수 있다. 다만 조선 지방관이 일본 배를 억류할 때는 그 이유를 가까운 일본 영사관에 신속하게 통지하여 이 장정에 근거하여 처리할 것을 요청한다. 제7조. 어업허가증을 수령하지 않고 해변 3리 이내에서 어류를 포획했거나 혹은 포획하려고 한 어선은 5원 이상 15원 이하의 벌금을 매기고, 그 포획한 물품은 몰수한다. 제8조. 제1조에서 〈규정한〉 허가증을 휴대하지 않았거나, 제4조를 범한 자 및 제6조에 규정된 지방관리의 조사를 거부한 자는 1원 이상 2원 이하의 벌금에 처한다. 다만 제4조를 범한 자는 그 포획한 고래를 따로 몰수하며, 제1조에서 탑승한 인원수를 거짓으로 보고하고 세금을 적게 낸 자는 적게 낸 금액의 2배에 해당하는 벌금을 매긴다. 제3조에서 금지·제한하는 어류를 판매하거나, 제5조에서 어류 및 해산물 번식 방법을 방해하거나 혹은 금지된 어류를 포획한 자는, 〈그 행위가 벌어진 곳이〉 일본 해변인 경우에는 그 지방규칙에 의하여 처리하며 조선 해변인 경우에는 1원 이상 2원 이하의 벌금에 처하고 포획물을 몰수한다. 제9조. 어업허가증을 타인에게 빌려주어 해변 3리 이내에서 어류를 잡은 자는, 임대인·임차인을 막론하고 모두 해당 허가증이 매기는 세액의 2배에 해당하는 벌금을 매기고, 포획한 어류는 몰수한다. 제10조. 양국이 의정한 지방 이외의 해변 3리 이내에서 어류를 포획한 자는 그 어선·어구 및 포획물을 몰수한다. 제11조. 이 장정에 근거하여 일본국 해변에서 처리해야 할 문제는 일본지방재판소의 판결에 귀속하고 조선국 해변에 〈문제가〉 있다면 그곳의 지방관을 경유하여 가까운 일본 영사관에 통지하고, 그 재판 〈결과〉에 귀속시킨다. 제12조. 이 장정을 시행한 후에 증감할 일이 있으면 피차 잘 협의하여 개정할 수 있다. 어업세에 대해서는 이 장정을 조인한 날부터 2년을 기한으로 시행한 후에 어업 이익의 유무를 보아서 다시 상의하여 고친다. 이에 피차 이름을 적고 인장을 찍어서 신임[憑信]을 밝힌다. 대조선국 개국 498년 10월 20일, 독판교섭통상사무 민종묵. 대일본국 메이지 22년 11월 12일, 대리공사 곤도 마스키.

삼남 연해 지역에서 일어나는 외국 상선과 어선의 불법행위를 막기 위해 관원을 파견할 것을 청함.

1889년(고종 26-己丑) 11월 20일(양력 12월 12일)

발신 : 통리교섭통상사무아문

『承政院日記』 2990冊

閔啓鎬以統理交涉通商事務衙門言啓曰, 三南沿海等地, 外國之商舶漁船, 潛駛圖漏, 違犯定章. 地方官吏, 莫有禁制, 致滋流弊. 此不容不派員稽察, 設法防範. 副護軍金禎根, 另定查檢官, 令該曹口傳單付, 不日下送, 以爲禁辨[*辦]之地何如, 傳曰, 允.

민계호(閔啟鎬)가 통리교섭통상사무아문(統理交涉通商事務衙門)의 말로 아뢰기를, "삼남(三南)의 연해 등지에서 외국의 상선과 어선이 몰래 신속히 빠져나가기를 도모하여 정해진 장정(章程)을 어깁니다. 지방의 관리는 막고 제어하지 못하여 나쁜 풍속[流弊]을 증가시키고 있습니다. 이는 관원을 파견하여 조사하고 법을 만들어 방비하지 않으면 안 됩니다. 부호군(副護軍) 김정근(金禎根)을 별도로 사검관(查檢官)으로 정하여 해당 조로 하여금 구전으로 단부하여 며칠 안으로 내려 보내어 금지하도록 하는 것이 어떻겠습니까"라고 하니, 전교하기를, "윤허한다"고 하였다.

『高宗實錄』 26卷

統理交涉通商事務衙門啓, 三南沿海等地, 外國之商舶漁船, 潛駛圖漏, 違犯定章. 地方官吏, 莫有禁制, 致滋流弊. 此不容不派員稽察, 設法防範. 副護軍金禎根, 另定查檢官, 不日下送, 以爲禁辦何如, 允之.

통리교섭통상사무아문(統理交涉通商事務衙門)에서 아뢰기를, "삼남(三南)의 연해 등지에서 외국의 상선과 어선이 몰래 신속히 빠져나가기를 도모하여 정해진 장정(章程)을 어깁니다. 지방의 관리는 막고 제어하지 못하여 나쁜 풍속[流弊]을 증가시키고 있습니다. 이는 관원을 파견하여 조사하고 법을 만들어 방비하지 않으면 안 됩니다. 부호군(副護軍) 김정근(金禎根)을 별도로 사검관(查檢官)으로 정하여 며칠 안으로 내려 보내어 금지하도록 하는 것이 어떻겠습니까"라고 하니, 윤허하였다.

『日省錄(高宗)』 346冊

交涉衙門啓言, 三南沿海等地, 外國之商舶漁船, 潛駛圖漏, 違犯定章. 地方官吏, 莫有禁制, 致滋流弊. 此不容不派員稽察, 設法防範. 副護軍金禎根, 另定查檢官, 不日下送, 以爲禁辦, 允之.

교섭아문(交涉衙門)에서 아뢰기를, "삼남(三南)의 연해 등지에서 외국의 상선과 어선이 몰래 신속히 빠져나가기를 도모하여 정해진 장정(章程)을 어깁니다. 지방의 관리는 막고 제어하지 못하여 나쁜 풍속[流弊]을 증가시키고 있습니다. 이는 관원을 파견하여 조사하고 법을 만들어 방비하지 않으면 안 됩니다. 부호군(副護軍) 김정근(金禎根)을 별도로 사검관(查檢官)으로 정하여 며칠 안으로 내려 보내어 금지하도록 하소서"라고 하니, 윤허하였다.

장산곶에 위치한 오차진을 독진으로 설치하게 할 것을 청함.

1889년(고종 26-己丑) 12월 8일(양력 12월 29일)

발신 : 황해감사 오준영 / 수신 : 의정부

『承政院日記』 2991冊

李命宰以議政府言啓曰, 卽見黃海監司吳俊泳狀啓, 則長淵之吾叉鎭, 處在長山串, 卽西海船舶往來之咽喉也, 鎭樣凋殘, 邊政疎虞. 仍設獨鎭, 以尊[*專]節制, 增置軍兵, 月朔支放, 廨舍船艦, 繕修製造, 請令廟堂稟旨分付矣. 沿海要地, 隨時制宜, 鎭堡改觀, 壯其關防, 果有往例之可援者. 道臣所請, 儘合固圉之方, 依狀辭, 該僉使以獨邊地[*鎭]施行, 令該曹口傳擇差, 斯速下送. 若其軍額之增減, 校胥之支放, 繕廨造艦等事, 竝令道臣諒宜善處後, 登聞之意, 分付何如, 傳曰, 允.

이명재(李命宰)가 의정부(議政府)의 말로 아뢰기를, "방금 황해감사(黃海監司) 오준영(吳俊泳)의 장계를 보니, '장연(長淵)의 오차진(吾叉鎭)은 장산곶(長山串)에 위치하니, 바로 서해에 선박이 드나드는 길목[咽喉]이지만 진의 형편이 영락하여 변정(邊政)이 허술합니다. 이에 독진(獨鎭)을 설치하여 절제를 따르게 하되 군병을 증가시켜서 매달 초하루에 지방(支放)을 주고 청사(廳舍)와 배를 수리하고 만들도록 묘당으로 하여금 품지하여 분부하게 하시길 청합니다'라고 하였습니다. 연해의 요지는 때에 따라 적절히 제어하여 진·보를 고쳐 꾸리고 관을 방비하는 것은 과연 인용할만한 지난날의 전례가 있습니다. 도신(道臣)이 청한 바는 다 변경을 튼튼히 하는 방도에 부합하니, 장계에 의거하여 해당 첨사는 독진의 변지(邊地)의 〈예로〉 시행하게 하시되, 해당 조로 하여금 구전으로 가려 차임하여 속히 내려 보내도록 하소서. 군사의 정원을 늘리고 줄이는 것과 장교와 서리(胥吏)의 지방, 청사를 수리하고 배를 만드는 등과 같은 일은 모두 도신으로 하여금 적절히 잘 처리하게 한 다음에 보고하라는 내용을 분부하라고 하는 것이 어떻겠습니까"라고 하니, 전교하기를, "윤허한다"고 하였다.

『高宗實錄』 26卷

議政府啓, 卽見黃海監司吳俊泳狀啓, 則長淵之吾叉鎭, 處在長山串, 卽西海船舶往來之咽喉也, 鎭樣凋殘, 邊政疎虞. 仍設獨鎭, 以專節制, 增置軍兵, 月朔支放, 廨舍船艦, 繕修製造, 請令廟堂稟處矣. 沿海要地, 隨時制宜, 鎭堡改觀, 壯其關防, 果有往例之可援者. 道臣所請, 儘合固圉之方, 依狀辭, 以獨鎭施行, 而若其軍額之增減, 校胥之支放, 繕廨造艦等事, 竝令道臣量[*諒]宜善處後, 登聞之意, 分付何如, 允之.

의정부(議政府)에서 아뢰기를, "방금 황해감사(黃海監司) 오준영(吳俊泳)의 장계를 보니, '장연(長淵)의 오차진(吾叉鎭)은 장산곶(長山串)에 위치하니, 바로 서해에 선박이 드나드는 길목[咽喉]이지만 진의 형편이 영락하여 변정(邊政)이 허술합니다. 이에 독진(獨鎭)을 설치하여 오로지 절제하게 하되 군병을 증가시켜서 매달 초하루에 지방(支放)을 주고 청사(廳舍)와 배를 수리하고 만들도록 묘당으로 하여금 품처하게 하시길 청합니다'라고 하였습니다. 연해의 요지는 때에 따라 적절히 제어하여 진·보를 고쳐 꾸리고 관을 방비하는 것은 과연 인용할만한 지난날의 전례가 있습니다. 도신(道臣)이 청한 바는 다 변경을 튼튼히 하는 방도에 부합하니, 장계에 의거하여 독진으로 시행하시고, 군사의 정원을 늘리고 줄이는 것과 장교와 서리(胥吏)의 지방, 청사를 수리하고 배를 만드는 등과 같은 일은 모두 도신으로 하여금 적절히 잘 처리하게 한 다음에 보고하라는 내용을 분부하라고 하는 것이 어떻겠습니까"라고 하니, 윤허하였다.

『日省錄(高宗)』 347冊

議政府啓言, 卽見黃海監司吳俊泳狀啓, 則長淵之吾義[*叉]鎭, 處在長山串, 卽西海船舶往來之咽喉也, 鎭樣凋殘, 邊政疏虞. 仍設獨鎭, 以專節制, 增置軍兵, 月朔支放, 廨舍船艦, 繕修製造, 請令廟堂稟旨分付矣. 沿海要地, 隨時製宜, 鎭堡改觀, 壯其關防, 果有往例之可援者. 道臣所請, 儘合固圉之方, 依狀辭, 以獨鎭施行, 而若其軍額之增減, 校胥之支放, 繕解造艦等事, 竝令道臣量[*諒]宜善處後, 登聞之意, 請分付, 允之.

의정부(議政府)에서 아뢰기를 "방금 황해감사(黃海監司) 오준영(吳俊泳)의 장계를 보니, '장연(長淵)의 오차진(吾叉鎭)은 장산곶(長山串)에 위치하니, 바로 서해에 선박이 드나드는 길목[咽喉]이지만 진의 형편이 영락하여 변정(邊政)이 허술합니다. 이에 독진(獨鎭)을 설치하여 오로지 절제하게 하되 군병을 증가시켜서 매달 초하루에 지방(支放)을 주고 청사(廳舍)와 배를 수리하고 만들도록 묘당으로 하여금 품지 하여 분부하게 하시길 청합니다'라고 하였습니다. 연해의 요지는 때에 따라 적절히 제어하여 진·보를 고쳐 꾸리고 관을 방비하는 것은 과연 인용할만한 지난날의 전례가 있습니다. 도신(道臣)이 청한 바는 다 변경을 튼튼히 하는 방도에 부합하니, 장계에 의거하여 독진으로 시행하시고, 군사의 정원을 늘리고 줄이는 것과 장교와 서리(胥吏)의 지방, 청사를 수리하고 배를 만드는 등과 같은 일은 모두 도신으로 하여금 적절히 잘 처리하게 한 다음에 보고하라는 내용을 분부하시길 청합니다"라고 하니 윤허하였다.

『備邊司謄錄』 270冊

府啓曰, 卽見黃海監司吳俊泳狀啓, 則長淵之吾叉鎭, 處在長山串, 卽西海船舶往來之咽喉也, 鎭樣凋殘, 邊政疎虞, 仍設獨鎭, 以專節制, 增賔軍兵, 月朔支放, 廨舍船艦, 繕修製造, 請令廟堂稟旨分付矣. 沿海要地, 隨時制宜, 鎭堡改觀, 壯其關防, 果有往例之可援者. 道臣所請, 儘合固圉之方, 依狀辭, 該僉使以獨鎭邊地施行, 令該曹口傳擇差, 斯速下送. 若其軍額之增減, 校胥之支放, 繕解造艦等事, 竝令道臣量[*諒]宜善處後, 登聞之意, 分付何如, 答曰, 允.

의정부[府]에서 아뢰기를 "방금 황해감사(黃海監司) 오준영(吳俊泳)의 장계를 보니, '장연(長淵)의 오차진(吾叉鎭)은 장산곶(長山串)에 위치하니, 바로 서해에 선박이 드나드는 길목[咽喉]이지만 진의 형편이 영락하여 변정(邊政)이 허술합니다. 이에 독진(獨鎭)을 설치하여 오로지 절제하게 하되 군병을 증가시켜서 매달 초하루에 지방(支放)을 주고 청사(廳舍)와 배를 수리하고 만들도록 묘당으로 하여금 품지하여 분부하게 하시길 청합니다'라고 하였습니다. 연해의 요지는 때에 따라 적절히 제어하여 진·보를 고쳐 꾸리고 관을 방비하는 것은 과연 인용할만한 지난날의 전례가 있습니다. 도신(道臣)이 청한 바는 다 변경을 튼튼히 하는 방도에 부합하니, 장계에 의거하여 해당 첨사는 독진의 변지(邊地)의 〈예〉로 시행하게 하시되, 해당 조로 하여금 구전으로 가려 차임하여 속히 내려보내도록 하소서. 군사의 정원을 늘리고 줄이는 것과 장교와 서리(胥吏)의 지방, 청사를 수리하고 배를 만드는 등과 같은 일은 모두 도신으로 하여금 적절히 잘 처리하게 한 다음에 보고하라는 내용을 분부하라고 하는 것이 어떻겠습니까"라고 하니, 답하기를, "윤허한다"고 하였다.

경흥부 백성들을 안정시킬 방안, 성의 수리 및 경비 조달 방안 등에 대해 보고함.

1889년(고종 26-己丑) 12월 16일(양력 1890년 1월 6일)

발신 : 안무사 남정순, 감리경흥통상사무 김우현 / 수신 : 의정부

『承政院日記』 2991冊

又以議政府言啓曰, 卽見按撫使南廷順狀啓, 則慶興府城堞公廨, 隨處頹圮, 今欲移邑, 擧懷不願, 仍舊基重建衙舍, 改築城堞. 而時値冬沍, 使之待開春始役, 慶源·鍾城·穩城合八處津民一百六十八戶, 移屬該邑, 西水羅等三鎭中撫夷萬戶革罷, 以其鎭民及錢米, 亦爲移劃事, 竝請令廟堂稟處矣. 該邑所重, 所來自別, 而且在三國交界, 凡厥恤民豫備之道, 固當靡不用極. 而凋敗之樣, 日甚一日, 衙廨盡頹, 吏民皆散, 今至邑不爲邑之境. 言念及此, 不覺憂歎, 所以有向日關飭者也. 移邑一款, 民所不願, 則果難强行, 仍舊重建之節, 預爲料理, 待春始役, 隣近邑八處鎭戶之移屬, 撫夷萬戶之革罷, 竝依狀請許施, 以其民戶·錢米, 量宜措處事, 分付何如, 傳曰, 允.

또 의정부(議政府)의 말로 아뢰기를, “방금 안무사(按撫使) 남정순(南廷順)의 장계를 보니, ‘경흥부(慶興府)는 성첩(城堞)과 공해(公廨)가 곳곳이 허물어져서, 이제 읍을 옮기려고 하는데 모두 원하지 않으므로 옛터에 관사를 중건(重建)하고 성첩을 고쳐 쌓아야 합니다. 그러나 때가 추운 겨울이니 봄이 되기를 기다려서 역을 시작하게 하고, 경원(慶源)·종성(鍾城)·온성(穩城) 〈등의〉 도합 여덟 곳의 나루터에 사는 백성 168호(戶)를 해당 읍에 이속시키며 서수라(西水羅) 등 3개 진(鎭) 안에 무이만호(撫夷萬戶)를 혁파하고 그 진의 백성 및 전곡을 옮겨 구획하는 일을 모두 묘당으로 하여금 품처하게 하시길 청합니다’라고 하였습니다. 해당 읍의 중요함은 예부터 특별했고, 또 세 나라의 경계가 교차하는 곳에 있으니, 무릇 백성들을 구휼하고 미리 대비하는 일을 진실로 마땅히 최선을

다하지 않을 수 없습니다. 그러나 영락한 상태[凋敗]는 날로 더욱 심해져 관사는 다 허물어지고 아전과 백성은 모두 흩어져서, 지금은 읍을 읍이라 할 수 없는 지경에 이르렀습니다. 생각이 여기에 미치면 저도 모르게 걱정하며 탄식하게 되니, 이로써 지난날 관문으로 신칙한 것입니다. 읍을 옮기는 한 가지 사항은 백성이 원하지 않아 과연 강행하기 어려우니, 예전 그대로 중건할 계획을 미리 준비했다가 봄을 기다려 역을 시작하시고, 인근 8개 읍의 진(鎭)에 사는 호(戶)를 이속시키고 무이만호를 혁파하는 일은 모두 장계에서 청한 대로 시행하도록 하며, 그 민호와 전곡은 사의를 헤아려 조처하라는 것을 분부하는 것이 어떻겠습니까"라고 하니, 전교하기를, "윤허한다"고 하였다.

『高宗實錄』26卷

議政府啓, 見監理慶興通商事務金禹鉉所報, 則本邑更張之時, 使民安接之方, 不容不示意, 依德源例, 本府境內儒武中, 每年取公都會入格一人·武科一人·加資三窠, 修報按撫營, 付之榜末, 以爲啓聞爲辭矣. 遐陬儒武, 合施慰悅之政, 而且有德源已例, 文藝則每年秋取一人, 付之公都會, 武技則取優等二人, 一窠直赴, 一窠加資, 報兵曹施行之意, 分付按撫使何如, 允之. 又啓卽見按撫使南廷順狀啓, 則慶興府城堞公廨, 隨處頹圮, 今欲移邑, 擧懷不願, 仍舊基重建衙舍, 改築城堞. 而時値冬沍, 使之待開春始役, 慶源·鍾城·穩城等處津民一百六十八戶, 移屬該邑, 西水羅等三鎭中撫夷萬戶革罷, 以其鎭民及錢米, 亦爲移劃事, 竝請令廟堂稟處矣. 該邑所重自別, 且有三國交界, 凡厥恤民豫備之道, 固當靡不用極. 而凋敗之樣, 日甚一日, 衙廨盡頹, 吏民皆散, 今至邑不爲邑之境. 言念及此, 不覺憂歎, 所以有向日關飭者也. 移邑一款, 民所不願, 則果難强行, 仍舊重建之節, 豫爲料理, 待春始役, 隣近邑鎭戶之移屬, 撫夷萬戶之革罷, 竝依狀請許施, 以其民戶·錢米, 量宜措處事, 分付何如, 允之.

의정부(議政府)에서 아뢰기를, "감리경흥통상사무(監理慶興通商事務) 김우현(金禹鉉)의 보고를 보니, '본 읍을 경장(更張)할 때 백성을 안정시킬 방도는 〈중앙의〉 뜻을 보여주지 않을 수 없으니, 덕원(德源)의 예에 따라 본부(本府) 경내에 사는 유학자와 무인 중에서 매년 공도회(公都會)에 입격시킬 1인, 무과 1인, 자급을 더할 사람, 세 자리를 안무영(按撫營)에 보고하여 방목 끝에 붙여 계문하도록 하소서'라고 하였습니다. 멀리 변방에 사는 유학자와 무인에 대해서는 마땅히 위로하여 기쁘게 하는 정사를 시행해야 하고, 또 덕원의 전례도 있으니, 문예(文藝)는 매년 가을에 1인을 뽑아서 공도회 〈방목의〉 끝에 붙이고, 무기(武技)는 우등 2인을 뽑아서 1인은 회시에 바로 응시할 수 있게 하고, 〈다른〉 1인은 자급을 더하기를 병조(兵曹)에 보고하여 시행하라는 내용을 안무사에게 분부하는 것이 어떻겠습니까"라고 하니, 윤허하였다. 또 아뢰기를, "방금 안무사 남정순(南廷順)의 장계를 보니, '경흥부(慶興府)는 성첩(城堞)과 공해(公廨)가 곳곳이 허물어져서, 이제 읍을 옮기려고 하는데 모두 원하지 않으므로 옛터에 관사를 중건(重建)하고 성첩을 고쳐 쌓아야 합니다. 그러나 때가 추운 겨울이니 봄이 되기를 기다려서 역을 시작하게 하고, 경원(慶源)·종성(鍾城)·온성(穩城) 등처의 나루터에 사는 백성 168호(戶)를 해당 읍에 이속시키며 서수라(西水羅) 등 3개 진(鎭) 안에 무이만호(撫夷萬戶)를 혁파하고 그 진의 백성 및 전곡을 옮겨 구획하는 일을 모두 묘당으로 하여금 품처하게 하시길 청합니다'라고 하였습니다. 해당 읍의 중요함은 분명히 구별되고, 또 세 나라의 경계가 교차하는 곳이니, 무릇 백성들을 구휼하고 미리 대비하는 일을 진실로 마땅히 최선을 다하지 않을 수 없습니다. 그러나 영락한 상태[凋敗]는 날로 더욱 심해져 관사는 다 허물어지고 아전과 백성은 모두 흩어져서, 지금은 읍을 읍이라 할 수 없는 지경에 이르렀습니다. 생각이 여기에 미치면 저도 모르게 걱정하며 탄식하게 되니, 이로써 지난날 관문으로 신칙한 것입니다. 읍을 옮기는 한 가지 사항은 백성이 원하지 않아 과연 강행하기 어려우니, 예전 그대로 중건할 계획을 미리 준비했다가 봄을 기다려 역을 시작하시고, 인근 8개 읍의 진(鎭)에 사는 호(戶)를 이속시키고 무이만호를 혁파하는 일은 모두 장계에서 청한 대로 시행하도록 하며, 그 민호와 전곡은 사의를 헤아려 조처하라는 것을 분부하는 것이 어떻겠습니까"라고 하니, 윤허하였다.

『日省錄(高宗)』 347冊

議政府啓言, 卽見監理慶興通商事務金禹鉉狀啓, 則本邑更張之時, 使民安接之方, 不容不別般示意, 依德源例, 本府境內儒武中, 每年取公都會入格一人·武科一人·加資二窠, 修報按撫營, 付之榜末之意爲辭矣. 請依此施行, 允之. 又啓言, 卽見按撫使南廷順狀啓, 則慶興府城堞公廨, 隨處頹圮, 今欲移邑, 擧懷不願, 仍舊基重建衙舍·城堞. 而時値冬沍, 使之待春始役, 慶源·鍾城·穩城合八處津民一百六十八戶, 移屬該邑, 西水羅等二鎭中, 撫夷萬戶革罷, 以其鎭民及錢米, 亦爲移劃事, 令廟堂稟處矣. 請依狀請施行, 允之.

의정부(議政府)에서 아뢰기를, "방금 감리경흥통상사무(監理慶興通商事務) 김우현(金禹鉉)의 보고를 보니, '본 읍을 경장(更張)할 때 백성을 안정시킬 방도는 특별히 〈중앙의〉 뜻을 보여주지 않을 수 없으니, 덕원(德源)의 예에 따라 본부(本府) 경내에 사는 유학자와 무인 중에서 매년 공도회(公都會)에 입격시킬 1인, 무과 1인, 자급을 더할 사람, 세 자리를 안무영(按撫營)에 보고하여 방목 끝에 붙이소서'라는 내용이었습니다. 이것에 따라 시행하시기를 청합니다"라고 하니 윤허하였다. 또 〈의정부에서〉 아뢰기를, "방금 안무사 남정순의 장계를 보니 '경흥부(慶興府)는 성첩(城堞)과 공해(公廨)가 곳곳이 허물어져서, 이제 읍을 옮기려고 하는데 모두 원하지 않으므로 옛터에 그대로 관사·성첩을 중건하여야 합니다. 그러나 때가 추운 겨울이니 봄이 되기를 기다려서 역을 시작하게 하고, 경원(慶源)·종성(鍾城)·온성(穩城) 〈등의〉 도합 여덟 곳의 나루터에 사는 백성 168호(戶)를 해당 읍에 이속시키며 서수라(西水羅) 등 3개 진(鎭) 안에 무이만호(撫夷萬戶)를 혁파하고 그 진의 백성 및 전곡을 옮겨 구획하는 일을 모두 묘당으로 하여금 품처하게 하소서'라고 하였습니다. 장계에서 청한 대로 시행하시길 청합니다"라고 하니, 윤허하였다.

『備邊司謄錄』 270冊

府啓曰, 卽見按撫使南廷順狀啓, 則慶興府城堞公廨, 隨處頹圮, 今欲移邑, 擧懷不願, 仍舊基重建衙舍, 改築城堞. 而時値冬沍, 使之待開春始役, 慶源·鍾城·穩城合八處津民一百六十八戶, 移屬該邑, 西水羅等三鎭中, 撫夷萬戶革罷, 以其鎭民及錢米, 亦爲移劃事, 竝請令廟堂稟處矣. 該邑所重, 由來自別, 而且在三國交界, 凡厥恤民備豫之道, 固當靡不用極. 而凋敗之樣, 日甚一日, 衙廨盡頽, 吏民皆散, 今至邑不爲邑之境. 言念及此, 不覺憂歎, 所以有向日關飭者也. 移邑一款, 民所不願, 則果難强行, 仍舊重建之節, 預爲料理, 待春始役, 隣近邑八處鎭戶之移屬, 撫夷萬戶之革罷, 竝依狀請許施, 以其民戶·錢米, 量宜措處事, 分付何如, 答曰, 允.

의정부[府]에서 아뢰기를, "방금 안무사(按撫使) 남정순(南廷順)의 장계를 보니, '경흥부(慶興府)는 성첩(城堞)과 공해(公廨)가 곳곳이 허물어져서, 이제 읍을 옮기려고 하는데 모두 원하지 않으므로 옛터에 관사를 중건(重建)하고 성첩을 고쳐 쌓아야 합니다. 그러나 때가 추운 겨울이니 봄이 되기를 기다려서 역을 시작하게 하고, 경원(慶源)·종성(鍾城)·온성(穩城) 〈등의〉 도합 여덟 곳의 나루터에 사는 백성 168호(戶)를 해당 읍에 이속시키며 서수라(西水羅) 등 3개 진(鎭) 안에 무이만호(撫夷萬戶)를 혁파하고 그 진의 백성 및 전곡을 옮겨 구획하는 일을 모두 묘당으로 하여금 품처하게 하시길 청합니다'라고 하였습니다. 해당 읍의 중요함은 예부터 특별했고, 또 세 나라의 경계가 교차하는 곳에 있으니, 무릇 백성들을 구휼하고 미리 대비하는 일을 진실로 마땅히 최선을 다하지 않을 수 없습니다. 그러나 영락한 상태[凋敗]는 날로 더욱 심해져 관사는 다 허물어지고 아전과 백성은 모두 흩어져서, 지금은 읍을 읍이라 할 수 없는 지경에 이르렀습니다. 생각이 여기에 미치면 저도 모르게 걱정하며 탄식하게 되니, 이로써 지난날 관문으로 신칙한 것입니다. 읍을 옮기는 한 가지 사항은 백성이 원하지 않아 과연 강행하기 어려우니, 예전 그대로 중건할 계획을 미리 준비했다가 봄을 기다려 역을 시작하시고, 인근 8개 읍의 진(鎭)에 사는 호(戶)를 이속시키고 무이만호를 혁파하는 일은 모두 장계에서 청한 대로 시행하도록 하며, 그 민호와 전곡은 사의를 헤아려 조처하라는 것을 분부하는 것이 어떻겠습니까"라고 하니, 답하기를, "윤허한다"고 하였다.

연해감무로 행호군 조존두를 파견할 것을 청함.

1890년(고종 27-庚寅) 2월 13일(양력 3월 3일)

발신 : 통리교섭사무아문

『承政院日記』 2993冊

又以統理交涉通商事務衙門言啓曰, 通漁章程, 既已訂期實施矣. 現今海務旁午, 不容不派員巡檢. 行護軍趙存斗, 特派沿海監務, 使之前往承辦何如, 傳曰, 允.

또 통리교섭통상사무아문(統理交涉通商事務衙門)의 말로 아뢰기를, "통어장정(通漁章程)은 이미 기한을 정하여 실제로 시행되고 있습니다. 지금 바다 관련 사무가 매우 복잡하니[旁午], 관원을 파견하여 순찰하고 감독하지 않을 수 없습니다. 행호군(行護軍) 조존두(趙存斗)를 연해감무(沿海監務)로 특별히 파견하여 그로 하여금 가서 〈해당 업무를〉 맡아서 처리하도록 하는 것이 어떻겠습니까"라고 하니, 전교하기를, "윤허한다"고 하였다.

『高宗實錄』 27卷

交涉通商事務衙門啓, 通漁章程, 既已訂期實施矣. 現今海務旁午, 不容不派員巡檢. 行護軍趙存斗, 特派沿海監務, 使之前往承辦何如, 允之.

교섭통상사무아문(交涉通商事務衙門)에서 아뢰기를, "통어장정(通漁章程)은 이미 기한을 정하여 실제로 시행되고 있습니다. 지금 바다 관련 사무가 매우 복잡하니[旁午], 관원을 파견하여 순찰하고 감독하지 않을 수 없습니다. 행호군(行護軍) 조존두(趙存斗)를 연해감무(沿海監務)로 특별히 파견하여 그로 하여금 가서 〈해당 업무를〉 맡아서 처리하도록 하는 것이 어떻겠습니까"라고 하니, 윤허하였다.

『日省錄(高宗)』 349冊

交涉衙門啓言, 通漁章程, 旣已訂期實施矣. 現今海務旁午, 不容不派員巡檢. 行護軍趙存斗, 特派沿海監務, 使之前往承辦, 允之.

교섭아문(交涉衙門)에서 아뢰기를, "통어장정(通漁章程)은 이미 기한을 정하여 실제로 시행되고 있습니다. 지금 바다 관련 사무가 매우 복잡하니[旁午], 관원을 파견하여 순찰하고 감독하지 않을 수 없습니다. 행호군(行護軍) 조존두(趙存斗)를 연해감무(沿海監務)로 특별히 파견하여 그로 하여금 가서 〈해당 업무를〉 맡아서 처리하도록 하소서"라고 하니, 윤허하였다.

오귀영을 사검관으로 파견하고, 평안도 및 황해도의 연해에서 외국 상선의 밀무역을 감독하게 할 것을 청함.

1890년(고종 27-庚寅) 閏2월 13일(양력 4월 2일)

발신 : 통리교섭통상사무아문

『承政院日記』 2994冊

又以統理交涉通商事務衙門言啓曰, 兩西沿海地方, 外國商船之潛赴私貿者, 業經啓派妥員, 前赴查辦矣. 現聞潛駛圖漏之弊, 尙多襲謬, 隨處登岸, 在在滋案云, 不容不派員駕般, 巡檢海面. 幼學吳龜泳, 令該曹口傳付軍職, 仍差查檢官, 使之前往西沿, 承辦稽察事宜何如, 傳曰, 允.

또 통리교섭통상사무아문(統理交涉通商事務衙門)의 말로 아뢰기를, "양서(兩西) 연해 지방에 외국 상선이 몰래 들어와 사사로이 무역하는 것은, 이미 사건을 타협할 관원을 파견하여 먼저 달려가서 조사하여 처리하기를 아뢰었습니다. 지금 듣건대 몰래 빠르게 〈국경에 들어왔다가〉 빠져나가기를 도모하는 폐단이 아직도 그릇된 짓을 답습함이 많아서, 아무 해안이나 올라오므로 곳곳에 이러한 사건이 늘고 있다고 하니, 관원을 보내어 배를 타고 바다 위를 순찰하고 검사하게 하지 않을 수 없습니다. 유학(幼學) 오귀영(吳龜泳)을 해당 조로 하여금 구전으로 군직(軍職)에 소속시키고 이어 사검관(查檢官)에 차임하여 먼저 서해 연안에 가서 명을 받아 사의를 살피도록 하는 것이 어떻겠습니까"라고 하니, 전교하기를, "윤허한다"고 하였다.

『高宗實錄』 27卷

十三日. 統理交涉通商事務衙門啓, 兩西沿海地方, 外國商舶之潛越私貿者, 業經啓派妥員, 前赴查辦矣. 現聞潛駛圖漏之弊, 尙多襲謬, 隨處登岸, 在在滋案云, 不容不派員駕船, 巡檢海面. 幼學吳龜泳, 令該曹付軍職, 仍差查檢官, 使之前往西沿, 承辦稽察事宜何如, 允之.

윤2월 13일. 통리교섭통상사무아문(統理交涉通商事務衙門)에서 아뢰기를, "양서(兩西) 연해 지방에 외국 상선이 몰래 들어와 사사로이 무역하는 것은, 이미 사건을 타협할 관원을 파견하여 먼저 달려가서 조사하여 처리하기를 아뢰었습니다. 지금 듣건대 몰래 빠르게 〈국경에 들어왔다가〉 빠져나가기를 도모하는 폐단이 아직도 그릇된 짓을 답습함이 많아서, 아무 해안이나 올라오므로 곳곳에 이러한 사건이 늘고 있다고 하니, 관원을 보내어 배를 타고 바다 위를 순찰하고 검사하게 하지 않을 수 없습니다. 유학(幼學) 오귀영(吳龜泳)을 해당 조로 하여금 군직(軍職)에 소속시키고 이어 사검관(查檢官)에 차임하여 먼저 서해 연안에 가서 명을 받아 사의를 살피도록 하는 것이 어떻겠습니까"라고 하니, 윤허하였다.

강원감사 이원일에게 검찰을 강화할 것을 명함.

1890년(고종 27-庚寅) 閏2월 18일(양력 4월 7일)

발신 : 고종

『承政院日記』 2994冊

庚寅閏二月十八日未時. 上御萬慶殿. 江原監司入侍時, 右副承旨閔哲勳·假注書沈衡澤·記事官白時淳·記注官金鎭衡·江原監司李源逸, 以次進伏訖. … 上〈曰〉, 嶺東則里數絶遠, 至於鬱陵島, 尤是遐僻, 外國人潛相伐木, 似非我土. 此亦版圖所載之地, 而寧容若是. 曾以越松萬戶兼差島長使之檢察, 非徒如是, 亦當有別般檢察之擧矣. 下去後, 另加察飭, 無有如前之弊可也. 源逸曰, 下去後, 當詳探形便, 到底察飭, 亦卽啓聞矣.

윤2월 28일 미시(未時). 임금께서 만경전(萬慶殿)에 나아갔다. 강원감사(江原監司)가 입시하였다. 이때 입시한 우부승지(右副承旨) 민철훈(閔哲勳), 가주서(假注書) 심형택(沈衡澤), 기사관(記事官) 백시순(白時淳), 기주관(記注官) 김진형(金鎭衡), 강원감사(江原監司) 이원일(李源逸)이 차례로 나와 엎드렸다. … 임금께서 〈이르기를〉, "영동(嶺東)은 거리가 매우 먼데, 울릉도(鬱陵島)는 〈그보다〉 더욱 멀고 궁벽한 곳이어서 외국인이 몰래 〈들어와서〉 벌목하니, 마치 우리 땅이 아닌 듯하다. 이 또한 판도(版圖)에 실려 있는 땅인데 어찌 이와 같은 것을 용납한단 말인가. 일찍이 월송만호(越松萬戶)를 도장(島長)으로 겸차(兼差)하여 검찰하도록 했는데, 한갓 이렇게만 할 것이 아니라 또한 별도의 검찰하는 조치가 있어야 할 것이다. 내려간 뒤에 특별히 더욱 검찰하고 신칙하여 종전과 같은 폐단이 없도록 하는 것이 좋다"라고 하였다. 이원일이 아뢰기를, "내려간 뒤에 형편을 자세히 살펴서 철저하게 검찰하며 신칙하고 또한 즉시 계문하겠습니다"라고 하였다.

『高宗實錄』27卷

十八日. 召見江原監司李源逸. 辭陛也. 敎曰, 嶺東則里數絶遠, 至於鬱陵島, 尤是遐僻, 外國人潛相伐木, 此亦版圖所載之地, 而寧容若是. 曾以越松萬戶兼差島長使之檢察, 非徒如是, 亦當有別般檢察之擧矣. 下去後, 另加察飭, 無有如前之弊可也.

윤2월 18일. 강원감사(江原監司) 이원일(李源逸)을 소견(召見)하였다. 사폐(辭陛)이다. 교하기를, “영동(嶺東)은 거리가 매우 먼데, 울릉도(鬱陵島)는 〈그보다〉 더욱 멀고 궁벽한 곳이어서 외국인이 몰래 〈들어와서〉 벌목하니, 이 또한 판도(版圖)에 실려 있는 땅인데 어찌 이와 같은 것을 용납한단 말인가. 일찍이 월송만호(越松萬戶)를 도장(島長)으로 겸차(兼差)하여 검찰(檢察)하도록 했는데, 한갓 이렇게만 할 것이 아니라 또한 별도의 검찰하는 조치가 있어야 할 것이다. 내려간 뒤에 특별히 더욱 검찰하고 신칙하여 종전과 같은 폐단이 없도록 하는 것이 좋다”라고 하였다.

『日省錄(高宗)』350冊

予曰, 嶺東則里數絶遠, 至於鬱陵島, 尤是遐僻, 外國人潛相伐木, 似非我土. 此亦版圖所載之地, 而寧容若是. 曾以越松萬戶兼差島長使之檢察, 非徒如是, 亦當有別般檢察之擧矣. 下去後, 另加察飭, 無有如前之弊可也. 源逸曰, 下去後, 當詳探形便, 到底察飭, 亦卽啓聞矣.

내가 말하기를, “영동(嶺東)은 거리가 매우 먼데, 울릉도(鬱陵島)는 〈그보다〉 더욱 멀고 궁벽한 곳이어서 외국인이 몰래 〈들어와서〉 벌목하니, 마치 우리 땅이 아닌 듯하다. 이 또한 판도(版圖)에 실려 있는 땅인데 어찌 이와 같은 것을 용납한단 말인가. 일찍이 월송만호(越松萬戶)를 도장(島長)으로 겸차(兼差)하여 검찰(檢察)하도록 했는데, 한갓 이렇게만 할 것이 아니라 또한 별도의 검찰 하는 조치가 있어야 할 것이다. 내려간 뒤에 특별히 더욱 검찰하고 신칙하여 종전과 같은 폐단이 없도록 하는 것이 좋다”고 하였다. 이원일이 아뢰기를, “내려간 뒤에 형편을 자세히 살펴서 철저하게 검찰하며 신칙하고 또한 즉시 계문하겠습니다”라고 하였다.

삼군수군통제사 정기택에게 통영을 잘 다스리라고 명함.

1890년(고종 27-庚寅) 3월 1일(양력 4월 19일)

발신 : 고종

『承政院日記』 2995冊

庚寅三月初一日五更. 上御萬慶殿. … 仍敎曰, 統制使進前, 騏澤進前. 上曰, 統營所重, 與他有異, 卿須到營之後, 悉心對揚, 以體予眷畀之意也. 騏澤曰, 臣木姿劣才疎, 未知將何以圖報萬一, 而聖敎若是懇摯, 敢不殫心竭力矣. 上曰, 曾經南道外任乎. 騏澤曰, 曾經大邱營將, 多大僉使, 晉州兵使三處, 而今爲四次也. 上曰, 然則南道似慣熟矣. 仍敎曰, 何日發行, 而何處作路乎. 騏澤曰, 明將發程, 而作路由全州·任實等地矣. 上曰, 交龜何處爲之乎. 騏澤曰, 將欲交龜於固城本府矣. 上曰, 何日到營乎. 騏澤曰, 當於十四日交龜仍宿, 十五日到營矣. 上曰, 此時異於他時, 近來海無防禁. 各別惕念, 而且軍務安民之方, 十分察飭, 期圖實續可也. 騏澤曰, 謹當恪勤對揚, 而才識淺短, 恐致僨誤, 只切憧憧矣. 上曰, 善爲下去也, 仍命統制使先退.

3월 1일 오경(五更). 임금께서 만경전(萬慶殿)에 나아갔다. … 이어 교하기를, "통제사(統制使)는 앞으로 나오라"고 하니, 정기택(鄭騏澤)이 앞으로 나왔다. 임금께서 이르기를, "통영(統營)의 중요함은 다른 곳과 차이가 있으니, 경은 영에 도착한 뒤에 마음을 다하여 나의 뜻을 백성에게 닿게 하고, 〈백성을〉 돌보아주라는 나의 뜻을 몸소 행하라"고 하였다. 정기택이 아뢰기를, "신은 본래 자질이 용렬하고 재주도 엉성하여 어떻게 성상의 명을 잘 받들어서 만분의 일이나마 은혜를 갚기를 도모할 수 있을지 모르겠습니다만, 성교(聲敎)가 이와 같이 간절하고 진지하시니, 감히 마음을 다하고 힘을 다하지 않을 수 있겠습니까"라고 하였다. 임금께서 이르기를, "일찍이 남도(南道)의 지방관직[外任]을 거쳤는가"라고 하였다. 정기택이 아뢰기를, "일찍이 대구영장(大邱營將), 다대포첨사(多大浦

僉使), 진주병사(晉州兵使) 세 곳을 거쳤고, 지금이 네 번째입니다"라고 하였다. 임금께서 이르기를, "그렇다면 남도는 익숙할 듯하다"라고 하였다. 이어 교하기를, "언제 출발하고, 또한 어느 곳을 노정으로 삼을 것인가"라고 하였다. 정기택이 아뢰기를, "내일 출발하고, 노정은 전주(全州)·임실(任實) 등지를 경유할 것입니다"라고 하였다. 임금께서 이르기를, "임무교대[交龜]는 어디에서 할 것인가"라고 하였다. 정기택이 아뢰기를, "고성(固城) 본부에서 임무교대[交龜]하고자 합니다"라고 하였다. 임금께서 이르기를, "언제 영에 도착하겠는가"라고 하였다. 정기택이 아뢰기를, "14일에 임무교대[交龜]하여 그대로 〈그곳에〉 묵고, 15일에 영에 도착할 것입니다"라고 하였다. 임금께서 이르기를, "지금은 다른 때와는 다르니, 근래에 연해 지방에 방비와 금령이 없다. 특별히 삼가 생각하고 또 군사와 백성을 편안히 할 방법을 십분 살피고 신칙하여 실효가 있기를 기약하는 것이 좋다"라고 하였다. 정기택이 아뢰기를, "삼가 조심하고 부지런히 힘써서 임금의 뜻을 백성에게 닿게 해야 하는데, 재주와 식견이 얕아 일을 그르칠까 두려우니 다만 매우 불안할 뿐입니다"라고 하였다. 임금께서 이르기를, "잘 내려가라"고 하고, 이어서 통제사에게 먼저 물러가라고 명하였다.

『高宗實錄』 27卷

召見統制使鄭騏澤. 辭陛也.

통제사(統制使) 정기택(鄭騏澤)을 소견(召見)하였다. 사폐(辭陛)이다.

울릉도의 상황에 대해 물음.

1890년(고종 27-庚寅) 3월 2일(양력 4월 20일)

발신 : 고종

『承政院日記』 2995冊

庚寅三月初二日午時, 上與王世子, 詣景武臺, 耆老儒生應製試取. … 上曰, 或有蔚陵島所聞乎. 泰好曰, 近來有聞矣. 上曰, 民人多入居云, 果然乎. 泰好曰, 未知的然矣.

3월 2일 오시(午時). 임금께서 왕세자(王世子)와 같이 경무대(景武臺)로 나아가 기로유생(耆老儒生)의 응제(應製)를 시취하였다. … 임금께서 이르기를, "혹 울릉도[蔚陵島]에 대하여 들은 것이 있는가"라고 하였다. 정태호(鄭泰好)가 아뢰기를, "근래에 들은 것이 없습니다"라고 하였다. 임금께서 이르기를, "인민[民人]이 많이 들어가 산다고 하는데, 과연 그러한가"라고 하였다. 정태호가 아뢰기를, "정확히는 모르겠습니다"라고 하였다.

압록강 주변에 있는 읍의 상황을 보고받고, 백성들의 유랑을 막을 수 있게 하라고 명함.

1891년(고종 28-辛卯) 5월 15일(양력 6월 21일)

발신 : 고종

『承政院日記』 3009冊

辛卯五月十五日午時. 上御孝慕殿齋室. 平安監司·駐津從事官, 同爲入侍時, … 丙奭曰, 本道江邊九邑之接壤彼界, 我民之越居者, 不下十餘萬. 當初離土, 不堪徭役侵虐, 挽近負戴越去, 甚至〈於〉雇傭貽羞, 此豈不大矜惜處乎. 爲其守宰, 不思招還, 乃反藉稱丁錢, 逐名責徵, 又以任帖, 往討錢財, 使彼衆民, 斷無懷土. 若此不已, 九邑必虛, 此實邊情之急迫也. 蓋招還之方, 亶在於該倅之心誠顧恤, 則九邑守宰, 各別擇差, 責成久任, 俾悉還集而安堵然後, 可圖固圉. 故敢此仰達矣. 上曰, 然矣. 挽近守宰, 不思顧恤, 任他流散, 民隱邊情, 實所痛惜. 招還之方, 各別另飭, 期有實效可也.

5월 15일 오시(午時). 임금께서 효모전(孝慕殿) 재실에 나아갔다. 평안감사(平安監司)·천진(天津) 주재 종사관(從事官)이 함께 입시하였다. … 민병석(閔丙奭)이 아뢰기를, "본도의 강 주변에 있는 9개 읍은 저쪽과 경계가 접해 있어서, 우리 백성이 국경을 넘어가서 거주하고 있는 것이 10만여 명 아래가 아닙니다. 당초에 〈우리〉 땅을 떠난 것은, 요역(徭役)과 가혹하게 빼앗는 것을 감당하지 못해서였는데, 최근에는 등짐 메고 국경을 넘어가서 심지어 품팔이를 하면서 수모를 겪기까지 한다고 하니, 이것이 어찌 심히 가련하고 안타깝지 않겠습니까. 〈그러나〉 그 수령[守宰]은 〈백성을〉 불러들일 방도는 생각하지 않고 이내 도리어 정전(丁錢)을 빙자하여 명단대로 세금을 요구하고 또 임첩(任帖)으로써 재물을 토색하여, 저 많은 백성들로 하여금 〈우리〉 땅으로 돌아올 〈생각을〉 결코 품지 못하게 합니다. 이와 같은 것이 그치지 않는다면 9개 읍은 반드시 텅 빌 것이니, 이는 진실로 급박한 변방의 사정입니다. 대개 〈백성을〉 불러들일 방도는 진실로 해당 수령이 성심껏 아끼고 돌보아주는 데에 달려 있으니, 9개 읍의 수령을 각별히 가려서 차임한 다음 오래도록 직임을 맡겨 책무를 완수하도록 하여 모두가 다시 돌아와 모여서 안도하게 된 후에야, 변방을 굳게 지키기를 도모할 수 있을 것입니다. 그러므로 감히 이렇게 우러러 아룁니다"라고 하였다. 임금께서 이르기를, "그렇다. 최근에 수령들이 백성을 아끼고 돌보아줄 것은 생각하지 않고 그들이 유랑하고 흩어지는 대로 내버려두니, 백성의 고통과 변방의 사정은 진실로 애통하고 안타깝다. 〈백성을〉 불러들일 방도를 특별히 신칙하여 실효가 있을 것을 기약하는 것이 좋다"고 하였다.

『高宗實錄』28卷

召見平安監司閔丙奭. … 丙奭曰, 本道江邊九邑, 接壤彼界, 我民之越去者, 不下十餘萬. 此乃不堪徭役侵虐也, 九邑守宰, 擇差久任, 心誠顧恤, 還集安堵然後, 邊情可圖固圉矣. 教曰, 然矣. 挽近守宰, 不思顧恤, 任他流散, 民隱邊情, 實所可悶. 招還之方, 各別另飭, 期有實效可也.

평안감사(平安監司) 민병석(閔丙奭)을 소견(召見)하였다. … 민병석이 아뢰기를, "본도의 강 주변에 있는 9개 읍은 저쪽과 경계가 접해 있어서, 우리 백성이 국경을 넘어가서 거주하고 있는 것이 10만여 명 아래가 아닙니다. 이는 바로 요역(徭役)과 가혹하게 빼앗는 것을 감당하지 못했기 때문이니, 9개 읍의 수령[守宰]을 가려서 차임하고 오래도록 직임을 맡겨 진심으로 백성을 돌보아주어서, 〈그들이〉 돌아와 모여서 안도한 후에야 변방의 사정이 굳게 지키기를 도모할 수 있을 것입니다"라고 하였다. 교하기를, "그렇다. 근래 수령들이 백성을 돌보아줄 것은 생각하지 않고 유랑하고 흩어지는 대로 내버려두니, 백성들의 고통과 변방의 사정은 진실로 민망할만하다. 〈백성을〉 불러들일 방도를 특별히 신칙하여 실효가 있을 것을 기약하는 것이 좋다"고 하였다.

『日省錄(高宗)』365冊

丙奭曰, 本道江邊九邑之接壤彼界, 我民之越居者, 不下十餘萬. 當初離土, 不堪徭役侵虐, 挽近負戴越去, 甚至雇傭貽羞, 此豈不大矜惜處乎. 爲其守宰, 不思招還, 乃反藉稱丁錢, 逐名責徵, 又以任帖, 往討錢財, 使彼衆民, 斷無懷土. 若此不已, 九邑必虛, 此實邊情之急迫也. 蓋招還之方, 亶在於該倅之心誠顧恤, 則九邑守宰, 各別擇差, 責成久任, 俾悉還集而安堵然後, 可圖固圉. 故敢此仰達矣. 予曰, 然矣. 挽近守宰, 不思顧恤, 任他流散, 民隱邊情, 實所痛惜, 招還之方, 各別另飭, 期有實效可也.

민병석(閔丙奭)이 아뢰기를, "본도의 강 주변에 있는 9개 읍은 저쪽과 경계가 접해 있어서, 우리 백성이 국경을 넘어가서 거주하고 있는 것이 10만여 명 아래가 아닙니다. 당초에 〈우리〉 땅을 떠난 것은, 요역(徭役)과 가혹하게 빼앗는 것을 감당하지 못해서였는데, 최근에는 등짐 메고 국경을 넘어가서 심지어 품팔이를 하면서 수모를 겪기까지 한다고 하니, 이것이 어찌 심히 가련하고 안타깝지 않겠습니까. 〈그러나〉 그 수령[守宰]은 〈백성을〉 불러들일 방도는 생각하지 않고 이내 도리어 정전(丁錢)을 빙자하여 명단대로 세금을 요구하고 또 임첩(任帖)으로써 재물을 토색하여, 저 많은 백성들로 하여금 〈우리〉 땅으로 돌아올 〈생각을〉 결코 품지 못하게 합니다. 이와 같은 것이 그치지 않는다면 9개 읍은 반드시 텅 빌 것이니, 이는 진실로 급박한 변방의 사정입니다. 대개 〈백성을〉 불러들일 방도는 진실로 해당 수령이 성심껏 아끼고 돌보아주는 데에 달려 있으니, 9개 읍의 수령을 각별히 가려서 차임한 다음 오래도록 직임을 맡겨 책무를 완수하도록 하여 모두가 다시 돌아와 모여서 안도하게 된 후에야, 변방을 굳게 지키기를 도모할 수 있을 것입니다. 그러므로 감히 이렇게 우러러 아뢰니다"라고 하였다. 내가 말하기를, "그렇다. 최근에 수령들이 백성을 아끼고 돌보아줄 것은 생각하지 않고 그들이 유랑하고 흩어지는 대로 내버려두니, 백성의 고통과 변방의 사정은 진실로 애통하고 안타깝다. 〈백성을〉 불러들일 방도를 특별히 신칙하여 실효가 있을 것을 기약하는 것이 좋다"고 하였다.

중국 선박들이 연해에서 고기잡이하고 있는 상황에 대해 물음.

1891년(고종 28-辛卯) 12월 1일(양력 12월 31일)

발신 : 고종

『承政院日記』 3016冊

辛卯十二月初一日二更. 上御乾清宮. 忠淸監司入侍時, … 上曰, 沿海唐船與漁採, 不至甚多乎. 秉式曰, 湖西泰安等地, 亦濱海也, 雖不如海西, 或不無此患也.

신묘 12월 1일 이경(二更). 임금께서 건청궁(乾淸宮)에 나아갔다. 충청감사(忠淸監司)가 입시하였다. … 임금께서 이르기를, "연해에서 중국 선박[唐船]이 고기잡이하는 일이 매우 많지 않던가"라고 하였다. 조병식(趙秉式)이 아뢰기를, "호서의 태안(泰安) 등의 지역도 바다와 가까워서 비록 〈상황이〉 해서(海西)와는 같지 않더라도, 간혹 이런 근심이 없지는 않습니다"라고 하였다.

『日省錄(高宗)』 372冊

予曰, 沿海唐船與漁採, 不至甚多乎. 秉式曰, 湖西泰安等地, 亦濱海也, 雖不如海西, 或不無此患也.

내가 말하기를, "연해에서 중국 선박[唐船]이 고기잡이하는 일이 매우 많지 않던가"라고 하였다. 조병식(趙秉式)이 아뢰기를, "호서의 태안(泰安) 등의 지역도 바다와 가까워서 비록 〈상황이〉 해서(海西)와는 같지 않더라도 간혹 이런 걱정이 없지 않습니다"라고 하였다.

안무사 민종묵에게 관북 지역의 상황에 대해 보고받음.

1892년(고종 29-壬辰) 10월 7일(양력 11월 25일)

발신 : 고종

『承政院日記』 3027冊

壬辰十月初七日初更. 上御含元殿. … 仍命按撫使進前, 種默進前. 上曰, 關北是龍興舊基, 邊門要隘. 亦靺鞨古址, 風俗勁强, 宜可以固其圉懷其民. 而年來此地, 連値歉荒, 居民潛越彼地, 則至有二十四朔限期刷還之約, 卿其盡心對揚, 俾邊疆肅淸, 民生懷保也. 種默曰, 臣承恩感激, 敢不殫竭. 而才器鹵莽, 且不能素諳北關情形, 難以稱塞其萬一. 仰體我殿下子民之盛念, 伏不任凜栗之至. 蓋十州荐饑之餘, 戶口蕭條, 小民本不樂於彼土, 而不獲已轉相踰越, 莫能禁止, 此深憂歎. 上曰, 此必地方官不能撫綏之致也. 種默曰, 聖敎切當, 無容仰對. 而再昨年, 聖意特軫北憂, 飭諭懇摯, 擇差守令, 務圖責成, 不勝欽仰萬萬. 而臣以此飭諭矣. 上曰, 然矣. 北地兵馬, 素稱精鍊, 團束成規, 挽近解弛莫甚. 況交際觀瞻之地, 尤宜一倍勸勵, 卿其勉之. 種默曰, 北兵强, 天下所稱, 豈甲於八省而已哉. 向者諸道都試之名, 取優等一窠, 亶出於祛試弊精射藝之意. 而至於關北試取一款, 非優額無以勸激. 且親騎衛之設置, 卽古所謂材官也. 初無籌餉之方, 只以免其雜役, 優其試額, 爲鼓勵之道. 不容不依前規試取, 俾爲勸奬. 而種默於到任後, 詳探啓聞, 恐未知何如. 上曰, 然矣. 大事則啓聞, 小事則報于政府可也. 上曰, 北地甚寒, 衝冒遠行甚難矣. 種默曰, 此月卽十月也, 差勝於北京路窮冬遠征. 上曰, 交龜定於何地, 到營料在何日. 種默曰, 交龜將於城津爲定, 距營爲二百餘里, 到任則今月二十八九日計程矣. 上曰, 善爲下去也. 仍命按撫使先退. 成圭奏曰, 按撫使當爲出送, 而敎書·諭書, 亦當陪進矣. 光化正門及西挾門開門, 而標信請出之意敢達矣. 上曰, 當下標信矣. 仍命史官就座. 又命退, 承史以次退出.

임진 10월 7일 초경(初更). 임금께서 함원전(含元殿)에 나아갔다. … 이어 안무사(按撫使)에게 앞으로 나오라고 명하니, 민종묵(閔種默)이 앞으로 나왔다. 임금께서 이르기를, "관북은 바로 예전에 왕업이 발원했던[龍興] 옛 터전 변방 관문의 요충지이다. 또한 말갈의 옛 터전이어서 풍속이 거친 편이니, 진실로 그곳의 백성은 통제하면서도 포용해야만 한다. 그런데 연래에 이 땅이 연이어 흉년이 들어 거주민이 몰래 저쪽 땅으로 넘어가서 〈중국에〉 24개월 안으로 반드시 쇄환(刷還)하겠다는 약조를 하기에 이르렀으니, 경은 마음을 다해 나의 뜻을 백성에게 닿게 하여 변방의 일을 깨끗하고 맑아지게 하고, 민생은 안고 보호하라"고 하였다. 민종묵이 아뢰기를, "신이 은혜로운 명을 받들고 감격하고 있으니 감히 온 힘을 다하지 않겠습니까. 그러나 재주가 변변치 못하고 또한 평소 관북의 정세를 잘 알 수 없어서 맡은 임무의 만분의 일도 제대로 하기 어렵습니다. 백성을 자식처럼 아끼는 전하의 성대한 마음을 우러러 체득해볼 때 삼가 지극하게 두려운 마음을 견딜 수가 없습니다. 대개 10개 주[十州]가 거듭 흉년이 든 뒤라 호구는 적막하며, 소민(小民)은 본래 저쪽 땅을 좋아하지 않았으나, 어쩔 수 없이 서로 국경을 넘고 있으니, 〈그것을〉 금지할 수 없어, 이것이 매우 근심하고 탄식하는 〈바〉입니다"라고 하였다. 임금께서 이르기를, "이는 분명 지방관이 백성을 안정시키지 못함이 지극한 것이다"라고 하였다. 민종묵이 아뢰기를, "성교(聲敎)가 지극히 당연하니 우러러 답할 것이 없습니다. 재작년에 성상의 뜻이 특별히 북방 지역을 걱정하시어 신칙하여 유시한 것이 간절하였고 수령을 가려 차임하여 힘써 책무를 다하도록 하셨으니, 우러러 공경하는 마음이 그지없습니다. 신은 이것으로써 신칙하여 유시하겠습니다"라고 하였다. 임금께서 이르기를, "그렇다. 북방 지역의 병마(兵馬)는 평소 잘 조련되었다고 일컬어지고 있는데, 단속과 규정이 근래 해이해짐이 막심하다. 하물며 교류하고 동정을 살필 때에는 더욱 갑절로 힘써야 할 것이니, 경은 힘쓰도록 하라"고 하였다. 민종묵이 아뢰기를, "북방의 군사가 강한 것은 천하가 말하는 것이니, 어찌 8도[八省]에서 으뜸일 뿐이겠습니까. 지난번 여러 도에서 도시(都試)의 명목으로 우등(優等)의 자리 하나를 선발하였는데, 오로지 시험의 폐단을 제거하고 활 쏘는 기예를 정밀하게 하려는 뜻이었습니다. 그러나 관북에서 시취(試取)라는 한 가지 사항은, 인원수를 넉넉히 하지 않으면 권장하고 격려할 수가 없습니다. 또 친기위(親騎衛)의 설치란 옛날에는 재관이라 말했던 것입니다. 처음에 군비 지원[籌餉]의 방책은 없었으며 단지 그 잡역(雜役)을 면제해주고 시취의 인원을 넉넉히 해주어서 진작시키고 격려하는 방도로 삼은 것이었습니다. 〈따라서〉 옛 규례대로 시취하여 그들로 하여금 권장되게 해야 합니다. 제[種默]가 임지에 도착한 후에 상세히 살펴 계문(啓聞)하면 어떻겠습니까"라고 하였다. 임금께서 이르기를, "그렇다. 큰일은 계문하고 작은 일은 의정부에 보고하는 것이 좋다"라고 하였다. 임금께서 이르기를, "북쪽 지역은 매우 추운데 이를 무릅쓰고 멀리 떠나는 것은 매우 어려운 일일 것이다"라고 하였다. 민종묵이 아뢰기를, "이달이 10월이니 북경(北京) 길을 한겨울에 원정(遠征)하는 것보다는 조금 낫습니다"라고 하였다. 임금께서 이르기를, "임무교대[交龜]는 어느 곳에서 하기로 정하였으며, 군영에 도착하는 날짜는 언제쯤인가"라고 하였다. 민종묵이 아뢰기를, "장차 임무교대[交龜]는 성진(城津)에서 하는 것으로 정하였는데, 〈그곳은〉 군영과의 거리가 200여 리이니, 임지에 도착하는 것은 이달 28일이나 29일로 여정을 계산하고 있습니다"라고 하였다. 임금께서 이르기를, "잘 내려가라"고 하였다. 이어 안무사에게 먼저 물러가라고 명하였다. 김성규가 아뢰기를, "안무사를 응당 내보내야 하는데, 교서·유서(諭書)도 또한 받들고 나아가야 합니다. 광화문(光化門) 정문 및 서쪽 협문(挾門)을 열도록 표신을 내주라는 내용을 감히 아뢥니다"라고 하였다. 임금께서 이르기를, "마땅히 표신을 내리겠다"라고 하였다. 이어 사관에게 자리로 돌아가라고 명하였다. 또 물러가기를 명하니, 승지와 사관이 차례로 물러나왔다.

『日省錄(高宗)』 383冊

予曰, 關北是龍興舊基, 邊門要隘. 亦靺鞨古址, 風俗勁强, 宜可以固其圉懷其民. 而年來此地, 連值歉荒, 居民潛越彼地, 則至有二十四朔限期刷還之約, 卿其盡心對揚, 俾邊疆肅淸, 民生懷保也. 種默曰, 臣承恩感激, 敢不殫竭. 而才器鹵莽, 且不能素諳北關情形, 難以稱塞其萬一. 仰體我殿下子民之盛念, 伏不任凜栗之至. 蓋十州荐饑之餘, 戶口蕭條, 小民本不樂於彼土, 而不獲已轉相踰越, 莫能禁止. 此深憂歎. 予曰, 此必地方官不能撫綏之致也. 種默曰, 聖教切當, 無容仰對. 而再昨年, 聖意特軫北憂, 飭諭懇摯, 擇差守令, 務圖責成, 不勝欽仰萬萬. 而臣以此飭諭矣. 予曰, 然矣. 北地兵馬, 素稱精鍊, 團束成規, 挽近解弛莫甚. 況交際觀瞻之地, 尤宜一倍勸勵, 卿其勉之. 種默曰, 北兵强, 天下所稱, 豈甲於八省而已哉. 向者諸道都試之名, 取優等一窠, 亶出於祛試弊精射藝之意. 而至於關北試取一款, 非優額無以勸激. 且親騎衛之設置, 卽古所謂材官也. 初無籌餉之方, 只以免其雜役, 優其試額, 爲鼓勵之道. 不容不依前規試取, 俾爲勸奬. 而種默於到任後, 詳探啓聞, 恐未知何如. 予曰, 然矣. 大事則啓聞, 小事則報于政府可也. 予曰, 北地甚寒, 衝冒遠行甚難矣. 種默曰, 此月卽十月也, 差勝於北京路窮冬遠征. 予曰, 交龜定於何地, 到營料在何日. 種默曰, 交龜將於城津爲定, 距營爲二百餘里, 到任則今月二十八九日計程矣. 予曰, 善爲下去也.

내가 말하기를, "관북은 바로 예전에 왕업이 발원했던[龍興] 옛 터전 변방 관문의 요충지이다. 또한 말갈의 옛 터전이어서 풍속이 거친 편이니, 진실로 그곳의 백성은 통제하면서도 포용해야만 한다. 그런데 연래에 이 땅이 연이어 흉년이 들어 거주민이 몰래 저쪽 땅으로 넘어가서 〈중국에〉 24개월 안으로 반드시 쇄환(刷還)하겠다는 약조를 하기에 이르렀으니, 경은 마음을 다해 나의 뜻을 백성에게 닿게 하여 변방의 일을 깨끗하고 맑아지게 하고, 민생은 안고 보호하라"고 하였다. 민종묵(閔種默)이 아뢰기를, "신이 은혜로운 명을 받들고 감격하고 있으니 감히 온 힘을 다하지 않겠습니까. 그러나 재주가 변변치 못하고 또한 평소 관북의 정세를 잘 알 수 없어서 맡은 임무의 만분의 일도 제대로 하기 어렵습니다. 백성을 자식처럼 아끼는 전하의 성대한 마음을 우러러 체득해 볼 때 삼가 지극하게 두려운 마음을 견딜 수가 없습니다. 대개 10개 주[十州]가 거듭 흉년이 든 뒤라 호구는 적막하며, 소민(小民)은 본래 저쪽 땅을 좋아하지 않았으나, 어쩔 수 없이 서로 국경을 넘고 있으니, 〈그것을〉 금지할 수 없으니, 이것이 매우 근심하고 탄식하는 〈바〉입니다"라고 하였다. 내가 말하기를, "이는 분명 지방관이 백성을 안정시키지 못함이 지극한 것이다"라고 하였다. 민종묵이 아뢰기를, "성교(聲敎)가 지극히 당연하니 우러러 답할 것이 없습니다. 재작년에 성상의 뜻이 특별히 북방 지역을 걱정하시어 신칙하여 유시한 것이 간절하였고 수령을 가려 차임하여 힘써 책무를 다하도록 하셨으니, 우러러 공경하는 마음이 그지없습니다. 신은 이것으로써 신칙하여 유시하겠습니다"라고 하였다. 내가 말하기를, "그렇다. 북방 지역의 병마(兵馬)는 평소 잘 조련되었다고 일컬어지고 있는데, 단속과 규정이 근래 해이해짐이 막심하다. 하물며 교류하고 동정을 살필 때에는 더욱 갑절로 힘써야 할 것이니, 경은 힘쓰도록 하라"고 하였다. 민종묵이 아뢰기를, "북방의 군사가 강한 것은 천하가 말하는 것이니, 어찌 8도[八省]에서 으뜸일 뿐이겠습니까. 지난번 여러 도에서 도시(都試)의 명목으로 우등(優等)의 자리 하나를 선발하였는데, 오로지 시험의 폐단을 제거하고 활 쏘는 기예를 정밀하게 하려는 뜻이었습니다. 그러나 관북에서 시취(試取)라는 한 가지 사항은, 인원수를 넉넉히 하지 않으면 권장하고 격려할 수가 없습니다. 또 친기위(親騎衛)의 설치란 옛날에는 재관이라 말했던 것입니다. 처음에 군비 지원[籌餉]의 방책은 없었으며 단지 그 잡역(雜役)을 면제해주고 시취의 인원을 넉넉히 해주어서 진작시키고 격려하는 방도로 삼은 것이었습니다. 〈따라서〉 옛 규례대로 시취하여 그들로 하여금 권장되게 해야 합니다. 제[種默]가 임지에 도착한 후에 상세히 살펴 계문(啓聞)하면 어떻겠습니까"라고 하였다. 내가 말하기를, "그렇다. 큰일은 계문하고 작은 일은 의정부에 보고하는 것이 좋다"라고 하였다. 내가 말하기를, "북쪽 지역은 매우 추운데 이를 무릅쓰고 멀리 떠나는 것은 매우 어려운 일일 것이다"라고 하였다. 민종묵이 아뢰기를, "이달이 10월이니 북경(北京) 길을 한겨울에 원정(遠征)하는 것보다는 조금 낫습니다"라고 하였다. 내가 말하기를, "임무교대[交龜]는 어느 곳에서 하기로 정하였으며, 군영에 도착하는 날짜는 언제쯤인가"라고 하였다. 민종묵이 아뢰기를, "장차 임무교대[交龜]는 성진(城津)에서 하는 것으로 정하였는데, 〈그곳은〉 군영과의 거리가 200여 리이니, 임지에 도착하는 것은 이달 28일이나 29일로 여정을 계산하고 있습니다"라고 하였다. 내가 말하기를, "잘 내려가라"고 하였다.

회령부에서 일어난 백성들의 소요에 대해 보고받고 이에 대한 조사를 명함.

1892년(고종 29-壬辰) 10월 29일(양력 12월 17일)

발신 : 고종

『承政院日記』 3027冊

壬辰十月二十九日酉時. 上御咸和堂. 大臣·政府堂上引見. … 範朝曰, 卽見前按撫使謄, 則會寧府又有民鬧, 至於內外衙舍打破之變矣. 本府卽邊界通商之重地也. 未知緣何事端, 致此起擾, 而驚駭痛惋, 寧欲無言. 當該前府使待行査後論勘, 而盤査之節不可虛徐. 北靑府使嚴柱漢, 按覈使差下, 令該曹口傳單付, 使之卽速馳往, 築底嚴査登聞. 今此啓本之措辭, 未能消詳, 難免稽忽. 前按撫使南廷順, 施以越俸之典何如, 上曰, 依爲之. 當有下敎矣. 出擧條. 仍敎曰, 會寧卽兩國交際之地, 則尤多關念矣. 範朝曰, 邊界交涉之地, 果爲關念. 而鎭安撫恤之方, 比他尤爲有加矣. 上曰, 右相祖父, 曾經會寧, 而以曾經道伯擇差乎. 其時列邑擇差之效, 似至于今日矣. 仍敎曰, 北道罷還後, 民尤難保云矣. 範朝曰, 然矣. 年前關北守令擇送之後, 流民還集, 弊局將蘇, 至蒙褒賞矣, 間已遞還, 更不如前云. 以會寧事見之, 難保他邑之無事, 六鎭守令, 不得不擇送矣. 上曰, 捕將新差後, 自政府別加操飭可也. 範朝曰, 謹當操飭矣.

10월 29일 유시(酉時). 임금께서 함화당(咸和堂)에 나아갔다. 대신·정부 당상을 인견하였다. … 정범조(鄭範朝)가 아뢰기를, "방금 전(前) 안무사(按撫使)의 등본(謄本)을 보니, 회령부(會寧府)에서 또 백성의 소요가 있었는데 내외의 관사[衙舍]를 부수는 변고가 생기는 지경에까지 이르렀다고 합니다. 본부는 변방 경계이며 통상(通商)의 중요한 땅입니다. 어떤 이유로 이런 소요가 일어나는 것에 이르렀는지 알지 못하겠습니다만, 놀랍고 애통하여 차라리 말하지 않고자 합니다. 해당 전 부사는 조사한 다음에 논죄하여 처벌해야 하며, 조사하는 절차는 허술하게 해서는 안 됩니다. 북청부사(北靑府使) 엄주한(嚴柱漢)을 안핵사(按覈使)로 차하하여 해당 조로 하여금 구전으로 단부하도록 한 다음, 속히 달려가 철저히 엄하게 조사하여 등문하도록 하소서. 이번 계본은 상세하지 못하니 〈조사를〉 소홀히 했다는 것을 면하기 어렵습니다. 전 안무사 남정순(南廷順)에게 월봉(越俸)의 법을 시행하는 것이 어떻겠습니까"라고 하니, 임금께서 이르기를, "그대로 하라. 마땅히 하교가 있을 것이다"라고 하였다. 거조를 내었다. 이어 교하기를, "회령은 양국이 서로 교차하는 땅이니, 관심이 더욱 많이 가는 곳이다"라고 하였다. 정범조가 아뢰기를, "변방 경계의 교섭(交涉)하는 땅이니, 과연 관심이 갑니다. 〈백성을〉 안정시키고 보살피는 방도를 다른 곳에 비해 더욱 힘써야 할 것입니다"라고 하였다. 임금께서 이르기를, "우상(右相)의 조부는 일찍이 회령을 거친 적이 있는데, 일찍이 도백(道伯)을 거쳤기에 가려 차임한 것인가. 그때에 여러 읍을 가려 차임한 데에 따른 효과가 오늘날에까지 이르는 듯하다"라고 하였다. 이어 교하기를, "북도(北道)에서 관직을 그만두고 돌아온 뒤에는 백성이 더욱 보호받기 어려웠다고 한다"라고 하였다. 정범조가 아뢰기를, "그렇습니다. 작년에 관북(關北)의 수령을 가려 보낸 뒤에는 유민이 다시 돌아와 모이고 피폐한 형국이 장차 소생하여 포상을 받기까지 하였는데, 그 사이에 이미 체직되어 돌아와 다시 전과 같지 않다고 합니다. 회령의 일로 보건대 다른 읍도 무사하리라 보장하기 어려우니, 6진의 수령은 가려 보내지 않을 수 없습니다"라고 하였다. 임금께서 이르기를, "포장(捕將)을 새로 차임한 뒤에 의정부에서 특별히 더 신칙하는 것이 좋다"라고 하였다. 정범조가 아뢰기를, "삼가 엄히 조칙(操飭)하겠습니다"라고 하였다.

『日省錄(高宗)』383冊

仍敎曰, 會寧卽交際之地, 尤多關念矣. 範朝曰, 邊界交涉之地, 果爲關念. 而鎭安撫恤之方, 比他尤爲有加矣. 予曰, 右相祖父, 曾經會寧, 而以曾經道伯擇差乎. 其時列邑擇差之效, 似至于今日矣. 範朝曰, 然矣. 予曰, 北道罷還後, 民尤難保云矣. 範朝曰, 然矣. 年前關北守令擇送之後, 流民還集, 斃局將蘇, 至蒙褒賞矣, 間已遞還, 更不如前云. 以會寧事見之, 難保他邑之無事, 六鎭守令, 不得〈不〉擇送矣. 予曰, 捕將新差後, 自政府別加操飭可也. 範朝曰, 謹當操飭矣.

이어 교하기를, "회령(會寧)은 양국이 서로 교차하는 땅이니, 관심이 더욱 많이 가는 곳이다"라고 하였다. 정범조(鄭範朝)가 아뢰기를, "변방 경계의 교섭하는 땅이니, 과연 관심이 가는 곳입니다. 〈백성을〉 안무하고 구휼하는 방도를 다른 곳에 비해 더욱 힘써야 할 것입니다"라고 하였다. 내가 말하기를, "우상(右相)의 조부는 일찍이 회령을 거친 적이 있는데, 일찍이 도백을 거쳤기에 가려 차임한 것인가. 그때에 여러 읍을 택하여 차임한 효과가 오늘까지 있는 듯하다"라고 하였다. 정범조가 이르기를, "그렇습니다"라고 하였다. 내가 말하기를, "북도(北道)에서 관직을 그만두고 돌아온 뒤에는 백성이 더욱 보호받기 어려웠다고 한다"라고 하였다. 정범조가 아뢰기를, "그렇습니다. 작년에 관북(關北)의 수령을 가려 보낸 뒤에는 유민들이 다시 돌아와 모이고 피폐한 형국이 장차 소생하여 포상을 받기까지 하였는데, 그 사이에 이미 체직되어 돌아와 다시 전과 같지 않다고 합니다. 회령의 일로 보건대 다른 읍도 무사하리라 보장하기 어려우니, 6진의 수령은 가려 보내지 않을 수는 〈없습니다〉"라고 하였다. 내가 말하기를, "포장(捕將)을 새롭게 차임한 후에, 의정부에서 특별히 더 신칙하는 것이 좋다"고 하였다. 정범조가 아뢰기를, "삼가 엄히 조칙(操飭)하겠습니다"라고 하였다.

사행사를 불러 일정에 대해 보고받음.

1892년(고종 29-壬辰) 11월 6일(양력 12월 24일)

발신 : 고종

『承政院日記』 3028冊

壬辰十一月初六日午時. 上御咸和堂. 三使臣入侍時, 同副承旨徐相隣·假注書趙漢元·記注官李寅衡·李鳳元, 冬至兼謝恩正使李乾夏·副使李暐·書狀官沈遠翼, 以次進伏訖. … 上曰, 何日到灣, 何時渡江, 而來月何間, 得抵皇城乎. 乾夏曰, 發行十餘日到灣, 而留灣十餘日渡江, 則來月念後, 似抵皇城矣. 上曰, 自皇帝親政以後, 多有異事云, 詳探以來也. 乾夏曰, 謹當如教矣. … 仍教曰, 節使之行, 何年不此時, 而近日之寒, 比前稍甚. 言念行役, 實所悶然也. 乾夏曰, 渡江則路由向南, 似不當過寒矣. 上曰, 此時之行, 比諸夏節稍勝也. 乾夏曰, 然矣. 上曰, 自江頭距遼東, 爲幾許里乎. 乾夏曰, 七百里云矣.

11월 6일 오시(午時). 임금께서 함화당(咸和堂)에 나아갔다. 세 사신이 입시할 때 동부승지(同副承旨) 서상린(徐相隣), 가주서(假注書) 조한원(趙漢元), 기주관(記注官) 이인형(李寅衡)·이봉원(李鳳元), 동지겸사은정사(冬至兼謝恩正使) 이건하(李乾夏), 부사(副使) 이위(李暐), 서장관(書狀官) 심원익(沈遠翼)이 차례로 나와 엎드렸다. … 임금께서 이르기를, "언제 의주[灣]에 도착해서 언제 강을 건너며, 다음 달 어느 사이에 황성에 도착할 수 있겠는가"라고 하였다. 이건하가 아뢰기를, "출발하여 10여 일이면 의주[灣]에 도착할 것이니, 의주에서 10여 일 머문 다음 강을 건너면 다음 달 20일 후에는 황성에 도착할 수 있을 것 같습니다"라고 하였다. 임금께서 이르기를, "황제가 친정한 이후로 이상한 일이 많다고 하니, 상세히 탐문하고 오라"고 하였다. 이건하가 아뢰기를, "삼가 하교하신 대로 하겠습니다"라고 하였다. … 이어 교하기를, "절사(節使)의 행차는 어느 해든 이 시기가 아닌 적이 없었으나, 근일의 추위는 전에 비해 조금 심한 것 같다. 역의 어려움을 생각하면 실로 걱정되는 바이다"라고 하였다. 이건하가 아뢰기를, "강을 건너면 길이 남쪽으로 향하게 되니, 큰 추위는 겪지 않을 듯합니다"라고 하였다. 임금께서 이르기를, "이 시기 사행은 여름철에 비하면 조금 낫다"라고 하였다. 이건하가 아뢰기를, "그렇습니다"라고 하였다. 임금께서 이르기를, "강 입구에서 요동까지 거리는 몇 리쯤 되는가"라고 하였다. 이건하가 아뢰기를, "700리라고 합니다"라고 하였다.

『日省錄(高宗)』 384冊

予曰, 何日到灣, 何時渡江, 而來月何間, 得抵皇城乎. 乾夏曰, 發行十餘日到灣, 而留灣十餘日渡江, 則來月念後, 似抵皇城矣. 予曰, 自皇帝親政以後, 多有異事云, 詳探以來也. 乾夏曰, 謹當如敎矣. … 予曰, 節使之行, 何年不此時, 而近日之寒, 比前稍甚. 言念行役, 實所悶然也. 乾夏曰, 渡江則路由向南, 似不當過寒矣. 予曰, 此時之行, 比諸夏節稍勝也. 乾夏曰, 然矣. 予曰, 自江頭距遼東, 爲幾許里乎. 乾夏曰, 七百里云矣.

내가 말하기를, "언제 의주[灣]에 도착해서 언제 강을 건너며, 다음 달 어느 사이에 황성에 도착할 수 있겠는가"라고 하였다. 이건하(李乾夏)가 아뢰기를, "출발하여 10여 일이면 의주[灣]에 도착할 것이니, 의주에서 10여 일 머문 다음 강을 건너면 다음 달 20일 뒤에는 황성에 도착할 수 있을 것 같습니다"라고 하였다. 내가 말하기를, "황제가 친정한 이후로 이상한 일이 많다고 하니 상세히 탐문하고 오라"고 하였다. 이건하가 아뢰기를, "삼가 하교하신 대로 하겠습니다"라고 하였다. … 내가 말하기를, "절사(節使)의 행차는 어느 해든 이 시기가 아닌 적이 없었으나, 근일의 추위는 전에 비해 조금 심한 것 같다. 역의 어려움을 생각하면 실로 걱정이 되는 바이다"라고 하였다. 이건하가 아뢰기를, "강을 건너면 길이 남쪽으로 향하게 되니, 큰 추위는 겪지 않을 것 같습니다"라고 하였다. 내가 말하기를, "이 시기 사행은 여름철에 비하면 조금 낫다"라고 하였다. 이건하가 아뢰기를, "그렇습니다"라고 하였다. 내가 말하기를, "강 입구에서 요동까지의 거리는 몇 리쯤 되는가"라고 하였다. 이건하가 아뢰기를, "700리라고 합니다"라고 하였다.

외아문주사 박세환을 파견하여 함경도 연해 지방의 상무를 조사하게 할 것을 청함.

1892년(고종 29-壬辰) 12월 22일(양력 1893년 2월 8일)

발신 : 의정부

『承政院日記』 3029冊

又以議政府言啓曰, 咸鏡道沿海各地方, 查辦商務, 不容不另爲派員, 到底審核, 飭派外衙門主事朴世煥, 使之前往, 查究以來何如, 傳曰, 允.

또 의정부(議政府)의 말로 아뢰기를, "함경도 연해 각 지방은 상무(商務)를 조사하고 처리하는 일을 따로 관원을 파견하여 자세히 살피지 않을 수 없으니, 외아문주사(外衙門主事) 박세환(朴世煥)을 파견하여 그로 하여금 미리 가서 조사하여 오게 하는 것이 어떻겠습니까"라고 하니, 전교하기를, "윤허한다"고 하였다.

『高宗實錄』 29卷

議政府啓, 咸鏡道沿海各地方, 查辦商務, 不容不另爲派員, 到底審核, 飭派外衙門主事朴世煥, 吏之前往, 查究以來何如, 允之.

의정부(議政府)에서 아뢰기를, "함경도 연해 각 지방은 상무(商務)를 조사하고 처리하는 일을 따로 관원을 파견하여 자세히 살피지 않을 수 없으니, 외아문주사(外衙門主事) 박세환(朴世煥)을 파견하여 그로 하여금 미리 가서 조사하여 오게 하는 것이 어떻겠습니까"라고 하니, 윤허하였다.

『日省錄(高宗)』 385冊

議政府啓言, 咸鏡道沿海各地方, 查辦商務, 不容不另爲派員, 到底審核, 飭派外衙門主事朴世煥, 使之前往, 查究以來, 允之.

의정부(議政府)에서 아뢰기를, “함경도 연해 각 지방은 상무(商務)를 조사하고 처리하는 일을 관원을 파견하여 자세히 살피지 않을 수 없으니, 외아문주사(外衙門主事) 박세환(朴世煥)을 파견하여 그로 하여금 미리 가서 조사하여 오게 〈하소서〉”라고 하니, 윤허하였다.

『備邊司謄錄 273冊

府啓曰, 咸鏡道沿海各地方, 查辦商務, 不容不另爲派員, 到底審核, 飭派外衙門主事朴世煥, 使之前往, 查究以來何如, 答曰, 允.

의정부[府]에서 아뢰기를, “함경도 연해 각 지방은 상무(商務)를 조사하고 처리하는 일을 따로 관원을 파견하여 자세히 살피지 않을 수 없으니, 외아문주사(外衙門主事) 박세환(朴世煥)을 파견하여 그로 하여금 미리 가서 조사하여 오게 하는 것이 어떻겠습니까”라고 하니, 답하기를, “윤허한다”고 하였다.

연해의 요충지를 방비할 방침을 전교함.

1893년(고종 30-癸巳) 1월 26일(양력 3월 14일)

발신 : 고종

『承政院日記』 3030冊

傳于李泰容曰, 防禦之制, 惟當隨時之宜, 因地之便, 而諸道雖有陸軍之設置, 沿海要衝, 疎[*虞 추가]莫甚. 忠淸兵營之凡所規制, 竝復舊例, 統禦營移設於南陽府, 稱之以海沿摠制使. 制置接濟之方, 令新除摠制使, 就議摠理大臣, 成節目以入.

이태용(李泰容)에게 전교하기를, "방어(防禦)의 제도는 마땅히 적절한 시기를 따르고 편리한 지형을 이용해야 하는데, 여러 도가 비록 육군(陸軍)이 설치되어 있기는 하였으나, 연해 요충지는 소홀하기가 너무도 심하다. 충청 병영의 모든 규제(規制)는 모두 구례(舊例)를 회복하고, 통어영(統禦營)은 남양부(南陽府)로 옮겨 설치하여 해연총제사(海沿摠制使)로 칭하도록 하라. 제도를 정하고 운영 비용을 마련하는 방도는 새로 제수된 총제사로 하여금 총리대신(摠理大臣)에게 나아가 의논하게 한 다음 절목을 만들어 들이도록 하라"고 하였다.

『高宗實錄』 30卷

敎曰, 防禦之制, 惟當隨時之宜, 因地之便, 而諸道雖有陸軍之設置, 沿海之要衝, 疎虞莫甚. 忠淸兵營之凡所規制, 竝復舊例. 統禦營移設於南陽府, 稱之以海沿總制使. 制置接濟之方, 令新除總制使, 就議總理大臣, 成節目以入.

교하기를, "방어(防禦)의 제도는 마땅히 적절한 시기를 따르고 편리한 지형을 이용해야 하는데, 여러 도가 비록 육군(陸軍)이 설치되어 있기는 하였으나, 연해의 요충지는 소홀하기가 너무도 심하다. 충청 병영의 모든 규제(規制)는 모두 구례(舊例)를 회복하고, 통어영(統禦營)은 남양부(南陽府)로 옮겨 설치하여 해연총제사(海沿摠制使)로 칭하도록 하라. 제도를 정하고 운영 비용을 마련하는 방도는 새로 제수된 총제사로 하여금 총리대신(摠理大臣)에게 나아가 의논하게 한 다음 절목을 만들어 들이도록 하라"고 하였다.

『日省錄(高宗)』 386冊

敎曰, 防禦之制, 惟當隨時之宜, 因地之便, 而諸道雖有陸軍之設置, 沿海之要衝, 疎虞莫甚. 忠淸兵營之凡所規制, 竝復舊例, 統禦營移設於南陽府, 稱之以海沿總制使. 制置接濟之方, 令新除總制使, 就議總理大臣, 成節目以入.

교하기를, "방어(防禦)의 제도는 마땅히 적절한 시기를 따르고 편리한 지형을 이용해야 하는데, 여러 도가 비록 육군(陸軍)이 설치되어 있기는 하였으나, 연해의 요충지는 소홀하기가 너무도 심하다. 충청 병영의 모든 규제(規制)는 모두 구례(舊例)를 회복하고, 통어영(統禦營)은 남양부(南陽府)로 옮겨 설치하여 해연총제사(海沿摠制使)로 칭하도록 하라. 제도를 정하고 운영 비용을 마련하는 방도는 새로 제수된 총제사로 하여금 총리대신(摠理大臣)에게 나아가 의논하게 한 다음 절목을 만들어 들이도록 하라"고 하였다.

평해군수 조종성을 울릉도사검관으로 임명할 것을 청함.

1893년(고종 30-癸巳) 11월 9일(양력 12월 16일)

발신 : 통리교섭통상사무아문

『承政院日記』 3040冊

李鍾弼以統理交涉通商事務衙門言啓曰, 平海郡守趙鍾成, 鬱陵島查檢官差下, 使之前往稽察何如, 傳曰, 允.

이종필(李鍾弼)이 통리교섭통상사무아문(統理交涉通商事務衙門)의 말로 아뢰기를, "평해군수(平海郡守) 조종성(趙鍾成)을 울릉도사검관(鬱陵島查檢官)으로 차하하여 그로 하여금 조사하도록 하는 것이 어떻겠습니까"라고 하니, 전교하기를, "윤허한다"고 하였다.

『日省錄(高宗)』 396冊

交涉通商事言, 平海郡守趙鍾成, 鬱陵島查檢官差下, 使之前往稽察, 允之.

교섭통상사(交涉通商事)가 아뢰기를, "평해군수(平海郡守) 조종성(趙鍾成)을 울릉도사검관(鬱陵島查檢官)으로 차하하여 그로 하여금 조사하도록 하게 〈하소서〉"라고 하니, 윤허하였다.

이석호를 삼척영장으로 삼음.

1894년(고종 31-甲午) 1월 28일(양력 3월 5일)

발신 : 병조

『承政院日記』 3042冊

兵批, 四度 … 李哲鎬爲三陟營將, …

병비를 네 번 하여 … 이석호(李哲鎬)를 삼척영장(三陟營將)으로 삼아, …

사신 임명을 철회해달라고 상소함.

1894년(고종 31-甲午) 4월 22일(양력 5월 26일)

발신 : 행호군(行護軍) 조병우(趙秉友)

『承政院日記』 3045冊

行護軍趙秉友疏曰, 伏以臣匪才, 猥膺進賀副使之任, 承命悚蹙, 罔知措躬之所也. 臣本文質無當, 百不猶人. 而濫叨通籍, 今至白紛, 歷事兩朝, 受恩如天, 平日區區之願, 只是一縷未泯之前, 夷險燥濕, 奔走殫渴而已. 執玉有國之重事也, 飮暑臣節之微勞也. 衰筋病骸, 苟可自力於原濕, 不至委命於草莽, 則何敢徘徊却顧, 自速占便規避之誅哉. 第臣貞疾之難醫, 卽是通朝之所知也, 浮腫益肆, 脛大如腰, 蹣跚之步, 房闥極難, 痞逆之症, 食飮殆廢. 雖尋常班聯趨走, 一番經過, 一番委頓, 殗殗奄奄, 癃朽外著. 以此形狀, 顧何以涉遼·薊之庭, 而竣皮幣之事哉. 日月之鑑照在上, 不待臣言之畢, 而庶燭其必不强矣. 鴨江一渡, 生還無期. 死於往役, 臣固所甘, 而使事之由是而僨誤, 宸憂之由是而重貽, 則揆以國體, 誠非細故. 玆不得不略控文字, 疾聲呼籲. 伏乞天地父母, 念使事之至重, 諒臣疾之難强, 亟命鐫遞臣所授使命, 以幸公私, 千萬幸甚. 臣無任云云. 答曰, 省疏具悉. 所請依施.

행호군(行護軍) 조병우(趙秉友)가 상소하기를, "삼가 아뢰기를, 신이 변변치 못한 재주로 외람되게 진하부사(進賀副使)의 직임을 맡게 되었으니, 명을 받고는 두려움에 떨려 몸 둘 바를 모르겠습니다. 신은 본래 명성과 실질이 서로 맞지 않고 백에 〈한 가지도〉 남들 만한 것이 없습니다. 그럼에도 외람되게 관적에 올라 지금까지 나이 들도록 두 임금을 이어 섬기면서 하늘과 같은 은혜를 받았으니, 평소의 구구한 소원은 단지 이 한 목숨이 끊어지기 전에 쉽고 어려운 것, 마르고 적셔진 것을 가리지 않고 분주하게 모든 것을 다 하는 것뿐이었습니다. 사신의 일[執玉]은 나라의 중대한 일이고 더위에 고생하는 것은 신의 작은 노고입니다. 쇠하고 병든 몸이 만약 높고 마른 땅과 낮고 젖은 땅에서 스스로 힘을 내어 들판에서 목숨을 잃지만 않는다면, 어찌 감히 배회하며 머뭇거리고 뒤돌아보면서, 피할 수 있는 길을 골라서 가리는 죄를 스스로 초래하겠습니까. 그렇지만 신에게 고치기 어려운 고질병이 있는 온 조정이 알고 있는 바이니, 부종(浮腫)이 매우 심해 장딴지가 허리처럼 부어오른 데다 비틀거리는 걸음은 방문까지 나가는 것도 어렵고, 비역의 증세로 〈인하여〉 음식도 전폐하고 있습니다. 비록 일상 일로 〈조정의〉 반열에 나아가더라도 한 번 경과할 때마다 한 번 쓰러지니 문득 죽으려 하는 듯이 쇠한 모습이 겉으로 드러났습니다. 이런 상태로 어찌 요동·계주의 조정으로 건너가 폐백을 바치는 일을 끝마칠 수 있겠습니까. 해와 달과 같은 거울로 위에서 〈상황을〉 비추시니, 신의 말이 끝나지 않더라도 신이 사신 길에 억지로 〈나아갈 수〉 없다는 것은 거의 아실 것입니다. 압록강(鴨綠江)을 한 번 건너면 살아서 돌아올 기약이 없습니다. 역을 하러 가다[往役] 죽는 것이라면 신이 진실로 달갑게 받아들이겠지만, 이로 인해 사신의 일이 잘못되고 성상께 무거운 근심을 끼치게 된다면 국체를 헤아려 보아 참으로 작은 일이 아닙니다. 이에 부득이 대략이나마 문자를 갖추어 다급한 목소리로 호소하는 것입니다. 삼가 바라건대, 천지 부모와 같으신 〈성상께서는〉 사신의 일이 지극히 중요함을 생각하시고, 병든 몸이 억지로 나아가기 어려움을 헤아리시어 속히 신에게 내린 사명(使命)을 개차함으로써, 공적으로나 사적으로나 다행스럽게 하신다면 매우 다행이겠습니다. 신이 못내 운운합니다"라고 하였다. 답하기를, "상소를 보고 잘 알았다. 청하는 대로 시행하겠다"라고 하였다.

『日省錄』400冊

行護軍趙秉友疏陳病狀, 乞遞使銜, 賜批許之.

행호군(行護軍) 조병우(趙秉友)가 병상을 소를 진달하고 사신 임무[使銜]를 체차시켜 줄 것을 바라니, 허락한다는 비답을 내려주었다.

중국에 알릴 내용을 사신에게 교함.

1894년(고종 31-甲午) 6월 10일(양력 7월 12일)

발신 : 고종

『承政院日記』 3047冊

上曰, 潦炎行役, 實爲關念, 須善爲往返也. 仍敎曰, 盛暑行役之勞, 反有甚於隆冬矣. 承純奏曰, 從前別使發行, 春夏間每多爲之矣. 上曰, 復命當在何時耶. 承純奏曰, 臘月初旬間, 似可還抵矣. 上曰, 留館稍久, 似可然矣. 仍敎曰, 見今日人, 來留京城矣. 若逢中州朝士, 釋然言其情形也. 承純奏曰, 此則三使臣, 相議傳布矣. 上曰, 到灣想在晦間否. 承純曰, 然矣. 仍奏曰, 渡江則來月望後, 似有涼意. 上曰, 北土早寒, 似可然矣. 仍敎曰, 善爲往返也.

임금께서 이르기를, "큰 비와 폭염으로 사신의 일이 정말로 마음이 쓰이지만[關念], 잘 다녀와야 한다"라고 하였다. 이어 교하기를, "한창 더울 때에 사신 가는 수고가 도리어 혹독한 겨울보다 심하다"라고 하였다. 이승순(李承純)이 아뢰어 말하기를, "종전에는 별사가 길을 떠나기를 대부분 봄 여름 사이에 하였습니다"라고 하였다. 임금께서 이르기를, "복명은 언제쯤 하겠는가?"라고 하였다. 이승순이 아뢰어 말하기를, "섣달 초순 사이에 아마 돌아올 수 있을 것입니다"라고 하였다. 임금께서 이르기를, "관(館)에 조금 오래 머무를 것이니 그럴 것도 같다"라고 하였다. 이어 교하기를, "지금 일본인이 경성(京城)에 와서 머물고 있다. 만약 중국[中州]의 조사(朝士)를 만나면 분명하게 그 정황을 말해주라"고 하였다. 이승순이 아뢰어 말하기를, "이것은 세 사신이 서로 의논하여 전해주겠습니다"라고 하였다. 임금께서 이르기를, "의주[灣]에 도착하는 것은 그믐 사이가 되지 않겠는가?"라고 하였다. 이승순이 아뢰기를, "그렇습니다"라고 하였다. 이어 아뢰기를, "강을 건너는 것은 다음 달 보름 뒤이니, 아마 서늘할 듯합니다"라고 하였다. 임금께서 이르기를, “북방[北土]은 추위가 일찍 오니 그럴 것 같다”라고 하였다. 이어 교하기를, “잘 다녀오라”고 하였다.

『日省錄』402冊

辭陛也. 予曰, 潦炎行役, 實爲關念, 須善往返也. 仍敎曰, 盛暑行役之勞, 反有甚於隆冬矣. 承純曰, 從前別使發行, 春秋間每爲之矣. 予曰, 復命當在何時耶. 承純曰, 臘月初旬間, 似可還抵矣. 予曰, 留館稍久, 似可然矣. 仍敎曰, 見今日人, 來留京城矣. 若逢中州朝士, 釋然言其情形也. 承純曰, 此則三使臣, 相議傳布矣. 予曰, 到灣想在晦間否. 承純曰, 然矣. 仍奏曰, 渡江則來月望後, 似有涼意. 予曰, 北土早寒, 似可然矣. 仍敎曰, 善爲往返也.

사폐(辭陛)이다. 내가 말하기를, “큰 비와 폭염으로 사신의 일이 정말로 마음이 쓰이지만[關念], 잘 다녀와야 한다”라고 하였다. 이어 교하기를, “한창 더울 때에 사신 가는 수고가 도리어 혹독한 겨울보다 심하다”라고 하였다. 이승순(李承純)이 아뢰기를, “종전에는 별사가 길을 떠나기를 대부분 봄 여름 사이에 하였습니다”라고 하였다. 내가 말하기를, “복명은 언제쯤 하겠는가?”라고 하였다. 이승순이 아뢰기를, “섣달 초순 사이에 아마 돌아올 수 있을 것 입니다”라고 하였다. 내가 말하기를, “관(館)에 조금 오래 머무를 것이니 그럴 것도 같다”라고 하였다. 이어 교하기를, “지금 일본인이 경성(京城)에 와서 머물고 있다. 만약 중국[中州]의 조사(朝士)를 만나면 분명하게 그 정황을 말해주라”고 하였다. 이승순이 아뢰기를, “이것은 세 사신이 서로 의논하여 전해주겠습니다”라고 하였다. 내가 말하기를, “의주[灣]에 도착하는 것은 그믐 사이가 되지 않겠는가?”라고 하였다. 이승순이 아뢰기를, “그렇습니다”라고 하였다. 이어 아뢰기를, “강을 건너는 것은 다음 달 보름 뒤이니, 아마 서늘할 듯합니다”라고 하였다. 내가 말하기를, “북방[北土]은 추위가 일찍 오니 그럴 것 같다”라고 하였다. 이어 교하기를, “잘 다녀오라”고 하였다.

파직된 삼척영장의 자급 환수를 보고함.

1894년(고종 31 - 甲午) 7월 3일(양력 8월 3일)

발신 : 병조

『承政院日記』 3042冊

又以兵曹言啓曰, 新資拜營將者, 瓜滿前, 以不職遞罷, 則不計朔數多少, 還收資級, 載在法典. 而三陟營將李晳鎬, 今已居中罷職矣. 所授加資, 依例還收之意敢啓, 傳曰, 知道.

또 병조(兵曹)의 말로 아뢰기를, “새로 영장(營將)을 임명받은 자가 근무 기간이 다 차기 이전에 직무를 다하지 못하여 체임되어 파면된다면, 근무한 개월 수의 많고 적음을 헤아리지 않고, 자급(資級)을 환수한다고 법전에 실려 있습니다. 삼척영장(三陟營將) 이석호(李晳鎬)가 지금 이미 고과에서 중등(中等)을 맞아 파직되었으니, 그에게 주었던 자급을 예에 따라 환수하겠다는 내용을 감히 아룁니다”라고 하니, 전교하기를, “알았다”고 하였다.

삼척영장 임명을 보고함.

1894년(고종 31－甲午) 7월 3일(양력 8월 3일)

발신 : 병조

『承政院日記』 3048冊

兵批 … 具然奎爲三陟營將 …

병비(兵批)하여 … 구연규(具然奎)를 삼척영장(三陟營將)으로 삼아 …

조일잠정합동조관이 작성됨.

1894년(고종 31 - 甲午) 7월 20일(양력 8월 20일)

발신 : 외무대신 김윤식

『高宗實錄』32卷

朝日暫定合同條款成. 暫定合同條款.【大朝鮮國·大日本國】政府欲將【朝鮮曆開國五百三年六月二十一日, 日本曆明治二十七年七月二十三日】, 兩國兵丁在漢城, 偶爾接仗一事, 妥爲調理. 又期以朝鮮國獨立自主丕基, 更臻鞏固, 併將通商貿易之道, 亟行獎勵推充, 以圖兩國交誼彌加敦密. 玆暫定合同條款, 開列于左, 一, 此次日本國政府, 深望朝鮮國政府釐正內治. 朝鮮國政府亦知其寔屬急要之務, 至允依勸勉勵行, 各節須明保, 取次認眞施行. 一, 釐正內治節目中, 京·釜兩地, 以及京·仁兩地, 創修鐵路一事, 朝鮮政府顧此時庫款未裕, 本願與日本國政府, 若或日本國公司, 約訂合同, 及時興工. 祇因朝鮮政府現有委曲情節, 礙難照辦, 但仍須妥籌良法, 務速克成所期爲要. 一, 在京·釜兩地, 以及京·仁兩地, 由日本國政府已設軍務電線, 酌量時宜, 妥訂條款, 仍可存留. 一, 因念將來兩國交誼, 務俾輯睦, 以及將勵商務起見, 朝鮮國政府, 允在全羅道沿海之地, 開通商口岸一處. 一, 本年七月二十三日, 在大闕相近之地, 兩國兵丁偶爾接仗, 言明彼此各願不必追究. 一, 日本國政府, 素願襄助朝鮮國, 俾其克成獨立自主之業. 故於將來, 與鞏固朝鮮國之獨立自主相關事, 宜另當兩國政府派員, 會同妥議定擬. 一, 以上所開暫定條款, 經畫押蓋印訂定後, 酌量時宜, 方可將在大闕護衛之日本國兵, 一律撤退. 以上斬定合同條款內, 其可永遠循守者, 須日後更作條約遵行. 爲此兩國大臣, 記名蓋印, 以昭憑信. 大朝鮮國開國五百三年七月二十日, 外務大臣金允植. 大日本國明治二十七年八月二十日, 特命全權公使大鳥圭介.

조일잠정합동조관(朝日暫定合同條款)이 성립되었다. 잠정합동조관(暫定合同條款).【대조선국(大朝鮮國)·대일본국(大日本國)】 정부는 【조선력 개국(開國) 503년 6월 21일, 일본력 메이지(明治) 27년 7월 23일】 양국 군사[兵丁]가 한성(漢城)에서 우연히 충돌한 사건을 조리에 맞게 처리하였다. 또 조선국의 독립과 자주 기반을 거듭 다시 공고히 하고 아울러 통상무역(通商貿易)의 방도를 적극적으로 장려·추진하여 양국의 우의를 더욱 두텁고 가까이하기 위하여 임시로 하나로 합치한 조항은 아래에 열거한다. 하나, 이번에 일본국 정부(日本國政府)는 조선국 정부(朝鮮國政府)에서 내정(內政)을 바로잡도록 절실하게 바랐으며, 조선국 정부 또한 그것이 당장 급하고 중요한 일임을 인식하여 〈일본국의〉 권고를 좇아 힘써 시행하게 되었으니, 각 조항이 명백함을 믿고 이를 인정하여 진실로 취하여 시행한다. 하나, 내치 절목 내용 중 경성(京城)·부산(釜山) 두 곳과, 경성·인천(仁川) 두 곳에 철도를 건설하는 문제를 정리하여 바로잡으려는데, 조선 정부의 재정 넉넉하지 못한 때를 고려하여 본래 일본국 정부와 뜻밖의 경우 일본국 공사(公司)와 합동할 것을 약속하고 제때에 공사를 시작하려고 하였으나, 조선 정부가 현재 복잡한 사정이 있기 때문에 처리하기가 어렵지만, 더 나은 방도를 계획하여 가능하다면 기약한 바를 서둘러 성사할 수 있도록 해야 한다. 하나, 경성·부산 두 곳과 경성·인천 두 곳에, 일본 정부에서 이미 설치한 군무전선(軍務電線)은 지금의 형편을 짐작하고 헤아려 조항을 시기에 맞도록 조항을 온전하게 정하고 이내 남겨둘 수 있다. 하나, 앞으로 양국의 관계를 가능하다면 화목하게 할 뿐만 아니라 통상(通商)을 힘써 장려할 것을 고려하여 조선국 정부는 전라도(全羅道) 연해 지방에 있는 한 무역항(貿易港)을 열도록 승인한다. 하나, 올해 7월 23일 대궐 인근에서 양국 군사가 우연히 충돌한 일은 양측이 각각 추구할 필요가 없다는 것을 말로써 똑똑히 밝힌다. 하나, 일본국 정부는 평소 조선국이 독립과 자주 대업을 성취하도록 돕기를 희망하였으므로, 이러한 이유로 장래에 조선의 독립과 자주를 공고히 하는 것과 관련된 일은 따로 양국 정부가 파견한 관리들이 회동하여 마땅히 의정하여 결정한다. 하나, 이상 열거한 잠정적인 조항들은 취합하여 의논을 하여 관인을 찍은 후에 때를 적절히 참작하여 대궐을 호위하는 일본국 군사를 일률적으로 철수시킨다. 이상 잠정적인 합동 조관 내에 가히 영원히 준수해야 하는 것은 모름지기 추후에 다시 조약을 맺어 준수하도록 할 것이다. 이렇게 양국 대신(大臣)들은 이름을 적고 도장을 찍어서 신임[憑信]을 밝힌다. 대조선국 개국 503년 7월 20일, 외무대신(外務大臣) 김윤식(金允植). 대일본국 메이지 27년 8월 20일, 특명전권공사(特命全權公使) 오토리 게이스케(大鳥圭介).

친군총어영별장 등을 임명함.

1894년(고종 31-甲午) 9월 22일(양력 10월 20일)

발신 : 군무아문

『承政院日記』 3050冊

又以軍務衙門言啓曰, 親軍摠禦營別將李秉勳·騎士將閔致琓改差代, 竝單望後錄, 恭呈御覽. 親軍摠禦營別將望, 李秉勳代, 僉知中樞院事李鳳鎬, 親軍摠禦營騎士將望, 閔致琓代, 行副護軍許岏, 踏啓字.

또 군무아문(軍務衙門)의 말로 아뢰기를, "친군총어영별장(親軍摠禦營別將) 이병훈(李秉勳)·기사장(騎士將) 민치완(閔致琓)을 개차하고 그 대임에 대한 단망을 모두 뒤에 적어서 삼가 보시도록 올립니다"라고 하였다. 친군총어영별장의 망에 이병훈을 대신하여 첨지중추원사(僉知中樞院事) 이봉호(李鳳鎬)를, 친군총어영 기사장의 망에 민치완을 대신하여 행부호군(行副護軍) 허완(許岏)을 단부하니, 계자인을 찍었다.

군교 임명에 대해 아룀.

1894년(고종 31-甲午) 11월 4일(양력 11월 30일)

발신 : 군무아문

『承政院日記』 3052冊

又以軍務衙門言啓曰, 卽伏見江原監司金升集狀本啓下, 則曾以道內越松萬戶, 作爲軍校自辟窠. 而癸未, 以京久勤間窠差送, 戊子, 該鎭將兼鬱陵島島長後, 軍校竝未得差, 不無鬱鬱. 依前以軍校首勤自辟事, 請令該衙門稟處矣. 此鎭之於該營校, 未得間差, 宜乎稱屈. 而新鎭將金顯澤, 旣兼鬱陵島島長啓下, 則待瓜遞, 自辟望報, 例兼島長施行何如, 踏啓字.

또한 군무아문(軍務衙門)의 말로 아뢰기를, "방금 계하된 강원감사(江原監司) 김승집(金升集)의 장계를 보니, '과거에는 도내의 월송만호(越松萬戶)를 군교〈하여〉 자벽하는 자리로 삼았습니다. 그런데 계미년에 수도에서 오래 근무한 사람을 돌려가며 차송(差送)했다가 무자년에 해당 진장(鎭將)이 울릉도도장(鬱陵島島長)을 겸한 후에 군교는 모두 차임되지 못하여 불만이 없지 않았습니다. 이전처럼 군교로 가장 오래 근무한 사람을 자벽하는 일을 해당 아문으로 품처하도록 하시길 청합니다'라고 하였습니다. 이 진에서 해당 영교를 돌려가며 차송할 수 없으니 원망을 가지는 것이 마땅합니다. 새로운 진장 김현택(金顯澤)에게 이미 울릉도도장을 겸하라고 계하였으니 임기가 만료되어 체차되기를 기다려, 자벽으로 망을 보고하되 도장을 예겸(例兼)하는 것을 시행하는 것이 어떻겠습니까"라고 하니, 계자인을 찍었다.

안무사 이규원에게 교서를 내림.

1894년(고종 31-甲午) 12월 10일(양력 1895년 1월 5일)

발신 : 고종

『承政院日記』 3053冊

敎按撫使李奎遠書. 王若曰, 逖矣數千里荒服, 惟懷保輯綏之當先, 儼然十二州長官, 必威望材略之兼備, 朕志先定, 輿望攸歸. 念玆關北新營, 實是海東重鎭, 龍虎壯盤踞之勢, 其地〈則〉陶復舊基. 兵馬兼按撫之名, 是職也沿革新制. 土利異稻魚之鄕, 厥產皮革·羽毛. 民俗昧雅馴之敎, 所業刀·棒·弓·馬. 矧復連年飢饉, 重以近日繹騷, 必也其愼其難, 疇若予承流宣化. 所以此時此地, 必得人利器盤根. 惟卿文武全才, 外內遍試, 聲績肇於列郡, 以至鬱島·靑㭞·耽羅之遠方, 恩威服于三軍, 嘗據御營·摠戎·海防之重任. 玆授卿以行咸鏡北道按撫使兼兵馬水軍節度使·鏡城都護府使·親軍北營外使, 卿其祗服寵命, 勉恢良圖. 釋軍務之中權, 非無衆心之惜去, 弛宸念之北顧, 政急流民之勞來. 祛民瘼而分國憂, 非卿伊誰可者. 察邊情而備戎務, 咨爾往其欽哉. 故玆敎示, 想宜知悉. 侍讀尹相燮製進.

안무사(按撫使) 이규원(李奎遠)에게 교서(敎書)를 내렸다. 왕이 〈다음과〉 같이 말하기를, "수천 리나 아득하게 멀리 떨어진 황복(荒服) 지역을 다스리려면 먼저 그들을 품고 보호하여 안정시켜야 하고, 위엄을 갖춘 12주(州)의 장관(長官)을 맡으려면 반드시 위엄과 덕망, 재능과 책략을 겸비해야 하는데, 짐(朕)이 먼저 뜻을 정하자 여망(輿望)이 귀결되었다. 생각건대 이 관북(關北)의 새로운 영(營)은 진실로 우리나라의 중요한 진으로 용과 호랑이가 자리를 틀고 있는 장엄한 형세이며, 그 지역은 도복도혈(陶復陶穴)의 예처럼 우리 선조가 왕업을 일으킨 터전이다. 병마(兵馬) 겸 안무사(兼按撫)라는 명칭의 직위는 이러한 연유로 만들어진 것이다. 토양의 질은 벼농사 짓고 물고기 잡는 곳과는 다르고, 〈그곳의〉 특산물은 가죽, 새의 깃과 가죽의 털이다. 백성과 풍속은 아순(雅馴)의 교화가 어둡고 칼·몽둥이·활·말을 업으로 삼고 있다. 하물며 몇 년이나 기근이 반복되고, 근래 소요까지 겹친 만큼, 반드시 신중하게 처리하고 어렵게 여겨야 하는데, 누가 나의 뜻을 받들어 멀리 교화를 펼 수 있겠는가. 이러한 시기에 이 지역을 다스리는 것은 반드시 적임자를 등용해야만 엉킨 문제를 날카롭게 해결할 수 있을 것이다. 오직 경만이 문무(文武)를 온전하게 갖추어 내외의 관직을 두루 거친 결과 명성과 공적이 여러 군에서 울릉도(鬱陵島)·청곤(靑梱)·탐라(耽羅)의 먼 지역에까지 드러났고, 은혜와 위엄은 삼군(三軍)을 복종시켜 어영(御營)·총융(摠戎)·해방(海防)의 중요한 직임을 늘 맡았었다. 이에 경에게 행함경북도안무사(行咸鏡北道按撫使) 겸병마수군절도사(兼兵馬水軍節度使) 경성도호부사(鏡城都護府使) 친군북영외사(親軍北營外使)를 제수하니, 경은 공경히 〈경을〉 총애하는 명을 받아 좋은 계책을 힘써 펴도록 하라. 장군으로서 군무의 권모(權謀)를 놓아버리면 사람들의 마음이 애석해하며 떠나지 않음이 없을 것이며, 북쪽을 돌아보는 나의 생각을 느슨히 여기면 유민을 힘써 오게 하는 정사가 급해질 것이다. 백성들의 고충을 떨어 없애고, 나라의 근심을 떨어져 나가게 하는 것은 경이 아니면 누가 할 수 있겠는가. 변방의 사정을 살펴서 군대에 관한 사무를 갖추는 것은 그대가 가서 그렇게 공경히 하라. 따라서 이처럼 교시하니 〈나의 뜻을〉 잘 알았을 것이라 생각한다"라고 하였다. 시독(侍讀) 윤상섭(尹相燮)이 지어 올린 것이다.

울릉도를 수토하는 격군과 집물을 없앨 것을 청함.

1894년(고종 31-甲午) 12월 27일(양력 1895년 1월 22일)

발신 : 총리대신, 내무아문대신, 탁지아문대신

『承政院日記』 3053冊

摠理大臣·內務大臣·度支大臣奏, 卽見慶尙道慰撫使李重夏別單條陳者, 俱係躬行採訪, 確鑿有據. 當此更張之會, 亟宜矯正, 臣等公同核閱, 謹將合行事件, 開列如左, 伏候聖裁. 一, 田政, 先從最急處, 次第改量事也. 二十年一改量, 自是邦典, 而廢墜不擧, 已過百年. 田政紊亂, 莫近日若, 此非特嶠南一省爲然. 請令內務衙門, 待明春派員八道, 履勘田制, 妥籌改量爲宜. 一, 籍戶比摠, 不核虛實, 而東沿之盈德·淸河·興海·延日·長鬐·慶州·蔚山·機張等八邑, 旱荒仳離, 村里幾空, 右道星州·河東兩邑, 匪擾流亡, 民戶耗縮, 各衙門軍布及各營鎭軍錢, 限三分一停減事也. 籍法不宜一任解弛, 亟飭道臣, 計家執摠, 從實入籍. 上項十邑所納軍布·軍錢, 若不停減, 招集無期, 依所請特施爲宜. 一, 晋州沿江川浦, 未蒙頉五百結, 永頉事也. 此結, 人地俱亡, 蠲稅年限已滿, 而無處責稅, 依所請特許永頉爲宜. 一, 金海鳴旨島潰落陳荒之鹽田稅中, 巡營句管婢貢條一千三百三十七兩零, 親軍營上納條八百九十七兩零, 南營移屬, 改杉錢橫徵條五百兩, 均廳船稅無亡條五百六十七兩零, 明禮宮落紅結稅二百二十五兩零, 都合冤徵爲三千五百二十七兩零, 蠲減事也. 殘弊小島, 冤徵此多, 大關民隱, 竝分付該宮·該衙門及該道, 依所請蠲減爲宜. 一, 鬱陵島搜討船格什物永革事也. 該島今旣開拓, 左水營之分定東沿各邑, 入送三陟越松鎭者, 殊甚無謂. 搜討船格什物, 自今永革之意, 分付嶺南·關東兩道爲宜. 一, 統營債殖禁斷事也. 營債取殖, 久爲民弊, 飭該營, 自今不得俵給, 各邑已俵者, 還收買土, 以補支調爲宜. 一, 義城縣鑛採陳結二十一結七十四負六束許頉事也. 掘入田土, 白徵其稅, 豈不可冤. 上項鑛陳結稅, 特令蠲除爲宜. 一, 司饔院晋州白土及情費米, 恒定代錢事也. 白土所産漸貴, 又無稅船, 可以添載. 上項白土及雜費米, 竝以恒定代錢, 出給分院燔匠, 使往産土處貿用之意, 分付爲宜. 一, 各驛位土川浦無土者, 從長給代事也. 驛弊合有矯捄, 給代亦難遽議, 其往來侵討謬例, 令道臣嚴行禁戢, 以省驛弊爲宜. 一, 安東幼學姜鋧·郭鍾錫, 禮安幼學李中麟, 星州前都事李種杞. 幼學李承熙, 善山幼學許薰, 俱有實行, 至登剡牘, 隨材錄用爲宜. 奉旨, 依允.

총리대신(總理大臣)·내무대신(內務大臣)·탁지대신(度支大臣)이 아뢰기를, "방금 경상도 위무사(慶尙道慰撫使) 이중하(李重夏)가 조목으로 진술한 별단을 보니, 모두 몸소 찾아내서 정확한 근거가 있는 것이었습니다. 이와 같이 경장하는 때를 만나 속히 교정해야하므로, 신들이 공동으로 살펴보고 삼가 시행하여야 할 사항[事件]을 아래와 같이 열거하였으니, 바라건대 성상의 재결을 기다립니다. 하나, 전정(田政)이니, 우선 가장 급한 곳부터 차례로 다시 측량하자는 것입니다. 〈토지는〉 20년에 한 번씩 고쳐 측량하는 것이 본래 나라의 전범인데, 폐하여 시행되지 않은 지 이미 100년이 지났습니다. 전정이 문란한 것이 근일과 같은 적이 없으니, 이는 단지 경상도 한 지역[嶠南一省]만 그런 것이 아닙니다. 내무아문으로 하여금 내년 봄을 기다려 8도에 관원을 파견하여 전제를 실제 조사[履勘]하고 타당하게 고쳐서 다시 계산하게 하시길 청합니다. 하나, 호적이 총수를 비교한 것이 사실인지 아닌지 확실치 않으나, 동해 연안의 영덕(盈德)·청하(淸河)·흥해(興海)·연일(延日)·장기(長鬐)·경주(慶州)·울산(蔚山)·기장(機張) 등의 8개 읍은 한재(旱災)로 뿔뿔이 흩어져 촌리가 거의 비었으며, 〈경상〉 우도(右道)의 성주(星州)·하동(河東) 2개 읍은 비적(匪賊)의 소란으로 유망하여 민호가 줄었으니, 각 아문에 〈할당된〉 군포(軍布) 및 각 영·진에 할당된 군전(軍錢)의 3분의 1을 감면해달라는 것입니다. 호적법[籍法]을 계속 해이하게 내버려두어서는 안 되니, 속히 도신에게 신칙하여 민가의 총수를 계산하여 사실대로 호적에 올리게 하소서. 위 항의 10개 읍이 바치는 군포·군전을 만약 감면하지 않는다면 〈흩어진 백성을〉 불러 모아 〈안정시킬〉 기약이 없을 것이니, 청한 대로 특별히 시행해야 합니다. 하나, 진주(晉州)의 강가에 있는 〈땅으로〉 개천이 되었지만 아직 재결(災結)로 설정되지 못한 500결(結)을 영구히 재결로 잡아달라는 것입니다. 이 토지 결수〈에 해당하는 땅에〉는 사람도 〈유용한〉 땅도 전혀 없어서, 조세를 감면해주는 기한은 이미 찼어도 세금을 매길 곳이 없으니 청한 대로 특별히 영원토록 재결로 잡게 해야 합니다. 하나, 김해(金海) 명지도(鳴旨島)에 무너져 내려서 황폐해진 염전의 전세(田稅) 중에 순영(巡營)이 관할하는 비공조(婢貢條)인 1,337량, 친군영(親軍營)에 상납하는 897량, 남영(南營)에 이속시킨 개삼전(改杉錢)으로써 멋대로 거두는 500량, 균역청(均役廳) 선세(船稅)의 무망조(無亡條) 567량, 명례궁(明禮宮)의 낙홍(落紅) 결세(結稅) 225량 등 도합 억울하게 징수하는 돈 3,527량을 감면해달라는 것입니다. 쇠잔하고 피폐한 작은 섬에서 억울하게 징수하는 것이 이렇게 많은 것은 백성의 고통에 크게 관계되는 만큼, 모두 해당 궁·해당 아문 및 해당 도에 분부하여 청한 대로 감면해야 합니다. 하나, 울릉도(鬱陵島)를 수토하는 선격(船格)과 집물(什物)을 영원히 혁파하는 것입니다. 해당 도는 지금 이미 개척되었는데, 좌수영(左水營)이 동해 연안의 각 읍을 분정하여 삼척(三陟) 월송진(越松鎭)으로 들여보내는 것은 너무도 의미가 없습니다. 수토하는 선격과 집물을 지금부터 혁파한다는 내용을 영남(嶺南)·관동(關東) 두 도에 마땅히 분부해야 합니다. 하나, 통영(統營)에서 돈을 빌려 주어 이자를 받는 것을 금지해달라는 것입니다. 영에 돈을 빌려주어 이자를 키우는 것이 오랫동안 백성의 폐단이 되었으니, 해당 영에 신칙하여 지금부터는 나누어주지 못하게 하고, 각 읍에 이미 나누어준 것은 환수하여 토지를 사서 지조(支調)에 보충해야 합니다. 하나, 의성현(義城縣)에서 광물(鑛物)을 캐면서 진결(陳結)이 된 21결(結) 74부(負) 6속(束)을 재결(災結)로 허락해달라는 것입니다. 전토를 파서 들어가놓고는 거기서 세금을 걷고 있으니, 어찌 원망이 없겠습니까. 위 항의 광물을 캐서 진결로 된 것에 대한 세금은 특별히 면제해주도록 해야 합니다. 하나, 사옹원(司饔院)에 바치는 진주(晉州)의 백토(白土) 및 정비미를 영구히 돈으로 대신 바치도록 정해달라는 것입니다. 백토의 생산량은 점점 귀해지고 또 세선(稅船)도 없어서 더 실을 수도 없습니다. 위 항의 백토와 정비미는 모두 영원히 돈으로 대신 바치도록 정하며, 그 돈을 분원(分院)의 사기 굽는 장인[燔匠]에게 분급하여 〈백〉토가 생산되는 곳에 가서 사서 쓰라는 내용을 분부해야 합니다. 하나, 각 역참(驛站)의 위토(位土)가 개천이 되어 땅이 없어지면, 〈값이〉 좋은 쪽으로 값을 쳐달라는 것입니다. 역참의 폐단도 마땅히 바로잡아야 하고, 값을 쳐주는 것도 갑자기 의논하기는 어렵습니다만, 그 왕래하면서 침해하는 그릇된 예를 도신으로 하여금 엄히 금지하도록 하여 역참의 폐단을 줄여야 합니다. 하나, 안동(安東)의 유학(幼學) 강면(姜鋧)·곽종석(郭鍾錫), 예안(禮安)의 유학 이중린(李中麟), 성주(星州)의 전 도사(都

事) 이종기(李種杞)·유학 이승희(李承熙), 선산(善山)의 유학 허훈(許薰)은 모두 훌륭한 행실로 인해 섬독(剡牘)까지 올랐으니, 재능에 따라 등용해야 합니다"라고 하였다. 받든 칙지에, "그대로 윤허하라"고 하였다.

『日省錄』 408冊

又啓言, 卽伏見慶尙道慰撫使李重夏別單條陳者, 俱係躬行採訪, 確鑿有據. 當此更張之會, 亟宜矯正, 臣等公同核閱, 謹將合行事件, 開錄如左, 伏候聖裁. 一, 田政, 從最急處, 次第改量事也. 一[*二]十年一改量, 自是邦典, 而廢墜不擧, 已過百年. 田政紊亂, 莫近日若, 此非特嶠南一省爲然. 請令內務衙門, 待明春派員八道, 履勘田制, 妥籌改量爲宜. 一, 籍戶比總, 不核虛實, 而東沿之盈德·淸河·興海·迎日·長鬐·慶州·機張等八邑, 旱荒批離, 村里幾空, 右道星州·河東兩邑, 匪擾流亡, 民戶耗縮, 各衙門軍布及各營鎭軍錢, 限三分一停減事也. 籍法不宜一任解弛, 亟飭道臣, 計家執總, 從實入籍. 上項十邑所納軍布·軍錢, 若不停減, 招集無期, 依所請特施爲宜. 丁[*一], 晉州沿江川浦, 未蒙頉五百結, 永頉事也. 此結, 人地俱亡, 蠲稅年限已滿, 而無處責稅, 依所請特許永頉爲宜. 一, 金海鳴旨島潰落陳荒之鹽田稅中, 巡營句管婢貢條一千三百三十七兩零, 親軍營上納條八百九十七兩零, 南營移屬改杉錢橫徵條五百兩, 均役船稅無亡條五百六十兩零, 明禮宮落紅結稅二百二十五兩零, 都合冤徵爲三千五百二十七兩零, 蠲減事也. 殘弊小島, 冤徵此多, 大關民隱, 幷分付該宮·該衙門及該道, 依所請蠲減爲宜. 一, 鬱陵島搜討船格什物永革事也. 該島今旣開拓, 左水營之分定東沿各邑, 入送三陟越松鎭者, 殊甚無謂. 搜討船格什物, 自今永革之意, 分付嶺南·關東兩道爲宜. 一, 統營債殖禁斷事也. 營債取殖, 久爲民弊, 飭該營, 自今不得俵給, 各邑已俵者, 還收買土, 以補支調爲宜. 一, 義城縣礦採陳結二十一結七十四負六束許頉事也. 掘入田土, 白徵其稅, 豈不可冤. 上項礦陳結稅, 特令蠲除爲宜. 一, 司饔院晉州白土及情費米, 恒定代錢事也. 白土所産漸貴, 又無稅船, 可以添載. 上項白土及雜費米, 幷以恒定代錢, 出給分院燔匠, 使往産土處貿用之意, 分付爲宜. 一, 各驛位土川浦無土者, 從長許代事也. 驛弊合有矯捄, 給代亦難遽議, 其往來侵討謬例, 令道臣嚴行禁戢, 以省驛弊爲宜. 一, 安東幼學姜□□[*鏴]·郭鍾錫, 禮安幼學李中獜, 星州前都事李種杞·幼學李承熙, 善山幼學許薰, 俱有實行, 至登剡牘, 請隨材錄用, 允之.

또 아뢰기를, "방금 경상도위무사(慶尙道慰撫使) 이중하(李重夏)가 조목으로 진술한 별단을 보니, 모두 몸소 찾아내서 정확한 근거가 있는 것이었습니다. 이와 같이 경장하는 때를 만나 속히 교정해야 하므로, 신들이 공동으로 살펴보고 삼가 시행하여야 할 사항[事件]을 아래와 같이 열거하였으니, 바라건대 성상의 재결을 기다립니다. 하나, 전정(田政)이니, 우선 가장 급한 곳부터 차례로 다시 측량하자는 것입니다. 〈토지는〉 20년에 한 번씩 고쳐 측량하는 것이 본래 나라의 전범인데, 폐하여 시행되지 않은 지 이미 100년이 지났습니다. 전정이 문란한 것이 근일과 같은 적이 없으니, 이는 단지 경상도 한 지역[嶠南一省]만 그런 것이 아닙니다. 내무아문으로 하여금 내년 봄을 기다려 8도에 관원을 파견하여 전제를 실제 조사[履勘]하고 타당하게 고쳐서 다시 계산하게 하시길 청합니다. 하나, 호적이 총수를 비교한 것이 사실인지 아닌지 확실치 않으나, 동해 연안의 영덕(盈德)·청하(淸河)·흥해(興海)·연일(延日)·장기(長鬐)·경주(慶州)·울산(蔚山)·기장(機張) 등의 8개 읍은 한재(旱災)로 뿔뿔이 흩어져 촌리가 거의 비었으며, 〈경상〉 우도(右道)의 성주(星州)·하동(河東) 2개 읍은 비적(匪賊)의 소란으로 유망하여 민호가 줄었으니, 각 아문에 〈할당된〉 군포(軍布) 및 각 영·진에 할당된 군전(軍錢)의 3분의 1을 감면해달라는 것입니다. 호적법[籍法]을 계속 해이하게 내버려두어서는 안 되니, 속히 도신에게 신칙하여 민가의 총수를 계산하여 사실대로 호적에 올리게 하소서. 위 항의 10개 읍이 바치는 군포·군전을 만약 감면하지 않는다면 〈흩어진 백성을〉 불러 모아 〈안정시킬〉 기약이 없을 것이니, 청한 대로 특별히 시행해야 합니다. 하나, 진주(晉州)의 강가에 있는 〈땅으로〉 개천이 되었지만 아직 재결(災結)로 설정되지 못한 500결(結)을 영구히 재결로 잡아달라는 것입니다. 이 토지 결수〈에 해당하는 땅에〉는 사람도 〈유용한〉 땅도 전혀 없어서, 조세를 감면해주는 기한은 이미 찼어도 세금을 매길 곳이 없으니 청한 대로 특별히 영원토록 재결로 잡게 해야 합니다. 하나, 김해(金海) 명지도(鳴旨島)에 무너져 내려서 황폐해진 염전의 전세(田稅) 중에 순영(巡營)이 관할하는 비공조(婢貢條)인 1,337량, 친군영(親軍營)에 상납하는 897량, 남영(南營)에 이속시킨 개삼전(改杉錢)으로써 멋대로 거두는

500량, 균역청(均役廳) 선세(船稅)의 무망조(無亡條) 567량, 명례궁(明禮宮)의 낙홍(落紅) 결세(結稅) 225량 등 도합 억울하게 징수하는 돈 3,527량을 감면해달라는 것입니다. 쇠잔하고 피폐한 작은 섬에서 억울하게 징수하는 것이 이렇게 많은 것은 백성의 고통에 크게 관계되는 만큼, 모두 해당 궁·해당 아문 및 해당 도에 분부하여 청한 대로 감면해야 합니다. 하나, 울릉도(鬱陵島)를 수토하는 선격(船格)과 집물(什物)을 영원히 혁파하는 것입니다. 해당 도는 지금 이미 개척되었는데, 좌수영(左水營)이 동해 연안의 각 읍을 분정하여 삼척(三陟) 월송진(越松鎭)으로 들여보내는 것은 너무도 의미가 없습니다. 수토하는 선격과 집물을 지금부터 혁파한다는 내용을 영남(嶺南)·관동(關東) 두 도에 마땅히 분부해야 합니다. 하나, 통영(統營)에서 돈을 빌려주어 이자를 받는 것을 금지해달라는 것입니다. 영에 돈을 빌려 주어 이자를 키우는 것이 오랫동안 백성의 폐단이 되었으니, 해당 영에 신칙하여 지금부터는 나누어주지 못하게 하고, 각 읍에 이미 나누어준 것은 환수하여 토지를 사서 지조(支調)에 보충해야 합니다. 하나, 의성현(義城縣)에서 광물(鑛物)을 캐면서 진결(陳結)이 된 21결 74부 6속을 재결(災結)로 허락해달라는 것입니다. 전토를 파서 들어가놓고는 거기서 세금을 걷고 있으니, 어찌 원망이 없겠습니까. 위 항의 광물을 캐서 진결로 된 것에 대한 세금은 특별히 면제해주도록 해야 합니다. 하나, 사옹원(司饔院)에 바치는 진주(晉州)의 백토(白土) 및 정비미를 영구히 돈으로 대신 바치도록 정해달라는 것입니다. 백토의 생산량은 점점 귀해지고 또 세선(稅船)도 없어서 더 실을 수도 없습니다. 위 항의 백토와 정비미는 모두 영원히 돈으로 대신 바치도록 정하며, 그 돈을 분원(分院)의 사기 굽는 장인[燔匠]에게 분급하여 〈백〉토가 생산되는 곳에 가서 사서 쓰라는 내용을 분부해야 합니다. 하나, 각 역참(驛站)의 위토(位土)가 개천이 되어 땅이 없어지면, 〈값이〉 좋은 쪽으로 값을 쳐달라는 것입니다. 역참의 폐단도 마땅히 바로잡아야 하고, 값을 쳐주는 것도 갑자기 의논하기는 어렵습니다만, 그 왕래하면서 침해하는 그릇된 예를 도신으로 하여금 엄히 금지하도록 하여 역참의 폐단을 줄여야 합니다. 하나, 안동(安東)의 유학(幼學) 강면(姜錂)·곽종석(郭鍾錫), 예안(禮安)의 유학 이중린(李中麟), 성주(星州)의 전 도사(都事) 이종기(李種杞)·유학 이승희(李承熙), 선산(善山)의 유학 허훈(許薰)은 모두 훌륭한 행실로 인해 섬독(剡牘)까지 올랐으니, 재능에 따라 등용하시길 청합니다"라고 하니, 윤허하였다.

『高宗實錄』 32卷

總理大臣·內務大臣·度支大臣奏, 卽見慶尙道慰撫使李重夏別單條陳者, 俱係躬行採訪, 確鑿有據. 當此更張之會, 亟宜矯正, 臣等公同核閱, 謹將合行事件, 開列如左, 伏候聖裁. … 一, 鬱陵島搜討船格什物, 永革事也. 該島今旣開拓, 左水營之分定東沿各邑, 入送三陟 越松鎭者, 殊甚無謂. 搜討船格什物, 自今永革之意, 分付嶺南·關東兩道爲宜. ….

총리대신(總理大臣)·내무대신(內務大臣)·탁지대신(度支大臣)이 아뢰기를, "방금 경상도 위무사(慶尙道慰撫使) 이중하(李重夏)가 조목으로 진술한 별단을 보니, 모두 몸소 찾아내서 정확한 근거가 있는 것이었습니다. 이와 같이 경장하는 때를 만나 속히 교정해야 하므로, 신들이 공동으로 살펴보고 삼가 시행하여야 할 사항[事件]을 아래와 같이 열거하였으니, 바라건대 성상의 재결을 기다립니다. … 하나, 울릉도(鬱陵島)를 수토(搜討)하는 선격(船格)과 집물(什物)을 영원히 혁파하는 것입니다. 해당 도는 지금 이미 개척되었는데, 좌수영(左水營)이 동해 연안의 각 읍을 분정하여 삼척(三陟) 월송진(越松鎭)으로 들여보내는 것은 너무도 의미가 없습니다. 수토하는 선격과 집물을 지금부터 혁파한다는 내용을 영남(嶺南)·관동(關東) 두 도에 마땅히 분부해야 합니다. ….

강화유수 신정희에게 교서를 내림.

1895년(고종 32-乙未) 1월 17일(양력 2월 11일)

발신 : 고종

『承政院日記』3054冊

敎江華留守申正熙書. 大君主若曰, 周官重保釐之命, 設此職而爲屛爲翰, 宋朝尊居留之班, 膺是選者能文能武, 誰爲可者. 古難其人. 惟卿身佩安危, 望重山·斗. 其繩祖武, 與享乎守文太平, 能讀父書兼通於用兵合變. 敦詩說禮, 藹然郤大夫之遺風, 雅歌投壺, 優乎祭將軍之恢量. 試四方而予嘉乃績, 歷三朝而克壯其猷. 顧玆沁營大都, 寔爲海防重鎭, 城池壯金湯之勢, 天設險岨. 臺隍枕水陸之交, 國有捍禦. 眞殿之風雲長護, 地稱副京. 名山之史牒深藏, 世號外閣. 所以寄托之克愼, 必用望實之俱隆, 玆授卿以行江華府留守兼鎭撫使, 卿其勉恢良圖, 祇服寵錫. 巡撫之剿匪有月, 廓淸之告功以時. 年年擁虎符於諸軍, 有獨賢之歎, 世世奉魚軒於是地, 亦罕覩之榮. 干城腹心, 朝廷之老成. 是伏旗鼓耳目, 營壘之精彩更新. 於戱, 知臣莫如, 非卿不可. 有民人有社稷, 咨爾往其欽哉. 爲保障爲繭絲, 歌曰來何莫也. 故玆敎示, 想宜知悉. 侍讀尹相燮製進.

강화유수(江華留守) 신정희(申正熙)에게 교서를 내렸다. 대군주가 〈다음과〉 같이 말하기를, "주관(周官)에는 다스리는 자리를 중히 여겨 이 직임을 설치하여 울타리로 삼았고, 송나라에서는 유수의 반열을 높이 여겨 이에 선발되는 자는 문무에 능하였으니, 누가 여기에 합당하겠는가. 예부터 적임자를 찾기 어려웠다. 오직 경은 한 몸에 〈이 땅의〉 안위를 지고 명망이 태산·북두처럼 무겁도다. 조상의 발자취를 이어 백성이 편히 다스리는 태평의 시대를 누리게 하고, 아버지의 책을 읽고 용병이 변화에 합치하는 것을 겸하여 통하였도다. 시를 돈독히 하고 예를 말하는 〈것에는〉 애연(藹然)한 극곡대부(郤縠大夫)의 유풍이 〈있고〉, 아시(雅詩)를 부르면서 투호(投壺)를 하던 제준(祭遵) 장군의 넓은 아량보다 뛰어나다. 사방에서 시험하여 내가 그대의 업적을 기쁘게 여겼는데, 세 조정을 거쳐서 능히 자신의 꾀를 펼칠 수 있었을 것이다. 돌아보건대 심영(沁營) 대도(大都)는 진실로 해상 방어를 위한 중요한 진(鎭)이며, 성곽과 연못의 형상은 금성탕지(金城湯池)의 형세[金湯之勢]로, 천연의 험준함을 지녔다. 성대와 해자는 수륙이 교차하여 나라를 방어하며 진전(眞殿)의 풍운을 늘 보호해주니 이 땅은 수도에 버금간다고 칭해진다. 명산은 사첩(史牒)을 수장(收藏)하니 세상에서 외각(外閣)이라 부른다. 이곳을 맡김에 매우 신중히 하여, 반드시 명망과 실제가 모두 드높은 자를 써야 하니, 이에 경에게 행강화유수(行江華留守) 겸 진무사(鎭撫使)를 제수하노니, 경은 힘써 훌륭한 계책을 펼쳐 공경히 총애하는 명에 따르라. 순무하여 비적을 소탕하고, 깨끗이 물리쳐서 공을 보고하라. 여러 해 많은 군사를 거느리면서 홀로 현명하다는 탄식을 있겠지만, 대를 이어 이곳을 받들어서 다스림은 또한 보기 드문 영광이로다. 간성이요, 복심이니, 조정의 노성한 신하로다. 이에 삼가 이목을 〈모으는〉 깃발과 북소리에 영루의 정채(精彩)가 다시 새로워질 것이다. 아아, 신하를 아는 이는 〈임금만한〉 이가 없으니, 생각건대 경이 아니면 안 되는 도다. 인민[民人]이 있고 사직이 있으니, 이에 그대는 가서 공경히 임무를 수행하라. 국경을 지키고 백성을 잘 다스려서 '아, 어찌 이리도 늦게 오셨는가'라고 노래하게 하라. 그러므로 이에 교시하니, 잘 알았으리라 생각한다"라고 하였다. 시독(侍讀) 윤상섭(尹相燮)이 지어 올린 것이다.

울릉도민의 사무를 관령할 도장을 임명해달라고 청함.

1895년(고종 32-乙未) 1월 29일(양력 2월 23일)

발신 : 내무대신 박영효

『承政院日記』3054冊

又奏, 鬱陵島搜討規式, 今旣永革, 越松萬戶之所兼島長減下, 而別擇可堪者一人, 差定島長, 管領島民之事務, 每歲數次送船, 問島民之疾苦何如, 奉旨, 依允.

〈내무대신(內務大臣) 박영효(朴泳孝)가〉 또 아뢰기를, "울릉도를 수토하는 규식은 지금 이미 영구히 혁파하였으니, 월송만호(越松萬戶)가 겸하고 있는 도장직을 줄이고, 별도로 그것을 감당할만한 1인을 택하여 도장을 차정하여 도민의 사무를 관령(管領)하게 하고 해마다 배를 수차례 보내어 도민의 질고를 물어보게 하는 것이 어떻겠습니까"라고 하니, 받든 칙지에 "그대로 하라"고 하였다.

『高宗實錄』33卷

內務大臣朴泳孝奏 … 又奏, 鬱陵島搜討ᄒᆞᄂᆞᆫ 規를 今旣永革ᄒᆞ온지라 越松萬戶의 兼ᄒᆞᆫ바 島長을 減下ᄒᆞ고 別로 可堪者一人을 擇ᄒᆞ와 島長을 差定ᄒᆞ야 島民事務를 管領케ᄒᆞ고 每歲에 船을 數次送ᄒᆞ와 島民疾苦를 問ᄒᆞ옴이 何如ᄒᆞ올지. 允之.

내무대신(內務大臣) 박영효(朴泳孝)가 아뢰기를, … 또 아뢰기를 "울릉도를 수토하는 규식은 이제 이미 영구히 혁파하였으니, 월송만호(越松萬戶)가 겸하는 도장〈직을〉 줄이고, 별도로 〈그것을〉 감당할만한 1인을 택하여 도장을 차정하여 도민의 사무를 관령(管領)하게 하고 해마다 배를 수차례 보내어 도민의 질고를 물어보는 것이 어떠하겠습니까?"라고 하니, 윤허하였다.

『日省錄』409冊

內務衙門奏言, 鬱陵島搜討規式, 今旣永革, 越松萬戶之所帶島長減下, 而別擇可堪一人, 差定島長, 管領島民之事務, 每歲數次送船, 請問島民之疾苦, 允之.

내무아문(內務衙門)이 아뢰기를, "울릉도를 수토하는 규식은 지금 이미 영구히 혁파하였으니, 월송만호(越松萬戶)가 겸하고 있는 도장직을 줄이고, 별도로 그것을 감당할만한 1인을 택하여 도장을 차정하여 도민의 사무를 관령(管領)하게 하고 해마다 배를 수차례 보내어 도민의 질고를 물어보게 하시길 청합니다"라고 하니, 윤허하였다.

김우용이 국경 방비에 관한 상소문을 올림.

1895년(고종 32-乙未) 2월 2일(양력 2월 26일)

발신 : 전 집의 김우용

『承政院日記』 3055冊

前執義金禹用疏曰, … 臣竊伏惟西北兩界, 爲我國邊圉重地, 而隣接淸國, 每受侵掠之患, 居民逃散, 邊郵空虛. 一自丙子冠履之倒置, 不得已服事, 歷敎百年, 賴以寧謐, 天運循環, 乃於昨年甲午, 幸賴隣邦之協助, 鞏固我獨立自主之基. 噫, 孝廟朝十年未了之志事, 庶可以紹述於今日也. 爲今之計, 莫如求賢用材, 誠心開化, 確議政敎, 極致富强然後, 可以新東方, 維舊之命, 而庶免隣國之嗤笑矣. 可不戒哉, 可不勗哉. 且淸之於我, 今爲敵國, 則防禦不可不密, 邊圉不可不固, 而彼邊之民, 狼子野心, 虎視耽慾無時不然, 剽掠邊圉, 殆無寧日矣. 然則西北邊民, 不勝其剽掠之苦, 漸至渙散, 州鎭空虛, 則先王疆土, 將日縮百里, 馴致全國莫保之境矣. 必也及今措置, 如捄焚拯溺之可暇, 然後可保其無虞矣. 臣竊伏念彼我分界形便, 則白頭山上有大池, 東流爲豆滿江, 西流爲鴨綠江, 分爲彼我之界. 而自鴨綠邊初邑甲山府, 歷三水·厚·慈等十邑, 至于義州, 則其沿江上下, 爲一千五百餘里也, 自豆滿江初邑, 茂山歷會寧·鍾城等五邑, 至于慶興, 則其沿江上下, 爲七百餘里也. 若以重兵, 嚴守西北, 則可使我國爲萬年天塹之地. 而或者以爲其餉料之巨款, 莫可支放, 臣愚則願圖上方略, 伏乞垂察焉. 昔者趙充國, 禦羌兵於金城, 罷騎兵五萬, 留步兵萬餘, 分作屯田於要害處, 行之數年, 兵精糧足, 至今稱美, 此是養兵守禦之第一長策也. … 今此自甲山至義州鴨綠江邊一千五百餘里, 自茂山至慶興豆滿邊七百餘里, 擇其要害膏沃之地, 限數三十處, 買其田土, 以爲屯田守禦, 而雖非屯田民戶, 輕徭薄賦於該邑, 計戶作隊, 使其頭尊爲統長·里長, 農隙閱武, 以爲兵寓於農, 竝爲助防其剽掠, 則西北沿江數千里邊塞之民, 各安其業, 更無渙散之慮, 豈不美哉. … 屯田養兵之策雖好, 而若不用趙充國之才, 則何以得方略之可用者乎. 故國家之治亂得失, 惟在於賢材之用與不用, 特令政府銓曹, 不拘門閥, 廣用賢材, 則豈止於屯田禦胡而已哉. 國家之富强, 可指日而見矣. 伏願聖明, 下臣此章于廟堂, 會議十衙門大臣, 以爲卽速廣用賢材, 募民實邊, 設屯備禦, 當如捄焚拯溺, 然後邊鄙可爲支保, 而國家安如盤石矣. 臣無任云云. 奉旨, 省疏具悉. 疏辭下閣議稟處.

전(前) 집의(執義) 김우용(金禹用)이 상소하기를, "… 신이 삼가 생각건대, 서북 양계는 우리나라 변경을 지키는 중요한 땅이나, 청국과 인접하여 매번 침략을 받는 우려가 있어서, 거주민은 도망가고 변방은 텅 비었습니다. 병자년에 관과 신발이 도치되었던 난리로부터 부득이하게 〈청을〉 섬기다가 수백 년이 지나 편안하고 고요할 수 있게 되었으며 하늘의 운수가 순환하여 이내 작년 갑오년에 다행히도 이웃 나라의 도움에 의뢰하여 우리 독립 자주의 기초를 공고히 하였습니다. 아! 효종조 10년에 미쳐 이루지 못한 뜻을 오늘에 거의 이룰 수 있게 되었습니다. 지금의 계책은 무엇보다 어진 이를 구하고 인재를 등용하는 것만한 것이 없으며, 성심으로 개화하고 정사와 교화를 확실하게 의논하여 부강을 극히 이룬 연후에야 동방을 새롭게 하고 옛 천명을 새롭게 할 수 있어서 이웃 나라의 비웃음을 면할 것입니다. 경계하지 않을 수 있으며 힘쓰지 않을 수 있겠습니까? 또한 청이 우리에게 지금은 적국이 되니 방어가 엄밀하지 않아서는 안 되고 변방은 든든히 하지 않아서는 안 되지만, 저 변경의 백성은 교화시킬 수 없는 포악한 자들[狼子野心]이어서 호시탐탐하지 않은 때가 없고, 변방을 침략하여 편안할 날이 거의 없습니다. 그리하여 서북 변경 백성은 그 침략의 고통을 이기지 못하고 점차 흩어져 주진이 텅 비었으니, 선왕의 강토가 날마다 100리가 줄어서 차츰 전국을 보전하지 못할 지경에 이르렀습니다. 반드시 지금 조치하기를 불 속에서 사람을 구하듯, 물에 빠진 사람을 건지듯이 겨를이 있을 때 해야 하니, 연후에 걱정 없이 〈강토를〉 보전할 수 있을 것입니다. 신이 삼가 생각건대, 저들과 우리 사이를 나눈 국경의 상황[形便]은 백두산(白頭山) 위에 큰 못이 있어 동쪽으로 흐르는 것이 두만강(豆滿江)이고 서쪽으로 흐르는 것이 압록강(鴨綠江)인데, 〈그것이〉 나뉘어 우리와 저들의 경계가 됩니다. 그런데 압록강의 초읍(初邑)인 갑산부(甲山府)에서 삼수(三水)·후(厚)·자성(慈城) 등 10개 읍을 거쳐 의주(義州)에 이르기까지는 강변의 아래위로 1,500여 리이고, 두만강의 초읍(初邑)인 무산(茂山)에서 회령(會

寧)·종성(鍾城) 등 5개 읍을 거쳐 경흥(慶興)에 이르기까지는 강변의 아래위로 700여 리입니다. 만일 강한 군사로 서북을 엄히 지키면 우리나라가 만 년〈을 넘게 지킬 수 있는〉 천연의 보루로 만들 수 있을 것입니다. 혹자는 그 군량의 거대한 비용을 지방(支放)할 수 없다고 하나, 신은 그림처럼 상세하게 방책을 아뢰고자 하니, 삼가 바라건대 살펴주소서. 옛날 조(趙)충국(充國)은 금성(金城)에서 강병(羌兵)을 방어할 때 기병(騎兵) 5만 명을 없애고, 보병(步兵) 만여 명만을 남긴 다음 요해처(要害處)에 둔토(屯土)를 나누어 설치한 것을 몇 년간 시행하여 군사는 정련되고 군량은 넉넉해져 지금까지 그 아름다움이 칭송받으니, 이것이 바로 양병하여 방어하는 좋은 계책입니다. … 이제 갑산에서 의주 압록강변까지 1,500여 리, 무산으로부터 두만강까지 700여 리에 그 요해처와 기름진 땅을 택하되 30곳을 넘지 않게 하여, 그 전토를 사서 둔전(屯田)으로 만들고 방어하도록 하며, 비록 둔전의 민호(民戶)가 아니더라도 해당 읍에 바치는 부세(賦稅)를 적게 부가하고, 호를 계산하여 대오를 지은 다음 그 우두머리를 통장(統長)·이장(里長)으로 삼고 농한기에 군사 훈련을 시켜서, 농사에 병사를 맞추어서 〈그들로 하여금〉 아울러 약탈을 막는 것에 돕게 한다면 서북의 강가를 낀 수천 리〈에 사는〉 변경 백성은 각각 그 생업을 안정시켜 다시는 뿔뿔이 흩어지는 근심이 없을 것이니 어찌 아름답지 않겠습니까? … 둔전하고 양병하는 계책이 비록 좋으나, 만약 조충국과 같은 인재를 쓰지 않는다면 어떻게 쓸 만한 방략(方略)이 쓰일 수 있겠습니까? 그러므로 국가 치란(治亂)의 득실은 오직 현명한 인재가 쓰이는가 쓰여지지 않는가에 달려 있으니, 특별히 의정부[政府]와 이병조[銓曹]로 하여금 문벌(門閥)에 구애되지 말고 현명한 인재를 널리 등용하게 한다면 어찌 둔전을 〈설치하여〉 오랑캐를 막는 것에만 그치겠습니까? 국가의 부강이 〈이루어지는 것을〉 날을 지정하여 볼 수 있게 될 것입니다. 삼가 바라건대, 밝으신 성상께서는 신의 이 장소(章疏)를 묘당(廟堂)에 내려 보내어 10개의 아문과 대신(大臣)에게 회의하게 하여, 현명한 인재를 속히 널리 등용하고 백성들을 모집하여 변경에 채워넣으며 둔전을 설치하여 방어를 대비하는 것을, 불 속에서 사람을 구하듯, 물에 빠진 사람을 건지듯이 한 연후에야 변경을 보전할 수 있을 것이며, 국가를 반석(盤石)처럼 안정시킬 수 있을 것입니다. 신은 못내 운운합니다"라고 하였다. 받든 칙지에, "상소를 보고 잘 알았다. 상소의 내용을 내각에 내려 의논하여 품처하게 하라"고 하였다.

『高宗實錄』33卷

前執義金禹用疏略, 西北兩道, 爲我國邊圉重地, 而隣接淸國, 每受侵掠之患. 一自丙子冠履之倒置, 不得已服事, 歷數百年, 賴以寧謐, 天運循環, 乃於甲午, 幸賴隣邦之協助, 鞏固我獨立自主之基. 噫, 孝廟朝十年未了之志事, 庶可以紹述於今日也. 爲今之計, 莫如求賢用材, 誠心開化, 確議政敎, 克致富强然後, 可以新東方, 維舊之命, 而庶免隣國之嗤笑矣. 可不戒哉, 可不勖哉. 且淸之於我, 今爲敵國, 防禦不可不密, 邊禦不可不固, 而彼我分界形便, 則白頭山上有大池, 東流爲豆滿江, 西流爲鴨綠江, 分爲彼我之界. 而自鴨綠江初邑甲山, 三水·厚昌·慈城等十邑, 至于義州, 則其沿江上下, 爲一千五百餘里也, 自豆滿江初邑茂山, 歷會寧·鍾城等五邑, 至于慶興, 則其沿江上下, 爲七百餘里也. 若以重兵, 嚴守西北, 則可使我國爲萬年天塹之地也. 昔者趙充國, 禦羌兵於金城, 罷騎兵五萬, 留步兵萬餘, 分作屯土於要害處, 行之數年, 兵精糧足, 此是養兵守禦之長策也. 今自甲山至鴨綠江一千五百餘里, 自茂山至豆滿江七百餘里, 擇其要害處膏沃之地, 限數三十處, 買其田土, 以爲屯田守禦, 而雖非屯田民戶, 薄賦稅於該邑, 計戶作隊, 使其頭尊爲統長·里長, 農隙閱武, 以爲兵寓於農, 竝爲助防其剽掠, 則西北沿江數千里邊塞之民, 各安其業, 更無渙散之慮, 豈不美哉. 屯田養兵之策雖好, 若不用趙充國之材, 何以得方略之可用乎. 國家之治安得失, 惟在賢材之用不用, 特令政府, 不拘門閥, 廣用賢材, 則豈止於屯田禦胡而已哉. 下臣此章于廟堂, 會議諸大臣, 以爲廣用賢材, 募民實邊, 設屯禦胡, 如救焚拯溺焉. 批曰, 疏辭下閣議稟處.

전(前) 집의(執義) 김우용(金禹用)이 올린 상소의 대략에, "서북 양도는 우리나라 변경을 지키는 중요한 땅이나, 청국과 인접하여 매번 침략을 받는 우려가 있습니다. 병자년에 관과 신발이 도치되었던 난리로부터 부득이하게 〈청을〉 섬기다가 수백 년이 지나 편안하고 고요할 수 있게 되었으며 하늘의 운수가 순환하여 이내 갑오년에 다행히도 이웃 나라의 도움에 의뢰하여 우리 독립 자주의 기초를 공고히 하였습니다. 아! 효종조 10년에 미처 이루지 못한 뜻을 오늘에 거의 이룰 수 있게 되었습니다. 지금의 계책은 무엇보다 어진 이를 구하고 인재를 등용하는 것만한 것이 없으며, 성심으로 개화하고 정사와 교화를 확실하게 의논하여 능히 부강을 이룬 연후에야 동방을 새롭게 하고 옛 천

명을 새롭게 할 수 있어서, 이웃 나라의 비웃음을 면할 것입니다. 경계하지 않을 수 있으며 힘쓰지 않을 수 있겠습니까? 또한 청이 우리에게 지금은 적국이 되니 방어가 엄밀하지 않아서는 안 되고 변방은 든든히 하지 않아서는 안 되지만, 저들과 우리 사이를 나눈 국경의 상황[形便]은 백두산(白頭山) 위에 큰 못이 있어 동쪽으로 흐르는 것이 두만강(豆滿江)이고 서쪽으로 흐르는 것이 압록강(鴨綠江)인데, 〈그것이〉 나뉘어 우리와 저들의 경계가 됩니다. 그런데 압록강의 초읍(初邑)인 갑산(甲山)에서 삼수(三水)·후(厚)·자성(慈城) 등 10개 읍을 〈거쳐〉 의주(義州)에 이르기까지는 강변의 아래위로 1,500여 리이고, 두만강의 초읍(初邑)인 무산(茂山)에서 회령(會寧)·종성(鍾城) 등 5개 읍을 거쳐 경흥(慶興)에 이르기까지는 강변의 아래위로 700여 리입니다. 만일 강한 군사로 서북을 엄히 지키면 우리나라가 만 년〈을 넘게 지킬 수 있는〉 천연의 보루로 만들 수 있을 것입니다. 옛날 조(趙)충국(充國)은 금성(金城)에서 강병(羌兵)을 방어할 때 기병(騎兵) 5만 명을 없애고, 보병(步兵) 만여 명만을 남긴 다음 요해처(要害處)에 둔토(屯土)를 나누어 설치한 것을 몇 년간 시행하여 군사는 정련되고 군량은 넉넉해졌으니 이것이 바로 양병하여 방어하는 좋은 계책입니다. 이제 갑산에서 압록강까지 1,500여 리, 무산에서 두만강까지 700여 리에 그 요해처와 기름진 땅을 택하되 30곳을 넘지 않게 하여, 그 전토를 사서 둔전(屯田)으로 만들고 방어하도록 하며, 비록 둔전의 민호(民戶)가 아니더라도 해당 읍에 바치는 부세(賦稅)를 적게 부가하고, 호를 계산하여 대오를 지은 다음 그 우두머리를 통장(統長)·이장(里長)으로 삼고 농한기에 군사 훈련을 시켜서, 농사에 병사를 맞추어서 〈그들로 하여금〉 아울러 약탈을 막는 것에 돕게 한다면 서북의 강가를 낀 수천 리〈에 사는〉 변경 백성은 각각 그 생업을 안정시켜 다시는 뿔뿔이 흩어지는 근심이 없을 것이니 어찌 아름답지 않겠습니까? 둔전하고 양병하는 계책이 비록 좋으나, 만약 조충국과 같은 인재를 쓰지 않는다면 어떻게 쓸만한 방략(方略)이 쓰일 수 있겠습니까? 국가 치안(治安)의 득실은 오직 현명한 인재가 쓰이는가 쓰여지지 않는가에 달려 있으니, 특별히 의정부[政府]로 하여금 문벌(門閥)에 구애되지 말고 현명한 인재를 널리 등용하게 한다면 어찌 둔전을 〈설치하여〉 오랑캐를 막는 것에만 그치겠습니까? 〈밝으신 성상께서는〉 신의 이 장소(章疏)를 묘당(廟堂)에 내려서 대신(大臣)에게 회의하게 하여, 현명한 인재를 속히 널리 등용하고 백성을 모집하여 변경에 채워넣으며 둔전을 설치하여 오랑캐를 방어하는 것을, 불 속에서 사람을 구하듯, 물에 빠진 사람을 건지듯이 하소서"라고 하였다. 비답하기를, "상소의 내용을 내각에 내려 의논하여 품처하게 하라"고 하였다.

『日省錄』 410冊

疏略曰, 西北兩道, 爲我國邊圉重地, 而隣接清國, 每受侵掠之患. 一自丙子冠履之倒置, 不得已服事, 歷數百年, 賴以寧謐, 天運循環, 乃於甲午, 幸賴隣邦之協助, 鞏固我獨立自主之基. 噫, 孝廟朝十年未了之志事, 庶可以紹述於今日也. 爲今之計, 莫如求賢用材, 誠心開化, 確議政教, 極致富強然後, 可以新東方維舊之命, 而庶免隣國之嗤笑矣. 可不戒哉, 可不勖哉. 且清之於我, 今爲敵國, 防禦不可不密, 邊圉不可不固, 而彼我分界形便, 則白頭山上有大池, 東流爲豆滿江, 西流爲鴨綠江, 分爲彼我之界. 而自鴨綠江初邑甲山府, 三水·厚·慈等十邑, 至于義州, 則其沿江上下, 爲一千五百餘里也, 自豆滿江初邑茂山, 歷會寧·鍾城等五邑, 至于慶興, 則其沿江上下, 爲七百餘里也. 若以重兵, 嚴守西北, 則可使我國爲萬年天塹之地也. 昔者趙充國, 禦羌兵於金城, 罷騎兵五萬, 留步兵萬餘, 分作屯田於要害處, 行之數年, 兵精糧足, 此是養兵守禦之長策也. 今自甲山至鴨綠江一千五百餘里, 自茂山至豆滿江七百餘里, 擇其要害處膏沃之地, 限數三十處, 買其田土, 以爲屯田守禦, 而雖非屯田民戶, 薄賦稅於該邑, 計戶作隊, 使其頭尊爲統長·里長, 農隙闒武, 以爲兵寓於農, 幷爲助防其剽掠, 則西北沿江數千里邊塞之民, 各安其業, 更無渙散之慮, 豈不美哉. 屯田養兵之策雖好, 若不用趙充國之材, 何以得方略之可用乎. 國家之治安得失, 惟在賢材之用不用, 特令政府, 不拘門閥, 廣用賢材, 則豈止於屯田禦胡而已哉. 下臣此章于廟堂, 會議十衙門大臣, 以爲廣用賢材, 募民實邊, 設屯禦胡, 當如捄焚拯溺焉. 批以, 疏辭下閣議稟處.

〈전(前) 집의(執義) 김우용(金禹用)이 올린〉 상소의 대략에, "서북 양도는 우리나라 변경을 지키는 중요한 땅이나, 청국과 인접하여 매번 침략을 받는 우려가 있습니다. 병자년에 관과 신발이 도치되었던 난리로부터 부득이하게 〈청을〉 섬기다가 수백 년이 지나 편안하고 고요할 수 있게 되었으며 하늘의 운수가 순환하여 이내 갑오년에 다행히도 이웃 나라의 도움에 의뢰하여 우리 독립 자주의 기초를 공고히 하였습니다. 아! 효종조 10년에 미처 이루지 못한 뜻을 오늘에 거의 이룰 수 있게 되었습니다. 지금의 계책은 무엇보다 어진 이를 구하고 인재를 등용하는 것만한 것이 없으며, 성심으로 개화하고 정사와 교화를 확실하게 의논하여 능히 부강을 이룬 연후에야 동방을 새롭게 하고 옛 천명을 새롭게 할 수 있어서, 이웃 나라의 비웃음을 면할 것입니다. 경계하지 않을 수 있으며 힘쓰지 않을 수 있겠습니까? 또한 청이 우리에게 지금은 적국이 되니 방어가 엄밀하지 않아서는 안 되고 변방은 든든히 하지 않아서는 안 되지만, 저들과 우리 사이를 나눈 국경의 상황[形便]은 백두산(白頭山) 위에 큰 못이 있어 동쪽으로 흐르는 것이 두만강(豆滿江)이고 서쪽으로 흐르는 것이 압록강(鴨綠江)인데, 〈그것이〉 나뉘어 우리와 저들의 경계가 됩니다. 그런데 압록강의 초읍(初邑)인 갑산부(甲山府)에서 삼수(三水)·후(厚)·자성(慈城) 등 10개 읍을 〈거쳐〉 의주(義州)에 이르기까지는 강변의 아래위로 1,500여 리이고, 두만강의 초읍(初邑)인 무산(茂山)에서 회령(會寧)·종성(鍾城) 등 5개 읍을 거쳐 경흥(慶興)에 이르기까지는 강변의 아래위로 700여 리입니다. 만일 강한 군사로 서북을 엄히 지키면 우리나라가 만 년〈을 넘게 지킬 수 있는〉 천연의 보루로 만들 수 있을 것입니다. 옛날 조(趙)충국(充國)은 금성(金城)에서 강병(羌兵)을 방어할 때 기병(騎兵) 5만 명을 없애고, 보병(步兵) 만여 명만을 남긴 다음 요해처(要害處)에 둔토(屯土)를 나누어 설치한 것을 몇 년간 시행하여 군사는 정련되고 군량은 넉넉해졌으니 이것이 바로 양병하여 방어하는 좋은 계책입니다. 이제 갑산에서 압록강까지 1,500여 리, 무산에서 두만강까지 700여 리에 그 요해처와 기름진 땅을 택하되 30곳을 넘지 않게 하여, 그 전토를 사서 둔전(屯田)으로 만들고 방어하도록 하며, 비록 둔전의 민호(民戶)가 아니더라도 해당 읍에 바치는 부세(賦稅)를 적게 부가하고, 호를 계산하여 대오를 지은 다음 그 우두머리를 통장(統長)·이장(里長)으로 삼고 농한기에 군사 훈련을 시켜서, 농사에 병사를 맞추어서 〈그들로 하여금〉 아울러 약탈을 막는 것에 돕게 한다면 서북의 강가를 낀 수천 리〈에 사는〉 변경 백성은 각각 그 생업을 안정시켜 다시는 뿔뿔이 흩어지는 근심이 없을 것이니 어찌 아름답지 않겠습니까? 둔전하고 양병하는 계책이 비록 좋으나, 만약 조충국과 같은 인재를 쓰지 않는다면 어떻게 쓸만한 방략(方略)이 쓰일 수 있겠습니까? 국가 치안(治安)의 득실은 오직 현명한 인재가 쓰이는가 쓰여지지 않는가에 달려 있으니, 특별히 의정부[政府]로 하여금 문벌(門閥)에 구애되지 말고 현명한 인재를 널리 등용하게 한다면 어찌 둔전을 〈설치하여〉 오랑캐를 막는 것에만 그치겠습니까? 〈밝으신 성상께서는〉 신의 이 장소(章疏)를 묘당(廟堂)에 내려서 10개의 아문과 대신(大臣)에게 회의하게 하여, 현명한 인재를 속히 널리 등용하고 백성을 모집하여 변경에 채워넣으며 둔전을 설치하여 오랑캐를 방어하는 것을, 불 속에서 사람을 구하듯, 물에 빠진 사람을 건지듯이 하소서"라고 하였다. 비답하기를, "상소의 내용을 내각에 내려 의논하여 품처하게 하라"고 하였다.

감영, 안무영과 유수 폐지에 관한 안건과 지방제도의 개정에 관한 안건을 반포함.

1895년(고종 32-乙未) 5월 26일(양력 6월 18일)

발신 : 고종

『高宗實錄』 33卷

二十六日. 詔曰, 朕이 邦國의 維新홈을 當ᄒᆞ야 實德을 民에 施코져 ᄒᆞ노니 朕言을 明聽ᄒᆞ라. 民은 邦의 本이니 本이 固ᄒᆞ야사 邦이 寧ᄒᆞᆯ지니 民을 保ᄒᆞᄂᆞᆫ 道ᄂᆞᆫ 行政官에 在ᄒᆞ니라. 本朝의 地方制度가 盡善치 못홈으로 州縣이 齊치 못ᄒᆞ고 冗員이 多ᄒᆞ야 苛稅重斂ᄒᆞᄂᆞᆫ 弊害가 百出ᄒᆞ야 上惠가 下究치 못ᄒᆞ고 下情이 上達치 못ᄒᆞ니 嗚呼라, 琴瑟이 不調ᄒᆞ면 更張홈을 要ᄒᆞᄂᆞ니 行政ᄒᆞᄂᆞᆫ 道ᄂᆞᆫ 時를 因ᄒᆞ야 宜를 制홈이니 今에 監司·留守等舊制를 廢ᄒᆞ고 府와 郡의 新規를 定ᄒᆞ야 弊源을 防杜ᄒᆞ야 兆民으로더부러 泰平ᄒᆞᆫ 福을 共享코져 홈이니 汝百執事와 庶民은 朕意를 體ᄒᆞ라. 勅令第九十七號, 監營·按撫營竝留守廢止件, 裁可頒布. 勅令第九十八號, 地方制度改正件, 裁可頒布. 地方制度. 第一條. 全國을 分ᄒᆞ야 二十三府의 行政區劃으로 ᄒᆞ야 左開ᄒᆞᄂᆞᆫ 各府를 置홈. 漢城府·仁川府·忠州府·洪州府·公州府·全州府·南原府·羅州府·濟州府·晉州府·東萊府·大邱府·安東府·江陵府·春川府·開城府·海州府·平壤府·義州府·江界府·咸興府·甲山府·鏡城府. 第二條. 前條의 外ᄂᆞᆫ 從來의 牧·府·郡·縣의 名稱及府尹·牧使·府使·郡守·庶尹·判官·縣令·縣監의 官名을 盡廢ᄒᆞ고 邑의 名稱을 郡이라 ᄒᆞ며 邑의 長官의 官名을 郡守라 홈. 第三條. 各府의 管轄區域은 左와 如홈. 漢城府【漢城郡·楊州郡·廣州郡·積城郡·抱川郡·永平郡·加平郡·連川郡·高陽郡·坡州郡·交河郡】. 仁川府【仁川郡·金浦郡·富平郡·陽川郡·始興郡·安山郡·果川郡·水原郡·南陽郡·江華郡·喬桐郡·通津郡】. 忠州府【忠州郡·陰城郡·延豐郡·槐山郡·堤川郡·淸風郡·永春郡·丹陽郡·鎭川郡·淸安郡·驪州郡·龍仁郡·竹山郡·陰竹郡·利川郡·陽智郡·原州郡·旌善郡·平昌郡·寧越郡】. 洪州

府【洪州郡·結城郡·德山郡·韓山郡·舒川郡·庇仁郡·藍浦郡·保寧郡·林川郡·鴻山郡·瑞山郡·海美郡·唐津郡·沔川郡·泰安郡·大興郡·靑陽郡·禮山郡·新昌郡·溫陽郡·牙山郡·定山郡】. 公州府【公州郡·燕岐郡·恩津郡·連山郡·石城郡·扶餘郡·魯城郡·沃川郡·文義郡·懷德郡·鎭岑郡·平澤郡·報恩郡·懷仁郡·永同郡·靑山郡·黃磵郡·淸州郡·全義郡·木川郡·天安郡·稷山郡·安城郡·振威郡·陽城郡·珍山郡·錦山郡】. 全州府【全州郡·礪山郡·高山郡·臨陂郡·咸悅郡·沃溝郡·龍安郡·益山郡·扶安郡·萬頃郡·金堤郡·金溝郡·古阜郡·興德郡·井邑郡·泰仁郡·長城郡·高敞郡·茂長郡·靈光郡】. 南原府【南原郡·求禮郡·雲峰郡·谷城郡·順天郡·光陽郡·任實郡·長水郡·鎭安郡·潭陽郡·淳昌郡·玉果郡·昌平郡·龍潭郡·茂朱郡】. 羅州府【羅州郡·海南郡·珍島郡·康津郡·長興郡·興陽郡·寶城郡·靈巖郡·務安郡·咸平郡·綾州郡·和順郡·同福郡·光州郡·南平郡·樂安郡】. 濟州府【濟州郡·大靜郡·旌義郡】. 晉州府【晉州郡·固城郡·鎭海郡·泗川郡·昆陽郡·南海郡·丹城郡·山淸郡·河東郡·居昌郡·安義郡·咸陽郡·陜川郡·草溪郡·三嘉郡·宜寧郡·漆原郡·咸安郡·昌原郡·熊川郡·金海郡】. 東萊府【東萊郡·梁山郡·機張郡·蔚山郡·彦陽郡·慶州郡·迎日郡·長鬐郡·興海郡·巨濟郡】. 大邱府【大邱郡·慶山郡·漆谷郡·仁同郡·星州郡·知禮郡·高靈郡·善山郡·開寧郡·金山郡·義城郡·義興郡·軍威郡·比安郡·密陽郡·淸道郡·永川郡·慈仁郡·新寧郡·河陽郡·昌寧郡·靈山郡·玄風郡】. 安東府【安東郡·靑松郡·眞寶郡·英陽郡·盈德郡·寧海郡·淸河郡·榮川郡·禮安郡·奉化郡·順興郡·豐基郡·咸昌郡·龍宮郡·醴泉郡·尙州郡】. 江陵府【江陵郡·蔚珍郡·平海郡·三陟郡·高城郡·杆城郡·通川郡·歙谷郡·襄陽郡】. 春川府.【春川郡·楊口郡·洪川郡·麟蹄郡·橫城郡·鐵原郡·平康郡·金化郡·狼川郡·淮陽郡·金城郡·楊根郡·砥平郡】. 開城府【開城郡·豐德郡·朔寧郡·麻田郡·長湍郡·伊川郡·安峽郡·兎山郡·平山郡·金川郡·遂安郡·谷山郡·新溪郡】. 海州府【海州郡·延安郡·白川郡·甕津郡·康翎郡·長淵郡·松禾郡·豐川郡·安岳郡·長連郡·殷栗郡·載寧郡·信川郡·文化郡·瑞興郡·鳳山郡】. 平壤府【平壤郡·安州郡·肅川郡·順安郡·龍岡郡·永柔郡·甑山郡·咸從郡·三和郡·慈山郡·江西郡·德川郡·寧遠郡·熙川郡·孟山郡·寧邊郡·雲山郡·順川郡·价川郡·殷山郡·成川郡·陽德郡·三登郡·江東郡·祥原郡·中和郡·黃州郡】. 義州府【義州郡·昌城郡·碧潼郡·朔州郡·龍川郡·鐵山郡·宣川郡·郭山郡·定州郡·嘉山郡·博川郡·泰川郡·龜城郡】. 江界府【江界郡·厚昌郡·慈城郡·楚山郡·渭原郡·長津郡】. 咸興府【咸興郡·定平郡·永興郡·高原郡·文川郡·德源郡·安邊郡·端川郡·利原郡·北靑郡·洪原郡】. 甲山府【甲山郡·三水郡】. 鏡城府【鏡城郡·富寧郡·吉州郡·明川郡·慶源郡·慶興郡·穩城郡·鍾城郡·會寧郡·茂山郡】. 第四條. 各府廳의 位置는 左와 如홈. 漢城府

【漢城】. 仁川府【仁川濟物浦】. 忠州府【忠州】. 洪州府【洪州】. 公州府【公州】. 全州府【全州】. 南原府【南原】. 羅州府【羅州】. 濟州府【濟州】. 晉州府【晉州】. 東萊府【東萊·釜山】. 大邱府【大邱】. 安東府【安東】. 江陵府【江陵】. 春川府【春川】. 開城府【開城】. 海州府【海州】. 平壤府【平壤】. 義州府【義州】. 江界府【江界】. 咸興府【咸興】. 甲山府【甲山】. 鏡城府【鏡城】. 附則. 第五條. 本令은 開國五百四年閏五月一日로븟터 施行홈. 第六條. 本令施行ᄒᆞᄂᆞᆫ 日에 時任ᄒᆞᆫ 府尹·牧使·府使·郡守·庶尹·判官·縣令·縣監의 官職에 在ᄒᆞᄂᆞᆫ 者ᄂᆞᆫ 別로 辭命을 用ᄒᆞ지 아니ᄒᆞ야도 本令에 依ᄒᆞ야 各其郡의 郡守가 되옴.

5월 26일. 조하기를, "짐(朕)이 우리나라의 유신(維新)을 맞아 실덕(實德)을 백성들에게 베풀고자 하니 짐의 말을 명심하여 들으라. 백성은 나라의 근본이니, 근본이 튼튼해야 나라가 편안한데 백성을 보호하는 방도는 행정관에게 달려 있다. 본조(本朝)의 지방제도가 아주 좋지는 않아서 주·현이 고르지 못하고 쓸데없는 관리[冗員]가 많아서 가혹한 세금을 거듭 거두는 폐해가 여러 군데 많이 나와서 위에서 베푼 은혜가 아래에 미치지 못하고 아래의 사정이 위로 도달하지 못하니 아! 금슬이 조화롭지 않으면 고칠 필요가 있으니 행정하는 도리는 때에 따라 마땅함을 만드는 것이다. 이에 감사·유수 등의 옛 제도를 폐하고 부와 군의 새 규정을 정하여 폐단의 근원을 막아버려 억조의 백성과 함께 태평한 복을 함께 누리고자 하니 너희 모든 관리[執事]와 서민은 짐의 뜻을 체득하라. 칙령(勅令) 제97호, 감영·안무영 및 유수를 폐지하는 안건[監營·按撫營竝留守廢止件]을 재가하여 반포하였다. 칙령 제98호, 지방제도를 개정하는 안건[地方制度改正件]을 재가하여 반포하였다. 지방제도. 제1조. 전국을 나누어 23부의 행정구역으로 하여 아래 열거한 각부를 설치한다. 한성부(漢城府), 인천부(仁川府), 충주부(忠州府), 홍주부(洪州府), 공주부(公州府), 전주부(全州府), 남원부(南原府), 나주부(羅州府), 제주부(濟州府), 진주부(晉州府), 동래부(東萊府), 대구부(大邱府), 안동부(安東府), 강릉부(江陵府), 춘천부(春川府), 개성부(開城府), 해주부(海州府), 평양부(平壤府), 의주부(義州府), 강계부(江界府), 함흥부(咸興府), 갑산부(甲山府), 경성부(鏡城府). 제2조. 앞 조항 외에는 종래의 목·부·군·현의 명칭과 부윤(府尹)·목사(牧使)·부사(府使)·군수(郡守)·서윤(庶尹)·판관(判官)·현령(縣令)·현감(縣監)의 관명(官名)을 모두 없애고 읍(邑)의 명칭을 군(郡)이라고 하며 읍의 장관(長官)의 관명을 군수(郡守)라고 한다. 제3조. 각 부의 관할 구역은 아래와 같다. 한성부(漢城府)【한성군(漢城郡), 양주군(楊州郡), 광주군(廣州郡), 적성군(積城郡), 포천군(抱川郡), 영평군(永平郡), 가평군(加平郡), 연천군(漣川郡), 고양군(高陽郡), 파주군(坡州郡), 교하군(交河郡)】. 인천부(仁川府)【인천군(仁川郡), 김포군(金浦郡), 부평군(富平郡), 양천군(陽川郡), 시흥군(始興郡), 안산군(安山郡), 과천군(果川郡), 수원군(水原郡), 남양군(南陽郡), 강화군(江華郡), 교동군(喬桐郡), 통진군(通津郡)】. 충주부(忠州府)【충주군(忠州郡), 음성군(陰城郡), 연풍군(延豐郡), 괴산군(槐山郡), 제천군(堤川郡), 청풍군(淸風郡), 영춘군(永春郡), 단양군(丹陽郡), 진천군(鎭川郡), 청안군(淸安郡), 여주군(驪州郡), 용인군(龍仁郡), 죽산군(竹山郡), 음죽군(陰竹郡), 이천군(利川郡), 양지군(陽智郡), 원주군(原州郡), 정선군(旌善郡), 평창군(平昌郡), 영월군(寧越郡)】. 홍주부(洪州府)【홍주군(洪州郡), 결성군(結城郡), 덕산군(德山郡), 한산군(韓山郡), 서천군(舒川郡), 비인군(庇仁郡), 남포군(藍浦郡), 보령군(保寧郡), 임천군(林川郡), 홍산군(鴻山郡), 서산군(瑞山郡), 해미군(海美郡), 당진군(唐津郡), 면천군(沔川郡), 태안군(泰安郡), 대흥군(大興郡), 청양군(青陽郡), 예산군(禮山郡), 신창군(新昌郡), 온양군(溫陽郡), 아산군(牙山郡), 정산군(定山郡)】. 공주부(公州府)【공주군(公州郡), 연기군(燕岐郡), 은진군(恩津郡), 연산군(連山郡), 석성군(石城郡), 부여군(扶餘郡), 노성군(魯城郡), 옥천군(沃川郡), 문의군(文義郡), 회덕군(懷德郡), 진잠군(鎭岑郡), 평택군(平澤郡), 보은군(報恩郡), 회인군(懷仁郡), 영동군(永同郡), 청산군(青山郡), 황간군(黃磵郡), 청주군(淸州郡), 전의군(全義郡), 목천군(木川郡), 천안군(天安郡), 직산군(稷山郡), 안성군(安城郡), 진위군(振威郡), 양성군(陽城郡), 진산군(珍山郡), 금산군(錦山郡)】. 전주부(全州府)【전주군(全州郡), 여산군(礪山郡), 고산군(高山郡), 임피군(臨陂郡), 함열군(咸悅郡), 옥구군(沃溝郡), 용안군(龍安郡), 익산군(益山郡), 부안군(扶安郡), 만경군(萬頃郡), 김제군(金堤郡), 금구군(金溝郡), 고부군(古阜郡), 흥덕군(興德郡), 정읍군(井邑郡), 태인군(泰仁郡), 장성군(長城郡), 고창군(高敞郡), 무장군(茂長郡), 영광군(靈光郡)】. 남원부(南原府)【남원군(南原郡), 구례군(求禮郡), 운봉군(雲峯郡), 곡성군(谷城郡), 순천군(順天郡), 광양군(光陽郡), 임실군(任實郡), 장수군(長水郡), 진안군(鎭安郡), 담양군(潭陽郡), 순창군(淳昌郡), 옥과군(玉果郡), 창평군(昌平郡), 용담군(龍潭郡), 무주군(茂朱郡)】. 나주부(羅州府)【나주군(羅州郡), 해남군(海南郡), 진도군(珍島郡), 강진군(康津郡), 장흥군(長興郡), 흥양군(興陽郡), 보성군(寶城郡), 영암군(靈巖郡), 무안군(務安郡), 함평군(咸平郡), 능주군(綾州郡), 화순군(和順郡), 동복군(同福郡), 광주군(光州郡), 남평군(南平郡), 낙안군(樂安郡)】. 제주부(濟州府)【제주군(濟州郡), 대정군(大靜郡), 정의군(旌義郡)】. 진주부(晉州府)【진주군(晉州郡), 고성군(固城郡), 진해군(鎭海郡), 사천군(泗川郡), 곤양

군(昆陽郡), 남해군(南海郡), 단성군(丹城郡), 산청군(山淸郡), 하동군(河東郡), 거창군(居昌郡), 안의군(安義郡), 함양군(咸陽郡), 합천군(陜川郡), 초계군(草溪郡), 삼가군(三嘉郡), 의령군(宜寧郡), 칠원군(漆原郡), 함안군(咸安郡), 창원군(昌原郡), 웅천군(熊川郡), 김해군(金海郡)】. 동래부(東萊府)【동래군(東萊郡), 양산군(梁山郡), 기장군(機張郡), 울산군(蔚山郡), 언양군(彦陽郡), 경주군(慶州郡), 영일군(迎日郡), 장기군(長鬐郡), 흥해군(興海郡), 거제군(巨濟郡)】. 대구부(大邱府)【대구군(大邱郡), 경산군(慶山郡), 칠곡군(漆谷郡), 인동군(仁同郡), 성주군(星州郡), 지례군(知禮郡), 고령군(高靈郡), 선산군(善山郡), 개령군(開寧郡), 김산군(金山郡), 의성군(義城郡), 의흥군(義興郡), 군위군(軍威郡), 비안군(比安郡), 밀양군(密陽郡), 청도군(淸道郡), 영천군(永川郡), 자인군(慈仁郡), 신녕군(新寧郡), 하양군(河陽郡), 창녕군(昌寧郡), 영산군(靈山郡), 현풍군(玄風郡)】. 안동부(安東府)【안동군(安東郡), 청송군(靑松郡), 진보군(眞寶郡), 영양군(英陽郡), 영덕군(盈德郡), 영해군(寧海郡), 청하군(淸河郡), 영천군(榮川郡), 예안군(禮安郡), 봉화군(奉化郡), 순흥군(順興郡), 풍기군(豐基郡), 함창군(咸昌郡), 용궁군(龍宮郡), 예천군(醴泉郡), 상주군(尙州郡)】. 강릉부(江陵府)【강릉군(江陵郡), 울진군(蔚珍郡), 평해군(平海郡), 삼척군(三陟郡), 고성군(高城郡), 간성군(杆城郡), 통천군(通川郡), 흡곡군(歙谷郡), 양양군(襄陽郡)】. 춘천부(春川府)【춘천군(春川郡), 양구군(楊口郡), 홍천군(洪川郡), 인제군(麟蹄郡), 횡성군(橫城郡), 철원군(鐵原郡), 평강군(平康郡), 김화군(金化郡), 낭천군(狼川郡), 회양군(淮陽郡), 금성군(金城郡), 양근군(楊根郡), 지평군(砥平郡)】. 개성부(開城府)【개성군(開城郡), 풍덕군(豐德郡), 삭녕군(朔寧郡), 마전군(麻田郡), 장단군(長湍郡), 이천군(伊川郡), 안협군(安峽郡), 토산군(兎山郡), 평산군(平山郡), 김천군(金川郡), 수안군(遂安郡), 곡산군(谷山郡), 신계군(新溪郡)】. 해주부(海州府)【해주군(海州郡), 연안군(延安郡), 배천군(白川郡), 옹진군(瓮津郡), 강령군(康翎郡), 장연군(長淵郡), 송화군(松禾郡), 풍천군(豐川郡), 안악군(安岳郡), 장연군(長連郡), 은율군(殷栗郡), 재령군(載寧郡), 신천군(信川郡), 문화군(文化郡), 서흥군(瑞興郡), 봉산군(鳳山郡)】. 평양부(平壤府)【평양군(平壤郡), 안주군(安州郡), 숙천군(肅川郡), 순안군(順安郡), 용강군(龍岡郡), 영유군(永柔郡), 증산군(甑山郡), 함종군(咸從郡), 삼화군(三和郡), 자산군(慈山郡), 강서군(江西郡), 덕천군(德川郡), 영원군(寧遠郡), 희천군(熙川郡), 맹산군(孟山郡), 영변군(寧邊郡), 운산군(雲山郡), 순천군(順天郡), 개천군(价川郡), 은산군(殷山郡), 성천군(成川郡), 양덕군(陽德郡), 삼등군(三登郡), 강동군(江東郡), 상원군(祥原郡), 중화군(中和郡), 황주군(黃州郡)】. 의주부(義州府)【의주군(義州郡), 창성군(昌城郡), 벽동군(碧潼郡), 삭주군(朔州郡), 용천군(龍川郡), 철산군(鐵山郡), 선천군(宣川郡), 곽산군(郭山郡), 정주군(定州郡), 가산군(嘉山郡), 박천군(博川郡), 태천군(泰川郡), 구성

군(龜城郡)】. 강계부(江界府)【강계군(江界郡), 후창군(厚昌郡), 자성군(慈城郡), 초산군(楚山郡), 위원군(渭原郡), 장진군(長津郡)】. 함흥부(咸興府)【함흥군(咸興郡), 정평군(定平郡), 영흥군(永興郡), 고원군(高原郡), 문천군(文川郡), 덕원군(德原郡), 안변군(安邊郡), 단천군(端川郡), 이원군(利原郡), 북청군(北青郡), 홍원군(洪原郡)】. 갑산부(甲山府)【갑산군(甲山郡), 삼수군(三水郡)】. 경성부(鏡城府)【경성군(鏡城郡), 부령군(富寧郡), 길주군(吉州郡), 명천군(明川郡), 경원군(慶源郡), 경흥군(慶興郡), 온성군(穩城郡), 종성군(鍾城郡), 회령군(會寧郡), 무산군(茂山郡)】. 제4조. 각부 관청의 위치는 아래와 같다. 한성부【한성】, 인천부【인천제물포(濟物浦)】, 충주부【충주】, 홍주부【홍주】, 공주부【공주】, 전주부【전주】, 남원부【남원】, 나주부【나주】, 제주부【제주】, 진주부【진주】, 동래부【동래 부산(釜山)】, 대구부【대구】, 안동부【안동】, 강릉부【강릉】, 춘천부【춘천】, 개성부【개성】, 해주부【해주】, 평양부【평양】, 의주부【의주】, 강계부【강계】, 함흥부【함흥】, 갑산부【갑산】, 경성부【경성】. 부칙. 제5조. 본령은 개국 504년 윤5월 1일부터 시행한다. 제6조. 본 칙령을 시행하는 날에 시임(時任) 부윤·목사·부사·군수·서윤·판관·현령·현감의 관직에 있는 자는 별도로 사령을 쓰지 않아도 본령에 의거하여 각각 그 군의 군수가 된다.

『日省錄』412冊

勅令第九十七號, ○第一條. 京畿道·忠淸道·慶尙道·全羅道·江原道·黃海道·平安道·咸鏡南道之監營, 咸鏡北道之按撫營及開城·江華·廣州·水原·春川留守府, 各該觀察使·按撫使, 竝留守以下之官職廢止事. ○第二條. 從來監營·按撫營, 及留守府所屬兵弁及記錄帳簿·土地·家屋·金錢·來[*米]穀·其他一切物件依, 別定規程, 付托其指定官司事. ○第三條. 本令, 自開國五百四年閏五月一日施行事. 勅令第九十八號. ○第一條. 全國分, 爲二十三所之行政區域, 置左開各府事. ○漢城府; 漢城. 仁川府; 仁川, 濟物浦. 忠州府; 忠州. 洪州府; 洪州, 公州府; 公州. 全州府; 全州. 南原府; 南原. 羅州府; 羅州. 濟州府; 濟州. 晉州府; 晉州. 東萊府; 東萊, 釜山. 大邱府; 大邱. 安東府; 安東. 江陵府; 江陵. 春川府; 春川. 開城府; 開城, 海州府, 海州. 平壤府; 平壤. 義州府; 義州. 江界府; 江界. 咸興府; 咸興. 甲山府; 甲山. 鏡城府; 鏡城. ○第二條. 前條外, 從來牧使, 郡縣名稱及府尹·牧使·府使·郡守·庶尹·判官·縣令·縣監官名盡廢, 而邑稱以郡稱之,邑官長性名以郡守稱之事. ○第三條. 各府管轄區域如左事. ○漢城; 漢城郡, 楊州郡, 廣州郡, 積城郡, 抱川郡, 永平郡, 加平郡, 漣川郡, 高陽郡, 坡州郡, 交河郡. 仁川府; 仁川郡, 金浦郡, 富平郡, 陽川郡, 始興郡, 安山郡, 果川郡, 水原郡, 南陽郡, 江華郡, 喬桐郡, 通津郡. 忠州府; 忠州郡, 陰城郡, 延豐郡, 槐山郡, 堤川郡, 淸風郡, 永春郡, 丹陽郡, 鎭川郡, 淸安郡, 驪州郡, 龍仁郡, 竹山郡, 陰竹郡, 利川郡, 陽智郡, 原州郡, 旌善郡, 平昌郡, 寧越郡. 洪州府; 洪州郡, 結城郡, 德山郡, 韓山郡, 舒川郡, 庇仁郡, 藍浦郡, 保寧郡, 林川郡, 鴻山郡, 瑞山郡, 海美郡, 唐津郡, 沔川郡, 泰安郡, 大興郡, 靑陽郡, 禮山郡, 新昌郡, 溫陽郡, 牙山郡, 定山郡. 公州府; 公州郡, 燕岐郡, 恩津郡, 連山郡, 石城郡, 扶餘郡, 魯城郡, 沃川郡, 文義郡, 懷德郡, 鎭岑郡, 平澤郡, 報恩郡, 懷仁郡, 永同郡, 靑山郡, 黃磵郡, 淸州郡, 全義郡, 木川郡, 天安郡, 稷山郡, 安城郡, 振威郡, 陽城郡, 珍山郡, 錦山郡. 全州府; 全州郡, 礪山郡, 高山郡, 臨陂郡, 咸悅郡, 沃溝郡, 龍安郡, 益山郡, 扶安郡, 萬頃郡, 金堤郡, 金溝郡, 古阜郡, 興德郡, 井邑郡, 泰仁郡, 長城郡, 高敞郡, 茂長郡, 靈光郡. 南原府; 南原郡, 求禮郡, 雲峯郡, 谷城郡, 順天郡, 光陽郡, 任實郡, 鎭安郡, 潭陽郡, 淳昌郡, 玉果郡, 龍潭郡, 昌平郡, 茂朱郡, 長水郡. 羅州府; 羅州郡, 珍島郡, 海南郡, 康津郡, 長興郡, 興陽郡, 寶城郡, 靈巖郡, 務安郡, 咸平郡, 綾州郡, 和順郡, 同福郡, 光州郡, 南平郡, 樂安郡. 濟州府; 濟州郡, 大靜郡, 旌義郡. 晉州府; 晉州郡, 固城郡, 鎭海郡, 泗川郡, 昆陽郡, 南海郡, 丹城郡, 山淸郡, 河東郡, 居昌郡, 安義郡, 咸陽郡, 陜川郡, 草溪郡, 三嘉郡, 宜寧郡, 漆原郡, 咸安郡, 昌原郡, 熊川郡, 金海郡. 東萊府; 東萊郡, 梁山郡, 機張郡, 蔚山郡, 彦陽郡, 慶州郡, 延日郡, 長鬐郡, 興海郡, 巨濟郡. 大邱府; 大邱郡, 慶山郡, 漆谷郡, 仁同郡, 星州郡, 知禮郡, 高靈郡, 善山郡, 開寧郡, 金山郡, 義城郡, 義興郡, 軍威郡, 比安郡, 密陽郡, 淸道郡, 永川郡, 慈仁郡, 新寧郡, 河陽郡, 昌寧郡, 靈山郡, 玄風郡. 安東府; 安東郡, 靑松郡, 眞寶郡, 英陽郡, 盈德郡, 寧海郡, 淸河郡, 榮川郡, 禮安郡, 奉化郡, 順興郡, 豐基郡, 咸昌郡, 龍宮郡, 醴泉郡, 尙州郡. 江陵府; 江陵郡, 蔚珍郡, 平海郡, 三涉郡, 高城郡, 杆城郡, 通川郡, 歙谷郡, 襄陽郡. 春川府; 春川郡, 楊口郡, 洪川郡, 麟蹄郡, 横城郡, 鐵原郡, 平康郡, 金化郡, 狼川郡, 淮陽郡, 金城郡, 楊根郡, 砥平郡. 開城府; 開城郡, 豐德郡, 朔寧郡, 麻田郡, 長湍郡, 伊川郡, 安峽郡, 兔山郡, 平山郡, 金川郡, 遂安郡, 谷山郡, 新溪郡. 海州府; 海州郡, 延安郡, 白川郡, 甕津郡,康翎郡, 長淵郡, 松禾郡, 豐川郡, 安岳郡, 長連郡, 殷栗郡, 載寧郡, 信川郡, 文化郡, 瑞興郡, 鳳山郡. 平壤府; 平壤郡, 安州郡, 肅川郡, 順安郡, 龍岡郡, 永柔郡, 甑山郡, 咸從郡, 三和郡, 慈山郡, 江西郡, 德川郡, 寧遠郡, 熙川郡, 孟山郡, 寧邊郡, 雲山郡, 順川郡, 殷山郡, 成川郡, 陽德郡, 三登郡, 江東郡, 祥原郡, 中和郡, 黃州郡. 義州府; 義州郡, 昌城郡, 碧潼郡, 朔州郡, 龍川郡, 鐵山郡, 宣川郡, 郭山郡, 定山郡, 嘉山郡, 博川郡, 泰川郡, 龜城郡. 江界府; 江界郡, 厚昌郡, 慈城郡, 楚山郡, 渭原郡, 長津郡. 咸興府; 咸興郡, 定平郡, 永興郡, 高原郡, 文川郡, 德源郡, 安邊郡, 端川郡, 利原郡, 北靑郡, 洪原郡. 甲山府; 甲山郡, 三水郡. 鏡城府; 鏡城郡, 富寧郡, 吉州郡, 明川郡, 慶源郡, 慶興郡, 穩城郡, 鍾城郡, 會寧郡, 茂山郡. ○第四條. 本令, 自開國五百四年閏五月一日施行事. ○第五條. 本令, 施行之日, 時任府尹·牧使·府使·郡守·庶尹·判官·縣令·縣監之官職現在者, 雖無別用辭令, 依本令, 施行各其郡守事.

칙령 제97호 ○제1조. 경기도(京畿道)·충청도(忠淸道)·경상도(慶尙道)·전라도(全羅道)·강원도(江原道)·황해도(黃海道)·평안도(平安道)·함경남도(咸鏡南道)의 감영, 함흥북도(咸鏡北道)의 안무영 및 개성(開城)·강화(江華)·광주(廣州)·수원(水原)·춘천(春川) 유수부, 각각에 해당하는 관찰사와 안무사, 아울러 유수 이하의 관직을 폐지하는 일. ○제2조. 종래의 감영·안무영 및 유수부에 소속된 병변(兵弁) 및 기록장부·토지·가옥·금전·미곡·기타 일체 물건은 별도로 정한 규정에 의거하여 그 지정한 관사에게 맡긴다[托付]. ○제3조. 본령은 개국 504년 윤5월 1일부터 시행한다. 칙령 제98호 ○제1조. 전국을 나누어 23개의 행정구역으로 하고 아래와 같은 각 부(府)를 설치하는 일. ○한성부(漢城府); 한성(漢城). 인천부(仁川府); 인천(仁川), 제물포(濟物浦). 충주부(忠州府); 충주(忠州). 홍주부(洪州府); 홍주(洪州). 공주부(公州府); 공주(公州). 전주부(全州府); 전주(全州). 남원부(南原府); 남원(南原). 나주부(羅州府); 나주(羅州). 제주부(濟州府); 제주(濟州). 진주부(晉州府); 진주(晉州). 동래부(東萊府); 동래(東萊), 부산(釜山). 대구부(大邱府); 대구(大邱). 안동부(安東府); 안동(安東). 강릉부(江陵府); 강릉(江陵). 춘천부(春川府); 춘천(春川). 개성부(開城府); 개성(開城). 해주부(海州府), 해주(海州). 평양부(平壤府); 평양(平壤). 의주부(義州府); 의주(義州). 강계부(江界府); 강계(江界). 함흥부(咸興府); 함흥(咸興). 갑산부(甲山府); 갑산(甲山). 경성부(鏡城府); 경성(鏡城). ○제2조. 위의 2조 이외에 종래의 목사, 군현의 명칭 및 부윤·목사·부사·군수·서윤·판관·현령·현감의 관명은 모두 폐지하고, 읍의 명칭을 군이라고 하며, 읍의 장관의 명칭을 군수라고 칭한다. ○제3조. 각 부가 관할하는 구역은 다음과 같다. ○한성; 한성군(漢城郡), 양주군(楊州郡), 광주군(廣州郡), 적성군(積城郡), 포천군(抱川郡), 영평군(永平郡), 가평군(加平郡), 연천군(漣川郡), 고양군(高陽郡), 파주군(坡州郡), 교하군(交河郡). 인천부; 인천군(仁川郡), 김포군(金浦郡), 부평군(富平郡), 양천군(陽川郡), 시흥군(始興郡), 안산군(安山郡), 과천군(果川郡), 수원군(水原郡), 남양군(南陽郡), 강화군(江華郡), 교동군(喬桐郡), 통진군(通津郡). 충주부; 충주군(忠州郡), 음성군(陰城郡), 연풍군(延豐郡), 괴산군(槐山郡), 제천군(堤川郡), 청풍군(淸風郡), 영춘군(永春郡), 단양군(丹陽郡), 진천군(鎭川郡), 청안군(淸安郡), 여주군(驪州郡), 용인군(龍仁郡), 죽산군(竹山郡), 음죽군(陰竹郡), 이천군(利川郡), 양지군(陽智郡), 원주군(原州郡), 정선군(旌善郡), 평창군(平昌郡), 영월군(寧越郡). 공주부; 공주군(洪州郡), 결성군(結城郡), 덕산군(德山郡), 한산군(韓山郡), 서천군(舒川郡), 비인군(庇仁郡), 남포군(藍浦郡), 보령군(保寧郡), 임천군(林川郡), 학산군(鴻山郡), 서산군(瑞山郡), 해미군(海美郡), 당진군(唐津郡), 면천군(沔川郡), 태안군(泰安郡), 대흥군(大興郡), 청양군(靑陽郡), 예산군(禮山郡), 신창군(新昌郡), 온양군(溫陽郡), 아산군(牙山郡), 정산군(定山郡). 공주부; 공주군(公州郡), 연기군(燕岐郡), 은진군(恩津郡), 연산군(連山郡), 석성군(石城郡), 부여군(扶餘郡), 노성군(魯城郡), 옥천군(沃川郡), 문의군(文義郡), 회덕군(懷德郡), 진잠군(鎭岑郡), 평택군(平澤郡), 보은군(報恩郡), 회인군(懷仁郡), 영동군(永同郡), 청산군(靑山郡), 황간군(黃澗郡), 청주군(淸州郡), 전의군(全義郡), 목천군(木川郡), 천안군(天安郡), 직산군(稷山郡), 안성군(安城郡), 진위군(振威郡), 양성군(陽城郡), 진산군(珍山郡), 금산군(錦山郡). 전주부; 전주군(全州郡), 여산군(礪山郡), 고산군(高山郡), 임피군(臨陂郡), 함열군(咸悅郡), 옥구군(沃溝郡), 용안군(龍安郡), 익산군(益山郡), 부안군(扶安郡), 만경군(萬頃郡), 김제군(金堤郡), 김구군(金溝郡), 고부군(古阜郡), 흥덕군(興德郡), 정읍군(井邑郡), 태인군(泰仁郡), 장성군(長城郡), 고창군(高敞郡), 무장군(茂長郡), 영광군(靈光郡). 남원부; 남원군(南原郡), 구례군(求禮郡), 운봉군(雲峯郡), 곡성군(谷城郡), 순천부(順天郡), 광양군(光陽郡), 임실군(任實郡), 진안군(鎭安郡), 담양군(潭陽郡), 순창군(淳昌郡), 옥과군(玉果郡), 용담군(龍潭郡), 창평군(昌平郡), 무주군(茂朱郡), 장수군(長水郡). 나주부; 나주군(羅州郡), 진도군(珍島郡), 해남군(海南郡), 강진군(康津郡), 장흥군(長興郡), 흥양군(興陽郡), 보성군(寶城郡), 영엄군(靈巖郡), 무안군(務安郡), 함평군(咸平郡), 능주군(綾州郡), 화순군(和順郡), 동복군(同福郡), 광주군(光州郡), 남평군(南平郡), 낙안군(樂安郡). 제주부; 제주군(濟州郡), 대정군(大靜郡), 정의군(旌義郡). 진주부; 진주군(晉州郡), 고성군(固城郡), 진해군(鎭海郡), 사천군(泗川郡), 곤양군(昆陽郡), 남해군(南海郡), 단성군(丹城郡), 산청군(山淸郡), 하동군(河東郡), 거창군(居昌郡), 안의군(安義郡), 함양군(咸陽郡), 합천군(陜川郡), 초계군(草溪郡), 삼가군(三嘉郡), 의령군(宜寧郡), 칠원군(漆原郡), 함안군(咸安郡), 창원군(昌原郡), 웅천군(熊川郡), 김해군(金海郡). 동래부; 동래군(東萊郡), 양산군(梁山郡), 기장군(機張郡), 울산군(蔚山郡), 언양군(彦陽郡), 경주군(慶州郡), 연일군(延日郡), 장기군(長鬐郡), 흥해군(興海郡), 거제군(巨濟郡). 대구부; 대구군(大邱郡), 경산군(慶山郡), 칠곡군(漆谷郡), 인동군(仁同郡), 성주군(星州郡), 지례군(知禮郡), 고령군(高靈郡), 선산군(善山郡), 개령군(開寧郡), 금산군(金山郡), 의성군(義城郡), 의흥군(義興郡), 군성군(軍威郡), 비안군(比安郡), 밀양군(密陽郡), 청도군(淸道郡), 영천군(永川郡), 자인군(慈仁郡), 신령군(新寧郡), 하양군(河陽郡), 창녕군(昌寧郡), 영산군(靈山郡), 현풍군(玄風郡). 안동부; 안동군(安東郡), 청송군(靑松郡), 진보군(眞寶郡), 영양군(英陽郡), 영덕군(盈德郡), 영해군(寧海郡), 청하군(淸河郡), 영천군(榮川郡), 예안군(禮安郡), 봉화군(奉化郡), 순흥군(順興郡), 풍기군(豐基郡), 함창군(咸昌郡), 용궁군(龍宮郡), 예천군(醴泉郡), 상주군(尙州郡). 강릉부; 강릉군(江陵郡), 울진군(蔚珍郡), 평해군(平海郡), 삼척군(三涉郡), 고성군(高城郡), 간성군(杆城郡), 통천군(通川郡), 흡곡군(歙谷郡), 양양군(襄陽郡). 춘천부; 춘천군(春川郡), 양구군(楊口郡), 홍천군(洪川郡), 인제군(麟蹄郡), 횡성군(橫城郡), 철원군(鐵原郡), 평강군(平康郡), 금화군(金化郡), 낭천군(狼川郡), 회양군(淮陽郡), 금성군(金城郡), 양근군(楊根郡), 지평군(砥平郡). 개성부; 개성군(開城郡), 풍덕군(豐德郡), 삭령군(朔寧郡), 마전군(麻田郡), 장단군(長湍郡), 이천군(伊川郡), 안협군(安峽郡), 토산군(兔山郡), 평산군(平山郡), 금천군(金川郡), 수안군(遂安郡), 곡산군(谷山郡), 신계군(新溪郡). 해주부; 해주군(海州郡), 연안군(延安郡), 백천군(白川郡), 옹진군(甕津郡), 강령군(康翎郡), 장연군(長淵郡), 송화군(松禾郡), 풍천군(豐川郡), 안악군(安岳郡), 장연군(長連郡), 은곡군(殷栗郡), 대령군(載寧郡), 신천군(信川郡), 문화군(文化郡), 서흥군(瑞興郡), 봉산군(鳳山郡). 평양부; 평양군(平壤郡), 안주군(安州郡), 숙천군(肅川郡), 순안군(順安郡), 용강군(龍岡郡), 영유군(永柔郡), 증산군(甑山郡), 함종군(咸從郡), 삼화군(三和郡), 자산군(慈山郡), 강서군(江西郡), 덕천군(德川郡), 영

원군(寧遠郡), 희천군(熙川郡), 맹산군(孟山郡), 영변군(寧邊郡), 운산군(雲山郡), 순천군(順天郡), 은산군(殷山郡), 성천군(成川郡), 양덕군(陽德郡), 삼등군(三登郡), 강동군(江東郡), 상원군(祥原郡), 중화군(中和郡), 황주군(黃州郡). 의주부; 의주군(義州郡), 창성군(昌城君), 벽동군(碧潼郡), 삭주군(朔州郡), 용천군(龍川郡), 철산군(鐵山郡), 선천군(宣川郡), 곽산군(郭山郡), 정산군(定山郡), 가산군(嘉山郡), 박천군(博川郡), 태천군(泰川郡), 귀성군(龜城君). 강계부; 강계군(江界郡), 후창군(厚昌郡), 자성군(慈城郡), 초산군(楚山郡), 위원군(渭原郡), 장진군(長津郡). 함흥부; 함흥군(咸興郡), 정평군(定平郡), 영흥군(永興郡), 고원군(高原郡), 문천군(文川郡), 덕원군(德源郡), 안변군(安邊郡), 단천군(端川郡), 이원군(利原郡), 북청군(北青郡), 홍원군(洪原郡). 갑산부; 갑산군(甲山郡), 삼수군(三水郡). 경성부; 경성군(鏡城郡), 부령군(富寧郡), 고주군(吉州郡), 명천군(明川郡), 경원군(慶源郡), 경흥군(慶興郡), 온성군(穩城郡), 종성군(鍾城郡), 회령군(會寧郡), 무산군(茂山郡). ○제4조. 본령은 개국 504년 윤5월 1일부터 시행한다. ○제5조. 본령을 시행하는 날에, 시임(時任) 부윤·목사·부사·군수·서윤·판관·현령·현감의 관직에 있는 자는, 비록 별도의 사령이 없어도 본령에 의거하여 〈명령을〉 시행하며 각각 그 군의 군수의 일을 시행한다.

울릉도에 도감을 설치할 것을 청함.

1895년(고종 32-乙未) 8월 16일(양력 10월 4일)

발신 : 내부대신 박정양(朴定陽)

『高宗實錄』 33卷

內部大臣朴定陽以, 鬱陵島에 島監을 置ᄒᆞᄂᆞᆫ 件, 上奏, 制曰, 可.

내부대신(內部大臣) 박정양(朴定陽)이 울릉도(鬱陵島)에 도감(島監)을 두는 안건을 상주(上奏)하니, 제하기를, "허락한다"라고 하였다.

러시아인에게 경원과 종성의 사금광 채굴을 허락함.

1896년(고종 33-丙申) 3월 10일(양력 4월 22일)

발신 : 고종

『高宗實錄』 34卷

許俄國人【늬스진스키】 慶源·鍾城砂金鑛採掘.

러시아인[俄國人] 니시켄스키【늬스진스키】에게 경원(慶源)·종성(鍾城)의 사금광(砂金鑛) 채굴을 허락하였다.

러시아인에게 압록강과 울릉도에서의 벌목과 양목의 권한을 허락함.

1896년(고종 33-丙申) 8월 3일(양력 9월 9일)

발신 : 고종

『高宗實錄』 34卷

九日. 許俄國人[뿌리너], 合成朝鮮木商會社鴨綠江流域及鬱陵島伐木竝養木之權.

8월 9일. 러시아인[俄國人] 푸리너[뿌리너]의 합성조선목상회사(合成朝鮮木商會社)에 압록강(鴨綠江) 유역 및 울릉도(鬱陵島)의 벌목과 아울러 양목(養木)의 권한을 허락하였다.

러시아 전권공사 민영환을 소견함.

1896년(고종 33-丙申) 9월 15일(양력 10월 21일)

발신 : 고종

『承政院日記』3075冊

丙申九月十五日. 上御行在所. … 上曰, 大冠禮趁期入參, 善爲往返乎. 泳煥曰, 王靈攸曁, 無事往返矣. 上曰, 款待使臣, 感謝多矣. 泳煥曰, 有伴接長官及外部官各一人, 出接境上, 致禮優待矣. 上曰, 幾參宴會乎. 泳煥曰, 七八次參會矣. 上曰, 土耳其服色何如. 泳煥曰, 一如泰西制樣矣. 上曰, 土耳其, 亦剃髮乎. 泳煥曰, 亦剃髮矣. 上曰, 幾日去幾日還乎. 泳煥曰, 往時費五十餘日, 歸時爲六十餘日矣. 上曰, 國書辭意到底, 極爲感謝. 泳煥曰, 隨員尹致昊, 爲學法語, 往留法都, 未得同還矣. 上曰, 其國節候何如. 泳煥曰, 仲夏節候, 如我國深秋矣. 上曰, 俄皇年紀幾何. 泳煥曰, 現今二十八矣. 仍奏曰, 俄皇賜伯鷹寶星勳章, 而臣不敢擅受, 電達承敎後, 始乃領受矣. 上曰, 勳牌給時, 或有文蹟乎. 泳煥曰, 果有文蹟, 如我國之敎旨矣. 上曰, 隨員亦有勳章乎. 泳煥曰, 隨員參書官, 竝有次等勳章矣. 上曰, 宮闕制樣, 必宏壯矣. 泳煥曰, 制度一如民家樣子矣. 仍奏曰, 有夏宮冬宮, 夏宮卽溫宮云, 而數不下幾十處矣. 上曰, 其宮有守員乎. 泳煥曰, 果有守直官員矣. 仍奏曰, 其國境內, 有各國人之居生者多矣. 上曰, 何國之人多居乎. 泳煥曰, 淸人最多, 我國之人亦多, 日人差少. 而臣以大君主陛下愛民之德意, 布諭於我國人民, 則有感恩者多, 亦有涕泣者矣. 上曰, 軍制排置等節如何. 泳煥曰, 軍制一如泰西, 而全國專力軍務, 以致强域矣. 仍奏曰, 官制有文蔭武三班, 文則徒事學問而已, 蔭則承襲作成, 武則專尙軍務卒業, 擧國同然矣. 上曰, 皇帝服色何如. 泳渙曰, 恒着軍服矣. 仍奏曰, 有男女各樣學校, 敎育作成, 皆由於此. 西法之殊風異俗, 不可取之, 而至於軍務·學校·政治·典範, 不得不倣而行之矣. 上曰, 安能不學而知之乎. 見幾國學校乎. 泳煥曰, 歷見七國學校矣. 上曰, 服色儉侈如何. 泳煥曰, 似侈而近於似儉矣. 上曰, 全權公使先退. 仍命秘書郎就座. 又命退, 諸臣以次退出.

병신년 9월 15일. 임금께서 행재소에 행차하였다. … 임금께서 이르기를, "대관례에는 제때 입참(入參)했고, 잘 다녀왔는가?"라고 하였다. 민영환(閔泳煥)이 아뢰기를, "왕령(王靈)이 보살펴주셔서, 무사히 다녀왔습니다"라고 하였다. 임금께서 이르기를, "사신을 정성으로 대한 것은 감사할 것이 많구나"라고 하였다. 민영환이 아뢰기를, "반접장관(伴接長官) 및 외부관(外部官) 각 1인이 접경으로 나와서 지극하게 예로써 잘 대해주었습니다"라고 하였다. 임금께서 이르기를, "연회(宴會)는 몇 번 참여하였는가?"라고 하였다. 민영환이 아뢰기를, "일곱, 여덟 번 연회에 참가하였습니다"라고 하였다. 임금께서 이르기를, "터키[土耳其]의 복색은 어떠한가?"라고 하였다. 민영환이 아뢰기를, "서양[泰西]의 제도와 같았습니다"라고 하였다. 임금께서 이르기를, "터키도 머리카락을 잘랐는가?"라고 하였다. 민영환이 아뢰기를, "그들도 머리카락을 잘랐습니다"라고 하였다. 임금께서 이르기를, "〈그곳까지〉 가는 데 며칠이고, 오는 데 며칠인가"라고 하였다. 민영환이 아뢰기를, "갈 때는 50여 일을 썼고, 돌아올 때에는 60여 일이었습니다"라고 하였다. 임금께서 이르기를, "국서에 사의(辭意)가 아주 깊으니, 매우 감사하다"라고 하였다. 민영환이 아뢰기를, "수원(隨員)인 윤치호(尹致昊)가 불어[法語]를 배우기 위해 프랑스 수도[法都]로 가서 머물러 같이 돌아오지 못했습니다"라고 하였다. 임금께서 이르기를, "그 나라의 기후는 어떠하던가?"라고 하였다. 민영환이 아뢰기를, "한여름의 기후는 우리나라의 늦가을과 같았습니다"라고 하였다. 임금께서 이르기를, "러시아 황제의 나이는 얼마인가?"라고 하였다. 민영환이 아뢰기를, "현재 28세입니다"라고 하였다. 이어서 아뢰기를, "러시아 황제가 백응보성훈장(伯鷹寶星勳章)을 내렸는데, 신이 감히 마음대로 받을 수 없어 전보로 알려 교를 받든 후에야 비로소 받았습니다"라고 하였다. 임금께서 이르기를, "훈패(勳牌)를 줄 때 문적(文蹟)은 있던가?"라고 하였다. 민영환이 아뢰기를, "과연 문적이 있었는데, 우리나라의 교지(敎旨)와 같았습니다"라고 하였다. 임금께서 이르기를, "수원(隨員)에게도 훈장을 주었는가?"라고 하였다. 민영환이 아뢰기를, "수원과 참서관(參書官)도 모두 차등(次等)을 두어 훈장을 〈주었습니다〉"라고 하였다. 임금께서 이르기를, “궁궐의 제도와 모습은 반드시 크고 웅장했을 것이다”라고 하였다. 민영환이 아뢰기를, “제도는 민가의 모습과 같았습니다”라고 하였다. 이어서 아뢰기를, “하궁(夏宮)과 동궁(冬宮)이 있었는데, 하궁은 즉 온궁(溫宮)이라고 하며, 그 수는 수십 개 이하가 아니었습니다”라고 하였다. 임금께서 이르기를, “그 궁에도 수원(守員)이 있는가”라고 하였다. 민영환이 아뢰기를, “과연 수원이 있습니다”라고 하였다. 이어 아뢰기를, “그 나라 경내에는 각국 사람이 많이 살고 있었습니다”라고 하였다. 임금께서 이르기를, “어느 나라 사람이 많이 거주하던가?”라고 하였다. 민영환이 아뢰기를, “청나라 사람이 가장 많았고, 우리나라 사람도 많았으며, 일본인은 조금 적었습니다. 신이 대군주 폐하의 백성을 아끼는 덕의(德意)를 〈그곳에 사는〉 우리나라 인민에게 널리 알렸더니, 은혜에 감사하는 사람도 많았고 또한 눈물을 흘리는 자도 있었습니다”라고 하였다. 임금께서 이르기를, “군사 제도와 〈군대의〉 배치 등의 절도는 어떠하던가?”라고 하였다. 민영환이 아뢰기를, “군사 제도는 모두 서양[泰西]와 같으며 온 나라가 군무(軍務)에 오로지 힘써서 강한 나라를 이룩하였습니다”라고 하였다. 이어서 아뢰기를, “관제(官制)는 문(文)·음(蔭)·무(武), 삼반이 있는데, 문반은 학문에만 종사할 뿐이고, 음반은 세습되어 이루어진 것이며, 무반은 군무(軍務)와 병졸의 업을 오로지 숭상하니, 온 나라가 다 그러하였습니다”라고 하였다. 임금께서 이르기를, “황제의 복색은 어떠하던가?”라고 하였다. 민영환이 아뢰기를, “항상 군복을 입었습니다”라고 하였다. 이어 아뢰기를, “남녀가 〈다니는〉 각종의 학교가 있어서, 교육하여 성과를 만드는 것이 모두 이곳에서 비롯되고 있었습니다. 서양 법의 다른 풍속을 취할 수는 없겠으나, 군무·학교·정치·전범에 대해서는 어쩔 수 없이 본받아 시행하지 않을 수 없습니다”라고 하였다. 임금께서 이르기를, “어찌 배우지 않고 알 수 있겠는가. 몇 개 나라의 학교를 보았는가?”라고 하였다. 민영환이 아뢰기를, “7개국의 학교를 차례로 보았습니다”라고 하였다. 임금께서 이르기를, “복색의 검소와 사치는 어떠한가?”라고 하였다. 민영환이 아뢰기를, “사치스러운 듯하지만 검소한 쪽에 가까워 보였습니다”라고 하였다. 임금께서 이르기를, “전권공사는 먼저 물러가라”고 하였다. 이어 비서원랑에게 자리로 돌아가라고 명하였다. 또 물러가라고 명하니, 신하들이 차례로 물러나왔다.

『日省錄』

復命也. ○朕曰, 大冠禮趁期入參, 善爲往返乎. 泳煥曰, 王靈攸曁, 無事往返矣. 朕曰, 款待使臣, 感謝多乎. 泳煥曰, 有伴接長官及外部官各一人, 出接境上, 致禮優待矣. 朕曰, 幾參宴會乎. 泳煥曰, 七八次參會矣. 朕曰, 土耳其服色何如. 泳煥曰, 一如泰西制樣矣. 朕曰, 土耳其亦剃髮乎. 泳煥曰, 亦剃髮矣. 朕曰, 幾日去幾日還乎. 泳煥曰, 往時費五十餘日, 歸時爲六十餘日矣. 朕曰, 國書辭意到底, 極爲感謝也. 泳煥曰, 隨員尹致昊, 爲學法語, 往留法都, 未得同還矣. 朕曰, 其國節候何如. 泳煥曰, 仲夏節候, 如我國深秋矣. 朕曰, 我皇年紀幾何. 泳煥曰, 現今二十八矣. 仍奏曰, 俄皇賜伯鷹寶星勳章, 而臣不敢擅受, 電達承敎後, 乃領受矣. 朕曰, 勳牌給時, 或有文蹟乎. 泳煥曰, 果有文蹟, 如我國之敎旨矣. 朕曰, 隨員亦有勳章乎. 泳煥曰, 隨員參書官, 竝有次等勳章矣. 朕曰, 宮闕制樣, 必宏壯矣. 泳煥曰, 制度一如民家樣子, 有夏宮冬宮, 夏宮卽溫宮云, 而數不下幾十處矣. 朕曰, 其宮有守員乎. 泳煥曰, 果有守直官員矣. 仍奏曰, 其國境內, 有各國人居生者多矣. 朕曰, 何國之人多乎. 泳煥曰, 淸人最多, 我國之人亦多, 日人差小. 而臣以大君主陛下愛民之德意, 布諭於我國人民, 則有感恩者多, 亦有涕泣者矣. 朕曰, 軍制排賓等節何如. 泳煥曰, 軍制一如泰西, 而全國專力軍務, 以致强域矣. 官制有文蔭武三班, 文則徒事學文, 而蔭則承襲作成, 武則專尙軍務卒業, 擧國同然矣. 朕曰, 皇帝服色何如. 泳煥曰, 恒着軍服矣. 仍奏曰, 有男女各樣學校, 敎育作成, 皆由於此. 西法之殊風異俗, 不可取之, 而至於軍務·學校·政治·典範, 不得不倂而行之矣. 朕曰, 安能不學而知之乎. 見幾國學校乎. 泳煥曰, 歷見七國學校矣. 朕曰, 服色儉侈何如. 泳煥曰, 似侈而近於儉矣.

복명하였다. ○짐이 말하기를, "대관례에는 제때 입참(入參)했고, 잘 다녀왔는가?"라고 하였다. 민영환(閔泳煥)이 아뢰기를, "왕령(王靈)이 보살펴주셔서, 무사히 다녀왔습니다"라고 하였다. 짐이 말하기를, "사신을 정성으로 대한 것은 감사할 것이 많은가?"라고 하였다. 민영환이 아뢰기를, "반접장관(伴接長官) 및 외부관(外部官) 각 1인이 접경으로 나와서 지극하게 예로써 잘 대해주었습니다"라고 하였다. 짐이 말하기를, "연회(宴會)는 몇 번 참여하였는가?"라고 하였다. 민영환이 아뢰기를, "일곱, 여덟 번 연회에 참가하였습니다"라고 하였다. 짐이 말하기를, "터키[土耳其]의 복색은 어떠한가?"라고 하였다.

민영환이 아뢰기를, “서양[秦西]의 제도와 같았습니다”라고 하였다. 짐이 말하기를, “터키도 머리카락을 잘랐는가?”라고 하였다. 민영환이 아뢰기를, “그들도 머리카락을 잘랐습니다”라고 하였다. 짐이 말하기를, “〈그곳까지〉 가는 데 며칠이고, 오는 데 며칠인가”라고 하였다. 민영환이 아뢰기를, “갈 때는 50여 일을 썼고, 돌아올 때에는 60여 일이었습니다”라고 하였다. 짐이 이르기를, “국서의 사의(辭意)가 아주 깊으니, 매우 감사하다”라고 하였다. 민영환이 아뢰기를, “수원(隨員)인 윤치호(尹致昊)가 불어[法語]를 배우기 위해 프랑스 수도[法都]로 가서 머물러 같이 돌아오지 못했습니다”라고 하였다. 짐이 말하기를, “그 나라의 기후는 어떠하던가?”라고 하였다. 민영환이 아뢰기를, “한여름의 기후는 우리나라의 늦가을과 같았습니다”라고 하였다. 짐이 말하기를, “러시아 황제의 나이는 얼마인가?”라고 하였다. 민영환이 아뢰기를, “현재 28세입니다”라고 하였다. 이어서 아뢰기를, “러시아 황제가 백응보성훈장(伯鷹寶星勳章)을 내렸는데, 신이 감히 마음대로 받을 수 없어 전보로 알려 교를 받든 후에야 비로소 받았습니다”라고 하였다. 짐이 말하기를, “훈패(勳牌)를 줄 때 문적(文蹟)은 있던가?”라고 하였다. 민영환이 아뢰기를, “과연 문적이 있었는데, 우리나라의 교지(敎旨)와 같았습니다”라고 하였다. 짐이 말하기를, “수원(隨員)에게도 훈장을 주었는가?”라고 하였다. 민영환이 아뢰기를, “수원과 참서관(參書官)에게도 모두 차등(次等)〈을 두어〉 훈장을 〈주었습니다〉”라고 하였다. 짐이 말하기를, “궁궐의 제도와 모습은 반드시 크고 웅장했을 것이다”라고 하였다. 민영환이 아뢰기를, “제도는 민가의 모습과 같았고, 하궁(夏宮)과 동궁(冬宮)이 있었는데, 하궁은 즉 온궁(溫宮)이라고 하며, 그 수는 수십 개 이하가 아니었습니다”라고 하였다. 짐이 말하기를, “그 궁에도 수원(守員)이 있는가”라고 하였다. 민영환이 아뢰기를, “과연 수원이 있습니다”라고 하였다. 이어 아뢰기를, “그 나라 경내에는 각국 사람이 많이 살고 있었습니다”라고 하였다. 짐이 말하기를, “어느 나라 사람이 많이 거주하던가?”라고 하였다. 민영환이 아뢰기를, “청나라 사람이 가장 많았고, 우리나라 사람도 많았으며, 일본인은 조금 적었습니다. 신이 대군주 폐하의 백성을 아끼는 덕의(德意)를 〈그곳에 사는〉 우리나라 인민에게 널리 알렸더니, 은혜에 감사하는 사람도 많았고 또한 눈물을 흘리는 자도 있었습니다”라고 하였다. 짐이 말하기를, “군사 제도와 〈군대의〉 배치 등의 절도는 어떠하던가?”라고 하였다. 민영환이 아뢰기를, “군사 제도는 모두 서양[秦西]와 같으며 온 나라가 군무(軍務)를 오로지 힘써서 강한 나라를 이룩하였습니다. 관제(官制)는 문(文), 음(蔭), 무(武), 삼반이 있는데, 문반은 학문에만 종사하고, 음반은 세습되어 이루어진 것이며, 무반은 군무(軍務)와 병졸의 업을 오로지 숭상하니, 온 나라가 다 그러하였습니다"라고 하였다. 짐이 말하기를, "황제의 복색은 어떠하던가?"라고 하였다. 민영환이 아뢰기를, "항상 군복을 입었습니다"라고 하였다. 이어 아뢰기를, "남녀가 〈다니는〉 각종 학교가 있어서, 교육하여 성과를 만드는 것이 모두 이곳에서 비롯되고 있었습니다. 서양 법의 다른 풍속을 취할 수는 없겠으나, 군무·학교·정치·전범에 대해서는 어쩔 수 없이 본받아 시행하지 않을 수 없습니다"라고 하였다. 짐이 말하기를, "어찌 배우지 않고 알 수 있겠는가. 몇 개 나라의 학교를 보았는가?"라고 하였다. 민영환이 아뢰기를, "7개국의 학교를 차례로 보았습니다"라고 하였다. 짐이 말하기를, "복색의 검소와 사치는 어떠한가?"라고 하였다. 민영환이 아뢰기를, "사치스러운 듯하지만 검소한 쪽에 가까워 보였습니다"라고 하였다.

유학 조정국 등이 변방 지역 안정 방안을 적어 상소문을 올림.

1896년(고종 33-丙申) 10월 1일(양력 11월 5일)

발신 : 유학 조정국 등

『承政院日記』 3076冊

甲山儒生幼學趙鼎國·三水出身嚴柱廈等疏曰, 伏以臣等素是遐鄕賤蹤, 人品樗散, 見識鹵莽, 不敢率爾妄陳. 而謹伏讀朱子書, 有曰, 有關國家安危, 雖韋布之士, 猶有可出言之義, 惟切漆室之憂, 玆敢出位而妄陳. 伏以邊門一安, 國家無憂也, 無憂則自致昇平. 其欲昇平, 而不欲安邊者, 譬如志在溫飽, 而惰於農桑者也. 是故軍國之大政, 莫過於邊圉之固守, 邊圉之固守, 不外乎將兵之制度, 則聖人之因地制治, 綱維四方者, 良有以也. 而見今天下大勢, 在我北邊, 我之守國, 亦在東北, 何以哉. 我國山川, 北自長白之山, 跨海亘南, 四千里盤窟, 而虛項·摩天·厚峙·鐵嶺, 金剛·雪岳·方台·五臺·小白·太白·伽倻·俗離之山, 曲棧巨谷, 俱是莫險之地, 跨東北而臨西南, 有關中建瓴之勢. 則故儒臣柳馨遠·李瀷俱言東西秦者, 是也. 臣等所在甲山·三水, 卽白頭山初落之處, 鴨綠江發源之頭, 論其勢, 則連岡疊嶂, 危如蹲虎, 洪濤急湍, 盤若長蛇. 南限厚峙嶺, 北距虛項嶺, 東接高山嶺, 西流分界江, 南北洽爲五百餘里, 東西亦過四百餘里, 可謂地定之四塞, 亦曰天限之一省. 美哉, 山河之固, 守之則一國之寶, 未守則賊人之窟也. 語其弊, 則一路楡塞, 相望彼地, 彼地者, 自白頭山, 連接遼東西藪壑千里, 命令不通處也. 天下亡命者, 與响馬·紅衣賊及獵胡木胡之無室無家者, 不知其幾千萬名嘯聚之窟穴也. 是以三·甲之邊擾, 非但無年無之, 實爲無月無之. 而且營門相距, 爲五六百里之遠, 則蒼卒之時, 不啻無節制相救之道, 營屬輩之誅求侵虐, 便成前例, 因嫌構捏, 自作習俗. 無辜平民, 誤陷刑囚, 蕩產流離之寃, 澈入骨髓, 甚至於居民願謠之境, 人不生京城, 何不居營門. 噫, 我三·甲之民, 不蒙至仁之聖德, 偏被慘虐之多難, 屹干山上凍殺雀, 何不飛去樂處生云云. 則以此謠見之, 居民之痛寃, 果何如哉. 幸自朝家, 洞燭此等弊源, 廢止各鎭堡, 解放砲衛軍, 減額牙兵等, 而創設觀察府, 移付鎭兵隊, 排置警務署, 內修安民之策, 外務禦賊之方, 邊情民願, 俱副所望. 以知天日之孔昭, 夫何中間, 新設觀察, 兼任咸興府, 移付兵丁, 姑爲停止, 排置警務, 今旣廢止. 伏惟設廢之朝飭, 反作欺民之政令, 廢則永廢, 設仍不設, 敢言霎時之惠澤, 誠爲永年之痼瘼, 安民姑舍, 禦賊無策. 自昨春以來, 三被胡擾, 殺傷人命, 爲二十餘名, 婦女劫奪, 爲三十餘名, 財產被掠, 爲二萬餘金, 蕩產流離, 亦爲數百戶. 而以若無軍兵, 該郡之力, 不能抵敵, 一境掃如, 顚連溝壑, 至於數千里. 吾王赤子, 乃不免鯨梟之毒, 五百年培養雨露, 宜有蒙拯濟之澤, 郡民屢訴, 政府尙稽處分之得宜. 臣等伏想論之者, 以爲中央政府爲急, 而遠外邊擾, 爲不足憂也, 此則不然. 手足雖遠於肝膽, 手足脈絶, 肝膽無生, 況此地一呼南北, 有首尾十里之勢乎. 又或以爲大勢, 在於海關, 山野不足論, 外務自有道理, 彼境不足慮也, 此則不然. 大勢時務, 當有深謀遠計, 致爲自强, 不過是內修政治, 外觀時變. 山野之人, 亦知海關之大勢, 時務之有在, 早不撫集, 以固邦本, 則不無蠹生木朽之慮. 且春川賊崔文渙, 作變咸興府, 及其捉囚, 挺身在逃, 又率餘黨, 侵掠列邑, 而直由三·甲, 轉越彼境, 繼以江原賊申益秀, 成群五百, 惹鬧江界府, 而亦越彼地. 兩相和應, 誘致彼賊, 自强爲勢, 則仍據三·甲, 勢所必至. 而若據三·甲, 則此邊之自作彼地, 固不足恤, 一國之共受其害, 倘復如何. 以是之故, 因地之勢, 用時之宜, 經國之大務也. 古語曰, 北門鎖鑰, 非準不可也, 此地形便, 非設府不可也. 設府則必設其兵, 設兵則必擇其人, 防禦有道, 而兵難遙度, 何可一日不虞, 又何五百里外視務乎. 伏願陛下, 少垂察焉, 亟命有司, 講求禦邊保民之策, 不以北地爲等閒而尋常之, 準選宿抱經濟, 鍊達時宜, 深知兵家利害之人, 爲緩急不虞之備. 而本邊處在關隘最緊重地, 若節制於他府, 則勢可不得辦於應卒赴急之間, 惟處置得復設觀察府, 還完地方隊, 養將於平日, 操兵於常時, 則內可以固其本, 外可以禦其侮. 一爲國家萬世之利, 一爲邊門綢繆之備, 公私幸甚. … 奉旨, 省疏具悉. 邊徼事勢, 豈待爾等之言. 而官制變通, 不可遽議矣.

갑산(甲山)의 유생(儒生)인 유학(幼學) 조정국(趙鼎國), 삼수(三水) 출신(出身) 엄주하(嚴柱厦) 등이 상소하기를, “삼가 아뢰오니 신들은 본래 먼 지방에 사는 비천한 몸으로 아무짝에도 쓸모없고 식견은 조잡하여 감히 경솔하게 함부로 진언하지 못하였습니다. 그런데 삼가 주자서를 읽으니 거기에 이르기를, '국가의 안위(安危)에 관계된 것이면 비록 벼슬하지 않은 사인(士人)이라도 오히려 의견을 낼 수 있는 의리가 있는 것이다'라고 하므로, 너무도 걱정스러운 나머지 이에 지위를 벗어나 감히 함부로 진언합니다. 삼가 변방의 관문이 한번 편안하면 국가는 근심이 없으니, 근심이 없으면 저절로 나라는 태평[昇平]에 이릅니다. 〈국가가〉 태평하기를 바라면서 변방을 편안하게 하려고 하지 않는 것은, 비유하면 따뜻하고 배부르고자 하는 뜻은 있으면서 농상(農桑)에 게으른 것과 같습니다. 이 때문에 군국(軍國)의 큰 정사는 변방을 굳건하게 지키는 것을 넘어서는 것은 없으며, 변방을 굳건히 지키는 것은 장수와 병사의 제도에서 벗어나지 않으니, 즉 성인께서 지형에 따라 제도를 설치하고, 사방의 기강을 잡은 것은 진실로 그 이유가 있었습니다. 지금 천하의 대세가 우리나라 북방 변경에 달려 있으며, 우리가 나라를 지키는 것도 〈아국의〉 동북방에 달려 있으니, 어째서입니까. 우리나라의 산천은 북쪽 장백산(長白山)에서 바다를 넘어 남쪽까지 4,000리로 굽이굽이 자리 잡고 있는데, 허항(虛項)·마천(磨天)·후치(厚峙)·철(鐵)〈의〉 령, 금강(金剛)·설악(雪嶽)·방태(方台)·오대(五臺)·소백(小白)·태백[大白]·가야(伽倻)·속리(俗離)〈의 산〉, 구불거리는 잔도와 거대한 계곡은, 모두 더없이 험한 땅으로 동북쪽에 자리하여 서남쪽을 내려 보면서 물을 쏟아붓는 듯이 강한 관중(關中)의 형세를 만들고 있습니다. 즉 고(故) 유신(儒臣) 유형원(柳馨遠)·이익(李瀷)이 모두 동서(東西)의 진(秦)이라고 말한 것이 이것입니다. 신들이 있는 갑산·삼수는 바로 백두산(白頭山)이 처음 떨어지는 곳이고 압록강(鴨綠江)이 발원하는 초입으로, 그 형세를 논하면 산등성이가 이어지며 높은 산들이 첩첩 포개져 있는 모습은 마치 호랑이가 웅크리는 듯 위협적이며, 세차게 흐르는 거대한 물은 긴 뱀처럼 구불구불하게 흐르고 있습니다. 남쪽으로는 후치령에 경계하고, 북쪽으로는 허항령에 거하며, 동쪽으로는 고산령(高山嶺)에 접하며 서쪽으로는 국경을 가르는 강으로 흘러들어가는데, 남북 합하여 500여 리가 되고 동서도 400여 리를 넘으니, 지형이 정한 사방 요새라고 할 수 있으며 또한 하늘이 한정한 1개의 성(省)이라 말할 수 있겠습니다. '아름답구나, 산과 강의 견고함이여. 지켜낸다면 일국의 보배이나, 지키지 못한다면 도적의 소굴이구나.' 그 폐단을 말씀드리면, 한쪽 길로 변방의 요새가 저들의 땅과 서로 마주보고 있는데, 저들의 땅은 백두산부터 요동(遼東) 서쪽 숲과 골짜기까지 1,000리나 연접하여 명령이 통하지 않는 곳입니다. 〈그곳은〉 천하의 망명자들이 향마(響馬)·홍의적(紅衣賊) 및 방도 집도 없는 사냥꾼과 나무꾼들과 더불어 몇천, 몇만 명이나 불러 모은 소굴인지 알 수 없습니다. 그래서 삼수·갑산의 변방걱정은 비단 해마다 없는 것뿐만 아니라, 사실은 달마다 〈걱정이 없을〉 때가 없습니다. 또한 영문(營門)과 거리가 500~600리나 멀어서 갑작스럽게 적절하게 대응하여 서로 구제할 방도가 없을 뿐 아니라, 영문에 속한 무리들이 주구하고 침탈하는 것이 바로 전례로 굳어졌으며, 혐의로운 일로 모함하는 것이 습속이 되었습니다. 무고한 평민이 잘못 형벌받거나 수인이 되면서 가산을 탕진하여 유리하는 원통함이 골수에 스며들었고, 심지어 거주민이 소원을 노래하는 지경에 이르니, 〈그 내용은〉 '사람이 경성(京城)에서 태어나지 못하였으나, 〈그렇다고〉 어찌 영문에서도 살지 못하나. 아! 우리 삼수·갑산의 백성은 지극히 인자한 성덕을 입지 못하고, 참혹한 고통을 받아 많이 어려워지니, 높은 산 위에서 얼어 죽은 참새는 어찌 즐거운 곳으로 날아가서 살지 않는가'라고 합니다. 이 노래를 보면 거주민의 원통함이 과연 어떠합니까. 다행히 조정[朝家]이 이러한 폐단의 원인을 훤히 알아서 각 진·보를 폐지하고 포위군을 해산시키며 아병(牙兵) 등을 줄이되, 관찰부을 창설하여 진병대를 넘겨주고 경무서를 배치하니, 안으로는 백성을 안무하는 계책을 닦고 밖으로는 적을 막을 방책에 힘써서 변방의 사정과 백성의 바람이 모두 바라는 대로 갖추어졌습니다. 천일(天日)의 아주 밝음을 알면서도, 어찌하여 중간에 신설한 관찰을 함흥부로 겸임하게 하시고 병정을 〈함흥부로〉 이속[移付]시키시며 〈관찰부는〉 우선 정지시키고, 배치한 경무는 이제 폐지하십니까. 삼가 생각건대, 설치하고 폐지하라는 조칙이 도리어 백성을 속이는 정령(政令)이 되었으니, 폐지한 것은 영원히 폐지시키고 설치하다가 이내 철폐한 것은 감히 말씀드리자면 아주 잠깐 내려 준 은택이 영원한 병폐가 되었다고 할 수 있으니, 백성을 안무하는 것은 우선 내버려두더라도, 적을 막는 방책이 없게 되었습니다. 작년 봄부터 입은 세 번의 오랑캐의 침범으로 살상된 인명이 20여 명이며, 겁탈당한 부녀자는 30여 명이고, 노략당한 재산은 2만여 금(金)이고, 재산을 탕진하여 이리저리 흩어진 집들은 수백 호나 됩니다. 군사가 없는 해당 군의 형편으로는 힘이 적을 막을 수 없다 보니 하나같이 다 휩쓸려나갔고, 〈백성들은〉 연이어 구학(溝壑)에서 헤매고 있으니 〈그 길이가〉 수천 리에 달합니다. 우리 임금의 아이들이 이내 크고 사나운 독을 면하지 못하였으니, 500년 동안 길러온 은택으로 마땅히 그들을 못에서 건져내 구해주어야 하는데, 군민이 누누이 소를 올렸으나, 정부는 아직도 적절한 처분을 내리지 않았습니다. 신들이 삼가 생각건대 〈정사를〉 논하는 자들은, 중앙정부〈의 문제가〉 급한 것이지 멀리 떨어진 변방의 걱정은 근심이 되지 않는다고 합니다만 이는 그렇지 않습니다. 손발은 비록 간담과는 멀지만 손발의 맥이 끊어지면 간담이 살 수 없는데, 하물며 이 땅〈처럼〉 남북을 이으면 수미로 10리가 되는 형세이겠습니까. 또한 혹자는 대세(大勢)가 해관(海關)에 있으니 산야(山野)는 논하기에 부족하며 외무에는 나름 도리가 있으니, 저 국경은 염려할 것이 없다고 합니다만, 이는 그렇지 않습니다. 대세와 시무(時務)는 응당 원대한 계책이 있어야 자강에 이르는 것이니, 〈이것은〉 안으로는 정치를 힘쓰고 밖으로는 시대의 변화를 살피는 것에 벗어나지 않습니다. 산야의 사람도 또한 해관의 대세와 시무의 소재를 아니, 빠르게 〈백성을〉 불러 모아 국가의 근본을 공고히 하지 않는다면, 해충이 생겨 나무가 썩는 걱정이 없지 않을 것입니다. 또한 춘천의 도적 최문환(崔文渙)은 함흥부에서 변고를 일으켜서 잡아 가두었더니, 몸을 빼내 도망치다가 또 잔당[餘黨]을 거느려 열읍을 침략하고 바로 삼수·갑산을 거쳐 방향을 돌려 저들 국경으로 넘어갔고, 이어서 강원(江原)의 도적 신익수(申益秀)도 500명의 무리를 이루어 강계부(江界府)에서 소란을 피우고는 저들 땅으로 넘어갔습니다. 둘이 서로 화응하여 저들 적들을 회유하고 끌어들여 스스로 힘을 키워 세력을 형성하니, 이어서 삼수·갑산을 점거할 것이 형세가 반드시 이를 바입니다. 만약 삼수·갑산을 점거하면, 이 변방이 자연스레 저들 땅이 되는 것이야 정말 걱정할 것은 없지만, 일국이 그 해를 같이 받는 것은 다시 어떠하겠습니까. 이런 이유로 지세에 따르고 시의를 쓰는 것이 나라를 다스리는 큰일입니다. 옛말에 '북문(北門)의 열쇠는 법도에 맞게 하지 않으면 안 된다'라고 하였으니, 이 지역의 형편은 부(府)를 설치하지 않으면 안 됩니다. 부를 설치하게 되면 반드시 그 병사를 두게 되고, 병을 두면 반드시 적임자를 고를 것이고, 방어하는 데에 방도가 생겨 병난을 멀리서도 헤아릴 것이니, 어찌 하루라도 걱정하지 않을 수 있으며 또 어찌하여 500리 밖에서 사무를 본단 말입니까. 삼가 바라건대, 폐하께서는 조금이나마 굽어 살피시어 빨리 유사에게 명하시어 변방을 방어하고 백성을 보호할 계책을 강구하게 하시고, 북쪽 땅을 등한시하고 심상하게 여기지 마시옵고, 경세제민〈의 뜻과 방도〉를 오랫동안 품고 숙달되며 시의에 통달하였으며, 병가(兵家)의 이해를 깊이 아는 자를 준선하셔서 예기치 않은 변고에 대비가 되게 하소서. 또한 본 변방은 관문(關門)의 가장 긴요하고 중요한 지역에 자리하는데, 만약 다른 부의 통제를 받는다면 위급한 순간에 대응할 수 없을 것이니, 생각건대 관찰부를 다시 설치하시고 지방대를 되돌려 완비하시며 평상시에 장수를 기르고 일상적으로 군사를 기른다면, 안으로는 그 근본을 지킬 수 있을 것이며 밖으로는 저들의 음모를 방비할 수 있을 것입니다. 〈그리하여〉 한편으로는 국가의 만세의 이익이 되고 한편으로는 변방을 빈틈없이 준비하는 대비가 될 것이니, 공적으로나 사적으로나 매우 다행일 것입니다. …"라고 하였다. 받든 칙지에, "상소를 보고 잘 알았다. 변방의 격렬한 형세에 어찌 그대들의 말을 기다리겠는가. 그러나 관제는 변통하여 갑작스럽게 논의할 수 없다"라고 하였다.

『日省錄』 430冊

疏略曰, 軍國之大政, 莫過於邊圉之固守. 聖人之因地制寘, 綱紀四方, 良由以也. 見今天下大勢, 在我北邊, 我之守國, 亦在東北. 美哉, 山河之固. 守之則一國之寶, 不守則賊人之窟也. 語其弊, 一路楡塞, 相望彼地, 是以三水甲山之邊擾, 無年無之, 偏被慘虐之多難矣. 幸自朝家, 洞燭此弊, 廢止各鎭堡, 解放砲衛軍, 額牙兵等, 而創設觀察, 移付鎭兵隊, 排寘警務署, 內修安民之策, 外務禦賊之方, 邊情民願, 俱副所望. 夫何中間, 新設移付, 姑爲停止, 排寘警務, 今旣廢止. 設廢之朝勅, 反作欺民之政令. 安民姑舍, 禦賊無策. 自昨春以來, 三被胡擾, 殺傷人命, 以若無軍之, 該郡事力, 不能抵敵, 郡民屢訴, 政府尙稽處分之得宜. 亟令有司, 講求禦邊保民之策, 不以北地爲等閒, 而準選宿抱經濟, 鍊達時宜者, 爲緩急不虞之備, 復設觀察府, 還完地方隊, 養將於平日, 操兵於常時, 內可以固其本, 外可以禦其侮矣. 批以, 邊徼事勢, 豈待爾等之言. 而官制變通, 不可遽議矣.

〈갑산(甲山)의 유생(儒生)인 유학(幼學) 조정국(趙鼎國), 삼수(三水) 출신(出身) 엄주하(嚴柱厦) 등의〉 상소의 대략에, "군국(軍國)의 큰 정사는 변방을 굳건하게 지키는 것을 넘어서는 것은 없습니다. 성인께서 지형에 따라 제도를 설치하고 사방의 기강을 잡은 것은 진실로 〈여기에서〉 유래하였습니다. 지금 천하의 대세가 우리나라 북방 변경에 달려 있으며, 우리가 나라를 지키는 것도 〈아국의〉 동북방에 달려 있습니다. '아름답구나, 산과 강의 견고함이여. 지켜낸다면 일국의 보배이나, 지키지 못한다면 도적의 소굴이구나.' 그 폐단을 말씀드리면, 한쪽 길로 변방의 요새가 저들의 땅과 서로 마주보고 있으니, 그래서 삼수·감산의 변방에 대한 걱정은 해마다 없는 것이 아니며, 저들이 받는 참혹한 고통은 많고 어려워지는 것입니다. 다행히 조정에서 이러한 폐단을 훤히 알아서 각 진과 보를 폐지하고 포위군을 해산시키며 아병(牙兵) 등을 줄이는 한편, 관찰을 창설하여 진병대를 넘겨주고 경무서를 배치하니, 안으로는 백성을 안무하는 계책을 닦고 밖으로는 적을 막을 방책에 힘써서 변방의 사정과 백성의 바람이 아울러 바라는 대로 갖추어졌습니다. 〈그러나〉 어찌하여 중간에 〈부를〉 신설하고 이속한 〈뒤에〉 우선 정지하시고, 배치한 경무는 이제 와서 폐지하십니까. 설치하고 폐지하라는 조칙이 도리어 백성을 속이는 정령(政令)이 되었습니다. 〈그러므로〉 백성을 안무하는 것은 우선 내버려두더라도, 적을 막는 방책이 없게 되었습니다. 작년 봄부터 입은 세 번의 오랑캐의 침범은 인명을 살상하였으나, 군사가 없는 해당 군의 형편으로는 힘이 적을 막을 수 없다 보니 군민이 누누이 소를 올렸으나, 정부는 아직도 적절한 처분을 내리지 않았습니다. 빨리 유사에게 명하시어 변방을 방어하고 백성을 보호할 계책을 강구하게 하시고, 북쪽 땅을 등한시하고 심상하게 여기지 마시옵고 경세제민의 〈뜻과 방도〉를 오랫동안 품고 숙달하며 시의에 통달한 자를 준선하여 위급한 곳의 방비로 삼으소서. 관찰부를 다시 설치하시고 지방대를 되돌려 완비하시며 평상시에 장수를 기르고 일상적으로 군사를 기른다면, 안으로는 그 근본을 지킬 수 있을 것이며 밖으로는 저들의 음모를 방비할 수 있을 것입니다"라고 하였다. 비답하기를 "변방의 격렬한 형세에 어찌 그대들의 말을 기다리겠는가. 그러나 관제는 변통하여 갑작스럽게 논의할 수 없다"라고 하였다.

전 주사 김봉송 등이 변경 지역을 안정시켜줄 것을 청하는 상소를 올림.

1896년(고종 33-丙申) 10월 19일(양력 11월 23일)

발신 : 전주사 김봉송 등

『承政院日記』 3057冊

平安北道江界郡前主事金奉松等疏曰, 伏以因地之勢, 用時之宜, 經國之大務也. 以是而道與器, 爲之上下, 而勢形爲之體用, 仍爲方圓動靜, 而利害相舍. 方圓動靜, 非本然所自期而欲爲也, 勢之所在, 地之所任, 不得不動靜之機, 利害之事, 生乎其間, 而於是乎辦然不可復悔也. 是以聖人之因地, 制治綱維四方者, 莫有不見得, 此理之分明也. 臣等所居江界, 處在關西之極邊關隘, 最當彼地之緊門要地. 自昔李滿住野人之亂, 响馬賊匪類之擾, 垂到今而無歲不索釁構亂, 而迄今不至大狼狽失算者, 列聖朝, 以是爲經國大務, 益修邊禦, 特設六郡防禦營, 繼置十八各鎭堡, 綢繆陰雨之備, 緩急不虞之策, 邊民依賴. 乃者邊境一解, 响馬賊匪, 年年侵擾, 戕殺許多人命, 掠取婦女財貨, 一境掃如, 顚連溝壑, 民不聊生. 何幸皇天, 不棄斯民, 陛下深軫邊禦, 廢止防禦營, 而新設觀察府, 解放別衛砲軍, 而排置巡檢兵丁, 內修安民之策, 外務禦邊之方. 威振彼賊, 賊不敢侵掠, 延擊東匪, 匪乃至大敗. 民皆欣欣然相告曰, 何其晩也, 設府之前, 八十响匪, 莫能抵敵, 設府之後, 七百匪徒, 無礙討平, 非徒生民之福, 抑亦朝廷之幸也云云. 則設廢損益, 倘復何如. 伏惟日月之明, 未及照燭, 地方制度調査之時, 重邊江界府, 渾入於廢止之中. 國家大勢, 官制變通, 更毋敢容喙, 而古語曰, 智者之遠度, 不如愚者之身所經閱. 聊將目擊之邊擾, 玆敢出位而妄陳, 伏乞聖明, 留神采納焉. 槪言乎邊地形便, 白頭山下各溝, 彼地鴨綠江邊各邑鎭堡, 彼此相望, 而所謂彼地者, 一帶鴨江, 環爲遼東千里藪壑, 連接遼西, 兩國命令, 不得相通. 地是化外之地, 民是化外之民, 是故淸國响馬之賊, 我國逋蹤之徒, 嘯聚和應, 自作賊窟處耳. 以言乎目下邊事, 江原賊申益秀, 率黨三百, 侵掠列邑, 來鬧江界,而敗越彼地, 繼以追蹤四百, 聞其益秀之敗越, 不入江界, 而迂路寧邊等地, 直越楚山彼境. 且春川賊崔文煥作變咸興府, 仍向甲山·三水, 而亦越彼地, 三·甲越邊, 卽與江界·楚山越邊, 共是沿江一幅, 則此輩之首尾俱至, 如蛇率然, 彼賊之因誘自强, 如虎有翼, 綢繆之計, 猖獗之勢, 豈不可畏, 亦不可怖. 矧玆江界, 向於廢府之前, 來鬧匪徒, 延擊破逐, 則先受其害, 勢所必至. 而若失守江界, 則沿邊各郡, 恐非國家之所有, 關係深憂之大者也. 且言乎防禦計策, 淸南鎭衛隊相距, 爲七百餘里, 淸北觀察府相距, 亦爲六百餘里之遠, 則蒼卒之時, 莫可節制相救, 故廢府之日, 只存百名軍兵者, 良有以也, 而以若百名之軍, 萬無守禦之道. 以設府設兵事, 郡民屢訴, 政府尙稽措辦. 姑舍, 餘存百名之軍, 今亦停止, 畏彼匪賊, 將何抵敵乎. 誠是邊民存亡之秋, 可爲一大痛哭處也. … 然而易失者時, 難得者機, 如不及今矯正, 六郡江山, 將爲彼賊所制, 五百年固邊良算, 今顧安在. 敢言朝家謾惜些少之國計, 而若失民地, 則其於利害損益, 孰重孰輕. … 伏願陛下, 細細垂察焉, 亟命有司, 講求禦邊保民之策, 準選忠智經濟之士, 觀風察化, 養將調兵, 常爲緩急不虞之備, 則庶爲國家萬世之利, 公私幸甚焉. … 奉旨, 省疏具悉. 疏辭, 從當有措處之方矣.

평안북도(平安北道) 강계군(江界郡)의 전(前) 주사(主事) 김봉송(金奉松) 등이 상소하기를, “삼가 아뢰기를, 지세(地勢)를 따르고 시의(時宜)를 이용하는 것은 나라를 다스리는 큰일입니다. 이로써 도(道)와 기(器)는 〈각각〉 상과 하가 되며 세(勢)와 형(形)은 〈각각〉 체와 용이 되고, 이를 통해 그대로 방원동정(方圓動靜)이 되는데, 〈이 가운데에는〉 이해가 내재되어 있습니다. 방원동정은 본래 자신이 기약하고 바란다고 되는 성질의 것이 아니니, 형세의 소재와 지위가 맡겨진 바에 따라 어쩔 수 없이 동정의 기미와 이해의 일이 그 사이에 생기니, 이에 〈이해는〉 뚜렷하게 갈라져 후회해도 더는 소용이 없게 됩니다. 이로써 성인이 땅을 통하여 사방을 통제한 것을 보지 않을 수 없으니, 이 이치는 분명합니다. 신이 살고 있는 강계는 관서의 가장 변두리 관문에 위치했고, 저쪽 땅에 바로 접한 중요한 관문이며 요지입니다. 옛날 야인 이만주(李滿住)의 난리와 항마적과 비류가 소요한 것부터 지금까지 이르도록 〈저들이〉 해마다 틈을 노려 난을 꾸몄으나 〈우리가〉 지금까지 크게 좋거나 실패하는 데 이르지 않은 것은, 열성조께서 이것을 나라를 다스리는 큰일로 여기셔서 변방 방어에 더욱 힘쓰시고, 6군 방어영을 특별히 설치하시며 계속하여 18개의 각 진과 보를 두어, 갑작스러운 낭패[陰雨]의 대비를 조밀하게 하고, 뜻밖의 일을 막는 계책에 힘쓰신 결과, 변방 백성이 〈그것에〉 의뢰한 것입니다. 이내 변경이 한 번 해이해지자 향마적과 비류가 해마다 침략하여 허다한 인명을 죽이고 부녀자와 재물을 탈취하여 다 휩쓸고 나가니, 연이어 구학(溝壑)에서 해매어서 백성은 편안히 살 수 없었습니다. 어찌 다행히도 하늘이 이 백성을 버리지 않으시어 폐하께서는 변경 방어를 깊이 생각하시고, 방어영을 폐지하고 관찰부를 신설하였으며 별위포군을 해산하고 순검과 병정을 배치하여 안으로는 백성을 안무하는 계책을 닦고 밖으로는 변방을 방어하는 방책에 힘쓰셨습니다. 위엄이 저 적들에게 떨쳐지자, 적도들은 감히 침략하지 못하였고, 연이어 동쪽 비류를 치자 비류는 이내 대패하였습니다. 백성은 다들 기뻐하며 서로 고하기를, '어찌 이리도 늦었는가, 부를 설치하기 전에는 80명의 향마·비류에게도 아무도 적대하지 못했는데, 부를 설치한 뒤에는 700명의 비류 무리를 토벌하고 평정함에 아무런 문제가 없으니, 이것은 백성들의 복일 뿐만 아니라 조정을 위해서도 다행이다'라고 합니다. 그러니 설치하고 폐지하는 것에 따른 손익이 어떠합니까. 삼가 생각건대 해와 달처럼 밝으신 〈성상께서는〉 미처 다 살피시진 못하시고, 지방제도를 조사할 때 중요 변방인 강계부는 폐지하는 대상에 포함시키셨습니다. 국가의 대세와 관제(官制)의 변통을 감히 말씀드릴 수는 없지만, 옛말에 이르기를, '지혜로운 자의 원대한 헤아림은 어리석은 자가 몸소 경험한 것만 못하다'고 하였습니다. 목격한 변방의 소란을 가지고 이에 감히 지위를 벗어나 함부로 아뢰오니 삼가 바라건대 밝으신 성상께서는 유념하여 채납해주소서. 대략 변경의 형편에 대해 대략 말씀드리면, 백두산(白頭山) 아래의 각 도랑은 저쪽 땅의 압록강변(鴨綠江邊)에 위치한 각 읍의 진과 보에 서로 마주보고 있는데, 이른바 저쪽 땅은 압록강을 한 번 두르고 요동(遼東) 천 리의 숲과 계곡에 둘러싸여 요서(遼西)까지 연접해 있는 지역으로, 양국의 명령이 서로 통하지 않습니다. 땅은 교화의 영역을 벗어난 땅이요, 백성들도 교화를 벗어난 백성이라서, 이로써 청국의 향마적과 우리나라의 도망친 이들이 무리를 모아 서로 호응하면서 자연스럽게 적도의 소굴이 되었습니다. 눈앞의 변경 사정을 가지고 말씀드리면 강원(江原)의 도적인 신익수(申益秀)는 300명의 무리를 거느리고 열읍을 침략하고 강계에 와서 소란을 피우다가 패배하여 저쪽 땅으로 넘어갔고, 연이어 추종하는 400명의 무리가 신익수가 패배하여 넘어갔다는 소리를 듣고는 강계에 들어오지 못하고 영변(寧邊) 등의 지역으로 우회하여 바로 초산(楚山)의 저들 국경으로 넘어갔습니다. 또 춘천(春川)의 도적인 최문환(崔文煥)도 함흥부(咸興府)에서 변고를 일으켰다가 이내 삼수·갑산을 지나 저쪽 땅으로 넘어갔는데, 삼수·갑산 건너편은 바로 강계·초산의 건너편과 같이 압록강을 한 번 끼고 있으니, 이들이 수미로써 모두 이른 것이 마치 뱀이 그러한 것과 같고, 저들 적도가 사람들을 구슬려 스스로 강한 세력을 형성한 것이 호랑이가 날개를 가진 것과 같으니, 치밀한 계략과 창궐하는 형세가 어찌 두렵고 공포스럽지 않겠습니까. 더구나 이 강계는 지난날 부를 폐지하기 전에 이곳에서 소란을 피운 비류들을 연속으로 공격하여 쫓아냈으니, 먼저 그 피해를 받을 것이 형세가 반드시 이를 바입니다. 그런데 만약 강계를 지키는 데 실패하면 연변(沿邊)의 각 군은 국가의 소유가 아니게 될 것이니, 〈이것이〉 관계되어 매우 크게 우려하는 바입니다. 또한 방어 계책을 말하자면, 〈이곳은〉 청남진위대(淸南鎭衛隊)와 거리가 700여 리 정도이고, 청북관찰부(淸北觀察府)와 거리도 또한 멀리 600여 리가 되니, 갑작스럽게 적절하게 대응하여 서로 구제할 수 없으니, 그래서 부를 폐지하던 날에는 단지 100명의 군병을 남긴 것이 진실로 이유가 있었으나, 100명의 군대로는 방어할 길이 없습니다. 부와 병졸을 설치하는 일을 군민이 여러 번 호소하였으나 정부는 아직도 조치를 생각하지 않았습니다. 이것은 차치하더라도, 남은 100명의 군사를 지금 또 정지한다면 우려컨대 저 비적은 장차 어떻게 막겠습니까. 진실로 변방 백성이 사느냐 죽느냐의 기로이니, 한번 크게 통곡할만한 처지라고 할만합니다. … 그러나 쉽게 잃는 것은 때이고 어렵게 얻는 것은 기미인데 만약 지금 교정하지 않는다면 6군의 강산은 장차 저 도적들이 제어하는 것이 될 것이니, 500년 동안 변방을 굳건히 한 계책은 도대체 어디에 있는 것입니까. 감히 말씀드리니 조정[朝家]에서 사소한 국가 정책 〈펴기를〉 게으르게 아꼈다가 만일 백성의 땅을 잃는다면, 어느 쪽이 더 중요하고 어느 쪽이 더 중요하지 않은 것이겠습니까. … 삼가 바라건대 폐하께서는 세세하게 살펴주시고, 속히 유사(有司)에게 명하여 변경을 방어하고 백성을 보호할 대책을 강구하게 하며, 충성과 지혜가 있고 경세제민하는 사인(士人)을 준선하여 풍속과 교화를 살피고 장수와 병사를 양성하여 함께 뜻밖의 변란에 방비하도록 한다면 거의 국가에 만세의 이득이 될 것이니, 공적으로나 사적으로나 매우 다행일 것입니다. …"라고 하였다. 받든 칙지에, "상소를 보고 잘 알았다. 〈그것에 따라〉 적절한 조처가 있을 것이다"라고 하였다.

『日省錄』430冊

疏略曰, 臣之所居江界, 處關西之極邊, 彼地之緊門要地. 自昔餉馬匪類之擾, 無歲不索, 釁構亂, 而迨今不至大良貝失算者, 列聖朝, 以是爲經國大務, 益修邊禦, 特設六郡防禦營, 繼寘十八各鎭堡, 綢繆陰雨之備, 緩急不憂之策, 邊民依賴. 乃者邊境一解, 餉馬賊匪, 年年侵擾, 民不聊生, 何幸皇天, 不棄斯民, 廢止防禦營, 而新設觀察府, 解放別衛砲軍, 而排寘巡檢兵丁, 內修安民之策, 外務禦邊之方. 威振彼賊, 賊不敢侵, 連擊東匪, 匪乃大敗. 非徒生民之福, 抑亦朝廷之幸, 則設廢損益, 倘復何如. 地方制度調査之時, 江界府渾入於廢止中, 而廢府之日, 只存百名軍, 以若百名之軍, 萬無守禦之道. 以設府設兵事, 郡民屢訴, 政府尙稽措辦. 若不及今矯正, 六郡江山, 將爲彼賊所制, 五百年固邊良算, 顧安在哉. 亟令有司, 講求邊禦保民之策, 準選忠智經濟之士, 觀風察化, 養兵調將, 常爲緩急不虞之備, 則庶爲國家萬世之利矣. 批以, 疏辭. 從當有措處之方矣.

〈평안북도(平安北道) 강계군(江界郡)의 전(前) 주사(主事) 김봉송(金奉松) 등의〉 상소의 대략에, "신이 살고 있는 강계는 관서의 가장 변두리에 위치하였고, 저쪽 땅에 바로 접한 중요한 관문이며 요지입니다. 옛날에 향마적과 비류가 소요한 것부터 〈저들이〉 해마다 틈을 노려 난을 꾸몄으나, 〈우리가〉 지금까지 크게 좋거나 실패하는 데 이르지 않은 것은, 열성조께서 이것을 나라를 다스리는 큰일로 여기셔서 변방 방어에 더욱 힘쓰시고, 6군 방어영을 특별히 설치하시며 계속하여 18개의 각 진과 보를 두어, 갑작스러운 낭패[陰雨]의 대비를 조밀하게 하고, 뜻밖의 일을 막는 계책에 힘쓰셔서, 변방 백성이 〈그것에〉 의뢰한 것입니다. 이내 변경이 한번 해이해지자, 향마적과 비류가 해마다 침략하여 백성이 편안히 살 수 없었으나, 어찌 다행히도 하늘이 이 백성을 버리지 않으셔서 방어영을 폐지하고 관찰부를 신설하였으며 별위포군을 해산하고 순검과 병정을 배치하여 안으로는 백성을 안무하는 계책을 닦고 밖으로는 변방을 방어하는 방책을 힘쓰셨습니다. 위엄이 저 적들에게 떨쳐지자, 적도들은 감히 침략하지 못하였고, 연이어 동쪽 비류를 치자 비류는 이내 대패하였습니다. 이것은 백성들의 복일 뿐만 아니라 조정을 위해서도 다행이니, 설치하고 폐지하는 것에 따른 손익은 어떠합니까. 지방제도를 조사할 때 강계부는 폐지하는 대상에 포함되었고, 부를 폐지하던 날에는 단지 100명의 군사를 남겼으나, 약 100명의 군대로는 방어할 길이 없습니다. 부와 병졸을 설치하는 일을 군민이 여러 번 호소하였으나 정부는 아직도 조치를 생각하지 않았습니다. 만약 지금 교정하지 않는다면, 6군의 강산은 장차 저 도적들이 제어하는 것이 될 것이니, 500년 동안 변방을 굳건히 한 계책은 도대체 어디에 있는 것입니까. 바로 유사에게 명하시어 변방을 방어하고 백성을 보호할 계책을 강구하게 하시며, 충성스럽고 지혜로우며 경세제민하는 사인(士人)을 준선하여, 풍속과 교화를 살피고 병사와 장수를 양성하여 항상 뜻밖의 변란에 방비하도록 한다면, 거의 국가에 만세의 이익이 될 것입니다"라고 하였다. 비답하기를, "상소의 내용을 알았다. 〈그것에 따라〉 적절한 조치가 있을 것이다"라고 하였다.

평안북도 관찰부의 위치를 영변으로 한다는 칙령을 반포함.

1897년(고종 34-丁酉) 2월 5일(양력 3월 7일)

발신 : 고종

『高宗實錄』 35卷

七日. 勅令第十四號, 莞島郡所屬飛禽·都草兩島移屬于智島郡管轄件, 第十五號, 平安北道觀察府位置以寧邊改正件, 竝裁可頒布.

양력 3월 7일. 칙령(勅令) 제14호, 완도군(莞島郡)에 속한 비금(飛禽)·도초(都草) 두 섬을 지도군의 관할에 이속하는 것에 대한 안건[莞島郡所屬飛禽都草兩島移屬于智島郡管轄件]과 제15호, 평안북도(平安北道) 관찰부(觀察府)의 위치를 영변(寧邊)으로 개정하는 것에 대한 안건[平安北道觀察府位置以寧邊改正件]을 모두 재가하여 반포(頒布)하였다.

러시아 전권공사 민영환을 소견함.

1897년(고종 34-丁酉) 2월 21일(양력 3월 23일)

발신 : 고종

『承政院日記』 3080冊

丁酉二月二十一日亥時. 上御淸穆齋. 六國全權公使入侍時, 秘書丞鄭寅奭·秘書郞趙夔夏·申憲均·全權公使閔泳煥以次進伏訖. 上曰, 史官分左右. 仍命全權公使進前, 泳煥進前. 上曰, 卿之此行, 今爲再矣, 其於使事, 似無生疎也. 泳煥曰, 年前之行, 已爲屢朝, 今此辭陛, 還朝之期, 姑難指日, 家國之戀, 不勝憧憧矣. 上曰, 何間可到俄境乎. 泳煥曰, 似爲月餘矣. 上曰, 善爲往留也. 仍命全權公使先退. 寅奭奏曰, 仁化正門開門, 國書陪進, 西挾門開門, 全權公使出送, 而標信請出之意, 敢此仰達矣. 上曰, 當下標信矣. 仍命史官就座. 又命退, 諸臣以次退出.

2월 21일 해시(亥時). 임금이 청목재(淸穆齋)로 행차하셨다. 6국 전권공사(全權公使)가 입시할 때, 비서승(秘書丞) 정인석(鄭寅奭), 비서낭(秘書郞) 조기하(趙夔夏)·신헌균(申憲均), 전권공사(全權公使) 민영환(閔泳煥)이 차례대로 나와 배알하였다. 임금께서 이르기를, "사관은 좌우로 나누어 앉으라"고 하였다. 이어 전권공사에게 앞으로 나오라고 명하니, 민영환이 앞으로 나왔다. 임금께서 이르기를, "경이 이렇게 가는 것이 지금 두 번째이니, 사신 일이 생소하지는 않을 것 같다"라고 하였다. 민영환이 아뢰기를, "1년 전에 사행(使行)을 다녀오고 이미 여러 날이 되었습니다. 지금 사폐(辭陛)하는데, 조정으로 돌아올 날이 우선 언제라고 말씀드리기 어려워서, 집과 나라를 향한 그리움에 불안한 마음을 이루 다할 수 없습니다"라고 하였다. 임금께서 이르기를, "언제쯤 러시아 국경에 도착할 수 있겠는가?"라고 하였다. 민영환이 아뢰기를, "한 달 남짓 〈뒤에〉 도착할 것 같습니다"라고 하였다. 임금께서 이르기를, "잘 갔다오라"고 하였다. 이어 전권공사에게 먼저 물러가라고 명하였다. 정인석이 아뢰기를, "인화문(仁化門) 정문을 열어 국서(國書)를 받들어 나아가게 하고, 서협문(西挾門)을 개문하여 전권공사를 내보내야 하니, 궐문을 드나드는 표신(標信)을 내리시라는 내용을 감히 이렇게 우러러 아룁니다"라고 하였다. 임금께서 이르기를, "표신을 내리겠다"라고 하였다. 이어 사관에게 자리로 돌아가라고 명하였다. 또 물러가라고 명하니, 신하들이 차례대로 물러났다.

부사과 홍석범 등이 관찰부를 정주군에 둘 것을 청하는 상소를 올림.

1897년(고종 34-丁酉) 3월 12일(양력 4월 13일)

발신 : 부사과 홍석범 등

『承政院日記』3081冊

平安北道定州居副司果洪錫範等疏曰, 伏以臣等竊伏聞, 古昔聖王之疆理天下也, 畫界分區, 建置州郡. 或因俗尙之不同, 或因風氣之各殊, 有名山大川而限之, 以遠近廣狹而裁之, 蓋欲以利民生, 固邦基也. 臣等所居定州郡, 處在鴨江之南, 淸江之北, 卽二十一郡之中央, 素稱孔路之雄州, 曾設淸北之都會. 甲午兵燹以後, 家屋燒燼, 居民渙散, 將至無邑之境. 地方制度改定時, 北道觀察府, 設置於本郡, 流散之民, 稍稍來集, 水陸之商, 在在聚會, 便成一大都會, 而差過幾年, 則成樣可期. 大小民人, 蹈舞佇待, 歌詠聖德於無窮矣. 近伏聞寧邊居前郡守臣吳承泰疏請, 移府於該郡, 業蒙許施之處分云. 伏未敢知緣何致此, 而揆以事勢, 論以形便, 無一利益, 而有五大不便. 何以言之, 稍集之民, 便成涸轍之魚, 又將散而之四, 顚連道路, 莫之存恤, 事之矜惻, 孰甚於此. 其不便者一也. 移設之際, 廨宇之未備者, 不得不新建, 非但勞民, 又當傷財. 其不便者二也. 昨年設置者, 曾未幾月, 又爲移設, 則不知明年. 又將移設於何處, 民情滋惑, 難以安意奠接. 其不便者三也. 一府之設廢, 何等重大, 而因一人之疏請輒廢, 大有關於政令. 其不便者四也. 本郡處在各郡之中, 公文傳遞, 極爲便近, 寧邊處在一偶之偏, 守宰往來, 甚爲迂遠. 舍此便近, 就彼迂遠, 似涉無謂. 其不便者五也. 雖或有如干利益, 旣設之府, 實難遽爾廢止, 況且五大不便之大者乎. 又況寧邊卽古之兵營也. 曩於甲子逆适之變, 出於此地, 蓋以藥峀之險, 鐵瓮之固, 所以潛畜凶謀, 養兵數年, 隣郡莫能窺測, 卒致恣意跳踉之患, 則此地不可不置之山僻一閒邑. 廢兵營而置都護者, 良有以也. 兵營且廢之, 況又觀察府之新設乎. 前鑑孔昭, 其斷斷不可設也明矣. 不特此也, 定民寧民, 均是我陛下仁愛之赤子. 雨露之澤, 宜無偏向, 而今此成命, 何厚於寧, 何薄於定, 而定之已設者, 移之寧乎. 民情用是遑汲, 不勝齎菀. 臣等玆敢千里裹, 不避猥越, 齊聲哀籲. 伏乞聖明, 俯垂鑑燭, 觀察府移設之命, 劃賜還寢, 依前仍置于本郡, 使此呼號之生靈, 得免殿屎之患, 擧蒙生成之澤, 以爲固邦基, 利民生之地焉. 臣等無任云云. 奉旨, 省疏具悉. 官制旣已釐正, 非爾等所可煩請.

평안북도(平安北道) 정주(定州)에 사는 부사과(副司果) 홍석범(洪錫範) 등이 상소하기를, "삼가 아뢰기를, 신들이 삼가 듣건대 옛 성왕(聖王)은 천하를 강리(疆理)하시며 경계를 긋고 구역을 나누어 주군을 설치하셨습니다. 혹 풍속이 숭상하는 것이 같지 않거나 풍기(風氣)가 각각 달라서 명산대천으로 한계를 긋기도 하고, 멀고 가까움이나 넓고 좁은 〈지형에 따라〉 재단하였으니, 대개 모두 민생을 이롭게 하고자 해서였고, 나라의 기반을 굳건하게 하였습니다. 신들이 살고 있는 정주군은 압록강 남쪽과 청천강 북쪽에 위치하니 21군의 중앙이요 본래 넓은 길을 끼고 있는 큰 주라고 칭해지며 일찍이 청천강 이북의 도회지로 설치하였습니다. 갑오년의 병화 이후에 가옥은 불타버리고 거주민은 뿔뿔이 흩어져서 장차 읍이 거의 없는 지경에 이르렀습니다. 지방제도가 개정될 때, 북도 관찰부를 본군에 설치하자, 흩어졌던 백성이 점차 와서 모이고, 수륙의 상인이 곳곳으로 모여들어 다시 성대한 도회지를 이루었으니 몇 년 지난다면 성세를 기약할 수 있었습니다. 크고 작은 인민[民人]이 뛸 듯이 기뻐하며 〈그렇게 되기를〉 기다리면서, 성상의 덕이 무궁하기를 읊고 노래하였습니다. 근래 삼가 듣건대 영변에 거주하는 전(前) 군수 오승봉(吳承泰)이 해당 군에서 부를 옮기기를 소청하였고, 아뢴 대로 시행하기를 허락한다는 처분을 받았다고 합니다. 삼가 〈상황이〉 여기에 이른 이유를 알 수 없으나, 사세로 헤아려보고 형편으로 논하더라도 하나의 이익도 없으며 다섯 가지 크게 불편한 점이 있습니다. 무엇 때문인지 말해보면, 점차 모여든 백성이 곧 바퀴자국의 고인 물에 모인 물고기와 같은 처지가 되고, 또한 장차 사방으로 뿔뿔이 흩어져서 쓰러진 사람이 이어진 길에 엎어져 있더라도 보살펴줄 수 없〈을 것이니〉, 불쌍한 일치고 이보다 심한 것이 어디 있겠습니까. 이것이 첫 번째 불편한 점입니다. 〈부를〉 옮겨 설치할 때에 관청이 미처 준비되지 못한 것은 신축하지 않을 수 없는데, 〈이는〉 백성을 수고롭게 할 뿐만 아니라 또한 재물도 축내게 될 것입니다. 이것이 두 번째 불편한 점입니다. 작년에 설치한 것이 아직 몇 달도 되지 않았는데 또 옮겨 설치한다면, 내년이 〈어찌될지〉 알지 못할 것입니다. 또 장차 어디로 옮겨 설치할 것인지 백성은 의혹을 키워서 편안한 마음으로 살아가기 어려울 것입니다. 이것이 세 번째로 불편한 점입니다. 한 부를 설치하고 폐지하는 것이 매우 중대한 일인데도, 한 사람의 소청에 의하여 갑자기 폐지하는 것은 정령(政令)에 크게 관계되는 점이 있습니다. 이것이 네 번째로 불편한 점입니다. 본 군은 각 군의 중앙에 있어서 공문(公文)을 전달하는 것이 매우 편리하고 가까운데, 영변은 한 모퉁이에 치우쳐 있어서 수령[守宰]이 왕래하기에 매우 멉니다. 이 가깝고 편리한 곳을 버리고 먼 곳을 취할 이유가 없는 듯합니다. 이것이 다섯 번째로 불편한 점입니다. 비록 간혹 어느 정도의 이익이 있다 하더라도 이미 설치한 부를 갑자기 폐지하기는 실로 어려운데, 하물며 다섯 가지의 크게 불편한 점이 있는 경우겠습니까. 또한 게다가 영변은 바로 옛날의 병영이었습니다. 지난 갑자년 역적 이괄의 변이 이 지역에서 일어난 것은, 대개 약산[藥峀]이 험하고 견고한 철옹이어서 흉악한 마음을 몰래 키우고 수년 동안 병력을 기르더라도 인근 군(郡)도 알 수 없어 끝내는 제멋대로 날뛰는 환란을 일으키게 될 것이니, 이런 땅이야말로 산간벽지의 한 개의 한가한 읍으로 내버려두지 않을 수 없습니다. 병영을 폐지하고 도호부(都護府)를 설치한 것은 참으로 이유가 있어서 입니다. 병영도 폐지하면서 하물며 또 관찰부를 신설한단 말입니까. 이전의 교훈이 매우 밝게 남아 있으니, 결단코 신설해서는 안 되는 것이 분명합니다. 이뿐만 아니라, 정주의 백성이나 영변의 백성이나 모두 우리 폐하께서 인애하는 어린아이입니다. 은택을 내려주는 것은 마땅히 치우침이 없어야 하지만, 지금 이렇게 이루어진 명이 어찌 이리 영변에게는 후하고 정주에게는 박하며, 정주에 이미 설치된 것을 어찌 꼭 영변에 옮겨야 합니까. 백성이 이로써 황급하며 답답함을 이기지 못하고 있습니다. 신들이 천 리를 걸어와서 외람됨을 피하지 않고 한 목소리로 슬프게 호소합니다. 삼가 바라건대 밝으신 성상께서는 굽어서 잘 살펴주시어 관찰부를 옮겨 설치하는 명을 도로 거두시고 이전대로 본 군에 계속 두어서 부르짖는 이 생령에게 고통스러운 근심을 면하게 하고 모두 생성하게 하는 은택을 입도록 하여 나라의 기틀을 견고히 하고 민생에 이익이 되도록 하여주소서. 신들은 못내 운운합니다"라고 하였다. 받든 칙지에, "상소를 보고 잘 알았다. 관제가 이미 정리되었으니, 〈이는〉 그대들이 번거롭게 청할 바가 아니다"라고 하였다.

『日省錄』434冊

疏略曰, 臣之所居定州, 素稱孔路之雄州, 曾設淸北之都會. 甲午兵燹以後, 家屋燒燼, 居民渙散, 將至無邑之境. 地方制度改定時, 北道觀察府設寘於本郡, 流散之民, 稍稍來集, 便成大都會, 而差過幾年, 則成樣可期矣. 近聞寧邊前郡守吳承泰疏請, 移府於該郡, 業蒙許施之處分云. 未知緣何致此, 而揆以事勢, 論以形便, 無一利益也. 一府之設廢, 何等重大, 而因一人之疏請, 旣設之府, 遽爾廢止乎. 定民寧民, 均是仁愛之赤子也. 雨露之澤, 宜無偏向, 今此成命, 何厚於寧, 何薄於定, 而定之已設者, 何必移之於寧也. 民情用是遑汲, 不勝齋菀. 千里裹足, 齊聲哀籲. 觀察府移設之命劃賜還寢焉. 批以, 官制旣已釐正, 非爾等所可煩請.

〈부사과(副司果) 홍석범(洪錫範) 등의〉 상소의 대략에, "신이 살고 있는 정주는, 본래 넓은 길을 끼고 있는 큰 주라고 칭해지고 일찍이 청천강 이북의 도회지로 설치하였습니다. 갑오년의 병화 이후에 가옥은 불타버리고 거주민은 뿔뿔이 흩어져서 장차 읍이 거의 없는 지경에 이르렀습니다. 지방제도가 개정될 때, 북도 관찰부를 본군에 설치하자, 흩어졌던 백성이 점차 와서 모이고, 다시 성대한 도회지를 이루었으니 몇 년 지난다면 성세를 기약할 수 있었습니다. 근래 듣건대 전(前) 영변군수(寧邊郡守) 오승봉(吳承泰)이 해당 군에서 부를 옮기기를 소청하였고, 아뢴 대로 시행하기를 허락한다는 처분을 받았다고 합니다. 〈상황이〉 여기에 이른 이유를 알 수 없으나, 사세로 헤아려보고 형편으로 논하더라도 하나의 이익도 없습니다. 한 부를 설치하고 폐지하는 것은 매우 중대한 일인데도 한 사람의 소청에 의하여 이미 설치된 부를 갑자기 폐지한단 말입니까. 정주의 백성이나 영변의 백성이나 모두 〈폐하께서〉 고르게 인애하는 어린아이입니다. 은택을 내려주는 것은 마땅히 치우침이 없어야 하지만, 지금 이렇게 이루어진 명이 어찌 이리 영변에게는 후하고 정주에게는 박하며, 정주에 이미 설치된 것을 어찌 꼭 영변에 옮겨야 합니까. 백성이 이로써 황급하며 답답함을 이기지 못하고 있습니다. 〈신이〉 천리를 걸어와서 한 목소리로 슬프게 호소합니다. 관찰부를 옮겨 설치하는 명을 도로 거두어주시옵소서"라고 하였다. 비답하기를 "관제가 이미 정리되었으니, 〈이는〉 그대들이 번거롭게 청할 것이 아니니다"라고 하였다.

전 사과 여형섭이 함경북도 지방대 군사들의 급료 지급 방안을 담은 상소를 올림.

1897년(고종 34-丁酉) 11월 28일(양력 12월 21일)

발신 : 전 사과 여형섭

『承政院日記』 3090冊

前司果呂衡燮疏曰, 伏以法之建置者, 萬世不易之輕[*經]也, 事之矯捄者, 一時便宜之權也. 是內爲庶事康, 外以百姓安, 雖唐虞三代之隆, 只是那箇而已. 臣生居關塞遙遠之地, 涵泳聖朝覆燾之恩. 苟或有利國安民之事, 則豈可自歸芻蕘, 而無一言於大聖人經邦治國之時乎. 天運熙隆, 陛下新卽皇帝之位, 八域臣民擧皆蹈舞相賀, 思見德化之益彰, 實是千古之一隆也. 竊伏念咸鏡北道十郡之地, 長雖云千里, 廣不過數百里. 且西阻長白山之險, 東帶大海水之深, 山兀瘦而野磽薄, 結不滿於四萬, 戶不過於四萬, 比於嶺南·湖西等地, 則豈不可矜憐乎哉. 當今之時, 朝家特設地方隊兵丁五百名, 此實爲邊圉之大關也. 雖極感祝, 然其計年月給, 則合爲五萬圓, 以十郡之殘力, 萬難劃處之得宜哉. 本營及各郡驛鎭堡屯土台若九百餘結, 永永斥賣, 別置民間, 以支放次派送, 則十郡內廢止二十八站·驛民五千戶, 且本營及各郡屯民三千戶, 且十六鎭堡屯民數千戶等, 一時若土崩瓦解, 奔訴千里, 呼歎道路, 民心之離散, 從此可知矣. 嗚呼, 以五百名之養兵, 致此萬戶之轉壑, 豈不治國安民之大欠事乎. 以臣愚竊論之, 莫若營·郡·驛·鎭·堡屯土, 使本民耕食而納稅, 則軍料民情, 從便相孚也. 且十郡內沿海魚鹽·藿船與麻布·場市之稅及各項殖利公錢·米穀, 遂條査實, 無一漏隱諱之弊, 則年計至十餘萬之利矣. 亦足以量支放, 而隨其財力, 漸盛其大, 永有佐於萬年, 此果非一視之下, 無愛憎之理乎. 若不然, 則本道內民如失農, 未得雉守古峰, 反成鼠失殘穴, 走于淸, 越于露, 則十郡, 必至空墟乃已. 噫, 億千年無疆之天下, 其民失, 其田失, 不可使聞於隣國也. 此眞陛下宵肝中北顧之憂乎. 臣居於此土, 稔知此土民情, 故玆敢二千里裹足, 伏達于袞冕之下. 伏願陛下, 勿以人微而賤言, 俯垂鑑諒, 推唐堯虞舜之治, 傍禹·湯·文武之德, 陛下之赤子, 更無嗷嗷之愁, 飮啄於風化之和矣. 此豈非大德之天下, 君臣上下, 聲氣相通, 治成制定, 化行政擧之時也歟. 從民願而捧稅, 便軍需而調兵, 俾垂萬全之恩澤焉. 臣無任云云. 奉旨, 省疏具悉. 民情攸關, 自當有觀察守令之講究者矣.

전(前) 사과(司果) 여형섭(呂衡燮)이 상소하기를, "삼가 아뢰기를, 법을 세우는 것은 만세에 변치 않는 기준이요, 일을 바로잡는 것은 한때의 편의에 따른 권도(權道)입니다. 이에 안으로는 모든 일이 이루어지고 밖으로는 백성이 편안해지니, 비록 당우(唐虞) 삼대(三代)의 융성도 다만 이것뿐이었습니다. 신이 태어나서 사는 관새(關塞)의 요원한 땅은 성조(聖朝)의 덮어주고 길러주는 은혜를 입었습니다. 만일 혹여 나라를 이롭게 하고 백성을 편안하게 할 일이 있다면 어찌 스스로를 보잘 것 없이 여겨 대성인(大聖人)께서 나라를 다스리는 때에 한마디 아뢰지 않을 수 있겠습니까. 천운(天運)이 융성하여 폐하께서 새로 황제의 자리에 오르시니, 8도[八域]의 신민은 모두 기뻐 뛰고 서로 축하하면서 덕화(德化)가 더욱 빛나는 것을 보고자 할 것이니, 실로 천고에 있어 융성한 때입니다. 삼가 생각건대, 함경북도(咸鏡北道) 10개 군의 땅은 길이가 비록 1,000리라고는 하나, 넓이는 수백 리를 넘지 않습니다. 또 서쪽으로 험준한 장백산(長白山)에 막히고 동쪽으로 큰 바다에 접하며, 산이 가파르고 들은 척박하여 결수는 4만을 채우지 못하고 호는 4만을 넘지 못하니, 영남·호서 등지와 비교하면 어찌 이곳의 백성이 불쌍하고 가련하지 않겠습니까. 지금 조정[朝家]에서 특별히 지방대와 병정 500명을 설치하였으니, 이곳은 진실로 국경의 큰 관문입니다. 비록 감축할만한 일이나, 1년치 월급을 계산하면 합이 5만 원(圓)인데 10개 군의 남은 힘으로는 전혀 마련할 수 없을 것이 마땅합니다. 본영 및 각 군의 역(驛)·진(鎭)·보(堡)의 둔전(屯田) 대략 900여 결을 영구히 판 다음에 〈그 돈을〉 별도로 민간에 두고 차례로 파송한 〈이들에게〉 지방(支放)하면, 10개 군에서 폐지된 28개 역참·역민(驛民) 5,000호와 또 본영 및 각 군의 둔민(屯民) 3,000호, 또한 16개 진·보의 둔민 수천 호 등이 한번에 산산히 부서져서[土崩瓦解] 천 리를 달려와 호소하며 도로에서 울부짖을 것이니, 이산하는 민심을 이로써 알 수 있을 것입니다. 아, 군사 500명을 기르는 것으로써 이 만 호를 구렁텅이에 넘어지게 한다면 어찌 나라를 다스리고 백성을 편안하게 하는 정사의 큰 일이 아니겠습니까. 신의 어리석은 생각으로 논하건대, 영·군·역(驛)·진(鎭)·보(堡)의 둔전[屯土]은 해당하는 백성들로 하여금 갈아서 먹고 납세하는 것보다 나은 것이 없으니, 〈그렇게 하면〉 군대의 급료를 〈지급하는 것〉과 백성의 사정이 편의대로 서로 들어맞을 것입니다. 또한 10개 군 연해의 어염(魚鹽)·곽선(藿船)과 마포(麻布)·장시(場市)에 대한 세금 및 이자를 불리는 공전(公錢)·미곡(米穀)은 조목에 따라 사실을 조사하여 하나라도 새어나가거나 숨기는 폐단이 없게 한다면 연간 합계가 10여 만〈원〉의 이익이 될 것입니다. 또한 지방(支放)을 헤아릴 수 있다면, 그 재력에 따라 점점 〈재물을〉 불리면, 영구히 만년을 보좌하는 것이 있을 것이니 이것이 과연 모든 백성들을 두루 사랑함에 있어서는 애증(愛憎)이 있을 수가 없다는 이치가 아니겠습니까. 만약 그렇지 않으면 본도 안의 백성이 만일 농사에 실패하면, 꿩은 높은 봉우리를 지키지 못하고 도리어 쥐는 남겨진 굴을 잃게 되어 청으로 달려가고 러시아[露]로 넘어갈 것이니, 10개 군은 반드시 텅 비게 될 것입니다. 아, 억년 천년 한없이 〈이어질〉 천하가, 그 백성들을 잃고 그 땅을 잃는 것은 이웃 나라가 들어서는 안 되는 것입니다. 이는 참으로 폐하께서 바쁘시면서도 북쪽을 돌아보며 염려하고 계시는 것입니다. 신이 이곳에 살고 있어서 이 땅 백성의 사정을 잘 알기에 감히 2,000리 길을 달려와 삼가 임금[袞冕之下]께 아뢰는 것입니다. 삼가 바라건대 폐하께서는 미천한 사람의 하찮은 말이라고 여기지 마시고 굽어 살피시어 당우 요순의 정치를 미루어 행하시고 우·탕·문무의 덕을 본받으사 폐하의 아이들이 다시 고통에 괴로워하지 않고 〈폐하의〉 화락한 교화 속에서 생활할 수 있도록 해주소서. 이 어찌 대덕(大德)〈의 임금이 다스리는〉 천하에서, 군신 상하의 말과 기가 서로 통하여 정치가 이루어지고 제도가 정립되며 교화가 행해지고 정사가 거행되는 때가 아니겠습니까. 백성의 바람에 따라 세금을 거두시고, 군수(軍需)와 병사를 조련하기를 편하게 하여 만전의 은택을 드리우게 하소서. 신은 못내 운운합니다"라고 하였다. 받든 칙지에, "상소를 보고 잘 알았다. 백성의 사정과 관련된 만큼, 마땅히 관찰과 수령이 강구할 것이 있을 것이다"라고 하였다.

『日省錄』441冊

疏略曰, 咸鏡北道十郡之地, 長雖云千里, 廣不過數百里. 結不滿四萬, 戶不過四萬, 而特設地方隊兵丁五百名, 此實爲邊圉之大關也. 其計年月給, 則合爲五萬元[*圓], 以十郡之殘力, 萬難劃處之得宜哉. 營·郡·驛·鎭·堡屯土, 使本民耕食而稅納, 則軍料民情, 從便相孚也. 十郡內沿海魚鹽·場市之稅及公錢·末[*米]穀, 遂條查實, 則年計至十餘萬之利矣. 亦足以量支放, 而隨其財, 力漸盛, 便軍需調兵焉. 批以, 民情攸關, 目[*自]有觀察守令講究者矣.

〈전(前) 사과(司果) 여형섭(呂衡燮)의〉 상소의 대략에, "함경북도(咸鏡北道) 10개 군의 땅은 길이가 비록 1,000리라고는 하나, 넓이는 수백 리를 넘지 않습니다. 결수는 4만을 채우지 못하고 호는 4만을 넘지 못하나 특별히 지방대와 병정 500명을 설치하였으니, 이곳은 진실로 변방의 큰 관문입니다. 1년치 월급을 계산하면 합이 5만 원인데 10개 군의 남은 힘으로는 전혀 마련할 수 없을 것이 마땅합니다. 영·군·역(驛)·진(鎭)·보(堡)의 둔전[屯土]를 해당하는 백성이 갈아서 먹고 납세하게 하면, 군대의 급료를 〈지급하는 것〉과 백성의 사정이 편의대로 서로 들어맞을 것입니다. 10개 군 연해의 어염(魚鹽)·장시(場市)에 대한 세금 및 공전(公錢)·미곡은 조목에 따라 사실을 조사하면, 연간 합계가 10여 만〈원〉의 이익이 될 것입니다. 또한 지방(支放)을 헤아릴 수 있다면 그 재물에 따라 힘이 점차 성대해질 것이고, 군수와 병사를 조련하는 것을 편하게 할 것입니다"라고 하였다. 비답하기를, "백성의 사정과 관련된 만큼, 〈관련〉 조목이 관찰과 수령이 강구할 것이 있을 것이다"라고 하였다.

울릉도도감을 설치한다는 칙령을 반포함.

1898년(고종 35-戊戌) 4월 7일(양력 5월 26일)

발신 : 고종

『高宗實錄』 37卷

勅令第十二號, 地方制度中鬱陵島島監設置件, 第十四號, 成均館官制中博士三人判任增置件, 竝裁可頒布.

칙령(勅令) 제12호, 지방제도에 울릉도도감을 설치하는 건[地方制度中鬱陵島島監設置件]과 제14호, 성균관 관제에서 박사 3인으로 판임관을 늘려서 두는 건[成均館官制中博士三人判任增置件]을 모두 재가하여 반포하였다.

성진군을 새로 설치한다는 칙령을 반포함.

1898년(고종 35-戊戌) 5월 18일(양력 7월 6일)

발신 : 고종

『高宗實錄』 37卷

勅令第二十六號, 鐵道司官制, 第二十七號, 咸鏡北道吉州郡區域內城津郡新設件, 竝裁可頒布.

칙령 제26호, 철도사관제(鐵道司官制)와 제27호, 함경북도 길주군 구역 내에 성진군을 새롭게 설치하는 건[咸鏡北道吉州郡區域內城津郡新設件]을 모두 재가하여 반포하였다.

독일인 월터에게 강원도 금성 광산 채굴을 허락함.

1898년(고종 35-戊戌) 6월 1일(양력 7월 19일)

발신 : 고종

『高宗實錄』 37卷

許德國人花爾德, 江原道金城鑛山採掘.

독일인[德國人] 월터[花爾德]가 강원도(江原道) 금성(金城)의 광산을 채굴하도록 허락하였다.

전 도사 전병훈이 군병 양성과 인재 선발 방안을 담은 상소를 올림.

1898년(고종 35-戊戌) 11월 20일(양력 1899년 1월 1일)

발신 : 전 도사 전병훈

『承政院日記』 3103冊

前都事全秉薰疏曰, … 臣竊謂時急切務, 有一綱六目, 曰, 選養軍兵也, 創造器械也, 暢理財用也, 作成人材也, 廣開言路也, 圖成局外也, 大公用人也, 總其務而成其績, 惟在用人一款, 故用人爲六目之綱焉. 所謂選養軍兵者, 粵我孝宗大王曰, 李珥當太平之日, 欲養精兵十萬於都下, 人皆笑其迂闊. 壬辰亂作, 始服其明見, 稱爲聖人. 然當其聖明際會, 終不克大用, 用賢不亦難乎. 嗚呼, 今或有復陳此計者, 則世必不爲迂闊, 而歎夫財力不逮矣. 臣嘗考歷代兵制, 自兵·農始分, 無復有一定善制, 惟前朝田養之法, 最得盛唐府兵之遺意. 蓋兵不田養, 則居非土著而師皆浮浪, 以之緩急, 有何親上死長之心也. 是以不獨昔之論兵者, 以田養爲最善. 今外各國雖云, 寓兵於商, 而若其守兵則皆養之以田, 觀俄羅·普魯之制可知耳. 今我之處東洋, 誠何異於土耳其之處西洋要衝也. 然而土耳其, 能以精兵四五十萬, 抗拒强俄, 三年之久, 卒援英·法而制勝, 豈不偉哉. 今我之所養, 克不過數萬, 將以此恃爲捍衛之用, 孰不憂其疎漏, 而況殷鑑不遠者乎. 爲今計, 莫若別選精壯, 以立親衛, 限以五萬爲準, 編立獵戶, 以爲守兵於各邑, 亦以五萬爲準, 廣開屯田於沿邊各地, 勸募閒丁, 限以十萬爲準, 要將參考中西之法, 以立新章, 擇任將材, 如裵度·張浚之倫, 專責而督勵, 則不出五年, 國威可振. … 至若辨資軍需, 以爲經紀之方, 則乃在乎理財之先盡其策焉耳. 所謂創造器械者, 古來同文之世, 舟·車·農·織, 凡百器用, 曰惟大同, 故治亂興廢之跡, 不在乎其器, 而在於其道. 然而成敗强弱之形, 有時乎專係器用之利鈍工拙, 況今日之變局乎. … 繇此觀之, 利民制敵之方, 莫先於器用. 而今外國所以能致其富强而駕馭一世, 專藉技器之精巧, 此當講完者也. … 幸命使工部, 別立製造局, 招集中外工匠, 纂倣外國法. 而多方製造鎗·農·織之器, 演布州縣, 使州縣亦各隨力製置, 以備兵·農之用. 而農·織之器, 先試于近甸, 次及州縣, 以至水雷·舟·車之類, 無不備用. 然後內訌外患, 不足虞憂. 夫工作興廢, 專在勸沮之如何, 將如外法而獎勵賞賚, 則安知無沛然興起, 創智獨見如李長孫者, 出於外國之右也. 所謂暢理財用者, … 臣惟足國之道, 在乎節儉而已. 不然則以有限之財, 供無窮之需, 未有不民窮財竭也. 凡民國俱富曰富國, 若民貧而國富, 則非傳所謂府庫財, 非其財者乎. 蓋仁政必自經界始. 今改量田制, 既有成命, 實爲民國之幸耳. 臣按磻溪隨錄, 將欲量田, 必順先期頒給圖式于各邑, 使坊里人, 預爲習熟, 臨時打行, 而毋使官吏干涉. 不識此去[*法]今或可行者, 而若使派員, 一一尺量, 則將恐費鉅而事遲, 終難收效, 惟在集事者, 精加詳審也. … 所謂作成人材者, 欽惟我祖宗朝, 作成人材, 靡不用極. 科擧之外, 別設才行薦抄選之法, 以至山林潛德之士, 敦聘招諭, 史不絶書. … 蓋將欲用之, 必先養之, 若才不預蓄而臨難求拔, 則何異於張弓繳以羅岳天之翼, 持蝸蚓以誘呑舟之鱗也哉. … 以臣愚見, 莫若按以程·朱著說及學校模範, 頒式于中外, 以立勸獎之方, 名以賢良科, 歲薦經明行修者若爾人, 且設格致學武學于各邑, 若外國之例, 拔其尤者, 歲薦若爾人, 統萃京師, 先自泮長學部, 試取時務策與精通各藝者, 升之于朝, 自政府各部, 擬用其人, 而才不合式者, 罰及擧主, 要將嚴裁規程. 務以實施, 行之數年, 安得無鼓舞振作之效也. … 今外國所以致其富强者, 其本亦出於學校, 所以爲敎者, 雖反乎聖人之道, 而培養作成之功, 殆近乎無民不學, 吁亦異哉. 考其富國策, 亦以先設鄕塾, 開明人之知識爲務, 可謂知捷利之要道者也. 以我五百年涵育文明之域, 迪以道·藝·實用, 加以奇聞新知, 則將必材不勝用. … 外國所尙異敎, 其名不一, 而所謂格致學·武學·政治學之類, 特異於敎法. 此又不可不辨, 以示取舍于中外, 喩以趨向之正, 恐爲權時養材之宜者也. 所謂廣開言路者, 昔我世宗大王曰, 唐太宗外有從諫之名, 內無受善之量, 予甚不取, 如舜之闢四門達四聰, 漢高之聽言若轉圜者, 所以來天下之智, 爲吾用也, 此可法耳. 又曰, 木從繩則直, 后從諫則聖, 豈非千古一揆哉. … 然諫鼓誹木, 瞽誦工箴, 士獻民議之規, 未盡復古, 而只廢其職, 則將恐陛下無耳目之助. 而若有跋扈專藉之萌, 誰復專任其責者乎. … 臣願陛下, 以今中樞院議官, 任臺諫風憲之職, 而擇其中剛直之臣三數人, 爲御史給舍之責, 規察群僚邪正而彈駁之. 則未必不爲參古酌今之宜, 而且因外國下議院例, 勅選各邑俊秀之才一二人, 當每年正月, 統萃京師, 論陳民國利病, 協恭相濟然後, 衆策畢集, 治猷大進矣. 所謂圖成局外者, 臣聞論今治道者, 皆曰, 東道西器, 內修外交, 可謂達時宜之說也. 然而國無閒暇, 則桑土之備, 不遑論擧, 何以修政敎張庶務也. … 臣嘗考公法便覽, 有明許默許局外獨立之例, 比利時·瑞士等國, 旣已行之, 今若本朝, 證援其例, 照會于通和諸國, 得二三年局外明許, 則外患不至而輿情定貼矣. … 所謂大公用人爲六目之綱者, 蓋任得其人, 則綱擧目張, 任非其人, 則事債績敗. … 苟能反是而推誠博訪, 盡禮遇接, 任久責專, 則雖此人物莇然之時, 安得無一世共濟之治者, 應運而出也. … 今當一大變局天下角逐之時, 宜乎掃祛謬例, 確然大公, 先改用人之路. 然後五百年宗社可存也, 四千載大禮可保也. … 以此論之, 人主只擇任一賢相, 薦保長官, 而統歸政令于政府六部然後, 乃可以濟庶務致太平也, 此其爲治之要道也. … 奉旨, 省疏具悉. 援古論今, 無不剴切, 當省覽矣.

전(前) 도사(都事) 전병훈(全秉薰)이 상소하기를, "… 신이 삼가 생각건대, 현재 시급하고 절실한 사무는 1개의 강령과 6개의 조목이 있으니, 말하자면, 군병(軍兵)을 뽑고 기르는 것, 기계(器械)를 만드는 것, 재용을 확충하는 것, 인재를 양성하는 것, 언로(言路)를 활짝 여는 것, 외국과의 〈관계를〉 잘 도모하는 것, 사람 쓰기를 아주 공정하게 하는 것인데, 그 임무를 총괄하며 성과를 이루는 것은 오직 사람을 쓰는 1개 항목에 달려 있으니, 그러므로 사람을 쓰는 일이 6개 조목의 강(綱)이 됩니다. 이른바 군병을 뽑고 기르는 것은, 우리 효종대왕(孝宗大王)께서 말씀하시기를, '이이(李珥)는 태평한 날을 만나고서 도성에 정병(精兵) 10만 명을 양성하고자 해서 사람들이 모두 그 우활(迂闊)함을 비웃었다. 임진 난이 일어나자 비로소 그의 밝은 식견에 감복하여 성인(聖人)이라고 칭하였다. 그러나 〈그가〉 임금의 총명[聖明]을 뵈었는데도 끝내 높이 등용되지 못하였으니, 훌륭한 인재를 등용하는 것이 또한 어렵지 않은가'라고 하셨습니다. 아, 지금 혹시라도 다시 이런 계책을 진술하는 자가 있으면, 세상은 꼭 〈그를〉 우활하다고 여기지는 않겠지만, 재정의 부족함은 한탄할 것입니다. 신이 일찍이 역대의 병제(兵制)를 상고하건대, 병(兵)·농(農)이 처음 분리되고부터 일정하고 좋은 제도가 다시 있지는 않았지만, 고려[前朝]의 병농일치의 법[田養之法]은 성당(盛唐)의 부병제(府兵制)의 유의(遺意)를 가장 잘 얻었습니다. 대개 병사가 토지를 기반으로 길러지지 않으면, 거주하여도 토착하지는 않아서 군사가 모두 부랑할 것이니, 그들로써 위급을 구제하게 한다면 어찌 윗사람을 친애하고 상관(上官)을 위하여 죽으려는 마음이 있겠습니까. 그러므로 옛 병제를 논하는 자만 〈병사를〉 토지를 기반으로 기르는 것을 최선으로 여겼을 뿐만이 아닙니다. 지금 세계 각국이 비록 상업(商業)에 종사하는 사람을 병사로 충원한다고 하지만, 수비병은 모두 토지로써 양성하니, 러시아[俄羅]·프로이센[普魯]의 제도를 보면 알 수 있습니다. 지금 우리나라가 동양에 처해 있는 것이 진실로 무엇이 터키[土耳其]가 서양의 요충지에 처해 있는 것과 다르겠습니까. 그러나 터키는 능히 정예병 40~50만으로 강력한 러시아를 3년이라는 긴 시간을 잘 막아내다가 끝내 영국·프랑스의 원조를 받아 승리를 거두었으니, 어찌 위대하지 않겠습니까. 지금 우리나라가 기르고 있는 바는 수만 명에 지나지 않으니, 장차 이들을 믿고서 지키는 데 사용하고자 한다면, 누가 그 허술함을 근심하지 않을 것이며, 나아가 거울로 삼을만한 교훈이 머지 않은 것에 있어서겠습니까. 지금의 계책은 정예 장병을 특별히 선발하여 친위〈군〉을 설립하되 5만 명을 기준으로 한정하고, 엽호(獵戶)를 만들어서 각 읍에 수비병을 만들되 또한 5만 명을 기준으로 하고, 연변 각지에 둔전(屯田)을 널리 개간하여 한정(閒丁)을 모집하되 10만 명을 기준으로 제한하여, 장차 중국·서양의 법을 참고해서 새로운 규장을 제정하고, 배도(裴度)·장준(張浚) 같은 무리로 장수의 재목을 가려 뽑아서 전적으로 〈친위군에 대한〉 책임을 맡기고 독려하면, 5년이 지나지 않고 국가의 위엄이 진동할 수 있을 것입니다. … 군수(軍需)를 마련하여 채우고 경영하는 방법과 같은 것은 재정을 처리하면서 그 계획을 먼저 극진히 하는 데에 달려 있습니다. 이른바 기계를 만드는 것은, 옛날부터 같은 문자를 쓰던 문명[同文]의 세계에서는, 배·수레·농기구·직기의 모든 기계의 쓰임이 크게 비슷했으므로, 치란과 흥폐의 자취가 기계에 있지 않고 그 도(道)에 있었습니다. 그러나 성패와 강약의 형세는 어떤 때는 기용이 예리한가 둔한가, 공교로운가 졸박한가에 전적으로 달려 있기도 하였으니, 하물며 오늘의 변모하는 국면이겠습니까. … 이를 통해서 볼 때 백성을 이롭게 하고 적을 제어하는 방법으로 기계의 활용보다 더 중요한 것은 없습니다. 지금 외국이 극도로 부강하여 일세를 호령할 수 있는 것도 오로지 기기가 정교하기 때문이니, 이것이 강구해야만 하는 것입니다. … 바라건대 공부(工部)로 하여금 제조국을 별도로 세워서 중앙과 지방의 공장(工匠)을 불러 모아 외국의 법을 모방하게 명하소서. 그리고 병장기·농기구·직기를 다방면으로 제조하여 주현(州縣)에 두루 나누어주고, 주현으로 하여금 또한 역량에 따라 제조하고 보관하여, 병·농의 쓰임에 대비하게 하소서. 그리고 농기구·직기는 먼저 가까운 경기 지역에서 시험하고 차례로 주현에 미치게 하여, 수뢰(水雷)·배·수레 종류에 이르기까지 쓰임을 대비하지 않는 것이 없도록 하소서. 연후에야 내홍과 외환에 대해 조금도 근심할 일이 없을 것입니다. 무릇 도구를 만드는 흥폐 여부는 전적으로 권장하고 저지하는 것이 어떠한가에 달려 있으니, 장차 외국의 법처럼 하여 장려하고 상을 준다면, 어찌 매우 급격스럽게 흥기하여 창조력과 지혜가 독보적인 이장손과 같은 이가 나와서 외국을 능가하는 일이 없음을 알겠습니까. 이른바 재용을 확충하는 것은 … 신이 생각하기에 나라를 풍족하게 하는 방법은, 절약하는 것에 달려 있을 뿐입니다. 그렇지 않으면 한정된 재물로 끝이 없는 수요에 공급하게 되어 백성은 곤궁하고 재정은 고갈되지 않음이 없을 것입니다. 무릇 백성과 나라가 모두 부유한 것을 부국이라고 하니, 만일 백성은 가난한데 나라가 부유하다면 『전(傳)』의 이른바 '부고(府庫)의 재물이 〈윗사람의〉 재물이 아닌 것이 없다'는 경우가 아닐 것입니다. 대개 인정은 반드시 경계를 바로잡는 것에서 시작해야 합니다. 지금 양전의 제도를 고치라는 명이 이미 있으니, 참으로 백성과 나라의 다행스러운 일입니다. 신이 『반계수록(磻溪隨錄)』을 살펴보니, 장차 양전을 하고자 하면 반드시 기일보다 먼저 각 읍에 도식(圖式)을 나누어서, 방리의 사람으로 하여금 미리 익숙하게 하고, 시기가 되면 〈양전을〉 거행하되 관리로 하여금 간섭하지 못하게 하셔야 합니다. 이 법이 지금도 혹여 행할만하다는 것을 모르고, 만약 관원을 파견하여 일일이 측량하면, 장차 비용은 막대하게 들고 일은 지체될 것이니, 〈성패는〉 오직 일을 책임진 사람이 일을 세세하게 살피는 데에 달려 있습니다. … 이른바 인재를 양성하는 것으로 말하자면, 삼가 제가 생각건대 인재를 양성하는 것은 극도로 하지 않음이 없었습니다. 과거(科擧) 외에도 별도로 재주와 행실이 뛰어난 사람을 추천하고 선발하는 법을 만들어서 산림에 덕을 숨기고 있는 사인(士人)을 돈독한 예로 초유하여 사서에 그 기록이 끊이지 않았습니다. … 대개 장차 인재를 쓰고자 한다면 반드시 먼저 〈인재를〉 양성해야 하니, 만약 인재를 미리 양성하지 않다가 어려운 상황에 직면하여 발탁하려고 한다면, 활과 화살을 당겨 하늘을 뒤덮을 만큼 큰 새를 잡으며, 달팽이와 지렁이를 미끼로 배를 삼킬 만큼 큰 물고기를 유인하는 것과 무엇이 다르겠습니까. … 어리석은 신이 보건대, 정자(程子)·주자(朱子)의 저술(著術) 및 학교를 모범으로 하여 중앙과 지방에 규정을 반포하여 권장하는 방법을 세우고 현량과(賢良科)로 명명하여 해마다 경명행수(經明行修)한 사람을 몇 명을 추천하도록 하고 또한 과학[格致學]과 무학(武學)을 각 읍에 설치하여 외국의 예처럼 그중 우수한 자를 선발해서 해마다 몇 명을 추천하도록 한 다음 수도에 모두 모아놓고 먼저 반장(泮長)과 학부(學部)가 시무책(時務策)과 각 기예에 정통한 사람을 시험하고 뽑아 조정에 올리면, 의정부와 각 부는 그 사람을 등용하되 재주가 규정에 맞지 않는 자에 대해서는 천거인[擧主]에게까지 죄가 미치도록 하는 규정을 엄격히 만들어야 합니다. 힘써 실시하고 수년간 시행한다면 어찌 고무하고 진작하는 효과가 없을 수 있겠습니까 … 지금 외국이 매우 부강한 것은 그 근본이 또한 학교에서 나온 것인데, 가르치는 것은 비록 성인의 도에 위배되지만, 인재를 양성한 효과는 〈그 나라에는〉 거의 배우지 않은 백성이 없을 정도이니, 아! 또한 너무도 이상합니다. 그들이 나라를 부유하게 한 계책을 살펴보면, 또한 먼저 지방교육기관[鄕塾]을 설치하여 사람의 지식을 개명(開明)시키는 것을 일삼았으니, 가장 빠르고 중요한 방법을 알았다고 할 수 있습니다. 우리는 500년 동안 함양(涵養)하여 문명(文明)한 국가로서, 도·기예·실용으로써 나아가게 하며, 기이한 견문과 신지식을 〈선발 항목으로〉 더한다면, 장차 반드시 훌륭한 인재가 많아 다 쓰지 못할 것입니다. … 외국이 숭상하는 이교는 그 이름이 한 가지가 아닌데, 이른바 과학[格致學]·무학(武學)·정치학(政治學) 같은 종류는 가르치는 방법이 특이합니다. 이를 또한 분별하지 않을 수 없으며, 이것으로 중앙과 지방 백성에게 어떻게 취사(取捨)하는가를 보여주어 올바른 길로 나아가게 깨우쳐주는 일이 시의(時宜)에 맞게 인재를 양성하는 방도일 듯합니다. 이른바 언로(言路)를 활짝 연다는 것은, 옛날 우리 세종대왕(世宗大王)께서 말씀하시길, '당 태종(太宗)이 겉으로는 간언을 잘 따른다는 명성이 있었지만 안으로는 좋은 말을 받아들이는 도량이 없었으니, 나는 아주 이런 점을 취하지 않는다. 순(舜) 임금이 사방의 문을 활짝 열어 사방의 목소리에 귀를 기울이며 한 고조(高祖)가 말을 받아들이기를 바퀴 구르는 속도처럼 한 것은, 천하의 지혜를 자신을 위해 쓰이게 한 것이니, 이것이 본받을만한 것이다'라고 하셨습니다. 또 말씀하시기를, '나무가 먹줄을 따르면 곧아지고 사람이 간언을 받아들이면 훌륭해진다고 하였으니, 어찌 천고의 한결 같은 법칙이 아니겠는가'라고 하였습니다. …

그러나 간언을 〈하기 위해〉 북을 두드리고 세워놓은 나무에 〈임금의 과실을 써 붙이며〉, 소경이 교훈을 암송하고 공인이 경계할 말을 아뢰며 사인(士人)이 의견을 올리고 백성이 논의하는 규례는, 아직 옛것을 다하지 못하였는데 단지 그 직만을 폐지하셨으니 장차 이목의 도움이 없어질까 걱정됩니다. 만약 발호하여 전횡하려는 조짐이 있으면, 누가 다시 그 귀한 〈직임을〉 맡겠습니까. … 신은 바라건대 폐하께서 지금의 중추원의관(中樞院議官)에게 대간과 풍헌(風憲)의 직임을 맡기시되, 그중 강직한 신하 3명쯤을 선발하여 어사(御史)와 급사(給事)의 직책을 맡김으로써 여러 신료의 사정(邪正)을 규찰하여 탄핵하고 논박하게 하소서. 그렇다면 고금의 제도를 모두 참작한 것이라고 말할 수 있을 것입니다. 또한 외국의 하의원(下議院)의 예를 통하여, 칙으로써 각 읍의 준수한 인재 1~2인을 선발하여 매해 정월에 모두 수도에 모아서 백성과 나라의 이익과 병폐를 진술하게 하고 같이 서로 부지런히 돕도록 한 연후에야 많은 계책들이 다 모여들고 정치의 도리가 크게 진전될 것입니다. 이른바 외국과의 〈관계를〉 잘 도모하는 것은, 신이 듣기로 오늘날 치도(治道)를 논하는 자가 모두 '동도서기(東道西器)'니 '내수외교(內修外交)'니 말하는데, 〈이것은〉 시의(時宜)에 통달한 말이라고 할 수 있습니다. 그러나 나라가 한가할 겨를이 없으면, 환란을 사전에 막는 대비[桑土之備]는 거론할 상황도 못되는 것이니, 어떻게 정치를 잘 닦고 교화를 넓히며 모든 사무를 잘할 수 있겠습니까. … 신이 일찍이 『공법편람(公法便覽)』을 살펴보건대, 외국에서 다른 나라의 독립을 분명히 혹은 묵묵히 인정한 예가 있었습니다. 벨기에[比利時]와 스위스[瑞士] 등의 나라가 이미 이를 시행하였으니, 지금 만약 우리 조정이 그러한 예를 근거로 하여 통화(通和)하는 여러 나라에 조회(照會)하여 2~3년 동안 국외에 명백한 허락을 받을 수 있다면, 외환이 이르지 않고 여론[輿情]은 정해져 따를 것입니다. … 매우 공정하게 사람을 쓰는 일이 6개 조목의 강령이 된다는 것은, 대개 적임자를 얻어서 맡긴다면 대강을 들면 세목이 저절로 밝혀지는 것이요, 부적임자에게 맡기면 사적은 무너지고 패한다는 것입니다. … 진실로 이 점을 반성하여 정성을 미루어 널리 인재를 구하고 예를 다하여 대우하며 오랫동안 맡겨서 책임을 오롯하게 한다면, 비록 인물이 드문 시기라고 하더라도 어찌 일세를 널리 구제하는 정치를 할 자가 운세에 응하여 나오지 않겠습니까. … 지금 판국이 많이 변하여 천하가 각축을 벌이는 때를 당면하여 마땅히 잘못된 규례를 제거하고 매우 공정한 태도를 견지하여 우선 인재를 등용하는 방법을 고쳐야 합니다. 연후에야 500년의 종묘사직을 존속하고 4000년의 큰 예를 보존할 수 있을 것입니다. … 이로써 논하건대, 임금은 다만 1명의 어진 재상을 가려 임명하고 장관을 보증하여 천거하게 하여 정령이 의정부와 6부에 모두 돌아가게 한 연후에 이내 여러 사무가 제대로 처리되어 태평을 이룰 수 있을 것이니, 이것이 정치를 행하는 요체입니다. …"라고 하였다. 받든 칙지에, "상소를 보고 잘 알았다. 옛날 일을 뽑아서 오늘 일을 논의한 것이 적절하지 않은 것이 없으니, 마땅히 잘 살펴보도록 하겠다"라고 하였다.

『日省錄』452冊

疏略曰, 有一綱六目, 日[*曰], 選養軍兵也, 創造器械也, 暢理財用也, 作成人材也, 廣開言路也, 圖成局外也, 大公用人也, 摠其務而成其績, 惟在用人一款, 故用人爲六目之綱. 所謂選養軍兵者, 將以此恃爲悍衛之用, 別選精壯, 以立親衛, 擇其將材, 專責而督勵, 則不出五年, 國威可振矣. 創造器械者, 古來同文之世, 舟·車·農·織, 凡百器用, 曰惟大同, 故治亂興廢之跡, 不在其器, 在於其道. 然而成敗强弱之形, 有時乎專係器用之利鈍工拙, 況今日之變局乎. 今外國所以能致富强駕馭一世, 專藉技器之精巧, 此當講究者也. 命使土[*工]部, 別立製造局, 招集中外工匠, 纂倣外國法, 而安知無沛然興起也. 暢理財用者, 在乎節倫而已. 不然則以有限之財, 供無窮之需, 未有不民窮財竭也. 民國俱富曰富國, 若民貧而國富, 則非傳所謂府庫之財, 非其財者乎. 改量田制, 旣有成命, 實爲民國之幸. 將欲量田, 必須先期頒給圖式于各邑, 使坊里人, 預爲習熟, 臨時打行, 而毋使官吏于涉. 若使派員, 一一尺量, 則將恐費鉅而事遲, 惟在集事者, 精加詳審也. 作成人材, 靡不用極. 科擧之外, 別設才行薦抄選之法, 以至山林潛德之士, 敦聘招諭. 以立勸奬之方, 廸以道·藝·實用, 加以奇聞新知, 則將必材不勝用矣. 廣開言路者, 如舜之闢四門達四聰, 漢高之聽言若轉圜者, 所以來天下之智, 爲吾用也. 諫鼓誹木, 瞽誦工箴, 士獻民議之規, 未盡復古, 而只廢其職, 則將恐無耳目之助. 而若有跋扈專藉之萌, 誰復專任其責乎. 且因外國下議院例, 勅選各邑俊秀之才, 當每年正月, 統萃京師, 論陳民國利病, 協恭相濟然後, 聚策畢集, 治猷大進矣. 圖成局外者, 皆曰, 東道西器, 內修外交, 然而國無暇間, 則桑土之備, 不遑論擧, 何以修政敎張庶務也. 嘗考公法便覽, 有明許默許局外獨立之例也. 利[*比]比[*利]時·瑞士等國, 旣已行之, 今若證援其例, 昭會于通和諸國, 二三年局外明許, 則外患不至輿情定貼矣. 所謂大公用人爲六目之綱者, 任得其人, 則綱擧目張, 任非其人, 則事僨績敗也. 推誠博訪, 盡禮優接, 任久責專, 則雖此人物眇然之時, 安得無一世共濟之治者, 應運而出也. 擇任賢相, 薦保長官, 而統歸政令于政府六部然後, 可以濟庶務致太平也. 批以, 援古論今, 無不剴切, 當省覽矣.

상소의 대략에, "1개의 강령과 6개의 조목이 있으니, 말하자면, 군병(軍兵)을 뽑고 기르는 것, 기계(器械)를 만드는 것, 재용을 확충하는 것, 인재를 양성하는 것, 언로(言路)를 활짝 여는 것, 외국과의 〈관계를〉 잘 도모하는 것, 사람 쓰기를 아주 공정하게 하는 것인데, 그 임무를 총괄하며 성과를 이루는 것은 오직 사람을 쓰는 1개 항목에 달려 있으니, 그러므로 사람을 쓰는 일이 6개 조목의 강(綱)이 됩니다. 이른바 군병을 뽑고 기르는 것은, 장차 이들을 믿고서 지키는 데 사용하고자 한다면, 정예 장병을 특별히 선발하여 친위〈군〉을 설립하고 장수의 재목을 택하여 전적으로 〈친위군에 대한〉 책임을 맡기고 독려하면, 5년이 지나지 않고 국가의 위엄이 진동할 수 있을 것입니다. 이른바 기계를 만드는 것은, 옛날부터 같은 문자를 쓰던 문명[同文]의 세계에서는, 배·수레·농기구·직기의 모든 기계의 쓰임이 크게 비슷했으므로, 치란과 흥폐의 자취가 기계에 있지 않고 그 도(道)에 있었습니다. 그러나 성패와 강약의 형세는 어떤 때는 기용이 예리한가 둔한가, 공교로운가 졸박한가에 전적으로 달려 있기도 하였으니, 하물며 오늘의 변모하는 국면이겠습니까. 지금 외국이 극도로 부강하여 일세를 호령할 수 있는 것도 오로지 기기가 정교하기 때문이니, 이것이 강구해야만 하는 것입니다. 공부(工部)로 하여금 제조국을 별도로 세워서 중앙과 지방의 공장(工匠)을 불러 모아 외국의 법을 모방하게 명하신다면, 어찌 매우 급격스럽게 〈기술이〉 흥기할 것이 없을지 알 수 있겠습니까. 이른바 재용을 확충하는 것은, 절약하는 것에 달려 있을 뿐입니다. 그렇지 않으면 한정된 재물로 끝이 없는 수요에 공급하게 되어 백성은 곤궁하고 재정은 고갈되지 않음이 없을 것입니다. 백성과 나라가 모두 부유한 것을 부국이라고 하니, 만일 백성은 가난한데 나라가 부유하다면 『전(傳)』의 이른바 '부고(府庫)의 재물이 〈윗사람의〉 재물이 아닌 것이 없다'는 경우가 아닐 것입니다. 양전의 제도를 고치라는 명이 이미 있으니, 참으로 백성과 나라의 다행스러운 일입니다. 장차 양전을 하고자 하면 반드시 기일보다 먼저 각 읍에 도식(圖式)을 나누어서, 방리의 사람으로 하여금 미리 익숙하게 하고, 시기가 되면 〈양전을〉 거행하되 관리로 하여금 간섭하지 못하게 하셔야 합니다. 만약 관원을 파견하여 일일이 측량하면, 장차 비용은 막대하게 들고 일은 지체될 것이니, 〈성패는〉 오직 일을 책임진 사람이 일을 세세하게 살피는 데에 달려 있습니다. 〈우리가〉 인재를 양성하는 것은 극도로 하지 않음이 없었습니다. 과거(科擧) 외에도 별도로 재주와 행실이 뛰어난 사람을 추천하고 선발하는 법을 만들어서 산림에 덕을 숨기고 있는 사인(士人)을 돈독한 예로 초유하였습니다. 권장하는 방법을 세우고, 도·기예·실용으로써 나아가게 하며, 기이한 견문과 신지식을 〈선발 항목으로〉 더한다면, 장차 반드시 훌륭한 인재가 많아 다 쓰지 못할 것입니다. 언로를 활짝 연다는 것은, 〈이른바〉 '순 임금이 사방의 문을 열어 사방의 목소리에 귀를 기울이며, 한 고조가 말을 받아들이기를 바퀴 구르는 속도처럼 한 것은 천하의 지혜를 자신을 위해서 쓴 것'과 같다는 것입니다. 간언을 〈하기 위해〉 북을 두드리고 세워놓은 나무에 〈임금의 과실을 써 붙이며〉, 소경이 교훈을 암송하고 공인이 경계할 말을 아뢰며 사인(士人)이 의견을 올리고 백성이 논의하는 규례는, 아직 옛것을 다하지 못하였는데 단지 그 직만을 폐지하셨으니 장차 이목의 도움이 없어질까 걱정됩니다. 만약 발호하여 전횡하려는 조짐이 있으면, 누가 다시 그 귀한 〈직임을〉 맡겠습니까. 또한 외국의 하의원(下議院)의 예를 통하여, 칙으로써 각 읍의 준수한 인재를 선발하여 매해 정월에 모두 수도에 모아서 백성과 나라의 이익과 병폐를 진술하게 하고 같이 서로 부지런히 돕도록 한 연후에야 많은 계책들이 다 모여들고 정치의 도리가 크게 진전될 것입니다. 외국과의 〈관계를〉 잘 도모하는 것은, 모두 '동도서기(東道西器)'니 '내수외교(內修外交)'니 말하지만, 그러나 나라가 한가할 겨를이 없으면, 환란을 사전에 막는 대비[桑土之備]는 거론할 상황도 못되는 것이니, 어떻게 정치를 잘 닦고 교화를 넓히며 모든 사무를 잘 할 수 있겠습니까. 일찍이 『공법편람(公法便覽)』을 살펴보건대, 외국에서 다른 나라의 독립을 분명히 혹은 묵묵히 인정한 예가 있었습니다. 벨기에[比利時]와 스위스[瑞士] 등의 나라가 이미 이를 시행하였으니, 지금 만약 그러한 예를 근거로 하여 통화(通和)하는 여러 나라에 조회(照會)하여 2~3년 동안 국외에 명백한 허락을 받는다면, 외환이 이르지 않고 여론[輿情]은 정해져 따를 것입니다. 매우 공정하게 사람을 쓰는 일이 6개 조목의 강령이 된다는 것은, 적임자를 얻어서 맡긴다면 대강을 들면 세목이 저절로 밝혀지는 것이요, 부적임자에게 맡기면 사적은 무너지고 패한다는 것입니다. 정성을 미루어 널리 인재를 구하고 예를 다하여 대우하며 오랫동안 맡겨서 책임을 오롯하게 한다면, 비록 인물이 드문 시기라고 하더라도 어찌 일세를 널리 구제하는 정치를 할 자가 운세에 응하여 나오지 않겠습니까. 어진 재상을 가려 임명하고 장관을 보증하여 천거하게 하여 정령이 의정부와 6부에 모두 돌아가게 한 연후에야 여러 사무가 제대로 처리되어 태평을 이룰 수 있을 것입니다"라고 하였다. 비답하기를 "옛날 일을 뽑아서 오늘 일을 논의한 것이 적절하지 않은 것이 없으니, 마땅히 잘 살펴보도록 하겠다"라고 하였다.

러시아인 헨리 게제린그에게 고래잡이를 허락함.

1899년(고종 36-己亥) 2월 18일(양력 3월 29일)

발신 : 고종

『高宗實錄』 39卷

二十九日. 許露國人【헨리게제링구】捕鯨根據地於慶尙道蔚山浦·江原道長津浦·咸鏡北道陳布島.

양력 3월 29일. 러시아인[俄羅斯人] 헨리 게제린그【헨리게제링구】에게 경상도(慶尙道) 울산포(蔚山浦), 강원도(江原道) 장진포(長津浦), 함경북도(咸鏡北道) 진포도(陳布島)를 고래잡이의 근거지로 허락하였다.

이중하로부터 강릉·삼척 지역을 조사한 내용을 보고받음.

1899년(고종 36-己亥) 4월 15일(양력 5월 24일)

발신 : 고종

『承政院日記』 3108冊

… 上曰, 若置一郡, 則不其有妨於江陵乎. 重夏曰, 一邑分爲兩邑, 則江陵似不能成樣矣. 上曰, 江陵·三陟, 距海幾里乎. 重夏曰, 皆距海十里內外矣. 上曰, 此地則無海溢之患乎. 重夏曰, 昨冬三南海溢之時, 東海亦有波濤之洶湧, 而幸不至爲災云矣. 上曰, 江陵近地, 無外國船之來泊乎. 重夏曰, 日本漁船, 種種採去海蔘, 而往往有侵奪我民之所漁矣. 上曰, 然則何不報郡, 移照領事耶. 重夏曰, 海邊漁戶, 蚩愚尤甚, 不能辨告官爭辨之擧, 其情可憐矣. 上曰, 外國人或下陸販賣乎. 重夏曰, 日人則未見, 而淸人之行商則無處無之矣. …

… 임금께서 이르기를, "만약 하나의 군을 둔다면, 강릉에 방해가 되지는 않는가?"라고 하였다. 이중하(李重夏)가 아뢰기를, "한 읍을 나누어 두 읍으로 만든다면, 강릉이 제대로 모양을 갖추지는 못할 것 같습니다"라고 하였다. 임금께서 이르기를, "강릉·삼척은 바다와의 거리가 몇 리가 되는가?"라고 하였다. 이중하가 아뢰기를, "모두 바다와 10리 내외 거리입니다"라고 하였다. 임금께서 이르기를, "이 땅은 해일의 근심은 없는가"라고 하였다. 이중하가 말하기를 "작년 겨울에 삼남에서 해일이 일었을 때, 동해 또한 파도가 매우 세차게 쳤으나, 다행히도 재해가 되지는 않았다고 합니다"라고 하였다. 임금께서 이르기를, "강릉 근지에는 외국 선박이 와서 정박한 일은 없는가"라고 하였다. 이중하가 아뢰기를, "일본 어선이 종종 와서 해삼을 채취하는데, 왕왕 우리 백성이 어획한 것을 침탈해가곤 합니다"라고 하였다. 임금께서 이르기를, "그렇다면 어찌 군(郡)에 보고하여 영사에게 조회하도록 하지 않는가?"라고 하였다. 이중하가 아뢰기를, "해변의

어호(漁戶)는 매우 어리석어서 관에 보고하여 쟁변하는 일을 제대로 처리하지 못하니, 그 상황이 가련합니다"라고 하였다. 임금께서 이르기를, "외국인이 혹시 상륙하여 〈물건을〉 판매하던가?"라고 하였다. 이중하가 아뢰기를, "일본인은 보지 못하였으나, 청인 행상은 없는 곳이 없습니다"라고 하였다. …

『日省錄』 457冊

… 朕曰, 若置一郡, 則不其有妨於江陵乎. 重夏曰, 一邑分爲兩邑, 則江陵似不能成樣矣. 朕曰, 江陵·三陟, 距海幾里乎. 重夏曰, 皆距海十里內外矣. 朕曰, 此地則無海溢之患乎. 重夏曰, 昨冬三南海溢之時, 東海亦有波濤之洶湧, 而幸不至爲災云矣. 朕曰, 江陵追[*近]地, 無外國船之來泊乎. 重夏曰, 日本漁船, 種種採去海蔘, 而往往有侵奪我民之所漁矣. 朕曰, 然則何不報郡, 移照領事耶. 重夏曰, 海邊漁戶, 蚩愚尤甚, 不能辨告官爭辨之擧, 其情可憐矣. 朕曰, 外國人或下陸販賣乎. 重夏曰, 日人則未見, 而淸人之行商則無處無之矣. …

짐이 말하기를, "만약 하나의 군을 둔다면, 강릉에 방해가 되지는 않는가?"라고 하였다. 이중하(李重夏)가 아뢰기를, "한 읍을 나누어 두 읍으로 만든다면, 강릉이 제대로 모양을 갖추지는 못할 것 같습니다"라고 하였다. 짐이 말하기를, "강릉·삼척은 바다와의 거리가 몇 리가 되는가?"라고 하였다. 이중하가 아뢰기를, "모두 바다와 10리 내외 거리입니다"라고 하였다. 짐이 말하기를, "이 땅은 해일의 근심은 없는가"라고 하였다. 이중하가 아뢰기를 "작년 겨울에 삼남에서 해일이 일었을 때, 동해 또한 파도가 매우 세차게 쳤으나, 다행히도 재해가 되지는 않았다고 합니다"라고 하였다. 짐이 말하기를, "강릉 부근에는 외국 선박이 와서 정박한 일은 없는가"라고 하였다. 이중하가 아뢰기를, "일본 어선이 종종 와서 해삼을 채취하는데, 왕왕 우리 백성이 어획한 것을 침탈해 가곤 합니다"라고 하였다. 짐이 말하기를, "그렇다면 어찌 군(郡)에 보고하여 영사에게 조회하도록 하지 않는가?"라고 하였다. 이중하가 아뢰기를, "해변의 어호(漁戶)는 매우 어리석어서 관에 보고하여 쟁변하는 일을 제대로 처리하지 못하니, 그 상황이 가련합니다"라고 하였다. 짐이 말하기를, "외국인이 혹시 상륙하여 〈물건을〉 판매하던가?"라고 하였다. 이중하가 아뢰기를, "일본인은 보지 못하였으나, 청인 행상은 없는 곳이 없습니다"라고 하였다. …

독일의 헨리 친왕을 접견함.

1899년(고종 36-己亥) 5월 2일(양력 6월 9일)

발신 : 고종

『高宗實錄』 39卷

九日. 接見德國顯利親王于咸寧殿. 皇太子侍座【德國親王往見江原道, 金城金鑛. 蓋德國人華爾經營此金鑛故也】.

양력 6월 9일. 독일[德國]의 헨리[顯利] 친왕(親王)을 함녕전(咸寧殿)에서 접견하였다. 황태자가 옆에서 황제를 모시었다[侍座]【독일의 친왕은 강원도(江原道) 금성금광(金城金鑛)을 가서 보았다. 아마도 독일인 워드[華爾]가 이 금광을 경영했기 때문일 것이다】.

부첨사 이재각에게 일본 친왕을 노문하라고 명함.

1899년(고종 36-己亥) 6월 28일(양력 8월 4일)

발신 : 고종

『承政院日記』 3110冊

詔曰, 聞日本親王, 今將到境, 會計院卿崔榮夏, 使之勞問以來. 令曰, 聞日本親王, 今將到境. 副詹事李載覺, 使之勞聞[*問]以來.

조(詔)하기를, "일본 친왕이 오늘 국경에 도착한다고 들었다. 회계원경 최영하로 하여금 노문하고 오도록 하라"고 하였다. 영(令)하기를, "일본 친왕이 오늘 국경에 도착한다고 들었다. 부첨사 이재각(李載覺)으로 하여금 노문하고 오도록 하라"고 하였다.

『日省錄』 459冊

詔曰, 聞日本親王, 今將到境, 會計院卿崔榮夏, 使之勞問以來.

조하기를 "일본 친왕이 오늘 국경에 도착한다고 들었다. 회계원경 최영하(崔榮夏)로 하여금 노문하고 오도록 하라"고 하였다.

고성군에 지방대를 설치하라고 명함.

1899년(고종 36-己亥) 7월 24일(양력 8월 29일)

발신 : 고종

『承政院日記』 3111冊

詔曰, 關東之高城·通川, 卽沿海重地, 宜有綢繆之備. 故頃因軍部所奏, 派送京兵, 使之駐紮矣. 該兵之久勞不可不念, 招還, 另設地方隊於高城郡, 編制之方, 自元帥府磨鍊, 防守等節, 令該郡守管轄, 經費其附近郡驛土, 亦令軍部·度支部量宜劃付.

조(詔)하기를 "관동의 고성(高城)·통천(通川)은 곧 연해의 중요한 땅이니 마땅히 빈틈없는 대비가 있어야 한다. 그러므로 저번에 군부(軍部)가 아뢴 바로 인하여 수도의 병사를 파송하여 주둔하게 하였다. 해당 병사의 오랜 노고를 생각하지 않을 수 없으니 불러들이고 별도로 지방대를 고성군에 설치하되, 편제의 방법은 원수부에서 마련하고 방수〈하는 것〉 등에 대한 일은 해당 군수로 하여금 관할하게 하며, 경비는 그 부근 군의 역토(驛土)를 군부·탁지부(度支部)로 하여금 적절히 헤아려 획정하고 붙이게 하라"고 하였다.

『日省錄』 460冊

詔曰, 關東之高城·通川, 卽沿海重地, 宜有綢繆之備. 故頃因軍部所奏, 派送京兵, 使之駐紮矣. 該兵之久勞不可不念, 招還, 另設地方隊於高城郡, 編制之方, 自元帥府磨鍊, 防守等節, 令該郡守管轄, 經費其附近郡驛土, 亦令軍部·度支部量宜劃付.

조하기를 "관동의 고성(高城)·통천(通川)은 곧 연해의 중요한 땅이니 마땅히 빈틈없는 대비가 있어야 한다. 그러므로 저번에 군부(軍部)가 아뢴 바로 인하여 수도의 병사를 파송하여 주둔하게 하였다. 해당 병사의 오랜 노고를 생각하지 않을 수 없으니 불러들이고 별도로 지방대를 고성군에 설치하되, 편제의 방법은 원수부에서 마련하고 방수〈하는 것〉 등에 대한 일은 해당 군수로 하여금 관할하게 하며, 경비는 그 부근 군의 역토(驛土)를 군부·탁지부(度支部)로 하여금 적절히 헤아려 획정하고 붙이게 하라"고 하였다.

고성군에 설치할 지방대 편제에 대해 보고함.

1899년(고종 36-己亥) 7월 30일(양력 9월 4일)

발신 : 원수부군무국장서리군부협판 참장 주석면

『承政院日記』 3111冊

元帥府軍務局長署理軍部協辦參將朱錫冕謹奏, 本年八月二十九日詔曰, 關東之高城·通川, 卽沿海重地, 宜有綢繆之備. 故頃因軍部所奏, 派送京兵, 使之駐紮矣. 該兵之久勞不可不念, 招還, 另設地方隊於高城郡, 編制之方, 自元帥府磨鍊, 防守等節, 令該郡守管轄, 經費其附近郡驛土, 亦令軍部·度支部量宜劃付事, 命下矣. 其編制等節, 謹具開錄, 謹上奏. 奉旨, 依奏.

원수부군무국장서리군부협판(元帥府軍務局長署理軍部協辦) 참장(參將) 주석면(朱錫冕)이 삼가 아뢰기를, "올해 8월 29일에, '관동의 고성(高城)·통천(通川)은 곧 연해의 중요한 땅이니 마땅히 빈틈없는 대비가 있어야 한다. 그러므로 저번에 군부(軍部)가 아뢴 바로 인하여 수도의 병사를 파송하여 주둔하게 하였다. 해당 병사의 오랜 노고를 생각하지 않을 수 없으니 불러들이고 별도로 지방대를 고성군에 설치하되, 편제의 방법은 원수부에서 마련하고 방수〈하는 것〉 등에 대한 일은 해당 군수로 하여금 관할하게 하며, 경비는 그 부근 군의 역토(驛土)를 군부·탁지부(度支部)로 하여금 적절히 헤아려 획정하고 붙이게 하라'고 명을 내리셨습니다. 그 편제 등의 일은 삼가 모두 개록(開錄)을 갖추었으니, 삼가 아뢰옵니다"라고 하였다. 받든 칙지에, "아뢴 대로 하라"고 하였다.

『日省錄』 460冊

高城地方隊編制. ○第一條. 隊號稱, 以高城地方隊事. ○第二條, 高城地方隊, 姑先以二小隊編成事. ○第三條. 置小隊長二人, 而一人以該郡守使之兼任事. ○第四條. 士卒以土着健實者, 抄選事. ○第五條. 官等定員經費依左開別表事. ○官等定員表. 副尉一人, 參尉一人, 副校二人, 參校三人, 兵卒一百人. ○俸給給科表. 副尉三十四元, 參尉二十八元五錢, 副校七元五十錢, 參校六元五十錢, 兵卒三元. 幷月額. ○經費表. 服裝費一百六十元, 被服費一千四百九十九元, 飯米費二千六百六十元, 副食品費二千八百八十三元, 柴費一百五十元, 消耗費六十元, 保續費一百五十元, 演翼費二十元, 旅費一百五十元, 治療費二十元, 埋葬費十元, 合計一萬二千一百二十元六十錢.

고성군지방대편제. ○제1조. 부대 호칭은 고성군 지방대로 한다. ○제2조. 고성지방대는 우선 2명의 소대로 편성한다. ○제3조. 소대장 2명을 두는데, 1명은 해당 군수사가 겸임하게 한다. ○제4조. 사졸은 토착의 건실한 사람을 뽑는다. ○제5조. 관등정원의 경비는 아래의 별표에 의거한다. ○관등정원표. 부위 1명, 참위 1명, 별교 2명, 참교 2명, 병졸 100명. ○봉급급과표. 부위 34원(元), 참위 28원 5전(錢), 별교 7원 50전, 참교 6원 50전, 병졸 3원. 모두 월급이다. ○경비표. 복장비 160원, 피복비 1,499원, 쌀값 2,660원, 부식품비 2,883원, 땔나무 비용 150원, 소모비 60원, 유지비[保續費] 50원, 연익비(演翼費) 20원, 여비 150원, 치료비 20원, 매장비 10원, 합계 12,120원 60전.

한청통상조약이 체결됨.

1899년(고종 36-己亥) 8월 7일(양력 1899년 9월 11일)

발신 : 외부대신 박제순

『高宗實錄』39卷

韓淸通商條約成. 韓淸通商條約. 大韓國·大淸國, 切欲敦崇和好, 專顧彼此人民. 是以大韓國大皇帝特派全權大臣從二品議政府贊政外部大臣朴齊純, 大淸國大皇帝特派全權大臣二品銜太僕寺卿徐壽朋, 各將所奉全權字據, 互相較閱, 俱屬妥善, 訂立通商約款, 臚列於左. 第一款. 嗣後大韓國·大淸國, 永遠和好, 兩國商民人等, 彼此僑居, 皆全獲保護優待利益. 若他國遇, 有不公輕藐之事, 一經照知, 均須相助, 從中善爲調處, 以示友誼關切. 第二款. 自此次訂立通商和好之約後, 兩國可交派秉權大臣駐箚彼此都城, 竝於通商口岸, 設立領事等官, 均可聽便. 此等官員, 與本地方官, 交涉往來, 俱用品級相當之禮. 兩國秉權大臣與領事等官, 享獲種種恩施, 與彼此相待最優之國官員無異. 領事官必須奉到駐箚之國, 批准文憑, 方可視事. 使署人員往來及專差送文等事, 均不得留難阻滯. 惟所派領事等官, 必須眞正官員, 不得以商人兼充, 亦不得兼作貿易. 倘各口未設領事官, 或請別國領事兼代, 亦不得以商人兼充. 若兩國所派領事官辦事不合可知, 照駐京公使, 撤回更換. 第三款, 韓國商民, 竝其商船, 前往中國通商口岸貿易, 凡應完進出口貨稅船鈔, 竝一切各費, 悉照中國海關章程與徵收, 相待最優之國商民稅鈔相同. 中國商民, 竝其商船, 前往韓國通商口岸貿易, 應完進出口貨稅船鈔, 竝一切各費, 亦悉照韓國海關章程與徵收, 相待最優之國商民稅鈔相同. 凡兩國已開口岸, 均准彼此商民, 前往貿易, 其一切章程稅則, 悉照相待最優之國, 訂定章程稅則相同. 第四款. 一, 韓國商民, 前往中國通商口岸在所定租界內, 賃房居住或租地, 起蓋棧房, 任其自便, 所有土産, 以及製造之物, 與不違禁之貨, 應許售賣. 中國商民, 前往韓國通商口岸在所定租界內, 賃房居住或租地, 起蓋棧房, 任其自便, 所有土産. 以及製造之物, 與不違禁之貨, 均許售賣.

二, 在彼此通商口岸租地, 蓋房修建墳塋及交完地租地稅等事, 均應遵守該租界章程及紳董公司章程辦理, 不得違越. 兩國通商口岸, 除各外國公同租界外, 如有一外國專管之租界, 則租地賃房等事, 一遵該租界章程, 不得違越. 三, 在韓國通商口岸所定租界外, 准外國人永租或暫租地段, 賃購房屋之處, 中國商民, 亦應享獲一切利益. 惟租住此項地段之人, 於居住納稅各事應行, 一律遵守韓國自定地方稅課章程. 在中國通商口岸所定租界外, 准外國人永租或暫租地段, 賃購房屋之處, 韓國商民, 亦應享獲一切利益. 惟租住此項地段之人, 於居住納稅各事應行遵守, 中國自定地方稅課章程. 四, 兩國商民在兩國口岸通商界限外, 不得租地賃房開棧. 違者將地段房棧入官, 按原價加倍施罰. 五, 凡在各口租地時, 均不得租有勒逼. 其出租之地, 仍歸各本國版圖. 六, 兩國商民, 由貨物所在之國內, 此通商口岸, 輸運彼通商口岸, 一遵相待最優之國民人所納之稅鈔及章程禁例. 第五款. 一, 中國民人在韓國者, 如有犯法之事, 中國領事官, 按照中國律例審辦. 韓國民人在中國者, 如有犯法之事, 韓國領事官, 按照韓國律例審辦. 韓國民人生命財產, 在中國者, 被中國民人損傷, 中國官按照中國律例審辦. 中國民人生命財產, 在韓國者, 被韓國民人損傷, 韓國官按照韓國律例審辦. 兩國民人, 如有涉訟, 該案應由被告所屬之國官員, 按照本國律例審斷, 原告所屬之國, 可以派員聽審, 承審官當以禮相待. 聽審官如欲傳詢證見, 亦聽其便. 如以承審官所斷爲不公, 猶許詳細駁辯. 二, 兩國民人, 或有犯本國律禁, 私逃在彼國商民行棧及船上者, 由地方官, 一面知照領事官, 一面派差, 協同設法拘拿, 聽憑本國官懲辦, 不得隱匿袒庇. 三, 兩國民人, 或有犯本國律禁, 私逃在彼國地方者, 一經此國官員知照應卽查明交出, 押歸本國懲辦, 不得隱匿袒庇. 四, 日後, 兩國政府, 整頓改變律例及審案辦法, 視以爲現在難服之處, 俱已革除, 卽可將兩國官員, 在彼國審理已國民人之權收回. 第六款, 中國向不准將米穀, 運出外洋. 韓國雖無此禁, 如或因事, 恐致境內缺食, 暫禁米糧出口, 經地方官知照後, 自應由中國官, 轉飭在各口貿易商民, 一體遵辦. 第七款. 倘有兩國商民, 欺罔衒賣, 貸借不償等事, 兩國官吏, 嚴拿該逋商民, 令追辦債欠. 但兩國政府, 不能代償. 第八款. 中國民人, 准領護照, 前往韓國內地, 避歷通商, 但不准座肆賣買. 違者將所有貨物入官, 接原價加倍施罰. 韓國民人, 亦准請領執照, 前往中國內地, 遊歷通商, 照相待最優之國民人遊歷章程, 一律辦理. 第九款. 一, 凡兵器·各項軍物, 如大小礮位及礮子·開花彈子, 各種火槍·裝槍藥筒·附槍刀刺·

佩帶腰刀等, 札槍硝火藥·棉花藥·烈火藥及他轟烈各藥等, 應由兩國官員, 自行採辦. 或商人領有進口之國官員准買明文, 方許進口. 如有私販運售者, 査拿入官, 按原價加倍施罰. 二, 鴉片在韓國, 係禁運之物. 中國人如有將洋藥·土藥, 運進韓國地方者, 査拿入官, 按原價加倍施罰. 三, 紅蔘一項, 韓國舊禁出口. 中國人如有潛買及出口未經政府特允者, 均査拿入官, 仍分別懲罰. 第十款. 兩國船隻, 在彼此附近海面, 如遇颶風, 或缺糧食·煤·水, 應許其收進口內, 避風購糧, 修理船隻. 所有經費, 均由船主自備, 地方官民, 應加援助, 供其所需. 如該船在不通商口岸及禁往處所, 私行貿易, 不論已行未行, 由地方官及附近海關官員, 拿獲船隻貨物入官, 違犯之人, 按原價加倍施罰. 如兩國船隻, 在彼此海岸破壞, 地方官一經聞知, 卽應飭令, 將水手先行救護, 供其糧食, 一面設法保護船隻貨物, 竝行知照領事官, 俾將水手, 送回本國. 竝將船貨, 撈起一切費用, 或由船主, 或由本國認還. 第十一款. 凡兩國官員商民, 在彼此通商地方居住, 均可雇請各色人等, 勷執分內工藝. 第十二款. 兩國陸路交界處所, 邊民向來互市, 此次應於訂約後, 重訂陸路通商章程稅則. 邊民已經越墾者, 聽其安業, 俾保生命財産, 以後如有潛越邊界者, 彼此均應禁止, 以免滋生事端. 至開市應在何處, 俟議章時, 會同商定. 第十三款. 兩國師船, 無論是否, 通商口岸, 彼此均許駛往, 船上不准私帶貨物. 惟有時買取船上食用各物, 均准免稅. 其船上水手人等, 准聽隨時登岸. 但非請領護照, 不准前往內地. 如有因事, 將船上所用雜物轉售, 則由買客將應完稅項補交. 第十四款. 此次所立條約, 俟兩國御筆批准, 至遲以一年爲期, 在韓國都城互換然後, 將此約各款, 彼此通喩本國官商, 俾得咸知遵守. 第十五款. 韓·中兩國, 本屬同文, 此次立約及日後公牘往來, 自應均用華文, 以歸簡易. 光武三年九月十一日. 大韓帝國特命議約全權大臣從二品議政府贊政外部大臣朴齊純. 光緖二十五年八月初七日. 大淸帝國欽差議約全權大臣二品銜太僕寺卿徐壽朋.

한청통상조약(韓淸通商條約)이 성립되었다. 한청통상조약(韓淸通商條約). 대한국(大韓國)·대청국(大淸國)은 절실하게 화호(和好)를 돈독하고 숭대하게 하고, 오로지 피차의 인민을 돌보고자 한다. 그러므로 대한국 대황제의 특파 전권대신 종2품 의정부찬정 외부대신 박제순(朴齊純)과 대청국 대황제의 특파 전권대신 2품함 태복시경 서수붕(徐壽朋)은 각자 받들고 온 전권을 위임한다는 근거를 서로 비교 검토하니, 모두 타당하므로 통상약관을 맺고 〈그것을〉 아래에 나열하여 적는다. 제1관. 이후 대한국·대청국은 화호를 영원히 하고, 양국 상인과 인민[民人]이 피차 우거하는 경우, 모두 온전히 보호하고 우대하는 이익을 얻는다. 만약 타국이 불공평하게 〈대우하거나〉 경멸하는 일이 있어서 〈서로에게〉 한 번에 통지하면, 〈양국은〉 모두 서로 도와야 하며, 〈경멸한 타국과 상대국〉 사이에서 잘 조처하여 두터운 우의를 보인다. 제2관. 이번 통상화호의 조약을 맺은 후로 양국은 서로 병권대신(秉權大臣)을 파견하여 피차의 수도에 주재시키고, 아울러 통상항구에 영사 등의 관원을 설립하는 데 모두 편의를 들어줄 수 있다. 이들 관원이 본 지방의 관원과 교섭하고 왕래하면, 모두 품급에 상당하는 예로써 〈대우〉한다. 양국의 병권대신과 영사 등의 관원은 갖가지 특전을 향유하며 피차 서로 최혜국 관원과 다름없이 대우한다. 영사관은 반드시 주재하는 국가가 비준하는 임명장을 받아야만 일을 볼 수 있다. 영사관[使署] 인원의 왕래 및 오로지 문서를 차송하는 것 등의 일은 모두 트집을 잡아 지체시킬 수 없다. 다만 파견한 영사 등의 관원은 반드시 정 관원이어야 하며 상인에게 겸하여 〈관직에〉 충당할 수 없고, 또한 〈영사 등의 관원은〉 겸하여 무역할 수도 없다. 각 항구에 아직 영사관을 두지 못하여 혹 별도 국가의 영사에게 대신 겸하게 하는 경우도, 상인에게 겸하여 〈영사에〉 충당할 수 없다. 만약 양국이 파견한 영사관이 일처리를 잘못하는 경우, 수도에 주재하는 공사에게 통지하여 〈관원을〉 소환하고 교체시킬 수 있다. 제3관. 한국 상인, 아울러 그 상선(商船)이 중국의 통상항구에 가서 무역할 때는 무릇 응당 납부해야 하는 입출항 화물세와 선세 및 일체의 각종 비용을 모두 중국 해관장정(海關章程)에 비추어, 최혜국 상인에게 징수하는 세금과 같이 한다. 중국 상인, 아울러 그 상선이 전에 갔던 한국의 통상항구가 무역할 때는, 응당 납부해야 하는 입출항 화물세와 선세 및 일체의 각종 비용을 역시 모두 한국의 해관장정에 비추어 최혜국 상인에게 징수하는 세금과 같이 한다. 무릇 양국이 이미 개항한 항구는, 모두 피차의 상인이 먼저 가서 무역할 수 있으며, 그 일체의 장정과 세칙은 모두 최혜국과 맺은 장정과 세칙에 비추어 〈그것과〉 같이 한다. 제4관. 1, 한국 상인이 중국의 통상항구에 가서 지정된 조계(租界) 안에서 집을 빌려서 거주하거나 혹은 땅을 조차(租借)하여 창고를 지을 경우 편의에 따르도록 하며, 모든 토산물에서 제조물까지 금지되지 않은 화물은 판매를 허가해야 한다. 중국 상인이 한국의 통상항구에 가서 지정된 조계 안에서 집을 빌려서 거주하거나 혹은 땅을 조차하여 창고를 지을 경우 편의에 따르도록 하며, 모든 토산물에서 제조물까지 금지되지 않은 화물은 판매를 허가해야 한다. 2, 피차 통상항구의 조차지는 대개 집을 짓고 분묘를 건설하는 것 및 그 지조(地租)·지세(地稅) 완납 등의 일은 모두 해당 조계장정 및 신동공사(紳董公司) 장정을 준수하여 처리해야 하고 위반할 수 없다. 양국 통상항구는 각각의 외국공동조계를 제외하고, 만일 어느 외국 전관하는 조계가 있을 경우, 땅을 조차하거나 집을 빌리는 등의 일은 해당 조계장정에 따라야 하며 위반할 수 없다. 3, 한국 통상항구의 지정된 조계 바깥으로 외국인에게 영구히 조차 혹은 잠시 동안 조차하거나 가옥의 임대와 구입이 허가된 곳에서는, 중국 상인도 일체의 이익을 획득해야 한다. 다만 이런 지역을 조차하여 사는 사람은 거주·납세의 각종 일에 대하여 한국의 지방세 부과장정을 준수해야 한다. 중국 통상항구에 지정된 조계 밖의 외국인에게 영구히 조차 혹은 잠시 동안 조차하거나 가옥의 임대와 구입이 허가된 곳에서는, 한국 상인도 일체의 이익을 획득해야 한다. 다만 이런 지역을 조차하여 사는 사람은 거주·납세의 각 일에 대하여 중국의 지방세 부과장정을 준수해야 한다. 4, 양국 상인은 양국 항구의 통상 한계 바깥에서 땅을 조차하거나 집을 빌리거나 잔방(棧房)을 지을 수 없다. 위반하는 자는 그 땅과 집 및 잔방을 관으로 거두어들이고 원가를 따져 배로 벌금을 매긴다. 5, 무릇 각 항구에서 땅을 조차할 때는 모두 강압적으로 조차할 수 없다. 그 조차를 낸 땅은 이내 각자 본국의 판도에 귀속한다. 6, 양국 상인은 화물이 소재한 나라 안에서, 이 통상항구에서 저 통상항구로 운반하는 경우, 최혜국 인민이 납부하는 세액 및 장정과 금례를 준수해야 한다. 제5관. 1, 한국에 있는 중국 인민이 만일 범법한 일이 있을 경우, 중국 영사관이 중국의 율·례에 따라 심판 처리한다. 중국에 있는 한국 인민이 만일 범법한 일이 있을 경우, 한국 영사관이 한국의 율·례에 따라 심판 처리한다. 중국에 있는 한국 인민의 생명과 재산이 중국 인민에 의해 손상당했을 경우, 중국관청에서 중국의 율·례에 의거하여 심판 처리하며, 한국에 있는 중국 인민의 생명과 재산이 한국 인민에 의해 손상당했을 경우, 한국관청에서 한국의 율·례에 의거하여 심판 처리한다. 양국 인민이 만약 소송에 관련되면, 해당 안건은 피고가 소속된 나라의 관원이 본국의 율·례에 의거하여 심사 판결해야 하며 원고가 소속된 국가에서는 관원을 파견하여 심리를 들을 수 있으며 〈이때〉 승심관(承審官)은 예로 대해야 한다. 청심관(聽審官)이 증인을 소환하여 심문할 때에도 역시 그 편의를 들어주어야 한다. 승심관의 판결이 공정치 못하다고 여길 때에는 상세하게 반박·변론을 하도록 한다. 2, 양국 인민이 혹시 본국의 금법을 범하고 사사로이 저 나라 상인의 창고 및 배로 도망친 자가 있을 경우, 지방관은 한편으로는 영사관에게 통지하고 다른 한편으로는 관리를 파견하여 협동으로 대책을 세워 체포하여, 본국의 관청에서 처벌하도록 맡기고, 숨기거나 비호할 수 없다. 3, 양국 인민이 혹시 본국의 금법을 범하고 사사로이 저 나라 지방에 도망쳐 간 자가 있을 경우, 이 나라 관원이 통지하면 바로 조사하여 밝혀내어 본국으로 압송하여 보내어 처벌하도록 하며, 숨기거나 비호할 수 없다. 4, 이날부터 양국 정부가 법률 및 심리 방법을 정돈하고 고쳐서 현재 복종하기 어려운 점을 모두 혁파하였다고 인정할 때는, 즉시 양국 관원이 저 나라에서 자국 인민을 심리하는 권리를 철회할 수 있다. 제6관. 중국은 전부터 미곡(米穀)을 해외로 수출하는 것을 불허하였다. 한국은 비록 이것을 금지한 바 없으나, 혹여 어떤 사정으로 인하여 경내의 식량 결핍이 우려되어 잠시 쌀 수출을 금지할 경우, 지방관이 통지한 뒤에는 중국 관청에서 각 항구에 있는 무역 상인에게 일체 준수하도록 전칙(轉飭) 해야 한다. 제7관. 양국 상인이 물품을 속여서 팔거나 빌린 빚을 상환하지 않는 것 등의 일이 있을 경우, 양국 관원이 그 체납한 상인을 엄하게 잡아서 빚을 상환하게 한다. 다만 양국 정부가 대신 상환할 수는 없다. 제8관. 중국 인민이 호조(護照)를 수령하고 한국의 내지에 가서 유람하고 통상하는 것을 허가한다. 다만 점포를 차려 매매하는 것은 허락하지 않는다. 〈이를〉 위반하는 자는 〈그의〉 모든 화물을 관에서 거두어들이고, 원가를 따져 배로 벌금을 매긴다. 한국 인민도 또한 호조를 수령하고 중국의 내지에 가 유람하고 통상하는 것을 허가하며, 최혜국 대우를 받는 국가의 인민의 유람장정에 비추어 똑같게 처리한다. 제9관. 1, 무릇 병기와 각종 군물(軍物) 즉 크고 작은 포 및 포탄, 작렬포탄, 각종 총, 장전 약통, 대검, 허리에 차는 요도(腰刀) 등과 총에 넣는 염초화약·면(綿)화약·열(烈)화약 및 기타 폭발하는 각종 화약 등은 양국 관원을 거쳐 마음대로 구입할 수 있다. 혹여 상인이 입항하는 나라의 관원이 승인한 판매 증명서를 소유한 경우, 입항을 허가한다. 만약 사사로이 판매하기 위하여 운반하는 경우, 〈그를〉 조사·체포하고, 〈물건은〉 관으로 거두어들이며 〈그〉 원가를 따져 배로 벌금을 매긴다. 2, 아편(鴉片)은 한국에서는 운반을 금지하는 물건에 속한다. 중국인이 만일 수입 아편·토종 아편을 한국지방에 들여오는 자가 있을 경우, 〈그를〉 조사·체포하고 〈물건은〉 관으로 거두어들이며 원가를 따져 배로 벌금을 매긴다. 3, 홍삼(紅蔘) 1항은 한국이 옛날부터 수출을 금지하는 것이다. 중국인이 정부의 특별 허가를 거치지 않고 잠매(潛買)하거나 수출하는 자가 있을 경우. 모두 조사 체포하고 〈물건은〉 관으로 거두어들이며 이내 분별하여 처벌한다. 제10관. 양국 선척이 피차의 부근 바다에서 큰 풍랑[颶風]을 만나거나 혹은 식량·석탄·물이 떨어진 경우, 그 항구 안으로 들어가 풍랑을 피하고 식량을 구입하며 선척을 수리하는 것을 허가해야 한다. 모든 경비는 모두 선주가 부담하되, 그 지방의 관민은 원조하여 필요한 물자를 제공해야 한다. 만일 해당 배가 통상하지 않는 항구 및 왕래가 금지된 곳에서 사사롭게 무역을 하는 경우, 그것이 이미 시행되었는지 아닌지를 막론하고 지방관청 및 부근 해관의 관원이 선척을 나포하고 화물을 관으로 거두어들이며, 〈법을〉 위반한 사람에게는 원가를 따져 배로 벌금을 매긴다. 만일 양국 선척이 피차의 해안에서 파괴되었을 경우, 지방관이 소식을 듣고 알게 되자마자 즉시 신칙하여 수부(水夫)를 데리고 가서 우선 구호하고 양식을 공급해주며, 한편으로 대책을 마련하여 선척과 화물을 보호하고 아울러 영사관에 통지하여, 수부는 본국에 돌려보내고 아울러 배와 화물을 건져낸 일체의 비용은 선주나 혹은 본국에서 변제한다. 제11관. 무릇 양국의 관원과 상인이 피차의 통상 지방에 거주하는 경우, 모두 각종의 사람들을 고용하여 직분 안의 공예(工藝)를 돕게 할 수 있다. 제12관. 양국 육로가 교차하는 곳에 변방의 백성은 종래부터 호시(互市)를 〈열었으니〉, 이번에 조약을 맺은 후에, 거듭 육로통상장정세칙을 정하였다. 변방의 백성이 이미 국경을 넘어 농사를 지어버린 자는 그 기업을 편안하게 하고 〈그들의〉 생명과 재산은 보호해주되, 이후 몰래 변경을 넘는 자가 있으면 피차 모두 금지하여 사단을 일으키는 일을 면하게 해야 한다. 시장을 어디에 여는 지의 문제는 장정을 협의할 때 회동하여 상의하여 결정한다. 제13관. 양국 군함[師船]은 통상항구 여부를 막론하고 피차 모두 들어갈 수 있으나, 선상에 사사로이 화물을 싣는 것은 허용하지 않는다. 다만 선상의 각종 식용품을 구매하는 경우는 모두 면세한다. 그 선상의 수부 등은 수시로 상륙하는 것을 허가한다. 다만 호조를 신청하지 않았을 경우, 〈수부가〉 내지에 들어가는 것은 허락하지 않는다. 이를 통해 선상에서 쓰는 잡물을 파는 경우, 사는 사람이 장차 납부해야 할 세금을 〈파는 이가〉 보충하여 내야 한다. 제14관. 이번에 세운 조약은 양국의 어필(御筆) 비준을 기다려 늦어도 1년을 기한으로 하여, 한국 수도에서 상호 교환한 연후에, 이 조약의 각 관을 피차의 본국 관원과 상인에게 널리 효유하여 〈그들이〉 모두 알고 준수할 수 있게 한다. 제15관. 한·중양국은 본래 동문(同文)에 속하니, 이번에 세운 조약 및 이후 공문의 왕래는, 모두 한문[華文]을 사용하여 쉽고 간편하게 한다. 광무(光武) 3년 9월 11일. 대한제국 특명의약전권대신 종2품 의정부찬정 외부대신 박제순. 광서(光緖) 25년 8월 7일. 대청제국 흠차의약전권대신 2품함 태복시경 서수붕.

우용정을 파견하여 울릉도를 조사하게 할 것을 청함.

1899년(고종 36-己亥) 11월 13일(양력 12월 15일)

발신 : 내부대신 이건하

『承政院日記』 3115冊

內部大臣李乾夏謹奏, 鬱陵島開拓, 今既有年, 戶口蕃殖, 土地漸闢, 而迄未調查, 事係未遑矣. 現自臣部, 派定視察委員禹用鼎, 使之前往該島, 詳察所有一切情形, 竝撫綏居民, 以示朝家眷顧之意何如. 謹上奏. 奉旨依奏.

내부대신(內部大臣) 이건하(李乾夏)가 삼가 아뢰기를, "울릉도를 개척한 지 이제 이미 여러 해여서 호구가 늘어나고 토지는 점차 개간되는데 아직까지 조사하지 못한 것은 일이 겨를이 없었기 때문입니다. 지금부터 내부[臣部]에서 시찰위원(視察委員) 우용정(禹用鼎)을 파정(派定)하여, 그로 하여금 해당 도에 먼저 가서 일제의 그 현황을 조사하게 하고 아울러 거주민을 안착하고 위무하게 하여 조정[朝家]에서 돌보아주는 뜻을 보이시는 것이 어떻겠습니까. 삼가 상주합니다"라고 하였다. 받든 칙지에, "아뢴 대로 하라"고 하였다.

『承政院日記』 3115冊

… 命鬱陵島視察委員禹用鼎.

… 울릉도시찰위원(鬱陵島視察委員)으로 우용정(禹用鼎)을 임명하였다.

『高宗實錄』 39卷

十五日. 內部大臣李乾夏奏, 鬱陵島開拓, 今既有年, 戶口蕃殖, 土地漸闢, 而迄未調査, 事係未遑矣. 現自臣部, 派定視察委員, 使之前往該島, 詳察所有一切情形, 竝撫綏居民, 以示朝家眷顧之意何如, 允之.

양력 12월 15일. 내부대신(內部大臣) 이건하(李乾夏)가 아뢰기를, "울릉도를 개척한 지 이제 이미 여러 해여서 호구가 늘어나고 토지는 점차 개간되는데 아직까지 조사하지 못한 것은 일이 겨를이 없었기 때문입니다. 지금부터 내부[臣部]에서 시찰위원(視察委員)을 파정(派定)하여, 그로 하여금 해당 도에 먼저 가서 일제의 그 현황을 조사하게 하고 아울러 거주민을 안착하고 위무하게 하여 조정[朝家]에서 돌보아주는 뜻을 보이시는 것이 어떻겠습니까라고 하니, 윤허하였다.

『日省錄』 464冊

內部奏言, 鬱陵島開拓, 今既有年, 戶口蕃殖, 土地漸闢, 而迄未調査, 事係未遑矣. 現自臣部, 派定視察委員禹用鼎, 使之前往該道, 詳察所有一切情形, 竝撫綏居民, 請以示朝家眷顧之意, 允之.

내부(內部)에서 아뢰기를 "울릉도를 개척한 지 이제 이미 여러 해여서 호구가 늘어나고 토지는 점차 개간되는데 아직까지 조사하지 못한 것은 일이 겨를이 없었기 때문입니다. 지금부터 내부[臣部]에서 시찰위원(視察委員) 우용정(禹用鼎)을 파정(派定)하여, 그로 하여금 해당 도에 먼저 가서 일제의 그 현황을 조사하게 하고 아울러 거주민을 안착하고 위무하게 하여 조정[朝家]에서 돌보아주는 뜻을 보이시기를 청합니다"라고 하니, 윤허하였다.

일본인 카와기타 칸시치에게 포경을 허락함.

1900년(고종 37-庚子) 1월 5일(양력 2월 14일)

발신 : 고종

『高宗實錄』 40卷

許日本遠洋漁業會社人河北勘七捕鯨【除全羅一道外, 慶尙·江原·咸鏡三道, 海濱三里以內, 肯定爲捕鯨區城】.

일본원양어업회사(日本遠洋漁業會社) 사람인 카와기타 칸시치(河北勘七)에게 포경(捕鯨)을 허락하였다【전라도[全羅一道]를 제외하고 경상(慶尙)·강원(江原)·함경(咸鏡) 3개 도는 바닷가에서 3리 이내를 포경구역으로 정하는 것을 인정하였다】.

서북진위대대 설치에 관한 안건을 반포함.

1900년(고종 37-庚子) 6월 4일(양력 6월 30일)

발신 : 고종

『高宗實錄』 40卷

三十日. 勅令第二十二號, 西北鎭衛大隊設置件【平安北道義州. 江界, 咸鏡南道北靑, 咸鏡北道鍾城, 設置鎭衛大隊. 各大隊以五個中隊編成, 專任地方鎭撫, 邊境守備. 每大隊本部置大隊長一人, 餉官二人, 副官一人, 武器主管一人. 中隊附中隊長五人, 小隊長二十人】, 第二十三號, 陸軍憲兵條例【陸軍憲兵司令, 部以一部二中隊編成, 隷屬於元帥府, 管掌軍事警察, 行政警察, 司法警察. 置司令官一人將官, 副官一人, 餉官二人, 大隊長一人, 中隊長二人, 小隊長四人. 書記四人以正校·副校充任】, 管[*第]二十四號, 病院以廣濟院改正件, 第二十五號, 漢城種痘司設置件, 竝裁可頒布.

양력 6월 30일. 칙령(勅令) 제22호, 서북진위대대 설치에 관한 안건[西北鎭衛大隊設置件]【평안북도(平安北道) 의주(義州)·강계(江界), 함경남도(咸鏡南道) 북청(北靑), 함경북도(咸鏡北道) 종성(鍾城)에 진위대대(鎭衛大隊)를 설치한다. 각 대대는 5개 중대로서 편성하고 지방을 진무하고 변경을 수비하는 것을 전임한다. 대대마다 본부에 대대장(大隊長) 1인(人), 향관(餉官) 2인, 부관(副官) 1인, 무기주관(武器主管) 1인을 둔다. 중대는 중대장(中隊長) 5인 소대장(小隊長) 20인을 붙인다】, 제23호, 육군헌병조례(陸軍憲兵條例)【육군헌병사령부(陸軍憲兵司令部)는 1부(部)·2중대로 편성하고 원수부(元帥府)에 예속되어 군사경찰(軍事警察), 행정경찰(行政警察), 사법경찰(司法警察)을 관장한다. 사령(司令) 1인을 장관(將官)으로 두고, 부관 1인, 향관 2인, 대대장 1인, 중대장 2인, 소대장 4인을 두며, 서기(書記) 4인은 정교(正校)·부교(副校)로 충원하여 임명한다】, 제24호, 병원을 광제원으로 개정하는 안건[病院以廣濟院改定件], 제25호, 한성 종두사 설치에 관한 안건[漢城種痘司設置件]을 모두 재가하여 반포하였다.

서북 변방 방어를 강화하라고 명함.

1900년(고종 37-庚子) 7월 26일(양력 8월 20일)

발신 : 고종

『高宗實錄』 40卷

二十日. 詔曰, 今玆方面特簡, 寔由卿裘帶閒雅, 有可以寄邊門鎖鑰. 兼之以鎭衛隊司令, 句管鈐轄, 嚴明檢束. 且編制草創, 接濟調度, 便宜措辦, 務在無損民力. 列郡關防, 其所綢繆之備, 固圉之策, 相其地利, 籌畫稱停, 用紓朕西顧之憂事, 飭諭于平安北道觀察使. 又詔曰, 平安北道觀察使李道宰, 察邊使差下.

양력 8월 20일. 조하기를, "이번에 이 방면으로 특별히 선발한 것은 바로 경의 갖옷과 띠가 품위가 있고 규범에 맞기에 변경과 관문을 걸어 지키는 일을 맡길 수 있기 때문이다. 진위대(鎭衛隊) 사령(司令)을 겸하여 군직[鈐轄]을 맡아 엄격하고 분명하게 단속하라. 또 〈부대를〉 편제한 지 초창기이니 군졸을 살피고 지휘를 편의대로 하고 민력(民力)에 손상이 없도록 힘쓰라. 열군과 관방을 빈틈없이 준비하고 변방을 견고하게 할 계책은 그 지리를 살펴 알맞게 설계하여 짐이 서쪽 변방의 일을 신경 쓰지 않도록 해줄 것을 평안북도관찰사(平安北道觀察使)에게 칙유하는 것이다"라고 하였다. 또 조하기를, "평안북도관찰사 이도재(李道宰)를 찰변사(察邊使)로 차하하라"고 하였다.

경기도에서 일본인이 어업할 것을 허락함.

1900년(고종 37-庚子) 閏8월 10일(양력 10월 3일)

발신 : 고종

『高宗實錄』 40卷

許日本人漁業區域, 從來全羅·慶尙·江原·咸鏡四道外, 更加京畿一道.

일본인이 어업하는 구역을 종래의 전라(全羅)·경상(慶尙)·강원(江原)·함경(咸鏡) 4개 도 이외에 다시 경기(京畿) 1개 도를 추가하도록 허락하였다.

울릉도를 울도군으로 개칭한다는 칙령을 반포함.

1900년(고종 37-庚子) 9월 3일(양력 10월 25일)

발신 : 고종

『高宗實錄』 40卷

二十五日. 勅令第四十號, 外國語學校·醫學校·中學校卒業人, 收用於各該學校件, 第四十一號, 江原道鬱陵島, 以鬱島郡改稱, 島監以郡守改正件, 竝裁可頒布.

양력 10월 25일. 칙령(勅令) 제40호, 외국어학교·의학교·중학교 졸업인을 각 해당 학교에 수용하는 안건[外國語學校醫學校中學校卒業人收用於各該學校件], 제41호, 강원도의 울릉도를 울도군으로 개칭하고 도감을 군수로 개정하는 안건[江原道鬱陵島以鬱島郡改稱島監以郡守改正件]을 모두 재가하여 반포(頒布)하였다.

연해 지방에 포대를 설치한다는 칙령을 반포함.

1901년(고종 38-辛丑) 1월 18일(양력 3월 8일)

발신 : 고종

『高宗實錄』 41卷

八日. 勅令第七號, 沿海地方砲臺設置件, 裁可頒布【京畿仁川海岸, 南陽大阜島, 江華海岸, 忠淸南道唐津·松島, 保寧前水營, 泰安安興島, 全羅北道沃溝·古群山·扶安·邊山, 全羅南道海南·珍島·莞島·麗水各海岸·突山·巨文島·智島·孤下島, 慶尙北道延日海岸, 慶尙南道鎭海·巨濟·南海·鎭南各海岸·昌原·馬山浦·東萊·絶影島·蔚山海岸, 黃海道豐川·甕津·海州各海岸, 平安北道義州·鴨綠江岸, 江原道通川海岸, 咸鏡南道永興·定平·洪原海岸, 咸鏡北道慶興·雄基】.

양력 3월 8일. 칙령(勅令) 제7호, 연해 지방에 포대를 설치하는 안건[沿海地方砲臺設置件]을 재가하여 반포(頒布)하였다【경기 인천(仁川) 해안·남양(南陽) 대부도(大阜島)·강화(江華) 해안, 충청남도의 당진(唐津)·송도(松島)·보령(保寧)의 전(前) 수영(水營)·태안(泰安) 안흥도(安興島), 전라북도의 옥구(沃溝)·고군산(古羣山)·부안(扶安)·변산(邊山), 전라남도의 해남(海南)·진도(珍島)·완도(莞島)·여수(麗水) 각 해안·돌산(突山)·거문도(巨文島)·지도(智島)·고하도(孤下島), 경상북도의 연일(延日) 해안, 경상남도의 진해(鎭海)·거제(巨濟)·남해(南海)·진남(鎭南)의 각 해안·창원(昌原)의 마산포(馬山浦)·동래(東萊)의 절영도(絶影島)·울산(蔚山) 해안, 황해도의 풍천(豐川)·옹진(瓮津)·해주(海州) 각 해안, 평안북도의 의주(義州)·압록강안, 강원도의 통천(通川) 해안, 함경남도의 영흥(永興)·정평(定平)·홍원(洪原) 해안, 함경북도의 경흥(慶興)·웅기(雄基)】.

주일공사를 소견하고 일본의 정세에 대해 보고받음.

1901년(고종 38-辛丑) 2월 15일(양력 4월 3일)

발신 : 고종

『承政院日記』 3131冊

辛丑二月十五日亥時. 上御咸寧殿. 回還駐日公使入侍時, 秘書院丞鄭夏默·秘書院郎柳寅哲·權永昇·公使成岐運, 以次進伏訖. 上曰, 史官分左右. 仍命公使進前, 岐運進前. 上曰, 寒節涉海, 善爲往返乎. 岐運曰, 皇靈攸曁, 無事往返矣. 上曰, 首尾爲幾個月乎. 岐運曰, 首尾凡四朔矣. 上曰, 東京使館, 乃是賃屋云, 何以住接. 岐運曰, 賃屋貌樣甚猖披, 以建築言之, 則三萬元上下, 可以經營云矣. 上曰, 日皇幾次進見乎. 岐運曰, 國書呈遞時, 一次進見, 彼國紀元節, 進參宮內宴會, 回還時辭行, 凡三次進宮矣. 一月五日, 例有宮內宴會, 有請帖而臣病未能赴, 日皇亦不親臨矣. 上曰, 宮內宴, 日皇不親臨, 則誰爲之主席乎. 岐運曰, 宮內省大臣, 代爲應接矣. 上曰, 日太子亦見之乎. 岐運曰, 臣到任後請見, 而日太子有病未見, 回還時, 於靑山離宮, 一次進見矣. 辭行時, 日皇謂臣曰, 回國後, 代達辛勤欽仰之意于皇上陛下前云矣. 上曰, 日太子遊覽各處, 或轉到我國云, 果有此說乎. 岐運曰, 日太子方在調病中, 則遊覽遠地, 姑無暇矣. 所以到我國之說, 臣未之聞焉. 伏聞英太子遊覽到東洋云, 已見於新聞紙矣. 上曰, 何時來到云乎. 岐運曰, 陽曆四月間來到云矣. 上曰, 彼處海陸軍營歷覽, 而各礮臺制度何如乎. 岐運曰, 海陸軍營, 則臣無暇往觀, 而礮臺則略見, 果皆精堅矣. 臣駐箚未久, 雖不能細悉情形, 然大抵日國振興, 在於法律章程, 纖悉確定, 遵守劃一, 所以致治也, 非盡英雄豪傑, 執政經濟而然矣. 上曰, 守法不撓, 誠爲美事也. 又敎曰, 日京各公使幾員乎. 岐運曰, 共爲十四國矣. 上曰, 全權幾人乎. 岐運曰, 全權公使過半, 而其中代理亦多. 白耳義公使, 以到任最久, 故爲首班矣. 上曰, 暹羅與我國, 擬修好云, 果乎. 岐運曰, 姑未聞矣. 仍奏曰, 今年聖壽五旬, 有國之大慶, 群生蹈舞之辰, 而臣適在他境, 不得趨參於新正賀班, 下情尙切憧憧矣. 上曰, 爲國事出疆, 勢所然矣. 又敎曰, 輪路來往, 凡幾日乎. 岐運曰, 去時則輪船直行, 故五日到神戶, 回還時則逶迤各港之故, 十日到達仁川矣. 上命公使就座, 又命史官就座. 仍命公使先退. 又命退, 諸臣以次退出.

신축 2월 5일 해시(亥時). 임금이 함녕전(咸寧殿)에 나아갔다. 돌아온 주일공사(駐日公使)가 입시하였다. 비서원승(秘書院丞) 정하묵(鄭夏默), 비서원랑(秘書院郞) 유인철(柳寅哲), 권영승(權永昇), 공사(公使) 성기운(成岐運)이 차례로 나와 복명하였다. 임금께서 이르기를, "사관은 좌우로 나누어 앉으라"고 하였다. 이어 공사에게 앞으로 나오라고 명하니, 성기운이 차례대로 앞으로 나와 엎드렸다. 임금께서 이르기를, "추운 날씨에 바다를 건넜으니 잘 다녀왔는가?"라고 하였다. 성기운이 아뢰기를, "황령(皇靈)이 보살펴주셔서 무사히 다녀왔습니다"라고 하였다. 임금께서 이르기를, "몇 개월이나 걸렸는가?"라고 하였다. 성기운이 아뢰기를, "모두[首尾] 4달 걸렸습니다"라고 하였다. 임금께서 이르기를, "도쿄(東京)의 대사관은 빌린 것이라고 하던데, 어떻게 지냈는가?"라고 하니, 성기운이 아뢰기를, "빌린 집은 생김새는 매우 창피하였고, 건축하는 것으로 말하면 3만 원 전후[上下]로 경영할 수 있다고 합니다"라고 하였다. 임금께서 이르기를, "일본 황제는 몇 번이나 알현하였는가?"라고 하였다. 성기운이 아뢰기를, "국서(國書)를 바칠 때 한 번 알현하고, 저들의 기원절(紀元節)에 궁내(宮內)의 연회에 참가하여 한 번 〈만났으며〉, 돌아올 때 말을 들었으니, 모두 세 번 궁(宮)에서 알현하였습니다. 1월 5일은 관례적으로 궁내 연회가 있어서 청첩(請帖)이 있었으나, 신은 병으로 가지 못하였고 일본 황제도 친림하지는 못하였습니다"라고 하였다. 임금께서 이르기를, "궁내 연회에 일본 황제가 친림하지 않았으면 누가 주관하였는가?"라고 하였다. 성기운이 아뢰기를, "궁내성대신(宮內省大臣)이 대신 응접하였습니다"라고 하였다. 임금께서 이르기를, "일본 태자도 만났는가?"라고 하였다. 성기운이 아뢰기를, "신이 임소에 도착하여 만나기를 청했는데 일본 태자가 병이 있어 만나지 못했고, 돌아올 때 아오야마(青山) 이궁(離宮)에서 한 번 알현했습니다. 사행할 때 일본 황제가 신에게 말하기를, 귀국한 후에 황제 폐하께 어렵게 찾아준 데 대한 공경의 뜻을 대신 전해달라고 하였습니다"라고 하였다. 임금께서 이르기를, "일본 태자가 각처를 유람하다가 혹 우리나라에도 들르겠다고 하던데, 과연 그런 말이 있었는가?"라고 하였다. 성기운이 아뢰기를, "일본 태자는 현재 병을 다스리는 중이어서 아직은 먼 지역을 유람할 여유가 없습니다. 우리나라에 온다는 말은 신이 아직 듣지 못했습니다. 삼가 듣건대 영국(英國) 태자가 유람하다가 동양(東洋)에 온다고 하는 것은 이미 신문으로 보았습니다"라고 하였다. 임금께서 이르기를, "언제 온다고 하던가?"라고 하였다. 성기운이 아뢰기를, "양력 4월경에 온다고 합니다"라고 하였다. 임금께서 이르기를, "저들의 해군·육군영을 두루 보았을 텐데, 각 포대(砲臺) 제도는 어떠한가?"라고 하였다. 성기운이 아뢰기를, "해군·육군영은 신이 가서 볼 틈이 없었으나, 그 포대는 대략 보았는데 모두 정교하고 견고하였습니다. 신이 오래 주재하지 않아서 비록 세밀하게 정황을 다 파악하지는 못했지만, 대저 일본의 진흥(振興)은 관건이 법률(法律)과 장정(章程)에 있었습니다. 세밀한 것까지 다 확정하여 획일적으로 준수하였으므로 나라가 안정될 수 있었던 것이니, 영웅호걸이 정권을 잡아 경세제민하여 그런 것은 아닙니다"라고 하였다. 임금께서 이르기를, "법을 준수하는 데 흔들리지 않은 것은 참으로 훌륭한 일이다"라고 하였다. 또 교하기를, "일본 수도에 있는 각국의 공사는 몇 명이던가?"라고 하였다. 성기운이 아뢰기를, "모두 14개국이었습니다"라고 하였다. 임금께서 이르기를, "전권(全權)은 몇 사람이던가?"라고 하였다. 성기운이 아뢰기를, "전권공사(全權公使)가 과반이기는 했지만 그중에는 대리(代理)도 많았습니다. 벨기에[白耳義] 공사가 부임한 것이 제일 오래되어서 반열에서 수위였습니다"라고 하였다. 임금께서 이르기를, "시암[暹羅]이 우리나라와 수호(修好)를 맺으려고 한다던데, 과연 그런가?"라고 하였다. 성기운이 아뢰기를, "아직까지는 그런 말을 듣지 못했습니다"라고 하였다. 이어 아뢰기를, "올해 성상의 보령이 50세가 되었으니, 이는 우리나라의 큰 경사입니다. 사람들이 기뻐할 때에 신은 마침 다른 나라에 있어 신정(新正)의 축하하는 반열에 참가하지 못하였으니 아직도 몹시 안타깝습니다"라고 하였다. 임금께서 이르기를, "국사로 국경을 나갔으니 그럴 수밖에 없는 형편이었다"라고 하였다. 또 교하기를, "화륜선(火輪船) 항로로 왕래하는 데 며칠이 걸렸는가?"라고 하였다. 성기운이 아뢰기를, "갈 때는 화륜선으로 직행하여 5일 만에 고베(神戶)에 도착했는데, 돌아올 때에는 각 항구를 둘러보다 오니 10일 만에야 인천(仁川)에 도착하였습니다"라고 하였다. 임금께서 공사에게 자리로 돌아가라고 명하고, 또 사관에게 자리로 돌아가라고 명하였다. 이어서 공사에게 먼저 물러가라고 명하였다. 또 〈다들〉 물러가라고 명하니, 신하들이 차례로 물러났다.

프랑스인 살타렐에게 창성 금광 채굴권을 허락함.

1901년(고종 38 - 辛丑) 4월 21일(양력 6월 7일)

발신 : 고종

『高宗實錄』 41卷

許法國人薩泰來【쌀달앨】, 平安北道昌城郡金礦採掘權.

프랑스인 살타렐[薩泰來]【쌀달앨】에게 평안북도(平安北道) 창성군(昌城郡)의 금광 채굴권(金礦採掘權)을 허락하여 주었다.

영국의 정세에 대해 보고받음.

1902년(고종 39-壬寅) 7월 18일(양력 8월 21일)

발신 : 고종

『承政院日記』 3148冊

壬寅七月十八日亥時, 上御咸寧殿. … 上曰, 出疆已半年矣, 能無事往復乎. 載覺曰, 皇靈攸曁, 無事往返矣. 上曰, 幾次陛見乎. 載覺曰, 二次陛見于皇帝, 三次陛見于皇后矣. 上曰, 禮式退定後, 各國大使皆各還本國耶. 載覺曰, 自各其國有指揮, 皆各歸國, 如我政府之有知委於臣也. 上曰, 在英受其接待爲幾日耶. 載覺曰, 自陽曆六月二十二日, 至七月二日, 首尾十日, 受其接待矣. 上曰, 往還皆由船路乎. 或由鐵路乎. 載覺曰, 去時自日本長崎, 過太平洋, 至英境房口堡, 登汽車行七日, 到歸伯港, 更爲乘船. 來時則專由船路矣. 上曰, 英主病勢, 不至沈重耶. 載覺曰, 始果危重, 而近有差道云矣. 臣不得竣事而還, 極爲惶悚矣. 上曰, 旣參讌會矣, 且因其事勢而然也, 在使臣有何嫌耶. 又敎曰, 所過諸處, 得以經覽乎. 載覺曰, 略有所覽. 而房口堡鐵路所過處, 多有奇絶, 英·美兩國分界, 有馬蹄瀑, 此是三大池下流, 而三池長, 爲英里三百餘里, 行源又三百餘里也. 上曰, 五印度近地, 果甚熱乎. 載覺曰, 然矣. 上曰, 何處最熱乎. 載覺曰, 紅海最蒸熱, 如在洪爐中矣. 上曰, 見錫蘭島乎. 載覺曰, 見之矣. 上曰, 行中所率, 皆得無頉乎. 載覺曰, 俱爲無頉矣. 上曰, 率去領事, 陞任往他處云耶. 載覺曰, 將陞任往淸國云矣. 上曰, 各國公使, 皆見之耶. 載覺曰, 或見之矣, 或受名帖, 便是盡見也. 上曰, 赴英大使先退, 仍命史官就座. 又命退, 諸臣以次退出.

임인 7월 18일 해시(亥時). 임금께서 함녕전(咸寧殿)에 나아갔다. … 임금께서 이르기를, "국경을 나간 지도 이미 반년이니, 무사히 다녀왔는가"라고 하였다. 이재각(李載覺)이 아뢰기를, "황령(皇靈)이 보살펴주셔서 무사히 돌아왔습니다"라고 하였다. 임금께서 이르기를, "몇 번이나 폐하를 알현하였는가?"라고 하였다. 이재각이 아뢰기를, "두 번 황제를 알현하였고, 세 번 황후를 알현하였습니다"라고 하였다. 임금께서 이르기를, "예식(禮式)이 밀려서 정해진 뒤에 각국(各國)의 대사들은 모두 각자 본국으로 돌아갔는가?"라고 하였다. 이재각이 아뢰기를, "각기 나라에 지시가 있어 모두 각자 귀국하였고, 우리 정부에서도 신에게 통지[知委]가 있었습니다"라고 하였다. 임금께서 이르기를, "영국에서는 접대를 받은 것이 며칠인가"라고 하였다. 이재각이 아뢰기를, "양력 6월 22일부터 7월 2일까지 모두[首尾] 10일 〈동안〉 접대를 받았습니다"라고 하였다. 임금께서 이르기를, "오고 가며 모두 선로(船路)를 경유했는가. 혹시 철도도 경유했는가?"라고 하였다. 이재각이 아뢰기를, "갈 때는 일본(日本) 나가사키(長崎)에서 태평양(太平洋)을 거쳐 영국 경내[英境]인 밴쿠버[房口堡]에 이르렀고, 〈거기에서〉 기차를 타고 7일을 가서 퀘벡[歸泊]항에 도착했으며, 〈거기에서〉 다시 배를 탔습니다. 올 때에는 오직 선로만 경유하였습니다"라고 하였다. 임금께서 이르기를, "영국 군주의 병세가 위중한데 이르지는 않았던가?"라고 하였다. 이재각이 아뢰기를, "처음에는 과연 위중했으나, 근래에 차도가 있다고 하였습니다. 신이 일을 끝마치지 못하고 돌아와서 매우 황송합니다"라고 하였다. 임금께서 이르기를, "이미 연회에 참석했으며, 또한 사세(事勢) 때문에 그러했으니, 사신에게 무엇의 혐의가 있겠는가"라고 하였다. 또 교하기를, "지나갔던 여러 곳에서 두루 볼 수는 있었는가"라고 하였다. 이재각이 아뢰기를, "대략 본 바가 있습니다. 밴쿠버는 철로(鐵路)가 지나치는 곳에 기이한 절경이 많이 있었으니, 영국·미국 두 나라의 분계(分界)에 나이아가라 폭포[馬蹄瀑]가 있는데, 이는 삼대지(三大池)의 하류(下流)로, 세 못의 길이가 영국의 리(里)로 300여 리이고, 행원(行源)으로 또한 300여 리였습니다"라고 하였다. 임금께서 이르기를, "오인도 근처의 땅은 과연 매우 덥던가?"라고 하였다. 이재각이 아뢰기를, "그렇습니다"라고 하였다. 임금께서 이르기를, "어느 곳이 가장 덥던가?"라고 하였다. 이재각이 아뢰기를, "홍해(紅海)가 가장 더웠는데, 마치 큰 화로 안에 있는 것과 같았습니다"라고 하였다. 임금께서 이르기를, "실론[錫蘭]섬은 보았는가?"라고 하였다. 이재각이 아뢰기를, "보았습니다"라고 하였다. 임금께서 이르기를, "가는 길에 거느리고 간 사람들은 모두 무탈하였는가"라고 하였다. 이재각이 아뢰기를, "모두 무탈하였습니다"라고 하였다. 임금께서 이르기를 "거느리고 간 영사(領事)는 승임(陞任)되어 다른 곳으로 갔다고 하던가"라고 하였다. 이재각이 아뢰기를, "승임되어 청국으로 간다고 합니다"라고 하였다. 임금께서 이르기를, "각국의 공사는 모두 만났는가?"라고 하였다. 이재각이 아뢰기를, "혹 만나기도 하고 혹 명함을 건네기도 하였으니, 모두 본 것이나 마찬가지입니다"라고 하였다. 임금께서 이르기를, "부영대사(赴英大使)는 먼저 물러가라"고 하고, 이어 사관에게 자리로 돌아가라고 명하였다. 또 물러가라고 명하니, 신하들이 차례로 물러 나왔다.

『日省錄』496冊

復命也. 朕曰, 出疆已半年矣, 能無事往復乎. 載覺曰, 皇靈攸曁, 無事往返矣. 朕曰, 幾次陛見乎. 載覺曰, 二次陛見于皇帝, 三次陛見于皇后矣. 朕曰, 禮式退定後, 各國大使皆各還本國耶. 載覺曰, 自各其國有指揮, 皆各歸國, 如我政府之有知委於臣也. 朕曰, 在英受其接待爲幾日耶. 載覺曰, 自陽曆六月二十二日至七月二日, 首尾十日, 受其接待矣. 朕曰, 往還皆由船路乎. 或由鐵路乎. 載覺曰, 去時自日本長崎, 過太平洋, 至英境房口堡, 登瀛車行七日, 到歸泊港, 更爲乘船, 來時則專由船路矣. 朕曰, 英主病勢, 不至沈重耶. 載覺曰, 始果危重, 而近有差道云矣. 臣不得竣事而還, 極爲惶悚矣. 朕曰, 旣參讌會矣, 且因其事勢而然也, 在使臣有何嫌耶. 又敎曰, 所過諸處, 得以經覽乎. 載覺曰, 略有所覽. 而房口堡鐵路所過處, 多有奇絶, 英·美兩國分界, 有馬蹄瀑, 此是三大池下流, 而三池長, 爲英里三百餘里, 行源又三百餘里也. 朕曰, 五印度近地, 果甚熱乎. 載覺曰, 然矣. 朕曰, 何處最熱乎. 載覺曰, 紅海最蒸熱, 如在洪爐中矣. 朕曰, 見錫蘭島乎. 載覺曰, 見之矣. 朕曰, 行中所率, 皆得無頉乎. 載覺曰, 俱爲無頉矣. 朕曰, 率去領事, 陞任往他處云耶. 載覺曰, 將陞任往淸國云矣. 朕曰, 各國公使, 皆見之耶. 載覺曰, 或見之矣, 或受名帖, 便是盡見也.

복명하였다. 짐이 말하기를, "국경을 나간 지도 이미 반년이니, 무사히 다녀왔는가"라고 하였다. 이재각(李載覺)이 아뢰기를, "황령(皇靈)이 보살펴주셔서 무사히 돌아왔습니다"라고 하였다. 짐이 말하기를, "몇 번이나 폐하를 알현하였는가?"라고 하였다. 이재각이 아뢰기를, "두 번 황제를 알현하였고, 세 번 황후를 알현하였습니다"라고 하였다. 짐이 말하기를, "예식(禮式)이 밀려서 정해진 뒤에 각국(各國)의 대사들은 모두 각자 본국으로 돌아갔는가?"라고 하였다. 이재각이 아뢰기를, "각기 나라에 지시가 있어 모두 각자 귀국하였고, 우리 정부에서도 신에게 통지[知委]가 있었습니다"라고 하였다. 짐이 말하기를, "영국에서는 접대를 받은 것이 며칠인가"라고 하였다. 이재각이 아뢰기를, "양력 6월 22일부터 7월 2일까지 모두[首尾] 10일 〈동안〉 접대를 받았습니다"라고 하였다. 짐이 말하기를, "오고 가며 모두 선로(船路)를 경유했는가. 혹시 철도도 경유했는가?"라고 하였다. 이재각이 아뢰기를, "갈 때는 일본(日本) 나가사키(長崎)에서 태평양(太平洋)을 거쳐 영국 경내[英境]인 밴쿠버[房口堡]에 이르렀고, 〈거기에서〉 기차를 타고 7일을 가서 퀘벡[歸泊] 항에 도착했으며, 〈거기에서〉 다시 배를 탔습니다. 올 때에는 오직 선로만 경유하였습니다"라고 하였다. 짐이 말하기를, "영국 군주의 병세가 위중한데 이르지는 않았던가?"라고 하였다. 이재각이 아뢰기를, "처음에는 과연 위중했으나, 근래에 차도가 있다고 하였습니다. 신이 일을 끝마치지 못하고 돌아와서 매우 황송합니다"라고 하였다. 짐이 말하기를, "이미 연회에 참석했으며, 또한 사세(事勢) 때문에 그러했으니, 사신에게 무엇의 혐의가 있겠는가"라고 하였다. 또 교하기를, "지나갔던 여러 곳에서 두루 볼 수는 있었는가"라고 하였다. 이재각이 아뢰기를, "대략 본 바가 있습니다. 밴쿠버[房口堡]는 철로(鐵路)가 지나치는 곳에 기이한 절경이 많이 있었으니, 영국·미국 두 나라의 분계(分界)에 나이아가라 폭포[馬蹄瀑]가 있는데, 이는 삼대지(三大池)의 하류(下流)로, 세 못의 길이가 영국의 리(里)로 300여 리이고, 행원(行源)으로 또한 300여 리였습니다"라고 하였다. 짐이 말하기를, "오인도 근처의 땅은 과연 매우 덥던가?"라고 하였다. 이재각이 아뢰기를, "그렇습니다"라고 하였다. 짐이 말하기를, "어느 곳이 가장 덥던가?"라고 하였다. 이재각이 아뢰기를, "홍해(紅海)가 가장 더웠는데, 마치 큰 화로 안에 있는 것과 같았습니다"라고 하였다. 짐이 말하기를, "실론[錫蘭]섬은 보았는가?"라고 하였다. 이재각이 아뢰기를, "보았습니다"라고 하였다. 짐이 말하기를, "가는 길에 거느리고 간 이들은 모두 무탈하였는가"라고 하였다. 이재각이 아뢰기를, "모두 무탈하였습니다"라고 하였다. 짐이 말하기를 "거느리고 간 영사(領事)는 승임(陞任)되어 다른 곳으로 갔다고 하던가"라고 하였다. 이재각이 아뢰기를, "승임되어 청국으로 간다고 합니다"라고 하였다.

짐이 말하기를, "각국의 공사는 모두 만났는가?"라고 하였다. 이재각이 아뢰기를, "혹 만나기도 하고 혹 명함을 건네기도 하였으니, 모두 본 것이나 마찬가지입니다"라고 하였다.

오악·오진·사해·사독을 정하는 일을 보고함.

1903년(고종 40-癸卯) 2월 21일(양력 3월 19일)

발신 : 장례원경 김세기

『高宗實錄』 43卷

掌禮院卿金世基奏, 頃伏奉詔勅, 唯天子祭天下名山大川, 而五嶽·五鎭·四海·四瀆之封, 尙今未遑, 祀典未備矣. 其令掌禮院博攷定祀, 用稱朕以禮事神之意事, 命下矣. 五嶽·五鎭·四海·四瀆之應封山川, 參酌磨鍊, 另具開錄以入. 而事係祀典所重, 臣院不敢擅便, 令議政府稟處何如, 允之. 別單. 五嶽. 中嶽, 三角山【京畿】. 東嶽, 金剛山【江原道淮陽郡】. 南嶽, 知異山【全羅南道南原郡】. 西嶽, 妙香山【平安北道寧邊郡】. 北嶽, 白頭山【咸鏡北道茂山郡】. 五鎭. 中鎭, 白岳山【京城】. 東鎭, 五臺山【江原道江陵郡】. 南鎭, 俗離山【忠淸北道 報恩郡】. 西鎭, 九月山【黃海道文化郡】. 北鎭, 長白山【咸鏡北道鏡城郡】. 四海. 東海【江原道襄陽郡】. 南海【全羅南道羅州郡】. 西海【黃海道豐川郡】. 北海【咸鏡北道鏡城郡】. 四瀆. 東瀆, 洛東江【慶尙北道尙州郡】. 南瀆, 漢江【京城】. 西瀆, 浿江【平安南道平壤府】. 北瀆, 龍興江【咸鏡南道永興郡】.

장례원경(掌禮院卿) 김세기(金世基)가 아뢰기를, "지난번에 조칙(詔勅)을 받들어보니, '천자(天子)만이 천하의 명산(名山)과 대천(大川)에 제사를 지내는데, 오악(五嶽)·오진(五鎭)·사해(四海)·사독(四瀆)의 책봉이 지금까지도 안 되어서 사전(祀典)이 미비하다. 장례원(掌禮院)으로 하여금 넓게 상고하여 제사지낼 곳을 정하게 하여 짐(朕)이 예(禮)로 신을 섬기려는 뜻에 부응하게 하라'는 것을 명을 내리셨습니다. 오악·오진·사해·사독으로 봉해야 할 산천(山川)을 참작하고 마련하여 별도로 개록(開錄)해서 들였습니다. 그러나 사안이 사전과 관계된 중요한 일이어서 장례원[臣院]에서 감히 마음대로 하지 못하니, 의정부(議政府)로 하여금 품처(稟處)하도록 하는 것이 어떻겠습니까"라고 하니, 윤허하였다. 별단(別單). 오악(五嶽). 중악(中嶽)은 삼각산(三角山)【경기(京畿)】. 동악(東嶽)은 금강산(金剛山)【강원도(江原道) 회양군(淮陽郡)】. 남악(南嶽)은 지리산(智異山)【전라남도(全羅南道) 남원군(南原郡)】. 서악(西嶽)은 묘향산(妙香山)【평안북도(平安北道) 영변군(寧邊郡)】. 북악(北嶽)은 백두산(白頭山)【함경북도(咸鏡北道) 무산군(茂山郡)】. 오진(五鎭). 중진(中鎭)은 백악산(白岳山)【경성(京城)】. 동진(東鎭)은 오대산(五臺山)【강원도(江原道) 강릉군(江陵郡)】. 남진(南鎭)은 속리산(俗離山)【충청북도(忠淸北道) 보은군(報恩郡)】. 서진(西鎭)은 구월산(九月山)【황해도(黃海道) 문화군(文化郡)】. 북진(北鎭)은 장백산(長白山)【함경북도(咸鏡北道) 경성군(鏡城郡)】. 사해(四海)는 동해(東海)【강원도(江原道) 양양군(襄陽郡)】. 남해(南海)【전라남도(全羅南道) 나주군(羅州郡)】. 서해(西海)【황해도(黃海道) 풍천군(豐川郡)】. 북해(北海)【함경북도(咸鏡北道) 경성군(鏡城郡)】. 사독(四瀆). 동독(東瀆)은 낙동강(洛東江)【경상북도(慶尙北道) 상주군(尙州郡)】. 남독(南瀆)은 한강(漢江)【경성(京城)】. 서독(西瀆)은 패강(浿江)【평안남도(平安南道) 평양부(平壤府)】. 북독(北瀆)은 용흥강(龍興江)【함경남도(咸鏡南道) 영흥군(永興郡)】.

변방의 정세를 보고하지 않은 관리를 견책해달라고 청함.

1903년(고종 40-癸卯) 5월 14일(양력 6월 9일)

발신 : 의정부참정 김규홍

『承政院日記』 3158冊

議政府參政金奎弘謹奏, 地方事務, 非不有所管各部, 而隨即謄報於臣府者, 事體則然. 今玆外國人之來到, 不通口岸, 事係邊情, 關重何如. 而自初形止, 旣不開電, 亦無呈牒, 致自臣府電問該府之境, 駭歎之極, 豈容若是. 龍川署理朔州郡守鄭益鎔·義州署理鐵山郡守李斗淵, 竝二個月減俸, 以該觀察使閔衡植言之, 其在管轄之地, 難免疎忽之責, 譴責何如. 謹上奏. 奉旨依奏.

의정부참정(議政府參政) 김규홍(金奎弘)이 삼가 아뢰기를, "지방의 사무는 관장하는 각각의 부가 있지 않은 것은 아니지만, 때에 따라 곧 의정부[臣府]에 등사하여 보고하는 것이 일의 정황상 당연합니다. 이번에 외국인이 오면서 항구를 거치지 않은 것은 변방의 사정과 관계된 일이니 관의 막중함이 어떠합니까. 그런데도 처음부터 전말이 전보(電報)로 알려지지 않았고 또한 첩보(牒報)도 올린 것이 없어서 의정부[臣府]에서 해당 부에 전보로 물어보는 지경에 이르렀으니, 매우 놀랄만한 일이며 어찌 이것을 용납할 수 있겠습니까. 용천서리(龍川署理) 삭주군수(朔州郡守) 정익용(鄭益鎔), 의주서리(義州署理) 철산군수(鐵山郡守) 이두연(李斗淵)은 모두 2개월 감봉(減俸)하고, 해당 관찰사 민형식(閔衡植)으로 말하자면 관할지에서 있었던 일로서 감독을 소홀히 한 책임을 면하기는 어려우니, 견책(譴責)하는 것이 어떻겠습니까. 삼가 상주합니다"라고 하였다. 받든 칙지에 "아뢴 대로 하라"고 하였다.

『日省錄』506冊

該府奏言, 地方事務, 非不有所管各部, 而修[*隨]卽謄報於臣府, 事體則然. 今玆外國人來到, 不通口岸, 事係邊情, 閔[*關]重何如. 而自初形止, 旣不開電, 亦無呈牒, 致自臣府電問該府之境, 駭歎之極, 豈容若是. 龍川署理朔州郡守鄭益鎔·義州署理鐵山郡守李斗淵, 幷二個月減俸, 以該觀察閔衡植言之, 其在管轄之地, 難免疏忽之責, 請譴責, 允之.

해당 부가 아뢰기를, "지방의 사무는 관장하는 각각의 부가 있지 않은 것은 아니지만, 즉시 의정부[臣府]에 등사하여 보고하는 것이 일의 정황상 당연합니다. 이번에 외국인이 오면서 항구를 거치지 않은 것은 변방의 사정과 관계된 일이니 관의 막중함이 어떠합니까. 그런데도 처음부터 전말이 전보(電報)로 알려지지 않았고 또한 첩보(牒報)도 올린 것이 없어서 의정부[臣府]에서 해당 부에 전보로 물어보는 지경에 이르렀으니, 매우 놀랄만한 일이며 어찌 이것을 용납할 수 있겠습니까. 용천서리(龍川署理) 삭주군수(朔州郡守) 정익용(鄭益鎔), 의주서리(義州署理) 철산군수(鐵山郡守) 이두연(李斗淵)은 모두 2개월 감봉(減俸)하고, 해당관찰사 민형식(閔衡植)으로 말하자면 관할지에서 있었던 일로서 감독을 소홀히 한 책임을 면하기는 어려우니, 견책(譴責)하시기를 청합니다"라고 하니, 윤허하였다.

외부참서관 조성협을 서북변계울릉도삼림감리로 임명함.

1903년(고종 40-癸卯) 5월 24일(양력 6월 19일)

발신 : 고종

『承政院日記』 3158冊

… 外部參書官趙性協命西北邊界鬱陵島森林監理, 六品李敬順命西北邊界鬱陵島森林委員. 李秉性任智陵參奉, 徐義錫·金達煥·崔丙奎·金應烈·金勛卿·金夏鉉·金應奎任中樞院議官.

… 외부참서관(外部參書官) 조성협(趙性協)을 서북변계울릉도삼림감리(西北邊界鬱陵島森林監理)에 임명하고, 6품 이경순(李敬順)을 서북변계울릉도 삼림위원(西北邊界鬱陵島森林委員)에 임명하였다. 이병성(李秉性)을 지릉참봉에, 서의석(徐義錫)·김달환(金達煥)·최병규(崔丙奎)·김응렬(金應烈)·김훈경(金勛卿)·김하현(金夏鉉)·김응규(金應奎)를 중추원 의관에 임명하였다.

중추원 의관 김성기가 변방 방비 방안을 담은 상소문을 올림.

1903년(고종 40-癸卯) 閏5월 25일(양력 7월 19일)

발신 : 중추원 의관 김성기

『承政院日記』 3159冊

中樞院議官金聖基疏曰, 伏以臣伏聞有文事者, 必有武備. 又曰, 兵可百年不用, 不可一日無備. 欽惟我列聖右文, 法臻隆郅, 陛下繼述, 化洽俗熙, 固可偃武而不用矣. 然迺下徵兵之詔, 豈不以文武, 竝用長久之術. 而爲國之道, 不可以無備. 猗歟盛哉, 帝德廣運, 乃聖乃神, 乃文乃武, 臣不勝欽仰攢頌之至. 況今邊匪闖突, 百姓離散, 政宜奮勵講究, 思所以自固也. 仍伏念往在年前, 平安北道有志人士, 慮邊備之虛疎, 設忠義之契, 習銃劍之技, 擬爲不虞之備, 誠其意至矣美矣. 事係私設, 自多掣肘, 有不能盡善而就圓, 可勝歎哉. 夫因其故, 則俗自安而事易集, 順其心, 則樂爲用而功必倍, 若自朝家, 更將此契, 擴而張之, 團而束之, 道令觀察管之, 邑寘頭領摠之, 而頭領逐朔試才, 每於年終, 報其優等于觀察, 觀察拔其尤, 上于元帥府, 元帥府覆試官而榮之, 則人人自勸而家家講武矣. 苟如是也, 平安一道, 人盡兵也, 而其父母妻子墳墓財產, 俱在此地, 如有緩急, 必將一心齊力, 以保存之, 寧可前敵而俱死, 不忍退步而獨生. 孫·吳之兵, 何以加諸. 將見無敵於天下, 豈特備禦而已哉. 國家不費錙銖, 可剩得幾十萬兵之用也. 昔鼂錯言守邊備塞, 略曰, 不如選常居者, 家室田作, 且以備之, 則邑里相救助赴. 胡不避死. 欲全親戚而利其財也. 古今備邊之策, 莫善於土兵屯田, 非但省費, 爲其習地勢知情形, 且有顧藉也. 今此忠義之契, 亦猶是也, 善其制度, 嚴其章程, 部勒之敎育之, 尙足徵用於有事之時, 此亦徵兵也耳. 宋臣种世衡之守靑澗也, 令吏民習射賞罰, 以之差役以射, 贖罪亦以射, 且爲銀的以勸之, 此實已驗之良策, 當今之所宜倣行也. 伏乞聖明, 俯垂鑑諒, 下臣此言于有司, 特爲施行, 陰雨有備, 邊圉自固, 文武竝行, 民國俱賴. 臣無任云云. 奉旨, 省疏具悉. 疏辭令政府稟處.

중추원 의관(中樞院議官) 김성기(金聖基)가 상소하기를, "삼가 신은 문사(文事)가 있으면 반드시 무비(武備)도 있다고 들었습니다. 또 이르기를, 병사는 백년 간 쓰지 않을 수도 있으나, 하루라도 대비가 없어서는 안 된다고 하였습니다. 우리 열성조께서는 문(文)을 숭상하고 〈이를〉 본받아 〈다스림이〉 융성한 데 이르렀고, 폐하께서는 계승하여 교화를 널리 펴서 풍속을 아름답게 하셨으니, 진실로 무를 쉬게 하고 쓰지 않으실 수도 있습니다. 그러나 이어서 내리신, 징병하지 않는다는 조(詔)는, 어찌 문무를 아울러 쓰겠다는 장구한 방법이 아니겠습니까만 나라를 다스리는 도는 대비가 없어서는 안 됩니다. 아! 성대하구나, 황제의 덕이 널리 운행하니 성스럽고 신령하고 문과 무가 〈있으니〉 신은 지극하게 흠앙하고 찬송함이 이루다 할 수 없습니다. 하물며 지금 변방에 비적이 날뛰고 백성이 이산하니 정사는 마땅히 열심히 강구하고 스스로를 지킬 방법을 생각해야 합니다. 이어 삼가 생각하기를, 몇 해 전에 평안북도의 뜻있는 인사들이 변방의 대비가 허술한 것을 우려하여 충의의 계를 만들고, 총과 칼을 다루는 기술을 습득하여 생각지 못한 것에 대한 대비에 응하게 하였는데, 진실로 그 뜻이 지극하고 아름다웠습니다. 〈그러나〉 일이 사적으로 만든 것과 연관되다 보니 자연스럽게 견제가 많아지며 좋은 것을 다하지 못하고 무엇이든지 잘하지는[就圓] 못하는 바가 있어 탄식할만하였습니다. 무릇 마땅한 연유를 따르면 풍속은 저절로 안정되고 일은 쉽게 이루어지며, 올바른 마음에 따라주면 즐겁게 쓰임이 되어 공은 반드시 배가 될 것이니, 만일 조정[朝家]에서 다시 이러한 계를 의지하여 확장시키고 〈동시에〉 단속하시어, 도는 관찰로 하여금 관리하게 하고 읍은 두령을 두어 총괄하도록 하되, 두령은 매달 재주를 시험하여 매해 연말에 우수한 등수는 관찰에게 보고하게 하고, 관찰은 그중에서도 우수한 이를 뽑아 원수부에 올리며, 원수부에서는 다시 시험하여 관직을 주어 그를 영예롭게 한다면, 사람마다 스스로 권할 것이며 집집마다 무를 익힐 것입니다. 만일 이와 같이 된다면 평안도[平安一道]는 사람이 모두 병사가 될 것이며 그 부모와 처자, 묘지와 재산이 모두 이 땅에 있으므로 매우 급한 일이 있다면 반드시 한마음으로 힘을 합하여 그것을 보존하려고 할 것이니, 차라리 적 앞으로 나아가 모두 죽을지언정 도망가서 홀로 살려고 하지는 않을 것입니다. 손·오의 병법이 어찌 이것보다 더하겠습니까. 장차 천하에 대적할 이가 없을 것이니 어찌 방어를 대비하는 것에 그치는 것이겠습니까. 국가는 일말의 비용[錙銖]도 쓰지 않고, 기십만 병사의 쓰임을 얻어 남길 수 있을 것입니다. 옛날 조조(鼂錯)가 변방을 막고 요새를 마련하는 것을 말하였는데, 그 대략은, '항상 거주하는 자를 뽑는 것만한 것이 없으니, 집[家堂]과 땅[田作]을 또한 갖추어준다면, 읍·리는 서로 구조하러 달려올 것이다. 어찌하여 죽음을 피하지 않는가, 그 친척을 온전하게 하고 그 재산을 지키고자 해서이다'라고 하였습니다. 고금의 변방을 방비하는 계책은 토병(土兵)과 둔전보다 좋은 것이 없으니, 〈그 이유가〉 비단 비용에 있을 뿐만 아니라, 그들이 지세에 익숙하고 정황을 잘 알기 때문이니, 〈이러한 사례를〉 또한 전적에서 살펴볼 수 있습니다. 지금 이 충의의 계도 또한 이와 같으니, 그 제도를 좋게 하고 그 장정을 엄히 하며, 그들을 구분하여 묶고 교육하면 오히려 유사시에 족히 징용할 수 있을 것이니, 이 역시 징병일 뿐입니다. 송나라의 신하 충세형(种世衡)이 청간(靑澗)을 지킴에, 리(吏)와 백성에게 활쏘기를 익히게 하고 〈그에 따라〉 상벌을 주었는데, 그것을 가지고 활쏘기 결과로 부역을 지우거나 속죄하기도 하였으며, 또한 명중일 경우 은으로써 권면하였으니, 이는 실로 이미 검증된 좋은 계책으로 마땅히 오늘날 모방하여 실행해야 할 바입니다. 삼가 바라건대 성명(聖明)을 드리워 살펴보시고, 신의 이 말을 유사에게 내려 특별히 시행하게 하여 미리 급작스러운 상황에 대비하고 변방의 방어는 저절로 견고하게 하여 문무를 병행한다면 백성과 나라는 모두 그 덕에 의뢰할 것입니다. 신은 못내 운운합니다"라고 하였다. 받든 칙지에, "상소를 보고 잘 알았다. 상소의 내용은 의정부로 하여금 품처(稟處)하게 하라"고 하였다.

『日省錄』507冊

疏略曰, 臣聞有文事者, 必有武備. 又曰, 兵可百年不用, 不可一日不備. 欽惟我列聖右文, 治[*法]臻隆郅, 陛下繼述, 化洽俗熙, 固可偃武而不用矣. 然迺下徵兵之詔, 豈不以文武幷用長久之術. 而爲國之道, 不可以無備. 猗歟盛矣, 帝德廣運, 乃聖乃神, 乃文乃武, 臣不勝欽仰贊頌之至. 況今邊匪闖突, 百姓離散, 政宜奮勵講究, 思所以自固也. 仍伏念往在年前, 平安北道有志人士, 慮邊備之虛疏, 設忠義之契, 習銃釰之技, 擬爲不虞之備, 誠其急至矣美矣. 事係私設, 自多掣肘, 有不能盡善而就圓, 可勝歎哉. 夫因其故, 則俗自安而事易集, 順其心, 則樂爲用而功必倍, 若自朝家, 更恃此契, 擴而張之, 團而東[*束]

之, 道令觀察管之, 邑實頭領總之, 而頭領逐朔試才, 每於年終, 報其優等于觀察, 觀察拔其尤, 上于元師府, 元帥府覆試官而榮之, 則人人自勸而家家講武矣. 苟如是也, 年[*平]安一道, 人盡兵也, 而其父母妻子墳墓財産, 俱在此地, 如有緩急, 必將一心齊力, 以保存之, 寧可前敵而俱死, 不忍退步而獨生. 孫吳之兵, 何以加諸. 將見無敵於天下, 豈特備禦而已哉. 國家不費錙銖, 可剩得幾十萬兵之用也. 昔鼂錯言守邊備塞, 略曰, 不如選常居者, 家堂田作, 且以備之, 則邑里相救助赴. 胡不避死, 欲全親戚而利其財也. 古今備邊之策, 莫善於土兵屯田, 非但有費, 爲其習地勢知情形, 且有顧籍也. 今此忠義之契, 亦猶是也, 善其制度, 嚴其章程, 部勒之教育之, 尙足徵用於有事之時, 此亦徵兵也耳. 宋臣种世衡之守靑澗也, 令吏民習射賞罰, 以之差役以射, 贖罪亦以射, 且爲銀的以勸之, 此實已驗之良策, 當今之所宜倣行也. 伏乞聖明, 俯垂鑑諒, 下臣此言子有司, 特爲施行, 陰爾有備, 邊圉自固, 文武幷行, 民國俱賴矣. 批以, 疏辭令政府稟處.

상소의 대략에, “신은 문사(文事)가 있으면 반드시 무비(武備)도 있다고 들었습니다. 또 이르기를, 병사는 백년 간 쓰지 않을 수도 있으나, 하루라도 대비가 없어서는 안 된다고 하였습니다. 우리 열성조께서는 문(文)을 숭상하여 다스림이 융성함에 이르렀고, 폐하께서는 계승하여 교화를 널리 펴서 풍속을 아름답게 하셨으니, 진실로 무를 쉬게 하고 쓰지 않으실 수도 있습니다. 그러나 이어서 내리신, 징병하지 않는다는 조(詔)는, 어찌 문무를 아울러 쓰겠다는 장구한 방법이 아니겠습니까만 나라를 다스리는 도는 대비가 없어서는 안 됩니다. 아! 성대하구나, 황제의 덕이 널리 운행하니 성스럽고 신령하고 문과 무가 〈있으니〉 신은 지극하게 흠앙하고 찬송함이 이루다 할 수 없습니다. 하물며 지금 변방에 비적이 날뛰고 백성이 이산하니 정사는 마땅히 열심히 강구하고 스스로를 지킬 방법을 생각해야 합니다. 이어 삼가 생각하기를, 몇 해 전에 평안북도의 뜻있는 인사들이 변방의 대비가 허술한 것을 우려하여 충의의 계를 만들고, 총과 칼을 다루는 기술을 습득하여 생각지 못한 것에 대한 대비에 응하게 하였는데, 진실로 그 뜻이 지극하고 아름다웠습니다. 〈그러나〉 일이 사적으로 만든 것과 연관되다 보니 자연스럽게 견제가 많아지며 좋은 것을 다하지 못하고 무엇이든지 잘하지는[就圓] 못하는 바가 있어 탄식할만하였습니다. 무릇 마땅한 연유를 따르면 풍속은 저절로 안정되고 일은 쉽게 이루어지며, 올바른 마음에 따라주면 즐겁게 쓰임이 되어 공은 반드시 배가 될 것이니, 만일 조정[朝家]에서 다시 이러한 계를 의지하여 확장시키고 〈동시에〉 단속하시어, 도는 관찰로 하여금 관리하게 하고 읍은 두령을 두어 총괄하도록 하되, 두령은 매달 재주를 시험하여 매해 연말에 우수한 등수는 관찰에게 보고하게 하고, 관찰은 그중에서도 우수한 이를 뽑아 원수부에 올리며, 원수부에서는 다시 시험하여 관직을 주어 그를 영예롭게 한다면, 사람마다 스스로 권할 것이며 집집마다 무를 익힐 것입니다. 만일 이와 같이 된다면 평안도는 사람이 모두 병사가 될 것이며 그 부모와 처자, 묘지와 재산이 모두 이 땅에 있으므로 매우 급한 일이 있다면 반드시 한마음으로 힘을 합하여 그것을 보존하려고 할 것이니, 차라리 적 앞으로 나아가 모두 죽을지언정 도망가서 홀로 살려고 하지는 않을 것입니다. 손·오의 병법이 어찌 이것보다 더하겠습니까. 장차 천하에 대적할 이가 없을 것이니 어찌 방어를 대비하는 것에 그치는 것이겠습니까. 국가는 일말의 비용[錙銖]도 쓰지 않고, 기십만 병사의 쓰임을 얻어 남길 수 있을 것입니다. 옛날 조조(鼂錯)가 변방을 막고 요새를 마련하는 것을 말하였는데, 그 대략은, '항상 거주하는 자를 뽑는 것만한 것이 없으니, 집[家堂]과 땅[田作]을 또한 갖추어준다면, 읍·리는 서로 구조하러 달려올 것이다. 어찌하여 죽음을 피하지 않는가, 그 친척을 온전하게 하고 그 재산을 지키고자 해서이다'라고 하였습니다. 고금의 변방을 방비하는 계책은 토병(土兵)과 둔전보다 좋은 것이 없으니, 〈그 이유가〉 비단 비용에 있을 뿐만 아니라, 그들이 지세에 익숙하고 정황을 잘 알기 때문이니, 〈이러한 사례를〉 또한 전적에서 살펴볼 수 있습니다. 지금 이 충의의 계도 또한 이와 같으니, 그 제도를 좋게 하고 그 장정을 엄히 하며, 그들을 구분하여 묶고 교육하면 오히려 유사시에 족히 징용할 수 있을 것이니, 이 역시 징병일 뿐입니다. 송나라의 신하 충세형(种世衡)이 청간(青澗)을 지킴에, 리(吏)와 백성에게 활쏘기를 익히게 하고 〈그에 따라〉 상벌을 주었는데, 그것을 가지고 활쏘기 결과로 부역을 지우거나 속죄하기도 하였으며, 또한 명중일 경우 은으로써 권면하였으니, 이는 실로 이미 검증된 좋은 계책으로 마땅히 오늘날 모방하여 실행해야 할 바입니다. 삼가 바라건대 성명(聖明)을 드리워 살펴보시고, 신의 이 말을 유사에게 내려 특별히 시행하게 하여 미리 급작스러운 상황에 대비하고 변방의 방어는 저절로 견고하게 하여 문무를 병행한다면 백성과 나라는 모두 그 덕에 의뢰할 것입니다. 신은 못내 운운합니다"라고 하였다. 비답하기를, "상소의 내용은 의정부로 하여금 품처하게 하라"고 하였다.

전 의관 강홍대가 북쪽 변경 방어책을 적은 상소문을 올림.

1903년(고종 40-癸卯) 閏5월 28일(양력 7월 22일)

발신 : 전 의관 강홍대

『承政院日記』 3159冊

前議官康洪大疏曰, 伏以國有艱虞, 臣思圖報, 卽古今之通義也. 況臣以蟣蝨微品, 樗櫟冗材, 猥荷殊恩, 濫廁緋金之列, 感激孤衷, 思效犬馬之誠, 宜倍他人. 而祗恨才短識淺, 居常踧踖, 實越靡容矣. 竊伏見近日時局, 則艱虞溢目, 岌嶪貫頂者, 不可一一枚陳, 而最可憂憤者, 現今外國人恃其强力, 藉其威勢, 蹂躪恐喝, 日甚一日. 如電社·軍艦, 不過一個商業所係, 而以此張大, 致恙於國際之紛紜, 脅迫侮辱, 無所不至, 擧國臣民, 孰不甚痛且奮也. 然而此等事件, 猶小小葛藤而已, 自當有妥辦之日, 至若異日無窮之患者, 乃西北沿邊森林一款也. 蓋俄人之經略滿洲, 固非一朝一夕之故, 而其樹權殖力, 去益滋蔓, 尤其關係之密切者, 卽我西北兩沿之地也. 西北兩沿, 自扶餘·濊貊·渤海·契丹·靺鞨·女眞·蒙古·哈丹野人以來, 世爲邊患, 侵軼疆土, 無代無之矣. 我太祖高皇帝, 北拓六鎭, 西置四郡, 長江天塹, 限截南北, 而設寘鎭堡防禦關阨者, 靡不用極矣. 自淸世祖起於盛京以後, 劃定疆界, 各自保守, 邊圉寧謐, 鎭堡息肩, 關塞之無事者, 垂二百餘年矣. 邊備之嚴, 因是而稍懈, 鎭堡廢寘, 關防之疎忽誠極矣. 當此之際, 俄人以數萬重兵, 屯紮於烏蘇哩·揮[*琿]春及鳳凰城·安東縣等地. 大抵此地, 與我疆土, 隔一衣帶水, 未必有駐兵之緊要. 而俄人必以重兵留屯者, 其意何居也. 今藉託森林之保護, 許多俄兵, 亦以闖越鴨江, 來駐龍浦, 則豆滿·鴨綠上下沿江數千里之地所在森林, 皆云保護, 一例來駐之患, 亦難必無也. 設或俄兵, 未必有來駐之事, 彼响馬匪賊之勦掠邊郡, 連年爲患者, 以滿洲爲其巢穴, 日後如滿洲·遼海之間, 一朝有事, 兵連禍結, 則彼無厭匪黨陸續侵入, 乃事勢之必然也. 若爾則東眞哈丹之禍, 恐亦難免, 而使聖朝龍興之地, 國家豊沛之鄕, 必被搶攘騷亂之毒. 而俄人又必藉口於保護, 移兵來駐, 如拳匪之侵占, 則亦將何以禦之. 此豈非完於幾先而防於未然者乎. 臣雖愚昧無狀, 以此憂慮, 火奮成痰. 間與一二紳士, 講究籌度, 思欲肝腦塗地, 以酬聖恩之萬一. 而竊伏念臣本北土生長, 粗諳邊境事情, 請以所見所聞者陳之, 伏願垂察焉. 蓋國朝設備陰雨, 戒嚴管鑰者, 未嘗暫忘於西北兩邊. 故沿江設鎭, 當阨築砦, 項背相望, 首尾相應, 殆若常山率然之勢. 而每一里寘一堡, 堡寘二砲, 十里置一寨, 寨寘十砲, 堡有堡長, 寨有寨長. 而又隨其地形之方便, 五十里或百里寘一鎭, 鎭有鎭長, 統轄堡寨之長. 而賊來則吹角爲號, 各堡之兵, 附近之民, 一時俱起, 相救竝禦, 故賊不敢侵越. 我民之有犯越者, 堡長必砲斃之然後, 具報寨長, 寨長報鎭將, 以此申聞, 故民亦不敢於越界. 此其防邊之大略也. 一自鎭堡之廢寘[*置], 賊來無可禦之道, 民越乏防制之權. 雖有北靑·鍾城等地方鎭隊之兵, 皆在距邊四五百里或千餘里之遠, 長鞭不及, 震雷莫暇, 實無益於防邊之術也. 爲今之計, 宜復設鎭堡舊制. 凡西北沿邊諸郡, 踏査舊址, 設寘堡寨鎭壘. 招募山砲, 把守編隊, 其措寘方略, 一依舊制而參酌磨鍊, 令各該郡統轄之. 又沿江上下最要地, 別設防禦營, 以爲戰守之備, 則匪徒敵兵, 雖欲輕易侵犯, 其勢末由矣. 蓋西北之人, 號稱勁悍, 而山砲之手, 又皆嫺熟於砲·槍·弓·馬之技, 擧多驍健勇敢. 若以洋銃倭砲之精利器具, 數年試用, 無不一以當百, 實爲天下莫强之兵也. 又其生長此土, 凡於山川險阻程道遠邇及彼匪防除之術, 無不周知詳悉, 筋胆[*膽]已固, 決非東南諸路之兵所可等比者也. 且其調餉之道, 莫便於屯田. 凡六鎭諸郡, 土極腴沃, 地多閑曠, 雖有氣候早寒, 不宜稻粱, 其所黍·粟·豆·麥·蕎麥·秫薥等雜穀, 靡不皆宜. 悉令堡卒開墾屯田, 給牛耕作, 廣興農作之利, 兼開牧畜之場, 春夏耕農, 秋冬蒐獵, 以資其衣食之方, 不過幾年, 足食足兵, 十萬之衆, 不勞而可養矣, 西北兩邊, 高枕而無虞矣. 此實防邊之長策, 而禦寇之良法也. 亟宜採用施行, 以弭北門之憂, 實今日之急務也. 雖然其建寘設立之際, 若任非其人, 措寘失當, 則反滋騷擾之弊矣, 此又不可不熟慮者也. 臣玆敢不避猥越覼縷, 仰瀆於紸[*黈]纊之下. 伏乞聖明, 留神澄省, 亟賜採納焉, 則國家幸甚, 臣民幸甚. 臣無任云云. 奉旨, 省疏具悉. 疏辭令政府稟處.

전(前) 의관(議官) 강홍대(康洪大)가 상소하기를, "삼가 아뢰기를, 나라가 어려우면 신하가 보답하고자 하는 것은 고금의 통하는 의입니다. 하물며 신은 옷에 붙은 이와 같이 미천한 품성과 가죽나무와 같은 쓸모없는 재능으로 외람되게 성상의 큰 은혜를 입어 비금(緋金)의 반열에 올랐으니, 너무 감격스러워 남들보다 곱절로 견마의 정성을 바치고자 생각하였습니다. 그러나 한스럽게도 재능은 부족하고 식견은 얕아서 늘 안절부절못하며 두려움으로 어찌해야 할지 모르겠습니다. 가만히 삼가 근일의 시국을 보건대, 보이는 것[溢目]은 모두 어려우며, 높게 들이닥치는 것들을 하나하나 진언할 수는 없으나, 가장 우려하고 분노할만한 것은, 현재 외국인이 그들의 강한 힘을 믿고 그들의 세력을 빌려서 유린과 공갈이 날로 더욱 심해지는 것입니다. 전기회사·군함은 일개 상업과 관련된 것에 불과하지만 이것으로써 〈문제를〉 확장시켜 국제적인 분쟁에 이르게 하여, 협박과 모욕이 닿지 않는 곳이 없으니, 온 나라와 신민이 누구가 심히 분통하고 또 분발하지 않겠습니까. 그러나 이러한 사건들은 그래도 소소한 갈등일 뿐이니, 자연스럽게 타당하게 판별되는 날이 있을 것이지만, 훗날[異日]의 끝없는 걱정이 될만한 것은 서북 연변의 삼림의 한 사안[一款]입니다. 대개 러시아인[俄人]이 만주를 경략함이 진실로 하루 아침저녁의 일은 아니나, 그들이 권력을 수립하고 분식하는 것이 점점 불어나고 있는데, 더욱 그 관계가 밀접한 것은 곧 우리의 서북 양쪽에 연접한 땅입니다. 서북 양쪽 연변은 부여(扶餘)·예맥(濊貊)·발해(渤海)·거란(契丹)·여진(女眞)·몽고(蒙古)와 합단(哈丹)의 야인 이래로, 대대로 변경의 걱정거리가 되었으며, 〈그들이 우리의〉 강토를 번갈아 침략함이 대대로 없었던 적이 없습니다. 우리 태조 고황제께서는 북쪽으로는 6진을 개척하고 서쪽으로는 4군을 설치하여 긴 강을 천연 해자[天塹]로 〈삼아서〉 남북의 한계를 끊으셨으며, 진과 보를 설치하셔서 관문을 방어하고 막는 것에 극진하시지 않은 적이 없으셨습니다. 청(淸) 세조(世祖)가 성경(盛京)에서 흥기한 이후로 강계가 획정되었고 각자가 스스로 지켰으므로 변방이 편안하고 진과 보는 쉬게 되었으니, 관문과 요새가 일이 없는 것이 200여 년을 드리웠습니다. 삼엄하던 변방이 방비가 이로 인하여 조금씩 해이해져 진과 보가 버려졌고, 관문 방어가 소홀해진 것이 진실로 심해졌습니다. 이러한 때에 러시아인이 수만의 병사를 오소리(烏蘇哩)·혼춘 및 봉황성(鳳凰城)·안동현(安東縣) 등지에 주둔시켰습니다. 대저 이 땅은 우리 강토와 한 줄기 땅을 끼고 있는 곳으로서 긴요하게 병사를 주둔시킬 필요가 없습니다. 그런데도 러시아인이 하필 많은 군대로써 주둔시킨 것은 그 의도가 어디에 있겠습니까. 지금 산림을 보호한다는 〈명분을〉 빌려, 허다한 러시아 병사[俄兵]를 또한 압록강을 건너게 하여 용포(龍浦)에 주둔시키니, 두만·압록강 상하

유역 연강에 수천 리의 땅에 있는 산림도 모두 보호하겠다고 말하면 마찬가지로[一例] 〈병사를〉 주둔시키겠다는 우환이 또한 없다고 단정하기 어렵습니다. 설혹 러시아 병사가 기필코 주둔하는 일은 없다고 하더라도, 저 향마·비적이 변방의 군을 약탈하며 여러 해 우환이 되었는데, 〈그들은〉 만주를 그 소굴로 삼았으므로, 이후 만주·요해 사이에 하루아침에 일이 생겨 병화가 연이어진다면, 저 만족이 없는 비적의 무리가 계속 침입하는 것은 형세상 필연입니다. 만약 그렇다면 동여진[東眞]과 합단이 일으켰던 화를 또한 면하기 어려울 것이 우려되고, 또한 성조께서 용흥(龍興)하신 땅과 국가의 시작[豊沛]이 된 향(鄕)이 반드시 침탈과 소란스러워지는 피해를 입게 될 것입니다. 그리고 러시아인이 또 보호를 구실로 삼아 병사를 옮겨 주둔시켜서 의화단놈들[拳匪]이 침략하여 점탈한 것처럼 할 것이니 〈그렇다면〉 또한 장차 어찌 방어하겠습니까. 이것이 어찌 기미에 앞서 완전을 기하고 일이 일어나기 전에 방비하는 것이 되겠습니까. 신은 비록 우매하여 보잘 것 없으나, 이러한 우려로 인해 화가 치밀어 병을 이루었습니다. 간혹 한두 명의 신사(紳士)와 같이 방도를 강구하고 꾀하여, 생각하기를 목숨을 돌보지 않고 최선을 다하여[肝腦塗地] 성상의 은혜의 만분의 일이나마 보답하고자 하였습니다. 가만히 삼가 생각건대, 신은 본래 북방[北土]에서 나고 자라서, 변경의 사정을 대략 알고 있으니, 보고 들은 것으로써 아뢰기를 청하니, 〈황제께서〉 이를 살펴주시기를 삼가 바랍니다. 대개 나라가 뜻하지 않은 상황[陰雨]을 대비하고 성문의 자물쇠를 엄히 지키는 것에서 서북 양쪽 변경을 잠시도 잊은 적이 없습니다. 그러므로 강에 연하여 진을 설치하고 요해처에 목책을 쌓아 정수리와 등이 서로 바라보게 하고 머리와 꼬리가 서로 응하게 한 것이, 거의 상산에 〈산다는〉 솔연(率然)의 형세처럼 하였습니다. 1리마다 보 1개를 두고 보에는 포 2개를 두었으며, 10리마다 성채 하나를 두고 성채에는 포 10개를 두었으며, 보에는 보장이 있고 성채에는 채장(寨長)이 있었습니다. 그리고 또한 그 지형의 방편에 따라 50리 혹 10리마다 진 1개를 두고, 진에는 진장이 있었는데, 〈진장은〉 보와 성채를 통할하는 장이었습니다. 적이 오면 뿔나팔을 불어 신호하고, 각 보의 병사와 부근의 백성이 한번에 모두 일어나 서로 도와 아울러 방어하였으므로 적이 감히 침략해 넘어오지 못하였습니다. 우리 백성이 국경을 넘어갈 때에는, 보장이 반드시 포로 쏘아 죽인 연후에 모두 채장에게 보고하고, 채장이 진장에게 보고하면 이로써 다시 〈중앙정부로〉 보고하였기 때문에 백성이 감히 국경을 넘지 못하였습니다. 이것이 변경을 방어하는 대략입니다. 한 번 진과 보를 폐하여 둔 뒤부터 적이 와도 막을 방도가 없거니와, 백성이 국경을 넘어도 막고 제어할 힘이 〈없습니다〉. 비록 북청(北靑)·종성(種城) 등의 지방진대의 병사가 있으나, 모두 변경에서 400~500리 혹은 1,000여 리의 먼 곳에 있어서 길게 채찍질하여 〈가더라도〉 미치지 못하며, 치달려 가더라도 〈도착할〉 겨를이 없으니, 참으로 변방을 방어하는 기술에는 무익합니다. 지금의 계책은, 진과 보를 설치하였던 옛 제도를 복구하는 것입니다. 모든 서북 연변의 여러 군이 옛터를 답사하여 보와 성채, 진과 보루를 설치합니다. 산포수를 모집하시고 파수병을 편성하되 그 조치의 방략은 한편으로는 옛 제도에 의거하면서도 〈오늘날〉 계획 세운 것[磨鍊]을 참작하여, 각 해당 군으로 하여금 그들을 통할하게 하소서. 또한 강의 상하류에 연한 가장 중요한 땅에는 별도로 방어영을 설치하여 싸워서 지키는 대비로 삼는다면, 비적의 무리와 적병이 비록 가볍고 쉽게 침범하고자 하여도, 그 세력이 어쩔 수 없을 것입니다. 대개 서북 사람들은 사납고 거칠다고 하는 데다가 산포수는 또한 모두 포·창·활·말을 〈다루는〉 기술에 익숙하여 날래고 건장하고 용감합니다. 만약 정교하고 날카로운 기구인 서양의 총과 왜인의 포를 수년간 시험 삼아 써보면, 일당백이 아닌 자가 없을 것이니, 실로 천하에 막강한 병사가 될 것입니다. 또한 그들이 나고 자란 이 땅은, 모두 산천의 험준함과 도로의 사정과 거리 및 저 도적의 무리를 막을 방술을 두루 자세하게 알지 못함이 없으며 근력과 담도 튼튼하기 때문에 결코 동남의 여러 로의 병사가 이들과 비할 바가 아닙니다. 또한 군량을 건는 방법은 둔전보다 편한 것이 없습니다. 무릇 6진의 여러 군은, 토질이 매우 비옥하고 땅은 매우 넓어서 비록 한기가 일찍 닥쳐서 벼농사에는 적절하지 않으나, 그 기장·조·콩·보리·메밀[蕎麥]·수수[秫薥] 등 잡곡은, 모두 〈작물로 심기에〉 적절하지 않은 것이 없습니다. 〈이 작물〉 모두 보의 병졸에게 둔전을 개간하게 시키고 소를 두어 경작하게 하고 이로운 종작을 널리 흥기시키는 동시에 목축할 장소를 설치하여, 봄·여름에는 농사짓고 가을·겨울에는 수렵하여 그들의 의식(衣食)에 보태는 방편으로 한다면, 몇 년이 지나지 않아 식량과 병사가 충족되어 10만의 무리를 수고롭지 않게 기를 수 있을 것이며, 서북 양쪽 변경도 편안해져[高枕] 걱정이 없어질 것입니다. 이는 실로 변경을 지키는 훌륭한 계책이며, 도적을 막는 좋은 방법이기도 합니다. 속히 채용하여 시행하셔서 북쪽 관문의 걱정을 덜어야 하니, 참으로 오늘날의 급한 일입니다. 그렇지만 그 설치하고 설립할 때에 적임자가 아닌 사람을 임명하여 마땅한 바를 잃고 조치하게 되면 점점 소란스러운 폐단만 불어나는데 미칠 것이니, 이것도 깊이 생각하지 않아서는 안 됩니다. 신은 이에 외람됨을 피하지 않고 엎드려 참언[黈纊]을 드리려 합니다. 삼가 바라건대 밝으신 성상께서는 유념하여 밝게 살피시고, 속히 〈상소를〉 받아들여주시면, 국가에도 매우 다행일 것이고 신민들에게도 매우 다행일 것입니다. 신은 못내 운운합니다"라고 하였다. 받든 칙지에, "상소를 보고 잘 알았다. 상소의 내용은 정부로 하여금 품처하게 하라"고 하였다.

『高宗實錄』43卷

二十二日. 前議官康洪大疏略, 竊伏見近日時局, 則艱虞溢目, 岌嶪貫頂者, 不可一一枚陳, 而最可憂憤者, 現今外國人恃其强力, 藉其威勢, 蹂躪恐喝, 日甚一日. 如電社·軍艦, 不過一箇商業所係, 而以此張大, 致恚於國際之紛紜, 脅迫侮辱, 無所不至, 擧國臣民, 孰不甚痛且奮也. 然而此等事件, 猶小小葛藤而已, 自當有妥辦之日, 至若異日無窮之患者, 乃西北沿邊森林一款也. 蓋俄人之經略滿洲, 固非一朝一夕之故, 而其樹權殖力, 去益滋蔓, 尤其關係之密切者, 卽我西北兩沿之地也. 西北兩沿, 自扶餘·濊貊·渤海·契丹·靺鞨·女眞·蒙古·哈丹野人以來, 世爲邊患, 侵軼疆土, 無代無之矣. 我太祖高皇帝, 北拓六鎭, 西置四郡, 長江天塹, 限截南北, 而設置鎭堡防禦關阨者, 靡不用極矣. 自清世祖起於盛京以後, 劃定疆界, 各自保守, 邊圉寧謐, 鎭堡息肩, 關塞之無事者, 垂二百餘年矣. 邊備之嚴, 因是而稍懈, 鎭堡廢置, 關防之疎忽誠極矣. 當此之際, 俄人以數萬重兵, 屯紮於烏蘇哩·琿春及鳳凰城·安東縣等地. 大抵此地, 與我疆土, 隔一衣帶水, 未必有駐兵之緊要. 而俄人必以重兵留屯者, 其意何居也. 今藉託森林之保護, 許多俄兵, 亦以闖越鴨江, 來駐龍浦, 則豆滿·鴨綠上下沿江數千里之地所在森林, 皆云保護, 一例來駐之患, 亦難必無也. 設或俄兵, 未必有來駐之事, 彼响馬匪賊之剿掠邊郡, 連年爲患者, 以滿洲爲其巢穴, 日後如滿洲·遼海之間, 一朝有事, 兵連禍結, 則彼無厭匪黨陸續侵入, 乃事勢之必然也. 若爾則東眞哈丹之禍, 恐亦難免, 而使聖朝龍興之地, 國家豐沛之鄉, 必被搶攘騷亂之責[*毒]. 而俄又必藉口於保護, 移兵來駐, 如拳匪之侵占, 則亦將何以禦之也. 此豈非完於幾先而防於未然者乎. 臣雖愚昧無狀, 以此憂慮, 火奮成疾. 間與一二紳士, 講究籌度, 思欲肝腦塗地, 以酬聖恩之萬一. 而竊伏念臣本北土生長, 粗諳邊境事情, 以所見所聞者陳之, 伏願垂察焉. 蓋國朝設備陰雨, 戒嚴管鑰者, 未嘗暫忘於西北兩邊. 故沿江設鎭, 當阨築砦, 項背相望, 首尾相應, 殆若常山率然之勢. 而每一里置一堡, 堡置二砲, 十里置一寨, 寨置十砲, 堡有堡長, 寨有寨長. 而又隨其地形之方便, 五十里或百里置一鎭, 鎭有鎭長, 統轄堡寨之長. 而賊來則吹角爲號, 各堡之兵, 附近之民, 一時俱起, 相救竝禦, 故賊不敢侵越. 我民之有犯越者, 堡長必砲斃之然後, 具報寨長, 寨長報鎭長, 以此申聞, 故亦不敢越界. 此其防邊之大略也. 一自鎭堡之廢置, 賊來無可禦之道, 民越乏防制之權. 雖有北青·鍾城等地方鎭隊之兵, 皆在距邊四五百里或千餘里之遠, 長鞭不及, 疾雷莫暇, 實無益於防邊之術也. 爲今之計, 宜復設鎭堡舊制. 凡西北沿邊諸郡, 踏査舊址, 設置堡寨鎭壘. 招募山砲, 把守編隊, 其措置方略, 一依舊制而參酌磨鍊, 令各該郡統轄之. 又沿江上下最要地, 別設防禦營, 以爲戰守之備, 則匪徒敵兵, 雖欲輕易侵犯, 其勢末由矣. 蓋西北之人, 號稱勁悍, 而山砲之手, 又皆嫺熟於砲·槍·弓·馬之技, 擧多驍健勇敢. 若以洋銃·倭砲之精利器具, 數年試用, 無不一以當百, 實爲天下莫强之兵也. 又其生長此土, 凡於山川險阻程道遠邇及彼匪防除之術, 無不周知詳悉, 筋膽已固, 決非東南諸路之兵所可等比者也. 且其調餉之道, 莫便於屯田. 凡六鎭諸郡, 土極腴沃, 地多閒曠, 雖有氣候早寒, 不宜稻粱, 其所黍·粟·豆·麥·蕎麥·秫薥等雜穀, 靡不皆宜. 悉令堡卒開墾屯田, 給牛耕作, 廣興農作之利, 兼開牧畜之場, 春夏耕農, 秋冬蒐獵, 以資其衣食之方, 不過幾年, 足食足兵, 十萬之衆, 不勞而可養矣, 西北兩邊, 高枕而無虞矣. 此實防邊之長策, 而禦寇之良法也. 亟宜採用施行, 以弭北門之憂, 實今日之急務也. 雖然其建置設立之際, 若任非其人, 措置失當, 則反滋騷擾之弊矣, 此又不可不熟慮者也. 臣玆敢不避猥越覼縷, 仰瀆於黈纊之下. 伏乞聖明, 留神澄省, 亟賜採納, 則國家幸甚, 臣民幸甚. 批曰, 疏辭令政府稟處.

양력 7월 22일. 전(前) 의관(議官) 강홍대(康洪大)가 올린 상소의 대략에, "가만히 삼가 근일의 시국을 보건대, 보이는 것[溢目]은 모두 어려우며, 높게 들이닥치는 것들을 하나하나 진언할 수는 없으나, 가장 우려하고 분노할만한 것은, 현재 외국인이 그들의 강한 힘을 믿고 그들의 세력을 빌려서 유린과 공갈이 날로 더욱 심해지는 것입니다. 전기회사·군함은 일개 상업과 관련된 것에 불과하지만 이것으로써 〈문제를〉 확장시켜 국제적인 분쟁에 이르게 하여, 협박과 모욕이 닿지 않는 곳이 없으니, 온 나라와 신민이 누구가 심히 분통하고 또 분발하지 않겠습니까. 그러나 이러한 사건들은 그래도 소소한 갈등일 뿐이니, 자연스럽게 타당하게 판별되는 날이 있을 것이지만, 훗날[異日]의 끝없는 걱정이 될만한 것은 서북 연변의 삼림의 한 사안[一款]입니다. 대개 러시아인[俄人]이 만주를 경략함이 진실로 하루 아침저녁의 일은 아니나, 그들이 권력을 수립하고 분식하는 것이 점점 불어나고 있는데, 더욱 그 관계가 밀접한 것은 곧 우리의 서북 양쪽에 연접한 땅입니다. 서북 양쪽 연변은 부여(扶餘)·예맥(濊貊)·발해(渤海)·거란(契丹)·여진(女眞)·몽고(蒙古)와 합단(哈丹)의 야인 이래로, 대대로 변경의 걱정거리가 되었으며, 〈그들이 우리의〉 강토를 번갈아 침략함이 대대로 없었던 적이 없습니다. 우리 태조 고황제께서는 북쪽으로는 6진을 개척하고 서쪽으로는 4군을 설치하여 긴 강을 천연 해자[天塹]로 〈삼아서〉 남북의 한계를 끊으셨으며, 진과 보를 설치하셔서 관문을 방어하고 막는 것에 극진하시지 않은 적이 없으셨습니다. 청(淸) 세조(世祖)가 성경(盛京)에서 흥기한 이후로 강계가 획정되었고 각자가 스스로 지켰으므로 변방이 편안하고 진과 보는 쉬게 되었으니, 관문과 요새가 일이 없는 것이 200여 년을 드리웠습니다. 삼엄하던 변방이 방비가 이로 인하여 조금씩 해이해져 진과 보가 버려졌고, 관문 방어가 소홀해진 것이 진실로 심해졌습니다. 이러한 때에 러시아인이 수만의 병사를 오소리(烏蘇哩)·혼춘(琿春) 및 봉황성(鳳凰城)·안동현(安東縣) 등지에 주둔시켰습니다. 대저 이 땅은 우리 강토와 한 줄기 땅을 끼고 있는 곳으로서 긴요하게 병사를 주둔시킬 필요가 없습니다. 그런데도 러시아인이 하필 많은 군대로서 주둔시킨 것은 그 의도가 어디에 있겠습니까. 지금 산림을 보호한다는 〈명분을〉 빌려, 허다한 러시아 병사[俄兵]를 또한 압록강을 건너게 하여 용포(龍浦)에 주둔시키니, 두만·압록강 상하 유역 연강에 수천 리의 땅에 있는 산림도 모두 보호하겠다고 말하면 마찬가지로[一例] 〈병사를〉 주둔시키겠다는 우환이 또한 없다고 단정하기 어렵습니다. 설혹 러시아 병사가 기필코 주둔하는 일은 없다고 하더라도, 저 향마·비적이 변방의 군을 약탈하며 여러 해 우환이 되었는데, 〈그들은〉 만주를 그 소굴로 삼았으므로, 이후 만주·요해 사이에 하루아침에 일이 생겨 병화가 연이어진다면, 저 만족이 없는 비적의 무리가 계속 침입하는 것은 형세상 필연입니다. 만약 그렇다면 동여진[東眞]과 합단이 일으켰던 화를 또한 면하기 어려울 것이 우려되고, 또한 성조께서 용흥(龍興)하신 땅과 국가의 시작[豐沛]이 된 향(鄕)이 반드시 침탈과 소란스러워지는 피해를 입게 될 것입니다. 그리고 러시아인이 또 보호를 구실로 삼아 병사를 옮겨 주둔시켜서 의화단놈들[拳匪]이 침략하여 점탈한 것처럼 할 것이니 〈그렇다면〉 또한 장차 어찌 방어하겠습니까. 이것이 어찌 기미에 앞서 완전을 기하고 일이 일어나기 전에 방비하는 것이 되겠습니까. 신은 비록 우매하여 보잘 것 없으나, 이러한 우려로 인해 화가 치밀어 병을 이루었습니다. 간혹 한두 명의 신사(紳士)와 같이 방도를 강구하고 꾀하여, 생각하기를 목숨을 돌보지 않고 최선을 다하여[肝腦塗地] 성상의 은혜의 만분의 일이나마 보답하고자 하였습니다. 가만히 삼가 생각건대, 신은 본래 북방[北土]에서 나고 자라서, 변경의 사정을 대략 알고 있으니, 보고 들은 것으로써 아뢰기를 청하니, 〈황제께서〉 이를 살펴 주시기를 삼가 바랍니다. 대개 나라가 뜻하지 않은 상황[陰雨]을 대비하고 성문의 자물쇠를 엄히 지키는 것에서 서북 양쪽 변경을 잠시도 잊은 적이 없습니다. 그러므로 강에 연하여 진을 설치하고 요해처에 목책을 쌓아 정수리와 등이 서로 바라보게 하고 머리와 꼬리가 서로 응하게 한 것이, 거의 상산에 〈산다는〉 솔연(率然)의 형세처럼 하였습니다. 1리마다 보 1개를 두고 보에는 포 2개를 두었으며, 10리마다 성채 하나를 두고 성채에는 포 10개를 두었으며, 보에는 보장이 있고 성채에는 채장(寨長)이 있었습니다. 그리고 또한 그 지형의 방편에 따라 50리 혹 10리마다 진 1개를 두고, 진에는 진장이 있었는데, 〈진장은〉 보와 성채를 통할하는 장이었습니다. 적이 오면 뿔나팔을 불어 신호하고, 각 보의 병사와 부근의 백성이 한번에 모두 일어나 서로 도와 아울러 방어하였으므로 적이 감히 침략해 넘어오지 못하였습니다. 우리 백성이 국경을 넘어갈 때에는, 보장이 반드시 포로 쏘아 죽인 연후에 모두 채장에게 보고하고, 채장이 진장에게 보고하면 이로써 다시 〈중앙정부로〉 보고하였기 때문에 백성이 감히 국경을 넘지 못하였습니다. 이것이 변경을 방어하는 대략입니다. 한번 진과 보를 폐하여 둔 뒤부터 적이 와도 막을 방도가 없거니와, 백성이 국경을 넘어도 막고 제어할 힘이 〈없습니다〉. 비록 북청(北靑)·종성(種城) 등의 지방진대의 병사가 있으나, 모두 변경에서 400~500리 혹은 1,000여 리의 먼 곳에 있어서 길게 채찍질하여 〈가더라도〉 미치지 못하며, 치달려 가더라도 〈도착할〉

겨를이 없으니, 참으로 변방을 방어하는 기술에는 무익합니다. 지금의 계책은, 진과 보를 설치하였던 옛 제도를 복구하는 것입니다. 모든 서북 연변의 여러 군이 옛터를 답사하여 보와 성채, 진과 보루를 설치합니다. 산포수를 모집하시고 파수병을 편성하되 그 조치의 방략은 한편으로는 옛 제도에 의거하면서도 〈오늘날〉 계획 세운 것[磨鍊]을 참작하여, 각 해당 군으로 하여금 그들을 통할하게 하소서. 또한 강의 상하류에 연한 가장 중요한 땅에는 별도로 방어영을 설치하여 싸워서 지키는 대비로 삼는다면, 비적의 무리와 적병이 비록 가볍고 쉽게 침범하고자 하여도, 그 세력이 어쩔 수 없을 것입니다. 대개 서북 사람들은 사납고 거칠다고 하는데다가 산포수는 또한 모두 포·창·활·말을 〈다루는〉 기술에 익숙하여 날래고 건장하고 용감합니다. 만약 정교하고 날카로운 기구인 서양의 총과 왜인의 포를 수년간 시험 삼아 써보면, 일당백이 아닌 자가 없을 것이니, 실로 천하에 막강한 병사가 될 것입니다. 또한 그들이 나고 자란 이 땅은, 모두 산천의 험준함과 도로의 사정과 거리 및 저 도적의 무리를 막을 방술을 두루 자세하게 알지 못함이 없으며 근력과 담도 튼튼하기 때문에 결코 동남의 여러 로의 병사가 이들과 비할 바가 아닙니다. 또한 군량을 걷는 방법은 둔전보다 편한 것이 없습니다. 무릇 6진의 여러 군은, 토질이 매우 비옥하고 땅은 매우 넓어서 비록 한기가 일찍 닥쳐서 벼농사에는 적절하지 않으나, 그 기장·조·콩·보리·메밀[蕎麥]·수수[秫薥] 등 잡곡은, 모두 〈작물로 심기에〉 적절하지 않은 것이 없습니다. 〈이 작물〉 모두 보의 병졸에게 둔전을 개간하게 시키고 소를 두어 경작하게 하고 이로운 종작을 널리 흥기시키는 동시에 목축할 장소를 설치하여, 봄·여름에는 농사짓고 가을·겨울에는 수렵하여 그들의 의식(衣食)에 보태는 방편으로 한다면, 몇 년이 지나지 않아 식량과 병사가 충족되어 10만의 무리를 수고롭지 않게 기를 수 있을 것이며, 서북 양쪽 변경도 편안해져[高枕] 걱정이 없어질 것입니다. 이는 실로 변경을 지키는 훌륭한 계책이며, 도적을 막는 좋은 방법이기도 합니다. 속히 채용하여 시행하셔서 북쪽 관문의 걱정을 덜어야 하니, 참으로 오늘날의 급한 일입니다. 그렇지만 그 설치하고 설립할 때에 적임자가 아닌 사람을 임명하여 마땅한 바를 잃고 조치하게 되면 점점 소란스러운 폐단만 불어나는데 미칠 것이니, 이것도 깊이 생각하지 않아서는 안 됩니다. 신은 이에 감히 외람됨을 피하지 않고 엎드려 참언[斟纊]을 드리려 합니다. 삼가 바라건대 밝으신 성상께서는 유념하여 밝게 살피시고, 속히 〈상소를〉 받아들여주시면, 국가에도 매우 다행일 것이고 신민들에게도 매우 다행일 것입니다"라고 하였다. 비답하기를, "상소의 내용은 정부로 하여금 품처하게 하라"고 하였다.

『日省錄』 507冊

疏略曰, 竊伏見近日時局, 則艱虞溢目, 岌嶪貫頂者, 不可一一枚陳, 而最可憂憤者, 現今外國人恃其强力, 藉其威勢, 蹂躪恐喝, 日甚一日. 如電社·軍艦, 不過一個商業所係, 而以此張大, 致恙於國際之紛紜, 脅迫侮辱, 無所不至, 擧國臣民, 孰不甚痛且奮也. 然而此等事件, 猶小小葛藤而已, 自當有妥辦之日, 至若異日無窮之患者, 乃西北沿邊森林一款也. 蓋俄人之經略滿洲, 固非一朝一夕之故, 而其樹權殖力, 去益滋蔓, 尤其關係之密切者, 卽我西北兩沿之地也. 西北兩沿, 自扶餘·濊貊·渤海·契丹·靺鞨·女眞·蒙古·哈丹野人以來, 世爲邊患, 侵軼疆土, 無代無之矣. 我太祖高皇帝, 北拓六鎭, 西置四郡, 長江天塹, 限截南北, 而設寘鎭堡防禦關阨者, 靡不用極矣. 自淸世祖起於盛京以後, 劃定疆界, 各自保守, 邊圉寧謐, 鎭堡息肩, 關塞之無事者, 垂二百餘年矣. 邊備之嚴, 因是而稍懈, 鎭堡廢寘, 關防之疏忽誠極矣. 當此之際, 俄人以□[*數]萬重兵, 屯紮於鳥蘇哩·揮[*琿]春及鳳凰城·安東縣等地. 大抵此地, 與我疆土, 隔一衣帶水, 未必有駐兵之緊要. 而俄人必以重兵留屯者, 其意何居也. 今藉託森林之保護, 訴[*許]多俄兵, 亦以闖越鴨江, 來駐龍浦, 則豆滿·鴨綠上下沿江數千里之地所在森林, 皆云保護, 一例來駐之患, 亦難必無也. 設或俄兵, 未必有來駐之事, 彼响馬匪賊之剿掠邊郡, 連年爲患者, 以滿洲爲其巢穴, 日後如滿洲·遼海之間, 一朝有事, 兵連禍結, 則彼無壓匪黨陸續侵入, 乃事勢之必然也. 若爾則東眞·哈丹之禍, 恐亦難免, 而使聖祖龍興之地, 國家豐沛之鄕, 必被搶攘騷亂之毒. 而俄人又必藉口於保護, 移兵來駐, 如拳匪之侵占, 則亦將何以禦之也. 此豈非完於幾先而防於未然者乎. 臣雖愚昧無狀, 以此憂慮, 火奮成疾. 間與一二紳士, 講究籌度, 思欲肝腦塗地, 以酬聖恩之萬一. 而竊伏念臣本北土生長, 粗諳邊境事情, 以所見聞者陳之, 伏願垂察焉. 蓋國朝設備陰雨, 戒嚴管鑰者, 未嘗暫忘於西北兩邊. 故沿江設鎭, 當阨築呰[*砦], 項背相望, 首尾相應, 殆若常山率然之勢. 每一里寘一堡, 堡寘一砲, 十里寘一寨, 寨置十砲, 堡有堡長, 寨有寨長. 而又隨其地形之方便, 五十里或百里寘一鎭, 鎭有鎭長, 統轄堡塞之長. 而賊來則吹角爲號, 各堡之兵, 附近之民, 一時俱起, 相救拚禦, 故賦[*賊]不敢侵越. 我民之有犯越者, 堡長必砲斃之然後, 具報塞長, 塞長報鎭將, 以此申聞, 故民亦不敢越界. 此其防邊之大略也. 一自鎭堡之廢寘, 賊來無可禦之道, 民越之防制之權. 雖有北青·鍾城等地方鎭隊之兵, 皆在距邊四五百里或千餘里之遠, 長鞭不及, 震雷[*雷]眞[*莫]暇, 實無益於防邊之術也. 爲今之計, 宜復設鎭堡舊制. 凡西北沿邊諸郡, 踏查舊址, 設寘堡塞鎭壘. 招募山砲, 把守編隊, 其措寘之方略, 一依舊制而參酌磨鍊, 令各該郡統轄之. 又沿江上下最要地, 別設防禦營, 以爲戰守之備, 則匪徒敵兵, 雖欲輕易侵犯, 其勢末由矣. 蓋西北之人, 號稱勁悍, 而山砲之手, 又皆嫺熟於砲·槍·弓·馬之技, 擧皆驍健勇敢. 若以洋銃倭砲之精利器具, 數年試用, 無不一以當百, 實爲天下莫强之兵也. 又其生長此土, 凡於山川險阻程道遠邇及彼匪防除之術, 無不周知詳悉, 筋膽已固, 決非東南諸路之兵所可等比者也. 且其調餉之道, 莫使[*便]於屯田. 凡六鎭諸郡, 土極腴沃, 地多閒曠, 雖有氣候早寒, 不宜稻梁, 其所黍·粟·豆·麥·蕎麥·秫薥等雜穀, 靡不皆宜. 悉令堡卒開墾屯田, 給牛耕作, 廣興農作之利, 兼開牧畜之場, 春夏耕農, 秋冬蒐獵, 以資其衣食之方, 不過幾年, 足食足兵, 十萬之衆, 不勞而可養矣, 西北兩邊, 高枕而無憂矣. 此實防邊之長策, 而禦寇之良法也. 亟宜採用施行, 以弭北門之憂, 實今日之急務也. 雖然其建寘設立之際, 若任非其人, 措寘失當, 則及滋騷擾之弊矣, 此又不可不熟慮者也. 伏乞聖明, 留神澄省, 亟賜採納焉. 批以, 疏辭令政府稟處.

상소의 대략에, "가만히 삼가 근일의 시국을 보건대, 보이는 것[溢目]은 모두 어려우며, 높게 들이닥치는 것들을 하나하나 진언할 수는 없으나, 가장 우려하고 분노할만한 것은, 현재 외국인이 그들의 강한 힘을 믿고 그들의 세력을 빌려서 유린과 공갈이 날로 더욱 심해지는 것입니다. 전기회사·군함은 일개 상업과 관련된 것에 불과하지만 이것으로써 〈문제를〉 확장시켜 국제적인 분쟁에 이르게 하여, 협박과 모욕이 닿지 않는 곳이 없으니, 온 나라와 신민이 누구가 심히 분통하고 또 분발하지 않겠습니까. 그러나 이러한 사건들은 그래도 소소한 갈등일 뿐이니, 자연스럽게 타당하게 판별되는 날이 있을 것이지만, 훗날[異日]의 끝없는 걱정이 될만한 것은 서북 연변의 삼림의 한 사안[一款]입니다. 대개 러시아인[俄人]이 만주를 경략함이 진실로 하루 아침저녁의 일은 아니나, 그들이 권력을 수립하고 분식하는 것이 점점 불어나고 있는데, 더욱 그 관계가 밀접한 것은 곧 우리의 서북 양쪽에 연접한 땅입니다. 서북 양쪽 연변은 부여(扶餘)·예맥(濊貊)·발해(渤海)·거란(契丹)·여진(女眞)·몽고(蒙古)와 합단(哈丹)의 야인 이래로, 대대로 변경의 걱정거리가 되었으며, 〈그들이 우리의〉 강토를 번갈아 침략함이 대대로 없었던 적이 없습니다. 우리 태조 고황제께서는 북쪽으로는 6진을 개척하고 서쪽으로는 4군을 설치하여 긴 강을 천연 해자[天塹]로 〈삼아서〉 남북의 한계를 끊으셨으며, 진과 보를 설치하셔서 관문을 방어하고 막는 것에 극진하시지 않은 적이 없으셨습니다. 청(淸) 세조(世祖)가 성경(盛京)에서 흥기한 이후로 강계가 획정되었고 각자가 스스로 지켰으므로 변방이 편안하고 진과 보는 쉬게 되었으니, 관문과 요새가 일이 없는 것이 200여 년을 드리웠습니다. 삼엄하던 변방이 방비가 이로 인하여 조금씩 해이해져 진과 보가 버려졌고, 관문 방어가 소홀해진 것이 진실로 심해졌습니다. 이러한 때에 러시아인이 수만의 병사를 오소리(烏蘇哩)·혼춘 및 봉황성(鳳凰城)·안동현(安東縣) 등지에 주둔시켰습니다. 대저 이 땅은 우리 강토와 한 줄기 땅을 끼고 있는 곳으로서 긴요하게 병사를 주둔시킬 필요가 없습니다. 그런데도 러시아인이 하필 많은 군대로써 주둔시킨 것은 그 의도가 어디에 있겠습니까. 지금 산림을 보호한다는 〈명분을〉 빌려, 허다한 러시아 병사[俄兵]를 또한 압록강을 건너게 하여 용포(龍浦)에 주둔시키니, 두만·압록강 상하 유역 연강에 수천 리의 땅에 있는 산림도 모두 보호하겠다고 말하면 마찬가지로[一例] 〈병사를〉 주둔시키겠다는 우환이 또한 없다고 단정하기 어렵습니다. 설혹 러시아 병사가 기필코 주둔하는 일은 없다고 하더라도, 저 향마·비적이 변방의 군을 약탈하며 여러 해 우환이 되었는데, 〈그들은〉 만주를 그 소굴로 삼았으므로, 이후 만주·요해 사이에 하루아침에 일이 생겨 병화가 연이어진다면, 저 만족이 없는 비적의 무리가 계속 침입하는 것은 형세상 필연입니다. 만약 그렇다면 동여진[東眞]과 합단이 일으켰던 화를 또한 면하기 어려울 것이 우려되고, 또한 성조께서 용흥(龍興)하신 땅과 국가의 시작[豐沛]이 된 향(鄕)이 반드시 침탈과 소란스러워지는 피해를 입게 될 것입니다. 그리고 러시아인이 또 보호를 구실로 삼아 병사를 옮겨 주둔시켜서 의화단놈들[拳匪]이 침략하여 점탈한 것처럼 할 것이니 〈그렇다면〉 또한 장차 어찌 방어하겠습니까. 이것이 어찌 기미에 앞서 완전을 기하고 일이 일어나기 전에 방비하는 것이 되겠습니까. 신은 비록 우매하여 보잘 것 없으나, 이러한 우려로 인해 화가 치밀어 병을 이루었습니다. 간혹 한두 명의 신사(紳士)와 같이 방도를 강구하고 꾀하여, 생각하기를 목숨을 돌보지 않고 최선을 다하여[肝腦塗地] 성상의 은혜의 만분의 일이나마 보답하고자 하였습니다. 가만히 삼가 생각건대, 신은 본래 북방[北土]에서 나고 자라서, 변경의 사정을 대략 알고 있으니, 보고 들은 것으로써 아뢰기를 청하니, 〈황제께서〉 이를 살펴주시기를 삼가 바랍니다. 대개 나라가 뜻하지 않은 상황[陰雨]을 대비하고 성문의 자물쇠를 엄히 지키는 것에서 서북 양쪽 변경을 잠시도 잊은 적이 없습니다. 그러므로 강에 연하여 진을 설치하고 요해처에 해자를 쌓아 정수리와 등이 서로 바라보게 하고 머리와 꼬리가 서로 응하게 한 것이, 거의 상산에 〈산다는〉 솔연(率然)의 형세처럼 하였습니다. 1리마다 보 1개를 두고 보에는 포 1개를 두었으며, 10리마다 성채 하나를 두고 성채에는 포 10개를 두었으며, 보에는 보장이 있고 성채에는 채장(寨長)이 있었습니다. 그리고 또한 그 지형의 방편에 따라 50리 혹 10리마다 진 1개를 두고, 진에는 진장이 있었는데, 〈진장은〉 보와 성채를 통할하는 장이었습니다. 적이 오면 뿔나팔을 불어 신호하고, 각 보의 병사와 부근의 백성이 한번에 모두 일어나 서로 도와 아울러 방어하였으므로 적이 감히 침략해 넘어오지 못하였습니다. 우리 백성이 국경을 넘어갈 때에는, 보장이 반드시 포로 쏘아 죽인 연후에 모두 채장에게 보고하고, 채장이 진장에게 보고하면 이로써 다시 〈중앙정부로〉 보고하였기 때문에 백성이 감히 국경을 넘지 못하였습니다. 이것이 변경을 방어하는 대략입니다. 한번 진과 보를 폐하여 둔 뒤부터 적이 와도 막을 방도가 없거니와, 백성이 국경을 넘어도 막고 제어할 힘이 〈없습니다〉. 비록 북청(北靑)·종성(種城) 등의 지방진대의 병사가 있으나, 모두 변경에서 400~500리 혹은 1,000여 리의 먼 곳에 있어서 길게 채찍질하여 〈가더라도〉 미치지 못하며, 치달려 가더라도 〈도착할〉 겨를이 없으니, 참으로 변방을 방어하는 기술에는 무익합니다. 지금의 계책은, 진과 보를 설치하였던 옛 제도를 복구하는 것입니다. 모든 서북 연변의 여러 군이 옛터를 답사하여 보와 성채, 진과 보루를 설치합니다. 산포수를 모집하시고 파수병을 편성하되 그 조치의 방략은 한편으로는 옛 제도에 의거하면서도 〈오늘날〉 계획 세운 것[磨鍊]을 참작하여, 각 해당 군으로 하여금 그들을 통할하게 하소서. 또한 강의 상하류에 연한 가장 중요한 땅에는 별도로 방어영을 설치하여 싸워서 지키는 대비로 삼는다면, 비적의 무리와 적병이 비록 가볍고 쉽게 침범하고자 하여

도, 그 세력이 어쩔 수 없을 것입니다. 대개 서북 사람들은 사납고 거칠다고 하는데다가 산포수는 또한 모두 포·창·활·말을 〈다루는〉 기술에 익숙하여 날래고 건장하고 용감합니다. 만약 정교하고 날카로운 기구인 서양의 총과 왜인의 포를 수년간 시험 삼아 써 보면, 일당백이 아닌 자가 없을 것이니, 실로 천하에 막강한 병사가 될 것입니다. 또한 그들이 나고 자란 이 땅은, 모두 산천의 험준함과 도로의 사정과 거리 및 저 도적의 무리를 막을 방술을 두루 자세하게 알지 못함이 없으며 근력과 담도 튼튼하기 때문에 결코 동남의 여러 로의 병사가 이들과 비할 바가 아닙니다. 또한 군량을 걷는 방법은 둔전보다 편한 것이 없습니다. 무릇 6진의 여러 군은, 토질이 매우 비옥하고 땅은 매우 넓어서 비록 한기가 일찍 닥쳐서 벼농사에는 적절하지 않으나, 그 기장·조·콩·보리·메밀[蕎麥]·수수[秫薥] 등 잡곡은, 모두 〈작물로 심기에〉 적절하지 않은 것이 없습니다. 〈이 작물〉 모두 보의 병졸에게 둔전을 개간하게 시키고 소를 두어 경작하게 하고 이로운 종작을 널리 흥기시키는 동시에 목축할 장소를 설치하여, 봄·여름에는 농사짓고 가을·겨울에는 수렵하여 그들의 의식(衣食)에 보태는 방편으로 한다면, 몇 년이 지나지 않아 식량과 병사가 충족되어 10만의 무리를 수고롭지 않게 기를 수 있을 것이며, 서북 양쪽 변경도 편안해져[高枕] 걱정이 없어질 것입니다. 이는 실로 변경을 지키는 훌륭한 계책이며, 도적을 막는 좋은 방법이기도 합니다. 속히 채용하여 시행하셔서 북쪽 관문의 걱정을 덜어야 하니, 참으로 오늘날의 급한 일입니다. 그렇지만 그 설치하고 설립할 때에 적임자가 아닌 사람을 임명하여 마땅한 바를 잃고 조치하게 되면 점점 소란스러운 폐단만 불어나는데 미칠 것이니, 이것도 깊이 생각하지 않아서는 안 됩니다. 신은 이에 감히 외람됨을 피하지 않고 엎드려 주광(黈纊) 아래를 더럽힙니다. 삼가 바라건대 밝으신 성상께서는 유념하여 밝게 살피시고, 속히 〈상소를〉 받아들여주소서"라고 하였다. 비답하기를 "상소의 내용은 정부로 하여금 품처하게 하라"고 하였다.

군부대신 윤웅렬이 군무에 대한 의견을 담은 상소문을 올림.

1903년(고종 40-癸卯) 6월 6일(양력 7월 29일)

발신 : 의정부찬정 군부대신 윤웅렬

『承政院日記』 3160冊

議政府贊政軍部大臣尹雄烈疏曰, 伏以臣之才具識見, 最出人下, 不敢比數於器使之列, 不待臣之自陳, 而久爲聖鑑之所照燭矣. 臣之所前後兜攬, 無往非踰濫, 而有除輒膺, 不敢辭遜, 夫豈以一毫仿樣於其職而然哉. 良由受恩如天, 圖報無地, 惟趨走爲恭, 鞠瘁乃已, 是臣之分也. 廼者軍部之任, 所已試而蔑效者, 而初焉署銜, 猶云不稱, 終又陞實, 尤其可堪. 況當此軍國多事之際, 詰戎禦侮, 責任綦重, 而決非如臣魯莽者所可冒據者也. 畢竟僨事, 理所必至, 臣身狼狽, 雖不足恤, 而其於有國之軍政, 何哉. 此臣所以夙夜憂懼而若窮無歸者也. 伏乞特賜鑿遞, 回授可堪, 以幸公私焉. 臣於丐免之地, 不宜妄論戒[*戎]務, 而至若新備軍艦揚武號, 旣經購來, 更難罷約, 則虛縻海灣, 費日積而船日朽, 甚可惆也. 其措處之方, 不得不急急講究者也. 方今宇內各國, 聯絡競爭, 莫不以海軍戰艦, 爲控制捍禦之長策. 而顧以堂堂帝國, 三面濱海, 而無一水兵, 無一軍艦, 久爲隣國之所寒心, 則可恥孰甚焉. 今之議者, 咸曰, 國計無裕算, 海軍不宜遽議, 此自劃之見也. 今海外列邦, 其地方民數, 不及我國之半者, 猶有數十萬水兵, 數十艘戰艦, 豈其財用, 能神輸鬼運而致之哉. 爲其制節謹度, 措置得宜, 未有不可成之理矣. 若初不用力, 而但曰我不能焉, 則天下寧有可成之一日乎. 臣伏覩光武二年七月五日詔旨, 若曰, 海軍之尙未有定制, 雖屬未遑, 太涉疎虞. 其常備之額, 編制之方, 接濟之策, 令軍部爛商, 預究經紀. 臣於是有以仰大聖人綢繆之備, 苞桑之戒, 先已周行於海外矣. 今此新備軍艦, 卽成就聖志之日, 而適千里者始於出門, 安知夫百萬貔貅, 千里舳艫, 馳騁乎四海, 凌駕乎萬國者, 不由此而成乎. 但纔購一艦, 便惹異議, 是豈奉承明詔之意哉. 第其購買之初, 臣雖不得與聞, 而事關創始, 論貴廣博, 不令政府爛議, 而獨自臣部契約, 恐欠事體, 所以致紛紜之論耳. 臣愚以爲, 我國兵制, 原有水軍戰船, 如統制營各水營, 今雖廢止, 而其時設施接濟之資, 果何從而出也. 地不加小, 財不加損, 而僅具一艦, 先憂經用, 此臣之所未解也. 以臣而慮, 恐無籌餉不給之患也. 曾年海防營在江華·富平等地, 統制營在鎭南郡, 而營廨尙存, 今以江華·鎭南兩鎭衛隊, 變作海軍營而居之, 則國無設營之費, 而水兵粗可備矣. 況今水賊竊發, 商迫[*舶]難通, 沿海口岸, 潛商爲弊, 以此軍艦, 巡綽海面, 足以詗戢匪類, 保護國境, 豈可曰無其用哉. 軍艦一年之費, 數頗不鮮, 則不可無別般鳩財. 前海防營時, 有所謂各浦口營業稅者, 屬之該營, 以爲經費, 該營廢後, 仍爲客主輩之利竇, 今宜還屬於海軍營. 其外海稅船稅等項, 本爲軍餉設也. 亦令移付於營費, 又其統水各營所屬經用, 更加査櫛, 以付本營, 則足以有贏餘, 募兵造艦, 漸次增加, 以圖擴張, 何難之有哉. 而臣以愚昧, 不敢知玆事之是否可行, 而惟幸其國有軍艦, 率爾妄陳, 滋甚悚惶. 欲望聖上, 俯垂鑑諒, 亟下臣疏於政府, 以爲會議稟處之地幸甚. 臣無任云云. 奉旨, 省疏具悉卿懇. 授纔未幾, 豈遽言辭. 尾陳令政府爛商稟處事, 遣部郞宣諭.

의정부찬정군부대신(議政府贊政軍部大臣) 윤웅렬(尹雄烈)이 상소하기를, "삼가 신의 재능과 식견은 모두 다른 사람보다 많이 떨어져서 감히 〈황제께서〉 중용[器使]하시는 반열에 수를 채우는 것도 감당하지 못함은 신이 스스로 진술할 필요도 없이 예전부터 성상께서 밝게 아시는 바입니다. 신이 전후에 맡은 직임은 갈 수 없고 넘볼 수 없는 것이었음에도, 제수될 때마다 빈번하게 응하여 감히 사양하지 않고 받은 것이, 어찌 털끝 하나라도 그 직임에 걸맞다고 여겨서 그러한 것이겠습니까. 정말 받은 은혜가 하늘과 같이 커서 보답하기를 도모함이 한없는데[無地], 오직 달려나가 명을 받는 것은 공경으로 여겨 온힘을 다하니, 이것이 신의 직분입니다. 이에 〈신에게 내린〉 군부의 직임은 이미 시험해보았지만 효과가 없었던 것으로, 처음의 서함(署銜)도 걸맞지 않았는데 끝내 또 실직(實職)으로 올려주시니 더욱 감당할 수 있겠습니까. 하물며 이처럼 군국(軍國)에 일이 많을 때는 군사일을 잘 다스려서 외모(外侮)를 막는 것에 책임이 긴중하니, 신과 같이 어리석고 미련한 자가 외람되게 무릅쓸 수 있는 것이 결코 아닙니다. 필경 잘못할 것이 기필코 도달할 이치이니, 신이 몸소 낭패함은 비록 불쌍할 것이 못되지만, 나라의 군정에 있어서는 어떻게 되겠습니까. 이 점이 신이 밤새토록 근심하며 마치 돌아갈 곳이 없는 궁박한 사람과 같이 여기는 이유입니다. 삼가 바라건대 특별히 체차해주시고 〈직을〉 감당할만한 〈사람에게〉 돌려주시어 공사에 다행스럽게 하소서. 신이 면직(免職)을 청하는 지경에 군무[戎務]를 함부로 논해서는 안 되나 새로 구비한 군함인 양무호(揚武號)에 〈의견이〉 이르면, 이미 구매하였으므로 다시 계약을 파기하기는 어려우니 헛되이 연안[海灣]에 묶어두는 것은 비용도 날로 들고 배도 날로 훼손되어 매우 걱정할만합니다. 그 조처할 방법은 급하게 강구하지 않으면 안 됩니다. 현재 온 세계[宇內]의 각국은 서로 관계를 맺으며 경쟁하여 해군과 전함을 공격과 방어의 좋은 계책으로 여기지 않음이 없습니다. 그러나 당당한 〈우리〉 제국을 돌아보면, 삼면이 바다에 접해도 1명의 수병과 1척의 군함도 없어 오랫동안 이웃나라에게 한심스럽게 여겨지고 있으니, 이보다 부끄러울 것이 무엇이겠습니까. 지금 논의하는 자들은 모두 이르기를 '국가 재정[國計]에 여유가 없으니 해군을 갑자기 논의해서는 안 된다'고 하는데, 이것은 스스로 한계를 긋는 견해입니다. 지금 해외의 열방은 그 영토[地方]와 인구수가 아국에 반에 미치지 못하더라도 오히려 수만의 수병과 수십 척의 전함을 보유하였으니, 〈그렇다면〉 어찌 그 재용을 귀신에게 주어서 그 상황에 이른 것이겠습니까. 그들은 절제하고 법도를 신중히 하여 조치가 마땅함을 얻었기에 성공하지 않을 수 없었던 이치가 있었던 것입니다. 만약 처음에 힘을 쓰지 않고 다만 '우리는 할 수 없다'고만 말한다면, 천하에 어찌 하루라도 일이 이루어지는 날이 있겠습니까. 신이 삼가 광무(光武) 2년 7월 5일의 조지(詔旨)를 보니, 말씀하시길, '해군에 대해 아직 정해진 제도가 없는 것은, 비록 겨를이 없어서이기는 하지만 매우 소홀히 하는 것이다. 그 상비군의 정원[額]과 편제 방식, 비용을 충당할 계책[接濟之策]을 군부로 하여금 충분히 의논하여 미리 강구하고 경륜하여 처리하라'고 하셨습니다. 신은 이에 대성인께서 미리 빈틈없이 하시는 준비와 근본을 튼튼히 하시는 경계로써, 먼저 이미 해외를 두루 다녔습니다. 지금 새롭게 군함을 준비하는 것은, 바로 성지〈가 기획한 미래〉의 날을 성취하는 것이며, 천 리를 가는 것이 문을 나서는 것에서 시작하는 것이니, 어찌 저 백만의 용맹한 군대[貔貅]와 천 리에 걸친 뱃머리가 사해를 치달리고 만국을 능가하는 것이 이것으로 말미암아 이루어지지 않는다고 장담할 수 있겠습니까. 그런데 1척의 군함을 사자마자 바로 다른 의견을 내세우니, 이 어찌 밝으신 조(詔)의 뜻을 받드는 것이겠습니까. 처음 군함을 구매할 때를 생각하면, 신이 비록 참여하지는 못했지만 일이 처음 시작하는 것과 관계가 있는 만큼, 널리 중요하게 논의하였어야 하는데 정부가 충분히 논의하게 하지 않고 군부[臣部]가 독자적으로 계약하여 일의 정황상 미흡한 것이 있다 보니 의론이 분분하게 된 것입니다. 신은 생각건대, 우리나라의 군사제도[兵制]에도 원래는 수군과 전함이 있었으니 통제영(統制營)과 각 수영(水營)과 같은 것이 지금은 비록 폐지되었으나 그때에 설치하고 운영하였던 자본이 과연 어디에서 나왔겠습니까. 땅이 더 작아지지 않았으며 재물이 더 줄어들지 않았는데도, 겨우 1척의 군함을 구비하려 하자 먼저 경비를 걱정하니 이것이 신이 이해할 수 없는 것입니다. 신의 입장에서 생각하면, 군량을 조달하지 못하는 걱정이 없을 것 같습니다. 작년에 해방영(海防營)이 강화(江華)·부평(富平) 등지에 있었고 통제영은 진남군(鎭南郡)에 있었는데, 이 영의 관청이 아직도 남아 있으니 지금 강화·진남의 두 진위대(鎭衛隊)를 해군영(海軍營)으로 바꾸어 만들고 그곳에 〈수군이〉 거하게 하면 나라는 영을 설치하는 비용이 없을 것이며 수병도 대략 갖추어질 것입니다. 하물며 지금은 수적(水賊)이 몰래 나타나서 상선이 통하기 어려워 연해 어귀와 기슭에 잠상(潛商)이 폐단이 되는데, 이 군함으로 해면을 순찰하게 하면 비류(匪類)를 막아서 국경을 보호할 수가 있으니, 어찌 쓸모가 없다고 할 수 있겠습니까. 군함을 〈운용하는〉 1년치 비용이 액수가 자못 적지 않으니 별도로 재물을 모으지 않을 수 없습니다. 이전 해방영 시기에는 이른바 각 포구의 영업세라는 것을 각 해당 영에 소속시켜 경비로 삼았는데, 해당 영이 폐지된 후에는 그대로 객주(客主) 무리가 이익을 챙기는 구멍이 되었으니 지금 해군영에 환속시켜야만 합니다. 그 밖의 해세(海稅)와 선세(船稅) 등의 항목은 본래 군량을 위해 설치한 것이니, 이것도 다시 영의 비용으로 이속시켜야 합니다. 또한 그 통영과 수영에 각각 속한 경비에 대해서도 다시 조사를 더하여 본영에 부속시킨다면 여유 자금이 생길 것이니, 모병하고 군함을 축조하는 것을 점차 증가시키고 〈그〉 확장을 도모하는 것에 어찌 어려움이 있겠습니까. 신은 우매하여 감히 이 일이 옳고 그른지, 할 수 있는지는 알지 못합니다만 나라에 군함이 있기를 다행으로 여기어 경솔하고 망령되이 진술하였으니 더욱 황송합니다. 삼가 바라건대 성상께서는 굽이 살펴주시어 신의 상소를 정부에 속히 내리시어 회의하고 품처하게 해주신다면 매우 다행이겠습니다. 신은 못내 운운합니다"라고 하였다. 받든 칙지에 "'상소를 보고 경의 간절함을 모두 알았다. 제수된 지 얼마 되지 않았는데 어찌 갑자기 사직을 말하는가. 말미에 진술한 것은 정부로 하여금 충분히 의논하여 품처하게 하라'는 내용으로 부랑을 보내어 선유하도록 하라"고 하였다.

『高宗實錄』43卷

軍部大臣尹雄烈疏略, 臣於丐免之地, 不宜妄論戎務, 而至若新備軍艦揚武號, 既經購來, 更難罷約, 則虛縻海灣, 費日積而船日朽, 甚可悶也. 其措處之方, 不得不急之講究者也. 方今宇內各國, 聯絡競爭, 莫不以海軍戰艦, 爲控制捍禦之長策. 而顧以堂堂帝國, 三面濱海, 而無一水兵, 無一軍艦, 久爲隣國之所寒心, 則可恥孰甚. 爲今之議者, 咸曰, 國計無裕筭, 海軍不宜遽議, 此自劃之見也. 今海外列邦, 其地方民數, 不及我國之半者, 猶有數十萬水兵, 數十艘戰艦, 豈其財用, 能神輸鬼運而致之哉. 爲其制節謹度, 措置得宜, 未有不可成之理矣. 若初不用力, 而但曰我不能焉, 則天下寧有可成之一日乎. 臣伏覩光武二年七月五日詔旨, 若曰, 海軍之尙未有定制, 雖屬未遑, 太涉疎虞, 其常備之額, 編制之方, 接濟之策, 令軍部爛商, 豫究經紀. 臣於是有以仰大聖人綢繆之備, 苞桑之戒, 先已周行於海外矣. 今此新備軍艦, 卽成就聖志之日, 而適千里者始於出門, 安知夫百萬貔貅, 千里舳艫, 馳騁乎四海, 凌駕乎萬國者, 不由此而成乎. 但纔購一艦, 便惹異議, 是豈奉承明詔之意哉. 第其購買之初, 臣雖不得與聞, 而事關創始, 論貴廣博, 不令政府爛議, 而獨自臣部契約, 恐欠事體, 所以致紛紜之論耳. 臣愚以爲, 我國兵制, 原有水軍戰船, 如統制營各水營, 今雖廢止, 而其時設施接濟之資, 果何從而出也. 地不加小, 財不加損, 而僅具一艦, 先憂經用, 此臣之所未解也. 以臣而慮, 恐無籌餉不給之患也. 曾年海防營在江華·富平等地, 統制營在鎭南郡, 而營廨尙存. 今以江華·鎭南兩鎭衛隊, 變作海軍營而居之, 則國無設營之費, 而水兵粗可備矣. 況今水賊竊發, 商船難通, 沿海口岸, 潛商爲弊, 以此軍艦, 巡綽海面, 足以詗戢匪類, 保護國境, 豈可曰無其用哉. 軍艦一年之費, 數頗不尠[*鮮], 則不可無別般鳩財. 前海防營時, 有所謂各浦口營業稅者, 屬之該營, 以爲經費, 該營廢後, 仍爲客主輩之利竇, 今宜還屬於海軍營. 其外海稅船稅等項, 本爲軍餉設也. 亦令移付於營費, 又其統水各營所屬經用, 更加查櫛, 以付本營, 則足以有贏餘. 募兵造艦, 漸次增加, 以圖擴張, 何難之有哉. 而臣以愚昧, 不敢知玆事之是否可行, 而惟幸其國有軍艦, 率爾妄陳, 滋甚悚惶. 伏望聖上, 俯垂鑑諒, 亟下臣疏於政府, 以爲會議稟處之地, 千萬幸甚. 批曰, 授纔未幾, 豈遽言辭. 尾陳令政府爛商稟處.

군부대신(議政府贊政軍部大臣) 윤웅렬(尹雄烈)이 올린 상소의 대략에, "신이 면직(免職)을 청하는 지경에 군무[戎務]를 함부로 논해서는 안 되나 새로 구비한 군함인 양무호(揚武號)에 〈의견이〉 이르면, 이미 구매하였으므로 다시 계약을 파기하기는 어려우니 헛되이 연안[海灣]에 묶어두는 것은 비용도 날로 들고 배도 날로 훼손되어 매우 걱정할만합니다. 그 조처할 방법은 급하게 강구하지 않으면 안 됩니다. 현재 온 세계[宇內]의 각국은 서로 관계를 맺으며 경쟁하여 해군과 전함을 공격과 방어의 좋은 계책으로 여기지 않음이 없습니다. 그러나 당당한 〈우리〉 제국을 돌아보면, 삼면이 바다에 접해도 1명의 수병과 1척의 군함도 없어 오랫동안 이웃나라에게 한심스럽게 여겨지고 있으니, 이보다 부끄러울 것이 무엇이겠습니까. 지금 논의하는 자들은 모두 이르기를 '국가 재정[國計]에 여유가 없으니 해군을 갑자기 논의해서는 안 된다'고 하는데, 이것은 스스로 한계를 긋는 견해입니다. 지금 해외의 열방은 그 영토[地方]와 인구수가 아국에 반에 미치지 못하더라도 오히려 수만의 수병과 수십 척의 전함을 보유하였으니, 〈그렇다면〉 어찌 그 재용을 귀신에게 주어서 그 상황에 이른 것이겠습니까. 그들은 절제하고 법도를 신중히 하여 조치가 마땅함을 얻었기에 성공하지 않을 수 없었던 이치가 있었던 것입니다. 만약 처음에 힘을 쓰지 않고 다만 '우리는 할 수 없다'고만 말한다면, 천하에 어찌 하루라도 일이 이루어지는 날이 있겠습니까. 신이 삼가 광무(光武) 2년 7월 5일의 조지(詔旨)를 보니, 말씀하시길, '해군에 대해 아직 정해진 제도가 없는 것은, 비록 겨를이 없어서이기는 하지만 매우 소홀히 하는 것이다. 그 상비군의 정원[額]과 편제 방식, 비용을 충당할 계책[接濟之策]을 군부로 하여금 충분히 의논하여 미리 강구하고 경륜하여 처리하라'고 하셨습니다. 신은 이에 대성인께서 미리 빈틈없이 하시는 준비와 근본을 튼튼히 하시는 경계로써, 먼저 이미 해외를 두루 다녔습니다. 지금 새롭게 군함을 준비하는 것은, 바로 성지〈가 기획한 미래〉의 날을 성취하는 것이며, 천 리를 가는 것이 문을 나서는 것에서 시작하는 것이니, 어찌 저 백만의 용맹한 군대[貔貅]와 천 리에 걸친 뱃머리가 사해를 치달리고 만국을 능가하는 것이 이것으로 말미암아 이루어지지 않는다고 장담할 수 있겠습니까. 그런데 1척의 군함을 사자마자 바로 다른 의견을 내세우니, 이 어찌 밝으신 조(詔)의 뜻을 받드는 것이겠습니까. 처음 군함을 구매할 때를 생각하면, 신이 비록 참여하지는 못했지만 일이 처음 시작하는 것과 관계가 있는 만큼, 널리 중요하게 논의하였어야 하는데 정부가 충분히 논의하게 하지 않고 군부[臣部]가 독자적으로 계약하여 일의 정황상 미흡한 것이 있다 보니 의론이 분분하게 된 것입니다. 신은 생각건대, 우리나라의 군사제도[兵制]에도 원래는 수군과 전함이 있었으니 통제영(統制營)과 각 수영(水營)과 같은 것이 지금은 비록 폐지되었으나 그때에 설치하고 운영하였던 자본이 과연 어디에서 나왔겠습니까. 땅이 더 작아지지 않았으며 재물이 더 줄어들지 않았는데도, 겨우 1척의 군함을 구비하려 하자 먼저 경비를 걱정하니 이것이 신이 이해할 수 없는 것입니다. 신의 입장에서 생각하면, 군량을 조달하지 못하는 걱정이 없을 것 같습니다. 작년에 해방영(海防營)이 강화(江華)·부평(富平) 등지에 있었고 통제영은 진남군(鎭南郡)에 있었는데, 이 영의 관청이 아직도 남아 있으니 지금 강화·진남의 두 진위대(鎭衛隊)를 해군영(海軍營)으로 바꾸어 만들고 그곳에 〈수군이〉 거하게 하면 나라는 영을 설치하는 비용이 없을 것이며 수병도 대략 갖추어질 것입니다. 하물며 지금은 수적(水賊)이 몰래 나타나서 상선(商船)이 통하기 어려워 연해 어귀와 기슭에 잠상(潛商)이 폐단이 되는데, 이 군함으로 해면을 순찰하게 하면 비류(匪類)를 막아서 국경을 보호할 수가 있으니, 어찌 쓸모가 없다고 할 수 있겠습니까. 군함을 〈운용하는〉 1년치 비용이 액수가 자못 적지 않으니 별도로 재물을 모으지 않을 수 없습니다. 이전 해방영 시기에는 이른바 각 포구의 영업세라는 것을 각 해당 영에 소속시켜 경비로 삼았는데, 해당 영이 폐지된 후에는 그대로 객주(客主) 무리가 이익을 챙기는 구멍이 되었으니 지금 해군영에 환속시켜야만 합니다. 그 밖의 해세(海稅)와 선세(船稅) 등의 항목은 본래 군량을 위해 설치한 것이니, 이것도 다시 영의 비용으로 이속시켜야 합니다. 또한 그 통영과 수영에 각각 속한 경비에 대해서도 다시 조사를 더하여 본영에 부속시킨다면 여유 자금이 생길 것이니, 모병하고 군함을 축조하는 것을 점차 증가시키고 〈그〉 확장을 도모하는 것에 어찌 어려움이 있겠습니까. 신은 우매하여 감히 이 일이 옳고 그른지, 할 수 있는지는 알지 못합니다만 나라에 군함이 있기를 다행으로 여기어 경솔하고 망령되이 진술하였으니 더욱 황송합니다. 삼가 바라건대 성상께서는 굽이 살펴주시어 신의 상소를 정부에 속히 내리시어 회의하고 품처하게 해주신다면 매우 다행이겠습니다"라고 하였다. 비답하기를, "제수된 지 얼마 되지 않았는데 어찌 갑자기 사직을 말하는가. 말미에 진술한 것은 정부로 하여금 충분히 의논하여 품처하게 하라"고 하였다.

『日省錄』508冊

疏略曰, 臣之才具識見, 最出人下, 不敢備數於器使之列, 不待臣之自陳, 而久爲聖鑑之所照燭矣. 迺[*廼]者軍部之任, 所已試而蔑效者, 而初爲署銜, 猶云不稱, 終又陞實, 尤其可堪. 況當軍國多事之際, 畢竟僨誤, 理所必至, 此臣所以夙夜憂懼者也. 伏乞特賜鞶遞, 回授可堪, 以幸公私焉. 臣丐免之地, 不宜妄論戎務, 而至若新備軍艦揚武號, 旣經購來, 更難罷約, 則虛糜海灣, 費日積而船日朽, 甚可憫也. 其措處之方, 不得不急急講究者也. 方今宇內各國, 聯絡競爭, 莫可以海軍戰艦, 爲控制捍禦之長策. 而顧以堂堂帝國, 三面濱海, 而無一水兵, 無一軍艦, 久爲隣國之所寒心, 則可恥孰甚爲[*焉]. 今之議者, 咸曰, 國計無裕算, 海軍不宜遽議, 此自劃見也. 今海外列邦, 其地方民數, 不及我國之半者, 猶有數十萬水兵, 數十艘戰艦, 豈其財用, 能神輸鬼運而致之哉. 尙[*爲]其制節謹度, 措置得且[*宜], 未有不可成之理矣. 若初不用力, 而但曰我不能焉, 則天下寧有可成之一日乎. 臣伏覩光武二年七月五日詔旨, 若曰, 海軍之尙未有定制, 雖屬未遑, 太涉疏虞. 其常備之額, 編制之方, 接濟之策, 令軍部爛商, 預究經紀. 臣於是有以仰大聖人綢繆之備, 苞桑之戒, 先已周行於海外矣. 今此新備軍艦, 卽成就聖旨[*志]之日, 而適千里者始於出門, 安知夫百萬貔貅, 千里舳艫, 馳騁乎四海, 凌駕乎萬國者, 不由此而成乎. 但纔購一艦, 便惹異議, 是豈奉承明詔之意哉. 第其購買之初, 臣雖不得與聞, 而事關創始, 論貴廣博, 不令政府爛議, 而獨自臣部契約, 恐欠事體, 所以致紛紜之論耳. 臣愚以爲, 我國兵制, 原有水軍戰船, 如統制營各水營, 今雖廢止, 而其時設施接濟之資, 果何從而出也. 地不加少, 財不加損, 而僅具一艦, 先憂經用, 此臣之所未解也. 以臣而慮, 恐無籌餉不給之患. 曾年海防營在江華·富平等地, 統制營在鎭南郡, 而營廨尙存, 今以江華·鎭南兩鎭衛隊, 變作海軍營而居之, 則國無設營之費, 而水兵粗可備矣. 況今水賊竊發, 商船難通, 沿海口岸, 潛商爲弊, 以此軍艦, 巡綽海面, 足以詗戢匪類, 保護國境, 豈可曰無其用哉. 軍艦一年之費, 數額[*頗]不尠[*鮮], 則不可無別般鳩財. 前海防營時, 有所謂各浦口營業稅者, 屬之該營, 以爲經費, 該營廢後, 仍爲客主輩之利竇, 今宜還屬於海軍營. 其外海稅船稅等項, 本爲軍餉設也. 亦令移付於營費, 又其統水各營所屬經用, 更加查櫛, 以付本營, 則足以有贏餘, 募兵造艦, 漸次增加, 以圖擴張, 何難之有哉. 而臣愚昧, 不敢知玆事之是否可行, 而惟幸其國有軍艦, 率爾妄陳, 滋甚悚惶. 伏[*欲]望聖上, 俯垂鑑諒, 亟下臣疏於政府, 以爲會議稟處之地幸甚. 批以, 授纔未幾, 豈遽言辭. 尾陳令政府爛商稟處. 仍命遣部郎宣諭.

상소의 대략에, "신의 재능과 식견은 모두 다른 사람보다 많이 떨어져서 감히 〈황제께서〉 중용[器使]하시는 반열에 수를 채우는 것도 감당하지 못함은 신이 스스로 진술할 필요도 없이 예전부터 성상께서 밝게 아시는 바입니다. 이에 〈신에게 내린〉 군부의 직임은 이미 시험해보았지만 효과가 없었던 것으로, 처음의 서함(署銜)도 걸맞지 않았는데 끝내 또 실직(實職)으로 올려주시니 더욱 감당할 수 있겠습니까. 하물며 이처럼 군국(軍國)에 일이 많을 때는 필경 잘못할 것이 기필코 도달할 이치이니, 이것이 신이 밤새토록 근심하는 이유입니다. 삼가 바라건대 특별히 체차해주시고 〈직을〉 감당할만한 〈사람에게〉 돌려주시어 공사에 다행스럽게 하소서. 신이 면직(免職)을 청하는 지경에 군무[戎務]를 함부로 논해서는 안 되나 새로 구비한 군함인 양무호(揚武號)에 〈의견이〉 이르면, 이미 구매하였으므로 다시 계약을 파기하기는 어려우니 헛되이 연안[海灣]에 묶어두는 것은 비용도 날로 들고 배도 날로 훼손되어 매우 걱정할만합니다. 그 조처할 방법은 급하게 강구하지 않으면 안 됩니다. 현재 온 세계[宇內]의 각국은 서로 관계를 맺으며 경쟁하여 해군과 전함을 공격과 방어의 좋은 계책으로 여기지 않음이 없습니다. 그러나 당당한 〈우리〉 제국을 돌아보면, 삼면이 바다에 접해도 1명의 수병과 1척의 군함도 없어 오랫동안 이웃나라에게 한심스럽게 여겨지고 있으니, 이보다 부끄러울 것이 무엇이겠습니까. 지금 논의하는 자들은 모두 이르기를 '국가 재정[國計]에 여유가 없으니 해군을 갑자기 논의해서는 안 된다'고 하는데, 이것은 스스로 한계를 긋는 견해입니다. 지금 해외의 열방은 그 영토[地方]와 인구수가 아국에 반에 미치지 못하더라도 오히려 수만의 수병과 수십 척의 전함을 보유하였으니, 〈그렇다면〉 어찌 그 재용을 귀신에게 주어서 그 상황에 이른 것이겠습니까. 그들은 절제하고 법도를 신중히 하는 것을 숭상하여 조치가 마땅함을 얻었기에 성공하지 않을 수 없었던 이치가 있었던 것입니다. 만약 처음에 힘을 쓰지 않고 다만 '우리는 할 수 없다'고만 말한다면, 천하에 어찌 하루라도 일이 이루어지는 날이 있겠습니까. 신이 삼가 광무(光武) 2년 7월 5일의 조지(詔旨)를 보니, 말씀하시길, '해군에 대해 아직 정해진 제도가 없는 것은, 비록 겨를이 없어서이기는 하지만 매우 소홀히 하는 것이다. 그 상비군의 정원[額]과 편제 방식, 비용을 충당할 계책[接濟之策]을 군부로 하여금 충분히 의논하여 미리 강구하고 경륜하여 처리하라'고 하셨습니다. 신은 이에 대성인께서 미리 빈틈없이 하시는 준비와 근본을 튼튼히 하시는 경계로써, 먼저 이미 해외를 두루 다녔습니다. 지금 새롭게 군함을 준비하는 것은, 바로 성지〈가 기획한 미래〉의 날을 성취하는 것이며, 천 리를 가는 것이 문을 나서는 것에서 시작하는 것이니, 어찌 저 백만의 용맹한 군대[貔貅]와 천 리에 걸친 뱃머리가 사해를 치달리고 만국을 능가하는 것이 이것으로 말미암아 이루어지지 않는다고 장담할 수 있겠습니까. 그런데 1척의 군함을 사자마자 바로 다른 의견을 내세우니, 이 어찌 밝으신 조(詔)의 뜻을 받드는 것이겠습니까. 처음 군함을 구매할 때를 생각하면, 신이 비록 참여하지는 못했지만 일이 처음 시작하는 것과 관계가 있는 만큼, 널리 중요하게 논의하였어야 하는데 정부가 충분히 논의하게 하지 않고 군부[臣部]가 독자적으로 계약하여 일의 정황상 미흡한 것이 있다 보니 의론이 분분하게 된 것입니다. 신은 생각건대, 우리나라의 군사제도[兵制]에도 원래는 수군과 전함이 있었으니 통제영(統制營)과 각 수영(水營)과 같은 것이 지금은 비록 폐지되었으나 그때에 설치하고 운영하였던 자본이 과연 어디에서 나왔겠습니까. 땅이 더 작아지지 않았으며 재물이 더 줄어들지 않았는데도, 겨우 1척의 군함을 구비하려 하자 먼저 경비를 걱정하니 이것이 신이 이해할 수 없는 것입니다. 신의 입장에서 생각하면, 군량을 조달하지 못하는 걱정이 없을 것 같습니다. 작년에 해방영(海防營)이 강화(江華)·부평(富平) 등지에 있었고 통제영은 진남군(鎭南郡)에 있었는데, 이 영의 관청이 아직도 남아 있으니 지금 강화·진남의 두 진위대(鎭衛隊)를 해군영(海軍營)으로 바꾸어 만들고 그곳에 〈수군이〉 거하게 하면 나라는 영을 설치하는 비용이 없을 것이며 수병도 대략 갖추어질 것입니다. 하물며 지금은 수적(水賊)이 몰래 나타나서 상선[商船]이 통하기 어려워 연해 어귀와 기슭에 잠상(潛商)이 폐단이 되는데, 이 군함으로 해면을 순찰하게 하면 비류(匪類)를 막아서 국경을 보호할 수가 있으니, 어찌 쓸모가 없다고 할 수 있겠습니까. 군함을 〈운용하는〉 1년치 비용이 액수가 자못 적지 않으니 별도로 재물을 모으지 않을 수 없습니다. 이전 해방영 시기에는 이른바 각 포구의 영업세라는 것을 각 해당 영에 소속시켜 경비로 삼았는데, 해당 영이 폐지된 후에는 그대로 객주(客主) 무리가 이익을 챙기는 구멍이 되었으니 지금 해군영에 환속시켜야만 합니다. 그 밖의 해세(海稅)와 선세(船稅) 등의 항목은 본래 군량을 위해 설치한 것이니, 이것도 다시 영의 비용으로 이속시켜야 합니다. 또한 그 통영과 수영에 각각 속한 경비에 대해서도 다시 조사를 더하여 본영에 부속시킨다면 여유 자금이 생길 것이니, 모병하고 군함을 축조하는 것을 점차 증가시키고 〈그〉 확장을 도모하는 것에 어찌 어려움이 있겠습니까. 신은 우매하여 감히 이 일이 옳고 그른지, 할 수 있는지는 알지 못합니다만 나라에 군함이 있기를 다행으로 여기어 경솔하고 망령되이 진술하였으니 더욱 황송합니다. 삼가 바라건대 성상께서는 굽이 살펴주시어 신의 상소를 정부에 속히 내리시어 회의하고 품처하게 해주신다면 매우 다행입니다"라고 하였다. 비답하기를, "제수한 지 얼마 되지 않았는데 어찌 갑자기 사직을 말하는가. 말미에 진술한 것은 의정부로 하여금 충분히 의논하여 품처하게 하라"고 하였다. 이어서 부랑을 보내어 선유하도록 명하였다.

이범윤을 북간도관리로 임명해달라고 청함.

1903년(고종 40-癸卯) 6월 19일(양력 8월 11일)

발신 : 의정부참정 김규홍

『承政院日記』 3160冊

議政府贊政內部大臣臨時署理議政府參政金奎弘奏曰, 北墾島, 卽韓淸交界, 而因爲空曠, 于今數百年矣. 粤自數十年以來, 北道沿邊各郡我民之移住該地, 耕食居生者, 今爲數萬戶十餘萬生靈, 而酷被淸人之偪[*侵]漁. 故上年自臣部, 派遣視察李範允, 使之宣布皇化, 調査戶口矣. 今接該視察李範允報告書, 內槪淸人之虐待我民, 難以枚陳, 另加下燭, 卽爲移照外部, 與淸公使詰辦, 以防淸員之虐待, 亦爲建官設兵, 以慰萬民感化望生等, 因而爲先編籍修報者, 爲一萬三千餘戶矣. 據此查報, 則我國寓民之居生此土者, 已爲數十年之久, 而尙未設官保護, 許多生靈, 無所依賴, 一任淸員之凌踏, 其在綏遠之道, 未免疎忽. 先自外部與淸公使商辦後, 文移該地方附近官員, 俾勿得勒加薙髮, 法外虐待. 至於疆界論之, 在前分水嶺定界碑以下土門江以南區域, 固當確定我國界限, 執結定稅, 而數百年空曠之地, 遽爾妥定, 似涉張大, 則不可不姑先特置保護官. 亦依該島民等請願, 仍使視察李範允, 特差管理, 駐箚該島, 專管事務, 俾保生命財産, 以示朝家懷保之意何如. 謹上奏. 奉旨, 依奏. 李範允命北墾島管理.

의정부찬정(議政府贊政) 내부대신(內部大臣) 임시서리(臨時署理) 의정부참정(議政府參政) 김규홍(金奎弘)이 아뢰기를, "북간도(北墾島)는 즉 우리나라[韓]와 청(淸)의 국경[交界]으로, 빈 땅이 된 것이 지금부터 수백 년이었습니다. 수십 년 이래로, 북도(北道) 연변 각 군의 우리 백성이 해당 지역으로 이주하여 〈땅을〉 갈아먹고 거주한 자가 지금 수만 호에 10여 만 생령이 되는데, 가혹하게 청인의 핍박을 받고 있습니다. 그래서 작년에 의정부[臣部]에서 시찰(視察) 이범윤(李範允)을 파송하여 황제의 교화를 선포하고 호구를 조사하게 하였습니다. 지금 시찰 이범윤의 보고서를 접하니, 내용은 대개 '청인이 우리 백성을 학대함이 낱낱이 진술하기 어려우니, 특별히 굽어 살핌을 더하시어 즉시 외부에 조회를 이관하여 청 공사에게 질책하고 판별하여 청나라 관원의 학대를 막고, 또한 관청을 세우고 병사를 두어 만민을 위로하고 교화에 감화되게 하여 살기를 바라도록 해야 합니다'였으며, 그로 인하여 먼저 호적을 편성하여 보고한 것이 1만 3,000여 호입니다. 이 조사보고서에 의하면, 우리나라의 우거하는 백성이 이 땅에 거한 것이 이미 수십 년이나 오래되었는데, 아직도 관청을 세워 〈백성을〉 보호하지 못하고 있어서 허다한 생령이 의뢰할 바가 없어 청나라 관원의 업신여기고 짓밟음에 내맡겨져 있으니, 먼 지방을 안정시키는 도리에 있어 소홀하기를 면할 수 없습니다. 우선 외부가 청 공사와 상의하여 처리한 후에, 문서를 해당 지방 부근 관원에게 이관하여 억지로 변발[薙髮]하게 하거나 법에 어긋나는 학대를 가하지 못하게 하여야 합니다. 강계를 의론함에 있어서는, 이전에 분수령(分水嶺) 정계비(定界碑) 이하로 토문강(土門江) 이남의 구역은, 굳게 우리나라의 국경선[界限]으로 확정하여 결수(結數)를 잡아 세(稅)를 정해야 하지만, 수백 년 동안 비어 있던 땅에 갑자기 알맞게 정하는 것은 너무 일을 크게 벌이는 듯하니, 우선 보호할 관리를 특별히 두지 않을 수 없습니다. 또한 저 북간도 백성들의 마음과 청원에 의거하여 시찰 이범윤을 이어서 관리(管理)로 특별히 차정하여 북간도에 주둔하여 사무를 전적으로 관리하게 하여 생명과 재산을 보호하여, 〈백성을〉 생각하고 보호하는 조정[朝家]의 뜻을 보이시는 것이 어떻겠습니까. 삼가 상주합니다"라고 하였다. 받든 칙지에, "아뢴 대로 하라"고 하였다. 이범윤을 북간도관리(北墾島管理)로 명하였다.

『高宗實錄』43卷

十一日. 內部大臣臨時署理議政府參政金奎弘奏, 北間島, 卽韓淸交界, 而因爲空曠, 于今數百年矣. 粤自數十年以來, 北邊沿邊各郡我民之移住該地, 耕食居生者, 今爲數萬戶十餘萬生靈, 而酷被淸人之侵漁. 故上年自臣部, 派遣視察李範允, 使之宣布皇化, 調査戶口矣. 今接該視察李範允報告, 內概淸人之虐待我民, 難以枚陳, 另加下燭, 卽爲移照外部, 與淸公使詰辨, 以防淸員之虐待, 亦爲建官設兵, 以慰萬民感化樂生等, 因而爲先編籍修報者, 爲一萬三千餘戶矣. 據此査報, 則我國寓民之居生此土者, 已爲數十年之久, 而尙未設官保護, 許多生靈, 無所依賴, 一任淸員之凌踏, 其在綏遠之道, 未免疎忽. 先自外部與淸公使商辦後, 文移該地方附近官員, 俾勿得勒加薙髮, 法外虐待. 至於疆界論之, 在前分水嶺定界碑以下土門江以南區域, 固當確定我國界限, 執結定稅, 而數百年空曠之地, 遽爾妥定, 似涉張大, 則不可不姑先特置保護官. 亦依該島民等請願, 仍使視察李範允, 特差管理, 駐箚該島, 專管事務, 俾保生命財産, 以示朝家懷保之意何如, 允之.

양력 8월 11일. 내부대신(內部大臣) 임시서리(臨時署理) 의정부참정(議政府參政) 김규홍(金奎弘)이 아뢰기를, "북간도(北間島)는 즉 우리나라[韓]와 청(淸)의 국경[交界]으로, 빈 땅이 된 것이 지금부터 수백 년이었습니다. 수십 년 이래로, 북도(北道) 연변 각 군의 우리 백성이 해당 지역으로 이주하여 〈땅을〉 갈아먹고 거주한 자가 지금 수만 호에 10여 만 생령이 되는데, 가혹하게 청인의 핍박[侵漁]을 받고 있습니다. 그래서 작년에 의정부[臣部]에서 시찰(視察) 이범윤(李範允)을 파송하여 황제의 교화를 선포하고 호구를 조사하게 하였습니다. 지금 시찰 이범윤의 보고서를 접하니, 내용은 대개 '청인이 우리 백성을 학대함이 낱낱이 진술하기 어려우니, 특별히 굽어 살핌을 더하시어 즉시 외부에 조회를 이관하여 청 공사에게 질책하고 판별하여 청나라 관원의 학대를 막고, 또한 관청을 세우고 병사를 두어 만민을 위로하고 교화에 감화되게 하여 살기를 바라도록 해야 합니다' 였으며, 그로 인하여 먼저 호적을 편성하여 보고한 것이 1만 3,000여 호입니다. 이 조사 보고서에 의하면, 우리나라의 우거하는 백성이 이 땅에 거한 것이 이미 수십 년이나 오래 되었는데, 아직도 관청을 세워 〈백성을〉 보호하지 못하고 있어서 허다한 생령이 의뢰할 바가 없어 청나라 관원의 업신여기고 짓밟음에 내맡겨져 있으니, 먼 지방을 안정시키는 도리에 있어 소홀하기를 면할 수 없습니다. 우선 외부가 청 공사와 상의하여 처리한 후에, 문서를 해당 지방 부근 관원에게 이관하여 억지로 변발[薙髮]하게 하거나 법에 어긋나는 학대를 가하지 못하게 하여야 합니다. 강계를 의론함에 있어서는, 이전에 분수령(分水嶺) 정계비(定界碑) 이하로 토문강(土門江) 이남의 구역은, 굳게 우리나라의 국경선[界限]으로 확정하여 결수(結數)를 잡아 세(稅)를 정해야 하지만, 수백 년 동안 비어 있던 땅에 갑자기 알맞게 정하는 것은 너무 일을 크게 벌이는 듯하니, 우선 보호할 관리를 특별히 두지 않을 수 없습니다. 또한 저 북간도 백성들의 마음과 청원에 의거하여 시찰 이범윤을 이어서 관리(管理)로 특별히 차정하여 북간도에 주둔하여 사무를 전적으로 관리하게 하여 생명과 재산을 보호하여, 〈백성을〉 생각하고 보호하는 조정[朝家]의 뜻을 보이시는 것이 어떻겠습니까"라고 하니, 윤허하였다.

『日省錄』508冊

參政金奎弘奏言, 北間島, 卽韓淸交界, 而因爲空曠, 于今數百年矣. 粤自數寸[*十]年以來, 北道沿邊各郡我民之移住該地, 耕食居生者, 今爲數萬戶十餘萬生靈, 酷被淸人之侵漁. 故上年自臣府[*部], 派送視察李範允, 使之宣布皇化, 調査戶口矣. 今接該視察李範允報告書, 內槪淸人之虐待我民, 難以枚陳, 另加下燭, 卽爲移照外部, 與淸公使詰辦, 以防淸員之虐待, 亦爲建官設兵, 以慰萬民感化望生等, 因而爲先編籍修報者, 爲一萬三千餘戶矣. 據此査報, 則我國寓民之居生此土者, 已爲數十年之久, 而尙未設官保護, 許多生靈, 無所依賴, 一任淸員之凌踏, 其在綏遠之道, 未免疏忽. 先自外部與淸公使商辦後, 文移該地方附近官員, 俾勿得勒加薙髮, 法外虐待. 至於疆界論之, 在前分水嶺定界碑以下土門江以南區域, 固當確定我國界限, 執結定稅, 而數百年空曠之地, 遽爾妥定, 似涉張大, 則不可不姑先特置保護官. 亦依該島民等情願請, 仍使視察李範允, 特差管理, 駐箚該島, 專管事務, 俾保生命財産, 以示朝家懷保之意, 允之.

참정(參政) 김규홍(金奎弘)이 아뢰기를, "북간도(北間島)는 즉 우리나라[韓]와 청(淸)의 국경[交界]으로, 빈 땅이 된 것이 지금부터 수백 년이었습니다. 수십 년 이래로, 북도(北道) 연변 각 군의 우리 백성이 해당 지역으로 이주하여 〈땅을〉 갈아먹고 거주한 자가 지금 수만 호에 10여 만 생령이 되는데, 가혹하게 청인의 핍박[侵漁]을 받고 있습니다. 그래서 작년에 의정부에서 시찰(視察) 이범윤(李範允)을 파송하여 황제의 교화를 선포하고 호구를 조사하게 하였습니다. 지금 시찰 이범윤의 보고서를 접하니, 내용은 대개 '청인이 우리 백성을 학대함이 낱낱이 진술하기 어려우니, 특별히 굽어 살핌을 더하시어 즉시 외부에 조회를 이관하여 청 공사에게 질책하고 판별하여 청나라 관원의 학대를 막고, 또한 관청을 세우고 병사를 두어 만민을 위로하고 교화에 감화되게 하여 살기를 바라도록 해야 합니다'였으며, 그로 인하여 먼저 호적을 편성하여 보고한 것이 1만 3,000여 호입니다. 이 조사보고서에 의하면, 우리나라의 우거하는 백성이 이 땅에 거한 것이 이미 수십 년이나 오래 되었는데, 아직도 관청을 세워 〈백성을〉 보호하지 못하고 있어서 허다한 생령이 의뢰할 바가 없어 청나라 관원의 업신여기고 짓밟음에 내맡겨져 있으니, 먼 지방을 안정시키는 도리에 있어 소홀하기를 면할 수 없습니다. 우선 외부가 청 공사와 상의하여 처리한 후에, 문서를 해당 지방 부근 관원에게 이관하여 억지로 변발[薙髮]하게 하거나 법에 어긋나는 학대를 가하지 못하게 하여야 합니다. 강계를 의론함에 있어서는, 이전에 분수령(分水嶺) 정계비(定界碑) 이하로 토문강(土門江) 이남의 구역은, 굳게 우리나라의 국경선[界限]으로 확정하여 결수(結數)를 잡아 세(稅)를 정해야 하지만, 수백 년 동안 비어 있던 땅에 갑자기 알맞게 정하는 것은 너무 일을 크게 벌이는 듯하니, 우선 보호할 관리를 특별히 두지 않을 수 없습니다. 또한 저 북간도 백성들의 마음과 청원에 의거하여 시찰 이범윤을 이어서 관리(管理)로 특별히 차정하여 북간도에 주둔하여 사무를 전적으로 관리하게 하여 생명과 재산을 보호하여, 〈백성을〉 생각하고 보호하는 조정[朝家]의 뜻을 보이소서"라고 하니, 윤허하였다.

일본 특명전권공사에게 의주가 교역시장으로 개방되었음을 알림.

1904년(고종 41 - 甲辰) 1월 10일(양력 2월 25일)

발신 : 외부대신 임시서리 이지용

『高宗實錄』 44卷

二十五日. 外部大臣臨時署理李址鎔以, 平安北道義州郡, 本與淸國作爲陸路通商之處, 間因時勢, 已行停廢. 及今商務日漸殷繁, 合將該處開作各國互市之場. 向由本部請, 議政府業經議決奏蒙裁可, 應向各與國使臣, 一切聲明. 惟開市區域及開辦日期, 除再作商量, 另行知照事. 會照于日本特命全權公使林權助.

양력 2월 25일. 외부대신(外部大臣) 임시서리(臨時署理) 이지용(李址鎔)이, "평안북도(平安北道) 의주군(義州郡)은 본래 청국과 육로로 통상하는 곳으로 만들었는데 그 사이 시세(時勢)에 따라 정지하고 폐지하였습니다. 지금은 상무(商務)가 날로 점점 많아지고 있으니, 해당하는 곳을 마땅히 각국의 호시하는 장소로 열어야 합니다. 지난번에 본부(本部)의 요청으로 의정부(議政府)에서 이미 의논하고 결정하여 아뢰어 〈황제(皇帝)의〉 재가를 받았으니 각 관련 국의 사신들에게 모두 성명합니다. 개시하는 구역 및 여는 날짜는 다시 헤아릴 것 없이 따로 조회하겠습니다"라고 한 내용을 일본 특명전권공사(特命全權公使) 하야시 곤노스케(林權助)에게 조회[會照]하였다.

'한일의정서'가 체결됨.

1904년(고종 41 - 甲辰) 1월 8일 (양력 2월 23일)

발신 : 외부대신 임시서리 육군참장 이지용

『高宗實錄』 44卷

二十三日. 韓日議定書成【光武四年, 北淸事變後, 俄國留兵於滿洲一帶之地, 到期不撤. 雖日·英兩國同盟當之, 美國亦抗議, 俄不應之. 至七年四月, 出兵, 恣占據我龍巖浦. 日本以半島存亡爲其安危所係, 折衝幾月, 不決. 俄却增修兵備. 至本年二月六日, 兩國國交斷絶. 九日, 日本艦隊攻擊俄艦兩隻於仁川, 沖破之, 俄艦退, 自爆沈於仁川港內. 十日, 日本向俄布告宣戰. 十二日, 俄公使巴禹路厚去京城歸國. 至是局面一變, 締結本條約】.

議定書. 大韓帝國皇帝陛下의 外部大臣臨時署理陸軍參將李址鎔及大日本帝國皇帝陛下의 特命全權公使林權助ᄂᆞᆫ 各相當의 委任을 受ᄒᆞ야 左開條件을 協定홈. 第一條. 韓日兩帝國間에 恒久不易에 親交ᄅᆞᆯ 保持ᄒᆞ고 東洋和平을 確立홈을 爲ᄒᆞ야 大韓帝國政府ᄂᆞᆫ 大日本帝國政府ᄅᆞᆯ 確信ᄒᆞ야 施政改善에 關ᄒᆞ야 其忠告ᄅᆞᆯ 容ᄒᆞᆯ 事. 第二條. 大日本帝國政府ᄂᆞᆫ 大韓帝國皇室을 確實ᄒᆞᆫ 親誼로 安全康寧케ᄒᆞᆯ 事. 第三條. 大日本帝國政府ᄂᆞᆫ 大韓帝國의 獨立及領土保全을 確實히 保證ᄒᆞᆯ 事. 第四條. 第三國의 侵害에 由ᄒᆞ며 或은 內亂을 爲ᄒᆞ야 大韓帝國皇室의 安寧과 領土의 保全에 危險이 有ᄒᆞᆯ 境遇에ᄂᆞᆫ 大日本帝國政府ᄂᆞᆫ 速히 臨機必要ᄒᆞᆫ 措置ᄅᆞᆯ 行홈이 可홈 然大韓帝國政府ᄂᆞᆫ 右大日本帝國에 行動을 容易홈을 爲ᄒᆞ야 十分便宜ᄅᆞᆯ 與ᄒᆞᆯ 事. 大日本帝國政府ᄂᆞᆫ 前項目的을 成就홈을 爲ᄒᆞ야 軍略上必要ᄒᆞᆫ 地點을 隨機取用홈을 得ᄒᆞᆯ 事. 第五條. 大韓帝國政府와 大日本帝國政府ᄂᆞᆫ 相互間에 承認을 不經ᄒᆞ야 後來에 本協定趣意에 違反ᄒᆞᆯ 協約을 第三國間에 訂立홈을 得치못ᄒᆞᆯ 事. 第六條. 本協約에 關聯ᄒᆞᄂᆞᆫ 未悉細條ᄂᆞᆫ 大日本帝國代表者와 大韓帝國外部大臣間臨機協定ᄒᆞᆯ 事. 光武八年二月二十三日, 外部大臣臨時署理陸軍參將李址鎔. 明治三十七年二月二十三日, 特命全權公使林權助.

양력 2월 23일. '한일의정서(韓日議定書)'가 성립되었다【광무(光武) 4년 북청사변(北靑事變) 후 러시아국은 만주(滿洲) 일대에 병사를 체류한 채 기한이 되도록 철수하지 않았다. 비록 일·영 양국이 동맹하여 그에 대응하고, 미국도 또한 항의하였으나, 러시아는 응하지 않았다. 7년 4월에 이르러 병사를 내어서 제멋대로 우리나라 용암포(龍巖浦)를 점거하였다. 일본은 반도의 존망이 그들의 안위와 관계된다고 여겨서 몇 달을 절충하였으나 결정되지 않았고, 러시아는 도리어 군비[兵備]를 증수(增修)하였다. 올해 2월 6일에 이르러 양국 국교는 단절되었다. 9일, 일본 함대가 러시아 함 2척을 인천(仁川)에서 공격하여 격파하자, 러시아 함은 퇴각하다가 인천항(仁川港)에서 자폭 침몰하였다. 10일, 일본은 러시아에 선전포고를 하였다. 12일, 러시아 공사(公使) 파블로프[巴禹路厚]가 경성을 떠나 귀국하였다. 이에 이르러 국면은 일변하였고, 본 조약이 체결되었다】.

의정서(議定書). 대한제국(大韓帝國) 황제폐하(皇帝陛下)의 외부대신 임시서리 육군참장(陸軍參將) 이지용(李址鎔)과 대일본제국 황제폐하의 특명전권공사(特命全權公使) 하야시 곤노스케(林權助)는 각자 상당하는 위임을 받고 다음의 조목을 협정한다. 제1조. 한일 양제국 사이에 항구적이고 변함없는 친교를 유지·보전하고 동양(東洋) 평화를 확립하기 위하여, 대한제국 정부는 대일본제국 정부를 확신하여 시정(施政)을 개선하는 것과 관해 충고를 수용한다. 제2조. 대일본제국 정부는 대한제국 황실을 확실한 친의로 안전하고 강녕하게 한다. 제3조. 대일본제국 정부는 대한제국의 독립 및 영토의 보전을 확실하게 보증한다. 제4조. 제3국의 침해나 혹은 내란으로 인하여 대한제국 황실의 안녕과 영토의 보전에 위험이 있을 경우에는 대일본제국 정부는 속히 적절하게 임하여 필요한 조치를 취하는 것이 가능하다. 그러나 대한제국 정부는 위 대일본제국의 행동을 용이하게 하기 위하여 충분한 편의를 준다. 대일본제국 정부는 전 항의 목적을 성취하기 위하여 군략상 필요한 지점을 정황에 따라 차지하여 이용할 수 있다. 제5조. 대한제국 정부와 대일본제국 정부는 상호 간에 승인을 거치지 않고 훗날 본 협정 취지에 위반하는 협약을 제3국과 맺을 수 없다. 제6조. 본 협약과 관련되는 미비한 세부 조항은 대일본제국 대표자와 대한제국 외부대신 사이에서 협정한다. 광무(光武) 8년 2월 23일, 외부대신 임시서리 육군참장 이지용(李址鎔). 메이지(明治) 37년 2월 23일, 특명전권공사 하야시 곤노스케(林權助).

일본 특명전권공사에게 용암포를 통상항구로 개항할 것임을 알림.

1904년(고종 41 - 甲辰) 2월 7일(양력 3월 23일)

발신 : 의정부참정 조병식

『高宗實錄』 44卷

外部大臣臨時署理議政府參政趙秉式, 自政府爲便外內交易, 以圖共同利益, 玆揀平安北道龍川郡龍巖浦, 開作通商口岸, 業由議政府經議奏裁, 除另定開辦日期再行聲明事, 照會于日本特命全權公使林權助.

외부대신(外部大臣) 임시서리(臨時署理) 의정부참정(議政府參政) 조병식(趙秉式)이 정부에서 내외의 교역을 편리하게 하며 공동의 이익을 도모하고자, 이에 평안북도(平安北道) 용천군(龍川郡) 용암포(龍巖浦)를 열어 통상항구로 만드는 안건이 이미 의정부의 의논을 거쳐 주재(奏裁)하였으므로, 따로 개항 날짜를 정하여 다시 성명하지는 않는다는 내용을 일본 특명전권공사(特命全權公使) 하야시 곤노스케(林權助)에게 조회(照會)하였다.

러시아와 체결된 조약과 협정은 폐기한다는 칙선서를 반포함.

1904년(고종 41-甲辰) 4월 4일(양력 5월 18일)

발신 : 고종

『高宗實錄』 44卷

下勅宣書于政府, 頒布中外. 勅宣書, 一, 既往韓俄兩國間에 締結한 條約과 協定은 一體廢罷하고 全然勿施할 事. 一, 俄國臣民이나 會社에 認準한바 特許合同中, 至今尙在其期限內者난 自今以後로 大韓政府가 以爲無妨한 者면 如前히 其認準을 繼續享有게 하나 至於豆滿江·鴨綠江·鬱陵島森林伐植特許하야난 本來一個人民에게 許諾한거신대 實狀은 俄國政府가 自作經營할뿐 外라 該特準規定을 遵行치아니하고 恣意로 侵占的行爲를 하얏스니 該特準을 廢罷하고 全然勿施할 事.

칙선서(勅宣書)를 의정부(議政府)로 내리고 중앙과 지방에 반포하였다. 칙선서. 하나, 이전에 한국과 러시아[俄] 양국 사이에 체결된 조약과 협정은 일체 폐기하고 전혀 시행하지 말 것. 하나, 러시아의 신민이나 〈러시아〉 회사(會社)에 인준한 특허합동(特許合同) 가운데 지금까지도 유효기간 안에 있는 것은, 지금부터 대한정부가 무방하다고 인정하는 것이면 이전대로 그 인준해준 것을 계속 누릴 수 있게 하나, 두만강(豆滿江)·압록강(鴨綠江)·울릉도(鬱陵島)의 산림 벌목 및 식수(植樹)의 특허는 본래 일개 인민에게 허락한 것인데, 실상은 러시아 정부가 스스로 경영할 뿐 아니라 해당하는 특준(特準) 규정을 준행하지 않고 자의로 침략·점거행위를 하였으니, 해당 특준을 폐지하고 모두 시행하지 말 것.

한국인과 일본인 사이에서 적용되는 어로 규정을 공포함.

1904년(고종 41－甲辰) 4월 21일(양력 6월 4일)

발신 : 외부

『高宗實錄』 44卷

外部告示韓日兩國人民漁採條例. 漁採區域條例. 一, 韓日兩國人民, 往來捕魚兩國海濱, 除已經議定地方外, 韓國特準忠清·黃海·平安三道沿岸漁採於日本人民. 日本國亦應將伯耆·因幡·但馬·丹後及九州沿海, 特準韓國人民漁採. 一, 忠清·黃海·平安三道沿岸, 日本人民捕魚期限, 由光武八年六月四日, 定以二十箇年. 一, 伯耆·因幡·但馬·丹後及九州沿海, 韓國人民捕魚期限, 由光武八年六月四日, 定以二十箇年. 一, 日本國人民不準在韓民已佔之處, 妨害其漁利. 犯者懲罰. 倘有肆行暴擧者, 押交附近領事, 從嚴究辦. 一, 詳細條規, 悉遵通漁章程施行.

외부가 한일양국인민어채조례(韓日兩國人民魚採條例)를 고시(告示)하였다. 어채구역조례(漁採區域條例). 하나, 한일 양국 인민이 양국의 바다를 오가며 고기잡이하는 것은, 이미 논의하여 정한 지방을 제외하고 한국은 충청도(忠清道)·황해도(黃海道)·평안도(平安道) 3개 도의 연안에서 일본인민이 고기잡이하는 것을 특별히 허가한다. 일본국 또한 호우키(伯耆)·이나바(因幡)·다지마(但馬)·단고(丹後) 및 큐슈(九州) 연안에서 한국인민이 고기잡이하는 것을 특별히 허가한다. 하나, 충청도·황해도·평안도 3개 도의 연해에서 일본인민이 고기잡이하는 기한은 광무(光武) 8년 6월 4일부터 20년으로 정한다. 하나, 호우키·이나바·다지마·단고 및 큐슈 연해에서 한국인민이 고기잡이하는 기한도 광무 8년 6월 4일부터 20년으로 정한다. 하나, 일본인민은 한국 사람이 이미 점거하고 있는 곳에서 그들의 고기잡이를 방해하는 것을 허락하지 않는다. 〈이를〉 위반하는 자는 징벌한다. 혹시 제멋대로 난폭한 행동을 하는 자는 부근의 영사(領事)에게 압송하여 엄격하게 신문하여 처리한다. 하나, 상세한 조항과 규정은 모두 통어장정(通漁章程)에 의하여 시행한다.

‘한일협정서(제1차한일협약)’가 체결됨.

1904년(고종 41-甲辰) 7월 12일(양력 8월 22일)

발신 : 외부대신 서리 윤치호

『高宗實錄』 44卷

二十二日. 韓日協定書成. 協定書. 一, 大韓政府ᄂᆞᆫ 大日本政府가 推薦ᄒᆞᆫ바 日本人一名을 財政顧問으로ᄒᆞ야 大韓政府에 傭聘ᄒᆞ야 財務에 關ᄒᆞᄂᆞᆫ 事項은 一切其意見을 詢ᄒᆞ야 施行ᄒᆞᆯ 事. 一, 大韓政府ᄂᆞᆫ 大日本政府가 推薦ᄒᆞᆫ바 外國人一名을 外交顧問으로ᄒᆞ야 外部에 傭聘ᄒᆞ야 外交에 關ᄒᆞᄂᆞᆫ 要務ᄂᆞᆫ 一切其意見을 詢ᄒᆞ야 施行ᄒᆞᆯ 事. 一, 大韓政府ᄂᆞᆫ 外國과 修約을 締結ᄒᆞ며 其他重要ᄒᆞᆫ 外交案件, 卽外國人에 對ᄒᆞᄂᆞᆫ 特權讓與와 契約等事處理에 關ᄒᆞ야는 미리 大日本政府와 商議ᄒᆞᆯ 事. 光武八年八月二十二日, 外部大臣署理尹致昊. 明治三十七年八月二十二日, 特命全權公使林權助.

양력 8월 22일. ‘한일협정서(韓日協定書)’가 성립되었다. 협정서(協定書). 하나, 대한 정부는 대일본 정부가 추천한 일본인 1명을 재정고문(財政顧問)으로 하여 대한 정부에 초빙·고용하여 재무에 관련된 사항은 일체 그의 의견을 물어서 시행한다. 하나, 대한 정부는 대일본 정부가 추천한 외국인 1명을 외교고문으로 하여 외부(外部)에 초빙·고용하여 외교에 관련된 중요한 사무는 일체 그의 의견에 따라 시행한다. 하나, 대한 정부는 외국과 조약을 체결하거나 기타 중요한 외교 안건, 즉 외국인에 대한 특권 양여와 계약 등의 처리와 관련하여 미리 대일본 정부와 상의한다. 광무(光武) 8년 8월 22일, 외부대신서리(外部大臣署理) 윤치호(尹致昊). 메이지(明治) 37년 8월 22일, 특명전권공사(特命全權公使) 하야시 곤노스케(林權助).

평안도관찰사에게 국경을 잘 방어할 것을 명함.

1905년(고종 42-乙巳) 5월 16일(양력 6월 18일)

발신 : 고종

『承政院日記』 3183冊

平安南道觀察使李道宰辭職疏云云. 批旨, 省疏具悉. 北門之鑰, 威望宿著, 故玆特畀, 辭必不獲. 卿其勿煩, 卽速赴任.

평안남도관찰사(平安南道觀察使) 이도재(李道宰)가 사직 상소를 올리고 운운하였다. 비지에, "상소를 보고 잘 알았다. 북쪽 관문의 수비는 위엄과 덕망이 오래 드러난 자가 〈맡아야 해서〉 특별히 임명한 것이니, 사직하더라도 반드시 허락받지 못할 것이다. 경은 〈일을〉 번거롭게 하지 말고 속히 부임하라"고 하였다.

『日省錄』 531冊

批以, 北門之鑰, 威望宿著, 故玆特畀, 辭必不獲. 卿其勿煩, 卽速赴任.

비답하기를, "북쪽 관문의 수비는 위엄과 덕망이 오래 드러난 자가 〈맡아야 해서〉 특별히 임명한 것이니, 사직하더라도 반드시 허락받지 못할 것이다. 경은 〈일을〉 번거롭게 하지 말고 즉시 부임하라"고 하였다.

'한일약정서'가 체결됨.

1905년(고종 42-乙巳) 7월 12일(양력 8월 12일)

발신 : 외부대신 이하영

『高宗實錄』46卷

韓日約定書成. 約定書. 韓日兩國政府ᄂᆞᆫ 韓國産業이 發達ᄒᆞ고 貿易이 增進케 홈을 爲ᄒᆞ야 韓國沿海及內河에 日本國船舶이 航行케 ᄒᆞᄂᆞᆫ 必要ᄅᆞᆯ 認ᄒᆞ야 大韓帝國外部大臣李夏榮及大日本帝國特命全權公使林權助ᄂᆞᆫ 各相當ᄒᆞᆫ 委任을 承有ᄒᆞ야 左開條項을 約定홈. 第一條. 日本國船舶은 本約定의 規定에 從ᄒᆞ야 貿易의 目的으로 韓國沿海及內河ᄅᆞᆯ 航行홈을 得홈. 但開港場間航行은 本約定의 依ᄒᆞᄂᆞᆫ 限에 在치 아니ᄒᆞᆯ 事. 第二條. 沿海及內河航行에 從事코자 ᄒᆞᄂᆞᆫ 日本國船舶은 日本國領事官을 經ᄒᆞ야 船舶所有者의 氏名及住所, 船舶의 名稱種類及載量, 併其船行區域을 韓國海關에 告ᄒᆞ야 准單을 受ᄒᆞᆯ 事. 准單을 受ᄒᆞᄂᆞᆫ 日로븟터 一箇年間을 限ᄒᆞ야 效力을 有ᄒᆞᆯ 事. 第三條, 日本國船舶은 准單을 受ᄒᆞᄂᆞᆫ 其時에 左開金額을 韓國海關에 納入ᄒᆞᆯ 事. 百噸以下西洋式船舶十五圓, 日本式船舶十五圓, 百噸以上五百噸以下西洋式船舶五十圓, 五百噸以上千噸以下西洋式船舶一百圓, 千噸以上西洋式船舶一百五十圓. 第四條. 日本國船舶은 自由로 其航行區域內를 航行홈을 得홈. 但, 天災와 事變에 由ᄒᆞᆫ 境遇及韓國海關의 特許를 受ᄒᆞᄂᆞᆫ 境遇外에ᄂᆞᆫ 韓國領土外에 前往홈을 得치못ᄒᆞᆯ 事. 第五條. 日本國船舶은 航行中은 准單을 必帶ᄒᆞ야 韓國海關地方官或地方官이 委任ᄒᆞᆫ 洞長或村長의 要求가 有ᄒᆞᄂᆞᆫ 時에ᄂᆞᆫ 何時라도 提示ᄒᆞᆯ 事. 第六條. 日本國船舶所有者ᄂᆞᆫ 船著處所에셔 倉庫만 建築ᄒᆞ기 爲ᄒᆞ야 土地借用홈을 得ᄒᆞᆯ 事. 又該所有者ᄂᆞᆫ 韓國海關의 認可를 受ᄒᆞ야 沿岸에셔 埠頭를 築造홈을 得ᄒᆞᆯ 事. 第七條. 日本國船舶으로 本約定에 違反ᄒᆞᄂᆞᆫ 時에ᄂᆞᆫ 韓國海關은 事實을 調査ᄒᆞ야 其情이 重ᄒᆞᆫ 者에 對ᄒᆞ야 准單을 還納케ᄒᆞ며 又其交附를 拒止홈을 得ᄒᆞᆯ 事. 第八條. 日本國船舶, 若其船員이 本約定과 其

他條約의 規定에 違反ᄒᆞ며 又罪를 犯ᄒᆞᄂᆞᆫ 時에ᄂᆞᆫ 日本國領事官은 條約及日本國法으로 處辦ᄒᆞᆯ 事. 第九條. 本約定의 有效期限은 調印日로 起算ᄒᆞ야 滿十五箇年으로 定ᄒᆞ되 期限滿了後에ᄂᆞᆫ 商議協定ᄒᆞᆷ을 得ᄒᆞᆯ 事. 但將來韓國의 航海業이 發達ᄒᆞᆫ 時에ᄂᆞᆫ 兩國政府ᄂᆞᆫ 右期限內라도 協議後更히 約定ᄒᆞᆷ이 有ᄒᆞᆯ 事. 光武九年八月十三日, 外部大臣李夏榮. 明治三十八年八月十三日, 特命全權公使林權助.

'한일약정서(韓日約定書)'가 성립되었다. 약정서(約定書). 한일 양국 정부는 한국 산업을 발달하고 무역을 증진시키기 위하여 한국 연해 및 영내 하천에 일본국 선박이 항행하게 할 필요성을 인정하여 대한제국 외부대신(外部大臣) 이하영(李夏榮)과 대일본국제국 특명전권공사(特命全權公使) 하야시 곤노스케(林權助)는 각기 상당하는 위임을 받아서 아래에 열거한 조항을 약정한다. 제1조. 일본국 선박은 본 약정의 규정을 따라서 무역의 목적으로 한국의 연해 및 영내 하천을 항행할 수 있다. 단 개항장(開港場) 사이의 항행은 본 약정에 의한 제한에 있지 않다. 제2조. 연해 및 영내 하천 항행에 종사하고자 하는 일본국 선박은 일본국 영사관을 거쳐서 선박 소유자의 이름과 주소, 선박의 명칭과 종류 및 적재량과 함께 그 항행할 구역을 한국 해관(海關)에 보고하여 허가증[准單]을 받아야 한다. 허가증을 받은 날부터 1년 간 효력을 가진다. 제3조. 일본국 선박은 허가증을 받은 그때에 아래에 열거한 금액을 한국 해관에 납입해야 한다. 100톤 이하의 서양식 선박은 15원(圓), 일본식 선박은 15원, 100톤 이상 500톤 이하 서양식 선박은 50원, 500톤 이상 1,000톤 이하 서양식 선박은 100원, 1,000톤 이상 서양식 선박은 150원이다. 제4조. 일본국 선박은 자유롭게 그 항행 구역 안을 항행할 수 있다. 다만 자연재해나 사변을 당했을 경우 및 한국 해관의 특별 허가를 받은 경우 외에는 한국 영토 밖으로 나갈 수 없다. 제5조. 일본국 선박은 항행 중에 허가증을 휴대하여 한국 해관 지방관 혹은 지방관이 위임한 동장(洞長) 혹은 촌장(村長)의 요구가 있을 때, 언제라도 〈증명서를〉 제시해야 한다. 제6조. 일본국 선박 소유자는 선착 장소에서 창고를 짓기 위해서만 토지를 빌려 쓸 수 있다. 또한 해당 선박 소유자는 한국 해관의 인가를 받아서 연안에 부두를 건설할 수 있다. 제7조. 일본국 선박으로서 본 약정을 위반할 때에는, 한국 해관은 사실을 조사하여 그 정상이 중요한 것에 대해 허가증을 환납하게 하며 또한 그 교부를 거부하거나 중지할 수 있다. 제8조. 일본국 선박으로서 만약 그 선원이 본 약정과 기타 조약의 규정을 위반하며 또는 죄를 범하는 때에는, 일본국 영사관은 조약 및 일본국 법으로 〈그것을〉 처리한다. 제9조. 본 약정의 유효기한은 조인한 날부터 계산하여 만 15년으로 정하되, 기한이 만료된 후에는 협정을 상의할 수 있다. 다만 장래 한국의 항해업이 발달할 때에는, 양국 정부는 위의 기한 안이라도 협의한 후 다시 약정할 수 있다. 광무 9년 8월 13일, 외부대신 이하영(李夏榮). 메이지(明治) 38년 8월 13일, 특명전권공사 하야시 곤노스케(林權助).

농상공부대신 박제순이 '한일약정서' 체결에 책임을 지고 사직을 청함.

1905년(고종 42-乙巳) 7월 15일(양력 8월 15일)

발신 : 농상공부대신 박제순

『高宗實錄』 46卷

議政府議政大臣臨時署理農商工部大臣朴齊純疏略, 苟使臣明識遠覽, 慮其未然, 則必不有日昨外部之事. 而事過之後, 雖有論警, 何能補救. 無非臣溺職之罪也. 然議政之府不廢, 而議政之職尙在, 則不可不存事體而爲後日地步. 是以請罪該部, 臣亦待罪, 而竟未蒙處分. 重勘如此, 則政府可廢, 而議政不必置也. 伏乞皇上, 俯垂鑑諒, 遞臣現職, 治臣當律, 以肅綱紀, 以幸民國焉. 批曰, 日昨奏批, 庶可諒會. 卿不必如是爲引.

의정부(議政府) 의정대신(議政大臣) 임시서리(臨時署理) 농상공부대신(農商工部大臣) 박제순(朴齊純)이 올린 상소의 대략에, "만일 신이 밝은 식견과 원대한 안목을 가지고 미연에 생각하였더라면 결코 얼마 전에 있었던 외부(外部)의 사건과 같은 일은 없었을 것입니다. 일이 끝난 후에 아무리 규탄하고 경고한들 어찌 바로잡을 수 있겠습니까? 신이 직무를 다하지 못한 죄가 아닌 것이 없습니다. 하지만 의정부가 폐지되지 않았고 의정부의 관직이 아직 존재하므로, 일의 상황을 보존하여 후일 상황을 좋게 하지 않을 수 없습니다. 이 때문에 해당 부(部)의 관리에게 죄줄 것을 청하고 신 역시 죄를 기다렸습니다만 끝내 처분을 받지는 않았습니다. 이처럼 〈일을〉 맺고 만다면 의정부를 폐지하는 것이 좋을 것이고 의정의 관직도 둘 필요가 없습니다. 삼가 바라건대 황상께서는 널리 헤아려 신의 현직(現職)을 교체하고 신을 해당한 율(律)로 다스려서 기강을 철저히 세우면 백성과 나라에 다행이겠습니다"라고 하였다. 비답하기를, "어제 아뢴 것에 비답하였으니 〈경은〉 이해해야 옳을 것이다. 경은 꼭 이와 같이 인피할 필요가 없다"라고 하였다.

외부대신 이하영이 '한일약정서' 체결에 책임을 지고 사직을 청함.

1905년(고종 42-乙巳) 7월 15일(양력 8월 15일)

발신 : 외부대신 이하영

『高宗實錄』 46卷

外部大臣李夏榮疏略, 當初沿岸航行之議約也, 先由政府, 明認其所要求, 而臣不能力折群議, 致有擬稿, 臣之罪誠大矣. 然其初擬約稿, 是近例所稱互手的締約也. 其期間也, 區範也, 務定短小, 此本已經乙覽, 伏想洞燭矣. 臣適伊時陳情乞暇, 歸自故山, 其所謂約稿者, 不知爲幾番變幻, 雙方之約, 變於片面, 五年之期, 改以十五年, 加之以滿限後任他繼續, 又其他改定款項, 亦非一二焉. 不審此等變撰, 出於誰手, 而屢經政府之會議, 決知其非一二人所可得私也. 臣與外使, 迭相交涉, 輒以政府之公認, 作爲欛柄, 臣何能獨自防塞哉. 政府諸寮, 對外使, 則輒認其必准, 在議席, 則亦謂其必准. 又使臣部, 便宜調印, 均有確論. 而約款內有一二未妥句語, 未便遽准, 雖欲力行交涉, 商酌變通, 而以政府之先已認定, 未易妥協, 以至交涉中斷, 此亦臣之罪也. 頃於政府諸臣聯對時, 臣有所面達, 此則諸臣之所參聞者也. 復於日昨, 由政府指揮, 臣部在內會同, 臣不知裏許, 扶病拽入, 則政府諸臣, 擧避不入, 惟臣一人, 見督於外使而已. 天陛咫尺, 移時詰抗, 幾失體貌, 不能抵死拒絶, 此又臣之罪也. 伊時事狀, 亦所淵燭. 不得已退訂翌日, 竟至調印矣. 蓋此案之准, 曷嘗爲今日之准, 此案之調印, 亦何獨臣之擅便乎. 旣認旣調之後, 政府之有若始聞而始知者, 誠獨何心哉. 臣不能見孚於平素, 致遭今日之彈, 此亦臣之罪也. 伏乞皇上下臣司敗, 亟施當勘, 以爲不職者戒焉. 批曰, 旣有政府奏批, 不圖又有此爲引, 卿勿更煩, 卽起視務.

외부대신(外部大臣) 이하영(李夏榮)이 올린 상소의 대략에, "애초에 연안(沿岸) 항행(沆

行)에 대한 조약을 의논할 때 먼저 의정부를 거쳐 그 요구를 명백히 인식하고 있었는데 신이 여러 논의를 힘써 꺾어버리지 않은 채 조약문 초고를 작성하게 되었으니 신의 죄가 매우 큽니다. 그러나 처음에 작성된 조약문 초고는 근래 규례에서 말하는 상호 원칙에서 체결된 조약입니다. 그 기간과 범위[區範]는 되도록 짧고 적게 정하였는데 이 판본은 폐하께서 이미 열람하였으니 삼가 통촉(洞燭)하셨으리라 생각됩니다. 신은 마침 그때에 사정을 말하고 휴가를 받고서 고향에 내려갔으므로, 그 소위 그 조약문 초고가 몇 번이나 변했는지는 모르겠습니다만 쌍방의 조약이 일방적으로 변하여 5년 기간이 15년으로 개정되고 기한이 다 찬 뒤에 상대측에게 계속(繼續) 〈여부〉를 맡기는 것이 〈조약문에〉 더해졌으며, 또한 기타 개정된 관(款)과 항(項) 역시도 한두 개가 아니었습니다. 이렇게 변한 것이 누구의 손을 거쳐 작성되었는가를 조사해보지는 않았지만, 여러 번 의정부의 회의(會議)를 거쳤던 것만큼 그것이 결코 그것이 한두 사람의 사사로운 뜻으로 할 수 있는 바가 아닌 것은 알고 있습니다. 신이 외국의 사신과 함께 상호 교섭을 진행하는 데는 그때마다 의정부에서 공인(公認)하는 것을 가지고 그것을 기본 수단으로 삼는 것이지 신이 어떻게 홀로 막아낼 수 있겠습니까? 의정부의 여러 관료는 외국의 사신을 만나서 갑자기 그것이 반드시 조인되어야 할 것이라고 인정하고 의논하는 좌석에서도 〈그것이〉 반드시 조인되어야 할 것이라고들 하였습니다. 또한 외부[臣部]에서 편리한 대로 조인(調印)하게 해야 한다는 한결같은 확고한 논의도 있었습니다. 그래서 약관(約款) 안의 미미한 한두 가지 어구를 그대로 둔 채 그냥 조인할 수가 없으므로 비록 힘써 교섭(交涉)을 하여 적당히 변통해보려고 하였지만 의정부가 먼저 인정하였다며 쉽게 타협해주지 않아 교섭이 중단되기까지 하였으니 이것은 역시 신의 죄입니다. 근래에 의정부의 여러 신료와 잇달아 대면할 때 신이 직접 얼굴을 보고 이야기한 적이 있었는데, 이는 여러 관리들이 참여하여 들은 것입니다. 또 일전에 의정부에서 지휘(指揮)를 통하여 외부[臣部]가 대궐 안의 모임에 참여하라고 하였는데, 신이 속내도 모르고 앓는 몸에 부축을 받아 들어가니 의정부의 여러 신하들은 모두 피하고 들어오지 않았고 신 한 사람만이 외국 사신에게 독촉을 받게 되었습니다. 폐하의 지척에서 시간을 끌며 버티는 것도 거의 체모를 잃는 것이므로 죽음을 무릅쓰고 거절하지 못하였으니 이것 역시 신의 죄입니다. 이때 일의 상황도 또한 〈폐하께서〉 잘 아십니다. 어쩔 수 없이 물러나 고쳐 다음 날 마침내 조인하였습니다. 대저 이 안(案)에 대한 비준이 어찌 오늘날에 된 것이며 이 안에 대한 조인 역시 신이 제멋대로 한 것이겠습니까? 이미 인정해주고 일단 적절히 처리하게 한 뒤에 의정부에서는 마치 처음 듣고 처음 아는 듯이 한다는 것은 참으로 유독 어떠한 마음입니까? 신이 평소에 믿음을 받지 못해서 오늘날의 규탄을 받게 되었으니 이것 역시 신의 죄입니다. 바라건대 황상께서는 신의 관직을 파하시고 속히 해당한 죄를 시행하시어 직책을 다하지 못하는 자들의 경계로 삼으소서"라고 하였다. 비답하기를, "이미 의정부가 아뢴 것에 비답하였으나, 의외로 〈경이〉 또한 이와 같이 인피하나, 경은 다시는 〈일을〉 번거롭게 하지 말고 즉시 일어나 일을 보라"고 하였다.

일러강화조약(포츠머스조약)이 체결됨.

1905년(고종 42-乙巳) 8월 11일(양력 9월 9일)

발신 : 일본 특명전권공사 고무라 주타로

『高宗實錄』 46卷

九日. 日露講和條約成. 日本國特命全權公使小村壽太郎과 露國【세루지우잇데】間에 締結된 講和條約第二條曰, 露西亞帝國政府눈 日本國이 韓國에 在ᄒᆞ야 政事上, 軍事, 經濟上의 卓絶ᄒᆞᆫ 利益을 有ᄒᆞᆯ 事룰 承認ᄒᆞ고 日本政府가 韓國에 在ᄒᆞ야 必要로 認ᄒᆞᆯ 指導保護及監理의 措置룰 執ᄒᆞᆷ에 當ᄒᆞ야 此룰 阻礙又눈 此룰 干涉치 아니ᄒᆞᆯ 事룰 約ᄒᆞᆷ. 韓國에 在ᄒᆞᆫ 露西亞國臣民은 他外國의 臣民과 全然同樣의 待遇룰 受ᄒᆞᆷ. 此룰 換言ᄒᆞ면 最惠國의 臣民과 同一의 地位에 置ᄒᆞᆯ것으로 知ᄒᆞᆷ. 兩締約國은 一切誤解의 原因을 避키 爲ᄒᆞ야 露韓間의 國境에 在ᄒᆞ야 露西亞國又눈 韓國의 領土安全을 侵迫ᄒᆞᆯ 事의 有ᄒᆞᆯ 何等의 軍事上措置룰 執치아니ᄒᆞᆯ 事에 同意ᄒᆞᆷ.

양력 9월 9일. 〈일러강화조약(日露講和條約)〉이 성립되었다. 일본국 특명전권공사(特命全權公使) 고무라 주타로(小村壽太郎)와 러시아 〈사람〉【세루지우잇데】 사이에 체결된 강화조약 제2조에 이르기를, "러시아제국 정부는 일본국이 한국에서 정치상, 군사상, 경제상의 특별한 이권을 가질 것을 승인하고 일본 정부가 한국에서 필요하다고 인정하는 지도(指導), 보호(保護) 및 감리(監理)의 조치를 취함에 대하여 이를 저해하거나 간섭하지 않을 것을 약속한다. 한국에 있는 러시아국 신민은 다른 나라의 신민들과 완전히 같은 대우를 받는다. 이것을 바꾸어 말하면 최혜국(最惠國)의 신민과 동일한 지위에 두는 것으로 인정한다. 조약을 체결한 두 나라는 일체 오해의 원인을 피하기 위하여 러시아와 한국 사이의 국경에서 러시아국 또는 한국의 영토 안전을 침해할 수 있는 어떠한 군사상 조치도 취하지 않을 것에 동의한다"라고 하였다.

의병들을 제거하라는 조령을 내림.

1905년(고종 42-乙巳) 9월 20일(양력 10월 18일)

발신 : 고종

『承政院日記』 3187冊

詔曰, 士民之擧義稱兵, 古或有之, 如非內訌外寇, 國院擾攘之時, 則其名不正. 近日東南諸道, 所謂義兵, 在在嘯聚猖獗. 念彼所擧者何義. 究厥形跡, 職不過匪徒之變稱, 哀我良懦, 何以聊生. 其令軍部, 陸續派兵, 期圖不日剿除. 如有該黨中, 先被威脅, 後乃悔悟, 捕獲其頭領來納者, 特推罔治之義, 許其免罪自新. 又或有平民設計擒獲者, 隨其輕重, 別般施賞事, 令內部措辭行會于各府郡. 其有觀察守令之不能彈壓, 任其滋蔓者, 令法部拘拿定罪.

조하기를, "사민(士民)이 의를 들어서 병사를 칭한 것이 옛날 간혹 있었으나, 내홍이나 외침[外寇]으로 국경이 소란해진 때가 아니라면, 그 명분이 바르지는 않다. 근일 동남의 여러 도에서 이른바 의병이라는 자들이 곳곳에서 무리를 모으고 창궐하였다. 생각건대 저들이 들고 〈일어선〉 것이 어떠한 의리인가? 그들의 행적[形跡]을 보면, 주로 비적무리가 칭호를 바꾼 것에 불과하니, 불쌍한 나의 선량한 백성이 어찌 생을 편안히 할 수 있겠는가. 군부로 하여금 끊임없이 파병하여 하루빨리 제거하기를 도모하라. 만일 해당 무리 가운데 먼저는 위협을 받아서 〈참가하였으나〉 뒤로는 이내 후회하고 깨달아 그 두령을 포획하고 와서 바치는 자가 있거든, 특별히 〈죄를〉 다스리지 않는 의리를 미루어 그 죄를 면하고 스스로 새로워지기를 허락하라. 또한 간혹 평민이 〈그들을〉 사로잡는 것을 계획하는 자가 있거든, 그 〈성취의〉 경중에 따라 별도로 시상하는 일을 내부로 하여금 문서로 작성하여 각 부와 군에 행회하도록 하라. 그들을 탄압하지 못하고 제멋대로 불어나게 하는 관찰사나 수령이 있다면, 법부로 하여금 나포하여 정죄하게 하라"고 하였다.

『日省錄』535冊

詔曰, 士民之擧義稱兵, 古或有之, 如非內訌外寇, 國境擾攘之時, 則其名不正. 近日東南諸道, 所謂義兵, 在在嘯聚, 其勢猖獗. 念彼所擧者何義. 究厥形跡, 職不過匪徒之變稱, 哀我良懦, 何以聊生. 其令軍部, 陸續派兵, 期圖不日剿除. 如有該黨中, 先被威脅, 後乃悔悟, 捕獲其頭領來納者, 特推罔[*罔]治之義, 許其免罪自新. 又或有平民設計擒獲者, 隨其輕重, 別般施賞事, 令內部措辭行會于各府郡. 其有觀察守令之不能彈壓, 任其滋蔓者, 令法部拘拿定罪.

조하기를, "사민(士民)이 의를 들어서 병사를 칭한 것이 옛날 간혹 있었으나, 내홍이나 외침[外寇]으로 국경이 소란해진 때가 아니라면, 그 명분이 바르지는 않다. 근일 동남의 여러 도에서 이른바 의병이라는 자들이 곳곳에서 무리를 모아서 그 세력이 창궐하였다. 생각건대 저들이 들고 〈일어선〉 것이 어떠한 의리인가? 그들의 행적[形跡]을 보면, 주로 비적 무리가 칭호를 바꾼 것에 불과하니, 불쌍한 나의 선량한 백성이 어찌 생을 편안히 할 수 있겠는가. 군부로 하여금 끊임없이 파병하여 하루 빨리 제거하기를 도모하라. 만일 해당 무리 가운데 먼저는 위협을 받아서 〈참가하였으나〉 뒤로는 이내 후회하고 깨달아 그 두령을 포획하고 와서 바치는 자가 있거든, 특별히 〈죄를〉 다스리지 않는 의리를 미루어 그 죄를 면하고 스스로 새로워지기를 허락하라. 또한 간혹 평민이 〈그들을〉 사로잡는 것을 계획하는 자가 있거든, 그 〈성취의〉 경중에 따라 별도로 시상하는 일을 내부로 하여금 문서로 작성하여 각 부와 군에 행회하도록 하라. 그들을 탄압하지 못하고 제멋대로 불어나게 하는 관찰사나 수령이 있다면, 법부로 하여금 나포하여 정죄하게 하라"고 하였다.

전 참찬 곽종석이 일본과 교류하지 말 것을 청하는 상소문을 올림.

1905년(고종 42-乙巳) 10월 9일(양력 11월 5일)

발신 : 전 참찬 곽종석

『承政院日記』 3188冊

辜恩臣郭鍾錫疏曰, … 第竊聞日本公使與我政府, 有協定條件. 大槪是重敦和約, 保完東洋之大計, 固今日之所不可不汲汲講明者. 然臣竊惟國家存亡, 惟在大義之顯晦, 鄰邦之好, 尤當以大信相仗. 苟不念信義, 徒以一時形勢之所驅, 而强相唯諾, 則人情不順, 天道不佑, 區區約誓, 亦豈可憑之物哉. 昔鄭之謀國者, 憂晉·楚之暴, 欲以犧牲·玉帛, 待諸境上, 以徼彊者, 是可謂巧悶矣, 而鄭連年破[*被]兵, 卒不能支. 南宋君臣, 忘讎媚敵, 今日和金, 明日約蒙, 以覬其存, 而境土日蹙, 崖舟遂覆. 臣每讀書至此, 未嘗不掩卷太息也. 夫日本之於我韓, 壤地相比, 風俗相近, 合成和局, 抑遏外侮, 保固內守, 誠計之得者, 然其在我韓臣子, 有一件大義, 不可隱忍而苟同者. 彼三浦梧樓輩符同我逆臣, 敢逞乙未之變, 廣島裁判, 情形畢露, 而日本政府, 曲爲周遮, 又復容庇我逆臣, 使我韓王章, 無地可伸. 兼之迫脅我上下, 欲變改我先王禮俗, 占奪我全國權利. 臣未知是果皆約章之所有, 而公法之所許耶. 揆之天理而甚乖, 求之人性而未允, 爲我韓臣子者, 雖欲忍恥苟存, 直以何心何顔, 相與結成大信, 以謀朝夕乎. 是不惟天怒而神憤, 萬國將竊笑之, 爲日本人者, 亦將心鄙而唾斥之矣. 且以俄國言之, 彼於我韓, 尙無大怒之相加, 只有和局之可憑, 誠未宜輕挑釁郄, 自失信義. 然其貪饕獷悍, 名於五洲, 求飽無厭, 好殺無已. 龍巖勒占, 已見敗盟之端, 滿洲一着, 又出於鯨呑東洋之圖. 而我韓疆場, 延被兵塵, 此亦何可以信義相仗哉. 左顧右眄, 俱未見畫一之宜, 而目下俄塵乍遠, 日約方協, 當下應酬, 宜盡其方. 臣聞日者, 日本派遣其大臣伊藤博文, 專來弔慰. 是猶以禮相交, 且知鄰國國母之爲可尊敬也. 臣愚暗劣, 謂宜因其禮際, 宣明大義, 開布無隱. 則天下之惡一也, 我韓之賊,猶日本之賊也. 彼苟有感動於心, 當惡惡是同, 縛送梧樓及範來·斗璜之黨. 顯伏誅戮, 束戢其將士, 保完我禮俗權利, 則非直日本之著義信於天下, 爲我韓臣子者, 尙可昂首出氣, 釋怨尋歡, 從事於東洋之和局矣. 如其未然, 則是無義無信也. 無義無信, 不可一日共事而圖存, 旣不可一日圖存, 寧仗此信義出萬死以圖一幸. 設値傾敗, 古今天下, 未有國而不亡, 人而不死者, 與其媚讐而存, 無寧秉義而亡, 與其糢糊而生, 無寧明白而死之, 爲安且快乎. ….

은혜를 버린 신하[辜恩臣] 곽종석(郭鍾錫)이 상소하기를, "… 다만 들으니, 일본 공사(日本公使)가 우리 정부와 조약(條約)을 협정한 일이 있었다고 합니다. 대개 이는 화약(和約)을 굳건히 하고 동양(東洋)을 보호하고 완전히 하는 대계이니 진실로 오늘 급하게 강구하여 밝히지 않을 수 없는 것입니다. 그러나 신이 생각건대, 국가의 존망(存亡)은 오직 대의(大義)가 밝게 드러나는지 여부에 달려 있고, 이웃 나라와 우호는 더욱 큰 믿음으로 서로를 의지해야만 하는 것입니다. 만일 신의를 생각하지 않고, 한낱 한때의 형편에 몰려서 억지로 서로 승낙한다면 인정은 따르지 않고 하늘은 돕지 않을 것이니, 구구하게 서약하였더라도 또한 어찌 그것이 믿을만한 것이겠습니까. 옛날 정(鄭)의 나라를 〈위한〉 계략이 진(晉)·초(楚)의 포악함을 걱정하여 희생(犧牲)·옥백(玉帛)을 가지고 국경에서 기다리는 것으로써 국경을 막으려고 했던 것은 아주 번득이는 것이었다고 말할만합니다만, 정은 해마다 병사가 깨져서 결국 지탱할 수 없게 되었습니다. 남송(南宋)의 군신(君臣)은 원수를 잊고 적에게 아첨하여 오늘은 금(金)과 화친하고 내일은 몽고와 화약하여 그들의 보존을 바랐습니다만, 국토[境土]는 날로 좁아져서 결국 배가 뒤집어지는 것에 이르게 되었습니다. 신은 매번 책을 읽다 이 대목에 이르러 책을 덮고 크게 탄식하지 않은 적이 없었습니다. 무릇 일본은 우리 한국과 강토[壤地]는 서로 나란히 있고 풍속은 서로 비슷하므로 화친의 국면이 부합하여 이루어지면, 외국의 모욕을 억제하고 막아서 견고하게 안을 지키는 좋은 계책을 얻는 것이겠으나, 우리 한국의 신하에게는 한 가지 대의가 있으므로 참고 견디면서 그들과 구차하게 동화(同和)할 수 없습니다. 저 미우라 고로(三浦梧樓)의 무리들이 우리의 역신(逆臣)과 어울려 한통속이 되어 감히 을미년의 변을 마음대로 저지른 것이 히로시마[廣島] 재판에서 정황이 다 드러났음에도 일본 정부는 왜곡하여 두루 속이고 있으며 또 다시 우리 역신을 용납하고 비호하여 우리 한국의 왕법[王章]을 펼칠 곳이 없게 만들었습니다. 〈그와〉 겸하여 우리 군신[上下]을 협박하여 우리 선왕(先王)의 예와 풍속을 바꾸고 우리 전국(全國)의 이권[權利]을 약탈하려고 하였습니다. 신은 이것이 과연 모두 조약문에 있는 바인지 알지 못합니다만, 〈이러한 일이〉 공법이 허락한 바입니까? 천리(天理)로써 헤아려도 심히 어긋나고 사람의 본성으로써 구하더라도 합당하지 않으니, 우리 한국의 신하 된 자가 비록 수치를 참고 구차하게 〈목숨을〉 보전하려고 하더라도, 곧바로 어떤 마음과 어떤 얼굴로 서로 큰 신의를 맺어 조석(朝夕)을 도모할 수 있겠습니까. 이는 하늘이 노하고 신령이 화낼 일일 뿐만 아니라 만국(萬國)이 장차 몰래 비웃을 것이며 일본인들도 또한 장차 〈우리를〉 마음으로 비루하게 여기고 침을 뱉고 배척할 것입니다. 그리고 러시아[俄國]로 말하면, 저들은 우리 한국에 대해 아직 크게 화를 서로 더할 일이 없고 다만 의거할만한 화친의 국면이 있을 뿐이니, 진실로 가볍게 틈을 만들어 스스로 신의를 잃어서는 안 됩니다. 그러나 그들은 탐욕과 사나움으로 다섯 대륙[五洲]에 이름이 났고, 먹을 것을 구함에 만족할 줄을 모르며, 죽이기를 좋아함이 끝이 없습니다. 용암(龍巖)을 강제로 점탈하여 이미 맹약을 저버리는 단서를 보였고, 만주(滿洲)에 한 발을 디딘 것도 동양을 경탄하려는 계획에서 나온 것입니다. 그래서 우리 한국의 강역[疆場]은 전쟁의 북새통을 입었으니, 이들도 어찌 신의로 서로 의지할 수 있겠습니까. 〈그들은〉 좌고우면하고 모두 획일적으로 옳은 것을 보이지는 않으나, 당장 러시아의 먼지바람은 잠깐 멀어지고 일본과는 방금 협약하였으니, 즉시 응수하여 옳은 방안을 다해야만 할 것입니다. 신이 들으니 근일에, 일본이 파견한 대신(大臣) 이토 히로부미(伊藤博文)가 오로지 조문을 위해 왔다고 합니다. 이는 그래도 예의로 서로 교제하자는 것이고, 또한 이웃 나라의 국모(國母)를 존경해야 한다는 것은 아는 것입니다. 신은 어리석고 용렬하나, 이렇게 예의로 대하는 때에 대의를 명백하게 밝혀 숨김없이 드러내 보여야 한다고 생각합니다. 〈그렇게 한다면〉, 천하의 악(惡)이 하나가 〈되어서〉 우리 한국의 역적도 일본의 역적일 것입니다. 저들도 만일 마음에 감동하는 바가 있으면, 응당 악을 미워하는 같은 마음으로 〈미우라〉 고로(梧樓) 및 이범래[範來]·이두황[斗璜]의 무리를 체포하여 보낼 것입니다. 〈그들을〉 분명하게 주륙(誅戮)하고 그 장수와 사졸을 잡아 처벌함으로써 우리의 예의와 풍속, 권리를 지키고 완전하게 하면,

직접 일본이 천하에 의리와 신의를 드러내지 않아도 우리 한국의 신하 된 자들이 오히려 머리를 들고 기운을 낼 수 있어서 원한을 풀고 기쁨을 찾아 동양의 화친 국면에 앞장설 것입니다. 만일 그렇지 않다면 의리와 신의가 없는 것입니다. 의리와 신의가 없으면 하루도 같이 일하며 공존을 도모할 수 없으니, 이미 하루도 공존을 도모할 수 없는데, 이 신의에 의지하여 만 번 죽을지언정 한 번의 요행을 도모할 수 있겠습니까. 설령 형세가 기울어지는 때를 만나더라도, 고금 천하에 나라로서 망하지 않았던 것은 없고 사람으로서 죽지 않았던 이도 〈없으니〉, 원수에게 아첨하여 사는 것보다 차라리 의리를 지키고 망하는 것이 낫고, 모호하게 사는 것보다 차라리 명백하게 죽는 것이 편안하고 또 시원하지 않겠습니까. …"라고 하였다.

『承政院日記』 3188冊

再疏曰, … 但臣之去年一出, 非敢曰我有所學, 將以應上求也. 蓋爲設恩之不可屢抗, 而醜狀之不可終諱也. 半夜前席, 天鑑密邇, 其姸媸長短, 已莫逃於神明之照矣. 揣分量能, 不敢叨冒以妨賢, 濡滯以干寵也, 舁疾逃歸, 還尋本分. 幸賴陛下, 憐其愚而恕其僞妄, 許之自便, 使臣甘爲樊英之盜名, 而不至爲殷浩之誤國者, 何莫非聖上賜也. … 伏乞聖明, 特垂照寢已下之恩命, 且乞竝罷虛縻之筵銜, 收還經賜之京第, 以兩全於公私. 是不勝區區之懇. … 批, 省疏具悉爾懇. 向者宣諭, 亟欲諮訪國家急切安危之事, 及今未果, 可勝悵歎. 兩度所論見之, 可以開發朕心而坐談, 竟不若面陳之詳, 卽爲上來, 用副側席翹企之思. 筵銜夫豈宜言辭事, 遣地方官傳諭.

재차 상소하기를, "… 단지 신이 작년에 한 번 출사한 것은 감히 제가 배운 바가 있어서가 아니라 장차 임금의 요구에 응하려는 것이었습니다. 대개 베푼 은혜를 여러 번 거절할 수 없으며, 추한 모습이라고 끝내 피할 수는 없어서였습니다. 한밤중에 〈신을〉 앞에 두시고 임금의 안식(眼識)을 빽빽하게 가까이 하시어, 저의 곱고 추함, 장점과 단점이 신명께서 비춘 것에 이미 도망갈 곳이 없게 되었습니다. 〈신의〉 분수와 능력을 헤아려 보아 감히 외람되게 그 자리를 차지하여 현인을 막아서도 안 되고 〈물러나기를〉 지체하여 은총을 구해서도 안 되기에 병든 몸을 끌고 고향으로 돌아가 다시 신의 본분을 되찾았습니다. 다행히도 폐하께서 그 어리석음을 가련히 여기시고 그 망령됨을 용서하시어, 스스로 편하기를 허락하시어서 신으로 하여금 달게 번영(樊英)이 이름을 훔쳐서 〈임용되었던 사례가〉 되게 하시고, 은호(殷浩)가 나라를 망치는 것에 이르지 않게 해주셨으니, 이는 모두 성상께서 내려주신 것이 아니겠습니까 … 삼가 바라건대 밝으신 성상께서는 특별히 살피시어 이미 내리신 은명(恩命)을 그치시고, 또한 원컨대 헛되이 차지하고 있는 경연관의 직함을 아울러 체차하시며 내리신 수도의 집을 환수하시어 공사(公私)를 모두 온전하게 하소서. 이 구구하고 간절함을 이기지 못합니다. …"라고 하였다. 비답하기를, "'상소를 보고 그대의 간절함을 잘 알았다. 지난번에 선유(宣諭)하며 바로 국가의 긴급하고 간절하며 안위와 〈관계된〉 일을 급히 묻고자 하였는데, 오늘까지도 행해지지 못하고 있으니 한탄을 견딜 수 있겠는가. 〈그대가〉 두 번 논한 것을 보건대, 짐의 마음을 개발하여 앉아서 말해볼만한 것이었으나, 결국 맞대고 말하는 것처럼 상세하지는 않으니 즉시 올라와서 옆자리를 비워놓고 간절히 기다리는 나의 생각에 부응하라. 경연관의 직함은 어찌 사직한다고 말하는가'라는 내용을 지방관을 보내어 전유(傳諭)하도록 하라"고 하였다.

『高宗實錄』46卷

五日. 前參贊郭鍾錫疏略, 竊聞日本公使與我政府, 有協定條件. 大概是重敦和約, 保完東洋之大計, 固今日之所不可不汲汲講明者. 然臣竊惟國家存亡, 惟在大義之顯晦, 隣邦之好, 尤當以大信相仗. 苟不念信義, 徒以一時形勢之所驅, 而强相唯諾, 則人情不順, 天道不佑, 區區約誓, 亦豈可憑之. 昔鄭之謀國者, 憂晉·楚之暴, 欲以犧牲·玉帛, 待諸境上, 以徼彊者, 是可謂巧閃矣, 而鄭連年被兵, 卒不能支. 南宋君臣, 忘讐媚敵, 今日和金, 明日約蒙, 以覬其存, 而境土日蹙, 崖舟遂覆. 臣每讀書至此, 未嘗不掩卷太息也. 夫日本之於我韓, 壤地相比, 風俗相近, 合成和局, 抑遏外侮, 保固內守, 誠計之得者, 然其在我韓臣子, 有一件大義, 不可隱忍而苟同者. 彼三浦梧樓輩符同我逆臣, 敢逞乙未之變, 廣島裁判, 情形畢露, 而日本政府, 曲爲周遮, 又復容庇我逆臣, 使我韓王章, 無地可伸. 兼之迫脅我上下, 欲變改我先王禮俗, 占奪我全國權利. 臣未知是果皆約章之所有, 而公法之所許耶. 揆之天理而甚乖, 求之人性而未允, 爲我韓臣子者, 雖欲忍恥苟存, 直以何心何顏, 相與結成大信, 以謀朝夕乎. 是不惟天怒而神憤, 萬國將竊笑之, 爲日本人者, 亦將心鄙而唾斥之矣. 且以俄國言之, 彼於我韓, 尙無大怨之相加, 只有和局之可憑, 誠未宜輕挑釁郄, 自失信義. 然其貪饕獷悍, 名於五洲, 求飽無厭, 好殺無已. 龍巖勒占, 已見敗盟之端, 滿洲一着, 又出於鯨呑東洋之圖. 而我韓疆埸, 延被兵塵, 此亦何可以信義相仗哉. 左顧右眄, 俱未見畫一之宜, 而目下俄塵乍遠, 日約方協, 當下應酬, 宜盡其方. 臣聞日者, 日本派遣其大臣伊藤博文, 專來弔慰. 是猶以禮相交, 且知隣國國母之爲可尊敬也. 臣愚暗劣, 謂宜因其禮際, 宣明大義, 開布無隱. 則天下之惡一也, 我韓之賊, 猶日本之賊也. 彼苟有感動於心, 當惡惡是同, 縛送梧樓及範來·斗璜之黨. 顯伏誅戮, 束戢其將士, 保完我禮俗權利, 則非直日本之著義信於天下, 爲我韓臣子者, 尙可昂首出氣, 釋怨尋歡, 從事於東洋之和局矣. 如其未然, 則是無義無信也. 無義無信, 不可一日共事而圖存, 旣不可一日圖存, 寧仗此信義出萬死以圖一幸. 設値傾敗, 古今天下, 未有國而不亡, 人而不死者, 與其媚讐而存, 無寧秉義而亡, 與其模糊而生, 無寧明白而死之, 爲安且快乎. … 批曰, 向者宣諭, 亟欲諮訪國家急切安危之事, 及今未果, 可勝悵歎. 兩度所論見之, 可以開發朕心而坐談, 竟不若面陳之詳, 卽爲上來, 用副側席翹企之思. 筵銜夫豈宜言辭.

양력 11월 5일. 전(前) 참찬(參贊) 곽종석(郭鍾錫)이 올린 상소의 대략에, “다만 들으니, 일본 공사(日本公使)가 우리 정부와 조약(條約)을 협정한 일이 있었다고 합니다. 대개 이는 화약(和約)을 굳건히 하고 동양(東洋)을 보호하고 완전히 하는 대계이니 진실로 오늘 급하게 강구하여 밝히지 않을 수 없는 것입니다. 그러나 신이 생각건대, 국가의 존망(存亡)은 오직 대의(大義)가 밝게 드러나는지 여부에 달려 있고, 이웃 나라와 우호는 더욱 큰 믿음으로 서로를 의지해야만 하는 것입니다. 만일 신의를 생각하지 않고, 한낱 한때의 형편에 몰려서 억지로 서로 승낙한다면 인정은 따르지 않고 하늘은 돕지 않을 것이니, 구구하게 서약하였더라도 또한 어찌 그것이 믿을 만하겠습니까. 옛날 정(鄭)의 나라를 〈위한〉 계략이 진(晉)·초(楚)의 포악함을 걱정하여 희생(犧牲)·옥백(玉帛)을 가지고 국경에서 기다리는 것으로써 국경을 막으려고 했던 것은 아주 번득이는 것이었다고 말할 만합니다만, 정은 해마다 병화를 입어서 결국 지탱할 수 없게 되었습니다. 남송(南宋)의 군신(君臣)은 원수를 잊고 적에게 아첨하여 오늘은 금(金)과 화친하고 내일은 몽고와 화약하여 그들의 보존을 바랐습니다만, 국토[境土]는 날로 좁아져서 결국 배가 뒤집어지는 것에 이르게 되었습니다. 신은 매번 책을 읽다 이 대목에 이르러 책을 덮고 크게 탄식하지 않은 적이 없었습니다. 무릇 일본은 우리 한국과 강토[壤地]는 서로 나란히 있고 풍속은 서로 비슷하므로 화친의 국면이 부합하여 이루어지면, 외국의 모욕을 억제하고 막아서 견고하게 안을 지키는 좋은 계책을 얻는 것이겠으나, 우리 한국의 신하에게는 한 가지 대의가 있으므로 참고 견디면서 그들과 구차하게 동화(同和)할 수 없습니다. 저 미우라 고로[三浦梧樓]의 무리들이 우리의 역신(逆臣)과 어울려 한통속이 되어 감히 을미년의 변을 마음대로 저지른 것이 히로시마[廣島] 재판에서 정황이 다 드러났음에도 일본 정부는 왜곡하여 두루 속이고 있으며 또 다시 우리 역신을 용납하고 비호하여 우리 한국의 왕법[王章]을 펼칠 곳이 없게 만들었습니다. 〈그와〉 겸하여 우리 군신[上下]을 협박하여 우리 선왕(先王)의 예와 풍속을 바꾸고 우리 전국(全國)의 이권[權利]을 약탈하려고 하였습니다. 신은 이것이 과연 모두 조약문에 있는 바인지 알지 못합니다만, 〈이러한 일이〉 공법이 허락한 바입니까. 천리(天理)로써 헤아려도 심히 어긋나고 사람의 본성으로써 구하더라도 합당하지 않으니, 우리 한국의 신하 된 자가 비록 수치를 참고 구차하게 〈목숨을〉 보전하려고 하더라도, 곧바로 어떤 마음과 어떤 얼굴로 서로 큰 신의를 맺어 조석(朝夕)을 도모할 수 있겠습니까. 이는 하늘이 노하고 신령이 화낼 일일 뿐만 아니라 만국(萬國)이 장차 몰래 비웃을 것이며 일본인들도 또한 장차 〈우리를〉 마음으로 비루하게 여기고 침을 뱉고 배척할 것입니다. 그리고 러시아[俄國]로 말하면, 저들은 우리 한국에 대해 아직 크게 화를 서로 더할 일이 없고 다만 의거할만한 화친의 국면이 있을 뿐이니, 진실로 가볍게 틈을 만들어 스스로 신의를 잃어서는 안 됩니다. 그러나 그들은 탐욕과 사나움으로 다섯 대륙[五洲]에 이름이 났고, 먹을 것을 구함에 만족할 줄을 모르며, 죽이기를 좋아함이 끝이 없습니다. 용암(龍巖)을 강제로 점탈하여 이미 맹약을 저버리는 단서를 보였고, 만주(滿洲)에 한 발을 디딘 것도 동양을 경탄하려는 계획에서 나온 것입니다. 그래서 우리 한국의 강역[疆埸]은 전쟁의 북새통을 입었으니, 이들도 어찌 신의로 서로 의지할 수 있겠습니까. 〈그들은〉 좌고우면하고 모두 획일적으로 옳은 것을 보이지는 않으나, 당장 러시아의 먼지바람은 잠깐 멀어지고 일본과는 방금 협약하였으니, 즉시 응수하여 옳은 방안을 다해야만 할 것입니다. 신이 들으니 근일에, 일본이 파견한 대신(大臣) 이토 히로부미(伊藤博文)가 오로지 조문을 위해 왔다고 합니다. 이는 그래도 예의로 서로 교제하자는 것이고, 또한 이웃 나라의 국모(國母)를 존경해야 한다는 것은 아는 것입니다. 신은 어리석고 용렬하나, 이렇게 예의로 대하는 때에 대의를 명백하게 밝혀 숨김없이 드러내 보여야 한다고 생각합니다. 〈그렇게 한다면〉, 천하의 악(惡)이 하나가 〈되어서〉 우리 한국의 역적도 일본의 역적일 것입니다. 저들도 만일 마음에 감동하는 바가 있으면, 응당 악을 미워하는 같은 마음으로 〈미우라〉 고로(梧樓) 및 이범래[範來]·이두황[斗璜]의 무리를 체포하여 보낼 것입니다. 〈그들을〉 분명하게 주륙(誅戮)하고 그 장수와 사졸을 잡아 처벌함으로써 우리의 예의와 풍속, 권리를 지키고 완전하게 하면, 직접 일본이 천하에 의리와 신의를 드러내지 않아도 우리 한국의 신하된 자들이 오히려 머리를 들고 기운을 낼 수 있어서 원한을 풀고 기쁨을 찾아 동양의 화친 국면에 앞장설 것입니다. 만일 그렇지 않다면 의리와 신의가 없는 것입니다. 의리와 신의가 없으면 하루도 같이 일하며 공존을 도모할 수 없으니, 이미 하루도 공존을 도모할 수 없는데, 이 신의에 의지하여 만 번 죽을지언정 한 번의 요행을 도모할 수 있겠습니까. 설령 형세가 기울어지는 때를 만나더라도, 고금 천하에 나라로서 망하지 않았던 것은 없고 사람으로서 죽지 않았던 이도 〈없으니〉 원수에게 아첨하여 사는 것보다 차라리 의리를 지키고 망하는 것이 낫고, 모호하게 사는 것보다 차라리 명백하게 죽는 것이 편안하고 또 시원하지 않겠습니까"라고 하였다. 비답하기를, "지난번에 선유(宣諭)하며 바로 국가의 긴급하고 간절하며 안위와 〈관계된〉 일을 급히 묻고자 하였는데, 오늘까지도 행해지지 못하고 있으니 한탄을 견딜 수 있겠는가. 〈그대가〉 두 번 논한 것을 보건대, 짐의 마음을 개발하여 앉아서 말해볼만한 것이었으나, 결국 맞대고 말하는 것처럼 상세하지는 않으니 즉시 올라와서 옆자리를 비워놓고 간절히 기다리는 나의 생각에 부응하라. 경연관의 직함은 어찌 사직한다고 말하는가"라고 하였다.

『日省錄』536冊

疏略曰, 竊伏聞日本公使與我政府, 有協定條件. 大槪是重敦和約, 保完東洋之大計. 然國家存亡, 惟在大義之顯晦, 鄰邦之好, 尤當以大信相仗. 苟不念信義, 徒以一時形勢之所拘[*驅]而强相唯諾, 則人情不順, 天道不佑, 區區約誓, 亦豈可憑之物哉. 昔鄭之謀國者, 憂晉·楚之暴, 欲以犧牲·玉帛, 待諸境上, 以徼强者, 是可謂巧閃矣, 而鄭連年破[*被]兵, 卒不能支. 南宋君臣, 忘讎媚敵, 今日和金, 明日約蒙, 以覬其存, 而境土日蹙, 崖舟遂覆. 臣每讀書至此, 未嘗不掩卷太息也. 夫日本之於我韓, 壤地相比, 風俗相近, 合成和局, 抑遏外侮, 保固內守, 誠計之得者, 然其在我韓臣子, 有一件大義, 不可隱忍而苟同者. 彼三浦梧樓輩符同我逆臣, 敢逞乙未之變, 廣島裁判, 情形畢露, 而日本政府, 曲爲周遮, 又復容庇我逆臣, 使我韓王章, 無地可伸. 兼之迫脅[*脅]我上下, 變改我先王禮俗, 占奪我全國權利. 未知是果皆約章之所有, 而公法之所許耶. 揆之天理而甚乖, 求之人性而不允, 雖欲忍恥苟存, 直以何心何顔, 相與結成大信, 以謀朝夕乎. 是不惟天怒而神憤, 萬國將竊笑之, 爲日本人者, 亦將心鄙而唾斥之矣. 又曰我韓之賊, 猶日本之賊也. 彼苟有感動於心, 當惡惡是同, 縛送梧樓及範來·斗璜之黨. 顯伏誅戮, 束戢其將士, 保完我禮俗權利, 則非直日本之著信義於天下, 爲我韓臣子者, 尙可仰首出氣, 釋怨尋歡, 如其未然, 則是無義無信也. 無義無信, 不可一日共事而圖存, 旣不可一日圖存, 寧仗此信義出萬死以圖一幸. 設値傾敗, 古今天下, 未有不亡之國, 未有不死之人, 與其媚讎而存, 無寧秉義而亡, 與其糢糊而生, 無寧明白而死之, 爲安且快矣. 又曰臣之去年一出, 蓋爲誤恩之不可屢抗, 而醜狀之不可終諱也. 半夜前席, 天鑑密爾, 其妍醜長短, 已莫逃於神明之照矣. 舁疾逃歸, 還尋本分. 甘爲樊英之盜名, 而不至爲殷浩之誤國者, 何莫非聖上賜也. 伏乞特垂恩諒, 亟罷虛縻之筵銜, 還收經賜之京第, 以兩全於公私. 不勝區區之懇. 批以, 向者宣諭, 亟欲咨訪國家急切安危之事, 及今未果, 可勝悵歎. 兩度所論, 可以開發朕心而坐談, 竟不若面陳之詳, 卽爲上來, 用副側席翹企之思. 筵銜夫豈宜言辭事, 遣地方官傳諭.

상소의 대략에, "다만 들으니, 일본 공사(日本公使)가 우리 정부와 조약(條約)을 협정한 일이 있었다고 합니다. 대개 이는 화약(和約)을 굳건히 하고 동양(東洋)을 보호하고 완전히 하는 대계이니 진실로 오늘 급하게 강구하여 밝히지 않을 수 없는 것입니다. 그러나 신이 생각건대, 국가의 존망(存亡)은 오직 대의(大義)가 밝게 드러나는지 여부에 달려 있고, 이웃 나라와 우호는 더욱 큰 믿음으로 서로를 의지해야만 하는 것입니다. 만일 신의를 생각하지 않고, 한낱 한때의 형편에 얽메여서 억지로 서로 승낙한다면 인정은 따르지 않고 하늘은 돕지 않을 것이니, 구구하게 서약하였더라도 또한 어찌 그것이 믿을 만한 것이겠습니까. 옛날 정(鄭)의 나라를 〈위한〉 계략이 진(晉)·초(楚)의 포악함을 걱정하여 희생(犧牲)·옥백(玉帛)을 가지고 국경에서 기다리는 것으로써 국경을 막으려고 했던 것은 아주 번득이는 것이었다고 말할만합니다만, 정은 해마다 병사가 깨져서 결국 지탱할 수 없게 되었습니다. 남송(南宋)의 군신(君臣)은 원수를 잊고 적에게 아첨하여 오늘은 금(金)과 화친하고 내일은 몽고와 화약하여 그들의 보존을 바랐습니다만, 국토[境土]는 날로 좁아져서 결국 배가 뒤집어지는 것에 이르게 되었습니다. 신은 매번 책을 읽다 이 대목에 이르러 책을 덮고 크게 탄식하지 않은 적이 없었습니다. 무릇 일본은 우리 한국과 강토[壤地]는 서로 나란히 있고 풍속은 서로 비슷하므로 화친의 국면이 부합하여 이루어지면, 외국의 모욕을 억제하고 막아서 견고하게 안을 지키는 좋은 계책을 얻는 것이겠으나, 우리 한국의 신하에게는 한 가지 대의가 있으므로 참고 견디면서 그들과 구차하게 동화(同和)할 수 없습니다. 저 미우라 고로[三浦梧樓]의 무리들이 우리의 역신(逆臣)과 어울려 한통속이 되어 감히 을미년의 변을 마음대로 저지른 것이 히로시마[廣島] 재판에서 정황이 다 드러났음에도 일본 정부는 왜곡하여 두루 속이고 있으며 또 다시 우리 역신을 용납하고 비호하여 우리 한국의 왕법[王章]을 펼칠 곳이 없게 만들었습니다. 〈그와〉 겸하여 우리 군신[上下]을 협박하여 우리 선왕(先王)의 예와 풍속을 바꾸고 우리 전국(全國)의 이권[權利]을 약탈하려고 하였습니다. 이것이 과연 모두 조약문에 있는 바인지 알지 못합니다만, 〈이러한 일이〉 공법이 허락한 바입니까? 천리(天理)로써 헤아려도 심히 어긋나고 사람의 본성으로써 구하더라도 합당하지 않으니, 비록 수치를 참고 구차하게 〈목숨을〉 보전하려고 하더라도, 곧바로 어떤 마음과 어떤 얼굴로 서로 큰 신의를 맺어 조석(朝夕)을 도모할 수 있겠습니까. 이는 하늘이 노하고 신령이 화낼 일일 뿐만 아니라 만국(萬國)이 장차 몰래 비웃을 것이며 일본인들도 또한 장차 〈우리를〉 마음으로 비루하게 여기고 침을 뱉고 배척할 것입니다"라고 하였다. 또한 이르기를, "우리 한국의 역적도 일본의 역적일 것입니다. 저들도 만일 마음에 감동하는 바가 있으면, 응당 악을 미워하는 같은 마음으로 〈미우라〉 고로(梧樓) 및 이범래[範來]·이두황[斗璜]의 무리를 체포하여 보낼 것입니다. 〈그들을〉 분명하게 주륙(誅戮)하고 그 장수와 사졸을 잡아 처벌함으로써 우리의 예의와 풍속, 권리를 지키고 완전하게 하면, 직접 일본이 천하에 의리와 신의를 드러내지 않아도 우리 한국의 신하된 자들이 오히려 머리를 들고 기운을 낼 수 있어서 원한을 풀고 기쁨을 찾아 동양의 화친 국면에 앞장설 것입니다. 만일 그렇지 않다면 의리와 신의가 없는 것입니다. 의리와 신의가 없으면 하루도 같이 일하며 공존을 도모할 수 없으니, 이미 하루도 공존을 도모할 수 없는데, 이 신의에 의지하여 만 번 죽을지언정 한 번의 요행을 도모할 수 있겠습니까. 설령 형세가 기울어지는 때를 만나더라도, 고금 천하에 망하지 않는 나라는 없었고 죽지 않는 사람도 없었으니, 원수에게 아첨하여 사는 것보다 차라리 의리를 지키고 망하는 것이 낫고, 모호하게 사는 것보다 차라리 명백하게 죽는 것이 편안하고 또 시원할 것입니다"라고 하였다. 또한 이르기를, "신이 작년에 한 번 출사한 것은 대개 베푼 은혜를 여러 번 거절할 수 없으며, 추한 모습이라고 끝내 피할 수는 없어서였습니다. 한밤중에 〈신을〉 앞에 두시고 임금의 안식(眼識)을 빽빽하게 가까이 하시어, 저의 곱고 추함, 장점과 단점이 신명께서 비춘 것에 이미 도망갈 곳이 없게 되었습니다. 〈이에〉 병든 몸을 끌고 고향으로 돌아가 다시 본분을 되찾았습니다. 〈신이〉 기꺼이 번영(樊英)이 이름을 훔쳐서 〈임용되었던 사례가〉 되었고, 은호(殷浩)가 나라를 망치는 것에 이르지 않은 것이, 어찌 모두 성상께서 내려주신 것이 아니겠습니까. 삼가 바라건대 특별히 살피시어 바로 헛되이 차지하고 있는 경연의 직임을 파하시고 수도의 집을 환수하시어 공사(公私)를 모두 온전하게 하소서. 이 구구하고 간절함을 이기지 못합니다"라고 하였다. 비답하기를, "지난번에 선유(宣諭)하며 바로 국가의 긴급하고 간절하며 안위와 〈관계된〉 일을 급히 묻고자 하였는데, 오늘까지도 행해지지 못하고 있으니 한탄을 견딜 수 있겠는가. 〈그대가〉 두 번 논한 것을 보건대, 짐의 마음을 개발하여 앉아서 말해볼만한 것이었으나, 결국 맞대고 말하는 것처럼 상세하지는 않으니 즉시 올라와서 옆자리를 비워놓고 간절히 기다리는 나의 생각에 부응하라. 경연관의 직함은 어찌 사직한다고 말하는가'라는 내용을 지방관을 보내어 전유(傳諭)하도록 하라"고 하였다.

'한일협상조약(을사늑약, 제2차한일협약)'이 체결됨.

1905년(고종 42-乙巳) 10월 21일(양력 11월 17일)

발신 : 외부대신 박제순

『高宗實錄』46卷

十七日. 韓日協商條約成. 韓日協商條約. 日本國政府及韓國政府는 兩帝國을 結合ᄒᆞ는 利害共通의 主義를 鞏固케홈을 欲ᄒᆞ야 韓國의 富强之實을 認홀 時에 至ᄒᆞ기지 此目的으로써 左開條款을 約定홈. 第一條. 日本國政府는 在東京外務省을 由ᄒᆞ야 今後韓國이 外國에 對ᄒᆞ는 關係及事務를 監理指揮홈이 可ᄒᆞ고 日本國의 外交代表者及領事는 外國에 在ᄒᆞ는 韓國의 臣民及利益을 保護홈이 可홈. 第二條. 日本國政府는 韓國과 他國間에 現存ᄒᆞ는 條約의 實行을 完全히 ᄒᆞ는 任에 當ᄒᆞ고 韓國政府는 今後에 日本國政府의 仲介에 由치아니ᄒᆞ고 國際的性質을 有ᄒᆞ는 何等條約이나 又約束을 아니홈을 約홈. 第三條. 日本國政府는 其代表者로하야 韓國皇帝陛下의 闕下에 一名의 統監을 置ᄒᆞ되 統監은 專혀 外交에 關ᄒᆞ는 事項을 管理홈을 爲ᄒᆞ야 京城에 駐在ᄒᆞ고 親히 韓國皇帝陛下에게 內謁ᄒᆞ는 權利를 有홈. 日本國政府는 又韓國의 各開港場及其他日本國政府가 必要로 認ᄒᆞ는 地에 理事官을 置ᄒᆞ는 權利를 有ᄒᆞ되 理事官은 統監의 指揮之下에 從來在韓國日本領事에게 屬ᄒᆞ든 一切職權을 執行ᄒᆞ고 竝ᄒᆞ야 本協約의 條款을 完全히 實行홈을 爲ᄒᆞ야 必要로ᄒᆞ는 一切事務를 掌理홈이 可홈. 第四條. 日本國과 韓國間에 現存ᄒᆞ는 條約及約束은 本協約條款에 抵觸ᄒᆞ는 者를 除ᄒᆞ는 外에 總히 其效力을 繼續ᄒᆞ는 者로홈. 第五條. 日本國政府는 韓國皇室의 安寧과 尊嚴을 維持홈을 保證홈. 右證據로ᄒᆞ야 下名은 各本國政府에셔 相當ᄒᆫ 委任을 受하야 本協約에 記名調印홈. 光武九年十一月十七日, 外部大臣朴齊純. 明治三十八年十一月十七日, 特命全權公使林權助.

양력 11월 17일. '한일협상조약(韓日協商條約)'이 성립되었다. '한일협상조약'. 일본국 정부 및 한국 정부는 양 제국을 결합하는 이해공통주의(利害共通主義)를 공고하게 하기 위하여 한국의 실제로 부강해졌다고 인정될 때까지, 이 목적으로써 아래에 열거한 조관(條款)을 약정한다. 제1조. 일본국 정부는 도쿄(東京)에 있는 외무성(外務省)을 통하여 이후 한국이 외국에 대하는 관계 및 사무를 감리·지휘할 수 있고 일본국의 외교 대표자 및 영사(領事)는 외국에 있는 한국의 신민 및 이익을 보호할 수 있다. 제2조. 일본국 정부는 한국과 타국 사이에 현존하는 조약의 실행을 완전히 하는 책임을 가지고, 한국 정부는 이후에 일본국 정부의 중개를 거치지 않고 국제적 성질을 가진 하등의 조약이나 또한 약속을 하지 않을 것을 약속한다. 제3조. 일본국 정부는 그 대표자로 하여 한국 황제 폐하의 궐하(闕下)에 1명의 통감(統監)을 설치하되, 통감은 오직 외교와 관계된 사항을 관리하기 위하여 경성(京城)에 주재하고 직접 한국 황제폐하를 궁중에서 알현하는 권리를 가진다. 일본국 정부는 또한 한국의 각 개항장 및 기타 일본국 정부가 필요하다고 인정하는 땅에 이사관(理事官)을 설치하는 권리를 가지되, 이사관은 통감의 지휘 아래, 종래 한국 주재 일본영사에게 속하던 일체의 직권(職權)을 집행하고, 아울러 본 협약의 조관을 완전하게 실행하기 위하여 필요한 일체의 사무를 관장·처리할 수 있다. 제4조. 일본국과 한국 사이에 현존하는 조약 및 약속은 본 협약조관에 저촉하는 것을 제외하고는 모두 그 효력이 계속되는 것으로 한다. 제5조. 일본국 정부는 한국 황실의 안녕과 존엄을 유지하는 것을 보증한다. 위의 증거로써 아래의 사람들[下名]은 각 본국 정부에서 상당하는 위임을 받아 본 협약에 이름을 적고 조인한다. 광무(光武) 9년 11월 17일, 외부대신(外部大臣) 박제순(朴齊純). 메이지(明治) 38년 11월 17일, 특명전권공사(特命全權公使) 하야시 곤노스케(林權助).

윤치호를 외무대신 서리로 임명함.

1905년(고종 42-乙巳) 11월 2일(양력 11월 28일)

발신 : 고종

『承政院日記』 3189冊

詔曰, 命外部大臣朴齊純, 爲議政府參政大臣, 外部協辦尹致昊, 命署理大臣事務.

조하기를, "외부대신(外部大臣) 박제순(朴齊純)을 명하여 의정부(議政府) 참정대신(參政大臣)으로 삼고, 외부협판(外部協辦) 윤치호(尹致昊)에게 대신의 사무를 서리할 것을 명한다"라고 하였다.

윤치호가 사직을 청하는 상소를 올림.

1905년(고종 42-乙巳) 11월 2일(양력 11월 28일)

발신 : 외무협판 윤치호

『承政院日記』 3189冊

外部協辦尹致昊疏曰, 伏以臣荐籲病狀, 乞蒙允兪之命矣, 日昨又伏承勿辭行公之勅諭. 臣既化中物也, 豈或粧撰飾辭, 假托說病, 以圖回避之私計哉. 臣於是不勝悶迫. 玆敢不避猥越, 荐控衷懇. 伏乞聖明, 特垂生成之澤, 亟遞臣外部協辦之任, 俾伸區區之私懇焉. 批旨, 省疏具悉. 何可一直言病. 更勿致煩.

외부협판(外部協辦) 윤치호(尹致昊)의 상소에, “삼가 아뢰기를, 신이 거듭 병상(病狀)을 호소하며 〈사직을〉 윤허해주시는 명을 받기를 구하였으나, 일전에 또 사직하지 말고 공무를 행하라는 칙유를 삼가 받들었습니다. 신은 이미 교화의 은택을 입었으니, 어찌 혹여 말을 단장하고 가리어 꾸며서, 병에 가탁하여 회피하려는 사적인 계획을 도모하겠습니까. 신은 이로써 답답함을 이기지 못 하겠습니다. 이에 감히 외람됨을 피하지 않고 거듭 간절한 마음을 털어놓습니다. 삼가 바라건대 밝으신 성상께서는 특별히 만물을 생성하는 은택을 내려 주시어 속히 신의 외부협판의 직임을 체직하심으로써 구구한 사적인 소원을 풀게 해주소서”라고 하였다. 비지에, “상소를 보고 잘 알았다. 어찌 하나같이 병을 말할 수 있는가. 다시 〈일을〉 번거롭게 하지 말라”고 하였다.

압록강, 두만강 삼림경영협동약관이 체결됨.

1906년(고종 43-丙午) 9월 2일(양력 10월 19일)

발신 : 의정부 참정대신 박제순, 탁지부대신 민영기, 농상공부대신 권중현

『高宗實錄』 47卷

十九日. 議政府參政大臣朴齊純, 度支部大臣閔泳綺, 農商工部大臣權重顯, 與大日本統監侯爵伊藤博文, 議定鴨綠江·豆滿江森林經營協同約款. 協同約款, 鴨綠江及豆滿江森林은 韓國國境에 在ᄒᆞᆫ 最히 豐沃ᄒᆞᆫ 利源으로 認ᄒᆞ야 韓日兩國政府ᄂᆞᆫ 其經營에 對ᄒᆞ야 左開條款을 締結ᄒᆞᆷ. 第一條. 鴨綠江及豆滿江森林은 韓國及日本兩政府의 協同經營에 由ᄒᆞᆷ이 可ᄒᆞᆷ. 第二條. 兩國政府ᄂᆞᆫ 經營資本을 一百二十萬圓으로 ᄒᆞ고 各自六十萬圓式出資ᄒᆞᆷ. 第三條. 森林經營事業及收支計算에 對ᄒᆞ야ᄂᆞᆫ 特別ᄒᆞᆫ 會計ᄅᆞᆯ 立ᄒᆞ고 明瞭케 ᄒᆞᆯ 事. 該會計ᄂᆞᆫ 每年一回에 兩國政府에 必爲報告ᄒᆞᆯ 事. 第四條. 事業의 損益은 其出資額에 應ᄒᆞ야 韓日兩政府間에 分配ᄒᆞᆯ 事. 第五條. 第二條의 出資ᄅᆞᆯ 他日增加ᄒᆞᆯ 必要가 有ᄒᆞᆯ 時ᄂᆞᆫ 兩國政府ᄂᆞᆫ 互相의 承認을 經ᄒᆞᆷ을 要ᄒᆞᆯ 者로 ᄒᆞᆷ. 第六條. 本條約施行에 對ᄒᆞ야 尙且細則을 設ᄒᆞᆯ 要가 有ᄒᆞᆯ 時ᄂᆞᆫ 兩國政府가 命ᄒᆞᆫ 委員이 此를 決定ᄒᆞ미 可ᄒᆞᆷ. 第七條. 本事業의 進行을 從ᄒᆞ야 兩國人民으로 ᄒᆞ야곰 加入ᄒᆞᆷ을 得케ᄒᆞᆷ을 爲ᄒᆞ야 會社組織으로 ᄒᆞᆯ 必要가 有ᄒᆞᆯ 境遇에 在ᄒᆞ야ᄂᆞᆫ 兩國政府ᄂᆞᆫ 協定ᄒᆞ야 其方法을 定ᄒᆞ미 可ᄒᆞᆷ. 光武十年十月十九日. 大韓議政府參政大臣朴齊純, 大韓度支部大臣閔泳綺·大韓農工部大臣權重顯. 大日本統監侯爵伊藤博文.

양력 10월 19일. 의정부(議政府) 참정대신(參政大臣) 박제순(朴齊純), 탁지부대신(度支部大臣) 민영기(閔泳綺), 농상공부대신(農商工部大臣) 권중현(權重顯)이 대일본(大日本) 통감(統監) 후작(侯爵) 이토 히로부미(伊藤博文)와 압록강(鴨綠江)·두만강(豆滿江) 삼림경영협동약관(森林經營協同約款)을 의정(議定)하였다. 협동약관(協同約款). 압록강 및 두만강 일대

의 삼림은 한국 국경에 있는 가장 풍요로운 이익의 원천으로 인정하여 한일 양국 정부는 그 경영에 대하여 아래에 열거한 조관(條款)을 체결한다. 제1조. 압록강 및 두만강의 삼림은 한국 및 일본 양 정부의 협동 경영에 따라야 한다. 제2조. 양국 정부는 경영 자본을 120만 원(圓)으로 하고 각기 60만 원씩 출자한다. 제3조. 삼림 경영사업 및 수지계산에 대해서는 특별한 회계를 세우고 명료하게 해야 한다. 해당 회계는 1년 1회 양국 정부에 반드시 보고해야 한다. 제4조. 사업의 손익은 그 출자액에 따라 한일 양국 정부에 분배한다. 제5조. 제2조의 출자를 후일 증가할 필요가 있을 때는 양국 정부는 반드시 서로의 승인을 거치는 것으로 한다. 제6조. 본 조약의 시행에 대하여 세칙을 만들 필요가 있을 때에는 양국 정부가 임명한 위원이 이를 결정해야 한다. 제7조. 본 사업의 진행에 따라 양국 인민들에게 가입할 수 있도록 회사 조직으로 할 필요가 있을 경우에 양국 정부는 협정하여 그 방법을 정해야 한다. 광무(光武) 10년 10월 19일, 대한 의정부참정대신 박제순, 대한 탁지부대신 민영기, 대한 농상공부대신 권중현. 대일본 통감 후작 이토 히로부미.

함경북도 국경경무서와 각 개항 시장 경무서 관제를 폐지하는 칙령을 반포함.

1907년(고종 44-丁未) 1월 8일(양력 2월 20일)

발신 : 고종

『高宗實錄』 48卷

勅令第八號, 咸鏡北道邊界警務署各開港市場警務署官制, 竝廢止件, 裁可頒布.

칙령(勅令) 제8호, 함경북도 국경경무서, 각 개항 시장 경무서 관제를 모두 폐지하는 안건[咸鏡北道邊界警務署各開港市場警務署官制竝廢止件]을 재가하여 반포하였다.

서북영림창관제가 반포됨.

1907년(고종 44-丁未) 3월 4일(양력 4월 16일)

발신 : 고종

『高宗實錄』 48卷

勅令第二十一號, 西北營林廠官制【度支部, 農商工部管理에 屬ᄒᆞ야 共同經營의 約款을 基ᄒᆞ야 鴨綠江, 豆滿江沿岸에셔 森林에 關ᄒᆞᆫ 事務ᄅᆞᆯ 掌ᄒᆞᆷ이라. 廠長一人, 勅任或奏任. 事務官五人, 技師隨時增減, 主事五人, 判任】新設件, 裁可頒布.

칙령(勅令) 제21호, 서북영림창관제【탁지부(度支部)와 농상공부(農商工部)의 관할 아래에 속하여 공동으로 경영하는 조약에 기초하여 압록강(鴨綠江), 두만강(豆滿江) 연안에서 삼림에 관한 사무를 맡아본다. 창장(廠長) 1인은 칙임관(勅任官) 혹은 주임관(奏任官)이다. 사무관(事務官)은 5인이고 기사(技師)는 수시로 증감하며 주사(主事) 5인은 판임관(判任官)이다】를 신설하는 안건[西北營林廠官制新設件]을 재가하여 반포하였다.

조정준을 북간도 종두지소 사무위원으로 임명함.

1907년(고종 44-丁未) 4월 9일(양력 5월 20일)

발신 : 고종

『承政院日記』 3207冊

趙鼎焌, 命北墾島種痘支所事務委員.

조정준(趙鼎焌)을 북간도 종두지소 사무위원(北墾島種痘支所事務委員)에 명하였다.

'한일협약(한일신협약, 정미7조약)'이 체결됨.

1907년(순종 1-丁未) 6월 15일(양력 7월 24일)

발신 : 내각총리대신 이완용

『純宗實錄』 1卷

韓日協約成. 韓日協約, 日本國政府及韓國政府ᄂᆞᆫ 速히 韓國의 富强을 圖ᄒᆞ고 韓國民의 幸福을 增進ᄒᆞ고져 ᄒᆞᄂᆞᆫ 目的으로 左開條款을 約定홈. 第一條. 韓國政府ᄂᆞᆫ 施政改善에 關ᄒᆞ야 統監의 指導ᄅᆞᆯ 受ᄒᆞᆯ 事. 第二條. 韓國政府의 法令의 制定及重要ᄒᆞᆫ 行政上의 處分은 豫히 統監의 承認을 經ᄒᆞᆯ 事. 第三條. 韓國의 司法事務ᄂᆞᆫ 普通行政事務와 此ᄅᆞᆯ 區別ᄒᆞᆯ 事. 第四條. 韓國高等官吏의 任免은 統監의 同意로써 此ᄅᆞᆯ 行ᄒᆞᆯ 事. 第五條. 韓國政府ᄂᆞᆫ 統監의 推薦ᄒᆞᆫ 日本人을 韓國官吏에 任命ᄒᆞᆯ 事. 第六條. 韓國政府ᄂᆞᆫ 統監의 同意업시 外國人을 傭聘아니ᄒᆞᆯ 事. 第七條. 明治三十七年八月二十二日調印ᄒᆞᆫ 日韓協約第一項을 廢止ᄒᆞᆯ 事. 右爲證據홈으로 下名은 各本國政府에셔 相當ᄒᆞᆫ 委任을 受ᄒᆞ야 本協約에 記名調印홈이라. 光武十一年七月二十四日, 內閣總理大臣勳二等李完用. 明治四十年七月二十四日, 統監侯爵伊藤博文.

'한일협약(韓日協約)'이 성립되었다. 한일협약. 일본국 정부 및 한국 정부는 속히 한국의 부강을 도모하고 한국민의 행복을 증진하려는 목적으로 이하 열거된 조관(條款)을 약정한다. 제1조. 한국 정부는 시정을 개선하는 것에 관하여 통감(統監)의 지도를 받는다. 제2조. 한국 정부의 법령 제정 및 중요한 행정상의 처분은 미리 통감의 승인을 거친다. 제3조. 한국의 사법 사무는 보통 행정 사무와 구별한다. 제4조. 한국의 고등관리(高等官吏) 임명과 해임은 통감의 동의로써 행한다. 제5조. 한국 정부는 통감이 추천한 일본인을 한국의 관리로 임명한다. 제6조. 한국 정부는 통감의 동의없이 외국인을 초빙하여 고용하지 않는다. 제7조. 메이지(明治) 37년 8월 22일에 조인한 한일협약 제1항을 폐지한다. 이상을 증거로 하여 아래의 사람들[下名]은 각각 본국 정부에서 상당한 위임을 받아서 본 협약에 이름을 적고 조인한다. 광무(光武) 11년 7월 24일, 내각총리대신(內閣總理大臣) 훈2등 이완용(李完用). 메이지 40년 7월 24일, 통감 후작 이토 히로부미(伊藤博文).

경찰 업무에 관한 '한일협정서'를 체결함.

1907년(순종 1-丁未) 9월 23일(양력 10월 29일)

발신 : 내각총리대신 이완용

『純宗實錄』 1卷

二十九日. 韓日協定書成. 協定書. 韓國政府及統監府ᄂᆞᆫ 日本國政府가 明治四十年七月二十四日에 締結ᄒᆞᆫ 日韓協約第五條에 依ᄒᆞ야 任命ᄒᆞᆫ 韓國警察官으로써 當該日本官憲의 指揮監督을 受ᄒᆞ야 在韓國日本臣民에 對ᄒᆞᆫ 警察事務ᄅᆞᆯ 執行케 ᄒᆞᆯ 事ᄅᆞᆯ 約定ᄒᆞᆷ. 隆熙元年十月二十九日, 內閣總理大臣李完用. 明治四十年十月二十九日, 統監公爵伊藤博文.

양력 10월 29일. '한일협정서(韓日協定書)'가 성립되었다. 협정서(協定書). 한국(韓國) 정부와 통감부(統監府)는 일본국(日本國) 정부가 메이지(明治) 40년 7월 24일에 체결한 일한협약(日韓協約) 제5조에 의하여 임명한 한국 경찰관(韓國警察官)으로써 해당하는 일본 관헌의 지휘 감독을 받아 한국에 있는 일본 신민에 대한 경찰 사무를 집행하게 할 것을 약정한다. 융희(隆熙) 원년 10월 29일 내각총리대신(內閣總理大臣) 이완용(李完用). 메이지 40년 10월 29일 통감(統監) 공작(公爵) 이토 히로부미(伊藤博文).

압록강채목공사 이사, 일본 적십자사 이사를 접견함.

1907년(순종 1-丁未) 9월 26일(양력 11월 1일)

발신 : 순종

『純宗實錄』 2卷

接見鴨綠江採木公司理事外二人及日本赤十字社理事子爵松平乘承. 竝副統監子爵曾禰荒助帶同也.

압록강채목공사이사(鴨綠江採木公司理事) 외에 2인과 일본 적십자사 이사 자작(子爵) 마쓰다히라 조쇼(松平乘承)를 접견하였다. 모두 부통감(副統監) 자작 소네 아라스케(曾禰荒助)가 함께 데려간 것이다.

함경북도 부령군 청진을 개방한다는 칙령을 반포함.

1908년(순종 2-戊申) 1907년 12월 4일(양력 1월 7일)

발신 : 순종

『純宗實錄』 2卷

七日. 勅令第一號, 咸鏡北道富寧郡清津開放件, 裁可頒布.

양력 1월 7일. 칙령(勅令) 제1호, 함경북도 부령군 청진을 개방하는 안건[咸鏡北道富寧郡清津開放件]을 재가하여 반포하였다.

『日省錄』 12817-002冊

裁下咸鏡北道富寧郡清津開放件.

함경북도 부령군 청진을 개방하는 안건[咸鏡北道富寧郡清津開放件]을 재가하였다.

칙령으로 청진토지규칙을 반포함.

1908년(순종 2-戊申) 2월 19일(양력 3월 21일)

발신 : 순종

『承政院日記』 3218冊

勅令. 朕이 淸津土地規則에 關ᄒᆞᆫ 件을 裁可ᄒᆞ야 玆에 頒布케ᄒᆞ노라. 本規則은 咸鏡北道富寧郡淸津에 適用홈. 淸津의 境界ᄂᆞᆫ 附屬圖面과 如히 淸津境界란 文字를 彫刻ᄒᆞᆫ 石標로써 此를 指示홈. 石標ᄂᆞᆫ 境界線의 兩端에 在ᄒᆞᆫ 滿潮點에 各一個를 置ᄒᆞ고 他ᄂᆞᆫ 其角點에 置홈. 淸津의 土地를 分ᄒᆞ야 一等地及二等地의 二種으로홈. 各種地區間의 境界ᄂᆞᆫ 石標, 又ᄂᆞᆫ 其他의 方法으로써 此를 指示홈. 淸津의 土地에 賦課ᄒᆞᄂᆞᆫ 租稅其他의 公課ᄂᆞᆫ 別로 規定이 有ᄒᆞᆫ 者를 除ᄒᆞᆫ 外 其地를 管轄ᄒᆞ고 理事官의게 納付홈이 可홈. 淸津의 土地에 賦課홈이 可ᄒᆞᆯ 地租額은 左와 如홈. 一等地, 一個年一坪에 對ᄒᆞ야 金貳拾錢, 二等地, 一個年一坪에 對ᄒᆞ야 金五錢, 地租ᄂᆞᆫ 每年一月十日內에 其年의 一月一日로븟터 十二月三十一日에 至ᄒᆞᆫ 一個年條를 前納홈이 可홈. 前項에 揭ᄒᆞᆫ 期日以後에 淸津官有地賣下規則에 依ᄒᆞ야 競賣에 付ᄒᆞᆫ 土地에 在ᄒᆞ야ᄂᆞᆫ 地租ᄂᆞᆫ 同規則第五條에 揭ᄒᆞᆫ 賣買契約書作成ᄒᆞᆫ 月로븟터 起算ᄒᆞ야 同年十二月까지의 條를 該契約書作成ᄒᆞᆫ 日로븟터 十日以內에 排月로써 前納홈이 可홈. 前條의 期間內에 地租를 納付치아니ᄒᆞᆯ 時ᄂᆞᆫ 一箇年二割四分의 比例로써 利子를 徵收홈. 地租를 納付ᄒᆞᆯ 日로븟터 六個月後에 至ᄒᆞ야 尙且地租及利子를 納付치아니ᄒᆞᆯ 時ᄂᆞᆫ 二個月以內에 在ᄒᆞ야 三十日前에 預告를爲ᄒᆞ고 該地區를 競賣에 付홈이 可홈. 前項에 境遇에 在ᄒᆞ야ᄂᆞᆫ 競落金은 順次로 此를 競賣費用競賣當日까지의 地租及利子, 竝公課에 充ᄒᆞ고 尙且剩餘가 有ᄒᆞᆯ 時ᄂᆞᆫ 此를 舊所有者, 又ᄂᆞᆫ 其承繼人의게 交付홈이 可홈. 本規則의 施行에 必要ᄒᆞᆫ 規定은 淸津을 管轄ᄒᆞᄂᆞᆫ 理事官이 此를 定홈. 本令은 頒布日로븟터 施行홈.

칙령(勅令). 짐이 청진토지규칙(清津土地規則)에 관한 건을 재가하여 이에 반포케 하노라. 이 규칙은 함경북도(咸鏡北道) 부령군(富寧郡) 청진(清津)에 적용한다. 청진의 경계는 부속된 도면(圖面)에서 처럼 '청진경계'란 글자를 새긴 석표(石標)로써 표시한다. 석표는 경계선의 양단에 있는 만조점(滿潮點)에 각각 1개를 설치하고, 다른 곳은 그 각점에 설치한다. 청진의 토지를 나누어 1등지와 2등지의 2종으로 한다. 각종 지구(地區) 사이의 경계는 석표 또는 기타의 방법으로 표시한다. 청진의 토지에 부과하는 조세와 기타의 공과(公課)는 따로 규정이 있는 것을 제외하고 그 토지를 관할하고 있는 이사관(理事官)에게 납부해야 한다. 청진의 토지에 부과할 수 있는 지조액(地租額)은 다음과 같다. 1등지는 1년에 1평에 대하여 금(金) 20전(錢), 2등지는 1년에 1평에 대하여 금 5전인데 지조(地租)는 매년 1월 10일 이내에 그해의 1월 1일부터 12월 31일까지의 1년치를 전납(前納)하여야 한다. 전 항에 규정한 기일 이후에 청진관유지매하규칙(清津官有地賣下規則)에 의하여 경매에 붙인 토지에 대해서는, 그 지조는 동 규칙 제5조에 게시한 바와 같이 하여, 매매계약서를 작성한 달로부터 기산하여 동년 12월까지의 분을, 당해 계약서를 작성한 날로부터 10일 이내에 배월(排月)로써 전납(前納)하여야 한다. 전조의 기간 내에 지조를 납부하지 아니할 때에는 1년에 2할 4부의 비율로 이자를 징수한다. 지조를 납부하여야 할 날로부터 6개월이 지나도록 아직 지조와 이자를 납부하지 아니할 때에는 2개월 안에, 30일 전에 예고를 한 뒤, 당해 지구를 경매에 부쳐야 한다. 전 항(前項)의 경우에 있어서, 경락금(競落金)은 이를 순차로 경매 비용, 경매 당일까지의 지조 및 이자와 공과(公課)에 충당하고, 그래도 나머지가 있을 때에는 이를 옛 소유자 또는 그 승계인(承繼人)에게 교부하여야 한다. 이 규칙의 시행에 필요한 규정(規定)은 청진을 관할하는 이사관이 이를 정한다. 이 영은 반포한 날로부터 시행한다.

『日省錄』冊

裁下清津土地規則所關件.

청진 토지 규칙에 관련된 안건[清津土地規則所關件]을 재가하였다.

칙령으로 청진관유지매하규칙을 반포함.

1908년(순종 2-戊申) 2월 23일(양력 3월 25일)

발신 : 순종

『承政院日記』 3218冊

朕이 淸津官有地賣下規則에 關ᄒᆞᆫ 件을 裁可ᄒᆞ야 玆에 頒布케ᄒᆞ노라. 本規則은 咸鏡北道富寧郡淸津에 適用홈. 淸津에 在ᄒᆞᆫ 官有地의 賣下ᄂᆞᆫ 淸津을 管轄ᄒᆞᆫ 理事官이 此를 掌홈. 官有地의 賣下ᄂᆞᆫ 競賣의 方法에 依홈. 競落人은 競賣終了後, 卽其時競落價額의 五分一을 契約保證金으로 納付홈이 可홈. 競落人이 契約保證金을 納付ᄒᆞᆫ 時ᄂᆞᆫ 別記書式에 依ᄒᆞ야 賣買契約書二度를 作成ᄒᆞ야 當該官廳及競落人이 此에 署名捺印ᄒᆞᆫ 後, 各其一度를 保有홈이 可홈. 競落價額은 賣買契約書作成의 日로븟터 十日以內에 納入홈이 可홈. 競落人이 第四條及第六條에 揭ᄒᆞᆫ 義務를 怠ᄒᆞᆯ 時ᄂᆞᆫ 賣買를 無效로ᄒᆞ고 尙且第六條에 揭ᄒᆞᆫ 義務를 怠ᄒᆞᆫ 境遇에 在ᄒᆞ야ᄂᆞᆫ 契約保證金을 沒收홈. 土地를 取得ᄒᆞᆫ 者가 第五條에 揭ᄒᆞᆫ 賣買契約書作成日로븟터 三箇年以內에 該地區를 利用아니ᄒᆞᆫ 時ᄂᆞᆫ 右契約을 無效로ᄒᆞ고 當該地區를 競賣에 付홈이 可홈. 前項競落金은 第三條에 依ᄒᆞ야 賣下를 爲ᄒᆞᆫ 時, 競落人이 支撥ᄒᆞᆫ 金額에 達ᄒᆞ기ᄭᆞ지ᄂᆞᆫ 此를 前項에揭ᄒᆞᆫ 土地取得者에게 返還ᄒᆞ고 尙且剩餘가 有ᄒᆞᆯ 時ᄂᆞᆫ 此를 沒收홈. 本規則의 施行에 必要ᄒᆞᆫ 規定은 淸津을 管轄ᄒᆞᆫ 理事官이 此를 定홈. 本令은 頒布日로븟터 施行홈.

짐이 청진관유지매하규칙(淸津官有地賣下規則)에 관한 건을 재가하여 이에 반포케 하노라. 이 규칙은 함경북도 부령군 청진에 적용한다. 청진에 있는 관유지의 매하(賣下)는 청진을 관할하는 이사관(理事官)이 이를 관장한다. 관유지의 매하는 경매의 방법에 의한다. 경락인(競落人)은 경매가 끝난 즉시 경락가액의 5분의 1을 계약보증금으로 납부하여야 한다. 경락인이 계약보증금을 납부한 때에는 별기(別記) 서식에 의하여 매매계약서 2부를 작성하여, 당해 관청과 경락인이 여기에 서명 날인한 후 각기 1부를 보유한다. 경락가액은 매매계약서를 작성한 날로부터 10일 이내에 납입하여야 한다. 경락인이 제4조 및 제6조에 게시한 의무를 태만히 할 때에는 매매를 무효로 하고, 또 제6조에 게시한 의무를 태만하게 한 경우는 계약보증금을 몰수한다. 토지를 취득한 자가 제5조에 규정한 매매 계약서의 작성일로부터 3년 이내에 당해 지구를 이용하지 아니한 때에는 위의 계약을 무효로 하고 당해 지구를 경매에 붙여야 한다. 전항의 경락금(競落金)은 제3조에 의하여 매하할 때에 경락인이 지급한 금액에 달하기까지는 이를 전항에 게시한 토지를 취득한 자에게 반환하고, 그래도 나머지가 있을 때에는 이를 몰수한다. 이 규칙의 시행에 필요한 규정은 청진을 관할하는 이사관이 이를 정한다. 이 영은 반포한 날로부터 시행한다.

『日省錄』 4冊

裁下淸津官有地賣下規則所關件.

청진의 관유지 매각 규칙에 관련된 안건[淸津官有地賣下規則所關件]을 재가하였다.

칙령으로 함경북도 부령군 청진항 항계 제정에 관한 건을 반포함.

1908년(순종 2-戊申) 3월 1일(양력 4월 1일)

발신 : 순종

『承政院日記』 3219冊

朕이 咸鏡北道富寧郡淸津港港界制定에 關ᄒᆞᆫ 件을 裁可ᄒᆞ야 玆에 頒布케ᄒᆞ노라. 咸鏡北道富寧郡淸津港港界를 左갓치 定홈. 高抹山角으로붓터 正西에 引ᄒᆞᄂᆞᆫ 一直線以內, 本令은 頒布日로붓터 施行홈.

짐이 함경북도(咸鏡北道) 부령군(富寧郡) 청진항(淸津港) 항계(港界) 제정(制定)에 관한 건을 재가하여 이에 반포케 하노라. 함경북도 부령군 청진항의 항계를 다음과 같이 정한다. 고말산(高抹山) 모서리로부터 정서(正西) 쪽으로 긋는 일직선 이내이다. 이 영은 반포한 날로부터 시행한다.

『日省錄』 5冊

裁下咸鏡北道富寧郡淸津港港界制定件.

함경북도 부령군 청진항 항계 제정 안건[咸鏡北道富寧郡淸津港港界制定件]을 재가하였다.

각 도의 일본인 서기관을 소견함.

1908년(순종 2-戊申) 4월 12일(양력 5월 11일)

발신 : 순종

『純宗實錄』 2卷

御熙政堂, 召見全羅南道書記官小林重威, 慶尙北道書記官鹽川一太郎, 京畿道書記官竹內卷太郎, 忠淸北道書記官神谷卓男, 全羅北道書記官竹崎六次郎, 慶尙南道書記官和田四郎·黃海道書記官本木房吉, 平安南道書記官大木安之助, 平安北道書記官田結鉚三郎, 咸鏡北道書記官中井喜太郎, 江原道書記官多賀高延. 內部大臣任善準帶同也. 上曰, 朕이 爾等各道書記官에게 誥ᄒᆞ노니 朕이 踐祚以來로 宵旰圖治ᄒᆞ야 積弊를 釐革ᄒᆞᆷ으로뻐 衆庶와함게 更始維新의 實을 擧ᄒᆞ기로 期ᄒᆞᄂᆞᆫ지라. 是로 以ᄒᆞ야 卽位初에 閣臣을 命ᄒᆞ야 新히 日本國과 協約을 締結케ᄒᆞ고 專혀 日本國의 援助와 指導를 依ᄒᆞ야 國政改良의 功을 收코져ᄒᆞᄂᆞᆫ바니 惟ᄒᆞ건ᄃᆡ 爲政의 本은 民에 在ᄒᆞᆫ 故로 朕이 視民ᄒᆞ기를 赤子와 如히ᄒᆞ니 牧民의 職에 在ᄒᆞᆫ 者ㅣ 朕意를 克體ᄒᆞ야 不愆不忘ᄒᆞᆯ지니 爾等은 同心戮力ᄒᆞ야 觀察使를 輔翼ᄒᆞ고 府尹郡守等을 指導ᄒᆞ야 夙夜精勵ᄒᆞ야 期副朕意케ᄒᆞ라.

희정당(熙政堂)으로 나아가 전라남도(全羅南道) 서기관(書記官) 고바야시 시게다케(小林重威), 경상북도(慶尙北道) 서기관 시오가와 이치타로(鹽川一太郎), 경기도(京畿道) 서기관 다케우치 칸타로(竹內卷太郎), 충청북도(忠淸北道) 서기관 가미야 다쿠오(神谷卓男), 전라북도(全羅北道) 서기관 다케사키 로쿠지로(竹崎六次郎), 경상남도(慶尙南道) 서기관 와다 시로(和田四郎), 황해도(黃海道) 서기관 모토키 후사키치(本木房吉), 평안남도(平安南道) 서기관 오키 야스노스케(大木安之助), 평안북도(平安北道) 서기관 다유이 류사부로(田結鉚三郎), 함경북도(咸鏡北道) 서기관 나카이 요시타로(中井喜太郎), 강원도(江原道) 서기관 다가 다카노부(多賀高延)를 소견(召見)하였다. 내부대신(內部大臣) 임선준(任善準)이 같이 데리고 왔다. 임금께서 이르기를, "짐은 너희들 각 도의 서기관들에게 고한다. 짐이 황제의 자리에 오른 이래로 밤낮으로 정사에 힘써 쌓인 폐단을 고침으로써 만백성들과 함께 다시 일신하는 실제 성과를 기대하였다. 그러므로 황제의 자리에 올랐을 때 각신(閣臣)에게 명하여 새로 일본국과 협약을 체결하게 하고 전적으로 일본국의 원조와 지도에 의거하여 나라의 정사를 개선하는 성과를 거두려고 하는 바이다. 생각하면 정사를 하는 근본은 백성들에게 있기 때문에 짐이 백성들을 갓난아이 같이 하니, 목민의 직책에 있는 사람들은 짐의 뜻을 잘 헤아려 잘못하지도 말고 잊지도 말라. 너희들은 마음을 합치고 힘을 다하여 관찰사(觀察使)를 돕고 부윤(府尹)과 군수(郡守)들을 지도하여 밤낮으로 부지런히 힘써 기필코 짐의 뜻에 부응하도록 하라"고 하였다.

경시 강근도에게 북간도에서 근무할 것을 명함.

1908년(순종 2-戊申) 7월 29일(양력 8월 25일)

발신 : 순종

『承政院日記』 3057冊

林川郡守金應圭·海美郡守李洵珪依願免本官, 農商工部技手姜根道任警視, 內部主事崔鍾洛任襄陽郡守, 警視姜根道命北間島勤務, 金昌植任郡主事, 金命濟任公立鐵原普通學校專科副訓導.

임천군수(林川郡守) 김응규(金應圭), 해미군수(海美郡守) 이순규(李洵珪)는 의원면관하였고, 농상공부기수(農商工部技手) 강근도(姜根道)를 경시(警視)로 임명하였으며, 내부주사(內部主事) 최종락(崔鍾洛)을 양양군수(襄陽郡守)로 임명하고, 경시 강근도에게 북간도 근무를 명하였으며, 김창식(金昌植)을 군주사로 임명하고, 김명제(金命濟)를 공립철원보통학교(公立鐵原普通學校) 전과(專科) 부훈도(副訓導)로 임명하였다.

『日省錄』 9冊

林川郡守金應圭·海美郡守李洵珪免, 以姜根道爲警視, 崔鍾洛爲襄陽郡守.

임진군수(林川郡守) 김응규(金應圭), 해미군수(海美郡守) 이순규(李洵珪)를 면직하고 강근도(姜根道)를 경시로, 최종락(崔鍾洛)을 양양군수(襄陽郡守)로 삼았다.

한재찬 등에게 북간도에서 근무할 것을 명함.

1908년(순종 2-戊申) 8월 5일(양력 8월 31일)

발신 : 순종

『承政院日記』 3233冊

… 郡主事兼內部主事韓在燦·金福龍·李求敏·李殷永·宋義植·尹南喆·金永喆命北間道勤務, …

… 군주사(郡主事) 겸 내부주사(內部主事) 한재찬(韓在燦)·전복룡(金福龍)·이구민(李求敏)·이은영(李殷永)·송의식(宋義植)·윤남철(尹南喆)·김영철(金永喆)에게 북간도(北間道) 근무를 명하였다. …

한일어업협정서를 작성하고 실시하기로 함.

1908년(순종 2-戊申) 10월 20일(양력 11월 13일)

발신 : 내각

『純宗實錄』 2卷

十三日. 內閣告示第二十三號. 爲韓日兩國臣民漁業, 韓國政府與統監府, 本年十月三十一日成協定書, 自韓國漁業法施行日實施. 協定書. 一. 日本國臣民在韓國沿海·江灣·河川及湖池, 韓國臣民在日本國沿海·江·灣·河川及湖池, 得營漁業. 二. 兩國之一方臣民, 在他一方版圖內營漁業者, 可遵守其營漁業地施行之漁業所關法規也. 三. 韓國漁業所關之法規中, 遇有當屬之司法裁判所之事項, 日本國臣民則自當該日本官廳執行. 四. 開國四百九十八年十月二十日, 明治二十二年十一月十二日調印之韓日兩國通漁規則, 其他兩國通漁所關之協定, 總行廢止.

양력 11월 13일. 내각(內閣) 고시 제23호. 한일 양국 신민의 어업(漁業)을 위하여 한국 정부와 통감부(統監府)는 올해 10월 13일에 협정서(協定書)를 작성하고 한국 어업법(漁業法) 시행일로부터 실시한다. 협정서. 1. 일본국 신민은 한국의 연해·강·만(灣)·하천 및 호수에서 어업을 경영할 수 있으며, 한국 신민은 일본국의 연해·강·만·하천 및 호수에서 어업을 경영할 수 있다. 2. 양국의 한쪽의 신민이 다른 한쪽의 판도(版圖) 안에서 어업을 경영하는 경우, 그 어업 경영지에 시행하는 어업 관계 법규를 준수한다. 3. 한국어업관계법규 중에서 사법재판소에 속해야 할 사항이 있을 경우, 일본국 신민〈의 사안〉은 해당 일본 관청에서 집행한다. 4. 개국(開國) 498년 10월 20일, 메이지(明治) 22년 11월 12일 조인한 한일양국통어규칙과 기타 두 나라 통어(通漁)에 관한 협정은 모두 폐지한다.

김상필 등에게 북간도에서 근무할 것을 명함.

1909년(순종 3-己酉) 閏2월 10일(양력 3월 31일)

발신 : 순종

『承政院日記』 3230冊

… 郡主事金相弼·金鼎熙·南奎綱命北間島在勤, 郡主事金相弼·金鼎熙·南奎綱兼任內部主事, …

… 군주사(郡主事) 김상필(金相弼)·김정희(金鼎熙)·남규강(南奎綱)에게 북간도(北間島) 근무를 명하였고, 군주사 김상필·김정희·남규강에게 내부주사(內部主事)를 겸하게 하였다. …

박응성에게 간도보통학교에서 근무할 것을 명함.

1909년(순종 3-己酉) 閏2월 18일(양력 4월 8일)

발신 : 순종

『承政院日記』 3231冊

… 公立普通學校本科副訓導朴應成, 命私立間島普通學校在勤, …

… 공립보통학교(公立普通學校) 본과(本科) 부훈도(副訓導) 박응성(朴應成)에게 사립간도보통학교(私立間島普通學校) 근무를 명하였다. …

칙령으로 간도에 파견하는 직원에 관한 건을 반포함.

1909년(순종 3-己酉) 閏2월 22일(양력 4월 12일)

발신 : 순종

『承政院日記』 3231冊

朕이 間島派遣의 職員에 關ᄒᆞᆫ 件을 裁可ᄒᆞ야 玆에 頒布케 ᄒᆞ노라. 內部大臣은 隨時所屬職員을 間島에 派遣ᄒᆞᆷ을 得ᄒᆞᆷ. 前項 職員의 服務ᄂᆞᆫ 統監府臨時間島派出所長의 指揮에 從ᄒᆞ며 其懲戒ᄂᆞᆫ 同所長의 具狀에 依ᄒᆞ야 此ᄅᆞᆯ 行ᄒᆞᆷ. 但 奏任官에 在ᄒᆞ야ᄂᆞᆫ 譴責, 判任官에 在ᄒᆞ야ᄂᆞᆫ 罰俸, 以下ᄂᆞᆫ 同所長이 此ᄅᆞᆯ 專行ᄒᆞᆷ. 本令은 頒布日로붓터 施行ᄒᆞᆷ.

짐이 간도(間島)로 파견하는 직원에 관한 건을 재가하여 이에 반포케 하노라. 내부대신은 수시로 소속 직원을 간도에 파견할 수 있다. 앞 항에서 언급한 직원의 복무는 통감부 임시간도파출소장(統監府臨時間島派出所長)의 지휘에 따르고, 그 징계(懲戒)는 동(同) 소장의 보고서에 의하여 이를 시행한다. 다만 주임관(奏任官)에 있어서 질책이나 징계, 판임관(判任官)에 있어서 감봉 이하는 동 소장이 이를 전담한다. 본령은 반포한 날로부터 시행한다.

『純宗實錄』 3卷

十二日. 勅令第四十九號, 內部大臣은 隨時所屬職員을 間島에 派遣ᄒᆞᆷ을 得ᄒᆞᆷ. 該職員의 服務ᄂᆞᆫ 統監府臨時間島派出所長의 指揮에 從ᄒᆞ며 其懲戒ᄂᆞᆫ 同所長의 具狀에 依ᄒᆞ야 行ᄒᆞᄂᆞᆫ 件, 裁可頒布.【日本以明治四十年二月一日, 置統監府派出所, 創設事務所於東京. 同年八月二十三日, 移轉同所于間島龍井村, 開始其事務. 明治四十一年四月十日, 發布統監府臨時間島派

出所官制, 以陸軍步兵中佐齋藤季治郎爲所長.】

양력 4월 12일. 칙령(勅令) 제49호, 내부대신(內部大臣)은 수시로 소속 직원을 간도(間島)에 파견할 수 있다. 해당 직원의 복무는 통감부 임시간도파출소장(臨時間島派出所長)의 지휘에 따르고, 그 징계는 동(同) 소장의 보고문에 의거하여 실행하는 안건을 재가하여 반포하였다.【일본은 메이지(明治) 40년 2월 1일에 통감부 파출소를 설치하고 도쿄(東京)에 사무소를 창설하였다. 같은 해 8월 23일에 동 사무소를 간도(間島) 용정촌(龍井村)으로 이전하여 그곳에서 사무를 시작하였다. 메이지 41년 4월 10일 통감부 임시간도파출소의 관제를 알리고 육군보병(陸軍步兵) 중좌(中佐) 사이토 스에지로(齋藤季治郎)를 파출소장으로 삼았다.】

『日省錄』17冊

裁下間島派遣職員所關件.

간도 파견 직원에 관련된 안건을 재가하였다.

청진항을 경유하는 간도, 혼춘 지방 수출입 화물의 관세 면제에 관한 법률을 반포함.

1909년(순종 3-己酉) 4월 6일(양력 5월 24일)

발신 : 순종

『承政院日記』 3231冊

朕이 咸鏡北道淸津港을 經ᄒᆞ야 間島及琿春地方에 輸出入ᄒᆞᄂᆞᆫ 貨物의 關稅免除에 關ᄒᆞᆫ 件을 裁可ᄒᆞ야 玆에 頒布케ᄒᆞ노라. 咸鏡北道淸津港을 經ᄒᆞ야 間島及琿春地方에 輸出入ᄒᆞᄂᆞᆫ 貨物의 關稅ᄂᆞᆫ 此를 免除홈. 本法의 施行에 關ᄒᆞᆫ 細則은 度支部大臣이 定홈.

짐이 함경북도(咸鏡北道) 청진항(淸津港)을 경유하여 간도(間島) 및 혼춘(琿春) 지방(地方)으로 수출입(輸出入)하는 화물(貨物)의 관세(關稅)를 면제하는 것에 관련된 안건을 재가하여 이에 반포케 하노라. 함경북도 청진항을 거쳐 간도와 혼춘 지방에 수출입하는 화물의 관세는 이를 면제한다. 본 법의 시행에 관한 세칙(細則)은 탁지부 대신이 정한다.

『純宗實錄』 3卷

二十四日. 法律第十九號, 咸鏡北道淸津港所經間島及琿春地方輸出入貨物關稅免除件, 裁可頒布.

양력 5월 24일. 법률(法律) 제19호, 함경북도(咸鏡北道) 청진항(淸津港)을 경유하여 간도(間島) 및 혼춘(琿春) 지방으로 수출입(輸出入)하는 화물의 관세(關稅)를 면제(免除)하는 안건[咸鏡北道淸津港所經間島及琿春地方輸出入貨物關稅免除件]을 재가하여 반포하였다.

『日省錄』18冊

裁下咸鏡北道淸津港所經, 間島及琿春地方輸出入貨物關稅免除件.

함경북도(咸鏡北道) 청진항(淸津港)을 경유하여 간도(間島) 및 혼춘(琿春) 지방에 수출입하는 화물에 대한 관세를 면제하는 안건을 재가하였다.

유명렬 등에게 북간도에서 근무할 것을 명함.

1909년(순종 3-己酉) 7월 16일(양력 8월 31일)

발신 : 순종

『承政院日記』 3235冊

… 郡主事兼內部主事劉明烈·金莖培命北間島在勤.

… 군주사(郡主事) 겸 내부주사(內部主事) 유명렬(劉明烈)·김경배(金莖培)에게 북간도(北間島)에 근무하도록 명하였다.

간도협약이 체결됨.

1909년(순종 3 – 己酉) 8월 1일(양력 1909년 9월 4일)

발신 : 특명전권공사 이쥬인 히코키치, 상서회판대신 양돈언

『純宗實錄』 3卷

四日. 關間島日清協約成. 間島에 關ᄒᆞᆫ 協約. 大日本國政府及大淸國政府ᄂᆞᆫ 善隣의 交誼에 鑑ᄒᆞ야 圖們江이 淸·韓兩國의 國境된 事를 互相確認ᄒᆞ고, 竝妥協의 精神으로써 一切의 辦法을 商定ᄒᆞ야써 淸韓兩國의 邊民으로ᄒᆞ야금 永遠히 治安의 慶福을 享受케ᄒᆞ고ᄌᆞᄒᆞ야 左의 條款을 訂立홈. 第一條. 日·淸兩國政府ᄂᆞᆫ 圖們江을 淸·韓兩國의 國境으로ᄒᆞ고 江源地方에 在ᄒᆞ야ᄂᆞᆫ 定界碑를 起點으로ᄒᆞ야 石乙水로써 兩國의 境界로홈을 聲明홈. 第二條. 淸國政府ᄂᆞᆫ 本協約調印後, 아모조록 速히 左記의 各地를 外國人의 居住及貿易ᄒᆞ기 爲ᄒᆞ야 開放홈이 可홈. 日本國政府ᄂᆞᆫ 此等의 地에 領事館或은 領事館分館을 酌設홈이 可호ᄃᆡ 開放의 期日은 別노히 此를 定홈. 龍井村·局子街·頭道溝·百草溝. 第三條. 淸國政府ᄂᆞᆫ 從來와갓치 圖們江北의 墾地에 在ᄒᆞ야 韓民의 居住를 承准홈. 其地域의 境界ᄂᆞᆫ 別圖로써 此를 示홈. 第四條. 圖們江北地方雜居地區域內墾地居住의 韓民은 淸國의 法權에 服從ᄒᆞ고, 淸國地方官의 管轄裁判에 歸홈. 淸國官憲은 右韓民을 淸國民과 同樣으로 待遇홈이 可ᄒᆞ며 納稅其他一切行政上의 處分도 淸國民과 同樣됨이 可홈. 右韓民에 關係되ᄂᆞᆫ 民事刑事一切의 訴訟事件은 淸國官憲이 淸國法律을 按照ᄒᆞ야 公平히 裁判홈이 可홈. 日本國領事官, 又ᄂᆞᆫ 其委任을 受ᄒᆞᆫ 官吏ᄂᆞᆫ 自由로 法廷에 立會홈을 得ᄒᆞ며 但人命에 關ᄒᆞᆫ 重案에 對ᄒᆞ야ᄂᆞᆫ 須先日本國領事官에 知照ᄒᆞᆯ 者로홈. 日本國領事官이 若法律을 按치아니ᄒᆞ고 判斷ᄒᆞᄂᆞᆫ 事가 有홈을 認ᄒᆞᄂᆞᆫ 時ᄂᆞᆫ 公正의 裁判을 期케ᄒᆞ기를 爲ᄒᆞ야 別노히 官吏를 派ᄒᆞ야 覆審ᄒᆞᆯ 事를 淸國에 請求홈을 得홈. 第五條. 圖們江北雜居區域內에 在ᄒᆞᆫ 韓民所有의 土地家屋은 淸國政府로붓터 淸國人民의 財産과 同樣으로 完全히 保護홈이 可

ᄒᆞ고, 又該江沿岸에ᄂᆞᆫ 場所ᄅᆞᆯ 擇ᄒᆞ야 渡船을 設ᄒᆞ야 兩方人民의 往來ᄂᆞᆫ 自由됨이 可홈. 但兵器携帶ᄒᆞᆫ 者ᄂᆞᆫ 公文又ᄂᆞᆫ 護照가 無히 越境홈을 不得ᄒᆞ고, 雜居區域內産出의 米穀은 韓民의 販運을 許ᄒᆞ되 最히 凶年에 際ᄒᆞ야ᄂᆞᆫ 仍히 禁止홈을 得홈이 可ᄒᆞ며 柴草ᄂᆞᆫ 依舊照辦홈이 可홈. 第六條. 淸國政府ᄂᆞᆫ 將來吉長鐵道ᄅᆞᆯ 延吉南境에 延長ᄒᆞ야 韓國會寧에서 韓國鐵道와 連絡홈이 可홈. 其一切의 辦法은 吉長鐵道와 一律됨이 可ᄒᆞ며 開辦의 時期ᄂᆞᆫ 淸國政府에서 情形을 酌量ᄒᆞ야 日本國政府와 商議ᄒᆞᆫ 後, 此ᄅᆞᆯ 定홈. 第七條. 本協約은 調印後, 直히 效力을 生홈이 可홈. 統監府派出所竝文武各員은 아모조록 速히 撤退ᄅᆞᆯ 開始ᄒᆞ야 二箇月로써 完了홈이 可ᄒᆞ며, 日本國政府ᄂᆞᆫ 二箇月以內에 第二條所開의 通商地에 領事館을 開設홈이 可홈. 右證據로ᄒᆞ야 下名은 各其本國政府로븟터 相當ᄒᆞᆫ 委任을 受ᄒᆞ고 日本文及漢文으로써 作成ᄒᆞᆫ 各二度의 本協約에 記名調印홈이라. 明治四十二年九月四日, 大日本國特命全權公使伊集院彦吉. 宣統元年七月二十日, 大淸國欽命外務部尙書會辦大臣梁敦彦.

양력 9월 4일. 간도와 관련한 일·청협약[關間島日淸協約]이 성립되었다. 간도에 관한 협약. 대일본국 정부 및 대청국 정부는 선린(善隣)의 교의에 비추어 도문강(圖們江)이 청·한 양국의 국경이 된 것을 서로 확인하고, 아울러 타협의 정신으로써 일체의 판법을 상정(商定)하여 청·한 양국의 변방 백성이 영원히 치안의 큰 복을 누리도록 아래의 조관(條款)을 정립(訂立)한다. 제1조. 일·청 양국 정부는 도문강을 청·한 양국의 국경으로 하고 강의 원류[江源地方]에 있는 정계비(定界碑)를 기점으로 하여 석을수(石乙水)를 양국의 경계로 함을 성명한다. 제2조. 청국 정부는 본 협약이 조인된 후, 아무쪼록 속히 아래 기록한 각 땅을 외국인이 거주하거나 무역할 수 있도록 개방해야 한다. 일본국 정부는 이들 땅에 영사관(領事館) 혹은 영사관분관(領事館分管)을 설치할 수 있으나, 〈그것을〉 개방하는 기일은 별도로 정한다. 용정촌(龍井村)·국자가(局子街)·두도구(頭道溝)·백초구(百草溝). 제3조. 청국 정부는 종래와 같이 도문강 이북의 개간지에 한국민의 거주하는 것을 승인한다. 그 지역의 경계는 별도의 지도로 표시한다. 제4조. 도문강 북쪽 지방 잡거구역 안에 있는 개간지에 거주하고 있는 한국민은 청국의 법권에 복종하고, 청국 지방관이 관할하는 재판에 귀속한다. 청국 관헌은 위의 한국민을 청국민과 똑같이 대우하여야 하며, 납세(納稅)〈와〉 기타 일체의 행정상의 처분도 청국민과 똑같이 하여야 한다. 위 한국민과 관계되는 민사·형사의 일체의 소송사건은 청국 관헌이 청국 법률에 의거하여 공평하게 재판하여야 한다. 일본국 영사관 또는 그 위임을 받은 관리는 자유롭게 법정에 입회할 수 있으며, 단, 인명에 관계된 중요 사안에 대해서는, 우선 일본국 영사관에 통지해야 한다. 일본국 영사관이 만약 법률에 따르지 않고 판결하는 문제가 있다고 인지할 때에는, 공정한 재판을 기약하기 위하여 별도로 관리를 파견하여 다시 심리할 것을 청국에 청구할 수 있다. 제5조. 도문강 북쪽 잡거구역 안에 있는 한국민 소유의 토지와 가옥은 청국 정부로부터 청국민들의 재산과 똑같이 완전하게 보호해야 하고, 또한 해당 강의 연안에는 장소를 택하여 나룻배를 설치하여, 양국 인민의 왕래는 자유로워야 한다. 단, 병기를 휴대한 사람은 공문 또는 호조(護照) 없이 월경할 수 없고 잡거구역 안에서 생산된 미곡은 한국민이 가져다 파는 것을 허락하되, 아주 흉년이 들었을 때는 금지할 수 있으며, 땔나무[柴草]는 이전〈사례〉에 비추어 판단한다. 제6조. 청국 정부는 장래에 길장철도(吉長鐵道)를 연길(延吉) 남쪽 지경으로 연장하여, 한국의 회령(會寧)에서 한국 철도와 연결할 수 있다. 그 일체의 판법은 길장철도와 똑같이 하는 것이 옳고, 개판(開辦) 시기는 청국 정부에서 상황을 참작하여 일본국 정부와 상의한 후 이를 정한다. 제7조. 본 협약은 조인한 뒤 바로 효력이 생긴다. 통감부파출소(統監府派出所), 모든 문무(文武) 각 관원은 아무쪼록 속히 철퇴를 개시하여 2개월 안에 끝내야 하며, 일본국 정부는 2개월 안으로 제2조에 열거한 통상지(通商地)에 영사관을 개설하여야 한다. 이상을 증거로 하여 아래의 사람들[下名]은 각각 본국 정부로부터 상당하는 위임을 받아 일본 문자와 한문(漢文)으로 작성한 각 2도(度)의 본 협약에 이름을 적고 조인한다. 메이지(明治) 42년 9월 4일, 대일본국(大日本國) 특명전권공사(特命全權公使) 이쥬인 히코키치(伊集院彦吉). 선통(宣統) 원년 7월 20일, 대청국 흠명 외무부 상서회판대신(尙書會辦大臣) 양돈언(梁敦彦).

간도 파견 직원을 폐지하는 것을 재가하고 반포함.

1909년(순종 3-己酉) 9월 16일(양력 10월 29일)

발신 : 순종

『承政院日記』 3231冊

朕이 間島派遣職員을 廢止의 件을 裁可ᄒᆞ야 玆에 頒布케 ᄒᆞ노라. 隆熙三年勅令第四十九號ᄂᆞᆫ 隆熙三年十一月一日을 限ᄒᆞ야 此를 廢止홈.

짐이 간도(間島) 파견 직원을 폐지하는 안건을 재가하여 이에 반포케 하노라. 융희 3년 칙령 제49호는 융희 3년 11월 1일을 한하여 이를 폐지한다.

『日省錄』 23冊

裁下官等俸給令中改正件, 及間島派遣職員廢止件.

관등봉급령을 개정하는 것 및 간도 파견 직원을 폐지하는 일을 재가하였다.

이토 히로부미의 공로를 치하함.

1909년(순종 3-己酉) 9월 22일(양력 11월 4일)

발신 : 순종

『承政院日記』 3238冊

詔曰, 經國의 要는 邦本을 固케ᄒᆞ야 萬民을 保全ᄒᆞᄂᆞᆫ ᄃᆡ 在ᄒᆞ노니 方今에 中外의 大勢가 紛糾ᄒᆞ야 國步의 隆替를 豫期치 못ᄒᆞᆯ지라. 朕의 國勢가 孤弱ᄒᆞᆷ으로 以ᄒᆞ야 日本의 保護에 倚ᄒᆞᆷ이 아니면 엇지 能히 其存立을 保ᄒᆞᆷ을 得ᄒᆞ리요. 是故로 登祚의 初에 太廟에 誓告ᄒᆞ야 曠古의 改革을 行ᄒᆞ고 捨華取實ᄒᆞ야써 開國進取의 大計를 定ᄒᆞ고 夙夜兢業ᄒᆞ야 不及을 惟恐ᄒᆞᄂᆞᆫᄃᆡ 太子太師伊藤公爵은 精誠을 效ᄒᆞ야 日本中興의 鴻業을 贊ᄒᆞ야 台輔의 重에 列ᄒᆞᆷ이 玆에 四十有餘年이라. 크게 憲章을 定ᄒᆞ고 皇猷를 振張ᄒᆞ야 現에 樞詢의 要職에 在ᄒᆞ야 恒常東洋의 平和로 始終ᄒᆞ고 其大命을 奉ᄒᆞ야 統監의 任을 當ᄒᆞᆯ식 兩國利害共通의 根義를 據ᄒᆞ야 朕의 國政을 指導ᄒᆞ고 休戚을 分ᄒᆞ미 朕이 任[*쏘]ᄒᆞᆫ 其悃誠에 倚信ᄒᆞ야 維新經始의 丕績이 漸成코ᄌᆞ ᄒᆞᆷ을 得ᄒᆞᆫ지라. ᄒᆞᆷ을며 老軀로 能히 太子를 輔育ᄒᆞ고 匡救의 忱을 竭ᄒᆞ야 不渝ᄒᆞ니 惟컨ᄃᆡ 日本帝國의 柱石될ᄲᅮᆫ더러 眞實노 朕의 國家의 師表로 厥勳과 厥德이 前古에 無儔ᄒᆞᆫ지라. 豈料曩者에 疆圻를 出ᄒᆞ야 途에 哈爾賓을 過ᄒᆞ다가 朕의 狂悖ᄒᆞᆫ 人民의 兇手에 傷ᄒᆞ야 遽히 溘亡ᄒᆞ리오. 今當窀穸之日ᄒᆞ야 傷痛이 益切이라. 惟컨ᄃᆡ 如彼狂悖의 徒가 世界의 形勢에 暗昧ᄒᆞ야 往往히 日本의 敦誼를 蔑如코ᄌᆞᄒᆞ고 竟乃無前ᄒᆞᆫ 變怪를 釀出ᄒᆞ니 是ᄂᆞᆫ 卽朕의 國家社稷을 賊害ᄒᆞᄂᆞᆫ 者이라. 若朕의 臣民으로 朕의 斯意를 違背ᄒᆞ야 凶虐滋事케ᄒᆞᄂᆞᆫ 者가 有ᄒᆞ면 民衆이 何以綏安ᄒᆞ며 國基가 何以鞏固ᄒᆞᆷ을 得ᄒᆞ리오. 爾臣民은 相率相戒ᄒᆞ야써 朕의 旨를 體ᄒᆞ라.

조하기를, "나라를 경영하는 요체는 나라의 근본을 공고하게 하여 만민을 보전하는 데에 있는데, 방금 중외(中外)의 대세가 어지럽고 시끄러워 국운[國步]의 성쇠[隆替]를 예기(豫期)할 수 없다. 짐의 국세(國勢)가 외롭고 약하여 일본의 보호에 의지하지 않으면 어찌 능히 그 존립을 보장할 수 있겠는가. 그러므로 즉위[登祚]할 처음에 태묘(太廟)에 서고(誓告)하여 전례에 없는 개혁(改革)을 행하고, 겉치레를 버리고 실질을 취하여 나라를 열고 진취시킬 큰 계획을 정하고 밤낮으로 삼가며 일을 이루지 못할까 두려워하였는데, 태자태사(太子太師) 이토(伊藤) 공작은 정성을 다하여 일본 중흥의 홍업(鴻業)을 도와 태보(台輔)의 무거운 자리에 있은 지 이에 40여 년이다. 크게 헌장(憲章)을 정하고 황제의 도를 진장하여, 지금 중요하면서 자문을 주는 요직(要職)에 있으면서 항상 동양의 평화에 시종 노력하였고 그 대명(大命)을 받들어 통감(統監)의 직임을 할 때에 양국의 이해(利害)와 공통의 근의(根義)에 의거하여 짐의 국정을 지도하고 〈짐과〉 고락[休戚]을 나누매, 짐이 또한 그 정성에 의지하고 믿어서 유신하고 경영을 시작하는 큰 업적이 점차 이루어질 수 있었다. 하물며 노구로써 능히 태자를 보육(輔育)하고 광구(匡救)하는 정성을 다하여 변함이 없었으니, 생각건대 일본제국의 주석이 될 뿐만 아니라 진실로 짐의 국가의 사표(師表)로서 그 공훈과 그 덕이 이전에 짝할만한 이가 없었다. 그런데 지난번에 국경[疆圻]을 나가서 도중에 하얼빈[哈爾賓]을 지나다가 짐의 광패(狂悖)한 인민의 흉수(兇手)에 상하여 갑자기 사망할 줄 어찌 생각하였겠는가. 지금 장사[窀穸] 날을 맞이하여 아픈 마음[傷痛]이 더욱 간절하다. 생각건대, 저 광패한 무리가 세계의 형세에 어두워 왕왕 일본의 두터운 정을 멸시하고자 하고, 끝내 전에 없는 변괴(變怪)를 빚어내니, 이는 곧 짐의 국가와 사직을 해치는 자라. 만약 짐의 신민으로서 짐의 이러한 뜻을 위배하여 흉학(凶虐)한 일을 더하는 자가 있으면 민중이 어찌 편안하며 나라의 기틀이 어떻게 공고해질 수 있겠는가? 너희 신민은 서로 경계해서 짐의 뜻을 체득(體得)하라"고 하였다.

『純宗實錄』 3卷

詔曰, 經國의 要ᄂᆞᆫ 邦本을 固케ᄒᆞ야 萬民을 保全ᄒᆞᄂᆞᆫᄃᆡ 在ᄒᆞᄂᆞ니 方今에 中外大勢가 紛糾ᄒᆞ야 國步의 隆替를 豫期치 못ᄒᆞᆯ지라. 朕의 國勢가 孤弱ᄒᆞᆷ으로 以ᄒᆞ야 日本의 保護에 倚ᄒᆞᆷ이 아니면 엇지 能히 其存立을 保ᄒᆞᆷ을 得ᄒᆞ리요. 是故로 登祚의 初에

太廟에 誓告ᄒᆞ야 曠古의 改革을 行ᄒᆞ고 捨華取實ᄒᆞ야ᄡᅥ 開國進取의 大計ᄅᆞᆯ 定ᄒᆞ고 夙夜兢業ᄒᆞ야 不及을 惟恐ᄒᆞᄂᆞᆫᄃᆡ 太子太師伊藤公爵은 精誠을 效ᄒᆞ야 日本中興의 鴻業을 贊ᄒᆞ야 台輔의 重에 列ᄒᆞᆷ이 玆에 四十有餘年이라. 크게 憲章을 定ᄒᆞ고 皇猷ᄅᆞᆯ 振張ᄒᆞ야 常히 樞詢의 要職에 在ᄒᆞ야 恒常東洋의 平和로 始終ᄒᆞ고 其大命을 奉ᄒᆞ야 統監의 任을 當ᄒᆞᆯ髂[*시] 兩國利害共通의 根義를 據ᄒᆞ야 朕의 國政을 指導ᄒᆞ고 休戚을 分ᄒᆞᆷ에 朕이 ᄯᅩᄒᆞᆫ 其悃誠에 倚信ᄒᆞ야 維新經始의 丕績이 漸成코ᄌᆞᄒᆞᆷ을 得ᄒᆞᆫ지라. ᄒᆞᆷ을며 老軀로 能히 太子를 輔育ᄒᆞ고 匡救의 忱을 竭ᄒᆞ야 不渝ᄒᆞ니 惟건대 日本帝國의 柱石될ᄲᅮᆫ더러 眞實노 朕의 國家의 師表로 厥勳과 厥德이 前古에 無儔ᄒᆞᆫ지라. 豈料曩者에 疆圻를 出ᄒᆞ야 途에 哈爾賓을 過ᄒᆞ다가 朕의 狂悖ᄒᆞᆫ 人民의 兇手에 傷ᄒᆞ야 遽히 溘亡ᄒᆞ리요. 今當窀穸之日ᄒᆞ야 傷痛이 益切이라. 惟컨대 如彼狂悖의 徒가 世界의 形勢에 暗昧ᄒᆞ야 往往히 日本의 敦誼를 蔑如코ᄌᆞᄒᆞ고 竟乃無前ᄒᆞᆫ 變怪를 釀出ᄒᆞ니 是ᄂᆞᆫ 卽朕의 國家社稷을 賊害ᄒᆞᄂᆞᆫ 者이라. 若朕의 臣民으로 朕의 斯意를 違背ᄒᆞ야 凶虐滋事케ᄒᆞᄂᆞᆫ 者가 有ᄒᆞ면 民衆이 何以綏安ᄒᆞ며 國是가 何以鞏固ᄒᆞᆷ을 得ᄒᆞ리요. 爾臣民은 相率相戒ᄒᆞ야ᄡᅥ 朕의 旨를 體ᄒᆞ라.

조하기를, "나라를 경영하는 요체는 나라의 근본을 공고하게 하여 만민을 보전하는 데에 있는데, 방금 중외(中外)의 대세가 어지럽고 시끄러워 국운[國步]의 성쇠[隆替]를 예기(豫期)할 수 없다. 짐의 국세(國勢)가 외롭고 약하여 일본의 보호에 의지하지 않으면 어찌 능히 그 존립을 보장할 수 있겠는가. 그러므로 즉위[登祚]할 처음에 태묘(太廟)에 서고(誓告)하여 전례에 없는 개혁(改革)을 행하고, 겉치레를 버리고 실질을 취하여 나라를 열고 진취시킬 큰 계획을 정하고 밤낮으로 삼가며 일을 이루지 못할까 두려워하였는데, 태자태사(太子太師) 이토(伊藤) 공작은 정성을 다하여 일본 중흥의 홍업(鴻業)을 도와 태보(台輔)의 무거운 자리에 있은 지 이에 40여 년이다. 크게 헌장(憲章)을 정하고 황제의 도를 진장하여, 일찍이 중요하면서 자문을 주는 요직(要職)에 있으면서 항상 동양의 평화에 시종 노력하였고, 그 대명(大命)을 받들어 통감(統監)의 직임을 할 때에 양국의 이해(利害)와 공통의 근의(根義)에 의거하여 짐의 국정을 지도하고 〈짐과〉 고락[休戚]을 나누매, 짐이 또한 그 정성에 의지하고 믿어서 유신하고 경영을 시작하는 큰 업적이 점차 이루어질 수 있었다. 하물며 노구로써 능히 태자를 보육(輔育)하고 광구(匡救)하는 정성을 다하여 변함이 없었으니, 생각건대 일본제국의 주석이 될 뿐만 아니라 진실로 짐의 국가의 사표(師表)로서 그 공훈과 그 덕이 이전에 짝할만한 이가 없었다. 그런데 지난번에 국경[疆圻]을 나가서 도중에 하얼빈[哈爾賓]을 지나다가 짐의 광패(狂悖)한 인민의 흉수(兇手)에 상하여 갑자기 사망할 줄 어찌 생각하였겠는가. 지금 장사[窀穸] 날을 맞이하여 아픈 마음[傷痛]이 더욱 간절하다. 생각건대, 저 광패한 무리가 세계의 형세에 어두워 왕왕 일본의 두터운 정을 멸시하고자 하는, 끝내 전에 없는 변괴(變怪)를 빚어내니, 이는 곧 짐의 국가와 사직을 해치는 자라. 만약 짐의 신민으로서 짐의 이러한 뜻을 위배하여 흉학(凶虐)한 일을 더하는 자가 있으면 민중이 어찌 편안하며 나라의 기틀이 어떻게 공고해질 수 있겠는가? 너희 신민은 서로 경계해서 짐의 뜻을 체득(體得)하라"고 하였다.

『日省錄』 24冊

詔曰, 經國의 要는 邦本을 固刊[*케]ᄒᆞ야 萬民을 保全ᄒᆞᄂᆞᆫᄃᆡ 在ᄒᆞᄂᆞ니 方今에 中外의 大勢가 紛糾ᄒᆞ야 國步의 隆替를 豫期치 못ᄒᆞᆯ지라. 朕의 國勢가 孤弱ᄒᆞᆷ으로 以ᄒᆞ야 日本의 保護에 倚ᄒᆞᆷ이 아니면 엇지 能히 其存立을 保ᄒᆞᆷ을 得ᄒᆞ리요. 是故로 登祚의 初에 太廟에 誓告ᄒᆞ야 曠古의 改革을 行ᄒᆞ고 捨華取實ᄒᆞ야ᄡᅧ 開國進取의 大計를 定ᄒᆞ고 夙夜兢業ᄒᆞ야 不及을 惟恐ᄒᆞᄂᆞᆫᄃᆡ 太子太師伊藤公爵은 精誠을 效ᄒᆞ야 日本中興의 鴻業을 贊ᄒᆞ야 台輔의 重에 列ᄒᆞᆷ이 玆에 四十有餘年이라. 크게 憲章을 定ᄒᆞ고 皇猷를 振張ᄒᆞ야 現에 樞詢의 要職에 在ᄒᆞ야 恒常東洋의 平和로 始終ᄒᆞ고 其大命을 奉ᄒᆞ야 統監의 任을 當ᄒᆞᆯ서 兩國利害·共通의 根義를 據ᄒᆞ야 朕의 國政을 指導ᄒᆞ고 休戚을 分ᄒᆞ뮈 朕이 쏘ᄒᆞᆫ 其悃誠에 倚信ᄒᆞ야 維新經始의 丕績이 漸成코ᄒᆞᆷ을 得ᄒᆞᆫ지라. ᄒᆞᆷ을며 老軀로 能히 太子를 輔育ᄒᆞ고 匡救의 忱을 竭ᄒᆞ야 不渝ᄒᆞ니 惟컨ᄃᆡ 日本帝國의 柱石될쁜더러 眞實노 朕의 國家의 師表로 厥勳과 厥德이 前古에 無傳[*儔]ᄒᆞᆫ지라. 豈料曩者에 疆圻를 出ᄒᆞ야 途에 哈爾賓을 過ᄒᆞ다가 朕의 狂悖ᄒᆞᆫ 人民의 凶手에 傷ᄒᆞ야 遽히 溘亡ᄒᆞ리오. 今當窀穸之日ᄒᆞ야 傷痛이 益切이라. 惟컨ᄃᆡ 如彼狂悖의 徒가 世界의 形勢에 暗昧ᄒᆞ야 往往히 日本의 敦誼를 蔑如코자ᄒᆞ고 竟乃無前ᄒᆞᆫ 變怪

를 釀出ᄒᆞ니 是ᄂᆞᆫ 卽朕의 國家社稷을 賊害ᄒᆞᄂᆞᆫ 者이라 若朕의 臣民으로 朕의 斯意를 違背ᄒᆞ야 凶虐滋事케ᄒᆞᄂᆞᆫ 者가 有ᄒᆞ면 民衆이 何以綏安ᄒᆞ며 國基가 何以鞏固홈을 得ᄒᆞ리오. 爾臣民은 相率相戒ᄒᆞ야 明[*卽]朕의 旨를 體ᄒᆞ라.

조하기를, "나라를 경영하는 요체는 나라의 근본을 공고하게 하여 만민을 보전하는 데에 있는데, 방금 중외(中外)의 대세가 어지럽고 시끄러워 국운[國步]의 성쇠[隆替]를 예기할 수 없다. 짐의 국세(國勢)가 외롭고 약하여 일본의 보호에 의지하지 않으면 어찌 능히 그 존립을 보장할 수 있겠는가. 그러므로 즉위[登祚]할 처음에 태묘(太廟)에 서고(誓告)하여 전례에 없는 개혁(改革)을 행하고, 겉치레를 버리고 실질을 취하여 나라를 열고 진취시킬 큰 계획을 정하고 밤낮으로 삼가며 일을 이루지 못할까 두려워하였는데, 태자태사(太子太師) 이토(伊藤) 공작은 정성을 다하여 일본 중흥의 홍업(鴻業)을 도와 태보(台輔)의 무거운 자리에 있은 지 이에 40여 년이다. 크게 헌장(憲章)을 정하고 황제의 도를 진장하여, 이에 중요하면서 자문을 주는 요직(要職)에 있으면서 항상 동양의 평화에 시종 노력하였고, 그 대명(大命)을 받들어 통감(統監)의 직임을 할 때에 양국의 이해(利害)와 공통의 근의(根義)에 의거하여 짐의 국정을 지도하고 〈짐과〉 고락[休戚]을 나누매, 짐이 또한 그 정성에 의지하고 믿어서 유신하고 경영을 시작하는 큰 업적이 점차 이루어질 수 있었다. 하물며 노구로써 능히 태자를 보육(輔育)하고 광구(匡救)하는 정성을 다하여 변함이 없었으니, 생각건대 일본제국의 주석이 될 뿐만 아니라 진실로 짐의 국가의 사표(師表)로서 그 공훈과 그 덕이 이전에 짝할만한 이가 없었다. 그런데 지난번에 국경[疆圻]을 나가서 도중에 하얼빈[哈爾賓]을 지나다가 짐의 광패(狂悖)한 인민의 흉수(兇手)에 상하여 갑자기 사망할 줄 어찌 생각하였겠는가. 지금 장사[窀穸] 날을 맞이하여 아픈 마음[傷痛]이 더욱 간절하다. 생각건대, 저 광패한 무리가 세계의 형세에 어두워 왕왕 일본의 두터운 정을 멸시하고자 하고, 끝내 전에 없는 변괴(變怪)를 빚어내니, 이는 곧 짐의 국가와 사직을 해치는 자라. 만약 짐의 신민으로서 짐의 이러한 뜻을 위배하여 흉학(凶虐)한 일을 더하는 자가 있으면 민중이 어찌 편안하며 나라의 기틀이 어떻게 공고해질 수 있겠는가? 너희 신민은 서로 경계하여 짐의 뜻을 체득(體得)하라"고 하였다.

간도 거주 한국인들을 일본 총영사관에서 관리한다고 고시함.

1909년(순종 3-己酉) 9월 26일(양력 11월 8일)

발신 : 내각

『純宗實錄』 3卷

八日. 內閣告示第四十一號. 圖門江北一帶墾地間島의 地域은 從來韓淸兩國의 所屬이 未定인바 日本政府에셔 淸國政府와 交涉協議ᄒᆞᆫ 結果로 本年九月四日에 協約을 締結ᄒᆞ고 在間島日本國總領事館及同分館을 開設ᄒᆞ야 在留韓國民의 保護管理ᄅᆞᆯ 擔任홈.

양력 11월 8일. 내각고시(內閣告示) 제41호. 도문강(圖們江) 이북 일대의 개간지인 간도(間島) 지역은 종래에 한국과 청국(淸國) 양국의 소속이 확정되지 못하였는바, 일본 정부에서 청국 정부와 교섭하고 협의한 결과로 올해 9월 4일에 협약을 체결하고 간도에 있는 일본국 총영사관(總領事館)과 그 분관(分館)을 개설하여 거기에 있는 한국인들의 보호 관리를 담임한다.

일진회장 이용구가 '일한합방성명서'를 발표함.

1909년(순종 3-己酉) 10월 22일(양력 12월 4일)

발신 : 일진회장 이용구

『純宗實錄』3卷

四日. 一進會長李容九, 稱以百萬會員聯名, 日韓合邦聲明書, 發表於中外. 其文曰, 嗟. 我檀君四千年神聖歷史를 保有ᄒᆞ고 我太祖五百年創恢洪基에 奠居ᄒᆞᆫ 二千萬國民同胞여. 國家ᄂᆞᆫ 獨立ᄒᆞ고 人民은 自由로 競爭舞臺에 翺翔ᄒᆞᆯ 祖國精神이 二千萬腦裏에 充滿ᄒᆞᆫ것은 固認ᄒᆞᄂᆞᆫ바라. 若此等精神을 脫落ᄒᆞ야 他의 羈絆에 安ᄒᆞ고 人의 奴隷되기를 要ᄒᆞ야 阿附依賴ᄲᅮᆫ만에 甘心自嗜ᄒᆞᆷ은 紅奴黑蠻의 種族이라도 猶恥ᄒᆞᆯ비라. 然이나 衡國勢變時機에 善能치못ᄒᆞ야 反히 沈淪의 毒을 吸受ᄒᆞ고 滅亡의 禍를 自招ᄒᆞᄂᆞᆫ 末路에 陷ᄒᆞ야도 瞢然히 覺省치못ᄒᆞᆷ은 譬컨ᄃᆡ 祖國精神은 腦裏에 充滿ᄒᆞ얏지만 已無及矣의 抱恨에 至ᄒᆞᆯ지라. 今日의 狀態ᄂᆞᆫ 此杞憂를 不可不抱ᄒᆞᆯ 時라, 思ᄒᆞ라. 二千萬國民의 目前岌嶪ᄒᆞᆫ 現狀은 果然如何ᄒᆞᆫ가. 欲生不得生欲死不得死ᄒᆞᆯ지라, 旣히 奴隷犧牲의 悲境에 墜落ᄒᆞᆫ 今日에 坐ᄒᆞ야 過去를 推ᄒᆞ고 將來를 思ᄒᆞ면 엇지 前途가 茫蒼ᄒᆞ고 晨光이 熹迷ᄒᆞᆫ 感이 無ᄒᆞ리요. 此可謂天非不恤이나 惟人自取라. 甲午年에 日本은 日淸戰役을 起ᄒᆞ야 巨億의 戰費를 消ᄒᆞ고 累萬의 戰士를 喪ᄒᆞ야 淸國의 羈絆을 脫却케ᄒᆞ고 我韓獨立을 確有ᄒᆞᆫ지라. 그러ᄒᆞᆫᄃᆡ 政治를 濁亂ᄒᆞ고 好誼를 排擊ᄒᆞ야 此萬世基礎를 能守치못ᄒᆞᆷ은 我韓國人의 自取ᄒᆞᆫ비라. 竟히 日露戰爭의 因果를 媒介ᄒᆞ야 日本의 損害ᄂᆞᆫ 甲午에 十倍나되얏스나 我로ᄒᆞ여금 露人虎口의 一塊肉됨을 免케ᄒᆞ고 東洋全局의 平和를 維持ᄒᆞᆷ에 努力ᄒᆞᆫ지라. 이러ᄒᆞᆫᄃᆡ 此善隣主義에 樂從치안코 反히 朝秦暮楚의 弊를 生ᄒᆞ야 遂히 外交權을 他에 讓與ᄒᆞ고 保護條約을 成立함에 至ᄒᆞᆷ도 亦我韓人의 自招ᄒᆞᆫ비라. 日韓의 關係가 已히 密接ᄒᆞᆷ에 感情을 融和ᄒᆞ고 工藝를 師受ᄒᆞ며 文明의 模範을 寸取尺進ᄒᆞᆯ것이어늘 反히 海牙問題를 生ᄒᆞ야 一

大政變을 喚起ᄒᆞ고 七條約을 繼續成立홈도 亦我韓人의 自招ᄒᆞᆫ비라. 時勢一變以來殖産을 是懋, 生活을 是紓, 教育을 是展, 知識을 是達케ᄒᆞᆫ지 三年間에 張一事振一業지도못ᄒᆞ고 內ᄂᆞᆫ 權利를 競爭ᄒᆞ고 外ᄂᆞᆫ 暴匪가 猖獗ᄒᆞ야 人民의 生活은 朝夕을 不慮ᄒᆞ야 漸漸極度에 陷케홈도 亦我韓人의 自取ᄒᆞᆫ비라. 伊藤太師의 人民을 懷綏ᄒᆞ고 東宮을 輔導ᄒᆞ고 我韓을 爲ᄒᆞ여 殫勞홈을 難忘ᄒᆞᆯ지라 然而海外哈爾賓變怪가 生홈을 因ᄒᆞ야 日本全國의 輿情이 沸騰ᄒᆞ야 對韓政策의 根本的解決을 主唱ᄒᆞ고 或은 如何ᄒᆞᆫ 危險을 喚起ᄒᆞᆯᄂᆞᆫ지 不知홈에 至케홈도 亦我韓人의 自取ᄒᆞᆫ비라. 自來我韓은 專制政治로 人民의 權利를 束縛ᄒᆞ고 不敢自由ᄒᆞᆫ 民族인 故로 其自取ᄒᆞᆫ 責任은 擔任ᄒᆞ얏다ᄒᆞ여도 可ᄒᆞ나, 過去를 推ᄒᆞ고 將來를 思ᄒᆞ면 安危存亡을 決코 民族의 責任에 歸ᄒᆞᆫ다고 謂치못ᄒᆞᆯ지라. 殷鑑不遠이라 越車既覆을 戒ᄒᆞᆯ것은 五百年宗社ᄂᆞᆫ 邱墟에 歸ᄒᆞ고 二千萬의 生命은 孑遺가 無히 慘境에 陷ᄒᆞᆯ지라. 今日이 何日인고. 外交一款을 既히 讓與ᄒᆞᆫ 結果로 財政이 我에 在ᄒᆞᆫ가. 軍機가 我에 在ᄒᆞᆫ가. 通信이 我에 在ᄒᆞᆫ가. 法章이 我에 在ᄒᆞᆫ가. 所謂條約은 一死物에 歸ᄒᆞ고 國氣民命은 駸駸然一死地에 自落ᄒᆞ얏ᄂᆞ니 今日에 昨日이 復來치안코 明日에 今日이 更無ᄒᆞ도다. 然則昨日에 不知今日ᄒᆞ니 今日에 不得不備明日이라. 嗟. 我二千萬國民腦裏에 充滿한 祖國精神을 奮ᄒᆞ야 大聲疾呼ᄒᆞ야 方今日本輿論의 主唱ᄒᆞᄂᆞᆫ 根本的解決問題에 對ᄒᆞ야 防瀾息波ᄒᆞ야 我皇帝陛下와 大日本國天皇陛下의 天聽의 上徹ᄒᆞᆯ 一團精誠으로써 哀訴ᄒᆞ야 我皇室의 萬世尊崇基礎를 鞏固케ᄒᆞ고 我人民으로 一等待遇의 福利를 享有케ᄒᆞ고 政府와 社會로 益益發展케ᄒᆞ기로 主唱ᄒᆞ야 一大政治機關을 成立홈이 卽我韓의 保護라. 欲死不得死ᄒᆞᄂᆞᆫ 我二千萬國民은 奴隷의 侮蔑을 脫ᄒᆞ고 犧牲의 困苦를 免케ᄒᆞ야 同等伍列에 立ᄒᆞ야 一新回甦ᄒᆞ야 前步를 試進ᄒᆞ고 實力을 養成ᄒᆞ면 前途의 快樂을 享有ᄒᆞ고 他日의 活路를 得ᄒᆞᆯ것은 確然明瞭ᄒᆞᆫ지라. 嗚呼라. 今日萬死一生의 路를 訴求ᄒᆞᆯ것은 檀君四千歲의 歷史와 太祖五百年의 洪基인 宗廟社稷을 永奠ᄒᆞ고 神聖ᄒᆞᆫ 民族을 安堵케ᄒᆞᆯ 一片公心에셔 出홈이니 若其時機를 利用치아니ᄒᆞ면 天神이 必殛ᄒᆞ리라. 唯. 我二千萬國民에게 誓告ᄒᆞ야 此旨를 聲明홈.

仍呈上疏. 其文曰, 伏以臣等聞之, 人窮則反本. 故憂悲愁苦, 未嘗有不呼父母, 疾痛慘怛, 未嘗有不號天. 今陛下我二千萬同胞之父母, 而我三千里疆土之天也. 是以敢以所號天者, 號之於陛下, 以所呼父母者, 呼之於陛下, 臣等之分. 唯願陛下至仁至慈, 垂聖聽于不忠之言. 臣等之苦衷, 實有苦於死之苦何者. 欲死而不能死, 欲生而不能生也. 此不唯在臣等而獨然, 我二千萬同胞, 實欲死而不能死, 欲生而不能生矣. 蓋今以我大韓國, 擬之病人, 命脈之絶, 旣已久矣. 臣等之呼號, 徒抱死尸而慟哭也. 人謂之未死, 徒見死尸之猶尙生耳. 今我大韓國形勢, 豈得無似此乎. 外交何在哉, 無可以陛下之旨與隣邦議也. 財政何在哉, 無可以陛下之志與下臣謀也. 軍機何在哉, 無可以陛下之威, 用諸寇盜也. 法憲何在哉, 無可以陛下之仁, 加諸匹夫也. 百官有司, 分職掌政, 其登賢擇良者誰也哉. 陛下爲二千萬同胞臣民, 請淵鑑之. 臣等代二千萬同胞臣民, 請盡陳苦衷. 夫國民者, 與國生與國死, 固其所也. 然屢遭危急存亡之秋, 未曾一聞皇詔的確宣國民以死守. 陛下何不早使臣等與國死乎. 陛下之至仁, 豈忍見二千萬同胞胥共溘死靡有孑遺乎. 朝旣劓之, 夕又刖之, 將非具五刑之後, 則不許卽死也. 譬如蚯蚓, 苦于蟻屯, 宛轉熱沙之上, 其願一踏殺也久矣. 在昔西土之民, 哀訴其君曰, 與我自由, 否則與我死. 臣等豈敢求自由, 唯請死生, 唯陛下之命. 已陛下旣不忍賜死, 豈亦不忍賜生乎. 二千萬同胞臣民, 可謂瓟瓟困極矣. 書曰, 擇在帝心. 又曰, 念玆在玆, 唯陛下, 決擇之. 易曰, 困于石據于蒺藜, 入于其室, 不見其妻凶. 甲午以降, 臣等熟察我國運, 每泣此爻象, 毋乃天道之窮困至極乎. 何人事之不相周旋矣. 當彼日淸交兵之秋也, 苟我之中正, 不惑乎宜執北向之禮, 與日本絶矣, 我若以之滅夷乎, 世界誰無亡國破家. 執禮死于正命, 足矣. 太祖高皇帝之訓曰, 北不失禮, 南不失信, 終紿祖訓, 其死也不亦榮乎. 我旣一夕, 忽爾裂五百年禮服, 飄飄乎自眩于獨立之嘉號, 雖欲不困於石, 其可得哉. 其一聽日本旣昌言獨立也, 我陸無一寨兵, 海無一艦卒, 此豈國之可名焉哉. 宜一意聽於日本, 更始一新, 期于獨立之實行, 而事不出此, 郤疑以日本二三其德. 日本天皇陛下之寬仁大度, 不我聲討, 而兄第撫我而我, 不唯每事自失信寶, 蔑棄太祖高皇帝之聖訓, 獨恃其外交之詭變. 雖欲不據于蒺藜, 其可得哉. 故致國母之變, 山河含憤, 抑亦誰之故也乎. 或不國其國而播遷俄館于租界, 或宣言中立, 而喜外交之巧妙, 故日俄約和先定, 我所服屬, 而我之見剝外交權, 抑亦誰之故也乎. 然廷臣未悟, 屢出詭計, 儌倖危機于萬一, 終以致海牙事件, 桃發禪位, 委政之不得已, 皆莫非失禮喪信自招之寇也. 孔子曰, 非所困而困焉, 名必辱, 非所據而據焉, 身必危. 旣辱且危, 危期將至, 安其可得見耶. 嗚呼嗚呼. 臣等至今奉斯死尸, 安乎適歸哉. 蓋亦反其本而已矣. 日禮日信, 反我祖訓而已矣. 誠如是, 則外間輿論沸騰, 日韓合邦新造一大帝國之議, 庶幾使二千萬同胞, 始知死處新得其生焉. 臣等請陳說其由. 夫檀箕邈矣, 且不尙論, 已考之於兩國史蹟, 其人族之不可分二家也舊矣. 及日本兵與唐兵, 戰我白馬江敗, 績百濟終以亡. 韓日遂各守其封疆, 然使聘相通, 農商相徙. 高麗導元兵, 侵日本, 屠其邊民也, 邊民怒稱復讎, 私艤兵船, 侵掠支那沿海, 我亦莫不歲蒙其餘毒. 於是乎始有倭寇, 然使我實扇斥倭之風, 在壬辰之役後. 若夫至于近代日本天皇陛下, 以其天縱, 膺開國之運, 楊萬世一系之祖, 德丕二千五百年, 建國之鴻業, 其信其義, 如山如斗. 我之不沒于淸, 始豈非天皇之德乎. 我之不入于俄, 亦豈非天皇之仁乎. 而我尙未戢斥倭之氣, 每報恩以怨, 徒事排日, 翻然而思之, 豈不禽獸之心乎. 幸今我輿論之傾注合邦, 可見民彝之漸覺唾天也. 且夫往古漢唐, 逐我君置其郡縣也, 山東流民亡入我者, 非有關繫於本土, 開督府置軍屯, 山海萬里, 運轉不貲. 前積遠程之怨, 後受黷武之譏. 故武帝歌汾河, 太宗祭魏徵之碑. 當是時, 我半島祕來降去叛之策, 可以自保全. 已今也, 不然. 日本人之歸我土, 每歲以萬計, 皆有關係其本土, 而與我民人, 利害相通之端日繁矣. 加旃政治經濟運用, 皆收其手. 以此同居異治之勢, 駸至六七年後, 則將漸建新日本于我韓土, 我韓民, 何力善頡頏之. 以至陵遲數十年後, 彼主而我奴, 負者韓而騎者日矣. 陛下雖獨南面稱大韓國大皇帝, 無親出政, 則何手善援自陷之韓奴, 置之日人對坐之地哉. 例之歐米人之亡人之國, 非歐米人之亡之, 而其國人之自亡也. 而怨咨曰, 毋逝我梁, 毋發我笱, 公法有威矣. 幸而我之與日本, 本出同族, 未生枳橘之迴異, 今迨相鬩之未甚, 廓然撤其疆域, 痛剗除兩隣之樊籬, 俾兩民自由遊一政敎下, 均享同居同治之福利, 則誰辦此兄此弟焉. 矧以日本天皇陛下之至仁, 其化育我二千萬同胞善令, 爲同等之民也必矣. 然則欲生而弗能生者, 於是乎新得生, 欲死而弗能死者, 於是乎知死處矣. 反祖本而更始禮義誠信之俗, 蟬蛻保護劣等國民之名, 實一超而上新大帝國世界一等民族之列, 可謂曇華始開, 景星鳳凰相見也. 此非臣等二千萬同胞敢後陛下而先己利澤, 又非爲輕君爲重民之意. 夫大韓之不能爲大韓者, 由不珍其家珍. 故以雲浮幻現, 虛假而無一實也. 今自省反其本, 唯合禮與信, 以專注之於一方而已. 矧今日本皇室者, 剖判以來, 一胤無姓, 實萬國之所無匹. 維我皇室, 幸蒙殊遇, 得與日本皇室, 俱存亡, 則五百年必絶之祀郤續, 餤于萬世, 與日本天壤無窮矣. 此以必至之菑孼, 轉得無上景福者, 非耶. 故臣等言, 念結成合邦者, 所以擧檀箕四千有載不磨之大典, 起羅麗三千里疆不易之盤岱者. 若夫嬌于協約之浮文, 日自擠不測之深淵, 臣等弗取也. 綢繆須迨未雨, 逡巡所以噬臍, 唯陛下爲二千萬民命, 請速決行大事. 至其鬱興新國, 楷定東亞局勢, 利斷金于一天, 和蘭臭于萬邦之盛德大業, 則陛下與大日本國天皇陛下, 一其聖謨之所致, 臣等何敢贊于鴻圖. 臣等代二千萬民衆, 敢陳苦衷, 唯仰祝云, 宗社躋萬世不易之基, 願起于此, 唯伏祝云, 民人享一等同列之福, 願止於此. 臣容九等, 無任頻手翹足之赤誠. 臣李容九等, 誠惶誠恐昧死昧死叩頭泣血, 謹上聞.

繼進長書于內閣. 其文曰, 謹上議于內閣總理大臣李完用閣下. 李容九等, 謹按我大韓國之位置, 由大日本帝國之扶護, 以保其安全, 若無復容杞憂. 然推之既往, 考之將來, 我大韓國前途, 脩路悠遼, 轉有不禁殷憂. 挽近宇內大勢一變, 國際競爭, 增劇尤甚. 勝之者興, 敗之者亡. 此天演之理, 必至之勢. 印度·緬甸·瓜哇·比律賓之所以亡滅, 安南·暹羅之所以傾覆, 支那之所以衰頹, 未嘗有不是之由也. 如蔑有甲午之役, 大日本帝國之義, 克救我急, 甲辰之役, 大日本帝國之勇, 克排我亂, 則我大韓國宗廟社稷, 亦何以得有今日焉. 我大韓國之有今日, 一靡不由大日本帝國之扶護. 故韓日協約, 擧我外交·軍事·司法, 三大權, 委任諸大日本帝國, 此亦所以保全我社稷, 扶持其宗本也. 然我如恃斯協約, 以謂可保無事太平於萬世者, 是知有今日, 而不知有明日者. 已寧知宇內大勢, 日動月移, 暖時不息. 若一朝東亞之平和破, 列國之均勢壞, 以至顚頓我大韓國之位置, 則君臣流亡, 社稷爲墟之憂, 殷鑑不遠也. 近在緬甸·在安南·在瓜哇·在比律賓, 此李容九等之所以夙夜殷憂, 罔知攸措也. 李容九等, 上觀之天時, 下察之人事, 切之於我大韓國之前途, 保全我社稷民人, 可永遠之道, 唯在實行日韓合邦而已矣. 如有別策者, 詭變之計, 非所以應於時務, 中於天道也, 請嘗試論之. 李容九等, 愼察大日本帝國對我之眞意, 曰甲午, 曰甲辰, 未曾貳其德, 方針一定, 終始無渝. 曰, 保全我韓國社稷民人也. 曰, 擔保東亞大局之平和也. 顒若其孚, 盎然其仁, 迺見日本天皇陛下, 禮我皇帝陛下, 及皇太子殿下之優渥恩愛瑩澈可以見矣. 然則我大韓國, 先在今日, 自我提言之, 君臣上下, 一德不疑, 以倚賴大日本國天皇陛下, 組成合邦, 日韓一家, 俾我皇室, 永享萬世尊榮, 俾我人民, 共躋一等班列, 而我之信誓, 亦有如皦日矣. 大日本國天皇陛下之推誠, 若彼於我社稷乎, 必有天壤無窮之榮, 於我民人乎, 必有同化日昇之寵. 兩翼振身, 兩輪扶輿, 何憂乎邦權之或不振, 東亞局勢之致不可擔保哉. 夫我之與日本, 地理上相一致也, 人種上相一致也, 歷史上相一致也, 宗教上相一致也, 文學上相一致也, 風俗上相一致也, 經濟上相一致也, 政治上相一致也. 分之弱木可撓, 合之儼然一大雄邦. 況乎日本, 旣先超入世界一等國列也. 在昔德乙聯邦分裂, 爲法郎西所蹂藉, 德乙聯邦統合, 稱霸歐洲大陸. 今者日韓合邦者, 新以保全我社稷民人, 以深固東方安寧之根帶, 擔保亞細亞局面之平和, 順應宇內之大勢也. 我大韓國之位置旣定, 大日本國之誠信, 旣感孚我二千萬民衆, 而世界列國之認容日韓關繫, 決無挾議其間. 勳策振古無前, 鴻業唯此時爲然. 謹代表二千萬民衆, 上議閣下, 閣下請代表百僚, 執奏之天陛. 閣下亦首班臺門, 秉持鈞衡, 其於邦家安危之決也, 必同感李容九等之血衷矣. 李容九等, 無任芹誠之至. 又進願書于統監子爵曾禰荒助, 中外人心, 奮激聳動.

양력 12월 4일. 일진회장(一進會長) 이용구(李容九)가 100만 회원의 연명을 칭하여 ‘일한합방성명서(日韓合邦聲明書)’를 중외(中外)에 발표하였다. 그 성명문은, “아! 우리 단군(檀君) 4000년의 신성한 역사를 보유하고 우리 태조(太祖)가 500년의 왕업[洪基]을 창업한 곳에 터전을 정한[奠居] 2,000만 국민 동포여. 국가는 독립하고 인민은 자유로이 경쟁무대에 높이 날아오를 조국 정신이 2,000만의 뇌리에 충만하다는 것은 진실로 인정하는 바라. 만일 이러한 정신에 벗어나서 타인의 구속과 얽매임을 편안하게 여기고, 타인의 노예가 되기를 요구하여 아부하고 의뢰하기만을 달게 여기고 스스로 즐기는 것은 홍노흑만(紅奴黑蠻)의 종과 무리라도 오히려 수치스럽게 여길 바이다. 그러나 나라의 힘을 가늠하고 시세에 맞추어 변통하는 것을 잘하지 못하여 도리어 침몰의 독을 흡수하고 멸망의 화를 자초하는 말로에 빠져서도 멍하게 각성하지 못하는 것은, 비유컨대 조국 정신은 뇌리에 충만하였지만 이미 더 어찌할 수 없이 한을 품게 되는 것에 도달한 것이다. 오늘의 상태는 이 기우를 품지 않을 수 없는 때라. 생각하라. 2,000만 국민의 눈앞에 닥친 위태롭고 험한 현상은 과연 어떠한가? 살려고 해도 살 수 없고 죽으려고 해도 죽을 수도 없어서 이미 노예로 희생되는 비참한 지경으로 추락한 오늘날에 있어 과거를 미루어서 장래를 생각하면 어찌 앞길이 우두커니 아득하고 미래[晨光]는 희미한 느낌이 없으리오. 이것은 하늘이 돌보아주지 않은 것이 아니라 오직 사람이 자초한 것이다. 갑오년에 일본(日本)은 일청전쟁을 일으켜 거액[巨億]의 전쟁 비용을 소비하고 수만의 전사를 잃으면서 청(淸)의 구속과 얽매임을 벗어나게 하고 우리 한국의 독립을 확립해주었다. 그런데 정치를 혼란하게 하고 〈일본의〉 호의를 배격하여 이 만세의 기초를 능히 지키지 못한 것은 우리 한국인이 자초한 것이다. 마침내 〈우리가〉 일러전쟁[日露戰爭]의 원인과 결과를 매개하여 일본의 손해는 갑오년의 10배나 되었으나, 〈일본은〉 우리로 하여금 러시아인[露人]의 범아가리에 한 덩어리의 고기로 되는 것을 면하게 하고 동양 전체 국면에 평화를 유지하는 것을 노력한지라. 이러한데 이 선린주의(善隣主義)를 즐겁게 따르지 않고 도리어 아침에는 진에 붙었다가 저녁에는 초에 붙는 폐단을 만들어서 이윽고 외교권을 남에게 양여하고 보호조약이 성립됨에 이른 것도 또한 우리 한국인이 자초한 바이다. 일한의 관계가 이미 밀접하였으니 감정을 서로 풀고 화합하며 기술[工藝]을 가르치고 배우며 문명의 모범을 점차 조금이나마 받아들여야 할 텐데 도리어 헤이그[海牙] 문제를 만들어서 일대 정국 변동을 환기해서 〈이윽고〉 7조약(條約)을 계속하여 성립하게 한 것도 우리 한국인이 자초한 바이다. 시세가 일변한 이래로 생산력을 늘리는 데 힘쓰고, 생활은 편안하게 하며, 교육은 발전시키고, 지식은 통달하게 한 3년 사이에 한 개의 사업도 진전시키고 키우지 못하고, 안으로는 권세와 이익을 다투고 밖으로는 폭도와 비적(匪賊)이 창궐하여 인민의 생활은 아침과 저녁도 생각하지 못하게 되어 점점 극단적인 곳에 빠지게 한 것도 우리 한국인이 자초한 바이다. 이토(伊藤) 태사(太師)가 인민을 편안히 어루만지고 동궁(東宮)을 보좌하고 인도하여 우리 한국을 위하여 노고를 다한 것은 잊기 어렵다. 그러나 해외의 하얼빈[哈爾賓]의 변괴가 생긴 것으로 인하여 일본 전국의 일반 여론이 비등하여 대한(對韓) 정책의 근본적인 해결을 주창하고, 간혹 어떠한 위험을 환기할지 알지 못함에 이른 것도 우리 한국인 자초한 바이다. 이전부터 우리 한국은 전제(專制) 정치로 인민의 권리를 속박하고 자유를 취하지 못하였던 민족이었기 때문에 그 스스로가 〈위와 같은 환란을〉 취한 책임을 지고 있다고 해도 될 것이나, 과거를 미루어보고 장래를 생각하면 안위존망(安危存亡)을 결코 민족의 책임으로 돌린다고 말하지 못할 것이다. '거울로 삼을 만한 교훈은 먼 곳에 있는 것이 아니다[殷鑑不遠].' 수레가 이미 넘어진 것을 경계함은 500년 종사(宗社)는 폐허로 돌아가고 2,000만의 생명은 1명도 남지 않을 비참한 지경에 빠지는 것〈을 경계하는 것〉이다. 오늘날이 어떠한 시기인가? 외교권 한 분야를 〈일본에게〉 이미 양여한 결과 재정이 우리에게 있는가, 군기(軍機)가 우리에게 있는가? 통신이 우리에게 있는가, 법률[法章]이 우리에게 있는가? 이른바 조약은 일개 죽은 물건[死物]으로 귀결되고, 국기와 백성의 목숨은 빠르게 하나의 사지(死地)로 저절로 떨어졌으니, 오늘에는 어제가 다시 오지 않고 내일에는 오늘이 다시 없도다. 그러므로 어제에 오늘을 알지 못하였으니, 오늘에 내일을 준비하지 않을 수 없다. 아! 우리 2,000만 국민의 뇌리에 충만한 조국 정신을 떨쳐서 큰소리로 외쳐서, 바야흐로 지금 일본의 여론이 주창하는 근본적인 해결 문제에 대하여 그 파란을 막고 안정시키며, 우리 황제 폐하와 대일본 천황 폐하의 귀[天聽]에 상달[上徹]할 일단의 정성으로써 슬피 호소하여, 우리 황실의 만세에 존숭하는 기초를 공고하게 하고 우리 인민에게 1등 대우의 복리를 향유케 하고 정부와 사회로 〈하여금〉 더더욱 발전하게 할 것을 주창하여, 일대 정치기관을 성립하도록 하는 것이 곧 우리 한국의 보전하고 지키는 것이다. 죽으려고 하여도 죽을 수 없는 우리 2,000만 국민은 노예의 모멸을 벗어던지고 희생의 고통을 면하게 하여 〈일본과〉 동등한 대열에 서서 완전히 새롭게 소생하여 앞을 향한 걸음을 나아가보고 〈자신의〉 실력을 양성하면, 앞으로의 쾌락을 향유하고 다른 날의 활로를 얻을 수 있을 것은 확연하고 명료하다. 아! 오늘 만 번 죽어서 한 번 살아날 길을 애달프게 호소하는 것은 단군 4000년의 역사와 태조 500년의 왕업[洪基]인 종묘사직을 영원히 존숭하고 신성한 민족을 안도하게 하려는 일편공심에서 나왔으니, 만일 이 기회를 이용하지 않으면 천신(天神)이 반드시 멸하리라. 아, 우리 2,000만 국민에게 맹세를 고하여 이 뜻을 성명한다"라고 하였다.

계속하여 상소를 올렸으니, 그 상소문은, "삼가 신들이 들으니 사람이 궁하면 근본으로 돌아간다고 합니다. 그래서 걱정·슬픔·근심·고통이 있으면 부모를 부르지 않는 사람이 없고, 병으로 아프거나 마음이 우울할 때, 하늘에 호소하지 않는 사람이 없습니다. 지금 폐하께서는 우리 2,000만 동포의 부모이시며 또한 우리 삼천리 강토의 하늘이십니다. 그러므로 감히 하늘에 고할 것을 폐하에게 부르짖고, 부모께 말씀드릴 것을 폐하께 말씀드리는 것이 신들의 직분입니다. 다만 폐하의 지극히 인자하심이 불충한 말에도 성덕을 드리워주시기를 바랍니다. 신들의 고충은 실로 죽는 고통보다 더 괴로우니 〈이는〉 어째서입니까? 죽으려고 하여도 죽을 수 없고 살려고 하여도 살 수 없어서입니다. 이는 오직 신들만 유독 그러한 것이 아니며 우리 2,000만 동포는 실로 죽으려고 하여도 죽을 수 없고 살려고 하여도 살 수 없습니다. 대개 지금 우리 대한국은 병에 걸린 사람에 비유하면, 명맥이 끊어진 지 이미 오래입니다. 신들이 소리쳐 부르짖는 것은 단지 시체를 끌어안고 통곡하는 것뿐입니다. 사람들이 〈한국이〉 아직 죽지 않았다고 하는 것은 단지 시체를 아직 살아있는 것으로 보았을 뿐입니다. 지금 우리 대한국의 형세가 어떻게 이와 같지 않을 수 있겠습니까? 외교가 어디 있습니까? 폐하의 뜻으로써 이웃 나라들과 의논할 수 없습니다. 재정이 어디 있습니까? 폐하의 뜻으로써 아래 신하들과 도모할 수 없습니다. 군기(軍機)가 어디 있습니까? 폐하의 위엄으로써 외적과 도적들에게 사용할 수 없습니다. 법[法憲]이 어디 있습니까? 폐하의 인(仁)으로써 필부에게 더해질 수 없습니다. 백관과 유사는 직을 나누어 정사를 관장하여야 하나 그 현량을 등용하고 택한 것이 누구입니까. 청컨대 폐하께서는 2,000만 동포와 신민을 위하여 깊이 살펴주소서. 신들은 청컨대 2,000만 동포와 신민을 대신하여 고충을 모두 진술하고자 합니다. 무릇 국민이 나라와 더불어 살고 나라와 더불어 죽는 것은 본디 그러한 바입니다. 그러나 위급 존망의 때를 자주 만났으나 아직 한 번도 황조(皇詔)로써 적확하게 국민이 사수하도록 선포하였다는 사실을 하나도 듣지 못하였습니다. 폐하께서는 어찌하여 일찍이 신들을 나라와 더불어 죽도록 하지 않으셨습니까? 폐하의 지극한 인으로써 어찌 2,000만 동포가 모두 죽어 어린아이 하나 남게 되지 않는 것을 어떻게 차마 보고만 있으셨겠습니까? 아침에 이미 코를 벤 데다 저녁에는 또 발꿈치를 베었으나, 장차 오형(五刑) 형벌이 갖추어지기 전에는 바로 죽는 것도 허락하시지 않으십니다. 비유건대, 마치 지렁이가 개미굴에서 고통받거나 뜨거운 모래 위에서 마를 때까지 구르는 것과 같으니, 〈저희는〉 한 번 밟혀서 죽기를 원한 지 오래입니다. 옛날 서쪽 땅의 백성이 그 임금에게 슬피 호소하기를 '나에게 자유를 달라, 아니라면 나에게 죽음을 달라'고 하였습니다. 신 등이 어찌 감히 자유를 바라겠습니까? 오직 죽음과 삶을 청하고, 오직 폐하의 명을 〈청하는 것입니다〉. 폐하께서 이미 차마 죽음을 내리시지는 않으셨으나, 〈그것이〉 어떻게 또한 차마 삶을 내리신 것이라 하겠습니까? 2,000만 동포 신민은 위태로움과 곤궁함이 극도에 이르렀다고 말할 수 있습니다. 『상서(尙書)』에 이르기를 '선택은 제(帝)의 마음에 달렸다'고 하였으며 또 이르기를, '그를 생각하는 것도 그에게 있다'고 하였으니 오직 폐하께서 결심하고 택하십니다. 『주역(周易)』에 이르기를, '돌에 시달리고 찔레나무에 걸려서 그 방에 들어가도 처를 보지 못하니 흉하다'라고 하였습니다. 갑오년 이래로 신들은 아국의 운수를 자세히 살펴보고 매번 이 효상(爻象)을 〈보며〉 눈물을 흘렸으니,

천도의 곤궁함이 지극해진 것이 아니겠습니까. 어찌 인사(人事)를 주선하지 않을 수 있겠습니까? 저 일본과 청이 서로 싸울 때를 직면하여 만약 우리가 중정(中正)하여 마땅히 북쪽을 향한 예의를 고수하고 일본과 더불어 절교한다는 것에 혹하지 않았다면, 우리가 그것으로써 오랑캐를 멸망시켰다면, 세계 누가 망한 나라와 파괴된 집안이 없겠습니까? 〈그렇다면〉 정명(正命)에 따라 예를 잡고 죽으면 충분합니다. 태조고황제(太祖高皇帝)가 훈계하기를, '북쪽으로 예의를 잃지 않고 남쪽으로 믿음을 잃지 않아서 종시로 조훈을 〈지킨다면〉 죽어도 또한 영광이 아니겠는가'라고 하였습니다. 우리가 이미 하루 저녁에 갑자기 500년 가깝게 〈입었던〉 예복을 찢고 훨훨 독립이라는 아름다운 호칭에 스스로 현혹되어, 비록 아무리 〈남들에게〉 돌팔매질을 당하고 싶지 않다고 해도 그것이 가능하겠습니까? 그 일본이 이미 제창한 독립을 한번 들었으나, 우리 땅에는 한 부대의 병졸도, 바다에는 한 함대의 병졸도 없었으니, 이 어찌 나라라고 이름할 수 있겠습니까. 마땅히 한뜻으로 일본의 〈요구를〉 들어서 다시 일신을 시작하여 독립의 실행을 기약하여야 하나, 사업은 이곳에서 나오지 않고 일본이 이랬다저랬다 변덕을 부린다고[二三其德] 트집잡고 의심하였습니다. 일본 천황 폐하는 큰 인과 넓은 도량으로 우리를 성토하지 않고 형제처럼 우리를 어루만지는데, 〈우리는〉 모든 일에서 믿음과 보물을 스스로 잃고 있을 뿐 아니라, 태조고황제의 훌륭한 훈계를 무시하고 오직 그 외교의 궤변만을 믿고 있습니다. 비록 찔레나무에 매달려 있지 않으려고 하나 그것이 가능하겠습니까? 그래서 국모가 변을 당하기에 이르러 산하(山河)가 분노를 머금게 되었으니, 이 또한 누구 때문이겠습니까? 혹은 나라가 그 나라의 〈꼴을〉 갖추지 못하여 조계지(租界地)에 있는 러시아의 공사관으로 파천하기도 하고 혹은 중립을 선언하고 외교의 교묘한 술수를 좋아해서 〈때를 놓쳐서 오히려〉 일러화약[日俄約和]이 먼저 정해지면서 우리는 거기에 복종한 바 되었으니, 우리가 외교권을 박탈당한 것이 또한 누구 때문이겠습니까? 그러나 조정의 신하들은 아직 깨닫지 못하고 여러 번 궤계를 내어 요행으로 만의 하나 벌어질 일에 의지하다가 끝내 헤이그사건[海牙事件]에 이르러 선위가 일어나고 부득이 정사를 위임하게 되었으니, 모두 예를 잃고 믿음을 잃어 도적을 자초한 것이 아님이 없습니다. 공자께서 말씀하시길, '괴로울 곳이 아닌데도 그곳이 괴로우니 이름은 반드시 욕될 것이고, 의거할 바가 아닌데 그곳에 의거하니 몸은 반드시 위태롭게 된다. 욕되고 또한 위태로워서, 위기가 장차 이르면 어찌 만나볼 수 있겠는가?'라고 하였습니다. 아, 아! 신들이 지금 이 시체를 모시고 어디로 돌아간단 말입니까? 대개 또한 그 근본으로 돌아갈 뿐입니다. 예의와 믿음을 말한 우리 태조의 훈계로 돌이킬 뿐입니다. 참으로 이와 같다면, 바깥의 여론이 비등함에, 일한이 합방하여 새롭게 하나의 큰 제국을 만든다는 의논이, 아마 2,000만 동포로 하여금 죽을 곳에서 그 생명을 새롭게 얻게 됨을 비로소 알게 하는 것입니다. 신들은 청컨대 그 유래를 말하고자 합니다. 무릇 단군(檀君)·기자(箕子)는 너무 오래되어[邈] 또한 상론할 수 없사오나, 두 나라의 사적을 고찰해보면, 그 사람과 족속을 두 가문으로 나눌 수 없게 된 것이 오래입니다. 일본 병사가 당(唐) 병사와 우리 백마강에서 싸워서 패배하자, 이어서 백제도 끝내 망하였습니다. 한일은 이웃고 각기 그 봉토와 강역을 지켰으나 사신은 서로 왕래하였으며 농업과 상업은 서로 교류하였습니다. 고려(高麗)가 원(元)나라 병사를 인도하여 일본을 침략하고 그 변경 백성들을 살육하자, 변경 백성은 분노하여 복수를 칭하고 사사로이 병선을 정비하여 중국[支那] 연해를 침략하였고, 우리도 또한 해마다 그 여독을 입게 되었습니다. 이에 비로소 왜구(倭寇)가 있었으나 우리가 실제로 왜를 배척하는 풍조가 일어난 것은 임진의 전쟁[壬辰之役] 이후입니다. 근래에 이르러 일본 천황 폐하와 같은 분은 하늘이 낳은 〈분〉으로써 나라를 여는 운수를 품었고, 만세일계의 조상을 빛내며, 2500년을 받든 덕을 〈갖추며〉, 건국(建國)의 큰 사업을 〈물려받아서〉 그 믿음과 그 의리는 태산북두와 같습니다. 우리가 청에 패망하지 않은 것이 어찌 천황(天皇)의 덕이 아니겠으며 우리나라가 러시아에 들어가지 않은 것이 또한 어찌 천황의 인이 아니겠습니까? 그러나 우리는 아직도 왜를 배척하는 기풍을 없애지 않고, 매번 은덕을 원망으로 갚으면서 일본을 배척하는 것만 일삼으니, 돌이켜 생각건대 어찌 짐승 같은 마음이 아니겠습니까? 다행히 지금 우리 여론이 합방에 기울여지고 있으니, 〈이로써〉 백성들의 양심[民彝]이 하늘에 침 뱉기임을 점차 깨닫는 것을 볼 수 있습니다. 또 옛 한과 당이 우리 임금을 쫓아내고 이웃고 그들의 군현을 두면서, 산동(山東)의 유민으로서 우리에게 망명해 들어온 자가 본토(本土)와 관련 없이 도독부를 열고 군둔을 설치하여 산해의 만 리에 적지 않은 짐을 실어 날랐습니다. 〈그래서〉 앞으로는 먼 길에 대한 원망이 쌓이고 뒤로는 함부로 무력을 사용한다는 비난을 받게 되었습니다. 그러므로 〈한〉 무제(武帝)는 분하(汾河)에서 노래하고 〈당〉 태종(太宗)은 위징(魏徵)의 비석에 제사를 지냈습니다. 이때에 우리 반도는 오면 항복하고 가면 배반하는 계책을 숨겨서 스스로를 보전할 수 있었습니다. 지금은 그렇지 않습니다. 우리 영토로 돌아오는 일본인이 매해 만 명이나 되는데, 모두 그 본토와 관계되어 우리 인민[民人]과 이해관계가 서로 통하는 단서가 날로 많아지고 있습니다. 더욱이 정치·경제 운용도 모두 그들의 손에 들어가 있습니다. 이로써 같이 살면서 다르게 통치하는 형세가 6~7년에 달한 뒤에는 점차 새로운 일본이 우리 한국 영토에 새워질 것인데, 우리 한국민이 무슨 힘으로 그들에게 대항[頡頏]하겠습니까? 십수 년이 지난 뒤에 그들은 주인이 되고 우리는 종이 되며, 짐을 진 자는 한국이고 〈거기에〉 타는 자는 일본일 것입니다. 폐하가 비록 홀로 남면하셔서 대한국 대황제를 칭하신다 하여도 친히 정사를 내시는 것이 없다면 무슨 수로 한노(韓奴)로 스스로 빠진 이들을 잘 구해내어 일본인과 대등한 지경에 앉도록 두실 것입니까. 예를 들어서, 유럽·미국인이 남의 나라를 망하게 한 것은, 유럽·미국인이 망하게 한 것이 아니요, 그 〈망한〉 나라 사람이 스스로 망한 것입니다. 그럼에도 원망하여 이르기를, '내가 지른 어살에 가지 말고, 내가 놓은 통발을 꺼내지 마라', '공법(公法)이 위엄있다'라고 합니다. 다행히도 우리는 일본과 본디 동족에서 나와서 아직까지 탱자와 귤만큼 아주 다르지는 않으니, 지금 서로 다투는 것도 아직은 심하지 않은 만큼, 확연히 그 강역의 〈경계를〉 훼철하고 두 이웃 사이의 번다한 울타리를 아주 없애버려서 두 나라 백성들로 하여금 하나의 정치와 교화 밑에서 자유롭게 노닐게 하고, 다함께 살고 함께 다스려지는 복리를 고르게 누리게 한다면, 누가 형이고 아우인지를 분별하고 가릴 것이 있겠습니까? 하물며 일본 천황 폐하의 지극한 인으로써 〈말하자면〉 그 우리 2,000만 동포를 교화시키고 양육하며 잘 다스려서 동등한 백성의 지위로 하실 것이 분명합니다. 그러므로 살고자 하여도 살 수 없었던 자가 이에 새롭게 삶을 얻게 되며, 죽으려고 하여도 죽을 수 없었던 자가 이에 죽을 곳도 알게 되는 것입니다. 태조의 근본으로 돌아가 예의와 성신(誠信)의 풍속을 다시 시작하여 보호 받는 열등 국민이라는 이름을 벗고, 실로 한 번에 대제국인 세계 1등 민족의 대열로 뛰어 오르니, 〈이른〉 담화(曇華)가 비로소 피었다고 말할 수 있으며 상서로운 별과 봉황새가 나타난 경사라고 말할 수 있습니다. 이것은 신들이 2,000만 동포가 감히 폐하를 뒤에 놓고 자기의 이득과 혜택을 앞세우는 것이 아니며, 또한 임금을 경시하고 백성을 중하게 여기는 뜻도 아닙니다. 무릇 대한이 대한으로서 제 면모를 다하지 못하는 것은, 제 집의 보물을 보물로 여기지 않기 때문입니다. 그래서 구름이 뜨고 허깨비가 보인 것 같이 텅 비고 아무런 실체가 없는 것입니다.

지금부터 자성하고 그 근본으로 돌아가서 예의와 믿음을 합하여 오로지 한 방향으로 쏟아야 합니다. 하물며 오늘날의 일본 황실은, 천지가 둘로 갈라진[剖判] 이래로 하나의 후계로 성(姓)〈의 변화〉 없이 〈내려온 것이〉 실로 만국에서 비할 곳이 없습니다[無匹]. 우리 황실이 다행히 특별한 대우를 입어 일본 황실과 존망을 함께한다면 500년의 반드시 끊어질 제사를 다시 이어나가서 만대토록 빛나게 할 것이고, 일본과 함께 하늘과 땅처럼 무궁할 것입니다. 이것이 반드시 다다를 재앙을 더 없는 큰 복으로 바꾸는 것이 아니겠습니까? 그러므로 신들이 이르기를, '합방을 결성하기를 바라는 것은, 단군·기자 〈이래로〉 4000년 없어지지 않은 대전(大典)을 받들기 위한 방법이고, 신라(新羅)·고구려(高句麗)의 삼천리 강토에 바꿀 수 없는 태산 같은 터전을 일으키는 방법입니다'라고 하였습니다. 무릇 협약의 실속 없는 글을 교묘하게 만들어 날로 헤아릴 수 없는 깊은 못에 저절로 빠지는 것과 같은 것을 신들이 취하지는 않습니다. 아직 비가 오지 않았을 때 미리 빈틈없이 준비해야 하고, 〈그렇지 않으면〉 머뭇거리며 물러나서 〈때를 놓쳐〉 후회하게 되는 것이니, 오직 폐하께서는 2,000만 백성의 생명을 위하여 청컨대 속히 큰일을 결행하시기 바랍니다. 그 새 나라를 성대하게 일으키고 동아시아의 국면과 형세를 바로잡아, 한 천하에 쇠도 자를 듯 예리하며 만방에 향기를 피우는 성대한 덕과 대업을 〈이루는데〉 이르는 것은, 폐하와 대일본국 천황 폐하가 하나같이 그 성스러운 지모를 다한 바일 것이니, 신들이 어찌 감히 큰 도모를 도우는 것이겠습니까? 신들은 2,000만 민중을 대신하여 감히 고충을 진달하면서 오직 고개 숙여 축원하기를, 종묘사직이 만세토록 변함없는 기틀 위에 올라서기를 여기에서 기원하기를 바라며, 오직 엎드려 축원하기를, 인민이 1등과 같은 항렬에 복을 누리기를, 여기에서 기원하기를 바랍니다. 신 이용구 등은 손을 이마에 모으고 발을 종종 굴리며 기대하는 진실된 정성에 기대하지 않음이 없습니다. 신 이용구 등은 진실로 황공하게 죽음을 무릅쓰고 머리를 찧으며 피눈물을 흘리면서 삼가 상소를 올립니다"라고 하였다.

이어서 내각에 장서(長書)를 올렸다. 그 글은, "삼가 내각총리대신(內閣總理大臣) 이완용(李完用) 각하에게 의견을 올립니다. 이용구(李容九) 등이 삼가 생각건대, 우리 대한국의 지위[位置]는 대일본제국의 도움과 보호를 통하여 그 안전을 보장하니, 다시 기우를 용납할 것이 없을 듯합니다. 그러나 이미 지나간 일을 미루어 장래의 일을 고찰하면, 우리 대한국의 앞길은 갈 바가 아득하여, 한층 더 큰 근심을 금하지 못함이 있습니다. 근래 세계[宇內]

의 대세가 일변하여 국제 경쟁은 더욱 심해졌습니다. 승자는 흥하고 패자는 망합니다. 이는 천연(天演)의 이치이며, 반드시 이르게 되는 형세입니다. 인도(印度)·미얀마[緬甸]·자바[瓜哇]·필리핀[比律賓]의 멸망, 베트남[安南]·섬라(暹羅)의 경복(傾覆), 중국[支那]의 쇠퇴는 이것으로 기인하지 않은 것이 없음을 아직 들어보지 못했습니다. 만일 갑오년의 전쟁에서 대일본제국의 의리가 능히 우리의 위급함을 구원해주지 않았거나, 갑진년의 전쟁에서 대일본제국의 용기가 능히 우리의 환란을 교정해주지 않았으면 우리 대한국의 종묘사직이 또한 어떻게 오늘이 있을 수 있겠습니까? 우리 대한국의 오늘이 있음은, 오직 대일본제국의 도움과 보호로 말미암지 않는 것이 없습니다. 그러므로 한일협약은 우리나라의 외교·군사·사법의 3대 권한을 대일본제국에 위임하였는데 이 또한 우리의 사직을 보전하고 그 종본(宗本)을 유지하기 위한 것입니다. 그러나 우리가 만일 이 협약을 믿고 이로써 만세에 무사태평을 보호할 수 있다고 여긴다면, 이것은 오늘이 있는 것만 알고 내일이 있음을 알지 못하는 것입니다. 세계[宇內]의 대세가 일월마다 달라지고 〈그 변화가〉 때에 맞추어 쉬지 않는다는 것을 어찌 알겠습니까? 만약 하루아침에 동아시아의 평화가 깨지고 열국의 균형과 형세가 붕괴되어서 우리 대한국의 지위[位置]가 뒤집혀지는 데 이르면, 군신은 유망하고 사직이 빈터가 되는 우환〈이 있을 것이니 그것은〉 거울로 삼을만한 교훈이 멀지 않습니다. 근래에 미얀마·베트남·자바·필리핀에 〈교훈이〉 있으니, 이는 이용구 등이 밤낮으로 크게 근심하면서 어찌할 조치할지 모르는 것입니다. 이용구 등은 위로 천시를 관찰하고 아래로 인사를 살펴보건대, 우리 대한국의 앞길에 절실하고 우리 사직과 인민을 보전할 수 있는 영원한 길은 오직 실로 일한을 합방하는 데 달려 있을 뿐입니다. 만일 다른 계책이 있다면 그것은 궤변(詭變)의 계책으로 시무(時務)에 응하고 천도(天道)에 들어맞는 것이 아니니 청컨대 시험 삼아 논하고자 합니다. 이용구 등이 대일본제국이 우리를 대하는 진의를 삼가 살펴보건대, 갑오년이나 갑진년이나 일찍이 그 덕이 달라지지 않았고 방침은 일정하여 시종으로 변함이 없었습니다. 〈그들이〉 이르기를, '우리 한국의 사직과 인민을 보전한다', '동아시아 큰 국면의 평화를 담보한다'고 합니다. 〈그들의〉 엄숙함이 믿을만하고, 그 인함을 넘치듯이 한 것은, 바로 일본 천황 폐하가 우리 황제 폐하를 예우함에서 볼 수 있고, 또한 〈천황 폐하가 우리〉 황태자 전하에게 베푸는 두터운 은덕과 은애가 형철한 것에서 알 수 있습니다. 그러므로 우리 대한국이 오늘에 먼저 우리 측이 제언하여 군신 상하는 하나의 덕으로 의심 없이 대일본국 천황 폐하에게 의뢰하고, 합방을 조성하여 일한이 한 가문이 된다면, 우리 황실로 하여금 영원히 만세의 존경과 번영을 누리게 하고, 우리 인민으로 하여금 1등국의 반열에 함께 올라서게 할 것은, 우리가 믿음으로 맹세하기를 또한 밝은 해를 두고 할 수 있습니다. 대일본국 천황 폐하가 성의를 미루어, 우리 사직은 반드시 하늘과 땅과 같이 무궁한 영광이 있게 될 것이며, 우리 인민은 반드시 함께 교화되어 날로 승화하는 총애가 있을 것입니다. 두 날개가 몸을 떨치게 하고, 두 바퀴는 수레를 받치니, 어찌 나라의 권세가 혹 떨치지 못하며 동아시아의 국면과 시세가 다하여 〈우리의 안전을〉 담보하지 못하게 될 것을 걱정하겠습니까. 무릇 우리와 일본은 지리상 서로 일치하고, 인종상 서로 일치하며, 역사상 서로 일치하고, 종교상 서로 일치하며, 문학상 서로 일치하고, 풍속상 서로 일치하며, 경제상 서로 일치하고, 정치상 서로 일치합니다. 나뉘면 약한 나무처럼 흔들릴 수 있으나 합하면 엄연하게 하나의 큰 나라입니다. 하물며 일본은 이미 먼저 세계 1등국의 반열입니다. 옛날 독일연방[德乙聯邦]이 분열하였을 때, 프랑스[法郎西]에 밟힌 바가 되었으나, 독일연방이 통합해서는 유럽 대륙의 패권을 쥐었습니다. 오늘 일한합방은 새롭게 우리의 사직과 인민을 보전하여 동방 안녕의 근본을 견고하게 하고, 아시아 국면의 평화를 담보하며, 세계[宇內]의 대세에 순응하는 것입니다. 우리 대한국의 지위[位置]가 이미 정해지고, 대일본국의 성신(誠信)은 이미 우리 2,000만 민중을 감동시키고 미쁘게 하였으니, 세계 열국이 일한의 관계를 인정함에 결코 이견이 없을 것입니다. 〈이는〉 태고부터 이전에는 없는 훈책(勳策)으로, 큰 위업은 오직 이때에 그러한 것입니다. 삼가 2,000만 민중을 대표하여 각하께 의견을 올리니, 각하께서는 청컨대 백료를 대표하여 주(奏)를 모아서 천황 폐하[天陛]에게 아뢰기 바랍니다. 각하도 대문(臺門)의 수반으로 나라의 권한[鈞衡]을 잡고 있으니 국가의 안위(安危)를 결정하기에 반드시 이용구 등의 속마음[血衷]과 같을 것입니다. 이용구 등은 지극한 성의를 감당하지 못 하겠습니다"라고 하였다. 또 통감(統監) 자작(子爵) 소네 아라스케(曾禰荒助)에게도 청원서[願書]를 내었으니, 중외의 인심이 격분하여 용동하였다.

이병현에게 간도보통학교 근무를 명함.

1909년(순종 3-己酉) 12월 25일(양력 2월 4일)

발신 : 순종

『承政院日記』 3235冊

… 公立普通學校專科副訓導李秉玹, 命私立間島普通學校在勤, …

… 공립보통학교(公立普通學校) 전과(專科) 부훈도(副訓導) 이병현(李秉玹)을 사립간도보통학교(私立間島普通學校) 근무하도록 명하고, …

사이토 스에지로 등에게 서훈함.

1910년(순종 4 - 庚戌) 1월 7일(양력 2월 16일)

발신 : 순종

『承政院日記』 3241冊

日本國陸軍步兵大佐勳三等齋藤季治郎, 特陞敍勳二等, 賜太極章. 日本國京都帝國大學文科大學教授小川琢治, 特敍勳二等, 賜八卦章. 統監秘書官篠田治策, 特敍勳三等, 賜太極章. 統監府臨時間島派出所事務官鈴木信太郎, 理事廳副理事官陸軍憲兵大尉楠野俊成, 特敍勳三等, 賜八卦章. 統監府臨時間島派出所技師八田吉平·太田篤, 特敍勳四等, 賜太極章. 統監府臨時間島派出所通譯官山本貞淸, 特敍勳四等, 賜八卦章. 統監府臨時間島通譯官糟谷龍三郎, 日本國陸軍二等主計竹原岑藏, 日本國陸軍步兵中尉喜田正澄, 特敍勳五等, 賜八卦章. 日本國陸軍工兵上等工長財滿精三, 日本國外務通譯生山崎誠一郎·阪東末三, 統監府臨時間島派出所前技手前田顯三, 特敍勳六等, 賜太極章. 日本國陸軍騎兵特務曹長高木靜枝, 統監府臨時間島派出所屬內藤正雄, 日本國陸軍步兵曹長野呂德一, 日本國陸軍步兵特務曹長龜井菊治郎, 統監府臨時間島派出所技手事務取扱囑托佐藤昭忠, 日本國外務通譯生近藤信一, 特敍勳六等, 賜八卦章. 統監府臨時間島派出所前屬事務取扱囑托高柳金造, 特敍勳七等, 賜八卦章. 日本國人相見龜藏, 特敍勳七等, 賜八卦章. 煉瓦製造所技手尹榮觀, 公立普通學校本科訓導韓炳洙, 郡主事宋榮周, 禮安郡鄕校直員李羲萬, 依願免本官, 高羲鳳任會計檢査局主事, 草道常春任臨時財源調査局技手, 矢口總三郎任稅關監吏. 李相奎任公立普通學校專科副訓導, 公立普通學校專科副訓導李相奎命公立洪原普通學校在勤, 玄鶴子官立漢城高等女學校教師를 囑托홈【奏任待遇】. 郡主事柳春錫命龍安郡在勤.

일본국 육군보병대좌(陸軍步兵大佐) 훈3등(勳三等) 사이토 스에지로(齋藤季治郎)는 특별히 훈2등에 승서(陞敍)하고 태극장(太極章)을 하사하였다. 일본국 교토제국대학(京都帝國大學) 문과대학(文科大學) 교수(敎授) 오가와 타쿠지(小川琢治)는 훈2등에 특서(特敍)하고 팔괘장(八卦章)을 하사하였다. 통감비서관(統監秘書官) 시노다 지사쿠(篠田治策)는 훈3등에 특서하고 태극장을 하사하였다. 통감부(統監府) 임시간도파출소사무관(臨時間島派出所事務官) 스즈키 신타로(鈴木信太郎), 이사청(理事廳) 부이사관(副理事官) 육군헌병대위(陸軍憲兵大尉) 쿠스노 토시나리(楠野俊成)는 훈3등에 특서하여 팔괘장을 하사하였다. 통감부 임시간도파출소 기사(技師) 야다 요시히라(八田吉平)·오오타 아츠시(太田篤)는 훈4등에 특서하여 태극장을 하사하였다. 통감부 임시간도파출소 통역관(通譯官) 야마모토 사다키요(山本貞淸)는 훈4등에 특서하여 팔괘장을 하사하였다. 통감부 임시간도파출소 통역관 누카야 류우사부로(糟谷龍三郎)와 일본국 육군이등주계(陸軍二等主計) 다케하라 미네조(竹原岑藏)와 일본국 육군보병중위(陸軍步兵中尉) 기타 마사스미(喜田正證)는 훈5등에 특서하여 팔괘장을 하사하였다. 일본군 육군공병상등공장(陸軍工兵上等工長) 자이마 세이조(財滿精三), 일본국 외무통역생(外務通譯生) 야마사키 세이이치로(山崎誠一郎)·반도 스에조(阪東末三)와 통감부 임시간도파출소 전(前) 기수 마에다 켄조(前田顯三)는 훈6등에 특서하여 태극장을 하사하였다. 일본국 육군기병특무조장(陸軍騎兵特務曹長) 다카키 시즈에(高木靜枝)와 통감부 임시간도파출소 소속 나이토 마사오(內藤正雄)와 일본국 육군보병조장 노로 도쿠이치(野呂德一)와 일본국 육군보병특무조장 가메이 기쿠지로(龜井菊治郎)와 통감부 임시간도파출소 기수 사무 취급 촉탁 사토 아키타다(佐藤昭忠)와 일본국 외무 통역생 곤도 신이치(近藤信一)는 훈6등에 특서하여 팔괘장을 하사하였다. 통감부 임시간도파출소 전 사무 취급 촉탁에 속한 다카야나기 긴조(高柳金造)는 훈7등에 특서하여 팔괘장을 하사하였다. 일본국인 아이미 가메조(相見龜藏)는 훈7등에 특서하여 팔괘장을 하사하였다. 연와제조소(煉瓦製造所) 기수(技手) 윤영관(尹榮觀)과 공립보통학교 본과 훈도 한병수(韓炳洙)와 군주사 송영주(宋榮周)와 예안군 향교직원(禮安郡鄕校直員) 이희만(李羲萬)은 본관(本官)을 의원면직하였고, 고희봉(高羲鳳)을 회계검사국(會計檢査局) 주사(主事)에 임명하였고, 구사미 도코하루(草道常春)를 임시재원조사국(臨時財源調査局) 기수(技手)에 임명하였고, 야구치 소자부로(矢口總三郎)를 세관감리(稅關監吏)로 임명하였다. 이상규(李相

奎)를 공립보통학교 전과 부훈도로 임명하고, 공립보통학교 전과 부훈도 이상규는 공립홍원보통학교(公立洪原普通學校) 근무를 명하였으며, 현학자(玄鶴子)는 관립한성고등여학교교사(官立漢城高等女學校敎師)에 촉탁하였다【주임(奏任) 대우이다】. 군주사 유춘석(柳春錫)은 용안군(龍安郡) 근무를 명하였다.

『日省錄』 27冊

日本國陸軍步兵大佐勳三等齋藤季治郎, 特陞敍勳二等, 賜太極章. 日本國京都帝國大學文科大學教授小川琢治, 特敍勳二等, 賜八卦章. 統監秘書官篠田治策, 特敍勳三等, 賜太極章. 統監府臨時間島派出所事務官鈴木信太郎, 理事廳副理事官陸軍憲兵大尉楠野俊成, 特敍勳三等, 賜八卦章. 統監府臨時間島派出所技師八田吉平·太田篤, 特敍勳四等, 賜太極章. 統監府臨時間島派出所通譯官山本貞淸, 特敍勳四等, 賜八卦章. 統監府臨時間島通譯官糟谷龍三郎, 日本國陸軍二等主計竹原岑藏, 日本國陸軍步兵中尉喜田正澄, 特敍勳五等, 賜八卦章. 日本國陸軍工兵上等工長財滿精三, 日本國外務通譯生山崎誠一郎·阪東末三, 統監府臨時間島派出所前技手前田顯三, 特敍勳六等, 賜太極章. 日本國陸軍騎兵特務曹長高木靜枝, 統監府臨時間島派出所屬內藤正雄, 日本國陸軍步兵曹長野呂德一, 日本國陸軍步兵特務曹長龜井菊治郎, 統監府臨時間島派出所技手事務取扱囑托佐藤昭忠, 日本國外務通譯生近藤信一, 特敍勳六等, 賜八卦章. 統監府臨時間島派出所前屬事務取扱囑托高柳金造, 特敍勳七等, 賜八卦章. 日本國人相見龜藏, 特敍勳七等, 賜八卦章.

일본국 육군보병대좌(陸軍步兵大佐) 훈3등(勳三等) 사이토 스에지로(齋藤季治郎)는 특별히 훈2등에 승서(陞敍)하고 태극장(太極章)을 하사하였다. 일본국 교토제국대학(京都帝國大學) 문과대학(文科大學) 교수(敎授) 오가와 타쿠지(小川琢治)는 훈2등에 특서(特敍)하고 팔괘장(八卦章)을 하사하였다. 통감비서관(統監秘書官) 시노다 지사쿠(篠田治策)는 훈3등에 특서하고 태극장을 하사하였다. 통감부(統監府) 임시간도파출소사무관(臨時間島派出所事務官) 스즈키 신타로(鈴木信太郎), 이사청(理事廳) 부이사관(副理事官) 육군헌병대위(陸軍憲

兵大尉) 쿠스노 토시나리(楠野俊成)는 훈3등에 특서하여 팔괘장을 하사하였다. 통감부 임시간도파출소 기사(技師) 야다 요시히라(八田吉平)·오오타 아츠시(太田篤)는 훈4등에 특서하여 태극장을 하사하였다. 통감부 임시간도파출소 통역관(通譯官) 야마모토 사다키요(山本貞淸)는 훈4등에 특서하여 팔괘장을 하사하였다. 통감부 임시간도파출소 통역관 누카야 류우사부로(糟谷龍三郎)와 일본국 육군이등주계(陸軍二等主計) 다케하라 미네조(竹原岑藏)와 일본국 육군보병중위(陸軍步兵中尉) 기타 마사스미(喜田正證)는 훈5등에 특서하여 팔괘장을 하사하였다. 일본군 육군공병상등공장(陸軍工兵上等工長) 자이마 세이조(財滿精三), 일본국 외무통역생(外務通譯生) 야마사키 세이이치로(山崎誠一郎)·반도 스에조(阪東末三)와 통감부 임시간도파출소 전(前) 기수 마에다 켄조(前田顯三)는 훈6등에 특서하여 태극장을 하사하였다. 일본국 육군기병특무조장(陸軍騎兵特務曹長) 다카키 시즈에(高木靜枝)와 통감부 임시간도파출소 소속 나이토 마사오(內藤正雄)와 일본국 육군보병조장 노로 도쿠이치(野呂德一)와 일본국 육군보병특무조장 가메이 기쿠지로(龜井菊治郎)와 통감부 임시간도파출소 기수 사무 취급 촉탁 사토 아키타다(佐藤昭忠)와 일본국 외무 통역생 곤도 신이치(近藤信一)는 훈6등에 특서하여 팔괘장을 하사하였다. 통감부 임시간도파출소 전(前) 사무 취급 촉탁에 속한 다카야나기 긴조(高柳金造)는 훈7등에 특서하여 팔괘장을 하사하였다. 일본국인 아이미 가메조(相見龜藏)는 훈7등에 특서하여 팔괘장을 하사하였다.

가와구치 우키츠에게 간도보통학교에서 근무할 것을 명함.

1910년(순종 4-庚戌) 2월 27일(양력 4월 6일)

발신 : 순종

『承政院日記』 3243冊

… 公立普通學校教監川口卯橘, 命私立間島普通學校在勤, … 公立普通學校本科訓導姜聖周, 命私立間島普通學校在勤, …

… 공립보통학교(公立普通學校) 교감(教監) 가와구치 우키츠(川口卯橘)에게 사립간도보통학교(私立間島普通學校) 근무를 명하였으며, … 공립보통학교 본과(本科) 훈도(訓導) 강성주(姜聖周)에게 사립간도보통학교 근무를 명하였고, …

영변군 경계의 변경에 관한 건을 재가하고 반포함.

1910년(순종 4-庚戌) 7월 6일(양력 8월 10일)

발신 : 순종

『承政院日記』 3247冊

朕이 郡境界의 變更에 關ᄒᆞᆫ 件을 裁可ᄒᆞ야 玆에 頒布케ᄒᆞ노라. 平安北道寧邊郡南薪峴面上九里中, 化翁江右岸, 雲山郡에 接續ᄒᆞᆫ 地區ᄅᆞᆯ 雲山郡南面化翁里에 合ᄒᆞᆷ. 本令은 頒布日로븟터 施行ᄒᆞᆷ.

짐이 군(郡) 경계의 변경에 관한 안건을 재가하여 이에 반포케 하노라. 평안북도 영변군(寧邊郡) 남신현면(南薪峴面) 상구리(上九里) 안에 화옹강(化翁江) 우측 기슭에 있는 운산군(雲山郡)과 연결된 지구를 운산군(雲山郡) 남면(南面) 화옹리(化翁里)와 합한다. 본령(本令)은 반포일로부터 시행한다.

『日省錄』 33冊

平安北道寧邊郡南薪峴面上九里中, 化翁江右岸, 雲山郡에 接續ᄒᆞᆫ 地區ᄅᆞᆯ 雲山郡南西面化翁里에 合ᄒᆞᆷ.

평안북도 영변군 남신현면 상구리 안에 화옹강 우측 기슭에 있는 운산군과 연결된 지구를 운산군(雲山郡) 남면(南面) 화옹리(化翁里)와 합한다.

찾아보기

ㄱ

ㄴ

ㄷ

ㅁ

ㅂ

ㅅ

ㅇ

ㅈ

ㅊ

ㅋ

ㅌ

ㅍ

ㅎ

동북아역사 자료총서 63

근대 영토와 해양 관련 관찬 자료집

초판 1쇄 인쇄 2021년 7월 20일
초판 1쇄 발행 2021년 7월 30일

엮은이 동북아역사재단
펴낸이 이영호
펴낸곳 동북아역사재단

등록 제312-2004-050호(2004년 10월 18일)
주소 서울시 서대문구 통일로 81 NH농협생명빌딩
전화 02-2012-6065
팩스 02-2012-6189
홈페이지 www.nahf.or.kr
표지디자인 역사공간
제작·인쇄 역사공간

ISBN 978-89-6187-644-5 93910

• 이 책은 저작권법에 의해 보호를 받는 저작물이므로 어떤 형태나 어떤 방법으로도
무단전재와 무단복제를 금합니다.

• 책값은 뒤표지에 있습니다. 잘못된 책은 바꾸어 드립니다.